吉林大學古籍研究所叢刊之五

殷墟甲骨刻辭摹釋總集

主編　姚孝遂
副主編　肖丁

下册

中華書局影印

甲骨文合集摹釋

第九冊　二六八七九—二九六九五

二六八七九　戌𢍰弗雉王眾
二六八七九　戌㴇弗雉王眾
二六八七九　戌囚弗雉王眾
二六八七九　戌逐弗雉王眾
二六八七九　戌何弗雉王眾
二六八七九　五族其雉王眾
二六八七九　戌𢍰其雉王眾
二六八八〇　：丑卜五族戌弗雉王：　吉
二六八八一　癸丑卜狄貞戌逐其雉王眾
二六八八二　：囚：雉：眾
二六八八二　貞戌：弗：王：　吉
二六八八三　戌雋弗雉王眾
二六八八三　其雉眾
二六八八三　不永
二六八八四　受不雉王眾　吉
二六八八四　其雉眾
二六八八五　：雉王眾
二六八八六　乙丑：
二六八八六　：及：方無災
二六八八六　：𢍰戈不雉眾
二六八八七　貞裴行用戈不雉眾
二六八八八　弗及
二六八八八　戌衛不雉眾
二六八八八　戌無災
二六八八八　惟杏有災
二六八八八　惟雋有災
二六八八九　其犾眾
二六八八九　不犾眾
二六八九〇　不雉眾
二六八九〇　：告：
二六八九一　：雉眾
二六八九二　：戌侑于寧
二六八九二　：雉眾
二六八九三　：犾眾
二六八九四　：眾：𠦪受：有戈羌：
二六八九五　：惟入戌辟立于：之𣎵羌方不：
二六八九五　：戌辟立于中〇之𣎵羌方不雉人
二六八九六　：方：其：
二六八九六　貞弜用裴惟祕行用戈羌人于之不雉人
二六八九七　癸戌夙伐戈不雉：

二六八九七　癸巳旦迺伐戈不雉人
二六八九八　丁巳卜：
二六八九八　弜祀眾戌𢦏受人無災
二六八九八　王其眾戌𢦏受人惟亩土人有災
二六八九八　惟𡉚人有災
二六八九八　王其呼眾戌𢦏受人惟亩土人暨𡉚人
有災
二六八九九　貞其侑：父己
二六八九九　貞惟今夕
二六八九九　貞于來日
二六八九九　癸亥卜口貞其祝于妣惟禣用
二六八九九　貞其祝妣惟
二六八九九　貞惟歲
二六八九九　叡嫠
二六八九九　貞彈祀
二六八九九　貞其有眾
二六八九九　貞其令馬亞射麋
二六八九九　貞其[雚凡]今蓺無尤
二六八九九　貞其[雚凡]今蓺無尤
二六九〇〇　惟：
二六九〇〇　惟䰠田無災
二六九〇〇　以眾
二六九〇〇　弜以
二六九〇〇　吉
二六九〇〇　：遘雨
二六九〇一　惟馬呼取王弗悔
二六九〇一　以眾王弗悔
二六九〇二　：日壬王其：以眾
二六九〇三　：田省以眾
二六九〇四　貞：
二六九〇四　𢍰以眾
二六九〇五　：戈
二六九〇五　弜永眾受?令戈
二六九〇六　：王弗悔
二六九〇六　：受惟眾百王弗悔
二六九〇七正　戊辰卜彭貞水：惟𠂤
二六九〇七正　戊：貞：
二六九〇七正　己巳卜彭貞禦于河羌三十人在十月又
二卜
二六九〇七正　辛亥卜貞其呼往
二六九〇七正　辛亥卜貞叡每
二六九〇七正　辛亥卜彭貞其易卩
二六九〇七正　貞五十人
二六九〇七正　貞卯十牢
二六九〇七正　貞其沈

二六九〇七正　貞彈沈
二六九〇七正　貞小宰
二六九〇七正　貞宰
二六九〇七正　貞二宰
二六九〇七正　貞三宰
二六九〇七正　貞五宰
二六九〇七正　逆
二六九〇七正　貞王其令呼射鹿
二六九〇七正　彈洄
二六九〇七正　（習刻）
二六九〇七正　（習刻）
二六九〇七正　（習刻）
二六九〇七反　（習刻）
二六九〇七反　（習刻）
二六九〇七反　（習刻）
二六九〇七反　（習刻）
二六九〇七反　（習刻）
二六九〇八　辛未…
二六九〇八　叙嫠
二六九〇八　其有𠬝大乙羌五十人
二六九〇八　…人
二六九〇九　己巳卜其遘雚又…
二六九〇九　叙嫠
二六九〇九　羌彈五十
二六九一〇　…羌…
二六九一〇　其有羌十人王受祐
二六九一〇　二十人王受祐
二六九一〇　三十人王受祐
二六九一一　羌其十人　吉
二六九一一　其十人又五　大吉
二六九一一　其二十人
二六九一二　羌三…
二六九一二　卯五宰王受祐
二六九一三　羌十人又五王受祐
二六九一三　…受祐
二六九一四　癸…丑…𠬝歲…
二六九一四　貞羌十又五卯五宰
二六九一四　貞其作豐呼伊禦
二六九一四　貞勿呼九月
二六九一五　弜有羌
二六九一五　五人王受祐　吉
二六九一五　十人王受祐　大吉
二六九一五　十人又五王受祐
二六九一五　卯宰又一牛王受祐
二六九一六　弜…羌

二六九一六　其有羌十人王受祐
二六九一六　十人又五王受祐
二六九一七　羌十人又五王受祐
二六九一七　彈王受祐
二六九一七　…祐
二六九一八　其有羌十人
二六九一九　其有羌十人王受祐
二六九一九　弜有…
二六九二〇　弜有羌
二六九二〇　五人王受祐
二六九二〇　十人王受祐
二六九二一　弜…羌
二六九二一　其有羌五人
二六九二二　王其…王…
二六九二二　弜有羌
二六九二二　王其侑于小乙羌五人王受祐
二六九二二　十人王受祐
二六九二三　…𠬝上甲羌三人王…
二六九二四　…卜其有羌妣庚三人　吉
二六九二五　…亥卜…羌三人白…其用于…祖丁父甲…
二六九二六　…羌…二人
二六九二七　…有𠬝…羌…受有祐
二六九二七　闢羌方克闢擒
二六九二八　…卜…
二六九二八　其有𠬝…有羌
二六九二九　𠬝羌于宗
二六九三〇　…卜其吉祖丁有羌王受…　大吉
二六九三一　癸亥卜彭雚其…
二六九三一　叙嫠
二六九三一　其有羌
二六九三二　祖丁吉有羌王受…
二六九三三　其侑中宗祖乙有羌
二六九三四　奠吉有羌王受…
二六九三五　貞…
二六九三五　翌日大乙王其吉祖乙有羌
二六九三六　弜
二六九三六　其卌十宰又羌
二六九三六　二十宰又羌
二六九三六　三十宰又羌
二六九三七　弜…
二六九三七　其有羌
二六九三八　…有羌又…　吉
二六九三九　…日吉有羌王受…
二六九四〇　…宰又一羌…牛用王受祐
二六九四一　貞

二六九四一 貞…
二六九四一 貞有羌
二六九四二 …卜有羌王受…
二六九四三 …有羌
二六九四四 弜有羌
二六九四五 弜有羌
二六九四六 乙丑卜
二六九四六 弜有羌
二六九四六 …十人…受…
二六九四七 弜有羌
二六九四七 惟牛
二六九四七 …牛
二六九四八 舌…王…
二六九四八 弜有羌
二六九四九 弜有羌
二六九四九 …𢦏其奠…羊
二六九五〇 …卜王呼執羌其…
二六九五一 祝羌 吉
二六九五一 吉
二六九五二 …翌羌…
二六九五三 庚寅…貞其窜
二六九五三 庚寅卜何貞其窜
二六九五三 乙巳卜何貞亞旁以羌其禦用
二六九五三 …何…奠
二六九五四 貞惟羌
二六九五四 辛亥卜貞其祝一羌王受有祐
二六九五四 乙卯卜狄貞𠭰羌其用妣辛𣪊
二六九五五 貞其卯羌伊賓
二六九五五 …王其用羌于大乙卯惟牛王受祐
二六九五六 惟韓王受祐
二六九五六 有到羌王受祐
二六九五六 在茲
二六九五六 即于𠂤仲娃 吉
二六九五七 …王其酓…羌 吉
二六九五八 …羌酓
二六九五九 …弜賓
二六九五九 貞雈羌…
二六九六〇 惟…羌…
二六九六〇 惟羊
二六九六一 卯惟羌有大雨
二六九六二 …羌…元示?…用王…
二六九六二 在升用王受祐
二六九六三 …𦬹羌…王…
二六九六四 …羌呼…十犬又…
二六九六五 …羌…

二六九六六 …卜狄?…𢍰…羌…
二六九六七 弜…羌 吉
二六九六八 貞其…大庚三…羌王… 吉
二六九六九 …用羌
二六九七〇 叡嫠
二六九七〇 …羌…牛…受祐
二六九七一 …執羌其…用?在四月
二六九七二 …用執…盤
二六九七二 …執…宗
二六九七三 …其乂執…眢大…
二六九七三 其小…
二六九七四 …執工不?作尤
二六九七五 甲申 乙酉 丙戌 丁亥 戊子 己丑
二六九七五 乙巳 丙午 丁未
二六九七五 庚戌 辛亥
二六九七五 庚戌卜何貞妣辛歲其叡嫠
二六九七五 庚戌卜何貞于來辛酉
二六九七五 庚申卜何貞翌辛酉執‖惟
二六九七五 庚申卜何
二六九七五 庚申卜何
二六九七五 庚申卜何
二六九七五 庚申卜何
二六九七六 弜…吉
二六九七六 其乂執父甲于升 大吉
二六九七六 …宗
二六九七七 乙亥卜其乂執其卯有正
二六九七八 戊子卜其乂執…
二六九七九 …習龜卜有來執其用于…
二六九八〇 …其用執王受祐
二六九八一 王其用執惟…
二六九八二 …于卜執其用 吉
二六九八三 丙辰卜狄貞𥫗以執先用
二六九八三 貞其尋惟翌日丁 吉
二六九八四 …來執其用王…
二六九八五 …執自…王受祐
二六九八六 …其執… 吉
二六九八七 …執卯王受…
二六九八八正 …卜…
二六九八八正 …丑 丙寅 丁卯
二六九八八正 …丑 丙寅 丁卯
二六九八八正 …丑 丙寅 丁…
二六九八八反 丁?酉
二六九八八反 執
二六九八八反 執
二六九八九 （僞刻）

二六九九〇　惟：彫：
二六九九〇　惟癸彫今有正
二六九九〇　：執：有正
二六九九一　乙亥卜執其用　大吉
二六九九一　高用王受有祐
二六九九一　執其用自中宗祖乙王受有祐
二六九九一　自大乙用王受有祐
二六九九一　：有祐
二六九九二　其：茲：
二六九九二　惟侑彡日遘有从王受祐
二六九九二　其曰俾人以
二六九九二　其曰毋𩵦以
二六九九二　：戌隻：執以
二六九九三　其呼：以來?：于之：
二六九九三　惟戌呼旋執于之擒王受祐
二六九九三　甲子卜其往望惟伯令
二六九九三　惟享令
二六九九四　辛丑卜王其有从伐大乙惟舊𦍒用
十人五　吉
二六九九五正　辛巳卜毋癸其日
二六九九五正　弜日　茲用
二六九九五正　（習刻）
二六九九五正　（習刻）
二六九九五正　（習刻）
二六九九五反　（習刻）
二六九九五反　（習刻）
二六九九五反　（習刻）
二六九九六　：莫伐五人王受有祐
二六九九七　：上甲伐三人王受有祐
二六九九八　二伐利　吉
二六九九八　不利　吉
二六九九九　癸丑卜其有𠬝歲大乙伐卯二牢?
二七〇〇〇　王其各于大乙乂伐不遘雨　吉　茲用　不
雨
二七〇〇一　貞弜：
二七〇〇一　貞翌丁亥其有伐于升
二七〇〇一　弜有
二七〇〇二　：酉卜有伐：
二七〇〇三　戊午卜父己伐一
二七〇〇四　：其有𠬝伐大?乙?：　大吉
二七〇〇五　：升：歲廼𢦏：大丁卜伐王受有祐
二七〇〇六　其有伐王受：
二七〇〇七　伐：乙王：
二七〇〇七　其遘雨
二七〇〇八　弜：
二七〇〇八　弜：

二七〇〇八　丙戌卜王𠬝伐妣丙歲：
二七〇〇九　：卜：辟即伐：方𢀛：祐
二七〇一〇　貞五𦍒：伐卯：
二七〇一〇　：𠬝：牢：祐
二七〇一一　惟：尹伐：
二七〇一二　：多方?：二百人王：　吉
二七〇一三　二十人王受祐
二七〇一三　三十人王受祐　吉
二七〇一三　又己歲惟華
二七〇一三　惟勿牛
二七〇一四　三十人　大吉
二七〇一四　五牢　吉
二七〇一五　二十人　茲用
二七〇一五　三十人
二七〇一六　三十人王受祐
二七〇一六　：卯：受：
二七〇一六　二十人王：
二七〇一七　其𩅀二十人
二七〇一七　三十人　大吉
二七〇一八　五人王受：
二七〇一八　十人王受有祐
二七〇一八　十人又五王受祐
二七〇一九　庚申卜貞延雨
二七〇一九　貞其十人又五
二七〇一九　貞：
二七〇一九　己未卜貞今日雨
二七〇二〇　莫舌十人又五王受祐　大吉
二七〇二〇　：受祐
二七〇二一　十人又五：
二七〇二一　：龍：田有雨
二七〇二二　𠕋十人又五：
二七〇二二　：牢其即大：
二七〇二三　：惟茲𠕋用十人又五王受祐
二七〇二三　：用
二七〇二四　：牢十人：
二七〇二五　癸未卜父甲：
二七〇二五　十人王受有祐
二七〇二六　王：祐
二七〇二六　十人王受祐
二七〇二六　王惟田省
二七〇二七　：五用王受祐
二七〇二八　十人又：王受：
二七〇二九　十人五
二七〇三〇　十：
二七〇三〇　：人五

二七〇三一 五人
二七〇三二 ：莫：五人：受有祐
二七〇三三 惟五人用
二七〇三四 三八 吉
二七〇三五 二人
二七〇三五 ：此：有祐
二七〇三六 ：用一人惟：觳?有大：
二七〇三七 王受：
二七〇三七 辛亥卜祝于二父一人王受祐
二七〇三七 祝二人王受祐
二七〇三七 三人王受祐
二七〇三八 二人大雨
二七〇三八 ：人大雨
二七〇三九 晋艮
二七〇三九 弜丁酚有大：
二七〇四〇 王其侑母戊一𦥑：此受祐
二七〇四〇 二𦥑
二七〇四〇 卯惟羊
二七〇四〇 惟小宰
二七〇四〇 惟牛王此受祐
二七〇四一 甲戌卜翌日乙王其尋盧伯：不雨 大
吉
二七〇四一 ：亥卜惟祖丁彡日還有正 吉
二七〇四一 惟父甲彡日還有正
二七〇四二正 癸丑：貞：
二七〇四二正 癸丑卜何貞其宰又一牛
二七〇四二正 癸丑卜何貞弜勿
二七〇四二正 癸丑卜何貞惟勿
二七〇四二正 癸丑卜何貞弜勿
二七〇四二正 癸丑卜何貞惟勿
二七〇四二正 癸丑：翌甲寅侑父甲其：
二七〇四二正 癸丑卜何：一牛
二七〇四二正 丙辰卜：翌丁巳：
二七〇四二正 丙辰卜何貞其一牛
二七〇四二正 丙辰卜何貞其宰
二七〇四二正 丙辰卜河貞其宰
二七〇四二正 庚申卜何貞翌辛酉其侑妣辛
二七〇四二正 庚申卜何貞其宰
二七〇四二正 庚申卜何貞其宰一牛
二七〇四二正 庚申卜宁貞王賓蔬禱無尤
二七〇四二正 ：禱無尤
二七〇四二正 辛酉卜宁貞王賓夕禱無尤
二七〇四二正 辛酉卜宁貞王賓夕禱無尤
二七〇四二正 壬戌卜王貞今夕無尤
二七〇四二正 壬戌卜王貞今夕無尤

二七〇四二正 甲子卜：貞：上甲魯：
二七〇四二正 甲子卜宁貞王賓上甲魯無尤
二七〇四二正 甲子卜宁貞王賓上甲魯無尤
二七〇四二正 甲子卜宁貞王賓上甲魯無尤
二七〇四二正 ：子卜：貞王賓上甲魯無尤
二七〇四二正 甲子卜宁貞王賓上甲魯無尤
二七〇四二正 庚午卜宁
二七〇四二正 庚午卜宁
二七〇四二正 庚午
二七〇四二正 丁酉
二七〇四二正 （習刻）
二七〇四二正 （習刻）
二七〇四二反 甲子卜宁貞王賓上甲魯無尤
二七〇四二反 甲子卜宁貞王賓上甲魯無尤上甲遘
二七〇四二反 甲子卜：貞王賓上甲魯：
二七〇四二反 甲：貞王賓上甲魯無尤
二七〇四二反 上甲
二七〇四二反 己亥卜宁貞王賓戠無尤
二七〇四二反 己亥卜宁貞王賓戠無尤
二七〇四二反 己：貞：
二七〇四二反 戊申卜宁貞王賓大戊戠無尤
二七〇四二反 辛亥卜宁貞王賓蓺禱無尤
二七〇四二反 乙卯卜宁貞王賓匚丙觀去多無尤
二七〇四二反 丙辰卜宁貞王賓匚丙觀去多無尤
二七〇四二反 丙辰卜宁貞王賓匚丙觀去多：
二七〇四二反 丙辰卜宁貞五?十?宰
二七〇四二反 ：亞：鳥：
二七〇四三 癸未卜其有勺上甲三宰 吉
二七〇四四 ：卜彡日酚于上甲王其遘有勺
二七〇四五 癸丑卜彡上甲王其遘：
二七〇四五 ：祐
二七〇四六 ：彡上甲王其遘有勺上甲王受：
二七〇四七 ：上甲王其遘：勺王受祐
二七〇四八 ：卜彡上甲：
二七〇四九 ：上甲：勺：
二七〇五〇 ：翌上甲其遘有勺王受祐
二七〇五一 惟蓺：
二七〇五一 惟上甲史遘酚
二七〇五二 弜：
二七〇五二 惟蓺酚
二七〇五二 其遘上甲史酚
二七〇五三 惟翌：酚上甲：
二七〇五四 ：卜狄：酚上甲又歲王受祐
二七〇五五 上甲：
二七〇五五 大乙先酚王受祐

二七〇五六 …上甲歲王…
二七〇五七 弜…
二七〇五七 癸丑卜上甲歲伊賓 吉
二七〇五七 弜賓
二七〇五八 弜宗上甲至
二七〇五九 至…受…
二七〇五九 至上甲王受祐
二七〇六〇 祝上甲羊
二七〇六〇 惟勿牛
二七〇六〇 射
二七〇六〇 弜射
二七〇六一 辛未卜高祖奉其卯上甲…
二七〇六一 惟宰
二七〇六一 三牛
二七〇六二 …靃…上甲又…
二七〇六三 庚…上甲…五牛
二七〇六三 …嬴…
二七〇六三 …酉…
二七〇六四 癸巳卜何貞王…上甲觳禧…遘雨
二七〇六五 …辰卜狄…其舌于上甲
二七〇六六 壬寅…貞叀…惟翌…
二七〇六六 …于上甲
二七〇六七 …上甲…王?…
二七〇六八 貞于上甲
二七〇六九 癸丑…上甲一牛… 大甲
二七〇七〇 貞上甲史五宰
二七〇七一 …上甲一牛…啓
二七〇七二 …戌卜旂…上甲一牛
二七〇七三 壬辰貞上甲還
二七〇七四 自上甲
二七〇七四 …酉?…壬
二七〇七五 貞自上甲來…
二七〇七五 貞…
二七〇七五 貞其先
二七〇七五 貞…
二七〇七六 …其有乂歲自上甲遘翌
二七〇七七 其舌…翌…
二七〇七七 其自上甲舌
二七〇七七 大乙舌
二七〇七八 …彫自上甲至…
二七〇七九 …上甲大乙…庚…受有祐
二七〇八〇 …口貞…祖祝…上甲大乙祖乙…丁之乙酉
奉…乙十示又二
二七〇八一 乙丑卜何貞王賓匚乙祭不遘…
二七〇八二 …祝三匚惟羊
二七〇八三 弜…

二七〇八三 三匚二示卯王祭于之若有正
二七〇八三 弜祭于之若有正
二七〇八四 …其弗賓三匚日其盤無…
二七〇八五 …王其…于示壬惟…
二七〇八六 癸亥…宁貞王賓示癸翌無尤
二七〇八七 其自盤有乂至
二七〇八七 其有乂示壬示癸惟牛有正
二七〇八七 其宰有正
二七〇八八 甲子卜何貞翌乙丑其侑大乙惟彖觀
還
二七〇八八 …酉卜何…其侑…
二七〇八九 …酉王其侑大乙王受祐
二七〇九〇 甲戌…
二七〇九〇 其侑大乙惟五宰用
二七〇九〇 惟十…用
二七〇九一 …侑大乙王受祐 吉
二七〇九二 丁卯卜其奉侑大乙
二七〇九二 于翌日肆廼奉侑大乙王受祐
二七〇九二 …祐
二七〇九三 癸卯卜其侑大乙惟三宰
二七〇九四 惟小乙日還王受…
二七〇九四 …廼…侑大乙
二七〇九五 …王其侑大乙惟餗
二七〇九六 …有乂歲大乙惟乙丑…
二七〇九七 …其有乂歲于大乙其宗彫
二七〇九八 …其有乂大乙其有…
二七〇九九 庚午…
二七〇九九 窮大乙有乂王受祐
二七一〇〇 癸未卜其…
二七一〇〇 不沓
二七一〇〇 其有乂大乙惟翌日乙酉彫
二七一〇〇 惟乙未彫
二七一〇一 卜乂歲其至于大乙 吉
二七一〇一 弜…
二七一〇二 其遘…
二七一〇二 大乙歲…其饗…遘雨 吉
二七一〇三 …大乙歲王受…
二七一〇四 …父甲…大乙彫…受有祐
二七一〇五 …暨大乙彫有正
二七一〇六 弜…
二七一〇六 其侑大丁大甲先彫廼…
二七一〇六 先彫大乙史有正
二七一〇七 癸亥卜彭貞其彫乡王下上無左
二七一〇七 甲戌卜彭貞彫乡大乙王弗賓
二七一〇八 貞…大乙弜…彫于之有正

二七一〇九 祐大乙
二七一〇九 …日
二七一一〇 新…
二七一一〇 新大乙舌
二七一一〇 若酉祖乙舌王受祐
二七一一〇 若酉祖乙舌王受祐
二七一一一 新大乙舌
二七一一一 若酉祖乙舌王受祐
二七一一二 …雚大乙王…
二七一一三 壬午卜其舌大乙五牛王受…
二七一一三 其十牛
二七一一四 丁巳卜暊貞其…禦大乙　吉
二七一一四 丁巳卜…貞…禦…
二七一一五 禱大乙酒雚王悔
二七一一六 …卜翌日大乙其舌…
二七一一六 …用
二七一一七 …日于大乙其舌王受…
二七一一八 乙巳…大乙桒…　吉
二七一一九 …大乙桒
二七一二〇 …至大乙…　吉
二七一二一 其瞀大乙王受祐
二七一二二 …蒸葦牛大乙白牛惟元…
二七一二三 其…葡…
二七一二三 叡嫠
二七一二三 其用大乙葡牛
二七一二四 大乙史王饗于㐭
二七一二四 弜饗于之若
二七一二五 大乙史王其鄉
二七一二六 …大乙史其延大丁…
二七一二七 …卜大乙史…祝
二七一二八 …未卜祭大乙其用舊…　吉
二七一二九 祭大乙其舌祖乙二牢
二七一二九 三牢
二七一二九 …牢
二七一三〇 叡嫠
二七一三〇 三牢王受祐
二七一三〇 五牢王受祐
二七一三〇 …大乙
二七一三一 …𠂊大乙三牢王…
二七一三二 …大乙其…
二七一三二 叡嫠
二七一三三 于祖丁用有正王受祐
二七一三三 于大乙…王…
二七一三三 惟…
二七一三五 弜惟　吉

二七一三四 癸酉卜…貞大乙…伊其…
二七一三四 …暊…三…無…
二七一三五 其告…備…大乙告…
二七一三六 …王其侑于大乙惟乙亥酒王受有祐
二七一三七 …大乙大丁大甲其作鍊鍊門作豊庸又…
二七一三八 己酉…貞翌…其…歲…
二七一三八 己酉卜何貞其宰
二七一三八 己酉卜何貞貞其宰又一牛饗
二七一三八 貞…王…于…
二七一三八 乙亥…大乙…
二七一三九 庚午卜王其…
二七一三九 …大乙…王…祐
二七一四〇 貞左祖…
二七一四〇 …大乙…
二七一四一 …大乙惟…
二七一四二 庚辰卜…貞于大乙…大…
二七一四二 …暨
二七一四三 甲戌…貞王…受…
二七一四三 …于…大乙
二七一四四 癸…貞王…牛于大乙…于之若
二七一四五 酒…先…龢…
二七一四五 戠大乙酒龢祖丁　吉
二七一四六 戊午卜狄貞惟兕于大乙惟示　大吉
二七一四六 戊午卜狄貞惟兕大丁惟示　吉
二七一四六 戊午卜狄貞惟兕于大甲惟示
二七一四六 戊午卜貞王賓
二七一四六 戊午…狄貞王弜賓　吉
二七一四六 乙丑卜狄貞王其田衣入無災
二七一四六 己巳卜貞王其田無災
二七一四六 己巳卜狄貞其田不遘雨
二七一四六 己巳卜狄貞其遘雨
二七一四六 己巳卜狄貞王其田惟辛無災
二七一四六 己巳卜貞王其田惟壬無災
二七一四六 己巳卜狄貞王其田惟乙無災
二七一四六 庚午卜狄貞
二七一四六 庚午卜狄貞王其田于利無災　吉
二七一四六 庚午卜狄貞王其田惟乙無災　吉
二七一四六 庚午卜狄貞惟戊無災
二七一四六 壬申卜狄貞王其田衣無災　吉
二七一四六 戊寅卜貞王其田無災
二七一四六 戊寅卜貞王其田不雨
二七一四六 戊寅卜貞王其田無災
二七一四六 甲申卜貞王田逐麋
二七一四七 貞大乙祖丁暨饗
二七一四七 …饗
二七一四七 癸亥卜彭貞大乙祖乙祖丁暨饗

二七一四七	癸亥卜貞惟大乙暨祖乙饗
二七一四七	：亥卜：祖丁其：甘饗
二七一四八	癸巳：
二七一四八	癸巳卜何
二七一四八	癸巳卜何
二七一四八	癸巳卜何
二七一四八	癸巳卜何
二七一四八	癸巳：
二七一四八	甲辰卜：貞歲其：于大乙
二七一四八	甲辰卜
二七一四八	丁未卜彭
二七一四八	貞其左：異
二七一四八	貞于乙
二七一四八	貞其左小丁
二七一四八	貞其妣甲禘
二七一四八	妣禘
二七一四八	其侑于室亞方
二七一四八	貞叡母
二七一四八	貞叡母
二七一四八	貞丁于祖丁
二七一四八	貞其衣侑
二七一四九	王其侑大乙大丁大甲惟ㄓ歲公
二七一四九	王其：三牢
二七一五〇	乙卯卜何貞有卜歲于唐無壱十二月
二七一五一	惟唐龢：王受有祐
二七一五一	惟武唐用王受有祐
二七一五二	乙亥卜何貞賓唐劦不遘雨七月
	吉
二七一五三	乙卯卜何貞有ㄓ歲于唐王無壱十二月
二七一五三	乙卯卜何貞王ㄓ歲不賓遘雨
二七一五四	酌：高祖
二七一五四	惟癸酌
二七一五五	王其侑于高祖十：褫用惟：
二七一五六	：于大丁大：
二七一五七	：大丁：十五
二七一五八	惟大丁：
二七一五九	庚辰卜狄貞于大甲　大吉
二七一六〇	叡：
二七一六〇	閔燎惟小牢
二七一六〇	大甲師惟大牢　大吉
二七一六一	癸：惟：
二七一六一	于丁酌
二七一六一	大甲叅三牛
二七一六二	辛酉卜狄貞王其侑辛奭惟歲有正
二七一六三	壬子：大甲羊卯牛：

二七一六四	辛未卜其有歲于妣壬一羊
二七一六四	惟小牢
二七一六四	乙亥卜王先改卜丙歲廼申　茲用
二七一六四	卜丙歲王实
二七一六五	王入廼各于祭
二七一六五	卜丙歲
二七一六六	庚申卜鼓貞王賓大庚日
二七一六七	五牢
二七一六七	其侑大庚惟翌日酌
二七一六七	于來日庚酌
二七一六八	惟今日酌大庚大戊仲丁其吿祭
二七一六九	庚寅：其：祖庚：
二七一六九	庚寅：貞于之?即右
二七一六九	：卜狄
二七一七〇	：旬?衣遘：小甲翌：
二七一七一	癸亥：小甲日惟甬：
二七一七二	己未卜其有歲于雍己　茲用
二七一七二	弜有
二七一七三	于雍己呼：
二七一七三	：叀卯：作尤　吉
二七一七四	丁：貞：
二七一七四	貞其延于大戊饗
二七一七四	貞其延禦于又河饗
二七一七四	貞：
二七一七五正	：卜貞王：大戊彡無尤
二七一七五反	何
二七一七六	丁未卜䀜貞王其賓大戊鬯宗惟：（摹文據《甲圖》〇六三補）
二七一七七	戊戌卜口貞王賓仲丁彡龠無囚十月
二七一七七	：宁：賓：奭：母：
二七一七八	丁：貞：仲丁：無：
二七一七八	貞：尤
二七一七九	庚子卜其有歲于三祖：　茲用　歲
二七一八〇	乙亥卜蒸鬯三祖丁牢王受祐　吉
二七一八〇	牢又一牛王受祐　大吉
二七一八〇	：牛
二七一八一	丙午卜貞三祖丁暨毓祖丁酌王受祐
二七一八二	弜有
二七一八二	：三祖丁?：己
二七一八三	：毓祖丁祖乙惟：　吉
二七一八四	叡：
二七一八四	其有ㄓ祖乙牢又一牛王受祐
二七一八四	一牢王受祐
二七一八五	貞王其侑于祖乙
二七一八六	甲子：ㄓ歲于祖乙三牢

二七一八六　弜勿牛

二七一八七　甲寅卜延燎祖乙…卯三牛…五用

二七一八七　…盟二牛册…三十

二七一八八　祖乙歲五牢用

二七一八八　…惟…牢用…受有祐

二七一八九　甲寅貞弜…蒸來于祖乙歲

二七一九〇　祖乙舌三牢王受祐

二七一九〇　…牢王受祐

二七一九一　祖乙舌三牢王受祐

二七一九二　…狄…祖乙其舌…毓祖丁王…

二七一九三　…祖乙舌…有祐

二七一九三　…薪…

二七一九四　貞舌祖乙五牢

二七一九四　貞祏祖乙惟[illegible]至有正

二七一九五　其舌祖乙二牢王受有祐

二七一九五　三牢王受有祐

二七一九五　五牢王受有祐　大吉

二七一九六　…卜彡祖乙其舌王受…　大吉

二七一九七　癸…

二七一九七　惟祖乙彡日遲

二七一九八　…穫…

二七一九九正　…酉卜彡日于祖乙　吉

二七一九九正　…王…比祖乙…出比…

二七一九九反　…甲…牢

二七二〇〇　…惟…用

二七二〇一　其若酉祏祖乙有正

二七二〇一　癸亥…其舌祖乙…

二七二〇二　…彈…王受…

二七二〇二　貞于乙日㳄酉王受祐

二七二〇三　貞弜祖乙柵用于之若

二七二〇三　甲申卜…貞祖乙吏其…

二七二〇四　…年河…上甲

二七二〇四　…暨…

二七二〇五　弜先酌暨祖乙

二七二〇五　戊辰卜暊貞其…弗…

二七二〇六　貞祖乙其暨祖丁

二七二〇六　二䣛翌…乙暨祖乙

二七二〇六　𠂤卯于二䣛惟牛

二七二〇七　牢

二七二〇八　…卜其桒祖乙南庚魯甲…

二七二〇八　癸…貞弜勿…

二七二〇八　癸卯卜何貞惟…

二七二〇九　癸卯卜何貞其暨祖乙

二七二〇九　癸卯…

二七二〇九　于丙酌王受祐　大吉

二七二〇九　于丁酌王受祐

二七二〇九　…祖乙桒…祭遘酌王受祐

二七二一〇　乙巳卜…王賓祖乙戠一牛…尤

二七二一一　乙酉卜宁貞王其賓祖乙蒸暨…蒸…

二七二一二　乙酉卜暊貞王賓祖乙…

二七二一三　貞王賓祖乙翌無尤在十月

二七二一四　…其圉祖乙…

二七二一五　…卜狄…薪祖乙…受祐

二七二一六　蒸新…祖乙二…王受…

二七二一七　辛酉卜其舌薪祖乙王受祐

二七二一七　弜薪王受祐　大吉

二七二一八　新𠂤屮祖乙

二七二一九　甲辰卜酌來蒸祖乙乙巳

二七二一九　己丑卜今夕大雨

二七二二〇　癸亥卜何貞其蒸𠂤于祖乙惟翌乙丑

二七二二〇　…卜何…來…亥

一習刻

二七二二一　癸未…貞其…饗

二七二二一　甲申卜何貞翌乙酉其蒸祖乙饗

二七二二一　甲申卜何貞翌乙酉小乙蒸其暨

二七二二一　…貞…

二七二二二　弜…

二七二二二　…酌三牢祖乙

二七二二三　貞于…

二七二二三　貞三宰

二七二二三　貞五宰

二七二二三　癸酉卜鼓貞其侑小乙𣅀祭于祖乙

叙𤼽

二七二二三　…貞…

二七二二四　貞翌日…祖乙王受…

二七二二五　…卜彭…酌祖乙其…

二七二二六　甲子卜祭祖乙有贏王受祐　吉

二七二二六　弜有贏　吉

二七二二六　…丑卜今日…大啓

二七二二七　叙𤼽

二七二二七　…于祖乙…其遘有…歲王受…

二七二二八　弜至祖乙

二七二二八　二牛王受有祐

二七二二八　…牛王受有祐

二七二二九　弜…

二七二二九　…祖乙

二七二三〇　辛未卜祝祖乙…惟其遘…　大吉

二七二三一　戊…

二七二三一　…祖乙有正

二七二三二　于祖丁

二七二三二　于祖乙

二七二三三 庚子：于祖乙：壱：

二七二三四 若：于祖乙：王受：

二七二三五 貞王：于祖乙：

二七二三六 乙酉：貞祖乙：其作：

二七二三六 ：用：賓：𠦪：祭：

二七二三七 己酉：貞：㲋丁彔逢于𢓊

二七二三七 ：王：祖乙

二七二三八 ：何：祖乙：

二七二三九 其：

二七二三九 其至中宗祖乙祝

二七二三九 祝惟癸酉酌

二七二四〇 ：酉卜中宗祖乙歲

二七二四一 ：中宗祖乙王受：

二七二四二 ：中宗祖乙告　吉

二七二四三 ：中宗祖乙𢦏：　吉

二七二四四 ：卜狄：其侑中宗祖乙：酌弗悔

二七二四四 ：貞王既：自中宗：王受：　大吉

二七二四五 貞中宗：

二七二四六 中宗有又有正

二七二四七 丁卯：貞暨：中宗：

二七二四八 ：中宗：受有祐

二七二四九 弜至：　吉

二七二四九 弜有一牢

二七二五〇 中宗三牢

二七二五〇 𡧊侑祖乙

二七二五〇 己亥：

二七二五一 非唯

二七二五一 牢又：

二七二五一 其侑祖辛王受祐　茲用

二七二五一 辛巳：祖辛：

二七二五二 辛巳：

二七二五二 己亥：貞王：㲋有：茲惟祖辛：唯

二七二五三 弜𦥑有雨

二七二五四 其剛祖辛𠊙有雨

二七二五四 弜剛

二七二五四 其剛祖辛𠊙惟豚有雨

二七二五四 惟羊

二七二五四 其剛父甲𠊙有雨

二七二五四 弜剛

二七二五五 ：卜何：壱祖辛

二七二五五 貞其令呼射麋叙

二七二五六 ：侑：羌甲：壱

二七二五七 癸巳卜貞王賓羌：一月

二七二五八 ：于宊惟今羌甲日鼎

二七二五九 壱其延羌甲王受：

二七二六〇 弜：吉

二七二六〇 暨羌甲

二七二六〇 弜暨

二七二六〇 大吉

二七二六一 壱延羌甲　吉

二七二六一 弜

二七二六二 壱延羌甲王受祐

二七二六三 ：亥卜何：丁丑其侑祖丁

二七二六四 貞：

二七二六四 丙辰卜彭貞其侑祖丁惟翌

二七二六五 丙辰卜彭貞其侑祖丁惟翌

二七二六六 其侑祖丁王受祐

二七二六七 甲辰：王其侑：祖丁惟：

二七二六八 ：祖丁有：

二七二六九 乙卯卜貞其有舌祖丁五牢　大吉

二七二七〇 ：又祖丁：有祐

二七二七一 ：卜祖丁夕歲：　吉

二七二七二 祖丁其有夕歲

二七二七三 祖丁莫歲于既祭：　吉

二七二七三 吉

二七二七四 ：卜祖丁莫歲二牢王受：

二七二七五 ：卯卜祖丁莫歲二牢

二七二七六 貞于祖丁莫：庸

二七二七六 ：既：

二七二七七 昝日于祖丁

二七二七八 ：于祖丁：

二七二七九 五牢

二七二七九 祖丁舌有光王受祐

二七二八〇 ：巳卜祖丁舌有夕歲王受祐　大吉

二七二八一 甲寅卜：

二七二八一 敘嫠

二七二八一 執惟切各于酉用王受祐

二七二八一 于入自庸用王受祐

二七二八一 其凡于祖丁舌王受祐

二七二八一 ：凡

二七二八二 乙酉卜何貞祖丁祰其遘于日

二七二八三 癸巳卜大貞其至祖丁祝王受有祐

二七二八四 至祖丁：受祐

二七二八四 ：受祐

二七二八五 至祖丁𠦪　吉

二七二八六 惟母𤅊用祖丁升

二七二八六 惟：用祖丁

二七二八七 至祖丁：王受：

二七二八七 册至王受有祐

二七二八七 弜册

二七二八七 ：其用：受有祐

二七二八八 舌鬻惟伊受祐
二七二八八 惟茲祖丁鬻受祐
二七二八九 祖丁三牢
二七二九〇 祖丁冊二牢王受…
二七二九一 祖丁冊五牢
二七二九二 祖丁史至二…
二七二九三 癸卯卜頙…
二七二九三 …頙…日?祖丁史
二七二九四 弜
二七二九四 侑祖丁豕 大吉
二七二九四 弜
二七二九五 祝祖丁祖乙
二七二九五 …酉…
二七二九六 惟祖丁祝用 吉
二七二九六 吉
二七二九七 乙卯卜翌日祖丁舌
二七二九八 先祖丁惟翌日
二七二九九 …卜大…既奏祖丁…桒十牛
二七三〇〇 競祖丁…
二七三〇一 弜…
二七三〇一 祖丁木丁卷三卣
二七三〇二 戊辰卜鼓貞有來執自戰今日其延
于祖丁
二七三〇二 貞于來丁
二七三〇二 …于祖丁
二七三〇二 …叡止惟奠
二七三〇三 貞…祖丁王…
二七三〇三 …王…有祐
二七三〇四 …各祖丁…受祐
二七三〇五 于宗?…正
二七三〇五 于祖丁
二七三〇五 豎
二七三〇六 惟…
二七三〇六 甲申卜其示于祖丁惟王執
二七三〇六 甲戌卜其執伊左歲
二七三〇六 左歲 茲用
二七三〇六 乙亥卜其于祖丁其[glyph]
二七三〇七 …祖丁…
二七三〇八 于毓祖丁旦
二七三〇九 于祖丁旦
二七三一〇 王其尋各僼以…
二七三一〇 弜以方
二七三一〇 惟父庚庸奏王永
二七三一〇 惟祖丁庸奏
二七三一〇 …至…弗悔不雨

二七三一〇 茲用 雨
二七三一一 癸丑卜…貞旬無…
二七三一一 癸卯…貞旬無…
二七三一一 …祖丁…
二七三一二 …丁王受祐
二七三一三 于祖丁湢酉陳弜若即于宗?
二七三一三 惟今日庚禦 茲用
二七三一四 祝?…祖丁祖乙…己酚
二七三一四 …己酚
二七三一五 …其酚日于祖丁桒侑宗 茲用
二七三一六 …祭毓祖丁… 大吉
二七三一七 …卜其告火自毓祖丁 吉
二七三一八 至毓祖丁桒年 吉
二七三一八 …羊
二七三一八 …上甲… 吉
二七三一九 至毓祖丁王受…
二七三一九 …受祐
二七三二〇 …祐
二七三二〇 乙丑卜其告在毓祖丁王受祐
二七三二一 庚子卜何貞翌辛丑其侑妣辛饗
二七三二一 庚子卜何貞其一牛
二七三二一 庚子卜何貞其㝗
二七三二一 癸卯卜何貞翌甲辰其有丁于父甲㝗饗
二七三二一 丙午卜何貞翌丁未其有匁歲禦?毓祖丁
二七三二一 丙午卜何貞其㝗
二七三二一 丙午卜何貞其三㝗
二七三二一 饗
二七三二一 饗
二七三二一 饗
二七三二一 饗
二七三二一 …又…
二七三二一 貞先止饗
二七三二一 貞惟卷
二七三二一 貞惟羊
二七三二一 貞惟牛
二七三二一 …二父…
二七三二二 在毓祖丁舌 吉
二七三二二 大吉
二七三二二 大吉
二七三二三 舌于毓祖丁
二七三二四 惟丁祖冊用二㝗王受祐
二七三二五 丙戌卜其…四祖丁…
二七三二五 叡發
二七三二六 貞惟…㝗侑小丁
二七三二七 貞…

二七三二七　：小丁翌之：：
二七三二八　弜：又：茲：
二七三二八　丙：王賓小丁歲𢼸
二七三二九　：侑于小丁：先𢼸
二七三三〇　弜
二七三三〇　惟小丁
二七三三〇　惟小乙
二七三三〇　惟𡚱庚
二七三三〇　惟子
二七三三〇　其侑小丁惟羊
二七三三一正　其有歲于小丁
二七三三一正　：父戊歲王刂
二七三三一反　辛：卜王：不遘雨
二七三三二　：𢓊𢼸小丁有正
二七三三二　：于：又：
二七三三三　于既：𢓊延：史又：　大吉
二七三三三　𢼸小丁有正
二七三三四　：卜其祰祖甲惟：𠕋牢又一牛　吉
二七三三五　癸未卜祖甲祰升惟：　吉
二七三三六　貞：
二七三三六　癸巳卜暊貞翌日祖甲歲其宰
二七三三七　競祖甲：牢
二七三三八　：卜劦日祖甲祰羌：
二七三三九　其𣪊
二七三三九　乙未卜其𣪊虎陟于祖甲
二七三三九　乙未卜其𣪊虎于父甲湑
二七三三九　：卜其：于：羊一牛：用
二七三四〇　惟：
二七三四〇　己酉卜母己歲蓺
二七三四〇　弜蓺
二七三四〇　庚戌卜其有歲于二祖辛惟牡
二七三四〇　惟牛
二七三四一　：亥卜王其侑小乙王受：　大吉
二七三四二　惟羊：受有祐
二七三四二　：卜口：王：小乙：
二七三四三　王其侑小乙牢：
二七三四四　王其侑小乙王：有祐
二七三四五　：其告𨚕小乙王受：
二七三四五　：王受有祐
二七三四六　甲子：
二七三四六　貞：
二七三四六　貞其至小乙
二七三四六　：鼓：延
二七三四七　𣪊嫠
二七三四七　其延𢀛小乙惟翌日彡王受祐

二七三四七　：來日彡王受祐
二七三四八　甲戌卜𠦪：　大吉
二七三四八　于小乙𠦪
二七三四八　于祖丁𠦪
二七三四八　于父己𠦪
二七三四八　于父甲𠦪
二七三四八　其射
二七三四九　己卯卜多宁有𢀛其：
二七三四九　其蒸𢀛自小乙
二七三四九　𢀛異彡
二七三四九　𢀛在二湑
二七三四九　：蒸：　茲用
二七三五〇　癸巳卜惟庚：
二七三五〇　惟小乙𠕋用
二七三五〇　惟丁未
二七三五〇　惟丁巳
二七三五〇　惟丁卯
二七三五一　惟小乙妣庚
二七三五二　惟𣃘庸用
二七三五二　弜𣃘庸用
二七三五二　惟小乙作美庸用
二七三五二　弜用
二七三五三　惟小乙妣庚
二七三五四　弜
二七三五四　其于小乙台侑王受祐
二七三五四　弜
二七三五五　甲申卜小乙史其延
二七三五六　：小乙：受：
二七三五七　甲寅：貞其：小乙：牢又：用
二七三五八　：毓祖乙惟丁彡
二七三五九　：歲于毓祖乙
二七三六〇　甲戌卜其有歲毓祖乙
二七三六〇　二牢　茲用
二七三六〇　丁亥卜湑木丁弘　茲用　三牢
二七三六〇　弜弘
二七三六一　：卯卜其祝祖丁父甲：
二七三六二　貞祖丁：𢀛王受：
二七三六三　：祖丁大𠈌王其延父甲　大吉
二七三六四　：𢀛祖丁父甲
二七三六四　：以兄辛
二七三六五　：暨興彡祖丁：父王受有祐
二七三六六　其𠦪在父甲王受：　吉
二七三六六　至祖丁王受祐
二七三六六　：受：
二七三六七　戊戌卜祖丁史其延妣辛妣癸王：
二七三六八　丁卯卜其𢦔惟丁亥于父甲　茲用

二七三六八 于妣辛
二七三六八 于祖丁
二七三六八 吉
二七三六九 其高…
二七三六九 在毓
二七三六九 于父甲
二七三六九 于祖丁
二七三七〇 不遘𢦏
二七三七〇 其𠦪王受祐
二七三七〇 弜祀𠦪于之若
二七三七〇 其𠦪在父甲王受祐
二七三七〇 …祖丁𠦪…受祐
二七三七一 辛酉卜彡日父甲
二七三七一 …祖丁…受祐
二七三七二 乙卯卜其有歲于帝丁一宰
二七三七三 其有歲于祖
二七三七四 其𠦪自祖王受…
二七三七五 …亥卜…于父甲王受…
二七三七五 …王其有□
二七三七六 庚子卜大貞王其有□祖?惟今辛
耏侑
二七三七七 其有□毓…
二七三七八 …亥卜其有□毓…
二七三七九 于…
二七三七九 惟□
二七三七九 惟歲
二七三八〇 …□
二七三八一 貞于毓用王受祐
二七三八二 辛酉卜鼓貞王賓蓺□惟吉
二七三八二 壬戌卜鼓貞王賓辛壬丁□惟吉
二七三八三 侑自犬辛王受祐
二七三八三 …自犬辛…受有祐
二七三八三 惟…
二七三八四 歲侑仲己王受祐
二七三八四 …仲己歲惟羊王受祐
二七三八五 貞…叙…
二七三八五 己酉卜暊貞其侑仲己
二七三八五 貞其叙𤼽
二七三八六 戊辰卜其…歲于仲己王賓
二七三八六 戊辰卜仲己歲…用
二七三八七正 壬寅卜王賓妣壬歲祭
二七三八七正 弜勿
二七三八七正 甲辰卜有來執于廳
二七三八七正 王其尋
二七三八七正 …未卜父甲木丁…牛 茲用

二七三八七正 …南門
二七三八七正 …癸
二七三八七反 …丁延
二七三八七反 弜𢦏日其有歲于仲己 茲用
二七三八七反 癸未卜…
二七三八七反 …于…
二七三八八 …仲己其𢦏日
二七三八八 弜𢦏日其有歲于仲己
二七三八八 癸未卜…勿
二七三八九 …仲己…王此受…
二七三九〇 于仲己舌
二七三九一 …卜狄…𥙊凡仲己…小宰王受祐
二七三九二 戊子卜其歲于仲己惟羊
二七三九二 弜…茲…
二七三九三 谷歲惟羊
二七三九三 惟小宰
二七三九三 惟牛
二七三九三 己巳卜仲己歲惟今…攺…
二七三九四 弜射 茲用
二七三九四 戊子卜其有歲于仲己王賓
二七三九四 …賓…用
二七三九五 …其侑父己惟宰用…祐
二七三九六 叙𤼽
二七三九六 其侑父己惟莫耏王受有祐
二七三九六 自父庚耏王受有祐
二七三九六 來…一月
二七三九六 于來日耏
二七三九六 …父己…王受有祐
二七三九七 叙…
二七三九七 其侑父己惟莫耏王受…
二七三九七 …自日耏…祐
二七三九八 丁卯卜壬其侑父己…
二七三九八 叙𤼽
二七三九八 惟牛王受祐
二七三九九 …父己歲宰王受祐 吉
二七四〇〇 貞王賓父己歲祭
二七四〇一 戊辰…
二七四〇一 叙𤼽
二七四〇一 父己歲惟莫耏
二七四〇一 惟夕耏
二七四〇一 父己歲惟羊王受祐
二七四〇二 …父己歲有皀王受祐
二七四〇三 …父己歲一牛
二七四〇四 父己迺
二七四〇五 …皀…

二七四〇五　𢀛其：父己惟牛王受祐
二七四〇五　：受祐
二七四〇六　：蒸𢀛父己惟今日己亥耏　大吉
二七四〇七　貞其：于父己惟：
二七四〇八　：王受
二七四〇八　于父己王受祐
二七四〇八　：燮
二七四〇九　：父己：
二七四一〇　：于父己夕：
二七四一一　：水：至父己
二七四一二　癸丑：父甲：勿牛
二七四一二　弜勿妣己示
二七四一二　戊辰卜其示于妣己先𢼂
二七四一二　惟父己示先𢼂
二七四一二　戊辰卜其于妣己惟小宰
二七四一二　惟大宰
二七四一三　：父己先耏：　吉
二七四一四　貞競父己：宰
二七四一五　王其□：奉至父庚
二七四一五　叙燮
二七四一五　奉父己父庚惟卯往□
二七四一五　：己：惟：　茲用
二七四一六　辛丑卜谷奉惟今日耏王受祐　大
吉
二七四一六　于癸耏王受祐
二七四一六　于父己父庚既祭迺耏
二七四一六　夕耏王受祐
二七四一六　：暨二父耏
二七四一七　于多父舌
二七四一七　于二父父己父庚舌
二七四一七　于谷舌
二七四一七　庚惟牛
二七四一八　：父己父庚王受祐
二七四一九　叙燮　吉
二七四一九　父己暨父庚耏　吉
二七四一九　于來日己　大吉
二七四一九　：父庚先耏
二七四二〇　父己父戊歲王賓
二七四二一　己未卜王其侑父庚王受祐
二七四二二　父庚舌又一牛　吉
二七四二三　貞其侑父庚王受有祐在‖卜
二七四二四　癸：貞：
二七四二四　己亥卜何貞翌庚于丬歲其延于父庚
二七四二五　：其：
二七四二五　：其：于：己父庚

二七四二六　舌父庚酒
二七四二七　：未卜其舌于父庚
二七四二八　：父庚歲惟□
二七四二九　其至父庚有：
二七四二九　弜至
二七四二九　：今日己：有正
二七四三〇　：卜何貞翌：父庚饗
二七四三一　叙：
二七四三一　翌日父庚
二七四三二　弜
二七四三二　于父庚告
二七四三二　弜
二七四三三　叙：
二七四三三　于歲父庚：
二七四三三　夕耏
二七四三三　：暨二：耏
二七四三四　貞于父庚：于止：𢦏　吉
二七四三五　丙午：王：允：
二七四三五　不暘日
二七四三五　戊申貞王己步于□
二七四三五　攸云
二七四三五　辛亥卜䝵于父庚
二七四三五　：丑貞：王步：□
二七四三五　：□：
二七四三六　王：師吕
二七四三七　其舌父庚惟𦎫王受祐
二七四三七　辛亥：貞其：己：其：
二七四三八　貞其自帝甲有延
二七四三九　癸酉卜暊：帝甲丁其宰
二七四三九　己卯：貞其：
二七四四〇　己卯卜暊貞：帝甲牲：其暨祖丁：至?：
二七四四〇　宰妣：歲
二七四四〇　庚午卜其有歲于妣辛宰
二七四四一　父甲歲惟翌日辛耏
二七四四一　父甲歲惟三宰
二七四四一　辛卯卜妣辛奉惟羊
二七四四一　惟勿
二七四四二　：庚奭：其暨耏：
二七四四二　己亥卜其有：
二七四四三　其有歲于父甲酒宰
二七四四三　父甲歲：羊　茲用
二七四四四　惟勿牛
二七四四四　弜勿
二七四四四　丁丑卜其侑木丁于父甲
二七四四四　丁丑卜父甲木丁宰
二七四四四　宰一牛

二七四四五　弜磬在父甲
二七四四五　祝一牛
二七四四五　二牛
二七四四五　三牛
二七四四六　己酉卜暊貞翌日父甲旦其十牛
二七四四七　父甲夕歲…惟…
二七四四八　…劦日父甲有夕歲王受祐
二七四四九　辛酉卜父甲舌即…
二七四五〇　…日于父甲有…
二七四五一　…父甲其…歲　吉
二七四五二　辛酉卜父甲舌有夕歲王受…　吉
二七四五二　…王受祐
二七四五三　癸亥卜父甲夕歲二牢　吉
二七四五三　兄惟今其三牢旦酌正王受祐
大吉
二七四五三　…酌
二七四五三　吉用
二七四五四　癸酉卜祏母己惟𢆶
二七四五四　惟小牢　吉
二七四五四　惟今夕酌　大吉　茲用
二七四五四　于翌日甲酌
二七四五四　其至日戊酌
二七四五四　祏其至父甲　吉
二七四五四　弜
二七四五五　癸丑卜王丁禱入其𫹉于父甲
二七四五五　于妣辛𫹉王丁
二七四五五　癸丑卜其𫹉王丁于妣辛卯牢
二七四五六正　壬子卜何貞翌癸丑其侑妣癸饗
二七四五六正　癸巳卜何貞翌甲午𫹉于父甲饗
二七四五六正　丁未卜何貞禦于小乙奭妣庚其賓饗
二七四五六正　丁未卜何貞其𣪘史
二七四五六正　癸酉卜何貞翌甲午𫹉于父甲饗
二七四五六正　甲戌卜宁
二七四五六正　戊寅卜宁貞王賓
二七四五六正　戊寅…貞…
二七四五六正　戊寅卜貞其祝
二七四五六正　甲辰卜王貞翌日丙…
二七四五六正　丁未卜何貞…?…其之…
二七四五六正　丁未卜何貞蔑其牢
二七四五六正　庚戌卜何貞翌辛亥其侑毓妣辛饗
二七四五六正　庚戌卜何貞翌辛亥其侑毓妣辛
二七四五六正　…戌卜何…其牢…饗…祝
二七四五六正　壬子卜何…其祝之
二七四五六正　貞其即日
二七四五六正　貞其即日
二七四五六正　貞其示…

二七四五六正　貞其示…魚
二七四五六反　（習刻）
二七四五六反　（習刻）
二七四五七　…貞…父甲𫹉…尤
二七四五八　…宁貞…
二七四五八　甲…貞王…父甲翌…惟吉
二七四五九　壬子卜貞王其…
二七四五九　壬子卜王其田
二七四五九　戊午卜貞王其田往來無災
二七四五九　庚申卜貞王惟麥麋逐
二七四五九　庚申卜貞王勿利南麋
二七四五九　庚申卜狄貞惟辛田
二七四五九　庚申卜貞惟壬田
二七四五九　庚申卜狄貞王惟旃麋用　吉
二七四五九　辛酉卜貞衣犬無
二七四五九　壬戌卜狄貞王父甲…其豊王受有祐　吉
二七四五九　貞勿豊
二七四五九　壬戌卜貞惟𣳾用
二七四五九　貞弜𣳾　吉
二七四五九　貞五束往
二七四五九　貞弜美
二七四五九　貞惟麋用　大吉
二七四五九　貞勿麋
二七四五九　癸亥卜狄貞今日無大觀
二七四五九　癸亥卜狄貞有大觀
二七四五九　辛未卜狄貞惟田
二七四五九　辛未卜狄貞惟壬田
二七四五九　狄
二七四六〇　…父木丁歲即祖…
二七四六〇　…子卜父甲豊
二七四六一　戊午卜其祝于父甲惟己
二七四六二　其祝工父甲三牛
二七四六三　貞日于父甲羌王受祐
二七四六四　祝?𢀛于父甲
二七四六五　丁酉卜其𡆥年于岳
二七四六五　乙酉卜其劃父甲𣪘在茲足成
二七四六五　于𠧟劃父甲𣪘
二七四六六　己卯卜父甲…勿牛
二七四六七　癸巳卜父甲木…勿牛
二七四六八　丁丑卜狄貞万于父甲
二七四六九　癸卯卜父甲木丁惟牡
二七四七〇　癸…
二七四七〇　弜勿　茲用
二七四七〇　癸巳卜父甲木丁勿牛
二七四七〇　弜勿
二七四七一　…卜其告于父甲…　吉

二七四七二　貞…□…父甲
二七四七三　吉于父甲
二七四七四　于…
二七四七四　…至父甲
二七四七五　…丑卜王其延史于父甲
二七四七六　…于…
二七四七六　示侑于父甲　吉
二七四七七　…王其…父甲…翌日…
二七四七八　…丑卜…在父甲…祐
二七四七九　…至父甲
二七四八〇　…父甲　吉
二七四八一　…在父甲…
二七四八二　…卜父甲…妣甲
二七四八三　父甲一牢
二七四八三　二牢
二七四八三　三牢　茲用
二七四八三　…木丁…牛
二七四八四　…辰卜其有歲于父戊
二七四八四　…卜…歲…戊…牢
二七四八五　弜有
二七四八五　戊子卜父戊歲惟牛
二七四八六　弜
二七四八六　丁酉卜其有歲于父戊
二七四八七　…子卜父戊歲惟羊
二七四八八　…卯卜其有歲于父戊
二七四八九　其有冊…
二七四八九　惟母先酌
二七四八九　惟兄先酌
二七四八九　惟父先酌
二七四九〇　丁丑卜…貞王…侑父…
二七四九〇　…史…賓…
二七四九一　貞于…三父侑
二七四九一　…有祭…歲王
二七四九二　弜…
二七四九二　壬午卜其延…歲于多父
二七四九二　…賓
二七四九三　乙…貞…
二七四九三　乙亥卜…
二七四九三　…多父暨…
二七四九四　…巳卜三台父下歲惟羊
二七四九五　…至于多台王受…
二七四九六　…台…父…
二七四九七　…王惟…公…受…
二七四九八　己酉卜…封鬳…祝王受祐
二七四九八　…茲…□?宊…穀小父用

二七四九九　高妣燎惟羊有大雨
二七四九九　惟牛此有大雨
二七五〇〇　…年妣庚示壬
二七五〇一　乙丑…
二七五〇一　其侑妣丙暨大乙酌王受祐
二七五〇二　…卜…妣丙大乙奭惟今日酌
二七五〇三　甲午卜舌其至妣己祖乙奭有正　吉
二七五〇三　弜至
二七五〇三　其舌妣甲祖辛奭有正
二七五〇四　弜侑
二七五〇四　其侑妣己祖乙奭
二七五〇四　惟今己亥酌
二七五〇四　于來日己酉酌
二七五〇四　一小牢
二七五〇四　小牢
二七五〇五　于妣甲祖辛奭
二七五〇五　于妣己妣庚祖乙奭
二七五〇六　于妣庚羌甲奭
二七五〇七　妣庚羌甲奭翌日王弗…
二七五〇八　丙申…
二七五〇八　…申卜宁貞王賓小乙…妣庚…
二七五〇九　…祖丁…妣辛…
二七五一〇　弜暨
二七五一〇　…妣丙
二七五一一　辛…翌…
二七五一一　…于妣戊…有成
二七五一二　…妣戊于翌日七十牛
二七五一三　丙寅…
二七五一三　…翌大丁奭妣戊
二七五一四　惟…用
二七五一四　其侑妣己妣庚惟小牢
二七五一四　…小牢
二七五一五　貞其三牢
二七五一五　戊午卜貞其侑妣己牢　吉
二七五一五　貞其一牛　吉
二七五一五　貞其小牢
二七五一五　壬戌卜狄貞今日不雨
二七五一五　…卜…日不…
二七五一六　戊寅卜其有歲于妣己惟翌日
二七五一六　于來日乙
二七五一七　妣己舌王…　大吉
二七五一八　戊戌卜其示于妣己王賓
二七五一八　弜賓
二七五一八　戊戌卜其延示于妣己
二七五一八　弜延

二七五一九　祖乙奭暨酌
二七五一九　弜暨酌
二七五二〇　戊戌卜其延示于妣己
二七五二〇　…王賓妣己示
二七五二一　妣己
二七五二二　其侑妣庚惟入自己夕酉酌
二七五二二　惟御酌
二七五二二　惟入自蓺酉酌
二七五二三　弜…
二七五二三　惟鼒
二七五二三　其舌妣庚
二七五二四　…卜其舌于妣庚王受祐
二七五二五　妣庚舌牢又二牛…受…
二七五二五　…受…
二七五二六　甲寅卜妣庚舌牢又一牛
二七五二七　…良妣庚王…
二七五二八　…巳卜其…妣庚
二七五二八　惟□至…
二七五二九　辛酉卜其敕妣庚其鼒
二七五二九　…其敕妣庚在白
二七五三〇　…奠歲妣庚王受…
二七五三一　…妣甲競妣庚
二七五三二　…亥卜妣庚歲勿牛
二七五三三　庚…貞其…妣庚
二七五三四　乙…
二七五三四　弜于妣庚有正
二七五三五　庚戌卜…貞王賓妣庚…
二七五三五　…宁…
二七五三六　妣庚舌…王受…
二七五三七　貞于妣庚…
二七五三八　貞三牛王…
二七五三八　…妣庚…受有祐
二七五三九　妣庚暨…茲用
二七五四〇　…于妣庚惟□
二七五四一　丙子…
二七五四一　其五牢王受祐
二七五四一　三牢
二七五四一　其五牢
二七五四一　己卯卜其侑妣辛
二七五四一　…宰
二七五四二　庚寅卜鼓貞其侑妣辛一牛
二七五四二　…卜…
二七五四三　甲子卜彭貞王蓺禱其宾于祖
二七五四三　庚寅卜彭貞其侑妣辛一牛
二七五四三　庚寅卜貞叡

二七五四三　庚寅卜彭貞其大宰
二七五四三　庚寅卜彭貞其小宰
二七五四三　…卜彭…
二七五四四　庚寅…其侑…妣辛…
二七五四五　庚申卜其侑妣辛
二七五四六　侑妣辛一小宰
二七五四六　…宰
二七五四七　叡嫠
二七五四七　其侑□于妣辛
二七五四八　惟…
二七五四八　其桒妣辛其言曰酌
二七五四九　癸未卜貞其桒于妣辛
二七五五〇　癸未卜貞弜桒妣辛
二七五五一　至于妣辛酌　茲用
二七五五二　貞弜…妣辛在…暨祖…
二七五五二　乙卯卜□貞其一牛
二七五五二　…牛
二七五五三　弜祀祝于之若
二七五五三　其祝在妣辛有正
二七五五三　…祝…
二七五五四　弜祝妣辛
二七五五四　弜祝母戊
二七五五五　己巳卜其啓宜西户祝于妣辛　吉
二七五五六　弜祝妣辛
二七五五七　其告妣辛惟麑
二七五五七　惟羊
二七五五八　王其田其告妣辛王受祐
二七五五八　弜祀
二七五五九　癸…
二七五五九　其禦妣辛
二七五五九　于多母禦
二七五五九　弜
二七五六〇　辛卯卜其册妣辛
二七五六一　…王賓妣辛日有正
二七五六二　于妣辛升，…王此…
二七五六二　…有祐
二七五六三　貞二牢王受有祐
二七五六三　…妣辛…
二七五六四　庚辰卜…貞翌辛…其侑…
二七五六四　…卜何貞…辛巳其…于妣辛
二七五六五　…妣辛饗
二七五六六　…即宗于妣辛
二七五六七　…于妣辛
二七五六八　于妣…
二七五六八　妣辛

二七五六九 ：子卜其侑妣壬：
二七五七〇 癸巳卜：貞王：妣癸：無：
二七五七一 壬辰卜其侑妣癸惟羊王受祐
二七五七二 牢
二七五七二 壬午卜其有歲于妣癸惟小窂
二七五七二 惟一牛
二七五七二 牢
二七五七三 妣癸歲惟牛
二七五七三 牢
二七五七三 牢又一牛
二七五七三 二牢 大吉
二七五七四 ：午卜何：翌癸未：侑妣癸惟小窂
二七五七五 日于妣癸其舌王受祐
二七五七五 惟羊王受祐
二七五七六 貞于：
二七五七六 貞于妣：
二七五七六 窂
二七五七七 癸丑：其延：于妣：
二七五七八 ：卜妣舌
二七五七九 妣祝惟羊 吉
二七五七九 惟牛
二七五八〇 ：侑于多妣八：
二七五八一 ：
二七五八二 乙丑卜其有歲于二司一牝
二七五八二 ：牡
二七五八三 壬申卜母戊歲惟牡
二七五八三 惟牝
二七五八三 子癸歲王賓祭
二七五八三 弜賓祭
二七五八四 壬申卜母戊歲惟牡
二七五八四 惟牝
二七五八四 ：賓祭
二七五八五 庚午卜貞于母戊歲迺：
二七五八六 其舌于母戊
二七五八七 ：栝母戊惟：
二七五八八 ： 茲用
二七五八八 ：卜王賓母戊日
二七五八九 惟：曌：正 大吉
二七五八九 王賓母戊歲有正 吉
二七五九〇 于既：母戊束：帰：有：
二七五九〇 先帰迺：
二七五九〇 ：將母戊
二七五九一 惟：有： 吉
二七五九一 惟勿牛有正 吉
二七五九一 王賓母戊：有正 吉
二七五九二 于：牢

二七五九二 ：未卜其將母戊
二七五九三 ：桒于母戊：
二七五九四 于母戊：
二七五九五 丁酉卜桒母己有正 吉
二七五九六 五十：
二七五九六 己亥卜母己歲惟牡
二七五九六 ：牝：用
二七五九七 ：有歲于：
二七五九七 丁酉卜其有歲于母：
二七五九八 ：卜其祝母惟𩰫王受祐
二七五九九 弜
二七五九九 其祝在母
二七六〇〇 ：祝于母
二七六〇一 乙：貞：三母
二七六〇二 其：
二七六〇二 敉小母
二七六〇三 其：多母
二七六〇四 其：
二七六〇四 弜升
二七六〇四 惟辟臣升
二七六〇四 惟多母：升
二七六〇五 其至：有：
二七六〇五 弜
二七六〇五 其至司嬬有正
二七六〇六 丁卯卜：
二七六〇六 惟今日丁 茲：
二七六〇六 于司辛
二七六〇七 ：卜曏貞：侑司母
二七六〇八 桒：歲：二司： 茲：
二七六〇八 𩰫
二七六〇九 ：卜王其侑兄丙王受： 大吉
二七六一〇 惟：子：
二七六一〇 其侑兄丙暨子癸
二七六一〇 叙嫠
二七六一一 ：兄己歲惟牡
二七六一二 ：卜兄己歲：
二七六一三 丁巳卜其桒于兄己
二七六一三 己亥卜其延桒
二七六一三 弜延桒
二七六一四 戊辰卜兄己：
二七六一四 二牢 茲用
二七六一五 己未卜其有歲于兄己一牛
二七六一五 己未卜其有歲暨兄庚牢
二七六一六 戊辰卜其延兄己兄庚
二七六一六 叙嫠

二七六一七　戊辰：其有：于父：惟：
二七六一七　惟牛
二七六一七　戊辰卜其延兄己兄庚歲
二七六一八　：牢
二七六一八　：牢
二七六一九　：酒牛二兄庚牛一
二七六二〇　丙子卜：酒：一牢
二七六二〇　二牢
二七六二〇　三牢　茲用
二七六二〇　己卯卜兄庚酒歲惟羊
二七六二〇　己丑卜兄庚酒歲惟羊
二七六二〇　：田擒
二七六二一　二牢　茲：
二七六二一　己丑卜兄庚歲二牢
二七六二一　三牢　茲用
二七六二二　弜
二七六二二　惟歲
二七六二二　惟□　吉
二七六二二　其侑兄辛惟牛王受祐
二七六二二　其牢王受祐
二七六二三　庚子：有歲：兄辛：　茲：
二七六二三　惟牢　茲用
二七六二四　：王其有歲于兄辛：
二七六二五　兄：
二七六二五　兄辛歲惟卯各于日敓
二七六二六　己丑卜兄辛歲：
二七六二七　惟羌
二七六二七　于山日迺敓兄辛歲
二七六二八　其□兄辛惟有車用有正
二七六二九　：祝至兄辛
二七六三〇　舌兄辛有正
二七六三一　其三馬
二七六三一　惟不勿馬
二七六三一　惟勿馬
二七六三一　：兄辛
二七六三二　：申卜聲穧其蒸兄辛
二七六三三　惟母己暨于癸酌
二七六三三　惟兄辛暨于癸先　吉
二七六三四　牢：受：
二七六三四　其侑兄癸惟羊王受祐
二七六三五　叡：
二七六三五　□祭兄癸惟有還王受祐
二七六三六　辛未卜：史其延三兄王受：
二七六三七　于多：
二七六三七　弜于：母

二七六三八　弜于：母
二七六三八　于多：
二七六三九　貞侑子□
二七六四〇　于父：日
二七六四〇　壬申卜其叙子癸惟犬
二七六四〇　惟牛
二七六四〇　：牢
二七六四一　于劦日市：廼有□王受：
二七六四一　其侑長子惟□至王受祐
二七六四二　：仲子舌：受有祐
二七六四三　：卜貞：賓：去多：
二七六四四　惟王饗受祐
二七六四四　：多子饗
二七六四五　丙子卜宁貞王賓卜丙𠂤去多：
二七六四六　：多子：
二七六四七　貞惟多子饗于廳
二七六四七　：賓：正
二七六四八　弜饗
二七六四八　惟多子饗
二七六四八　惟多：
二七六四九　甲寅卜彭貞其饗多子
二七六五〇　弜
二七六五〇　惟多生饗
二七六五〇　惟多子
二七六五一　弜：
二七六五一　其侑于□壬卯侑于台王受：
二七六五一　弜卯侑其□于□壬王受祐
二七六五二　：寅卜其侑于□壬惟羊
二七六五三　：卜其有歲于伊尹惟□祝　茲：
二七六五四　丁巳卜夂歲其至于伊尹　吉
二七六五五　三牛
二七六五五　伊尹歲十羊
二七六五六　于：大：
二七六五六　弜𠦪于伊尹無雨
二七六五七　弜：
二七六五七　：伊尹：有大雨
二七六五八　于示𠦪：
二七六五八　弜于示𠦪無
二七六五八　：伊尹：乙：雨
二七六五九　其：于伊尹一牛
二七六五九　二牛　茲用
二七六五九　三牛
二七六六〇　：惟伊尹
二七六六一　乙巳卜舌至伊尹
二七六六二　于日：伊
二七六六三　壬辰卜：

二七六六三 弜射
二七六六三 伊賓
二七六六四 …午卜其侑伊…
二七六六五 丁卯卜伊歲…
二七六六六 伊酌
二七六六七 …午卜狄…伊其賓
二七六六八 丁卯卜其…
二七六六八 …侑…伊…
二七六六九 …卜何…王…吉…用…
二七六六九 …用…雨
二七六七〇 丁巳卜何…
二七六七一 癸亥卜何…其五…
二七六七二 辛酉卜…王惟…丁?用
二七六七三正 …子卜何
二七六七三正 …卜何
二七六七三反 卩商…
二七六七三反 卩商…
二七六七四 貞今…
二七六七四 貞今…
二七六七四 貞
二七六七四 辛未…
二七六七四 辛未卜何
二七六七五 甲子…
二七六七五 甲子…何
二七六七五 丙戌…貞其…
二七六七六 庚辰…翌…
二七六七六 庚辰卜何貞其一牛
二七六七七 （習刻）
二七六七八 …卜狄貞…嫠…
二七六七九 …狄…至…
二七六八〇 …卜狄…不?…
二七六八一 …卜狄…惟杳…逐…無災
二七六八二 …丑卜狄…惟牛
二七六八三 …狄…其遘
二七六八四 …卜狄…其…師不遘
二七六八四 …新…
二七六八五 貞惟…受…
二七六八五 …狄…
二七六八六 庚辰…貞至…
二七六八六 …狄…弜…暨
二七六八七 …狄壬王…
二七六八七 壬王…比不… 大吉
二七六八八 …狄…
二七六八九 …狄…
二七六九〇 …受祐
二七六九〇 狄

二七六九一 狄
二七六九二 狄
二七六九三 狄
二七六九四 …卜何
二七六九四 …何
二七六九四 （習刻）
二七六九五 …貞…執…
二七六九五 丁丑卜彭貞于禣
二七六九五 貞于文室?
二七六九六 己亥卜鼓…
二七六九六 …彭…呼…
二七六九七 己丑卜彭貞其…于…
二七六九七 …小宰
二七六九八 彭
二七六九九 …卜鼓…宗…
二七六九九 …巳…其束?
二七七〇〇 …來無災
二七七〇〇 …彭…
二七七〇一 …午卜彭…王其以…
二七七〇二 （習刻）
二七七〇三 丁亥卜珏?貞…它毓…甲惟…
二七七〇四 癸…貞…
二七七〇四 …卜口…無囚
二七七〇五 壬戌?卜口貞今日不…
二七七〇六 …卜口…卯翌…遘…五月
二七七〇七 辛酉…王貞…夕…尤
二七七〇七 …尤
二七七〇八 …口貞今夕…
二七七〇八 …其…
二七七〇九 貞…不…呼…
二七七〇九 …卜曰…儆…貯…
二七七一〇 …卜猷…
二七七一一 …猷
二七七一一 …雨
二七七一二 癸巳…貞…其…
二七七一二 …猷貞…祀…學
二七七一三 …午卜猷…無…
二七七一四 癸未…卯…旬…囚
二七七一四 …卯卜𢆶?貞旬無囚二月
二七七一五 壬戌卜卯貞…
二七七一六 庚寅…暊…
二七七一七 …貞…
二七七一七 …寅卜暊貞其…于…
二七七一七 …貞…
二七七一八 己…暊…其…

27718 庚辰卜暊：…
27718 ：卜暊：…
27719 壬：…
27719 ：暊：…
27719 ：鷧：母壬：寧
27720 ：穊：七?月?
27720 ：卜暊：赤：其穊：卢
27721 ：卢
27721 ：卜暊：又史：其穊：卢
27722 癸卯：暊：惟：…
27722 ：暊：赤：其：不：…
27723 癸亥：貞：于：…
27723 ：卜暊：惟：…
27724 ：未卜暊：翌日：祖：…
27725 丁未：…
27725 ：酉卜暊：有圍
27726 丁酉卜暊貞翌戊戌：…
27727 ：卜暊：亞新：…
27728 ：酉卜暊：叙嫠：…
27729 ：暊：作：升：…
27730 ：卜暊：…
27731 甲戌卜暊貞其：…
27731 ：寧
27732 甲申：貞今：…
27732 ：卜教：無囚
27733 ：教：無囚
27734 ：教：其侑父：…
27735 ：未卜宁：不：…
27735 丁：貞于：雨
27736 ：卜宁羞不惟史令：…
27736 ：卜宁羞不史：…
27737 ：逐：其悔
27737 貞弜：弗：吉
27738 癸巳：貞今：…
27738 ：卜弔：無：…
27739 辛酉卜夙今日辛蘖弗悔
27739 惟：
27740 丁亥：…
27740 丁亥：惟
27740 惟永令
27740 癸丑卜惟𡧊姼監凡
27740 惟𡧊須此令監凡
27741 惟見令：…
27741 惟見令
27741 ：武

27742 惟𡧊戊令監凡
27742 丁卯卜惟𡧊姼：…
27742 惟𡧊須此令監凡
27743 甲：卜：大：…
27743 ：比：…
27744 見何
27745 其：于：𢦔
27745 达往于：𢦔
27746 辛酉卜貞其呼𢀛任鵑鳴：母若弗
悔在三月
27747 惟𡧊：侑祖：…
27747 ：于𨑥令：王弗悔
27748 戊戌卜王其：…
27748 ：礡：父
27749 ：礡令二人
27750 惟師比
27751 ：𩕷犬口比屯日：… 茲用
27752 ：貞呼比𢼄
27753 丁巳卜其比惟山呼
27754 惟：
27754 惟𡆥：無災
27755正 弜：
27755正 ：𡆥各：…
27755反 ：悔
27755反 ：惟𡆥各：…
27756 ：來𢓊令𢦏往于：…
27757 ：其呼行：…
27758 ：戈：其：囚
27759 癸亥卜𡆥往
27760 于辛出
27761 于辛出
27762 ：寧：不出
27763 壬辰：貞王：…
27763 ：衣入
27764 惟入自：…
27765 夕入不雨 吉
27766 𢧢：不：…
27766 夕入不雨
27767 癸亥卜王其入商惟乙丑王弗悔 弘
吉
27767 ：丁卯
27768 ：王入从宮
27769 甲申：…
27769 其莫入于之若亥不雨
27770 ：于之𢓊遘

二七七七一 王執入 大吉
二七七七二 王其…入不…
二七七七二 執入不雨
二七七七三 執入不雨
二七七七四 …卜曰…王其往…惟西…
二七七七五 辛巳卜何貞王往于日…邁…
二七七七六 …寅卜王惟翌日乙往
二七七七七 丙…
二七七七七 …辛…往…
二七七七八 戊午…貞王其田斿往來無災在九…
二七七七八 …何…其田…無災…月
二七七七九 …子卜…王執…吉
二七七八〇 執往不雨
二七七八〇 …不雨
二七七八一 甲午卜王其省叙于楙匕…往來無災
二七七八二 …卜翌日戊王其省喪…邁雨
二七七八三 …狄…王其省涉滴無災不雨
二七七八三 …戊…
二七七八四 …大…省…弗…
二七七八五 貞惟…省湄…不雨
二七七八六 不來
二七七八七 來王弗悔
二七七八八 乙丑…貞今…無來…
二七七八九 …微御事來…
二七七九〇 惟…子牧…王弗…
二七七九〇 惟大…御事王弗悔
二七七九一 戊…箸…未…
二七七九一 弜己未歸王其悔
二七七九一 于庚申廼歸無災
二七七九一 …庚申…王其…
二七七九二 弜戊歸其悔 吉
二七七九三 弜其歸…
二七七九四 于來辛歸 大吉
二七七九五 弜歸王其悔
二七七九五 …豚
二七七九六 弜呼祝
二七七九六 其執
二七七九六 弜執呼歸克饗王事 弘吉
二七七九六 其作僼于丛木丁
二七七九六 弜作
二七七九七 壬子…貞王…于…無…
二七七九七 …卜何…步…無災
二七七九八 …卜…步自泉…叫…無災
二七七九九 翌日壬王其迖于向無災 吉

二七七九九 湄日雨
二七七九九 茲用
二七七九九 其雨
二七八〇〇 乙亥卜王其…
二七八〇〇 得步弗悔
二七八〇一 甲戌其雨
二七八〇一 乙酉卜…今日…
二七八〇一 甲寅…
二七八〇一 …步…今夕其…
二七八〇二 乙未卜王涉滴
二七八〇二 …射
二七八〇三 王其涉…吉
二七八〇四 弜尋方有雨
二七八〇四 其尋方有雨
二七八〇四 …尋…
二七八〇五 丁卯王其尋宕僼其宿
二七八〇五 弜宿其悔 吉
二七八〇五 大吉
二七八〇六 …辰卜翌日辛王其尋…吉
二七八〇七 翌日乙…
二七八〇七 翌日乙王其尋盂
二七八〇七 …盂宿
二七八〇八 翌…王其…于…無…吉
二七八〇九 王至喪…吉
二七八〇九 吉
二七八一〇 惟王至
二七八一一 …辰卜…王其至…無災 吉
二七八一二 …宿無…
二七八一三 …宿王…
二七八一四 王于…宿無…
二七八一四 …日乙…延雨
二七八一五 王立于上
二七八一五 …又…
二七八一六 丁卯卜狄貞王其狩目若…
二七八一七 癸亥卜貞王其木…
二七八一八 王各…从小宿
二七八一八 弜从
二七八一九 惟乙…从無…
二七八一九 …王其从…
二七八二〇 王其…宕有災
二七八二〇 弜宕…
二七八二〇 …又王…災 吉
二七八二一 丁…其…惟…
二七八二一 …不…王…
二七八二二 甲戌卜王其…

二七八二二 叙嫠
二七八二二 ：卜：侑：祖：王受有祐
二七八二三 貞王：塈：無：
二七八二四 ：用遘藿：有正
二七八二五 ：藿其遘：
二七八二六正 ：旬有𡆥王曰衛
二七八二六反 癸未卜蒸來乙酉
二七八二七 辛未卜暊貞今日王永
二七八二七 辛未卜暊：其賓：
二七八二七 ：貞：日：
二七八二八 ：杏王
二七八二九 ：卜王其呼衛：
二七八三〇 壬辰卜何貞王宊惟吉
二七八三〇 貞王宊惟吉不遘雨
二七八三一 戊辰：王宊：
二七八三一 ：卜何：王宊惟：
二七八三二 己亥：貞：惟：
二七八三二 己亥卜何貞宊惟吉不遘雨
二七八三三 ：寅卜何貞王宊惟吉
二七八三四 癸未卜貞王宊惟吉
二七八三五 壬申卜：王宊：不：
二七八三五 貞：
二七八三五 ：宊：
二七八三六 乙酉：貞王：吉
二七八三六 ：卜：貞宊：吉
二七八三七 壬戌卜貞王宊：吉
二七八三八 辛巳：貞王宊：吉
二七八三九 貞王宊惟吉
二七八四〇 貞王宊惟吉不遘雨
二七八四一 己酉卜卬貞王宊雨：
二七八四二 丁卯卜貞王宊
二七八四三 壬子卜何貞王宊惟雨
二七八四四 惟：雨
二七八四四 ：寅卜何貞王宊：吉
二七八四五 ：卜何貞王宊：吉
二七八四六 辛亥卜何貞惟吉𢆶用
二七八四七 ：子卜何：王宊
二七八四八 貞惟：雨
二七八四八 己卯卜何貞王宊：
二七八四九 丁卯：貞王：惟：𢆶
二七八四九 ：惟：𢆶
二七八五〇 甲子卜何貞王宊惟吉𢆶
二七八五一 ：卜何：宊：吉
二七八五二 貞：宊：惟：
二七八五二 ：獲：惟：

二七八五三 ：卜何：宊惟：
二七八五四 ：卜何：遘雨
二七八五四 ：雨
二七八五四 ：卜何貞：惟吉：遘雨
二七八五五 癸亥：何：宊：
二七八五六 ：卜何貞：吉不：雨四月
二七八五七 ：貞王：遘：
二七八五七 ：卜何貞宊：雨
二七八五七 ：何貞王：吉不：雨
二七八五八 ：巳卜：王宊：不遘：
二七八五九 ：卜何：宊惟：
二七八六〇 乙卯：貞王宊：吉不：
二七八六一 丙寅卜彘貞王往于夕福不遘雨宊
惟吉
二七八六一 ：宊惟吉：往于夕福允不遘雨四月
二七八六二 丁卯卜何貞王往于夕福不遘雨允
衣不遘：
二七八六二 貞王往于夕福不遘雨宊惟吉
二七八六三 己巳卜何貞王往于日不遘雨宊惟吉
允雨不遘四月
二七八六三 ：允不遘雨四月
二七八六四 ：貞：
二七八六四 ：何貞：往于夕：遘雨
二七八六四 ：不遘雨往于夕福允不遘雨四月
二七八六五 戊寅卜何貞王往于夕福不遘雨在五
月
二七八六六 丁卯卜彘貞王往于卜不遘雨
二七八六六 丁卯卜彘：
二七八六六 丁卯卜何貞王宊惟吉不遘雨
二七八六七 戊午卜何貞王往于日不遘雨宊惟吉
二七八六七 ：往于日：
二七八六八 ：卜何：往于：宊惟：
二七八六九 丙辰卜：宊惟：遘：
二七八七〇 甲：王其：夕：宊：
二七八七一 甲寅卜：宊：羊：吉
二七八七二 ：卜何：往于：惟吉：雨
二七八七二 ：往：
二七八七三 ：卜何：往于：遘雨
二七八七四 ：往于：不遘雨
二七八七五 癸亥卜彭貞其侑于丁妣己在十月又二小臣囚
立
二七八七五 貞其中
二七八七五 貞惟辛
二七八七五 貞啓𦣞大甲日
二七八七五 貞王於不遘

二七八七五　：日
二七八七六　：壱小臣囚立
二七八七七　：饗：翌日小臣：
二七八七七　乙丑卜：貞其：遘：
二七八七八　乙巳卜惟小臣呇克有戭呇：
二七八七九　翌日：囲小臣：
二七八七九　惟小臣呇克有戭呇王
二七八七九　：呇：王
二七八八〇　貞王異：盧：于：
二七八八〇　：其小臣：
二七八八一　丙寅卜惟馬小臣：
二七八八一　惟戍馬冒呼允王受有祐
二七八八一　王其呼允受有祐
二七八八二　：來告大方出伐我師惟馬小臣：
二七八八三　癸巳卜貞其令小臣陷
二七八八三　：猷
二七八八四　丁巳卜惟小臣剌以𠂤于中室
二七八八四　丁巳卜惟小臣口以𠂤于中室　茲用
二七八八四　庚申卜其奏宗𠂤有燎惟：小𡧊
二七八八四　：大：　茲用
二七八八四　庚申卜其奏：　茲用
二七八八四　辛酉卜左𠂤弜將在右立
二七八八五正　庚午卜王貞其呼小臣𠍽比在曾？
二七八八五正　庚午卜王：
二七八八五正　辛酉卜宁
二七八八五正　：𠭰：屮
二七八八五正　：尤
二七八八五正　：宁：
二七八八五反　甲寅卜王貞翌：
二七八八六　弜
二七八八六　在？小臣醬有來告
二七八八七　惟黔
二七八八七　：小臣鼬
二七八八八　其：令：方：
二七八八八　惟小臣糟令呼比王受祐
二七八八八　弜令
二七八八八　惟黔令
二七八八八　弜令
二七八八八　：𤅊：
二七八八九　惟馬囷
二七八八九　惟小臣口
二七八八九　惟小臣𠭰
二七八九〇　弜比其：
二七八九〇　惟小臣妥𤔲不作自魚　茲用
二七八九〇　王其陟　茲用

二七八九一　惟田暨戍舞
二七八九一　：日暨：舞
二七八九二　多田無災
二七八九三　以多田伐有封廼：
二七八九四　弜不饗惟多尹饗
二七八九四　弜不元㲋
二七八九四　元㲋惟多尹饗　大吉
二七八九五　：尹往弗悔
二七八九六　：亥卜多辟臣其：
二七八九七　癸巳卜其呼北御事衛
二七八九八　惟洸犬陮从無：
二七八九八　：斿：師：無災
二七八九九　：寅卜王其比𪊑犬：壬湄日無災
永：
二七九〇〇　：其：
二七九〇〇　：猈？犬告曰有大：
二七九〇一　：在淒犬告狐王：　弘吉
二七九〇二　戊辰卜在淒犬中告麋王其射無災擒
二七九〇三　惟宕犬𡆥比無災
二七九〇三　：犬：比無災
二七九〇四　惟宕犬𡆥比無災
二七九〇五　惟𡩜？犬𡆥比田𢼸無災擒
二七九〇五　：辛王：
二七九〇六　：𡆥：
二七九〇七　：戊王其比盂犬畓田𪓖無：
二七九〇七　于：
二七九〇七　不雨
二七九〇七　其雨
二七九〇八　：王惟：犬畓比無災
二七九〇八　：擒
二七九〇九　癸卯卜戊王其比犬𢀛：
二七九一〇　惟在𡧊犬𡆥？比無災擒
二七九一一　惟𥁕犬豕比無災
二七九一一　王：　弘吉
二七九一二　以𢦏
二七九一二　惟犬
二七九一三　戊辰：
二七九一三　惟犬
二七九一三　惟：
二七九一四　惟：湄：
二七九一四　惟戍犬𢀛比湄日無災永王
二七九一四　王其田：無災
二七九一五　王其田于：惟犬師比擒無災　茲用

二七九一五　王其田惟成犬比擒無災
二七九一五　：犬：　茲用
二七九一五　弜凡
二七九一六　甲申卜王惟牢犬：　吉
二七九一六　王惟祀犬：
二七九一六　吉
二七九一七　：其比犬辰無災
二七九一八　辛丑卜王吉：
二七九一八　辛丑卜犬吉：鳴在：
二七九一九正　乙丑　丙寅　丁卯　戊辰　己巳　庚
辰　辛巳　壬午　癸未　甲申　乙酉
二七九一九反　乙未卜在盂犬吉有鹿
二七九一九反　乙未卜王往田不雨
二七九一九反　：弗擒
二七九二〇　甲子卜：
二七九二〇　于喪無災
二七九二〇　于盂無災
二七九二〇　于宮無災
二七九二〇　㝄犬吉王其比無災擒
二七九二一　盂犬：吉鹿：其比擒
二七九二一　𣪘獒
二七九二二　：犬言無災
二七九二三　弜：其悔
二七九二三　惟牢犬舌比弗悔
二七九二三　其悔
二七九二四　庚：牢犬：
二七九二四　：擒
二七九二五　辛亥卜翌日壬王其比在成犬𠂤弗
悔無災　弘吉
二七九二五　不擒　吉
二七九二五　在盂
二七九二五　：其雨
二七九二六　其比犬擒
二七九二六　王惟犬比無災
二七九二六　：口：無災
二七九二七　辛酉：貞王：犬擒
二七九二八　癸卯：貞亞：來：災
二七九二八　貞不遘雨
二七九二九　癸巳卜暊：亞往田：來無：
二七九二九　：立：亞：田其于：
二七九三〇　：貞其：翌日：
二七九三〇　庚戌卜暊貞亞其往宮往來無災
二七九三〇　：亥卜暊：今日亞其：函
二七九三一　丙戌卜戊亞其𩰤其豊
二七九三一　茲雨湄日

二七九三二　癸亥卜暊貞翌史亞有：惟用
二七九三二　弜惟
二七九三三　丁亥：貞亞：田：田：麓：
二七九三三　𣪘
二七九三四　：亞其：口又：
二七九三五　：戌卜：亞若
二七九三六　：亞于龔
二七九三七　惟亞臣其辟
二七九三八　：卜亞般歲祈𠬝：
二七九三九　庚申翌：其𣂼：
二七九三九　辛未：
二七九三九　貞其令有亞走馬𢓜乚𢓜
二七九三九　貞其：
二七九四〇　貞亞：馬：
二七九四一　：不遘：
二七九四一　：受年
二七九四一　：廼呼歸衛射亞
二七九四二　于乙廼射
二七九四二　惟馬無呼擒
二七九四二　惟多馬呼射擒
二七九四三　甲辰：多馬：衛比：惟：
二七九四四　于壬王廼：往田湄日：
二七九四四　：徲馬：惟王：擒
二七九四五　戊申卜馬其先王兌比：　大吉
二七九四六　弜：其悔鮻
二七九四六　王其歲丁盟戊其𩰫無災弗悔
二七九四六　弜𩰫其悔
二七九四六　丁酉卜馬其先弗悔
二七九四六　弜先
二七九四七　：未卜今夕馬其先戊：其雨
二七九四八　庚午卜貞翌日辛王其田馬其先擒不雨
二七九四八　：擒：
二七九四九　今日辛亥馬其先不遘大：
二七九四九　：遘：
二七九五〇　貞𩰫：不雨
二七九五〇　貞馬弜先其遘雨
二七九五一　先馬其悔雨
二七九五二　貞馬：先：𤔲
二七九五二　：犬：災
二七九五三　于乙：廼田湄：無災
二七九五三　其先馬不：雨
二七九五四　：其呼馬先弗悔不：　大吉
二七九五四　：有雨
二七九五五　庚午卜：
二七九五五　比先馬其雨

二七九五六　貞馬弜：其悔
二七九五七　弜先馬其悔
二七九五八　：馬其悔雨　大吉
二七九五九　壬戌卜馬：袁弗作王：
二七九六〇　：王其：馬：𠙶：
二七九六一　：惟馬：畓擒
二七九六二　惟馬：𩦎方𢦏
二七九六三　于壬田：
二七九六三　惟馬
二七九六四　陷
二七九六四　甲子卜其陷
二七九六四　惟馬呼陷
二七九六五　其呼馬：先：
二七九六五　不兌
二七九六六　有𢦏
二七九六六　惟：喜令
二七九六六　惟戍馬呼暨往
二七九六六　：衆
二七九六七　壬：
二七九六七　弜令戍其悔弗𢦏
二七九六八　惟戍罝擒
二七九六八　惟王以戍罝擒
二七九六八　：隻鹿：遘
二七九六九　乙丑：王其：戍从：乃：在之：弗：
二七九七〇　惟戍呼射擒
二七九七一　其呼射
二七九七二　戍：
二七九七二　戍其徲毋歸于之若𢦏羌方
二七九七二　戍其歸呼驓王弗悔
二七九七二　其呼戍禦羌方于義𠂤𢦏羌方不喪
衆
二七九七二　于濘帝呼禦羌方于之𢦏
二七九七二　：其大出
二七九七三　其禦羌方其下盟人羌方：　大吉
二七九七四　：其令戍：羌方于敦于：　吉
二七九七四　有商𢦏：方
二七九七五　惟戍毋往有𢦏
二七九七五　惟戍𢀛往有𢦏
二七九七五　：戍往：羌方不：人有𢦏
二七九七六　：䍧方其用王受：　吉
二七九七七　：五卜戍𠂤羌方：
二七九七八　：用𢦏方　吉
二七九七八　惟亩行用𢦏羌：　大吉
二七九七八　：戍　吉
二七九七八　惟𧇾行：

二七九七九　戍惟義行用遘羌方有𢦏
二七九七九　弜用義行弗遘方
二七九七九　：𢦏
二七九八〇　：義行：羌：有𢦏
二七九八一　弜令：王其悔
二七九八一　：戍：令：𢦏羌
二七九八二　𢆶：大乙：
二七九八二　惟商方步立于大乙𢦏羌方
二七九八三　貞：犾：方：𠦪：
二七九八三　于：𠦪𢦏羌方
二七九八四　：王其𠦪羌方擒王：
二七九八五　：𠦪典𠕋羌方王：
二七九八六　今秋惟告伐䍧
二七九八七　甲辰卜王其：
二七九八七　叙于之若王弗悔
二七九八七　叙于之若王弗悔
二七九八七　：及羌：戍𥃝弗𢦏
二七九八八　其將𥃝：又夕：
二七九八八　弜將𥃝B
二七九八八　其將𥃝于：襄
二七九八八　：將𥃝：
二七九八九　：將𥃝其：
二七九九〇　弜𡏳呼王其悔
二七九九〇　惟可日𠍞呼𢦏䍧方𢦏方䜌方
二七九九〇　弜𠍞呼
二七九九一　戍：衛：
二七九九一　自可至于濘偁禦
二七九九二　弗：
二七九九二　：𢦏征𢦏方
二七九九三　貞王其：𢦏方：用五：不：
二七九九四　：𢦏方：
二七九九五　戍弗及𢦏方
二七九九五　戍及𢦏方𢦏
二七九九五　戍甲伐𢦏𢦏方校
二七九九五　弗𢦏
二七九九五　戍及校于有襄
二七九九五　：襄
二七九九六　惟微用彤㳄于之若𢦏𢦏方不雉
衆
二七九九六　戍从𠂤𢦏方戍
二七九九六　：𢦏𢦏方
二七九九七　戊申：
二七九九七　于翌日己酚
二七九九七　戍及𢦏方
二七九九七　弗及
二七九九七　𢀛方𠍞𢦏方作𡆥

二七九九八　惟其步擒羞
二七九九八　：步：方
二七九九九　弜祝
二七九九九　于㕣亩其祝于危方奠　兹用
二七九九九　弜祝
二七九九九　：受有祐
二八〇〇〇　戍興伐𢦏方食：
二八〇〇〇　：于方既食戍廼伐𢦔
二八〇〇一　貞叙𤼷
二八〇〇一　丁未卜晅貞危方𠕋雈新家今秋王
其比
二八〇〇一　貞其叙𤼷
二八〇〇一　壬寅卜晅貞翌日癸卯王其迖
二八〇〇一　：甲辰
二八〇〇二　癸酉卜晅貞其歸𢀛方于𣲡𣲡不…
二八〇〇二　貞其叙在不𡚬
二八〇〇二　：下：𡚬
二八〇〇三　出于卜燎
二八〇〇三　弜宣方燎
二八〇〇四　于翌日庚彭　吉
二八〇〇四　：大[illegible]年
二八〇〇五　：辟：方
二八〇〇六　：方：𢦔咢：
二八〇〇六　：姘?呼：
二八〇〇七　惟多万　大吉
二八〇〇七　吉
二八〇〇八　癸巳卜其呼戍…
二八〇〇八　弗利
二八〇〇八　丁酉卜其呼以多方𠂤小臣
二八〇〇八　其教戍
二八〇〇八　亞立其于右利
二八〇〇八　其于左利
二八〇〇九　丁亥卜在𨸏衛彭邑𢍰典𠕋有奏
方豚今秋王其使：
二八〇一〇　自方：至：　吉
二八〇一一　壬戌卜貞不遘方
二八〇一一　壬戌卜狄貞其遘方
二八〇一一　壬戌卜狄貞有出方其以來奠
二八〇一一　壬戌卜狄貞叙勿以來
二八〇一一　壬戌卜狄貞惟馬亞呼執
二八〇一一　壬戌卜狄貞惟戍呼執
二八〇一一　壬戌卜狄貞及方　大吉
二八〇一一　壬戌卜狄貞弗及　吉
二八〇一一　壬戌卜狄貞其有來方亞旋其禦王
受有祐

二八〇一一　壬戌卜貞弗受有祐
二八〇一一　壬戌卜狄貞亞旋𢦔[illegible]
二八〇一一　壬戌卜貞亞旋以受于方
二八〇一一　壬戌卜狄貞亞旋其陟遘入
二八〇一一　壬戌卜狄貞其球入
二八〇一一　乙酉小臣[illegible]奠
二八〇一一　狄
二八〇一二　弜益襄人方不出于之
二八〇一二　弜益涂人方不出于之
二八〇一二　王其呼衛于𢍰方出于之有𢦔
二八〇一二　：衛：出于：𢦔
二八〇一三　王其令亞歸弗悔
二八〇一三　其呼戍禦方及
二八〇一三　戍弗及方
二八〇一四　：受其追方惟：　大吉
二八〇一五　弜：
二八〇一五　及方
二八〇一五　弗及
二八〇一六　惟：行：从：
二八〇一六　：受：方以：王擒
二八〇一七　不遘方
二八〇一八　：𠂤人入?方：
二八〇一九　：卜方同夔
二八〇二〇　戍：方
二八〇二一　辛：
二八〇二一　于翌日壬歸有大雨
二八〇二一　甲子卜亞𢦔耳龍毋啓其啓弗悔
有雨
二八〇二二　癸：
二八〇二二　惟丁午鼎弜新
二八〇二二　惟新鳴
二八〇二二　惟𢀛伐
二八〇二三　：龍惟今日丁出
二八〇二四　丁有來告
二八〇二四　戍有來告　吉
二八〇二五　庚有來告
二八〇二六　王其𠬝戍𢦏：
二八〇二七　：戍其𢦏在：　大吉
二八〇二八　丁卯卜戍其𢦏：
二八〇二九　丁卯卜戍允出弗伐𢼄
二八〇二九　：不：
二八〇三〇　弜益戍：受匕：
二八〇三一　弜：
二八〇三一　其以虎𦉪戍
二八〇三一　弜以

二八〇三一　丙子卜今日王其呼…
二八〇三二　于…有…
二八〇三二　…戍官入有𢦏?
二八〇三三　于戍官入…
二八〇三四　戍辟邊之𢦏
二八〇三四　…之𢦏
二八〇三五　戍粦其雉…
二八〇三六　惟…
二八〇三六　惟戍粦有𢦏
二八〇三七　戍須…
二八〇三八　…于…戍…
二八〇三八　戍沓其遘𢦔
二八〇三九　戍…𢓊有…廼…用…
二八〇四〇　貞王其戍…
二八〇四〇　…狄…𢓊
二八〇四一　貞戍…𣥂大…
二八〇四二　…戍佣其…
二八〇四二　…犬?用
二八〇四三　…不至于…戍爯…𢦔
二八〇四四　戍爯其遘𢦔
二八〇四五　丁未卜王其呼戍希在…
二八〇四六　…戍于…敦?…立
二八〇四七　…戍武…𢦏
二八〇四八　弜令戍
二八〇四八　…𢦏
二八〇四九　（與二七九六九重）
二八〇五〇　翌日辛…喪…戍不…雨?
二八〇五〇　…王其田…無災
二八〇五一　戍…戍惟…
二八〇五一　戍弗𢦏
二八〇五二　戍?…戍[illegible]?…嘦暨
二八〇五二　…戍…以…𢦏
二八〇五三　王惟次令五族戍羌方
二八〇五三　王弜令次其悔
二八〇五四　癸巳卜王其令五族戍𢓊…伐𢦏
二八〇五五　甲子…貞伐…王獲…吉
二八〇五六　王其呼?戍受…
二八〇五六　…田…
二八〇五七　…寅卜王其呼衛其叅王受…　大吉
二八〇五七　…悔
二八〇五八　惟往鬲…
二八〇五八　戍衛往于來取廼鬲𠊍衛有𢦏
二八〇五九　弜令戍于衛其…
二八〇五九　弜令…吉
二八〇六〇　…巳卜在尋衛…　吉

二八〇六一　…卜王其呼衛…
二八〇六二　…衛逐人
二八〇六二　乙亥卜…褱…
二八〇六三　褱微先利
二八〇六四　戊寅卜在韋師𠂤人無?𢦏異其𡚭
二八〇六五　惟…伐…
二八〇六五　惟甲戌伐有𢦏
二八〇六六　庚辰…
二八〇六六　惟癸伐𢦏
二八〇六七　惟辛…兌伐…
二八〇六七　戍其伐有𢦏
二八〇六七　…𢦏
二八〇六八　惟伐乙于圅
二八〇六九　…伐丁廼从…
二八〇七〇　…伐亩…
二八〇七一　貞伐…𢓊…
二八〇七二　壬戌…𢦏
二八〇七三　…自…𢓊𢦏…
二八〇七四　佣其以…尹𢓊…于…𢦏
二八〇七四　…即征…廼…𢦏
二八〇七五　…叅…𢦏…方　大吉
二八〇七五　…受…
二八〇七六　𢦏亩　吉
二八〇七七　…往…𢦏…暨…
二八〇七八　辛…冉…遘𢦔…月
二八〇七九　…令日惟癸…
二八〇七九　弗𢦏
二八〇八〇　惟戍射有正
二八〇八一　貞弜射
二八〇八二　…午…貞王其…剛…
二八〇八三　…其呼執…
二八〇八四　弜執
二八〇八五　執伊…
二八〇八五　弜執
二八〇八五　弗及茲夕有大雨
二八〇八六　壬戌卜王其尋二方伯　大吉
二八〇八六　弜尋
二八〇八六　王其尋二方伯于𠂤辟
二八〇八六　于南門尋
二八〇八七　辛未…貞今日…陮田…
二八〇八七　貞王其尋𢓊方伯晉于之若
二八〇八八　…卜狄…危方美…晉于…若
二八〇八九正　丁巳…
二八〇八九正　王于𢓜使人于美于之及伐望王　受有祐

二八〇八九正 得取美御事于之及伐望王受有祐
惟用 大吉
二八〇八九正 王其比望爯册光及伐望王弗悔
有戋 大吉
二八〇八九正 ⋯貯其呼取美御 吉
二八〇八九反 ⋯夕从伐妣庚仲⋯
二八〇九〇 ⋯取美御事于之及伐望王受有祐惟
用 吉
二八〇九一 ⋯危伯美于之及⋯望⋯
二八〇九二 ⋯用危方由于妣庚王賓
二八〇九三 其用羌方⋯于宗王受有祐
二八〇九三 弜用
二八〇九三 羌方由其用王受有祐
二八〇九三 弜用
二八〇九三 癸丑⋯
二八〇九四 惟戌得令⋯
二八〇九四 ⋯令从⋯伯有戋 吉
二八〇九五 ⋯盧伯漅其延呼饗 吉
二八〇九六 ⋯𦣞⋯旅⋯漅⋯以⋯
二八〇九七 ⋯方伯其禽于⋯ 吉
二八〇九八 ⋯其多茲⋯十邑⋯而入執⋯鬲千⋯
二八〇九九正 己巳貞示先入于商
二八〇九九正 ⋯貞⋯示⋯暨⋯入
二八〇九九反 戊辰卜貞翌庚午
二八〇九九反 戊辰卜貞于辛未涉
二八〇九九反 貞翌乙亥暘日
二八〇九九反 ⋯翌乙亥不暘日
二八一〇〇 癸卯⋯于商 吉
二八一〇一 ⋯其⋯商于往⋯向
二八一〇二 ⋯商⋯告于⋯不⋯
二八一〇三 于⋯大商
二八一〇三 魯
二八一〇四 ⋯亳⋯
二八一〇五 ⋯亳⋯
二八一〇六 癸丑卜其侑亳土惟祰
二八一〇六 其方⋯疾正
二八一〇七 ⋯亳土饗
二八一〇七 （習刻）
二八一〇八 ⋯惟⋯
二八一〇八 惟華王受年
二八一〇八 其有燎亳土有雨
二八一〇九 戊子卜其有歲于亳土三小𡨦
二八一〇九 十小𡨦
二八一一〇 弜
二八一一〇 其侑亳土 吉

二八一一〇 弜
二八一一一 其方彝亳土燎惟牛
二八一一一 ⋯𡨦
二八一一二 其侑亳⋯王⋯
二八一一二 叙嫠
二八一一三 ⋯亳土惟小𡨦
二八一一四 ⋯狄⋯秋王⋯唐⋯受⋯
二八一一五 丁未⋯
二八一一五 惟東單用
二八一一六 ⋯入从南單
二八一一六 ⋯从西
二八一一六 ⋯巳⋯
二八一一七 ⋯𬆉其出⋯
二八一一八 癸丑卜其用𬆉⋯
二八一一九 于𣪊⋯
二八一二〇 王衣入不遘雨 吉
二八一二一 ⋯卜今日⋯从𡌢⋯用
二八一二二 ⋯卜万其𨒌至凡王弗悔 大吉 茲
用
二八一二三 ⋯敎
二八一二四 弜以
二八一二四 惟中麓先𢉩 吉
二八一二四 惟東麓先𢉩 吉
二八一二五 惟洸⋯彔戌⋯
二八一二六 ⋯北奠
二八一二七 高𬀯⋯暨卯弜⋯
二八一二八 ⋯步自果隹余𠂤⋯
二八一二九 惟㱿田⋯日無災 大吉
二八一三〇 ⋯于陀册⋯
二八一三一 貞王⋯心⋯
二八一三一 ⋯乙王⋯不雨
二八一三二 貞𢑥宕⋯万王其酚
二八一三三 戌⋯
二八一三三 ⋯虞⋯宿無⋯
二八一三四 惟⋯
二八一三四 惟乙亥遘𦎫
二八一三五 惟𦎫遘王受祐
二八一三六 甲申⋯彔⋯
二八一三六 哭
二八一三七 其⋯宣惟⋯
二八一三七 ⋯受祐
二八一三八 惟麥雉⋯ 吉
二八一三九 于⋯迺⋯
二八一三九 王其惟麦戋
二八一四〇 丙寅卜狄貞其高⋯至𡕒王受有祐

二八一四一　…翌丁…耗…無災　吉
二八一四二　…今人…吉
二八一四三　癸亥…貞其…
二八一四三　癸亥卜彭貞自高
二八一四三　甲子卜彭貞彈…
二八一四四　貞惟高…
二八一四四　弜
二八一四五　…出于…□不雨
二八一四六　甲辰…貞惟…□無災
二八一四六　…卜狄…叡…無災
二八一四七　…卜狄…其从□
二八一四八正　戊寅卜王貞从□
二八一四八正　…王…
二八一四八反　庚辰卜…貞之日…
二八一四八反　庚辰卜…貞不…
二八一四九　貞王…
二八一四九　…惟盜…無災
二八一五〇　丁卯…貞戊…鷄…
二八一五一　…于賓…
二八一五二　…卜在五□
二八一五三　在五□
二八一五四　五□仰惟牛王受祐
二八一五四　惟羊王受祐
二八一五五　庚辰卜狄貞…王□先酌
二八一五六　貞□…五□宰王受祐
二八一五七　至…□…若…
二八一五七　弜至三□
二八一五七　至于二□于之若王受有祐
二八一五七　弜至三□　吉
二八一五八　貞三□…祐
二八一五八　…二宰
二八一五九　弜暨
二八一五九　二□暨王受有祐
二八一六〇　至二…
二八一六〇　弜至二□
二八一六一　貞至…□　吉
二八一六二　其□…
二八一六三　貞至三□
二八一六四　…在□…
二八一六五　…在□
二八一六六　…□
二八一六七　…廼□在涂
二八一六八　…未卜在宰…
二八一六九　…在聿
二八一七〇　…貞占…女無…在祀…月

二八一七一　于并
二八一七一　于龝
二八一七一　于□
二八一七二　貞即…
二八一七二　貞于□…
二八一七三　癸丑…貞于…
二八一七三　癸丑卜何貞于盟
二八一七三　癸丑卜何貞叡□
二八一七三　…卜何…
二八一七四　…卜王…于盟
二八一七五　貞于□
二八一七六　于…
二八一七六　于□
二八一七七　于敎
二八一七八　□惟今夕于滴
二八一七九　…滴
二八一八〇　弜…
二八一八〇　王其侑于滴在有石燎有雨
二八一八〇　既川燎有雨
二八一八〇　王其呼戍□盂有雨　吉
二八一八〇　惟万□盂田有雨　吉
二八一八〇　登燎惟豚
二八一八〇　惟羊
二八一八〇　惟小宰
二八一八一　惟滴…
二八一八二　弜…洹…
二八一八二　庚午卜其侑于洹有雨
二八一八三　…東洹弗…王各夕…
二八一八四　用于…
二八一八四　尋史
二八一八四　…河
二八一八五　于濬
二八一八五　…□
二八一八六　弜…淒
二八一八七　…从瀼
二八一八八　弜宿若
二八一八八　自瀼至于膏無災　大吉
二八一八八　自瀼至于大無災　吉
二八一八八　弘吉
二八一八九　辛亥卜㚔王受祐
二八一九〇　戍其敢遘于西方東饗
二八一九〇　…東方西饗
二八一九一　辛…東…尹…
二八一九二　王其…于南　吉
二八一九三　从南

二八一九四　弜…从…其…
二八一九四　…北…呼…及…
二八一九五　乙未…長…不…
二八一九五　乙未卜暊貞舊一乙左駛其稚不屰
二八一九五　乙未卜暊貞有事入駛土其稚不屰
二八一九五　乙未卜暊貞今日子入駛土一乙稚
二八一九五　乙未卜暊貞師貯入赤馬其稚不屰吉
二八一九五　…暊…
二八一九六　乙未卜…貞左…其稚不屰
二八一九六　乙未卜暊貞在寧田…有赤馬其稚…
二八一九六　乙未卜暊貞辰入駛其稚
二八一九六　…暊
二八一九七　…𣂑羽取豕…
二八一九八　弜望弗受有年
二八一九九　弜望弗受有…
二八二〇〇　弜耤𣡵雀其受有年
二八二〇一　王其雚
二八二〇一　弜雚柬
二八二〇二　𢆶…𪗊…　吉
二八二〇三　…穆
二八二〇三　盂田禾𣑯其𣪕吉穆
二八二〇三　弜𣪕吉穆
二八二〇四　…穆…年…吉穆
二八二〇五　…其尋告秋…
二八二〇六　其告秋上甲二牛　大吉
二八二〇六　三牛
二八二〇六　四牛　吉
二八二〇七　戊申…
二八二〇七　弜其立㫃
二八二〇七　其告秋上甲
二八二〇七　弜
二八二〇七　𡚬即宗
二八二〇七　河…宗
二八二〇八　貞五…歲一犬…年
二八二〇八　…乘…
二八二〇九　癸…
二八二〇九　惟甲午王受年
二八二〇九　惟祖丁秝鬳用有正
二八二一〇　…來辛…酚王…有年
二八二一一　…王受有年
二八二一二　弜…
二八二一二　…王…年
二八二一三　…王…年
二八二一四　癸…
二八二一四　…南年

二八二一五　貞…受…
二八二一五　貞羊受年
二八二一六　惟盂先受有年
二八二一六　…宮先…有年
二八二一七　于辛丑酚受年
二八二一八　庚子卜其用受…
二八二一八　弜用受年
二八二一八　叙茇
二八二一九　辛巳受年
二八二二〇　…受年
二八二二〇　…有大雨
二八二二一　不受年
二八二二二　癸未…受年
二八二二三　二宰受年　大吉
二八二二四　惟…受…
二八二二四　…先…有年
二八二二五　…年　大吉
二八二二六　…有雨…年
二八二二六　…王受有祐
二八二二七　己酉卜卯貞惟二…用有大…　吉
二八二二七　…年…俑…雨
二八二二八　其亦有雨
二八二二八　惟灉粤延受年
二八二二九　惟兹年　吉
二八二三〇　王…盂…省…不…
二八二三〇　癸卯卜王其延二盂田粤受禾
二八二三一　不受禾
二八二三一　在酒盂田受禾
二八二三一　弜受禾
二八二三一　在下僼南田受禾
二八二三二　弗受禾
二八二三二　癸卯卜今歲受禾
二八二三二　弗受禾
二八二三三　一羊受禾　大吉
二八二三三　習用禾延𣑯
二八二三四　…亥卜口貞受禾今歲
二八二三五　丁亥卜…禦𤕾曾…
二八二三五　癸巳卜今日烄
二八二三五　丙申卜有禾
二八二三六　…寅…𣑯
二八二三六　…其寧…惟…舊…禾不…
二八二三七　辛…貞其延…
二八二三七　…卯卜何…自魚…受禾
二八二三八　辛…貞…今歲…
二八二三八　辛卯卜何貞不其受禾

二八二三八　…申卜彭貞其有婦
二八二三九　其桒…四方惟…豚
二八二三九　…受…
二八二四〇　…母三小宰
二八二四〇　…夒受禾
二八二四一　…其田…禾
二八二四二　（與二八〇〇四重）
二八二四二　（與二八〇〇四重）
二八二四三　…桒禾于滴有大…　吉
二八二四四　其桒禾…河…
二八二四四　惟大牢此有雨
二八二四四　其桒年于方受年
二八二四四　于方雨兮尋桒年
二八二四四　惟小宰
二八二四五　癸…其…于…
二八二四五　止無雨
二八二四五　其桒…阢□
二八二四六　其延桒年于阢
二八二四七　其桒禾于阢惟…
二八二四八　…之桒禾…　吉
二八二四八　…翌…
二八二四九　其桒年于夒五牛王受祐
二八二四九　六牛
二八二五〇　其尋桒年示在喪田有…
二八二五〇　…雨
二八二五一　…于卜其桒年于夒
二八二五一　五…
二八二五二　…貞…
二八二五二　貞即于右宗有雨
二八二五二　其桒年馭惟…酌有大雨
二八二五三　…桒年…馭暨…有雨
二八二五四　壬午卜其桒年□　大吉
二八二五五　其桒年于岳茲有大雨　吉
二八二五六　其桒年□
二八二五七　…桒…
二八二五七　…桒年于岳惟…
二八二五七　方有
二八二五七　…惟庚…往有雨
二八二五八　其桒年于河此有雨
二八二五八　于□桒年此雨
二八二五八　其桒年于河惟牛用
二八二五八　惟牢用
二八二五九　湄日…
二八二五九　其風
二八二五九　桒于河年有雨
二八二五九　…雨

二八二六〇　辛亥卜其桒年于河王受…　大吉
二八二六〇　…于之若
二八二六一　河桒惟丁
二八二六一　至日酌
二八二六一　其桒年于河新受年
二八二六二　翌日辛…惟…
二八二六二　丁未卜其桒年于河惟辛亥酌
二八二六三　其桒年于河惟今來辛未酌　大吉
二八二六四　其桒年于嬈鼎…　吉
二八二六五　弜…于之…
二八二六五　其桒年于嬈惟今日酌有雨
二八二六五　惟小宰有雨
二八二六六　…卜其桒年于示崇有大雨　大吉
二八二六七　…桒…上甲有…
二八二六七　其悔桒年上甲無雨　大吉
二八二六七　…河先酌有雨　吉
二八二六七　其桒…
二八二六八　…桒年于示壬惟翌日…
二八二六九　弜以
二八二六九　壬寅卜其桒禾于示壬奭暨酌　茲用
二八二六九　…即日
二八二七〇　…有雨
二八二七〇　…桒年于示…
二八二七一　己卯貞桒禾于示壬三宰
二八二七二　桒年來其卯上甲□受年
二八二七二　其卯于示壬弜受年
二八二七二　弜卯
二八二七二　惟上甲先酌
二八二七二　惟示壬先酌
二八二七二　惟今日酌
二八二七二　于翌日酌
二八二七三　于大乙祖乙□桒年王受…
二八二七三　桒年
二八二七四　乙丑卜…
二八二七四　其桒年在毓王受年
二八二七四　于祖乙桒王受年　吉
二八二七四　于大甲桒王受年　吉
二八二七五　其桒年祖丁先酌有雨　吉
二八二七五　…年…宗…酌…大雨
二八二七五　…二羊…
二八二七六　癸酉卜其桒田父甲一牛
二八二七七　乙…卜其桒年
二八二七八　癸酉卜于父甲桒田
二八二七八　…小王父己

二八二七九　于來辛未桒年
二八二八〇　其桒禾…　吉
二八二八一　其桒禾于…
二八二八一　岳燎三牢
二八二八二　…卜其桒年…吉
二八二八二　…桒年此有大…
二八二八三　壬寅卜其桒年于…
二八二八四　壬申卜其桒年…
二八二八五　其桒年…　吉
二八二八六　…卜卯?尋桒年…
二八二八七　己巳卜其桒年
二八二八八　其尋桒年于…
二八二八九　…其桒年于…　吉
二八二九〇　丁卯卜其桒年…
二八二九一　其桒年
二八二九二　其桒年
二八二九三　…桒年…有大雨
二八二九四　其…比?…
二八二九四　于盟桒年有雨
二八二九五　…桒年有大雨
二八二九六　其有曹
二八二九六　其祝桒年有大雨
二八二九六　…無雨
二八二九七　…方蔑
二八二九八　…田其呼…濼蔑?…
二八二九九　非水
二八二九九　惟
二八三〇〇　弜…
二八三〇〇　遘有虎
二八三〇〇　弗擒
二八三〇〇　…王其…無災
二八三〇一　丙午卜戊王其田…
二八三〇一　…獲有虎
二八三〇二　戊…貞…虎…
二八三〇三　（習刻）
二八三〇四　遘…豕
二八三〇五　王其射有豕湄日無災擒　大吉
二八三〇六　惟…擒
二八三〇六　惟豕擒
二八三〇六　…雨
二八三〇七正　王其射麋大豕
二八三〇七反　己卯
二八三〇八　…从…
二八三〇八　…射…大豕
二八三〇九　弜田…

二八三〇九　弗擒
二八三〇九　…有大豕
二八三一〇　…日乙王其…惟犭…湄日無災擒有大
豕
二八三一一　…麥田…無災…有大豕　吉
二八三一二　惟彘
二八三一三　癸卯卜…卯彘…
二八三一四　丁亥卜翌日戊王惟呈田…王擒狐
三十又七　弘吉　茲用
二八三一四　…災
二八三一五　弜…
二八三一五　于白西擒
二八三一五　乙未卜王往希狐从…遘
二八三一六　弜从
二八三一六　其从犬口擒有狐允擒　茲用
二八三一六　弗擒
二八三一六　不雨
二八三一七　王其…奠…有麋
二八三一七　惟有狐射擒
二八三一七　王惟盂田省
二八三一七　弜省盂田其悔
二八三一八　戊王其射閃狐湄日無災擒　吉
二八三一八　其呼射閃狐擒　吉
二八三一九　戊…王永
二八三一九　不擒
二八三一九　戊王其田于斐擒大狐
二八三二〇　惟行南麓擒有狐　吉
二八三二〇　大吉
二八三二一　庚申…
二八三二一　…向擒狐…災
二八三二二　貞惟…狐…擒
二八三二三　…卜犬虎…擒狐…　吉用
二八三二四　四鹿獲
二八三二四　五鹿獲
二八三二五　庚戌卜彭貞無災擒…擒三鹿
二八三二六　王其射…鹿無…
二八三二六　弗擒
二八三二六　乙王其迖于喪無災
二八三二六　…宫
二八三二七　其射有鹿
二八三二七　弗擒
二八三二八　…鹿射…
二八三二九　其网鹿
二八三三〇　延至…擒鹿
二八三三〇　弗擒

二八三三一　弗擒
二八三三一　⋯呼⋯鹿
二八三三二　以罝擒有鹿翌旦允擒
二八三三三　王先狩迺饗擒有鹿無災
二八三三四　貞王⋯
二八三三四　貞王⋯
二八三三四　⋯鹿
二八三三四　⋯鹿
二八三三五　辛⋯
二八三三五　弗擒
二八三三五　⋯□⋯遘有鹿
二八三三六　⋯有鹿
二八三三七正　⋯辛迺田⋯遘有鹿
二八三三七正　弗遘
二八三三七正　吉
二八三三七反　辰
二八三三七反　庚寅
二八三三八　王其涉滴射⋯鹿無災
二八三三八　弜涉⋯悔
二八三三九　⋯田⋯無災⋯
二八三三九　弜涉
二八三三九　王涉滴射有鹿擒
二八三三九　⋯擒
二八三四〇　王涉滴射⿰⿱虍豕戈鹿弗擒
二八三四〇　⋯田从宫从⋯盂湄日不⋯
二八三四一　惟喪田省無災
二八三四一　惟盂田省無災
二八三四一　⋯田省無災
二八三四一　⋯田省無災
二八三四一　其狩無災
二八三四一　王其射⿰⿱虍豕戈鹿無災擒
二八三四二　⋯射⋯鹿⋯擒
二八三四二　叙茇其雨
二八三四二　王其延至于⿰⿱虍豕戈無災
二八三四二　弜至⿰⿱虍豕戈其悔
二八三四三　其罝⿰⿱虍豕戈鹿擒
二八三四三　甲午⋯
二八三四四　⋯射⿰⿱虍豕戈鹿弗擒
二八三四四　⋯鹿弗擒　吉　茲用
二八三四五　惟⿰阝心麓獲有大鹿無災
二八三四五　⋯大雨
二八三四六　王惟今日壬射⿰阝心鹿擒　吉
二八三四六　乙王其田湄日不雨
二八三四七　其狩無災
二八三四七　弜射斿鹿
二八三四七　王其田斿不遘大雨

二八三四八　弗⋯
二八三四八　王其埶　大吉
二八三四八　射麦鹿⋯
二八三四八　萑射麦鹿擒　吉
二八三四九　辛卯卜王惟⿸广貝鹿逐無災
二八三四九　⋯擒
二八三五〇　射⋯
二八三五〇　弜射麑鹿其悔
二八三五〇　王呼射擒弗悔
二八三五〇　弜呼射其悔
二八三五一　隮鹿其南牧擒　吉
二八三五一　其北牧擒　吉
二八三五二　惟隮鹿其擒
二八三五三　辛⋯無災
二八三五三　惟洸鹿射弗悔
二八三五三　⋯卜翌日⋯其省田⋯雨
二八三五四　鹿
二八三五五　⋯其田⋯麋逐擒
二八三五六　其西逐有麋⋯災擒
二八三五七　弜逐有麋其悔
二八三五七　⋯逐⋯災
二八三五八　貞惟麋逐無災
二八三五八　⋯王惟⋯無災
二八三五九　⋯卜令甫逐麋擒十月
二八三六〇　其田遘麋王其射無災
二八三六〇　⋯麋⋯異⋯湄日⋯
二八三六一　⋯王其射⋯麋湄日⋯
二八三六二　⋯麋射弗⋯
二八三六三　（習刻）
二八三六四　弜射有麋
二八三六四　⋯射
二八三六五　⋯斿⋯射有麋
二八三六五　于宫無災
二八三六六　弜射有豕弗擒
二八三六六　惟麋擒
二八三六七　⋯犬暨麋擒
二八三六八　貞惟⋯豕逐無災弗悔
二八三六八　貞惟有麋擒
二八三六九　惟⋯鹿⋯
二八三六九　惟宫麋祟亞擒
二八三七〇　惟有⋯先逐無災
二八三七〇　王其逐斿麋湄日無災
二八三七〇　弜逐斿麋其悔
二八三七一　丁丑卜翌日戊王其田□⋯
二八三七一　王其田斿其射麋無災擒
二八三七二　辛亥卜王⋯

二八三七二　弜逐
二八三七二　惟面麋逐
二八三七三　…逐…悔
二八三七三　…擒面麋　吉
二八三七四　…惟目麋逐
二八三七五　…王惟麲麋取…
二八三七五　…陷…災擒
二八三七六　辛亥卜王其射㲋麋…
二八三七六　…逐㲋麋無災擒
二八三七七　…獸雈射有麋
二八三七七　弜…
二八三七八　…豕麋
二八三七八　…戊…無…　吉
二八三七九　…麋…無…
二八三七九　…告曰有麋王其呼…
二八三八〇　貞…盛…無…
二八三八一　…言从…麋
二八三八一　辛…貞…麋…湄日…吝…
二八三八二　惟麋…無災
二八三八三　其以万不悔
二八三八三　…以…
二八三八三　壬…貞…無囚
二八三八四　…麓…麋…
二八三八四　貞弜…麋弗…　吉
二八三八五　…惟…省…災
二八三八五　惟…麋…
二八三八六　…从…夕馬今…
二八三八七　…罝…麑
二八三八八　其五兕
二八三八九　其四兕
二八三九〇　王其射兕無災
二八三九一　弜射
二八三九一　惟壬射有兕
二八三九二　擒有兕
二八三九二　弗…有…
二八三九三　乙擒有兕
二八三九三　惟有兕擒
二八三九四　貞…鹿…
二八三九五　…王擒…兕
二八三九五　…弗擒…兕
二八三九六　…今日…兕…擒兕…
二八三九七　惟[illegible]先犬擒無災
二八三九八　壬寅卜王其田[illegible]寧兕先[illegible]無災
二八三九八　擒王永
二八三九八　…乙

二八三九九　王其比吠弗擒曶…从東兕
二八三九九　北于之擒兕
二八三九九　南于之擒兕
二八四〇〇　王異戊其射在穆兕…
二八四〇〇　弗擒
二八四〇一　…異戊其射在穆兕擒
二八四〇一　惟戊擒
二八四〇一　甲…
二八四〇二　王其射麃兕擒無災　大吉
二八四〇二　…擒麃兕
二八四〇三　惟戊…襄…無災
二八四〇三　惟戊射麃兕無災
二八四〇四　王惟辛…射麃兕無災
二八四〇五　王其射麃…
二八四〇六　乙卯…
二八四〇六　王𨒥射麃兕無災
二八四〇六　…律
二八四〇七　王惟…兕先…
二八四〇七　兕先射其若
二八四〇七　弜先
二八四〇七　王惟麃兕先射無災
二八四〇七　弜麃兕先射其若
二八四〇八　弜…逐…其…
二八四〇八　王其比言壷兕
二八四〇九　惟壬射亏兕…
二八四〇九　弗擒
二八四一〇　惟乙王擒在…兕不悔
二八四一〇　…吝
二八四一一　惟…
二八四一一　惟匕兕
二八四一二　庚子卜…网兕…叹于…
二八四一二　弜祀
二八四一三　…兕…
二八四一四　…逐兕
二八四一五　弜…兕
二八四一六　兕
二八四一七　…其…兕…
二八四一八　戊辰…
二八四一八　惟丁往
二八四一八　…兕
二八四一九　…鷹湄日無災
二八四二〇　其𢱭鷹龍…
二八四二一　…其…鷹…有大…
二八四二一　…万呼…有…雨
二八四二二　惟鷹龍𢆶有大雨

二八四二三　貞惟方四：肇受：
二八四二四　：擒無災：□：
二八四二四　癸酉卜其：
二八四二五　弜無雨
二八四二五　□其出于田
二八四二五　弜
二八四二六　惟滴鰻乙
二八四二七　弜至
二八四二七　其鰻
二八四二八　：其鰻：
二八四二九　弜鰻
二八四三〇　壬弜鰻其狩
二八四三〇　：鰻?
二八四三一　：鰻乙
二八四三二　：王：魚：
二八四三二　不擒
二八四三三　戊申卜何貞王其田無災
二八四三三　戊子?卜何貞王其田無災
二八四三四　壬申：何貞：其：無：
二八四三四　丙子卜何貞王其田無災
二八四三五　辛：貞：
二八四三五　：卯卜何：王其田無：
二八四三六　辛巳：貞王：
二八四三六　：未卜何：王其田無災
二八四三七　丁：貞：
二八四三七　：未卜何：王其田無：
二八四三八　辛未：貞王：無：
二八四三八　：卜何：其田無災
二八四三九　：巳：何貞王其田無災
二八四四〇　丁丑：貞王：田無：
二八四四〇　乙酉卜何貞王其田無災
二八四四〇　壬辰卜何貞王其田無災
二八四四〇　辛亥：貞：無：
二八四四〇　：亥卜何：王其田無災
二八四四〇　：卜：
二八四四一　庚：
二八四四一　：酉卜何貞王其：無災
二八四四二　乙丑卜何貞王其田無：
二八四四二　：巳卜何：其田：
二八四四三　辛巳：何貞王：田：
二八四四三　：卜何：其田：災
二八四四四　乙卯卜何貞王其：無災
二八四四五　：卜何：其田無災
二八四四六　壬戌：貞惟辛：
二八四四六　丁卯卜狄貞王其田無災

二八四四七　丁卯卜狄貞王其田無災
二八四四七　丁卯卜狄貞王其田無災
二八四四八　：狄：戊王其田無災
二八四四九　：卜貞王其田無災
二八四五〇　丁亥卜彭貞王其田無災
二八四五〇　：酉卜：王其田無災
二八四五一　乙亥卜貞王其田無災
二八四五一　戊寅卜貞王其田無災
二八四五二　戊：貞王：
二八四五二　辛酉卜貞王其田無災
二八四五二　甲子卜貞今夕無囚
二八四五三　辛酉卜貞王其田無災
二八四五三　：貞：災
二八四五四　壬戌：
二八四五四　：辰卜貞王其田無災
二八四五五　：王其田無災
二八四五六　甲子卜翌日王其田無災　吉
二八四五七　：卜翌日乙王其田無災
二八四五八　：卜翌日乙王其田無災　大吉
二八四五九　丁卯卜貞翌日戊王其田無災
二八四五九　：先：
二八四六〇　：翌日戊王其田無災弗悔
二八四六一　今日辛王其田無災
二八四六一　万𣡕
二八四六二　戊午：貞王其：無災
二八四六二　：囚
二八四六二　：囚
二八四六三　辛巳：貞王其：無災
二八四六四　壬申：貞王：田無：
二八四六五　戊子卜：其田于：無災
二八四六六　戊午卜：貞王其田往來無災
二八四六六　戊辰卜狄貞王其田往來無災
二八四六六　壬午卜狄貞王其田往來無災
二八四六七　戊戌卜狄貞王其田往來無災
二八四六七　：狄：田：
二八四六八　戊午：貞王其：往來：
二八四六八　：寅卜狄：其田：來：災
二八四六九　戊午卜：貞王其田：來無災
二八四六九　（習刻）
二八四七〇　乙：貞王：來：
二八四七〇　：卯卜狄貞王其田往：
二八四七一　辛巳卜狄貞王其田往來無災
二八四七一　乙：貞：
二八四七二　戊申：貞王：
二八四七二　辛巳卜貞王其田往來無災

二八四七二　：狄：田往：災
二八四七三　：卜狄：其田往：無災
二八四七四　戊子卜何貞王其田往來無災
二八四七四　：卜何：田于：來無災
二八四七五　壬子：貞王：往：無：
二八四七五　乙丑卜卯貞王其田往來無災
二八四七六　壬：貞：
二八四七六　乙亥卜貞王其田往來無災
二八四七七　庚子卜：貞王其：往來：災
二八四七七　：田：來：災
二八四七八　丁丑：貞王其：往來無：
二八四七八　辛巳卜貞王其田往來無災
二八四七九　貞王其田來無災　吉
二八四八〇　辛：貞：往：
二八四八〇　：申卜貞王其：往來無災
二八四八一　辛丑：貞王：往：無：
二八四八一　：卯卜：王其：無災
二八四八二　貞王：田往：無災
二八四八三　戊戌：貞王：往：無：
二八四八三　：卜：其田：無災
二八四八四　辛丑：貞王其：來：
二八四八四　：卜：田往：災
二八四八五　貞王：田往來無災
二八四八五　：其田：無：
二八四八六　：酉卜口：其田往：無災
二八四八七　壬辰卜：其田往：無災
二八四八八　戊午：貞王：往：無：
二八四八八　：卜狄：其田：災
二八四八九　：卜狄：田往：無災
二八四九〇　：卜狄：其田：無災　吉
二八四九一　乙丑卜狄貞今日乙王其田湄日無災不
遘大雨　大吉
二八四九二　：卜狄：其田往：無災
二八四九二　：卜狄：壬王其：[illegible]湄日無災
二八四九三　貞翌日：王其田湄日無災
二八四九三　：午卜狄：王其田：犬?：
二八四九四　不啓
二八四九四　王其田湄日無災不雨　大吉
二八四九五　：王其田湄日無災
二八四九六　于戊田湄日無災永王：
二八四九六　王其田惟乙湄日無災永王擒
二八四九六　于戊田湄：無災永：擒
二八四九七　翌日壬王其田瀼無災擒　弘吉
二八四九八　壬申卜王其田惟乙湄日：　吉
二八四九九　：寅卜翌日乙王其田湄日：

二八五〇〇　丁丑卜翌日戊王其田湄日無災
二八五〇一　丁亥卜翌日戊王其田湄日無災
二八五〇一　：田
二八五〇二　：翌日戊王其田湄日無災　吉
二八五〇三　：翌日戊王其田：　吉
二八五〇四　：翌日戊王其田：　吉
二八五〇五　：卜翌日戊王其田：　大吉
二八五〇六　：日戊王其田湄日無：
二八五〇七　庚戌卜翌日辛王其田湄日無災　吉
二八五〇八　庚申卜翌日辛王其田湄日無災
二八五〇九　：王其田湄日無災
二八五一〇　：王其田湄日無災
二八五一一　甲辰：王其：湄日無災
二八五一一　：田：
二八五一二　：王其田湄日無災不遘雨　吉　茲用
二八五一二　：王其：
二八五一三　辛亥卜其：
二八五一三　于翌日壬
二八五一三　王其田湄日不遘雨
二八五一三　：遘雨
二八五一四　爻?：其：
二八五一四　戊王其田湄日不遘大雨
二八五一四　其遘大雨
二八五一四　王其田蓺無災
二八五一四　于旦無災
二八五一五　：不遘大雨
二八五一五　：卜今日戊王其田湄日無災不：大
吉
二八五一六　壬王其田湄：不遘大雨
二八五一七　壬辰：貞今：湄日：不：　大吉
二八五一八　：日戊王其田湄日不遘：
二八五一九　：日乙王其田湄日無災不雨
二八五二〇　弜省其雨
二八五二〇　今日王其田湄日不雨
二八五二〇　其雨
二八五二〇　：雨
二八五二一　：王其田湄日不雨
二八五二二　于旦：
二八五二二　翌日乙王其田湄日不：
二八五二三　：田湄日不雨　吉
二八五二四　：卜今日王其田湄：
二八五二五　：酉卜翌日壬王其田湄日：
二八五二六　：日壬王其田湄日：
二八五二七　：卜翌：戊王其田湄日：
二八五二八　：王其田湄日：

二八五二九 ：王其田湄日：
二八五三〇 ：翌日：王其：湄日不：
二八五三〇 ：雨
二八五三一 ：叀卜王戊其：其田：日無災
二八五三二 今日乙王其田湄： 吉
二八五三二 其遘雨
二八五三三 王其田不遘雨
二八五三三 其遘雨
二八五三四 王其田不遘雨
二八五三四 其遘雨
二八五三四 惟：
二八五三五 ：卜今日戊王其田不遘雨 茲允不：
二八五三六 戊弜匕其有災
二八五三六 戊王其田不遘雨
二八五三六 ：遘雨：匕擒
二八五三七 ：翌日戊王其田不遘雨
二八五三七 ：田翌日戊翻 吉
二八五三八 丁亥卜戊王其田不遘： 吉
二八五三九 辛亥：犬
二八五三九 今日辛王其田不遘雨
二八五三九 其遘雨
二八五三九 壬王其田雨
二八五三九 ：雨
二八五四〇 于翌日壬
二八五四〇 惟今日田辛不遘雨
二八五四一 貞翌：
二八五四一 ：日王其田至：不遘雨
二八五四二 貞：田：
二八五四二 ：遘雨
二八五四三 不：
二八五四三 其雨
二八五四三 丁巳卜翌日戊王其田不遘大：
二八五四三 其遘大雨
二八五四三 不遘小雨
二八五四四 惟習：無災
二八五四四 王其田不雨
二八五四四 其遘大雨
二八五四四 ：其田藝無災
二八五四五 ：今日壬王其田不遘大雨 大吉
二八五四五 吉
二八五四六 丁至庚不遘小雨 大吉
二八五四六 丁至庚其遘小雨 吉 茲用 小雨
二八五四六 ：王其田：壬不：
二八五四七 惟：遘：
二八五四七 不遘小雨

二八五四七 ：田：遘：
二八五四八 翌日壬王其田雨
二八五四八 不雨
二八五四八 中日雨
二八五四九 弜：其：
二八五四九 乙王其田不雨
二八五四九 其雨
二八五五〇 戊子卜貞王其田不雨 吉
二八五五一 ：王其田：雨
二八五五一 辛王其田不雨
二八五五二 王其田不雨
二八五五二 其雨
二八五五二 不風
二八五五二 其風
二八五五三 王惟：田湄：
二八五五三 翌日壬王其田不風
二八五五四 王其田遘大風 大吉
二八五五四 其遘大風 吉
二八五五四 王其田藝無災
二八五五五 ：翌日辛王其田不遘： 吉
二八五五五 ：遘大風
二八五五五 ：災
二八五五六 辛卯：
二八五五六 弜田其雨
二八五五六 壬弜田其雨
二八五五六 今日辛王其田不遘大風 大：
二八五五六 ：風
二八五五七 ：田不遘大風雨
二八五五八 其遘大風
二八五五八 ：辛王其田不：大風
二八五五九 ：田其遘大風
二八五六〇 于：壬王：田不：大風
二八五六一 ：王其田啓
二八五六二 ：王其田弗悔
二八五六三 辛亥卜今日辛王其田弗悔 大吉
二八五六三 ：悔
二八五六四 丙午卜戊王其田藝無災 吉
二八五六四 大吉
二八五六四 吉
二八五六五 ：藝無災
二八五六六 王其田藝湄日無災
二八五六六 于旦王廼田無災
二八五六七 王其田藝： 不用 大吉
二八五六七 用 吉
二八五六八 王其田藝無災 吉

二八五六八 于旦：吉
二八五六九 王其田藝湄日不：吉
二八五六九 中日往不雨　吉
二八五六九 大吉
二八五七〇 ：王其田藝不遘：
二八五七一 ：王其田藝入不雨
二八五七二 于：不：
二八五七二 王其田藝入不雨
二八五七二 夕入不雨
二八五七三 ：于卜王其田藝：　吉
二八五七四 ：其田藝不遘雨
二八五七五 惟壬藝延田
二八五七五 ：其田：無災
二八五七六 王其田从
二八五七六 不遘雨
二八五七七 庚午卜貞王其田狱：
二八五七八 ：未卜：日乙王其田：
二八五七九 王其田：
二八五七九 ：災
二八五八〇 王其田不：　吉
二八五八〇 ：遘：
二八五八一 ：卜翌：王其田不：
二八五八二 ：翌日戊王其田不：
二八五八三 王其田：遘：
二八五八四 ：丑卜狄：王其田：遘：
二八五八五 ：王其田惟辛不遘：
二八五八六 ：午卜王其田：
二八五八七 ：卜翌日戊王其田在：無災
二八五八八 壬午：何貞：其田：
二八五八八 ：卜何：其田
二八五八九 丙：王
二八五八九 丙子卜王
二八五八九 丙子卜口貞王其往乇田無災在十二月
二八五八九 丁丑卜：貞王其往乇田無災
二八五八九 貞毋往
二八五九〇 壬：貞：乇
二八五九〇 乙：貞：于：
二八五九一 王其往田不：勿
二八五九二 ：丑卜何：王其往：田無災
二八五九二 ：卜何：王其往：田無災
二八五九三正 ：酒一牛
二八五九三反 丙寅卜其酌
二八五九三反 ：未卜王往田雨
二八五九四 王往田于：
二八五九五 辛：卜王往田于南擒
二八五九五 于東擒

二八五九五 ：王往田：
二八五九五 ：擒
二八五九五 ：卜王往：
二八五九六 辛巳卜王往田从白東
二八五九七 ：往田無：
二八五九八 弗：擒
二八五九八 己丑卜王惟壬比犬
二八五九八 弗其擒
二八五九八 庚寅卜：往田：擒
二八五九九 ：王惟翌日乙往田無：
二八六〇〇 ：無災
二八六〇〇 ：戊往田
二八六〇一 弜往田其悔
二八六〇一 ：宰
二八六〇二 乙丑卜王弜延往田其雨
二八六〇三 王不往田雨
二八六〇四 王：不往田　大吉
二八六〇四 ：用小雨
二八六〇四 吉
二八六〇五 己酉卜：
二八六〇五 辛暨壬王弜往于田其悔
二八六〇五 王惟乙往于田丙迺田無災
二八六〇五 乙王弜往于田其悔
二八六〇五 ：王：
二八六〇六 弜田其悔
二八六〇六 于戊王迺田無災
二八六〇七 庚午：
二八六〇七 于壬王迺田湄日無災　吉
二八六〇七 王惟翌日辛田湄日無災
二八六〇八 弜
二八六〇八 于壬王迺田湄日無災不雨
二八六〇九 庚申卜
二八六〇九 弜田其悔
二八六〇九 于壬王迺田無災
二八六〇九 惟田省無災
二八六一〇 庚：
二八六一〇 于壬王迺田無災　吉
二八六一〇 ：宮：災
二八六一一 辛：
二八六一一 于翌日壬王迺田無災
二八六一一 今日延雨
二八六一一 不延雨
二八六一二 ：湄：
二八六一二 于壬迺田無災
二八六一三 貞王其田擒

二八六一三　辛未卜貞于乙王迺田湄日無災
二八六一四　王于壬迺田湄日無災
二八六一四　：王弜田：悔
二八六一五　庚：
二八六一五　王于壬迺田湄日不雨
二八六一五　其雨
二八六一六　：迺田湄日不雨
二八六一七　壬王迺田不雨
二八六一七　：迺：
二八六一八　大食不：
二八六一八　于壬王迺田不雨
二八六一八　壬弜田其雨　吉
二八六一八　不啓
二八六一八　壬不雨
二八六一九　于壬王迺田弗：
二八六一九　辛不雨
二八六二〇　：狄：辛王迺田：啓
二八六二一　于壬：迺田：
二八大二一　：啓
二八六二二　貞：無：
二八六二二　：迺田：無災
二八六二三　甲午卜翌日乙王其省田湄日：　吉
二八六二四　：王其省田湄：
二八六二四　：省田其悔
二八六二五　王其省田不遘大雨
二八六二五　不遘小雨
二八六二六　：其省田湄日不遘：
二八六二七　貞于：
二八六二七　：申卜：王其省：災
二八六二八　方燎惟庚酚有大雨　大吉
二八六二八　惟辛酚有大雨　吉
二八六二八　翌日辛王其省田蓺入不雨　吉
兹用
二八六二八　夕入不雨
二八六二八　：日入省田湄日不雨
二八六二九　：其省田蓺：
二八六三〇　：奠省田蓺入無災
二八六三一　：卜辛王其省：　吉
二八六三二　：省田惟今日辛湄日無災　吉
二八六三三　于丁王省田：災：遘：
二八六三三　于辛省田無災不遘雨
二八六三四　辛王弜省田其悔
二八六三五　于壬王迺省田
二八六三五　壬王弜省田
二八六三六　：惟田省無災　大吉
二八六三七　：惟田省無災

二八六三八　王惟田省無災
二八六三九　王惟：省無：
二八六三九　其狩無災
二八六三九　：乙：其田：雨
二八六四〇　壬王惟田省無災　吉
二八六四〇　其狩無災　大吉
二八六四一　丁卯卜：
二八六四一　弜田其悔
二八六四一　王惟田省無災
二八六四一　狩無災
二八六四一　不風
二八六四一　其風
二八六四二　貞王惟?：省無：雨
二八六四三　貞今日乙：田湄日：
二八六四三　：田省：災
二八六四四　辛巳卜翌日壬王惟田省湄日無災
二八六四五　王惟田：湄日無災不遘大雨
二八六四六　狩湄日無災
二八六四六　辛王惟：省湄日無災
二八六四七　貞王惟田省湄：不雨
二八六四八　：翌日戊王惟田省：　吉
二八六四九　其狩無災
二八六四九　惟田省無災
二八六四九　：災
二八六五〇　弜田其：
二八六五〇　惟田省無災
二八六五〇　狩無災
二八六五〇　：災
二八六五一　惟田省
二八六五一　乙不雨
二八六五一　其雨　吉
二八六五二　惟田省無災
二八六五二　戊：
二八六五三　弜：
二八六五三　王惟田省無災
二八六五三　狩無災
二八六五四　辛丑：
二八六五四　惟田省無災　兹用
二八六五五　貞惟田省：災　大吉
二八六五六　惟弗來無災
二八六五六　惟田省湄日無災
二八六五六　王惟犬比：日無災
二八六五七　貞：其雨
二八六五七　惟田省雨
二八六五八　惟：田省：遘大：
二八六五八　：日乙：雨

二八六五九　：省無災
二八六六〇　：省無災
二八六六一　乙酉：貞惟田省雨
二八六六二　弜：
二八六六二　：田省
二八六六三　：亥卜翌日戊王兑田大啓　大吉　茲
用　九大啓
二八六六四　貞王兑：無災不：
二八六六四　：王其：日無災
二八六六五　戊申：貞王：來：
二八六六五　：午卜狄：王田：來無災
二八六六六　辛：貞：其田：
二八六六六　：未卜狄：王田往：無災
二八六六七　弜：
二八六六七　土田夕入不雨
二八六六八　弜田其悔
二八六六八　王惟辛田不雨
二八六六八　辛其雨
二八六六八　：王：田：雨
二八六六九　庚申卜翌：
二八六六九　王惟壬田無災
二八六七〇　惟壬田湄日無災
二八六七一　于丁田無災
二八六七二　弜田其悔
二八六七二　于壬田湄日無災
二八六七二　弜田：悔
二八六七三　于壬王：田湄：
二八六七三　：王其：風
二八六七四　于壬田：
二八六七五　惟今日田無災
二八六七六　戊子卜王不田
二八六七六　：其：災
二八六七七　壬王弜田其風
二八六七八　丁酉卜翌日：
二八六七八　戊王弜田其悔
二八六七八　：災
二八六七九　戊王弜田其悔
二八六七九　：犬白：無災永王
二八六八〇　于壬王：田湄日不雨
二八六八〇　壬王弜田其悔其遘大雨
二八六八一　壬弜田其悔
二八六八一　：田無災
二八六八二　弜田其悔
二八六八二　：遘雨
二八六八三　庚寅卜：

二八六八三　弜田其悔
二八六八四　丁酉：
二八六八四　弜田其悔
二八六八四　：省？：
二八六八五　弜田其悔
二八六八五　弜田其悔
二八六八六　弜田其悔
二八六八六　王惟万以無災
二八六八六　：犬
二八六八七　辛巳：
二八六八七　弜田其悔
二八六八七　：田：
二八六八八　丁酉卜翌：
二八六八八　弜田其悔
二八六八八　：不：雨
二八六八九　弜田其悔
二八六九〇　辛弜田其悔
二八六九〇　：廼：日：災
二八六九一　弜田其悔
二八六九一　：災
二八六九二　弜田其悔
二八六九二　：湄日：
二八六九三　弜田其悔　茲用
二八六九四　弜田其悔
二八六九五　弜田其悔
二八六九六　弜田其悔
二八六九七　弜田其悔
二八六九八　：其：悔
二八六九八　弜田其悔
二八六九九　弜田其悔　吉
二八七〇〇　：惟辛：⿰麥鳥湄日無災
二八七〇〇　于左
二八七〇一　弜田其悔
二八七〇一　其遘雨
二八七〇一　：大：
二八七〇一　弜田其悔
二八七〇二　：遘大雨
二八七〇二　弜田其悔
二八七〇三　戊申卜：
二八七〇四　弜田其悔　吉
二八七〇四　弜田：悔
二八七〇五　：其田于：其徹：日無災
二八七〇五　弜田其悔　吉
二八七〇六　弜田其悔
二八七〇七　弜田其悔

二八七〇七　…盂…湄日…大…
二八七〇八　…田其悔
二八七〇九　弜田其悔
二八七一〇　辛…其…
二八七一〇　…田其悔
二八七一一　甲寅卜翌…
二八七一一　…田…悔
二八七一一　…災
二八七一二　惟壬田弗悔湄日無災永王　吉
二八七一二　…日辛…
二八七一三　…田湄日無災吝王
二八七一四　…悔湄日…災永王
二八七一五　…其先于田弗悔
二八七一六　貞壬弜田其雨
二八七一六　…其雨
二八七一七　辛王弜田其雨
二八七一七　…王異…田無大雨
二八七一八　辛弜田其雨
二八七一八　弜田其雨
二八七一九　庚辰…
二八七一九　弜田其雨
二八七二〇　…田其雨
二八七二一　弜田
二八七二二　不雨
二八七二二　…田湄日…雨
二八七二三　…奚田湄日…
二八七二四　…省湄日無災
二八七二五　惟壬湄日無…
二八七二六　…日無災永…
二八七二七　…田湄日無災
二八七二八　戊…貞…乙…湄日…災
二八七二九　…狩湄日無災
二八七三〇　…其田…丁兇…廼…
二八七三一　…卜…翌日戊其田…災　大吉
二八七三二　…其田無災
二八七三三　…其田祝王受祐　吉
二八七三四　…兇…
二八七三四　…其田無災
二八七三五　…其田敝…日…
二八七三六　…何…其…田…災
二八七三七　戊…盡…王…夙
二八七三七　…王其…田…雨
二八七三八　今日乙…其田…災
二八七三九　弜…上甲王…吉
二八七四〇　戊子卜…貞王…犬…

二八七四〇　…王…田…
二八七四一　壬王…其悔
二八七四一　…田…無災
二八七四二　辛…貞…田…
二八七四二　…鼓…田…災
二八七四三　貞惟…田無災
二八七四四　丁卯…貞叙…田…
二八七四五　…用遣方
二八七四六　…森田無災
二八七四七　…不…
二八七四七　弜田其雨
二八七四八　…壬田…其雨
二八七四九　乙王弜尋其悔
二八七四九　…王弜尋其悔
二八七五〇　甲…
二八七五〇　弜丁卯尋其悔無災
二八七五一　乙卯卜今日市王其戋無…　大吉
二八七五二　…卜今日王其戋于…　吉
二八七五三　…卜今日王其戋…
二八七五四　壬…
二八七五四　不雨
二八七五四　其雨
二八七五四　今日丁市日王其戋無災
二八七五五　今日辛…其戋…
二八七五五　于宮
二八七五六　今日壬王其戋于…
二八七五七　于宮無災
二八七五七　不雨
二八七五七　其雨
二八七五七　甲申卜翌日乙王其戋無災
二八七五八　…翌日乙王其戋于…
二八七五九　…卜翌日戊王其戋于…　弘吉　用
二八七六〇　…卜翌日戊王其戋弗…
二八七六一　…丑卜翌日壬王其戋…
二八七六一　其雨
二八七六二　翌日壬王其戋…
二八七六三　翌日壬王其戋于…
二八七六三　吉
二八七六三　大吉
二八七六四　…辛王其戋于…日無災
二八七六五　…卜王其戋从東　吉
二八七六六　甲申卜翌日戋…
二八七六六　…戋其尤
二八七六七　辛…
二八七六七　叙嫠

二八七六七　癸卯卜今日不雨
二八七六七　其雨
二八七六七　：其迖：工在疐
二八七六八　：王弜迖其用
二八七六九　迖于右斿
二八七六九　于左斿
二八七七〇　：王其歔：
二八七七一　甲子卜翌日：
二八七七一　弜田其悔
二八七七一　王其田狩無災
二八七七一　：田省無災
二八七七二　于壬王廼田無災
二八七七二　王其田狩無災
二八七七二　惟田省無災
二八七七二　：災
二八七七三　翌：
二八七七三　貞翌日戊王其田湄日無災
二八七七三　貞王其田狩無災
二八七七四　王其田狩湄日無災
二八七七五　辛丑卜翌日壬王其田狩：　大吉
二八七七六　王：田：不：
二八七七六　王其狩不雨
二八七七六　丁巳卜今夕不雨
二八七七七　：戊卜王其狩
二八七七八　其狩無災
二八七七九　其狩湄日：
二八七七九　：無災
二八七八〇　王惟：無災
二八七八〇　其狩無災
二八七八一　弜田王其悔
二八七八一　其狩無災
二八七八二　：無：
二八七八二　狩無災
二八七八二　：惟：田：災
二八七八三　弜田其悔
二八七八三　狩無災
二八七八四　王狩湄：
二八七八五　弜狩其雨
二八七八六　王其省：延狩：
二八七八七　甲午卜翌日乙：
二八七八七　：狩：不雨
二八七八八　：亥貞旬：囚：狩
二八七八八　：未貞旬：狩
二八七八九　丁亥：
二八七八九　惟牢田無災
二八七八九　惟徣田無災

二八七八九　其逐沓麋自西東北無災
二八七八九　自東西北逐沓麋無災
二八七九〇　弜逐徣麋其悔
二八七九〇　王其東逐徣麋擒
二八七九〇　其北逐擒
二八七九一　其西逐擒
二八七九二　北逐擒
二八七九二　惟翌日壬：
二八七九三　：弜：逐：左：
二八七九三　：王?：擒
二八七九四　王其陷于：
二八七九四　：其啓
二八七九五　惟有逐無災
二八七九五　壬王其田執無災
二八七九六　：逐：先日：
二八七九七　貞其麋陷王：
二八七九八　：卜其陷惟：擒
二八七九九　吉
二八七九九　翌日乙王惟呈田無災　大吉
二八七九九　惟斿田無災　吉
二八七九九　王其藝宄廼麓王于東立犬出擒
大吉
二八七九九　弗擒　吉
二八八〇〇　：寅卜王惟辛藝鷸麓無災永王
二八八〇一　不兌藝：　茲用
二八八〇一　吉
二八八〇二　：惟：于：藝：
二八八〇三　：習藝無災
二八八〇四　弜：習其：
二八八〇五　：寅卜翌乙王其湄?：
二八八〇六　翌日戊王其射㲋：　吉
二八八〇六　吉
二八八〇七　：卜王其射㲋：
二八八〇八　：丑卜翌日戊王其射
二八八〇九　翌日辛王其射斿
二八八〇九　王其田斿執無災
二八八一〇　：丑王其射：
二八八一一　王其：　吉
二八八一一　惟斿：射無災
二八八一二　：寅卜：其射
二八八一三　辛：
二八八一三　惟王射
二八八一四　：麋射無災
二八八一四　不
二八八一五　戊午卜王其呼：
二八八一五　弜呼射弗擒

二八八一六 弱辛射：
二八八一七 于壬射無災
二八八一七 弱壬射弗擒
二八八一八 弱射
二八八一八 其：
二八八一九 貞：不
二八八一九 ：辛王：田延射
二八八二〇 戊辰：呼：从：射：
二八八二一 ：王叙：罝擒：
二八八二二 貞王其悔弱田
二八八二二 貞弱甶罝其悔
二八八二二 貞其莫無災
二八八二三 惟：罝：
二八八二三 弗擒
二八八二三 ：啓
二八八二四 貞王
二八八二四 ：罝擒：汋：
二八八二五 貞：不：
二八八二五 ：王其田：[illegible]
二八八二六 癸酉卜翌日乙王其田擒 吉
二八八二七 癸酉卜翌日乙王其：
二八八二七 ：卜乙王其田擒
二八八二八 惟：[illegible]擒
二八八二八 ：王其田擒
二八八二八 ：[illegible]：東
二八八二九 ：其田擒
二八八三〇 貞王其：擒 吉
二八八三〇 ：惟
二八八三一 丁酉卜狄貞王田于迺立擒 吉
二八八三一 ：卜狄：擒
二八八三二 于壬乇：無災王：
二八八三二 ：田：擒
二八八三三 弱：
二八八三三 ：田：擒
二八八三四 弱田：擒
二八八三五 王擒
二八八三六 惟：行：从：
二八八三六 ：受：方以：王擒
二八八三七 惟王从：無災擒
二八八三八 王其戍：擒 吉
二八八三八 于辛無災
二八八三九 惟翌日辛擒
二八八四〇 不擒
二八八四〇 于壬田擒
二八八四〇 不擒

二八八四一 于壬擒
二八八四二 ：戌卜翌：悔擒永王
二八八四三 于白東擒
二八八四三 于白西擒
二八八四四 ：無災擒虎
二八八四五 ：無災擒
二八八四六 ：無災擒
二八八四七 ：無災擒
二八八四八 ：無災擒 大吉
二八八四九 翌日壬王惟：
二八八四九 ：無災擒 吉
二八八四九 其：
二八八四九 ：擒
二八八五〇 ：其：擒
二八八五〇 弗擒
二八八五一 弗擒
二八八五一 弗擒
二八八五二 弗擒
二八八五三 貞： 吉
二八八五三 弗擒
二八八五四 翌日乙王其： 弘吉
二八八五四 弗擒 吉
二八八五四 ：大雨 茲用
二八八五四 惟小雨 吉
二八八五四 吉
二八八五五 弗擒
二八八五六 弗擒
二八八五七 不擒
二八八五八 不擒
二八八五八 不雨
二八八五八 ：雨
二八八五八 ：有若
二八八五九 不擒
二八八五九 ：雨
二八八六〇 王：于：
二八八六〇 不擒
二八八六〇 ：雨
二八八六一 王：
二八八六一 不擒
二八八六二 叙發
二八八六二 擒
二八八六二 不擒
二八八六三 甲：
二八八六三 利擒
二八八六三 弗利

二八八六三 ：宿：悔
二八八六四 ：陷?擒 大吉
二八八六五 惟：王：
二八八六五 其雨
二八八六五 擒
二八八六六 貞惟：擒
二八八六七 ：申卜其延擒
二八八六八 ：其射：擒
二八八六九 ：敝擒
二八八七〇 ：無災擒
二八八七一 弗擒
二八八七二 ：擒習：
二八八七三 ：㐭：無：擒
二八八七四 ：㞷擒
二八八七五 擒茲：獲：
二八八七六 ：子獲
二八八七七 戊午卜貞王其田衣犬無災
二八八七八 壬戌：貞王：田衣：
二八八七八 ：狄：田：災
二八八七九 ：狄：田衣：無災
二八八八〇 貞：自：
二八八八〇 ：卜狄：田衣入無災
二八八八一 乙未：貞王：衣入：邁：
二八八八二 ：滴至：戲射左犬擒
二八八八三 王其田涉滴至于戲無災
二八八八四 弜田其悔
二八八八四 ：滴王：
二八八八五 王其田盂至戲無災
二八八八六 ：王其田戲無：
二八八八七 ：至戲：無災
二八八八八 翌日壬王其田無災
二八八八八 翌日壬王其田戲擒有大逐?
二八八八九 惟戲田無災 大吉
二八八八九 王其田無災
二八八九〇 惟：
二八八九〇 惟戲田無災 茲用
二八八九〇 弜田
二八八九一 ：無災
二八八九一 惟戲田無災
二八八九二 甲辰卜狄貞惟戲豕：从無災
二八八九二 ：田：災
二八八九三 弜：黃：
二八八九三 弜田戲其：
二八八九三 ：田：雨
二八八九四 惟𨸏田無：大吉
二八八九四 惟磬田無災 吉

二八八九五 ：災擒
二八八九五 ：戊王：戲：
二八八九五 其雨
二八八九六 其：戲：
二八八九七 惟奚田無災 大吉
二八八九七 惟戲田無災 吉
二八八九八 丁：貞：其：不：大吉
二八八九八 ：其田涉：戲湄：災
二八八九九 王其比：戲麓：豚：在盂犬
二八九〇〇 今日壬：惟：雨
二八九〇〇 弜田隮其雨
二八九〇一 惟：
二八九〇一 翌日戊王：奚無災擒
二八九〇二 ：田無災
二八九〇二 弜奚田其悔
二八九〇二 其邁雨
二八九〇三 ：奚各用無災
二八九〇三 弜田：
二八九〇四 王其往田于𨸏
二八九〇四 于盂
二八九〇四 其以人[illegible]
二八九〇五 丁丑卜翌日戊王其迍于◇無災
二八九〇五 于徐無災
二八九〇五 于喪無災
二八九〇五 于盂無災
二八九〇五 于宮無災
二八九〇五 翌日辛王其迍于◇無災
二八九〇五 于徐無災
二八九〇六 其雨
二八九〇六 ：巳卜翌日戊王其迍于◇?無災
二八九〇七 不雨
二八九〇七 其雨
二八九〇七 翌日辛王其迍于◇無災
二八九〇七 ：喪：災
二八九〇八 其雨
二八九〇八 翌日辛王其迍于◇無災
二八九〇八 于徐無災
二八九〇八 于喪無災
二八九〇八 ：盂：災
二八九〇九 翌日壬王其迍于◇無災
二八九〇九 于徐無災
二八九一〇 ：卜今日王其迍于◇無災
二八九一一 （習刻）
二八九一二 庚子卜：其迍：◇?：
二八九一二 ：災

二八九一三 于…
二八九一三 于宮無災
二八九一三 于□無災
二八九一三 于梌無災
二八九一三 于喪無災
二八九一三 于…無災
二八九一三 …無災
二八九一四 于梌
二八九一四 于喪 吉
二八九一四 于盂
二八九一四 于宮
二八九一四 翌日戊王其迖…無災
二八九一五 辛卯卜翌日壬王其迖于敦無災
二八九一五 于梌無災
二八九一五 于喪無災
二八九一六 庚辰卜翌日辛王其迖于敦無災
二八九一七 于□無災
二八九一七 不雨
二八九一七 其雨
二八九一七 辛未卜翌日壬王其迖于敦無災
二八九一七 于梌無災
二八九一八 …卜翌日壬王其…于敦無災
二八九一九 其遘大雨
二八九一九 翌日壬王其迖于𩫖無災
二八九一九 于梌無災
二八九一九 于喪無災
二八九一九 于盂無災
二八九一九 于宮無災
二八九一九 不雨
二八九二〇 …日乙王其…于𩫖無…
二八九二一 甲申卜翌日…王其迖于𩫖…
二八九二二 辛丑卜翌…迖于𩫖…
二八九二二 于梌無災
二八九二二 于□無災
二八九二三 于…無…
二八九二三 翌日辛王其迖于𩫖無災
二八九二三 于梌無災
二八九二三 于喪無災
二八九二四 …迖于梌無災
二八九二四 其雨
二八九二四 其蓺
二八九二四 …蓺
二八九二五 于梌無災
二八九二六 辛… 吉
二八九二六 辛亥卜… 弘吉

二八九二六 于梌無災 吉
二八九二七 丁酉…
二八九二七 于梌無災
二八九二七 于喪無災
二八九二七 于盂無災
二八九二八 翌日辛王其迖于𩫖…
二八九二八 于梌無災
二八九二九 于梌無災
二八九二九 于喪無災
二八九三〇 于梌無災
二八九三一 于梌無災
二八九三一 于喪無災 吉
二八九三一 于盂無災
二八九三二 于梌無…
二八九三二 于喪無災 吉
二八九三二 于盂無災
二八九三三 于梌
二八九三三 于喪
二八九三四 辛亥卜貞王其田梌無災
二八九三四 乙卯卜貞王其…□無災
二八九三五 王惟梌田省
二八九三五 惟宮田省
二八九三五 王其省田先从宮田
二八九三六 壬午卜今日壬王…
二八九三六 惟梌田省無災
二八九三六 …盂田…無災
二八九三七 惟梌田省無災
二八九三八 …梌田…
二八九三九 其雨 茲雨 大雨
二八九三九 其蓺 茲用
二八九三九 弜蓺
二八九三九 翌日辛王其迖于梌無災
二八九三九 于喪無災
二八九四〇 惟…田射…
二八九四〇 叙嫠
二八九四〇 翌日壬王其迖于梌無災
二八九四一 于梌無災
二八九四一 于□無災
二八九四二 于□無災
二八九四三 于…無… 弘吉
二八九四三 乙王迖于向
二八九四三 于梌無災
二八九四四 于□無災 吉
二八九四五 其雨
二八九四五 从梌無災

二八九四五 从凡無災
二八九四五 翌日壬王其迍于向無災
二八九四六 叡犨
二八九四六 从盂 吉 兹用
二八九四六 从宫
二八九四六 从稌
二八九四六 从喪
二八九四七 于喪無災
二八九四七 于盂無災
二八九四七 于向無災
二八九四七 翌日壬王其迍于盂無災
二八九四七 于宫無災
二八九四七 ：迍于稌至于向無災
二八九四八 貞惟向田省無災
二八九四九 ：弗：
二八九四九 叡犨
二八九四九 翌日乙王其迍于向無災
二八九五〇 辛卯：
二八九五〇 于盂無災
二八九五〇 于宫無災
二八九五〇 甲午卜翌日乙王其迍于向無災
二八九五〇 ：喪：災
二八九五一 甲寅卜翌日乙王其迍于向無災 吉
二八九五一 ：喪無災 弘吉
二八九五二 翌日乙王其迍于向無災 吉
二八九五二 于喪無災 吉
二八九五二 于盂無災 吉
二八九五二 于宫無災 弘吉
二八九五二 于宫無災 吉
二八九五三 王弜：律其：弗悔
二八九五三 ：日戊：迍：無災
二八九五四 ：戊卜翌日辛王：迍于向無災
二八九五五 于盂無災
二八九五五 于宫無災
二八九五五 翌日辛王其迍于向無災
二八九五五 于喪無災
二八九五五 于宫無災
二八九五五 ：日壬：其迍：向無災
二八九五六 翌日辛王其迍于向無災 弘吉
二八九五六 于喪無災 吉
二八九五六 王：弘吉
二八九五七 戊午卜不雨
二八九五七 其雨
二八九五七 翌日辛王其迍于向無災 弘吉
二八九五七 于喪無災 吉

二八九五七 于盂無災 弘吉
二八九五七 于宫無災
二八九五八 不雨
二八九五八 其雨
二八九五八 翌日辛王其迍于向無災
二八九五九 翌日辛王其迍于向
二八九五九 于喪
二八九六〇 其：
二八九六〇 辛王其迍于向
二八九六〇 于喪
二八九六一 庚午卜翌日辛王其：吉
二八九六一 于喪無災 弘吉 用
二八九六一 于盂無災 吉
二八九六一 于宫無災
二八九六一 辛未卜翌日壬王其迍于向無災
二八九六二 丁酉：
二八九六二 惟在督卜
二八九六二 不雨
二八九六二 其雨
二八九六二 翌日壬王其迍于向無災
二八九六三 翌日：王其迍于向無：
二八九六三 于喪無災
二八九六四 翌日：其迍：向：
二八九六五 于向無災
二八九六五 于宫無災 吉 用
二八九六五 于盂無災
二八九六五 不雨 吉
二八九六五 其雨
二八九六五 壬午卜王其迍于向無災
二八九六五 于喪無災 吉 用
二八九六五 于盂無災 吉
二八九六六 丁卯卜翌：吉
二八九六六 ：王：于向無災 弘吉
二八九六六 吉
二八九六七 甲辰卜翌日乙巳王其迍：吉
二八九六七 于向無災 吉
二八九六七 吉 用
二八九六七 ：有雨
二八九六八 于向無災 吉
二八九六八 于向無災 吉
二八九六八 吉
二八九六八 翌日戊王其：大吉
二八九六九 于向無災
二八九七〇 ：向無災
二八九七一 弜：歸：工其：

二八九七一 王其省喪田湄日無災
二八九七一 弜…喪田其雨
二八九七一 今日乙王弜省師有工其雨
二八九七二 其遘大風
二八九七二 不遘小風
二八九七二 …遘小風
二八九七二 今日…其省喪田
二八九七二 惟盂田省
二八九七三 翌日壬王其省喪穢不大雨
二八九七三 …冀不遘大雨
二八九七四正 辛王其省喪…
二八九七四反 又卜
二八九七五 戊午卜今日戊王惟喪田…
二八九七五 …盂田先省迺从宮入湄日無災
二八九七六 …其來
二八九七六 王惟喪田省無災
二八九七六 惟宮田省
二八九七六 今日乙王惟盂田省
二八九七六 …省…田…
二八九七七 惟喪田省無災
二八九七七 壬無大雨
二八九七七 其有大雨
二八九七八 …卜王惟喪田省無災　大吉
二八九七九 王惟喪田省無災不雨
二八九八〇 王…喪…省無…
二八九八〇 惟盂田省無災
二八九八〇 惟宮田省無災
二八九八〇 …田…
二八九八一 王惟…省無…
二八九八一 惟喪田省無災　大吉
二八九八二 于…無災
二八九八二 于喪無災
二八九八二 戊申王惟宮田省無災　吉
二八九八二 惟喪田省無災　吉
二八九八二 惟沓田無災　吉
二八九八二 惟□田…
二八九八二 惟癸無災　大吉
二八九八三 惟宮田省無災
二八九八三 …喪田省無災
二八九八四 弜田其悔
二八九八四 惟盂田省無災
二八九八四 惟喪田省無災　吉
二八九八四 王穢入無災
二八九八五 惟盂田省無災
二八九八五 惟喪田省無災

二八九八五 …辛王…省田湄日不雨
二八九八六 翌…惟…省…
二八九八六 惟盂田省無災
二八九八六 惟喪田省無災
二八九八七 …喪田…省無災
二八九八八 惟喪…無災　吉
二八九八九 …雨
二八九八九 吉
二八九八九 王其省田有…
二八九九〇 惟喪田省不…大雨　大吉
二八九九〇 弜田其悔
二八九九一 王惟宮田省無災　吉
二八九九一 惟喪田省延至于之無災　大吉　茲
二八九九一 用
二八九九一 …至于…
二八九九一 惟…吉
二八九九一 …方惟庚…
二八九九二 不遘雨　吉
二八九九二 惟喪田省遘雨　吉
二八九九二 不遘雨
二八九九三 壬午卜…
二八九九三 弜省宮田其雨
二八九九三 惟喪田省不雨
二八九九三 弜省喪田其雨
二八九九三 …王其…田…入無…不遘大雨
二八九九四 辛丑卜…王其田…
二八九九四 于壬王迺田
二八九九四 惟喪田省
二八九九四 惟盂省
二八九九五 惟…省
二八九九五 其狩無災
二八九九五 惟喪田省　大吉
二八九九五 惟盂田省　大吉
二八九九五 惟…田省
二八九九六 惟喪田省湄日無…
二八九九七 風
二八九九七 戊辰…
二八九九七 弜田其悔　大吉　用
二八九九七 惟喪田無災
二八九九七 …盂田
二八九九八 惟喪田…
二八九九九 惟喪田…無災
二九〇〇〇 惟喪田…　大吉
二九〇〇一 …省喪田

二九〇〇二　弜省喪田其雨　吉
二九〇〇二　惟宮省不…
二九〇〇二　弜省宮其雨　吉
二九〇〇三　…日乙王弜省…
二九〇〇三　弜省喪田其雨
二九〇〇三　王其省田藝入不雨
二九〇〇四　弜…喪舊田不受祐
二九〇〇四　弜…災惟懋田彡受祐
二九〇〇五　弜…
二九〇〇五　王惟喪省無災不遘雨
二九〇〇五　…省…雨
二九〇〇六　从喪無災
二九〇〇六　…惟田省無災　吉
二九〇〇七　从喪無災
二九〇〇八　从喪無災
二九〇〇九　惟…
二九〇〇九　从喪
二九〇〇九　不雨
二九〇〇九　其雨
二九〇一〇　其…無…
二九〇一〇　从喪
二九〇一〇　…宮
二九〇一一　弜田其悔
二九〇一一　今日其戋在𨗨無災
二九〇一一　其至喪無災
二九〇一二　弜田其悔　吉
二九〇一二　王其田在𨗨無災　大吉
二九〇一二　至喪無災
二九〇一二　于宮田無災
二九〇一三　弜…其…
二九〇一三　至喪無災　吉
二九〇一四　壬子卜王其戋于喪　吉　用
二九〇一四　吉
二九〇一五　辛巳卜市乇王其戋于喪無災　吉
二九〇一六　…王其戋于喪
二九〇一七　…其戋于喪無…
二九〇一七　庚
二九〇一八　…王其戋于喪無…
二九〇一九　…王…戋于喪
二九〇二〇　…戋…喪…
二九〇二一　翌日…王其戋于向無…
二九〇二一　于喪無災
二九〇二二　甲戌卜翌日…
二九〇二二　于喪無災
二九〇二二　…盂…災

二九〇二三　…王…于…
二九〇二三　于喪無災
二九〇二三　于盂無災
二九〇二三　于宮無災
二九〇二四　甲戌卜翌日乙王其戋…
二九〇二四　于喪無災
二九〇二四　于盂無災
二九〇二四　…宮無災
二九〇二四　…災
二九〇二五　于喪無災
二九〇二五　于盂無災
二九〇二五　于宮無災
二九〇二六　王至…永…　大吉
二九〇二六　弜至喪其雨　吉
二九〇二七　王其戋于喪…狩
二九〇二七　甲申卜翌日乙王其戋于喪
二九〇二八　于…無…
二九〇二八　不雨
二九〇二八　其雨
二九〇二八　翌日乙王其戋喪無災
二九〇二九　于盂無災
二九〇二九　翌日乙王其戋于喪無災
二九〇二九　于向無災
二九〇二九　…宮…災
二九〇三〇　戊子卜…
二九〇三〇　弗擒
二九〇三〇　翌日辛王其戋于喪無災
二九〇三〇　于向
二九〇三〇　于宮
二九〇三〇　于盂
二九〇三一　惟東西麋从
二九〇三一　王其田鷄
二九〇三一　叙覆
二九〇三一　翌日辛王其戋于喪
二九〇三一　于向
二九〇三一　于宮
二九〇三二　…王其田鷄…　大吉
二九〇三三　…迺田鷄…　弘吉
二九〇三四　从盂…
二九〇三四　辛巳卜王其戋于喪無災
二九〇三五　今日王其戋于喪無災擒
二九〇三六　乙王其戋于喪無災
二九〇三七　…于喪無災
二九〇三八　丁丑…翌日…其戋…
二九〇三八　于喪無災
二九〇三八　…盂無災

二九〇三九 ……翌日戊王其从無災擒
二九〇三九 于喪無災
二九〇三九 于盂無災
二九〇四〇 丁卯卜翌……
二九〇四〇 于喪無災
二九〇四〇 ……盂……
二九〇四一 ……其……
二九〇四一 于喪無災
二九〇四二 庚午……其迍……
二九〇四二 于喪無災
二九〇四三 ……其……
二九〇四三 于喪無災
二九〇四四 于喪無災
二九〇四五 于喪無災
二九〇四六 于喪無災
二九〇四六 于盂無災
二九〇四七 于……無……
二九〇四七 于喪無災
二九〇四八 翌……王其……于向……
二九〇四八 于喪無災
二九〇四八 于盂無災
二九〇四九 丁……
二九〇四九 于喪無災
二九〇四九 于盂無災
二九〇五〇 于……無……
二九〇五〇 于喪無災
二九〇五〇 于盂無災
二九〇五一 于……無災
二九〇五一 于喪無災
二九〇五一 ……盂……災
二九〇五二 丁卯……
二九〇五二 于喪無災
二九〇五三 于宮無災
二九〇五三 辛卯卜翌日壬王其迍于……
二九〇五三 于喪無災
二九〇五四 庚……
二九〇五四 于喪無災
二九〇五四 于宮無災
二九〇五四 ……無災
二九〇五五 于喪無災 弘吉
二九〇五五 于盂無災 弘吉
二九〇五六 于喪無災
二九〇五六 于盂無災
二九〇五六 于宮無災
二九〇五七 于喪無災 吉

二九〇五七 弘吉
二九〇五七 吉
二九〇五七 吉
二九〇五八 ……其……
二九〇五八 于喪無災
二九〇五八 于盂無災 弘吉
二九〇五八 于宮無災 吉
二九〇五九 于喪無災
二九〇五九 于盂無災
二九〇五九 ……無災擒
二九〇六〇 于喪無災
二九〇六〇 于盂無災
二九〇六一 于喪無災
二九〇六一 ……盂無災 吉
二九〇六二 辛丑……
二九〇六二 于喪無災
二九〇六三 于喪無災
二九〇六三 于盂無災
二九〇六三 不雨
二九〇六三 ……雨
二九〇六四 辛……
二九〇六四 于喪無災
二九〇六四 于宮無災
二九〇六四 王其田牢無災擒
二九〇六五 甲午卜翌日乙王其迍于…… 弘吉
二九〇六五 于喪無災
二九〇六六 弗……
二九〇六六 ……喪無災
二九〇六七 ……喪無災
二九〇六八 于喪……
二九〇六八 ……無災
二九〇六九 于喪……
二九〇六九 于盂無災
二九〇六九 ……向……災
二九〇七〇 于喪……
二九〇七〇 于宮無災
二九〇七〇 ……無災
二九〇七一 其
二九〇七一 弘吉
二九〇七一 ……喪無災
二九〇七二 惟……無……
二九〇七二 ……喪無災
二九〇七三 ……喪無災
二九〇七三 ……盂無災
二九〇七三 于宮無災
二九〇七三 ……卜……戊王……無災

二九〇七四　…喪無災　吉
二九〇七四　六七七六
二九〇七五　于喪弗悔
二九〇七五　弜喪田悔
二九〇七六　雨
二九〇七六　丁未卜其出
二九〇七六　雨
二九〇七六　其出于喪
二九〇七七　于喪
二九〇七七　盂
二九〇七七　于宮
二九〇七七　…其…犬
二九〇七八　于喪…
二九〇七九　惟盂…吉
二九〇七九　惟喪…大吉　用
二九〇八〇　庚辰卜翌…
二九〇八〇　…喪…災
二九〇八一　弜…喪…其雨
二九〇八二　弜…喪…其…
二九〇八二　…盂…省…災
二九〇八三　…喪…
二九〇八四　丁丑卜貞王其射獲禦
二九〇八四　貞弗擒
二九〇八四　丁丑卜貞王其田于盂□南□立
二九〇八四　貞呼北□立
二九〇八四　貞勿祀
二九〇八四　丁丑卜狄貞其遘雨
二九〇八四　丁丑卜狄貞王田不遘雨
二九〇八四　丁丑卜貞王田惟乙
二九〇八四　丁丑卜貞王田惟丙
二九〇八四　丁丑卜狄貞王其田遷往
二九〇八四　丁丑卜狄貞王往球禦
二九〇八四　丁丑卜狄貞王田擒
二九〇八四　弗擒
二九〇八五　弜…
二九〇八五　王其田…至盂湄日無…
二九〇八六　王其田惟盂湄無…　吉
二九〇八六　…王…
二九〇八六　王…
二九〇八七　乙卯卜貞王其田…
二九〇八七　戊午卜貞王其田…
二九〇八七　…卜貞…田盂無災。
二九〇八八　辛亥卜狄貞王田盂往來無災
二九〇八八　乙丑卜貞王其田往來無災
二九〇八九　戊午…貞王…盂…無災
二九〇九〇　壬王巽…盂田弗…

二九〇九〇　弜省其悔
二九〇九一　…王惟盂田…
二九〇九二　今…昏…
二九〇九二　丙寅卜狄貞盂田其遷□□有雨
二九〇九三　今日辛王其田湄日無災不雨
二九〇九三　貞王其省盂田湄日不雨
二九〇九三　…田省…災不…
二九〇九四　…省盂田…
二九〇九五　庚戌…
二九〇九五　王惟盂田省無災
二九〇九六　王惟盂田省無災
二九〇九七　…田省無…
二九〇九七　惟盂田省無災
二九〇九七　惟宮田省無災
二九〇九八　弜黻阤
二九〇九八　惟盂田省無災
二九〇九八　…省…田…
二九〇九九　…田省無災
二九〇九九　惟盂田省無災
二九一〇〇　弜田其悔
二九一〇〇　惟盂田省無災
二九一〇〇　惟宮田省無災
二九一〇〇　…盂田省無災
二九一〇一　惟盂田省無災
二九一〇一　…省…
二九一〇二　辛酉…
二九一〇二　惟盂田省無災
二九一〇二　…省…至…
二九一〇三　…狄…盂田…
二九一〇四　…盂田…無災
二九一〇五　其遘雨
二九一〇五　惟盂田省無災　吉
二九一〇六　弜…遘…
二九一〇六　惟盂田省湄日無災
二九一〇六　…有…
二九一〇七　惟盂田省
二九一〇七　翌日戊雨　吉
二九一〇七　不雨　大吉
二九一〇八　丁…
二九一〇八　惟盂田省無災
二九一〇八　不遘…
二九一〇九　惟盂田省無…
二九一一〇　貞惟…省不…
二九一一〇　…盂田…無災
二九一一一　弜…

二九一一一　弜省孟田
二九一一二　…孟田禾?…
二九一一二　…年
二九一一三　戊戌…
二九一一三　弜田孟其悔
二九一一四　弜…大…
二九一一四　…日甲…孟…田…
二九一一五　不雨
二九一一五　其雨
二九一一五　戊辰王其戋孟
二九一一五　…喪
二九一一六　其自孟…喪…
二九一一七　先于孟歸廼从向　吉
二九一一八　于孟無災
二九一一八　于孟
二九一一九　于孟無災
二九一二〇　于孟無災　吉
二九一二〇　于宮無災　吉
二九一二〇　不雨　弘吉
二九一二一　吉
二九一二一　于孟無災　吉
二九一二二　于孟無災
二九一二三　于…
二九一二三　于孟無災
二九一二三　…戋…災
二九一二四　于孟無災
二九一二五　于孟無災
二九一二六　于孟無災
二九一二六　…王…戋于…無災
二九一二七　于孟無災
二九一二七　…災
二九一二八　于孟無災
二九一二九　于孟無災
二九一三〇　于孟無災
二九一三〇　于宮無災
二九一三〇　不雨
二九一三〇　其雨
二九一三〇　…日乙…宮…災
二九一三一　翌日…王其田…
二九一三一　于孟?…
二九一三一　…災
二九一三一　…災
二九一三二　乙丑…
二九一三二　…孟…省無災
二九一三三　于孟無災
二九一三四　甲寅卜翌日乙王其…　茲用　不雨

二九一三四　在孟無災　茲用
二九一三四　…啓
二九一三五　于…
二九一三五　于宮無災
二九一三五　于孟無災
二九一三六　于…
二九一三六　于孟無災　弘吉
二九一三六　…宮…災　吉
二九一三七　于…無災
二九一三七　于孟無災
二九一三七　…宮無災
二九一三八　于孟無…
二九一三八　于宮無災
二九一三九　于孟無災
二九一三九　于宮無災
二九一三九　不雨
二九一四〇　…無災
二九一四〇　于孟無災
二九一四〇　…宮…災
二九一四一　庚…戋…
二九一四一　于孟無災
二九一四一　…宮無災
二九一四二　于孟無災
二九一四二　不遘雨
二九一四三　于孟無災
二九一四三　于宮無災
二九一四四　辛…翌…
二九一四四　于孟無災
二九一四四　…宮無災
二九一四五　于孟無災　吉
二九一四五　于宮無災
二九一四六　于孟無災　吉
二九一四六　不雨　弘吉
二九一四六　其雨　吉
二九一四七　于…
二九一四七　…孟無災
二九一四八　于孟…弗悔
二九一四八　…宮王…悔…
二九一四九　于孟…有…
二九一四九　其桒　吉
二九一五〇　于宮
二九一五〇　于孟
二九一五一　不擒
二九一五一　于孟湄日無災
二九一五二　惟孟擒

二九一五三　惟……
二九一五三　于孟新……有正
二九一五四　……孟新……
二九一五五　戊寅卜……
二九一五五　惟喪田湄日無災
二九一五五　惟智田湄日無災
二九一五五　吉
二九一五五　弜省田其悔
二九一五五　王其田于宮湄日無災永王
二九一五六　翌日壬王其省田从宮
二九一五六　从梌
二九一五六　从喪
二九一五六　从孟
二九一五七　辛亥卜王其省田惟宮不遘雨
二九一五七　惟孟田省不遘大雨
二九一五七　惟宮田省湄無災不遘大雨
二九一五八　……其省田惟宮……
二九一五九　乙……
二九一五九　弜田其悔
二九一五九　王惟宮田省無災
二九一五九　……災
二九一六〇　弜壬田其悔
二九一六〇　今日王惟宮田省無災
二九一六〇　……田省無災
二九一六一　戊……
二九一六一　弜田其悔
二九一六一　……日辛王……宮田省無災
二九一六二　王惟宮田省無災
二九一六三　……田省無……
二九一六三　惟宮田省無災
二九一六三　其呼万……
二九一六四　惟宮田省無災
二九一六四　……蓺猷
二九一六五　惟宮田省無災
二九一六五　其遘大雨
二九一六五　……小雨
二九一六六　惟宮田省無災
二九一六六　惟……田省無災
二九一六六　其省……
二九一六七　王惟喪……
二九一六七　惟宮田省無災　吉
二九一六七　惟孟……　大吉
二九一六八　惟……
二九一六八　惟宮……省無災
二九一六九　惟宮田……無災
二九一六九　……孟……無災

二九一七〇　惟宮省無災
二九一七一　惟……田省無災
二九一七一　惟宮……省……災
二九一七二　翌日戊王其……湄日不雨
二九一七二　惟宮田省湄日無災不雨
二九一七三　惟宮田省不遘大雨
二九一七三　……省……大雨
二九一七四　王……田不……大風
二九一七四　……宮……省……災
二九一七五　弜省田　吉
二九一七五　其風　吉
二九一七五　惟宮田省
二九一七五　……孟田省　大吉
二九一七六　弜省宮田其悔
二九一七六　王其省田不雨
二九一七六　其雨
二九一七七　壬王其……宮田不雨
二九一七七　弜省宮田其雨　吉
二九一七七　在亶　大吉
二九一七七　不其雨
二九一七八　弜田其悔
二九一七八　……宮田……災
二九一七九　王惟……田省……
二九一七九　……宮田……不雨
二九一八〇　其燎于宮田……
二九一八〇　弜
二九一八一　弜田其悔
二九一八一　……宮田其悔
二九一八二　……宮田……無災
二九一八三　弜……
二九一八三　……宮田……災
二九一八四　……宮田……
二九一八四　……至王受祐
二九一八五　惟𠂢弗悔無災吝王
二九一八五　惟宮省弗悔無災吝王　大吉
二九一八六　王其……惟宮……不遘……
二九一八七　自家往……吉
二九一八八　……乙王……从宮無災
二九一八九　乙王其……宮从……湄日……
二九一九〇　其雨
二九一九〇　从宮
二九一九一　于……迍田無……
二九一九一　从宮無災
二九一九二　翌日壬王田盟？……
二九一九二　……王其迖于宮湄日無災
二九一九三　……其迖于宮無……

二九一九四　于宮無災
二九一九四　…災擒
二九一九五　于盂…
二九一九五　于宮無災
二九一九六　于宮無災
二九一九七　于宮無災
二九一九七　不雨
二九一九八　于…無…
二九一九八　于宮無災　吉
二九一九八　大吉
二九一九八　吉
二九一九九　吉
二九一九九　今日…迭…無…吉
二九二〇〇　于宮無災
二九二〇〇　于宮…災
二九二〇〇　不雨
二九二〇一　其雨
二九二〇一　于…
二九二〇一　于宮無災
二九二〇一　不雨
二九二〇二　其雨
二九二〇二　于盂…
二九二〇三　于宮無災　吉
二九二〇三　不雨　吉
二九二〇四　于宮無災
二九二〇五　于宮無災　吉
二九二〇五　于宮無災
二九二〇六　不雨　吉
二九二〇六　于宮無災
二九二〇六　不雨　弘吉
二九二〇七　其雨　吉
二九二〇七　于…
二九二〇七　于宮無災
二九二〇八　惟□犬戕从無災擒
二九二〇八　于盂無…
二九二〇八　于宮無災
二九二〇九　不雨
二九二〇九　于宮無災
二九二一〇　不雨
二九二一一　于宮無災
二九二一一　…無…
二九二一二　于宮無災
二九二一二　于宮無災
二九二一三　丁…
二九二一三　…宮無災

二九二一四　弜…霾…
二九二一四　霸
二九二一四　于宮有雨
二九二一四　…田霾…大雨
二九二一五　于宮…吉
二九二一六　于宮
二九二一七　丁丑卜翌日戊王惟旃田無災　大吉
二九二一七　惟…田無災　吉
二九二一八　…其田旃…
二九二一九　…王惟旃田…
二九二二〇　惟旃田無…
二九二二一　辛…湄日無…
二九二二一　惟旃田湄無災
二九二二一　惟湡田湄日無災
二九二二二　丙寅卜貞惟旃…湄日無災
二九二二三　惟宮田無…
二九二二三　惟旃田無災
二九二二四　…田旃…悔
二九二二五　弜田旃…
二九二二六　弜旃…其…
二九二二七　弜田旃其悔
二九二二八　翌日…其田惟…湄日無災擒
二九二二八　…田燚…悔
二九二二九　壬王惟燚田…
二九二三〇　惟…
二九二三〇　弜田燚
二九二三一　王惟燚田…無災
二九二三一　…王…省…
二九二三二　戊王其田…
二九二三二　王惟燚田湄日無災
二九二三二　惟旃…湄日…災
二九二三三　翌日…王其田湄日…
二九二三三　弜田其悔
二九二三三　壬王惟燚田無災
二九二三三　惟倄田無災
二九二三四　癸未卜翌日乙王其…不風　大吉
兹用
二九二三四　王往田湄日不遘大風　大吉
二九二三四　王其悔　吉
二九二三四　…燚…
二九二三四　王惟燚田湄日無災擒
二九二三四　…災擒
二九二三五　弜…其…
二九二三五　惟盗田無災
二九二三五　惟牢田無災
二九二三五　惟燚田無災

二九二三五　惟田省
二九二三六　癸未：
二九二三六　王往田湄日不遘大風
二九二三六　弜田⿱林炏王其悔
二九二三七　惟⿰馬林田湄日無災
二九二三七　弜田⿱林炏其悔
二九二三八　弜至⿱林炏：
二九二三八　：田
二九二三九乙　甲戌卜翌日乙王其田：　大吉
二九二三九乙　弜田其悔　吉
二九二三九乙　王惟：省：災　吉
二九二三九甲　翌日：惟⿱林炏：湄日無災擒
二九二三九甲　惟⿰馬林田湄日無災擒永王　大吉　茲
用
二九二三九甲　吉
二九二四〇　王惟南省延：于㳄弗悔
二九二四一　翌日辛王其田惟㳄：
二九二四一　翌日辛王其：
二九二四二　弜田其悔
二九二四二　惟㳄田無災擒
二九二四二　王山?
二九二四二　惟有西⿱林炏無災擒
二九二四三　弜田其悔
二九二四三　翌日戊王惟㳄田無災擒
二九二四三　惟𡚨田
二九二四四　王惟㳄：無：
二九二四四　：田其悔
二九二四五　丁未卜翌日戊王其田無災　吉　用
二九二四五　戊弜田其悔
二九二四五　于壬王其田
二九二四五　壬弜田其悔
二九二四五　：斿田無災　大吉
二九二四五　戊王其田惟㳄無災　吉　用
二九二四五　：田無災
二九二四六　惟𣏟：田湄日：
二九二四六　惟兮田無災
二九二四六　：擒
二九二四七　惟犬𢦏从田㳄湄日無災
二九二四八　王其狩湄日無：
二九二四八　王弜㳄其雨
二九二四八　王惟宰田不遘雨　吉
二九二四九　癸丑卜乙王其田宰湄日無：　大吉
二九二四九　：田
二九二五〇　王其田宰蓺湄日無災
二九二五〇　莫田無災

二九二五〇　乙不雨
二九二五一　王其田宰蓺：
二九二五二　：其：無：
二九二五二　王惟宰田：災
二九二五三　王惟宰田無災不遘：
二九二五三　弜田宰其雨
二九二五四　弜：
二九二五四　惟宰田無災擒
二九二五四　：宰：悔?
二九二五五　弜田其悔
二九二五五　王惟宰田無災　大吉
二九二五五　惟𣏟首田無災　吉
二九二五五　惟盜田無災
二九二五五　惟宕田無災
二九二五六　田于宕其用茲卜
二九二五七　惟莫：
二九二五八　其：無：
二九二五八　惟宰田無災
二九二五八　：田無災
二九二五九　：宰湄日無災
二九二六〇　惟宰田無災
二九二六一　：未卜在宰：
二九二六二　于宰：
二九二六三　貞翌日：其田宰湄日不雨
二九二六三　：日：
二九二六四　：宰：田：永王
二九二六五　：田宰：悔
二九二六六　：宰：射麃：
二九二六七　貞于壬省田
二九二六七　：宰：擒
二九二六八　（習刻）
二九二六八　（習刻）
二九二六九　貞王其田盜無災
二九二七〇　丁亥王其田
二九二七〇　丁亥王其田
二九二七一　王其田盜擒
二九二七二　惟盜田：
二九二七二　：旦至于昏不雨　大吉
二九二七三　王弜往于田其悔
二九二七三　翌日戊王其田惟〓田弗悔
二九二七三　惟盜田弗悔無災吝王擒
二九二七三　惟〓田無災吝王擒
二九二七三　惟盜田無災吝擒
二九二七四　惟盜田：災
二九二七四　：有祐

二九二七五　弜田盗其悔
二九二七六　叀惟盗：無災擒
二九二七六　：卜狱：田：雨
二九二七七　弜：無：
二九二七七　惟盗田擒
二九二七八　：其雨
二九二七八　辛亥卜王惟壬田盗不雨　吉
二九二七九　王惟㭉首田無災
二九二七九　惟[illegible]田無災
二九二八〇　惟[illegible]田無災
二九二八〇　不延雨
二九二八一　王其田[illegible]湄：
二九二八二　：其田[illegible]不風
二九二八三　王其田偆惟：　大吉
二九二八四　王雝：田：
二九二八四　其田偆于[illegible]無災擒
二九二八四　：[illegible]
二九二八五　惟偆田無災
二九二八五　王其田斅至于目北無災
二九二八五　弜至其悔
二九二八六　惟：
二九二八六　惟目田無災
二九二八六　二九二八七　：無災
二九二八七　王：湊：
二九二八八　惟偆田無災擒
二九二八八　大吉
二九二八九　弜田偆
二九二八九　其：
二九二八九　戊王其田湊往：
二九二九〇　：其北椒擒
二九二九〇　惟湊田無災擒
二九二九一　：田㚖：擒
二九二九二　惟湊田無災
二九二九三　惟在湊無災擒
二九二九三　惟：
二九二九三　戊申卜王其田斅無災　（習刻）
二九二九四　惟：
二九二九四　弜田斅
二九二九五　王惟：斅：
二九二九六　壬午卜王其田麑湄：
二九二九六　：災擒
二九二九七　惟巛比湄日無：
二九二九七　丁亥卜戊王其田　惟麑擒
二九二九七　：雍
二九二九八　丁卯：

二九二九八　其遘大雨
二九二九八　戊王其田麑不遘小雨
二九二九八　：麑
二九二九九　：翌日戊王其田麑：
二九三〇〇　弜：
二九三〇〇　王惟田省無災不雨
二九三〇〇　王狩無災不雨
二九三〇〇　惟𡧊田無災不雨
二九三〇〇　惟麑田無災不雨
二九三〇一　于來辛：王𢓊田麑無災　吉
二九三〇二　不擒
二九三〇二　于壬辰王𢓊田麑無災
二九三〇二　：湄日無災擒
二九三〇二　：擒
二九三〇三　：王𢓊田麑：無災
二九三〇四　庚午卜王田麑其：
二九三〇五　：田麑：無災
二九三〇六　：惟麑湄：
二九三〇七　：麑惟：耒無災
二九三〇八　壬王弜𩡧田無：
二九三〇八　惟戊省𩡧田無災不雨
二九三〇九　于羌擒
二九三〇九　于麑擒
二九三一〇　：卯卜王其田羌：
二九三一一　：麖無災
二九三一二　：田湄日無災擒
二九三一二　大吉
二九三一二　弜至于𩡧
二九三一二　壬王其田𧇼無災
二九三一三　惟𡧊田湄日無災
二九三一四　乙未卜王惟𡧊：災　吉
二九三一四　：未：射：災吝王
二九三一五　丁亥：
二九三一五　惟𡧊田無災
二九三一六　弜田𡧊其悔
二九三一六　：田無災擒
二九三一七　：𡧊田：災
二九三一八　王：犬：田𡧊：　大吉
二九三一八　：犬：
二九三一九　弜：
二九三一九　王其田麑擒
二九三一九　不擒
二九三二〇　惟麑田無災
二九三二一　翌日戊王惟麑田湄日無災
二九三二二　弜田麑其：
二九三二二　：盗其悔

二九三二三　貞弜田𪊨其悔
二九三二四　丁亥卜狄貞其田𧶼惟辛湄日無災不
二九三二四　雨
二九三二四　貞翌日戊王其田盂湄日無災
二九三二五　貞…湄…
二九三二五　惟𧶼田…
二九三二六　惟𧶼…日無災不…
二九三二七　弜田𧶼其悔
二九三二七　翌日戊王其田湄日不雨
二九三二七　弜田其雨
二九三二七　…雨
二九三二八　弜田𧶼其雨　大吉
二九三二八　今日辛至昏雨
二九三二九　…田𧶼其雨
二九三二九　…不…
二九三三〇　…日壬王其田獸…　吉
二九三三一　…卜今日王其田獸…
二九三三二　貞王其…獸…
二九三三三　壬王…遘…
二九三三三　其遘雨
二九三三三　壬王惟獸田湄日無災擒
二九三三四　弗擒
二九三三四　惟獸田無災擒
二九三三四　惟屾田無災擒
二九三三五　惟成田無災
二九三三五　庚寅卜…
二九三三五　弜田獸其悔
二九三三五　翌日辛王其田不遘雨
二九三三五　不遘雨
二九三三五　王其田獸擒
二九三三六　弜田獸其悔
二九三三七　…田獸…
二九三三八　貞…獸…
二九三三九　弜田…
二九三三九　斿田…
二九三四〇　弜獸…無災
二九三四〇　…獸…
二九三四一　弜麋…獸…于雍弗其…
二九三四一　王惟門田無災
二九三四二　…卜翌日戊王惟門田湄日不遘…
二九三四三　王其田于戠無災
二九三四四　…王田涵湄日無災擒
二九三四四　惟涵湄日無災
二九三四五　弜田涵其悔
二九三四五　…雨

二九三四六　王惟…
二九三四六　田圃
二九三四七　惟智田湄日無…永…　吉
二九三四八　王惟智田無災擒
二九三四九　惟呈田無災擒
二九三五〇　惟呈田不…
二九三五一　己亥…呈宿無災
二九三五一　弜宿　吉
二九三五一　王其田在鼉　吉
二九三五一　于呈宿無災　大吉
二九三五一　王惟翌日辛田…災　大吉
二九三五二　…田襄湄日無災不遘雨　大吉
二九三五二　…弗悔
二九三五三　癸巳…
二九三五三　戊弜田襄其悔
二九三五四　于辛田擒
二九三五四　于壬田擒
二九三五四　癸丑卜王其田于襄惟乙擒
二九三五四　于戊田擒
二九三五四　于辛田擒王乜擒
二九三五五　王惟…先射…于襄?…
二九三五六　王惟襄…往射延…𪊨…
二九三五六　…其…𪊨…
二九三五七　王其田徹延…　大吉
二九三五八　弜…吉
二九三五八　…𡆥田省…無災
二九三五九　于…無…
二九三五九　于𡆥無災
二九三六〇　貞惟𪈆先田無災
二九三六〇　貞弜田𪈆其雨
二九三六一　戊寅卜…
二九三六一　…壬…𪈆…無災吝…
二九三六二　乙…貞…桑…災
二九三六二　…卜何…王其田…災
二九三六三　辛未卜何貞王其往田…桑…災
二九三六四　甲子卜惟豆田于之擒
二九三六五　…子卜在𢀛田龍𪌊洮塞其…田?
二九三六五　戊…
二九三六六　辛酉…田雍…
二九三六七　弜…
二九三六七　于𢀛擒
二九三六八　戊子卜…王其田…宣
二九三六八　…卜何貞…夕…雨
二九三六八　…巳卜何…不…
二九三六九　惟麥田無災
二九三六九　其田麥擒

二九三七〇　惟㭬擒有?…
二九三七一　…田?蓄惟今日…
二九三七一　…先…辛王延比湄日…
二九三七二　于旦無災
二九三七三　戊王其田虞麩無災
二九三七三　于旦無災
二九三七四　王…田…
二九三七四　惟亞田省
二九三七四　…田…
二九三七五　癸…酉…
二九三七五　…酉卜王曰貞其蒿田
二九三七六　…卜有戠其桒…王受有祐
二九三七六　…在䲆師獲中田
二九三七七　惟師田省不遘雨　大吉
二九三七七　吉
二九三七八　丁酉卜翌日戊王其迖于安無災　弘
吉
二九三七九　…寅卜壬王惟戈田省無災
二九三八〇　貞惟門田不…雨
二九三八一　弜田門…悔
二九三八二　惟戊田…
二九三八二　弜往田不擒
二九三八二　既桒王其田杏
二九三八二　…于卜…雨
二九三八三　王至于凡田湄日無災
二九三八三　弜至凡田其悔
二九三八四　…其田宿于[?]
二九三八五　…無…
二九三八五　田設擒
二九三八六　惟桒…用吸?…吉
二九三八七　于翌…戊尋…
二九三八七　戊申卜王其戊省…惟今日…
二九三八七　…翌日…
二九三八八　于壬
二九三八八　于乙
二九三八八　辛卯卜壬王其田至于犬僼東湄日無
災永王
二九三八八　…吉
二九三八九　壬戌…貞王其田…犬無災
二九三九〇　戊申…貞王…犬…
二九三九〇　…日辛王其…日無災…雨　吉
二九三九一　貞…
二九三九一　…卜狄…其田衣犬無災
二九三九二　辛亥…貞王…犬…無…
二九三九二　…田…災
二九三九三　…其田…犬…

二九三九四　惟成犬[?]比湄日無災永王
二九三九四　王其田麩無災
二九三九五　貞王…自夌…犬無災
二九三九五　辛丑卜彭貞翌日壬王異其田[?]湄日無
災
二九三九六　辛丑…貞王…[?]…
二九三九七　…王其田以万湄日無災　吉　茲用
二九三九八　…[?]田無災
二九三九九　弜…
二九三九九　惟澫田無災
二九三九九　弜田澫
二九四〇〇　庚寅卜…
二九四〇〇　…寅卜…往田…公擒
二九四〇一　…王其田在[?]北湄…
二九四〇一　…災
二九四〇二　丁…
二九四〇二　于…無災
二九四〇三　王其田敝…遘…
二九四〇四　…其田敝無災
二九四〇四　其雨
二九四〇四　不雨
二九四〇五　甲寅卜翌…
二九四〇五　王其劃敝麋　吉
二九四〇五　不擒
二九四〇五　擒
二九四〇六　惟敝無災永王
二九四〇六　…省…永王
二九四〇七　弜繳白惟鼎正王擒
二九四〇八　惟楅麓先擒
二九四〇九　其呼
二九四〇九　…北麓擒
二九四一〇　…惟…麓…焚…
二九四一一　丁丑卜狄貞王惟[?]麓?繳?無災
二九四一一　…狄…大雨
二九四一二　翌日戊王其田斿麓無災
二九四一三　于南田無災擒
二九四一三　…無…
二九四一四　弜往弗悔
二九四一四　王其田从南　吉
二九四一四　癸酉…
二九四一五　王畜馬在茲寓…母戊王受…
二九四一六　…畜馬在茲寓…
二九四一七　…宮馬…
二九四一八　癸丑…貞…馬…
二九四一八　癸丑卜暊貞左赤馬其𪏫不𡆥

二九四一八　……晅……
二九四一九　……馬……于……
二九四二〇　……罝……狽騂……悔
二九四二一　貞弜……馬其雨
二九四二二　……馬弗……
二九四二二　犾
二九四二三　癸丑……貞左……馬……
二九四二四　……馬無尤
二九四二五　……𩣡……豕……有大豕
二九四二六　十牛
二九四二六　二十牛
二九四二六　三十牛
二九四二七　三十牛……年
二九四二七　……酉……年
二九四二八　五牛
二九四二八　十牛
二九四二九　……宰……十牛
二九四三〇　六牛
二九四三一　三牛
二九四三一　五牛
二九四三一　……𠦪……
二九四三二　五牛
二九四三三　五牛
二九四三四　三牛
二九四三四　五牛　大吉
二九四三五　其三牛
二九四三六　五牛
二九四三七　……酉卜……室……夕不雨
二九四三七　……其三牛
二九四三八　弜……
二九四三八　三牛
二九四三九　貞惟……
二九四三九　三牛
二九四四〇　三牛　大吉
二九四四一　祝一牛
二九四四一　二牛
二九四四一　三牛　兹用
二九四四一　……牛
二九四四二　三牛
二九四四三　二牛王受祐
二九四四三　……王……祐
二九四四四　二牛……受……
二九四四五　……一牛……大……一牛兹……
二九四四五　其出
二九四四六　……牛王受祐　吉

二九四四七　宰
二九四四七　一牛
二九四四七　……牛
二九四四八　一牛
二九四四九　惟牛
二九四四九　……宰
二九四五〇　惟小……
二九四五〇　惟牛
二九四五一　惟羊
二九四五一　惟牛
二九四五二　惟牛
二九四五三　惟牛
二九四五四　己卯
二九四五四　惟牛　兹用
二九四五五　敹……
二九四五五　惟牛
二九四五六　貞翌日……王其……
二九四五六　惟牛
二九四五七　惟牛
二九四五八　貞……惟牛
二九四五九　……惟牛
二九四六〇　惟牛
二九四六一　惟牛
二九四六二　惟牛　吉
二九四六三　弜有
二九四六三　惟羊
二九四六三　惟牛　大吉
二九四六三　惟今
二九四六四　惟……
二九四六四　惟牛
二九四六四　宰
二九四六五　卷友……惟牛
二九四六五　……宰　兹用
二九四六六　……牛王受祐
二九四六六　……大……
二九四六七　惟……
二九四六七　惟牛王受有祐
二九四六八　惟牛王受祐
二九四六九　宰……受……
二九四六九　惟牛王受祐
二九四七〇　……牛王受祐
二九四七一　其……
二九四七一　其牛
二九四七一　庚申卜翌……
二九四七二　……十于……日……用牛……

二九四七三 庚寅…貞…牛…
二九四七四 牢…一牛
二九四七四 惟牡
二九四七四 惟牝
二九四七四 惟牛
二九四七四 惟…牛
二九四七五 貞牝
二九四七六 惟牝…
二九四七六 …歲…魯甲有…
二九四七七 惟牝
二九四七八 …牡王受…
二九四七九 貞惟牡王受有祐
二九四八〇 癸惟牡
二九四八一 惟牡王受祐
二九四八二 弜牡
二九四八二 …示…
二九四八三 弜牡
二九四八四 惟…
二九四八四 惟勿牛
二九四八五 惟羊
二九四八五 惟勿牛
二九四八六 惟勿牛方…
二九四八六 …其…
二九四八七 甲寅…
二九四八七 牢又一牛王受祐
二九四八七 二牢王受祐
二九四八七 惟牛王受祐
二九四八七 惟勿牛王受祐
二九四八八 𣪊發
二九四八八 惟勿牛
二九四八九 惟羊王受祐
二九四八九 惟勿牛
二九四九〇 惟勿牛王受… 吉
二九四九一 惟勿牛王受祐 大吉 用
二九四九一 大吉
二九四九二 惟勿牛
二九四九三 惟勿牛
二九四九四 貞惟勿牛
二九四九五 惟羊
二九四九五 …勿牛
二九四九六 貞牢…王受… 吉
二九四九六 …勿牛
二九四九七 …勿牛…受祐
二九四九八 弜勿牛
二九四九九 …酉卜何貞惟勿

二九四九九 …酉卜何…弜勿
二九五〇〇 癸…貞…
二九五〇〇 癸亥卜貞惟勿
二九五〇〇 癸亥卜貞勿勿
二九五〇一 丙午卜何…弜勿
二九五〇二 弜勿
二九五〇三 辛…
二九五〇三 弜勿
二九五〇四 白牛惟二有正
二九五〇四 白牛惟三有正 大吉
二九五〇四 其𣪊弜用
二九五〇四 貞白牛[illegible]?有正 大吉
二九五〇五 貞…
二九五〇五 貞白牛
二九五〇六 貞…白牛…
二九五〇六 …牛…正
二九五〇七 惟黃牛
二九五〇七 （習刻）
二九五〇八 丙辰…
二九五〇八 牢
二九五〇八 惟黑牛
二九五〇八 …𦍩
二九五〇九 惟黃牛
二九五一〇 …幽牛…
二九五一一 三牛
二九五一一 勿幽牛
二九五一二 丁丑卜王其入⿰氵𦍩牛于…五牢
二九五一二 …受祐
二九五一三 惟𦍩 吉
二九五一四 惟𦍩 吉
二九五一四 …王受有祐
二九五一五 惟𦍩
二九五一五 …牛
二九五一六 惟黑
二九五一六 惟𦍩
二九五一七 弜…
二九五一七 惟勿
二九五一七 惟𦍩
二九五一八 惟𦍩
二九五一八 勿牛
二九五一九 三牢王受祐
二九五一九 惟𦍩
二九五一九 惟勿牛
二九五二〇 惟羊
二九五二〇 惟牛

二九五二〇　惟羊
二九五二一　惟羊…正
二九五二一　…有…
二九五二二　惟羊
二九五二二　惟羊
二九五二三　…羊
二九五二三　惟羊
二九五二四　惟…
二九五二四　惟羊
二九五二五　惟…
二九五二五　惟羊
二九五二六　惟羊
二九五二七　牢
二九五二七　惟羊
二九五二八　丙子…貞于…王受…
二九五二八　…卜狄…惟羊
二九五二九　…貞…
二九五二九　…丑卜…惟?羊一無災
二九五三〇　己…
二九五三〇　惟羊
二九五三一　貞其…惟羊
二九五三二　河燎夕惟羊
二九五三三　惟豕…其有…
二九五三三　惟羊
二九五三四　貞惟羊有正
二九五三四　…有正
二九五三五　其…
二九五三五　其有…庚惟羊
二九五三六　其…于…癸…羊受…
二九五三七　丁酉卜…
二九五三七　十五犬十五羊十五豚
二九五三七　二十犬二十羊二十豚
二九五三七　三十犬三十羊三十豚
二九五三七　五十犬五十羊五豚
二九五三八　…犬十…　大吉
二九五三九　惟豕
二九五三九　惟小牢
二九五四〇　貞惟彘王受祐
二九五四一　惟豚…受祐
二九五四二　翌…
二九五四二　惟豕
二九五四三　癸酉…其衍…豛
二九五四四　惟黑犬王受有祐
二九五四五　乙丑卜燎白豕
二九五四六　惟豕
二九五四六　惟白豕

二九五四六　…黑…
二九五四七　…豚十
二九五四八　惟豚五有雨
二九五四八　…豚十有雨
二九五四九　…豚有…
二九五五〇　…豚多王…
二九五五一　惟豚
二九五五二　庚寅卜貞其大牢
二九五五二　貞有巷
二九五五三　惟…　吉
二九五五三　其…
二九五五三　惟大牢
二九五五四　惟大牢
二九五五五　惟…　吉
二九五五五　惟大牢　大吉
二九五五五　（偽刻）
二九五五六　癸酉卜今日…惟大牢
二九五五七　惟大牢
二九五五八　弜
二九五五八　二小牢
二九五五八　三小牢
二九五五八　惟牛
二九五五八　惟大牢
二九五五九　惟大牢
二九五六〇　惟牛
二九五六〇　…大牢
二九五六一　…大牢…受祐
二九五六二　十牢又五王受祐
二九五六三　辛…
二九五六三　其五牢
二九五六三　其十牢
二九五六四　其十牢王受祐
二九五六五　五牢
二九五六五　十牢王受祐
二九五六六　五牢
二九五六六　十牢…受祐
二九五六七　乙卯卜貞十牢王受祐
二九五六八　十牢王受祐
二九五六九　辛亥…
二九五六九　十牢王受祐
二九五七〇　…十牢…受有祐
二九五七一　十牢
二九五七二　三牢
二九五七二　五牢
二九五七二　十牢

二九五七三　其五牢
二九五七四　五牢王受有祐　吉
二九五七五　五牢王受祐
二九五七五　五牢王受祐
二九五七六　五牢王受祐
二九五七六　：牢
二九五七七　五牢王受祐
二九五七八　庚子：
二九五七八　叙嫠
二九五七八　三牢
二九五七八　五牢
二九五七九　三牢
二九五七九　五牢
二九五八〇　牢　大吉
二九五八〇　五牢　茲用
二九五八一　五牢
二九五八二　五牢
二九五八三　五牢
二九五八四　三：
二九五八四　五牢
二九五八五　惟三小牢？　大吉
二九五八五　：旦
二九五八六　惟三牢
二九五八六　：卜：
二九五八七　三牢：受：
二九五八七　惟二牢用王受祐
二九五八七　惟三牢用王受祐
二九五八七　：各于：啓
二九五八八　三牢王受祐
二九五八九　貞三牢：受：
二九五九〇　三牢：祐
二九五九〇　：嫠
二九五九一　三牢
二九五九二　辛酉：
二九五九二　三牢
二九五九三　己巳卜：
二九五九三　牢　茲用
二九五九三　三牢　茲用
二九五九四　二牢
二九五九四　三牢
二九五九四　羊
二九五九五　二牢
二九五九五　三牢
二九五九六　三牢
二九五九六　：牢

二九五九七　癸亥：
二九五九七　其二牢
二九五九八　其二牢
二九五九九　二牢
二九六〇〇　二牢王受祐
二九六〇一　己丑：
二九六〇一　二牢王受祐　吉
二九六〇二　二牢王受：
二九六〇三　牢王受祐　吉
二九六〇三　二牢王受祐　大吉　茲用
二九六〇四　二牢王受祐
二九六〇五　二牢：
二九六〇五　：王受祐
二九六〇六　二牢：受：
二九六〇七　其：
二九六〇七　牢
二九六〇七　牢又牛
二九六〇七　二牢
二九六〇八　二牢　茲用
二九六〇八　：惟牛
二九六〇九　牢又：
二九六〇九　二牢
二九六一〇　二牢王：
二九六一一　二牢：受：
二九六一二　一牢：受：
二九六一三　：五：
二九六一三　牢三牛：
二九六一四　夕：王受：
二九六一四　牢又一牛王受祐
二九六一四　惟：牛王受祐
二九六一四　惟勿牛王受祐
二九六一五　貞牢又一牛
二九六一五　弜賓
二九六一六　貞牢又：王受：　大吉
二九六一七　惟牛王受祐
二九六一七　牢王受祐
二九六一八　其侑惟牛
二九六一八　牢王受祐
二九六一九　惟：王受祐
二九六一九　牢王受祐
二九六二〇　牢王受祐
二九六二一　：牢王受有祐
二九六二二　癸丑卜：
二九六二二　牢王受祐
二九六二三　（與二九六一九重）

二九六二三 （與二九六一九重）

二九六二四 其…吉

二九六二四 五牢王受…吉

二九六二四 …牢…受祐

二九六二五 牢王受祐

二九六二六 貞牢…受… 大吉

二九六二六 敹𤼷

二九六二七 …牢王受有祐

二九六二八 丙子…

二九六二八 …牢又一牛

二九六二九 牢 吉

二九六三〇 小牢

二九六三〇 牢

二九六三一 牢…一牛…受祐

二九六三一 …王…祐

二九六三二 牢

二九六三二 …牛 大吉 用

二九六三三 （與二九六三二重）

二九六三三 （與二九六三二重）

二九六三四 惟…

二九六三四 牢

二九六三五 牢

二九六三六 戊…牢…

二九六三七 牢…

二九六三八 …牢 吉

二九六三九 …牢…有祐

二九六四〇 …牢…

二九六四一 惟五小宰

二九六四二 三小宰

二九六四三 三牛

二九六四三 五牛 茲用

二九六四三 三小宰

二九六四四 其…小宰

二九六四四 二小宰

二九六四四 三小宰 大吉

二九六四五 癸亥卜狄貞一小宰王受有祐

二九六四六 一小宰

二九六四六 二小宰

二九六四七 惟小牢王受祐

二九六四八 惟小宰王受…

二九六四八 弜有 吉

二九六四八 …巳卜…戊方…惟小宰 大吉

二九六四九 戊…

二九六四九 惟羊…

二九六四九 惟牛王受祐

二九六四九 惟小宰王受祐

二九六五〇 惟小宰

二九六五〇 …牛

二九六五一 惟小宰

二九六五一 惟牛

二九六五二 其悔

二九六五二 其…羊

二九六五二 惟小宰

二九六五三 惟小宰

二九六五四 惟小宰

二九六五四 惟牛王受祐 吉

二九六五五 其盟岳

二九六五五 惟羊

二九六五五 惟小宰

二九六五六 惟羊有雨

二九六五六 惟小宰有雨

二九六五七 庚午卜…翌日其…惟小宰

二九六五七 …其…宰

二九六五八 …子卜…戊戌惟小宰 茲用

二九六五九 惟…

二九六五九 惟小宰

二九六六〇 惟小宰 吉

二九六六一 惟小宰 吉

二九六六二 惟小宰 吉

二九六六三 惟小宰

二九六六四 惟小宰

二九六六五 …小宰

二九六六六 惟羊

二九六六六 …小牢

二九六六七 小宰

二九六六七 牢

二九六六八 甲戌卜…魯甲

二九六六八 弜以小宰

二九六六九 貞惟小宰 吉

二九六六九 貞其一牛

二九六七〇 卯三十宰

二九六七一 其十宰

二九六七二 …五宰

二九六七三 癸亥卜…貞其侑祖…

二九六七三 貞盩惟蔑

二九六七三 貞三宰

二九六七三 貞五宰

二九六七三 …室…

二九六七四 辛巳…貞王…敹…

二九六七四 …貞王…歲三宰…工宰

二九六七五　二宰
二九六七五　三宰
二九六七五　勿牛
二九六七六　貞…
二九六七六　貞三宰
二九六七七　三宰王受祐
二九六七八　貞其有宰
二九六七八　貞其二宰
二九六七九　二宰
二九六八〇　貞宰…一牛
二九六八一　貞其一牛
二九六八一　貞其宰又一牛
二九六八二　貞叡…𠬝廣…
二九六八二　宰
二九六八三　…宰王受祐
二九六八三　叡𤼈
二九六八四　…多…人?…
二九六八四　…宰
二九六八五　今日乙…其田湄…不雨　大吉
二九六八五　其雨　吉
二九六八五　翌日戊王其省宋有工湄日不雨　吉
二九六八五　其雨　吉
二九六八五　今夕不雨　吉
二九六八五　今夕其雨　吉
二九六八五　…日丁…雨
二九六八六　其今有工于…
二九六八七　丁亥卜大…其鑄黃呂…作?凡利惟…
二九六八八　己未…
二九六八八　弜作其悔
二九六八九　弜作其悔
二九六九〇　…万其攸…　吉
二九六九一　十卣又五
二九六九二　其作…
二九六九二　…作豊
二九六九三　壬申卜…
二九六九三　弜𠭯?
二九六九三　其呼簋車有正
二九六九三　王…商于之有正
二九六九三　其肇馬有正
二九六九三　弜肇
二九六九四　惟貝朋　吉
二九六九四　其膚用舊臣貝　吉
二九六九四　吉
二九六九五　…𡨦…

甲骨文合集摹釋

第十冊　二九六九六—三二九七七

二九六九六	庚午卜：大星：
二九六九六	非鳴　大吉
二九六九七	：彡：
二九六九七	戠日
二九六九八	戠日
二九六九八	其祐惟：辛酚
二九六九九	戠日：申酚：王受：
二九六九九	甲申無大雨
二九六九九	：申其：大：
二九七〇〇	壬子卜其柬司魚　茲用
二九七〇〇	于室
二九七〇〇	于衩
二九七〇〇	惟己侑日　茲用
二九七〇一	至日
二九七〇二	弜至日
二九七〇三	吿：今：
二九七〇三	即日
二九七〇四	即日酚有正
二九七〇五	即日甲酚王受祐
二九七〇六	辛卯卜何貞王無災大即日：
二九七〇七	貞其：高
二九七〇七	貞即日
二九七〇七	貞其：高
二九七〇七	貞即日
二九七〇八	貞即日　吉
二九七〇九	惟羊
二九七〇九	：于日既
二九七一〇	爰日
二九七一一	弜宿：
二九七一一	不遘㬎日　吉
二九七一一	：㬎日
二九七一二	乙巳卜今日乙王其戋新庸𢦏不遘
	㬎日
二九七一二	其遘㬎：
二九七一三	己未：
二九七一三	于宗
二九七一三	惟日𢼄
二九七一三	于入自日西𢼄
二九七一四	惟二十祀用王受：
二九七一四	：用十祀
二九七一五	惟今秋
二九七一五	惟今秋

二九七一五	于春
二九七一五	迖□紷
二九七一六	：呼戍：□虎：在正月
二九七一七	癸丑卜何貞旬無𡆥二月
二九七一八	：何貞自日遘雨三月
二九七一九	乙丑卜彘貞今夕無𡆥三月
二九七二〇	癸卯卜何貞旬無𡆥六月
二九七二一	癸巳：貞旬：
二九七二一	：卯：無𡆥六月
二九七二二	己酉卜卯貞今夕無𡆥在七月
二九七二三	惟：夕酚有雨：乙：
二九七二四	癸未卜何貞旬無𡆥在八月
二九七二五	癸丑：貞旬無𡆥八月
二九七二五	癸亥卜何貞旬無𡆥八月
二九七二六	癸丑卜何貞旬無：在九月
二九七二六	：亥卜何：旬無𡆥在十月
二九七二七	：丑卜何貞旬無𡆥十月　吉
二九七二八	：卜口：夕無𡆥在十月
二九七二九	貞其斦隹家十二月
二九七三〇	貞今夕雨
二九七三〇	癸未卜何貞今夕無𡆥十三月
二九七三一	于生月比　吉
二九七三二	戊子卜：于生月：
二九七三三	今旬五：雨
二九七三四	惟今日
二九七三四	來日
二九七三五	貞惟今日：
二九七三六	于來日惟：
二九七三七	貞：
二九七三七	貞于來日
二九七三八	貞于來日
二九七三八	：卜彭：無尤
二九七三九	叙：
二九七三九	：來日王受祐
二九七四〇	貞今戊辰
二九七四一	貞今戊申
二九七四二	惟：
二九七四二	弜丁酉
二九七四三	惟壬子
二九七四三	于壬戌
二九七四四	惟甲寅
二九七四四	惟甲戌
二九七四四	：乙：
二九七四五	壬戌卜：貞惟：日甲：
二九七四五	彈無：
二九七四六	惟戍

二九七四七　惟丁
二九七四七　惟戊
二九七四八　乙卯卜日惟己
二九七四八　日惟戊
二九七四九　自庚至：吉
二九七五〇　甲戌卜翌日乙亥：
二九七五一　戊戌卜翌：
二九七五二　丁未卜翌：
二九七五二　：戌：弗悔
二九七五三　：子卜翌日乙王：大吉
二九七五四　庚申卜翌日：
二九七五四　：日其悔
二九七五五　：翌日辛酉其剛
二九七五六　翌日辛不：
二九七五七　翌日壬王：
二九七五八　翌日壬王：大吉
二九七五八　：商
二九七五九　：夕：
二九七六〇　辛未：今翌：王：
二九七六〇　：未：
二九七六一　：卜今夕至翌無：
二九七六二　己未：貞：翌：酉：
二九七六三　于翌日：酌：
二九七六四　惟勿牛
二九七六四　惟今夕
二九七六四　：于翌日：
二九七六五　：企東翌日：告
二九七六五　其雨　不雨
二九七六六　：惟翌：
二九七六七　：惟翌：東
二九七六八　翌：惟：
二九七六九　戊：卜：
二九七六九　翌日其田：大吉
二九七七〇　翌日戊雨入
二九七七一　翌日：
二九七七二　己巳：翌日其：正
二九七七三　于旦有正：受祐
二九七七四　于旦：
二九七七五　于旦：王受祐
二九七七六　旦不雨
二九七七六　食不雨
二九七七七　于旦
二九七七七　：其：
二九七七八　于旦：受祐
二九七七八　：又一牛

二九七七九　旦不雨
二九七七九　其雨
二九七八〇　于旦王廼悔不雨
二九七八一　惟盗田：
二九七八一　旦至于昏不雨　大吉
二九七八二　乙旦雨
二九七八三　：祐
二九七八三　其颯戈一斧九
二九七八三　大食其亦用九牛
二九七八三　：嫠
二九七八四　：遘：
二九七八四　：至食日不雨
二九七八四　：雨
二九七八五　食日不雨
二九七八五　：日：
二九七八六　貞惟大食
二九七八七　翌日壬：王其田雨
二九七八七　不雨
二九七八七　中日雨
二九七八八　：雨
二九七八八　莫于日中廼往不雨
二九七八九　其雨
二九七八九　惟日中有大雨
二九七九〇　中日其雨
二九七九一　中日至：大吉
二九七九二　昃不：大吉
二九七九三　中：昃其雨
二九七九三　昃至郭不雨
二九七九三　：郭：雨
二九七九四　郭兮至昏不雨
二九七九五　中：
二九七九五　郭兮至昏不雨
二九七九五　：兮：昏其雨
二九七九六　：郭兮不雨
二九七九七　郭兮：雨
二九七九八正　郭兮：
二九七九九　中：
二九七九九　郭兮雨
二九八〇〇　：至郭啓　吉　用
二九八〇一　昃至：兮其雨
二九八〇一　郭兮至昏不雨　吉
二九八〇一　郭兮至昏其雨
二九八〇二　：卯各日王受祐
二九八〇三　：日戊今日湄至昏不雨
二九八〇四　其莫于之廼不遘雨無：

二九八〇五 其莫無災
二九八〇五 王…蓺…災
二九八〇六 莫無災
二九八〇七 王其…
二九八〇七 其遘雨
二九八〇七 其莫不遘雨
二九八〇八 弜…莫其悔
二九八〇八 …悔
二九八〇九 甲午…王…
二九八一〇正 （習刻）
二九八一〇反 貞…今雨
二九八一一 …西卜…
二九八一一 丁酉卜…貞母…戌在…
二九八一二 …在奠卜
二九八一三正 （習刻）
（習刻）
二九八一三反 日中…
二九八一四 辛亥…貞…
二九八一四 貞…西…
二九八一五正 戊辰卜…雨
二九八一五反 庚…烄
二九八一六 雨
二九八一六 不雨 吉 茲用
二九八一七 …囚
二九八一七 貞…雨
二九八一八 貞…異…
二九八一八 …雨
二九八一九 …何貞…示十五…雨
二九八二〇 不雨
二九八二一 …不雨
二九八二二 …卜…不雨
二九八二三 不雨
二九八二四 貞不雨
二九八二五 貞不雨
二九八二六 今告…
二九八二六 …大…不雨
二九八二七 川午
二九八二七 …雨
二九八二八 貞不雨
二九八二九 不雨 吉
二九八二九 蓺…
二九八三〇 不雨 吉
二九八三一 不雨
二九八三二 貞不雨
二九八三三 …不雨
二九八三三 不惟各
二九八三四 不雨

二九八三四 雨
二九八三五 于…無…
二九八三五 不雨
二九八三六 不雨
二九八三七 其遘…
二九八三七 王其不…
二九八三八 不雨 大吉
二九八三九 庚午…
二九八三九 不雨
二九八三九 …阤
二九八四〇 貞惟亞不雨
二九八四一 貞其雨
二九八四二 其雨
二九八四三 不雨
二九八四三 其雨
二九八四三 不雨 茲用
二九八四三 不雨
二九八四三 其雨
二九八四四 貞其雨
二九八四五 不雨
二九八四五 其雨
二九八四六 其雨
二九八四六 其雨
二九八四七 不雨
二九八四七 其雨
二九八四八 不雨
二九八四八 其雨
二九八四九 不雨
二九八四九 其雨
二九八五〇 戊午不…
二九八五〇 戊戌其雨
二九八五〇 …雨
二九八五一 不雨 吉
二九八五一 其雨
二九八五一 吉 茲用
二九八五二 于…無…
二九八五二 不雨
二九八五二 其雨
二九八五三 不雨
二九八五三 其雨
二九八五四 于宮無災
二九八五四 不雨 弘吉
二九八五四 其雨 吉
二九八五五 不雨
二九八五五 其雨
二九八五五 …癹

二九八五六　丙…今不…兹用
二九八五六　其雨
二九八五七　不…
二九八五七　其雨　吉
二九八五七　于…無…弘吉
二九八五七　不雨　兹用
二九八五七　不雨
二九八五七　其雨　吉
二九八五八　王其…
二九八五八　其雨
二九八五九　其雨
二九八六〇　从…無災
二九八六〇　不雨
二九八六〇　其雨
二九八六一　翌…不田
二九八六一　其雨
二九八六一　不雨
二九八六二　不雨
二九八六二　其雨
二九八六二　…農…無災
二九八六三　翌日…湄日…雨
二九八六三　其雨　吉
二九八六四　戊午卜今日王…　吉
二九八六四　其雨
二九八六五　…万…奏湄…不雨
二九八六五　其雨
二九八六六　其雨
二九八六六　貞王其…
二九八六七　…甲⑨無…
二九八六七　其雨
二九八六八　其雨
二九八六九　丁酉…遘…
二九八六九　貞王…
二九八七〇　…毋其雨
二九八七〇　…王…
二九八七一　其雨甲…
二九八七二　乙未卜己亥其雨
二九八七二　丙申卜乙巳其雨
二九八七二　丙…
二九八七三　乙不雨　吉　兹雨
二九八七三　其雨
二九八七四　其雨
二九八七四　丁卯卜旬不雨
二九八七四　其雨
二九八七五　丁不雨
二九八七六　戊其雨

二九八七七　戊不雨
二九八七七　其雨
二九八七八　戊雨
二九八七八　戊不雨　吉
二九八七九　戊其雨
二九八七九　不雨
二九八八〇　弗利
二九八八〇　戊不雨
二九八八〇　其雨
二九八八〇　己不雨
二九八八〇　其雨
二九八八〇　庚不雨
二九八八一　戊申雨
二九八八一　不…
二九八八一　其雨
二九八八二　己其雨
二九八八三　己雨
二九八八三　不雨
二九八八四　己不…
二九八八四　其雨
二九八八五　己不雨
二九八八五　己其雨
二九八八五　庚不雨
二九八八五　庚其雨
二九八八六　庚其雨
二九八八七　不…
二九八八七　辛其雨
二九八八八　辛不雨
二九八八九　惟陀…
二九八八九　辛不雨
二九八九〇　辛不雨
二九八九〇　其雨
二九八九一　其雨
二九八九一　今日辛不雨
二九八九二　不…
二九八九二　翌日辛其雨　吉
二九八九二　吉
二九八九二　大吉
二九八九三　壬其雨
二九八九四　壬其雨
二九八九五　其雨
二九八九五　壬不雨
二九八九六　今日…
二九八九六　其雨
二九八九六　壬不雨
二九八九六　其雨

二九八九七　癸：
二九八九七　壬不雨
二九八九八　壬不：　大吉
二九八九八　癸雨
二九八九八　吉
二九八九八　吉
二九八九八　吉
二九八九九　壬雨癸雨甲迺…
二九八九九　弘吉
二九八九九　：尸
二九九〇〇　癸酉其雨
二九九〇〇　：卜：今：
二九九〇一　壬毋其雨
二九九〇一　戊毋其雨
二九九〇一　戊不
二九九〇一　王惟田湄日
二九九〇二　癸酉卜：
二九九〇二　：申其雨
二九九〇三　：雨
二九九〇三　自庚雨至：
二九九〇四　貞今日雨
二九九〇四　：雨
二九九〇五　貞：不：
二九九〇五　今日雨
二九九〇六　貞惟：
二九九〇六　貞今日其雨
二九九〇六　丁巳貞王：
二九九〇七　其：
二九九〇七　今日其雨
二九九〇七　今日庚湄日至昏…
二九九〇八　不雨
二九九〇八　不雨
二九九〇八　癸卯卜貞旬無囚
二九九〇八　乙亥卜今秋多雨
二九九〇八　：茲：
二九九〇八　癸日
二九九〇八　癸日
二九九〇八　其雨
二九九〇八　丙午日雨
二九九〇九　己：
二九九一〇　：日雨
二九九一〇　中
二九九一〇　王其省田晨不雨
二九九一〇　晨不雨　吉
二九九一一　不擒　茲用　辛
今日甲雨

二九九一二　今日辛雨
二九九一三　今日癸：
二九九一三　今日癸其雨
二九九一三　翌日甲不雨　大吉
二九九一三　甲其雨　吉
二九九一三　茲小雨
二九九一四　：丁無大雨
二九九一四　今日至丁丑雨
二九九一五　貞今壬不雨
二九九一六　今日至己無大雨
二九九一七　今日壬王田湄日無災
二九九一七　弜雨
二九九一八　乙未貞今日雨
二九九一九　丙辰卜狄貞今日雨
二九九二〇　乙巳卜今日雨
二九九二一　：子卜今日雨
二九九二二　：丑卜今日己雨
二九九二三　癸亥卜今日不雨
二九九二四　：食：其：
二九九二四　：日不雨
二九九二五　辛酉卜今日不：
二九九二五　：不雨
二九九二六　貞今不雨
二九九二六　貞卯至庚申無…
二九九二七　今夕雨
二九九二八　今夕雨
二九九二九　貞今夕雨
二九九三〇　：今夕雨
二九九三〇　：夕雨
二九九三一　貞今夕其雨
二九九三二　貞今夕雨
二九九三三　貞今夕雨
二九九三四　：卜何貞今夕雨
二九九三四　：今夕無囚
二九九三五　貞今夕不雨
二九九三五　無囚
二九九三六　：夕：雨
二九九三七　：何貞今夕：雨其：
二九九三八　貞今夕其雨
二九九三八　：何：夕
二九九三九　貞：
二九九三九　：何貞今夕不雨
二九九四〇　貞：夕：
二九九四〇　貞：
二九九四〇　今夕其雨

二九九四一	今夕不雨
二九九四一	今夕其雨
二九九四一	…不雨
二九九四二	…貞今夕不雨
二九九四二	…何貞今夕不…
二九九四三	貞今夕不其…
二九九四四	今夕雨
二九九四四	辛雨
二九九四四	壬雨　吉
二九九四五	不雨
二九九四五	貞今夕雨
二九九四六	貞今夕不雨
二九九四六	今夕雨
二九九四七	今夕不雨
二九九四七	…何…
二九九四八	貞今夕不雨
二九九四九	…夕不雨
二九九四九	…卜彭…夕無…
二九九五〇	庚午…貞今夕雨
二九九五〇	貞不雨在二月
二九九五一	不…
二九九五一	貞今夕其雨
二九九五二	…夕不雨
二九九五二	…雨
二九九五三	今夕不雨
二九九五四	甲戌卜貞今夕雨
二九九五五	…戌卜貞今夕雨允雨
二九九五六	乙亥卜鼓貞今夕雨
二九九五七	丁丑卜何貞今夕雨
二九九五七	貞惟[illegible]用
二九九五七	丙子卜何貞惟…用
二九九五七	貞惟…用
二九九五八	丁巳卜今夕雨
二九九五八	吉
二九九五九	庚申卜口貞今夕不雨
二九九六〇	癸巳卜貞今夕雨
二九九六〇	無囚
二九九六一	于夕雨
二九九六二	翌日辛不雨
二九九六三	丁卯卜貞翌日雨
二九九六四	翌日辛雨
二九九六四	壬雨
二九九六四	不雨
二九九六五	…辰卜翌…雨
二九九六六	甲寅卜晦貞翌日乙雨
二九九六七	戊…
二九九六七	戊寅卜
二九九六七	戊寅卜
二九九六七	癸霽
二九九六八	丁卯卜…貞王…雨
二九九六八	丁卯…貞王…雨
二九九六八	…狄…無囚
二九九六九	丁亥卜雨小
二九九六九	己酉
二九九七〇	甲戌卜雨小
二九九七一	…雨
二九九七一	癸酉卜雨
二九九七二	癸卯卜至丁未不雨
二九九七二	至丁未其雨
二九九七三	己卯卜狄貞不雨
二九九七四	…戌卜不雨
二九九七四	…逐？…災
二九九七五	丁亥不雨
二九九七五	其雨
二九九七五	吉
二九九七六	戊申卜…
二九九七六	…旬雨
二九九七六	癸卯…
二九九七七	乙卯卜戊申雨
二九九七八	…卜…
二九九七八	壬雨
二九九七八	…雨
二九九七九	貞今日丁丑雨
二九九八〇	惟…
二九九八〇	惟雨
二九九八一	貞惟王雨
二九九八二	貞惟
二九九八二	…惟雨
二九九八三	貞惟雨
二九九八四	其霾于[illegible]
二九九八四	于楚有雨
二九九八四	…盂…雨
二九九八五	…有雨
二九九八五	大吉　用
二九九八六	…茲有雨
二九九八六	…于…大？…
二九九八七	…岦有雨
二九九八八	惟辛酚有雨　吉
二九九八八	吉
二九九八九	惟甲酚有雨
二九九九〇	惟庚烄有…

二九九九〇　其作龍于凡田有雨　吉
二九九九〇　：雨
二九九九一　：惟今日有雨
二九九九一　：桒祕
二九九九二　其酌方今夕有雨　吉　茲用
二九九九三　今日炆有雨
二九九九四　今：
二九九九四　翌日戊有雨
二九九九四　于己：大雨
二九九九四　：日?至己無大雨
二九九九五　：既：
二九九九五　羊月酌王受祐
二九九九五　茲月至生月有大雨
二九九九五　：月至：月無大雨
二九九九六　惟：有
二九九九六　惟羊有雨
二九九九六　惟小宰有雨
二九九九七　惟小宰有雨
二九九九八　惟牛有雨
二九九九九　戊酌
二九九九九　惟豚有雨
二九九九九　：有雨
二九九九九　：無：
三〇〇〇〇　：卜暊得辛：
三〇〇〇〇　：盂有雨　大吉　用
三〇〇〇一　其桒：
三〇〇〇一　叙夔
三〇〇〇一　：有雨
三〇〇〇二　：弜：方：　吉
三〇〇〇二　：于卜：有雨
三〇〇〇三　叙夔無雨
三〇〇〇三　叙夔無雨
三〇〇〇四　：日至翌日無雨
三〇〇〇四　今日
三〇〇〇五　：無雨
三〇〇〇六　：無雨
三〇〇〇六　：鬼
三〇〇〇七　：有大雨
三〇〇〇八　：用有大雨
三〇〇〇九　：大雨
三〇〇〇九　：有大雨
三〇〇一〇　：疾口𢀛：有大雨
三〇〇一一　丁丑無大雨
三〇〇一一　其有大雨
三〇〇一二　弜：
三〇〇一二　有大雨

三〇〇一三　王其鼎有大雨
三〇〇一四　不鈛：
三〇〇一四　茲月無大雨
三〇〇一四　有大雨
三〇〇一五　其：
三〇〇一五　甲無大雨
三〇〇一五　有大雨
三〇〇一六　：有大雨　大吉
三〇〇一七　惟小：有大雨
三〇〇一七　：雨
三〇〇一八　惟：大雨
三〇〇一九　：夔其有大雨
三〇〇二〇　叙夔其有：
三〇〇二〇　惟羊有大雨
三〇〇二一　惟：
三〇〇二一　惟大雨
三〇〇二一　：不遘雨
三〇〇二二　桒雨惟黑羊用有大雨
三〇〇二二　惟日羊有大雨
三〇〇二二　：乙：有：
三〇〇二三　惟牛有大雨
三〇〇二四　惟羊有大：
三〇〇二四　惟小宰有大雨
三〇〇二四　惟牛有大雨
三〇〇二五　惟龜至有大雨
三〇〇二六　庚寅有雨
三〇〇二六　：血：
三〇〇二七　有大雨
三〇〇二八　惟万呼舞有大雨
三〇〇二八　惟戊呼舞有大雨
三〇〇二八　叙：其有：
三〇〇二九　弜呼𩅦無大雨
三〇〇三〇　：𩅦大雨
三〇〇三一　乙卯：于：
三〇〇三一　今日乙𩅦無雨
三〇〇三一　其𩅦于□有大雨
三〇〇三一　于□有大雨
三〇〇三二　惟庚申奏有正有大雨
三〇〇三二　惟各奏有正有大雨　大吉
三〇〇三二　惟嘉奏有大雨　吉
三〇〇三二　惟商奏有正有大雨
三〇〇三三　其𠕋樂有大雨
三〇〇三三　弜𠕋無大雨
三〇〇三四　惟庚出有大：　吉
三〇〇三四　惟辛出有大雨　吉
三〇〇三五　于己有大雨　大吉

三〇〇三六　有…
三〇〇三六　惟癸有大雨
三〇〇三七　辛…大…
三〇〇三七　惟戊出有大雨
三〇〇三七　…己出…大雨
三〇〇三八　辛亥
三〇〇三八　于壬酌有大雨
三〇〇三八　于癸酌有雨
三〇〇三九　其𢀛…
三〇〇三九　…于翌日戊酌有大雨
三〇〇四〇　不雨
三〇〇四〇　其雨
三〇〇四〇　惟翌日戊有大雨
三〇〇四〇　惟辛有大雨
三〇〇四一　于翌日丙霾有大雨　吉
三〇〇四一　吉
三〇〇四二　庚子…
三〇〇四二　于翌日辛夕有大雨
三〇〇四二　…來辛酌
三〇〇四三　于翌日壬師有大雨
三〇〇四四　膚霾二田喪盂有大雨
三〇〇四四　…霾…大…
三〇〇四五　于𣆪其有大雨
三〇〇四五　大雨
三〇〇四六　于乙日有大雨
三〇〇四六　…大雨
三〇〇四六　…翌…酌…
三〇〇四七　己巳卜其尋𡘜…有大雨
三〇〇四七　叙嫠有雨
三〇〇四八　自今辛至于來辛有大雨
三〇〇四八　自今辛至于來辛無大雨
三〇〇四九　自乙至丁有大雨
三〇〇五〇　…至于壬有大雨
三〇〇五〇　…丁無其大雨
三〇〇五〇　乙夕雨　大吉
三〇〇五〇　今夕雨　吉
三〇〇五〇　今夕不雨　吉
三〇〇五〇　吉
三〇〇五〇　大吉
三〇〇五一　…大雨
三〇〇五二　乙亥卜…
三〇〇五二　…大雨
三〇〇五三　…大雨
三〇〇五四　…𠂤…北…有大雨
三〇〇五五　…大雨
三〇〇五六　不啓

三〇〇五六　壬申卜今日不大雨
三〇〇五七　壬子卜乙有大雨　大吉
三〇〇五八　今日壬無大雨
三〇〇五九　惟…省…
三〇〇五九　今日壬無大雨
三〇〇六〇　今日癸不大雨
三〇〇六一　今夕無大雨　吉
三〇〇六二　己無大雨　大吉
三〇〇六二　翌…
三〇〇六三　甲戌…貞今茲…無大…
三〇〇六四　…無大雨
三〇〇六五　其𠷎年…雨在盂𥁕無大雨
三〇〇六六　辛未有小雨
三〇〇六六　壬申無大雨
三〇〇六七　惟小雨
三〇〇六七　惟大雨
三〇〇六八　惟小雨
三〇〇六八　…大…
三〇〇六九　不遘小雨
三〇〇七〇　壬王…遘…
三〇〇七〇　壬王其遘小雨
三〇〇七一　其遘小雨
三〇〇七二　…遘小雨
三〇〇七三　其作𥁕于…
三〇〇七四　弜作𥁕
三〇〇七四　于喪王弗悔
三〇〇七五　惟犬…小𥁕
三〇〇七五　惟羊
三〇〇七六　乙酉…貞王其…雨…
三〇〇七六　…𩁹…
三〇〇七七　戊王弜其遘雨
三〇〇七七　其遘大雨
三〇〇七八　甲子卜何貞王遘雨一月
三〇〇七九　貞其遘雨
三〇〇七九　己巳卜貞王遘雨
三〇〇八〇　王其遘雨
三〇〇八一　甲…
三〇〇八一　王其遘雨
三〇〇八一　…日…
三〇〇八二　于壬不遘雨
三〇〇八二　其遘雨
三〇〇八二　不遘雨
三〇〇八三　丁丑…
三〇〇八三　其遘雨

三〇〇八四 其遘雨

三〇〇八五 …戈父

三〇〇八五 …遘雨

三〇〇八五 其遘雨

三〇〇八五 …永王…日無災

三〇〇八六 貞其遘雨

三〇〇八七 …何貞…遘雨

三〇〇八七 其遘…

三〇〇八八 其遘…

三〇〇八九 貞…

三〇〇八九 貞其雨遘

三〇〇九〇 丁未卜彭…

三〇〇九〇 …卜彭貞其遘雨

三〇〇九一 其遘雨

三〇〇九二 其遘雨

三〇〇九三 …遘雨

三〇〇九四 辛…

三〇〇九四 …往遘雨

三〇〇九五 …遘雨

三〇〇九六 …遘雨

三〇〇九七 不遘雨

三〇〇九七 其遘雨

三〇〇九八 不遘雨

三〇〇九八 其遘雨

三〇〇九九 辛其遘雨

三〇一〇〇 其遘…

三〇一〇一 貞其遘雨

三〇一〇二 其遘雨

三〇一〇三 …今日…雨遘

三〇一〇三 …月…

三〇一〇四 其遘雨

三〇一〇四 不夕雨

三〇一〇四 今夕其雨

三〇一〇五 其遘…

三〇一〇五 丁亥卜翌日遘雨

三〇一〇六 戊寅卜尃貞王不遘雨

三〇一〇七 壬辰卜何貞王不遘雨七月

三〇一〇八 壬辰卜何貞王不遘雨

三〇一〇九 癸巳卜何貞王不遘雨七月

三〇一一〇 …午卜何…王不遘…允不遘雨

三〇一一一 王其𢦏不遘雨召不

三〇一一一 …𢦏…燮…

三〇一一二 辛亥卜其…

三〇一一二 于翌日壬…

三〇一一二 王其田湄日不遘雨

三〇一一二 遘雨

三〇一一三 冀…不…

三〇一一三 王其埶入不遘雨

三〇一一三 王夕入于之不雨

三〇一一四 …巳卜王往…不遘雨

三〇一一五 …何…王疋?…不遘…

三〇一一六 貞…遘…

三〇一一六 貞王不遘雨

三〇一一七 …何貞翌王不遘雨

三〇一一八 …悔不遘雨

三〇一一九 不遘雨

三〇一二〇 壬戌卜其圍惟羊

三〇一二〇 不遘雨至辛不雨

三〇一二一 貞不遘雨

三〇一二一 不遘…

三〇一二二 惟亞戕…田省延往?于向無災永…不

遘雨

三〇一二二 …其先…

三〇一二三 癸未…

三〇一二三 …丑卜彭…不遘雨

三〇一二四 不遘雨

三〇一二五 不雨　吉　茲雨

三〇一二五 不遘雨

三〇一二六 …不遘雨　吉

三〇一二七 弗…

三〇一二七 不遘雨

三〇一二七 …遘…

三〇一二八 戊午…

三〇一二八 不遘雨

三〇一二九 …申卜貞戊不遘雨

三〇一三〇 不遘大雨

三〇一三〇 其遘大雨

三〇一三一 王…即…

三〇一三一 万其奏辛遘大雨

三〇一三一 其遘大雨

三〇一三二 其遘大雨　吉

三〇一三三 王賓…

三〇一三三 弜賓

三〇一三三 不遘大雨

三〇一三三 其遘大雨

三〇一三三 不遘小雨

三〇一三三 其雨

三〇一三三 …風

三〇一三四 其遘大…

三〇一三五 其遘大雨

三〇一三六 王…日辛…大…

三〇一三六　其遘大雨
三〇一三七　其遘大雨
三〇一三七　：遘小雨
三〇一三七　不雨
三〇一三八　惟：田省無：
三〇一三八　其田：遘大雨
三〇一三九　其遘大雨
三〇一四〇　：遘大雨
三〇一四一　弜：其：
三〇一四一　其遘大雨
三〇一四一　：遘：
三〇一四二　庚午卜翌日辛亥其作：遘大雨　吉
三〇一四三　辛酉卜丁卯不遘大雨
三〇一四四　其狩湄日無災不遘大雨　吉
三〇一四四　弜：悔遘大雨
三〇一四五　弜遘
三〇一四五　不遘大雨
三〇一四六　辛：
三〇一四六　不遘大雨
三〇一四六　：小雨
三〇一四七　惟壬不遘雨
三〇一四八　辛：至：雨　吉
三〇一四八　辛至壬其遘大雨
三〇一四八　：茲：遘大雨
三〇一四九　其雨　大吉　茲用　允大雨　吉
三〇一五〇　湄日不雨
三〇一五〇　其雨
三〇一五〇　：小雨
三〇一五一　遘小雨
三〇一五二　貞異其田雨：遘
三〇一五三　乙酉卜何：王遘：在：
三〇一五四　壬王廼狩湄日不雨
三〇一五五　今日眉日不雨
三〇一五五　：其：
三〇一五六　：卯廼延?不雨于壬不雨
三〇一五六　：汝湄日：
三〇一五七　貞惟湄日無小雨
三〇一五八　辛：
三〇一五八　其延雨
三〇一五八　其𡆥火
三〇一五九　不延雨
三〇一五九　其延雨
三〇一六〇　不延雨
三〇一六〇　其延雨
三〇一六一　弜至：宰在喪其延雨

三〇一六二　：卜狄：延雨
三〇一六三　：王：夕延雨
三〇一六四　甲?申貞延雨
三〇一六五　貞不其延雨
三〇一六六　不延雨
三〇一六六　延于雨
三〇一六七　于：烄雨
三〇一六七　于夫烄雨
三〇一六七　于□?烄雨
三〇一六八　烄夫有大雨
三〇一六八　其烄：
三〇一六九　敹𤎩有大雨　吉
三〇一六九　其烄永毋有雨　大吉
三〇一六九　弜烄無雨　吉
三〇一七〇　有烄無大雨
三〇一七一　辛：
三〇一七一　至來辛無大雨
三〇一七一　乇燎其方有大雨
三〇一七二　：卜其烄杏毋有大雨　大吉
三〇一七三　于丁卯酌南方
三〇一七三　戠辛酌禳若
三〇一七三　甲子卜其𠦪雨于東方
三〇一七三　庚：卜其𠦪雨于山
三〇一七三　戠𤎩雨　茲用
三〇一七三　庚午卜貞野丁至于斦畫入甫　茲用
三〇一七三　叀呼爵野弜于甫
三〇一七四　于有邑□有雨　吉
三〇一七四　惟戊烄有雨
三〇一七四　：無：吉
三〇一七五　惟：
三〇一七五　癸巳其祟雨于：
三〇一七五　于南方祟雨
三〇一七六　癸巳其祟雨于：
三〇一七六　于：方：雨
三〇一七七　：無去自雨
三〇一七八　：申卜其去雨于古□利
三〇一七九　：宮：省：雨
三〇一八〇　：□茲：雨
三〇一八一　其莫：雨：
三〇一八二　貞：無：雨：吉
三〇一八二　：廼：口：□：擒
三〇一八三　茲允雨終夕　吉
三〇一八三　于翌日戊廼：
三〇一八四　：卜貞：
三〇一八四　：戊?：有雨

三〇一八五　…岳雨
三〇一八六　…不用雨
三〇一八七　癸…有…乙…
三〇一八八　乙亥卜寧雨若
三〇一八八　…東方…
三〇一八九　…戊卜今日庚至翌日…大啓
三〇一九〇　弜田其悔
三〇一九〇　今日辛大啓
三〇一九〇　不啓
三〇一九〇　壬大啓
三〇一九〇　壬不大啓
三〇一九一　戊寅卜今日戊啓
三〇一九二　今日壬啓
三〇一九三　今日壬啓
三〇一九四　今日壬不啓
三〇一九五　…今日丁啓
三〇一九六　今日啓
三〇一九六　不啓
三〇一九七　今…
三〇一九七　中日大啓
三〇一九八　中日至郭兮啓　吉　茲雨
三〇一九八　不啓
三〇一九八　吉
三〇一九八　吉
三〇一九九　丁未卜暊貞今夕啓
三〇一九九　辛亥卜暊貞今夕啓
三〇二〇〇　貞今夕不其啓
三〇二〇一　今夕啓
三〇二〇二　不啓其雨
三〇二〇三　今日乙郭啓不雨
三〇二〇三　于翌日丙啓不雨
三〇二〇三　其雨　大吉　茲雨
三〇二〇四　庚辰卜翌日辛啓
三〇二〇四　不啓　吉
三〇二〇四　壬啓不雨　吉
三〇二〇五　翌日戊啓不…
三〇二〇五　其雨不啓
三〇二〇六　翌日己啓　大吉
三〇二〇六　翌日己不啓　吉
三〇二〇六　…癸…雨
三〇二〇七　戊申啓己允啓
三〇二〇八　丁啓
三〇二〇九　己…
三〇二〇九　辛亥卜癸丑不其啓
三〇二一〇　丙啓
三〇二一〇　丁啓

三〇二一一　于盂無災
三〇二一一　于宮無災
三〇二一一　辛啓
三〇二一一　不啓
三〇二一二　…田…
三〇二一二　戊…延大啓
三〇二一二　…方…用
三〇二一三　壬啓　大吉　用
三〇二一三　不啓　吉
三〇二一三　壬大啓　大吉　用
三〇二一三　壬不啓　吉
三〇二一三　辛啓　吉
三〇二一四　己不啓　茲用
三〇二一四　庚小雨　吉
三〇二一四　…啓
三〇二一四　辛不雨
三〇二一四　惟…步…羌…
三〇二一五　貞惟戋　大吉
三〇二一五　…卜狄…湄啓…災
三〇二一六　…啓
三〇二一七　…不雨啓
三〇二一八　不啓
三〇二一九　今夕啓
三〇二一九　不啓
三〇二二〇　啓
三〇二二〇　不啓
三〇二二一　不啓　吉
三〇二二二　昃不啓
三〇二二三正　不啓
三〇二二三反　庚戌
三〇二二四　…戌…
三〇二二四　…雨
三〇二二五　其有大風
三〇二二六　…大風
三〇二二七　其大風
三〇二二八　…大風
三〇二二九　丁酉卜大風
三〇二三〇　乙巳其大風　吉
三〇二三一　其遘大風
三〇二三一　…大…
三〇二三二　無…
三〇二三二　…遘大風
三〇二三三　…遘大風
三〇二三四　其遘小風
三〇二三四　…遘…
三〇二三五　不遘大風

三〇二三五 其遘大風
三〇二三六 其遘大風
三〇二三七 其遘大風
三〇二三八 不遘大風
三〇二三八 其遘大風
三〇二三九 其遘大風
三〇二四〇 其遘…風
三〇二四一 不遘大風
三〇二四二 其雨 吉
三〇二四二 不遘大風 吉
三〇二四二 其遘大風
三〇二四三 其遘大風
三〇二四三 …田…擒…大…
三〇二四四 庚辰?…
三〇二四四 辛其遘大風
三〇二四四 不遘大風
三〇二四五 …大風
三〇二四六 丁亥…
三〇二四六 叙𤊾
三〇二四六 不遘大風
三〇二四六 其遘
三〇二四七 大風 弘吉 茲雨
三〇二四七 于𠔼有雨 吉
三〇二四八 惟戌大風 吉
三〇二四九 惟乙遘風
三〇二四九 弜乙未
三〇二五〇 惟田
三〇二五〇 …遘風
三〇二五一 弜戋
三〇二五一 不風 吉
三〇二五一 其風 吉
三〇二五二 辛亥不遘大風
三〇二五二 …風
三〇二五三 壬不風
三〇二五三 其風
三〇二五四 …不風
三〇二五五 其雨
三〇二五五 不風
三〇二五六 戊不風
三〇二五七 其寧呼大風
三〇二五八 …卜其寧風方惟… 大吉
三〇二五九 其寧風伊
三〇二五九 無雨
三〇二五九 …風大一小牢
三〇二六〇 癸未卜其寧風于方有雨

三〇二六〇 惟甲其寧風
三〇二六〇 惟乙寧
三〇二六一 …風
三〇二六二 惟…埜… 大吉
三〇二六二 …風
三〇二六三 …風
三〇二六四 …風
三〇二六五 …風
三〇二六六 …卜王其作僼徐于寓… 吉
三〇二六七 王其作僼于旅邑…其受祐
三〇二六八 …雨…無災
三〇二六八 今日丁酉卜王其宛麓僼弗悔
三〇二六八 不遘…啓
三〇二六九 其以…
三〇二六九 惟大雨
三〇二六九 貞其…勿由有正
三〇二六九 其于徐僼
三〇二七〇 …于盂僼不遘大風
三〇二七〇 于翌日壬廼𢼄庸不遘大風
三〇二七〇 弜翌日壬其風
三〇二七一 于盂僼不雨
三〇二七一 乙不雨茲不雨
三〇二七二 …僼于茲丘…
三〇二七三 弜…
三〇二七三 于依僼
三〇二七三 在𣀠僼
三〇二七四 …僼宰…無災
三〇二七五 其尋宰僼…
三〇二七六 …僼單無災
三〇二七七 王僼于…
三〇二七八 弗于…僼
三〇二七九 弗…僼…于…
三〇二七九 王執于…
三〇二七九 …王…
三〇二八〇 其㞢于… 吉 用
三〇二八〇 于僼 吉
三〇二八一 其作僼于…
三〇二八二 己丑卜彭貞其爲祖丁𥄉衣卯
三〇二八二 㝐門于𢆶
三〇二八二 …衣
三〇二八三 有用其延宗乂甲門
三〇二八四 于阜西會王弗…
三〇二八四 于廳門𢀛𣌓會王弗悔
三〇二八四 …𢀛𣌓…王弗…
三〇二八五 弜
三〇二八五 于廳門𢀛𣌓會王弗悔

三〇二八六 癸丑卜彝在廳在廏門死
三〇二八六 乙卯卜彡品亓自祖乙至毓
三〇二八七 叙獒
三〇二八七 丁酉卜戊王其田从沘無災
三〇二八七 弜南門
三〇二八八 其…鼎…南門…弗…
三〇二八八 …王…田…正
三〇二八九 貞从南門
三〇二八九 …宇…無災擒
三〇二九〇 …門其雨
三〇二九一 …田門其…
三〇二九二 …出門王惟…
三〇二九三 从川万門有正
三〇二九三 丁不雨
三〇二九四 己巳卜其啓廳西户祝于…
三〇二九四 弜祝
三〇二九四 惟豕
三〇二九四 惟羊
三〇二九五 其□…
三〇二九五 其作亞宗
三〇二九六 丁丑卜其祝王…
三〇二九六 丁丑卜其祝王入于多亞
三〇二九六 丁丑卜其祝王入…于帝…
三〇二九六 辛
三〇二九七 甲午卜王馬尋駁其禦于父甲亞　吉
三〇二九八 于帝臣有雨
三〇二九八 于岳宗彡有雨
三〇二九八 于獻宗彡有雨
三〇二九九 乙卯卜不雨獻宗燎率…　吉
三〇三〇〇 于祖丁宗王受…
三〇三〇〇 惟三牢用王受有祐
三〇三〇〇 弜用三牢
三〇三〇〇 于…
三〇三〇一 …祖丁宗…
三〇三〇二 …父己宗
三〇三〇三 己未卜其…
三〇三〇三 己未卜其坙父庚奭酉于宗茲用
三〇三〇三 …丁…茲用
三〇三〇四 于宗蒸穧茲…
三〇三〇四 …先…酉木丁…
三〇三〇五 丙午…其…
三〇三〇五 …宗蒸穧茲用歲五牢
三〇三〇六 丙子卜其蒸穧于宗
三〇三〇六 …于酉
三〇三〇七 …于宗用王受有祐
三〇三〇八 于宗王受祐

三〇三〇九 于宗王受祐
三〇三〇九 …夕彡…受祐
三〇三一〇 二牢
三〇三一〇 于宗茲用
三〇三一〇 于酉
三〇三一一 于宗茲用
三〇三一一 …卜…木丁
三〇三一二 于宗
三〇三一三 于宗
三〇三一四 于宗
三〇三一五 丁卯卜其…
三〇三一五 惟羊用
三〇三一五 惟…
三〇三一五 惟…
三〇三一五 惟毀羊
三〇三一五 于宗
三〇三一五 …必
三〇三一六 于宗
三〇三一七 其…祖丁…
三〇三一七 在必
三〇三一七 于宗…羌
三〇三一八 …牛…此有大雨
三〇三一八 即右宗夒有雨
三〇三一九 其桒火門有大雨
三〇三一九 貞王其彡獻于右宗有大雨
三〇三二〇 丙…
三〇三二〇 其即于右宗有大雨
三〇三二〇 …于…大雨
三〇三二一 貞既右宗…
三〇三二二 于既…㱿…西㱿…　大吉
三〇三二二 歸于右宗其有雨
三〇三二三 …卜祖丁舌新宗王…
三〇三二四 王其侑妣庚新宗王…　大吉
三〇三二五 祖丁舌在弜王受祐
三〇三二五 …去舌于之新宗若王受祐
三〇三二五 …旬…
三〇三二六 弜去舌于之新宗王若受祐
三〇三二七 …新宗有…
三〇三二八 …祖甲舊宗
三〇三二九 岳于之有大雨
三〇三二九 叡小山即宗迺岳于之
三〇三三〇 翌日己酉父庚必惟其即宗
三〇三三一 …即宗無大雨
三〇三三二 貞即宗
三〇三三三 丁巳卜…

三〇三三三 于來丁五…宗木丁
三〇三三三 弜即宗
三〇三三四 叙釐
三〇三三四 其有夂小乙甯宗
三〇三三五 于…比…
三〇三三五 丁卯卜其酌桒于父丁宗
三〇三三六 癸未卜宗歲有卷
三〇三三六 弜有卷
三〇三三七 新于宗
三〇三三八 王其雚宗…
三〇三三九 甲寅卜其舌…
三〇三三九 三牢兹用
三〇三三九 弜桒宗于妣庚舌
三〇三四〇 甲寅…祖乙舌桒宗
三〇三四〇 弜桒于…
三〇三四一 貞…
三〇三四一 …其宗…酌　吉
三〇三四二 …宗王受祐
三〇三四三 …用祐
三〇三四三 于…宗
三〇三四四正 擒其雨
三〇三四四反 …桒宗
三〇三四五 …卜彭貞其延蒸禱…饗父庚父甲家
止
三〇三四六 弜以在兹
三〇三四六 其呼以于㝉
三〇三四七 辛…貞…
三〇三四七 貞于㝉
三〇三四七 癸亥卜彭貞□其佐于宎
三〇三四七 癸亥卜…于㝉
三〇三四八 于…蒸…
三〇三四八 祖丁必卷卯惟牛王受祐
三〇三四八 …受祐…
三〇三四九 甲辰卜…
三〇三四九 至祖丁必王受祐
三〇三四九 惟翌日乙亥…□…
三〇三四九 …亥卜王…
三〇三五〇 …于小乙舌于祖丁舌于…必…
三〇三五一 …卜其舌于祖丁必
三〇三五二 己巳卜其…
三〇三五二 …正于…祖丁必
三〇三五三 惟…祖丁…
三〇三五三 惟必用祖丁必
三〇三五四 惟歸…吕用祖丁必
三〇三五四 惟母□用祖丁必

三〇三五四 惟□万用祖丁必　吉
三〇三五四 辛酉…
三〇三五五 弜可祖丁必
三〇三五六 貞惟…　大吉
三〇三五六 其即父庚必
三〇三五七 …未卜父甲必夕歲…
三〇三五八 …卜其祝父甲必惟舊冊…　吉
三〇三五八 彈王受祐　大吉
三〇三五八 大吉
三〇三五九 癸亥卜其有夕歲于父甲必王受有祐
三〇三六〇 …于二必惟…
三〇三六一 …必卯惟羊
三〇三六二 貞帝于必
三〇三六三 弜于必舌
三〇三六四 …子卜祝在必　大吉
三〇三六五 …在必
三〇三六五 惟□酌三十在宗父甲…
三〇三六六 在必王受祐
三〇三六七 …在必　吉
三〇三六八 弜…
三〇三六八 …必
三〇三六九 …祖丁室…
三〇三七〇 其□司母惟…
三〇三七〇 司母大室
三〇三七一 癸…卜貞其…于大室
三〇三七一 貞…必…
三〇三七二 …丁西室
三〇三七三 貞勿焙□
三〇三七三 辛亥卜貞其衣翌日其延障于室
三〇三七三 貞弜焙匍
三〇三七四 丁巳卜于南宮舌　大吉
三〇三七五 即有宮…祐
三〇三七五 惟…
三〇三七五 …祐
三〇三七六 …吉在大宗卜
三〇三七六 …其在田…
三〇三七七 …大宗
三〇三七八 …大宗
三〇三七九 …用習大示…來
三〇三八〇 …宗三示…兹卜
三〇三八〇 有舌五冊…其妻
三〇三八一 卯惟…兹用
三〇三八一 卯習牛
三〇三八一 癸酉卜其東三示
三〇三八一 丁巳卜今日啓

三〇三八一 戊午卜今日啓
三〇三八一 …雨
三〇三八二 于…
三〇三八二 惟示先弜酌
三〇三八三 …五示…盡…
三〇三八四 …卜宁…賓…示無尤
三〇三八五 …其祐…
三〇三八五 …于…示
三〇三八六 癸亥卜翌日辛帝降其入于𢓊大宊在寂
三〇三八六 …于𢓊小乙宊
三〇三八七 …卯卜帝其降…
三〇三八八 惟五鼓…上帝若王…有祐
三〇三八九 …爯王帝今日…
三〇三九〇 弜呼𡗜帝子禦史王其悔
三〇三九〇 …悔
三〇三九一 辛亥卜…五臣…
三〇三九一 王有歲于帝五臣正惟無雨
三〇三九一 …𠦪侑于帝五臣有大雨
三〇三九二 其寧惟□𦎫用
三〇三九三 其𠦪年二山𡴭于小山盡豚
三〇三九三 二山暨𡴭惟小宰有大雨
三〇三九三 𦎫風惟豚有大雨
三〇三九三 …雨
三〇三九四 辛卯卜𢦏彡酌其侑于四方
三〇三九五 …侑于方有大雨
三〇三九六 其侑方暨河
三〇三九六 …在…
三〇三九七 𠦪方惟癸酌有雨
三〇三九八 惟…用于…祐
三〇三九八 舌祖乙祝惟祖丁用王受祐
三〇三九八 惟高祖夒祝用王受祐
三〇三九八 惟冊用
三〇三九九 于夒高祖𠦪
三〇三九九 弜用
三〇四〇〇 …先大雨
三〇四〇〇 …𢦏至…夒妣…
三〇四〇一 癸丑卜何貞其侑于夒
三〇四〇一 癸丑卜何貞于河
三〇四〇一 …何…岳
三〇四〇一 癸丑卜何于…
三〇四〇二 己巳卜其𠦪夒惟辛酉…　大吉
三〇四〇三 于夒…祟有大…
三〇四〇四 …受祐
三〇四〇四 惟…夒…王受…　吉
三〇四〇五 …申卜其敝𩰫…

三〇四〇六 癸卯卜旬…其燎于土宰
三〇四〇六 甲…
三〇四〇七 其有…土　吉
三〇四〇七 …宰
三〇四〇八 …土惟步祝
三〇四〇九 （習刻）
三〇四〇九 （習刻）
三〇四一〇 己未卜屯取茲…　吉
三〇四一〇 弜取無大雨　吉
三〇四一〇 …即…岳有大雨
三〇四一一 …酉卜王其𠕋岳燎惟犬暨豚十有
□ 大雨　大吉
三〇四一一 …燎惟羊十豚…
三〇四一二 于辛酉酌
三〇四一二 岳暨河酌王受有祐
三〇四一二 …酌
三〇四一三 燎岳
三〇四一三 燎炘
三〇四一四 彈王受祐
三〇四一四 岳燎惟舊𠕋用三宰王受祐
三〇四一四 …彈王…
三〇四一五 于岳𠦪年有…　大吉
三〇四一五 …有大雨
三〇四一五 弜酌
三〇四一五 其𢿢岳有雨…
三〇四一五 弜𢿢即右宗有大雨
三〇四一六 …卜異…
三〇四一六 …于岳秦即…
三〇四一七 其侑岳惟…　大吉
三〇四一八 其𠦪年…岳惟…用祝
三〇四一八 惟茲祝用
三〇四一九 于岳祟有大雨
三〇四二〇 …于岳其有…
三〇四二一 于岳…大雨
三〇四二二 …卜其往于岳惟三大宰
三〇四二三 乙酉卜…甲子…岳…小宰
三〇四二三 …寅卜…言…
三〇四二四 …岳…　吉
三〇四二五 丙申…岳…𡿧
三〇四二六 （習刻）
三〇四二六 （習刻）
三〇四二六 （習刻）
三〇四二七 …岳…河…
三〇四二八 癸亥卜其酌□于河
三〇四二九 惟辛未酌

三〇四二九　其奉河惟舊𧟒用于濬酌
三〇四二九　其即宗
三〇四三〇　于河尋奉
三〇四三一　王其田□剛于河
三〇四三一　弜剛
三〇四三一　河剛牛
三〇四三二　庚申卜其侑于河
三〇四三三　河燎茲用
三〇四三三　弜卯
三〇四三三　…大牢
三〇四三四　己丑卜河燎夕惟豚
三〇四三四　弜夕河燎…
三〇四三五　于來日庚酌王受祐
三〇四三五　…燎于河…商
三〇四三六　…卜口其沈于河惟羊
三〇四三七　…卜河祀惟…
三〇四三八　…河惟牛用　吉
三〇四三九　癸酉卜貞其劉于河王賓　吉
三〇四三九　貞弜賓
三〇四三九　貞王其田于□劉于河　吉
三〇四三九　貞弜
三〇四三九　貞其祝惟擒乙王其征□兕　吉
三〇四三九　貞弜祝
三〇四三九　乙亥卜狄貞王衣入無災
三〇四三九　貞其涉兕□沘
三〇四三九　貞不涉
三〇四三九　丁丑卜狄貞其用茲卜異其涉兕同　吉
三〇四三九　貞不同涉　吉
三〇四三九　貞惟馬亞涉兕
三〇四三九　貞惟衆涉兕　大吉
三〇四三九　丁丑卜狄貞其奉禾于河惟祖丁祝用　吉
三〇四三九　貞惟父甲祝用
三〇四三九　貞惟祖丁祝用王受祐
三〇四三九　貞辛不雨
三〇四四〇　…□于河三牢王受祐
三〇四四〇　叙嫠
三〇四四〇　乙…于…
三〇四四一　于惟…
三〇四四一　…河
三〇四四二　其遘雨
三〇四四二　…卜□…□…王…
三〇四四三　其燎□其□
三〇四四四　惟□□酌雨
三〇四四四　丁酉
三〇四四四　叙嫠

三〇四四四　其雨
三〇四四五　于□作王弗悔
三〇四四五　于□凡王弗悔
三〇四四六　□燎…酌有…
三〇四四七　弜祀
三〇四四七　其告于高祖王亥三牛
三〇四四七　其五牛
三〇四四八　…亥…四羊四豕五羌
三〇四四九　乙未
三〇四四九　貞…王亥　大吉
三〇四四九　貞其遘雨
三〇四四九　貞弜侑龜
三〇四四九　弜入覊
三〇四五〇　王亥□于宫
三〇四五一　其侑蔑暨伊尹
三〇四五一　弜暨
三〇四五二　…蔑弜…正
三〇四五三　取…廼有…
三〇四五三　其舊取二山有大雨
三〇四五三　…舊廼有大雨
三〇四五四　…其□二山有大雨　吉
三〇四五五　弜□
三〇四五五　其□□
三〇四五五　…□
三〇四五六　…其□…于小山有大雨
三〇四五七　…卜翌癸未…
三〇四五七　壬午卜奉雨燎□
三〇四五八　…酉卜其□在大乙…
三〇四五九　…卜其□奉雨于南暨…　大吉　用
三〇四五九　…雨
三〇四五九　…燎有大雨
三〇四六〇　□若…祐
三〇四六一　…□…
三〇四六二　己亥卜其祝□庚…
三〇四六三　于□奉
三〇四六三　于□奉
三〇四六四　壬戌…
三〇四六四　…卜其祝羸　茲用
三〇四六五　…奉高王受祐
三〇四六六　甲申卜何…有□…歲于…
三〇四六七　癸酉卜其有□惟王賓日戠…
三〇四六七　…其侑
三〇四六八　丁酉卜其有□于父…　吉
三〇四六九　戊申卜何貞翌…其有…□…
三〇四六九　…申卜何…其牢

30470 王其有𡿧：五牢王：
30471 ：卜王其有𡿧：
30472 ：王其有大𡿧：
30473 甲午：貞有：其𡿧：
30473 貞□中方
30473 ：□：
30474 ：有𡿧：
30475 己亥卜暊貞：
30475 弜：
30476 ：有𡿧：惟：牢 吉
30477 甲子卜：有匸惟：
30478 有冊暨弘
30478 ：暨弘
30479 弜競其有冊
30480 弜有冊
30480 ：酚
30481 ：有祭：王：
30482 乙巳卜其有歲于：
30483 己丑卜其有歲于：
30484 弜：
30484 有歲壬柬示：
30485 ：翌日其有歲祖：
30486 ：其有歲：
30487 ：卜其有歲于：
30488 翌：莫：
30488 弜
30488 其有莫歲
30489 ：舌有夕歲王受祐
30489 十人五
30490 叙：
30490 其有夕歲二牢王受祐 吉
30490 ：牢王受祐
30491 其有夕歲：牢王受：
30491 ：卜狄：
30492 其有夕歲惟牛
30493 丙申卜：
30493 弜有夕歲
30493 ：王受祐
30494 弜：夕：
30494 夕歲惟牛
30495 ：夕歲
30495 ：夕歲惟羊
30496 ：有夕歲王受：
30497 惟有□品
30498 ：卜：

30498 己：有：庶于：
30498 庚：
30499 貞惟：侑𠂤：還
30500 貞王其：惟：
30500 ：王?先：王：有祐
30501 辛卯卜：貞其侑：毋出：受：
30502 ：彭貞□其佐于：
30503 叙婺
30503 其侑三牢
30503 ：牢
30504 小宰
30504 其二大牢
30504 其戠有日：奴?大：
30505 叙婺
30505 其侑惟小宰王受祐
30505 惟牛王受祐
30506 其侑惟：侑小宰王受有祐
30506 惟牛
30506 惟羊
30506 ：祐
30507 丁惟小宰毋其侑
30508 其侑：惟牛
30508 其牢
30508 乙巳惟牛
30509 其侑于丁惟犬：
30509 其侑羊王受祐
30509 ：卯：
30509 惟：犬：
30510 惟犬三豚三侑于：
30511 其：
30511 其侑犬
30511 ：宰
30512 其侑羊 大吉
30512 其侑犬 吉
30512 其三牢 吉
30512 大吉
30513 壬寅：侑于：豕：兹用
30514 弜□：侑豭：
30515 叙婺
30515 其侑夕□
30516 侑：
30516 侑十白豚
30516 ：豚：
30517 其：示：□：有大：
30517 ：呼：有：雨

三〇五一八　丁卯卜…
三〇五一八　于有卣文
三〇五一八　甲惟今日
三〇五一九　庚寅卜貞其大宰
三〇五一九　貞侑卷
三〇五二〇　其…
三〇五二〇　…侑卷…卣
三〇五二一　…祭…
三〇五二一　弜有戠兹用
三〇五二二　弜有戠兹用
三〇五二三　丙子…
三〇五二三　弜侑
三〇五二四　癸未…
三〇五二四　叙孷
三〇五二四　其禦有事王受祐
三〇五二四　其八禨王受祐
三〇五二五　今辛未土禦…吉
三〇五二六　禦于𢦔無災
三〇五二七　…孫…
三〇五二七　…于禦…至于…
三〇五二八　乙丑卜何貞王賓埶不遘雨夾惟吉
三〇五二八　乙丑卜何貞王賓埶夾惟吉不遘…
三〇五二八　丙寅卜何貞王賓埶不遘…夾惟…
三〇五二八　…卜何…惟…
三〇五二八　乙丑卜何貞王夾惟吉不遘雨
三〇五二八　癸亥卜…貞王…日夾…不…雨
三〇五二九　癸巳卜何貞王賓埶禟不遘雨
三〇五三〇　其賓歲王一月
三〇五三一　乙卯卜何貞王賓匕歲不遘雨
三〇五三二　乙卯卜…貞王賓匕歲不遘雨
三〇五三三　弜賓…
三〇五三三　王賓祭
三〇五三四　王賓祭
三〇五三四　弜
三〇五三五　王賓祭
三〇五三六　王賓有祭
三〇五三七　…未卜彭…
三〇五三七　…卜何…王其賓祓
三〇五三七　…方
三〇五三八　貞賓祭
三〇五三九　王賓祭王…有…
三〇五三九　…丑…
三〇五四〇　弜賓祭
三〇五四一　王…
三〇五四一　弜賓祭
三〇五四二　…卜宁…王賓…𢦏…尤

三〇五四三　癸巳…貞惟…弗祭
三〇五四三　…卜…王賓…囚
三〇五四四　…酉卜宁貞王賓夕禧無尤
三〇五四五　…卜翌日庚午?其…大吉
三〇五四五　…卣賓夕尊…
三〇五四六　丁巳卜豭貞王賓夕戠無囚
三〇五四七　甲辰卜暊貞王賓戠無尤
三〇五四八　庚寅卜宁貞王賓叙無尤
三〇五四八　…卜宁…賓…
三〇五四九　乙卯…
三〇五四九　丁巳卜宁貞王賓叙無尤
三〇五四九　癸亥卜宁貞王賓叙無尤
三〇五五〇　丁卯…貞王…叙無尤
三〇五五〇　…于卜宁貞王賓叙無尤
三〇五五一　…卜宁…王賓叙無尤
三〇五五二　弜用黑羊無雨
三〇五五二　惟白羊用于之有大雨
三〇五五二　王賓有效
三〇五五二　弜賓
三〇五五三　…卜子…賓…彡…無尤
三〇五五四　乙丑卜宁貞王賓…𩰫…
三〇五五五　庚子卜宁貞王賓…
三〇五五六　辛亥卜宁貞王賓…
三〇五五七　乙卯卜宁貞王賓…無…
三〇五五八　丁巳卜宁貞王賓…
三〇五五九　…卜何貞…賓伐…雨
三〇五五九　乙…卜何…王賓…不遘…惟吉
三〇五六〇　惟…
三〇五六〇　弜
三〇五六〇　惟羊
三〇五六〇　惟牛
三〇五六〇　王賓
三〇五六一　王賓
三〇五六一　弜賓
三〇五六一　卯惟羊
三〇五六二　…卜口…王賓…囚
三〇五六三　庚子卜彭貞賓…
三〇五六四　己酉卜彭
三〇五六四　己酉卜
三〇五六四　己酉卜
三〇五六四　庚戌卜彭
三〇五六四　庚戌卜
三〇五六四　辛亥卜何貞其賓
三〇五六四　…賓
三〇五六五　…卜宁…賓無?…翌日不雨
三〇五六六　…何…賓…之祭…遘…

三〇五六七 癸酉卜…
三〇五六七 …晛…賓…其…
三〇五六八 …卜晛…賓…翌日…尤
三〇五六九 …寅卜晛…賓…無尤
三〇五七〇 …未卜狄…惟各…賓…王受…
三〇五七一 …丑…賓…無…
三〇五七二 癸酉…王…
三〇五七二 …卜子…賓…三宰…壱
三〇五七三 牢
三〇五七三 …賓
三〇五七四 王賓…
三〇五七四 弜賓于之若
三〇五七四 惟牛王受祐
三〇五七五 弜賓于之若
三〇五七六 貞弜賓
三〇五七七 弜賓
三〇五七八 貞弜賓
三〇五七九 弜賓 吉
三〇五八〇 王…
三〇五八〇 弜賓
三〇五八一 王…
三〇五八一 弜賓
三〇五八二 弜賓
三〇五八三 弜賓 吉
三〇五八四 貞…左…
三〇五八四 弜賓
三〇五八五 弜賓王受祐
三〇五八六 貞弜賓 吉
三〇五八六 于來日王受… 大吉
三〇五八六 吉
三〇五八七 弜賓
三〇五八八 丙辰卜…貞其賓…
三〇五八八 貞勿賓
三〇五八九 …王賓祐
三〇五九〇 …帝有囚
三〇五九一 癸酉…晛貞…帝
三〇五九一 …于…日…
三〇五九二 癸酉…貞帝…王其…
三〇五九三 丁巳其㲋于…
三〇五九四 其告祭…大…中…翌日…
三〇五九四 …嫠
三〇五九五 告…延…
三〇五九五 惟巫言舌
三〇五九五 弜舌
三〇五九五 告言舌

三〇五九六 貞…
三〇五九六 癸未卜彭貞告宰
三〇五九六 癸未卜貞二宰
三〇五九七 告…一牛
三〇五九七 二牛
三〇五九七 三牛
三〇五九八 …丑卜桒其卯王受祐
三〇五九九 貞桒惟鼓酌
三〇六〇〇 于夫西對 大吉
三〇六〇〇 …對
三〇六〇一 其桒于酉 其射
三〇六〇二 其告衛
三〇六〇二 桒…于… 吉
三〇六〇三 …㕣桒惟…
三〇六〇四 戊午卜王其桒惟…
三〇六〇五 庚子卜其桒…
三〇六〇五 …受祐
三〇六〇六 庚子卜其桒…
三〇六〇七 …卯卜其桒…酌
三〇六〇八 其桒于祖…十牛…
三〇六〇八 …王受有祐
三〇六〇九 己丑…于…
三〇六〇九 弜
三〇六〇九 其桒三牛
三〇六一〇 丁丑卜…
三〇六一〇 弜
三〇六一〇 其桒一牛
三〇六一一 貞其戠
三〇六一一 …桒一牛…受有祐
三〇六一二 弜用一牛桒王受有祐
三〇六一二 惟一牛用王受有祐
三〇六一二 甲…
三〇六一三 惟焚…
三〇六一四 …其祝沒惟王今日侑
三〇六一五 …卜貞王其舊正
三〇六一五 貞無壱
三〇六一五 …未卜何貞祝惟舊正用
三〇六一六 祝自…歲延…王受…
三〇六一七 祝自莫…
三〇六一八 丁卯卜貞祝今日酌
三〇六一九 貞祝惟兼示王言王受祐
三〇六二〇 其祝惟辛
三〇六二〇 貞其…
三〇六二一 其高祝
三〇六二二 …酉卜祝惟王…

三〇六二三 丁亥：貞惟：于止：
三〇六二三 ：酉：祝：仐：于止若
三〇六二四 丙申卜祝：
三〇六二四 其斿王：吉
三〇六二五 丁酉卜祝：
三〇六二五 癸
三〇六二六 ：新祝：正
三〇六二七 ：兄有：受祐
三〇六二八 惟祝：
三〇六二九 祝其十牛又五：受：大吉 茲雨
三〇六三〇 于：
三〇六三〇 祝惟羊
三〇六三〇 祝惟牛
三〇六三一 弜祝：
三〇六三一 ：窂
三〇六三二 癸丑卜狄貞龜至惟祝
三〇六三二 ：王：从：
三〇六三三 ：龜祝茲用
三〇六三四 惟茲祝王受祐
三〇六三五 ：亥卜惟茲祝：大雨
三〇六三六 惟茲祝
三〇六三七 弜祝
三〇六三七 ：之：雨
三〇六三八 ：卜狄：吾
三〇六三九 貞二窂
三〇六三九 ：言：比：
三〇六四〇 庚子卜：
三〇六四〇 ：有：日還：受祐
三〇六四一 惟父先酌
三〇六四二 癸卯：貞王：𣀈：
三〇六四二 貞惟母先酌
三〇六四三 貞王惟犬先
三〇六四四 柰敹來：吉
三〇六四四 吉
三〇六四五 ：寅卜今柰日：
三〇六四六 ：柰日有正
三〇六四七 王𠕋禦：吉
三〇六四八 ：今：
三〇六四八 惟辛𠦪
三〇六四八 冊祝
三〇六四九 惟：河：吉
三〇六四九 𠕋祝
三〇六五〇 丙辰卜：
三〇六五〇 冊至
三〇六五〇 ：王：

三〇六五一 ：酌
三〇六五一 冊至王受有祐
三〇六五二 冊至有正
三〇六五三 冊至有雨
三〇六五四 丙：
三〇六五四 冊至有正
三〇六五四 ：戊雨
三〇六五五 ：卜冊至：
三〇六五六 貞：冊至：有祐大：
三〇六五七 惟典至
三〇六五七 王賓
三〇六五七 王弜賓
三〇六五八 惟冊至
三〇六五八 ：申卜今日亥不雨
三〇六五九 丁酉：
三〇六五九 惟冊𢿢
三〇六六〇 𠦪惟冊豐
三〇六六一 ：羊
三〇六六一 𠕋惟牛
三〇六六二 𠕋：
三〇六六二 惟羊
三〇六六三 三窂
三〇六六三 五窂
三〇六六三 ：𠕋
三〇六六四 乙丑卜𠕋卯：
三〇六六五 十窂
三〇六六五 ：𠕋：吉
三〇六六五 其有𠕋：吉
三〇六六六 ：𠕋禦于：有大：
三〇六六七 惟今日𠕋
三〇六六七 其中：祐
三〇六六八 ：𠕋：其祐
三〇六六九 ：𠕋：若
三〇六七〇 今日𠕋無尤
三〇六七一 惟𠕋羊百
三〇六七一 ：木丁
三〇六七二 惟冊
三〇六七三 ：冊：受：
三〇六七四 惟茲𠕓用有正 大吉
三〇六七四 惟茲冊用有正 吉
三〇六七四 惟：
三〇六七五 惟茲𠕓用燎羊卯一牛
三〇六七五 即于岳：
三〇六七六 貞惟冊用受祐
三〇六七六 ：無災：月

三〇六七七 弜…習…
三〇六七七 王其生豐
三〇六七七 弜豐習惟冊用
三〇六七八 雈…
三〇六七八 弜侑于之
三〇六七八 惟牛暨犬王受祐
三〇六七八 惟雈栅用王受祐
三〇六七九 惟舊栅用
三〇六八〇 惟雈栅用
三〇六八一 其侑于之惟雈栅用三十
三〇六八一 弜…
三〇六八二 惟雈栅用 吉
三〇六八三 惟舊栅三宰用王受祐
三〇六八三 吉
三〇六八四 …宰…
三〇六八四 惟雈冊用王受祐
三〇六八四 …受祐
三〇六八四 …受祐
三〇六八五 …雨
三〇六八五 惟…
三〇六八五 于來辛卯酌小宰
三〇六八五 其桒年于河惟雈栅用
三〇六八六 辛未…
三〇六八六 侑惟舊冊用
三〇六八七 惟舊𦍩二宰用王受祐 大吉
三〇六八七 弜用 大吉
三〇六八七 以亥
三〇六八七 …以
三〇六八八 叙茇
三〇六八八 弜…受…
三〇六八八 其用舊𦍩二十牛受年
三〇六八八 三十牛受年
三〇六八八 其桒年于河惟今辛亥酌受年
三〇六八八 …辛…受年
三〇六八九 其用舊𦍩二十牛受禾
三〇六八九 …受…
三〇六九〇 翌日惟舊…
三〇六九一 辛酉…
三〇六九一 惟冊𦍩用
三〇六九一 戊王惟宮
三〇六九一 于喪
三〇六九二 惟丙𠕋用
三〇六九二 癸酉卜木丁惟羊
三〇六九二 …牛
三〇六九三 癸丑卜惟雈裛用

三〇六九三 惟新𤎩用 大吉
三〇六九三 𪓿惟𩶃𠆣用
三〇六九三 弜用
三〇六九三 其𦎫𢊁壴于既卯
三〇六九三 惟𠨘卯
三〇六九三 今夕雨
三〇六九三 …雨
三〇六九四 丙辰卜惟舊𢊁用王受祐
三〇六九五 惟祖𣏟用 大吉
三〇六九五 惟𦍩用 大吉
三〇六九五 吉
三〇六九五 大吉
三〇六九六 …冊…卯…
三〇六九七 惟今夕其用言?
三〇六九八 …束…用
三〇六九九 惟今自延用王受祐
三〇六九九 …用王受…
三〇七〇〇 …暨用
三〇七〇一 五…
三〇七〇一 用
三〇七〇二 弜其用
三〇七〇二 …𡫹
三〇七〇三 弜用
三〇七〇三 于乙
三〇七〇三 于丙
三〇七〇四 弜用
三〇七〇五 惟三宰用
三〇七〇五 惟五宰用
三〇七〇六 …三宰用有正王受有祐
三〇七〇六 …工
三〇七〇七 貞惟宰又一牛用 大吉
三〇七〇七 吉
三〇七〇八 惟宰又一牛用
三〇七〇八 …十牛…正
三〇七〇九 惟宰用
三〇七一〇 惟宰有正
三〇七一〇 …宰有…
三〇七一一 己卯卜土…
三〇七一一 …宰用
三〇七一二 …宰
三〇七一二 …宰用
三〇七一三 惟宰有正
三〇七一三 惟牛有正
三〇七一三 惟一牛用
三〇七一三 惟二牛用

三〇七一三　惟三牛用
三〇七一三　…一宰用
三〇七一四　其延…惟…
三〇七一四　惟牛王受祐
三〇七一四　惟小宰用
三〇七一五　四牛
三〇七一五　五牛
三〇七一五　六牛
三〇七一五　惟七牛次用王受祐
三〇七一六　其用旲卤牛
三〇七一七　…宰
三〇七一七　…方…惟牛用
三〇七一八　𢦏牛用
三〇七一九　惟白羊用
三〇七二〇　…黑羊用…大雨
三〇七二一　…織用…受…
三〇七二二　其蚩…于北乂
三〇七二二　惟十犬用
三〇七二三　…午卜…于妣…豭用
三〇七二四　癸未卜其用十雈…
三〇七二四　弜用
三〇七二五　弜…辛…鼓…
三〇七二五　惟兹豊用
三〇七二五　弜用兹豊
三〇七二五　惟兹豊用王受…
三〇七二五　…用…鼓
三〇七二六　…歲惟王祝
三〇七二六　癸酉卜…
三〇七二七　歲延酒惟勿牛王受祐
三〇七二八　于夕酒
三〇七二八　必歲𩰲隮王受祐
三〇七二八　弜…
三〇七二九　二宰王受祐
三〇七二九　萈歲三宰王受祐
三〇七二九　五宰王受祐
三〇七三〇　貞萈歲王受…
三〇七三一　丁未…酱有歲
三〇七三二　丁卯卜何貞歲惟吉
三〇七三二　甲戌卜何貞□惟吉七月
三〇七三二　…不雨
三〇七三三　…卜狄貞…歲用从…若
三〇七三四　辛亥…
三〇七三四　…歲用…受…
三〇七三五　惟埶王受祐
三〇七三六　惟歲十　吉
三〇七三六　惟豚　吉

三〇七三六　惟羊
三〇七三六　惟小宰　大吉
三〇七三六　…自至…
三〇七三七　…歲王受祐
三〇七三八　…歲于父己王賓　兹用
三〇七三九　惟歲三宰
三〇七三九　…五宰
三〇七四〇　…賓…歲二宰
三〇七四一　庚歲宰
三〇七四二　己未卜毋己歲惟羊
三〇七四三　台歲…惟羌…受祐
三〇七四三　惟𦍩王受祐
三〇七四三　吉
三〇七四三　惟牛
三〇七四四　甲戌…
三〇七四四　𢦏歲兹用
三〇七四五　丙子卜埶酉歲
三〇七四五　癸…
三〇七四六　其埶酒
三〇七四七　宰
三〇七四七　惟埶王受祐
三〇七四七　…王受祐
三〇七四八　…卜狄…惟埶…受有祐
三〇七四九　…卜…埶…□…
三〇七五〇　丙申卜…埶…
三〇七五一　…貞…
三〇七五一　貞惟今止…
三〇七五一　貞無𡿧
三〇七五一　貞王其埶…
三〇七五一　貞其冎…
三〇七五一　貞…
三〇七五一　貞乎莫
三〇七五一　貞今日…
三〇七五二　其埶
三〇七五二　不用大吉
三〇七五二　…用…吉
三〇七五三　弜埶
三〇七五四　弜埶
三〇七五五　…埶…
三〇七五六　弜陟
三〇七五六　大…
三〇七五七　癸卯卜貞惟禉
三〇七五七　癸卯卜貞惟歲
三〇七五七　𢽾𡘋
三〇七五七　…卜狄貞習三卜

三〇七五七 甲辰卜狄貞惟…無災
三〇七五七 癸卯卜狄貞其祝
三〇七五七 癸卯卜狄貞弜祀祝
三〇七五七 甲辰卜狄貞王其田惟翌日乙無災
三〇七五七 甲辰卜狄貞惟翌日戊無災
三〇七五七 甲辰卜狄貞王其田□兌
三〇七五七 甲子卜狄貞王其田無災　吉
三〇七五七 丙辰卜狄
三〇七五七 丙辰卜
三〇七五七 丙辰卜狄貞夋告
三〇七五七 丙辰卜狄貞勿夋　吉
三〇七五七 丙辰卜狄貞勿夋　吉
三〇七五七 丙辰卜狄貞
三〇七五七 甲子卜狄貞王異其田無災
三〇七五七 甲子卜狄貞王勿祀田
三〇七五七 癸卯卜狄貞弜祀祀左□□
三〇七五七 甲子卜狄貞王其□
三〇七五七 …狄…□　吉
三〇七五七 貞乙舟
三〇七五七 貞丁舟
三〇七五八 弜祀祝
三〇七五八 祝一牛
三〇七五八 二牛
三〇七五八 三牛
三〇七五九 其㯱…
三〇七五九 弜祀㯱
三〇七六〇 弜祀告呼往有災
三〇七六一 弜祀將…
三〇七六二 …未卜狄…弜祀…
三〇七六三 其將祀鼓其…祐
三〇七六三 弜祀祝于之若
三〇七六四 弜祀
三〇七六四 …習大示有正
三〇七六五 于申…
三〇七六五 丙寅卜有鬲鹿其㲋…
三〇七六五 弜祀
三〇七六六 癸亥卜…
三〇七六六 癸亥卜彭貞旬無囚
三〇七六六 弜祀
三〇七六七 弜祀
三〇七六七 …□
三〇七六八 丁巳卜…祀其羞王受祐
三〇七六九 庚…
三〇七六九 …祀
三〇七七〇 …卜王其延台史…

三〇七七一 庚子卜史其延于…
三〇七七二 惟申延王受祐
三〇七七三 弜延
三〇七七三 …以
三〇七七四 …卯卜火不延
三〇七七五 甲申卜貞惟…
三〇七七五 甲申卜何貞其…
三〇七七五 丁酉卜何貞今來辛有伐燎其彭
三〇七七五 …酉卜何貞其遘于大寧
三〇七七六 …有…卯…燎
三〇七七七 …燎暨沈…
三〇七七八 惟燎
三〇七七八 惟歲
三〇七七九 庚辰卜…
三〇七七九 叙犛
三〇七七九 惟小宰
三〇七七九 惟大宰
三〇七七九 …燎
三〇七八〇 …彈十牛
三〇七八〇 …燎有雨
三〇七八一 其燎于喪惟大牢
三〇七八二 …燎惟小宰用
三〇七八三 燎三牛
三〇七八四 惟燎牛
三〇七八五 壬子卜延燎羊卯三牛
三〇七八五 用
三〇七八六 于翌日莫　吉
三〇七八六 惟今夕祭…
三〇七八六 …祭廼…
三〇七八七 于癸…
三〇七八八 …宁貞祭無尤
三〇七八九 …其烄此有雨
三〇七九〇 于何烄雨
三〇七九〇 癸丑卜其烄
三〇七九一 十宰王受祐
三〇七九一 其烄高有雨
三〇七九一 …烄
三〇七九二 于監烄　大吉
三〇七九三 其烄于周
三〇七九四 于敀烄
三〇七九五 …烄…雨
三〇七九六 戊子卜其…
三〇七九六 叙犛
三〇七九六 …烄
三〇七九七 惟…烄…有…

三〇七九八 …卜…貞…𠧞…烄…
三〇七九九 …新祝用
三〇八〇〇 癸巳卜…貞…
三〇八〇〇 貞惟今新…用
三〇八〇一 …新鬳…
三〇八〇二 …新…
三〇八〇三 …于孟新…有正
三〇八〇四 新…王受…
三〇八〇四 弜新
三〇八〇五 …宰王𡧑…受祐
三〇八〇六 惟辛亥酌 大吉
三〇八〇六 惟乙卯酌餗 大吉
三〇八〇七 惟丁巳酌餗
三〇八〇七 乙卯大風
三〇八〇八 其酌餗不遘…
三〇八〇九 …餗…王永…
三〇八一〇 …午卜彭…酌巳鼎…矢于毓
三〇八一〇 貞叙…告延戌巳
三〇八一〇 貞于祖…
三〇八一一 惟乙未酌王受祐
三〇八一一 惟乙巳酌還
三〇八一二 弜乙亥
三〇八一二 乙亥其酌有正
三〇八一二 弜乙亥酌
三〇八一二 惟乙未酌有正 吉
三〇八一二 弜乙未酌
三〇八一二 惟乙未酌有正 吉
三〇八一二 弜乙未酌
三〇八一三 貞惟乙酉有正
三〇八一四 …酌…
三〇八一四 貞惟乙未酌有正
三〇八一四 …其佐…有正
三〇八一五 惟今辛卯酌
三〇八一五 惟辛丑酌有正
三〇八一五 𢀛五卣有正
三〇八一五 十卣有正
三〇八一六 惟乙巳酌有正
三〇八一七 弜至丁巳
三〇八一七 辛亥酌有正
三〇八一八 惟乙卯酌有正
三〇八一九 …酌有正
三〇八一九 …宗酌有正
三〇八二〇 叙𣪘
三〇八二〇 惟丁卯酌
三〇八二〇 惟丁丑酌
三〇八二〇 三宰

三〇八二〇 五宰 大吉 茲用
三〇八二一 惟丁丑酌王受有祐
三〇八二一 惟…
三〇八二二 貞惟乙酉酌王受有祐
三〇八二二 叙𣪘
三〇八二三 惟丁亥酌
三〇八二三 弜暨…酌
三〇八二四 癸未…
三〇八二四 …祝…祐
三〇八二四 惟辛丑酌王受祐
三〇八二五 乙未…
三〇八二五 其𢓊酌
三〇八二五 惟辛丑酌
三〇八二五 惟辛亥酌
三〇八二五 惟牛用正
三〇八二五 惟宰用正
三〇八二六 貞惟乙卯酌有大雨
三〇八二七 …丁一宰
三〇八二七 壬子卜弗酌小𠦪學
三〇八二八 乙酉酌雚其遘祐 大吉
三〇八二九 酌雚…
三〇八三〇 …卜其酌雚…
三〇八三一 于…木…受…
三〇八三一 …勿酌此王受…
三〇八三二 𠦪惟今日酌 吉
三〇八三二 于翌 大吉
三〇八三三 惟今日酌 吉
三〇八三三 惟翌日 吉
三〇八三四 惟今酌
三〇八三四 其…
三〇八三五 惟昃酌 吉
三〇八三六 貞惟莫酌
三〇八三七 惟莫酌
三〇八三八 惟昏酌
三〇八三八 …于…酌
三〇八三九 惟翌日酌
三〇八三九 惟今夕酌
三〇八三九 于翌夕酌
三〇八四〇 …惟今夕酌 吉
三〇八四一 惟三…用
三〇八四一 惟今夕酌有雨
三〇八四一 惟癸酌有雨
三〇八四二 惟今夕酌
三〇八四二 翌日酌
三〇八四三 …申卜…舌…今夕酌
三〇八四四 惟…

三〇八四四　夕酒
三〇八四五　桒惟莫酒　吉
三〇八四五　夕酒　吉
三〇八四六　酒…至甲雨
三〇八四六　…雨
三〇八四六　…雨
三〇八四七　桒…
三〇八四七　于翌夕酒　吉
三〇八四七　吉
三〇八四八　翌日酒
三〇八四九　翌日甲酒
三〇八五〇　…卜貞王其…翌日酒…受祐
三〇八五一　酒王…
三〇八五一　于昔酒王受有祐
三〇八五二　于來丁卯酒
三〇八五二　…有劦日遘王受祐
三〇八五三　于來辛巳酒
三〇八五三　惟牛用
三〇八五三　二大牢
三〇八五三　…大牢
三〇八五四　于來辛…酒
三〇八五五　惟今來辛酒
三〇八五六　于來…酒王受祐
三〇八五七　于来日酒
三〇八五七　丙…
三〇八五八　惟乙丑酒王受祐
三〇八五九　二牛
三〇八五九　三牛
三〇八五九　惟癸酉　吉
三〇八五九　惟甲戌酒
三〇八五九　吉
三〇八六〇　惟庚申酒
三〇八六〇　惟庚午酒
三〇八六一　惟辛酒
三〇八六一　惟辛酉酒　吉
三〇八六一　惟辛未酒
三〇八六二　辛酉酒王受祐
三〇八六三　惟甲酒有雨
三〇八六三　…有雨
三〇八六四　乙…酒…悔…
三〇八六五　惟丙酒
三〇八六六　惟…酒…大雨
三〇八六六　惟丙酒有大雨
三〇八六六　…夕丁酒…大雨
三〇八六七　弜

三〇八六七　惟豚
三〇八六七　惟犬
三〇八六七　惟犬有豚用
三〇八六七　豚三
三〇八六七　犬三
三〇八六七　惟今日丁酒
三〇八六七　于戊酒
三〇八六八　惟丁酒王受祐
三〇八六八　惟…酒…受…
三〇八六九　于丁酒　茲用
三〇八六九　乙…
三〇八七〇　入自丁酒
三〇八七一　其至日戊酒
三〇八七二　惟己酒…
三〇八七二　己未酒有雨
三〇八七二　…酒…
三〇八七三　惟己酒
三〇八七三　…酒
三〇八七四　于己酒
三〇八七五　惟丁酒
三〇八七五　弜己酒
三〇八七六　惟庚酒
三〇八七六　惟辛酒
三〇八七七　…滴桒…
三〇八七七　惟庚酒
三〇八七七　…辛酒
三〇八七八　弜庚酒
三〇八七九　惟辛酒
三〇八八〇　惟辛酒　吉
三〇八八一　惟辛酒…禾
三〇八八一　…酒
三〇八八二　其延夂執惟翌日
三〇八八二　惟辛酒
三〇八八三　惟壬酒
三〇八八三　惟癸酒
三〇八八四　于來日遹有…
三〇八八四　于𣏟史酒王受有祐
三〇八八五　癸亥卜狄貞惟龜至王受祐
三〇八八五　于…酒
三〇八八六　…酒有大…
三〇八八七　貞其酒
三〇八八七　…佐
三〇八八八　其…日…
三〇八八八　其一酒五十牢
三〇八八九　酒有大雨

三〇八九〇　：辛酌有雨
三〇八九一　惟：酌有：雨
三〇八九二　庚寅卜酌：
三〇八九二　叡㚇之若
三〇八九三　惟鼓酌
三〇八九四　惟：酌
三〇八九四　惟壴酌
三〇八九五　酌王受祐
三〇八九五　酌王：祐
三〇八九六　甲：酌
三〇八九六　有尤
三〇八九六　今日不延雨
三〇八九七　：酌
三〇八九七　：王受有祐　吉
三〇八九八　：生酌
三〇八九八　叡㚇
三〇八九九　：暨酌有大雨
三〇九〇〇　于來辛酌王受：
三〇九〇〇　：酌
三〇九〇一　：迺酌王受：
三〇九〇二　：酌：吉
三〇九〇三　其方：酌于：
三〇九〇四　：酌有雨
三〇九〇五　：暨酌
三〇九〇六　貞惟酌
三〇九〇七　暨酌
三〇九〇八　：奭暨酌王受祐
三〇九〇九　：辰卜王其遘雚有犾弜：
三〇九一〇　癸
三〇九一〇　貞：
三〇九一〇　貞勿勿
三〇九一〇　貞惟勿
三〇九一〇　貞卷三卣：饗
三〇九一〇　貞：
三〇九一一　：史卷：[illegible]用：受有祐
三〇九一二　：王受：
三〇九一二　：卷至：受：
三〇九一三　貞卷：牛一王：　吉
三〇九一四　弜用二十卷
三〇九一四　大吉
三〇九一四　吉用
三〇九一五　卷
三〇九一六　弜卷
三〇九一七　貞惟卣王受有祐　吉
三〇九一八　：卣王受祐
三〇九一八　于：王受：

三〇九一九　：酉卜其隮：
三〇九二〇　乙酉卜：貞王夕禱惟：
三〇九二一　丙午卜何貞夕禱衣：
三〇九二二　貞夕祉其遘雨
三〇九二二　不雨
三〇九二三　：各夕酉：
三〇九二四　：夕福王受祐
三〇九二四　三牛：受祐
三〇九二五　惟各于蓺禱叙王受祐
三〇九二五　惟：于：
三〇九二六　丁巳卜何貞禱惟：吉
三〇九二七　：彝貞：禱不：雨王往：允不遘：
四月
三〇九二八　己未：王：禱：
三〇九二九　丙：貞：禱：吉
三〇九二九　：惟：
三〇九三〇　甲寅卜：乙卯
三〇九三〇　：卜福
三〇九三一　惟戌其：
三〇九三一　貞惟禱用
三〇九三一　：暊：其一牛
三〇九三二　惟福
三〇九三三　祝至于祖
三〇九三三　癸未卜其：
三〇九三三　癸未卜福歲蓺
三〇九三四　丁卯酉歲三：
三〇九三五　丙辰酉歲勿牛
三〇九三五　弜勿
三〇九三六　：酉歲惟羊
三〇九三七　于酉茲用
三〇九三七　癸巳卜酉木丁牢
三〇九三七　牢又一牛
三〇九三七　：酉：勿牛
三〇九三八　：酉：
三〇九三八　弜饗
三〇九三九　：于酉
三〇九四〇　丙：取酉：惟日：
三〇九四〇　惟夫匕茲用
三〇九四〇　癸卯卜：甲木丁：牡
三〇九四一　：未卜：甲酉：
三〇九四二　庚：酉：勿：
三〇九四二　弜勿
三〇九四二　：牢
三〇九四三　叡㚇
三〇九四三　王惟己巳酉
三〇九四三　庚午

三〇九四三　乙亥
三〇九四三　：牛
三〇九四四　：己：酉：
三〇九四四　庚辰酉：
三〇九四五　丙戌卜：
三〇九四五　弜：
三〇九四五　：醟：日：
三〇九四六　惟入：醟酌王受有祐
三〇九四七　：岳
三〇九四七　辛丑卜龠酌有大：
三〇九四八　弜畐有：
三〇九四九　酉𠱠冈王弗賓：
三〇九五〇　丁丑卜其餗：
三〇九五〇　吉不雨
三〇九五〇　惟癸未雨
三〇九五〇　惟乙：
三〇九五一　癸未卜：餗
三〇九五二　乙未王其餗湄：　大吉
三〇九五二　吉
三〇九五三　壬寅：其醺：用
三〇九五四　惟凤
三〇九五四　惟餗
三〇九五四　：未啓
三〇九五五　甲：貞其餗：暨：王受：
三〇九五六　惟：　吉
三〇九五六　惟餗
三〇九五六　其會酌
三〇九五七　：餗王其罶
三〇九五八　甲戌卜：遘：　吉
三〇九五八　惟乆歲祝用　大吉
三〇九五八　王賓有祭
三〇九五八　弜賓　吉
三〇九五八　：并
三〇九五九　癸酉卜何貞惟祖崔
三〇九五九　乆歲登用
三〇九六〇　即大乙祈歲王：
三〇九六一　惟乆公作豐庸于：有正王受：
三〇九六二　：乆蒸新：
三〇九六三　：乆有正
三〇九六三　：有：
三〇九六三　叡：
三〇九六四　丁丑卜王其乆漳牛于：五牢
三〇九六四　：受祐
三〇九六五　：辰卜其乆：（習刻）
三〇九六六　（習刻）

三〇九六六　（習刻）
三〇九六六　（習刻）
三〇九六六　（習刻）
三〇九六六　（習刻）
三〇九六六　（習刻）
三〇九六六　（習刻）
三〇九六六　（習刻）
三〇九六六　（習刻）
三〇九六六　（習刻）
三〇九六七　：馭乆：受有祐
三〇九六八　：乆：四月
三〇九六九　惟乆王受祐
三〇九七〇　其乆
三〇九七〇　（習刻）
三〇九七一　己酉卜王惟辛未匕：
三〇九七一　王弜乆
三〇九七二　己卯卜：
三〇九七二　：卯卜惟莫祈
三〇九七三　其蒸新鬯二必一卣于：
三〇九七四　辛酉卜王其蒸新鬯：
三〇九七四　二卣王受有祐
三〇九七四　：王：有祐
三〇九七五　辛酉：
三〇九七五　于翌日癸蒸新鬯王受：
三〇九七六　其蒸新鬯惟：
三〇九七七　其蒸新鬯惟二牛用
三〇九七七　惟：
三〇九七七　惟牢用
三〇九七八　：新鬯：惟夕：有：
三〇九七九　：新鬯其蒸：王：
三〇九八〇　其蒸鬯：惟：
三〇九八〇　遘有彡日
三〇九八〇　弜遘惟辛酉
三〇九八〇　惟莫酌
三〇九八〇　其蒸鬯
三〇九八〇　：入自：
三〇九八一　惟：穧
三〇九八一　丙辰卜其蒸穧于酉
三〇九八一　丙辰卜于宗弘酉木丁　茲用
三〇九八二　己酉卜其蒸穧于：
三〇九八三　：其蒸穧：
三〇九八四　：卜䵼穧：
三〇九八五　丙申卜其蒸
三〇九八六　其蒸二必
三〇九八六　：卣王受祐

三〇九八七　惟：
三〇九八七　貞于日蒸王受佐
三〇九八八　丁丑卜其蒸：
三〇九八八　惟小宰王受有祐
三〇九八九　勿見多食受：
三〇九九〇　貞：無：
三〇九九〇　貞惟律彡日射無災　吉
三〇九九一　弜翌日律
三〇九九二　：于：律
三〇九九三　：大律：王受：
三〇九九四　：祭于：鼎
三〇九九五　丙辰卜大：其鼎兕三：
三〇九九六　其鼎有正
三〇九九七　其鼎用三丰犬羊：
三〇九九八　：卜王其敵鼎：
三〇九九九　：卜暊：鬻惟：方皿：
三一〇〇〇　：卜新異鼎祝：
三一〇〇一　：柔盖：
三一〇〇二　弜劃：
三一〇〇三　己酉卜王其刞其：㕣旋無災
三一〇〇四　侑：三牢
三一〇〇四　：侑牢
三一〇〇五　：岳：舞：
三一〇〇五　：河三宰沈二牛圉牢
三一〇〇六　：沈一牛圉：
三一〇〇七　：戌卜：圉惟羊
三一〇〇八　乙巳：
三一〇〇八　于翌日𣪊
三一〇〇八　弜侑
三一〇〇八　：子卜：𣪊兕惟今日
三一〇〇九　惟𣪊祝用有正
三一〇〇九　：于劦日：在九月
三一〇〇九　：𠬝伊
三一〇一〇　：卜王其彝
三一〇一一　：午卜獲有：
三一〇一二　其雨
三一〇一二　醫庸在八又𠙵其权
三一〇一三　惟小乙：庸奏甪有正
三一〇一三　：束：其：𠬪又
三一〇一四　惟庸奏有正
三一〇一四　于孟廳奏
三一〇一四　：室：奏　大吉
三一〇一五　：喪其庸有正
三一〇一六　惟庚庸用
三一〇一七　弜𨻰：

三一〇一七　庸鼓其暨熗鼓𨻰
三一〇一八　万其攸庸丩惟：　吉
三一〇一九　：卜惟庸屯：
三一〇二〇　戊午卜今日戊：庚：
三一〇二一　弜庸其豐：爵有正
三一〇二一　：豐廼歸
三一〇二二　万惟美奏有正
三一〇二二　：庸奏有正　吉
三一〇二二　于孟廳奏
三一〇二二　于新室奏
三一〇二三　惟：庸：
三一〇二三　弜放
三一〇二三　其奏庸閦美有正
三一〇二四　己未卜貞：奏舞至甲子：
三一〇二五　：王其呼万奏：
三一〇二六　：奏不：正大：祐
三一〇二七　惟戚奏
三一〇二七　：舊：其延
三一〇二八　惟：奏
三一〇二九　翌丁卯耏王受祐
三一〇二九　丁：奏：
三一〇三〇　弜衍鬲奏王其悔　大吉
三一〇三一　：王其呼䨄　大吉
三一〇三二　王其呼万䨄于：　吉
三一〇三三　甲午：
三一〇三三　惟万舞　大吉
三一〇三三　惟林舞有正　吉
三一〇三三　惟辛奏有正
三一〇三三　：奏：正
三一〇三四　其舞在盂乇
三一〇三四　辛：卜宁：　吉　用
三一〇三五　其䨄至翌日
三一〇三五　于翌日廼䨄　吉
三一〇三五　：雨
三一〇三六　乙弜衍戚其雨
三一〇三六　于丁亥奏戚不雨
三一〇三六　丁弜奏戚其雨
三一〇三六　其奏戚惟：
三一〇三七　惟：䨄
三一〇三七　用
三一〇三八　：䨄弜：大：
三一〇三九　：䨄：大雨
三一〇四〇　甲戌貞惟饗　吉
三一〇四一　癸未卜甲申其饗
三一〇四一　：未卜何：其一牛
三一〇四二　甲午王饗其：

三一〇四三 ：暨饗王受：
三一〇四四 ：饗：
三一〇四四 ：盄無尤
三一〇四五 弜饗廳鬻[阝尊]必
三一〇四五 ：王：
三一〇四六 貞比饗臾
三一〇四七 ：豊 吉
三一〇四七 弜饗于：
三一〇四八 弜：饗
三一〇四九 貞：
三一〇四九 貞王勿饗
三一〇五〇 ：卯卜惟王既酉：迺有悔
三一〇五一 弜：
三一〇五一 ：即：義：
三一〇五二 ：歲其即：
三一〇五三 乙巳既雚：
三一〇五四 弜暨即：
三一〇五五 即：
三一〇五五 弜
三一〇五六 庚午卜何貞其將：
三一〇五六 叙癹
三一〇五七 貞其將：必于：必入：
三一〇五七 ：卜今日：[辶戈]：災
三一〇五八 庚寅卜其尋：
三一〇五九 壬辰卜乙王其尋
三一〇五九 ：雨
三一〇六〇 ：其尋：
三一〇六一 其尋𠦪：有：雨 吉
三一〇六一 五臣？：
三一〇六二 弜丁卯其悔 吉
三一〇六二 于九月迺尋有正 大吉
三一〇六二 ：九月：悔
三一〇六三 貞：
三一〇六三 惟癸夕尋
三一〇六四 貞弜尋其遘大雨
三一〇六四 貞：省？：
三一〇六五 弜尋
三一〇六六 弜之不興
三一〇六六 ：悔
三一〇六七 其作：有正
三一〇六七 ：作豊：
三一〇六八 己卯卜王：
三一〇六八 其舌
三一〇六八 弜舌
三一〇六八 庚辰卜其舌惟今乙酉酌
三一〇六九 庚子卜其舌 吉

三一〇七〇 辛酉卜舌祖乙：
三一〇七〇 ：王：祐
三一〇七一 惟王有作咼
三一〇七一 其舌王受有祐
三一〇七二 ：巻其徜：舌王受：
三一〇七二 ：巻：卣王受祐
三一〇七三 ：卜其舌王受：
三一〇七四 貞：囚
三一〇七四 ：⊕：舌：
三一〇七五 惟舌至：弜賓
三一〇七五 辛：
三一〇七六 ：舌祐
三一〇七六 叙：
三一〇七七 ：日于：舌：王：
三一〇七七 吉
三一〇七八 ：戌卜有戠其舌于：王受有祐
三一〇七九 弜去舌于之若
三一〇八〇 舌于之若
三一〇八一 舌于：若
三一〇八二 ：舌二宰：王受祐
三一〇八二 今日：其：
三一〇八三 ：祐
三一〇八三 其舌：牢王：
三一〇八四 ：卜貞贏：其舌王受：
三一〇八四 ：犬：
三一〇八五 己酉卜貞[示舌]：妣有正
三一〇八五 ：卜其祝
三一〇八五 貞：
三一〇八六 惟[示舌]王受祐
三一〇八七 惟：
三一〇八七 惟[示舌]
三一〇八八 其[示舌]于母：
三一〇八九 弜[示舌]
三一〇九〇 祭父：[示舌]二牢王受祐
三一〇九一 ：其[巛口]
三一〇九一 貞：彡：迺：
三一〇九二 翌：弜：
三一〇九二 ：劦彡日王弗悔
三一〇九二 ：翌日：饗
三一〇九三 辛未卜壬惟：
三一〇九三 惟甲午壬
三一〇九三 ：未卜：至：牛
三一〇九四 乙丑：貞王其：衣逐
三一〇九五 ：衣入：雨
三一〇九六 甲寅貞王衣入雨
三一〇九七 ：其田：

三一〇九七　戊子貞王衣入大無災
三一〇九八　癸未卜何貞衣不雨
三一〇九八　……雨
三一〇九九　……日衣……雨
三一一〇〇　其卯
三一一〇〇　二牛　大吉
三一一〇一　弜卯
三一一〇一　其卯
三一一〇一　弜卯
三一一〇一　……卜乙……
三一一〇二　卯……
三一一〇二　吉　茲用
三一一〇三　惟三……卯……
三一一〇三　……田
三一一〇三　……三牛　吉
三一一〇四　其十牢卯……
三一一〇五　丙子卜……
三一一〇五　弜卯
三一一〇六　癸……
三一一〇六　弜卯
三一一〇六　……牛
三一一〇七　其五十……王受……
三一一〇七　卯其五牢
三一一〇七　其十牢
三一一〇七　其十牢又五
三一一〇八　癸酉卜狄貞卯三牢王受有祐
三一一〇九　三十……
三一一〇九　卯三牢
三一一〇九　……五牢
三一一一〇　貞卯二牢王受有祐
三一一一〇　……王……有祐
三一一一一　其卯
三一一一一　卯牢
三一一一一　二牢
三一一一二　其五小牢卯牛
三一一一三　𢀛卯惟牛
三一一一四　……𢀛卯惟牛
三一一一五　……卯……牝羌……
三一一一六　雍其𢼄贏廼各日有正
三一一一七　于夕𢼄王受祐
三一一一八　……台……
三一一一八　惟小牢
三一一一八　惟牛
三一一一八　己巳卜仲己歲惟今延𢼄
三一一一九　……𢼄必歲彰

三一一二〇　丙辰……
三一一二〇　……以𠦪……𢼄王受……
三一一二一　……示……𢼄……
三一一二二　惟各于𣳄𢼄　大吉
三一一二二　吉
三一一二三　……亥卜伐曰其……
三一一二四　……伐……亂……
三一一二五　伐……有……
三一一二五　于來日……
三一一二六　……伐三牢……
三一一二七　弜……晉……
三一一二七　王其生盞
三一一二七　弜盞晉惟舊冊用
三一一二八　癸卯卜貞其……
三一一二八　癸卯卜何貞其盞
三一一二九　……其盞
三一一三〇　……盞至……
三一一三一　……卜其眔乂𢦔……
三一一三二　其剛……于在茲……
三一一三二　……祐
三一一三三　其剛乂𢦔放惟……
三一一三四　其剛
三一一三四　弜剛
三一一三五　弜剛于之若
三一一三六　其……于……
三一一三六　于𨒪眔放
三一一三六　其眔放在□
三一一三六　于僼眔
三一一三七　惟十牢冊……
三一一三七　惟三牢用
三一一三七　惟十牢用
三一一三七　□𢀛惟橐用
三一一三七　……夕……用
三一一三八　壬申卜其剛惟犬
三一一三八　惟羊
三一一三八　……申卜……歲……有雍
三一一三九　□……剛于柾……彰
三一一四〇　（與一八四九五片重出）
三一一四一　其射有正
三一一四一　弜射茲用
三一一四二　弜射有正
三一一四三　二牛　吉　茲用
三一一四三　其射　吉
三一一四四　惟獲牛用宰大牢……
三一一四四　彈有正

31245 其彈 吉
31245 三宰
31245 五宰
31246 其𢦏
31246 不𢦏
31247 庚申：盧：
31248 惟甲盟乙酌有雨
31249 惟羊今丁盟
31249 ：丑卜其：禾于：惟：
31250 惟今己盟庚：
31251 惟庚盟辛酌有：
31252 辛：無：史
31252 弜
31252 惟盟
31253 貞：
31253 ：三宰盟
31254 王其呼：利乃𪓐皿 大吉
31254 ：𪓐皿其：
31255 己亥卜木丁
31255 弜亏
31256 父：木丁：
31256 茲用
31256 辛酉：
31257 弜湅
31258 戊申卜其啚
31258 ：酌：
31259 戊申：啚：三宰
31259 ：五宰
31259 ：宰
31260 ：王其：灉
31261 惟𠂢呼茲王弗悔 吉
31261 其呼茲𡆥惟：
31262 惟丁丑有正
31262 五：
31263 丁未卜其：有正
31264 癸：
31264 弜䛐之若
31264 其䛐有正
31264 弜䛐
31265 ：正
31266 ：凡：之若
31266 其取：于大酉?有正
31267 ：史有正王受：
31268 ：有正王受祐
31269 ：辛：有正
31269 惟翌庚：

31270 冊：有正
31270 丁卯卜戊雨
31270 ：雨
31271 ：有正
31272 ：有正入弗：
31273 ：十宰：有正
31273 ：受：
31274 惟二牛有正
31275 叙：
31275 惟牛有正
31275 ：有正
31276 惟牛有正
31277 叙犮
31277 惟犯有正
31278 惟黄牛有正
31279 惟豚：有正
31280 其作豊有正受祐
31280 弜作豊
31281 壬申卜：
31281 弜𤟁
31281 其呼𤰈車有正
31281 ：𡘋于之有正
31281 其肇馬
31281 弜肇
31282 其：晶：
31282 惟羊
31282 豚暨羊𢍰用
31283 𪓐賓：
31284 母：妣𢉞：
31284 弜𢉞：
31285 弜：
31285 貞王𢆶雨 吉
31285 ：𠊊大：
31286 貞其以
31287 弜以 吉
31288 于弗舌王廼此
31288 茲夕王此受祐
31289 弜：惟：此
31289 惟：此：有祐
31290 二宰王此受祐
31290 三宰王此受祐
31290 五宰王此受祐
31290 十宰王受祐
31290 其卯
31290 弜卯

三一一九一　三豚比雨
三一一九一　惟犬比雨
三一一九一　二犬比雨
三一一九一　三犬比雨
三一一九二　…卜…
三一一九二　豚其至于…毋有正
三一一九三　…卜大…其至…王受祐
三一一九四　惟至
三一一九五　至　吉
三一一九六　弜至　吉
三一一九七　于…
三一一九七　庚戌步
三一一九七　于辛亥步
三一一九八　弜…午…
三一一九八　戊柬于盂遘大雨
三一一九九　翌日庚其柬乃霾卯至來庚有大雨
三一一九九　翌日庚其柬乃霾卯至來庚無大雨
三一一九九　來庚剿柬乃霾無大雨
三一二〇〇　惟翌柬
三一二〇一　其柬于盂…　大吉
三一二〇一　其䖵惟…
三一二〇二　…在䖵王受有祐
三一二〇三　王受有祐其…
三一二〇四　…王受有祐
三一二〇四　…用
三一二〇五　…王受有祐
三一二〇六　…王受有祐
三一二〇七　…王受有祐在…
三一二〇八　惟丁丑王受有祐
三一二〇八　貞…吉
三一二〇九　…王受有祐
三一二一〇　…佐雍于…此?受有祐
三一二一〇　…受…
三一二一一　惟入自延用王受祐　吉
三一二一一　…用
三一二一二　…牢…王受祐
三一二一二　…五…
三一二一三　丁丑卜王…
三一二一三　王受祐
三一二一三　弜侑
三一二一三　吉
三一二一四　牢…王受…
三一二一四　王受祐
三一二一五　貞…自…
三一二一五　…𩂣王受祐
三一二一六　…王受祐

三一二一七　…卜…𢦏…受祐
三一二一八　惟…王受…
三一二一九　…綟…綟…克王其受…
三一二二〇　貞惟大吉
三一二二一　…酉卜何貞王惟吉
三一二二二　…出?虎今…惟吉
三一二二三　弜
三一二二三　…惟多夕吉
三一二二四　癸…貞…多吉
三一二二五　…卜狄…異…吉
三一二二六　…若
三一二二六　吉
三一二二六　吉
三一二二七　若商
三一二二八　若以𢀛…呼厍
三一二二九　…若
三一二二九　弜迖其悔
三一二三〇　丁卯卜…各王受…
三一二三〇　弜旬佫無若
三一二三〇　…户…受祐
三一二三一　己未卜無若
三一二三一　…若
三一二三二　呼彡之若
三一二三三　貞其宿其𢓊無災
三一二三四　…來無災
三一二三五　王其…無災于大…
三一二三六　貞…
三一二三六　…壬…日無災
三一二三七　…翌日乙王…無災　吉
三一二三八　貞遘?…
三一二三八　…惟…丁無災悔
三一二三九　王惟公…無災
三一二四〇　…丑卜…貞王其…無災
三一二四一　貞…王酉?…
三一二四一　…矢…辛日無災…翌辛日…
三一二四二　…丁無災
三一二四三　…無災利
三一二四四　…利無災
三一二四五　…無災利
三一二四六　丁巳卜翌日戊…湄日無災不…
三一二四七　…無災
三一二四八　甲…
三一二四八　…田無災
三一二四九　…行弗戋
三一二五〇　…日辛王其…災

三一二五一　：災
三一二五二　王惟：兊：
三一二五二　：災
三一二五三　：無災
三一二五四　癸巳卜王：
三一二五四　：先：無災
三一二五五　癸未卜何貞旬無𡆥
三一二五六　王其悔
三一二五七　弜宿其悔
三一二五七　王：
三一二五八　貞弜：偁其悔
三一二五八　：佐：不：
三一二五九　惟受：
三一二五九　弜令其悔
三一二六〇　：[illegible]其悔
三一二六一　弜：其悔
三一二六一　：悔
三一二六二　弜至其悔
三一二六三　丁酉卜：
三一二六三　比其悔
三一二六四　戊寅
三一二六四　令往其悔
三一二六五　丁卯卜鳴：
三一二六五　：呼取其悔
三一二六六　：其悔
三一二六六　：廼：
三一二六七　丁卯：
三一二六七　：[illegible]：其悔
三一二六八　丁丑：
三一二六八　：其悔
三一二六九　：卜其有：日悔
三一二七〇　：卜王弗悔
三一二七〇　弜呼：郭其：
三一二七一　：呼：王弗悔
三一二七二　：[illegible]入弗悔
三一二七二　惟：
三一二七三　：卜狄：蓺[illegible]田：災弗悔
三一二七四　：[illegible]弗悔　吉
三一二七五　：新𠂇豚弗悔
三一二七六　惟衛：弗悔
三一二七七　弗悔
三一二七八　：蓺：弗悔
三一二七九　：弗悔
三一二八〇　壬戌卜：
三一二八〇　：其震

三一二八一　己丑：今夕
三一二八一　其震
三一二八一　：卜在：其不震
三一二八二　：[illegible]不震
三一二八三　：有夢惟王有歲于：
三一二八三　：祟無大雨
三一二八四　：受祐[illegible]惟我有：
三一二八五　：有疾其：
三一二八六　庚辰卜貞惟：作巷
三一二八七　己亥卜：
三一二八七　非鳴
三一二八七　：祐
三一二八七　吉　用
三一二八八　：小桒：鳴日桒：
三一二八九　癸卯卜大貞旬無𡆥
三一二八九　癸丑卜大貞旬無𡆥
三一二八九　癸亥卜貞旬無𡆥
三一二八九　癸酉卜大貞旬無𡆥
三一二八九　癸未卜大貞旬無𡆥
三一二八九　癸巳卜大貞旬無𡆥
三一二九〇　癸卯卜大貞旬無𡆥
三一二九〇　癸酉：貞旬：
三一二九〇　癸未卜貞旬無𡆥
三一二九〇　癸巳卜貞旬無𡆥
三一二九〇　癸卯卜大貞旬無𡆥
三一二九〇　癸丑卜大貞旬無𡆥
三一二九〇　癸亥卜大貞旬無𡆥
三一二九一　：未卜大貞旬無𡆥
三一二九二　癸酉：貞旬：
三一二九二　癸未卜大貞旬無𡆥
三一二九二　癸巳卜貞旬無𡆥
三一二九二　癸卯卜大貞旬無𡆥
三一二九三　癸卯：貞旬：
三一二九三　癸丑卜貞旬無𡆥
三一二九三　癸亥卜大貞旬無𡆥
三一二九三　癸酉卜貞旬無𡆥
三一二九三　癸未卜貞旬無𡆥
三一二九三　：巳卜：旬無𡆥
三一二九四　癸卯卜大貞旬無𡆥
三一二九四　：卜大：無𡆥
三一二九五　癸卯卜大貞旬無𡆥
三一二九五　癸丑卜貞旬無𡆥
三一二九五　：𡆥
三一二九六　癸卯卜大貞旬無𡆥
三一二九六　癸丑卜大貞旬無𡆥
三一二九六　癸亥卜大貞旬無𡆥

三一二九六　癸酉卜大貞旬無𡆥
三一二九六　癸未卜貞旬無𡆥
三一二九七　癸亥卜大貞旬無𡆥
三一二九七　癸酉卜大貞旬無𡆥
三一二九七　：未卜：旬無𡆥
三一二九八　癸：貞旬：
三一二九八　癸亥卜貞旬無𡆥
三一二九八　癸酉卜大貞旬無𡆥
三一二九八　癸未卜：旬無𡆥
三一二九九　癸亥卜大貞旬無𡆥
三一二九九　：卜：無𡆥
三一三〇〇　癸酉卜何貞旬無𡆥
三一三〇〇　癸未卜何貞旬無𡆥
三一三〇一　癸亥：何貞：無：
三一三〇一　癸酉卜何貞旬無𡆥　八月
三一三〇一　癸未卜何貞旬無𡆥　九月
三一三〇二　癸酉卜何貞旬無𡆥
三一三〇二　癸未卜何貞旬無𡆥
三一三〇三　癸酉卜何貞旬無𡆥
三一三〇三　癸未卜何貞旬無𡆥
三一三〇三　：何：𡆥
三一三〇三　：旬無𡆥
三一三〇四　癸未卜何貞旬無𡆥　告
三一三〇四　癸巳卜何貞旬無𡆥　八月
三一三〇四　癸酉卜何貞旬無𡆥
三一三〇五　癸未卜何：
三一三〇五　癸：貞：
三一三〇五　癸巳卜何貞今夕無𡆥
三一三〇六　癸酉卜：貞旬無：在：
三一三〇六　癸丑卜何貞旬無𡆥在九月
三一三〇七　癸亥卜何貞旬無𡆥
三一三〇八　癸酉卜何貞旬無𡆥
三一三〇八　：何：無𡆥
三一三〇九　癸酉卜何貞旬無𡆥
三一三〇九　癸亥：
三一三一〇　癸酉卜何貞旬無𡆥
三一三一〇　癸未卜何貞旬無𡆥
三一三一一　癸酉：貞旬：
三一三一一　癸未卜何貞旬無𡆥
三一三一一　癸巳卜何：旬無𡆥
三一三一二　（與三一二五五重）
三一三一三　癸酉：貞：
三一三一三　癸未卜何貞旬無𡆥
三一三一三　：三月
三一三一四　：未卜何：旬無𡆥

三一三一四　辛：貞其：
三一三一五　癸未卜何貞旬無𡆥
三一三一五　：何：𡆥
三一三一六　癸未卜何貞旬無𡆥　二告
三一三一六　癸巳卜何貞旬無𡆥　二告
三一三一六　：卯：貞旬無：
三一三一七　癸未：旬無：
三一三一七　癸巳卜何貞旬無𡆥
三一三一七　癸卯卜何貞旬無𡆥
三一三一七　：何：
三一三一八　癸巳卜何貞旬無𡆥
三一三一八　癸卯卜何貞旬無𡆥
三一三一八　癸丑卜貞旬無𡆥
三一三一八　甲子卜宁：
三一三一八　貞其歲宰五十九月
三一三一九　癸巳卜：貞旬無：
三一三一九　癸亥卜何貞：
三一三一九　癸巳卜何貞旬無𡆥
三一三一九　癸未卜何貞旬無𡆥
三一三一九　癸巳卜何貞旬無𡆥
三一三一九　甲子
三一三一九　乙丑
三一三一九　癸亥大雨
三一三一九　今日：□：
三一三二〇　癸巳卜何貞旬無𡆥
三一三二一　貞：
三一三二一　癸巳卜：貞旬無𡆥
三一三二一　癸卯卜何貞旬無𡆥
三一三二一　：無：
三一三二二　癸巳卜何貞旬無𡆥
三一三二三　癸：貞：
三一三二三　癸巳卜何貞旬無𡆥
三一三二三　癸酉卜何貞旬無𡆥
三一三二三　：卜何：無𡆥
三一三二三　癸：
三一三二三　貞
三一三二四　癸巳：何貞：無：
三一三二四　癸卯卜何貞旬無𡆥
三一三二四　癸丑卜貞旬無𡆥
三一三二四　：卜何：無𡆥
三一三二五　癸巳卜何貞旬無𡆥
三一三二五　：卜何：無𡆥
三一三二六　癸：
三一三二六　癸巳卜何貞旬無𡆥六月
三一三二六　癸卯卜貞旬無𡆥

三一三二七　癸巳卜何：
三一三二七　癸卯卜何貞旬無𡆥　告
三一三二七　：何：無：
三一三二八　癸巳卜何貞旬無𡆥十一月
三一三二九　癸巳：貞旬無：
三一三二九　癸卯卜何貞旬無𡆥
三一三二九　癸丑卜何貞旬無𡆥
三一三二九　癸亥卜何貞旬無𡆥
三一三二九　：何：𡆥
三一三三〇　癸巳卜何貞旬無𡆥
三一三三〇　癸卯卜何貞旬無𡆥
三一三三〇　貞：
三一三三一　癸巳卜何貞旬無𡆥九：
三一三三一　癸卯卜何貞旬無𡆥在九月
三一三三一　：丑卜：貞旬：𡆥：月
三一三三二　癸巳卜何貞旬無𡆥
三一三三三　癸：貞：
三一三三三　癸卯卜何貞旬無𡆥
三一三三三　：卜何：無𡆥：月
三一三三四　癸卯卜何貞旬無𡆥
三一三三四　癸丑卜何貞旬無𡆥
三一三三四　癸亥卜何貞旬無𡆥
三一三三四　：何：
三一三三五　癸卯卜何貞旬無𡆥
三一三三五　：卜何：旬無𡆥
三一三三六　癸巳：何貞旬無：
三一三三六　癸卯卜何貞旬無𡆥
三一三三六　癸丑卜何貞旬無𡆥
三一三三七　癸卯：貞旬：
三一三三七　癸丑卜何貞旬無𡆥
三一三三七　癸亥卜何貞旬無𡆥
三一三三七　癸酉卜何貞旬無𡆥
三一三三八　癸丑卜何貞旬無𡆥
三一三三八　癸亥卜何貞旬無𡆥
三一三三八　癸酉卜何貞旬無𡆥
三一三三八　癸未卜何貞旬無𡆥
三一三三九　癸丑卜何貞旬無𡆥在十月
三一三三九　癸未卜何貞旬無𡆥
三一三四〇　癸丑：貞旬：
三一三四〇　癸未卜何貞旬無𡆥十一月
三一三四〇　：𡆥
三一三四一　癸未卜貞旬：𡆥
三一三四一　癸丑卜何貞旬無𡆥𡆥
三一三四一　：亥卜：貞旬：𡆥　二告
三一三四二　癸未：何：無：
三一三四二　癸丑卜何貞旬無𡆥在八月

三一三四三　癸丑：貞旬：在：
三一三四三　癸亥卜何貞旬無𡆥在一月
三一三四四　癸丑卜何貞：無𡆥
三一三四四　癸亥卜何貞旬無𡆥
三一三四四　：酉卜何：旬無：
三一三四五　癸丑卜何貞旬無𡆥
三一三四五　：卜：貞旬：七月
三一三四六　癸丑卜何貞旬無𡆥
三一三四六　癸卯卜何貞旬無𡆥
三一三四六　癸酉卜何貞旬無𡆥
三一三四七　癸丑卜何貞旬無𡆥
三一三四七　：酉：何：旬無𡆥
三一三四七　癸：
三一三四八　癸丑卜何貞旬無𡆥
三一三四八　癸亥卜何貞旬無𡆥
三一三四八　：酉卜何：旬無𡆥
三一三四九　癸丑卜何貞旬無𡆥
三一三五〇　癸丑卜何貞旬無𡆥　告
三一三五〇　：卜何：旬無：
三一三五一　癸亥卜：貞旬：無：
三一三五一　癸酉卜何貞旬無𡆥：七月
三一三五二　癸亥：貞旬無：
三一三五二　癸酉卜何貞旬無𡆥
三一三五二　：何：無𡆥
三一三五三　癸：何：
三一三五三　癸亥卜何貞旬無𡆥六月
三一三五三　：酉卜：旬：𡆥
三一三五四　癸亥：何貞：無𡆥
三一三五四　癸酉卜何貞旬無𡆥七月
三一三五四　癸未卜何貞旬無𡆥
三一三五四　癸巳卜何貞旬無𡆥七月
三一三五四　癸卯卜何貞旬無𡆥八月
三一三五四　癸丑卜何貞旬無𡆥八月
三一三五五　癸亥卜何貞旬無𡆥
三一三五五　：𡆥
三一三五六　癸亥卜何貞旬無𡆥一月
三一三五六　癸酉卜何貞旬無𡆥
三一三五六　癸未卜何貞旬：𡆥二月
三一三五六　：無：
三一三五七　癸亥卜何貞旬無𡆥四月
三一三五七　癸酉卜何貞旬無𡆥四月
三一三五七　癸未卜何貞旬無𡆥四月
三一三五七　：月
三一三五八正　癸亥卜何貞旬無𡆥
三一三五八正　：彭：
三一三五八正　：酉卜何：旬無𡆥

三一三五八正　：酉：貞旬無囚
三一三五八反　：何：
三一三五八反　□
三一三五九　癸亥卜何貞旬無囚
三一三六〇　癸亥卜何貞旬無囚六月
三一三六〇　癸酉卜何貞旬無囚六月
三一三六一　癸亥：貞：
三一三六一　癸酉卜何貞旬無囚
三一三六一　：何：無：
三一三六二　癸亥：何：無：
三一三六二　：丑卜：旬：囚
三一三六三　：何：無囚
三一三六四　癸亥卜何貞旬無囚
三一三六四　癸酉卜何貞旬無囚
三一三六四　癸未卜：無囚
三一三六五　癸亥卜何貞旬無囚一月
三一三六五　癸酉卜何貞旬無囚
三一三六五　癸未卜何貞旬：囚二月
三一三六六　癸：貞：
三一三六六　癸亥卜狄貞旬無囚
三一三六六　癸未卜鼓貞旬無囚
三一三六六　：彭：無囚
三一三六七　癸酉卜狄貞旬無囚
三一三六七　癸未卜彭貞旬無囚
三一三六七　：巳卜：旬無囚
三一三六八　癸酉卜狄貞旬無囚
三一三六八　：未卜：旬無囚
三一三六九　癸酉卜狄貞旬無囚
三一三六九　癸未卜彭貞旬無囚
三一三六九　癸巳卜貞旬無囚
三一三六九　癸卯卜口貞旬無囚
三一三六九　癸丑卜鼓貞旬無囚
三一三六九　：彭：無囚
三一三七〇　癸亥卜狄貞旬無囚
三一三七〇　癸酉卜狄貞旬無囚
三一三七〇　癸未卜狄貞旬無囚
三一三七〇　：卜狄：無囚
三一三七一　癸未卜狄貞旬無囚
三一三七一　癸巳卜口貞旬無囚
三一三七一　癸卯卜狄貞旬無囚
三一三七一　：囚
三一三七二　癸未卜狄貞旬無囚
三一三七二　：卜狄：無囚
三一三七三　癸：貞旬：
三一三七三　癸巳卜狄貞旬無囚
三一三七三　癸卯卜狄貞旬無囚

三一三七三　癸丑卜狄貞旬無囚
三一三七三　：狄：囚
三一三七四　癸未卜狄貞旬無囚
三一三七四　：卜狄：無囚
三一三七五　癸：貞旬：
三一三七五　癸卯卜狄貞旬無囚
三一三七五　癸丑卜貞旬無囚
三一三七五　：亥卜：旬無囚
三一三七六　癸未：貞旬：
三一三七六　癸巳卜狄貞旬無囚
三一三七六　：狄：囚
三一三七七　癸未：
三一三七七　癸巳卜狄貞旬無囚
三一三七七　：卜狄：
三一三七八　癸未卜：
三一三七八　癸巳卜貞旬無囚
三一三七八　癸卯卜狄貞旬無囚
三一三七八　癸丑卜貞旬無囚
三一三七八　癸亥卜狄貞旬無囚
三一三七八　：酉卜：無囚
三一三七九　癸巳：貞旬：
三一三七九　癸卯卜狄貞旬無囚
三一三八〇　癸：貞：
三一三八〇　癸巳卜狄貞旬無囚
三一三八〇　：無囚
三一三八一　癸：貞旬：
三一三八一　癸巳卜狄貞旬無囚
三一三八一　癸卯卜狄貞旬無囚
三一三八一　癸丑卜貞旬無囚
三一三八一　癸亥卜狄貞旬無囚
三一三八一　癸酉卜狄貞旬無囚
三一三八一　癸未卜貞旬無囚
三一三八一　癸巳卜貞旬無囚
三一三八一　癸卯卜貞旬無囚
三一三八二　癸卯卜狄貞旬無囚
三一三八二　癸丑卜狄貞旬無囚
三一三八二　癸亥卜狄貞旬無囚
三一三八二　癸酉卜狄貞旬無囚
三一三八二　癸未卜狄貞旬無囚
三一三八二　：卜狄：無囚
三一三八三　癸：
三一三八三　癸巳卜狄貞旬無囚
三一三八三　：卯卜：旬無：
三一三八四　癸卯卜狄貞旬無囚
三一三八五　癸卯：貞旬：
三一三八五　：卜狄：無囚

三一三八六	癸卯：貞旬無：
三一三八六	癸丑卜狄貞旬無囚
三一三八六	：卜狄：無囚
三一三八七	癸卯卜狄貞旬無囚
三一三八七	癸丑：狄貞旬無囚
三一三八七	：狄：囚
三一三八八	癸卯：貞旬：
三一三八八	癸丑卜貞旬無囚
三一三八八	癸亥卜狄貞旬無囚
三一三八八	癸酉卜狄貞旬無囚
三一三八八	癸未卜貞旬無囚
三一三八九	癸卯卜狄貞旬無囚
三一三八九	癸丑卜狄貞旬無囚
三一三八九	癸亥卜狄貞旬無囚
三一三八九	：狄：無囚
三一三九〇	癸卯卜狄貞旬無囚
三一三九〇	癸丑卜狄貞旬無囚
三一三九〇	癸亥卜貞旬無囚
三一三九〇	癸酉卜貞旬無囚
三一三九〇	：狄：囚
三一三九一	癸丑卜狄貞旬無囚
三一三九一	：亥卜狄：旬無：
三一三九二	癸丑卜狄貞旬無囚
三一三九二	癸亥卜貞旬無囚
三一三九二	：酉卜狄：無囚
三一三九三	癸丑卜狄貞旬無囚
三一三九三	癸亥卜狄貞旬無囚
三一三九三	癸酉卜狄貞旬無囚
三一三九三	癸未卜狄貞旬無囚
三一三九三	癸巳卜狄貞旬無囚
三一三九四	癸丑卜狄貞旬無囚
三一三九五	癸丑卜：貞旬無：
三一三九五	癸亥卜狄貞旬無囚
三一三九六	癸卯：貞旬：
三一三九六	癸丑卜貞旬無囚
三一三九六	癸亥卜貞旬無囚
三一三九六	癸酉卜狄貞旬無囚
三一三九七	癸：貞旬：
三一三九七	癸亥卜狄貞旬無囚
三一三九七	：囚
三一三九八	癸亥卜狄貞旬無囚
三一三九八	：狄：囚
三一三九九	癸丑：貞旬：
三一三九九	癸亥卜貞旬無囚
三一三九九	癸酉卜狄貞旬無囚
三一四〇〇	癸亥卜狄貞旬無囚

三一四〇〇	癸酉卜貞旬無囚
三一四〇〇	癸未卜貞旬無囚
三一四〇〇	癸巳卜貞旬無囚
三一四〇〇	癸卯卜狄貞旬無囚
三一四〇一	癸：貞旬：
三一四〇一	癸亥卜狄貞旬無囚
三一四〇一	癸酉卜貞旬無囚
三一四〇一	癸未卜貞旬無囚
三一四〇一	：巳卜狄：旬無囚
三一四〇二	：亥卜狄貞旬無囚
三一四〇三	癸酉卜貞旬：
三一四〇三	癸酉卜彭貞旬無囚
三一四〇三	：卜彭：無囚
三一四〇四	癸酉：貞旬：囚
三一四〇四	：卜彭：囚
三一四〇五	：酉卜鼓：旬無囚
三一四〇六	癸：貞：
三一四〇六	癸酉卜狄貞旬無囚
三一四〇六	癸未卜彭貞旬無囚
三一四〇六	癸巳：彭貞旬無囚
三一四〇六	癸卯卜彭貞旬無囚
三一四〇七	癸未：貞旬：
三一四〇七	癸巳卜彭貞旬無囚
三一四〇七	：彭：無囚
三一四〇八	癸未卜：貞旬無：
三一四〇八	：卜彭：無囚
三一四〇九	癸：貞：
三一四〇九	癸未卜鼓貞旬無囚
三一四一〇	癸未卜彭貞旬無囚
三一四一〇	癸巳卜彭貞旬無囚
三一四一〇	：卜彭：無囚
三一四一一	癸未：貞旬：
三一四一一	：巳卜鼓：無囚
三一四一二	癸巳：貞旬：囚
三一四一二	：卜彭：旬無：
三一四一三	癸巳卜彭貞旬無囚
三一四一三	癸未卜彭貞
三一四一四	癸巳卜彭貞旬無：
三一四一四	癸卯卜彭貞旬無囚
三一四一四	癸丑卜彭貞旬無囚
三一四一四	癸亥卜鼓貞旬無囚
三一四一五	癸巳卜彭貞旬無囚
三一四一五	：卜彭：無囚
三一四一六	癸丑：貞旬：
三一四一六	：巳卜彭：無囚
三一四一七	癸巳卜鼓貞旬無囚

三一四一七　：卜彭：無𡆥
三一四一八　癸：貞旬：
三一四一八　癸巳卜鼓貞旬無𡆥
三一四一八　癸卯卜鼓貞旬無𡆥
三一四一八　：卜鼓：無𡆥
三一四一九　癸卯卜：貞旬無𡆥
三一四一九　：卜鼓：無𡆥
三一四二〇　癸：
三一四二〇　癸巳卜鼓貞旬無𡆥
三一四二〇　甲子卜何
三一四二〇　：何：
三一四二一　癸巳卜鼓貞旬無𡆥
三一四二二　癸卯卜：貞旬無
三一四二二　癸丑卜鼓貞旬無𡆥
三一四二三　癸卯卜鼓貞旬無𡆥
三一四二四　癸酉卜鼓貞旬無𡆥
三一四二四　癸卯卜鼓貞旬無𡆥
三一四二四　：貞旬：
三一四二五　癸卯：貞旬：
三一四二五　癸丑卜鼓貞旬無𡆥
三一四二六　癸丑卜彭貞旬無𡆥
三一四二七　癸丑：貞旬：
三一四二七　癸亥卜彭貞旬無𡆥
三一四二七　癸酉卜彭貞旬無𡆥
三一四二七　：彭：𡆥
三一四二八　癸丑：貞旬：
三一四二八　：卜彭：無𡆥
三一四二九　癸亥卜彭貞旬無𡆥
三一四二九　癸酉卜彭貞旬無𡆥
三一四二九　：卜彭：無𡆥
三一四二九　：午卜鼓：王在：翌日：
三一四三〇　：彭：
三一四三〇　癸亥貞旬無𡆥
三一四三〇　癸酉卜彭貞旬無𡆥
三一四三一　癸：貞：
三一四三一　：卜彭：無𡆥
三一四三二　癸亥卜彭貞旬無𡆥
三一四三二　癸酉卜彭貞旬無𡆥
三一四三二　：𡆥
三一四三三　：卜彭：無𡆥
三一四三四　：卜彭：無𡆥
三一四三五　：亥卜彭：無𡆥
三一四三五　：酉卜彭：旬無𡆥
三一四三五　：彭：
三一四三六　癸酉：口貞：無：

三一四三七　癸未卜口貞旬無𡆥
三一四三七　癸亥卜口貞旬無𡆥
三一四三八　癸未卜口貞旬無𡆥
三一四三八　癸亥卜口貞旬無𡆥
三一四三八　癸卯卜口貞旬無𡆥
三一四三八　：卜口：無𡆥
三一四三八　癸卯卜口貞旬無𡆥
三一四三九　癸未卜口貞旬無𡆥
三一四四〇　：貞：
三一四四〇　癸未卜口貞旬無𡆥
三一四四〇　：卜口：無𡆥
三一四四一　癸未：貞旬無：
三一四四一　：卜口：無𡆥
三一四四二　癸未卜口貞旬無𡆥
三一四四三　癸巳卜口貞旬無𡆥在四月
三一四四四　癸巳貞旬無𡆥
三一四四四　：卜口：無𡆥
三一四四五　癸巳卜口貞旬無𡆥
三一四四五　：酉卜口：旬無𡆥
三一四四六　癸巳卜口貞旬無𡆥
三一四四七　癸丑：貞旬：
三一四四七　癸巳卜口貞旬無𡆥
三一四四八　癸卯卜口貞旬無𡆥
三一四四八　癸丑卜鼓貞旬無𡆥
三一四四八　癸亥卜彭貞旬無𡆥
三一四四八　：𡆥
三一四四九　：卯卜口貞旬無𡆥
三一四四九　：貞旬：
三一四五〇　癸：
三一四五〇　癸卯卜口貞旬無𡆥
三一四五〇　癸未卜口貞旬無𡆥
三一四五一　癸卯卜口貞旬無𡆥
三一四五一　：巳卜口：
三一四五二　：卯卜口：旬無𡆥
三一四五三　癸丑卜口貞旬無𡆥
三一四五四　癸卯卜口貞旬無𡆥
三一四五五　癸酉：貞旬：
三一四五五　癸丑卜口貞旬無𡆥
三一四五六　癸亥卜口貞旬無𡆥
三一四五七　癸亥卜口貞旬無𡆥
三一四五七　：卯卜口：旬無𡆥
三一四五八　癸亥卜口貞旬無𡆥
三一四五九　癸亥卜口貞旬無：
三一四六〇　：卜口：旬無𡆥
三一四六一　癸酉卜貞旬無𡆥

三一四六一 癸丑卜[目犬]貞旬無𡆥
三一四六二 癸卯卜[目犬]貞旬無𡆥
三一四六二 ：丑卜[目犬]：無𡆥
三一四六三 癸丑：貞旬：
三一四六三 癸亥卜[目犬]貞旬無𡆥
三一四六三 癸酉卜[目犬]：旬無𡆥
三一四六四 癸丑：貞旬：
三一四六四 癸亥卜[目犬]貞旬無𡆥
三一四六四 癸酉卜[目犬]貞旬無𡆥
三一四六四 癸未卜[目犬]貞旬無𡆥
三一四六五 癸丑：貞旬：
三一四六五 癸亥卜[目犬]貞旬無𡆥
三一四六五 ：卜[目犬]：
三一四六六 ：[目犬]：無𡆥
三一四六七 癸酉卜：貞旬無：
三一四六七 ：卜[卩卩]：旬無𡆥　八月
三一四六七 癸：貞：在
三一四六八 癸未卜[卩卩]貞旬無𡆥
三一四六八 ：[卩卩]：𡆥
三一四六九 癸巳卜[卩卩]貞旬無𡆥
三一四六九 ：[卩卩]：𡆥
三一四六九 癸：貞：𡆥
三一四六九 ：[卩卩]：無𡆥
三一四七〇 癸酉卜[卩卩]貞旬無𡆥
三一四七〇 癸巳：[卩卩]貞旬無𡆥
三一四七一 癸巳：貞：
三一四七一 ：卜[卩卩]貞旬無𡆥
三一四七二 癸：貞旬：
三一四七二 癸丑卜[卩卩]貞旬無𡆥
三一四七三 癸丑：貞旬：𡆥
三一四七三 ：酉：[卩卩]：旬：𡆥
三一四七四 癸亥卜[卩卩]貞旬無𡆥
三一四七五 ：卜[卩卩]貞：無𡆥
三一四七五 ：卜[卩卩]：
三一四七六 ：[卩卩]貞：無𡆥
三一四七七 癸：貞：無：
三一四七七 ：卜[卩卩]貞旬無𡆥
三一四七八 癸卯𡆥貞旬無𡆥
三一四七九 ：丑卜𡆥貞旬無𡆥
三一四八〇 癸酉：貞：
三一四八〇 癸未卜𡆥貞旬無𡆥
三一四八〇 ：𡆥：𡆥
三一四八一 癸卯卜晛貞旬無：在九月
三一四八二 癸亥卜教貞旬無𡆥
三一四八二 癸酉卜貞旬無𡆥
三一四八二 癸未卜貞旬無𡆥

三一四八三 ：教：無𡆥
三一四八四 ：卜彘：無𡆥
三一四八五 癸未卜貞旬無𡆥
三一四八五 癸亥卜逆貞旬無𡆥
三一四八六 癸巳卜逆貞旬無𡆥
三一四八六 癸酉卜口貞旬無𡆥
三一四八七 癸未卜逆貞旬無𡆥
三一四八七 ：[彳夅]：𡆥
三一四八八 癸巳卜[彳夅]貞旬無𡆥
三一四八九 癸酉：貞旬：
三一四八九 ：無𡆥
三一四九〇 癸酉卜貞旬無𡆥
三一四九一 癸酉貞旬無𡆥
三一四九一 ：卜：無𡆥
三一四九二 癸酉：貞旬：
三一四九二 癸未卜貞旬無𡆥
三一四九二 ：卜：無𡆥
三一四九三 癸酉貞旬無𡆥
三一四九三 癸：貞：
三一四九三 癸丑卜貞旬無𡆥
三一四九四 癸酉：貞旬：
三一四九四 癸未卜貞旬無𡆥
三一四九四 癸巳卜貞旬無𡆥
三一四九五 癸酉：貞旬：
三一四九五 ：丑：旬：𡆥
三一四九六 癸酉：貞旬：
三一四九六 癸未卜貞旬無𡆥
三一四九六 癸巳卜貞旬無𡆥
三一四九六 癸卯卜貞旬無𡆥
三一四九六 癸丑卜貞旬無𡆥
三一四九六 ：卜：
三一四九七 癸未貞旬：
三一四九七 癸巳貞旬無𡆥
三一四九七 ：王：無𡆥
三一四九八 癸未：貞旬：
三一四九八 ：巳卜：貞旬：𡆥
三一四九八 ：目：
三一四九九 癸未卜貞旬無𡆥
三一五〇〇 癸未卜貞：
三一五〇〇 癸：貞：
三一五〇〇 癸巳卜貞旬無𡆥
三一五〇〇 ：卯卜：旬：
三一五〇一 癸：貞旬：
三一五〇一 癸巳卜貞旬無𡆥
三一五〇一 癸卯卜貞旬無𡆥
三一五〇二 癸未卜貞旬無𡆥

三一五〇三　癸未卜貞旬無𡆥
三一五〇三　：𡆥
三一五〇四　癸未：旬無𡆥
三一五〇五　癸巳卜貞旬無𡆥
三一五〇五　癸卯卜貞旬無𡆥
三一五〇五　癸丑卜貞旬無𡆥
三一五〇五　癸亥卜貞旬無𡆥
三一五〇五　：𡆥
三一五〇六　癸未卜貞旬無：
三一五〇七　癸巳卜貞旬無𡆥
三一五〇七　：酉卜：無𡆥
三一五〇八　：巳卜貞旬無𡆥
三一五〇八　癸：貞：
三一五〇九　癸巳卜貞旬無𡆥
三一五一〇　癸巳：貞旬：
三一五一〇　癸卯卜貞旬無𡆥
三一五一〇　癸丑卜貞旬無𡆥
三一五一〇　：卜：無𡆥
三一五一一　癸未：貞：
三一五一一　癸巳卜貞旬無𡆥
三一五一一　癸卯卜貞旬無𡆥
三一五一一　癸丑卜貞旬無𡆥
三一五一二　癸卯貞旬無𡆥
三一五一二　癸丑貞旬無𡆥
三一五一二　癸亥貞旬無𡆥
三一五一二　癸酉貞旬無𡆥
三一五一二　癸未貞旬無𡆥
三一五一二　癸巳貞旬無𡆥
三一五一三　癸巳：貞旬無：
三一五一三　癸卯卜貞旬無𡆥
三一五一四　癸卯卜貞旬無𡆥
三一五一四　：𡆥
三一五一五　癸卯卜：旬無𡆥
三一五一五　：卜：𡆥
三一五一六　癸卯卜貞旬無𡆥
三一五一六　：未卜：旬：𡆥
三一五一七　癸卯：貞旬無：
三一五一七　癸未卜貞旬無𡆥
三一五一八　癸：貞：
三一五一八　癸卯卜貞旬無𡆥
三一五一九　癸卯：貞旬：
三一五一九　癸丑卜貞旬無𡆥
三一五一九　癸亥卜貞旬無𡆥
三一五一九　：酉卜：旬無𡆥
三一五二〇　癸丑卜貞旬無𡆥
三一五二〇　癸巳卜貞旬無𡆥

三一五二一　癸丑貞旬無𡆥
三一五二一　：無𡆥
三一五二二　癸丑卜：貞旬無𡆥
三一五二三　癸丑貞旬無𡆥
三一五二四　癸亥貞旬無𡆥
三一五二四　：卜：無𡆥
三一五二五　癸亥卜貞旬無𡆥
三一五二五　癸卯卜貞旬無𡆥
三一五二六　癸亥卜貞旬無𡆥
三一五二六　：酉卜：旬：𡆥
三一五二七　貞旬：
三一五二八　乙丑卜何貞今：
三一五二八　：今：雨
三一五二九　丙午卜大貞今夕無𡆥
三一五二九　：戌卜：今夕無𡆥
三一五三〇　壬申卜何貞今夕無𡆥四月
三一五三一　丁丑卜何貞今夕無𡆥
三一五三一　：夕：雨
三一五三二　己卯卜何貞今夕無𡆥
三一五三三　辛巳：何：今夕：
三一五三四　甲申卜何貞今夕：𡆥
三一五三五　辛卯卜何貞今夕無𡆥
三一五三六　癸巳卜何貞今夕無𡆥
三一五三七　己亥卜何貞今夕無𡆥
三一五三八　乙未卜何貞今夕無𡆥
三一五三九　丙申卜何貞今夕無𡆥
三一五四〇　辛酉卜何貞今夕無𡆥
三一五四一正　：今夕：
三一五四一正　壬戌卜何貞今夕無𡆥在七月
三一五四一反　：㳄田
三一五四二　：卯卜何：今夕無𡆥
三一五四三　：丑卜何：今夕：𡆥
三一五四四　：卜何：夕無𡆥
三一五四四　：夕不雨
三一五四五　：貞今夕無𡆥
三一五四六　：卜何貞今夕無：
三一五四七　：夕：雨
三一五四七　啓
三一五四七　癸卯：何貞：夕無𡆥
三一五四七　貞今夕其不啓
三一五四七　貞今夕不其啓
三一五四七　今夕其啓不雨
三一五四七　貞今夕啓雨
三一五四七　貞今夕啓
三一五四七　貞：啓：
三一五四七　辛丑卜𡧊貞：夕：

三一五四七 壬寅卜罟貞今夕無𡆥
三一五四七 ：子卜罟：無𡆥
三一五四七 今夕不其雨
三一五四七 ：夕：其：
三一五四七 今夕：
三一五四八 貞今夕其雨
三一五四八 戊戌卜罟貞今夕無𡆥
三一五四八 貞今夕啓
三一五四八 己亥卜何貞今夕無𡆥
三一五四八 貞今夕不啓
三一五四八 ：何：無𡆥
三一五四八 壬子：罟貞今夕無𡆥
三一五四八 ：夕：不雨
三一五四八 貞今夕無𡆥
三一五四九 辛丑卜：貞今：無：
三一五四九 癸卯卜狄貞今夕無𡆥
三一五四九 丁未卜狄貞今夕無𡆥
三一五四九 辛亥卜狄貞今夕無𡆥
三一五四九 乙卯卜狄貞今夕無𡆥
三一五四九 己未卜狄貞今夕無𡆥
三一五四九 癸亥卜狄貞今夕無𡆥
三一五四九 壬寅卜：貞今夕無𡆥
三一五四九 甲子卜狄貞今夕無𡆥
三一五四九 壬申卜口貞今夕無𡆥
三一五四九 壬子卜狄貞今夕無𡆥
三一五四九 丙辰卜狄貞今夕無𡆥
三一五四九 庚申卜狄貞今夕無𡆥
三一五四九 甲子卜狄貞今夕無𡆥
三一五四九 己亥卜狄貞今夕無𡆥
三一五四九 庚子卜狄貞今夕無𡆥
三一五四九 乙巳卜貞今夕無𡆥
三一五四九 丙午卜貞今夕無𡆥
三一五四九 辛酉卜狄貞今夕無𡆥
三一五四九 丁巳卜狄貞今夕無𡆥
三一五四九 癸丑卜狄貞今夕無𡆥
三一五四九 己酉卜狄貞今夕無𡆥
三一五四九 壬午卜狄貞今夕無𡆥
三一五四九 甲午卜口貞今夕無𡆥
三一五四九 壬午：貞今夕無𡆥
三一五四九 乙酉卜貞今夕無𡆥
三一五五〇 ：狄：夕無𡆥
三一五五〇 壬申卜：貞今夕無：
三一五五一 壬申卜狄貞今夕無𡆥
三一五五二 癸未卜狄貞今夕無𡆥

三一五五二 ：狄：𡆥
三一五五三 辛丑卜狄貞今夕無𡆥
三一五五三 ：狄：無𡆥
三一五五三 辛亥
三一五五三 壬子
三一五五三 癸丑
三一五五三 ：貞木：
三一五五四 ：申卜狄貞今夕無𡆥
三一五五四 丙申卜狄貞今夕無：
三一五五四 ：貞今夕：
三一五五五 壬辰卜狄貞夕無：
三一五五五 ：狄：今夕無𡆥
三一五五六 庚戌：貞今夕：
三一五五六 甲寅卜狄貞今夕無𡆥
三一五五七 戊午卜：貞今夕無𡆥
三一五五七 ：卜狄：夕：𡆥
三一五五八 癸亥卜狄貞今夕無𡆥
三一五五九 ：寅卜狄：今夕：𡆥
三一五五九 ：貞：無：
三一五六〇 丙寅：貞今：無：
三一五六〇 壬申卜鼓貞今夕無𡆥
三一五六〇 ：鼓：
三一五六一 壬午卜彭貞今夕無𡆥
三一五六一 貞今夕不雨
三一五六二 癸未：貞：無：
三一五六二 ：卜彭：夕無𡆥
三一五六三 ：卜彭：夕無𡆥
三一五六三 ：夕雨
三一五六四 ：卜鼓：夕無𡆥
三一五六五 ：卯卜鼓貞今夕無𡆥
三一五六五 癸亥卜貞今夕無𡆥
三一五六六 ：卜彭：夕：無𡆥
三一五六七 ：卯卜彭貞今夕無𡆥
三一五六七 今夕不雨
三一五六七 ：之：
三一五六七 貞：
三一五六七 ：夕不：
三一五六八 甲子：貞今：
三一五六八 ：卜口：夕無𡆥
三一五六九 甲午卜貞今夕無𡆥
三一五六九 ：卜口：夕：𡆥
三一五七〇 庚寅卜口貞今夕無𡆥
三一五七〇 丙戌：貞今：
三一五七一 丁亥卜口貞今夕無𡆥
三一五七二 己卯卜口貞今夕：
三一五七二 ：辰：貞：

三一五七三　庚戌卜：貞今夕無𡆥
三一五七四　戊申：貞今夕無𡆥
三一五七四　：卜口：夕無：
三一五七五　辛酉卜口貞今夕無𡆥
三一五七六　辛酉卜口貞今夕無𡆥
三一五七六　丙申卜口貞今夕無𡆥
三一五七七　：寅卜：今夕：𡆥
三一五七八　辛卯卜口貞今夕無𡆥
三一五七八　乙：貞：
三一五七九　：亥卜口：今夕：𡆥在羽
三一五七九　：今夕雨
三一五八〇　：午卜畎：夕無𡆥
三一五八一　：卜畎：夕無𡆥
三一五八一　：貞：無：
三一五八二　貞今夕不雨
三一五八二　丙午卜口貞今夕無𡆥
三一五八二　：夕無𡆥
三一五八二　貞：
三一五八二　貞
三一五八三　：卜畎：夕無：
三一五八四　己巳卜卯貞今夕無：
三一五八五　：卜卯貞今夕無：
三一五八五　：卜：𡆥
三一五八六　戊寅卜卯貞今夕無𡆥
三一五八六　乙亥卜卯貞今夕無𡆥
三一五八七　貞今夕啓
三一五八七　庚辰卜卯貞今夕無𡆥
三一五八八　壬午卜卯貞今夕無𡆥
三一五八九　乙酉卜卯貞今夕無𡆥在八月
三一五九〇　貞今夕雨
三一五九〇　貞今夕不雨
三一五九〇　戊戌卜卯貞今夕無𡆥
三一五九一　：卜狄：夕無𡆥
三一五九二　辛亥卜卯：今夕無𡆥
三一五九二　辛丑卜貞今夕無𡆥
三一五九三　：未卜卯貞今夕無𡆥
三一五九三　辛丑卜卯貞今夕無𡆥
三一五九四　辛：貞：無：
三一五九五　：卜卯：夕無𡆥
三一五九五　丁未：貞：無：
三一五九六　：亥卜卯：夕：𡆥
三一五九六　己酉卜卯貞今夕無𡆥
三一五九七　：申卜：今夕：𡆥
三一五九八　甲辰卜卯貞今夕無𡆥
三一五九八　庚戌卜卯貞今夕：𡆥
三一五九九　辛：卜卯貞今夕無𡆥
三一六〇〇　[illegible]

三一六〇一　壬子：貞今夕：
三一六〇一　丙辰卜卯貞今夕無𡆥
三一六〇一　：𡆥
三一六〇二　壬子卜卯貞今夕無𡆥
三一六〇三　：卜弋貞今夕：
三一六〇三　戊：卜卯貞今夕無𡆥
三一六〇四　癸亥卜卯貞今夕無𡆥
三一六〇五　：戊卜卯：夕：𡆥
三一六〇六　：卜卯：今夕無：在六月
三一六〇七　：卜卯：今夕：
三一六〇八　乙：貞今：
三一六〇八　：卯貞今：𡆥
三一六〇九　：卜卯：夕無𡆥
三一六一〇　：卯卜卯貞：夕無𡆥
三一六一〇　：雨
三一六一一　壬戌：王貞：夕無：
三一六一一　：王：
三一六一二　：巳卜口貞今夕無𡆥
三一六一二　丁卯卜徉貞今夕無𡆥
三一六一三　乙酉卜暊貞今：無：
三一六一三　：𡆥
三一六一四　己卯卜暊貞今夕無𡆥
三一六一五　：酉卜：貞今：無尤
三一六一五　乙：暊：今：無：
三一六一六　癸酉：貞：無：
三一六一六　：卜暊貞今夕無𡆥
三一六一七　壬午：暊：今：無：
三一六一七　丙辰卜暊貞今夕無尤
三一六一七　甲申卜暊貞今夕無尤
三一六一八　丙：暊：今：無尤
三一六一八　：卜暊：今夕：尤
三一六一九　辛酉卜貞今夕無𡆥
三一六二〇　丁丑卜：貞今夕無𡆥
三一六二一　：戌卜教貞今夕無𡆥
三一六二一　丙：貞：
三一六二二　庚午卜貞今夕無𡆥
三一六二二　甲戌卜貞今夕無𡆥
三一六二二　：卜教：無𡆥
三一六二三　丁巳卜彘貞今夕無𡆥
三一六二四　：卜彘：今夕無𡆥
三一六二五　：丑卜：彘貞今夕無𡆥
三一六二六　癸：貞今：𡆥
三一六二七　壬戌：彘貞今夕無𡆥
三一六二八　辛未卜貞今夕無𡆥
三一六二九　乙卯卜貞今夕無𡆥

三一六二九　甲子：貞今：無囚
三一六三〇　己巳：貞今：
三一六三〇　壬申卜貞今夕無囚
三一六三〇　：囚
三一六三一　癸酉卜貞今夕無囚
三一六三二　癸酉：貞今夕無：
三一六三三　甲戌卜貞今夕無：
三一六三四　丙子卜貞今夕無：
三一六三四　：子卜：無囚
三一六三五　戊寅卜貞今夕無囚
三一六三六　丁丑卜貞今夕無囚
三一六三六　丙子卜貞夕無囚
三一六三六　丙辰：
三一六三六　：無：
三一六三六　：奏：
三一六三六　：卜雨
三一六三六　庚午卜
三一六三六　貞：囚
三一六三六　：貞：夕：無：
三一六三七　甲戌：貞今：
三一六三七　戊寅卜貞今夕無囚
三一六三八　壬午卜貞今夕無囚
三一六三八　：卜：
三一六三九　甲：貞今：
三一六三九　丁亥卜貞今夕無囚
三一六三九　：卜：無囚
三一六四〇　丙寅卜貞今夕無囚
三一六四〇　：辰卜：今夕無囚
三一六四一　丙辰卜貞今夕無囚
三一六四一　：申卜：夕無囚
三一六四二　戊子：貞今：無：
三一六四三　己丑卜貞今夕無囚
三一六四四　癸巳卜：貞今夕無囚
三一六四四　己：貞：無：
三一六四五　戊戌卜貞今夕無囚
三一六四六　庚子卜貞今夕無囚
三一六四七　己亥卜貞今夕無囚
三一六四八　壬寅卜貞今夕無囚
三一六四九　辛亥卜貞今夕無囚
三一六四九　乙巳卜：貞今夕無囚
三一六五〇　丙午卜貞今夕無：
三一六五〇　：卜：
三一六五一　：貞今：
三一六五一　癸丑卜貞今夕無囚
三一六五一　：卜：今夕無囚
三一六五一　：囚

三一六五二　壬：貞：
三一六五二　丙辰卜貞今夕無囚
三一六五三　戊申：貞今：
三一六五三　癸丑卜貞今夕無囚
三一六五四　丁丑：貞：無：
三一六五四　：巳卜：貞今：無囚
三一六五五　庚申卜貞今夕無囚
三一六五五　：子卜：夕：囚
三一六五六　癸亥：貞今：無：
三一六五六　：卯卜：貞今夕無囚
三一六五七　壬戌卜貞今夕無囚
三一六五七　丙寅卜貞今夕無囚
三一六五七　：卜：夕無囚
三一六五八　乙亥卜貞今夕無囚
三一六五九　乙：貞：無：
三一六五九　：酉卜貞今夕無囚
三一六六〇　：卜：今夕無囚
三一六六〇　庚：貞：無：
三一六六一　：卯卜貞今夕無囚
三一六六一　：貞：
三一六六二　：貞今夕無囚
三一六六三　：貞今夕無囚
三一六六四　：寅：貞今夕無囚
三一六六五　：未卜：貞今夕無囚
三一六六六　：巳卜：貞今夕：囚
三一六六六　：貞：
三一六六七　乙巳卜：
三一六六七　叡𤼽
三一六六七　習茲卜王其[illegible]戊申
三一六六七　戊申祝王其[illegible]
三一六六八　：牛
三一六六八　：[illegible]卜
三一六六九　：卜習龜一卜五：
三一六七〇　：卜習龜一卜五：
三一六七一　習一卜
三一六七二　癸未卜習一卜
三一六七二　習二卜
三一六七二　王其饗在廳
三一六七二　弜饗
三一六七三　己酉
三一六七三　習二卜
三一六七三　：用卜
三一六七四　己：
三一六七四　習二卜
三一六七四　習三卜

三一六七四　習四卜
三一六七五　習一卜五于…
三一六七六　得于…
三一六七六　二月貞卜于無若
三一六七六　二月卜有若
三一六七六　三月卜有若
三一六七六　自?三卜無若
三一六七七　非鳴
三一六七七　其用三卜
三一六七八正　丁亥卜宁…
三一六七八正　惟衍令
三一六七八正　乙丑卜…
三一六七八正　弜侑
三一六七八正　弜侑
三一六七八正　侑妣辛酉
三一六七八正　其用茲卜
三一六七八正　惟茲卜用
三一六七八正　…丑卜惟
三一六七八反　大吉
三一六七八反　…弜台歲宰
三一六七九　乙丑卜其有歲于…
三一六七九　叙婺
三一六七九　其用茲卜
三一六八〇　辛未卜…貞夕卜…同惟其…王占曰惟
…惟其悔…于…
三一六八一　年卜
三一六八一　疾卜
三一六八一　吁
三一六八二　…狄卜…在乡
三一六八三　茲用在牢卜
三一六八三　小單?…
三一六八四　在𡧊卜…
三一六八五　…在泆卜
三一六八六　…在鼓卜…
三一六八七　乙…犬…弘吉
三一六八七　于壬無災擒　吉
三一六八七　戊不雨　弘吉
三一六八七　…雨
三一六八八　于乙亥　吉
三一六八八　弘吉
三一六八九　弘吉
三一六九〇　吉
三一六九〇　吉
三一六九〇　弜吉
三一六九〇　吉
三一六九〇　茲用

三一六九一　弘吉用
三一六九二　弘吉用
三一六九三　弘吉不用
三一六九四　大吉茲用　不雨
三一六九五　大吉茲用
三一六九六　大吉茲用
三一六九七　大吉茲用
三一六九七　惟夕…
三一六九八　大吉茲用
三一六九八　…戊王惟…
三一六九九　大吉茲用
三一七〇〇　惟…
三一七〇〇　惟妣辛?祝
三一七〇〇　惟小宰　大吉　茲用
三一七〇一　大吉茲用
三一七〇二　大吉茲用
三一七〇二　大吉
三一七〇三　…吉茲用
三一七〇四　吉茲用
三一七〇五　…宰
三一七〇五　甲戌卜…
三一七〇五　弜之茲用
三一七〇六　弜競茲用
三一七〇六　…黑牛
三一七〇七　吉
三一七〇七　不…吉　茲用
三一七〇八　惟万
三一七〇八　弜万　茲用
三一七〇九　…惟𦍩
三一七〇九　茲用
三一七一〇　茲用
三一七一〇　大…
三一七一一　辛…
三一七一一　庚子
三一七一一　不用
三一七一二　大吉
三一七一二　吉
三一七一三　乙…其雨　大吉
三一七一四　…災　大吉
三一七一五　大吉
三一七一六　大吉
三一七一七　大吉
三一七一八　大吉
三一七一九　甲辰卜翌日…　大吉
三一七一九　吉
三一七一九　…其…

三一七二〇 吉
三一七二〇 大吉
三一七二一 吉
三一七二一 大吉
三一七二二 茲…大吉
三一七二三 大吉
三一七二三 吉
三一七二四 大吉
三一七二四 大吉
三一七二四 吉
三一七二五 大吉
三一七二五 大吉
三一七二五 吉
三一七二六 惟今…大吉
三一七二六 吉
三一七二六 …于有田惟今…吉
三一七二七 …卜乙王…大吉
三一七二八 大吉
三一七二八 吉
三一七二九 …卜丁暨戊王…大吉
三一七三〇 大…
三一七三〇 大吉
三一七三〇 吉
三一七三一 鳴受…
三一七三一 大吉
三一七三二 大吉用
三一七三三 大吉用
三一七三四 惟勿牛 大吉用
三一七三五 大吉用
三一七三六 大吉不用
三一七三七 大吉不用
三一七三八 …日吉
三一七三九 貞不…
三一七三九 吉
三一七四〇 …寅卜其…吉
三一七四一 吉
三一七四一 吉
三一七四一 吉
三一七四二 其雨 吉
三一七四三 吉
三一七四四 吉
三一七四四 吉
三一七四四 吉
三一七四五 …木…
三一七四五 吉
三一七四六 今日辛至于…吉

三一七四七 吉
三一七四七 吉
三一七四七 吉
三一七四八 吉用
三一七四九 吉用
三一七五〇 吉用
三一七五一 吉用
三一七五二 吉用
三一七五三 吉用
三一七五四 吉不用
三一七五五 吉不用
三一七五六 吉不用
三一七五七 吉不槃
三一七五八 吉不槃
三一七五八 …雨
三一七五九 …一牛
三一七五九 弜復
三一七六〇 …企…
三一七六一 [illegible]
三一七六二 …貞惟…遘[illegible]…十入省…
三一七六三 弜競
三一七六三 一牛
三一七六四 己卯貞其觀
三一七六四 乙丑卜貞弘…
三一七六四 乙丑…貞惟…
三一七六五 貞啟…吉
三一七六六 …[illegible]…
三一七六七 …扶…
三一七六八 丁丑…何…
三一七六九 己…貞…酉
三一七七〇 …[illegible]肉其弁…
三一七七一 …以…澡…膚…
三一七七二 …未卜…貞有…婦口…庚…
三一七七三 (與三二一四六片重)
三一七七三 (與三二一四六片重)
三一七七四 …[illegible]…悔…
三一七七四 丁亥…弗…
三一七七五 …無[illegible]
三一七七六 …不[illegible]…
三一七七七 …藉…
三一七七八 壬…王…[illegible]…
三一七七八 …至…雨
三一七七九 惟祭
三一七八〇 …興…祐
三一七八一 …夒…
三一七八二 …[illegible]…

三一七八三　惟…茲…
三一七八四　…爯…令…
三一七八五　[illegible]
三一七八五　吉
三一七八六　惟…⿰林攴…
三一七八七　辛亥卜貞敎競
三一七八七　…埶自狩
三一七八七　…于…
三一七八八　…小…五…
三一七八八　辛亥貞敎
三一七八八　…佐
三一七八九　…⿱卯土
三一七九〇　…途王其…大吉
三一七九一　…弜使…戠征…
三一七九二　貞…不…
三一七九二　…大史…衣其逐
三一七九三　…貞…受佣
三一七九四　惟⿰羊圭…
三一七九五　惟丑貞
三一七九六　…卜其東孟…吉
三一七九六　丁…
三一七九七　…利…
三一七九八　利其擒
三一七九八　弗及
三一七九八　乙巳卜…敉延弗…
三一八〇〇　…柏慒…擒
三一八〇一　…紤初
三一八〇一　弜以…
三一八〇二　…新…
三一八〇三　…族
三一八〇四　狄
三一八〇五　…狄
三一八〇六　係…
三一八〇七　係
三一八〇八　壬…卜貞…弔…
三一八〇九　示
三一八〇九　其妖
三一八一〇　…巳…弔…
三一八一一　…妻…
三一八一二　…獻…
三一八一二　…紟
三一八一三　…生[illegible]…
三一八一四　…益…
三一八一五　弜⿰彳爯
三一八一六　…凡[illegible]
三一八一七　…[illegible]…

三一八一八　貞…㈠…無…
三一八一九　…[illegible]…
三一八二〇　弜…
三一八二一　弗克曾…
三一八二二　戊子卜貞…舟…
三一八二三　…[illegible]…彔…
三一八二四　惟丁亥亯
三一八二四　翌…
三一八二五　…其陷
三一八二六　貞…酒…
三一八二七　…河
三一八二八　貞…[illegible]
三一八二九　…熯…人
三一八二九　叙𤼷
三一八三〇　貞…
三一八三〇　貞有牛石
三一八三〇　…宰
三一八三一　戊子卜其阜之人…
三一八三二　辛…
三一八三二　…[illegible]
三一八三三　…耤…
三一八三四　貞今三十…
三一八三五　貞王…丁[illegible]
三一八三六　…甘…[illegible]…受…吉
三一八三七　甲午…余…外…
三一八三八　貞…[illegible]…無…大…
三一八三九　甲子…
三一八三九　…旬子
三一八四〇　小配
三一八四一　小配
三一八四二　叙𤼷
三一八四三　丁亥…
三一八四三　叙𤼷
三一八四四　甲子卜…
三一八四四　…受祐
三一八四四　叙𤼷
三一八四四　…妣庚…
三一八四五　癸…
三一八四五　叙𤼷
三一八四六　…用
三一八四六　叙𤼷
三一八四七　癸卯卜其…
三一八四七　叙𤼷
三一八四八　甲戌卜王其…
三一八四八　叙𤼷

三一八四八　：亥卜：有：公？祖：王受有祐
三一八四九　癸巳卜翌日：
三一八四九　叙嫠　若
三一八五〇　：叙嫠
三一八五〇　：宰
三一八五一　甲辰：
三一八五一　叙嫠
三一八五二　惟翌日丁
三一八五二　叙嫠
三一八五三　叙嫠
三一八五四　叙嫠
三一八五五　叙嫠
三一八五六　叙嫠
三一八五七　叙嫠
三一八五八　叙嫠茲：
三一八五九　甲午
三一八五九　惟甲申
三一八五九　叙嫠
三一八六〇　貞：
三一八六〇　貞叙嫠
三一八六一　叙嫠
三一八六一　：于：宰
三一八六二　叙嫠
三一八六三　叙嫠
三一八六四　貞王其：
三一八六四　叙嫠
三一八六五　其：
三一八六五　辛巳
三一八六五　叙嫠
三一八六六　甲午貞翌：
三一八六六　貞叙嫠
三一八六七　叙嫠于之若
三一八六八　叙嫠
三一八六九　己巳卜：
三一八六九　叙嫠
三一八七〇　戊：
三一八七〇　叙嫠
三一八七一　辛：貞：
三一八七一　貞其叙嫠
三一八七一　其
三一八七二　弜延用
三一八七二　叙嫠
三一八七三　庚子？：
三一八七三　叙嫠
三一八七三　：歲：小宰：王受祐
三一八七四　壬子卜：

三一八七四　叙嫠
三一八七五　：嫠
三一八七六　：悔：延來
三一八七七　貞叙：示
三一八七八　辛酉卜彭貞其令：
三一八七八　辛酉卜貞叙止
三一八七八　：酉卜：今：
三一八七九　：豐
三一八八〇　（習刻）
三一八八〇　（習刻）
三一八八〇　（習刻）
三一八八一　（習刻）
三一八八一　（習刻）
三一八八二　（習刻）
三一八八二　（習刻）
三一八八二　（習刻）
三一八八二　（習刻）
三一八八三　：其遘
三一八八三　甲子：兕：
三一八八三　甲子：
三一八八三　甲子：
三一八八四　庚寅竹無災
三一八八五　弜田其悔
三一八八五　惟盂田無災
三一八八五　：無災
三一八八六　（習刻）
三一八八六　（習刻）
三一八八七　（習刻）
三一八八七　（習刻）
三一八八七　（習刻）
三一八八七　（習刻）
三一八八八　：貞
三一八八八　：合
三一八八九　丁：貞：
三一八八九　貞：
三一八九〇　（習刻）
三一八九〇　（習刻）
三一八九〇　其
三一八九一　弜：妣辛：方：人
三一八九二　弜呼人
三一八九三　貞从：
三一八九四　貞从：無：
三一八九五　：口从茲祐
三一八九六　貞戊：立于：于止：災
三一八九七　貞惟𩵋：至王受：
三一八九八　：災？王𠔁

三一八九九 ……永王……
三一九〇〇 貞于……暨十牛……
三一九〇〇 ……大王……五……
三一九〇〇 吉
三一九〇一 貞王……遭……
三一九〇二 丁丑貞王異
三一九〇三 王異
三一九〇三 ……異
三一九〇四 王……不……吉
三一九〇五 辛王其……
三一九〇六 王其……宊有……
三一九〇七 弜
三一九〇七 ……王其作……
三一九〇八 ……丑……
三一九〇八 王……毓……
三一九〇九 丁……災
三一九〇九 惟……王……勿……辛……
三一九一〇 ……辟……災
三一九一一 ……毓……祖無壱
三一九一二 ……毓……
三一九一三 惟……台……吉
三一九一四 惟……省……
三一九一五 辛酉卜何貞王往……無災
三一九一六 丁酉……
三一九一七 弜其……
三一九一七 ……先逐無災
三一九一八 丁丑卜貞王其延有……
三一九一九 ……翌……延歸……
三一九二〇 弜延……
三一九二一 其遭……
三一九二二 惟己酉步
三一九二三 ……狩……
三一九二三 ……洹
三一九二四 ……狩
三一九二五 貞惟……
三一九二五 貞一牛
三一九二六 遭羌
三一九二七 惟美遭……吉
三一九二七 吉
三一九二八 ……無餡……擒
三一九二九 ……犬……災　大吉
三一九三〇 ……虫……犬……延受祐
三一九三〇 惟用
三一九三一 ……無災擒犬
三一九三二 ……卜弜……以鹿

三一九三三 惟鹿……無災
三一九三四 丁丑卜惟……
三一九三四 非惟
三一九三五 惟……作……
三一九三五 惟田㫚不盂惟之有遣
三一九三五 ……惟……有……
三一九三六 貞弜……惟
三一九三七 ……遣惟……吉
三一九三八 ……夾……
三一九三九 ……自貞令
三一九四〇 惟莫……
三一九四一 ……莫
三一九四二 辛丑卜王……叀果弜……
三一九四三 ……寅卜其……
三一九四三 ……祖……
三一九四四 弜
三一九四四 至
三一九四四 弜
三一九四五 ……貞至……不……
三一九四六 惟斿……
三一九四七 ……翌日夕……
三一九四八 ……日霾……吉
三一九四九 ……莫……
三一九五〇 辛酉……貞……送……
三一九五〇 ……用……送……雨
三一九五一 二牢
三一九五一 三牢
三一九五一 辛……其……沫……我……
三一九五二 癸酉……五……
三一九五二 ……其呼……女……
三一九五三 弜……多……
三一九五三 弜呼……
三一九五四 弜呼
三一九五五 ……小乙
三一九五六 弜暨小庚
三一九五七 ……小……束……束
三一九五八 貞弜示　吉
三一九五九 于……
三一九五九 于戊無災
三一九六〇 貞……可……
三一九六一 乙巳卜……貞其……
三一九六二 癸巳卜甘其
三一九六三 其中
三一九六四 惟……令　吉
三一九六四 弜令　吉

三一九六五 弜以
三一九六六 弜…
三一九六七 弜
三一九六八 貞𢀛？
三一九六九 丁亥卜桒于…
三一九六九 丁亥卜令眾𢀛田受禾
三一九六九 …于卜
三一九七〇 庚申卜翌辛啓允啓
三一九七〇 貞郭以眾田有災
三一九七一 …以眾…
三一九七二 己卯貞令𡆥以眾伐龍災
三一九七二 貞…
三一九七三 丁丑貞王令皁以眾𡆥伐召受祐
三一九七四 丁亥貞王令皁眾𡆥伐召方受祐
三一九七五 丁亥貞王令皁以眾𡆥…
三一九七六 甲辰貞皁以眾𡆥伐召方受祐
三一九七七 辛卯貞皁以眾𡆥伐召方受祐
三一九七七 惟…
三一九七八 丙子貞令眾禦召方㚔
三一九七九 庚寅貞王令皁以眾𡆥受祐
三一九七九 戠…于…步
三一九八〇 庚寅貞王令…以眾…受…
三一九八一 乙亥貞惟大庚作壱
三一九八一 𠂇庚不作壱
三一九八一 呼多尹往𡆥
三一九八一 乙亥貞皁令郭以眾𡆥受祐
三一九八一 …寅…
三一九八二 …令以眾𡆥…
三一九八三 丁酉卜亞皁以眾涉于𡶜若
三一九八四 …于河于岳…用
三一九八四 …令戋以眾入山祟？…
三一九八五 …以眾以省…
三一九八六 辛亥卜以眾
三一九八七 庚子…貞乙巳酌桒
三一九八七 惟般以眾…受…
三一九八七 庚子貞甲辰酌于上甲
三一九八七 庚子貞酌桒
三一九八八 惟皁以眾人
三一九八九 …以眾人
三一九九〇 …巳貞皁惟…食眾人于洫
三一九九一 己卯卜貞惟谷？父…
三一九九一 …貞…令…眾…
三一九九二 丁酉卜令眾子？…
三一九九三 禦牧于妣乙盧豕妣癸彘妣丁豕妣乙
豕豕
三一九九三 作妣丁

三一九九三 禦眾于祖丁妣癸盧豕
三一九九三 作屮
三一九九三 疾父乙豕妣壬豚
三一九九三 禦祖癸豕祖乙豕祖戊豕豕
三一九九三 兄乙豚？彡
三一九九三 兄甲豚父庚犬
三一九九四 丁以？眾
三一九九四 弜冓
三一九九四 己丑卜其冓眾告…父丁
三一九九五 弜冓
三一九九五 己丑卜其冓眾告于父丁一牛
三一九九五 于癸步
三一九九五 其三牛
三一九九六正 庚…貞…眾从…北至于…
三一九九六正 惟…
三一九九六正 其从𡆥爯眾
三一九九六正 甲午卜取射𡆥呼𡧊
三一九九六反 …小示…
三一九九七 …自三匚至父乙一…
三一九九七 …喪戠…眾
三一九九七 …八千人
三一九九七 戠允…
三一九九八 …皁惟其喪眾
三一九九九 …卜…貞皁不喪眾
三二〇〇〇 …喪眾
三二〇〇〇 …不…
三二〇〇〇 …有來羽以…
三二〇〇一正 乙亥奐乞寅骨三
三二〇〇一正 丁丑卜惟矢往桒禾于河受禾
三二〇〇一反 …喪眾
三二〇〇一反 …不喪眾
三二〇〇一反 …貞朿…不喪眾
三二〇〇二 壬戌卜不喪眾
三二〇〇二 其喪眾
三二〇〇二 壬戌卜今夕無田
三二〇〇二 …戌卜癸亥…遘
三二〇〇三 其喪眾
三二〇〇三 壬戌卜今夕無田
三二〇〇三 …戌卜…亥…雨
三二〇〇四 壬戌卜不喪眾
三二〇〇五 …眾人
三二〇〇六 己丑…
三二〇〇六 己丑…其寧…于四…
三二〇〇六 辛卯貞眾…
三二〇〇七 …眾

三二〇〇八 庚午卜⿵宀王⿱弜勿示千
三二〇〇九 庚午卜⿵宀王⿱弜勿示千
三二〇一〇 甲子：其：
三二〇一〇 ：奠
三二〇一〇 ：貞于京其奠勳⿱弜勿
三二〇一一 母⿱弜勿
三二〇一二 壬：其：小帝
三二〇一二 壬辰卜禦于土
三二〇一二 癸巳卜其帝于巫
三二〇一二 癸巳卜禦于土
三二〇一二 癸巳卜侑于亞豕𣪊一羌三牛
三二〇一二 ：巳卜：父丁：三十
三二〇一三 ：貞皁來：一羌一牛：
三二〇一四 于祖乙以徹來羌
三二〇一四 惟白⿰禾育蒸
三二〇一四 ：⿰忄又：
三二〇一四 丙辰卜丁巳⿰忄又示鼓
三二〇一四 丙辰卜惟丁卯酢以歲
三二〇一四 于八月酢以歲于丁
三二〇一四 丙辰卜⿰忄又示鼓莫于丁
三二〇一五 乙卯：來羌：于父丁
三二〇一五 弜用
三二〇一六 ：來羌自上甲
三二〇一七 癸卯卜出來羌其：
三二〇一七 無來莫
三二〇一八 丁亥貞：來羌：
三二〇一九 癸未卜即宗
三二〇一九 ：卜：伊
三二〇一九 ：望乘以羌：自上甲
三二〇二〇 ：卜其區𣪘
三二〇二〇 辛酉卜惟乙丑𣪘
三二〇二〇 ：酉卜：羌其陟用
三二〇二〇 辛酉卜其用師以羌于父丁父丁
三二〇二一 癸未：有以：祖乙牢翌日
三二〇二一 丁亥貞用望乘以羌自上甲
三二〇二一 丁亥貞用于父丁
三二〇二一 ：貞：牛
三二〇二二 癸酉貞射出以羌用自上甲
三二〇二二 癸酉貞射出以羌用自上甲于：
三二〇二二 乙未卜其寧方羌一牛
三二〇二三 己未：惟甲：酢伐自上甲
三二〇二三 己未貞于乙丑酢伐
三二〇二三 辛酉貞甲子酢彡
三二〇二三 弜酢彡
三二〇二三 庚午貞射出以羌用自上甲惟甲戌
三二〇二三 于乙亥用射出以羌

三二〇二三 癸酉貞射出以羌自上甲乙亥
三二〇二三 癸酉貞射出以羌用自上甲于甲申
三二〇二四 己巳貞王其蒸南囧米惟乙亥
三二〇二四 乙未貞王米惟父丁以于囧
三二〇二四 丙申貞射出以羌𥁕用自上甲
三二〇二四 丙申貞：其父丁：射出：羌
三二〇二四 戌：
三二〇二五 甲辰貞射出：
三二〇二五 ：貞其：
三二〇二五 甲辰貞射出以羌一于父丁：
三二〇二六 癸未貞甲申危方用自上甲
三二〇二六 王弜田
三二〇二六 癸卯貞射出以羌其用：父丁
三二〇二七 癸卯貞射出以羌
三二〇二七 癸：
三二〇二七 用
三二〇二七 上甲
三二〇二八 辛未貞𠦪禾于河燎三牢沈三牛圛牢
三二〇二八 辛未貞𠦪禾于岳
三二〇二八 乙亥卜其寧秋于夒
三二〇二八 辛未貞𠦪禾高祖河于辛巳
三二〇二八 酢燎
三二〇二八 辛未貞于河𠦪禾
三二〇二八 辛未貞其𠦪禾于高祖
三二〇二八 丁卯貞出以羌于父丁
三二〇二八 丁卯貞出以羌其用自上甲𥁕至于父丁
三二〇二九 丙寅貞其先酢九牛
三二〇二九 丙寅貞以出以羌
三二〇二九 其陟于大乙
三二〇三〇 癸：酢翌：
三二〇三〇 庚戌卜作啼庚祊
三二〇三〇 弜作祊
三二〇三〇 辛亥卜北方其出
三二〇三〇 弜爯衆不出
三二〇三〇 辛亥卜犬延以羌一用于大甲
三二〇三〇 ：卜：延：
三二〇三一 壬辰卜𠦪自祖乙至父丁
三二〇三一 壬辰卜𠦪自上甲六示
三二〇三一 丙申卜告于父丁牛一
三二〇三一 壬辰卜王令皁以衆
三二〇三一 ：卜牧用以羌于父丁
三二〇三二 庚寅卜牧用以：丁
三二〇三三 丙寅：戠：告以：一用于：
三二〇三三 丙寅貞惟示以羌暨𢆶于黽示用
三二〇三三 貞來告秋其用自上甲

三二○三四 …以羌
三二○三五 辛酉其若亦盡伐
三二○三五 壬戌貞王逆卒以羌
三二○三五 于滴王逆以羌
三二○三五 辛…貞王其逆…
三二○三五 王于宗門逆羌
三二○三五 …其
三二○三六 王于南門逆羌
三二○三六 癸亥示先羌入
三二○三六 …入羌
三二○三七 弜逆羌
三二○三八 …亥弜逆羌
三二○三八 示…𢀛羌
三二○三九 示…先羌入
三二○三九 示其𢀛羌
三二○三九 癸亥卜弜定
三二○四○ 示…𢀛…
三二○四○ …先羌入
三二○四一 不
三二○四一 癸卯卜侑上甲
三二○四一 甲午卜貞酌甲辰正　用
三二○四一 癸卯卜…羌…不
三二○四二 丙卜翌甲寅酌于大甲羌百羌
三二○四二 卯十牢卒禦
三二○四三 …酌…百
三二○四三 卯十牢卒禦
三二○四四 丁卯…百羊…
三二○四四 …亥貞王侑百皂百牛
三二○四五 丁丑貞其五十羌…卯三牢
三二○四六 …其五十羌
三二○四七 舌三十羌
三二○四七 五十羌
三二○四八 癸亥卜令吳呼比沚戈曾𣃔田土…奠
叩伯
三二○四八 辛…
三二○四八 于癸令
三二○四八 辛酉…
三二○四八 惟…令
三二○四八 辛…婦沚戈…
三二○四八 …司絧伐三十羌卯三十豕
三二○四八 …令…乃…方…
三二○四九 辛酉…
三二○四九 于癸令
三二○四九 于司丙寅有絧伐三十羌卯三十豕
三二○五○ 丁卯卜令日令吳
三二○五○ 丙寅卜有伐于司絧三十羌卯三十豕

三二○五一 己亥貞庚子酌囷于享京羌三十十牢
三二○五二 癸亥卜宗成侑羌三十歲十牢
三二○五三 丙午卜惟于甲子酌毁
三二○五三 乙巳貞丁未有伐于父丁羌三十卯三…
三二○五三 又三牛茲用
三二○五四 丙子貞丁丑侑父丁伐三十羌歲三牢　茲用
三二○五四 貞…今日令束尹
三二○五五 庚寅卜辛卯有伐于父丁羌三十卯五牢
三二○五五 茲用
三二○五五 其雨
三二○五五 丙…丁亥…雨
三二○五六 庚子…用羌三十十牢人…
三二○五七 其十牢
三二○五七 癸卯貞其三十羌
三二○五七 癸卯貞王有夊歲三牢羌十又五
三二○五七 甲辰貞執以卒用于父丁卯牛
三二○五七 乙巳貞王有夊歲于父丁三牢伐十又五
若茲卜雨
三二○五八 …有歲羌三十牛十…
三二○五九 丁丑卜戊寅…用羌三十…
三二○六○ 弜夊
三二○六○ 三十羌
三二○六一 三十羌
三二○六一 …牢
三二○六二 …三十羌…五牢…
三二○六三 乙酉卜帝伐自上甲
三二○六三 丁酉卜五示十羌又五
三二○六三 …子卜…仲妣…
三二○六四 己巳貞王有夊伐于祖乙其十羌又五…
三二○六四 弜惟
三二○六四 庚午貞惟歲于祖乙
三二○六四 其侑羌十又五
三二○六四 惟無𡆥
三二○六四 惟王亥𡆥雨
三二○六五 庚午…惟…
三二○六五 其侑羌十又五
三二○六五 侑羌
三二○六六 壬寅貞伐卯惟羊
三二○六六 …丑貞王其…十羌又五…于酌㚔
三二○六七 五羌
三二○六七 十羌
三二○六七 十又五羌
三二○六八 甲辰貞…侑祖乙伐羌十
三二○六八 …卜…
三二○六九 …父丁羌十
三二○七○ 乙未貞…

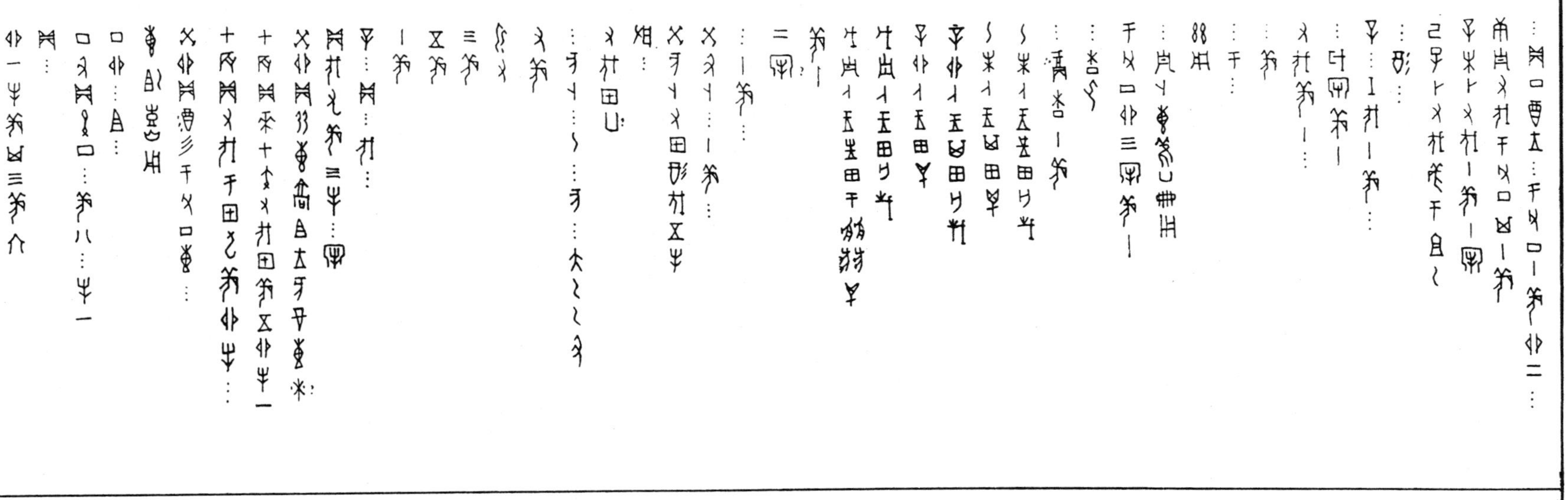

三二〇七〇 ……貞丁酉王……于父丁十羌卯二……
三二〇七一 庚子有伐于父丁其十羌
三二〇七二 辛未卜有伐十羌十宰
三二〇七二 己巳卜有伐羌于祖乙
三二〇七二 ……酌……
三二〇七三 羊……壬伐十羌……
三二〇七四 ……歲宰羌十
三二〇七五 有伐羌十……
三二〇七五 ……羌
三二〇七五 ……于……
三二〇七五 茲用
三二〇七六 ……子卜惟舊册用
三二〇七六 于父丁卯三宰羌十
三二〇七七正 ……木丁弘
三二〇七七正 ……嘗木丁十羌
三二〇七七反 乙未卜王往田無災
三二〇七七反 乙未卜王其田擒
三二〇七七反 辛卯卜王其田無災
三二〇七七反 辛卯卜王田擒
三二〇七七反 戊子卜王田無災
三二〇七七反 戊子卜王往田于麸擒
三二〇七八 羌十
三二〇七八 二宰
三二〇七九 ……十羌……
三二〇八〇 癸丑卜……十羌……
三二〇八〇 癸亥卜侑上甲酌伐五牛
三二〇八〇 咎……
三二〇八〇 有伐上甲二十
三二〇八〇 ……亥卜……乙……亥……大乙乙丑
三二〇八一 侑羌
三二〇八一 弜侑
三二〇八一 三羌
三二〇八一 五羌
三二〇八一 十羌
三二〇八二 辛……貞……伐……
三二〇八二 貞伐侑羌三牛……宰
三二〇八三 癸卯貞弜惟高祖王亥𠬝惟燎
三二〇八三 甲辰貞來甲寅有伐上甲羌五卯牛一
三二〇八三 甲辰貞有伐于上甲九羌卯牛……
三二〇八三 癸卯貞酌彡于父丁惟……
三二〇八三 惟祖乙熹用
三二〇八四 丁卯……祖……
三二〇八四 丁丑貞畀丁……羌八……牛一
三二〇八五 貞……
三二〇八五 卯一牛羌其三羌六

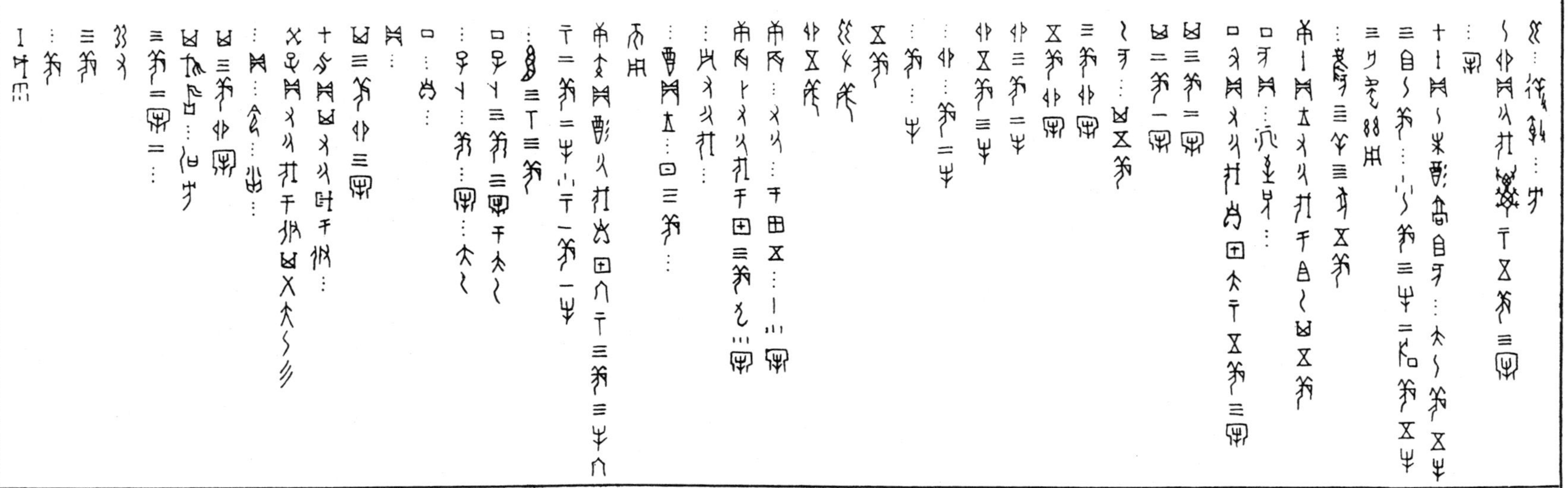

三二〇八五 弜……敉教……方
三二〇八六 乙卯貞以伐龜示五羌三宰
三二〇八六 ……宰
三二〇八七 甲午貞乙未酌高祖亥……大乙羌五牛
三祖乙羌……小乙羌三牛二父丁羌五牛
三無壱　茲用
三二〇八八 （與三〇四八重）
三二〇八九 庚午貞王有以伐于祖乙其五羌
三二〇九〇 丁亥貞……盤至兄……
三二〇九〇 丁丑貞有以伐自上甲大示五羌三宰
三二〇九〇 其三羌二宰
三二〇九〇 其二羌一宰
三二〇九一 乙亥……其五羌
三二〇九二 三羌卯宰
三二〇九二 五羌卯宰
三二〇九三 卯三羌二牛
三二〇九三 卯五羌三牛
三二〇九四 ……卯……羌二牛
三二〇九四 ……羌……牛
三二〇九五 五羌
三二〇九六 弜侑羌
三二〇九六 卯五羌
三二〇九七 庚辰……有以……于上甲五……十小宰
三二〇九七 庚辰卜有以伐于上甲三羌九小宰
三二〇九八 ……于有以伐……
三二〇九八 ……酉貞王……日三羌……
三二〇九八 不用
三二〇九九 庚寅貞酌以伐自上甲六示三羌三牛六
示二羌二牛小示一羌一牛
三二一〇〇 ……𢆶三示三羌
三二一〇一 丁巳卜三羌三宰于大乙
三二一〇一 ……巳卜……羌……宰……大乙
三二一〇一 丁……自……
三二一〇二 貞……
三二一〇二 其三羌卯三宰
三二一〇三 甲申貞其有以歲于伊……
三二一〇三 癸巳貞有以伐于伊其又大乙彡
三二一〇三 ……貞……令……出……
三二一〇三 其三羌卯宰
三二一〇三 其戦舌……汩方
三二一〇四 三羌二宰二……
三二一〇五 弜侑
三二一〇五 三羌
三二一〇五 ……羌
三二一〇六 壬戌雨

三二一〇六 侑三羌三牛　兹用
三二一〇七 丁酉：王：于伊：
三二一〇七 其一羌一牛
三二一〇七 其三羌三牛
三二一〇七 癸丑卜于丁巳延多宁暘日
三二一〇七 辛丑貞王令奚以子方奠于并
三二一〇八 十：又：五：
三二一〇八 不遘雨
三二一〇八 癸巳貞卯二羌一牛
三二一〇八 ：三：十：牛
三二一〇九 于：二羌卯三牢
三二一一〇 其一羌三牛
三二一一一 其一羌三牛
三二一一二 乙卯卜不降𢦏
三二一一二 甲寅卜其帝方一羌一牛九犬
三二一一三 癸丑貞王有歲于祖乙
三二一一三 于父丁有歲
三二一一三 甲寅貞自祖乙至毓
三二一一三 丁巳小雨不延
三二一一三 戊午卜貞祭多宁以鬯自上甲
三二一一三 甲子貞有伐于上甲羌一大乙羌一大甲
羌一　兹用
三二一一三 丙寅貞王有乂歲于祖乙牢一牛
三二一一三 丙寅貞王有乂歲于父丁牢
三二一一三 丙寅貞王有乂歲于父丁牢
三二一一四 甲寅貞自祖乙：毓
三二一一四 丁巳小雨不延
三二一一四 戊午貞祭多宁以鬯自上甲
三二一一四 甲子貞有伐于上甲羌一大乙羌一大甲羌
自
三二一一四 丙寅貞王有乂歲于祖乙牢：牛
三二一一五 甲寅：自祖乙：毓
三二一一五 戊午貞祭多宁以鬯自上甲
三二一一五 ：侑：上甲：大乙：大：羌：
三二一一六 ：于魯甲伐一羌　兹：
三二一一六 ：魯：
三二一一七 馭燎二牛
三二一一七 壬辰卜其桒年于馭燎侑羌　兹用
三二一一八 甲戌：乙亥：暘：
三二一一八 不暘日
三二一一八 乙丑卜有燎于土羌圂小宰
三二一一九 乙亥有歲于大乙牛　兹用
三二一一九 ：申貞有伐于土羌一：
三二一一九 ：出入日歲三牛
三二一二〇 庚：羌
三二一二〇 癸亥卜有土燎羌一小宰圂

三二一二一 ：于宗用羌
三二一二一 貞：牢
三二一二一 ：牢
三二一二一 ：牢
三二一二二 丁丑貞其卯伐
三二一二二 弜卯伐
三二一二二 于祖乙用羌
三二一二二 癸酉貞無囚
三二一二三 丁：
三二一二三 ：羌
三二一二三 兹用
三二一二四 己未：
三二一二四 辛酉貞酌圂羌
三二一二四 辛未卜貞酌大乙乙亥
三二一二四 癸酉貞酌圂羌乙亥
三二一二四 惟羌侑：
三二一二五 乙卯貞其尊甗侑羌
三二一二五 弜羌以牛
三二一二五 甲寅貞來丁巳尊甗于父丁圂三十牛
三二一二六 侑羌
三二一二六 弜侑
三二一二六 祖辛奚𠬝
三二一二七 二宰
三二一二七 三宰
三二一二七 ：以羌
三二一二八 侑羌
三二一二八 弜侑羌
三二一二九 侑羌
三二一二九 弜侑羌
三二一三〇 一宰
三二一三〇 侑羌
三二一三〇 弜侑
三二一三一 弜侑
三二一三一 侑羌
三二一三一 弜侑
三二一三一 ：戌貞有歲于祖辛
三二一三二 弜侑
三二一三二 ：宰
三二一三二 宰
三二一三二 宰
三二一三二 侑羌
三二一三二 弜侑羌
三二一三三 侑羌：　兹用
三二一三四 弜侑歲
三二一三四 五宰

三二一三四 侑羌
三二一三四 弜侑羌
三二一三四 其雨
三二一三五 五牢
三二一三五 侑羌
三二一三五 弜侑羌
三二一三六 丁卯貞…
三二一三六 弜侑
三二一三六 侑羌
三二一三七 癸…
三二一三七 延觀歲
三二一三七 三牢
三二一三七 五牢
三二一三七 侑羌
三二一三八 癸巳…
三二一三八 延觀歲
三二一三八 三牢
三二一三八 五牢
三二一三八 有羌
三二一三九 三牢
三二一三九 五牢
三二一三九 侑羌
三二一四〇 弜侑羌
三二一四〇 癸亥貞歲田不雨
三二一四一 弜侑羌
三二一四一 癸亥貞有𠬝于上甲遘雨
三二一四一 …巳其…小雨
三二一四二 侑羌
三二一四二 弜侑羌
三二一四二 癸亥貞上甲歲不遘雨
三二一四三 弜侑羌
三二一四四 不遘…
三二一四四 弜侑羌
三二一四五 弜侑羌
三二一四五 …羌
三二一四六 弜桒
三二一四六 侑羌
三二一四六 弜侑羌
三二一四六 一牛
三二一四六 二牛
三二一四六 …牛
三二一四七 …有歲羌
三二一四八 其燎…
三二一四八 其用𢦏羊
三二一四八 …辰卜翌丁巳先用三牢羌于酉用
三二一四九 …有伐惟…

三二一四九 …司啇伐羌
三二一五〇 弜侑羌
三二一五〇 …其…羌
三二一五〇 辛…𢀛…乙…
三二一五一 癸亥貞酌伐
三二一五一 辛酉貞用羌
三二一五二 一牢
三二一五二 …羌…
三二一五三 …羌…𠬝…父…一牛…
三二一五三 …十牢
三二一五四 庚申…有朩…𢦏伐…
三二一五四 …卜…羌
三二一五五 己卯今日王逆惟用
三二一五五 癸…羌…
三二一五六 …羌…
三二一五七 …羌…
三二一五八 …貞王惟丁…羌于又…
三二一五九 丙寅…自上甲十…
三二一五九 …貞𠬝…羌于…用
三二一六〇 …大示
三二一六〇 …貞秋于鬲
三二一六〇 …寢于小乙三羌
三二一六一 丁巳…桒…
三二一六一 丁巳卜其燎于河牢沈𡩜
三二一六一 己未卜其剛羊十于西南
三二一六二 其侑妣辛…奭惟歲…
三二一六二 其𠕋𡩜
三二一六二 …𠬝惟歲
三二一六三 …五𡩜…
三二一六四 …辰貞有妾伐𡩜…
三二一六四 …辰貞𢦏奏于曾有…
三二一六五 …巳自祖乙…侑妾侑戊大
三二一六五 弜侑…
三二一六五 乙巳卜弜告
三二一六六 弜侵
三二一六六 丁亥貞𩜁不遘雨
三二一六七 庚…
三二一六七 弜卯
三二一六七 …卯…于上甲
三二一六八 庚…
三二一六八 弜卯
三二一六八 …𢀛…上甲
三二一六九 …啇告…
三二一七〇 …啇
三二一七一 甲子夕卜侑祖乙一羌歲三牢

32171 戊寅卜侑妣庚五如十宰　不用
32171 丁亥卜于來庚子酒
32171 己亥卜不雨庚子夕雨
32171 己亥卜其雨庚子允雨
32171 癸卯卜不雨甲辰允不雨
32171 癸卯卜其雨：
32172 惟小宰用
32172 𠕋及一人
32172 𠕋及二人
32172 三人
32172 卯惟：
32173 庚：有及：
32173 丙辰卜有及十高妣丙
32174 庚午卜有及
32174 丙辰卜有及高妣丙
32174 ：卜：有：
32175 庚寅：弜：伐
32175 庚寅卜有伐妣丙
32175 乙巳卜有及妣丙
32175 ：及
32176 甲子卜不聯雨
32176 其聯雨
32176 甲子貞大邑受禾
32176 不受禾
32176 甲子貞大邑有入在[illegible]
32176 庚：翌：
32176 戊辰卜有及妣己一女妣庚一女
32176 戊寅卜弜酒
32177 庚：
32177 其雨
32177 丁亥卜惟今庚寅酒及
32178 庚子貞夕福：及卯牛一羸：
32179 己巳[illegible]及
32180 ：卯卜惟：及芫
32180 ：不：
32181 乙巳卜王賓日
32181 弗賓日
32181 辛丑皀三羊𠕋五十：五宰
32181 ：及：
32182 庚子貞夕福𠕋羌卯牛一羸
32182 辛未：于來乙
32182 庚：
32182 庚子卜告庚不羸
32183 弜田
32183 己：
32183 乙酉：

32183 辛巳茲用于土
32183 茲用于土
32183 辛巳
32183 辛巳貞弜蔑于[illegible]
32183 辛巳貞其蔑[illegible]
32183 辛巳貞其執以至于商
32184 ：來執王其尋：冎　茲用
32185 貞：
32185 己巳貞庚午侑于父丁宰
32185 己巳卜王其逆執侑
32185 己巳貞王逆執有若
32185 己巳貞王來逆有若
32185 弜逆執無若
32185 貞王弜逆執
32186 ：以執王其尋于：
32187 癸亥卜乙丑用侯屯于來乙亥不暘日
32187 壬戌卜乙丑用侯屯
32187 壬戌卜用侯屯自上甲十：
32187 于：
32187 于：用：
32187 于甲戌用屯
32187 用侯屯
32187 癸亥：丑暘日
32188 ：戌卜：丑：侯屯
32189 癸亥卜乙丑暘日
32189 壬：自：
32189 于來乙亥用屯
32189 不暘日
32189 于甲戌用屯于來乙：用屯
32189 于甲：用侯屯
32189 ：用侯屯：五?示十：
32190 弜帝
32190 ：有戠
32191 丁丑：戠：
32191 丁丑卜叙
32191 ：卯卜：乙：日
32192 ：旋
32192 丁丑卜戠小乇
32192 丁丑卜叙
32192 己卯卜惟乙日
32192 惟丁日
32192 惟庚日
32192 惟辛日
32192 庚辰貞惟丁日

三二一九二　庚辰貞惟辛日
三二一九二　庚：貞惟庚日
三二一九三　[illegible]元侑妣壬：
三二一九三　惟[illegible]子戠
三二一九三　其[illegible]戠：　茲用
三二一九三　癸：
三二一九四　：卜：伐
三二一九四　：寅十人伐百：
三二一九五　庚：
三二一九五　辛未貞無囚
三二一九五　甲寅不暘日
三二一九五　：戌卜：伐三十
三二一九六　己酉卜有伐三十
三二一九七　丙申貞乙牛：
三二一九七　丁酉𡿧?伐二十：
三二一九八　三小窜
三二一九八　惟牛
三二一九八　惟大牢
三二一九八　甲辰卜𡿧二伐祖甲歲二牢　用
三二一九八　癸卯卜貞𡿧伐十五甲辰酌上甲　用
三二一九八　有伐十五歲小窜上甲
三二一九八　弜
三二一九八　二小窜
三二一九八　歲十小窜
三二一九八　用
三二一九九　𡿧四：歲十牢祖乙十五伐
三二二〇〇　有𡿧伐十五歲十窜上甲
三二二〇一　乙亥卜侑十牢十伐大甲甲申
三二二〇一　：三牛
三二二〇一　：中：
三二二〇二　三伐
三二二〇二　五伐
三二二〇二　十伐
三二二〇二　卯二牢
三二二〇二　茲用
三二二〇二　丁卯卜王賓：日
三二二〇二　弜賓
三二二〇三　甲辰：
三二二〇三　：貞有酌𡿧伐三：三牢
三二二〇四　：二伐
三二二〇五　：伐祖辛三人卯牝
三二二〇六　乙亥卜有伐自上甲
三二二〇六　不：
三二二〇七　甲申卜王有伐自上甲
三二二〇七　甲申：王：

三二二〇八　：有丁自上甲有伐：
三二二〇九　：𡿧伐自上甲
三二二一〇　甲寅貞其有𡿧伐自上甲盤：
三二二一〇　：寅貞：有𡿧伐自上甲
三二二一一　乙亥貞有𡿧伐自上甲盤至父丁于乙酉
三二二一一　：亥：來：酌：
三二二一二　乙亥貞有𡿧伐自上甲盤至父丁于乙酉
三二二一二　乙亥貞來甲申酌禾𢍰于岳燎
三二二一二　丙子：有夢丁八于河其用
三二二一二　戊寅貞惟王穡
三二二一二　：寅貞：弜：令
三二二一三　甲寅貞有𡿧伐自上甲盤
三二二一四　庚申卜乙亥伐
三二二一四　甲寅立中
三二二一四　癸丑卜自上甲盤有伐
三二二一四　丁未卜侑五牢大乙
三二二一四　：卜侑三牢大乙
三二二一五　壬戌：侑：于：二十：
三二二一五　壬戌：羌?：
三二二一五　于大示盤有伐
三二二一六　丁巳卜惟圞酌
三二二一六　丁巳卜惟今月酌圞
三二二一六　丁巳卜于木月酌圞
三二二一六　丁巳卜惟今月酌圞
三二二一六　丁巳卜于木月酌圞
三二二一六　甲子卜有𡿧自上甲
三二二一六　甲子卜先侑大乙
三二二一六　癸亥卜遘酌圞伐于大乙
三二二一六　：亥卜弜遘
三二二一六　辛未卜其：
三二二一七　己酉：叹
三二二一七　己酉卜侑于大乙乙卯
三二二一七　癸丑卜甲寅其雨
三二二一七　庚申卜烄
三二二一七　庚申卜弜烄
三二二一八　辛亥貞于大乙有伐
三二二一八　：寅貞：𡿧歲：災
三二二一九　辛卯貞有𡿧伐于大甲祖乙
三二二一九　丙辰貞王弗狩彡
三二二二〇　丁酉卜伐：于大甲?
三二二二一　壬寅卜尋侑祖辛伐一卯一牢
三二二二一　妣：
三二二二二　癸巳卜其雨甲午
三二二二二　乙亥卜侑祖戊伐
三二二二三　其有𡿧父丁有伐王受祐

32223　：十牢
32223　弜：
32224　丁巳：
32224　：辰貞有伐于父丁　茲用
32224　癸丑二骨一用一：
32225　甲午貞王有伐于父丁　茲用
32225　己亥：其：
32226　甲子侑：上甲：五：
32226　癸亥卜貞酌彡
32226　壬子卜
32226　甲寅卜
32226　乙卯不暘日
32226　甲寅卜弜立中
32226　己酉卜于有伐父乙
32227　辛亥貞生月乙亥酌□立中
32227　壬申卜如有火伐享妣己　茲用
32227　弜侑
32227　：未：亥：
32228　癸巳：
32228　己：卯：其：
32228　癸巳貞其有火伐于伊其即
32229　：暨：
32229　丁未貞王令卯□危方
32229　乙卯貞有火伐伊伐卯一牛
32229　：貞：令：衛
32230　辛亥：燎大：
32230　庚戌貞侑河伐牢圉大牢　茲用
32231　庚戌：有伐：
32231　：伐二十
32232　：有伐
32232　乙巳卜：叀：有：橑：
32233　壬：
32233　甲戌貞有伐于：
32233　弜侑
32233　：伐：雨
32234　丙：酌：
32234　乙丑卜酌伐辛未于巫
32234　丙寅卜酌伐于□
32235　于父丁其尊鬲
32235　：子卜惟舊冊用
32235　丙寅貞丁卯酌𠦪尊餗有伐
32235　戊：惟：冊：
32235　：用
32235　癸亥貞翌甲子：
32236　不：

32236　甲戌卜乙亥有伐啓
32236　不啓
32237　弜將
32237　丙：丁：
32237　于乙巳伐
32237　己亥卜庚啓
32237　：卜庚：餗王：
32238　弜有伐
32239　惟乙未有火伐
32240　：其有火伐：
32240　甲午酌：
32241　丁丑貞有火伐自：
32242　壬午卜伐惟甲申酌
32242　于乙酉酌伐
32242　于丁亥酌伐
32242　庚：其：歲于南庚　茲用
32243　癸酉貞乙亥酌伐十：
32243　癸未貞惟乙酉延方
32243　癸未貞于木月延方
32243　：申貞：侑酌：
32243　：貞：惟：用
32244　己丑卜：酌伐
32244　：貞酌：
32245　惟乙丑酌伐
32246　甲寅：弜大：
32246　：酉卜乙酉酌伐
32247　：戌：暘日
32247　壬戌：
32247　于甲酌伐
32248　庚：
32248　己卯卜不酉火伐
32249　甲：其：
32249　庚子卜弜酌伐
32249　：子貞：火伐：庚
32249　：三歲三牢
32250　丙寅卜弜酌伐
32251　于甲酌伐
32251　丁亥卜即宗
32251　丁亥貞弜餡酌火伐
32251　丁亥卜：
32252　癸丑：
32252　乙卯：
32252　惟火伐先酌　茲用
32252　火伐惟今日甲酌
32252　于乙卯酌火伐

三二二五二 惟丁巳酚㞢伐
三二二五二 于來乙丑酚㞢伐
三二二五二 㞢伐其卯羊…又一
三二二五三 …㞢伐 兹用
三二二五三 乙未卜今日酚㞢伐 兹用
三二二五四 弜…伐
三二二五四 庚子貞…㞢伐…庚
三二二五五 辛未貞…
三二二五五 …亥…㞢伐于…
三二二五六 丁未卜…征[illegible]用
三二二五六 丁未卜其盥伐
三二二五六 丁未卜其即上甲
三二二五六 庚申于南門尋
三二二五七 己未…祖乙
三二二五七 其五牢
三二二五七 …未卜…㞢…于…乙…伐
三二二五八 庚申貞其…
三二二五八 庚午貞乙亥其延伐
三二二五九 不…
三二二五九 …延圉伐
三二二六〇 丙申卜㚇伐不用
三二二六〇 庚辰卜今日雨允雨
三二二六〇 庚辰卜辛巳雨
三二二六一 …子卜…將其㚇…庚伐…牢
三二二六二 有壱
三二二六二 惟庚伐
三二二六二 丁酉卜乙巳暘日
三二二六二 癸卯貞酚大圉于[illegible]享伐
三二二六三 己卯貞歲…
三二二六三 辛卯卜㞢伐于衩彡
三二二六四 其雨兹雨
三二二六四 伐不遘雨惟…
三二二六四 不啓
三二二六五 …伐…卯…三十…又…
三二二六六 …伐…雨 用
三二二六七 …告于上甲三牛
三二二六七 …伐
三二二六八 庚寅卜貞惟丁酉酚伐
三二二六八 來自…
三二二六九 …來人…
三二二七〇 惟並以人狩
三二二七一 弜以人弗擒
三二二七一 …南田…
三二二七二 …其…以丁?…
三二二七二 惟亞卒以人

三二二七二 弜以
三二二七三 丙寅其出以丁
三二二七三 弜以
三二二七三 亞卒以人
三二二七三 惟師般以人
三二二七三 己巳卜于大示亞卒出告
三二二七四 壬戌貞惟亞卒以人
三二二七五 乙卯貞[illegible]以人…北奠次
三二二七六 辛丑貞…人三千…
三二二七六 …王…
三二二七七 師般以人于北奠次
三二二七七 人于濘次
三二二七七 于耑次
三二二七七 癸亥…伐即…于…卯
三二二七八 師般以人于北奠次
三二二七八 人于濘次
三二二七八 于耑次
三二二七八 …即日于丁卯
三二二七八 己巳卜來己卯酚王亥
三二二七八 弜伐
三二二七九 兹用
三二二七九 …伐于…
三二二七九 甲午伐自上甲
三二二八〇 …午貞于父丁…其…
三二二八〇 …有伐
三二二八一 丁…
三二二八一 …父丁十人
三二二八二 一人
三二二八二 二人
三二二八二 三人
三二二八三 …辰卜有人
三二二八四 …人…災
三二二八四 兹用
三二二八五 丙午貞酚人册祝
三二二八五 …祝
三二二八六 弜侑
三二二八六 其喪人
三二二八六 …卜…弗…及
三二二八七 甲申貞其執三封伯于父丁
三二二八八 …卜其烄玟
三二二八九 戊辰烄于[illegible]雨
三二二八九 弜烄雨
三二二八九 弜烄雨
三二二八九 戊辰卜烄[illegible]于奠
三二二八九 戊辰卜烄[illegible][illegible]雨

三二二八九　弜校
三二二八九　辛未卜校天于凡享壬申
三二二八九　弜校
三二二八九　弜校
三二二八九　弜校
三二二八九　弜校雨
三二二八九　庚…
三二二八九　辛雨
三二二八九　…雨
三二二八九　癸酉卜校嬅…
三二二九〇　壬辰卜校□雨
三二二九〇　其羊
三二二九〇　不雨
三二二九〇　乙亥貞校于□
三二二九一　壬辰卜校小母雨
三二二九一　壬…其…
三二二九一　…□□…雨
三二二九二　弜校□
三二二九三　弜校□
三二二九三　…□
三二二九四　乙未…于…校□雨
三二二九四　丙申卜燎于芍羊雨
三二二九五　…上甲至于父丁十…
三二二九五　…校凡于□雨
三二二九六　于癸校凡
三二二九六　于甲校凡
三二二九六　不雨
三二二九六　弜校凡
三二二九七　戊申…惟雨𠦪于…
三二二九七　戊申卜其校永母雨
三二二九七　…校永母
三二二九八　戊申卜其校永母
三二二九八　弜校雨
三二二九八　…貞…𠦪禾
三二二九九　于甲校凡
三二二九九　甲申貞校□雨
三二二九九　在岳校□
三二三〇〇　弜
三二三〇〇　其校此有雨
三二三〇〇　弜
三二三〇〇　惟今日乙
三二三〇〇　惟丙
三二三〇一　庚戌卜惟王自𠦪于岳
三二三〇一　庚戌卜王祟省大乙
三二三〇一　丙辰卜于土寧風
三二三〇一　己雨

三二三〇一　己丑卜今日雨
三二三〇一　…土寧風
三二三〇一　王祟雨于土
三二三〇一　丙戌卜校□
三二三〇一　丙戌卜校母
三二三〇一　庚戌卜王祟省大甲
三二三〇一　庚戌卜王祟省祖乙
三二三〇一　庚…燎一…祖…于…
三二三〇一　庚戌卜燎一牛祖…一牢
三二三〇一　庚戌臾乞骨三
三二三〇一　…旬…
三二三〇二　癸卯貞其侑于高祖燎六牛
三二三〇二　貞其侑于高祖燎九牛
三二三〇三　乙丑卜其有歲于高…　茲用
三二三〇四　…高祖燎三十…十又五
三二三〇五　庚午貞其酌高祖燎惟辛卯
三二三〇五　…祖乙
三二三〇六　…未貞高祖燎三十…
三二三〇七　己卯…
三二三〇七　燎十牛
三二三〇七　先高祖燎酌
三二三〇七　…何…先…酌
三二三〇八　乙亥貞其有…
三二三〇八　己卯貞燎于河三牛沈三牛
三二三〇八　己卯貞燎…
三二三〇八　燎十牛
三二三〇八　先高祖燎酌
三二三〇八　惟何燎先酌
三二三〇八　乙亥卜雨
三二三〇九　…貞高祖…酌
三二三〇九　不雨
三二三〇九　…無囚
三二三一〇　…辰貞其卯高祖…
三二三一一　丙午…侑…牛…
三二三一一　丁未貞侑高祖歲一牛
三二三一二　…卯貞高祖…
三二三一二　…卯于上甲有…
三二三一三　庚寅貞其告高祖燎于上甲三牛
三二三一三　五牛
三二三一三　庚寅貞高…牛
三二三一四　丙申貞其告高祖𠦪以祖辛
三二三一四　弜以
三二三一五　乙…貞…其…
三二三一五　不作捍
三二三一五　于高祖祟有匄

三二三一五　于毓祖祟有勺
三二三一六　弜延
三二三一六　弜侑
三二三一六　甲午卜其有歲于毓祖一牢
三二三一六　二牢
三二三一六　…五牛
三二三一七　癸卯貞有毓…
三二三一八　乙丑卜侑上甲牡十
三二三一九　庚辰卜侑于上甲今日庚辰酌
三二三一九　己巳
三二三二〇　…丑…其有…上甲燎六羊
三二三二一　其侑自上甲
三二三二二　…巳貞甲午有𠬝歲于上甲五牢
三二三二二　戊戌貞有匚…三牛
三二三二三　甲申有𠬝歲上甲有雨
三二三二四　辛亥卜甲子有𠬝歲于上甲三牛
三二三二五　惟…
三二三二五　敹𤕫
三二三二五　其有𠬝上甲三牢
三二三二六　…𠬝歲…上甲彡
三二三二七　辛亥貞有匚…
三二三二七　有匚于上甲不遘雨
三二三二七　其雨
三二三二七　祝其冊
三二三二八　…于上甲其卯于大乙六牛
三二三二八　癸丑貞其有匚于上甲其卯于大乙…
三二三二九正　…貞甲子酌王大禦于大甲燎六小牢卯
九牛
三二三二九正　癸丑貞甲寅酌大禦自上甲燎六小牢卯…
三二三二九正　上甲不遘雨
三二三二九正　大乙不遘雨
三二三二九正　大丁遘雨
三二三二九正　茲用
三二三二九正　庚申貞今來甲子酌王大禦于大甲燎六
小牢卯九牛不遘雨
三二三二九正　庚申貞酌…禦…
三二三二九反　…丑貞不…
三二三三〇　癸卯貞…
三二三三〇　甲辰貞其大禦王父丁?…盟用白豭九…
三二三三〇　丁未貞其大禦王自上甲盟用白豭九三示
𥁕牛在父丁宗卜
三二三三〇　丁未貞惟今夕酌禦在父丁宗卜
三二三三〇　癸丑貞其大禦惟甲子酌
三二三三〇　…甲…禦…
三二三三一　庚午…大禦…六大…其燎…
三二三三一　庚午貞大禦自上甲弜惟…

三二三三一　庚午貞大禦于上甲
三二三三一　父丁𣪘用
三二三三二　丙申貞有…
三二三三二　…告于上甲三牛
三二三三三　…告于上甲三牛甲午酌…三羊…
三二三三三　…丑貞…于洓
三二三三四　三牛
三二三三四　…告上甲三牛歲于父丁即宗
三二三三五　…至其告于上甲一牛
三二三三五　庚申貞酌…
三二三三五　癸亥貞酌彡于小乙其告舌于父丁一牛
三二三三五　癸亥貞酌彡于小乙其舌
三二三三五　…舌
三二三三六　丁巳貞其告自上甲
三二三三六　丁巳貞令𢦏?
三二三三七　丁卯貞來乙亥告自上甲
三二三三八　庚…貞王…
三二三三八　…貞來…亥告自上甲
三二三三九　丁亥貞𠦪…五牛辛卯
三二三三九　甲戌貞𠦪于上甲
三二三三九　不…
三二三四〇　…丑卜𠦪于上甲…
三二三四〇　…大甲…
三二三四一　庚寅卜𠦪自上甲
三二三四二　…辰卜𠦪自…雨
三二三四二　茲用　雨
三二三四三　弘上甲𠦪三牛
三二三四四　壬寅…
三二三四四　其从欠
三二三四四　癸卯卜𠦪雨于壬
三二三四四　于上甲𠦪雨
三二三四四　癸卯卜惟伊會
三二三四四　惟邑王會
三二三四四　惟伊會
三二三四四　…酌
三二三四五　于上甲𠦪雨
三二三四五　癸卯卜惟伊會
三二三四五　惟邑王會
三二三四五　惟伊會
三二三四六　丙子貞其祝于上甲乙…
三二三四七　卯十牢　茲用
三二三四七　夕祝上甲歲
三二三四七　一牢　茲用
三二三四八　自上甲羊
三二三四九　己…侑妣庚一牛
三二三四九　己酉其牛二于妣庚

三二三四九 辛亥卜乇上甲牛三匚羊二示牛
三二三四九 辛亥卜：有夂歲于祖乙
三二三四九 辛亥卜于木月有
三二三四九 辛亥貞乇自上甲三匚羊二示牛
三二三五〇 ：盧彡乇自上甲
三二三五一 ：于上甲甬彡
三二三五二 ：歲于上甲：　茲：
三二三五三 辛酉卜上甲歲惟猳
三二三五四 ：歲于上甲
三二三五五 辛酉：上甲歲惟：
三二三五五 弜：
三二三五六 ：歲自上甲：
三二三五七 ：于上甲燎三宰卯三：
三二三五八 ：卜其燎于上甲三羊卯牛三雨
三二三五九 甲辰：
三二三五九 ：酉燎于上甲
三二三六〇 癸亥貞甲子酌夂歲于上甲五牛
三二三六〇 甲戌卜乙亥王其叀于祖乙宗　茲用
三二三六〇 王于祖乙宗叀　不用
三二三六〇 壬辰卜于乙𣪘乙未允𣪘　茲用
三二三六一 庚：貞酌夂歲于上甲
三二三六一 庚戌卜今日侑于妣庚羊
三二三六二 甲辰貞：　茲用
三二三六二 酌惟甲辰于上甲
三二三六三 丁酉貞：秋𩀂：燎五宰：牛
三二三六三 癸巳貞甲午酌上甲歲三牛　茲：
三二三六四 ：酌歲自上甲：
三二三六四 ：有夂歲：宰
三二三六五 癸巳貞酌匚于上甲：
三二三六五 其遘雨
三二三六五 弜告
三二三六六 戊：貞：夂：于上甲五：
三二三六六 茲用
三二三六六 不
三二三六七 自上甲固
三二三六八 辛巳貞：自上甲盤惟：
三二三六八 ：貞：伐自：惟彡
三二三六九 辛巳貞：上甲盤
三二三七〇 乙巳：自上甲盤
三二三七一 ：伐自上甲盤
三二三七二 甲申酌𠙵自上甲盤至于多：
三二三七三 ：午貞丁未酌自上甲盤：
三二三七四 丙申：尊用
三二三七四 其一用人牛十又五
三二三七四 丁酉卜自上甲盤用人

三二三七五 己酉卜用人牛自上甲
三二三七六 弜：三宰
三二三七六 上甲五牛
三二三七六 不雨
三二三七七 癸亥貞甲子：上甲三勿牛
三二三七七 ：巳貞其于上甲：
三二三七八 貞辛亥其侑匚于祖：
三二三七八 ：其侑匚于：
三二三七八 ：上甲惟十：
三二三七九 ：上甲惟十：
三二三八〇 丁丑貞惟上甲：卯三大：三小宰
三二三八一 ：上甲遘：
三二三八一 ：惟三宰用
三二三八二 弜龠奉乙巳：
三二三八二 ：自上甲六牛
三二三八三 ：自上甲：
三二三八四 乙未酌茲品上甲十匚乙三匚丙三匚丁三示壬三示癸
三大乙十大丁十大甲十大庚七小甲三：三
祖乙：
三二三八五 ：未卜奉自上甲大乙大丁大甲大庚大戊仲丁祖乙祖辛祖丁十示率
牡
三二三八五 ：申卜：从辛酉：大乙大丁大甲大戊：庚丁：
丁祖辛祖丁率示：
三二三八五 ：雨自上甲大乙大丁大甲大庚
三二三八五 ：申雨
三二三八六 ：申雨
三二三八六 自申：酉：
三二三八六 ：未卜上甲大乙大丁
三二三八七 乙酉貞有燎于上甲大乙大丁大甲：
三二三八八 庚寅貞甲：自上甲其暨大甲酌
三二三八八 癸未貞：酌：
三二三八九 ：玫舟自上甲：祖乙牛一父丁：
三二三九〇 癸未：扶：
三二三九〇 叙犛
三二三九〇 弜祀
三二三九〇 上甲史其祝父丁必
三二三九一 辛巳卜三匚盟于：
三二三九一 二牛
三二三九二 丁未雨
三二三九二 甲辰卜允
三二三九二 丁酉
三二三九二 丙申卜侑三匚二示
三二三九二 ：子卜：羽
三二三九三 ：巳貞其侑三匚母豕
三二三九三 ：宰
三二三九四 ：戌貞侑示壬歲茲：癸：牛
三二三九五 ：侑示壬：

三三九六　有歲于…壬不雨
三三九六　其雨
三三九六　不雨
三三九七　癸亥貞其有𠂇于示壬卯三牛
三三九七　癸亥貞其有𠂇于示壬燎三小宰
三三九八　弜侑
三三九八　一牛
三三九八　惟于壬歲先
三三九九　辛未貞酌示壬十宰
三三九九　八宰示癸三宰
三三九九　…自…
三四〇〇　…于示癸…
三四〇〇　…示癸歲先…
三四〇一　丙申卜侑…
三四〇一　丁未于來
三四〇二　辛丑侑示癸
三四〇二　不暘日
三四〇三　辛…雨
三四〇三　辛未卜侑大乙
三四〇三　辛未卜侑大乙七宰
三四〇三　丙子卜延侑三宰大丁
三四〇三　辛未卜侑大乙十宰
三四〇四　癸卯卜貞旬無囚
三四〇四　…大乙
三四〇四　…侑大乙無囚
三四〇五　…侑大乙三牛
三四〇六　癸丑…有𠂇于大乙呼射
三四〇六　弜呼射
三四〇七　甲…侑…大乙…
三四〇七　遘雨
三四〇八　己巳卜其侑自大乙
三四〇九　甲寅貞乙卯有歲于大乙　茲用
三四〇九　…卜今日雨
三四〇九　…其…
三四一〇　癸丑貞其告大乙𡲞…
三四一〇　辛亥
三四一〇　甲寅貞有𠂇歲大乙不遘雨
三四一一　…歲于大乙
三四一二　庚午貞有歲于南庚
三四一二　癸巳貞其遘…
三四一三　…歲于大乙三宰
三四一三　…貞歲在大乙其…
三四一四　癸巳…
三四一四　癸巳貞至于大乙告
三四一五　于大乙告
三四一五　惟囚

三四一六　辛…貞…
三四一六　辛未貞于大甲告…
三四一六　…告…
三四一七　…大乙彡
三四一八　戊戌…
三四一八　戊戌貞告其鼓彡于…六…
三四一八　其九牛
三四一八　庚子貞其告鼓于大乙六牛惟龜祝
三四一九　…𢾅鼓于大乙…
三四二〇　丁…
三四二〇　丁卯貞王其爯玨燎三宰卯…宰
三四二〇　其陟于大乙祖乙
三四二一　戊辰貞酌𠂇歲乙…
三四二一　辛未貞乙亥酌𠂇歲于大乙
三四二一　弜酌
三四二二　…宰
三四二二　辛…貞…乙…酌𠂇…
三四二二　于乙酉酌𠂇歲
三四二三　癸酉…翌乙亥酌𠂇歲于大乙三牛
三四二三　丁亥貞酌卯于大乙
三四二四　…于大乙三宰
三四二五　弜有戠
三四二五　辛酉貞大乙戠一宰
三四二五　二宰
三四二六　三宰
三四二六　…㚔妣戊…
三四二七　…于大乙十宰…妣…
三四二八　…七牛大乙三十𠦜牛
三四二八　其雨
三四二八　甲子貞大乙祭無𡆥
三四二九　不遘雨
三四二九　其雨
三四二九　甲戌貞大乙日無𡆥
三四三〇　不遘雨
三四三〇　…㚅以二𣪊…于大乙
三四三一　…貞㚅以二𣪊于父…大乙
三四三一　辛…貞…
三四三二　…五宰卯暨…大乙
三四三三　癸未貞于大乙…河燎…
三四三三　惟大乙…遘…
三四三四　弜惟日
三四三四　己卯貞其…大乙大…
三四三五　甲辰卜𢾅孚馬自大乙
三四三五　惟乙巳𢾅
三四三六　翌甲辰自大乙

三二四三七　乙卯貞酒大乙…
三二四三七　辛亥…
三二四三七　弜侑
三二四三七　其侑于大乙至于大甲
三二四三七　…一牢
三二四三八　癸未…
三二四三八　…燎于大乙大丁…
三二四三九　弜尋奉
三二四三九　…大乙大丁大甲祖乙小乙父丁…
三二四三九　己巳貞其尋奉羸
三二四四〇　甲戌貞乙亥…大乙牛一大丁牛一…
三二四四〇　于十示又二奉
三二四四〇　丁丑貞奉其即丁
三二四四一　弜舌
三二四四一　惟小乙舌
三二四四一　甲子貞舌祖乙遘大乙
三二四四一　茲用：牢
三二四四二　…戌貞：…有以歲于小乙
三二四四二　十牢
三二四四二　…乙亥遘大乙…
三二四四三　庚子卜咸…于帝五…
三二四四四　癸巳卜成祟我
三二四四四　…卜…
三二四四五　甲戌卜其侑于高祖乙
三二四四五　兄…歲…
三二四四五　兄…歲…
三二四四五　…戊卜其…侑于高祖乙
三二四四六　甲午…
三二四四六　甲…其有歲于高祖乙
三二四四六　五牢　茲用
三二四四七　甲午…
三二四四七　弜侑
三二四四七　甲子卜其有歲于高祖乙三牢
三二四四七　…牢
三二四四八　丙午…
三二四四八　茲用五牢
三二四四八　丙午卜父丁酉夕歲一牢
三二四四八　茲用牢
三二四四八　甲寅卜其有歲于高祖乙一牢
三二四四八　…三牢
三二四四九　茲用惟牝
三二四四九　甲午卜其有歲于高祖乙三牢
三二四五〇　惟茲卜用
三二四五〇　甲辰卜其有歲于高祖乙
三二四五一　甲午卜其有歲于高祖乙

三二四五一　二牢
三二四五一　三牢
三二四五二　…寅卜其有歲于高祖乙
三二四五三　癸丑…
三二四五三　弜侑皀
三二四五三　丙寅卜祖丁酉木丁侑皀
三二四五三　侑…
三二四五三　壬寅卜妣奉惟羊…
三二四五三　惟小宰茲用
三二四五三　壬寅卜妣奉豭
三二四五三　豖
三二四五三　丙寅卜酉木丁一牢
三二四五三　三牢
三二四五三　三牢　茲用
三二四五三　甲午卜高祖乙歲三牢
三二四五三　五牢　茲用
三二四五三　弜藝茲用
三二四五三　甲午卜其有歲于高祖乙
三二四五三　丙申卜酉木丁𧆞
三二四五四　癸卯…
三二四五四　弜延蒸
三二四五四　癸卯卜羌甲歲一牛
三二四五四　牢
三二四五四　甲辰卜其有以歲于毓祖乙
三二四五四　于高祖乙有从歲
三二四五四　…卜其有歲于大戊二牢　茲用
三二四五五　于高祖乙有以歲
三二四五五　丁巳卜其有歲于大戊二牢
三二四五六　甲…
三二四五六　甲…高祖乙歲三牢
三二四五六　弜弘
三二四五七　甲戌卜其…
三二四五七　于高祖乙
三二四五八　甲子…高祖乙…牢…
三二四五九　甲午卜蒸積…高祖乙
三二四六〇　…高祖乙三…
三二四六一正　庚雨
三二四六一正　戊雨
三二四六一正　己雨
三二四六一正　丁雨
三二四六一正　不雨
三二四六一正　戊申卜今日雨
三二四六一反　…卜高祖乙歲三牢
三二四六一反　…歲惟羊
三二四六一反　…其侑…牛　茲用

三二四六一反　…巳自犬歲惟牡
三二四六二　丙申卜有歲于大丁不遘…
三二四六三　丙辰…
三二四六三　丙辰貞酌歲于大丁無…
三二四六三　…有…
三二四六四　甲…
三二四六四　丁卯貞大丁彡無壱
三二四六四　不遘雨其…
三二四六五　…大丁彡啓
三二四六六　乙酉卜貞大丁…其…
三二四六七　…大丁牛…大甲牛…祖乙牛…父丁牛…即…
上甲
三二四六八　…延來以大庚…
三二四六八　…亥貞延來于大丁大甲茲用丁丑…
三二四六九　癸巳貞其…丁大甲祖乙父丁
三二四七〇　癸亥…有歲…大甲…雨
三二四七〇　其雨
三二四七一　侑大甲四宰
三二四七一　侑大甲三宰
三二四七二　…子卜侑大甲…牛
三二四七三　己未
三二四七三　己未
三二四七三　己未貞惟
三二四七三　己未貞其桒于大甲
三二四七三　丁…
三二四七四　癸酉貞…大甲彡…
三二四七五　丁丑卜大甲歲十牛
三二四七五　丁…
三二四七六　丁丑卜其十牛大甲歲
三二四七七　癸…貞…大甲歲宰
三二四七七　…牛
三二四七八　丁丑貞來甲子大甲升歲
三二四七八　…寅卜…甲歲…九牛
三二四七九　癸酉卜大甲十宰
三二四八〇　丙申貞丁酉酌升歲于大…五宰　茲用
三二四八〇　大甲
三二四八〇　祖乙
三二四八一　丙午卜丁未…大甲…牛
三二四八二　…卜告其酌…大甲牛
三二四八三　…丑卜有升…大甲父丁
三二四八四　尋卜在大甲
三二四八四　尋羽
三二四八四　…卜…在…
三二四八五　庚…貞…
三二四八五　癸卯貞惟餕先于大甲父丁

三二四八五　癸卯貞…未延出示其惟埶
三二四八五　丙午卜出惟餕…于酌莫
三二四八六　戊辰貞戠于大甲師珏三牛
三二四八六　…戠于大甲師珏一牛
三二四八六　…酉貞王步…□于□
三二四八六　…牛
三二四八七　丙辰卜剛于珏大甲師
三二四八七　丁步于□
三二四八八　弜侑
三二四八八　弜侑
三二四八八　己丑貞大庚日
三二四八八　不遘雨
三二四八八　其雨
三二四八八　其雨
三二四八八　不遘雨
三二四八八　不…
三二四八九　己丑…大庚…無壱
三二四八九　不遘雨
三二四八九　其雨
三二四八九　其雨
三二四九〇　丁亥卜弜侑大庚
三二四九〇　戊子卜有田
三二四九〇　…卜…
三二四九一正　…酉…惟大庚
三二四九一反　癸未卜…于乙酉入受…
三二四九二　…寅卜…父?大庚
三二四九三　…宰大庚
三二四九四　丁酉卜戊戌有歲大戊二十宰暘日…暘日茲
…
三二四九五　丁巳卜…仲丁歲惟牡
三二四九六　癸巳卜侑仲丁三宰
三二四九六　侑己妣
三二四九六　…宰
三二四九七　弜侑
三二四九七　丁未貞侑仲丁歲
三二四九七　弜侑
三二四九八　丙午卜仲丁歲并酌
三二四九八　弜酌
三二四九九　其雨
三二四九九　丙申貞仲丁彡無壱
三二四九九　不遘雨
三二四九九　其雨
三二五〇〇　…仲丁日無壱
三二五〇一　乙卯祖乙日　茲用
三二五〇一　癸丑不暘日

三二五〇一　甲寅有歲戔甲三宰羌甲二十宰又七暘日
三二五〇一　茲用
三二五〇一　不暘日
三二五〇一　不暘日
三二五〇一　不暘日
三二五〇一　⋯卜⋯二十宰暘日　茲用
三二五〇一　丙辰⋯允暘⋯
三二五〇二　⋯彡⋯
三二五〇二　丙申⋯中丁⋯
三二五〇三　乙丑卜來乙亥侑祖乙
三二五〇三　⋯王丁⋯
三二五〇四　辛⋯侑⋯
三二五〇四　辛卯卜侑祖乙乙未　用
三二五〇五　癸酉貞侑祖乙歲宰又牛一乙亥
三二五〇六　甲辰卜有𢦏歲于祖乙三宰　用
三二五〇七　⋯寅卜有𢦏歲祖乙乙卯五宰　用
三二五〇八　⋯歲⋯
三二五〇八　甲子卜有𢦏歲于大⋯
三二五〇八　⋯𢦏歲于⋯
三二五〇八　甲子卜有𢦏歲于大⋯
三二五〇八　癸亥卜有𢦏歲于祖乙
三二五〇八　癸亥卜有歲于祖⋯
三二五〇九　庚⋯
三二五〇九　庚午貞令霝以在□祟交得
三二五〇九　⋯午貞令步以臾祟交得
三二五〇九　甲戌貞令鳴祟交得
三二五〇九　甲戌貞令霝以在□祟交得
三二五〇九　乙亥貞有𢦏歲于祖乙大宰一牛
三二五〇九　⋯丑⋯王⋯
三二五〇九　甲戌貞令步祟交得
三二五一〇　乙丑卜有𢦏歲于祖乙五宰
三二五一〇　⋯丑卜⋯𢦏歲⋯
三二五一〇　⋯不⋯
三二五一〇　甲⋯
三二五一一　丙寅卜王有𢦏歲于祖乙宰⋯牛
三二五一二　癸未貞惟今乙酉有𢦏歲于祖乙五豕
茲用
三二五一二　于來乙
三二五一三　癸未貞惟今乙酉有𢦏歲于祖乙五豕
三二五一三　茲用
三二五一三　于來⋯
三二五一四　⋯其有𢦏祖乙⋯
三二五一五　⋯有𢦏⋯祖乙宰⋯
三二五一六　⋯𢦏歲于祖乙十宰

三二五一七　癸丑貞多宁其延有𢦏歲于⋯
三二五一七　其三宰
三二五一七　癸丑貞王有歲于祖乙
三二五一七　于父丁侑歲
三二五一七　甲寅貞自祖乙至毓
三二五一七　丁巳小雨不延
三二五一八　弜⋯
三二五一八　弜⋯
三二五一八　于祖乙有歲
三二五一九　乙丑貞有歲于祖乙
三二五二〇　有歲于祖乙
三二五二〇　一宰
三二五二〇　⋯宰
三二五二一　⋯其有歲于祖乙𣪘⋯
三二五二二　⋯其⋯祖⋯歲⋯
三二五二二　甲午貞弜有歲祖乙
三二五二二　乙未貞其十牛
三二五二二　乙未貞其三十牛
三二五二二　乙未貞舟
三二五二二　乙未貞佐
三二五二三　⋯大禦于祖乙其⋯
三二五二四　辛丑卜惟宗丙
三二五二四　惟祖戊各
三二五二四　辛丑卜奚禦祖乙
三二五二五　⋯其⋯不⋯
三二五二五　禦祖乙
三二五二六　⋯巳卜禦⋯于祖乙
三二五二七　惟⋯乙⋯
三二五二七　祝至于祖乙
三二五二七　祝牛
三二五二八　祝至于祖乙
三二五二九　惟祖乙彡狩
三二五三〇　⋯歲于祖乙大宰
三二五三一　甲戌⋯
三二五三一　弘自祖乙歲三牛　茲用
三二五三二　先庚歲酌
三二五三二　先祖乙歲酌
三二五三三　⋯祀祖乙
三二五三四　辛酉卜酌來桒祖乙乙亥
三二五三五　⋯王爯玨于祖乙燎三宰卯三大⋯　茲用
三二五三五　庚午貞王其爯玨于祖乙燎三宰⋯乙亥
酌
三二五三五　甲戌卜進燎于祖乙
三二五三六　乙⋯惟⋯熺⋯
三二五三六　乙酉卜惟祖乙熺用

三二五三六 乙酉卜惟圍熂用
三二五三六 丙戌卜惟新豊用
三二五三六 惟舊豊用
三二五三六 丁亥卜矢其尊歲三牢
三二五三六 不
三二五三六 茲用
三二五三六 弜告
三二五三七 …酌三牢祖乙 茲…
三二五三八 …貞酌𠂤歲祖乙匕…
三二五三八 于土燎 茲用
三二五三八 乙亥酌…丁于…
三二五三九 甲辰貞乙巳王酌…侑于祖乙
三二五四〇 癸卯貞米于祖乙
三二五四一 …米…祖乙
三二五四二 …貞…其蒸米于祖乙
三二五四二 …亥貞…
三二五四二 辛亥…
三二五四三 庚寅貞王米于囧以祖乙
三二五四三 其盤以小示
三二五四三 甲申貞王米于以祖乙
三二五四三 弜…舟
三二五四四 …祭祖乙
三二五四四 弜侑歲
三二五四四 …戌貞小乙祭無壱
三二五四四 不遘雨
三二五四五 辛酉…
三二五四五 甲戌卜祖乙其生𣪘
三二五四五 弜𣪘
三二五四六 …其𣪘于祖乙
三二五四七 甲辰貞惟壬子劃祖乙
三二五四七 丁酉貞其劃祖乙𣪘
三二五四七 弜劃
三二五四八 乙亥其餗自祖乙至多毓
三二五四八 乙丑貞其…暨…
三二五四八 丙辰貞酌彡于…
三二五四八 司𢆶
三二五四八 …暨…
三二五四九 乙亥貞…癸牢
三二五四九 其餗自祖乙
三二五四九 乙丑…
三二五五〇 來丁未餗于祖乙
三二五五〇 …于伊惟丁酉
三二五五一 癸丑…來乙王…𡆥于祖乙…
三二五五二 …祖乙寧…虎𣪘…
三二五五二 茲…

三二五五三 …卜舌祖乙牢又一牛
三二五五四 …饗
三二五五四 祖乙…其饗
三二五五五 …若
三二五五五 …丑…王…狩祖乙
三二五五五 弜比㪷舟
三二五五五 惟…舟𢦏…
三二五五六 甲子貞其祖乙日壱雨 茲用
三二五五七 …貞日于祖乙其作豊…
三二五五八 于祖乙十牢
三二五五九 …未…有𠂤…乙大…
三二五五九 …祖乙巳…十牢
三二五六〇 …祖乙其二牛
三二五六一 …祖乙一牛
三二五六二 …祖乙祭…十…
三二五六三 惟…祖乙
三二五六三 弜狄用其彈
三二五六三 弜其祝
三二五六四 …華新祖乙
三二五六四 其…毓
三二五六五 …祖乙一牛…有祟惟茲…
三二五六六 …寅卜…祖乙
三二五六七 甲子卜其有歲于… 茲用
三二五六七 …歲…
三二五六七 …祖乙
三二五六八 庚申卜…于祖乙
三二五六九 甲…祖乙
三二五六九 三牢 茲用
三二五七〇 甲…祖乙…
三二五七〇 不…
三二五七一 癸酉貞…
三二五七一 自父乙禘若
三二五七一 自祖乙禘若
三二五七一 …羊二十于卯若
三二五七二正 癸卯卜蒸汞乙祖
三二五七二正 自辛祖
三二五七二反 丁未蒸汞祖辛
三二五七二反 …卯卜蒸禾…
三二五七三 甲…祖乙茲…
三二五七三 弜…
三二五七四 庚午酌妣…
三二五七四 …祖乙…禦 茲用
三二五七五 …口…自祖乙
三二五七五 …自…
三二五七六 …巳貞自祖乙至…

三二五七七　弜…于祖乙以祖丁祖甲…
三二五七八　惟夕…酌告于祖乙父丁
三二五七九　…子乇…祖辛歲
三二五八〇　丁未卜王叀
三二五八〇　庚子卜…祖辛
三二五八一　…于祖辛茲…
三二五八二　甲戌卜餗辛祖二牛一…
三二五八三　…于祖辛…
三二五八四　…祖辛
三二五八五　庚…祖辛…其…
三二五八六正　…卜羌甲歲束…　茲用
三二五八六反　…毓祖乙…
三二五八六反　甲…
三二五八六反　不雨
三二五八七　弜侑一牢
三二五八七　甲辰卜其有歲于羌甲
三二五八七　二牢茲用
三二五八八　…巳卜侑…羌甲一牛　茲用
三二五八八　不…
三二五八九　甲寅卜其有歲于羌甲
三二五八九　弜侑
三二五九〇　…卜其侑于羌…
三二五九一　…午卜…羌甲彡…蟲族
三二五九一　…宗
三二五九二　弜延
三二五九二　癸未卜其延蒸穧于羌甲
三二五九二　弜延蒸
三二五九二　蒸…
三二五九二　牢
三二五九三　…卜其延蒸穧于羌甲
三二五九四　…于羌甲
三二五九五　弜侑
三二五九五　丙申卜其…妣　茲用
三二五九五　…祖丁…
三二五九六　癸丑貞有夂歲于祖丁　茲用
三二五九六　丁亥…
三二五九七　弜令剛
三二五九七　壬申貞王有禦于祖丁惟先
三二五九八　…其有歲于般庚…
三二五九八　…于?祖丁…
三二五九九　甲戌貞…小祖乙日…二牛
三二六〇〇　三画
三二六〇〇　…祖丁…
三二六〇一　貞于祖丁…
三二六〇二　于祖丁…

三二六〇三　己亥…
三二六〇三　于祖丁用鼎　大吉
三二六〇三　其鼎兕祖丁
三二六〇三　其二兕
三二六〇三　其鼎兕父丁
三二六〇三　其二兕
三二六〇三　惟兕
三二六〇四　…午卜祖丁史…
三二六〇五　丙…祖丁…
三二六〇六　惟蒸穧延于南庚　茲用
三二六〇七　不惟南庚
三二六〇七　貞…自…惟…
三二六〇八　弜侑
三二六〇八　己巳卜其有歲于南庚茲用一牛
三二六〇九　…祖庚弗受祐
三二六一〇　丁未卜其…彳于祖庚
三二六一一　癸巳卜魯甲歲惟牡
三二六一一　惟牝　茲用
三二六一二　…子貞𠦪雨
三二六一二　…婌小辛
三二六一三　…受祐
三二六一三　甲午卜其侑于小乙王受祐　吉
三二六一四　…寅貞有夂…于小乙…
三二六一五　丁亥
三二六一五　茲用
三二六一五　辛…
三二六一五　弜比
三二六一五　𠦪其上
三二六一五　𠦪其下
三二六一五　𠦪其下自小乙
三二六一五　𠦪惟甲酌
三二六一五　𠦪惟乙酌
三二六一五　𠦪惟丁酌
三二六一五　𠦪…
三二六一五　弜…
三二六一六　𠦪其即宗于上甲…
三二六一六　弜即宗
三二六一六　𠦪其上自祖乙
三二六一六　辛未貞在丂牧來告辰衛其比史受
…
三二六一六　弜比
三二六一六　𠦪其上
三二六一六　𠦪其下
三二六一六　𠦪其下自小乙
三二六一六　𠦪貞甲酌

三二六一六　桒貞乙酌
三二六一六　桒貞丁酌
三二六一七　甲辰貞歲于小乙
三二六一七　弜侑
三二六一七　二宰
三二六一七　三宰
三二六一七　弜至于三祖
三二六一八　甲午卜小乙其…
三二六一八　茲用
三二六一九　辛酉貞酌彡于小乙其…
三二六一九　甲子貞于高舌
三二六一九　于宗舌
三二六二〇　…貞小乙彡…
三二六二一　甲子貞其舌小乙宰乙丑
三二六二一　…其…
三二六二二　…午貞舌小乙
三二六二三　甲…
三二六二三　弜羊
三二六二三　弜以小乙
三二六二四　…于小乙
三二六二五　甲辰貞小乙日無壱
三二六二五　其邁雨
三二六二五　不邁雨
三二六二五　其邁雨
三二六二五　不邁雨
三二六二五　甲申貞小乙祭無壱　茲用
三二六二五　弜侑
三二六二五　惟示
三二六二五　惟刀
三二六二六　…申貞小乙日無壱
三二六二六　…無壱
三二六二七　甲申卜侑十于毓祖乙…
三二六二七　癸未
三二六二七　…一宰
三二六二七　…一宰
三二六二八　于毓祖乙有歲
三二六二八　…未卜…有歲…祖乙
三二六二九　于毓祖乙有歲
三二六三〇　丙戌卜其有歲于父丁…
三二六三〇　甲…卜其有歲于毓祖乙…
三二六三〇　庚寅…歲…
三二六三一　弜侑
三二六三一　壬子卜惟今日𢦏兕
三二六三一　弜𢦏兕
三二六三一　乙丑卜其有歲于毓祖乙
三二六三二　于毓祖乙小丁…

三二六三三　…毓祖乙…
三二六三四　…于毓祖乙
三二六三五　乙亥…毓祖乙…歲…
三二六三五　…乂…惟王…至
三二六三六　…歲于毓祖乙…
三二六三七　…于卜其…毓祖乙　茲用
三二六三八　…寅卜毓祖乙…歲宰
三二六三九　丙戌卜其有乂歲于小丁
三二六四〇　于…日…
三二六四〇　丁亥卜有乂于小丁
三二六四一　林于…小丁乂…
三二六四二　丁丑卜…小丁史有正
三二六四二　即𢦏祖丁歲延𢦏
三二六四二　…正王受祐
三二六四三　…穧暨小丁
三二六四四　丙…小丁蒸…于…
三二六四五　丙戌卜父丁木丁…宰　茲用
三二六四五　丙戌卜父丁木丁以小丁
三二六四五　弜以小丁
三二六四五　丙戌卜小丁歲一牛
三二六四五　…其…歲…
三二六四六　貞侑于丁
三二六四七　甲寅卜有燎于丁
三二六四七　乙卯卜有燎于丁
三二六四七　…寅卜…
三二六四八　癸未貞其告于丁牛
三二六四八　癸未卜酌歲
三二六四九　癸酉…不…
三二六四九　癸酉卜其告于丁牛一
三二六五〇　己巳卜告于丁一牛
三二六五一　于乙酌乂歲于丁
三二六五一　惟其尊先
三二六五二　…丁一宰
三二六五三　癸酉…
三二六五三　癸酉于丁
三二六五三　弜[illegible]
三二六五四　弜祀
三二六五四　其桒于上甲其祝
三二六五四　弜祀
三二六五四　祝于父丁必
三二六五四　至于祖甲
三二六五五　祖甲燎其至父丁…
三二六五六　…至于祖己酌…祐
三二六五七　…其延祖己
三二六五八　辛亥卜其有歲于三祖辛
三二六五八　弜侑

三二六五九　至于祖三牢
三二六六〇　甲辰其有歲于祖
三二六六〇　二牢
三二六六〇　三牢
三二六六〇　五牢茲用
三二六六一　丁不祀于祖
三二六六二　癸未貞告祖
三二六六三　…戊卜彭貞其有𠦪于父辛
三二六六三　…河暨上甲在十月有二小𠂤
三二六六三　𠦪…暨劓…
三二六六四　辛…蒸…
三二六六四　乙丑…
三二六六四　弜…
三二六六五　辛酉貞癸亥侑父丁歲五牢　不用
三二六六六　丁未…𢀛…𣪊…父…
三二六六六　辛酉貞癸亥侑父丁歲五牢　不用
三二六六七　庚申…有…
三二六六七　庚…辛…
三二六六七　辛酉貞癸亥侑父丁歲五牢　不用
三二六六八　丙寅卜其有歲于父丁…
三二六六八　…以…丁
三二六六九　癸卯貞王有𠂇歲于父丁三牢
三二六六九　其五牢
三二六七〇　丙寅卜貞丁卯有𠂇歲于父丁一牛
三二六七〇　癸…貞…步
三二六七〇　𧻚步
三二六七一　父…
三二六七一　丙申貞有匚于父丁惟𡚸祝
三二六七一　惟王祝
三二六七一　乙未貞大禦其遘翌日彡
三二六七一　…未貞…禦弜…翌日
三二六七二　其匚…父丁
三二六七二　弜有匚父丁
三二六七三　弜有戠
三二六七三　丁未卜其侑木丁于父丁𢍰一牢
三二六七三　二牢茲用
三二六七三　…牢
三二六七四　丁巳卜有燎于父丁百犬百豕卯百牛
三二六七五　丁亥…令…
三二六七五　于小丁禦
三二六七五　于𡆥禦
三二六七五　于亳土禦
三二六七五　癸巳貞禦于父丁其五十小牢
三二六七五　…貞禦于父丁其百小牢
三二六七六　（習刻）

三二六七六　（習刻）
三二六七六　其五牛
三二六七七　丙…貞…有…歲…
三二六七七　辛未貞今日告其步于父丁一牛在祭卜
三二六七八　乙亥卜告方…于父丁
三二六七九　辛亥…告贏于父丁一牛
三二六七九　三牛
三二六八〇　丁…
三二六八〇　丁卯貞其告于父丁其狩一牛
三二六八〇　戊辰卜乙亥…
三二六八一　己丑卜告于父丁其饗宗
三二六八一　…京
三二六八二　…卯卜𠦪于父丁二牛　不用
三二六八三　𢦏…作…
三二六八三　癸酉卜𠦪于父丁三十牛
三二六八三　癸酉卜…五大…𠦪于…
三二六八四　𠦪在父丁
三二六八五　癸…有…
三二六八五　其五小牢卯五牛
三二六八五　甲戌…𠦪于父丁三十牛
三二六八五　卯…𠦪…
三二六八六　丙寅貞今日其用五十㲋于父丁　茲…
三二六八七　…卜父丁用
三二六八八　丙子…
三二六八八　于父丁用
三二六八九　…卜祝于父丁…
三二六九〇　弜至三祖
三二六九〇　丙子貞父丁彡
三二六九〇　不遘雨
三二六九一　于享京燎
三二六九一　丙午貞彡燎于父丁十牢卯十牛　茲用
三二六九二　丙午貞彡燎于父丁十牢卯十牛
三二六九二　于享京燎
三二六九三　…于父丁歲二牢
三二六九四　甲寅貞來丁巳尊鬳于父丁𠚤三十牛
三二六九五　丙午貞父丁歲不遘雨　茲用
三二六九五　遘雨
三二六九五　其遘雨
三二六九五　乙丑…
三二六九六　丙戌貞父丁日無…
三二六九六　甲…
三二六九七　己巳貞…𠟭
三二六九七　…父丁
三二六九八　甲午卜侑于父丁犬百羊百卯十牛
三二六九八　惟犬百卯七牢
三二六九八　于乙彡

三二六九九　丙戌卜無推
三二六九九　丙戌卜乇二牛
三二六九九　丙戌卜丁亥其乇于父丁三牛
三二七〇〇　：毀：
三二七〇〇　二毀于出乙
三二七〇〇　乙巳貞叀以毀于父丁
三二七〇〇　辛亥貞叀以二毀于父丁宗戶
三二七〇〇　弜侑其令田
三二七〇一　庚子貞父丁若
三二七〇一　于既：
三二七〇二　：卯貞：父丁：出三十：
三二七〇二　：今：
三二七〇三　癸丑貞于：
三二七〇三　：父丁：伐其：宫
三二七〇四　：于父丁：
三二七〇五　：于父丁：
三二七〇五　丁未卜羸惟若
三二七〇六　：于父丁
三二七〇七　丁酉
三二七〇七　茲用
三二七〇七　：父丁
三二七〇八　不：
三二七〇八　己卯貞：
三二七〇八　：于父丁
三二七〇九　：一牢
三二七〇九　丙辰：父丁：一牢
三二七一〇　：于父丁告
三二七一一　：父丁木：
三二七一二　：于父丁
三二七一三　乙：
三二七一三　：父丁　茲用
三二七一三　：弗擒
三二七一四　于即酌父丁翌日劦日彡日王延賓：
三二七一四　癸亥：
三二七一四　：日：用
三二七一五　癸巳卜：禘
三二七一五　：蕟：父丁彡
三二七一六　：卜其侑父丁必惟今日戊酌　吉
三二七一七　乙巳卜父丁奠?：
三二七一七　五牢王受祐
三二七一八　于旦
三二七一八　于南門
三二七一八　父丁鼎三兕
三二七一八　其五兕
三二七一八　不雨

三二七一九　：兕父丁三
三二七二〇　：延父丁王：
三二七二一　丁卯貞王其爯玨聯：燎三宰卯三大宰
于：
三二七二一　侑父乙　用
三二七二一　茲用
三二七二二　癸：有：
三二七二二　癸酉卜侑伊五示
三二七二二　盤有
三二七二二　毖若
三二七二二　甲戌卜侑于父乙一牛
三二七二二　：宰
三二七二三　癸亥卜祝于父乙
三二七二三　：雍：
三二七二四　癸：乙：暘日：
三二七二四　不暘日
三二七二四　癸酉其告于父乙一牛
三二七二四　：祖乙：斗
三二七二五　于乙王步若
三二七二五　辛：𠬝其剛父乙
三二七二五　：卯卜王狩：
三二七二六　：有告啓其剛于父乙
三二七二七　癸丑貞王步乙卯
三二七二七　丙辰貞王步丁巳于春
三二七二七　辛酉卜剛于父乙：
三二七二七　丙辰貞王延有丁巳涉
三二七二八　祖丁
二二七二八　父乙
三二七二八　：丁
三二七二九　屮禦父十羊
三二七二九　禦父乙羊禦母壬五豚兕乙犬
三二七二九　有禦父庚羊
三二七二九　屮禦于父乙羊
三二七二九　于侑妣壬豚
三二七三〇　癸：貞：五
三二七三〇　癸巳卜將兕丁凡父乙
三二七三〇　癸巳卜弜將兕
三二七三〇　：戠：犬：
三二七三一　丁卯：于：
三二七三一　丙子貞將兕丁于父乙　用
三二七三二　丙子卜將兕丁于父乙：
三二七三二　：乙：十人
三二七三三　其告于父一牛
三二七三四　癸酉：
三二七三四　：父一牛

三二七三五　乙…
三二七三五　…于父乙　茲用
三二七三六　…子貞有燎于父…
三二七三七　…無鑿　用
三二七三八　…高妣…
三二七三九　禦妣己
三二七三九　禦妣甲
三二七三九　禦妣庚
三二七四〇　禦妣庚十牢
三二七四一　侑妣庚三…
三二七四一　…妣…牢
三二七四二　丙子卜酉木丁一牢
三二七四二　三牢茲用
三二七四二　弜秦宗于妣庚
三二七四三　戊辰貞酌彡歲乙亥
三二七四三　…巳卜…妣己…牢
三二七四四　…妣庚…奭…
三二七四四　于妣己祖乙奭吉
三二七四五　弜
三二七四五　…奭妣己祖乙…
三二七四六　于來丁亥有歲伊
三二七四六　五牢
三二七四六　丁亥卜妣己歲一小牢
三二七四六　…一小牢
三二七四七　己未貞來…于妣己　不
三二七四七　不
三二七四七　…千
三二七四八正　庚寅貞侑多妣彡
三二七四八正　辛巳貞…彡歲
三二七四八正　乙酉…
三二七四八反　于來乙巳酌彡歲
三二七四九　…其…歲…
三二七五〇　弜侑
三二七五〇　三牢
三二七五〇　五牢
三二七五〇　十牢
三二七五〇　…亥貞…有彡于…丙　茲用
三二七五一　辛卯貞…妣壬…妣癸
三二七五一　…卜…酌…示壬母
三二七五二　辛卯貞酌彡歲妣壬妣癸
三二七五三　癸亥貞侑于二母母戊魯甲母庚　茲用
三二七五三　…弗…
三二七五四　…十犬十　茲用
三二七五四　…未卜侑小母辛
三二七五五　甲申…其有…于母…

三二七五五　三牢　茲用
三二七五六　…辰貞婦好無𡆥
三二七五六　辛…叀…
三二七五七　…牢
三二七五七　丁未…丁暘日
三二七五七　丙午卜有歲二十牢
三二七五七　己亥卜辛丑𫹉婦好祀
三二七五七　不暘…
三二七五八　…丑卜…無𡆥
三二七五八　婦…無…
三二七五九　…卜既…
三二七五九　…婦好…
三二七六〇　戊辰貞婦好無𡆥
三二七六一　乙酉…好邑…
三二七六二甲正　丙戌貞婦好無𡆥
三二七六二甲正　不雨
三二七六二甲正　…雨
三二七六二乙正　…婦好羸
三二七六二乙反　丙戌貞婦好無𡆥
三二七六二乙反　…無𡆥
三二七六二乙反　癸未弗擒
三二七六二乙反　丙
三二七六二乙反　甲
三二七六三　…亥婦井毓…
三二七六三　甲子卜
三二七六四　…貞…井…𠤎延成
三二七六四　己…
三二七六五　己亥卜戠婦井于叜
三二七六五　勿戠
三二七六五　辛酉卜將兄丁于父宗
三二七六六　癸卯貞旬無𡆥
三二七六七　丁巳貞于來丁丑將兄丁若
三二七六七　…貞…
三二七六八　癸…
三二七六八　不啓
三二七六八　丁巳貞弜羞將兄丁若
三二七六八　…卯貞…
三二七六九　惟…
三二七六九　弜羊多兄
三二七七〇　…刪𡆥
三二七七〇　惟令逄子妻
三二七七一　庚寅貞…令子妻…
三二七七二　癸…
三二七七二　癸巳貞妻無𡆥
三二七七三　弜…

三二七七三　庚子貞王𠦪途子妻
三二七七四　乙丑貞王令子妻惟丁卯
三二七七五　甲午：將：丁于：乙：
三二七七五　甲午卜有丩于子戠十犬卯牛一
三二七七五　十犬又五犬卯牛一
三二七七五　甲午卜侑于子
三二七七六　弜酌
三二七七六　己未卜其侑于子□
三二七七六　：小宰
三二七七七　乙丑：惟：彡羊
三二七七七　己卯貞子□無囚
三二七七七　有囚
三二七七七　：亥卜：品?
三二七七八　辛亥貞子□
三二七七八　己巳卜受禾
三二七七八　己巳卜不受
三二七七八　辛酉卜有□在囚
三二七七八　辛亥貞子□無囚
三二七七九　壬子貞子戈無囚
三二七八〇　庚：貞：
三二七八〇　有囚
三二七八〇　壬寅貞子漁無囚
三二七八〇　壬：
三二七八一　：戌貞：受禾不?
三二七八一　：貞子漁：
三二七八一　有囚
三二七八二　癸巳貞子效先步在尤一月
三二七八二　己丑貞子效先戈在尤一月
三二七八二　：效先步
三二七八三　不雨
三二七八三　癸亥貞子黃□無囚
三二七八三　有囚
三二七八四　：卯?貞：禾
三二七八四　：未弜侑伊尹
三二七八五　甲子卜侑于伊尹丁卯
三二七八六　癸丑卜侑于伊尹
三二七八六　丁巳卜侑于十立伊又九
三二七八六　：卯卜：
三二七八七　甲寅：
三二七八七　庚申卜癸雨
三二七八七　：申卜
三二七八七　丁巳卜侑：十立伊又九
三二七八七　甲寅卜惟翌□□
三二七八八　己亥貞其令□：
三二七八八　：貞有歲于伊惟：

三二七八九　：申貞有歲于伊：
三二七八九　己亥貞其令：
三二七九〇　：貞乙酉有夊歲：
三二七九〇　：卜有歲于伊：
三二七九〇　：祝用
三二七九〇　王：惟：羊：
三二七九一　丁丑卜其侑：
三二七九一　弜侑
三二七九一　丁丑卜伊尹歲三宰　茲用
三二七九一　：宰
三二七九一　：五宰　茲用
三二七九二　乙巳卜：伊尹：于丁未：　茲用
三二七九三　乙巳：伊尹：于丁未：
三二七九三　乙巳卜于翌日：
三二七九四　：歲于伊：
三二七九五　于來日丁亥有歲伊：
三二七九六　：子卜侑伊：
三二七九六　：今日：尹：
三二七九七　弜桒于伊尹無雨
三二七九七　：桒：
三二七九八　：賓伊賓：丩有正
三二七九九　乙：
三二七九九　伊弜賓
三二八〇〇　丙子卜侑伊：丁六：一牛
三二八〇一　惟伊其射
三二八〇一　二宰
三二八〇二　癸巳：于岳：
三二八〇二　丁酉貞侑于伊丁
三二八〇二　弜侑
三二八〇二　：未：侑：丁：
三二八〇三正　：卜貞今日其取伊丁人：
三二八〇三反　乙未弗擒茲用允：
三二八〇四　庚辰卜不來□侯
三二八〇四　戊寅允來
三二八〇四　甲子卜□侯：
三二八〇五　癸酉貞□侯令桒
三二八〇五　乙亥酌?：
三二八〇六　癸丑卜暘日
三二八〇六　己卯卜□侯
三二八〇六　于木月至
三二八〇七　乙未貞王其告其比□侯
三二八〇七　庚申貞王其告于大示
三二八〇七　庚申貞王于父丁告
三二八〇八　：貞其禦于：無囚
三二八〇八　：並其比□：

三二八〇九 …貞…
三二八一〇 …□□…
三二八一〇 癸丑貞甲寅有…
三二八一〇 …王令多…
三二八一一 丙寅貞王其奠□侯告祖乙
三二八一一 丙寅貞王其奠□侯告祖乙
三二八一一 …貞王其奠□侯告祖乙
三二八一一 …卜來乙亥酚戠
三二八一二甲 弜酚
三二八一二甲 壬午卜令般比侯告
三二八一二甲 癸未卜令般比侯告
三二八一二甲 …亥卜…戠
三二八一二乙 乙亥卜先戠廼侑祖辛
三二八一二乙 …卜王比侯中…
三二八一三 庚辰貞己亥又登比令或無囗
三二八一四 …酉貞…囗
三二八一四 己亥歷貞三族王其令追召方及
三二八一五 于□
三二八一六正 丙午貞酚又歲于仲丁三牢祖丁三牢
三二八一六正 …歷貞…
三二八一六正 …貞惟王出…
三二八一六正 …亥…
三二八一六反 癸巳…
三二八一七 庚…有…伐
三二八一七 壬午歷酚五示
三二八一八 癸未貞歷酚又歲
三二八一八 弜…酚…
三二八一八 癸…
三二八一九 …歷酚
三二八一九 甲午卜…
三二八二〇 …歷酚
三二八二一 癸未歷貞旬無囗
三二八二一 有囗
三二八二一 癸巳歷貞旬
三二八二二 …歷…旬…
三二八二二 有囗
三二八二二 癸巳貞歷旬無囗
三二八二二 有囗
三二八二二 …卯卜…歷…無正
三二八二三 癸亥貞歷旬無囗
三二八二四 …未歷…旬無囗
三二八二五 癸未歷貞旬無囗
三二八二六 癸…貞旬無囗
三二八二六 癸酉歷貞旬三卜無囗
三二八二七 辛丑歷貞今…無囗
三二八二八 …歷有…

三二八二九 丙子貞王惟□令囗我
三二八三〇 丙子貞□王惟令囗…
三二八三一 …子貞…惟□…囗我
三二八三二 辛酉貞王令□以子方奠于并
三二八三二 癸未貞王其□十人
三二八三二 于壬□十
三二八三二 …申貞…于…三牛…又三牛
三二八三三 …伐…祖…羌…
三二八三三 己卯卜取岳雨
三二八三三 壬午卜岳來于□叙
三二八三三 …亥貞王令□以子方乃奠于并
三二八三三 岳于三户
三二八三四 （習刻）
三二八三四 （習刻）
三二八三四 （習刻）
三二八三四 （習刻）
三二八三四 （習刻）
三二八三四 （習刻）
三二八三四 （習刻）
三二八三四 （習刻）
三二八三四 （習刻）
三二八三四 （習刻）
三二八三四 （習刻）
三二八三四 （習刻）
三二八三四 （習刻）
三二八三四 （習刻）
三二八三四 （習刻）
三二八三五 庚…其…□…大
三二八三五 惟小史
三二八三五 庚午卜王令□
三二八三五 惟介令
三二八三五 惟弋令
三二八三五 惟卒令
三二八三五 丙申卜…
三二八三六 …卯卜□入羌侑豰…
三二八三七 …貞□無…
三二八三八 …令□祟…兕
三二八三九 辛酉…王步…于…
三二八三九 己未貞雀無囗
三二八三九 辛酉貞王步于鳴
三二八四〇 甲辰卜惟雀…六月
三二八四〇 …辰卜…囗
三二八四一 …卜…雀無囗
三二八四二 癸…卜…雀…執
三二八四三 庚…卜貞雀無囗
三二八四三 戊午雀于…
三二八四三 乙卯卜

三二八四三　有囚
三二八四四　：卜卓禦于父丁：百牛受我祐
三二八四五　庚申貞王令卓中
三二八四五　甲子貞丁：告
三二八四五　：亥：告
三二八四六　庚申貞王令卓中
三二八四六　：子貞：卯告：自上甲
三二八四七　庚辰：
三二八四七　庚辰貞卓以大示
三二八四七　辛巳貞以伊示
三二八四七　弜以伊示
三二八四八　惟父示以
三二八四八　辛巳貞以伊示
三二八四八　弜以伊示
三二八四八　庚辰貞王于丁亥令卓
三二八四九　貞：爯：示
三二八四九　庚：
三二八四九　庚辰貞王于丁亥令卓
三二八四九　庚辰貞辛巳王令卓
三二八四九　：卓：大：
三二八四九　弜爯大示
三二八四九　弜立事惟卓
三二八五〇　丙：貞：
三二八五〇　于來乙亥告
三二八五〇　丁卯貞王令卓奠段舟
三二八五一　丁卯貞王令卓奠段舟
三二八五一　于來乙亥告
三二八五一　貞告
三二八五二　丁卯貞王令卓奠段舟
三二八五三　丁卯貞王令卓：
三二八五四　：貞王令卓令秋：舟垂乃奠
三二八五五　：貞王令卓令秋：垂乃奠
三二八五六正　癸巳貞王令婁生月：
三二八五六正　甲午貞告婁其：于：
三二八五六正　甲午貞于乙告婁其：
三二八五六正　甲午貞于父丁告婁其：
三二八五六正　弜告婁其步
三二八五六正　丁酉貞王令卓比：奠
三二八五六正　弜往卓其令
三二八五六反　：祖乙：
三二八五七　：王令卓：受：
三二八五八　其：
三二八五八　于辛卯王令卓
三二八五九　癸酉貞其告于父：
三二八五九　：貞王其令卓：

三二八六〇　庚申：王令：卓
三二八六一　惟卓令
三二八六一　惟般
三二八六二　弜：
三二八六二　惟卓令
三二八六二　惟般令
三二八六三　惟：令：田
三二八六三　惟秋令卓
三二八六四　：貞今日卓步自京
三二八六五　癸巳貞卓無囚
三二八六五　無芞
三二八六六　丁：王：
三二八六六　丁丑貞往無囚卓
三二八六七　弜受祐
三二八六七　丁卯貞卓：
三二八六八　：午貞卓：大乙宗
三二八六九　：其令卯曰卓：
三二八七〇　：卯卜其將于：其令卯曰：
三二八七一　辛巳貞[illegible]卯曰卓：
三二八七一　惟牛
三二八七二　：邑暨妣茲：
三二八七三　：王令邑[illegible]于[illegible]
三二八七三　：貞王令[illegible]：
三二八七四正　：貞王令邑：
三二八七四正　：其帝于：
三二八七四反　戊子：
三二八七四反　丁：貞王令：
三二八七五　于祖乙告
三二八七五　乙丑卜丁雨
三二八七五　己亥貞王惟疾令
三二八七六　戊子貞妣無囚
三二八七七　辛未：王[illegible]令或不省
三二八七八　甲：肇：或茲：
三二八七九　其：
三二八七九　庚寅卜父乙歲暨宅[illegible]
三二八七九　弜令咸
三二八八〇　戊辰貞無囚
三二八八〇　戊辰貞無囚
三二八八〇　庚午卜令或歸若
三二八八〇　弜令
三二八八〇　弜：
三二八八一　：鼓：[illegible]或
三二八八一　令[illegible][illegible][illegible]或
三二八八一　丁未卜惟伊芞雨
三二八八一　：惟伊祖庚

三二八八二　丙午先…作沚戈…己
三二八八二　…惟兕…以示…作己
三二八八三　丁未貞王令載徹在〓
三二八八四　癸卯…〓以…
三二八八四　乙卯貞丁巳其〓
三二八八四　…卯…巳…〓
三二八八五　惟〓令
三二八八五　惟〓令周
三二八八五　惟〓令周
三二八八五　…卯貞…木〓…于…
三二八八六　辛未貞其令射〓即並
三二八八六　辛未貞惟戔令即並
三二八八六　癸酉貞其令射〓即並
三二八八六　癸酉貞惟戔令即並
三二八八七　…有…
三二八八七　即並
三二八八八　其大出
三二八八八　即並
三二八八八　…貞…
三二八八八　即並
三二八八九　辛…貞…即…
三二八八九　弜令即並
三二八九〇　其大出
三二八九〇　辛未貞王令即並
三二八九〇　弜令即並
三二八九一　庚午貞酚集于大…
三二八九一　…酉卜…邑並酚妣用
三二八九二　丁丑貞其並禦自雈
三二八九二　丁丑貞其弘禦
三二八九二　乙卯
三二八九二　…暨多妣
三二八九三　庚申貞方蔑…並受祐
三二八九三　弗受祐
三二八九四　…王令…其並
三二八九五　癸亥貞三尹即于西
三二八九五　令比望乘
三二八九六　丁未貞王其令望乘婦其告于祖乙一
三二八九六　牛父丁一…
三二八九六　…貞王其令望乘婦其告于祖乙一牛
三二八九六　癸亥貞危方以牛其蒸于來甲申
三二八九六　乙卯貞有〓伐于伊
三二八九六　乙卯貞卯
三二八九六　…其…自上甲
三二八九七　丁未貞王其令望乘婦其告于祖乙
三二八九七　丁未貞王令卯途危方

三二八九七　…〓…伊…卯一牛
三二八九八　…乘望惟〓…
三二八九九　庚辰貞令乘望途危方
三二九〇〇　…師般途子妻
三二九〇〇　…王令師般
三二九〇一　…王令師般途子…
三二九〇二　…以聞…牛
三二九〇三　…于出雨
三二九〇三　辛卯貞从斲涉
三二九〇三　辛卯貞从狩盧涉
三二九〇三　…貞犬延無囚
三二九〇四　庚辰貞方來即使于犬延
三二九〇四　…捍既
三二九〇五　乙丑貞祟交
三二九〇五　乙丑貞惟奚令祟交
三二九〇六　乙巳卜惟西惟妣
三二九〇六　丁巳…
三二九〇六　乙…惟…惟…
三二九〇六　乙巳卜惟北惟妣
三二九〇六　乙巳卜惟〓令
三二九〇六　乙巳卜惟口令
三二九〇六　令沖宗
三二九〇六　…卜祖…茲…
三二九〇七　乙酉…令〓…
三二九〇八　…亥貞〓以…
三二九〇九　…〓以…
三二九〇九　…卜于庚
三二九一〇　己卯…
三二九一〇　惟〓令囚
三二九一一　乙亥貞…禾奉于…
三二九一一　乙酉貞王令〓途亞侯侑
三二九一一　乙酉貞…
三二九一二　于大乙𠤕
三二九一二　弜于宗其延
三二九一二　…令骨暨兔示卜…
三二九一三　癸卯卜貞鼓無囚
三二九一四　癸未…祟無…
三二九一四　其自卜有來囚
三二九一四　…貞…允喪以
三二九一五　沈三牛
三二九一五　沈三牛
三二九一五　沈三…
三二九一五　其酉告
三二九一五　其歲告
三二九一五　戊戌貞羽異惟其無〓啓

32915 貞酉…
32916 乙酉貞其令羽告于…
32916 弜以于
32916 乙巳貞大禦其陟于高祖王亥
32916 九牛
32916 十牛又五
32917 乙…貞…令…羽
32917 弜以尹
32917 六牛
32918 翌…戊…有…羽…
32919 …□黔…
32919 …暨羽…
32920 …羽令以𢦏于□
32921 …惟庚辰…
32921 …貞其令叀告…
32921 中
32922 …惟若令
32922 惟祖乙彡狩
32922 丁丑…
32922 丁丑貞…‖比…
32922 惟雟令
32922 惟令
32923 丙申酚五十小…
32923 …未貞其禦雍于…
32924 商無囚
32924 庚寅卜即丁卯不用
32925 丙辰貞其…商□…
32925 …貞
32926 甲戌貞令陮
32926 甲戌貞令□
32926 …貞…𣪊…囚
32927 …□令大…
32928 …辰貞多宁…
32929 惟王令侯歸
32929 惟王令目歸
32929 …酉卜惟宅令
32930 惟
32930 黃
32931 甲申…于來…辛亥…
32931 己丑貞奠…
32932 甫𢆶…
32932 甲寅貞□令
32933 丁未…伊其…用
32933 惟竹先用
32934 丙寅貞行惟舂□用若

32935 乙亥貞□弜□方…
32935 弜正方在…
32935 癸酉貞翌乙亥酚□于大乙　茲用
32936 己酉卜亞圉…
32937 …亥貞在□衛來
32938 …岳…王令…先…以…
32938 辛丑其奉
32939 戊寅貞王令□翌己卯步
32940 戊戌卜王于…夕入
32940 庚午卜王步…
32941 甲辰卜王步戊申暘日
32941 甲辰卜王步丁未暘日
32941 乙卯卜王步丁巳暘日
32941 庚申卜乙卯步…卯暘日
32941 暘日
32942 戊申…己酉…
32942 戊申卜王步庚戌暘日
32942 庚戌卜王步辛亥暘日
32942 不暘日
32942 …暘日
32943 庚午…王步…
32943 庚午卜王步…癸酉…
32943 …午卜…步…在…
32944 甲辰卜王步丁未暘…
32945 丙子貞王步…
32945 …雨
32946 于帝廼
32946 戊寅卜庚辰王步
32947 己丑…今日…
32947 己丑貞王于庚寅步自…
32947 壬辰貞王于癸巳步
32948 癸亥貞王…王夕步自…羌…
32949 …卜王步癸卯…
32950 癸卯…貞王…步無…
32950 …辰卜…王其…無災
32951 乙未貞…
32951 于庚子王涉若
32952 乙未貞于丁酉王涉
32952 …二牢
32952 …牢
32953 王比
32953 弜比
32953 王比
32953 弜比
32954 于癸亥省象暘日

三二九五四　壬戌卜今日王省…
三二九五四　…日…
三二九五五　辛酉卜王入癸亥暘日
三二九五五　暘日
三二九五六　庚寅卜王弜入戠
三二九五六　不暘日
三二九五六　…涉
三二九五七　庚…
三二九五七　乙未卜王惟乙巳入
三二九五七　…酉卜…己亥不雨
三二九五八　癸未…王秋犁于田
三二九五九　…王秋犁于田
三二九六〇　甲子貞…
三二九六〇　…子卜…秋犁于田
三二九六一　…貞王休…
三二九六二　辛酉…入束…王口…
三二九六二　…酉卜…囚
三二九六三　在齒冎䧹王米
三二九六四　乙巳貞王…
三二九六五　乙酉卜王…
三二九六六　…辰貞令犬侯…戴王事
三二九六七　乙巳…匕大…
三二九六七　己酉貞王其令山…我工
三二九六七　己酉貞山戴王事
三二九六七　束尹羽
三二九六七　…辰…
三二九六八　丁丑貞王弜商望其戠
三二九六八　丁丑貞令秋王其大史
三二九六八　丁丑貞王于卜伐
三二九六八　…貞…惟…伐
三二九六九　弜其悔
三二九六九　其呼盧㙯史需射有正
三二九六九　…其…
三二九七〇　癸…卜…
三二九七〇　癸卯貞旬有祟王無囚
三二九七一　乙酉貞王無囚
三二九七一　丁亥貞步自于…
三二九七二　己卯貞王無囚
三二九七三　弜比
三二九七三　辛卯貞王無壱
三二九七四　…豊小宰王受祐
三二九七五　…至司𢎪王受祐
三二九七五　…至…
三二九七六　王…祐
三二九七六　惟王受祐

三二九七七　…父若王受祐
三二九七七　…歲惟二牢

甲骨文合集摹釋

第十一冊　三三九七八——三五三四二

三三九七八	乙酉	三三九七八	弜允
三三九七八	：小臣：逋	三三九七九	多尹在廍
三三九七九	癸巳卜禰告師般	三三九七九	：惟牛一：告：
三三九八〇	弜：	三三九八〇	甲午貞其令多尹作王寢
三三九八一	：其：	三三九八一	：寅貞其延登于丁
三三九八一	惟庚延登	三三九八一	：于多工
三三九八二	癸亥貞丁卯侑嘯咢歲十宰	三三九八二	伊歲一牛
三三九八二	其三牛	三三九八二	戊戌貞侑效于爿攸侯戠啚
三三九八二	中效于義攸侯戠啚	三三九八三	弜正其母
三三九八三	其比虎師無災王徠	三三九八三	：不雨：吉
三三九八三	：雨	三三九八四	丙寅：虎：豕王匕
三三九八五	弜惟	三三九八五	：丑卜：犬：犬
三三九八六	甲申卜𣏟楚享	三三九八七	丁卯卜奉于享京亞𠂤其步十牛
三三九八八	甲午：亞𠂤：無：	三三九八九	：亞𠂤往于：告：
三三九九〇	：亞其衆：	三三九九一	：亞自往：
三三九九二	丁丑貞其寧雨于方	三三九九二	戊寅貞戠無囚
三三九九二	：以多田亞任：	三三九九二	：以多田亞任：
三三九九二	：宰其䒭	三三九九三	乙酉貞：多馬：
三三九九四	丙申卜王令遘以多馬	三三九九四	乙亥卜侑羌𢀛
三三九九四	呼小臣	三三九九五	壬申卜令馬即射
三三九九五	弜即	三三九九五	不
三三九九六	癸酉貞：祟：無：	三三九九六	乙亥貞令戋于𣪕
三三九九六	乙亥貞令內以新射于𣂈	三三九九六	癸未貞王令戋
三三九九七	庚：貞：以：	三三九九七	辛未貞王令以戋于𣪕
三三九九七	辛未貞遘以新射于𣂈	三三九九七	辛未貞鼓：祉
三三九九八	：以新射于：	三三九九八	：射于𣂈
三三九九九	己酉令戋衛从	三三九九九	己酉貞令从以多射：
三三〇〇〇	丁丑：令：	三三〇〇〇	戊寅貞多射往𡆥無囚
三三〇〇〇	有囚	三三〇〇〇	：𢍰：
三三〇〇一	貞令多射衛	三三〇〇一	：其奉雨于𤉢燎九宰
三三〇〇一	丁亥貞：	三三〇〇二	：兹：
三三〇〇二	惟戈人射	三三〇〇三	：寅貞：射比赤：
三三〇〇三	甲寅貞：	三三〇〇三	甲寅貞：
三三〇〇三	丁巳貞：	三三〇〇四	：王：侯?即：
三三〇〇四	：射：即疾：	三三〇〇五	弜涉示其師
三三〇〇五	兹用	三三〇〇五	：巳貞：
三三〇〇五	辛卯貞：	三三〇〇六	辛未侑于出日兹不用
三三〇〇六	辛未卜侑于出日	三三〇〇六	乙未貞：：用
三三〇〇六	丁酉貞王作三師右中左	三三〇〇六	辛亥貞：于?祖乙宗
三三〇〇六		三三〇〇七	壬子卜其大：𠙵：因
三三〇〇八	：酒有正	三三〇〇八	：其執美：
三三〇〇九	：執延：	三三〇一〇	乙亥卜執屮
三三〇一〇	乙亥卜弗執屮	三三〇一一	庚戌卜不執
三三〇一一	庚戌卜不執	三三〇一二	壬子卜惟乙卯𣪕

三三〇一二 ：子卜于甲子𣪊
三三〇一二 ：乂肇：
三三〇一二 弗執
三三〇一三 癸丑貞甲寅酹盟丁自甲不：
三三〇一三 執
三三〇一三 弗執
三三〇一三 其：
三三〇一四 甲辰卜召方來惟其𢦏
三三〇一四 ：卜：于：乙：燎
三三〇一五 ：于：于相：告
三三〇一五 己酉卜召方來告于父丁
三三〇一六 ：告：
三三〇一六 己酉卜召方來告于父丁
三三〇一六 己：川：
三三〇一七 己亥貞令王替追召方及于：
三三〇一七 己亥告于父丁三牛
三三〇一七 五牛
三三〇一八 ：王𠭯
三三〇一八 ：伐召受祐：
三三〇一九 ：伐：
三三〇一九 癸巳：于一月伐𦎧暨召方受祐
三三〇二〇 ：戓伐召方受祐在：
三三〇二〇 ：典伐召方受祐
三三〇二〇 貞王比？：戓典伐召方受祐
三三〇二〇 二告
三三〇二一 王弜征召方
三三〇二一 弜征
三三〇二一 王弜：召方
三三〇二二 貞王征召方受祐
三三〇二三 于辛巳王征召方
三三〇二四 于辛巳王征召方
三三〇二五正 己未貞今夕無𡆥
三三〇二五正 庚申貞今夕無𡆥
三三〇二五正 壬戌貞今夕無𡆥
三三〇二五正 癸丑貞今夕無𡆥
三三〇二五正 辛酉貞今夕無𡆥
三三〇二五正 ：月
三三〇二五反 ：羲于：
三三〇二五反 丁未貞王征召方在羲卜九月
三三〇二六 丙子卜今日祟召方𡙁
三三〇二七 庚午貞辛：敦召方受：茲弗及召
三三〇二八 庚午貞辛未敦召方暘日允暘日弗及召方
三三〇二九 ：惟：亞于：𡳿：
三三〇二九 戊午卜暨至禦盟己未
三三〇二九 庚申卜于丁卯敦召方受祐
三三〇三〇 壬申卜衔召于𦆫

三三〇三〇 ：日又：方
三三〇三一 弗執召
三三〇三一 茲用
三三〇三二 癸卯卜刀方其出
三三〇三二 弜：
三三〇三三 癸卯：王令？：
三三〇三三 弜行
三三〇三三 癸卯卜刀方其出
三三〇三三 不出
三三〇三三 丙午卜百燎衩告于父丁三牛
三三〇三三 其五牛
三三〇三三 庚戌犬延允伐方
三三〇三四 丙午貞惟王征刀方
三三〇三四 丙午貞令朿𠳋以惟啓
三三〇三四 弗取？
三三〇三四 弜：
三三〇三四 己酉卜刀三千：
三三〇三五 庚：惟：
三三〇三五 庚戌惟疾令𠳋
三三〇三五 庚戌惟王自征刀方
三三〇三五 王弜征令
三三〇三五 辛亥貞王征刀方
三三〇三五 王弜：
三三〇三六 ：惟：令：
三三〇三六 庚戌貞惟王自征刀方
三三〇三六 乙巳貞令朿𠳋刀方
三三〇三七 乙巳卜及刀方
三三〇三七 ：弗：及：
三三〇三七 辛巳卜惟生月伐尸方八月
三三〇三八 己丑卜步庚午暘日
三三〇三八 侯告伐尸方
三三〇三九 丙申卜𢦏𠳋人：在𦆫若
三三〇四〇 ：北？：單？
三三〇四〇 己亥卜：𠳋：
三三〇四一 己：𠳋𡆥于𦞀遘：
三三〇四一 弗遘
三三〇四一 ：酹匚于上甲
三三〇四二 己巳貞并𠳋伐𠳋方受祐
三三〇四二 并弗受祐
三三〇四二 四牛
三三〇四二 其夕告：
三三〇四二 丁巳貞并𠳋伐𠳋受祐
三三〇四三 并弗受祐
三三〇四三 四牛
三三〇四三 其夕告上甲
三三〇四四 弗執

三三〇四四　己巳貞執井方
三三〇四五　…寅卜方其至于[illegible]師…
三三〇四六　庚辰卜…
三三〇四六　庚辰卜又…其…
三三〇四六　方其出
三三〇四七　乙丑卜方出其奉
三三〇四八　…方不來出
三三〇四九　癸酉貞方大出立中?于北土
三三〇四九　癸酉…其告…于…
三三〇五〇　…方出从北土弗戭北土
三三〇五〇　…貞有來告…从北土其燎告…乙父丁…
三三〇五一　…方其征于南?
三三〇五二　癸…
三三〇五二　甲申于河告方來
三三〇五二　壬辰令[illegible]
三三〇五三　于大示告方
三三〇五三　…廩…
三三〇五四　…貞其卯于示
三三〇五四　乙巳貞于父丁告牛
三三〇五四　乙…方出…于大甲祖…羊
三三〇五五　丙子…今日步𠂤
三三〇五五　于翌日丁丑步𠂤
三三〇五五　丙子卜其告方來于丁一牛
三三〇五六正　惟沚戓啓我用若
三三〇五六正　庚寅卜惟[illegible]…我用若
三三〇五六正　…告方于丁
三三〇五六正　…[illegible]次…
三三〇五六反　不雨
三三〇五六反　其雨
三三〇五六反　弜告
三三〇五六反　告
三三〇五七　辛丑卜惟…月…伐方
三三〇五七　庚戌卜王…
三三〇五七　…八月
三三〇五八　癸酉貞王比沚戓伐召方受?祐在大乙宗…
三三〇五九　癸未貞王令…[illegible]方
三三〇五九　癸未貞惟射受…
三三〇五九
三三〇五九　癸未…
三三〇六〇　…丑貞[illegible]令…告方
三三〇六〇　…令𠂤比…[illegible]方
三三〇六〇　丙子矣乞旬…
三三〇六一　弜[illegible]方
三三〇六一　癸未卜方比尋
三三〇六一　弜比
三三〇六二　（習刻）

三三〇六二　辛卯丁未酚彡
三三〇六二　弗及方
三三〇六二　己丑…師及方
三三〇六三　弗及方允及
三三〇六三　于己丑有來無來
三三〇六三　不…
三三〇六四　弗[illegible]方
三三〇六五　…𠂤…並…
三三〇六五　丁巳卜貞王令並伐商
三三〇六六　乙酉…有…其…
三三〇六六　乙酉卜貞王有冊于祖乙
三三〇六六　…卯…貞今夕令伐商
三三〇六七　辛卯卜貞今夕令伐商
三三〇六八　丁巳卜貞王令𠂤伐于東邦
三三〇六九　己亥…侯…啓王…伐歸若
三三〇六九　壬子卜啓日翌癸丑
三三〇六九　丁酉卜今生十月王敦佣受祐
三三〇六九　弗受祐
三三〇六九　壬子卜貞步師無囚
三三〇六九　有囚
三三〇六九　庚子卜伐歸受祐八月
三三〇六九　弜伐歸
三三〇六九　丁亥卜…十一月
三三〇六九　…免
三三〇七〇　…伐歸白…受祐
三三〇七一　甲辰卜雀受侯祐
三三〇七一　…卜[illegible]侯𢦏雀
三三〇七一　甲辰卜雀𢦏[illegible]侯
三三〇七一　甲辰卜侯賓雀
三三〇七一　…[illegible]…丙…戈…
三三〇七二　…弜…
三三〇七二　戊…卜令雀伐[illegible]侯…
三三〇七三　…伐[illegible]…
三三〇七四　己丑卜貞亩以沚戓伐獸受祐
三三〇七五　庚申卜不[illegible]獸
三三〇七五　其[illegible]獸
三三〇七五　甲子…酉…奉十…一牛
三三〇七五　甲子
三三〇七六　…不…
三三〇七六　丁卯卜戊辰暘日
三三〇七六　丁卯卜允暘日
三三〇七六　戊辰卜不暘日
三三〇七六　戊辰卜弗[illegible]獸
三三〇七六　…卜…[illegible]獸
三三〇七七　癸亥卜今夕敦獸𢦏

三三〇七七 癸酉卜巫寧風
三三〇七八 癸酉卜…敦獸甲戌𢦏
三三〇七八 乙亥…王敦…翼…旬一日乙…
三三〇七九 …奴獸
三三〇七九 …奴獸
三三〇八〇 乙亥卜貞令乙亥王敦翼𢦏
三三〇八一 丙子卜于丁丑𢦏
三三〇八一 丙子卜于戊寅𢦏
三三〇八一 丙子卜…
三三〇八一 弗𢦏
三三〇八一 …辰卜…子…𢦏
三三〇八一 丁丑卜今日𢦏翼
三三〇八一 丁丑卜戊寅𢦏翼
三三〇八一 戊寅
三三〇八二 …亩…先以…侯步…十三月
三三〇八二 …在尤十二月
三三〇八二 …步…在尤
三三〇八二 辛酉卜王翌壬戌𢦏秞十二月
三三〇八三 …伐…罗…口…
三三〇八三 癸丑卜王…敦秞𢦏十二月
三三〇八四 …十二月
三三〇八四 …王𢦏猷十月
三三〇八五 癸亥貞伐…祖乙𠂤尋？獲…
三三〇八五 …叔酉歲…
三三〇八六 …翌甲子伐盧…
三三〇八六 …𨽸…伐盧帝…
三三〇八七 丁巳卜王在𤲞𣃔允伐在夒
三三〇八八 …征亩
三三〇八八 …亩
三三〇八八 …亩
三三〇八八 …亩
三三〇八八 …征亩
三三〇八八 今夕征亩
三三〇八八 …今日暘…
三三〇八八 今夕不征亩
三三〇八九 癸亥卜…日禦…
三三〇八九 癸亥…
三三〇八九 …其娩…
三三〇九〇 戊寅卜其…酉
三三〇九一 …貞…令𢀛…取鼓告…白執三月
三三〇九二 …敦孽受…
三三〇九三 …酉貞王惟西方正
三三〇九四 …惟西方𢀛我
三三〇九五 …有來告…
三三〇九六 …亥…立中

三三〇九七 …乙知爯冊
三三〇九八 辛卯卜惟𠧢啓用若
三三〇九九 辛卯惟𠧢啓若
三三一〇〇 于㗊師
三三一〇〇 乙巳…貞…在夒
三三一〇一 于𢑥師
三三一〇二 乙丑卜王于庚告
三三一〇二 乙丑卜王于𡧊告
三三一〇二 丁卯卜王于龐…
三三一〇二 …巳卜…乙酉…暘日
三三一〇三 …于貞令…師在膚
三三一〇三 …東
三三一〇四 己亥卜乘…十示二牛十示…于來乙巳
三三一〇四 癸巳卜王比沚戓
三三一〇五 己丑貞王比沚戓在茲不見
三三一〇六 貞王比沚戓伐
三三一〇六 貞王比沚戓伐
三三一〇七 甲子貞王比沚戓在七月
三三一〇七 有𢀛
三三一〇七 辛巳貞王比沚戓
三三一〇七 王比
三三一〇七 辛…貞…
三三一〇七 癸…
三三一〇八 …王比沚戓今秋…祐在祖乙宗
三三一〇八 …沚戓典
三三一〇九 …沚戓…
三三一一〇 丁巳…王比…戓
三三一一一 癸亥卜王惟戓比
三三一一二 乙丑卜王惟…立比…乘
三三一一二 乙丑卜王惟戓比
三三一一二 丙申卜其疾
三三一一二 丙申卜弗疾
三三一一二 癸亥卜王惟尸征
三三一一二 王惟望乘比
三三一一二 癸亥…王惟…比
三三一一三 辛…貞…
三三一一三 丁未卜貞王令阜伐
三三一一三 乙卯卜貞王令並伐
三三一一四 辛未…方其𠦪允𠦪
三三一一四 不𠦪
三三一一四 辛未卜亞阜遘𢦔
三三一一五 其…五…
三三一一五 己巳貞亞阜其遘𢦔
三三一一五 不遘𢦔
三三一一五 …卜…牛

三三一一六 丁卯貞卒伐受祐
三三一一六 不受祐
三三一一六 不受祐
三三一一七 ：卒伐受祐
三三一一八 癸未卜：伐
三三一一九 並伐
三三一一九 伐並
三三一一九 伐
三三一二〇 丁巳：王正
三三一二〇 其正
三三一二一 己卯卜在：弗戕
三三一二二 ：卜：
三三一二二 戊寅卜：敦：
三三一二三 辛巳貞：宗惟：
三三一二三 ：巳貞：敦：惟若
三三一二四 壬寅卜王于商
三三一二四 弜載?
三三一二五 辛卯卜王入商
三三一二五 ：卯：
三三一二六 癸：貞：
三三一二六 癸卯卜貞旬無囚
三三一二六 癸酉卜貞旬無囚
三三一二六 癸：卜貞旬無囚
三三一二六 癸卯卜入于商載?
三三一二六 ：囚
三三一二六 弗用
三三一二六 癸：在：
三三一二六 ：旬：囚
三三一二六 ：旬：在：
三三一二七 乙：大：自：
三三一二七 丙辰卜于庚申酌𠦪用在商
三三一二八 惟美奏
三三一二八 惟𡚥奏
三三一二八 惟商奏
三三一二九 ：雨
三三一二九 甲子貞大邑有入在𠂤?
三三一三〇 貞旬無囚在[虍攴]
三三一三〇 貞旬無囚在朝
三三一三一 ：貞：弜：賓：在[虍攴]
三三一三二 癸亥貞旬無囚見于敦
三三一三二 癸酉貞旬無囚
三三一三二 癸未貞旬無囚
三三一三二 ：旬：
三三一三三 癸丑貞旬王無囚見于敦𣎵
三三一三三 癸亥貞旬無囚

三三一三三 癸酉卜貞旬無囚王：
三三一三三 ：卯：
三三一三四 癸卯貞旬無囚在子京
三三一三四 癸丑貞旬無囚在子京
三三一三四 癸亥貞旬無囚在子京
三三一三四 癸酉貞旬無囚在子京
三三一三四 癸未貞旬無囚在子京
三三一三五 癸未貞旬無囚在子京
三三一三五 癸巳貞旬無囚在子京
三三一三五 癸卯貞旬無囚在子京
三三一三五 癸丑貞旬無囚在子京
三三一三五 癸亥貞旬無囚在子京
三三一三五 ：酉：旬：
三三一三六 辛卯卜于敦伐
三三一三六 于砓享伐
三三一三六 ：川：伐
三三一三七 戊申卜寧雨
三三一三七 甲午卜于[石享]
三三一三七 乙未：晹日：
三三一三八 ：申：其𠦪：于高：牛
三三一三八 壬：貞：燎雨：
三三一三九 ：丑貞：乙卯：于享京
三三一四〇 ：又尊圉：十牢
三三一四〇 ：允享京
三三一四一 癸巳卜貞旬：
三三一四一 癸亥卜貞旬無囚
三三一四一 癸未卜貞旬
三三一四一 癸巳卜貞旬在罗
三三一四二 癸巳卜貞旬無囚：
三三一四二 癸亥卜貞旬無囚
三三一四二 癸未卜貞旬無囚
三三一四二 癸巳卜貞旬在罗
三三一四二 癸卯卜貞旬無囚
三三一四二 癸酉卜貞旬無囚
三三一四二 癸未卜貞旬無囚
三三一四三 ：自羲于：
三三一四四 ：亞五牛在羲
三三一四五 癸巳貞旬無囚
三三一四五 癸卯貞旬無囚在𢀛旬
三三一四五 癸丑貞旬無囚在羲
三三一四五 癸亥貞旬無囚在䜌旬
三三一四五 ：酉：旬無囚：食旬
三三一四六 丁亥惟雈惟囚
三三一四六 丁亥卜惟雈惟囚

33147 丁…貞…
33147 丁巳貞王步自𡆥于㯱若
33147 壬戌貞乙丑王步自㯱
33147 乙丑貞今日王步自㯱于斐
33148 甲…無…肇…
33148 有壱
33148 丙辰貞王步于𡆥
33148 …貞王步于㯱
33149 癸亥貞王惟今日伐…王夕步自果三陮
…乙丑王𢀛師𡆥…
33149 …𡆥芻母無𡆥
33150 …巳…王…
33150 辛巳貞王…
33150 辛巳貞王惟癸未步自果陮
33151 …惟…酉王…果陮
33152 …果陮
33152 …雨
33153 …未貞…在樂…
33154 …丑卜…惟于來…
33155 …由無…
33156 …步…自羌于…
33157 …步自尋于…
33158 …自𡧊其…
33159 王往于廼
33159 惟丁卯步
33159 …巫帝…
33160 …貞王往公…
33160 丁未…
33161 乙巳貞王往宮…
33161 …王往宮不雨
33162 貞…王其…自鮻于…多若
33162 …王狩暨擒
33162 弗擒
33162 …畢…㹞…擒
33163 癸未貞旬無𡆥不…王在…
33163 癸…
33164 癸亥貞旬無𡆥
33164 癸酉貞旬無𡆥有…
33164 癸未貞旬…𡆥…出
33164 …在…𠃬…
33165 …子卜…來…丩…
33165 乙亥…貞…
33166 癸丑貞于秋令
33167 …于黃…
33167 乙丑卜惟往陷…

33168 …于戠
33169 …于盂
33170正 …惟壬…
33170正 …飤早…
33170正 弜…
33170反 …王其…于堊
33171 己酉…于…
33172 …于喪
33173 丙戌…在徫…
33174 …蓺…
33174 …卒…告…在并
33175 …于十…
33175 …弜从于呺
33176 弜取
33176 （習刻）
33177 …滴北…九彔
33177 乙…受…
33177 甲寅…
33178 …北…
33178 于滴南巛
33179 …洹方
33180 …夕生亘方
33180 癸酉卜貞旬無𡆥
33180 …又七大…
33181 己酉卜召方…于…告
33182 …召方二千惟…
33183 …王…人千
33183 …王…召…
33184 己…
33184 丁未…鼓令…召方
33185 …盧方…
33186 …盧…
33187 …盧…
33188 …其方盧…
33189 癸未卜龍來以衍方…茲用乙酉遘…
33189 己丑其卣衍方惟今來丁
33189 二牛
33189 三牛 茲用
33189 …茲用
33189 …酌…
33189 辛丑卜貞𠦪年…
33190 癸未卜…
33190 己丑卜其卣衍方惟今來丁…
33190 二牛
33190 二牛 茲用

33191 ……卯……又……伐……
33191 癸亥貞危方以牛其蒸于來甲申
33192 辛酉……貞方……以……來甲申
33192 ……酉……牛……蒸……
33193 癸卯……
33193 癸未貞甲……
33193 庚寅貞……
33193 ……酢……牛
33193 王令木其酉告
33193 ……三羌……
33193 壬午貞癸未王令木方止
33193 ……燎三……三牛圍……
33194 癸卯卜人方
33195 方不……化
33196 方不……
33197 ……方不
33197 癸……貞旬無囚
33197 癸……
33198 丁丑貞旁不……
33199 ……卜……
33199 丙申用不……
33199 ……卜用不……
33200 丁丑……周弗……
33201 貞……
33201 貞弜沃人……珏
33201 丁亥卜……沃人……珏呼鬱召夲在四月卜
33201 ……于甲……步……
33202 戊子卜執人……止……
33203 辛亥卑令束人先涉……
33204 惟南方
33205 ……邦于北土歸……
33205 ……惟新伐令……
33206 ……于北……犬
33207 ……在北濼西
33207 甲子……王……
33208 甲子卜王从東戈乎侯𢦏
33208 乙丑卜王从南戈乎侯𢦏
33208 丙寅卜王从西戈乎侯𢦏
33208 丁卯卜王从北戈乎侯𢦏
33208 （習刻）
33208 （習刻）
33208 （習刻）
33208 ……辰卜……
33209 癸亥貞于吳𢦏……
33209 癸亥貞王令多尹𡉚田于西受禾
33209 癸亥貞多尹弜作受禾
33209 戊辰貞𠦪禾自上甲其燎
33209 癸亥貞其𠦪禾自上甲
33209 乙丑貞王令𡉚田于京
33209 于嬴𡉚田
33210 己巳王……剛𡉚田
33210 辛卯……于……
33210 壬申貞……
33211 ……𡉚……
33211 甲子貞于下人刖𡉚田
33211 ……子貞于……方𡉚田
33212 ……王令……𡉚田……嬴
33213 貞王令多羌𡉚田
33214 弜逐土田
33215 癸巳……复……舟
33215 弜犬延土田
33215 ……枚……
33216 ……寅卜……令逐……享……
33216 庚……辛……歲……
33217 戊戌貞令犬延田若
33218 惟……鼓……田
33218 惟雟令田
33218 惟卑令田
33218 ……卜……令……田
33219 庚申王令卑田
33219 ……未卜……令……凷……
33220 ……卯貞王令卑田于京
33221 ……卜王令……田于京
33222 ……子貞……卑田于……
33223 ……𥂴田在……
33224 戊寅貞惟王穧……
33224 戊……
33224 戊……貞……
33224 戊寅貞弜令……
33225 弜穧
33225 王弜穧
33225 王弜穧
33225 己卯貞在囧咼來告芳王
33225 庚辰貞在囧咼來告芳
33225 丁丑……
33225 王其穧
33226 壬戌貞其告秋雋于高……
33226 壬戌……于……
33227 ……戌貞其告秋雋于高祖夒六……
33228 ……貞……秋……𪔭……牛
33228 戊戌貞……于高……

三三二二九　庚…告秋于何?
三三二二九　庚午…岳…告秋
三三二三〇　壬…其尋告秋
三三二三〇　弜告秋于上甲
三三二三〇　壬子貞弜米帝秋
三三二三〇　弜弜米帝秋
三三二三一　壬…貞…米…秋
三三二三一　弜弜米帝秋沘?
三三二三二　癸…
三三二三二　…酉卜于…告秋雋
三三二三三正　…雨?在?祖乙宗
三三二三三正　癸巳貞其燎十山雨
三三二三三正　貞其寧秋來辛卯酒
三三二三三反　丙申貞不雨
三三二三三反　…于…
三三二三四　庚辰貞其寧秋
三三二三四　庚辰貞其…
三三二三四　癸巳貞…
三三二三五　癸…迒…
三三二三五　弜迒禾
三三二三五　癸卯卜甲雨
三三二三五　不雨
三三二三六　癸巳卜令阜省亩
三三二三六　不…得?…
三三二三七　庚子卜令𠂤省亩
三三二三七　惟阜令省亩
三三二三七　惟並令目亩
三三二三七　…鼓令…亩
三三二三八　…令…亩
三三二三八　庚子…𠂤…
三三二三九　…子卜令…省亩
三三二四〇　乙…惟…巫?…
三三二四〇　丁未卜大邑受禾
三三二四〇　…受禾
三三二四一　戊寅貞來歲大邑受禾在六月卜
三三二四一　不受禾
三三二四一　庚辰貞受…
三三二四一　庚辰卜方不出
三三二四一　方其出
三三二四一　庚辰卜有人允其東饗
三三二四一　庚辰卜有呂人其南
三三二四一　庚辰卜有呂人南
三三二四一　其北饗
三三二四一　其北饗
三三二四一　其侑牛

三三二四一　其東饗
三三二四一　不暘日
三三二四二　…酉卜…大邑受禾
三三二四二　…卜…邑受禾
三三二四三　癸酉卜貞大邑…禾
三三二四四　不受禾
三三二四四　癸卯貞東受禾
三三二四四　北方受禾
三三二四四　西方受禾
三三二四四　…方…禾
三三二四五　惟受禾
三三二四六　南…禾…
三三二四七　西方受禾
三三二四八　癸丑卜受禾
三三二四九　辛亥貞作…燎受禾
三三二四九　…卯貞兕…小臣…从又…它旬受禾
三三二五〇　…牢…有…羌?
三三二五〇　于父丁卯
三三二五〇　己巳貞受禾
三三二五一　（習刻）
（習刻）
（習刻）
三三二五二　…受禾
三三二五三　辛未貞受禾
三三二五四　…受禾
三三二五五　乙亥卜受禾
三三二五六　惟…
三三二五六　辛卯貞咸我來歲惟受禾
三三二五六　來歲不受禾
三三二五七　受禾
三三二五八　（習刻）
三三二五九　辛未卜燎于…
三三二五九　辛未…不受禾
三三二六〇　乙亥卜受來禾
三三二六〇　丁丑卜…禦方
三三二六一　辛亥貞受禾
三三二六一　不受禾
三三二六二　癸未…受…
三三二六二　不受禾
三三二六三　庚午貞…
三三二六三　…王其…舟…
三三二六三　不受禾
三三二六三　辛未貞不降𢦏
三三二六四　不受禾
三三二六五　不受禾

三三二六六 不受禾
三三二六七 不受禾
三三二六七 ：其：牛：
三三二六八 ：受禾
三三二六八 不受禾
三三二六八 不受：
三三二六九 己丑貞王𠃬：受：
三三二六九 癸：有：牢
三三二六九 弗受禾
三三二七〇 甲子貞𠦪于河受禾
三三二七〇 ：貞𠦪于：受禾
三三二七一 己亥貞𠦪禾于河受禾
三三二七一 貞：祖：牛：
三三二七二 ：申卜：四土：宗
三三二七二 辛未卜燎于河受禾
三三二七二 壬申卜燎于𩁹雨
三三二七三 丙寅貞燎三小宰卯牛：于：
三三二七三 丙寅貞有丩歲于伊尹二牢
三三二七三 戊辰卜及今夕雨
三三二七三 弗及今夕雨
三三二七三 癸酉卜有燎于六云五豕卯五羊
三三二七三 癸酉卜有燎于六云六豕卯羊六
三三二七三 己巳貞𢦏囚
三三二七三 丙寅貞惟丁卯酚于𡧊
三三二七三 丙寅貞于庚午酚于𡧊
三三二七三 丁卯貞于庚午酚燎于𡧊
三三二七三 己丑貞庚午酚燎于𡧊
三三二七三 庚午燎于岳有从在雨
三三二七三 燎于岳無从在雨
三三二七三 壬申貞𠦪禾于夒
三三二七三 壬申貞𠦪禾于河
三三二七三 壬申𠛱于伊奭
三三二七三 惟其雨
三三二七三 今日雨
三三二七四 己卯貞𠦪禾于：
三三二七四 癸未貞𠦪禾于𩁹
三三二七四 癸未貞𠦪禾于河
三三二七四 癸未貞𠦪禾于岳
三三二七四 癸未卜甲雨
三三二七四 不雨
三三二七四 乙酉卜丁雨
三三二七四 不雨
三三二七五 己卯貞𠦪禾：
三三二七五 癸未貞𠦪禾于𩁹
三三二七五 癸未貞𠦪禾于河

三三二七六 ：𠦪禾：河燎：小宰沈三牛囲宰
三三二七六 乙巳貞𠦪禾于𩁹三玄牛
三三二七七 壬申貞𠦪禾于河燎三牛沈三牛
三三二七七 壬申貞𠦪禾于夒燎三牛卯三牛
三三二七七 ：申貞：𡧊?：禾
三三二七八 辛：貞：令：𢦔田：
三三二七八 辛酉貞王令𠭯以子?方奠于并?
三三二七八 壬申貞𠦪禾于河燎三牛沈三牛
三三二七八 壬申貞𠦪禾于夒燎三牛卯三牛
三三二七八 ：申貞：于𡧊：𠦪禾
三三二七八 癸：
三三二七八 ：卯：燎：
三三二七九 ：申貞其：𠦪禾于河
三三二八〇 ：河燎：五宰：沈五：
三三二八〇 癸巳貞：𠦪禾：河燎二：沈牛
三三二八一 辛卯貞于夕令：
三三二八一 丁酉貞秋不𩁹
三三二八一 其𩁹秋
三三二八一 甲辰卜其𠦪禾于河
三三二八一 甲辰卜：于岳：𠦪禾
三三二八二 壬子貞其𠦪禾：岳
三三二八二 壬子貞其𠦪禾于河燎三宰沈五
三三二八二 丙：貞：無囚
三三二八二 乙巳貞其𠦪禾于伊
三三二八二 壬子貞其𠦪禾于河燎三宰沈三囲宰
三三二八三 辛卯：河：牛二
三三二八三 辛卯貞其𠦪禾于河燎二宰沈牛二
三三二八三 河燎三宰沈牛三
三三二八三 辛卯貞𠦪禾于河弜𠭯惟丙
三三二八四 辛：貞𠦪：于河弜𠭯惟：
三三二八四 癸巳貞𠦪禾于河燎三宰沈三
三三二八四 ：燎：宰：五
三三二八五 ：巳酚禾𠦪于河燎：囲宰
三三二八五 ：伐
三三二八五 ：侑于大乙
三三二八六 乙：
三三二八六 乙巳貞惟𠂤先伐
三三二八六 庚戌貞𠦪禾于示壬
三三二八六 癸丑貞尋𠦪禾于河
三三二八六 ：丑貞尋：禾：祖
三三二八七 庚午貞尋𠦪禾于河
三三二八八 貞王其宔禾𠦪于河
三三二八八 貞王弜宔禾𠦪于河
三三二八八 戌：
三三二八九 ：酉貞𠦪禾于岳

三三二八九　…岳…
三三二九〇　庚戌卜…燎
三三二九〇　…侑于岳桒禾
三三二九〇　丁未…
三三二九〇　丁未…于岳桒禾
三三二九一　不雨
三三二九一　不雨
三三二九一　甲寅乙雨
三三二九一　不雨
三三二九一　乙卯丙雨
三三二九一　不雨
三三二九一　辛酉卜惟娥壱雨
三三二九一　辛酉卜取岳雨
三三二九一　雨
三三二九一　己亥卜不…
三三二九一　丁未卜侑于岳桒禾
三三二九一　丁未卜及夕雨
三三二九一　庚戌卜侑于岳桒禾
三三二九一　庚戌卜巫帝一羊一豕
三三二九一　辛亥卜壬雨至癸
三三二九一　癸酉卜乙雨
三三二九一　癸酉雨
三三二九二　丁酉卜貞不𠧟雨
三三二九二　…雨
三三二九二　…卯貞桒禾…岳燎三小宰…圍宰
三三二九二　乙卯貞桒禾于岳燎三小宰圍三牛
三三二九二　…貞桒禾…沈三牛圍大宰
三三二九三　…桒禾于示壬
三三二九三　戊戌貞其桒禾于示壬
三三二九三　戊戌貞其桒禾于示壬
三三二九三　貞其桒禾于𩰫
三三二九三　壬寅貞其桒禾于岳燎…
三三二九三　壬寅貞其桒禾于岳燎三…
三三二九三　…其桒禾于夒燎小宰卯…
三三二九三　…于岳雨
三三二九四　乙亥貞…禾于岳…卯三牛
三三二九四　弗壱雨
三三二九五　于岳桒禾
三三二九五　于…桒…
三三二九五　癸酉…
三三二九六　丁未貞桒禾于岳燎小宰卯三牛
三三二九六　丁未貞桒禾自上甲六示牛小示𧺼羊
三三二九六　…酉卜…其歲
三三二九七　…貞桒禾于岳…
三三二九七　庚寅貞桒…

三三二九七　庚寅貞桒…
三三二九七　…未貞卑…
三三二九七　…貞卑…
三三二九八　…酉貞…禾…
三三二九八　乙巳貞桒禾于岳
三三二九八　乙巳貞桒禾于高祖
三三二九八　己酉
三三二九八　己酉
三三二九九　丁卯貞桒禾…岳燎三宰?卯三牛
三三二九九　辛未貞今翌禦王
三三二九九　…王…
三三三〇〇　…于河
三三三〇〇　…其桒禾于岳
三三三〇一　…貞桒禾于夒
三三三〇二　…桒禾于□
三三三〇二　惟今庚酒
三三三〇三　弜
三三三〇三　庚午卜其桒禾于□其暨雨
三三三〇四　…先侑
三三三〇四　己巳…惟夒先侑
三三三〇四　癸酉卜弜桒受禾
三三三〇四　癸酉卜桒禾于□
三三三〇四　…酉貞受禾
三三三〇五　乙卯卜貞桒禾于高燎九牛
三三三〇六　…貞…桒禾…高祖…牛
三三三〇六　丁巳貞其桒…于高…六牛
三三三〇七　庚…桒…
三三三〇七　…申…其尋…禾于高祖
三三三〇八　茲雨
三三三〇八　其雨
三三三〇八　甲子貞桒禾于高祖
三三三〇八　丙辰卜丁巳有歲于大丁不雨
三三三〇九　丁酉雨
三三三〇九　戊戌
三三三〇九　辛卯卜甲午桒禾上甲三牛用
三三三〇九　壬辰卜…示壬…牢
三三三〇九　庚寅允雨
三三三〇九　壬辰卜翌辛卯雨
三三三〇九　延雨
三三三〇九　丙辰卜允帝
三三三一〇　…令…
三三三一一　…卯卜甲午…禾上甲三牛用
三三三一二　辛卯卜…桒禾上甲…
三三三一二　己酉…雨
三三三一三　乙卯卜貞桒禾自上甲六示牛小示𧺼羊

三三三一三　：卜：
三三三一四　己卯貞桒禾于示壬三牢　茲用
三三三一四　：羌九盤自：
三三三一四　自甲申：
三三三一五　：不其：羊
三三三一五　桒禾于：壬
三三三一六　：酌桒禾于示壬
三三三一六　癸未在茲酌桒
三三三一六　：丁亥：壬：羌
三三三一七　桒禾于示：
三三三一七　戊子卜桒禾于示壬
三三三一七　弗桒
三三三一七　壬辰其烄雨
三三三一八　：桒禾：
三三三一八　辛巳貞酌禾于示壬
三三三一八　甲申卜侑伊尹五示
三三三一九　桒禾：
三三三一九　桒禾大乙
三三三二〇　庚午：岳：二牢：三牛
三三三二〇　庚午貞于大示桒禾雨
三三三二〇　庚午貞桒禾于父丁
三三三二〇　癸酉貞：伐：羌：
三三三二〇　：貞：岳：雨
三三三二一　庚午貞于：
三三三二一　庚午貞桒禾于父丁
三三三二一　癸酉貞甲戌有伐于祖乙：
三三三二二　：于：牢
三三三二二　辛卯貞其桒禾：
三三三二二　：卯貞其桒禾：
三三三二三　桒禾其九牛
三三三二三　圍三牢
三三三二三　壬戌卜六牛于王亥
三三三二三　：其九：牛：圍三牢
三三三二四　：巳貞惟辛卯酌桒禾
三三三二四　弜桒
三三三二五　：貞其桒
三三三二五　：酌桒禾：
三三三二六　癸卯貞惟今夕酌桒禾于：
三三三二六　癸丑貞先弗：
三三三二七　：六：
三三三二七　甲戌貞酌桒禾
三三三二七　辛卯卜侑妣壬妣癸小宰
三三三二八　：申貞桒禾于：
三三三二九　乙酉貞有歲于伊盡示
三三三二九　癸未貞辛卯其桒禾于
三三三三〇　：卜其桒禾：

三三三三一　甲辰卜乙巳其燎于岳大宰小雨
三三三三一　甲辰貞其桒禾于丁未
三三三三二　：岳燎：三牢
三三三三二　丁丑：其桒禾于：
三三三三三　：三牢
三三三三三　壬子卜桒禾示壬牢
三三三三四　戊：王：禾：
三三三三四　丁卯貞桒禾：
三三三三四　酉
三三三三五　弜桒禾
三三三三五　丁：
三三三三六　丙戌
三三三三六　弜桒禾
三三三三七　庚寅卜惟夔壱禾
三三三三七　庚寅卜惟河壱禾
三三三三八　惟岳壱禾
三三三三八　庚午卜今日其燎牢：　茲用
三三三三九　：卯：河：高祖：壱禾
三三三三九　不雨
三三三四〇　甲寅貞無囚
三三三四〇　其壱禾
三三三四一　貞禾無壱
三三三四二　：壱禾
三三三四二　己亥卜有壱禾
三三三四二　：受：
三三三四三　：卜：酌：
三三三四三　其有歲
三三三四三　無壱
三三三四四　：卜王自：禾于：以上甲大乙：
三三三四五　：牛七：
三三三四五　：禾：
三三三四六　辛亥貞我禾：
三三三四六　癸卯貞來乙未：
三三三四七　于大甲王受祐
三三三四七　：未王：受祐
三三三四七　辛巳卜其告水入于上甲祝大乙牛
三三三四八　：陷：
三三三四八　辛巳卜其燎于七月
三三三四八　燎即
三三三四八　其各
三三三四八　大水不各
三三三四八　弜寧
三三三四九　：戍無大水
三三三五〇　：商水大：
三三三五〇　壬：
三三三五一　貞今秋禾不遘大水

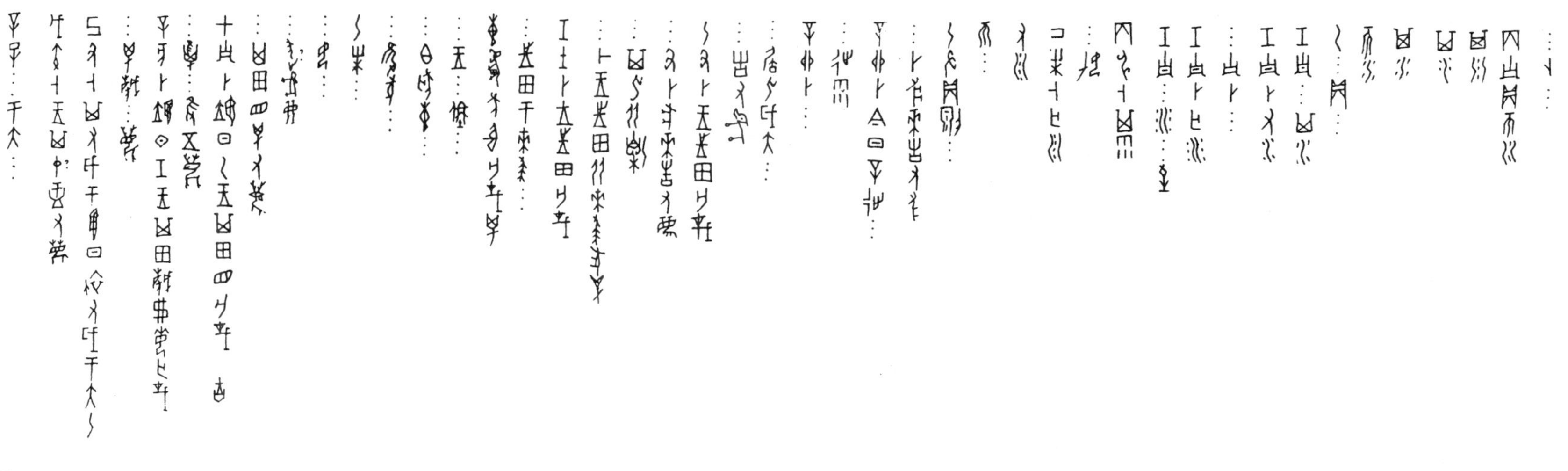

三三三五二正　：卜：
三三三五二反　丙子卜不川
三三三五二反　其川
三三三五三　其水
三三三五四　其水
三三三五四　不水
三三三五四　乙：貞：
三三三五五　壬子：其水
三三三五五　壬子卜有水
三三三五五　：子卜：
三三三五六　壬子卜無川
三三三五六　壬子：川：至
三三三五七　丙申卜其雨
三三三五七　：嘉
三三三五七　丁未卜無川
三三三五七　有川
三三三五七　不：
三三三五八　乙丑貞〼
三三三五九　：卜犬來告有祟
三三三五九　辛卯卜今日辛延：
三三三五九　：延雨
三三三五九　辛卯卜：
三三三五九　：毓妣歲大：
三三三六〇　：告有〼
三三三六一　乙丑卜王往田無災
三三三六一　：丑卜犬來告有鷹
三三三六一　：其匕从剿
三三三六二　：卜王往田从來祟豕擒
三三三六二　壬午卜王往田無災
三三三六二　：往田于來祟：
三三三六三　惟麀豕射無災擒
三三三六三　：王：俾：
三三三六四　：白狐惟：
三三三六五　：獲豕：
三三三六五　乙未：
三三三六五　：母：
三三三六六　：逐?兕麋
三三三六七　：其田目擒有鹿
三三三六七　甲子卜翌日乙王其田目無災　吉
三三三六八　：擒：獲五鹿
三三三六九　辛亥卜翌日壬王其田戲弗悔無災
三三三六九　：擒戲：鹿
三三三七〇　己丑卜其有歲于翌日衩有歲于大乙
三三三七〇　戊寅卜王其于?盂有鹿
三三三七一　辛巳：于大：

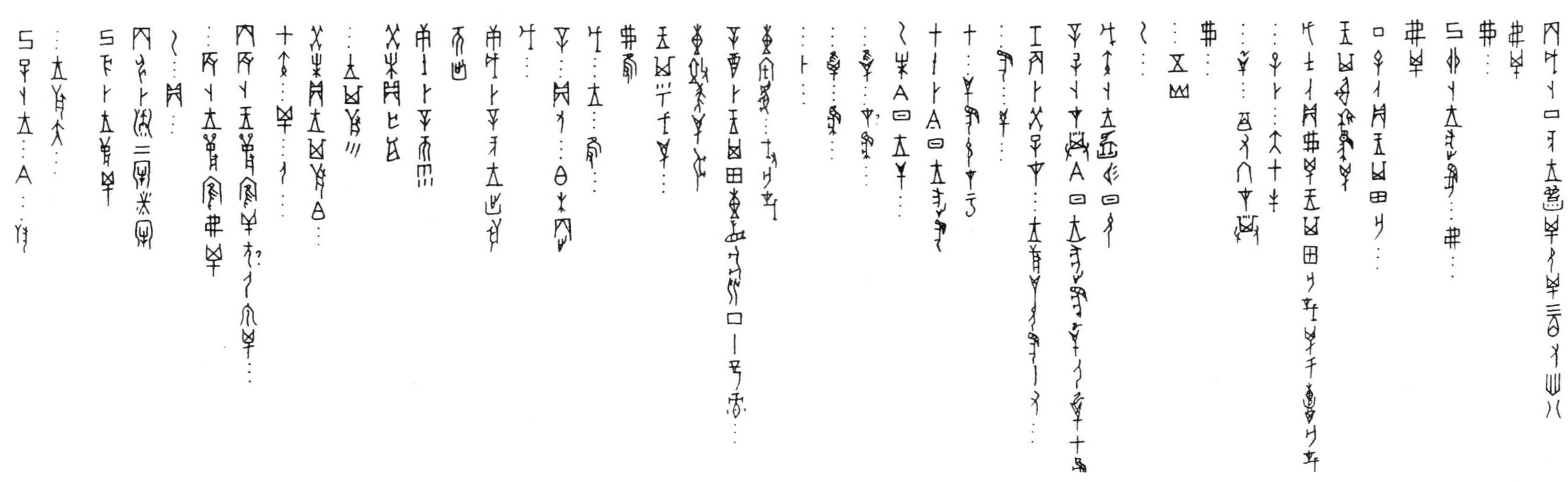

三三三七一　丙戌卜丁亥王陷擒允擒三百又四十八
三三三七一　弗擒
三三三七二　弗：
三三三七二　己卯卜王逐兕：弗：
三三三七二　弗擒
三三三七三　丁巳卜貞王其田無：
三三三七三　王其射穆兕擒
三三三七三　戊午卜貞弗擒王其田無災擒于𩫖無災
三三三七四正　：巳卜：大甲丰
三三三七四正　：擒：百又六在小箕
三三三七四反　弗：
三三三七四反　：五山
三三三七四反　乙：
三三三七四反　戊寅卜王陷暘日允
三三三七四反　辛巳卜在小箕今日王逐兕擒允擒七兕
三三三七五　壬辰卜癸巳在：王狩擒允兕十又：
三三三七五　：兕：擒：
三三三七五　甲：擒兕允在雲
三三三七五　甲午卜今日王逐兕
三三三七五　乙未今日王擒：
三三三七六　：擒：在?兕：
三三三七七　：擒：兕：
三三三七八　：卜：
三三三七八　惟宰虎：𠬝無災
三三三七八　辛酉卜王其田惟省虎比丁十豸彔：
三三三七八　惟𢦏祟擒虎
三三三七八　王其呼戈擒：
三三三七九　弗獲
三三三七九　戊：王：獲：
三三三八〇　辛：貞有：白木亞
三三三八一　戊：
三三三八一　庚戌卜辛亥王出狩
三三三八一　不出
三三三八一　庚午卜辛不雨
三三三八一　癸未貞無囚
三三三八二　：王其狩彡
三三三八三　癸未貞王其狩白：
三三三八四　甲寅：擒：人：
三三三八四　丙辰卜王狩雈擒伐?人不擒：
三三三八四　：辰卜王狩雈弗擒
三三三八五　乙：貞：
三三三八五　丙申卜沈二牢燎牢
三三三八五　己亥卜王狩擒
三三三八六　：王狩大：
三三三八七　己巳卜王：今：狩

三三三八七　己巳貞惟王狩
三三三八八　乙…貞…其狩
三三三八八　王弜狩彡
三三三八八　其三牢
三三三八九　…見由王省…
三三三八九　…比臣衛…無囚
三三三八九　…囚
三三三八九　…[illegible]…
三三三九〇　…田狩無…
三三三九一　…涉惟…狩…
三三三九一　…貞…日…有…
三三三九二　…犾…災
三三三九二　…从東?…狩無災
三三三九三　…狩…
三三三九三　…狩…
三三三九四　弜狩其悔
三三三九五　…狩…
三三三九六　癸未貞巷集
三三三九七　惟凿匕擒
三三三九七　…豕…
三三三九八　于翌日壬征擒
三三三九八　惟今日辛征擒
三三三九九　于斿征擒
三三三九九　壬寅卜…
三三四〇〇　…燎穀
三三四〇〇　乙丑卜犬伐…犾斿擒
三三四〇一　…犾彻擒
三三四〇二　弗擒
三三四〇二　不擒于䖵?　茲用
三三四〇三　…逐擒
三三四〇三　…翌日…
三三四〇四　…未其…
三三四〇四　貞于戊陷擒
三三四〇四　…擒
三三四〇五　弜呼射
三三四〇五　弗擒
三三四〇五　戊午卜王其呼…
三三四〇六　弗擒
三三四〇六　丁亥
三三四〇七　不毓
三三四〇七　丙午貞丁未其守
三三四〇八　無災
三三四〇八　弗擒
三三四〇九　其雨
三三四〇九　乙丑…王往…不雨
三三四一〇　乙巳卜今日不雨

三三四一〇　乙卯貞王往田無災
三三四一〇　不雨
三三四一〇　茲雨
三三四一〇　茲雨
三三四一〇　不雨
三三四一一　壬子貞…
三三四一一　乙卯貞王往…
三三四一二　無災
三三四一二　乙卯卜王往田不雨
三三四一三　乙亥卜王往田無災
三三四一三　弜凡
三三四一四　其雨
三三四一四　其雨
三三四一四　其雨
三三四一四　其雨
三三四一四　丁未貞王往田不雨
三三四一四　辛亥貞王往田不雨
三三四一四　無災
三三四一五　辛丑…王往…無…
三三四一五　丁未卜王往田無災
三三四一六　弗…
三三四一六　丁亥卜王往田無戋
三三四一七　不雨
三三四一七　不雨
三三四一七　不雨
三三四一七　不雨
三三四一七　不雨
三三四一七　其雨
三三四一七　壬辰貞王往田無災
三三四一七　壬申貞王往田無災
三三四一七　辛酉貞王往田無災
三三四一八　戊申貞王其往田無災
三三四一八　…雨
三三四一九　戊辰貞王往田無災
三三四二〇　…王田不…
三三四二〇　戊辰卜王往…不雨
三三四二〇　…卜王往田…
三三四二一　辛…
三三四二一　戊寅卜王往田無災
三三四二二　丙戌卜延歲于…
三三四二二　丙戌卜其延歲于…丁茲用
三三四二二　戊子卜王往田于東擒
三三四二二　辛卯卜王往田于東擒
三三四二二　不延?…
三三四二二　…南擒
三三四二二　…北擒
三三四二三　庚…

三三四二三	…叀兕
三三四二三	戊戌卜王往田無災
三三四二三	戊申卜王往田無災
三三四二四	…卜…往田…災
三三四二四	貞王往田無災
三三四二五	戊戌…王往…
三三四二五	乙未卜其有歲于高祖乙
三三四二五	惟龜祝
三三四二五	庚子卜王往田于白
三三四二五	庚子卜
三三四二六	不雨
三三四二六	辛未貞王往田無災
三三四二七	辛未卜…往田…雨
三三四二七	二牢
三三四二八	辛巳卜王往田無災
三三四二八	…無災
三三四二八	…其
三三四二九	辛巳卜王往田無災
三三四三〇	辛丑卜王往田無災
三三四三〇	辛亥卜王往田無災
三三四三〇	甲寅貞其侑…祖乙　茲用
三三四三〇	戊午卜…往田無災
三三四三〇	辛酉卜王往田無災
三三四三〇	不雨
三三四三〇	不雨
三三四三一	…祖辛歲二牢
三三四三一	…午卜王往田雨
三三四三二	辛…王…
三三四三二	壬午卜王往田無災
三三四三二	壬…未卜…往…無災
三三四三三	壬戌卜王往田無災
三三四三三	不雨
三三四三四	…辰卜王往田無災
三三四三四	…卜其有丬…
三三四三五	…田無災
三三四三五	…卜王往田無災
三三四三五	甲辰卜…雨
三三四三六	茲用
三三四三六	丁巳…
三三四三六	…巳貞王往田…
三三四三七	…王往田無災
三三四三七	…往田無災
三三四三八	…王田不雨
三三四三九	…卜王其往田今日…
三三四四〇	…亥貞歲既祭
三三四四〇	…王其往田無…

三三四四一	乙丑卜貞王其田無災
三三四四一	戊辰卜貞王其…
三三四四一	…卜…
三三四四二	乙丑卜貞王其田無災
三三四四二	貞…田…
三三四四三	乙丑卜貞王其田無災
三三四四三	丙寅卜貞王其田無災
三三四四三	…其…無災
三三四四四	乙亥卜貞王其田無災
三三四四四	辛巳卜貞王其田無災
三三四四五	乙亥…貞王其田無災
三三四四五	戊寅卜貞王其田無災
三三四四五	辛巳卜貞王其田無災
三三四四五	壬…卜貞王其…無災
三三四四五	…王其…災
三三四四六	辛未卜貞…
三三四四六	乙亥卜貞王其田無災
三三四四六	貞王其田無災
三三四四六	貞王其午
三三四四七	乙酉卜貞王其田無…
三三四四八	不遘雨
三三四四八	乙酉卜王其田無災
三三四四八	勿匕…
三三四四九	乙未…貞王…田無災
三三四四九	戊戌卜貞王其田無災
三三四四九	…其…災
三三四五〇	…未卜貞…其田無災
三三四五〇	…貞王…無災
三三四五一	乙…貞王其田無災
三三四五一	…貞…
三三四五二	乙丑貞王…田無災
三三四五二	…午卜…其田…災
三三四五三	乙…貞…田無…
三三四五三	辛未卜貞王田無災
三三四五四	…子…王其…無災
三三四五四	丁…貞王其田無災
三三四五五	戊戌卜貞王其田無災
三三四五五	貞…
三三四五六	其遘雨
三三四五六	戊辰王其田…至庚不遘雨
三三四五六	戊辰卜貞王其田無災
三三四五七	壬…貞…田…
三三四五八	戊辰卜貞王其田無災
三三四五八	壬申卜貞王其田無災
三三四五八	乙亥卜貞王其田無災

三三四五八　辛巳卜貞王其田無災
三三四五八　：午卜貞王：無災
三三四五九　戊子：貞王：田無：
三三四五九　辛卯卜貞王其田無災
三三四六〇　戊子卜貞王其田無災
三三四六〇　：卯卜：王其田無災
三三四六一　壬辰卜貞王其田無災
三三四六一　戊子卜貞王其田無災
三三四六二　戊戌貞王其田不雨
三三四六二　其雨
三三四六三　乙未卜貞王其：
三三四六三　戊戌卜貞王其田無災
三三四六四　戊戌卜貞王其田無災
三三四六四　辛丑卜貞王其田無災
三三四六四　：卜：其：災
三三四六五　戊戌：貞王：田無：
三三四六五　壬寅卜貞王其田無災
三三四六五　乙巳卜貞王其田無災
三三四六六　戊戌卜：王其田：
三三四六六　戊申卜：王其田無災
三三四六七　乙未卜：
三三四六七　戊戌卜貞王其田無災
三三四六七　壬寅卜貞王其：無災
三三四六八　戊申卜貞王其：無災
三三四六八　辛亥卜貞王其田無災
三三四六八　壬子卜貞王其田無災
三三四六八　乙卯卜貞王其田無災
三三四六八　戊午卜貞王其田無災
三三四六九　壬申：貞王其田無災
三三四六九　壬子卜貞王其田無災
三三四六九　戊午卜貞王其田無災
三三四六九　：酉卜貞王其田無災
三三四六九　壬申卜貞王其田無災
三三四六九　乙亥卜貞王其田無災
三三四六九　戊寅卜貞王其田無災
三三四七〇　乙巳：貞王其：無災
三三四七〇　戊申卜貞王其田無災
三三四七〇　：：災
三三四七一　：：貞：田：
三三四七一　戊申卜貞王其田無災
三三四七一　辛亥卜貞王其田無災
三三四七二　：：貞王：田無災
三三四七二　戊戌：貞王其田無災
三三四七二　辛丑卜貞王其田無災
三三四七二　：王其：災

三三四七三　戊午卜貞王其田無災
三三四七四　戊午卜貞王其田無災
三三四七四　：戌卜：王其：災
三三四七五　戊：貞：田無：
三三四七五　辛丑卜貞王其田無災
三三四七五　：其：災
三三四七六　辛巳卜貞王其：災
三三四七六　：卜
三三四七七　戊：貞：
三三四七七　辛酉卜貞王其田無災
三三四七八　辛巳：貞王其田無災
三三四七九　戊：
三三四七九　辛亥卜貞王其田無災
三三四七九　乙：貞：田：
三三四八〇　辛亥卜貞王其田無災
三三四八一　辛卯卜貞王其田無災
三三四八二　辛卯：貞王：田無災
三三四八二　戊戌卜貞王其田無災
三三四八二　：申卜：王：無災
三三四八三　辛卯：貞王：田無：
三三四八三　：辰卜：王其：無災
三三四八四　辛：貞：田
三三四八四　乙未卜貞王其田無災
三三四八五　辛：貞：田無：
三三四八五　壬子卜貞王其田無災
三三四八六　戊申卜：
三三四八六　辛亥卜貞王其田無災
三三四八六　戊午卜貞王其田無災
三三四八六　辛酉卜貞王其田無災
三三四八六　戊辰卜貞王其田無災
三三四八六　辛未卜貞王其田無災
三三四八七　壬午卜貞王其田無災
三三四八八　壬午卜貞王其田無災
三三四八八　乙酉卜貞王其田無災
三三四八九　壬午卜貞王其田無災
三三四八九　乙酉卜貞王其田無災
三三四九〇　壬：貞王：田：
三三四九〇　乙酉卜貞王其田無災
三三四九〇　戊子卜貞王其田無災
三三四九一　壬辰卜貞王其田無災
三三四九一　乙未卜貞王其田無災
三三四九一　：戌卜：
三三四九二　壬辰卜貞王其田無災

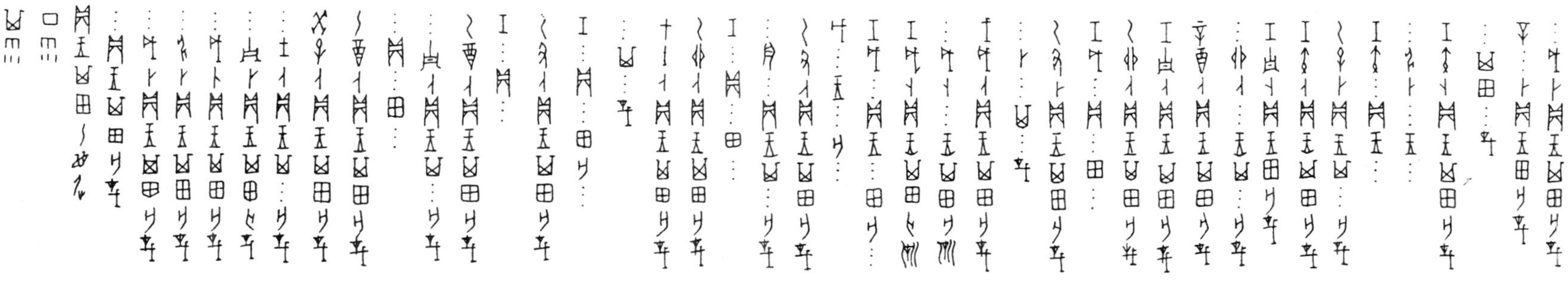

三三四九二　：戌卜貞王其田無災
三三四九二　辛：卜貞王田無災
三三四九二　壬寅卜貞王其田無災
三三四九三　：其田：災
三三四九三　：申卜：王：
三三四九四　壬寅：貞王：
三三四九四　乙巳卜貞王其：無災
三三四九五　壬寅卜貞王其田無災
三三四九六　壬子卜貞王田無災
三三四九六　：卯卜：王其：無災
三三四九七　辛酉卜貞王其田無災
三三四九七　壬子卜貞王其田無災
三三四九七　乙卯卜貞王其田無災
三三四九八　壬戌：貞：田：
三三四九八　乙丑卜貞王其田無災
三三四九八　：卜：其：災
三三四九九　戊戌卜貞王其田無災
三三五〇〇　：戌卜：王其田無災
三三五〇〇　壬戌卜貞王其田無災
三三五〇一　壬戌：貞王：田無：
三三五〇一　乙丑卜貞王其田無災
三三五〇一　：辰：貞王其：無災
三三五〇二　壬：貞：田：
三三五〇二　乙卯卜貞王其田無災
三三五〇二　甲午卜貞王其田無災
三三五〇二　：其：災
三三五〇三　壬：貞：田無：
三三五〇三　乙丑卜貞王其田無災
三三五〇四　壬：貞：
三三五〇四　乙酉卜貞王其田無災
三三五〇四　：子卜貞王其：無災
三三五〇五　：貞：田：
三三五〇五　乙酉卜貞王其田無災
三三五〇六　癸巳卜貞王其田無災
三三五〇六　：午卜貞王其：無災
三三五〇七　：子卜貞王其田無災
三三五〇八　：戌卜貞王其田無災
三三五〇九　：申卜貞王其田無災
三三五〇九　：戌卜貞王其田無災
三三五一〇　：貞王其田無災
三三五一一　貞王其田乙眉此
三三五一一　丁雨
三三五一一　其雨

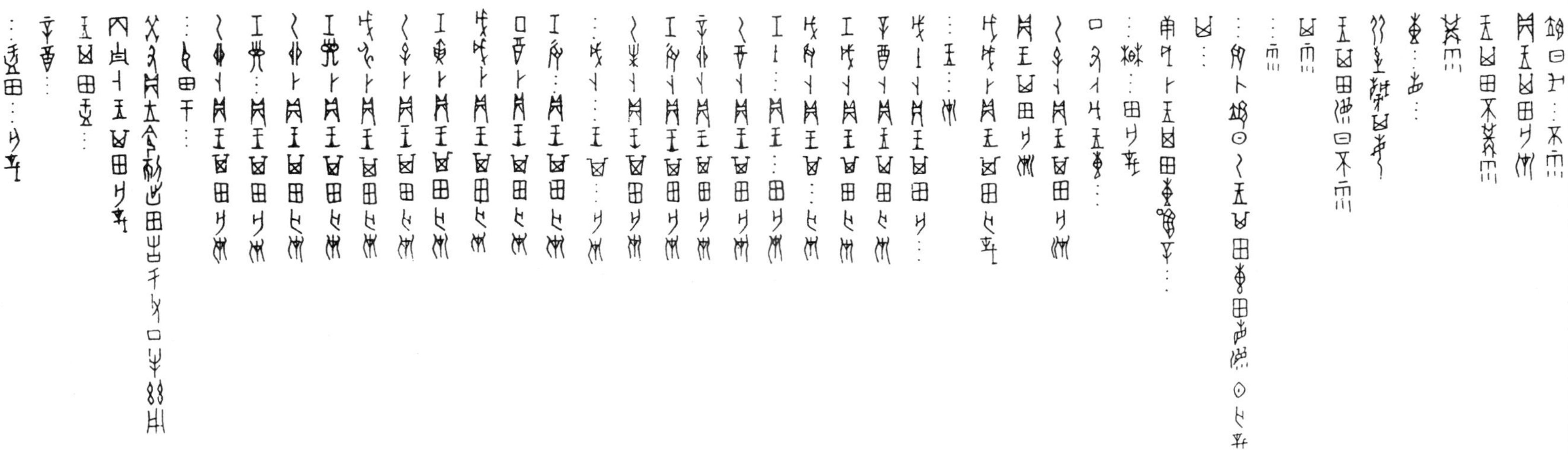

三三五一一　翌日戊：不雨
三三五一二　貞王其田無災
三三五一三　王其田不遘雨
三三五一三　遘雨
三三五一四　惟：省：
三三五一四　弜至戲其悔
三三五一四　王其田湄日不雨
三三五一四　其雨
三三五一四　：雨
三三五一五　：辰卜翌日乙王其田惟田省湄日無災
三三五一六　其：
三三五一六　庚戌卜王其田惟翌辛：
三三五一七　：𣡕：田無災
三三五一七　丁丑卜戊王惟：
三三五一八　乙巳卜貞王其田無災
三三五一八　貞王其田無災
三三五一九　戊戌卜貞王其田無災
三三五二〇　：王：災
三三五二〇　戊午卜貞王其田無：
三三五二〇　辛酉卜貞王其田無災
三三五二〇　壬戌卜貞王其田無災
三三五二〇　戊辰卜貞王其：無災
三三五二一　壬午：貞王：田無災
三三五二一　乙酉卜貞王其田無災
三三五二一　辛卯卜貞王其田無災
三三五二一　壬辰卜貞王其田無災
三三五二一　乙未卜貞王其田無災
三三五二一　：戌卜：王其：無災
三三五二二　壬辰：貞王其田無災
三三五二二　丁酉卜貞王其田無災
三三五二二　戊戌卜貞王其田無災
三三五二二　壬寅卜貞王其田無災
三三五二二　乙巳卜貞王其田無災
三三五二二　戊申卜貞王其田無災
三三五二三　壬子卜貞王其田無災
三三五二三　乙卯卜貞王其田無災
三三五二四　壬子：貞王其田無災
三三五二四　乙卯卜貞王其田無災
三三五二五　：臣田于：
三三五二六　癸丑貞王令利出田告于父丁牛茲用
三三五二七　丙子卜王其田無災
三三五二七　王其田盂：
三三五二八　辛酉：
三三五二八　：盂田：無災

三三五二九　壬午…貞王…田盂無…
三三五二九　乙酉卜貞王其田棆無災
三三五二九　戊子卜貞王其田斿無災
三三五二九　辛卯卜貞王其田◎無災
三三五二九　癸亥卜…其田…無災
三三五三〇　壬寅…貞…盂…
三三五三〇　乙巳卜貞王其田無災
三三五三〇　戊申卜貞王其田宇無災
三三五三〇　辛亥卜貞王其田盂無災
三三五三〇　壬子卜貞王其田向無災
三三五三〇　乙卯卜貞王其田喪無災
三三五三〇　戊午卜貞王其田向無災
三三五三一　辛…貞王…盂…
三三五三一　壬子卜貞王其田◎災
三三五三一　辛…貞…◎…
三三五三一　壬戌卜貞王其田棆無災
三三五三一　乙丑卜貞王其田棆無災
三三五三二　辛丑卜貞王其田盂無災
三三五三二　戊戌卜貞王其田盂無災
三三五三二　壬寅卜貞王其田向無災
三三五三二　乙巳卜貞王其田[illegible]無災
三三五三二　戊申卜貞王其田盂無災
三三五三二　辛亥卜貞王其田盂無災
三三五三二　壬子卜貞王其田向無災
三三五三二　乙卯卜貞王其田敹無災
三三五三三　辛王弜田其雨
三三五三三　壬王弜田其雨
三三五三三　…日無災不遘雨
三三五三三　…盂
三三五三四　壬戌…貞…棆…
三三五三四　…丑卜貞王其田宇無災
三三五三四　辛未…貞王其田向無災
三三五三五　壬申…貞王其田棆無…
三三五三五　…卜…其…無災
三三五三六　…午卜貞王其…
三三五三六　戊寅…貞王…棆無災
三三五三六　辛巳卜貞王其田喪無災
三三五三七　戊辰…貞王…毀無…
三三五三七　辛未卜貞王其田盂無災
三三五三八　戊子卜貞王其田向無災
三三五三八　…其…
三三五三九　乙亥…貞…向無…
三三五三九　…寅卜…其田…災
三三五四〇　辛丑卜貞王其田向無災

三三五四〇　壬寅卜貞王其田喪無災
三三五四〇　乙巳卜貞王其田斿無災
三三五四一　甲…貞…
三三五四一　辛酉貞貞王其田向無災
三三五四一　壬戌卜貞王其田喪
三三五四一　…卜…其田…災
三三五四二　辛巳…貞王其田向無災
三三五四二　壬午卜貞王其田喪無災
三三五四二　乙酉卜貞王其田向無災
三三五四二　戊子卜貞王其田盂無災
三三五四二　辛卯卜貞王其田喪無災
三三五四二　壬辰卜貞王其田向無災
三三五四二　乙未卜貞王其田喪無災
三三五四三　壬午卜貞王…田向無…
三三五四三　乙酉卜貞王其田喪無災
三三五四三　戊子卜貞王其田虞無災
三三五四三　…卯卜…王其田…無災
三三五四四　壬午卜貞王其田向無災
三三五四四　乙酉卜貞王其田盂無災
三三五四四　…子卜…王其…宇無災
三三五四五　壬午…貞王其田向無災
三三五四五　乙酉卜貞王其田莫無災
三三五四六　乙未…貞王…田喪無…
三三五四六　戊戌卜貞王其田斿無災
三三五四六　辛丑卜貞王其田宇無災
三三五四七　丁…貞王…田喪無災
三三五四七　戊子卜貞王其田麓無災
三三五四七　辛卯卜貞王其田喪無災
三三五四七　壬辰卜貞王其田向無災
三三五四八　…其田喪…
三三五四八　辛丑卜貞王其田喪無災
三三五四八　壬寅卜貞王其田宇無災
三三五四九　乙亥卜貞王其田喪無災
三三五四九　丁丑卜貞王其田喪無災
三三五四九　戊…卜貞王其田…無災
三三五四九　辛巳卜貞王其田…
三三五四九　…王其田…
三三五五〇　戊…貞…田…
三三五五〇　辛酉卜貞王其田喪無災
三三五五〇　壬戌卜貞王其田安無災
三三五五〇　…卜…王其田…災
三三五五一　辛卯…貞王其田喪無災
三三五五一　…辰卜貞王其田向無災

三三五五二	辛巳…貞王其田…
三三五五二	壬午卜貞王其田喪無災
三三五五二	丁酉卜貞王其田喪無災
三三五五三	壬子卜貞王其田喪無災
三三五五三	…卯卜…其…無災
三三五五四	乙…貞…斿…田…
三三五五四	戊子卜貞王其田戲無災
三三五五四	辛卯卜貞王其田向無災
三三五五四	壬辰卜貞王其田喪無災
三三五五四	乙未卜貞王其田…無災
三三五五五	王惟戲田
三三五五六	壬辰卜貞王其田無災
三三五五六	乙未卜貞王其田宮無災
三三五五六	戊戌卜貞王其田戲無災
三三五五七	辛丑卜王其田于砅無災
三三五五八	…盂無災
三三五五八	惟宮田無…
三三五五九	辛卯卜貞王其田向無災
三三五六〇	戊寅…貞王…田智…
三三五六〇	辛巳卜貞王其田梌無災
三三五六〇	壬午卜貞王其田宮無災
三三五六〇	戊子卜貞王其田喪無災
三三五六〇	辛卯卜貞王其田…無災
三三五六〇	戊子卜貞王其田喪無災
三三五六〇	辛卯卜貞王其田…無災
三三五六〇	…卜貞王其田向無災
三三五六一	戊午卜貞王其田◊無災
三三五六一	辛酉卜貞王其田無災
三三五六一	壬戌卜貞王其田安無災
三三五六一	乙丑卜貞王…田無災
三三五六二	乙…貞…田…
三三五六二	戊辰卜貞王…◊無災
三三五六三	…酉…貞王其…◊無災
三三五六四	壬申卜貞王其田興無災
三三五六四	…亥卜…王其田…災
三三五六五	…王其…麓無災
三三五六六	…其田惟虞…
三三五六七	…其田虞
三三五六七	辛未無災
三三五六七	弜宿
三三五六八	戊寅…貞王其田無災在凡
三三五六八	辛巳卜貞王其田無災
三三五六八	甲申卜貞王其田無災
三三五六八	丁亥卜貞王其田無災
三三五六九	乙亥…貞王其田敦無災
三三五六九	辛巳卜貞王其田盂無災
三三五六九	壬午卜貞王其田無災
三三五六九	…卜…其…災
三三五七〇	己亥卜貞王其田并無災
三三五七一	丁丑卜貞王其田叀無…
三三五七一	貞…災
三三五七二	…巳卜王其田𠦪…災
三三五七二	…𠦪王其…
三三五七三	…翌日戊王惟奚…災不遘…
三三五七四	…在鮁餗
三三五七四	戊子卜貞王其田無𢦏于…
三三五七四	丁酉卜…王…
三三五七五	辛巳卜貞王寧田無𢦏在宰卜
三三五七六	田…南…
三三五七六	弜南
三三五七七	甲寅貞
三三五七七	丁巳卜其獻牛一
三三五七八	…其五十
三三五七八	…五十
三三五七八	…王牛五十
三三五七九	三十牛
三三五八〇	三十牛
三三五八一	…牛
三三五八一	十五牛
三三五八一	三十牛
三三五八二	癸亥
三三五八二	十牛又五
三三五八二	…牢
三三五八三	丁亥
三三五八三	十牛又五
三三五八三	弜卯…
三三五八四	五牛
三三五八四	十牛
三三五八四	…牛
三三五八四	…牛
三三五八五	五牛
三三五八五	十牛
三三五八六	三牛
三三五八六	五牛
三三五八六	…牛
三三五八七	丁酉卜其五牛
三三五八八	…貞…沈三牛
三三五八九	…二牛
三三五九〇	弜…
三三五九〇	其一牛

三三五九〇 其二牛
三三五九一 一牛
三三五九一 二牛
三三五九一 三牛
三三五九二 庚申貞其二牛
三三五九三 丁酉貞…二牛
三三五九三 其一牛
三三五九四 二牛
三三五九四 …牛
三三五九五 惟一牛
三三五九六 惟牛
三三五九七 …禦于…牛
三三五九八 …牛
三三五九九 …不…
三三五九九 …牛
三三六〇〇 庚子…貞…
三三六〇〇 …旬牛于…
三三六〇一 …大牛骨
三三六〇二 戊子卜九勿牛
三三六〇二 戊…九…
三三六〇三 丁巳…戠三十…六勿…
三三六〇四 甲戌貞六示勿牛
三三六〇四 三牢
三三六〇五 庚辰
三三六〇五 …勿牛
三三六〇六 …牛
三三六〇六 惟幽牛 吉
三三六〇七 …夕羊二牢
三三六〇七 二牢
三三六〇八 …羊五十
三三六〇九 …牛五羊示豕
三三六一〇
三三六一〇 …其二犬二羊…
三三六一一 …未貞乙酉有…
三三六一一 王十人惟羊
三三六一二 甲申貞…
三三六一二 惟羊
三三六一二 …貞…桒禾…
三三六一二 …虎
三三六一三 二牡
三三六一三 弜以
三三六一四 弜勿牛
三三六一四 惟勿牛
三三六一四 惟牡
三三六一五 癸卯貞其有…六豕

三三六一六 惟大牢
三三六一六 惟羊
三三六一七 …大牢雨
三三六一八 …乙大牢
三三六一九 …大牢沈…
三三六二〇 三大牢
三三六二一 十牢
三三六二二 十牢
三三六二三 十牢
三三六二四 十牢
三三六二五 十牢
三三六二五 己…
三三六二六 三牢
三三六二六 五牢
三三六二六 十牢
三三六二七 五牢
三三六二八 三牢
三三六二八 五牢
三三六二八 十牢
三三六二九 五牢
三三六三〇 五牢
三三六三一 牢
三三六三一 三牢
三三六三一 五牢
三三六三一 茲…
三三六三二 三牢
三三六三二 五牢
三三六三三 三牢
三三六三四 癸…乙…
三三六三四 …有…大三牢
三三六三五 丁巳貞其三牢
三三六三六 壬…
三三六三六 戊寅卜…乙巳…三牢
三三六三七 …三牢
三三六三八 …三大三牢
三三六三九 …于來日…
三三六三九 三牢
三三六四〇 三牢
三三六四一 己巳
三三六四一 三牢
三三六四二 三牢
三三六四三 三牢
三三六四四 三牢
三三六四五 三牢

三三六四六 二牢
三三六四六 三牢
三三六四七 二牢
三三六四七 三牢
三三六四八 二牢
三三六四八 三牢
三三六四九 二牢
三三六四九 三牢
三三六五〇 二牢
三三六五〇 三牢
三三六五一 二牢
三三六五一 三牢
三三六五二 二牢
三三六五二 三牢
三三六五三 二牢
三三六五三 三牢
三三六五四 二牢
三三六五四 三牢
三三六五四 爽二羊
三三六五四 爽二羊
三三六五五 一牢
三三六五五 一牢
三三六五五 二牢
三三六五五 三牢
三三六五六 一牢
三三六五六 二牢
三三六五六 ：牢
三三六五七 二牢
三三六五七 ：牢
三三六五八 二牢
三三六五八 ：牢
三三六五九 丙戌
三三六五九 二牢
三三六五九 ：牢
三三六六〇 牢
三三六六〇 二牢
三三六六〇 三牢
三三六六一 一牢
三三六六一 二牢
三三六六一 ：牢
三三六六二 ：未：歲其二牢
三三六六三 二牢
三三六六三 ：牢

三三六六四 二牢
三三六六五 牢：一牛
三三六六五 二牢
三三六六五 ：乙：勿牛
三三六六六 弜：有：
三三六六六 一牢
三三六六六 二牢
三三六六六 ：牢
三三六六六 庚：
三三六六七 二牢
三三六六八 二牢
三三六六九 二牢
三三六七〇 乙亥卜：
三三六七〇 二牢
三三六七一 一牢
三三六七一 ：牢
三三六七二 弜：
三三六七二 一牢
三三六七二 庚：
三三六七三 ：牢又一牛
三三六七三 ：牢又牛一
三三六七四 其：
三三六七四 其牢又一牛
三三六七五 其侑于牢
三三六七五 牢又一牛
三三六七五 二牢
三三六七六 其牢
三三六七七 其牢
三三六七七 癸：弜：其：
三三六七七 癸亥卜：子：于：
三三六七八 乙未卜：
三三六七八 ：牢
三三六七九 ：牝牢
三三六八〇 五：
三三六八〇 牢
三三六八一 弜：
三三六八一 ：牢：
三三六八二 ：牢
三三六八三 ：牢
三三六八四 ：牢
三三六八五 四宰：四牛
三三六八五 ：戠
三三六八六 丁巳三宰
三三六八六 ：燎鷄

三三六八七　二宰
三三六八八　：卜四羊：二犬
三三六八九　戊戌卜效：牛四羊：犬十月
三三六九〇　庚：
三三六九〇　癸巳卜㝵枚舟
三三六九〇　：枚：內
三三六九一　：二宰
三三六九一　丙午卜貞木丁：宰　茲用
三三六九一　丙午：茲用
三三六九一　弜勿牛
三三六九一　弜湔舟
三三六九二　辛亥貞壬子侑多公歲
三三六九二　弜侑于大歲祝
三三六九二　己未貞惟甲子酚伐自上甲
三三六九二　己未貞于乙丑酚伐
三三六九二　辛酉貞甲子酚彡
三三六九三　辛丑貞：羌其礻：用羌十又：
三三六九三　辛亥貞壬子侑多公歲
三三六九三　弜侑于大：祝
三三六九三　：貞：子：
三三六九四　：貞：三牛
三三六九四　癸酉貞于上甲
三三六九四　于南丫
三三六九四　于正京北
三三六九四　癸酉貞日月有食惟若
三三六九四　癸酉貞日月有食㚇若
三三六九四　乙亥貞侑伊尹
三三六九四　乙亥貞其侑伊尹二牛
三三六九四　：王：出
三三六九五　癸酉貞日月：食：上甲
三三六九五　：不
三三六九五　茲用
三三六九五　乙酉
三三六九六　乙巳貞酚其𠯑小乙茲用日有戠夕告于
上甲九牛
三三六九六　茲用
三三六九七　乙丑貞日有戠其：于上甲三牛　不用
三三六九七　辛丑貞日有戠其告于上甲：
三三六九七　其五牛　不用
三三六九七　其六牛　不用
三三六九七　：宰圉大宰
三三六九八　庚辰貞日戠其告于河
三三六九八　庚辰貞日有戠㚇囚惟若
三三六九八　庚辰貞日有戠其告于父丁用牛九在𡫨
三三六九九　戊子貞日有戠告于河

三三七〇〇　甲子貞我召有左
三三七〇〇　乙丑貞日有戠允惟戠
三三七〇一　：日有戠惟：
三三七〇一　：日有戠：
三三七〇二　：貞日戠：有：
三三七〇三　甲子卜貞日戠于甲寅：
三三七〇四　：巳：白戠：酉：囚
三三七〇四　允戠
三三七〇五　己亥：戠：徉：
三三七〇五　弜戠
三三七〇六　己丑：翌庚：酚𠦪：
三三七〇六　：亥卜：弜戠𠦪辛步
三三七〇七　乙：庚：
三三七〇七　于甲酚𠦪
三三七〇七　戠𠦪于乙步
三三七〇七　己丑貞弜戠辛步
三三七〇八　弜有戠
三三七〇九　丙：酚：牛
三三七〇九　弜戠夕其酚人牛
三三七一〇　辛巳：
三三七一〇　辛巳貞日戠其告于父丁
三三七一〇　：牛
三三七一一　：有戠其：
三三七一二　其夕
三三七一二　于翌甲
三三七一三　弜省不𩰬
三三七一四　：翌甲申：
三三七一五　庚辰卜惟辛日
三三七一六　庚辰貞惟丁日
三三七一七　：午卜今夕：𢍰
三三七一八　辛丑卜今丁辛：
三三七一九　癸：弜：
三三七一九　癸巳卜于來甲子
三三七一九　：亥：雨：小雨
三三七二〇　乙亥卜：來乙酉
三三七二一　于來日甲午
三三七二一　丁：
三三七二二　：貞來甲辰其：
三三七二三　于來庚
三三七二四　于來日
三三七二五　：卜用：
三三七二五　不：
三三七二五　于五丑
三三七二六　癸亥
三三七二六　甲子

三三七二七　辛未貞惟…
三三七二八　甲戌貞…庚…
三三七二九　戊辰卜允…
三三七二九　…卜…雨
三三七三〇　丁丑…貞…
三三七三〇　戊…王…
三三七三一　己卯…
三三七三一　己丑貞
三三七三一　于辛卯令
三三七三二　庚辰卜…于乙未
三三七三三　庚寅卜其…
三三七三三　辛卯…
三三七三四　壬午貞…癸未…
三三七三五　戊…其…
三三七三五　乙未貞
三三七三五　庚子
三三七三六　丁酉貞…
三三七三七　甲辰貞…
三三七三八　丙午…于辛…
三三七三八　…丘…
三三七三九　己未貞
三三七三九　辛未
三三七四〇　辛酉貞
三三七四〇　癸…
三三七四一　貞甲戌有…
三三七四二　癸…貞…有…
三三七四二　癸亥有囚禾
三三七四三　其…
三三七四四　其冀
三三七四四　其冀燎
三三七四五正　（習刻）
三三七四五正　（習刻）
三三七四五正　（習刻）
三三七四五反　…饗…宰
三三七四五反　貞其一宰
三三七四六正　（習刻）
三三七四六正　（習刻）
三三七四六正　（習刻）
三三七四六正　…寅
三三七四六正　丁丑卜
三三七四六正　（習刻）
三三七四六正　（習刻）
三三七四六正　（習刻）
三三七四六正　（習刻）

三三七四六正　（習刻）
三三七四六正　（習刻）
三三七四六正　（習刻）
三三七四六正　（習刻）
三三七四六反　（習刻）
三三七四六反　（習刻）
三三七四六反　（習刻）
三三七四六反　（習刻）
三三七四六反　（習刻）
三三七四六反　（習刻）
三三七四六反　（習刻）
三三七四六反　（習刻）
三三七四六反　（習刻）
三三七四六反　（習刻）
三三七四六反　（習刻）
三三七四七正　己巳卜庚雨
三三七四七正　己巳卜庚雨
三三七四七正　丙子卜丁雨
三三七四七正　丙子卜戊雨
三三七四七正　戊…雨
三三七四七正　庚辰卜雨
三三七四七正　甲申卜烄[illegible]目[illegible]羊
三三七四七正　甲申卜烄山
三三七四七正　丙戌雨
三三七四七正　乙酉卜
三三七四七正　丁巳卜烄[illegible]目[illegible]
三三七四七正　丙子卜
三三七四七正　丙子卜烄
三三七四七正　弜雨
三三七四七正　丙子卜不雨
三三七四七正　己…
三三七四七正　弜…
三三七四七正　庚辰…
三三七四七正　丙…烄
三三七四七正　己…庚雨
三三七四七正　…雨…用
三三七四七正　丙子…
三三七四七正　丙…雨
三三七四七正　丙子…
三三七四七正　己…癸雨
三三七四七正　…雨
三三七四七正　己巳…
三三七四七正　…巳卜…雨允雨
三三七四七反　戊辰不雨
三三七四七反　今雨

三三七四七反　：亥臾三骨
三三七四八　己亥其雨
三三七四九　乙：不：
三三七四九　己丑卜其雨
三三七四九　：午卜：
三三七五〇　乙巳其雨
三三七五〇　不雨
三三七五〇　丙雨
三三七五〇　：雨
三三七五一　癸未卜其雨
三三七五一　不雨
三三七五一　：雨
三三七五二　來壬其雨
三三七五三　貞其雨
三三七五三　：月
三三七五四　其雨
三三七五四　：雨
三三七五五　其雨
三三七五六　其雨
三三七五六　：寅貞有林　：用
三三七五七　其雨
三三七五八　其雨
三三七五八　三小宰
三三七五九　乙丑貞：祭：
三三七五九　其雨
三三七五九　其雨
三三七六〇　惟其雨
三三七六〇　：貞：
三三七六一　其雨
三三七六一　五宰
三三七六二　其雨
三三七六三　其雨
三三七六三　延雨
三三七六四　乙：
三三七六四　其雨
三三七六四　：不
三三七六五　貞：父：
三三七六五　其雨
三三七六六　癸：貞：卯：牛
三三七六六　其雨
三三七六七　辛：貞：
三三七六七　其雨
三三七六八　其雨
三三七六九　：雨

三三七六九　其雨
三三七六九　：戊貞
三三七七〇　五牛
三三七七〇　：亥貞其不雨
三三七七一　甲寅貞：
三三七七一　其雨
三三七七二　其雨
三三七七三　其雨
三三七七三　無災
三三七七四　其雨
三三七七五　其雨
三三七七六　：盟：貞：
三三七七六　：雨
三三七七六　：雨
三三七七七　辛允雨
三三七七七　己未卜辛酉雨
三三七七七　己：庚：
三三七七八　允其：
三三七七八　丁申卜其雨允雨
三三七七八　：雨
三三七七九　甲戌卜乙亥雨允雨
三三七七九　甲戌卜丙子雨
三三七八〇　允雨
三三七八〇　庚寅箕：用单九：
三三七八一　允雨
三三七八二　允雨
三三七八三　：雨
三三七八三　甲子卜丁卯不雨
三三七八三　于兄丁
三三七八四　甲子卜
三三七八四　乙丑卜
三三七八四　：卜：
三三七八四　不雨
三三七八五　甲：乙：雨
三三七八五　甲戌卜不雨
三三七八五　癸未卜丁亥雨：午不雨
三三七八五　：未卜：雨
三三七八五　：午不雨
三三七八六　辛未卜乙亥不雨
三三七八七　貞：有囚
三三七八七　不雨
三三七八七　乙酉卜不雨
三三七八七　其雨
三三七八七　不雨

三三七八七 不雨
三三七八八 丙戌卜丁亥不雨
三三七八八 其雨
三三七八八 丙戌卜惟大戊用
三三七八九 ：雨
三三七八九 不雨
三三七八九 其雨
三三七八九 戊申貞：
三三七九〇 乙未卜不雨
三三七九一 乙未：不雨
三三七九二 乙巳卜不雨
三三七九三 丁巳卜不雨
三三七九三 其雨
三三七九四 乙：奉：旻：
三三七九四 不雨
三三七九五 不雨
三三七九五 甲寅卜
三三七九五 壬戌：王往
三三七九六 其雨
三三七九六 不雨
三三七九六 弜賓
三三七九七 不雨
三三七九七 不雨
三三七九七 辛卯雨
三三七九七 丁巳卜：于：
三三七九八 其雨
三三七九八 其雨
三三七九八 不雨
三三七九九 其雨
三三七九九 其雨
三三七九九 不雨
三三八〇〇 其雨
三三八〇〇 不雨
三三八〇一 ：戊貞：日無：
三三八〇一 其雨
三三八〇一 不雨
三三八〇二 其雨
三三八〇二 不雨
三三八〇三 貞不雨
三三八〇三 貞不：
三三八〇三 其雨
三三八〇四 其雨
三三八〇四 不雨
三三八〇五 不雨
三三八〇五 其雨

三三八〇六 貞不其雨
三三八〇七 ：雨
三三八〇七 其雨
三三八〇七 其雨
三三八〇七 其雨
三三八〇七 不雨
三三八〇七 不雨
三三八〇七 不雨
三三八〇八 其雨
三三八〇八 不雨
三三八〇九 其雨
三三八〇九 其雨
三三八〇九 其雨
三三八〇九 不雨
三三八〇九 不雨
三三八〇九 不雨
三三八一〇 不雨
三三八一〇 其雨
三三八一一 不雨
三三八一一 其雨
三三八一一 丁丑貞雨
三三八一二 不其雨
三三八一三 無災
三三八一三 不雨
三三八一三 庚：
三三八一四 無災
三三八一四 不雨
三三八一五 不雨
三三八一五 ：于：
三三八一六 ：雨
三三八一六 不雨
三三八一六 燎二牛
三三八一六 燎五牛
三三八一六 燎：牛
三三八一七 五牢
三三八一七 不雨
三三八一八 乙不雨
三三八一九 不雨
三三八二〇 ：雨
三三八二〇 不雨
三三八二〇 丁卯：其：歲：
三三八二一 辛不雨
三三八二二 ：雨
三三八二二 不雨
三三八二二 不雨

三三八二三　不雨
三三八二三　不：
三三八二三　允雨
三三八二三　癸：
三三八二四　貞旬田不雨翌日雨
三三八二五　癸未卜貞生月有雨
三三八二六　：雨
三三八二六　辛酉?卜乙不雨
三三八二六　甲子
三三八二六　乙丑
三三八二六　：卜：延：
三三八二七　己巳卜壬申雨
三三八二七　己：辛：雨
三三八二八　癸酉卜其雨乙亥
三三八二八　癸酉卜不雨乙亥
三三八二八　：丑卜今日雨允雨
三三八二八　允雨
三三八二九　庚辰卜辛巳雨不
三三八二九　庚辰卜辛巳雨不
三三八二九　丁：
三三八三〇　庚：今：允：
三三八三〇　戊辰卜辛巳雨
三三八三一　壬午卜于癸未雨三月
三三八三二　：惟凿
三三八三二　辛巳卜不雨至壬
三三八三三　戊子卜至庚寅雨
三三八三四　甲申卜酌：
三三八三四　戊子卜允雨
三三八三四　壬辰至甲午：
三三八三四　：至辛卯雨
三三八三五　乙未卜其雨乙巳
三三八三五　丁酉卜己亥其雨
三三八三五　丁酉：己：
三三八三五　丁酉：
三三八三五　乙巳其雨
三三八三五　乙巳不雨
三三八三六　：午卜：
三三八三六　壬午卜
三三八三六　庚子卜不雨
三三八三六　庚子卜：禾燎雨
三三八三六　貞酌：
三三八三六　戊戌：
三三八三七　乙巳
三三八三七　乙巳卜不雨
三三八三八　丁酉卜戊戌雨允雨

三三八三八　：酉卜己亥雨
三三八三八　：酉卜
三三八三八　戊戌雨允雨
三三八三八　庚：雨
三三八三八　乙巳雨丁酉延：
三三八三八　雨
三三八三八　允雨
三三八三八　癸丑卜乙卯雨
三三八三八　丁酉卜辛：至癸卯：
三三八三八　允雨
三三八三八　及今夕雨
三三八三八　不雨
三三八三八　不雨
三三八三八　戊有雨允
三三八三八　辛丑卜不：
三三八三八　癸卯卜乙巳雨
三三八三八　允不雨
三三八三八　丁酉：延
三三八三九　乙卯卜雨
三三八三九　不雨
三三八三九　丁巳卜雨
三三八三九　不雨
三三八三九　：卜雨
三三八四〇　癸未卜王不入乙酉：
三三八四〇　王弜入乙酉日無囚
三三八四〇　癸亥卜庚：左雨今：
三三八四〇　癸亥卜庚：左雨在：
三三八四〇　癸未貞：
三三八四一　不雨
三三八四一　壬戌
三三八四一　甲子卜乙雨
三三八四二　壬申卜癸雨
三三八四二　弜：
三三八四三　甲申卜乙雨乙不雨
三三八四三　甲申卜丙雨丙不雨
三三八四三　甲申卜丁雨
三三八四三　丁亥卜
三三八四四　癸未：今日雨至：
三三八四四　丙戌卜丁雨
三三八四五　弜?：
三三八四五　不雨
三三八四五　其雨
三三八四五　不雨
三三八四五　丙戌：丁雨

三三八四五　戊子卜己雨
三三八四五　⋯戌
三三八四六　己丑卜丁雨
三三八四七　丁丑卜庚雨
三三八四七　⋯受
三三八四八　己亥卜庚雨
三三八四八　己亥庚雨
三三八四八　己亥卜庚雨
三三八四八　己亥⋯今⋯
三三八四九　不啓
三三八四九　癸卯卜乙雨
三三八四九　癸卯卜丙雨
三三八四九　癸卯卜丁雨
三三八四九　甲辰卜丁雨
三三八五〇　⋯卜⋯雨
三三八五〇　丁未卜己雨
三三八五〇　丁未⋯岳
三三八五一　甲寅于丁雨
三三八五一　癸亥⋯
三三八五一　癸⋯
三三八五二　⋯卯卜⋯雨
三三八五二　乙卯卜丁不雨
三三八五三　丙辰丁雨
三三八五三　丙辰戊雨
三三八五四　辛酉卜丁雨
三三八五四　不雨
三三八五五　乙雨
三三八五五　丁雨
三三八五六　乙不⋯
三三八五六　⋯不雨
三三八五七　乙雨
三三八五七　丙雨
三三八五七　丁雨
三三八五八　其雨
三三八五八　其⋯
三三八五九　丙⋯
三三八五九　丁雨
三三八五九　⋯雨
三三八六〇　不雨
三三八六〇　不雨
三三八六〇　乙雨
三三八六〇　丁雨
三三八六一　其雨
三三八六一　丁不雨
三三八六一　⋯雨

三三八六二　⋯至于戊雨
三三八六二　己⋯
三三八六三　己雨
三三八六三　己雨
三三八六三　庚雨
三三八六四　乙⋯庚⋯于⋯
三三八六四　庚其雨
三三八六四　⋯寅⋯王往⋯不雨
三三八六五　癸雨
三三八六六　癸雨
三三八六六　癸⋯
三三八六七　弜彫小兄?
三三八六七　甲辰貞大甲日不雨
三三八六七　其雨
三三八六八　今日雨
三三八六八　甲子卜今日至戊辰雨
三三八六八　癸酉雨
三三八六八　癸酉卜乙亥雨
三三八六九　不雨
三三八六九　乙丑貞今日乙不雨
三三八六九　其雨
三三八七〇　乙亥今日乙雨
三三八七〇　不雨
三三八七一　丙寅卜丁卯其至祟雨
三三八七一　丁卯卜今日雨夕雨
三三八七一　戊辰卜己啓不
三三八七一　己巳卜庚啓不
三三八七一　庚不啓
三三八七一　庚午卜雨
三三八七一　乙亥卜今日其至不祟雨
三三八七一　乙其雨
三三八七一　乙其雨
三三八七二　乙亥⋯今日雨
三三八七二　不雨
三三八七三　乙亥⋯今日雨
三三八七三　其雨
三三八七四　丙子⋯
三三八七四　甲戌卜丁丑雨允雨
三三八七四　己卯卜庚辰雨允雨
三三八七四　庚辰卜今日雨允雨
三三八七四　⋯辰卜⋯巳⋯不
三三八七五　乙酉卜今日雨不雨
三三八七六　⋯雨

三三八七六 無災
三三八七六 不雨
三三八七六 乙酉卜今日乙…雨
三三八七七 辛卯貞雨
三三八七七 今日辛不雨
三三八七八 辛卯貞今日不雨
三三八七九 癸巳卜今日…至乙…
三三八七九 …亥卜…于不雨…至壬寅雨
三三八七九 雨
三三八八〇 乙亥卜…河…雨
三三八八〇 癸巳卜今日雨允…
三三八八〇 癸巳卜…雨
三三八八〇 丙…
三三八八一 辛卯卜有田
三三八八一 …雨
三三八八一 甲午卜今日雨
三三八八一 （習刻）
三三八八一 （習刻）
三三八八一 （習刻）
三三八八一 甲午卜
三三八八二 乙未卜今日乙允…
三三八八二 …雨
三三八八三 壬辰…癸…暘日…在…
三三八八三 戊戌卜今日雨
三三八八三 戊戌卜己亥雨
三三八八四 不雨
三三八八四 戊戌卜今日戊寅
三三八八四 無災
三三八八五 己亥貞…
三三八八五 庚子今日雨
三三八八六 庚子卜今日雨
三三八八六 庚子卜今日雨
三三八八七 壬午卜田…
三三八八七 戊寅卜有田
三三八八七 庚戌卜今日雨
三三八八七 …卜
三三八八八 癸酉貞…
三三八八八 癸丑今日雨允
三三八八八 癸卯貞旬無田
三三八八八 癸丑貞旬無田
三三八八九 不雨
三三八八九 其雨
三三八八九 壬子卜今日雨不雨
三三八九〇 貞不其…

三三八九〇 乙卯卜貞今日雨二月
三三八九〇 …未雨
三三八九一 有田
三三八九一 乙卯卜今日雨
三三八九二 不雨
三三八九二 丙子卜今日雨
三三八九二 戊午卜延雨
三三八九三 壬子卜今日不雨
三三八九四 丁巳卜今日雨
三三八九四 …王饗 茲用
三三八九五 己未卜今日雨丁未雨
三三八九六 癸亥卜今日雨
三三八九六 癸亥卜甲雨
三三八九六 癸亥卜乙雨
三三八九六 癸亥丁雨
三三八九六 戊辰…辛…
三三八九六 戊辰卜庚雨
三三八九七 戊申…弜…
三三八九七 庚申卜今日雨
三三八九八 戊…雨
三三八九八 …子卜今日不雨
三三八九九 貞今日乙…雨
三三九〇〇 …今日甲不雨
三三九〇一 辛…雨
三三九〇一 其雨
三三九〇一 不雨
三三九〇一 …卯卜今日雨
三三九〇二 …巳卜…日雨
三三九〇二 …今日…
三三九〇三 …未…今日…雨
三三九〇三 三宰
三三九〇四 …酉卜今日雨
三三九〇五 …雨
三三九〇五 …今日雨
三三九〇六 …貞日雨十二月
三三九〇七 …無田
三三九〇七 甲…今日雨
三三九〇七 不雨
三三九〇八 …卜今日雨
三三九〇九 其雨茲不雨
三三九〇九 今日不雨
三三九〇九 今日不雨
三三九一〇 乙卯卜今夕不雨
三三九一一 貞今其夕雨

三三九一一　貞今夕惟雨
三三九一二　己未卜今夕雨
三三九一二　：令
三三九一三　：其不遘雨
三三九一三　：今夕雨
三三九一四　：夕不：
三三九一四　：夕其雨允雨
三三九一五　己丑卜燎夕雨
三三九一五　弜比
三三九一六　：生月雨
三三九一六　乙未貞：偉祐雨
三三九一七　壬子：乙雨
三三九一七　丁巳卜竝夕雨戊：
三三九一七　：卜：邑：
三三九一八　：卜：貞昃有豆雨
三三九一八　甲子：貞弜：異酉：十月
三三九一九　其雨
三三九一九　甲：今日：小：不：
三三九二〇　：歲：勿：牢
三三九二〇　壬戌卜甲子其雨
三三九二〇　壬戌卜甲子小雨
三三九二〇　壬戌卜甲子：火：
三三九二一　茲無雨
三三九二一　有从雨
三三九二一　甲戌卜：𠦪：牛十
三三九二一　甲：酒：
三三九二二　其遘雨
三三九二二　其：
三三九二三　庚：
三三九二三　其遘雨
三三九二四　：不：無災
三三九二四　：遘雨
三三九二五　弜匕遘雨
三三九二五　王其匕：不雨
三三九二六　丁酉卜：
三三九二六　于來：遘雨
三三九二七　不遘雨
三三九二八　貞王：遘雨
三三九二九　不遘雨
三三九二九　丙子貞：
三三九三〇　己丑貞
三三九三〇　癸：
三三九三〇　不遘：
三三九三〇　其：
三三九三〇　不遘雨

三三九三〇　：無：大：
三三九三〇　：酉：
三三九三一　不遘雨
三三九三二　癸亥：
三三九三二　不遘雨
三三九三三　弜祐
三三九三三　一牢
三三九三三　二牢
三三九三三　三牢
三三九三三　不遘雨
三三九三四　其雨
三三九三四　不遘雨
三三九三五　其雨
三三九三五　不遘：
三三九三六　不遘雨
三三九三七　其雨
三三九三七　不遘雨
三三九三七　𢓊：
三三九三八　不遘雨
三三九三八　弜延：
三三九三九　其雨
三三九三九　不遘雨
三三九四〇　其雨
三三九四〇　不遘雨
三三九四一　其雨
三三九四一　不遘雨
三三九四二　不延雨
三三九四三　壬寅：我：延：
三三九四三　乙卯卜我以示延乙丑不
三三九四三　乙卯卜乙丑其雨延
三三九四三　乙卯卜其雨丁允雨
三三九四四　今日乙延：
三三九四四　不延雨
三三九四五　：今夕至：
三三九四五　：延大雨
三三九四五　：雨
三三九四六　戊午貞𠦪雨：高惟甲酒：
三三九四七　：亥卜𠦪雨：京
三三九四八　癸未貞其：𠦪雨
三三九四八　癸未貞其：𠦪：
三三九四九　丁酉卜：
三三九四九　：𠦪雨
三三九四九　：羊巳
三三九五〇　惟乙：酒雨：
三三九五一　：酒𠦪不雨

三三九五二　……酌桒雨
三三九五三　……其桒雨于……
三三九五四　……未卜……
三三九五四　不雨
三三九五四　庚申雨
三三九五四　壬申卜癸酉雨　茲用
三三九五四　壬戌卜癸亥奏舞雨
三三九五四　甲子卜乙丑雨
三三九五五　癸亥卜舞雨
三三九五五　不雨
三三九五六　……辛舞雨
三三九五六　戊……有……
三三九五七　……舞雨
三三九五八　丁丑卜在𦎫今日雨允雨
三三九五九　辛未卜桒于土雨
三三九六〇　……今……蔑雨
三三九六一　……雨
三三九六一　至于……
三三九六二　雨　不用
三三九六三　雨　不用
三三九六四　……酉婦……雨
三三九六五　……子卜
三三九六五　甲子卜
三三九六五　丙寅卜丁卯啓
三三九六五　……亥卜
三三九六五　癸亥卜
三三九六五　不啓
三三九六五　癸亥……
三三九六五　癸亥……
三三九六六　甲辰卜乙巳允啓
三三九六七　……啓
三三九六七　甲午卜乙未有……
三三九六七　……午卜乙未有歲啓
三三九六八　丙辰卜丁啓允
三三九六八　丁不啓
三三九六九　不啓
三三九六九　甲午卜乙啓
三三九六九　甲……乙……
三三九六九　茲用
三三九七〇　其雨
三三九七〇　乙巳卜丙啓
三三九七〇　不啓
三三九七一　……卜……戊……啓
三三九七一　己巳卜惟庚……乙亜……
三三九七一　己巳卜惟……允庚亜……

三三九七二　庚午……以羌？……
三三九七二　庚午……
三三九七二　乙亥啓
三三九七三　己丑卜庚其啓
三三九七三　庚不啓
三三九七三　不……
三三九七四　甲戌……其水……受……
三三九七四　庚辰卜啓
三三九七四　不啓
三三九七四　戊申卜啓不啓
三三九七五　丁未啓
三三九七五　……人……
三三九七六　乙酉卜啓
三三九七七　甲寅卜啓
三三九七七　……不啓
三三九七八　不啓
三三九七八　乙酉卜翌日斗……
三三九七八　甲午……啓……
三三九七九　癸丑貞……啓侯……
三三九八〇　癸不啓至……
三三九八〇　弜……歸
三三九八一　丙午卜翌日丁未啓……
三三九八二　……啓
三三九八二　丙戌卜今日啓
三三九八三　癸酉卜今日啓
三三九八三　不啓
三三九八三　癸酉卜啓
三三九八四　壬午……貞今日壬啓
三三九八五　癸……
三三九八五　甲午卜今日啓
三三九八五　……啓
三三九八五　壬寅卜甲辰雨
三三九八六　于乙酉延雨　茲用
三三九八六　其雨
三三九八六　乙未卜衣祭不雨
三三九八六　不啓
三三九八六　乙未卜今日啓
三三九八六　乙不啓
三三九八六　不啓
三三九八六　乙未……歲祖……三十牢……茲用敹毋廣祭雨
不延雨
三三九八六　甲申卜乙暘日
三三九八六　大丁延啓

三三九八六	允啓
三三九八六	不啓
三三九八七	庚申…今夕啓
三三九八七	不啓
三三九八八	癸酉貞今日夕啓
三三九八八	不雨
三三九八九	今夕啓
三三九九〇	其雨
三三九九〇	其雨
三三九九〇	丁卯貞父丁日啓
三三九九〇	不啓
三三九九一	弜祐
三三九九一	丁未卜父丁日啓
三三九九一	其雨
三三九九二	…父丁日啓
三三九九三	辛亥貞…
三三九九三	乙不啓
三三九九四	庚啓
三三九九四	不啓
三三九九五	辛啓
三三九九五	不啓
三三九九六	其雨
三三九九六	辛啓
三三九九六	不啓
三三九九七	癸啓
三三九九七	不啓
三三九九八	丁巳…雨
三三九九八	不雨
三三九九八	辛酉卜雨
三三九九八	不雨
三三九九八	癸啓
三三九九九	其啓
三三九九九	其雨
三四〇〇〇	不啓
三四〇〇一正	不啓
三四〇〇一反	…
三四〇〇二	不啓
三四〇〇二	不啓?
三四〇〇三	允啓
三四〇〇三	癸…甲辰…啓
三四〇〇三	不啓
三四〇〇四	…乙…茲用
三四〇〇四	不雨
三四〇〇四	不啓
三四〇〇五	甲戌…乙…
三四〇〇五	不啓
三四〇〇六	（習刻）
三四〇〇六	（習刻）
三四〇〇六	（習刻）
三四〇〇六	甲戌…
三四〇〇七	…啓…
三四〇〇八	有囚
三四〇〇八	不啓
三四〇〇九	…□啓
三四〇一〇	丁丑卜…丁祖一牢
三四〇一〇	辛巳卜王步壬午暘日
三四〇一〇	不暘日
三四〇一〇	辛巳卜王步乙酉暘日
三四〇一〇	不暘日
三四〇一〇	壬午卜王步癸未暘日
三四〇一〇	癸未不暘日
三四〇一〇	…暘日
三四〇一一	…雀…
三四〇一一	癸巳貞旬無囚
三四〇一一	丙申卜王步丁酉暘日二月
三四〇一二	甲…王…丁未…
三四〇一二	甲辰卜不暘日
三四〇一二	甲辰卜王步戊申暘日
三四〇一二	甲辰卜王步己酉暘日
三四〇一二	庚申不暘日
三四〇一二	…暘日
三四〇一三	于辛卯步暘日
三四〇一三	于…步…
三四〇一四	癸未…王步暘日
三四〇一四	…囚
三四〇一五	甲辰卜暘日不
三四〇一五	乙巳暘日雨
三四〇一六	…暘…
三四〇一六	不暘日
三四〇一六	己巳卜乙亥暘日
三四〇一六	己巳卜乙亥暘日
三四〇一六	不暘日
三四〇一六	不暘日
三四〇一七	甲辰卜暘日乙巳允…
三四〇一七	癸丑貞旬無囚
三四〇一八	…卜…火…
三四〇一八	…亥貞…

三四〇一八 乙巳…暘日己酉
三四〇一九 己巳卜乙亥暘日
三四〇二〇 丁亥卜暘日乙未
三四〇二〇 …子卜…酉暘日
三四〇二一 癸…有…伐…
三四〇二一 癸巳卜暘日乙未
三四〇二一 …卜…
三四〇二二 翌乙亥不暘日
三四〇二三 …卜暘日乙酉
三四〇二三 允暘
三四〇二三 不暘日
三四〇二三 乙…暘…庚…
三四〇二四 今日丁不暘…
三四〇二四 …戊以暘日
三四〇二五 …雨
三四〇二五 …今日不…
三四〇二六 …囚
三四〇二六 …有歲有…牢暘日 茲…
三四〇二六 不暘日
三四〇二六 …暘日
三四〇二六 …暘日
三四〇二六 乙…暘日
三四〇二六 …日
三四〇二六 …用
三四〇二七 癸…今日…于…
三四〇二七 不暘日
三四〇二八 不暘日
三四〇二八 不暘…
三四〇二九 …牢暘日 茲用
三四〇二九 不暘日
三四〇三〇 …山?…
三四〇三〇 不暘日
三四〇三一 …卜…
三四〇三一 甲申卜有土
三四〇三一 不暘…
三四〇三二 …日
三四〇三二 不暘日
三四〇三三 …其風
三四〇三四 …未卜若風…
三四〇三五 …卯其風
三四〇三五 其…不
三四〇三五 癸…
三四〇三五 …用剛…
三四〇三六 癸未貞旬無囚

三四〇三六 癸丑貞旬有囚
三四〇三六 癸亥貞旬有囚
三四〇三六 丙寅卜日風不囚
三四〇三七 …風
三四〇三八 …人…
三四〇三八 …癸巳羽
三四〇三九 丙申…侑于…
三四〇三九 庚子卜雪
三四〇三九 甲辰卜丙午雨
三四〇三九 …辰卜…正雨
三四〇四〇 癸…
三四〇四〇 壬寅卜允?雨風
三四〇四〇 不雨
三四〇四〇 癸卯卜貞旬無囚
三四〇四一 己亥貞卑以伐于濘之…
三四〇四一 …田…
三四〇四二 乙…卑…濘…
三四〇四三 甲申卜…弜𠬝作宗
三四〇四四正 …彡酌于…
三四〇四四正 …戌貞辛亥酌彡…自上甲在大宗彝
三四〇四四反 甲子…
三四〇四五 丁亥卜在小宗有升歲自大乙
三四〇四五 …宗…歲自上甲
三四〇四六 …令?大…
三四〇四六 丁丑卜在小宗有升歲…乙
三四〇四六 乙亥有升歲在小宗自上甲一月
三四〇四七 己丑卜在小宗有升歲自大乙
三四〇四七 …亥卜在大宗有升伐三羌十小宰自上甲
三四〇四八 …𡕪乙未其…大乙宗…
三四〇四九 …在大乙宗
三四〇五〇 在祖乙宗
三四〇五〇 在祖乙宗
三四〇五〇 在祖乙宗
三四〇五〇 在祖乙宗
三四〇五〇 …亥卜帝伐自上甲用
三四〇五一 在祖乙宗
三四〇五一 在祖乙…
三四〇五二 在祖乙宗
三四〇五二 …卜…
三四〇五三 在祖丁宗
三四〇五三 庚…
三四〇五四 庚寅卜在宗夕雨
三四〇五四 壬寅卜辛卯雨
三四〇五五 于宗王受祐

三四〇五六　丙戌卜羽尊于宗
三四〇五六　無囚
三四〇五七　弜于宗其延
三四〇五七　于大乙延匕?
三四〇五七　…令囚暨龟示卜…
三四〇五八　弜即宗
三四〇五八　癸亥卜河其即宗十
三四〇五八　…高?…
三四〇五九　壬辰卜即宗
三四〇六〇　…其即宗于…
三四〇六一　…卜即宗卯中
三四〇六一　辛卯卜即丁卯
三四〇六一　…兹夕?
三四〇六二　…即宗于…
三四〇六二　…即宗于上甲
三四〇六三　…即宗三牛丁卯…
三四〇六四　弜秦宗
三四〇六四　丙…
三四〇六五　其七牛
三四〇六五　其…
三四〇六五　貞桒…宗
三四〇六六　（習刻）
三四〇六六　（習刻）
三四〇六七　辛丑卜于西帚
三四〇六七　于東帚
三四〇六七　…亥卜…其…
三四〇六八　（習刻）
三四〇六九　丙子卜王…其𠓗自日…于室
三四〇六九　于東帚
三四〇七〇　…于庭王…
三四〇七一　于王送僅
三四〇七一　于南門旦
三四〇七二　癸未卜王弗疾𢦏
三四〇七二　癸丑貞無至囚
三四〇七三　癸卯卜弗疾
三四〇七三　…午貞…𡆥嬴
三四〇七四　丁酉卜巫帝
三四〇七四　丁酉卜𦍒帝南
三四〇七四　癸卯卜其疾
三四〇七五　癸…
三四〇七五　辛亥方祟雨
三四〇七五　弜埶
三四〇七五　…疾

三四〇七五　弜祟
三四〇七六　…簸旋有疾王…
三四〇七七　…桒生𫒵于…
三四〇七八　…貞其桒生于高…
三四〇七八　癸未貞其桒生于高妣丙
三四〇七九　…午貞…生于高妣…牡牝
三四〇七九　其十宰
三四〇八〇　乙巳貞丙午酌桒生于妣丙牡三𦍋一白…
三四〇八一　庚…貞…桒…庚…在…
三四〇八一　辛巳貞其桒生于妣庚妣丙牡𦍋白豕
三四〇八一　…貞…桒生于…庚妣丙…𦍧豝
三四〇八二　弜有歲
三四〇八二　戊辰貞其桒生于妣庚妣丙在祖乙宗卜
三四〇八二　辛巳貞其桒生于妣庚妣丙牡𦍋白犬
三四〇八三　乙…小宰…五牛
三四〇八三　乙未貞大禦其遘翌日
三四〇八三　乙未貞大禦弜遘翌日其興
三四〇八三　…辰貞其桒生于祖丁母妣己
三四〇八四　辛巳貞其桒生…妣庚…牝…
三四〇八五　…未貞…祟…一人囚
三四〇八五　癸未貞…桒生于…𢦏妣庚
三四〇八六　癸…桒…𢦏…
三四〇八六　癸未貞六旬有祟不于妣囚
三四〇八六　于來庚于酌桒生
三四〇八六　…至于多毓
三四〇八七　癸未貞有毓
三四〇八八　己…貞…大…有…歲
三四〇八八　己未貞惟元示有斗歲
三四〇八八　己未卜寧雨于土
三四〇八九　…子卜𥁕自大示桒
三四〇九〇　乙未卜桒于大示
三四〇九〇　…丁
三四〇九一　辛未卜桒于大示
三四〇九二　于父…桒…
三四〇九二　壬申卜桒于大示
三四〇九二　…酉…桒于大示
三四〇九二　弜桒其告于十示又四
三四〇九二　于父丁桒
三四〇九三　…亥其桒于大示受…
三四〇九四　𦣞大示
三四〇九四　…酌…
三四〇九五　辛未…
三四〇九五　弜丬

三四〇九五　惟乙酉酚

三四〇九五　惟丁亥酚

三四〇九五　習大示

三四〇九五　彶

三四〇九五　甲申貞其倭

三四〇九六　：戌：大示：勿牛

三四〇九七　戌：貞：北：

三四〇九七　己巳貞大示三十

三四〇九七　：桒：酉：延

三四〇九八　㚔：二示：歲

三四〇九八　弜㚔

三四〇九八　弜：大示

三四〇九九　于大示彳

三四〇九九　癸：丁：

三四一〇〇　丁卯貞王在：

三四一〇〇　：卯貞王大禦：大示𣥅：三十牛惟茲

五用

三四一〇一　其作𡆥

三四一〇一　其作𡆥

三四一〇一　其作𡆥六示

三四一〇二　于十示又二桒

三四一〇二　桒即宗

三四一〇二　：丁：

三四一〇二　丁丑貞桒其禦丁

三四一〇二　庚辰貞𠦪以大示

三四一〇三　癸卯貞其：𣪘九二示𥂴：

三四一〇三　甲辰貞其大禦王自上甲盟用白𣪘九二示

𥂴十：

三四一〇三　癸丑貞其大禦惟甲子酚

三四一〇三　于甲申酚禦

三四一〇四　：未貞有彳歲自上甲：示三牢小示二牢

又：

三四一〇五　：未卜蒸于二示

三四一〇六　辛亥貞有彳于二示

三四一〇六　弜祐

三四一〇六　暨爽

三四一〇六　弜暨爽

三四一〇六　一牛爽

三四一〇六　一牢爽羊

三四一〇六　二牢爽羊

三四一〇六　三牢爽羊

三四一〇七　癸未卜蒸來于二示

三四一〇八　庚午卜：四示牛：五示羊：

三四一〇九　己丑卜其：五示牛

三四一一〇　：𣪘：于五示

三四一一〇　己卯貞桒自上甲六示

三四一一一　：貞：十：又：桒：

三四一一二　辛卯卜：桒雨：九示

三四一一二　：卯卜戝：

三四一一三　：戌卜用倭：上甲十示：

三四一一四　丁卯卜：

三四一一四　癸卯卜王步甲辰暘日

三四一一四　于十示桒一牛

三四一一四　：今夕：

三四一一五　甲申卜貞酚桒自上甲十示又二牛小示𥂴

羊　茲用

三四一一五　甲申：貞羊酚河燎：

三四一一五　弜酚河燎其夒

三四一一五　乙酉卜貞桒于丁

三四一一五　：有：歲：

三四一一六　甲申卜貞酚桒自上甲十示又二牛小示𥂴

羊

三四一一六　乙酉貞桒于丁

三四一一六　：白：

三四一一七　乙未貞于大甲桒

三四一一七　乙未貞其桒自上甲十示又三牛小示羊

三四一一七　：未：

三四一一八　：至于：十示又：

三四一一九　：丑卜其夒日：

三四一一九　：六示三五示二十示又：

三四一二〇　癸卯卜貞酚桒乙巳自上甲二十示一牛二示

羊土燎四戈彘牢四戈豕

三四一二〇　丙辰卜敎戠

三四一二〇　壬戌卜貞王生月敎𠂤戠不：

三四一二一　丙子卜侑大：一牢一牛

三四一二一　丙子卜侑仲丁二牢一牛

三四一二一　壬寅卜桒其伐歸惟北𡆥用二十示一牛二

示羊以四戈彘

三四一二二　：雨：

三四一二二　丙子卜侑仲丁二牢

三四一二二　壬寅卜桒其伐歸惟北𡆥用二十示一牛二

示羊以四戈彘

三四一二三　辛：王令厚示𡴲：又：

三四一二三　惟新𡆥用

三四一二三　壬戌卜侑歲于伊二十示又三　茲用

三四二四　辛未卜王令厚示㞢…
三四二四　…卜…歲…伊…示又三　兹用
三四二四　惟新□用
三四二五　于…
三四二五　弜奏
三四二五　庚辰貞其奏丁示于…
三四二六　…門示若…
三四二六　…用庚寅
三四二七　于□示侑
三四二八　…示先…
三四二九　示…先□…
三四三〇　辛巳貞將示于南
三四三一　惟王族令
三四三一　惟?…令…
三四三一　…疾…令…
三四三二　…巳卜貞王惟訇…以王族在祖乙宗?
三四三三　丁酉卜王族爰多子族立于舌
三四三四　惟…令
三四三四　…辰卜…自…乙…父丁
三四三四　惟三族令
三四三五　暨令三族
三四三六　乙酉卜…惟三百…令
三四三六　乙酉卜王𠦪令
三四三六　弜𠦪令
三四三六　惟一族令
三四三六　惟三族馬令
三四三六　暨令三族
三四三六　乙酉卜于丁令馬
三四三七　甲戌貞其寧風三羊三犬三豕
三四三七　甲戌
三四三七　甲戌　兹用
三四三七　乙亥
三四三七　…亥…惟…伐…舞?雨
三四三八　辛酉卜寧風巫九豕
三四三九　甲辰…弜…在兹作宗若
三四三九　癸亥卜于南寧風豕一
三四三九　…亥卜…北寧…
三四四〇　戊子卜寧風北巫犬?
三四四一　辛巳…今日寧…
三四四二　…其寧…
三四四三　…酉…辛…酌四方
三四四三　癸酉貞有出
三四四四　丁未貞告其…于河五牢
三四四四　庚戌卜寧于四方其五犬

三四四四　…丑卜…乙卯…示
三四四五　癸丑卜帝南
三四四五　癸丑卜帝東
三四四六　庚…貞…降翌允惟帝令
三四四六　庚辰卜其□鬼
三四四七　…于帝…
三四四八　庚午貞秋大集…于帝五玉臣血…在
祖乙宗卜　兹用
三四四八　…酉…其…牢
三四四九　癸酉貞帝五玉臣其三百四十牢
三四四九　癸酉貞其三小牢
三四四九　癸酉貞于上甲
三四四九　于南寧
三四四九　…北…
三四五〇　庚…辛…雨
三四五〇　庚午卜壬申雨允雨亦
三四五〇　辛未卜帝風不用雨
三四五一　乙丑貞寧風于伊奭
三四五二　弜寧風
三四五二　惟今夕酌
三四五二　甲辰貞祖歲不遘雨
三四五三　庚辰卜王入若…𡆥
三四五三　…貞…無𡆥
三四五三　庚辰卜帝
三四五三　庚辰卜弜帝
三四五三　庚辰王弜
三四五三　庚子貞
三四五三　辛丑貞
三四五三　癸…帝南
三四五三　癸亥帝北
三四五四　庚子貞
三四五四　辛丑貞
三四五四　癸亥…帝南
三四五四　癸亥卜帝北
三四五四　癸…帝
三四五四　癸亥卜帝西
三四五五　…岳…宗
三四五五　癸亥貞今日小帝于巫𤜵一犬
三四五五　…貞…
三四五六　貞其帝
三四五六　貞于北帝
三四五六　…祖乙…
三四五七　辛亥卜帝小工□戊侑三十小牢

三四一五七　辛亥卜小帝北巫
三四一五八　辛：
三四一五八　甲子卜巫帝
三四一五八　惟丁卯步
三四一五八　：犬：
三四一五八　：旬：往：
三四一五八　己巳卜王弜步告官
三四一五九　：未卜雨
三四一五九　丙申
三四一五九　乙未卜于丁酉雨
三四一五九　于己亥雨
三四一五九　于戊戌雨
三四一五九　方帝
三四一五九　戊戌
三四一五九　丁：
三四一六〇　乙酉卜帝：
三四一六〇　辛：
三四一六一　：即日
三四一六二　：即日
三四一六二　：酚：以：
三四一六三　丁巳卜貞酚歲于伊：
三四一六三　丁巳卜侑出日
三四一六三　丁巳卜侑入日
三四一六三　丁巳卜庚申酚燎于：圉大牢雨
三四一六四　癸酉：入日：其燎
三四一六四　乙亥：貞今日：
三四一六四　不雨
三四一六五　戊子貞其燎于洹泉：三宰圉宰
三四一六五　戊子貞其燎于洹泉犬?三宰圉宰
三四一六五　己巳貞王米囧其蒸于祖乙
三四一六五　己巳貞王其蒸南囧米惟乙亥
三四一六五　丁丑貞有𠂇歲于大戊三牢　茲用
三四一六五　：令：酉
三四一六六　辛：貞：燎于十山
三四一六七　：卜侑于五山在果：月卜
三四一六八正　丁丑卜侑于五山在：隹二月卜
三四一六八反　：子貞王令
三四一六八反　丁卯：令：
三四一六九　：夒暨上甲其即
三四一七〇　：侑于夒：茲用
三四一七一　：夒母：
三四一七二　：未卜：燎于父丁五宰卯五牛
三四一七二　甲寅貞辛亥酚燎于夒三牛?
三四一七二　甲寅卜作祟雚訇：

三四一七二　：牛
三四一七二　：四：卯三：
三四一七三　其酚
三四一七三　夒燎不：
三四一七四　：祏夒：
三四一七五　⿰夒戈燎三牢
三四一七五　⿰夒戈燎二：
三四一七六　弜禦阜
三四一七六　乙未貞惟⿱屮乇阜
三四一七六　不惟⿱屮乇阜
三四一七六　戊戌卜：雨
三四一七六　：往：遘：雨
三四一七六　不攸雨
三四一七六　攸雨
三四一七六　己酉貞：
三四一七六　己亥貞酚燎于⿰夒戈
三四一七七　：卜其𠦪禾于：
三四一七七　⿰夒戈燎二牛
三四一七七　⿰夒戈燎一牛
三四一七八　于來甲辰酚⿰夒戈
三四一七九　：高酚燎五牛
三四一七九　戊：貞：⿰夒戈：五牛
三四一八〇　：于⿰夒戈：
三四一八一　：于⿰夒戈：
三四一八二　癸巳卜往⿰夒戈以雨
三四一八二　乙：王：無：
三四一八三　甲申貞侑匚：
三四一八三　庚寅貞侑土燎大：
三四一八四　貞王告土
三四一八五　己亥卜田率燎土豕𡆥豕河豕岳豕
三四一八五　：祖：岳：
三四一八六　：燎于土：
三四一八六　：河：
三四一八七　其燎于土
三四一八七　戊：
三四一八八　燎酚于土
三四一八九　甲戌卜乙亥：
三四一八九　庚辰卜于卜乃土
三四一八九　庚辰卜于：乃土
三四一八九　辛卯卜無囚
三四一九〇　戊申其乇于土牛
三四一九〇　丙：弜：歲：
三四一九一　于岳侑
三四一九一　：令从

三四一九二　壬子卜侑于岳
三四一九二　壬子卜侑于伊尹
三四一九二　：其：王家
三四一九三　于岳侑
三四一九三　貞令从
三四一九四　甲申貞桒于岳燎
三四一九四　弜暨
三四一九五　：禾于[illegible]
三四一九五　癸丑貞其桒于岳
三四一九六　辛未卜于岳桒雨
三四一九七　己酉貞辛亥其燎于岳
三四一九八　：其燎于岳三宰
三四一九八　己酉貞辛亥其燎于岳雨
三四一九八　己酉貞辛亥其燎于岳一宰卯一牛雨
三四一九九　不雨
三四一九九　丙寅卜其燎于岳雨
三四一九九　：山雨
三四二〇〇　辛：貞：燎：河
三四二〇〇　辛丑貞尋燎于岳雨
三四二〇一　燎于岳
三四二〇二　：巳卜其燎于岳
三四二〇三　：燎：岳：雨
三四二〇三　取岳雨
三四二〇四　戊戌：其：
三四二〇四　惟己燎豕于岳雨
三四二〇四　辛未燎雨
三四二〇五　丁卯卜[illegible]岳
三四二〇五　癸未[illegible]好火雨
三四二〇五　十山
三四二〇六　岳燎五牛
三四二〇六　燎十牛
三四二〇六　卯三牛
三四二〇七　河：沈二牛
三四二〇七　河燎卯三牛
三四二〇七　河燎卯三牛
三四二〇七　岳燎卯二牛
三四二〇七　岳燎：二牛
三四二〇八　戊：
三四二〇八　弜燎
三四二〇八　岳燎三宰
三四二〇八　岳圉四牛
三四二〇八　岳燎不遘雨
三四二〇九　岳燎宰卯牛一
三四二〇九　岳燎小宰卯牛一
三四二一〇　：燎：

三四二一〇　暨岳燎
三四二一一　岳燎二：
三四二一二　：卯：
三四二一二　己亥卜燎卯
三四二一二　岳：
三四二一三　：圉：三牛
三四二一三　岳燎不遘雨
三四二一三　其雨
三四二一三　其雨
三四二一四　癸酉卜其取岳雨
三四二一四　甲戌卜其桒雨于伊奭
三四二一四　：祖妣雨
三四二一四　丁卯貞辛：
三四二一四　壬申貞其桒雨：十羊
三四二一五　癸酉卜其取岳雨
三四二一六　丁酉貞：
三四二一六　己亥貞取岳雨
三四二一六　：貞：桒：
三四二一七　：翌：
三四二一七　不雨
三四二一七　不雨
三四二一七　甲寅乙雨
三四二一七　乙卯丙雨
三四二一七　辛酉卜惟姬壱雨
三四二一七　辛酉卜取岳雨
三四二一八　丙辰貞惟岳壱
三四二一八　丙辰貞其取岳
三四二一八　：在敦
三四二一九　甲申卜于土宰
三四二一九　取岳于三門徝
三四二二〇　岳于[illegible]
三四二二〇　岳于三門
三四二二〇　岳于南單
三四二二〇　：亥貞：
三四二二一　：牝：
三四二二一　：卜：酚：無囚　茲用
三四二二一　惟岳先酚雨
三四二二一　：羊
三四二二二　戌：
三四二二二　惟岳先酚雨
三四二二三　惟：酚
三四二二三　惟岳酚
三四二二三　：卜：酚
三四二二四　：舞岳雨

三四二二四　三四二二五　三四二二五　三四二二五　三四二二六　三四二二七　三四二二八　三四二二九　三四二三〇　三四二三〇　三四二三〇　三四二三〇　三四二三〇　三四二三一　三四二三二　三四二三三　三四二三三　三四二三四　三四二三四　三四二三五　三四二三五　三四二三六　三四二三六

弜凡
……□……
岳燎五宰圈五牛
癸巳貞既燎于河……于岳……
……于岳祟有大雨
……酌于岳
惟岳壱雨
丙戌卜岳不壱
丙戌卜岳其壱
……酉卜岳壱禾
乙酉卜岳弗壱禾
丙戌戊雨
不雨
丙戌卜丁亥雨
丁亥卜弜寧岳
丁亥卜寧岳燎宰
己卯卜惟岳壱
己卯……惟河壱
己卯貞岳壱
辛亥卜岳其壱侑岳
辛亥卜岳弗壱禾弜侑岳
甲申卜岳弗壱禾
其壱禾
乙酉卜□
乙酉卜弜□
丙戌卜申夕雨
丁亥雨
戊子雨
庚寅雨
允雨
己卯貞無壱
辛……岳……
辛亥……弗壱……弜侑……
丙戌卜岳其壱
丙戌卜岳不壱
……貞……岳壱
……午貞岳……三小宰
……侑河
戊辰貞賊于……餗珏……
丙戌卜……
……酉貞……岳河……我
乙酉貞取河其困于上甲雨
丙申卜岳惟有壱
……其以……□
癸卯……有□……于河沈……卯三……

三四二三七　三四二三七　三四二三七　三四二三八　三四二三九　三四二三九　三四二四〇　三四二四〇　三四二四〇　三四二四〇　三四二四〇　三四二四〇　三四二四〇　三四二四〇　三四二四〇　三四二四一　三四二四一　三四二四二　三四二四二　三四二四三　三四二四四　三四二四五　三四二四六　三四二四六　三四二四六　三四二四六　三四二四六　三四二四六　三四二四七　三四二四七　三四二四八　三四二四八　三四二四八　三四二四九　三四二四九　三四二五〇　三四二五一　三四二五二　三四二五三　三四二五三　三四二五三　三四二五三　三四二五四

其弜……止在……延……于……
癸亥貞河匚惟辛未酌
……亥……于……辛……乙酉
辛丑貞桒于河彡衩
辛……王……坆田……□……
貞桒于河燎……三牛
癸巳……又于伊尹牛五
癸巳卜侑于□　兹用
癸巳卜侑于王亥
癸巳卜侑于河
癸巳卜侑于河　不用
乙未卜有□歲于父乙三牛　兹用
辛丑貞𠂤惟疾以□
𠂤惟束人以□
𠂤……多射以□
丁丑卜……桒于……牛……
……丑卜……桒于河王其賓
辛……
癸未卜燎于河受祐
癸亥卜燎小宰
……河燎五小宰
……卜河燎二宰
河燎二牛
河燎三牛
河燎惟羊二
河燎惟羊三
河燎五牛
……申卜……往……無災
……于河燎三……圈宰
癸卯貞……高……
丙午卜丁未有歲不雨
其雨
河燎三宰沈牛三
不雨
河燎二……
……卜河燎其……
……辰貞河燎……
……酌河桒……
甲申貞祭
乙酉
……酉
……貞……卯……
弜酌河……其……
……貞往于河

三四二五五　丁…
三四二五五　弜于河東…𣦼蔑即祐…
三四二五六　庚寅卜告…紳尹𠂤冊于河廼…
三四二五七　丁卯貞…
三四二五七　五牢于河
三四二五七　…貞…利…河
三四二五八　…于河牢　茲用
三四二五九　河…三牢
三四二五九　茲用
三四二六〇　…河王𡧊
三四二六一　…戠…瀧…河
三四二六一　癸未
三四二六一　乙亥貞河…
三四二六二　丁酉卜…河以岳
三四二六三　庚子卜…
三四二六四　河剛惟
三四二六四　其…在…
三四二六五　于弜㞢有雨
三四二六五　戊申卜弜侑㞢豕
三四二六六　戊申卜侑于㞢𠂤何羊豕
三四二六六　弜有歲
三四二六七　辛亥卜有燎于㞢
三四二六七　辛亥卜有燎于岳
三四二六七　辛亥卜有燎于河
三四二六八　弜有歲
三四二六八　辛亥卜有燎于㞢
三四二六八　辛亥卜有燎于岳
三四二六八　辛亥卜有燎于河
三四二六八　辛亥侑于㞢
三四二六八　辛亥其□
三四二六八　甲子卜侑于㞢
三四二六九　丁巳卜桒…㞢河…
三四二七〇　…未卜其桒雨于㞢七月
三四二七一　戊申貞惟雨桒于㞢
三四二七二正　己丑卜㞢巨羊羊
三四二七二正　戊寅卜雨
三四二七二反　…三日
三四二七三　…燎㞢河
三四二七四　丁巳貞庚申燎于㞢二小宰圈大宰
三四二七四　己亥…
三四二七五　于㞢父燎雨
三四二七五　…戊卜燎于㞢雨
三四二七五　…寅卜允…
三四二七六　己未貞燎于㞢十豕

三四二七六　…午…燎…㞢
三四二七七　…㞢燎小宰卯宰
三四二七七　…燎小宰卯…
三四二七八　甲辰…燎五豕…一羊于…
三四二七九　…燎大雨
三四二七九　…貞…
三四二七九　丙子卜…小雨
三四二七九　丙子卜燎于…
三四二七九　丙子卜…
三四二八〇　…申貞…雨…
三四二八〇　戊申貞…㞢
三四二八一　…𦎫…易…
三四二八一　…㞢
三四二八二　…桒雨于㞢?
三四二八三　戊子卜婦笁雨
三四二八三　庚辰貞酌翌乇翌日辛巳
三四二八四　甲辰…乙雨
三四二八四　乙巳卜燎五豕羊十笁
三四二八四　…暨…十豕
三四二八五　…亥燎…
三四二八五　…乙告高祖亥…
三四二八五　壬辰貞高祖亥…
三四二八六　…貞陟大禦于高祖王…屮
三四二八七　亥貞陟大禦于高…以屮
三四二八八　酌高祖亥匚…
三四二八九　…高祖亥燎于祖…
三四二九〇　…高祖亥…
三四二九一　壬戌卜惟岳先…
三四二九一　惟王亥先侑
三四二九一　弜…
三四二九二　惟王亥…
三四二九二　惟…
三四二九三　辛巳卜貞來…王亥燎…燎十…
三四二九四　辛巳卜貞王亥上甲即于河
三四二九四　…巳卜…王…河
三四二九五　…貞…羌…亥
三四二九五　…卜今日…舞河暨岳…从雨
三四二九六　…勺歲于多公
三四二九七　…卜侑十牢
三四二九八正　己未貞有勺歲
三四二九八反　丁…今…雨
三四二九九　…有勺歲遘…
三四三〇〇　…王有勺歲…其遘翌日　茲用
三四三〇一　…貞乙巳…
三四三〇一　…有勺歲十牢

三四三〇二 …二宰 茲用
三四三〇三 …有勺歲于祖乙
三四三〇三 …卜有勺歲于…乙三宰
三四三〇四 …卜有勺歲于…
三四三〇五 丁亥貞有勺歲…
三四三〇六 甲寅貞有卜歲呼射
三四三〇六 弜呼射
三四三〇七 …子貞有勺…
三四三〇八 貞有勺…
三四三〇九 丁未… 茲用
三四三〇九 …貞有勺…
三四三〇九 …有勺…
三四三一〇 …卜有勺…翌乙巳…
三四三一一 …有歲…
三四三一一 …雚有勺…
三四三一二 …其有勺新…
三四三一二 吉
三四三一三 丁卯…貞有歲于…五宰… 茲用
三四三一四 …卜有歲于…
三四三一五 …福歲…
三四三一五 …子卜其遘有歲于…
三四三一六 甲辰卜乙巳…有歲…三十宰…
三四三一六 丁未…
三四三一六 …午卜…
三四三一七 丁丑卜…暘…
三四三一七 …子卜有歲六宰
三四三一八 …卜其有歲…
三四三一九 …未卜雈…有歲三宰
三四三二〇 庚…切…啼…有歲…
三四三二〇 …[illegible]…
三四三二一 癸亥…貞…有歲
三四三二二 …宰有爽歲…
三四三二三 甲辰卜…歲…
三四三二三 二宰
三四三二三 三宰 茲用
三四三二四 乙酉貞…有匚于…
三四三二四 乙酉貞辛…
三四三二四 庚辰貞…其…
三四三二四 庚辰貞王弜
三四三二五 貞其有匚于…
三四三二六 貞其有匚…
三四三二七 丁亥…大…侑…
三四三二七 弜侑
三四三二八 甲子…

三四三二八 弜侑
三四三二九 癸…
三四三二九 弜侑
三四三二九 三宰
三四三二九 十宰
三四三二九 五宰
三四三二九 …貞…
三四三三〇 癸…
三四三三〇 弜侑
三四三三〇 一宰
三四三三〇 一牛
三四三三〇 一牛
三四三三一 癸…
三四三三一 弜侑
三四三三一 三宰
三四三三一 五宰
三四三三一 十宰
三四三三二 弜侑
三四三三二 一宰
三四三三二 …宰
三四三三三 弜侑
三四三三三 …宰
三四三三四 癸…
三四三三四 弜侑
三四三三四 …宰
三四三三五 弜侑
三四三三五 弜侑
三四三三五 弜舌
三四三三六 弜侑
三四三三六 弜侑
三四三三六 …亥貞…禦其四牛
三四三三七 辛…癸…
三四三三七 辛丑甲雨
三四三三七 甲辰卜侑[illegible]
三四三三七 弜侑
三四三三八 惟乙未
三四三三八 弜有酉
三四三三九 弜有燎
三四三四〇 己酉卜…[illegible]
三四三四〇 庚戌禦于西
三四三四一 …卜翌庚戌…北禦
三四三四二 辛未貞大禦
三四三四三 甲寅卜惟翌日[illegible][illegible]

三四三四三 …禦惟翌日…
三四三四四 …歲于禦…
三四三四四 …申卜王賓數…
三四三四四 茲用
三四三四五 茲小御
三四三四六 戊午卜王賓…父丁
三四三四七 …卜…左…
三四三四七 辛…貞…賓…
三四三四八 …賓祭
三四三四九 其雨
三四三四九 伊賓
三四三四九 弜賓
三四三四九 惟賓射
三四三五〇 弜賓
三四三五一 弜賓
三四三五一 …叙…
三四三五二 貞惟賓
三四三五三 甲午貞…臭
三四三五三 其不若
三四三五三 惟小宰
三四三五四 貞告于…
三四三五五 其夕歲羊
三四三五五 …寅貞丁卯告
三四三五五 于來乙亥告
三四三五六 貞于乙亥告
三四三五六 貞惟丁卯告
三四三五六 己未…王亥告
三四三五七 貞于乙亥告
三四三五八 于丁巳告
三四三五八 于癸…告
三四三五九 于翌日告用牡
三四三五九 弜令
三四三六〇 …大彡告
三四三六一 …告
三四三六一 惟…夕告
三四三六二 弜告大…無囚
三四三六三 茲用
三四三六三 不用
三四三六三 弜告乇
三四三六四 癸…卜…
三四三六四 癸酉卜乙亥彡日
三四三六四 癸酉…告…
三四三六四 …泉
三四三六四 貞告祖乙…

三四三六五 乙酉貞
三四三六五 乙酉貞秋
三四三六五 弜告
三四三六五 貞…侑…其…
三四三六六 己巳貞…
三四三六六 乙巳…無囚
三四三六六 弜告
三四三六七 弜桒告
三四三六八 …告…自…
三四三六九 …于…享…告…
三四三七〇 …告有出?
三四三七一 桒三牛
三四三七二 桒即宗
三四三七二 桒即丁于…
三四三七二 桒一牛
三四三七二 桒二牛
三四三七二 桒三牛
三四三七三 …于…小…
三四三七三 丙辰貞其桒
三四三七三 …桒
三四三七四 癸亥貞其桒
三四三七五 己…
三四三七五 于生月乙巳桒
三四三七五 惟丙…桒…用
三四三七六 辛卯貞于生月桒
三四三七六 乙…
三四三七六 不…
三四三七七 于來乙巳桒
三四三七八 丁亥卜惟乙未桒
三四三七九 自𡧊人桒
三四三七九 …桒
三四三八〇 禧歲弘
三四三八一 壬…
三四三八一 丙戌貞延桒禧歲弘二宰
三四三八一 …宰 茲用
三四三八一 …亥?…
三四三八二正 其雨
三四三八二反 …桒于禧勹…
三四三八三 己卯貞桒宗
三四三八四 茲用
三四三八四 壬…癸酉…桒…自…
三四三八五 貞桒于祖?…
三四三八五 貞…于…
三四三八六 …桒羸

三四三八七　弜奉
三四三八七　惟豕
三四三八七　惟牢
三四三八八　庚：奉：
三四三八八　：㞢：于高：
三四三八九　：亥貞不既：奉：
三四三九〇　：㞢?奉：
三四三九一　壬：貞其祝
三四三九一　二牛
三四三九一　：牛
三四三九一　茲：
三四三九二　：其祝
三四三九二　二牛
三四三九二　：牛
三四三九三　：其至：祝㝉：
三四三九四　弜祝
三四三九四　：衣：
三四三九五　：酉卜貞：冊于㳄?：往茲見?：
三四三九六　冊十又五牢其即：
三四三九七　：于卜惟舊冊用
三四三九七　：于父丁其尊鬲
三四三九八　癸亥：甲子典其萑
三四三九八　其：
三四三九九　辛酉貞在𫳅六哲其丸
三四三九九　辛酉貞哲弜凡戠禾
三四三九九　：貞：
三四四〇〇　：亥貞陟：以𠂤
三四四〇一　于大示用
三四四〇一　己酉卜用人牛彡
三四四〇一　弜用人牛
三四四〇一　：卜：于：牢
三四四〇二　庚午貞：乙亥用
三四四〇三　：日甲申用
三四四〇四　：乙二牛用
三四四〇五　：戊：四牛用
三四四〇五　戊：
三四四〇六　：五牡用在
三四四〇七　：歲：牢用：卯勿：
三四四〇八　：牢用
三四四〇九　弜延用
三四四〇九　：用：白𦞠
三四四〇九　：日：妣壬
三四四一〇　惟癸用𠂤
三四四一〇　惟甲用𠂤

三四四一〇　庚：
三四四一〇　：旨：
三四四一一　惟：用盂：
三四四一二　：卜惟：帚用
三四四一二　其于：
三四四一三　：用
三四四一四　：用
三四四一四　：伊步
三四四一五　癸巳貞于彡衩惟餗先
三四四一六　貞彡衩其禦王：
三四四一七　戊戌貞彡其酉
三四四一七　戊：貞：
三四四一八　：庚彡無𡆥
三四四一九　：彡無𡆥
三四四一九　乙亥：
三四四二〇　己丑貞其歲自：
三四四二一　己未卜歲至于大：
三四四二一　弜至
三四四二二　：一牛
三四四二二　丙子卜丁歲𠬝于：　不用
三四四二三　歲五牢
三四四二四　：歲二牢
三四四二五　：歲二牢于：
三四四二五　：午卜米：
三四四二六　：歲牢其興
三四四二七　：牢
三四四二七　：甲歲其牢又一牛
三四四二八　庚：令
三四四二八　弜令
三四四二八　庚子卜其令
三四四二八　弜令
三四四二八　于辛亥興王燎
三四四二八　癸卯歲其牢
三四四二八　惟小牢
三四四二八　丁未貞王令：不
三四四二八　弜令
三四四二九　：癸歲：
三四四二九　：歲小牢
三四四二九　：小牢
三四四三〇　：交日：
三四四三〇　：寅卜在血从：
三四四三〇　：卯卜壬雨
三四四三〇　：侑歲：丁一牛
三四四三一　：亥：于：歲：五牛
三四四三一　三牢

三四三二 甲…
三四三三 其夕歲羊
三四三三 丙子…歲…
三四三四 辛亥貞…歲于…
三四三五 …一牛
三四三五 己卯卜其延歲于壱庚
三四三六 …午貞癸未延歲…癸牛三 茲用
三四三七 壬…延歲
三四三七 弜延
三四三八 己巳…延歲于…
三四三九 …延必侑…
三四四〇 癸卯貞其王杢
三四四〇 癸卯貞其剛…于延豕十犬？…
三四四一 癸…
三四四一 延萑歲
三四四二 丙辰貞… 不用
三四四二 丙辰貞其延 茲用
三四四二 貞侯于…
三四四二 不…
三四四三 丙午…
三四四三 二牢
三四四三 三牢 茲用
三四四三 弜延
三四四三 二牢
三四四三 …牢
三四四四 惟王祝
三四四五 乙…其…
三四四五 其其夏吻丁弗作
三四四五 弜夏哉
三四四五 [illegible]中…
三四四五 甲午貞王惟卂饗
三四四五 甲午卜王其田
三四四六 其雨
三四四六 甲寅卜弜卂惟禦
三四四七 …惟卂饗
三四四八 …祟卂…
三四四九 丁卯卜燎三小宰卯三大牢
三四五〇 乙未貞侑用十牛
三四五〇 貞辛亥人燎大牢 茲用
三四五一 乙酉卜燎六小宰卯牛三
三四五一 其祖…卯…
三四五二 燎三…
三四五二 五宰
三四五三 …丑卜燎三宰沈…

三四五四 丁丑卜燎三小宰卯牛三
三四五五 乙…
三四五五 乙卯…燎三小宰…
三四五六 二牛燎卯二小宰
三四五六 卯一牛燎一小宰
三四五七 …沈…燎…牛三十
三四五八 燎五牛卯五牛 不用
三四五八 …丑茲用在中
三四五九 燎五牛
三四六〇 燎三…沈牛…
三四六一 燎六羊
三四六一 燎…
三四六二 燎惟白豚
三四六三 乙丑卜燎白豕
三四六四 …燎卯…
三四六四 丁卯卜惟小宰…
三四六四 …于雨惟今日…
三四六五 己卯貞令獲…
三四六五 …午貞有龜燎…
三四六六 …燎…惟…秋…
三四六六 茲用
三四六七 癸未…有燎… 茲用
三四六八 其熹
三四六八 弜熹
三四六八 甲寅卜有燎…丁
三四六九 …未卜燎… 茲用
三四七〇 癸巳卜罘…
三四七一 …亥貞其燎于…
三四七二 …其燎
三四七三 癸…出…歲…
三四七三 弜燎
三四七四 弜燎
三四七四 癸丑卜弜燎析 茲用
三四七五 庚寅貞其鼓彡
三四七五 弜鼓彡
三四七六 戊辰貞無囚
三四七六 戊辰貞其延鼓有若
三四七六 弜延鼓
三四七七 弜延鼓
三四七七 …辰…無囚
三四七八 壬子貞其帚鼓…乙彡…
三四七九 惟…
三四七九 于翌日烄
三四七九 允惟烄

三四七九 非惟烄
三四七九 令往
三四八〇 戊雨
三四八〇 于喪烄
三四八一 …于兮烄
三四八二 辛亥卜帝小工壱
三四八二 于□烄
三四八二 于□烄
三四八二 …于卜烄
三四八二 于兮烄
三四八三 惟風
三四八三 戊戌卜烄雨
三四八三 于舟烄雨
三四八三 不雨
三四八三 于丮烄雨
三四八四 弜烄雨
三四八四 戊辰…烄于…
三四八五 于丁未雨
三四八五 乙卯卜今日烄从雨
三四八六 壬寅…今日烄
三四八六 癸卯
三四八七 乙亥卜其烄
三四八七 乙亥卜烄雨
三四八七 …令…
三四八八 烄雨
三四八八 壬辰…烄…
三四八九 …烄
三四八九 庚戌卜烄
三四八九 戊申雨
三四八九 于己未雨
三四八九 丁丑…
三四八九 癸巳卜生月雨
三四八九 于庚戌雨
三四八九 于…
三四九〇 …卜…雨
三四九〇 癸丑卜甲雨不雨
三四九〇 …𥁕…烄…
三四九一 不雨
三四九一 …子…烄…
三四九一 …烄…
三四九二 不雨
三四九二 烄雨
三四九三 丙戌烄
三四九三 丙戌烄
三四九三 乙卯卜王祟雨于土

三四九三 …卜…丁羊…烄
三四九四 …申卜…白…
三四九四 烄…
三四九五 弜…
三四九五 丙申卜桒丁…
三四九五 辛亥卜烄
三四九五 庚戌卜烄
三四九五 庚戌卜…
三四九五 …壬子□
三四九五 壬子卜
三四九六 烄日…
三四九六 己卯
三四九六 庚辰
三四九六 三宰三牛
三四九七 戊戌
三四九七 弜取
三四九八 于乙亥酌告
三四九九 惟乙丑酌告
三四九九 于…月…
三五〇〇 …申貞…
三五〇〇 壬申貞癸卯酌桒
三五〇一 惟戊…酌…
三五〇一 惟己卯酌桒
三五〇一 惟庚辰酌桒
三五〇二 丁亥卜于甲戌酌桒
三五〇三 丁巳貞今夕來乙亥酌雨
三五〇四 癸酉其酌祝惟乙亥
三五〇四 弜勿
三五〇五 甲寅貞酌翌日其禉告
三五〇五 甲…桒…享?…牛…
三五〇六 癸亥貞酌彡翌日甲子
三五〇七 …亥貞酌彡
三五〇七 …有祟不降…
三五〇八 …貞酌彡甲寅
三五〇九 惟辛未酌…
三五〇九 惟辛巳酌燎…
三五一〇 癸丑
三五一〇 惟辛未酌燎
三五一〇 …酌燎
三五一〇 …酌不
三五一一 惟辛巳酌燎
三五一一 于辛巳酌燎
三五一二 …翌日甲酌燎
三五一三 …未卜…燎…又…牛

三四五一三　丙：丁未酌燎于：
三四五一四　辛卯酌燎
三四五一五　甲辰卜酌求蒸　：用
三四五一六　乙酉卜惟甲午酌彡
三四五一六　乙酉：自：
三四五一六　甲午不雨
三四五一六　丁：衣：酌：
三四五一七　癸卯貞酌彡歲于：
三四五一八　甲：貞乙：酌彡：
三四五一九　：丑酌彡：
三四五二〇　辛卯卜惟乙巳
三四五二〇　：卜惟：
三四五二〇　己亥貞酌圍
三四五二〇　辛丑貞酌圍無壱
三四五二一　丙寅惟丁酌乇
三四五二一　庚午貞
三四五二二　惟新柵用
三四五二二　丁卯于來辛巳酌乇
三四五二二　甲：
三四五二三　庚戌貞酌乇辛亥
三四五二三　不雨
三四五二四　甲申卜惟辛卯酌品
三四五二四　甲申卜惟辛丑酌品
三四五二四　：品
三四五二五　乙卯：來乙：酌：
三四五二五　乙卯卜弜蒸丁卯酌品
三四五二五　惟生王𠂤王
三四五二五　乙卯惟千：王
三四五二六　乙卯卜來丁卯酌品不雨
三四五二七　：酌品
三四五二八　癸酉
三四五二八　不專酌
三四五二九　乙巳：酌遘：雚歲：五牢：羊十：
三四五三〇　：子卜惟：酌
三四五三〇　丁亥：于卜：迄
三四五三一正　癸亥卜貞酌翌：　：用
三四五三一反　：酌甲：
三四五三二　丙寅貞酌𠂤
三四五三三　癸丑：
三四五三三　庚申貞今來甲子酌王不遘雨
三四五三三　庚申貞酌大禦燎其遘
三四五三四　癸卯貞于生月酌：
三四五三四　：岳：禾
三四五三五　乙未卜：今夕酌：

三四五三六　：酌：
三四五三六　甲子貞于：巳：
三四五三七　：上甲甲子酌其𢆶卯：
三四五三七　辛巳貞：
三四五三八　惟：用
三四五三八　惟新柵用
三四五三八　惟至𠂤用
三四五三八　茲用不雨
三四五三八　弜酌
三四五三八　丙寅貞丁卯酌𡆥：
三四五三九　惟乙：酌
三四五三九　惟乙亥酌
三四五四〇　：辰酌：牛三
三四五四一　：酌
三四五四一　甲午：翌乙：酌：
三四五四一　其雨
三四五四二　己亥貞惟庚酌
三四五四三　惟：小牢
三四五四三　：𡧊酌：束
三四五四四　己丑貞于林夕酌
三四五四四　貞：今日：于妣
三四五四四　惟大牢
三四五四五　貞：日酌：
三四五四五　貞乙未左歲牢
三四五四六　甲戌：夕三：其酌
三四五四六　乙亥貞來甲申：
三四五四七　庚辰貞多宁：
三四五四七　弜蒸
三四五四七　癸未貞惟翌日甲申酌
三四五四八　癸未貞惟甲申酌卯
三四五四八　惟甲午酌卯
三四五四九　惟乙巳酌
三四五四九　惟：
三四五五〇　甲：
三四五五〇　甲午：酌
三四五五一　癸巳貞甲午酌
三四五五一　己酉貞：
三四五五二　癸巳貞其：于：丙午酌
三四五五三　：一牛
三四五五三　于辛丑酌
三四五五三　于辛亥酌
三四五五四　：卜其酌
三四五五五　弜酌
三四五五六　壬戌

三四五五六 弜酌
三四五五六 一牛
三四五五六 ：牛
三四五五七 弜並酌
三四五五七 甲戌
三四五五七 三牢 兹用
三四五五八 弜並酌
三四五五九 弜暨酌
三四五五九 ：暨
三四五六〇 ：亥酌
三四五六〇 己巳貞來：
三四五六〇 己巳酌王：不
三四五六一 ：貞酌：兹用
三四五六二 ：玉：卯三
三四五六二 ：寅貞：人酌：牛
三四五六三 ：彡酌：中
三四五六四 ：亥卜：尹：㱿
三四五六四 癸亥卜乙丑酌昜日
三四五六五 己卯卜奏酌䢅㱿
三四五六五 ：申卜：
三四五六六 癸：乙丑：㱿王
三四五六六 甲寅卜王夕
三四五六六 乙卯卜惟乙丑酌㱿
三四五六七 乙巳卜酌㱿
三四五六八 甲子：酌㱿
三四五六九 ：戌卜：亥酌
三四五七〇 丁丑酌㱿：雨
三四五七一 己酉
三四五七一 ：戌貞㱿其：
三四五七二 癸未貞其餗
三四五七二 弜餗
三四五七二 乙巳貞衩彡其餗
三四五七二 弜餗
三四五七二 乙巳貞其乇
三四五七二 弜乇
三四五七二 ：未貞其有匚于父丁
三四五七三 乙巳貞其乇
三四五七三 乙巳貞衩彡其餗
三四五七三 癸未貞其餗
三四五七三 弜餗
三四五七三 弜餗
三四五七三 弜乇
三四五七三 弜狩
三四五七四 惟牝
三四五七四 甲辰卜餗歲牢

三四五七四 弜牢
三四五七五 庚午貞餗
三四五七五 餗其二牛
三四五七六 乙丑卜乙亥昜日
三四五七六 㱿允昜
三四五七七 ：未卜：㱿乙亥：用
三四五七八 ：餗
三四五七九 于乙丑餗
三四五七九 于：亥餗
三四五八〇 ：其餗于：
三四五八一 乙卯貞于
三四五八一 乙：貞：
三四五八二 ：王醫
三四五八二 丁：
三四五八三 己巳貞王：囧其蒸于：
三四五八四 ：蒸穧：歲牢：
三四五八五 弜㣇
三四五八五 丁丑卜蒸穧至：
三四五八五 河祟
三四五八六 弜蒸
三四五八六 其蒸穧暨
三四五八六 弜：
三四五八七 甲辰貞其蒸穧
三四五八八 ：其蒸穧于：
三四五八九 ：蒸穧于：
三四五九〇 ：子卜其蒸穧于禰
三四五九一 癸巳貞王其蒸米：
三四五九二 ：蒸米
三四五九三 ：蒸卷
三四五九四 惟：
三四五九四 惟卷
三四五九四 其蒸新二牛用卯
三四五九四 惟牢用
三四五九五 甲辰：
三四五九五 弜蒸
三四五九六 丙午蒸囿
三四五九六 貞弜蒸酌翌丁未
三四五九七 甲寅貞：
三四五九七 弜蒸
三四五九八 弜延蒸
三四五九九 其歷蒸
三四五九九 弜歷蒸
三四六〇〇 ：貞：蒸獲
三四六〇一 丁卯：蒸：于：

三四六〇一　弜夏旦其延

三四六〇一　惟白穡

三四六〇一　丁卯卜戊辰夏旦　兹用

三四六〇二　庚…其皀于…

三四六〇二　弜皀

三四六〇三　…貞其祭于…

三四六〇四　…寅貞王其禱

三四六〇五　…卜…弜告

三四六〇五　…丑貞奐其禱告

三四六〇六　丙戌卜禱歲

三四六〇六　惟父丁斂禱歲

三四六〇六　弜㞢

三四六〇七　丙子貞禱…

三四六〇八　…祭禱歲

三四六〇九　其牢

三四六〇九　其豊

三四六〇九　弜作豊

三四六一〇　…豊

三四六一一　…豊

三四六一二　…鼓庸于之…

三四六一三　丁未貞㞢歲惟祭遘

三四六一三　…㞢歲于彡遘

三四六一四　…歲…祭…

三四六一四　乙巳貞㞢歲惟彡遘

三四六一四　丁未貞㞢歲于祭遘

三四六一四　…貞…歲于…遘

三四六一五　丁未…大…

三四六一五　其五牢

三四六一五　丁未貞㞢歲于祭遘

三四六一五　丁未貞㞢歲于彡遘

三四六一五　…方帝

三四六一六　丁未貞㞢歲惟祭遘

三四六一六　…㞢歲于彡遘

三四六一七　…亥…㞢…

三四六一七　貞甲…歲…祭

三四六一八　…祭禱歲

三四六一八　…丁

三四六一八　弜饗

三四六一九　…禱…惟牛

三四六二〇　癸亥卜惟禱

三四六二一　丙午卜凡禱…　兹用

三四六二一　兹用

三四六二二　丙午卜禱木丁一牢

三四六二二　…牢　兹用

三四六二二　二牢

三四六二三　…禱燎三牢

三四六二四　弜…牢

三四六二四　丙寅卜禱木丁　弘　三牢

三四六二四　…弘…

三四六二五　惟木丁

三四六二六　癸丑貞㞢歲其五牢

三四六二七　…卜歲…

三四六二八　…㞢歲于小…

三四六二九　…十牢

三四六二九　弜㞢　兹用

三四六三〇　二牛

三四六三〇　三牛

三四六三〇　癸…

三四六三〇　弜㞢

三四六三一　…父丁于…

三四六三二　乙亥卜其黨

三四六三二　…戊貞…羊…燎

三四六三三　…圉于…

三四六三四　土圉一牢

三四六三四　三牢

三四六三五　…劓…毄

三四六三六　…毄

三四六三七　…王惟甲午毄…

三四六三七　…甲午毄

三四六三八　…戊毄…來

三四六三八　辛酉…師…

三四六三九　于甲子

三四六三九　丙辰…毄　兹…

三四六四〇　…既燎于…　兹…

三四六四一　…其㚘…三十

三四六四一　五牢

三四六四二　戊寅卜貞既

三四六四三　…其告母…

三四六四四　…其告于…

三四六四五　甲戌貞其告

三四六四五　二牢

三四六四六　甲子…告…牢

三四六四六　弜告小乙

三四六四七　弜告

三四六四七　二牢

三四六四七　一牢

三四六四七　三牢

三四六四七　…牢

三四六四八　…告…

三四六四八　一牢
三四六四八　：牢
三四六四九　弜舌
三四六四九　一牢
三四六五〇　弜舌
三四六五一　弜舌
三四六五二　庚辰貞辛巳其乇自祖：
三四六五三　乙：貞：
三四六五三　弜乇
三四六五四　：酉翌日衣無：
三四六五五　：衣：
三四六五五　：衣：
三四六五六　乙：奭：以丙：
三四六五六　壬午卜貞以：
三四六五七　丙寅貞王其：玉乙亥燎四宰卯三大宰
三四六五八　壬寅卜：
三四六五八　卯五宰
三四六五九　六宰卯六牛
三四六六〇　卯惟羊　茲用
三四六六〇　戊申卜今日雨
三四六六一　卯羊
三四六六二　卯五：
三四六六二　卯十羊
三四六六二　：不受：
三四六六三　乙酉貞其沈：
三四六六四　其卯：
三四六六四　：亥于：
三四六六五　惟剢　茲用
三四六六五　庚子卜：
三四六六五　其卯惟：
三四六六六　惟：用于：
三四六六六　其卯
三四六六七　甲辰：
三四六六七　弜卯
三四六六七　：牢
三四六六八　卯牢
三四六六九　𤡾自：
三四六六九　：𤡾
三四六六九　卯三牢
三四六七〇　卯三牢
三四六七〇　卯三牢
三四六七〇　卯五牢
三四六七一　：沈三十牢
三四六七二　弜射

三四六七三　弜射
三四六七四　戊子：品其九𤰔
三四六七四　戊子貞王其水
三四六七四　弜水
三四六七四　：其：百又五𤰔
三四六七五　：丑卜品其五𤰔
三四六七五　戊子卜品其九𤰔
三四六七五　弜水
三四六七六　：盟區其延在㲺卜
三四六七七　：旋有疾王
三四六七七　：品其五𤰔
三四六七八　弜區
三四六七九　弜區敹
三四六八〇　甲午卜：
三四六八〇　庚辰卜盧翌日甲申
三四六八一　弜耏
三四六八一　庚申卜盧翌耏甲子
三四六八一　：允：
三四六八二　于來剛
三四六八二　不雨
三四六八三　：剛于衣一牛　茲用
三四六八三　壬申卜今日步
三四六八三　：甲戌：步
三四六八四　不受祐
三四六八四　：牛
三四六八五　不受祐
三四六八六　不受祐
三四六八六　茲：
三四六八七　己亥：辛雨
三四六八七　己亥卜其宂若
三四六八七　不若
三四六八八　己亥卜辛雨
三四六八八　己亥卜其宂若
三四六八九　丁：
三四六八九　弜：大：宂：
三四六九〇　貞：
三四六九〇　有𡆥
三四六九一　：卜：有𡆥
三四六九一　：無𡆥
三四六九一　辛丑卜惟我令有𡆥
三四六九二　壬辰
三四六九二　戊申
三四六九二　壬：貞：
三四六九二　壬寅卜有𡆥

三四六九二 ：：囚
三四六九三 癸酉卜有囚
三四六九四 有囚
三四六九四 有囚
三四六九五 庚寅：：王夕在：：
三四六九五 貞有囚
三四六九五 ：：酉：：令
三四六九六 乙丑貞無囚
三四六九七 己巳貞今夕無囚
三四六九七 貞今：：其雨
三四六九八 丙子卜丁雨
三四六九八 壬辰卜貞無囚
三四六九九 癸未貞：：囚
三四六九九 癸巳貞無囚
三四七〇〇 丁酉貞無囚
三四七〇一 甲午：：今日延：：
三四七〇一 壬寅卜貞無囚
三四七〇二 癸丑貞無囚
三四七〇三 癸丑貞無囚
三四七〇四 癸亥貞無囚
三四七〇五 庚午卜
三四七〇六 ：：十牛
三四七〇六 貞無囚
三四七〇七 己巳貞非囚
三四七〇八 丁丑貞卜有祟非囚
三四七〇八 ：：卜
三四七〇九 丙：：
三四七〇九 非作
三四七〇九 丁卯貞非囚
三四七一〇 ：：東[illegible]若
三四七一〇 ：：王：：
三四七一〇 ：：不啓：：
三四七一一 庚辰：：于土：：圍大牢
三四七一一 庚辰卜不降[illegible]
三四七一一 不降山
三四七一一 不降
三四七一一 辛：：寧：：于
三四七一一 辛巳卜尋乇于[illegible]
三四七一二 癸丑貞今秋其降[illegible]
三四七一二 降[illegible]
三四七一二 允延𠦪
三四七一二 惟乙卯
三四七一二 丁：：貞：：角由?：：
三四七一三 ：：無災
三四七一四 ：：雨：：無災

三四七一五 庚午貞今夕師無震
三四七一五 辛未貞今夕師無震
三四七一五 甲戌貞今夕師無震
三四七一六正 乙亥貞：：
三四七一六正 戊寅貞今夕師無震
三四七一六正 ：：申：：[illegible]：：囚
三四七一六反 庚
三四七一七 ：：亥貞今夕師無震
三四七一七 甲戌貞今夕師無震
三四七一七 ：：子：：
三四七一八 丁亥貞今夕無震師
三四七一八 ：：貞：：令?：：出
三四七一九 癸巳：：今夕：：震：：
三四七一九 甲午貞今夕
三四七二〇 己卯卜其：：
三四七二〇 庚辰貞今夕師無震
三四七二〇 ：：午貞：：夕師無震
三四七二一 乙巳貞今夕師無震
三四七二二 丁丑貞戊叔無尤
三四七二二 戊寅今夕無囚
三四七二二 ：：卯卜今夕無囚
三四七二三 甲戌卜貞今夕：：囚
三四七二四 丙辰：：
三四七二四 甲午貞乙無囚
三四七二四 乙未貞丙無囚
三四七二四 丙申貞丁無囚
三四七二四 己亥貞庚無囚
三四七二四 庚子貞辛無囚
三四七二四 辛丑貞壬無囚
三四七二四 壬寅貞癸無囚
三四七二四 癸卯貞甲無囚
三四七二四 甲辰貞乙無囚
三四七二四 乙巳貞丙無囚
三四七二五 壬戌貞癸無囚
三四七二五 甲午貞乙無囚
三四七二五 乙未貞丙無囚
三四七二五 丙申貞丁無囚
三四七二五 己亥貞庚無囚
三四七二五 庚子貞辛無囚
三四七二五 辛丑貞壬無囚
三四七二六 庚子貞辛無囚
三四七二六 壬寅貞癸無囚
三四七二六 癸卯貞甲無囚
三四七二七 ：：貞：：
三四七二七 癸亥貞甲無囚

三四七二七　甲子貞乙無旧
三四七二七　乙丑貞丙無旧
三四七二八　甲戌貞乙無旧
三四七二八　乙亥貞子無旧
三四七二八　：無：
三四七二九　戊子貞己無旧
三四七二九　己丑貞庚無旧
三四七二九　庚寅貞辛無旧
三四七三〇　癸未貞甲無旧
三四七三〇　甲申貞乙無旧
三四七三〇　乙酉貞丙無旧
三四七三〇　丙戌貞丁無旧
三四七三一　辛丑貞壬無旧
三四七三一　壬寅貞癸無旧
三四七三一　癸卯貞甲無旧
三四七三一　己：
三四七三二　：貞：
三四七三二　乙卯貞丙無旧
三四七三二　丙辰貞丁無旧
三四七三二　：巳貞戊無旧
三四七三三　己亥貞庚無旧
三四七三四　癸酉貞旬無旧
三四七三四　癸未貞旬無旧
三四七三四　癸巳貞旬無旧
三四七三四　癸卯貞旬無旧
三四七三四　癸丑貞旬無旧
三四七三四　癸亥貞旬無旧
三四七三四　癸酉貞旬無旧
三四七三四　癸未貞旬無旧
三四七三四　癸丑貞旬無旧
三四七三五　癸卯卜貞旬無旧
三四七三五　癸丑卜貞旬無旧
三四七三五　癸亥卜貞旬無旧
三四七三五　癸酉卜貞旬無旧
三四七三五　癸未卜貞旬無旧
三四七三五　癸巳卜貞旬無旧
三四七三五　癸卯卜貞旬無旧
三四七三五　癸丑卜貞旬無旧
三四七三五　癸亥卜貞旬無旧
三四七三六　癸：貞：
三四七三六　癸酉貞旬無旧
三四七三六　癸未貞旬無旧
三四七三六　癸巳貞旬無旧
三四七三六　癸卯貞旬無旧

三四七三六　癸丑貞旬無旧
三四七三七　癸：貞：無：
三四七三七　癸酉貞旬無旧
三四七三七　癸未貞旬無旧
三四七三七　癸巳貞旬無旧
三四七三七　癸卯貞旬無旧
三四七三七　癸卯貞旬無旧
三四七三八　癸酉貞旬無旧
三四七三八　癸未貞旬無旧
三四七三九　：卜貞：無旧
三四七三九　癸：貞：無：
三四七三九　癸酉卜貞旬無旧
三四七三九　癸未卜貞旬無旧
三四七三九　癸巳貞旬：旧
三四七四〇　癸酉貞旬無旧
三四七四〇　：未：旬：旧
三四七四一　癸酉貞旬無旧
三四七四一　癸未貞旬無旧
三四七四一　癸巳貞旬無旧
三四七四一　癸卯貞旬無旧
三四七四一　癸丑貞旬無旧
三四七四一　癸亥貞旬無旧
三四七四一　癸酉貞旬無旧
三四七四二　癸酉貞旬無旧
三四七四二　癸未貞旬無旧
三四七四二　癸巳貞旬無旧
三四七四二　癸卯貞旬無旧
三四七四二　癸丑貞旬無旧
三四七四三　癸：
三四七四三　癸丑
三四七四三　癸酉貞旬無旧
三四七四三　癸未貞旬無旧
三四七四四　癸：
三四七四四　癸酉貞旬無旧
三四七四五　癸酉貞：無旧
三四七四五　：卯：旬
三四七四六　癸：貞：無：
三四七四六　癸酉貞旬無旧
三四七四六　癸未貞旬無旧
三四七四七　癸：貞
三四七四七　癸酉貞旬無旧
三四七四八　：貞：無：
三四七四八　癸酉貞旬無旧

三四七四八　癸未貞旬無囚
三四七四八　：巳：旬：囚
三四七四九　癸：貞：無：
三四七四九　癸酉貞旬無囚
三四七四九　癸未貞旬無囚
三四七四九　癸巳貞旬無囚
三四七五〇　癸酉貞旬無囚
三四七五〇　：吉旬有祟自：
三四七五一　癸亥貞旬無囚
三四七五一　癸酉貞旬無囚
三四七五一　癸未貞旬無囚
三四七五二　癸酉貞旬無囚
三四七五二　癸未貞旬無囚
三四七五三　癸亥貞旬無囚
三四七五三　癸酉貞旬無囚
三四七五四　癸酉：旬無囚
三四七五四　癸未貞旬無囚
三四七五五　癸：貞旬無：
三四七五五　癸酉貞旬無囚
三四七五六　癸：
三四七五六　癸酉貞旬無囚
三四七五七　癸酉貞旬無囚
三四七五七　癸未貞旬無囚
三四七五七　癸巳貞旬：囚
三四七五八　癸酉卜貞旬無囚
三四七五八　癸未卜貞旬無囚
三四七五八　癸巳卜貞旬無囚
三四七五八　癸卯卜貞旬無囚
三四七五九　癸酉卜貞旬無囚
三四七五九　癸未卜貞旬無囚
三四七五九　癸巳卜貞旬無囚
三四七六〇　癸酉貞旬無囚
三四七六〇　癸未貞旬無囚
三四七六〇　癸巳貞旬無囚
三四七六〇　癸卯貞旬無囚
三四七六〇　：丑：旬：囚
三四七六一　癸酉卜貞旬無囚
三四七六一　癸未卜貞旬無囚
三四七六一　癸巳卜貞旬無囚
三四七六一　癸卯卜貞旬無囚
三四七六二　癸酉卜貞旬無囚
三四七六三　癸酉貞旬無囚
三四七六三　癸未貞旬無囚
三四七六三　：巳：：旬：囚

三四七六四　癸：貞：無囚
三四七六四　癸酉貞旬無囚
三四七六四　癸未貞旬無囚
三四七六五　癸酉貞旬無：
三四七六五　癸未貞旬無囚
三四七六五　：巳貞旬：囚
三四七六六　癸：貞：無：
三四七六六　癸酉貞旬無囚
三四七六六　：貞旬無囚
三四七六七　癸酉貞旬無囚
三四七六七　癸未貞旬無囚
三四七六七　：巳：：
三四七六八　：無：：
三四七六八　癸酉貞旬無囚
三四七六八　癸未貞旬無囚
三四七六八　癸巳貞旬無囚
三四七六九　癸：旬：
三四七六九　癸酉貞旬無囚
三四七六九　：未：旬：囚
三四七七〇　癸酉卜貞旬無囚
三四七七一　癸酉貞旬無囚
三四七七一　癸未貞旬無囚
三四七七一　癸巳貞旬：囚
三四七七二　：貞：、
三四七七二　癸亥貞旬無囚
三四七七二　癸未貞旬無囚
三四七七二　癸巳貞旬無囚
三四七七二　癸酉：貞旬無囚
三四七七二　癸未卜貞旬無囚
三四七七二　癸巳卜貞旬無囚
三四七七二　癸亥卜貞旬無囚
三四七七二　癸酉卜貞旬無囚
三四七七二　癸未貞旬無囚
三四七七二　癸巳卜貞旬無囚
三四七七二　癸卯貞旬無囚
三四七七三　癸酉貞旬無囚
三四七七三　：囚
三四七七四　癸酉貞旬無囚
三四七七五　癸：貞：：無：
三四七七五　癸亥貞：
三四七七五　癸酉貞旬無囚
三四七七五　癸：貞：無：
三四七七五　癸未貞旬無囚

三四七七五　癸辛貞旬無囚
三四七七六　癸酉貞旬無囚
三四七七六　癸未貞旬無囚
三四七七七　癸酉貞旬無囚
三四七七七　癸未貞旬無囚
三四七七七　癸巳貞旬：囚
三四七七八　癸：貞：無：
三四七七八　癸酉貞旬無囚
三四七七八　癸未貞旬：囚
三四七七九　癸：
三四七七九　癸酉貞旬無囚
三四七七九　癸未貞旬無囚
三四七八〇　：無：
三四七八〇　癸酉貞旬無囚
三四七八〇　癸未貞旬無囚
三四七八一　癸亥貞旬無囚
三四七八一　癸酉貞旬無囚
三四七八二　癸酉貞旬無囚
三四七八二　癸未貞旬無囚
三四七八三　：囚
三四七八三　癸：貞：無：
三四七八三　癸酉貞旬無囚
三四七八四　癸亥貞：無囚
三四七八四　癸酉貞旬無囚
三四七八五　癸酉貞旬無囚
三四七八六　癸亥貞：
三四七八六　癸酉貞旬無囚
三四七八七　癸酉貞旬無囚
三四七八七　癸未貞旬：囚
三四七八八　癸：貞旬無囚
三四七八八　癸酉貞旬無囚
三四七八九　癸酉貞旬：
三四七八九　：丑：旬：囚
三四七九〇　癸酉貞旬無囚
三四七九一　：貞：無：
三四七九一　癸酉貞旬無囚
三四七九二　癸酉貞旬無囚
三四七九二　癸巳貞旬無囚
三四七九二　癸：無
三四七九三　癸：貞：
三四七九三　癸酉貞旬無囚
三四七九四　癸酉貞：無囚
三四七九四　癸卯貞旬無囚

三四七九五　癸：貞：無：
三四七九五　癸酉貞旬無囚
三四七九五　：未貞旬無囚
三四七九六　癸酉卜貞旬無囚
三四七九六　癸未卜貞旬無囚
三四七九六　：無囚
三四七九六　：無囚
三四七九七　癸酉：乙：允：
三四七九七　癸酉貞旬無火
三四七九七　癸丑貞旬無囚
三四七九七　癸卯貞旬無囚
三四七九七　癸酉貞旬無囚
三四七九八　癸未貞旬無囚
三四七九八　癸巳貞旬無囚
三四七九八　癸卯貞旬無囚
三四七九八　癸丑貞旬無囚
三四七九九　癸未貞旬無囚
三四八〇〇　癸未貞旬無囚
三四八〇〇　：囚
三四八〇一　癸未貞旬無囚
三四八〇一　癸巳貞旬無囚
三四八〇一　癸卯貞旬無囚
三四八〇一　癸丑貞旬無囚
三四八〇一　癸亥貞旬無囚
三四八〇一　癸酉貞旬無囚
三四八〇一　：未：旬
三四八〇二　癸未貞旬無囚
三四八〇二　癸巳貞旬無囚
三四八〇二　癸卯貞旬無囚
三四八〇二　癸丑貞旬無囚
三四八〇三　癸酉貞旬無囚
三四八〇三　癸未貞旬無囚
三四八〇三　癸巳貞旬無囚
三四八〇三　癸卯貞旬無囚
三四八〇四　癸酉貞：無：
三四八〇四　癸未貞旬無囚
三四八〇四　癸巳貞旬無囚
三四八〇五　癸未貞旬無囚
三四八〇五　癸巳貞旬無囚
三四八〇五　：卯：旬：囚
三四八〇六　癸未貞旬無囚
三四八〇六　癸巳貞旬無囚
三四八〇六　：卯：旬：囚

三四八〇七　……貞……無……
三四八〇七　癸未貞旬無𡆥
三四八〇八　癸未卜貞旬無𡆥
三四八〇八　癸巳卜貞旬無𡆥
三四八〇八　癸……
三四八〇九　癸……貞……無……
三四八〇九　癸未貞旬無𡆥
三四八〇九　癸巳貞旬無𡆥
三四八一〇　癸……貞……
三四八一〇　癸未貞旬無𡆥
三四八一〇　……巳……旬……𡆥
三四八一一　癸未貞旬無𡆥
三四八一一　……巳……旬無𡆥
三四八一二　癸未貞旬無𡆥
三四八一二　……巳……旬……𡆥
三四八一三　癸未貞旬無𡆥
三四八一三　癸巳貞旬……𡆥
三四八一四　癸未卜貞旬無𡆥
三四八一五　癸未貞旬無𡆥
三四八一五　癸巳貞旬無𡆥
三四八一六　癸未卜貞旬……𡆥
三四八一七　癸未貞旬無𡆥
三四八一七　癸巳貞旬無𡆥
三四八一七　……卯……旬……𡆥
三四八一八　癸未貞旬無𡆥
三四八一八　癸巳貞旬無𡆥
三四八一九　癸未貞旬無𡆥
三四八一九　癸巳貞旬無𡆥
三四八二〇　癸未貞旬無𡆥
三四八二一　……貞……無𡆥
三四八二一　癸未卜貞旬無𡆥
三四八二一　癸巳卜貞旬無𡆥
三四八二一　……卯……旬……𡆥
三四八二二　癸……貞……無𡆥
三四八二二　癸未貞……
三四八二二　癸巳貞旬無𡆥
三四八二三　癸酉貞旬無𡆥
三四八二三　癸未貞旬無𡆥
三四八二四　癸未貞旬無𡆥
三四八二四　……巳……旬……𡆥
三四八二五　癸……貞……無……
三四八二五　癸未貞旬無𡆥
三四八二五　癸巳貞旬無𡆥

三四八二五　癸卯貞旬無𡆥
三四八二五　癸丑貞旬無𡆥
三四八二五　……亥……旬……𡆥
三四八二六　癸未貞旬無𡆥
三四八二六　癸巳貞旬無𡆥
三四八二六　癸卯貞旬無𡆥
三四八二六　癸丑貞旬無𡆥
三四八二七　癸未貞旬無𡆥
三四八二七　癸巳貞旬無𡆥
三四八二七　癸卯貞旬無𡆥
三四八二七　……丑……旬……𡆥
三四八二八　癸……貞……無……
三四八二八　癸未貞旬無𡆥
三四八二八　癸巳貞旬無𡆥
三四八二八　癸卯貞旬無𡆥
三四八二九　癸酉貞旬無𡆥
三四八二九　癸未貞旬無𡆥
三四八二九　癸巳貞旬無𡆥
三四八二九　癸卯貞旬無𡆥
三四八三〇　癸未貞……無……
三四八三〇　癸巳貞旬無𡆥
三四八三〇　癸卯貞旬無𡆥
三四八三〇　……丑……旬……𡆥
三四八三一　癸未貞旬無𡆥
三四八三一　癸巳貞旬無𡆥
三四八三一　……卯……旬……
三四八三二　癸……貞……
三四八三二　癸亥貞旬……
三四八三二　癸……
三四八三二　癸未貞旬無𡆥
三四八三二　……巳貞……無𡆥
三四八三三　癸未貞旬無𡆥
三四八三四　癸未貞旬無𡆥
三四八三五　癸……貞……無……
三四八三五　癸未貞旬無𡆥
三四八三五　……巳……旬無𡆥
三四八三六　癸……貞……無……
三四八三六　癸未貞旬無𡆥
三四八三六　……巳……旬……𡆥
三四八三七　癸未貞旬無𡆥
三四八三七　癸巳貞旬無𡆥
三四八三八　癸……貞旬無𡆥
三四八三八　癸未貞旬無𡆥

三四八三九　癸…
三四八三九　癸未貞…
三四八三九　癸巳貞旬無囚
三四八四〇　癸酉貞旬無囚
三四八四〇　癸未貞旬無囚
三四八四〇　癸巳貞旬無囚
三四八四一　癸未貞旬無囚
三四八四一　癸巳貞旬無囚
三四八四二　癸…貞旬無囚
三四八四二　癸未貞旬無囚
三四八四三　癸酉貞…無…
三四八四三　癸未貞旬無囚
三四八四四　癸未貞…
三四八四四　癸巳貞旬無囚
三四八四五　癸…貞…無…
三四八四五　癸未貞旬無囚
三四八四五　癸巳貞旬無囚
三四八四六　…貞…無…
三四八四六　癸未貞旬無囚
三四八四六　癸巳貞旬無囚
三四八四七　癸未貞旬無囚
三四八四七　癸巳貞旬無囚
三四八四八　癸未貞旬無囚
三四八四九　癸…貞…
三四八四九　癸未貞旬無囚
三四八四九　癸巳貞旬無囚
三四八五〇　癸未貞旬無囚
三四八五〇　癸巳貞旬無囚
三四八五〇　癸卯貞旬無囚
三四八五〇　癸丑貞旬…囚
三四八五一　…貞…無…
三四八五一　癸未貞旬無囚
三四八五二　癸未貞旬無囚
三四八五二　癸巳貞旬無囚
三四八五二　…卯…旬…囚
三四八五三　癸酉貞旬無囚
三四八五三　癸未貞旬無囚
三四八五三　…巳…旬…囚
三四八五四　癸未貞旬無囚
三四八五五　癸未貞…
三四八五五　癸巳貞旬…
三四八五五　癸卯貞旬無囚
三四八五五　…丑…旬…囚
三四八五六　癸未貞旬無囚

三四八五七　癸未貞旬無囚
三四八五七　…巳…旬無囚
三四八五八　癸未貞旬無囚
三四八五八　…無囚
三四八五八　…若…
三四八五九　癸未貞旬無囚
三四八六〇　癸…
三四八六〇　癸未貞旬…囚
三四八六一　癸未貞旬無囚
三四八六一　允雨
三四八六二　辛…
三四八六二　癸未卜貞旬無囚
三四八六二　癸丑卜貞旬無囚
三四八六二　癸卯卜貞旬無囚
三四八六二　…巳…
三四八六三　癸未貞旬無囚
三四八六三　癸巳貞旬無囚
三四八六三　癸未貞旬無囚
三四八六四　非
三四八六四　癸未貞旬無囚
三四八六四　…巳貞…囚
三四八六五正　…貞…無囚
三四八六五正　癸未貞旬無囚
三四八六五正　癸巳貞旬無囚王茲虎
三四八六五正　癸卯貞旬無囚
三四八六五正　癸丑貞旬無囚
三四八六五正　癸亥貞旬無囚
三四八六五正　…酉貞…無囚…囚茲虎
三四八六五反　…壬辰雨有…
三四八六六　癸…貞旬…
三四八六六　癸未貞旬無囚
三四八六六　癸巳卜貞旬無囚
三四八六六　癸卯卜貞旬無囚
三四八六六　癸酉卜旬無囚
三四八六六　貞蔓
三四八六七　癸未貞旬無囚
三四八六七　癸未有囚
三四八六七　癸巳有囚
三四八六七　癸巳貞旬無囚
三四八六七　癸卯
三四八六七　癸丑有…
三四八六八　丙…丁亥…
三四八六八　癸未貞旬無囚
三四八六八　癸巳貞旬無囚

三四八六八 癸卯貞旬無𡆥
三四八六九 癸巳貞旬無𡆥
三四八六九 癸卯貞旬無𡆥
三四八六九 癸丑貞旬無𡆥
三四八六九 癸亥貞旬無𡆥
三四八六九 癸酉貞旬無𡆥
三四八六九 癸未貞旬…𡆥
三四八七〇 癸…貞…
三四八七〇 癸巳貞旬無𡆥
三四八七〇 癸卯貞旬無𡆥
三四八七〇 癸丑貞旬無𡆥
三四八七〇 癸亥貞旬無𡆥
三四八七〇 …旬…涉…在…
三四八七一 癸巳貞旬無𡆥
三四八七一 癸卯貞旬無𡆥
三四八七一 癸丑貞旬…𡆥
三四八七二 癸未貞旬無𡆥
三四八七二 …巳貞旬無𡆥
三四八七三 癸…貞…
三四八七三 癸巳貞旬無𡆥
三四八七三 癸卯貞旬無𡆥
三四八七三 癸丑貞旬無𡆥
三四八七三 癸亥貞旬無𡆥
三四八七四 癸巳貞旬無𡆥
三四八七四 癸卯貞旬無𡆥
三四八七四 癸丑貞旬無𡆥
三四八七四 癸亥貞旬無𡆥
三四八七五 癸巳貞旬無𡆥
三四八七五 癸丑貞旬無𡆥
三四八七五 癸亥貞旬無𡆥
三四八七六 癸巳卜貞旬無𡆥
三四八七六 癸卯貞旬
三四八七六 癸丑貞旬…
三四八七七 癸…
三四八七七 癸巳貞旬無𡆥
三四八七七 癸卯貞旬無𡆥
三四八七七 癸丑…旬…𡆥
三四八七八 癸…貞…無𡆥
三四八七八 癸巳貞旬無𡆥
三四八七九 癸…貞…無𡆥
三四八七九 癸巳貞旬無𡆥
三四八八〇 癸…貞…
三四八八〇 癸巳貞旬無𡆥

三四八八一 癸…貞…無𡆥
三四八八一 癸巳貞旬無𡆥
三四八八二 癸未…貞旬無𡆥
三四八八二 癸巳卜貞旬無𡆥
三四八八二 癸卯卜貞旬無𡆥
三四八八三 癸巳…貞旬無𡆥
三四八八三 癸卯卜貞旬無𡆥
三四八八四 癸…貞…
三四八八四 癸巳貞旬無𡆥
三四八八五 癸巳貞旬無𡆥
三四八八五 …卯…旬…𡆥
三四八八六 癸…貞…無𡆥
三四八八六 癸巳貞旬無𡆥
三四八八七 癸卯貞旬無𡆥
三四八八七 …貞…
三四八八七 癸巳貞旬無𡆥
三四八八八 癸巳貞旬無𡆥
三四八八九 癸…貞…
三四八八九 癸巳貞旬無𡆥
三四八八九 …卯…
三四八九〇 癸巳貞旬𡆥王固曰…
三四八九〇 癸卯貞旬無𡆥
三四八九〇 癸丑貞旬無𡆥
三四八九〇 癸亥貞旬無𡆥
三四八九〇 癸酉貞旬無𡆥
三四八九〇 …未…旬…𡆥
三四八九一 癸巳貞旬無𡆥
三四八九二 癸巳貞旬無𡆥
三四八九二 …旬…𡆥
三四八九三 癸巳貞旬無𡆥
三四八九四 癸巳貞旬無𡆥
三四八九五 癸…
三四八九五 癸巳貞旬無𡆥
三四八九五 癸卯貞旬無𡆥
三四八九六 癸巳貞旬無𡆥
三四八九六 …卯…旬…𡆥
三四八九七 癸卯貞旬無𡆥
三四八九七 癸…
三四八九七 癸巳貞旬無𡆥
三四八九八 癸…貞旬無𡆥
三四八九八 癸巳貞旬無𡆥
三四八九八 …卯…旬…𡆥
三四八九九 癸巳貞旬無𡆥
三四八九九 …卯…旬…𡆥

三四九〇〇　癸巳貞旬無𡆥
三四九〇一　癸巳貞旬無𡆥
三四九〇一　癸卯貞旬無𡆥
三四九〇一　癸丑貞旬無𡆥
三四九〇一　癸亥貞旬無𡆥
三四九〇二　癸巳貞旬𡆥無
三四九〇三　癸巳貞旬無𡆥
三四九〇三　癸卯貞旬：𡆥
三四九〇四　癸：貞：無：
三四九〇四　癸巳貞旬無𡆥
三四九〇五　癸巳貞旬無𡆥
三四九〇五　癸卯貞旬無𡆥
三四九〇五　癸丑貞旬無𡆥
三四九〇六　癸巳貞：無：
三四九〇六　癸卯貞旬無𡆥
三四九〇六　：丑：旬：𡆥
三四九〇七　癸巳貞旬無：
三四九〇七　癸卯貞旬無𡆥
三四九〇七　癸丑貞旬無𡆥
三四九〇七　：亥：旬：𡆥
三四九〇八　癸巳貞旬無𡆥
三四九〇八　癸卯貞旬無𡆥
三四九〇九　癸巳貞旬無𡆥
三四九〇九　癸卯貞旬無𡆥
三四九〇九　：𡆥
三四九一〇　癸：貞：無𡆥
三四九一〇　癸巳貞旬無𡆥
三四九一〇　：卯：旬：𡆥
三四九一一　癸巳貞旬無𡆥
三四九一一　癸卯貞旬無𡆥
三四九一二　癸：貞：
三四九一二　癸巳貞旬無𡆥
三四九一二　：旬：𡆥
三四九一三　癸巳貞旬無𡆥
三四九一四　：貞：
三四九一四　癸巳貞旬無𡆥
三四九一四　：貞旬無𡆥
三四九一五　癸：貞：無：
三四九一五　癸巳貞旬無𡆥
三四九一六　癸巳貞旬無𡆥
三四九一七　癸巳貞旬無：
三四九一七　癸卯貞旬無𡆥
三四九一八　癸巳貞旬無𡆥
三四九一九　癸巳貞旬無𡆥

三四九一九　癸卯貞旬無𡆥
三四九二〇　癸巳貞旬無𡆥
三四九二〇　癸丑貞旬無𡆥
三四九二〇　癸卯貞旬無𡆥
三四九二一　癸：貞旬無𡆥
三四九二一　癸巳貞旬無𡆥
三四九二一　癸卯貞旬無𡆥
三四九二一　：丑：旬：
三四九二二　癸巳貞旬無𡆥
三四九二二　：𡆥
三四九二三　癸巳貞旬無𡆥
三四九二三　癸卯貞旬無𡆥
三四九二三　癸丑貞旬無𡆥
三四九二三　癸亥貞旬無𡆥
三四九二三　癸酉貞旬無𡆥
三四九二四　癸巳貞旬無𡆥
三四九二四　癸卯貞旬無𡆥
三四九二四　癸丑貞旬無𡆥
三四九二四　：𡆥
三四九二五　：貞：無：
三四九二五　癸巳貞旬無𡆥
三四九二五　癸卯貞旬無𡆥
三四九二五　：旬：𡆥
三四九二六　（習刻）
三四九二六　癸巳貞旬無𡆥
三四九二六　：𡆥
三四九二七　癸巳貞旬無𡆥
三四九二八　癸：貞：無：
三四九二八　癸巳貞旬無𡆥
三四九二八　：卯：旬無𡆥
三四九二九　癸未貞旬無：
三四九二九　癸巳貞旬無𡆥
三四九二九　癸卯貞旬無𡆥
三四九二九　癸丑貞旬無𡆥
三四九二九　：亥：旬：𡆥
三四九三〇　：無𡆥
三四九三〇　癸：貞旬無𡆥
三四九三〇　癸卯貞旬無𡆥
三四九三〇　癸丑貞旬無𡆥
三四九三〇　癸亥貞旬無𡆥
三四九三〇　癸酉貞旬無𡆥
三四九三〇　：未：旬：𡆥
三四九三一　癸卯貞旬無𡆥
三四九三一　癸丑貞旬無𡆥

三四九三一	癸亥貞旬無囚
三四九三一	癸酉貞旬無囚
三四九三一	癸丑貞旬無囚
三四九三一	（習刻）
三四九三二	癸卯貞旬無囚
三四九三二	癸丑貞旬無囚
三四九三二	癸亥貞旬無囚
三四九三二	：酉：旬：囚
三四九三三	癸卯卜貞旬無囚
三四九三四	癸卯貞旬無囚
三四九三四	癸丑貞旬無囚
三四九三四	癸亥貞旬無囚
三四九三四	癸酉貞旬無囚
三四九三四	癸未貞旬無囚
三四九三五	癸卯貞旬無囚
三四九三五	癸丑貞旬無囚
三四九三五	癸亥貞旬無囚
三四九三五	：酉：旬：囚
三四九三六	癸：貞：無囚
三四九三六	癸卯貞旬無囚
三四九三六	癸丑貞旬無囚
三四九三七	癸卯貞旬無囚
三四九三七	癸酉貞旬：
三四九三八	癸卯貞旬無囚
三四九三八	癸丑貞旬無囚
三四九三九	癸：貞：
三四九三九	癸卯卜貞旬無囚
三四九三九	：丑卜：旬：囚
三四九四〇	癸卯貞旬無囚
三四九四一	癸卯卜貞旬無囚
三四九四二	癸卯貞旬無囚
三四九四三	癸卯貞旬無囚
三四九四四	癸卯貞旬無囚
三四九四四	：貞旬無囚
三四九四五	癸卯貞旬無囚
三四九四五	（習刻）
三四九四五	（習刻）
三四九四五	（習刻）
三四九四五	（習刻）
三四九四六	癸卯貞旬無：
三四九四六	癸丑貞無：
三四九四六	癸亥貞旬無囚
三四九四六	：酉：旬：囚

三四九四七	癸：
三四九四七	癸丑貞旬無囚
三四九四七	癸卯貞旬無囚
三四九四七	癸丑貞旬無囚
三四九四七	癸亥貞旬無囚
三四九四八	癸卯貞旬無囚
三四九四八	癸丑貞旬無囚
三四九四八	癸亥貞旬無囚
三四九四八	癸酉貞旬無囚
三四九四九	癸卯貞旬無囚
三四九四九	癸丑貞旬無囚
三四九四九	癸亥貞旬無囚
三四九四九	癸酉貞旬無囚
三四九四九	癸未貞旬無囚
三四九四九	癸巳貞旬無囚
三四九五〇	癸卯貞旬無囚
三四九五〇	癸丑貞旬無囚
三四九五一	癸巳貞：
三四九五一	癸卯貞旬無囚
三四九五一	癸丑貞旬無囚
三四九五一	癸亥貞旬：囚
三四九五一	：酉：
三四九五二	癸卯貞：無：
三四九五二	癸丑貞旬無囚
三四九五二	：旬：囚
三四九五三	癸巳貞旬無囚
三四九五三	癸卯貞旬無囚
三四九五四	癸：貞：無：
三四九五四	癸卯貞旬無囚
三四九五四	：丑：旬：囚
三四九五五	癸：貞：無：
三四九五五	癸卯貞旬無囚
三四九五六	癸卯貞旬無囚
三四九五七	癸卯貞旬無囚
三四九五七	癸：貞：無囚
三四九五七	癸卯貞旬無囚
三四九五八	癸：貞：無：
三四九五八	癸卯貞旬無囚
三四九五八	癸丑貞旬無囚
三四九五九	癸卯貞旬無：
三四九五九	癸丑貞旬無囚
三四九五九	癸亥貞旬無囚
三四九六〇	癸：貞：無：

三四九六〇　癸卯貞旬無𡆥
三四九六〇　癸丑貞旬無𡆥
三四九六〇　：亥：旬：
三四九六一　癸卯貞旬無𡆥
三四九六一　癸丑貞旬無𡆥
三四九六一　癸亥貞旬無𡆥
三四九六一　癸酉：旬：𡆥
三四九六二　癸卯貞：無：
三四九六二　癸丑貞旬無𡆥
三四九六二　：亥：旬：𡆥
三四九六三　癸卯貞旬無𡆥
三四九六四　：無：
三四九六四　癸卯貞旬無𡆥
三四九六四　：丑：旬：
三四九六五　癸卯貞旬無：
三四九六五　癸丑貞旬無𡆥
三四九六六正　癸卯貞旬：
三四九六六正　癸丑貞旬：𡆥
三四九六六正　癸亥貞旬無：
三四九六六正　癸酉貞旬無𡆥
三四九六六正　癸未貞旬無𡆥
三四九六六反　：
三四九六七　癸：貞旬無𡆥
三四九六七　癸卯貞旬無𡆥
三四九六七　癸丑貞旬無𡆥
三四九六七　：亥：旬：𡆥
三四九六八　癸卯貞旬無：
三四九六九　癸巳貞旬無𡆥
三四九六九　癸卯貞旬無𡆥
三四九七〇　癸：貞：
三四九七〇　癸卯貞旬無𡆥
三四九七〇　癸丑貞旬無𡆥
三四九七一　癸：貞旬無𡆥
三四九七一　癸卯貞旬無𡆥
三四九七一　：丑：旬：𡆥
三四九七二　癸卯貞旬無𡆥
三四九七二　：丑：旬：𡆥
三四九七三　癸：貞旬無𡆥
三四九七三　癸卯貞旬無𡆥
三四九七四　癸卯貞旬無𡆥
三四九七五　癸：貞旬無𡆥
三四九七五　癸巳貞旬無𡆥
三四九七六　癸未貞旬：
三四九七六　癸巳貞旬無𡆥

三四九七六　癸：
三四九七七　癸卯貞旬無𡆥
三四九七七　癸丑貞旬無𡆥
三四九七七　癸亥貞旬無𡆥
三四九七七　癸：貞：無：
三四九七七　癸未貞旬無𡆥
三四九七七　癸巳貞旬無𡆥
三四九七七　癸卯貞旬無𡆥
三四九七七　癸丑貞旬無𡆥
三四九七七　癸亥貞旬無𡆥
三四九七八　癸：貞：無：
三四九七八　癸卯貞旬無𡆥
三四九七八　癸丑貞旬無𡆥
三四九七八　癸亥貞旬無𡆥
三四九七八　：酉：旬：𡆥
三四九七九　：貞：
三四九七九　癸卯卜貞旬無𡆥
三四九七九　癸丑卜貞旬無𡆥
三四九八〇　癸卯貞旬無𡆥
三四九八一　辛卯貞無𡆥
三四九八一　：丑：𡆥
三四九八二　癸卯貞旬無𡆥
三四九八三　癸卯貞：無：
三四九八三　癸丑貞旬無𡆥
三四九八三　癸亥貞旬無𡆥
三四九八三　癸酉貞旬無𡆥
三四九八四　癸：貞：無：
三四九八四　癸卯貞旬無𡆥
三四九八四　癸丑貞旬無𡆥
三四九八五　癸巳：旬無：
三四九八五　癸卯貞旬無𡆥
三四九八六　癸：貞：
三四九八六　癸卯貞旬無𡆥
三四九八六　癸丑貞旬無𡆥
三四九八七　癸卯貞旬無𡆥
三四九八七　癸丑貞旬無𡆥
三四九八七　癸亥貞旬無𡆥
三四九八八　癸：貞：
三四九八八　癸卯貞旬無𡆥
三四九八八　癸丑貞旬無𡆥
三四九八八　：旬：𡆥
三四九八九　：無𡆥
三四九八九　：未：旬無𡆥有𡆥

三四九八九　癸卯貞旬無𡆥
三四九九〇　癸卯貞旬無𡆥
三四九九〇　：丑：旬：𡆥
三四九九一　癸貞乙：
三四九九一　癸酉卜貞旬無𡆥
三四九九一　癸丑卜貞旬無𡆥九月
三四九九一　癸亥卜貞旬無𡆥
三四九九一　：巳卜貞旬無𡆥
三四九九一　方帝
三四九九一　大出七月
三四九九一　癸巳卜貞旬無𡆥
三四九九一　癸卯卜貞旬無𡆥
三四九九一　癸卯卜無𡆥
三四九九一　癸丑卜貞旬無𡆥
三四九九一　：未卜無𡆥
三四九九一　乙未王：
三四九九一　貞旬
三四九九一　：旬
三四九九一　癸卯：貞旬無𡆥
三四九九一　癸丑卜貞旬無𡆥
三四九九一　癸酉卜貞旬無𡆥
三四九九一　癸未：
三四九九一　癸巳卜貞旬無𡆥八月
三四九九一　癸亥貞旬無𡆥
三四九九一　：卜：
三四九九二　癸卜雨
三四九九二　癸卯貞旬無𡆥
三四九九三　癸：貞：𡆥
三四九九三　癸卯貞旬無𡆥
三四九九三　癸亥貞旬無𡆥
三四九九三　癸酉貞旬無𡆥
三四九九三　癸未貞旬無𡆥
三四九九四　癸卯貞旬無𡆥
三四九九四　癸亥貞旬無𡆥
三四九九五　：貞旬：
三四九九五　癸卯卜貞旬無𡆥
三四九九五　癸酉卜貞旬：
三四九九五　：□：佐：
三四九九六　（習刻）
三四九九六　：無𡆥
三四九九七　無𡆥
三四九九七　癸卯貞旬無𡆥
三四九九七　癸巳貞旬無𡆥
三四九九七　無𡆥

三四九九七　：𡆥
三四九九八　癸丑貞旬無𡆥
三四九九八　癸亥貞旬無𡆥
三四九九八　癸酉貞旬無𡆥
三四九九八　癸未貞旬無𡆥
三四九九八　癸巳貞旬無𡆥
三四九九八　癸卯貞旬無𡆥
三四九九八　癸丑貞旬無𡆥
三四九九八　癸亥貞旬無𡆥
三四九九九　癸卯貞：
三四九九九　癸丑貞旬無𡆥
三四九九九　癸亥貞旬無𡆥
三四九九九　癸酉貞旬無𡆥
三四九九九　癸：
三五〇〇〇　癸卯貞：無：
三五〇〇〇　癸丑貞旬無𡆥
三五〇〇〇　：𡆥
三五〇〇一　癸丑貞旬無𡆥
三五〇〇一　癸亥貞旬無𡆥
三五〇〇一　癸：貞旬無𡆥
三五〇〇一　：貞旬無𡆥
三五〇〇二　癸：貞：
三五〇〇二　癸丑卜貞旬無𡆥
三五〇〇二　癸亥卜貞旬無𡆥
三五〇〇二　癸酉卜貞旬無𡆥
三五〇〇三　癸：貞：無：
三五〇〇三　癸丑貞旬無𡆥
三五〇〇四　癸丑貞旬無𡆥
三五〇〇四　：貞旬：𡆥
三五〇〇五　癸丑貞旬無𡆥
三五〇〇五　癸亥貞旬無𡆥
三五〇〇六　癸：貞：無：
三五〇〇六　癸丑貞旬無𡆥
三五〇〇七　癸：貞：無：
三五〇〇七　癸丑貞旬無𡆥
三五〇〇七　：旬：𡆥
三五〇〇八　癸丑貞旬無𡆥
三五〇〇八　癸亥貞旬無𡆥
三五〇〇九　癸丑貞旬無𡆥
三五〇〇九　癸酉貞旬無𡆥
三五〇一〇　癸丑卜貞旬無𡆥
三五〇一〇　癸亥卜貞旬無𡆥
三五〇一〇　癸酉卜貞旬無𡆥
三五〇一〇　：未卜：旬：𡆥

三五〇一一　癸丑貞旬無𡆥
三五〇一一　癸亥貞旬無𡆥
三五〇一一　癸酉貞旬無𡆥
三五〇一一　癸未貞旬無𡆥
三五〇一一　癸巳貞旬無𡆥
三五〇一二　癸丑卜貞旬無𡆥
三五〇一二　癸亥卜貞旬無𡆥
三五〇一二　癸酉卜貞旬無𡆥
三五〇一二　癸未卜貞旬無𡆥
三五〇一二　癸巳卜貞旬無𡆥
三五〇一三　癸：貞：無：
三五〇一三　癸丑卜貞旬無𡆥
三五〇一三　癸亥卜貞旬無𡆥
三五〇一四　癸丑貞旬無𡆥
三五〇一四·　癸未貞旬無𡆥
三五〇一四　癸巳貞旬：𡆥
三五〇一五　癸：貞：無：
三五〇一五　癸丑貞旬無𡆥
三五〇一五　癸亥貞旬無𡆥
三五〇一五　癸酉貞旬無𡆥
三五〇一五　癸未貞旬無𡆥
三五〇一六　：貞：無：
三五〇一六　癸丑貞旬無𡆥
三五〇一六　癸亥貞旬無𡆥
三五〇一六　癸酉貞旬無𡆥
三五〇一六　癸未貞旬無𡆥
三五〇一七　癸：貞：無：
三五〇一七　癸丑貞旬無𡆥
三五〇一七　癸亥貞旬無𡆥
三五〇一七　癸酉貞旬無𡆥
三五〇一七　癸未：旬：𡆥
三五〇一八　癸丑貞旬無𡆥
三五〇一八　癸亥貞旬無𡆥
三五〇一八　癸酉貞旬無𡆥
三五〇一八　癸未貞旬無𡆥
三五〇一八　癸巳：旬無𡆥
三五〇一九　癸：貞：無：
三五〇一九　癸丑貞旬無𡆥
三五〇一九　癸亥貞旬無𡆥
三五〇一九　癸酉貞旬無𡆥
三五〇二〇　癸：貞無：
三五〇二〇　癸丑貞旬無𡆥
三五〇二〇　癸亥貞旬無𡆥
三五〇二〇　癸酉貞旬無𡆥

三五〇二〇　癸未貞旬無𡆥
三五〇二〇　：巳貞旬：𡆥
三五〇二一　癸丑貞旬無𡆥
三五〇二一　：亥：旬：𡆥
三五〇二二　癸丑貞旬無𡆥
三五〇二二　癸亥貞旬無𡆥
三五〇二二　癸酉貞旬無𡆥
三五〇二二　癸未貞旬無𡆥
三五〇二三　癸丑貞旬無𡆥
三五〇二四　王固：
三五〇二四　王固兹：非？：
三五〇二四　癸丑貞旬無𡆥
三五〇二四　癸亥貞旬無𡆥
三五〇二四　癸酉貞旬無𡆥
三五〇二四　：未：旬：𡆥
三五〇二五　癸：貞：無：
三五〇二五　癸丑貞旬無𡆥
三五〇二五　癸亥貞旬無𡆥
三五〇二六　癸：貞：無：
三五〇二六　癸丑貞旬無𡆥
三五〇二六　癸亥貞旬無𡆥
三五〇二六　：酉貞旬：𡆥
三五〇二七　癸丑貞旬無𡆥
三五〇二七　癸亥貞旬無𡆥
三五〇二七　：酉：旬：𡆥
三五〇二八　癸：貞：
三五〇二八　癸丑貞旬無𡆥
三五〇二八　癸亥貞旬無𡆥
三五〇二九　癸：貞：無：
三五〇二九　癸丑貞旬無𡆥
三五〇二九　癸亥貞旬無𡆥
三五〇三〇　癸：貞：無：
三五〇三〇　癸丑貞旬無𡆥
三五〇三〇　：亥貞旬無𡆥
三五〇三一　癸：貞：無：
三五〇三一　癸丑貞旬無𡆥
三五〇三一　：亥：旬：𡆥
三五〇三二　癸丑貞旬無𡆥
三五〇三二　癸亥貞旬無𡆥
三五〇三三　：亥：旬：
三五〇三三　癸：貞：無：
三五〇三三　癸丑貞旬無𡆥
三五〇三四　癸丑貞旬無𡆥
三五〇三五　：貞：無：

三五〇三五　癸丑貞旬無囚
三五〇三五　：亥貞旬無囚
三五〇三六　癸亥貞旬無囚
三五〇三六　癸亥貞旬無囚
三五〇三六　：旬：囚
三五〇三七　癸：貞：無囚
三五〇三七　癸丑貞旬無囚
三五〇三七　癸亥貞旬無囚
三五〇三七　癸酉：旬：囚
三五〇三八　癸丑貞：無：
三五〇三八　癸亥貞旬無囚
三五〇三八　癸酉：旬：囚
三五〇三九　癸：貞：無：
三五〇三九　癸丑貞旬無囚
三五〇四〇　癸卯：旬無：
三五〇四〇　癸丑：旬：囚
三五〇四一　癸：貞：無：
三五〇四一　癸丑貞旬無囚
三五〇四一　：亥：旬：囚
三五〇四二　癸丑貞旬無囚
三五〇四三　癸丑貞旬無囚
三五〇四四　癸：貞：無：
三五〇四四　癸丑貞旬無囚
三五〇四五　癸丑貞旬無囚
三五〇四五　：亥貞旬：囚
三五〇四六　癸卯貞：無囚
三五〇四六　癸丑貞旬無囚
三五〇四七　癸丑貞旬無囚
三五〇四八　：貞：
三五〇四八　癸丑貞旬無囚
三五〇四八　：旬：囚
三五〇四九　癸：貞：無：
三五〇四九　癸丑貞旬無囚
三五〇四九　：亥：旬：囚
三五〇五〇　癸：
三五〇五〇　癸未卜貞旬：囚
三五〇五〇　：貞：囚
三五〇五〇　癸丑卜貞：無囚十月
三五〇五〇　癸亥卜貞旬無囚
三五〇五〇　癸酉卜貞旬無囚
三五〇五一　：丑卜貞旬無囚
三五〇五二　癸丑貞旬無囚
三五〇五二　癸亥貞旬無囚
三五〇五二　癸酉貞旬無囚

三五〇五二　癸未貞旬無囚
三五〇五二　癸巳貞旬無囚
三五〇五三　癸丑貞旬無囚
三五〇五四　癸：貞：
三五〇五四　癸丑貞旬無囚
三五〇五四　癸亥貞旬：囚
三五〇五五　癸丑貞旬無囚
三五〇五五　：亥貞旬無囚
三五〇五六　癸：貞：無：
三五〇五六　癸丑貞旬無囚
三五〇五六　癸亥貞旬無囚
三五〇五七　癸丑貞旬無囚
三五〇五七　癸未貞旬無囚
三五〇五八　癸：貞：無：
三五〇五八　癸丑貞旬無囚
三五〇五八　癸亥貞：無囚
三五〇五九　癸：貞：
三五〇五九　癸丑貞旬無囚
三五〇五九　癸酉卜有囚
三五〇五九　：巳：旬：囚
三五〇六〇　癸：貞旬無：
三五〇六〇　癸丑貞旬無囚
三五〇六〇　：亥貞：
三五〇六一　癸丑貞旬：囚
三五〇六一　癸丑貞旬無囚
三五〇六一　癸亥貞旬無囚
三五〇六一　癸丑貞無囚
三五〇六一　癸亥貞旬無囚
三五〇六一　癸酉貞旬：囚
三五〇六二　癸：貞：無：
三五〇六二　癸亥貞旬無囚
三五〇六二　癸酉貞旬無囚
三五〇六二　癸未貞旬無囚
三五〇六三　癸：貞：
三五〇六三　癸亥貞旬無囚
三五〇六四　：貞：無：
三五〇六四　癸亥貞旬無囚
三五〇六四　癸酉貞旬無囚
三五〇六四　癸未貞旬無囚
三五〇六五　癸亥貞旬無囚
三五〇六五　癸酉貞旬無囚
三五〇六五　癸未貞旬無囚
三五〇六五　：旬：囚
三五〇六六　癸：貞：

三五〇六六　癸亥貞旬無𡆥
三五〇六七　癸：貞：無：
三五〇六七　癸亥貞旬無𡆥
三五〇六七　癸酉貞旬無𡆥
三五〇六七　：未：旬：
三五〇六八　癸亥貞旬無𡆥
三五〇六八　：酉：旬：𡆥
三五〇六九　癸亥貞旬無𡆥
三五〇六九　癸酉貞旬無𡆥
三五〇七〇　癸亥貞旬無𡆥
三五〇七〇　癸酉貞旬無𡆥
三五〇七〇　癸未貞旬無𡆥
三五〇七〇　癸巳貞旬無𡆥
三五〇七〇　癸卯貞旬無𡆥
三五〇七〇　癸丑貞旬無𡆥
三五〇七〇　：旬：𡆥
三五〇七一　癸亥貞旬無𡆥
三五〇七一　癸酉貞旬無𡆥
三五〇七一　癸未貞旬無𡆥
三五〇七一　癸巳貞旬無𡆥
三五〇七一　癸卯貞旬無𡆥
三五〇七一　：丑：旬：
三五〇七二　癸：貞：
三五〇七二　癸亥貞旬無𡆥
三五〇七二　癸酉貞旬無𡆥
三五〇七三　癸亥貞旬無𡆥
三五〇七三　癸酉貞旬無𡆥
三五〇七三　癸未貞旬：𡆥
三五〇七四　癸亥貞旬無𡆥
三五〇七四　癸酉貞旬無𡆥
三五〇七四　癸未貞旬無𡆥
三五〇七四　癸巳貞旬無𡆥
三五〇七四　：旬：
三五〇七五　癸：貞：無：
三五〇七五　癸亥卜貞旬無𡆥
三五〇七五　癸酉卜貞旬無𡆥
三五〇七五　癸未卜貞旬無𡆥
三五〇七五　癸巳卜貞旬無𡆥
三五〇七五　癸卯卜貞旬無𡆥
三五〇七六　癸亥貞旬無𡆥
三五〇七六　癸酉貞旬無𡆥
三五〇七六　癸未貞旬無𡆥
三五〇七六　癸巳貞旬無𡆥

三五〇七六　：卯：旬：𡆥
三五〇七七　癸亥貞旬無𡆥
三五〇七七　癸酉貞旬無𡆥
三五〇七八　癸亥貞旬無𡆥
三五〇七九　癸亥：旬無𡆥
三五〇八〇　癸：貞：
三五〇八〇　癸亥貞旬無𡆥
三五〇八一　癸巳：
三五〇八一　癸：
三五〇八一　癸亥貞旬無𡆥
三五〇八二　癸亥貞旬：𡆥
三五〇八三　癸：貞：無：
三五〇八三　癸亥貞旬無𡆥
三五〇八三　癸酉貞旬無𡆥
三五〇八三　癸未貞旬無𡆥
三五〇八三　癸巳貞旬無𡆥
三五〇八三　癸卯貞旬無𡆥
三五〇八四　：貞：無：
三五〇八四　癸亥貞旬無𡆥
三五〇八四　癸酉貞旬無𡆥
三五〇八五　癸亥貞旬無𡆥
三五〇八五　癸酉貞旬無𡆥
三五〇八五　癸未貞旬：𡆥
三五〇八五　癸巳貞旬無𡆥
三五〇八五　癸卯貞旬無𡆥
三五〇八六　：無：
三五〇八六　癸亥貞旬無𡆥
三五〇八六　癸酉貞旬無𡆥
三五〇八七　癸亥貞旬無𡆥
三五〇八七　癸酉貞旬無𡆥
三五〇八八　癸：貞旬無𡆥
三五〇八八　癸亥貞旬無𡆥
三五〇八九　癸：貞：
三五〇八九　癸亥貞旬無𡆥
三五〇八九　癸酉貞旬無𡆥
三五〇八九　：旬：𡆥
三五〇九〇　癸：貞：無：
三五〇九〇　癸亥貞旬無𡆥
三五〇九〇　癸酉貞旬無𡆥
三五〇九〇　：未：旬：𡆥
三五〇九一　癸：貞：無：
三五〇九一　：貞旬無𡆥
三五〇九一　癸亥貞旬無𡆥

三五〇九一 ：酉：貞旬無𡆥
三五〇九二 癸亥貞旬無𡆥
三五〇九二 癸酉貞旬無𡆥
三五〇九二 癸未貞旬無𡆥
三五〇九三 癸：貞：無：
三五〇九三 癸亥貞旬無𡆥
三五〇九四 癸亥貞旬無𡆥
三五〇九五 癸亥貞旬無𡆥
三五〇九五 ：酉：旬：𡆥
三五〇九六 癸丑貞旬無𡆥
三五〇九六 癸：貞：無：
三五〇九六 癸亥貞旬無𡆥
三五〇九六 癸酉貞旬無𡆥
三五〇九七 癸：貞：
三五〇九七 癸亥貞旬無𡆥
三五〇九八 癸亥貞旬無𡆥
三五〇九八 ：旬：𡆥
三五〇九九 癸：貞：無：
三五〇九九 癸亥貞旬無𡆥
三五〇九九 ：酉：旬：𡆥
三五一〇〇 癸亥貞旬無𡆥
三五一〇〇 癸酉貞旬無𡆥
三五一〇〇 ：旬：𡆥
三五一〇一 癸：
三五一〇一 癸亥卜貞旬無𡆥
三五一〇一 ：未卜：旬：𡆥
三五一〇二 癸：貞：
三五一〇二 癸亥貞旬無𡆥
三五一〇三 癸：貞：無：
三五一〇三 ：亥貞旬無𡆥
三五一〇四 癸亥貞旬無𡆥
三五一〇四 ：旬：𡆥
三五一〇五 癸亥貞旬無𡆥
三五一〇六 癸亥貞旬無𡆥
三五一〇六 癸酉貞旬無𡆥
三五一〇六 ：旬：𡆥
三五一〇七 癸亥貞旬無𡆥
三五一〇七 癸酉貞旬無𡆥
三五一〇八 癸亥貞旬無𡆥
三五一〇八 ：酉：旬：𡆥
三五一〇九 癸亥貞旬無：
三五一一〇 癸亥貞旬無𡆥
三五一一〇 癸酉貞旬無𡆥
三五一一〇 ：未：旬：𡆥

三五一一一 癸：貞：無：
三五一一一 癸亥貞旬無𡆥
三五一一二 癸：貞旬無𡆥
三五一一二 癸亥貞旬無𡆥
三五一一二 ：旬
三五一一三 癸亥貞旬無𡆥
三五一一四 癸巳：
三五一一四 癸亥卜貞旬無𡆥
三五一一四 ：未：旬：
三五一一五 癸亥貞旬無𡆥
三五一一五 癸丑貞無𡆥
三五一一五 癸亥貞旬無𡆥
三五一一五 壬申卜癸酉啓
三五一一五 壬申卜不啓
三五一一五 癸酉貞旬無𡆥
三五一一五 癸未貞旬無𡆥
三五一一六 癸亥貞旬：𡆥
三五一一六 丁亥雨
三五一一六 ：辰雨
三五一一六 ：無𡆥
三五一一六 ：無𡆥
三五一一七 癸亥貞旬無𡆥
三五一一七 癸酉貞旬：𡆥
三五一一八 ：貞旬無𡆥
三五一一八 ：貞旬無𡆥
三五一一九 癸丑貞旬無𡆥
三五一一九 癸亥貞旬無𡆥
三五一一九 ：𡆥
三五一二〇 癸亥貞旬無：
三五一二〇 ：貞旬有𡆥
三五一二一 癸亥貞旬無𡆥
三五一二一 ：戊寅：[illegible]
三五一二二 ：貞旬無𡆥
三五一二二 ：若
三五一二三 ：巳卜貞旬：𡆥
三五一二三 ：無𡆥
三五一二四 ：貞旬無𡆥
三五一二五 癸：貞：無𡆥
三五一二六 ：旬：𡆥
三五一二六 ：貞旬無𡆥
三五一二六 ：貞旬無𡆥
三五一二七 ：貞旬無𡆥
三五一二八 ：卜惟：己壱
三五一二九 ：彡無壱

三五一三〇 弗惟壱
三五一三〇 弗壱
三五一三〇 弗壱
三五一三一 三牢 茲用
三五一三一 五牢
三五一三二 丙：
三五一三二 四牢 茲用
三五一三二 ：牢：羊
三五一三三 三牢 茲用
三五一三三 牢
三五一三四 三牢 茲用
三五一三五 二牢 茲用
三五一三六 一牢
三五一三六 ：牢 茲用
三五一三七 ：卯卜惟：
三五一三七 ：勿牛 茲用
三五一三八 ：牢茲用
三五一三九 丁未： 茲用
三五一四〇 ：牝 茲用
三五一四一 ：牛 茲用丁卯
三五一四二 三十羊
三五一四二 ：用
三五一四三 茲用
三五一四四 ：丁： 茲用
三五一四五 ：在𣏟 茲用
三五一四六 乙：
三五一四六 茲用
三五一四六 ：午來：令：
三五一四七 乙卯貞其二牛
三五一四七 茲用
三五一四八 ：申貞今日：步自：
三五一四八 ：貞： 茲用
三五一四九 乙巳 茲用
三五一五〇 ：人
三五一五〇 茲用乙：
三五一五〇 ：卜：
三五一五一 茲用丁亥
三五一五二 丙戌卜：出于：
三五一五二 ：于入𢿥 茲用
三五一五二 ：月
三五一五三 牢：一牛
三五一五三 二牢
三五一五三 有壱 茲用
三五一五四 ：未貞 茲用

三五一五四 不用
三五一五五 ：戌卜：羊 茲用
三五一五五 癸亥卜于甲子
三五一五五 不
三五一五六 丁巳卜： 茲用
三五一五六 不
三五一五七 不用
三五一五八 不用
三五一五九 其五牛 不用
三五一五九 其六牛 不用
三五一六〇 己卯貞：不用
三五一六一 ：卜 不用
三五一六二 ：不擒
三五一六二 ：雨
三五一六二 茲不用
三五一六三 不用
三五一六四 ：在六月卜
三五一六五 弜比 二告
三五一六六 己巳矣乞旬骨三
三五一六七 ：旬骨一
三五一六八 ：寅矣乞旬骨：
三五一六九 ：寅矣乞旬：
三五一七〇 ：矣乞旬骨三
三五一七一 ：乞旬骨三
三五一七二 ：旬骨三
三五一七三 ：乞旬骨三
三五一七四 甲戌卜燎羊二十于卯
三五一七四 辛卯卜癸啓壬辰啓
三五一七四 壬辰矣乞骨三 旬
三五一七五 ：乞旬骨八
三五一七六 ：矣乞骨三 旬
三五一七七 ：骨三 旬
三五一七八 ：乞骨三 旬
三五一七九 ：七 旬
三五一八〇 甲子矣乞骨五
三五一八一 乙丑矣乞骨：
三五一八二 乙丑矣乞：
三五一八三 丁卯矣乞骨三
三五一八四 癸酉矣乞：
三五一八五 乙亥矣乞：
三五一八六 乙亥矣乞：
三五一八七 辛巳矣乞骨：
三五一八八 ：申先彭
三五一八八 甲申矣乞骨三
三五一八九 戊子矣乞：

三五一九〇 壬辰臾…
三五一九一 己卯乞骨于…
三五一九一 己亥臾乞…
三五一九二 癸巳貞旬無𡆥
三五一九二 甲辰臾乞骨…
三五一九三 丁未臾乞骨六
三五一九四 丁未臾乞骨五
三五一九五 甲寅臾…
三五一九六 甲寅臾…
三五一九七 丁巳臾乞骨
三五一九八 丁巳臾乞…
三五一九九 己未臾乞骨三
三五二〇〇 …未臾乞骨
三五二〇一 辛酉臾乞骨八
三五二〇二 …用
三五二〇二 癸亥臾乞骨三
三五二〇三 …寅臾
三五二〇四 …卯臾乞骨三
三五二〇五 丁亥臾乞骨…
三五二〇六 …臾乞骨三
三五二〇七 …臾乞骨…
三五二〇八 …臾乞骨七
三五二〇九 …臾乞骨六
三五二一〇 辛亥乞骨
三五二一一 甲辰乞骨十骨
三五二一一 丙寅尸乞骨一自□
三五二一二 …乞骨三自□
三五二一三 …乞骨自□
三五二一四 …臾乞骨七自□
三五二一五 …臾乞骨七自□
三五二一六 …骨五骨□在…
三五二一七正 …有見于…
三五二一七反 …乞骨…
三五二一八 …𡆥二月在…
三五二一九 甲辰…王…百…
三五二二〇 …示五十…
三五二二〇 …十…
三五二二一 …帝五…五牛
三五二二二 …五…
三五二二三 弜往
三五二二三 弜眉
三五二二四 弜竞
三五二二五 甲午入倳…
三五二二六 …東…
三五二二七 己未卜貞…子?卩…

三五二二八 戊子卜貞…
三五二二九 …□…
三五二三〇 …執…
三五二三一 丙申…□…以?宗…
三五二三二 …酉貞卜…伐𢀛其…
三五二三三 丙午…祭
三五二三三 …用…羊十
三五二三三 …午…
三五二三四 …邑?其興…
三五二三五 弗□
三五二三六 乙巳…□酉?
三五二三七 …夕?□…
三五二三八 弜…
三五二三八 其敕□
三五二三九 貞其絛
三五二四〇 弜往
三五二四〇 辛丑卜貞御?人…
三五二四〇 …卜戈在丂徹…
三五二四一 弜…
三五二四一 …朿
三五二四二 …□止…
三五二四三 …翌…
三五二四四 …勿比…戋
三五二四五 壬…乙…東…
三五二四六 王其中
三五二四六 不中
三五二四六 乙…有□有…
三五二四七 …卜其…□
三五二四八 …庸又…
三五二四九 …至于十禾…
三五二四九 …賓…
三五二五〇 …亥…□…
三五二五一 …內?…月
三五二五二 丙戌…貞…
三五二五二 丁亥…□…
三五二五二 …卜貞惟…
三五二五三 …有祟自…□
三五二五四 …子卜…惟…豕…
三五二五五 …□…
三五二五六 乙五
三五二五七 癸酉貞…
三五二五八 …牛于?王三…
三五二五九 …斦…
三五二六〇 甲申卜彡迄…川
三五二六一甲 （習刻）

三五二六一甲（習刻）
三五二六一甲（習刻）
三五二六一甲（習刻）
三五二六一甲（習刻）
三五二六一甲（習刻）
三五二六一甲（習刻）
三五二六一甲（習刻）
三五二六一甲（習刻）
三五二六一甲（習刻）
三五二六一甲（習刻）
三五二六一甲（習刻）
三五二六一甲（習刻）
三五二六一甲（習刻）
三五二六一甲（習刻）
三五二六一甲（習刻）
三五二六一甲（習刻）
三五二六一甲（習刻）
三五二六一甲（習刻）
三五二六一甲（習刻）
三五二六一甲（習刻）
三五二六一甲（習刻）
三五二六一甲（習刻）
三五二六一甲（習刻）
三五二六一甲（習刻）
三五二六一乙（習刻）
三五二六二（習刻）
三五二六二（習刻）
三五二六三（習刻）
三五二六三（習刻）
三五二六三（習刻）
三五二六三（習刻）
三五二六三（習刻）
三五二六三（習刻）
三五二六四（習刻）
三五二六四（習刻）
三五二六四（習刻）
三五二六四（習刻）
三五二六五（習刻）
三五二六五（習刻）
三五二六五（習刻）
三五二六五（習刻）
三五二六五（習刻）
三五二六五（習刻）
三五二六六（習刻）
三五二六六（習刻）

三五二六七（習刻）
三五二六八（習刻）
三五二六八（習刻）
三五二六八（習刻）
三五二六八（習刻）
三五二六九（習刻）
三五二六九（習刻）
三五二七〇（習刻）
三五二七一（習刻）
三五二七二（習刻）
三五二七二（習刻）
三五二七三（習刻）
三五二七三（習刻）
三五二七四（習刻）
三五二七四（習刻）
三五二七四（習刻）
三五二七五（習刻）
三五二七六（習刻）
三五二七六（習刻）
三五二七六（習刻）
三五二七七（習刻）
三五二七七（習刻）
三五二七七（習刻）
三五二七八（習刻）
三五二七九（習刻）
三五二七九（習刻）
三五二七九（習刻）
三五二七九（習刻）
三五二八〇（習刻）
三五二八〇（習刻）
三五二八〇（習刻）
三五二八〇（習刻）
三五二八一（習刻）
三五二八一（習刻）
三五二八一（習刻）
三五二八二（習刻）
三五二八二（習刻）
三五二八二（習刻）
三五二八二（習刻）
三五二八三　庚……伐……
三五二八四　……伐……
三五二八五　……卜尋有……
三五二八六　癸未……有祟
三五二八七　……貞王惟有……
三五二八八　……弜比

三五二八八	：河：五牢?：
三五二八九	：比：
三五二九〇	：申卜：弗邑：羊
三五二九一	：夕卜茲見：
三五二九二	弜暨
三五二九二	：貞：商：用：
三五二九三	弜暨
三五二九三	丙：
三五二九四	弜暨
三五二九四	：暨：于：
三五二九五	：于卜：直：
三五二九六	：貞：惟：令我：
三五二九七	不若令
三五二九八	：令先：
三五二九九	：自我：
三五三〇〇	：自：
三五三〇一	：其遣戕
三五三〇二	：惟：[illegible]：
三五三〇三	：[illegible]：
三五三〇四	：方：受：
三五三〇五	：貞乙亥尃：
三五三〇六	：其先：
三五三〇七	：其往：啓：
三五三〇八	乙巳卜不[illegible]先
三五三〇九	：卯貞[illegible]：
三五三一〇	：其先于：
三五三一一	丁丑貞不之其：
三五三一二	其出
三五三一二	不出
三五三一三	（與三一二九七重）
三五三一三	（與三一二九七重）
三五三一三	（與三一二九七重）
三五三一四	辛：其
三五三一四	不出
三五三一四	其出
三五三一五	乙巳貞其步
三五三一六	乙卯：丙步
三五三一七	：延步
三五三一七	丙子：
三五三一八	：今步：惟囚
三五三一九	翌壬辰步
三五三一九	惟：令：
三五三二〇	庚：涉
三五三二〇	示其从上涉
三五三二一	：申：其：[illegible]

三五三二一	：[illegible]：
三五三二二	壬辰：癸巳：允獲?
三五三二三	：獲
三五三二三	癸：
三五三二四	惟：交：
三五三二五	：卯：[illegible]：
三五三二六	癸：貞：來：巳：
三五三二七	：
三五三二八	于己丑有來無來　不：
三五三二九	：貞其在茲：
三五三三〇	：盂其若
三五三三一	：申：[illegible]：
三五三三一	丁亥：妣：我：
三五三三二	：貞其：[illegible]九：
三五三三三	：鼓享：[illegible]：
三五三三四	：示郭：
三五三三五	：工惟[illegible]
三五三三六	壬：至丙：
三五三三七	惟壬：
三五三三七	惟癸酌
三五三三八	己：[illegible]?：
三五三三九	：其：典?：
三五三四〇	癸巳貞其遘：
三五三四一正	：
三五三四一反	：甲遘：
三五三四二	：戌卜：弗：
三五三四二	己亥貞：尋有：

甲骨文合集摹釋

第十二冊　三五三四三—三九四七六

三五三四三 乙巳卜在兮惟丁未婦𡚬衆
三五三四三 惟丙午婦𡚬衆
三五三四四 ：亥卜在：曰：
三五三四四 丁酉在兮貞其以：
三五三四四 不雉衆
三五三四五 弗𢦏吉
三五三四五 不雉衆王𡆥曰弘吉
三五三四五 其雉衆吉
三五三四五 壬申卜在攸貞有牧𠂤告啓王其呼
戍比囯伐弗悔利
三五三四五 ：利
三五三四六 丙辰卜在剛貞惟大有先：歆美剛
利不雉衆
三五三四七 其雉衆吉
三五三四七 中不雉衆王𡆥曰弘吉
三五三四七 其雉衆吉
三五三四七 左不雉衆王𡆥曰弘吉
三五三四七 其雉衆吉
三五三四八 ：其：
三五三四八 弗𢦏
三五三四八 不雉衆
三五三四八 雉衆
三五三四九 丁酉卜：衆無：
三五三四九 丁卯
三五三五〇 己丑卜貞王賓伐無尤
三五三五〇 ：𨽍羌：人鬯一卣卯牢又一牛
三五三五一 ：往：一卣羌三：十卯牢
三五三五一 ：父：
三五三五二 乙卯：王：久：羌：
三五三五三 乙卯卜貞王賓：三十人：尤
三五三五三 ：其：
三五三五四 壬辰卜：羌貞：悔
三五三五四 ：比卩：弗悔：
三五三五五 丁丑卜貞王賓武丁伐十人卯二牢鬯：
三五三五五 庚辰卜貞王賓祖庚伐二：卯牢鬯無尤
三五三五五 ：王：庚祖丁伐：人卯二牢鬯一卣無尤
三五三五五 丁酉卜貞王賓文武丁伐十人卯六牢鬯六
卣無尤
三五三五五 ：尤
三五三五六 乙丑卜貞王其有久于文武帝必其以
羌五人正王受有祐
三五三五六 ：子卜貞王其有久于文武帝必其𠆤月
有省于來丁丑卣又彡王弗悔
三五三五七 丁酉：王賓：祖丁：無：人五：
三五三五八 癸：王賓：五人：宗卯：
三五三五八 戊：
三五三五九 ：王賓：伐十：三牢：無：
：卣：祐
三五三六〇 甲辰：賓：伐：一牢：無：
三五三六〇 辛亥：王賓：
三五三六〇 ：卜貞：四祖丁：卯：卣：無尤
三五三六〇 ：卜貞王：羌甲：卯牢：
三五三六一 己卯卜貞王賓祖乙奭妣己姬𢀛二人毀二
人卯二牢無尤
三五三六一 甲申卜貞王賓祖辛奭妣甲姬𢀛二人毀二
人卯二牢無尤
三五三六二 ：克𡚬二人：又司母我王泳：比
用：母其：
三五三六三 ：貞王賓：𢀛二人：人卯：無尤
在八月
三五三六四 庚午卜：姬妣庚：毀二：二牢：
三五三六四 ：辰卜貞：賓妣庚：𢀛二：毀一人：
牢無：
三五三六五 ：卜貞王：上甲久伐：人卯：無尤
三五三六六 ：竹𨽍：
三五三六六 乙酉：王賓：久伐：
三五三六六 ：貞王：無尤
三五三六六 ：人：室：
三五三六七 ：圍：妣：尤
三五三六七 ：其：
三五三六八 乙巳：王：大乙：
三五三六八 ：貞王：伐衣：尤在六月：王二十祀
三五三六九 甲子：
：三人卯：
三五三七〇 甲午卜貞王賓祖甲：伐無尤
三五三七〇 ：貞：祖丙：無尤
三五三七一 丁亥：王：康：伐無：
三五三七二 己巳：王：武：伐：
三五三七二 ：卜貞：武：無尤：九月
三五三七三 丁卯卜貞王賓伐無尤
三五三七三 辛未卜貞王賓伐無尤
三五三七四 乙未卜貞王賓：久伐：
三五三七四 王
三五三七四 （習刻）
三五三七五 丙：貞：丁其：
三五三七五 乙未卜貞王賓武乙執伐無尤
三五三七五 沓
三五三七六 辛酉卜貞王賓伐無尤

三五三七六 癸亥卜貞王賓伐無尤
三五三七七 甲申卜貞王賓伐…
三五三七八 戊…王…夕…
三五三七八 己未卜貞王賓武乙…伐無尤
三五三七九 己丑…
三五三七九 辛卯卜貞王賓伐無尤
三五三八〇 乙未卜貞王賓武…夂伐無尤
三五三八一 貞王賓叙無𡆥
三五三八一 貞王賓伐卯無尤
三五三八一 丁酉卜貞…
三五三八二 甲寅…貞王…夂伐…
三五三八三 丙午…王…武…無尤
三五三八三 丁未卜貞王賓武乙夂伐無尤
三五三八三 …王賓…無尤
三五三八三 貞王賓叙無尤
三五三八四 …無…
三五三八四 貞王…叙…鬻…
三五三八四 丙辰卜貞王賓武乙夂伐無尤
三五三八四 …巳卜貞…賓…夂…無尤
三五三八五 辛酉…貞王…武乙…伐…
三五三八五 …亥卜貞…賓…無尤
三五三八六 乙…王賓…夂…
三五三八六 …卜貞…武…無尤
三五三八七 丙…貞…丁…
三五三八七 …巳卜貞王賓伐無尤
三五三八八 乙巳…王賓…夂伐…
三五三八九 …申卜…王賓…夂伐…尤
三五三九〇 甲戌…
三五三九〇 …亥卜貞…武乙夂伐…尤
三五三九一 乙亥…王賓…夂伐…卯…
三五三九二 …卜貞…賓…夂伐…
三五三九三 戊戌…王賓…伐…卯…無…
三五三九三 …牢…尤
三五三九四 辛未…貞王…伐…
三五三九五 丙戌卜…其二牢
三五三九五 其三牢王受祐
三五三九五 祰有戌
三五三九六 叙…
三五三九六 …伐其…卯…
三五三九七 癸…王…在…午…
三五三九七 癸酉卜貞王旬無𡆥在七月甲戌翌日上甲
…典其幼
三五三九八 癸未卜貞…無𡆥在八月…工典其…
三五三九八 癸巳卜貞旬無𡆥在八月田午翌上甲
三五三九九 癸巳…旬無𡆥…曰吉在九月
三五三九九 癸卯王卜貞旬無𡆥在九月甲辰工典其

幼其翌
三五三九九 癸丑王卜貞旬無𡆥在九月甲寅翌上甲
三五四〇〇 癸酉…無𡆥…吉在…翌上甲
三五四〇〇 癸未王卜貞旬無𡆥王囚曰吉在四月
三五四〇〇 癸巳王卜貞旬無𡆥王囚曰在五月甲午
翌大甲
三五四〇一 癸卯王…旬…曰吉在…工典其…翌
三五四〇一 …王卜貞…𡆥王囚…在十月…酚幼…上甲
三五四〇二 癸丑卜貞王旬無𡆥在…甲寅…酚…
三五四〇二 癸亥卜𢓊貞王旬無𡆥甲午…
三五四〇二 癸酉卜貞王旬無𡆥在十月甲戌翌日大甲
三五四〇二 癸未卜貞王旬無𡆥在十月甲申翌日小甲
三五四〇二 …卜貞…無𡆥…月
三五四〇三 甲申卜貞王賓上甲翌…無…在…
三五四〇四 …王卜貞酚翌日自上甲…多𩁹衣無𡆥
三五四〇五 …卜貞酚翌…𡆥自…
三五四〇六 （習刻）
三五四〇六 甲戌翌上甲乙亥翌匚乙丙子翌匚丙…匚丁
午翌示壬癸未翌示癸…翌大丁…翌…
大庚…翌…
三五四〇七 …酉卜貞王旬…𡆥在十月又二…戌工典
三五四〇七 其…其𢆶
三五四〇七 …卜貞王旬…𡆥在十月…酚𢆶祭上甲
三五四〇七 …卜貞王旬…在正月…祭大甲𠭤上甲
三五四〇八 癸卯卜…王旬…在十月…翌日…
三五四〇八 癸卯卜貞王旬無𡆥在正甲辰酚𢆶…
三五四〇八 …卜貞…無…
上甲
三五四〇九 …午卜貞…無𡆥…辰…祭上甲
三五四〇九 …卜貞…無𡆥…正月
三五四一〇 癸亥王卜貞旬無𡆥在二…甲子𢆶祭上甲
三五四一一 癸卯卜貞王旬無𡆥在十月
三五四一一 癸亥卜貞王旬…
三五四一一 癸未卜王貞旬無𡆥在十月又一甲申𢆶酚祭
上甲
三五四一一 癸亥卜貞王旬無𡆥在正月…子𩁹…大甲
三五四一二 癸未…貞旬…在…
三五四一二 癸巳王卜貞旬無𡆥在十二月甲午𢆶祭上甲
三五四一二 …王卜貞旬…在正月甲辰…上甲工典其
𠭤
三五四一三 …卜貞王…𡆥在十月二…酚𢆶祭上甲
三五四一四 癸…曰大…
三五四一四 癸酉王卜貞旬無𡆥在十月又…戌祭上甲
王囚…吉
三五四一五 …貞…上甲祭…無尤…月…
三五四一六 癸丑卜…貞王旬無𡆥在正月甲寅𩁹上甲

三五四一六 癸酉卜貞王旬無畎在…月甲戌觀大甲
三五四一七 …卯卜在…貞王旬…畎在八…甲辰觀上甲
三五四一八 癸…貞旬…王囚…在…
三五四一八 …王卜貞…無畎王…曰吉在…祭上甲
三五四一九 …卜貞…上甲觀…在…
三五四二〇 …卜貞王…上甲觀…尤
三五四二一正 癸丑…王囚…觀上甲
三五四二一正 …王卜…無畎…曰吉…甲子…
三五四二一反 …魯上甲
三五四二二 癸卯王卜…旬無畎王…曰吉在五…甲辰
工典其酌
三五四二二 癸丑王卜貞旬無畎王囚曰吉在六月甲
寅彡曰上甲
三五四二二 …亥王卜貞旬無畎王囚曰吉在六月甲子
彡夕大乙
三五四二三 癸…貞…王…在…壬…
三五四二三 癸巳王卜貞旬無畎王囚曰吉在四月甲
午彡上甲
三五四二三 …畎…吉…
三五四二四 癸未王卜貞旬無畎王囚曰大吉在三月
甲申彡上甲
三五四二四 …王卜貞…畎在…曰大…
三五四二五 甲辰卜貞王賓上甲日彡無畎在正月
三五四二六 …王卜貞今囚…自上甲至于多毓…畎
王囚大吉在四月
三五四二七 癸卯王…日自上甲…毓…在五月惟…
三五四二八 …酌…毓衣無…在六月…
三五四二九 …自上甲至于…六月
三五四三〇 …未王…先…上甲至毓…
三五四三一 …于多毓…衣無尤
三五四三二 癸…自上甲…十月…
三五四三三 …自上甲…畎
三五四三四 己丑卜貞王賓上甲…
三五四三五 …東遷上甲…延…从…無畎王…桒…
三五四三六 壬寅…懷…羊
三五四三六 惟…
三五四三六 甲…武乙…牢
三五四三六 …貞…丁其牢…茲用
三五四三六 辛巳卜貞王賓上甲衩至于多毓衣無尤
三五四三六 乙未卜貞王賓武乙从伐無尤
三五四三六 惟犨茲用
三五四三七 乙…惟…茲…
三五四三七 丙子…武丁…牢
三五四三七 …亥卜貞王賓衩自上甲至于多毓衣無尤
三五四三七 癸丑卜貞王賓幼自上甲至于多毓衣無尤

三五四三八 丙…貞…祖…
三五四三八 …惟…茲…
三五四三八 辛亥卜貞王賓衩自上甲至于多毓衣無尤
三五四三九 丙…
三五四三九 惟…茲…
三五四三九 丁酉卜貞王賓執自上甲至于武乙衣無尤
三五四四〇 乙丑卜貞王賓武乙歲…至于上甲…無尤
三五四四〇 …貞王賓叙無尤
三五四四一 …貞王賓叙無尤
三五四四一 乙卯卜貞王賓匚乙祭無尤
三五四四二 …卜貞王…匚乙祭…尤
三五四四三 乙卯卜貞王賓匚乙觀…尤
三五四四四 乙未卜貞王…匚乙魯日無尤
三五四四四 貞王賓叙無尤
三五四四四 丙申卜貞王賓…魯日無尤
三五四四五 …卜貞王…匚乙…尤
三五四四六 貞王賓叙無尤
三五四四六 乙酉卜貞王賓匚乙彡日無尤
三五四四七 乙巳卜貞王賓匚乙彡日無尤
三五四四八 …卜貞…匚乙彡日…尤
三五四四九 乙丑…王匚乙…無…
三五四五〇 …賓匚乙…無尤
三五四五一 丙申卜貞王賓匚丙觀無尤
三五四五二 丙寅卜貞王賓匚丙觀…
三五四五三 …卜貞王賓匚丙觀無尤
三五四五三 …尤
三五四五四 丙寅卜貞王賓匚丙魯無…
三五四五五 丙申卜貞王賓匚丙彡日無…
三五四五六 丙戌卜貞王賓匚丙…日無尤
三五四五七 丙戌卜貞王賓匚丙…
三五四五八 …辰卜貞…賓匚丙…
三五四五九 …巳卜貞王賓…
三五四五九 貞王賓叙無尤
三五四六〇 丁巳卜貞…賓匚丁…尤
三五四六一 …王賓匚丁…無尤
三五四六二 貞王賓叙無尤
三五四六二 貞王賓叙無尤
三五四六二 丁卯卜貞王賓匚丁彡日無尤
三五四六三 丁亥卜貞王賓匚丁彡日無尤
三五四六四 …貞王賓叙無尤
三五四六四 …貞…匚丁彡…尤
三五四六四 …無尤
三五四六五 丁卯…賓匚丁…日無…
三五四六六 丁酉卜貞王賓匚丁…無尤
三五四六七 …貞…匚丁…
三五四六八 壬子卜貞王賓示壬翌日無尤

三五四六九 壬…翌日…甲…
三五四七〇 壬子卜貞王賓示壬祭無尤
三五四七一 …卜貞…示壬祭…
三五四七二 壬申卜貞王賓示壬劦日無尤
三五四七三 壬寅卜貞王賓示壬彡日無尤
三五四七四 …貞王…示壬彡…尤
三五四七五 …貞…示壬彡…
三五四七六 壬申卜貞王賓示壬伐無尤
三五四七七 …貞王…燎…尤
三五四七七 …卜貞王…示壬夕…無尤
三五四七七 …貞王…卜丙夕…無尤
三五四七八 …于卜貞…賓示壬…無尤
三五四七九 癸未卜…王賓…無尤
三五四八〇 …賓…無尤
三五四八〇 …賓示…無尤
三五四八一 …卜貞…示癸翻…尤
三五四八二 癸亥卜貞王賓示癸翌?日無尤
三五四八三 …卜貞王…示癸劦日…尤
三五四八三 …劦…甲
三五四八四 癸酉卜貞王賓示癸彡…尤
三五四八五 癸巳卜王賓示癸彡日無尤
三五四八五 貞王賓…無尤
三五四八五 …卜…王賓…無…
三五四八六 …未卜貞…賓示癸…無尤
三五四八六 …賓…無…
三五四八七 …卜貞…示癸…無尤
三五四八七 …王賓…尤
三五四八七 …無尤
三五四八八 …午卜貞…賓示癸…
三五四八九 乙丑卜貞王賓大乙翌無尤
三五四九〇 乙酉卜貞王賓大乙翌日無尤
三五四九〇 貞王賓叙無尤
三五四九一 乙丑卜貞王賓大乙祭無尤
三五四九二 乙卯卜貞…大乙劦…尤
三五四九三 …王…甲…大乙…
三五四九三 …卜…王旬無畎在…月彡日大乙
三五四九四 乙丑卜貞王賓大乙彡日無…
三五四九五 …王賓大乙彡日無…
三五四九六 …卜貞王…大乙彡日…尤
三五四九七 …夕遘大乙彡…
三五四九八 …貞王…大乙彡夕…在四月
三五四九九 乙亥卜貞王賓歲無尤
三五四九九 乙亥卜貞王賓大乙□無尤
三五五〇〇 乙丑卜貞王賓大乙□無尤
三五五〇一 王曰則大乙𣪘于白麓肩宰丰
三五五〇二 …卜貞王…大乙□…尤在四月

三五五〇三 貞王賓叙無尤
三五五〇三 辛…貞…賓…大乙…
三五五〇四 …亥卜…賓大乙…
三五五〇四 …卜貞…賓大乙…無尤
三五五〇五 …卜貞…賓大乙…無尤
三五五〇五 …卜貞…賓大乙…無尤
三五五〇六 …卜貞…大丁…彡翌…
三五五〇七 丁未卜貞王賓大丁祭無尤
三五五〇八 丁亥卜王…大丁祭…
三五五〇九 丁卯卜貞王…大丁翻…尤
三五五一〇 丁丑卜貞王賓大丁翻無尤
三五五一一 丁亥卜貞王賓大丁翻無尤
三五五一二 丁未卜貞王賓大丁彡日無尤
三五五一二 貞王賓叙無尤
三五五一三 …貞王…大丁彡日…尤
三五五一四 丙申卜貞王賓大丁彡…無…
三五五一四 貞王賓祓無尤
三五五一五 …貞…大丁彡…尤
三五五一六 丁卯卜貞王賓大丁□無…
三五五一六 …賓…尤
三五五一七 …丑卜貞王賓大丁□無尤
三五五一八 丁巳卜貞王賓大丁無尤
三五五一九 …酉卜貞賓大丁…無尤
三五五二〇 …卜貞…賓大丁…無尤
三五五二一 …貞…大丁…尤
三五五二一 …賓…
三五五二二 癸丑卜貞王…無畎在六月甲寅工典其…
三五五二二 …旬無畎…曰…甲
三五五二三 癸丑…貞旬…在五…翌大…
三五五二三 癸亥卜王貞旬無畎
三五五二四 癸酉王卜貞旬無畎王占曰吉在七月甲… 翌日大…
三五五二四 …貞…王…在…
三五五二五 …未王卜貞旬無畎王占曰…十月又一甲申 翌日大甲惟王…
三五五二六 癸…王卜貞…大甲
三五五二六 癸卯王卜貞旬無畎…
三五五二六 …卜…畎
三五五二七 癸未…曰大…
三五五二七 癸巳王卜貞旬無畎王占曰大吉在九月甲午 祭大甲劦上甲
三五五二七 …王卜貞…畎王占…在九月…翻大甲
三五五二八 …無畎王占曰…在十月甲寅祭大甲 劦上甲
三五五二九 癸巳王…貞旬…王占…在十…甲午…
三五五二九 癸卯王卜貞旬無畎王占曰吉在十二月甲辰祭 大甲劦上甲

三五五二九 癸丑王卜貞旬無畎王固曰吉在正月甲寅祭
小甲觀大甲

三五五二九 ：卜：無畎：吉在：子：魯

三五五三〇 癸未：貞旬：王固：在十二月：上甲壬：

三五五三〇 癸巳王卜貞旬無畎王固曰吉在十月又二甲
午魯日上甲祭大甲

三五五三〇 癸卯王卜貞旬無畎王固曰吉在十月又二甲
辰觀大甲祭小甲

三五五三〇 癸丑王卜貞旬無畎王固曰吉在正月甲
寅魯大甲觀小甲

三五五三一 ：王卜貞：畎王固：在正月甲：戔甲
魯：

三五五三一 ：午卜貞王賓大甲祭無尤

三五五三二 ：未卜在㴞：無畎在三月：觀大甲惟：

三五五三三 ：王：大甲觀

三五五三四 癸巳：旬無：四月王固：吉

三五五三四 癸卯王卜貞旬無畎在四月王固曰大吉甲
辰彡大甲

三五五三四 癸丑王卜貞旬無畎在四月王固曰大吉甲
寅彡小甲

三五五三四 ：亥王卜貞：旬無畎在五：王固曰大吉

三五五三五 癸酉：在：王旬：在十：

三五五三五 癸：貞：無：

三五五三五 ：卜在：王旬：在三月：

三五五三五 ：貞：無畎：夕彡大甲

三五五三六 甲戌卜貞王賓大甲彡無尤

三五五三六 貞王賓叡無尤

三五五三七 甲申卜貞王賓大甲彡日無尤

三五五三八 癸酉卜貞王賓：甲彡夕：

三五五三九 癸卯卜貞王賓大甲：無

三五五三九 貞：

三五五四〇 ：貞：大甲彡：無尤

三五五四一 癸酉卜：王旬無畎

三五五四一 ：卜在：王：甲申：日大甲：

三五五四二 甲辰卜貞：賓大甲：日無：

三五五四三 ：卜貞：大甲：無尤

三五五四四 ：卜貞王：卜丙翌：

三五五四五 丙子卜貞王賓卜丙祭無尤

三五五四六 丙子卜貞王賓卜丙祭無尤

三五五四七 丙辰卜貞王賓卜丙祭無尤

三五五四八 丙子卜貞王賓卜丙觀無：

三五五四九 丙辰卜貞王賓卜丙魯日無尤

三五五四九 貞王賓叡無尤

三五五五〇 丙辰卜貞王賓卜丙魯日無尤

三五五五一 ：子卜貞：賓卜丙彡：無尤

三五五五二 甲申卜貞王賓大甲：無：

三五五五二 乙酉卜貞王賓卜丙彡無尤

三五五五三 ：卜貞：賓卜丙彡：無尤

三五五五三 ：賓：無尤

三五五五四 丙辰卜貞王賓卜丙歲無尤

三五五五四 ：尤

三五五五五 ：貞：歲：

三五五五六 ：卜貞：賓卜丙：無尤

三五五五七 ：貞：卜丙：無尤

三五五五八 ：卜貞：大庚翌：尤

三五五五九 ：辰卜貞：大庚翌：

三五五六〇 丙申卜貞王賓：

三五五六〇 庚子卜貞王賓大庚祭無尤

三五五六一 庚子卜貞王賓大庚：尤

三五五六一 丙申卜貞：卜丙祭：

三五五六二 庚申卜貞王賓大庚無：

三五五六三 ：貞：大庚祭：尤

三五五六四 ：貞：大庚祭：尤

三五五六五 ：大庚觀：尤

三五五六六 庚子卜貞王賓大庚：無尤

三五五六六 丁：卜貞王：卜丙：彡日：

三五五六七 丁卯卜貞王賓大庚夕無尤

三五五六八 ：卜貞：

三五五六八 ：卜貞王：祓：尤

三五五六九 ：賓：祓：尤

三五五六九 貞：大庚：無：

三五五七〇 ：辰卜貞：賓大庚：無尤

三五五七〇 ：子卜貞：賓卜丙：尤

三五五七一 ：卜貞：賓大庚：無尤

三五五七一 ：王賓：無尤

三五五七二 ：貞：大庚：無尤

三五五七三 ：卜貞王：畎在十月：

三五五七三 癸酉卜貞王旬無畎：甲戌翌小甲

三五五七四 癸巳王卜貞旬無畎：十月：翌日：

三五五七四 癸卯王卜貞旬無畎在十月又二：翌日無：

三五五七四 癸丑王卜貞旬無畎在十月又二

三五五七四 癸亥王卜貞旬無畎在正月甲子：

三五五七五 ：畎王：甲寅翌小甲

三五五七五 癸巳王：貞旬無：在四月甲：小甲

三五五七六 癸卯王卜貞旬無畎在四月甲辰觀小甲魯大甲

三五五七六 癸丑王卜貞旬無畎王固曰弘吉甲寅祭戔甲

三五五七六 ：貞：

三五五七七 癸巳王卜貞旬：固曰甲午祭小：

三五五七八 癸：旬：曰大吉：甲辰祭小甲

三五五七九 甲辰卜貞：賓小甲祭：

三五五八〇 癸亥：旬無：正月：觀：大甲

三五五八〇 ：貞：戔：

三五五八一正 癸…貞旬…王…在…

三五五八一正 癸未王卜貞旬無畎王囚曰吉在二月甲申
觀小甲劦

三五五八一正 癸巳王卜貞旬無畎王囚曰吉在四月甲午祭
戔甲

三五五八一正 癸卯王卜貞旬無畎王囚曰吉在四月甲辰
祭羌甲觀戔甲

三五五八一反 祭…

三五五八一反 魯大甲

三五五八一反 魯小甲

三五五八二 …王…

三五五八二 癸卯王卜貞旬無畎王囚曰吉在三月甲辰
…小甲魯大乙

三五五八二 癸丑王卜貞旬無畎王囚曰弘吉在…甲…祭
…

三五五八二 癸亥王卜貞旬無畎王囚曰弘吉…

三五五八二 癸酉王卜貞旬無畎王囚曰弘吉在五月甲戌
…

三五五八三 …無畎在十月…觀小甲…

三五五八四 癸巳王…桒貞…無畎…甲午…小甲…

三五五八五 …囚曰大…魯小甲

三五五八六 癸巳卜貞王旬無畎在四月甲午彡日小甲

三五五八七 甲午卜貞王賓小甲魯日無…

三五五八八 癸丑卜備貞王旬無畎在五月甲寅彡日
小甲

三五五八八 …備…畎…

三五五八九 …旬…月…

三五五八九 癸丑王卜貞旬無畎王囚曰吉在五月

三五五八九 癸亥王卜貞旬無畎王囚曰吉五月甲子彡
…

三五五八九 癸酉王卜貞旬無畎在六月甲戌彡小甲王囚
曰吉

三五五八九 癸未王卜貞旬無畎王囚曰吉在…月…

三五五八九 癸巳王卜貞旬無畎王囚曰吉在六月甲午彡
戔甲

三五五八九 癸卯王卜貞旬無畎王囚曰吉在七月…辰彡
羌甲

三五五九〇 癸卯…王旬…在四…

三五五九〇 癸亥卜貞王旬無畎在五月甲子彡日小甲

三五五九一 甲戌卜貞王賓小甲彡日無尤

三五五九二 …丑卜貞…賓小甲…無尤

三五五九三 …辰貞…賓小甲…夕無尤

三五五九四 甲午卜貞王賓小甲𤉲無尤

三五五九五 …貞…畎…甲寅…小甲…

三五五九六 …卜貞…賓小甲…無…

三五五九七 …貞…小甲…

三五五九八 …賓大戊…翌…無尤

三五五九九 戊辰卜貞王賓大戊祭無尤

三五六〇〇 戊寅卜貞王賓大戊觀無…

三五六〇一 …尤

三五六〇一 戊辰卜貞王賓大戊無尤

三五六〇二 戊戌卜貞王賓大戊無尤

三五六〇三 …尤

三五六〇三 貞…大戊彡…無尤

三五六〇四 …尤

三五六〇四 …卜貞王…大戊祓…

三五六〇五 …卜貞王…大戊𤉲…尤

三五六〇六 …大戊𤉲…尤

三五六〇七 …在𩫏…其用巫𢍰…祖戊若

三五六〇八 …卜貞…賓大戊…無尤

三五六〇九 …子卜貞…賓大戊…無…

三五六一〇 …午卜貞…賓大戊…

三五六一一 戊…貞…大戊…無…

三五六一一 貞…無…

三五六一二 己巳卜貞王賓雍己祭無尤

三五六一三 己酉卜貞王賓雍己祭無尤

三五六一四 …貞王…雍己祭…尤

三五六一五 己巳卜貞王賓雍己觀無尤

三五六一六 己酉卜…王賓…雍己觀無…

三五六一六 貞王賓教無…

三五六一六 …王賓…無尤

三五六一六 …貞王…仲丁…無尤

三五六一七 …無…

三五六一七 己丑…王…雍己…無…

三五六一七 …卜貞王…卜…觀…

三五六一八 戊辰…王賓…日無…

三五六一八 己巳卜貞王賓雍己無尤

三五六一八 …祐

三五六一九 己未卜貞王賓雍己彡日無尤

三五六二〇 己未卜貞王賓雍己彡日…尤

三五六二〇 貞…教…

三五六二一 …卜貞…雍己彡日無尤

三五六二一 …王賓…無…

三五六二二 …卜貞王…雍己彡夕…尤

三五六二三 …貞王…雍己彡…無…

三五六二四 己未卜貞王賓雍己𤉲無尤

三五六二四 貞王賓教無尤

三五六二四 貞

三五六二五 …賓雍己…尤

三五六二六 …丑卜貞王…雍己…無尤

三五六二七 …未卜貞王賓三祖丁…無…

三五六二八 貞王賓教無尤

三五六二八 丁丑卜貞王賓仲丁彡…尤
三五六二九 丁亥卜貞王賓仲丁彡日無尤
三五六三〇 丙辰卜貞王賓仲丁彡夕無尤
三五六三〇 …賓…無尤
三五六三〇 貞…祓…
三五六三一 …寅卜…賓仲丁祓…無尤
三五六三一 …亥卜貞王…仲丁彡…無尤
三五六三二 丁卯卜…王賓仲丁…
三五六三三 丁酉…貞…仲丁…
三五六三三 …尤
三五六三四 …戌卜貞…三祖丁…
三五六三五 …卜貞王…三祖丁…無尤
三五六三六 壬午卜貞王賓卜壬翌日無尤
三五六三六 …貞…戔甲…丁無尤
三五六三七 壬寅卜貞王賓卜壬翌日無尤
三五六三八 壬申卜貞王賓卜壬彡日…尤
三五六三九 壬寅卜貞王賓卜壬彡…
三五六四〇 …卜貞王賓卜壬彡日無尤
三五六四一 癸丑…旬無…固曰大…在八月
三五六四一 癸亥王卜貞旬無畎王固曰大吉在九月
三五六四一 癸酉王卜貞旬無畎王固曰大吉在九月甲
戌翌戔甲
三五六四一 癸未王卜貞旬無畎王固曰大吉在九月甲
申翌羌…
三五六四二 …貞…戔甲彡…無尤
三五六四二 …貞…賓卜壬日…尤
三五六四三 …卜貞…賓卜壬…無尤
三五六四四 （習刻）
三五六四四 癸亥王…王固曰…
三五六四四 癸酉王卜貞旬無畎王固曰大吉在九月甲戌
翌戔甲
三五六四四 癸未王卜貞旬無畎王固曰大吉在九月甲申
翌羌甲
三五六四四 癸巳王卜貞旬無畎王固曰大吉在九月甲
午翌戔甲
三五六四四 癸卯王卜貞旬無畎在十一月王固曰大吉
三五六四五 癸巳卜…王旬無畎在十一月甲…翌日戔…
三五六四五 癸卯卜𢀛貞王旬無畎…十月甲辰…曰羌甲
三五六四六正 癸酉…王固曰…翌日…
三五六四六正 癸未王卜貞旬無畎王固曰吉在十一月甲申…
三五六四六正 癸巳王卜貞旬無畎王固曰吉在十月…
三五六四六正 癸卯王卜貞旬無畎王固曰吉在十一月又二甲辰
翌日戔甲
三五六四六正 …丑王卜…旬無畎…曰吉…甲寅…甲
三五六四六反 翌日小甲
三五六四七 …貞王旬…又一甲辰翌戔甲…

三五六四八 癸…
三五六四八 癸卯王卜貞旬無畎王固曰大吉在…月甲
…祭戔甲劦…
三五六四八 癸丑王卜貞旬無畎王固大吉…觀戔甲在
九月
三五六四八 癸亥王卜貞旬無畎王固曰大吉在十月甲
子祭…觀大甲劦戔甲
三五六四八 …無畎…吉
三五六四九 …王卜貞旬無畎王…在十月甲子祭戔甲
三五六五〇 癸亥卜…貞王旬…畎甲子…
三五六五〇 癸酉卜貞王旬無畎在正月甲戌祭戔甲…
三五六五一 …祭戔甲劦日小甲
三五六五一 …月…祭…觀…甲
三五六五二 …畎王固曰大吉…戔甲劦小甲
三五六五三 癸…
三五六五三 癸丑王卜貞旬無畎王固大吉在十月又二
甲寅祭…甲觀大甲
三五六五三 …無畎…大…又二
三五六五四 甲子卜貞王賓戔甲劦無尤
三五六五五 …卜貞旬無畎王固…在正月甲寅彡戔…
三五六五五 （習刻）
三五六五六 癸…旬…曰大…
三五六五六 癸丑王卜貞旬無畎在四月甲寅彡戔甲王
固曰大吉
三五六五六 癸亥王卜貞旬無畎在四月甲子彡戔甲王
固曰大吉
三五六五六 癸酉王卜貞旬無畎…王固曰大吉
三五六五七 癸丑卜𢀛貞王…無畎在四月甲寅彡
日戔甲日劃祖乙𣪕
三五六五七 癸亥卜𢀛貞王旬無畎在五月甲子彡日羌
甲
三五六五七 …𢀛旬無畎…戊…甲
三五六五八 …丑卜永…王旬無畎…四月甲寅…戔甲
曰…𣪕
三五六五九 癸酉卜…貞王旬無畎在五月甲戌彡
日戔甲…
三五六六〇 …卜貞…旬無畎翌甲申…典其…
三五六六〇 癸未卜貞…旬無畎在…月甲申…其酌…
三五六六〇 癸未卜貞王旬無畎在五月甲申彡戔甲
三五六六一 癸…卜在霍貞王旬無畎…甲寅…
三五六六一 癸酉卜在望貞王旬無畎
三五六六一 癸巳卜
三五六六二 癸酉王卜貞旬無畎在十月甲戌彡戔甲
三五六六二 …王卜…無畎
三五六六三 …旬無畎王…甲戌彡戔甲
三五六六四 …卜貞…戔甲彡夕…尤

三五六六四 ……貞王賓……祓無尤
三五六六五 甲戌卜貞王賓戔……嵗無……
三五六六六 甲申卜貞王賓戔甲……日無……
三五六六七 ……貞……戔甲……日無尤
三五六六八 ……申卜……賓戔甲……
三五六六八 貞
三五六六九 甲寅卜貞王賓戔甲無尤
三五六六九 貞王賓叙無尤
三五六七〇 ……卜貞……賓戔甲無尤
三五六七一 ……卜貞王……戔甲……
三五六七二 ……戔甲
三五六七三 壬子卜貞王今夕無畎
三五六七三 庚……貞……無……
三五六七三 ……日在八月乙丑寢……祖乙翌弜易……在□……
三五六七四 ……尤
三五六七四 ……卜貞……祖乙……□……
三五六七五 乙亥卜貞王祖乙叡……
三五六七六 ……貞王……祖乙叡……
三五六七七 甲戌卜貞王賓祖乙彡夕無尤
三五六七八 ……卜貞王賓祖乙彡夕無尤
三五六七九 貞王賓祖乙……嵗無尤
三五六七九 ……賓……無尤
三五六八〇 ……卜貞王……祖乙𩰫……尤
三五六八一 乙卯卜貞王賓祖乙□……
三五六八二 癸卯卜貞王賓祖乙……無……
三五六八三 辛巳卜貞王賓祖辛……翌無尤
三五六八四 ……卜貞王……祖辛翌……尤
三五六八四 ……王賓……無尤
三五六八四 ……貞……祖乙……無……
三五六八五 ……卜貞……祖辛彡……無尤
三五六八六 庚戌卜貞王賓祖辛彡夕無尤
三五六八六 貞王賓……無尤
三五六八七 ……卜貞王……祖辛彡……
三五六八八 貞……祖辛祓……
三五六八九 己亥卜貞王賓祖丁嵗無尤
三五六八九 辛巳卜貞……祖辛嵗……
三五六九〇 ……祖辛嵗……尤
三五六九一 ……賓……無尤
三五六九一 貞……祖辛……無……
三五六九二 ……卜……祖辛……無尤
三五六九三 ……卜貞王旬無畎……正月甲子翌日羌甲
三五六九三 ……卜貞無畎……月
三五六九三 ……卜貞……無畎
三五六九四 癸未卜貞王旬無畎在十月甲申翌日羌甲
三五六九五 癸丑王……貞旬無……王𡆥曰吉在十一月甲寅翌羌甲

三五六九五 癸亥王卜貞旬無畎王𡆥曰吉在十月二甲
子翌魯甲
三五六九五 ……王卜……無畎……曰吉……月二
三五六九六 ……旬無畎王𡆥……寅翌羌甲
三五六九七 癸……王旬……在十月……屮……
三五六九七 ……貞王……在二月……祭羌甲……甲
三五六九八 癸卯……𦎫旬無畎……甲辰祭……魯……
三五六九八 癸丑王卜在𦎫師貞旬無畎在七月甲寅
祭羌甲叡……
三五六九八 ……王卜……師貞旬無畎王𡆥曰吉在四月甲
……祭魯甲
三五六九九 ……羌甲
三五六九九 癸丑卜在霍……旬無畎在五月甲寅……羌
甲叡戔甲
三五七〇〇 癸亥……吉
三五七〇〇 癸酉王卜貞旬無畎王𡆥曰大吉在十月甲
戌祭羌甲叡戔甲
三五七〇〇 癸未王卜貞旬無畎王𡆥曰大吉在十月甲
申祭魯甲叡羌甲魯戔甲
三五七〇一 癸巳卜……旬無畎在……甲午祭羌……
三五七〇一 ……貞……旬無……在十月又二
三五七〇二 癸卯……旬無……甲……
三五七〇二 ……王……畎在二月……叡……
三五七〇三 癸未……貞旬無……在十月……雍己彡羌甲
三五七〇三 ……卜……無畎……𡆥曰吉
三五七〇四 ……大吉
三五七〇四 ……丑王卜貞旬……王𡆥曰大……月甲子彡
羌甲
三五七〇五 ……無畎……彡羌甲
三五七〇五 ……在……王旬……
三五七〇六 癸丑卜貞王旬無畎在八月甲寅彡羌甲
三五七〇六 癸亥卜貞王旬無畎在八月
三五七〇六 癸酉卜貞王旬無畎在八月
三五七〇六 癸未卜貞王旬無畎在九月
三五七〇六 癸巳卜貞王旬無畎
三五七〇六 癸卯卜貞王旬無畎在九月
三五七〇六 癸丑卜貞王旬無畎
三五七〇七 ……卜貞……賓祖丁……無尤
三五七〇七 貞王賓叙無尤
三五七〇七 ……卜貞王賓羌甲……
三五七〇八 癸丑卜貞王賓羌……彡……
三五七〇八 貞王賓羌甲祓無尤
三五七〇九 ……彡……
三五七〇九 貞王賓羌甲祓……
三五七〇九 ……卜貞王……南庚彡夕……尤

三五六一〇　甲寅卜：王賓羌甲：
三五六一一　：戌卜貞：賓羌甲：
三五六一二　丁：貞王賓四祖丁翌日無尤
三五六一二　：賓：無尤
三五六一三　丁巳卜貞王賓四祖丁𠭯日無尤
三五六一四　：四祖丁：日無尤：二月：
三五六一五　貞王賓四祖丁𣪘：
三五六一六　貞王：四祖丁𣪘：
三五六一七　：戌卜貞：四祖丁彡：尤
三五六一八　四祖丁：
三五六一九　祖丁必：受祐
三五六二〇　惟祖丁
三五六二〇　：帝：
三五六二一　：祖丁：
三五六二二　庚申卜貞王賓南庚翌日無：
三五六二三　：卜貞王：南庚翌：尤
三五六二四　貞王賓𣪘無尤
三五六二四　庚申卜貞王賓南庚祭無尤
三五六二五　庚午卜貞王賓南庚𠭯日無尤
三五六二五　：甲：無尤
三五六二六　乙卯卜貞王賓小乙𠭯日無：
三五六二六　庚寅卜貞王賓般庚𠭯日無尤
三五六二六　甲辰卜貞王賓魯𠭯日無尤
三五六二六　庚辰卜貞王賓南庚𠭯：尤
三五六二七　庚申卜貞王賓南庚𠭯日無尤
三五六二八　庚寅卜貞王賓南庚彡無尤
三五六二九　丁未卜貞王賓南庚彡無尤
三五六三〇　：貞王：南庚彡：尤
三五六三一　：卜：南庚彡：
三五六三二　庚寅卜貞王賓南庚：日無尤
三五六三三　：賓南庚：日無尤
三五六三四　庚戌卜貞王賓南庚𢦏：尤
三五六三五　庚辰卜貞王賓南庚：
三五六三六　庚申卜貞王賓南庚：
三五六三六　貞王賓祭無尤
三五六三六　：上甲：
三五六三七　貞王：南庚：無尤
三五六三七　：王賓：
三五六三八　：卜貞：賓南庚：無尤
三五六三九　：卜貞：南庚：無尤
三五六四〇　貞王：南庚：無：
三五六四一　癸：王𡆥：翌日
三五六四一　癸未王卜貞旬無畎王𡆥曰吉在二月甲申
翌魯甲
三五六四一　癸巳王卜貞旬無畎王𡆥曰吉在二月
三五六四一　癸卯王卜貞旬無畎在二月甲辰：祖甲

三五六四一　癸丑王卜貞：
三五六四二　：卜貞：南庚：無尤
三五六四三　：卜貞：南庚：無：
三五六四四　：丑卜在𪉖：王旬無畎：寅翌魯甲：
八月
三五六四五　癸未卜貞王旬無畎甲申翌日祖甲
三五六四五　癸未卜貞王旬無畎在二月
三五六四五　癸卯卜貞王旬無畎
三五六四五　癸亥卜貞王旬無畎在二月甲子祭大甲
三五六四五　癸亥卜貞王旬無畎在十月甲子翌魯甲
三五六四五　：卜貞：無：三月
三五六四六　癸：王：在：翌：
三五六四六　癸：王畎：甲：
三五六四六　：卜：王旬：畎在：甲寅：魯甲
三五六四六　：卜：旬：月
三五六四七　：卜貞王：魯甲翌日：尤
三五六四八　癸未王卜：旬無畎王：曰大在正：甲
中祭魯：觀：𠭯：
三五六四八　癸巳王卜貞旬無畎在正月王𡆥曰大吉甲
午觀魯甲𠭯羌甲
三五六四九　癸巳：貞王旬：月甲：甲：
三五六四九　癸卯卜𦺇貞王旬：月甲：羌：
三五六四九　癸丑卜𦺇貞王旬無畎在三月甲寅祭魯甲
觀羌甲𠭯戔甲
三五六四九　癸亥卜貞王旬無畎在四月甲子觀魯甲
三五六四九　癸酉卜貞王旬無畎：甲戌𠭯祭魯甲
三五六四九　：卜貞：無畎：申：
三五六五〇　癸未卜：𠭯貞：無畎在：甲申祭魯甲：
戔甲
三五六五一　癸酉卜泳貞王旬無畎在正月甲戌觀魯甲
𠭯羌甲
三五六五二　：貞：王：在：
三五六五二　癸酉王：旬無：大吉在：甲戌觀：甲𠭯
羌甲
三五六五二　癸未王卜貞旬無畎王𡆥曰大：在正月
三五六五三　：卜貞：無畎：觀魯：羌：
三五六五三　癸亥：王：畎：
三五六五四　癸酉卜貞：旬無畎：月甲戌彡魯甲
三五六五四　癸巳卜貞：無畎：月
三五六五五　：卜貞：旬無畎：五月：魯甲
三五六五五　癸：貞：無：四月：彡：
三五六五六　癸卯：貞旬：王𡆥曰：六月甲辰彡魯甲
三五六五六　癸丑王卜貞旬無畎王𡆥曰吉在七月
三五六五六　：亥王卜貞旬無畎王𡆥曰吉在七月甲子
彡祖甲
三五六五六　癸：貞旬無畎王𡆥曰吉在七月

三五七五六　癸未王卜貞旬無畎王囚曰吉在八月甲申
工典其㓞
三五七五六　癸巳王卜貞旬無畎王囚曰吉在八月甲午
翌上甲
三五七五六　：王卜：旬無畎王囚曰吉在八月
三五七五七　癸亥卜貞王旬無畎在八月甲子彡魯甲
三五七五七　：畎
三五七五七　癸未：貞：在：羌：
三五七五八　癸巳卜𢀛貞王旬無畎在：月甲午彡日魯
三五七五八　甲
三五七五八　癸卯卜𢀛貞王旬無畎在六月
三五七五八　癸丑卜𢀛貞王旬：在：甲
三五七五九　癸巳王卜貞旬無畎在十：又一甲午彡：
三五七六〇　甲戌卜貞王賓魯甲彡無尤
三五七六一　甲寅卜貞：賓：魯甲
三五七六二　癸酉卜貞王賓魯甲彡夕無：
三五七六三　：貞王：魯甲彡：
三五七六四　癸巳：王旬無：在十：甲午：日魯：
三五七六四　：在：十：上甲：
三五七六五　癸丑：王旬：畎在：月：
三五七六五　：卜貞：無畎：月甲寅：魯甲
三五七六六　癸丑：王旬無：
三五七六六　：畎：甲寅：魯甲
三五七六七　丁丑卜：王賓：翌日：
三五七六七　貞王：叙：
三五七六七　貞王：魯甲：無尤
三五七六七　貞王賓叙無尤
三五七六八　：貞：賓魯甲：無尤
三五七六八　貞：叙：無：
三五七六九　：卜貞：魯甲：
三五七六九　：賓：無尤
三五七七〇　：卜貞：魯甲：無尤
三五七七一　：貞：魯甲：無尤
三五七七二　：卜貞：賓魯甲：無：
三五七七三　庚申卜貞王賓般庚翌日無尤
三五七七四　：卜貞：般庚祭：
三五七七五　庚：貞王：般庚𠫑日無尤
三五七七六　：貞王賓祓無尤
三五七七六　：丑卜貞王賓般庚：無尤
三五七七七　：卜貞王：般庚彡：尤
三五七七八　：貞：般庚：蒸婦：
三五七七九　：寅卜貞：賓般庚：無尤
三五七八〇　庚：貞：般庚：無：
三五七八〇　甲子：
三五七八一　：卜貞：般庚：尤
三五七八二　：卜貞：般庚：無：

三五七八三　：般庚：
三五七八四　辛丑卜貞王賓小辛祭無尤
三五七八五　：卜貞：小辛祭：
三五七八六　：巳卜貞王：小辛觀：尤
三五七八七　：卜貞王：小辛彡：尤
三五七八八　：王賓小辛祓無尤
三五七八九　：丑卜貞王：小辛：尤
三五七九〇　：卜貞王：小辛：無尤
三五七九一　：卜貞：小辛：無尤
三五七九二　：卜貞：小辛：無尤
三五七九三　：小辛：無：
三五七九四　乙酉卜貞王賓小乙翌日無尤
三五七九五　：卜貞王：小乙翌：尤
三五七九六　：貞：小乙祭：
三五七九七　：卜：賓小乙𠫑日無：
三五七九八　乙酉卜貞王賓小乙彡日無尤
三五七九九　乙巳卜貞王賓小乙彡日：尤
三五八〇〇　甲辰卜貞王賓小乙彡夕：
三五八〇〇　貞王賓祓無：
三五八〇一　：無尤
三五八〇一　：卜貞：小乙祓：尤
三五八〇一　：卜貞王：
三五八〇二　甲申卜貞王賓小乙歲無尤
三五八〇二　：卜貞：武乙：無：
三五八〇三　甲辰卜貞王賓桒祖乙祖丁祖甲：庚：祖丁
武乙衣無尤
三五八〇四　：賓小乙：無：
三五八〇五　乙巳卜貞：賓小乙：日無尤
三五八〇六　貞：小乙：日無尤
三五八〇七　乙亥卜王賓小乙：無：
三五八〇八　甲午卜貞王賓小乙：無：
三五八〇九　：卜貞：小乙：無尤
三五八一〇　貞王：小乙：無尤
三五八一一　：貞王：小乙：無尤
三五八一二　丁巳卜貞王賓武丁翌日無尤
三五八一三　貞王賓叙無尤
三五八一三　丁未卜貞王賓武丁彡日無尤
三五八一三　貞王賓叙無尤
三五八一四　丙申卜貞王賓武丁彡夕：
三五八一五　乙未卜貞王賓武丁歲無尤
三五八一五　：惟：其：
三五八一六　丁亥卜：賓：丁至于：衣無尤
三五八一六　：貞：自：武：
三五八一七　丁未卜貞王賓武丁：無：
三五八一八　甲子卜貞武乙丁其牢　茲用
三五八一八　丙：武：牢

三五八一八　丙寅卜貞武丁丁其牢
三五八一八　癸酉卜貞：其牢
三五八一八　癸亥卜貞祖甲丁其牢
三五八一八　：武丁其牢
三五八一八　惟勿牛
三五八一八　惟羍
三五八一八　惟：
三五八一八　惟勿牛
三五八一八　惟羍　茲用
三五八一八　惟勿牛
三五八一八　惟羍
三五八一八　惟勿牛
三五八一八　其牢又一牛　茲用
三五八一八　其牢又一牛
三五八一八　其牢又一牛
三五八一八　其牢又一牛
三五八一八　其牢又一牛
三五八一九　丙寅：貞武丁：牢
三五八一九　：貞：其：
三五八二〇　丙寅：武丁：牢
三五八二〇　丁：
三五八二一　：寅卜：武丁：牢
三五八二二　丙寅：文武丁其：茲：
三五八二二　癸酉卜：祖甲丁其：
三五八二二　惟羍
三五八二二　丙子卜貞武丁丁其牢
三五八二二　：貞：其牢：用
三五八二二　：貞：牢：用
三五八二三　丙子卜貞武丁丁其牢　茲用
三五八二四　丙子卜：武丁丁其牢：災
三五八二五　丙子卜貞武丁：牢：
三五六二五　：賓雍己：尤
三五八二五　：貞：丁其：茲用
三五八二六　丙子：武丁：牢
三五八二六　：貞：其牢：用
三五八二七　：卜貞：其牢　：用
三五八二七　丙子：武丁：牢：
三五八二八　甲申：武乙：牢：
三五八二八　惟：
三五八二八　惟：茲：
三五八二八　丙戌卜貞武丁丁其牢　茲用
三五八二八　癸巳卜貞祖甲丁其牢用
三五八二八　惟羍用
三五八二九　甲申卜貞武乙丁其牢　茲用
三五八二九　惟羍

三五八二九　惟羍
三五八二九　丙戌卜貞武丁丁其牢　茲用
三五八二九　惟羍　茲用
三五八二九　惟羍
三五八二九　：卜：祖甲丁：牢
三五八二九　：卜貞：其牢：
三五八二九　：羍：用
三五八三〇　丙戌卜貞武丁丁其牢　茲用
三五八三〇　惟羍
三五八三一　甲：武：其：
三五八三一　丙戌卜貞武丁丁其牢用
三五八三二　惟羍
三五八三二　丙戌卜貞武丁丁其牢
三五八三三　丙戌：武：其：
三五八三三　：王囚曰：
三五八三三　：貞：羍：用
三五八三四　甲午卜貞祖甲丁其牢
三五八三四　：申卜貞武：其牢茲用
三五八三五　丙申卜：武丁：牢
三五八三六　丙：卜武丁丁：牢：
三五八三七　甲辰卜貞武乙丁其牢　茲用
三五八三七　甲：武：
三五八三七　丙午卜貞武丁丁其牢　茲用
三五八三七　丙午卜貞康祖丁丁其牢茲：
三五八三七　癸丑卜貞祖甲丁其牢　茲用
三五八三七　：卜貞：乙丁：牢
三五八三七　：卜貞：丁其牢：
三五八三七　惟羊　茲用
三五八三七　：貞：牢：
三五八三八　丙申：武：牢
三五八三八　丙午卜貞武丁丁其牢
三五八三九　癸：貞：丁其：
三五八三九　丙辰卜貞武丁丁其牢　茲用
三五八四〇　：卜貞武丁丁其牢　茲用
三五八四〇　：卜貞：丁其：　茲用
三五八四一　丙辰：武丁：其：
三五八四一　：卜：祖甲：牢
三五八四二　丙辰卜：武丁丁：　茲用
三五八四二　甲辰：武：
三五八四三　丙辰：武丁：牢茲：
三五八四三　：羍
三五八四三　：羍
三五八四四　：卜：武乙：牢
三五八四四　丙辰：武丁：
三五八四四　丙戌卜貞武丁丁惟羍

三五八四五　丙…武丁…茲…
三五八四五　…卜貞…其牢…用
三五八四六　丙…武丁…茲…
三五八四六　…貞…牢
三五八四七　癸…貞…惟…
三五八四七　丙子卜貞武…羌茲…
三五八四八　癸巳卜貞…惟…茲用
三五八四九　癸巳…貞…惟…
三五八四九　丙…貞…丁…
三五八四九　…午卜…武丁丁…羌
三五八五〇　…貞武丁…茲用在…月
三五八五〇　…羌
三五八五一　壬…
三五八五一　…有…
三五八五一　…于武丁…日…
三五八五二　…巳卜貞王賓祖丁翌日無尤
三五八五二　貞王賓…無尤
三五八五三　貞王…祖丁祭…
三五八五四　丙辰卜貞王賓祖丁歲…
三五八五四　…卜貞…賓…無…
三五八五五　…祖丁歲…
三五八五六　丙辰…王賓祖丁…
三五八五六　甲子…賓…
三五八五七　丁未卜王賓祖丁…
三五八五八　乙丑…武乙…牢
三五八五八　甲戌卜貞武乙丁其牢　茲用
三五八五八　丁丑卜貞祖丁丁其牢　茲用
三五八五八　甲申卜貞武乙丁其牢
三五八五八　…卜貞…丁惟…茲用
三五八五八　…茲用
三五八五八　癸未卜貞祖甲丁其牢　茲用
三五八五八　壬申…母癸…羊
三五八五八　惟…
三五八五八　惟羌
三五八五八　惟羌
三五八五八　惟羌
三五八五八　惟羌　茲用
三五八五八　惟羌　茲用
三五八五八　…其牢又牛
三五八五八　…勿牛…用
三五八五八　…勿牛
三五八五八　惟勿牛
三五八五九　丙戌…祖丁其…
三五八五九　丙…康…牢…
三五八五九　甲辰卜貞王賓[illegible]衣無尤
三五八六〇　丙戌…祖丁…茲…

三五八六〇　…王…尤
三五八六一　甲寅…武乙…牢
三五八六一　惟…
三五八六一　丙辰卜貞祖丁其牢
三五八六二　己卯卜貞王賓祖己翌…無尤
三五八六三　己卯卜貞王賓祖己翌日無尤
三五八六四　己未卜貞王賓祖己翌日無…
三五八六五　…貞王…祖己祭…
三五八六六　庚午卜貞王賓祖庚𢦔無尤
三五八六六　…卜貞王賓祖己𢦔無尤
三五八六七　己丑卜貞王賓祖己𢦔無…
三五八六八　…卜貞王賓祖己𢦔無尤
三五八六九　…卜貞賓…無尤
三五八六九　…卜貞王…祖丁劦日…
三五八七〇　己酉卜貞王賓祖己彡日無尤
三五八七〇　貞王賓叙無尤
三五八七一　戊戌卜貞王賓祖己彡夕…
三五八七二　己丑卜貞王賓祖己歲無尤
三五八七三　…酉卜貞賓祖己…無尤
三五八七四　…賓…無尤
三五八七四　貞王…祖庚祭…無尤
三五八七五　庚寅卜貞王賓祖庚翌日…
三五八七六　庚寅卜貞王賓祖庚劦…
三五八七六　甲午卜貞王賓祖甲劦無尤
三五八七七　庚戌卜貞王賓祖庚彡日無尤
三五八七八　己巳卜貞王賓祖庚彡夕無尤
三五八七九　…卜貞…賓祖庚…夕無尤
三五八八〇　庚申卜貞王賓祖庚歲…
三五八八一　…尤
三五八八一　…辰卜…賓祖庚…無尤
三五八八二　…卜貞王…祖庚…
三五八八三　癸丑…貞旬…在十月
三五八八三　…卜貞…吠在十月…子翌日祖甲
三五八八四　癸未卜永貞王旬無吠在正月甲申祭祖甲劦魯甲
三五八八五　癸巳王…曰大吉…
三五八八五　癸卯王卜貞旬無吠在二月王占曰大吉甲辰祭祖甲劦魯甲
三五八八五　癸丑王卜貞旬無吠在二月甲寅𢦔祖甲
三五八八五　癸亥王卜貞旬無吠在二月王占曰大吉甲子劦祖甲
三五八八六　癸酉…𦎫師…吠…在五…魯…
三五八八六　癸未王卜在𦎫師貞旬無吠王占曰吉在五月甲申祭祖甲劦日魯甲
三五八八七　癸未卜在霍貞王旬無吠在六月甲申…祖甲劦魯甲

三五八八七　癸酉卜在霍貞王旬無𡆥

三五八八七　癸亥卜：貞王旬：在五月甲：魯甲翌：劦

戔：

三五八八七　癸巳卜在霍貞王旬無𡆥在六月翌祖甲

三五八八七　：卜在：旬無𡆥

三五八八八　：卯王：囚曰吉：祖甲劦魯甲

三五八八九　：卜貞王賓康祖丁祭無尤

三五八八九　甲申卜貞王賓祖甲祭無尤

三五八八九　甲申卜貞王賓祖甲祭無尤

三五八八九　：卜貞王賓康祖丁祭無尤

三五八九〇　：卜貞王：祖甲翌：

三五八九一　癸巳：貞王：𡆥在：

三五八九一　癸卯卜㣄貞王旬無𡆥在二月甲辰劦彡日

祖甲

三五八九一　癸丑卜㣄貞王旬無𡆥在二月甲寅工典其酉彡

三五八九一　：卜貞王：𡆥：月：酉彡：

三五八九二　癸酉卜貞王旬無𡆥在三月甲戌劦日祖甲

三五八九二　：丑卜貞：旬無𡆥：五月甲寅：日大甲

三五八九三　癸丑王：在八月王囚：

三五八九三　：卜：無𡆥：王囚：吉甲子劦祖甲

三五八九四　甲辰卜貞王賓祖甲劦日無尤

三五八九五　：卜貞王：祖甲劦：尤

三五八九六　癸：貞：在：祖：

三五八九六　：巳卜貞：旬無𡆥：六月甲：彡祖甲

三五八九七　癸卯王：貞旬：在：

三五八九七　癸丑王卜貞旬無𡆥在十月又一甲寅彡祖甲

三五八九七　：王卜：無𡆥：吉：又一：

三五八九八　甲寅卜：王賓：彡日祖甲

三五八九九　癸：卜貞王賓祖甲彡夕無尤

三五八九九　貞王賓：

三五九〇〇　：貞王：祖甲彡：尤

三五九〇一　甲卯卜貞王賓祖甲燎無尤

三五九〇一　：王：二：尤

三五九〇二　甲申卜貞王賓蒸：祖甲無尤

三五九〇二　貞王賓叙無尤

三五九〇三　癸酉卜貞王賓祖甲歔無尤

三五九〇四　癸丑卜貞王賓祖：歔：

三五九〇五　甲戌卜貞王賓祖甲𪗋無尤

三五九〇五　貞王賓叙：

三五九〇六　甲寅卜貞王賓祖甲𪗋無尤

三五九〇六　：未卜貞：賓武丁：無尤

三五九〇七　：亥卜貞：旬無𡆥：月甲子：祖甲

三五九〇八　癸酉：王旬：在三：甲戌：祖甲

三五九〇八　：卜：王旬：𡆥在：月

三五九〇九　：無𡆥：七月甲寅：祖甲：

三五九一〇　壬寅卜：王賓祖甲：日無：

三五九一一　：巳卜貞：旬無𡆥：月甲午：彡祖甲

三五九一二　：卜貞：賓祖甲無尤

三五九一三　：在嵒師貞祖甲必：戊必若我

受：

三五九一四　丙子卜：祖丁：茲：

三五九一四　甲申卜貞祖甲丁其牢　茲用

三五九一四　：卜貞：丁其牢

三五九一四　：卜：癸：

三五九一五　癸酉卜貞祖甲丁其牢

三五九一五　：牛：用

三五九一六　癸酉卜貞祖甲丁其牢

三五九一六　：卜貞：丁：

三五九一七　惟酉卜祖甲丁其：茲用

三五九一八　惟酉卜祖甲丁其：茲用

三五九一九　惟酉：祖甲：牢

三五九一九　：貞：宗：

三五九二〇　：卜貞：丁其：茲用

三五九二〇　癸酉：祖甲丁：茲：

三五九二一　癸酉：祖甲丁：

三五九二一　：貞武乙：其牢

三五九二二　：酉卜：祖甲丁：牢

三五九二三　癸酉卜：祖甲丁：

三五九二四　癸未卜：祖甲丁：牢

三五九二四　：用

三五九二五　癸未：祖甲丁：茲：

三五九二六　癸未：祖甲丁：茲：

三五九二六　：貞：其：

三五九二七　癸未：祖甲丁其：

三五九二八　癸：祖甲丁：茲：

三五九二八　卜貞：必丁：

三五九二九　：卜貞：宗：牢

三五九二九　癸：祖甲：其：茲：

三五九三〇　甲申：武：其：茲：

三五九三〇　癸巳卜貞祖甲丁其牢　茲用

三五九三〇　：卜貞：祖乙宗丁：牢

三五九三〇　丙戌：武丁：牢

三五九三〇　惟羊　茲用

三五九三〇　：卜貞：其牢：用

三五九三一　丙子卜貞武丁：其：

三五九三一　癸卯卜：

三五九三一　：辰卜：賓丁：茲：

三五九三一　癸巳卜貞祖甲丁其牢

三五九三一　甲午卜貞武乙宗丁其牢

三五九三一　：卜貞：丁其：

三五九三一　：卜貞：丁其牢用

三五九三一　乙巳卜貞王賓帝史無尤

三五九三一　惟：
三五九三一　惟勿牛茲：
三五九三一　惟羊
三五九三一　惟勿牛
三五九三一　惟羊
三五九三一　惟勿牛　茲用
三五九三一　惟羊
三五九三一　惟勿牛
三五九三一　惟羊
三五九三一　惟勿牛　茲用
三五九三一　惟羊
三五九三一　惟勿牛　茲用
三五九三一　：羊
三五九三一　惟勿牛
三五九三一　惟羊
三五九三一　惟勿牛
三五九三一　惟：茲：
三五九三一　其牢又一牛
三五九三一　其牢又一牛
三五九三一　其牢又一牛　茲用
三五九三一　其牢又一牛
三五九三一　其牢又一牛　茲用
三五九三一　其牢又一牛
三五九三一　其牢又一牛
三五九三一　其牢又一牛　茲用
三五九三一　其牢又一牛
三五九三二　癸巳卜貞祖甲丁其牢　茲用
三五九三二　：羊：用
三五九三二　（習刻）
三五九三三　癸巳：祖甲丁：牢茲：
三五九三三　：卜貞：其牢：用
三五九三四　癸巳卜貞祖甲丁其牢
三五九三四　惟羊　茲用
三五九三五　壬戌卜貞：母癸丁惟羊
三五九三五　癸：貞：其：
三五九三五　癸卯卜貞祖甲丁其牢　茲用
三五九三五　丙申：
三五九三五　惟羊
三五九三五　惟：茲：
三五九三五　惟羊
三五九三六　癸卯：祖甲丁：牢茲：
三五九三七　癸卯：祖甲丁：茲：
三五九三七　：卜貞：
三五九三八　癸卯：祖甲其：茲：
三五九三八　：貞：其牢：用
三五九三九　癸卯卜貞祖甲丁其：

三五九三九　：卜貞：乙丁：牢
三五九四〇　：牢：尤
三五九四〇　：卯：祖甲丁：牢
三五九四一　癸丑卜祖甲丁：牢
三五九四二　癸丑：祖甲丁：牢
三五九四二　：卜貞：宗丁：牢　茲用
三五九四三　癸亥卜貞祖甲丁其牢　茲用
三五九四三　：卜貞：武丁丁其牢
三五九四四　丙辰卜武：牢
三五九四四　癸亥卜貞祖甲丁其牢　茲用
三五九四四　：貞：其牢
三五九四五　癸亥：祖甲丁：　茲用
三五九四五　：貞：宗丁：牢
三五九四六　癸亥：祖甲：
三五九四六　：卜貞：乙丁：牢
三五九四七　癸：祖甲丁：茲：
三五九四七　：貞：其：用
三五九四八　癸：祖甲：牢
三五九四八　：羊
三五九四九　癸：祖甲丁：茲：
三五九四九　：卜貞：宗丁：牢
三五九五〇　癸：祖甲丁：
三五九五〇　：羊：用
三五九五〇　：卜貞：宗丁：　茲用
三五九五〇　惟：
三五九五一　癸：貞祖甲：
三五九五一　：卜貞：丁其：
三五九五二　癸：祖甲：
三五九五二　：貞：丁其：用
三五九五三　丁酉卜貞：賓康：翌日無：
三五九五三　貞王賓敍無：
三五九五四　：卜貞：
三五九五四　：卜貞：康：祭：尤
三五九五五　丁卯卜貞王賓康祖丁觀無尤
三五九五六　丁卯卜貞王賓康：劦日：
三五九五七　庚寅：賓：
三五九五七　己亥卜：賓四祖丁：劦：無尤
三五九五七　甲：貞王：
三五九五七　丁卯卜貞王賓康祖丁劦無：
三五九五七　：無尤
三五九五八　貞王賓敍無尤
三五九五八　丁未卜貞王賓康祖丁：日無尤
三五九五八　貞王賓：無尤
三五九五九　丁酉卜貞王賓康祖丁彡夕：尤
三五九六〇　：巳卜貞王：康祖丁彡：無尤
三五九六一　丙辰卜貞王賓康：彡夕：

三五九六二　：卜貞王：康祖丁：夕無尤
三五九六三　丙申卜貞王賓康：歲無：
三五九六四　：卜貞：康祖丁：無尤
三五九六四　：貞：
三五九六五　丙寅卜貞康祖丁丁其牢羊　玆用
三五九六五　辛卯卜貞今日王其：其：从：玆：
三五九六五　丙申卜貞康祖丁丁其牢羊：
三五九六五　丙申卜貞康祖丁丁其牢羊　玆用
三五九六五　丁酉卜貞：日：亥王其：姬麓：其以：
三五九六五　：貞：其：文：五：受祐
三五九六五　丙辰卜貞康祖丁牢牢羊
三五九六五　：卜貞王：文武：𩫖：迨乙亥：王其：
結　弘吉
三五九六六　丙寅卜貞康祖丁丁其牢　玆用
三五九六六　：武乙：丁其：玆：
三五九六六　：卜貞：必丁：牢
三五九六七　丙寅卜貞：康祖丁：牢
三五九六七　：卜貞：祖丁丁：牢
三五九六八　丙寅卜：康祖丁：其牢
三五九六九　丙寅卜：康祖丁：牢玆：
三五九六九　丁：王：用：夕：
三五九七〇　：卜貞：必：牢
三五九七〇　丙寅卜：康祖丁：其：
三五九七一　甲子：武：丁其：
三五九七一　：卜：康祖丁：牢
三五九七一　：羊：
三五九七二　丙寅：康：其：
三五九七二　：勿牛
三五九七二　：其：玆：
三五九七三　丙辰卜貞：祖丁：
三五九七三　：卜：康：牢
三五九七三　丙：康：其：
三五九七三　：羊：用
三五九七四　丙寅卜：康祖丁：
三五九七五　丙：康：牢：玆：
三五九七五　丙子卜貞康祖丁丁其牢羊
三五九七五　丙寅：康：羊
三五九七五　丙：卜貞康祖丁其牢羊
三五九七五　：卜貞康祖丁其牢羊
三五九七五　丙：卜貞康祖丁丁其牢羊　玆用
三五九七六　丙子卜康祖丁丁其牢　玆用
三五九七六　惟羊　玆用
三五九七七　丙子：康祖丁：牢：
三五九七七　：卜貞：丁：牢
三五九七八　丙子卜：康祖丁丁：
三五九七九　：子卜貞康：丁其：

三五九七九　癸亥：日卯：武：牢
三五九八〇　：卜貞：祖丁丁：牢
三五九八〇　惟：
三五九八〇　丙子：康：其牢
三五九八一　：卜貞：必丁：　玆用
三五九八一　丙子卜：貞康：丁其：
三五九八一　惟：
三五九八二　癸亥卜在師貞王在𩫖妹其餗往正王
三五九八二　丙子：康：丁其：羊
三五九八三　：子卜：康祖丁：羊
三五九八三　丙午：貞：丁：
三五九八四　：子卜貞：祖丁丁：牢玆：
三五九八五　甲：丁：
三五九八五　丙戌卜貞康祖丁丁其牢
三五九八五　：卜貞：祖丁必：牢
三五九八六　丙戌卜貞康祖丁丁其牢羊　玆用
三五九八七　丙戌卜：康祖丁：其牢玆：
三五九八七　：卜貞：必：其牢：用
三五九八八　丙戌卜：康祖丁：羊玆：
三五九八九　丙戌：康：其牢：玆：
三五九八九　：貞：丁：牢
三五九九〇　丙戌：康祖丁：牢
三五九九一　丙戌：康：其：
三五九九一　：武：其：　玆用
三五九九一　：　玆用
三五九九二　：戌卜：康祖丁：羊：
三五九九三　丙戌：康：其牢
三五九九四　辛巳卜：
三五九九四　丙：貞：祖丁：羊：
三五九九四　惟羊
三五九九五　丙申卜貞康祖丁丁其牢
三五九九五　其戠牛　玆用
三五九九六　丙申卜貞康祖丁丁其牢
三五九九六　：貞：其牢
三五九九七　丙申卜康祖丁其牢
三五九九八　丙申卜：康：其牢玆：
三五九九八　：牢：
三五九九九　：卜貞：其牢
三五九九九　丙申卜：康祖丁：　玆用
三五九九九　：貞：
三五九九九　：康：丁：牢
三六〇〇〇　丙申：康祖丁：羊
三六〇〇一　丙：康：其：
三六〇〇一　：申卜：康祖丁：牢
三六〇〇二　甲辰：乙：其：
三六〇〇二　丙午卜貞康祖丁丁其牢

三六〇〇二　甲寅卜貞武乙升其牢

三六〇〇二　丙辰卜貞康祖丁丁其牢

三六〇〇二　其…

三六〇〇二　其戠牛

三六〇〇二　其戠牛　兹用

三六〇〇二　其戠牛　兹用

三六〇〇二　惟…

三六〇〇二　其戠牛　兹用

三六〇〇三　丙寅…康…其牢

三六〇〇三　丙午卜貞康祖丁丁其牢羊

三六〇〇三　…貞…丁其…羊用

三六〇〇四　丙午卜貞康祖丁丁其牢羊　兹用

三六〇〇四　…卜貞…祖丁丁…羊…用

三六〇〇五　丙午卜…康祖丁…其牢羊　兹用

三六〇〇五　…卜貞…祖丁丁…羊

三六〇〇六　丙午…康祖丁…牢…

三六〇〇六　…卜貞…祖丁丁…羊

三六〇〇七　丙午…康丁…其牢

三六〇〇七　…卜貞…祖丁丁…

三六〇〇八　丙午卜貞康祖丁…其…

三六〇〇八　…卜…乙…其…

三六〇〇九　丙午…康…其…

三六〇〇九　…卜貞…祖丁丁…牢

三六〇一〇　丙午…康…丁其…

三六〇一一　丙午…康…其…

三六〇一一　…卜貞…其牢…用

三六〇一二　…午卜…康祖…牢羊

三六〇一三　甲辰…必…牢

三六〇一三　甲寅卜貞武乙丁其牢　兹用

三六〇一三　甲子卜貞武乙丁其牢　兹用

三六〇一三　丙辰卜貞康祖丁丁其牢　兹用

三六〇一三　丙…康…其…兹…

三六〇一三　惟羊　兹用

三六〇一三　惟羊　兹用

三六〇一三　惟羊

三六〇一四　丙辰…康…其牢兹…

三六〇一四　…卜貞…其…羊

三六〇一五　丙辰卜…康…丁其…

三六〇一五　…貞…丁其…

三六〇一六　丙辰…康祖丁…牢

三六〇一七　丙辰…康…惟…兹…

三六〇一七　…卜貞…必…羊…用

三六〇一八　丙…康…其牢

三六〇一八　…丁…牛…用

三六〇一九　丙…康…牢

三六〇一九　…羊

三六〇二〇　貞康…其牢…

三六〇二一　…卜貞…祖丁丁…牢

三六〇二一　惟…

三六〇二二　…卜貞…祖丁丁其…　兹用

三六〇二三　…王受祐

三六〇二四　…卜貞…祖丁丁…羊…災

三六〇二四　…貞…丁羊

三六〇二五　乙丑卜貞王賓武乙翌日無尤

三六〇二六　…未卜貞王賓武乙…日無尤

三六〇二七　…卜貞王賓武乙丁無尤

三六〇二七　貞王賓叙無尤

三六〇二八　乙卯卜貞王賓武乙…無尤

三六〇二九　…丑卜貞王賓武乙無…

三六〇三〇　乙巳卜…

三六〇三〇　甲申卜…賓武乙敹…無尤

三六〇三一　…卜貞…賓武…無尤

三六〇三二　癸丑…貞祖甲…其…

三六〇三二　甲…卜貞…上甲牢　兹用

三六〇三二　丙寅…武丁丁…

三六〇三二　甲戌卜貞武乙丁其牢

三六〇三二　…酉卜貞…其牢

三六〇三二　惟…

三六〇三二　惟…

三六〇三二　惟…

三六〇三二　惟勿牛

三六〇三二　惟羊

三六〇三二　惟勿牛

三六〇三二　惟羊

三六〇三二　惟勿牛

三六〇三二　惟羊

三六〇三二　惟…

三六〇三二　…勿牛

三六〇三二　惟羊

三六〇三二　惟勿牛

三六〇三二　惟羊

三六〇三二　惟勿牛

三六〇三二　惟羊

三六〇三二　惟勿牛

三六〇三二　惟羊

三六〇三二　惟勿牛

三六〇三二　惟羊

三六〇三二　惟勿牛

三六〇三二　…羊

三六〇三二　…勿牛

三六〇三二　其牢又一牛

三六〇三二　其牢又一牛

三六〇三二　其牢又一牛
三六〇三二　其：又一牛
三六〇三二　其牢又一牛
三六〇三二　其牢又一牛
三六〇三二　其牢又一牛
三六〇三二　其牢又一牛
三六〇三二　：牢：一牛
三六〇三二　惟小牢茲用
三六〇三二　惟牢
三六〇三二　惟牢
三六〇三三　甲子卜：武乙：丁其：
三六〇三三　：羊：用
三六〇三三　：貞：祖丁：牢：用
三六〇三四　甲子卜：武乙丁：牢
三六〇三五　甲子：武乙丁牢
三六一三五　惟：
三六〇三六　甲子：武乙：牢
三六〇三六　：茲：
三六〇三六　：羊
三六〇三七　甲子：武乙：其牢：
三六〇三七　丙寅：康：其：茲：
三六〇三七　：惟：茲
三六〇三八　甲子卜：武乙：牢
三六〇三九　甲子：武祖乙：其：茲：
三六〇四〇　甲子：武：丁：
三六〇四〇　：貞：祖丁：其牢
三六〇四一　甲子：武：其：
三六〇四一　：貞：宗丁：牢
三六〇四二　：卜貞：丁丁其：茲用
三六〇四三　甲戌：武乙：其牢
三六〇四三　：卜貞：祖丁：牢
三六〇四四　甲戌：武乙：丁其：
三六〇四四　：卜貞：必丁：牢
三六〇四五　甲戌：武：丁其牢
三六〇四五　：卜貞：宗：牢：用
三六〇四六　：無：
三六〇四六　：武：丁其：茲：
三六〇四七　甲申：武乙：牢
三六〇四七　甲申：貞：其牢：用
三六〇四八　甲申：武乙：牢在：茲
三六〇四九　癸：祖甲丁：
三六〇四九　：申卜：武乙：其：
三六〇五〇　甲申：武乙：其：茲
三六〇五〇　：羊：用
三六〇五一　甲申：武：丁其：茲：
三六〇五一　：卜貞：祖乙丁：茲：

三六〇五二　甲午卜貞：武乙：牢
三六〇五二　：卜貞：牢
三六〇五二　：貞：其牢：用
三六〇五二　惟：
三六〇五三　甲午卜：武乙丁其：
三六〇五三　：貞：丁：牢
三六〇五三　：羊
三六〇五三　惟：
三六〇五四　甲午卜：武乙：其：
三六〇五四　：卜：必：
三六〇五五　甲午：武：其牢：用
三六〇五五　：貞：必：牢
三六〇五六　甲午卜：武乙：其：
三六〇五六　：貞：祖丁：牢
三六〇五六　惟：
三六〇五六　：貞：必：牢
三六〇五七　：申卜貞：丁：牢
三六〇五七　甲午：武：丁其：
三六〇五七　：羊
三六〇五七　惟：
三六〇五八　甲申卜：武丁：其：
三六〇五八　甲午：武：丁其：
三六〇五八　惟：
三六〇五八　（習刻）
三六〇五九　壬午卜貞武乙丁其牢
三六〇五九　甲：武乙：牢
三六〇五九　：貞：
三六〇五九　惟：茲：
三六〇六〇　甲午卜：武祖乙：其牢
三六〇六一　：午卜：武祖乙：其：茲：
三六〇六二　惟：
三六〇六二　甲午：武：丁其：
三六〇六二　：羊
三六〇六二　：卜貞：祖丁：牢
三六〇六三　：卜：武乙：其牢
三六〇六三　癸：貞：其：
三六〇六四　甲辰卜：武乙：丁其：
三六〇六四　：貞：丁：
三六〇六五　甲辰卜：武祖乙：丁其：
三六〇六五　：牛
三六〇六六　甲寅：武：牢
三六〇六六　：其牢：用
三六〇六七　甲寅卜貞：武乙：其：
三六〇六七　：羊：用
三六〇六八　：丁其：
三六〇六八　：羊

三六〇六九 甲寅：武乙：惟：茲：
三六〇六九 ：卜貞：惟：用
三六〇七〇 甲：武乙：其：
三六〇七〇 ：卜貞：祖丁：
三六〇七一 丙：武乙：牢
三六〇七二 ：卜貞武祖乙：其牢
三六〇七二 ：羊
三六〇七二 ：羊
三六〇七三 乙未卜貞王賓歲無：
三六〇七三 ：祖乙其：牢茲：
三六〇七三 ：賓：用
三六〇七四 ：祖乙牢
三六〇七五 ：乙丁其牢：
三六〇七五 ：羊
三六〇七六 甲子卜貞武乙宗丁其牢 茲用
三六〇七六 ：其：用
三六〇七六 丙寅卜貞武丁丁其牢
三六〇七七 丙子卜貞武乙宗丁：牢
三六〇七八 甲子：武乙：其：
三六〇七八 甲戌卜貞武乙宗丁其牢
三六〇七八 丙子卜武丁丁其牢 茲用
三六〇七八 ：武丁：茲：
三六〇七八 惟羊
三六〇七九 甲戌卜貞武乙宗丁：牢
三六〇八〇 丙子卜貞康祖丁其牢羊 茲用
三六〇八〇 惟羊
三六〇八〇 甲戌卜貞武祖乙宗丁其牢 茲用
三六〇八一 甲申卜貞武乙宗丁其牢 茲用
三六〇八一 ：貞：武丁：
三六〇八一 ：勿牛：用
三六〇八一 其戠牛
三六〇八二 甲申卜貞武乙宗丁其牢 茲用
三六〇八二 ：未：貞：其：
三六〇八二 ：卜貞：其牢：用
三六〇八二 惟：
三六〇八二 丙戌卜貞武丁丁其牢
三六〇八二 ：羊
三六〇八三 丁卯：宗：
三六〇八三 ：卜貞：祖乙宗：牢
三六〇八四 甲午卜貞武乙宗丁其牢 茲用
三六〇八四 ：牢：用
三六〇八五 癸巳：祖甲：宗：
三六〇八五 ：卜貞武乙宗丁其牢
三六〇八六 ：貞祖乙宗丁：牢 茲：
三六〇八七 ：午卜貞：乙宗丁：牢
三六〇八八 丙申：茲：

三六〇八八 ：辰卜貞武祖乙宗其牢 茲用
三六〇八九 丙子卜：文武：其：
三六〇八九 丙申：文武丁：其茲：
三六〇八九 甲辰卜貞武祖乙宗其牢
三六〇八九 惟羊
三六〇九〇 甲寅卜貞武乙宗丁其牢
三六〇九〇 丙午卜貞武丁丁其牢
三六〇九〇 癸亥卜貞：母癸惟羊
三六〇九〇 ：貞祖甲：牢
三六〇九一 甲寅卜貞武乙宗丁其牢 茲用
三六〇九一 丙辰卜貞武丁丁其牢
三六〇九一 ：卜貞：丁：牢：
三六〇九二 甲寅：武乙宗：牢茲：
三六〇九二 ：卜貞：其牢
三六〇九二 丙：武：牢
三六〇九二 惟羊
三六〇九三 甲寅卜貞武祖乙宗其牢 茲用
三六〇九三 ：卜貞：宗：
三六〇九四 丙午卜貞文武丁宗丁其牢
三六〇九四 甲寅卜貞武祖乙宗丁其牢 茲用
三六〇九五 ：卜貞：祖乙宗：茲其：
三六〇九五 惟：
三六〇九六 甲午：武：其：
三六〇九六 ：卜貞：祖乙宗：
三六〇九七 ：貞：祖乙宗：其： 茲用
三六〇九八 丙午：文武：其：
三六〇九八 ：卜貞：祖乙宗：牢
三六〇九九 ：貞：祖乙宗：牢
三六一〇〇 ：卜貞：祖乙宗：牢：用
三六一〇〇 ：卜貞：其牢：用
三六一〇〇 丙：文：其：
三六一〇一 丙辰：康：其：
三六一〇一 甲子卜貞武乙必丁其牢 茲用
三六一〇二 甲子：武乙必丁其：
三六一〇二 ：卜貞：丁：牢
三六一〇二 ：羊
三六一〇二 惟：
三六一〇三 甲寅卜：武祖乙：丁其：
三六一〇三 ：卜貞：祖乙：其牢：用
三六一〇三 甲子卜武祖乙必丁其牢 茲用
三六一〇三 惟：茲：
三六一〇三 ：羊
三六一〇三 惟羊
三六一〇三 惟羊 茲用
三六一〇三 ：羊
三六一〇四 甲戌卜貞：武乙必：其牢

三六一〇五　丙寅…康…其…茲…

三六一〇五　甲戌卜貞武祖乙必其牢　茲用

三六一〇六　甲申卜貞武乙必丁其牢

三六一〇六　丙戌卜…康祖丁…牢…用

三六一〇七　甲申卜…武乙必丁其牢

三六一〇七　…升…

三六一〇七　…貞…必…牢

三六一〇八　丙…康

三六一〇八　甲申卜貞武乙…丁…

三六一〇九　甲申卜貞武祖乙必其牢茲…

三六一〇九　…卜貞…必…牢…用

三六一一〇　甲申卜…祖乙必…茲用

三六一一一　甲…卜…武…必丁…牢

三六一一一　…卜貞…必丁…其用

三六一一二　惟…

三六一一二　甲午卜貞武乙必…

三六一一二　…羊

三六一一二　惟…

三六一一二　惟羊

三六一一三　甲辰卜…武乙必…其…

三六一一三　…卜康…其牢

三六一一三　其…茲…

三六一一四　叙

三六一一四　丙…文武…丁其…茲…

三六一一四　甲辰卜…武祖乙必丁其牢　茲用

三六一一五　…武…其…茲…

三六一一五　丙申卜貞文武…其…

三六一一五　惟…

三六一一五　甲辰卜貞武祖乙必其牢

三六一一五　丙午卜貞文武丁必丁其牢

三六一一五　惟羊

三六一一五　甲寅卜貞武祖乙必其牢

三六一一五　惟羊

三六一一五　惟羊

三六一一六　甲辰卜貞武祖乙必其牢　茲用

三六一一六　…文…必丁…茲用

三六一一七　甲辰卜…武…必…牢

三六一一七　…貞…必…牢…用

三六一一八　甲寅…武…必丁…牢

三六一一八　…羊

三六一一九　…甲子…武…丁其…茲…

三六一一九　…卜貞…祖乙必…牢…用

三六一二〇　…卜貞…祖乙必…牢…用

三六一二一　惟…

三六一二一　…卜貞…牢…

三六一二一　惟…

三六一二一　惟羊

三六一二一　…羊

三六一二二　…武祖乙必…

三六一二三　癸酉卜貞翌日乙亥王其有乆于武乙必　正王受有祐

三六一二三　…有乆于…乙必其…正王受祐

三六一二四　貞…王其有乆…武丁…王受有祐

三六一二五　…貞翌日乙卯王其有乆…必正王受有祐　在正月

三六一二六　…貞乙未王其有乆于…王受有祐在九月茲　用

三六一二七　壬辰…衣…朕師…師…文武…武乙惟…正　…

三六一二七　…貞…爽…

三六一二七　…酉…武丁…受…

三六一二八　丁丑卜貞王賓文武…翌日無尤

三六一二八　貞王賓叙無尤

三六一二八　貞…叙…

三六一二九　丁亥卜貞王賓父丁𠭯無尤

三六一三〇　丙寅卜…文武丁…丁其…

三六一三〇　…丁…牢

三六一三一　丙…文武…其牢　茲…

三六一三一　…貞…必…用

三六一三二　丙寅…武丁…

三六一三二　…卜貞…其牢

三六一三三　丙…茲…

三六一三三　…貞…其…

三六一三四　丙戌卜貞文武…其牢　茲用

三六一三四　…卜貞…祖乙必…牢

三六一三五　丙戌卜…文武丁丁其…

三六一三六　丙戌卜…文武丁…其…

三六一三七　丙戌…文武…其…　茲用

三六一三八　丙申卜…文武丁…丁其…

三六一三八　…文…丁…用

三六一三九　丙申卜…文武丁…丁其…茲…

三六一三九　…貞…其…

三六一四〇　丙申…文武丁…其牢…茲…

三六一四一　丙…文武…丁其…

三六一四一　…貞…宗…牢

三六一四二　丙辰卜…文武丁…其…

三六一四二　…卜貞…丁其…　茲用

三六一四三　丙辰卜…文武丁…丁其…茲…

三六一四四　丙…文…其…茲…

三六一四四　…升…牢

三六一四五　丙…貞…武丁…

三六一四五　…貞…武…必…牢　茲用

三六一四六　：卜貞：武丁：其牢
三六一四六　惟：
三六一四七　癸：
三六一四七　：卜貞：武丁：其牢
三六一四七　癸：
三六一四八　丙寅卜貞：文武丁宗：
三六一四八　惟羊
三六一四九　甲子：武：
三六一四九　丙寅卜貞文武宗：牢
三六一四九　丙子卜貞文武：其：茲：
三六一四九　惟：茲：
三六一四九　惟羊　茲用
三六一五〇　：寅卜貞：文武丁宗丁其牢
三六一五〇　丁：
三六一五一　丙寅：文：宗丁：茲：
三六一五一　：羊：用
三六一五二　：子卜貞：丁其：
三六一五二　丙寅：文：宗：
三六一五三　丙戌卜貞文武丁宗其牢　茲用
三六一五三　：卜貞：丁其牢：用
三六一五三　惟羊
三六一五四　丙戌卜貞文武丁宗丁其牢
三六一五四　：午：
三六一五五　：卜貞：武丁宗：牢
三六一五五　丙戌：文武宗丁：牢
三六一五六　甲申：武：其：
三六一五六　丙戌卜貞文武宗其牢
三六一五六　癸亥卜
三六一五七　丙：卜貞文武丁宗其牢
三六一五八　丙午卜貞文武宗其牢　茲用
三六一五八　惟羊
三六一五九　丙午卜貞文武宗其牢　茲用
三六一五九　：武：其：
三六一六〇　丙午卜貞文宗：其：
三六一六一　丙辰：文：宗
三六一六一　：卜貞：宗：牢
三六一六二　：文：必丁：牢茲：
三六一六三　丙子：宗文：必：
三六一六四　丙子：文武：其：茲：
三六一六四　甲申卜：武祖乙：其：
三六一六四　惟：
三六一六四　丙戌卜貞文武必其牢
三六一六四　惟羊
三六一六四　惟羊
三六一六四　：貞武：丁其：
三六一六四　：貞文：必丁：　茲用

三六一六四　：羊：用
三六一六五　丙戌卜貞文武：其：
三六一六五　：卜貞：祖乙必其牢
三六一六六　丙申卜貞文武必丁其牢　茲用
三六一六六　：辰卜貞：武丁：丁牢：　茲用
三六一六七　甲申卜：文：必：牢
三六一六七　：茲：
三六一六七　：貞武：丁其：
三六一六八　丙戌卜貞翌日丁亥王其有久于文武帝正
王受有祐
三六一六八　：正：
三六一六九　：卜貞大：王其有：文武帝：王受祐
三六一六九　：其：久武乙：必彡：王受：
三六一七〇　丙戌卜貞：丁亥王其：于文武：王受：
三六一七〇　甲午卜貞：乙未王：于武：王受：
三六一七一　：壬：翌日：王其：于：
三六一七一　：貞翌日：有久：帝正：有祐
三六一七二　庚：久于文：帝必正：
三六一七三　乙丑卜：其有久：武帝：三牢正：有祐
三六一七四　：卜貞王有久：其五：在四：
三六一七五　丁卯：帝：司母：
三六一七五　：卜貞：文武：[illegible]
三六一七六　戊辰卜：無：
三六一七六　：司母其：文武帝呼：司母于癸宗若
王弗悔
三六一七七　乙卯：王旬：武帝：
三六一七七　王囚：各于：帝：
三六一七八　乙：武：　茲用
三六一七九　貞王其圂文武：
三六一八〇　丁亥卜貞武丁：來永：王：必正：
三六一八一　甲戌王卜貞：𢆶孟方：典西田：妥余
一人：田甾正：自上下于𡆥：
三六一八二　丁巳：伐東：余一：示：彡：
三六一八三　庚辰卜貞王賓示壬奭妣庚翌日無：
三六一八四　庚申卜貞王賓示壬奭妣庚：𣪘無尤
三六一八四　甲子卜貞王賓示癸奭：𣪘無尤
三六一八五　庚戌卜貞王賓示壬奭妣庚：　茲用
三六一八六　：卜貞：示壬奭妣庚：
三六一八七　甲子翌日妣甲示癸奭：
三六一八八　甲辰卜貞王賓：奭妣甲：
三六一八八　乙未：用一：
三六一八九　：戌卜貞王賓示癸奭：日無尤
三六一九〇　：辰卜貞王賓示癸奭妣甲㫚日無尤
三六一九一　：賓示癸：妣甲㫚日：
三六一九二　甲申卜：賓示癸：妣甲：
三六一九三　甲辰卜貞王賓示癸：妣甲：

三六一九四 丙寅卜貞王賓大乙奭妣丙翌日無尤
三六一九四 ：貞：畎
三六一九四 （習刻）
三六一九五 ：戌卜貞王賓大乙奭：日無尤
三六一九五 ：無尤
三六一九六甲 ：卜貞：賓：妣壬翌日無尤
三六一九六乙 庚：王賓：妣庚翌：
三六一九六丙 丙申卜貞王賓大乙奭：戊無尤
三六一九六丙 戊戌卜王賓大丁奭妣戊翌日無尤
三六一九六丙 ：貞：奭：無尤
三六一九六丙 ：妣辛：無：
三六一九七 ：申卜貞：賓大乙奭：翌：
三六一九八 戊辰卜：賓大丁奭妣戊觀無尤
三六一九八 丙申卜貞王賓大乙奭妣丙觀無尤
三六一九九 ：卜貞王：大乙奭妣甲無尤
三六二〇〇 ：卜貞王：大乙奭：無尤
三六二〇〇 ：大丁：觀無：
三六二〇一 ：申卜貞王：大乙奭妣丙：
三六二〇二 丙午卜貞王賓大乙：丙無：
三六二〇三 ：王卜貞田蕈：無災王囚曰吉：夕遘
大丁奭妣戊翌日：
三六二〇三 ：王卜貞田蕈：來無災王：曰吉
三六二〇三 ：王卜貞田蕈：無災王囚曰吉
三六二〇四 戊辰卜貞：賓大丁：翌：
三六二〇五 ：卜貞王賓大丁奭妣戊觀無尤
三六二〇六 戊辰卜貞王賓大丁奭妣戊：
三六二〇七 ：卜貞：大丁奭：
三六二〇八 辛巳卜貞王賓大甲奭妣辛翌日無尤
三六二〇九 辛卯卜貞王賓大甲奭妣辛觀無尤
三六二一〇 辛卯卜貞王賓大甲奭妣辛彡日：
三六二一一 辛：貞王賓大甲奭妣辛彡日無尤
三六二一一 貞王賓叙無尤
三六二一二 辛：卜貞：賓大甲奭妣辛彡：
三六二一二 ：貞：彡：
三六二一二 ：尤
三六二一三 辛酉卜貞王賓大甲奭妣辛：
三六二一四 辛酉卜貞王賓大甲奭妣辛：
三六二一五 ：卜貞王：大甲：辛：無尤
三六二一六 辛卯卜貞王：大甲：
三六二一七 壬午卜貞王賓大庚奭妣：翌日無尤
三六二一八 壬子卜貞王賓大庚奭妣壬觀無尤
三六二一九 ：卜貞：大庚奭：
三六二二〇 壬戌卜貞王賓大庚奭妣壬無尤
三六二二一 ：卜貞：大庚：無尤
三六二二一 貞：賓：
三六二二二 貞王賓叙無尤

三六二二二 壬寅卜貞王賓大庚奭妣庚彡日無尤
三六二二三 ：午卜貞王：大庚奭妣壬：尤
三六二二四 ：戌卜貞王賓大戊奭：翌日：
三六二二五 壬辰卜貞王：大戊奭妣壬：無尤
三六二二五 癸卯卜貞王賓：奭妣癸觀無尤
三六二二六甲 辛亥卜貞王賓：甲奭妣辛劦日無尤
三六二二六甲 ：丑卜貞王賓祖乙奭：劦日無：
三六二二六甲 庚申卜貞王賓：奭：劦日：
三六二二六甲 戊：卜貞王賓祖甲奭：
三六二二六乙 癸未卜貞王賓仲丁奭妣癸劦日無：
三六二二六乙 壬申卜貞：賓大戊奭妣壬劦日無尤
三六二二六乙 壬子卜貞王賓大庚：妣：
三六二二七 壬寅卜貞王賓大戊奭妣壬劦日無尤
三六二二八 ：卜貞王：大戊奭：彡日：尤
三六二二九 ：卜貞：大戊奭：丁：
三六二二九 ：無尤
三六二三〇 壬寅卜貞：賓大戊奭：尤
三六二三一 ：貞：大戊奭：無尤
三六二三二 己卯卜貞王賓仲丁奭妣己觀無尤
三六二三三 癸酉卜貞王賓仲丁奭妣癸彡日無尤
三六二三三 ：貞：賓叙無尤
三六二三三 ：無尤
三六二三四 癸丑卜貞王賓仲丁奭妣癸彡日無尤
三六二三四 貞王賓叙無尤
三六二三五 癸未卜貞王賓仲丁：奭妣：
三六二三六 癸卯卜貞王賓仲：奭妣：
三六二三七 己卯卜貞王賓祖乙奭妣己翌日無尤
三六二三八 己酉卜貞王賓祖乙奭妣己觀：尤
三六二三九 己卯卜貞王賓祖乙奭妣己劦日無尤
三六二三九 ：奭妣庚：
三六二四〇 己未卜貞王賓祖乙奭妣己彡日無尤
三六二四一 己：卜貞王賓祖乙奭妣己彡日無尤
三六二四一 貞王賓叙無尤
三六二四一 ：賓：
三六二四二 己卯卜貞王：祖乙奭彡：
三六二四三 ：賓祖乙奭妣己：
三六二四三 ：于二封：
三六二四四 庚午卜貞王賓祖乙奭妣庚劦無尤
三六二四五 庚申卜貞王賓祖乙奭妣庚彡日無尤
三六二四五 貞王賓叙無尤
三六二四六 ：申卜貞王：祖乙奭妣庚：
三六二四七 庚午：祖乙奭：
三六二四八 ：卜貞：祖乙奭：翌日：
三六二四九 ：卜貞王：祖乙奭：彡日：尤
三六二四九 貞王賓叙無尤
三六二五〇 ：卜貞王：祖乙奭：

三六二五一　甲申卜貞王賓祖辛奭妣甲翌日無尤
三六二五二　庚子卜貞王賓小乙奭妣庚：日無尤
三六二五二　庚辰卜貞王賓四祖丁奭：彡：
三六二五二　：卜貞王賓祖辛奭妣甲劦日無：
三六二五三　甲寅卜貞王賓祖辛奭：無尤
三六二五三　貞王賓叙無猷
三六二五四　甲寅卜貞王賓：奭：
三六二五五　庚寅卜貞王賓祖乙奭妣庚劦日：
三六二五五　辛：卜貞王賓武丁奭妣辛劦：
三六二五六　（習刻）
三六二五六　（習刻）
三六二五六　庚子卜貞王賓祖辛奭妣庚彡日：尤
三六二五七　己亥卜：賓四祖丁：妣：𩰫：
三六二五八　己丑卜：賓四：妣己劦日：
三六二五九　己亥卜貞王賓四祖丁奭妣己祭彡：
三六二六〇　己酉卜：賓四祖丁：妣己劦日無：
三六二六一　己巳卜貞王賓四祖丁奭妣己彡日無尤
三六二六二　己丑卜貞王賓四祖丁奭無尤
三六二六二　貞王賓叙無尤
三六二六二　庚戌卜貞王賓小乙奭妣庚彡無尤
三六二六三　庚子卜貞王賓小乙奭妣庚翌：
三六二六四　庚午卜貞王賓小乙奭妣庚劦日無尤
三六二六四　：卜：賓妣辛：尤
三六二六五　：貞王賓：
三六二六五　：小乙：妣庚：
三六二六六　庚寅卜貞王賓小乙：
三六二六七　辛卯卜貞王賓武丁奭妣辛翌日無尤
三六二六八　辛巳卜貞王賓武丁奭妣辛𩰫無尤
三六二六八　癸未卜貞王賓武丁奭妣癸𩰫無尤
三六二六八　戊子卜貞王賓武丁奭：無尤
三六二六九　癸亥卜貞王賓武丁奭妣辛𩰫無尤
三六二六九　癸丑卜貞王賓武丁奭妣癸𩰫無尤
三六二七〇　辛酉卜貞王賓祖丁奭妣辛𩰫無尤
三六二七一　癸亥卜貞王賓武丁奭妣癸劦日無尤
三六二七一　：卯卜貞王賓妣庚：翌日無尤
三六二七二　癸卯卜貞王賓武丁奭妣癸劦日無：
三六二七三　癸亥卜貞王賓武丁：妣癸劦：
三六二七四　癸酉卜貞王賓祖丁奭妣癸劦無尤
三六二七五　：未卜貞王賓祖丁：妣癸劦日無：
三六二七六　壬寅卜貞王賓武丁：妣癸姬𡚤：𣪕卯：
無：
三六二七六　：貞：武丁奭：無：
三六二七七　：寅卜貞王賓祖丁奭妣：𩰫：
三六二七七　（習刻）
三六二七八　：卜貞王：武丁奭：劦日：

三六二七九　：卜貞：武丁奭：日無尤
三六二八〇　：賓武丁奭：
三六二八一　戊午卜貞王賓祖甲奭妣戊𩰫無：
三六二八一　辛酉卜貞王賓康奭妣辛𩰫無尤
三六二八二　戊午卜：賓：妣戊𩰫：
三六二八三　：貞王：祖甲奭：𩰫：
三六二八四　戊寅卜貞王賓祖甲奭妣戊彡日無尤
三六二八五　：卜貞王：祖甲奭：彡日無尤
三六二八六　：卜貞：祖甲奭：無尤
三六二八七　戊辰卜貞王賓祖甲奭：
三六二八七　：無尤
三六二八八　：卜貞：祖甲奭：
三六二八九　辛酉卜貞王賓康祖丁奭妣辛𩰫無尤
三六二九〇　辛巳卜貞王賓康丁奭妣辛：無：
三六二九一　辛亥卜貞王賓康祖丁奭妣辛：
三六二九二　：貞王：奭妣甲：尤
三六二九三　丙申：賓：妣丙：
三六二九四　戊午：賓：妣戊彡：
三六二九五　己卯：王賓：奭妣己：
三六二九六　：貞王：奭妣己：無尤
三六二九七　：妣己：尤
三六二九八　庚：王賓：奭妣庚：
三六二九九　庚：王賓：妣庚：無：
三六三〇〇　庚子卜貞王賓妣庚：無尤
三六三〇〇　：其：又：
三六三〇一　庚戌：王賓妣庚：無：
三六三〇二　辛亥：王賓：妣辛劦：
三六三〇三　：賓：妣辛劦：
三六三〇四　辛亥卜貞：賓妣辛：日無尤
三六三〇五　辛亥：王賓：奭妣辛無：
三六三〇六　辛亥：王賓：妣辛
三六三〇七　：未卜：賓：妣辛：
三六三〇八　：貞：妣壬翌彡：尤
三六三〇九　壬午：王賓：妣壬彡：
三六三〇九　：叙
三六三一〇　：卜貞王：奭妣壬：
三六三一一　癸亥卜貞王賓妣癸彡日無尤
三六三一二　壬寅卜貞：賓妣癸：尤
三六三一二　惟：
三六三一三　：卜貞王：奭妣癸：無尤
三六三一四　癸巳卜：賓：妣癸：
三六三一五　：貞翌日癸卯王其：妣癸正王受有祐
三六三一六　：王其：于妣癸：正：
三六三一六　：牛
三六三一七　：貞昔乙卯武升：癸亥其至于妣癸必丁

三六三一八
三六三一八
三六三一九
三六三二〇
三六三二一
三六三二一
三六三二二
三六三二二
三六三二三
三六三二三
三六三二三
三六三二四
三六三二五
三六三二五
三六三二五
三六三二六
三六三二六
三六三二七
三六三二七
三六三二八
三六三二九
三六三三〇
三六三三〇
三六三三〇
三六三三〇
三六三三〇
三六三三〇
三六三三一
三六三三二
三六三三二
三六三三三
三六三三四
三六三三四
三六三三五
三六三三五
三六三三六
三六三三七
三六三三八
三六三三九
三六三三九
三六三四〇
三六三四〇
三六三四一
三六三四二
三六三四三
三六三四三
三六三四四

：卜貞王：母癸蒸禾：尤
：王賓：無尤
癸酉卜貞王賓母癸姬無尤
貞母癸：
壬辰卜：母癸丁：禦：
：申卜貞：祖：
壬寅卜貞母癸丁惟羊 茲用
：茲：
：貞：羊
壬寅：母癸： 茲用
：貞：惟：
壬寅：母癸丁：羊
壬戌卜：母癸丁惟：
：壬子：母癸丁其：茲用在：
惟：
壬子：母癸丁：羊
：卜貞：惟： 茲用
：貞：惟：
壬子：母癸：羊
壬戌卜貞母癸丁惟羊
壬戌卜貞母癸丁惟羊
：戌卜貞：丁其：
甲子：武乙：茲：
：卜貞：丁：
壬戌卜：母癸：茲：
壬戌：母癸丁：羊
戊：母癸丁：羊
：辰卜：母癸：羊
壬戌卜：母癸丁惟：
壬：母癸丁：
：卜貞：惟：
壬：母癸丁：
：卜貞：惟： 茲用
：壬：母癸：
：母癸：孽：
壬：母癸：
己巳卜：母癸：
：辰：惟：
：酉卜：母癸：羊
壬：貞：惟：
：母癸丁：羊茲：
：母癸：牢：
：惟：
：母癸：
丁丑王卜貞今囚巫九咎：典春邑侯

三六三四五
三六三四五
三六三四五
三六三四五
三六三四六
三六三四六
三六三四六
三六三四七
三六三四八
三六三四九
三六三五〇
三六三五一
三六三五一
三六三五一
三六三五二
三六三五三
三六三五四
三六三五四
三六三五四
三六三五四
三六三五四
三六三五四
三六三五四
三六三五五
三六三五六
三六三五六
三六三五七
三六三五八
三六三五九
三六三六〇
三六三六一
三六三六一
三六三六一
三六三六一
三六三六二
三六三六二
三六三六三
三六三六三
三六三六四
三六三六五
三六三六五

彈：尤暨二桂余其比：戔無左自上下：受
有祐不曹戠無：商無𡆥在：
：丑卜貞今囚巫九咎乍余[illegible]迺曰告
攸侯：
貞王賓：無尤
：卜貞：康丁：無尤
貞王賓叔無尤
己亥卜在微貞王：亞其比攸伯伐：方不
曹戠在十月又：
弗戠
：雉衆
：卜貞典春邑侯：于其比彈 甾戔無佐
：曹戠王田曰吉在：
：攸侯：彈甾戔無：田告于：
：卜貞：侯甾：不曹：
乙卯其黃牛王受有祐
其牢又二牛
其牢又一牛
其五卣有正王受祐
：貞示至：王受有祐
：其有父于：王受有祐
其二十人正王受祐
其牢又一牛
：牛：災
：勿牛
：一牛
：乙巳王：暨二桂：受有祐不：
：貞王有：祰于：王受：
：卜在：令
：卜貞：王其祰：亥必：王一：
：自：必：正：有祐
乙酉王：丁酉余步：受余有不：無𡆥
在猷
：今夕：無：余受有祐
戊：王：
己亥卜貞王省往來無災
辛丑卜貞王省往來無災
：貞：
壬午卜貞王省往來無災
：貞：來：
壬申卜貞：王省往來：
：王：災
己卯：王省：無：
己卯：王省：無：
：卜貞：省往：無災

三六三六六　乙未卜：省往來：

三六三六六　丁未卜貞王省往來無災

三六三六六　：卜貞王：往來無災

三六三六七　壬午卜：王省：來無：

三六三六八　壬辰卜：王省：無災

三六三六九　辛：省于：

三六三六九　戊申卜貞王省往來無災

三六三七〇　甲辰卜：省往：無：

三六三七〇　：丑卜：迖：來無災

三六三七〇　己丑卜：迖：災

三六三七一　：巳卜貞王省往來無災

三六三七二　辛酉卜貞王步無災

三六三七二　丙寅卜貞王步無災

三六三七二　：貞：災

三六三七三　：戊卜貞：省往來無災

三六三七四　戊午：王省：無：

三六三七四　：貞：來無：

三六三七五　：卜迖：

三六三七五　丙午：省往：

三六三七六　壬子：王步：

三六三七六　乙卯卜貞王步無災

三六三七六　辛酉卜貞王步無災

三六三七六　乙丑卜貞王步無災

三六三七七　己丑：王步：

三六三七七　戊辰卜貞王步無災

三六三七七　丙申卜貞王步無災

三六三七七　庚子卜貞王步無災

三六三七八　：王步：

三六三七八　己酉卜貞王步無災

三六三七八　乙卯卜貞王步無災

三六三七八　：巳卜貞：步無災

三六三七九　丁巳卜貞王：無災

三六三七九　辛酉：王步：

三六三七九　辛巳卜貞王步無災

三六三七九　辛卯卜貞王步無災

三六三七九　：丑卜：步：災

三六三八〇　丁亥卜貞王步無災

三六三八〇　：卯卜貞王步無災

三六三八一　辛未卜：

三六三八一　乙亥卜貞王步無災

三六三八一　：卜貞：

三六三八二　己酉卜貞王步無災

三六三八二　：卜：

三六三八三　庚子卜王步無：

三六三八四　：貞王：往來：𡆥曰吉

三六三八四　：卜貞：往來：災

三六三八四　：卜貞王：往來：

三六三八五　：貞翌日庚王其：用弗悔

三六三八六　：貞翌日庚：往來無：

三六三八七　辛巳卜：王其令：

三六三八七　惟西暨南不悔

三六三八八　壬子：各：弗悔

三六三八九　：乙丑王訊：乙在因

三六三九〇　王彝：

三六三九一　：來：

三六三九一　：往來無災王𡆥曰吉

三六三九一　：卜：災王𡆥曰吉

三六三九二　：卜貞王戊入

三六三九三　：于：在三月

三六三九四　辛亥卜貞王迖于：往來無災在十月

三六三九四　：王：往：

三六三九五　辛巳卜：迖往來：

三六三九五　丁亥卜貞王迖往來無災

三六三九五　壬辰卜貞王迖往來無災

三六三九五　辛丑卜貞王迖往來無災

三六三九五　：災

三六三九六　：卜貞王迖于：往來無災茲御

三六三九七　：卜貞王迖于：往來無災

三六三九八　：貞王迖于：來無災

三六三九九　戊子：貞其：往來：

三六三九九　辛卯王卜貞其迖于往來無災

三六四〇〇　：卜貞王迖：往來無災

三六四〇一　己亥卜貞王迖往來：

三六四〇一　戊：無：

三六四〇二　戊戌卜：迖于：往來：

三六四〇三　：貞王迖：往來無災

三六四〇三　：卜貞王迖：往來無災

三六四〇四　乙卯：貞王：土

三六四〇四　：迖：往：

三六四〇五　丁卯：王迖：來：

三六四〇五　：卜貞：往來：災

三六四〇六　庚辰：王迖：往來無：

三六四〇六　：貞王：往：災

三六四〇七　：貞王迖于：來無災

三六四〇八　：貞王迖于：來無災

三六四〇九　：王卜貞己：往來無災：曰吉在五月

三六四一〇　：巳王：迖：往來無：

三六四一一　：辰卜：王迖：往來：災

三六四一一　：王：迖：往：無：

三六四一二　壬戌：王迖：來：災

三六四一二　：卜：王：往：災

三六四一三　丁亥卜：迖于：往來：

三六四一四　：王逆：往來無災
三六四一五　：于卜：逆：來：
三六四一五　戊寅：王逆：往來：
三六四一六　：貞翌日乙酉小臣：其：有老異侯
王其：以商庚卯王弗悔
三六四一七　戊戌卜王其逐𢊁馬：小臣𧊒𩣡克
：
三六四一八　己未：先：
三六四一八　弜改其唯小臣臨令王弗悔
三六四一九　辛卯王：小臣𧊒：其無囚：于東對王
王占曰吉
三六四二〇　癸：卜：小臣其入有正：不：其：辛
三六四二一　癸巳卜貞王其：小臣：惟無：商：王弗悔
三六四二一　癸未卜貞：日丁丑：
三六四二一　：夂：帝：有祐
三六四二二　甲申卜貞：日丁巳：𦎫小臣：博辥：
三六四二二　：王弗悔：
三六四二三　：王：寮：改：
三六四二三　：未令：其唯：大史：寮令：
三六四二四　：卜貞①犬雍告：𠂢惟戊申利無：
三六四二五　丁亥卜：貞又旅：左其𢓜：
三六四二五　弗及
三六四二五　𢦏
三六四二五　弗𢦏
三六四二五　叙弜从
三六四二六　：至：
三六四二六　丁丑王卜貞其振旅延逆于盂往來無災　王占曰吉在：
三六四二七　：卜：于：災
三六四二七　乙丑卜在□貞今夕師不震在十月
三六四二八　：震：十一月
三六四二八　庚午：𣵥貞今：師不：
三六四二八　其震
三六四二八　辛未卜在𣵥貞今夕師不震吉　茲御
三六四二九　其震
三六四二九　甲戌卜在𠃬貞今夕師不：
三六四二九　甲戌卜在𠃬貞有邑今夕弗震在十月又一
三六四二九　其震
三六四二九　：亥卜在𠃬：今夕師：震
三六四三〇　：𠃬：來：
三六四三〇　丁丑卜在：貞今夕師不震　茲御
三六四三〇　戊寅卜在𣵥貞今夕師不震
三六四三〇　其震
三六四三〇　：𣵥：不震
三六四三一　壬午卜在：貞今夕師：

三六四三一　癸未卜在𣵥貞今夕師不震　茲御
三六四三一　其震
三六四三一　：震
三六四三二　：巳卜在𣵥東貞今夕師不震
三六四三三　：在𣵥貞：不震：御
三六四三四　丙子卜在𠃬貞今夕師不震
三六四三四　其震
三六四三四　其震
三六四三五　其震
三六四三五　甲寅卜在剛貞今夕師不震
三六四三五　其震
三六四三五　：剛
三六四三六　甲子卜在剛貞今夕師不震
三六四三六　：震
三六四三六　其震
三六四三七　乙未卜在剛今夕師不震
三六四三七　其震
三六四三八　：卜在𣪘貞：震在十：
三六四三九　丁酉：今：
三六四三九　：卜在：貞今：師不震
三六四三九　其震
三六四四〇　甲午卜：貞：
三六四四〇　今夕師不震
三六四四〇　今夕師不震
三六四四一　壬午卜舊立貞王今夕不震
三六四四二　其震
三六四四二　甲：來方來：邑今夕弗震王師
三六四四三　癸未：貞今夕：
三六四四四　其震
三六四四四　：震
三六四四四　庚寅：貞今夕：
三六四四五　其震
三六四四五　庚：
三六四四六　今夕不震
三六四四六　：震
三六四四六　乙：在：今夕：震
三六四四七　其震
三六四四七　：不：
三六四四八　其震
三六四四八　辛：
三六四四九　其震
三六四四九　丁卯卜貞：夕師無：
三六四五〇　戊辰卜貞今夕師無𤞞寧
三六四五〇　庚戌：今夕師無𤞞寧
三六四五一　己巳卜貞今夕師：𤞞
三六四五一　戊：今夕：無𤞞：

三六四五一 ：卜貞今夕師無畎寧
三六四五二 己巳：貞今夕師無畎寧
三六四五二 乙：今：畎
三六四五二 辛未卜貞今夕師無畎寧
三六四五二 癸酉卜貞今夕師無畎寧
三六四五二 ：貞：無：寧
三六四五三 丙子卜貞今夕師無畎寧
三六四五三 ：寧
三六四五四 丙子卜貞今夕師無畎寧
三六四五四 丁丑卜貞今夕師無畎寧
三六四五四 ：卜貞：師無：寧
三六四五五 辛巳卜貞今夕師：畎寧
三六四五五 壬午卜貞今夕師無畎寧
三六四五五 ：貞：
三六四五六 戊寅卜貞今夕師無畎寧
三六四五六 己卯卜貞今夕師無畎寧
三六四五七 癸未：貞今夕：
三六四五七 ：申卜貞夕師無：寧
三六四五八 丙午：今夕師：
三六四五八 丁未卜貞今夕師無畎寧
三六四五八 ：貞：無畎
三六四五九 ：今：畎
三六四五九 乙酉卜貞今夕師無畎寧
三六四五九 丙戌卜貞今夕師無畎寧
三六四五九 丁亥卜貞今夕師無畎寧
三六四五九 戊子卜貞今夕師無畎寧
三六四五九 ：卜貞：師無：
三六四六〇 乙酉卜：今夕師無畎寧
三六四六〇 丙戌卜貞今夕師無畎寧
三六四六〇 丁亥卜貞今夕師無畎寧
三六四六〇 ：卜貞：師無：寧
三六四六一 壬子卜：師無：
三六四六一 癸丑卜貞今夕師無畎寧
三六四六一 甲寅卜貞今夕師無畎寧
三六四六一 乙卯卜貞今夕師無畎寧
三六四六一 丙辰卜貞今夕師無畎寧
三六四六一 丁巳卜貞今夕師無畎寧
三六四六二 甲寅：今夕師：畎寧
三六四六二 ：卜貞：師無畎
三六四六三 乙卯：今夕：寧
三六四六三 丙辰卜貞今夕師無畎寧
三六四六三 ：貞：
三六四六四 辛酉：今夕：畎
三六四六四 ：戊卜貞：夕師：畎
三五四六五 丁卯：賓匚丁：日無：
三六四六五 丁亥：今夕：無畎

三六四六五 ：夕師：寧
三六四六六 己酉：今夕師：畎寧
三六四六六 ：卜：夕：畎
三六四六七 ：未卜：夕師：寧
三六四六七 戊：今：畎
三六四六八 辛：今：畎
三六四六八 ：卜貞：師無：寧
三六四六九 甲寅卜貞今夕師：畎寧
三六四七〇 壬午：南：夕師：
三六四七一 ：今：畎
三六四七一 庚：貞今夕師：畎寧
三六四七二 甲申：貞今：師無：寧
三六四七二 ：卜貞：師：寧
三六四七三 ：貞：師無：寧
三六四七四 ：師無畎
三六四七五 庚辰王卜在林貞今日其逆旅以：于東
單無災
三六四七五 辛巳王卜在敏貞今日其从師西無災
三六四七六 癸丑：今夕：無畎
三六四七六 庚寅：剛師：今夕師：
三六四七七 癸：貞：
三六四七七 癸亥卜在迴貞：虢：尤
三六四七八 ：貞今：畎寧
三六四七九 ：貞今：無畎寧
三六四八〇 丁丑卜貞王今夕寧
三六四八〇 戊寅卜貞王今夕寧
三六四八〇 己卯卜貞王今夕寧
三六四八一正 ：小臣牆比伐擒危美人二十人四：人五百
七十𡆥百：車二丙盾百八十三函五十矢：白麐
于大：用𢀛伯印：于祖乙用美于祖丁僼曰京
易：
三六四八一反 （習刻）
三六四八二 甲午王卜貞作余酘朕𠦪酘余步比侯喜
征人方二㪴示受有祐不晉𢦏𡆥告于大邑
商無：在畎王𡆥曰吉在九月遘上甲𦏲隹
十祀
三六四八二 甲午王卜貞其于西宗奏王王𡆥曰弘吉
三六四八三 甲午王卜貞作余酘：余步比侯喜征
人方
三六四八四 癸：王：又：惟：
三六四八四 癸巳卜黃貞王旬無畎在十月又二隹征人
方在[illegible]
三六四八四 癸卯卜黃貞旬無畎在正月王來征人方
在攸侯喜啚永

三六四八四　……吠……正月王來人方在攸

三六四八五　癸亥王卜貞……吠在九月王征人方在雇

三六四八六　……未王卜貞旬……吠在十又二……征人方

在舊

三六四八七　癸亥卜黃貞王旬無吠在九月征人方在

雍彝

三六四八七　……寅……無吠……

三六四八八　……王卜貞旬無吠王……師惟王來征人方

三六四八九　……亥王卜貞旬無吠……一月甲子彡妹工典

其……𩫖師王征人方

三六四九〇　癸亥卜泳貞王旬無吠在……七

三六四九〇　癸未……貞王……吠征……

三六四九〇　……卜在……畐……師……旬無……來征……

三六四九一　癸……無……

三六四九一　癸巳王卜貞旬無吠在十月又二惟征人方在

㞢

三六四九二　丙午卜在攸貞王其呼……延執胄人方䜌

焚……弗悔在正月惟來征……

三六四九三　癸巳卜貞王旬無吠在二月在齊師惟王來

征人方

三六四九三　癸卯卜……旬……

三六四九四　癸酉卜在攸永貞王旬無吠王來征人方

三六四九四　癸巳……㞢師……王旬……

三六四九四　癸……攸……旬……征……

三六四九四　……王旬……王來……人方

三六四九五　癸卯卜貞王旬無吠在五月在𩫖……惟王

來征人方

三六四九五　癸……卜貞王旬無吠在五月在𩫖師

三六四九六　癸酉……貞王旬……吠王……征……

三六四九六　癸未卜黃貞王旬無吠王來征人方

三六四九六　癸巳卜黃貞王旬無吠王來征人方

三六四九六　癸……卜黃……吠……

三六四九七　癸亥……貞旬……王來……人……

三六四九七　癸酉王卜貞旬無吠王來征人方

三六四九七　癸未王卜貞旬無吠王來征人方

三六四九七　癸巳王卜貞旬無吠……征……

三六四九七　癸卯王卜……旬無……

三六四九八　丁巳王卜……征人方余受祐不……吠曰……

三六四九九　癸卯……貞旬……惟……

三六四九九　癸丑王卜貞旬無吠王來征人方

三六四九九　……王卜……無吠……征……

三六五〇〇　癸……貞……

三六五〇〇　癸未王卜貞旬無吠王來征人……

三六五〇〇　……吠……

三六五〇一　乙巳卜……王田……無……兕二十又……來征人

……

三六五〇一　丙午卜在商貞今日步于樂無災

三六五〇一　己酉卜在樂貞今日王步于喪無災

三六五〇一　……戌卜在……貞今日王步于𦎫無災

三六五〇二　……未王卜貞旬無吠……征人方

三六五〇三　……今𡆥巫九……人方

三六五〇四　癸酉王卜貞……無吠在十……征人方……

三六五〇五　癸卯卜黃貞王旬無吠……來征人方

三六五〇五　……卜黃……

三六五〇六　丑……于商無……征人方

三六五〇六　……其……往……在十月……雨𢍰

三六五〇七　……貞今𡆥巫九备惟余彡……𢍰……𢦏人方

上下于𣪘示受余祐……于大邑商無𢦔在

吠

三六五〇八　……卜貞今𡆥巫……人方……率刿……紷……

卬余……比侯……

三六五〇九　……在……貞旬無吠……弘吉在三月甲申祭小

三六五〇九　甲……惟王來征盂方伯炎……

三六五一〇　……丑王卜貞今𡆥……多伯征盂方……

三六五一一　丁卯王卜貞今𡆥巫九备余其比多田……多

伯征盂方伯炎惟衣翌日步……左自上下

于𣪘示余受有祐不𢆶𢦏……于茲大邑商

無𢦔在吠……弘吉在十月遘大丁翌

三六五一二　王彝……

三六五一二　弜正

三六五一二　↓盂……冊盂方……田𠕁征……

三六五一三　……戌王卜貞今𡆥巫九备……比多田于多伯

征盂方……𢦏𡆥告于茲大……

三六五一四　……余一人……田𠕁征盂方……自上下于𣪘示……

三六五一五　……貞今𡆥巫九备↓……𣪘示余其𠕁征……余

受有祐不𢆶……

三六五一六　……卜貞旬無吠王𡆥曰弘……甲辰𦎫祖甲王

來征盂方

三六五一七　……𡆥曰吉在十月王……受祐不𢆶𢦏……其

征盂方惟……

三六五一八　乙巳王貞啓呼祝曰盂方𠬞人……其出伐

↓師高其令東會于……高弗悔不𢆶𢦏

王𡆥曰……

三六五一九　……王卜貞令……于盂……典……

三六五二〇　……旬無吠……祭羌甲……盂方

三六五二一　……巫九……無彡朕……十月……彡多田于……盂

方伯……𣪘于……

三六五二一　……貞……

三六五二二　庚寅王卜在𦎫貞余其次在茲上𩫖今

秋其敦其呼𢓊示于商正余受有祐王𡆥

曰吉

三六五二三　……𡆥巫九……率伐……冊盂……余其……

三六五二四 …我以異…𫹉又受…
三六五二四 …茲用
三六五二五 癸未卜在師貞今囚巫九备王于異侯缶
師王其在異𨟭正
三六五二五 …師…正…
三六五二六 己巳王卜…佐其敦…柳邑…
三六五二七 …卜在鼓貞…八月敦…受祐不…王囚
曰大吉…夕…
三六五二七 …宰…
三六五二八正 癸巳卜貞王旬無畎在九月
三六五二八正 癸卯卜貞王旬無畎
三六五二八正 …丑卜貞…旬無畎
三六五二八反 乙丑王卜貞今囚巫九备余無䧅𨸏告
侯田册𢾶方羌方羞方庚方余其比侯田
甾戋四封方
三六五二九 …戌王卜…戋三封…不曽𢦔…無巷
在畎
三六五三〇 己酉王卜貞余征三封方惟𫹉令邑弗
悔不無…在大邑商王囚曰大吉在九
月遘上甲…五牛
三六五三〇 惟𢾶令
三六五三一 …子卜在…于𣲡往來…王來征三封…
三六五三二 乙丑王…伐西戎…余其比…示余受…
三六五三三 甲戌王卜貞今…其伐惟…王囚曰吉
三六五三四 戊戌王蒿…文武丁祊…王來征…
三六五三五 辛卯王…方于…余其甾戋…余有不曽
𢦔…天邑商無…
三六五三六 壬寅王卜貞余其伐…白旅?利
三六五三六 不利
三六五三六 其伐㞢利
三六五三六 不利
三六五三六 其伐濰利
三六五三六 王囚曰弘吉
三六五三六 弘吉
三六五三七 癸巳卜在反貞王旬無畎在五月王迖于
鼉
三六五三七 癸卯卜在𡨦貞王旬無畎在六月王迖于鼉
三六五三七 癸丑卜在𡨦貞王旬無畎在六月王迖于上鼉
三六五三七 癸亥卜在向貞王旬無畎在六月王迖于上鼉
三六五三七 癸酉卜在上鼉貞王旬無畎在七月
三六五三七 癸未卜貞王旬無畎在七月王正毀?戋商在
爵
三六五三八 癸巳卜在二鼉貞王旬無畎在七月
三六五三八 …甲方…戌其…吉
三六五三八 …㞢
三六五三九 丁卯王卜…今日…于…在四月惟來征…

三六五四〇 癸巳卜貞羊獄…邑商公宮衣…茲…
無畎寧
三六五四一 辛卯卜貞…獄天邑…公宮衣…
三六五四一 辛酉卜貞在獄天邑商公宮衣茲夕無畎
寧
三六五四一 …卜貞在獄…邑商公宮衣無畎
三六五四二 甲午卜貞在獄天邑商皿宮衣…無畎寧
三六五四二 乙丑卜貞在獄天邑商公宮衣茲夕無畎
寧在九月
三六五四三 甲午卜…獄天…宮衣…畎寧
三六五四三 …天邑商公宮衣茲夕無畎寧
三六五四四 …卜貞在…天邑商…宮衣茲…無畎寧
三六五四四 …天邑…衣茲…
三六五四五 甲子…公宮…
三六五四五 …貞在獄…商公宮…夕無畎
三六五四六 癸未…其入…邑商…在畎
三六五四六 戊子…貞王…𡧊往…無畎
三六五四七 …甲寅林師…商公宮衣…
三六五四八 …邑商…于𢼄…妥余…暨…
三六五四九 …寅卜在商…王今夕無…
三六五四九 丙申…冒貞…夕無…
三六五四九 …王迖…師…
三六五五〇 己亥…𠹌…今夕…
三六五五〇 辛丑…貞王…畎
三六五五〇 癸卯卜在商貞王無畎
三六五五一 貞至于商
三六五五一 貞…無𨿫其…
三六五五二 乙巳卜在商貞…茲…遘…
三六五五二 …其遘大雨
三六五五三 乙酉卜在𡆥貞王今夕無畎
三六五五三 丁亥卜在喪貞王今夕無畎
三六五五三 己丑卜在𧊒貞王今夕無畎
三六五五三 辛卯卜在冒貞王今夕無畎
三六五五三 癸巳卜在冒貞王今夕無畎
三六五五三 乙未卜在冒貞王今夕無畎
三六五五三 …在…王…畎
三六五五三 …卜在…貞王…無畎
三六五五三 …卜在商…今夕無…
三六五五三 己酉卜在缶貞王今夕…畎
三六五五三 辛亥卜貞王今夕無畎在…
三六五五四 …卜…
三六五五四 …翌日入…祓其…其自…衣…
三六五五五 …商貞…于亳無災
三六五五五 甲午王卜在亳貞今…鴻無災
三六五五六 癸卯王…貞旬無畎
三六五五六 癸丑王卜在盂貞旬無畎王囚曰吉

三六五五六 癸亥王卜在樂貞旬無畎王占曰吉
三六五五七 …卜貞王…于往來…災
三六五五七 貞王曰送延于夫延至盂…來無災在七月
三六五五八 …卜貞…盂往…無災…占曰吉
三六五五九 辛酉卜…送…往來…
三六五五九 戊辰卜貞王送…享京往…無災
三六五六〇 …貞王…于享京…來…災
三六五六〇 乙…王送…雍…來…
三六五六〇 …卯…
三六五六一 戊辰卜貞…享京往…
三六五六一 己巳卜貞王送于[illegible]往來無災
三六五六一 …貞王…享京…往來無災
三六五六二 壬子…王送…享京…無…
三六五六三 …貞王…享京…災
三六五六三 庚辰…貞王…享京…往…
三六五六四 …申卜貞…享京往…無災
三六五六四 …貞…無…
三六五六五 甲寅卜在鴻貞王今夕無畎
三六五六六 乙酉卜…送于…來…
三六五六六 丁亥卜貞王送宮往來無災
三六五六七 乙卯王卜在鴻貞今日往于徹無災
三六五六七 …午卜在商貞今日于亳無災
三六五六七 甲寅王卜在亳貞今日…鴻無災
三六五六八 戊午卜…王送…往來…災
三六五六八 …王…往…
三六五六八 …王…來…
三六五六八 …卜貞…宮…來…
三六五六九 丁酉卜…送于…往…災
三六五六九 …卜貞王送于宮往來無災
三六五六九 …災
三六五七〇 戊午卜…王送…往來…災
三六五七〇 …酉卜貞…于…二…無…
三六五七〇 …宮王…毋巂
三六五七一 …丑卜貞王送…宮往來無災
三六五七二 戊戌…貞王…宮
三六五七二 …貞…正…來…
三六五七三 …酉卜…𣪊…王今…畎
三六五七三 戊申卜…𣪊貞今夕無…
三六五七四 癸…王…在…在𣪊…
三六五七四 …丑卜…王旬…畎在…月
三六五七四 …酉…
三六五七五 …𣪊貞旬無畎
三六五七六 辛未…𣪊…今夕…
三六五七六 …卜貞王…無畎…[illegible]
三六五七七 戊…貞王…于𣪊…

三六五七七 …貞王…往…災
三六五七八 …卜在𣪊…今夕無…十月又二
三六五七八 …卜在敦…王今夕無畎
三六五七九 戊…王…往來…
三六五七九 …卜貞…于𣪊…來…災
三六五八〇 甲戌…𣪊…
三六五八一 己…𣪊…今夕…
三六五八一 …卜貞…今夕…畎
三六五八二 …子卜在敦…王送往來…災
三六五八三 乙…貞…畎
三六五八三 …午卜…敦…王…畎
三六五八四 庚午…敦貞…畎
三六五八五 …日…無…曰…
三六五八五 …敦…來無…占吉
三六五八六 己亥卜…敦…
三六五八六 …貞王…往來無災
三六五八七 甲午卜在泆貞王步于条無災
三六五八八 壬…卜…泆…無災茲…有畎
三六五八八 …災
三六五八九 己亥卜在潢貞王今夕無畎
三六五九〇 …子卜在…貞王…泆…災
三六五九〇 …貞…師…來…
三六五九一 乙丑…王送…往…無…
三六五九一 戊申…王送…往來…
三六五九一 壬申卜貞…送于…往…無…
三六五九一 丁丑卜貞王送于雍往來無災
三六五九一 己卯卜貞王送雍往來無災
三六五九一 辛巳卜貞王送于淮往來無災
三六五九一 乙酉卜貞王送于雍往來無災
三六五九一 戊子卜貞王送于雍往來無災
三六五九一 辛卯卜貞王送召往來無災
三六五九二 己巳…送于…往來無…
三六五九二 辛未卜貞王送于雍往來無災
三六五九三 …王送雍…災王占曰弘吉
三六五九四 …卜貞王送于雍…無災王占曰大吉
三六五九五 庚申卜貞王送于雍往來無災
三六五九五 己未…王…
三六五九六 丁未卜貞王送于雍往來無災
三六五九七 …貞王送于雍無災在七月
三六五九八 戊辰卜…于雍往來…
三六五九八 …貞王…往…災
三六五九九 壬子卜…送于…往來…
三六五九九 庚申卜貞王送于雍往…無…
三六六〇〇 …未卜貞王…于雍往來無災
三六六〇〇 …巳…召…來無災
三六六〇一 壬寅卜…送于…往…無災

三六六〇一　：卯卜貞：于雍無災
三六六〇二　：卜貞王：于雍至：來無災
三六六〇三　戊辰：王：來：
三六六〇三　己巳卜貞王逘于雍往來無災
三六六〇四　丁亥卜貞：逘于雍往來無：
三六六〇五　：二日：享余惟：王今夕：畎
三六六〇六　丙子：攸：今：畎
三六六〇六　：在舊：夕無：
三六六〇七　辛：舊：夕：
三六六〇七　：卜在：貞王：夕無：
三六六〇八　：在：今：王：舊：
三六六〇八　：貞：畎
三六六〇九　癸未卜：王旬無畎
三六六〇九　癸巳卜貞王旬無畎王𠧩曰吉在四月在𦎫師
三六六〇九　：貞王：無畎王𠧩：吉在四月：𦎫師
三六六一〇　癸亥：貞王旬：
三六六一〇　癸酉卜在𦎫貞王旬無畎
三六六一〇　癸未卜在𦎫貞王旬無畎
三六六一一　戊辰王卜：𦎫：旬無畎王𠧩：
三六六一二　癸巳卜在：貞王旬無畎
三六六一二　癸：卜在[illegible]貞：畎
三六六一二　：卜在：貞王：畎
三六六一二　癸巳卜在𦎫貞王旬無畎
三六六一二　癸巳卜：𦎫貞王旬無畎
三六六一三　癸酉：貞：旬無：
三六六一三　癸：麥：
三六六一三　癸未卜貞王旬無畎
三六六一三　癸巳卜在𦎫貞王旬無畎
三六六一三　癸巳卜在𦎫貞王旬無畎
三六六一三　癸酉卜貞王旬無畎
三六六一四　乙酉：往來無：
三六六一四　丁亥卜貞王逘于：無災
三六六一四　：卜：
三六六一五　：申卜貞王：𦎫往來無：
三六六一六　丁卯卜在𦎫貞王：夕無畎
三六六一七　壬：王：往：
三六六一七　壬：貞：往：
三六六一七　：卜貞：往：災
三六六一七　：卜貞：𦎫：無災
三六六一八　戊辰卜在：今日不雨
三六六一九　庚子：王逘：𦎫：
三六六一九　：往：
三六六二〇　癸巳王：曰大：
三六六二〇　癸卯王卜貞旬無畎王𠧩曰大吉在六月在𦎫師

三六六二〇　：畎
三六六二一　癸：在𦎫：王旬：
三六六二一　癸未卜在𦎫貞王旬無畎
三六六二二　庚寅卜：王逘：𦎫往：無：
三六六二二　壬子卜貞王逘往來無災
三六六二二　：卜貞：于[illegible]：無災
三六六二二　：卜貞：于：無災
三六六二三　癸未卜在𦎫貞王旬無畎
三六六二三　癸：在𦎫：王旬：
三六六二四　癸酉：在：貞：夕無：
三六六二四　辛丑卜在𦎫貞王：畎
三六六二五　癸卯：王旬：在：
三六六二五　：卜貞：無畎：在𦎫：
三六六二六　癸：𦎫：逘：無：
三六六二六　：卜在：貞王：無災
三六六二七　：王卜貞：𦎫往：無災
三六六二八　乙亥：貞王：
三六六二八　：貞：𦎫：來無：
三六六二九　戊午：王：𦎫：
三六六二九　：王：無：
三六六二九　：卜貞王：災
三六六三〇　：未卜在𦎫貞王步于：不遘：
三六六三一　辛酉卜：𦎫：
三六六三一　戊辰卜貞王逘：往來無災
三六六三一　：卜貞：無災
三六六三二　：卜貞王逘：𦎫往來無災
三六六三三　戊辰卜貞：𦎫
三六六三三　：雨
三六六三四　丙午王卜在𦎫
三六六三五　：卜貞王逘：𦎫往來無災
三六六三六　：卜在𦎫：雨
三六六三七　：卜在𦎫：
三六六三八　癸丑卜：王旬無畎在十：又二
三六六三八　癸亥卜貞王旬無畎在十月又二在𦎫
三六六三八　癸酉卜在𦎫貞王旬無畎在十月又二
三六六三八　：未卜貞：旬無畎：正月
三六六三九　辛丑卜貞王逘往來無災
三六六三九　壬申卜貞王田往來無災
三六六三九　丁亥卜貞王逘往來無災
三六六三九　丁卯：步：無：
三六六三九　壬寅：田：無災
三六六三九　貞：往：無：
三六六三九　：卜貞王：于𦎫：來無災
三六六三九　：卜貞：往來：災
三六六三九　：卜貞：于𦎫：無災
三六六三九　丁未卜貞王逘于[illegible]往來無災

三六六三九 辛巳卜貞王送于𦎫往來無災

三六六三九 丁酉：王送：無災

三六六三九 己酉卜貞王送往來無災

三六六三九 己亥卜貞王送于𦎫往來無災

三六六三九 ：災

三六六三九 丁巳：王送：來：

三六六三九 丁卯：王：往：無：

三六六三九 戊辰卜貞王田往來無災

三六六三九 戊寅卜貞王送往來無災

三六六三九 戊午：王田：來：

三六六三九 丁巳卜貞王送往來無災

三六六三九 丁巳卜貞王送宮往來無災

三六六三九 丁未卜在[illegible]貞王：無：

三六六三九 乙丑卜貞王送𦎫：

三六六三九 己未卜：王送：往來無：

三六六三九 丁亥卜貞：送于：往來：

三六六三九 戊午卜貞王送于𦎫往來無災

三六六三九 戊辰卜貞：送：往來：災

三六六三九 ：卜貞：于疐：災

三六六三九 ：卜貞：送：來無災

三六六三九 丁：貞：往：

三六六三九 辛巳：王送：來：

三六六三九 ：亥：王送：往：無災

三六六四〇 壬辰卜：于召：無災

三六六四〇 戊戌卜貞王送于召往來無災

三六六四〇 己亥：貞王送召往：無災

三六六四〇 辛丑卜貞王送于喪往來無災

三六六四〇 壬寅卜貞王送于召往來無災

三六六四〇 ：巳卜貞王送于召往來無災

三六六四〇 ：竹：

三六六四一 戊寅卜貞：田于無：往來：

三六六四一 庚辰卜貞王送于召往來無災

三六六四一 ：卜貞王：召：來無災

三六六四一 （習刻）

三六六四二 （習刻）

三六六四二 壬辰卜貞：送于召往來無災

三六六四二 戊戌卜貞王送于召往來無災

三六六四二 己亥卜貞王送于淮往來無災

三六六四三 乙巳卜貞王送于召往來無災在：月

三六六四三 丁未卜貞王送于宮往來無災

三六六四三 戊申：貞王：雍：來無災王固曰吉

三六六四三 己酉卜貞王送召往來無災

三六六四四 壬：送：

三六六四四 乙未卜貞王送召往來無災

三六六四四 丁酉卜貞王送于雍往來無災

三六六四五 戊辰卜貞王送于召往來無災在二月

三六六四五 ：送：無災

三六六四六 己卯卜：往來：茲：

三六六四六 乙未卜貞送于召往來無災

三六六四六 庚子卜貞王送于宮往來無災

三六六四六 辛丑卜貞王送于享：來無災

三六六四七 乙巳卜：于召：

三六六四七 庚戌卜貞王送于享京往來無災

三六六四七 辛亥卜貞王送于享京往來無災

三六六四七 壬子卜貞王送于召往來無災

三六六四八 壬辰卜貞王送于召往來無災

三六六四八 ：貞：召

三六六四九 己卯卜貞王送于召往來無災

三六六四九 辛巳卜貞王送于召往來無災

三六六四九 ：卜貞王：于召：往來無災

三六六五〇 ：其于：王：王弗：𢆶：

三六六五〇 辛酉卜貞王送于 往來無災

三六六五〇 壬戌卜貞王送于 往來無災

三六六五〇 ：未卜：王送：：來：災

三六六五〇 ：卜貞：送：：無災

三六六五一 丁未：

三六六五一 ：卜貞王送于召往來無災

三六六五一 壬戌卜貞王送于召往來無災

三六六五二 辛酉：送：往：

三六六五二 壬申卜貞王送于召往來無災

三六六五二 丁丑卜貞王送于召往來無災

三六六五三 己未：送：來：

三六六五三 辛酉卜貞王送于召往來無災

三六六五四 己卯：于召：

三六六五四 辛巳卜貞王送疐往來無災

三六六五四 乙酉卜貞王送于召往來無災

三六六五四 戊子卜貞王送于召往來無災

三六六五五 己未卜：送于：往來：

三六六五五 辛酉卜貞王送于疐往來無災

三六六五五 乙丑卜貞王送于召往來無災

三六六五五 ：卜貞：于：往來：

三六六五六 己巳卜：送召：來無：

三六六五六 辛未卜貞王送于召往來無災

三六六五六 ：貞王：召：來無災

三六六五七 乙卯卜：召往：

三六六五七 辛酉卜貞王送于召往來無災

三六六五七 ：貞：召：災

三六六五八 戊辰卜貞：送于召：來無：

三六六五八 己巳卜貞王送于召往來無災

三六六五九 己未卜：來無災

三六六五九 辛酉卜貞王迭于召往來無災
三六六五九 …卜貞…于…往來…災
三六六六〇 乙卯…迭…往…無…
三六六六〇 丁巳卜貞王迭于…往…無…
三六六六〇 辛酉…王迭…往…
三六六六〇 丁卯卜貞王迭于召往來無災
三六六六〇 戊辰卜貞王迭于召往來無…
三六六六〇 辛未卜貞王迭召往來…
三六六六〇 …貞…召…來…災
三六六六〇 …貞…于…往…無災
三六六六一 …往…
三六六六一 …卜…迭于…往…無災
三六六六一 …迭…往…
三六六六一 …巳卜貞王迭于召往來無災
三六六六一 己卯…王…往…無…
三六六六二 辛酉…往來…
三六六六二 壬戌卜貞王迭于召往來無災
三六六六二 丁卯卜貞王迭于召往來無災
三六六六二 …卜貞王…于召往來無災
三六六六三 戊申卜貞王田于盂往來無災在…
三六六六三 己酉卜貞王迭于召往來無災
三六六六三 …卜貞王迭于召往來無災
三六六六四 壬申…往…
三六六六四 乙亥卜貞王迭于召往來無災
三六六六四 丁丑卜貞王迭于召往來無災
三六六六四 …巳卜貞…迭召…來無災
三六六六五 丁酉卜…召往來…
三六六六五 戊戌卜貞王迭于召往來無災
三六六六五 …卜貞王…于召…來無災
三六六六六 壬午卜貞…迭于召往來災
三六六六六 乙酉卜貞王迭于亶往來無災
三六六六七 丁酉卜貞…迭于召往來無災
三六六六七 戊戌卜貞迭于召往來無災
三六六六七 …貞來…于召…來無災
三六六六八 …迭于…往來無…
三六六六八 丁未卜貞王迭于召往來無災
三六六六八 丁酉卜貞王迭于召往來無災
三六六六九 …災
三六六六九 辛未…王迭…往來…災
三六六六九 乙未卜…王迭…往來…
三六六六九 …卜貞王…于召…來…災
三六六六九 …卜貞王…召往…無災
三六六七〇 己酉卜…召往…災
三六六七〇 …戊卜貞…迭于…往來…災
三六六七一 乙亥卜…迭于…往來無…
三六六七一 丁丑卜貞王迭于亶往來無災

三六六七一 …卜貞王迭于召往來無災
三六六七二 丙子卜
三六六七二 乙酉…貞王迭于召往來無災
三六六七二 戊子卜貞王迭于召往來無災
三六六七三 壬午卜…往來…
三六六七三 乙酉卜貞王迭于召往來無災
三六六七三 …貞王…椎…災
三六六七四 辛卯卜…迭于召往來…
三六六七四 壬辰卜貞王迭于召往來無災
三六六七五 乙亥卜貞王迭于椎往來無災
三六六七五 戊寅卜貞王迭于召往來無災
三六六七五 …王…
三六六七六 辛…
三六六七六 壬子卜貞王迭于召往來無災
三六六七六 …卜貞王…于亶往來無災
三六六七七 戊子卜貞王迭于召往來無災在五月
三六六七七 …迭…來…
三六六七八 壬子卜貞…迭于召…來無災
三六六七八 乙卯卜貞王迭于召往來無災
三六六七九 …未…亶…
三六六七九 丁酉卜貞…于召往來無災
三六六八〇 …酉卜…迭于…往來無災
三六六八〇 戊戌卜貞王迭于召往來無災
三六六八一 戊…往…
三六六八一 辛亥卜貞王迭于召往來無災
三六六八一 …王…召…
三六六八二 辛丑卜貞王迭召往來無…
三六六八二 壬寅卜貞王迭召往來無災
三六六八二 …王…
三六六八三 辛丑…王…召…
三六六八三 壬寅卜貞…迭于召往來無災
三六六八三 …王…往…災
三六六八四 己巳卜貞…迭于召往來無災
三六六八四 …卜貞王…于召…來無災
三六六八五 丁卯卜貞王迭于召往來無災
三六六八五 …卜貞…迭于召…來無災
三六六八六 乙酉卜貞王迭于召…
三六六八七 壬申卜貞王迭于召往來無災
三六六八七 …王…災
三六六八八 庚…王迭…享京…
三六六八八 己亥卜貞王迭于召往來無災
三六六八八 辛丑卜貞王迭于召…來無…
三六六八八 …貞王…召…災
三六六八九 …王迭于召…災在十月又一
三六六九〇 乙巳卜貞王迭于召往來無災
三六六九〇 壬…王…召…

三六六九一 乙丑卜：王迖：往來：災
三六六九一 己巳：王迖：往來：
三六六九一 ：申卜貞王迖于：往來無災
三六六九一 戊寅卜貞王迖于召往來：
三六六九二 己巳：迖于：
三六六九二 庚午卜貞王迖召往來無災
三六六九二 ：貞：
三六六九三 丁巳：迖于：往來：
三六六九三 辛未卜貞王迖于召往來無災
三六六九四 己卯卜貞：迖于召往來無災
三六六九五 壬申卜貞王步于召往來無災
三六六九五 丁亥卜貞王迖：召往來無災
三六六九六 丁丑卜貞王迖于夫：來無：
三六六九六 壬午卜貞：迖于召：來無災
三六六九六 ：迖于：往來無：
三六六九七 壬子：迖于：往來：
三六六九七 ：卜貞：雍：來：災
三六六九七 丁巳卜：王迖：往來：災
三六六九七 ：卜貞：召：無災
三六六九八 戊子卜貞王迖于召往來無災
三六六九九 戊寅卜貞王迖召往來無：
三六七〇〇 戊辰卜貞王：召往來：
三六七〇〇 ：王：
三六七〇一 乙卯卜王迖于召往：無災
三六七〇一 ：卜貞：召：無災
三六七〇二 ：無災
三六七〇二 ：于召往來無災
三六七〇三 戊午卜：召往來無：
三六七〇三 ：王：召往：災
三六七〇四 乙酉卜貞：迖于召往來無災
三六七〇四 壬：往：
三六七〇五 丁未：于：召：來：
三六七〇五 ：貞王：召：無災
三六七〇五 ：召：無災
三六七〇五 ：王：召：來：
三六七〇六 壬：王：來無：
三六七〇六 己丑卜貞王迖于召往來無災
三六七〇六 ：往：災
三六七〇七 戊：迖：往：
三六七〇七 ：卜貞王：于召：來無災
三六七〇八 丁酉卜：王迖于召往：
三六七〇九 戊申：王迖：召：
三六七〇九 ：卜貞：盂：無災
三六七一〇 ：貞王：召：來無災
三六七一一 己未卜：王迖：召：來：
三六七一一 ：卜：于：災

三六七一二 丁巳卜：迖于：往來無災
三六七一二 ：卜貞迖召往來無災
三六七一三 辛未卜：王迖：召：來：
三六七一四 辛卯卜：王迖：召：來無災
三六七一四 乙：
三六七一五 壬辰：王迖：召：
三六七一五 ：卜貞：迖：召：來：
三六七一六 ：貞王：于召：來：災
三六七一六 ：王迖：往：
三六七一七 戊寅卜：于召：
三六七一七 ：王：災
三六七一八 丁丑王：
三六七一八 ：申卜貞：于：往：災
三六七一八 ：貞王：召：來：
三六七一八 壬辰卜：迖于：往：無：
三六七一九 辛亥：無災
三六七一九 ：貞王：召：無災
三六七二〇 ：卜貞：于召：無災
三六七二〇 ：王：召：災
三六七二一 ：未卜貞：召：
三六七二一 ：往來無災
三六七二二 （與三六七二一重）
三六七二三 ：亥：召往：
三六七二四 ：卜貞王迖：召往來無災
三六七二五 壬戌卜貞：迖于召往來無：
三六七二六 ：卜貞：
三六七二六 辛：王迖：召：來：
三六七二七 壬子卜：迖于召往來無：
三六七二七 ：召：用
三六七二八 乙卯卜貞：迖于召：無
三六七二九 戊子：迖：召：
三六七三〇 ：王迖：召往：
三六七三一 ：今日其：有祐𢦔：
三六七三二 壬寅卜：迖于召往：無：
三六七三三 ：酉卜貞王迖：召往來無災
三六七三四 戊寅卜貞王迖于召：來無災王囚曰
弘吉惟王：祀彡日惟：
三六七三四 辛巳卜貞王迖于：往來無災
三六七三四 壬午卜貞王迖于：往來無災
三六七三四 乙酉卜貞王迖于𩫖往來無災
三六七三四 丁亥卜貞王迖于宮往來無災
三六七三四 甲子
三六七三五 ：酉卜貞王迖：召往來無災
三六七三六 ：在召師：
三六七三七 戊寅：召：茲御
三六七三七 ：王：召：茲御

三六七三八　癸巳卜在…桑貞王旬無畎…四月

三六七三八　癸未…無…

三六七三九　丁巳卜貞今…王其戋于喪不遘雨

三六七四〇　…卜貞王…夫往來無災

三六七四一　…卜貞王…于…

三六七四一　…貞王曰…于夫延…來無災

三六七四二　丁未…于夫…

三六七四三　丁卯王卜在朱貞其戋从師西往來無災

三六七四四　辛未…去貞…于東

三六七四四　戊寅卜在…貞…步…無災

三六七四五　庚辰…貞王…从栗…

三六七四六　…卜…王…

三六七四六　辛卯…田…

三六七四六　乙卯卜在櫟貞王步無災

三六七四七　…月在□彝自上下馭余…□無尤

三六七四八　丙寅卜在□貞王今夕無畎

三六七四八　…在…王…無畎

三六七四九　癸丑…貞旬…在网…林…

三六七五〇　…午卜貞…木往來…災　茲御

三六七五一　丙戌卜…亘貞今…王步于…無災

三六七五一　庚寅卜在梧貞王步于杞無災

三六七五一　壬辰卜在杞貞今日王步于□無災

三六七五一　癸巳卜在□貞王戋□往來無災于師北

三六七五一　甲午卜在□貞王步于剢無災

三六七五二　辛亥卜在□貞今日王步于□無災

三六七五二　甲寅卜在□貞今…王步于奠無災

三六七五三　…酉卜…貞王戋于□往來無災

三六七五三　…未卜在高貞王步于…無災

三六七五四　乙卯…貞王…我方…

三六七五四　己未…□貞…于…災

三六七五四　…未卜在…貞王…于高膚…災

三六七五四　…卜在…貞王…于…無災

三六七五五　戊辰…高膚…戋往來…

三六七五五　…在虞…步…望無災

三六七五六　癸未王卜在□師貞旬無畎王𠀠曰吉在

十月…王戋鹵雨

三六七五六　癸酉…望…畎…

三六七五七　癸未卜…□貞王…無畎

三六七五八　庚申王卜在□貞…其从…北洮…

三六七五八　壬戌王卜在□貞今日其…弗有鼓無災

三六七五九　戊戌卜…于𩫖

三六七五九　己未卜貞王戋疐往來無災

三六七五九　…卜貞…來無災

三六七六〇　庚子…王田…無…

三六七六〇　…午卜貞王…往于田

三六七六〇　辛亥卜…王戋疐往來無災

三六七六一　辛…王…往…災

三六七六一　…卜貞…疐往…無災

三六七六二　丁未卜王戋疐往來無…

三六七六二　壬申卜在疐貞王今夕無畎

三六七六三　戊寅卜在𩫖貞王今夕無畎

三六七六三　…今…

三六七六三　己亥…戋…往…

三六七六四　…卜貞王…壬師往…災

三六七六四　己…

三六七六五　乙未王卜在□師貞翌其…其敏來伐受

祐其敏來伐受祐王…既伐…

三六七六六　…□歸于□

三六七六七　…卜貞…于□…無災

三六七六七　乙…于…

三六七六八　庚子卜…貞…步…

三六七六八　…在…貞王…于…

三六七六八　…午卜…師…王…在…無災

三六七六八　…在宮…步于…無災

三六七六八　…卜在卯…王步…攸無災

三六七六九　戊辰卜貞王戋疐往來無災

三六七六九　丁酉…王戋…往來…

三六七六九　…來…

三六七七〇　…在…王…畎

三六七七〇　丙…卜…王…

三六七七一　…在呈…犬…

三六七七二　癸…彡…步…無災

三六七七二　丙辰卜在奠貞…王步□無災

三六七七二　貞…

三六七七三　…在元…王步…□…

三六七七三　丙…虞…往…

三六七七四　癸酉卜…貞王旬…

三六七七四　癸未卜在…貞王旬無畎

三六七七四　癸巳卜在…貞王旬無畎

三六七七四　…卜在…貞…旬無畎

三六七七五　丁丑…貞于…來…

三六七七五　戊寅…貞王…

三六七七五　癸巳卜在埤貞王步于□…災

三六七七五　癸巳卜在徽貞王戋于射往來無災攸畋

十終

三六七七六　丁丑…步…無…

三六七七六　…卯卜在徽…延于…災

三六七七七　癸丑…徽…步…

三六七七七　…卜在丂…王步于…無災

三六七七八　丙子…貞…于…

三六七七八　…卜在…貞王…于徽…災

三六七七九　癸卯…□…王…

三六七七九 癸丑卜在霍貞王旬無畎
三六七七九 癸亥卜在霍貞王旬無畎
三六七七九 癸酉卜在：貞王：畎
三六七八〇 癸巳卜在㴋貞王旬無畎
三六七八〇 癸丑卜在霍貞王旬無畎
三六七八一 ：丑卜在霍：王旬無畎
三六七八二 ：霍貞：旬無畎
三六七八二 ：霍貞王旬無畎
三六七八二 ：王：畎
三六七八三 ：在霍師：王囚曰吉：
三六七八四 癸亥王卜在霍貞旬無畎
三六七八四 ：酉王卜在：貞旬無畎：囚曰吉
三六七八五 癸未卜在㶇貞王旬無畎
三六七八六 ：卜在㶇：王囚曰吉
三六七八七 ：王卜在㶇：無畎王囚曰吉
三六七八八 癸卯：在血：無畎
三六七八八 癸丑王卜在[illegible]貞旬無畎
三六七八八 癸亥王卜在‖師貞：無畎
三六七八九 癸酉王卜在淄貞旬無畎王囚曰：
三六七八九 ：王卜：師：畎
三六七九〇 ：其于西對
三六七九〇 吉
三六七九一 ：卜在：貞王：于師西：來無災
三六七九二 ：卜在：迖于：西往：無災
三六七九三 癸未王：在：貞：無畎：
三六七九三 癸巳王卜貞旬無畎
三六七九三 ：卜：畎
三六七九四 癸亥：王旬無：
三六七九四 癸酉卜貞王旬無畎
三六七九四 癸未卜在白貞王旬無畎
三六七九四 癸巳卜貞王旬無畎
三六七九四 ：貞：畎
三六七九五 癸亥卜：王旬無：
三六七九五 癸酉卜貞王旬無畎
三六七九五 ：卜在白：旬無畎
三六七九六 癸未卜在白貞王：無畎
三六七九六 癸卯卜：王旬無：
三六七九七 庚申：在白貞王：無：
三六七九八 癸卯卜：在血貞王無畎
三六七九九 ：卯卜：血：王：
三六七九九 癸：在：
三六八〇〇 ：卯：王今夕：畎
三六八〇〇 ：卜：
三六八〇一 丁酉：王：無：
三六八〇一 ：辰卜：血貞：無災
三六八〇二 ：貞：盗：

三六八〇三 癸巳：在齊：
三六八〇三 癸卯王卜貞旬無畎
三六八〇三 癸丑王卜貞旬無畎
三六八〇三 癸亥王卜貞旬無畎
三六八〇三 癸酉王卜貞旬無畎
三六八〇三 癸未王卜：旬無畎
三六八〇四 壬申：王：往：
三六八〇四 甲戌：王：往：
三六八〇四 庚辰卜貞王：災
庚寅卜在齊師王迖往來無災
三六八〇四 乙巳：貞：
三六八〇五 ：巳王卜貞旬無畎王囚：夕在齊師惟
王十：
三六八〇六 ：卜：
三六八〇六 癸巳王：齊貞：畎弘吉
三六八〇七 癸亥王卜在剛貞旬無畎
三六八〇七 ：王卜：旬：王囚：
三六八〇八 貞卯卜在剛貞王旬無畎
三六八〇八 貞巳：在：
三六八〇九 貞亥王卜在剛貞旬無畎
三六八〇九 貞酉王卜在淄貞旬無畎
三六八〇九 貞未王卜在[illegible]師貞旬無畎
三六八〇九 貞巳王卜在叙貞旬無畎
三六八〇九 ：王卜：貞旬：王囚：吉
三六八一〇 癸酉：亞貞：無：
三六八一〇 癸丑卜在剛：旬無畎
三六八一一 ：丑卜在剛師貞王：往來無災
三六八一二 ：在剛師貞：于泊無災
三六八一三 ：卜貞旬無畎：囚曰大吉在剛師
三六八一四 ：在剛師貞今：無畎寧在十月：
三六八一五 ：卜在剛：王省往來：
三六八一六 ：寅卜在剛貞：敦：歙美：受祐
𢦏：
三六八一七 ：卜在剛：貞王旬：畎在十：
三六八一八 ：卜在剛師：寧
三六八一九 ：貞：在：
三六八一九 癸巳王卜貞旬無畎在父
三六八一九 癸卯王卜貞旬無畎在麓
三六八一九 癸丑王卜貞旬無畎
三六八二〇 癸巳：貞王：
三六八二〇 癸卯卜在麓貞王旬無畎
三六八二一 癸巳王：貞旬無：在↓師
三六八二一 癸卯王卜貞旬無畎在然師
三六八二一 癸丑王卜貞旬無畎在齊師
三六八二二 己酉：攸：今畎
三六八二二 ：卯卜在攸貞王今夕無畎

三六八二二 辛亥…貞王今…𡆥
三六八二二 丁巳…攸…
三六八二二 己未卜𡆥在攸貞王今夕無𡆥
三六八二三 癸…貞…
三六八二三 癸亥卜黃貞王旬無𡆥
三六八二三 癸酉卜在攸黃貞王旬無𡆥
三六八二四 其大出 吉
三六八二四 𩁹其驛至于攸若王𡆥曰大吉
三六八二四 其避于之若
三六八二五 甲寅…在𣎆…𢦔…𨻰…無災…十…
三六八二五 己巳王卜在𣎆貞今日步于攸無災在十月又二
三六八二六 …申卜在攸…王今夕無…
三六八二七 …貞…曹…
三六八二七 …卜在…貞王步𠓛無災
三六八二八 壬寅卜在曹貞王步于𣏟無災
三六八二八 甲辰卜在…貞王步…無災
三六八二八 …申卜在…貞王…于師東…來無災
三六八二八 …卜在…貞王…于…災
三六八二九 …卜在…戔往…無災不…
三六八三〇 己…𢀛…今…
三六八三〇 庚申…卜在…貞…𡚭…無災延…从…
三六八三一 癸未卜在𩁹貞王旬無𡆥
三六八三一 …亥卜貞…旬無𡆥
三六八三二 …未卜在…𢀛王今夕…
三六八三三 辛卯卜…𢼊于…往來…
三六八三三 …無…
三六八三四 …貞王戔于師…無災
三六八三五 …在濩師…在三月
三六八三六 庚戌卜貞王…于麑驗𢶡…
三六八三六 …于𢆶…𢶡𨑥
三六八三七 丁巳卜…貞…徐…乙…
三六八三七 …丑卜在…貞王戔…往來…災
三六八三八 …在動貞其…惟牛…月
三六八三九 乙酉卜在動貞王…
三六八三九 庚寅卜在殺貞王田往來無災
三六八四〇 壬申卜…動貞…今夕…
三六八四〇 …貞今…無𡆥
三六八四一 庚…動…今夕…
三六八四一 …卜在…王今…𡆥
三六八四二 癸酉卜在帛貞王步…𢻃…災
三六八四二 …亥卜在…貞王步…來無災
三六八四二 乙丑…高…于…無…
三六八四三 …卜在徐…
三六八四四 戊子…己栢…允…

三六八四四 己卯…即告…𡿺…其…
三六八四五 …王…無…
三六八四五 庚…步…無…
三六八四五 …卜在…貞王…于…災
三六八四五 …卜在…貞王…于𧓚…災
三六八四六 …王…
三六八四六 癸巳卜在上𩵦貞王旬無𡆥在九月
三六八四六 癸卯卜在上𩵦貞王旬無𡆥在十月
三六八四六 癸丑卜在上𩵦貞王旬無𡆥在十月
三六八四六 癸亥卜在上𩵦貞王旬無𡆥在十月
三六八四六 癸酉卜在上𩵦貞王旬無𡆥在十月一
三六八四六 癸未卜在上𩵦貞王旬無𡆥在十月又一
三六八四六 癸巳卜在上𩵦貞王旬無𡆥在十月又一
三六八四七 癸亥王…貞旬無…在上𩵦
三六八四七 癸酉王卜貞旬無𡆥在上𩵦
三六八四七 癸未王卜貞旬無𡆥在𩵦
三六八四七 癸巳王卜貞…無𡆥…𩵦
三六八四八 癸卯…在上𩵦貞王…無…在十…
三六八四八 癸亥…上𩵦…王旬…在十…又…一…
三六八四八 癸卯卜在𩵦泳貞王旬無𡆥…二月
三六八四八 癸未卜在𩵦貞王旬無𡆥在正月
三六八四九 …貞…今…無…
三六八四九 辛卯…在…貞…無…
三六八四九 癸巳…貞…今…無…
三六八四九 …在…貞王…夕…𡆥
三六八四九 丁酉卜在𩵦貞王今夕無𡆥
三六八四九 乙亥卜在上𩵦貞王今夕無𡆥
三六八四九 庚子卜在𩵦貞王今夕無𡆥
三六八四九 壬寅卜在𩵦貞王今夕無𡆥
三六八四九 甲辰卜在𩵦貞王今夕無𡆥
三六八五〇 癸巳卜在衩貞王旬無𡆥在五月
三六八五〇 癸丑卜在𡨄貞王旬無𡆥
三六八五〇 癸酉卜在𩵦貞王旬無𡆥在十月
三六八五〇 …卜在…貞王…𡆥…月
三六八五〇 …丑卜在…貞王…𡆥
三六八五一 癸…𡨄…
三六八五一 癸亥卜在向貞王旬無𡆥
三六八五一 癸酉卜在上𩵦貞旬無𡆥
三六八五一 癸未卜在濟貞王旬無𡆥
三六八五二 丁巳…上𩵦…王今…無…
三六八五二 癸亥卜在𩵦貞王今夕無𡆥
三六八五二 辛酉…𩵦…今夕…
三六八五二 乙丑卜在𩵦貞王今夕無𡆥
三六八五三 癸巳卜…上𩵦…王旬無…
三六八五三 癸卯卜在𩵦貞王旬無𡆥
三六八五三 癸丑卜在上𩵦貞王旬無𡆥

三六八五三 三六八五四 三六八五四 三六八五四 三六八五五 三六八五五 三六八五六 三六八五六 三六八五七 三六八五七 三六八五八 三六八五八 三六八五八 三六八五八 三六八五九 三六八五九 三六八五九 三六八五九 三六八六〇 三六八六〇 三六八六一 三六八六二 三六八六二 三六八六三 三六八六三 三六八六四 三六八六五 三六八六五 三六八六六 三六八六七 三六八六七 三六八六八 三六八六八 三六八六八 三六八六九 三六八六九 三六八六九 三六八六九 三六八六九 三六八七〇 三六八七〇 三六八七〇 三六八七〇 三六八七一

癸亥卜在𩁹…無畎
癸…𩁹…王…在…
癸卯卜貞王旬無畎在二月在上𩁹
癸丑卜在上𩁹貞王旬無畎在二月
…亥卜在…𩁹貞…無畎
癸未卜在上𩁹貞王旬無畎王二十祀
癸卯卜在上𩁹貞王旬無畎
癸未卜在上𩁹貞王旬無畎在九月王二十
祀
癸卯卜在上𩁹貞王旬無畎…十月…
…辰卜在上𩁹…王今夕無畎
…卜在上𩁹…王今夕無畎
戊…在上…貞王…無…
庚申…𩁹…今夕…
壬戌…𩁹…今夕…
甲子卜在上𩁹貞王今夕無畎
甲申…𩁹…今…無…
丙戌…𩁹…今…無…
…卜在…貞王…夕…畎
…辰卜在𩁹貞王…夕…畎
癸未王…貞旬無…在上𩁹
…巳王卜…旬無畎…𩁹
…旬無畎…上𩁹
乙丑…上𩁹…今夕…
…卜…王今…無畎
乙卯…上𩁹…王今…無…
…卜在…貞王…無畎
癸未…𩁹貞王…無畎
辛亥卜在𩁹貞王今夕無畎
…在…夕…畎
癸丑…貞旬…在上𩁹…
癸…在上…貞王…畎在…
…卜在…𩁹貞…無畎…月
…卜在…貞王…無畎
庚…𩁹…今夕…
…在𩁹…無畎
…貞…無…
戊申卜在𩁹貞王今夕無畎
…卜…𩁹…王今…無畎
…卜在…貞…夕無…
…王…無…
…卜在…貞王…無畎
丙…在…貞…無…
癸卯卜在𩁹貞今夕無畎
戊…𩁹…王…無…
癸…貞…王…王𩁹

三六八七一 三六八七一 三六八七一 三六八七一 三六八七二 三六八七二 三六八七二 三六八七二 三六八七三 三六八七三 三六八七三 三六八七三 三六八七四 三六八七四 三六八七五 三六八七五 三六八七五 三六八七六 三六八七六 三六八七六 三六八七七 三六八七七 三六八七七 三六八七七 三六八七八 三六八七八 三六八七九 三六八七九 三六八八〇 三六八八〇 三六八八〇 三六八八一 三六八八二 三六八八二 三六八八三 三六八八三 三六八八四 三六八八五 三六八八六 三六八八六 三六八八七 三六八八八 三六八八八 三六八八九 三六八九〇 三六八九〇

癸亥王卜貞旬無畎王占曰吉在王𩁹
癸酉王卜貞旬無畎王占曰吉在王𩁹
癸未王卜貞旬無畎王占曰吉在…
…王卜貞…吉
癸巳…貞旬…王在…王占…
癸卯王卜貞旬無畎王占曰吉在𩁹
癸丑王卜貞旬無畎王占曰吉在𩁹
癸亥王卜貞旬無畎貞王占曰吉在𩁹
戊寅卜在𩁹貞王…無…
庚辰卜在𩁹貞王今夕無畎
…戌卜…𩁹…王今夕…畎
…申卜…𩁹…王今夕無畎
癸巳…在𩁹…泳…王…無…
…酉卜…𩁹…王旬…畎
癸亥…𩁹…旬無…
癸未卜…𩁹貞…無畎
…旬…
甲…在…貞…夕…
…卜在𩁹…王今夕無畎
…畎
丁未…在上𩁹貞…
…丑卜…𩁹…王今夕…畎
…卜在…貞…夕…畎
己酉…𩁹…今夕…
癸亥…𩁹…旬無…十月
…亥卜在𩁹…王旬…畎在…
癸酉…在上…貞王…無…
…卜…𩁹…王旬…畎
…𩁹…無畎
…𩁹…畎在十月
…𩁹…十月一
丁卯卜…𩁹…今夕…
…卯卜…𩁹…王旬…畎
癸…在…貞…無…
…酉卜…𩁹…無畎
癸巳…𩁹…旬…
…申卜…𩁹…王今夕…畎
…𩁹…無畎
…畎
庚申…𩁹…今夕…
…王卜…無畎…𩁹
丁酉…𩁹…王今…無…
…𩁹…今…無…
（與三六八六五重）
…卜在…𩁹貞…今夕…畎
…卯卜在…貞王…夕無畎

三六八九〇　……卜在……貞王……
三六八九〇　癸酉……貞……
三六八九〇　乙亥……貞……
三六八九二　……未王卜貞旬無畎……□
三六八九二　……卜在□……王今夕無……
三六八九二　……卜在□……王今夕無……
三六八九二　□……
三六八九三　己未……□……王……往……無……
三六八九三　……酉卜……貞……𣶒……于……
三六八九四　……在𣶒貞……畎在八月
三六八九五　……在𣶒……無畎
三六八九六　癸巳……貞……
三六八九六　癸卯卜在𣶒東……貞王旬無畎
三六八九六　……卜在……旬……畎
三六八九七　癸卯卜在𣶒貞王……無……
三六八九八　……巳卜在……貞王……無畎
三六八九八　己……𣶒貞……無……
三六八九九　戊……𣶒……今……
三六八九九　……在……貞王……無畎
三六九〇〇　戊申……樂……今……
三六九〇〇　……卜在……王今……畎
三六九〇一　庚辰……貞……于……
三六九〇一　……在……貞……王步……杜……災
三六九〇一　辛巳卜在叉……王步……無……災
三六九〇二　……王卜在叉貞……樂無災……在二月
三六九〇三　……卜在□……王今夕無畎
三六九〇三　……在……立……
三六九〇四　癸亥卜在樂貞王旬無畎
三六九〇四　癸酉卜在□貞王旬無畎
三六九〇四　癸未卜在律貞王旬無畎
三六九〇四　……卜在……王……畎
三六九〇五　癸丑卜王旬無……
三六九〇五　癸亥卜在樂貞王旬無畎
三六九〇五　癸酉卜在□貞王旬無畎
三六九〇六　……卜在望……旬無畎……月
三六九〇六　……卜……
三六九〇七　……卜在望……旬無畎……月
三六九〇七　癸……
三六九〇七　……卜在……貞王……無畎在……月
三六九〇八　……王卜在□……在二月
三六九〇九　丁亥卜在𧴪師貞韋師寮妹……有宜
三六九〇九　王其令宜不悔克甾王令
韋師寮弜改無宜王其呼宜于京師
有災若
三六九一〇　……巳卜在𧴪……旬無畎
三六九一一　癸丑……王旬……在六月……𧴪……

三六九一一　癸亥卜貞王旬無畎在六月在𧴪師
三六九一一　……酉卜貞……旬無畎……七月在……師
三六九一二　……滲師……瀠無……
三六九一三　……在𧴪師
三六九一四　癸酉王卜在□貞旬無畎王占曰吉
三六九一四　癸未王卜在律貞旬無畎
三六九一四　癸巳王卜在桑貞旬無畎
三六九一五　丙午卜在兮……其□桒……在三月
三六九一六　癸未卜在律貞王旬無畎
三六九一六　癸巳卜在八桑貞王旬無畎
三六九一七　癸丑卜在𡨄貞旬無畎
三六九一七　癸亥卜在向貞王旬無畎
三六九一七　癸酉卜在上□貞王旬無畎
三六九一七　……畎
三六九一八　癸丑……𡨄……步……無……
三六九一九　癸酉……在湏貞王旬無……
三六九二〇　癸……在……旬……
三六九二〇　癸丑卜在……貞王旬無畎
三六九二一　癸……在□……旬無……六月
三六九二一　……卯卜貞……旬無畎……月
三六九二二　……戊卜在□貞其……𣶒惟牛在……又一
三六九二三　癸……貞旬……
三六九二三　癸卯王卜貞旬無畎
三六九二三　癸丑王卜在鮻貞旬無畎
三六九二四　……卜在服……
三六九二五　丙辰王卜在□
三六九二六　辛未卜在龔貞王今夕無畎
三六九二六　……丑卜在……貞王……夕無畎
三六九二七　辛卯……□余……在畎王
三六九二八　癸丑王……旬無畎……曰大吉……夕甲寅……
三六九二八　……王卜……畎……吉……又一
三六九二九　庚戌卜……□貞……今夕無畎
三六九二九　……子卜在……今夕無畎在……無畎
三六九三〇　……未卜……旬無畎
三六九三〇　癸……貞……無……
三六九三一　辛……王……往……
三六九三一　……卜貞……邁往……災
三六九三二　……王正……在冒……
三六九三三　甲午……冒……今……
三六九三三　……子卜……貞……無畎
三六九三四　……在□……送于……往來無災
三六九三五　癸未卜在□貞王旬無畎在……
三六九三六　癸卯王……貞旬無畎王占曰吉王在𣿒
三六九三七　乙未卜……□貞王旬無畎
三六九三八　丙申卜在□貞……于……
三六九三八　丁酉卜在□師貞……王今日送……無災

三六九三九　：在□貞：
三六九四〇　癸未王卜貞旬無畎王囗曰弘吉在啣
三六九四一　癸：在：
三六九四一　：未王卜：亞貞旬：畎王囗：吉
三六九四二　：卜在亞：旬無：申在十：
三六九四三　：在聑
三六九四四　壬午王卜貞其遂于：往來無災
三六九四四　乙酉王卜貞其遂宮往來無災
三六九四四　：王卜：遂于：來無災
三六九四五　癸亥王卜在旁貞旬無畎王：曰吉
三六九四五　：畎
三六九四六　丁丑：王：十：
三六九四六　戊寅卜在□貞王步于盟無災
三六九四六　：盟：無：
三六九四七　癸未：□貞：
三六九四八　：在□：夕無畎
三六九四九　：卜在寧師：
三六九五〇　丙午：
三六九五〇　乙巳：
三六九五〇　：在兮
三六九五一　癸亥卜在剛：王旬無畎
三六九五二　：卜在□：步于：無災
三六九五三　戊：□：月
三六九五三　：午卜：劉貞：夕無畎
三六九五四　辛：□：夕無：三月
三六九五四　：巳卜：羌貞今夕無畎
三六九五五　：在瀌：步于：用
三六九五六　庚寅卜在□貞王步于□無災
三六九五六　：辰卜在涂：步于：無災
三六九五七　：酉卜在沚貞今日步：
三六九五七　：王卜：
三六九五七　：酉：
三六九五八　：卜在□：步于：無災
三六九五九　癸丑：洛貞王：無：
三六九五九　癸亥卜在□師貞王旬無畎
三六九五九　：在亞：無：
三六九六〇　癸丑：在洛：師貞：畎王：吉
三六九六〇　：王卜：貞□：旬無畎：囗曰吉
三六九六一　辛酉王卜在□貞今日步于：無災
三六九六一　癸亥王卜在：貞：遂于□無災
三六九六二　庚辰卜在甫：王步于埤：災
三六九六三　：在：遂于：□：無災
三六九六四　：夕茲：步于：無災
三六九六五　：卜在□貞：□方余从：王囗曰大吉
三六九六六　乙亥王卜：暨□方敦：妥余一人：

三六九六七　自上下示叙：告于：
：貞王其：□方：用五：不
三六九六八　丙戌：淮：于：
三六九六八　庚寅卜在□師貞王□林方無災
三六九六八　壬辰卜在□貞王其：無災
三六九六八　甲午卜在□師貞今日王步：𦎫無災
三六九六九　：在□牧：□：方
三六九七〇　丙寅卜：□衣：見史：有：方其：呼
延：茲：
三六九七〇　：于□其：
三六九七一　：貞今日王：歙美剛方
三六九七二　：貞王其：無災在：方
三六九七三　：卜在：師：方不：茲：
三六九七四　丁卯王卜貞：呼伐若
三六九七四　：卜貞：
三六九七五　己巳王卜貞：歲商受：王囗曰吉
三六九七五　東土受年
三六九七五　南土受年吉
三六九七五　西土受年吉
三六九七五　北土受年吉
三六九七六　乙未卜貞今歲受年
三六九七六　不受年
三六九七六　南受年
三六九七六　東受年
三六九七六　：受年
三六九七七　：卜貞今歲受：囗曰吉在五月
三六九七八　：今歲：受年
三六九七九　今歲不：年
三六九八〇　商：年
三六九八一　：𠦪年于示壬惟翌日壬子酌有大雨
三六九八一　：年示壬惟：牛用有大雨
三六九八二　：卜在：貞王：□：王來：□：
三六九八三　惟：稊
三六九八四　辛卯卜在□貞：王其步惟鎷?
三六九八四　：馬
三六九八五　惟□暨□用
三六九八五　惟□暨大騂無災弘吉
三六九八六　惟□用
三六九八六　惟小騂用
三六九八七　惟并駁
三六九八七　：馬
三六九八八　辛未卜貞豕：翌日壬王其比用：暨
□用無災在：
三六九八九　：卜在：貞王?：馬：
三六九八九　己卯：即燎：
三六九八九　貞：

三六九九〇　…馬犧…無省
三六九九一　…貞…白牛
三六九九二　惟黃牛
三六九九二　惟…
三六九九二　…黃牛
三六九九二　…牢…牛
三六九九三　惟黃牛
三六九九四　惟黃牛
三六九九五　惟黃牛
三六九九六　惟黃牛
三六九九七　…黃牛
三六九九七　…惟…
三六九九八　…黃牛
三六九九八　惟黃…
三六九九九　惟黃牛
三六九九九　…又一牛
三七〇〇〇　…戠牛
三七〇〇一　…戠牛
三七〇〇一　惟…
三七〇〇二　…戠牛
三七〇〇二　其…茲…
三七〇〇三　…戠牛
三七〇〇四　…戠牛
三七〇〇四　其…茲…
三七〇〇五　…戠牛
三七〇〇五　其…
三七〇〇六　…戠牛
三七〇〇六　其…茲…
三七〇〇七　惟…
三七〇〇七　惟…
三七〇〇七　其戠…
三七〇〇八　…戠牛…用
三七〇〇八　其…茲…
三七〇〇九　…其戠牛茲…
三七〇一〇　…戠牛其…茲…
三七〇一〇　其…
三七〇一一　其戠牛…
三七〇一二　…戠牛
三七〇一三　…戠牛
三七〇一三　其…茲…
三七〇一四　…戠牛
三七〇一四　惟…
三七〇一五　…戠牛…
三七〇一五　…卜貞…夕其…茲用
三七〇一六　…戠牛…用
三七〇一七　…戠牛…用

三七〇一八　…戠牛…用
三七〇一九　…戠牛…用
三七〇二〇　…勿牛…用
三七〇二〇　…戠
三七〇二一　…勿牛…
三七〇二一　…戠牛…
三七〇二一　其…
三七〇二二　…勿牛
三七〇二二　其戠牛
三七〇二三　…勿牛
三七〇二三　…戠牛…用
三七〇二四　…勿牛
三七〇二四　…戠牛
三七〇二五　其牢又一牛
三七〇二五　惟勿牛
三七〇二五　其牢又一牛
三七〇二五　其牢又一牛
三七〇二六　其牢又一牛
三七〇二六　其牢勿牛
三七〇二六　…嫠
三七〇二七　其…茲…
三七〇二七　其…
三七〇二七　惟…茲…
三七〇二七　…勿牛…用
三七〇二七　惟勿牛
三七〇二七　其牢又一牛茲用
三七〇二七　…牢…一牛
三七〇二七　…牢…一牛
三七〇二八　惟…
三七〇二八　惟勿牛
三七〇二八　惟…
三七〇二八　其牢又一牛
三七〇二八　其…又…
三七〇二九　其牢又一牛
三七〇二九　其牢又一牛
三七〇二九　其牢又一牛茲用
三七〇二九　惟勿牛
三七〇二九　惟勿牛牢
三七〇二九　…牢
三七〇二九　…勿牛
三七〇二九　…牢…一牛
三七〇三〇　惟…
三七〇三〇　其牢…茲…
三七〇三〇　其牢…
三七〇三〇　惟勿牛
三七〇三〇　惟勿牛

三七〇三〇　其宰又一牛
三七〇三一　其宰勿牛　兹用
三七〇三一　其宰勿牛
三七〇三二　其宰
三七〇三二　其宰
三七〇三二　其宰勿牛　兹用
三七〇三二　…宰勿牛…用
三七〇三三　惟…兹…
三七〇三三　其…又…
三七〇三三　惟勿牛
三七〇三三　其宰又一牛　兹用
三七〇三三　…勿牛
三七〇三四　惟勿牛　兹用
三七〇三四　…勿牛
三七〇三四　其宰又一牛
三七〇三四　…勿牛
三七〇三四　其宰又一牛
三七〇三四　…又一牛…用
三七〇三五　惟勿牛　兹用
三七〇三五　其宰又一牛
三七〇三六　惟勿牛　兹用
三七〇三六　…勿牛…
三七〇三六　其宰又一牛
三七〇三六　…又一牛…用
三七〇三七　惟勿牛
三七〇三七　…勿牛
三七〇三七　惟勿牛　兹用
三七〇三七　…又一牛…用
三七〇三七　其宰勿牛
三七〇三七　…又一牛
三七〇三八　惟…
三七〇三八　其…又…
三七〇三八　其…又…
三七〇三八　惟勿牛
三七〇三八　惟勿牛
三七〇三八　其宰又一牛
三七〇三八　惟勿牛
三七〇三八　其宰又…牛
三七〇三八　其宰又一牛
三七〇三九　惟勿牛
三七〇三九　惟勿牛
三七〇三九　…宰…一牛
三七〇四〇　惟勿牛
三七〇四〇　惟勿牛
三七〇四〇　…勿牛…用
三七〇四〇　…宰…牛

三七〇四一　惟勿牛
三七〇四一　惟…
三七〇四二　惟…
三七〇四二　惟勿牛
三七〇四三　惟勿牛
三七〇四三　惟勿牛
三七〇四四　…勿牛
三七〇四四　惟…
三七〇四五　惟勿牛
三七〇四五　惟勿牛
三七〇四五　…勿牛
三七〇四五　…牛
三七〇四六　…勿牛
三七〇四七　惟勿牛　兹用
三七〇四八　惟勿牛　兹用
三七〇四八　惟…
三七〇四九　其…又一…
三七〇四九　惟勿牛　兹用
三七〇五〇　（一與三七〇四八重）
三七〇五一　惟勿牛　兹用
三七〇五一　…勿牛
三七〇五二　（一與三七〇四九重）
三七〇五三　惟勿牛　兹用
三七〇五三　其宰又一牛
三七〇五三　…宰…一牛
三七〇五四　惟羊…
三七〇五四　惟勿牛　兹用
三七〇五五　…勿牛…用
三七〇五五　…勿牛…用
三七〇五六　惟勿牛　兹用
三七〇五六　…又一牛
三七〇五七　其…又…
三七〇五七　惟勿牛…用
三七〇五八　惟…兹…
三七〇五八　惟勿牛
三七〇五九　…勿牛
三七〇五九　惟…兹…
三七〇六〇　惟…兹…
三七〇六〇　…勿牛
三七〇六一　其…又…
三七〇六二　惟勿牛…用
三七〇六二　其…
三七〇六二　惟勿牛
三七〇六三　惟…
三七〇六三　…勿牛…用
三七〇六三　惟勿牛

三七〇六四　其牢…
三七〇六四　…勿牛
三七〇六五　其…又一…
三七〇六五　其…又一…
三七〇六五　…勿牛
三七〇六五　…又一…用
三七〇六六　其牢…一牛…用
三七〇六六　…勿牛
三七〇六六　…牢…一牛
三七〇六七　…勿牛
三七〇六七　其牢…牛
三七〇六八　其牢…牛
三七〇六八　…勿牛
三七〇六九　…又牛
三七〇六九　惟勿牛
三七〇六九　…勿牛
三七〇七〇　其…又…
三七〇七〇　其牢…
三七〇七〇　…勿牛
三七〇七〇　…又一牛…用
三七〇七一　惟…
三七〇七一　其…又…
三七〇七一　其…又…
三七〇七一　…勿牛
三七〇七一　…牢…一牛
三七〇七二　惟…
三七〇七二　惟…
三七〇七二　其…又一…
三七〇七二　…勿牛
三七〇七二　…羊…用
三七〇七二　…一牛
三七〇七三　其…兹…
三七〇七三　其牢勿牛
三七〇七三　…勿牛
三七〇七四　惟…
三七〇七四　其…又…兹…
三七〇七四　其…又一…
三七〇七四　惟勿牛
三七〇七四　惟勿牛
三七〇七四　…牢…一牛
三七〇七五　…勿牛
三七〇七五　惟…
三七〇七五　惟…兹
三七〇七五　…牢…牛
三七〇七六　惟…兹…

三七〇七六　惟…兹…
三七〇七六　…勿牛
三七〇七六　…牢…一牛
三七〇七七　惟…
三七〇七七　…勿牛…用
三七〇七七　其牢兹…
三七〇七七　…牢勿牛
三七〇七八　惟…
三七〇七八　…勿牛
三七〇七八　惟…
三七〇七八　…牢…一牛
三七〇七九　惟勿牛
三七〇七九　其牢兹用
三七〇八〇　其…又…
三七〇八〇　…牢…一牛
三七〇八〇　惟勿牛
三七〇八〇　惟勿牛
三七〇八一　惟勿牛
三七〇八一　…牢…牛
三七〇八一　其…又…
三七〇八一　…牢…牛
三七〇八二　惟…兹…
三七〇八二　其牢…
三七〇八二　…勿牛
三七〇八二　…勿牛
三七〇八三　其牢
三七〇八三　…勿牛
三七〇八三　其牢
三七〇八三　…勿牛
三七〇八四　惟…
三七〇八四　…勿牛
三七〇八四　惟…
三七〇八五　其牢
三七〇八五　…牢又一牛…用
三七〇八五　…牢勿牛…用
三七〇八六　惟勿牛
三七〇八六　其牢…兹…
三七〇八七　惟勿牛…用
三七〇八七　惟…兹…
三七〇八七　其…又…
三七〇八七　…勿牛
三七〇八八　其…
三七〇八八　其…又…
三七〇八八　…勿牛
三七〇八八　…牢又…兹用
三七〇八九　勿牛

三七〇八九　其牢
三七〇八九　勿牛
三七〇八九　其牢
三七〇九〇　…牢…用
三七〇九〇　…勿牛
三七〇九〇　…牛…用
三七〇九一　惟…
三七〇九一　…勿牛
三七〇九一　其…又一…
三七〇九一　…勿牛
三七〇九二　其…又一…
三七〇九二　…勿牛
三七〇九三　…牢…牛
三七〇九三　…勿牛
三七〇九四　…牢勿牛…
三七〇九五　其牢又牛
三七〇九五　勿牛
三七〇九五　勿牛
三七〇九五　（習刻）
三七〇九六　其…又…
三七〇九六　…勿牛
三七〇九七　惟勿牛
三七〇九七　惟…
三七〇九七　…勿牛
三七〇九八　惟…
三七〇九八　…勿牛
三七〇九九　惟…
三七〇九九　惟勿牛
三七〇九九　惟…
三七一〇〇　惟勿牛
三七一〇一　惟勿牛
三七一〇二　惟勿牛
三七一〇二　惟勿牛
三七一〇三　惟勿牛
三七一〇四　惟勿牛
三七一〇五　惟…
三七一〇五　惟勿牛
三七一〇六　惟…
三七一〇六　惟勿牛
三七一〇七　惟勿牛
三七一〇八　惟勿牛
三七一〇八　惟勿牛
三七一〇九　…勿牛…用
三七一〇九　其五…
三七一一〇　其…又…

三七一一〇　其…又…
三七一一〇　…勿牛…用
三七一一〇　…牢…牛
三七一一一　其…又…
三七一一一　其牢又一…兹…
三七一一一　…勿牛
三七一一一　…牢…一牛
三七一一二　其牢又一…兹…
三七一一二　其牢
三七一一二　…勿牛
三七一一三　…牢…一牛
三七一一三　其…又…
三七一一三　其…又…
三七一一三　…勿牛
三七一一三　…牢…一牛
三七一一四　其牢…一牛
三七一一四　…牢勿牛…用
三七一一五　其…又…
三七一一五　…勿牛
三七一一五　其…又…
三七一一五　…牢…一牛
三七一一六　…勿牛
三七一一六　其牢
三七一一六　…勿牛
三七一一七　…又一牛
三七一一七　…勿牛
三七一一八　惟…
三七一一八　惟勿牛…用
三七一一九　惟勿牛兹…
三七一一九　…勿牛…用
三七一二〇　惟…
三七一二〇　…勿牛…用
三七一二一　其…
三七一二一　…勿牛…用
三七一二二　其…
三七一二二　…勿牛…用
三七一二三　惟…
三七一二三　惟勿牛…用
三七一二四　惟…
三七一二四　惟勿牛…用
三七一二五　惟勿牛兹…
三七一二五　惟勿牛
三七一二五　惟勿牛
三七一二六　惟勿牛兹用
三七一二七　…勿牛…用
三七一二七　…勿牛…用

三〇一二八　惟：
三〇一二八　：勿牛：用
三〇一二九　惟：
三〇一二九　惟：
三〇一二九　：勿牛：用
三〇一二九　：勿牛
三〇一三〇　惟𦍩兹用
三〇一三〇　其牢又一牛
三〇一三〇　：勿牛：用
三〇一三〇　：𦍩
三〇一三一　惟勿牛
三〇一三一　：牢又一牛
三〇一三二　惟勿牛
三〇一三二　：牢：一牛
三〇一三三　其牢又一牛
三〇一三三　：勿牛
三〇一三四　其：又：
三〇一三四　：勿牛：用
三〇一三五　其：又：
三〇一三五　：𦍩：
三〇一三五　：牢：一牛
三〇一三六　其：又：
三〇一三六　：勿牛：用
三〇一三七　：酉卜貞：其牢：兹用
三〇一三七　：勿牛：用
三〇一三八　惟彳
三〇一三八　其三牢
三〇一三八　其五牢
三〇一三九　其：
三〇一三九　卯其三牢
三〇一三九　吉
三〇一三九　其五牢
三〇一三九　大吉
三〇一三九　大吉
三〇一四〇　壬子卜：三牢又：
三〇一四一　其五：受：
三〇一四一　其三：王受：
三〇一四二　其三牛王受：
三〇一四三　其二牢王受：
三〇一四四　惟：
三〇一四四　惟勿牛
三〇一四四　：牢：牛
三〇一四四　其牢
三〇一四四　其牢又一牛
三〇一四四　：又一牛
三〇一四五　其牢又一牛

三〇一四五　惟：
三〇一四五　其：
三〇一四六　惟：
三〇一四六　：又一牛
三〇一四六　其：又：
三〇一四六　其牢又一牛
三〇一四七　其牢又一牛
三〇一四七　惟：
三〇一四八　惟：
三〇一四八　：又一：
三〇一四八　：牢：一牛
三〇一四八　：牢：一牛：用
三〇一四九　惟：
三〇一四九　其牢：
三〇一四九　：牢：一牛
三〇一五〇　惟：
三〇一五〇　：牢：一牛
三〇一五一　惟：
三〇一五一　：牢：牛
三〇一五二　惟：
三〇一五二　：牢：一牛：用
三〇一五三　惟：兹：
三〇一五三　其牢：牛兹：
三〇一五四　惟：
三〇一五四　其牢：牛兹：
三〇一五五　其：又：
三〇一五五　：牢：一牛：用
三〇一五六　其牢又一牛
三〇一五六　其牢又一牛
三〇一五七　其：又：兹：
三〇一五七　其：又：
三〇一五七　：五牢正王受祐
三〇一五七　其牢又一牛
三〇一五八　其牢又一牛
三〇一五八　：牢：一牛
三〇一五九　其牢又一牛
三〇一六〇　其牢又一牛
三〇一六〇　其牢又一牛兹用
三〇一六〇　惟甲有正
三〇一六一　其牢又：
三〇一六一　其牢又一牛
三〇一六二　其牢又一牛
三〇一六二　：牢：一牛
三〇一六三　其：又一：兹：
三〇一六三　其牢又一牛

三七一六四	其牢又一牛 兹用
三七一六五	其牢：一牛 兹用
三七一六五	：牢：一牛 兹用
三七一六六	其：又：
三七一六六	其牢又一牛 兹用
三七一六七	其牢：兹：
三七一六七	：牢又一牛
三七一六八	其牢：兹：
三七一六八	：牢又一牛
三七一六九	：牢又一牛 兹用
三七一七〇	其：又：兹：
三七一七〇	：牢：牛：用
三七一七一	：牢又：兹用
三七一七二	其：兹：
三七一七二	：牢：牛
三七一七三	其：又：兹：
三七一七三	：牢：用牛
三七一七四	：兹：
三七一七四	其：又：
三七一七四	：牢：一牛
三七一七五	：兹：
三七一七五	其：又：
三七一七五	：牢：一牛
三七一七五	：又一：
三七一七六	其牢又一牛 兹用
三七一七七	其：兹：
三七一七七	：牛：用
三七一七八	惟：
三七一七八	：牢又一牛：用
三七一七九	惟：
三七一七九	其：又牛
三七一八〇	：又一牛
三七一八〇	：牛
三七一八一	：一牛
三七一八一	：牢：一牛
三七一八二	惟：兹：
三七一八二	其牢：一牛
三七一八三	惟：
三七一八三	其牢兹：
三七一八四	其：又：
三七一八四	：牢：一牛：用
三七一八五	：牢：牛：用
三七一八六	弜：
三七一八六	：牢：一牛
三七一八七	其牢又一牛 兹用
三七一八七	其：又：

三七一八八	其：
三七一八八	其牢又一牛 兹用
三七一八八	：用
三七一八九	其牢：兹：
三七一八九	其牢又一牛 兹用
三七一九〇	其牢 兹用
三七一九〇	其牢又一牛
三七一九〇	：牢：一牛
三七一九一	其牢：
三七一九一	其牢又一牛 兹用
三七一九二	其牢：一牛
三七一九二	：牢：一牛 兹用
三七一九三	其牢又一牛 兹用
三七一九四	其牢：一牛 兹用
三七一九五	其：又一：
三七一九五	：牢又一牛 兹用
三七一九六	其牢又一牛
三七一九六	：牢：牛：用
三七一九七	其牢又一牛
三七一九七	：牢：牛：用
三七一九八	其牢又一牛
三七一九八	其牢又一牛
三七一九八	：燮
三七一九九	其牢又一牛
三七一九九	其牢又一牛
三七一九九	：又一牛：用
三七二〇〇	其牢又一牛
三七二〇〇	：牢：一牛
三七二〇一	其牢又一牛
三七二〇一	：牢：一牛
三七二〇二	其牢：
三七二〇二	其牢又一牛
三七二〇三	其牢又一牛
三七二〇三	：一牛
三七二〇四	其牢又一牛
三七二〇五	：牛：用
三七二〇五	其牢又一牛
三七二〇六	其牢又一牛
三七二〇六	：丁
三七二〇七	其牢
三七二〇七	其牢
三七二〇七	其牢又一牛 兹用
三七二〇八	其牢又：
三七二〇八	：牢：一牛
三七二〇九	其牢：一牛
三七二〇九	其牢：一牛

三七三〇九　丁亥：有祐
三七三〇九　：牛
三七三一〇　：又一牛
三七三一〇　其宰又一牛
三七三一一　其：又：
三七三一一　：宰：牛：用
三七三一二　其：又：
三七三一二　：宰：牛
三七三一三　其：兹：
三七三一三　：宰：一牛
三七三一四　其：又：
三七三一四　：宰：一牛
三七三一五　其宰
三七三一五　：宰又一牛：用
三七三一六　其宰：
三七三一六　：宰又一牛：用
三七三一七　其宰
三七三一七　：又一牛
三七三一八　其宰又：
三七三一九　其宰又一：
三七三二〇　其宰又一：
三七三二一　其宰：
三七三二一　：宰又一牛
三七三二二　其：又一：
三七三二二　：宰：
三七三二三　其宰：
三七三二三　：又一牛
三七三二四　其：又：
三七三二四　：宰又一牛
三七三二五　其：
三七三二五　：宰又一牛兹用
三七三二六　其宰：
三七三二六　：宰又一牛
三七三二七　其宰：
三七三二七　：宰又牛
三七三二八　其宰：
三七三二八　：又一牛
三七三二九　其：又：
三七三二九　：宰：一牛
三七三三〇　其：
三七三三〇　：又一牛
三七三三一　其：又：
三七三三一　其宰：一牛
三七三三二　其：又：
三七三三二　：宰：一牛
三七三三三　其：

三七三三三　：宰：一牛
三七三三四　其：
三七三三四　：宰：一牛
三七三三五　其：又一：
三七三三五　：又：牛
三七三三六　其：牛
三七三三六　：宰：牛
三七三三七　其：又一：
三七三三七　其：又：
三七三三七　：宰：牛
三七三三八　其：又：
三七三三九　：宰：一牛
三七三三九　其：又一：
三七三三九　：宰：一牛
三七三四〇　其宰又一：
三七三四一　：又：
三七三四一　其宰：一牛
三七三四二　：宰：一牛
三七三四三　其：
三七三四三　：宰：一牛
三七三四四　：宰：一牛
三七三四五　：宰：一牛
三七三四六　其宰又一：
三七三四六　：又：
三七三四七　其：又：
三七三四七　：宰：一牛
三七三四八　：宰：一牛
三七三四八　：牛
三七三四九　其宰：一牛
三七三五〇　：宰：一牛
三七三五一　惟：
三七三五一　：宰：一牛
三七三五二　：宰：一牛
三七三五三　：宰：一牛
三七三五四　：宰：一牛
三七三五五　：宰：一牛
三七三五六　：宰：一牛
三七三五七　：宰：一牛
三七三五八　其：又：
三七三五八　：宰：一牛
三七三五九　其：
三七三五九　：宰：一牛
三七三六〇　：一牛
三七三六〇　：宰：一牛
三七三六一　其宰又：
三七三六二　其宰：一牛

三七二六三　其牢：牛
三七二六四　：牢：牛
三七二六四　其：
三七二六五　：牢：牛
三七二六六　：牢：牛
三七二六七　其牢：
三七二六七　：牛
三七二六八　其牢：
三七二六八　其牢：
三七二六九　其牢：
三七二七〇　其牢
三七二七一　其牢
三七二七二　其牢：
三七二七三　其牢
三七二七四　其牢又：
三七二七四　其牢又牛
三七二七四　：茲：
三七二七五　其牢：牛　茲：
三七二七六　惟：茲：
三七二七六　：牛
三七二七六　：一牛
三七二七七　惟：茲：
三七二七七　：牢：一牛
三七二七八　：牛
三七二七八　：用
三七二七九　甲戌：侑于：在十：
三七二七九　惟牢用
三七二七九　：牢
三七二八〇　：用十牛　茲用
三七二八一　其：有：
三七二八一　其牢：一牛
三七二八一　乙巳王卜貞今囚巫九：
三七二八一　：卜貞：其牢：月
三七二八二　：貞庚：其牢
三七二八二　惟：
三七二八三　：宰兄甲
三七二八四　：牛
三七二八四　：五牛
三七二八五　惟：
三七二八五　其一牛
三七二八五　其二牛
三七二八五　：三?牛
三七二八六　其：又：
三七二八六　：牛：用
三七二八七　：有：：
三七二八七　：一牛：災
三七二八八　惟：
三七二八八　：牛用

三七二八九　：己惟：牛
三七二八九　：其：大：
三七二九〇　惟：
三七二九〇　惟：
三七二九〇　：牛
三七二九一　惟牛
三七二九二　惟：
三七二九二　：貞：惟羊
三七二九三　：卜貞：惟羊
三七二九四　：卜貞：惟羊
三七二九五　癸：惟：
三七二九五　惟小宰
三七二九五　：貞：
三七二九六　惟：
三七二九六　惟小宰
三七二九七　惟小宰
三七二九七　：小宰
三七二九八　惟：
三七二九八　惟小宰
三七二九九　惟小：
三七二九九　：宰：用
三七三〇〇　其：又一：
三七三〇〇　其牢又一牛
三七三〇〇　小宰用
三七三〇一　小宰用
三七三〇二　惟：
三七三〇二　：小宰
三七三〇三　：小宰用
三七三〇四　：小宰
三七三〇五　惟小宰
三七三〇六　惟：茲：
三七三〇六　：宰：用
三七三〇七　惟：茲：
三七三〇七　：小宰
三七三〇八　惟：茲：
三七三〇八　惟羊　茲用
三七三〇八　貞：
三七三〇九　惟羊　茲用
三七三〇九　惟羊　茲用
三七三一〇　其牢又一：茲：
三七三一〇　惟：
三七三一〇　惟羊
三七三一〇　惟羊
三七三一一　其：又一：
三七三一一　其牢又一牛
三七三一一　：牢：牛

三七三一一　惟羊
三七三一一　：羊
三七三一二　惟：茲：
三七三一二　其：又一：
三七三一二　：羊
三七三一二　：牢又一牛　：用
三七三一三　惟
三七三一三　其：又：茲：
三七三一三　：羊
三七三一三　牢：一牛
三七三一四　惟羊：用
三七三一四　：牢又一：
三七三一五　：羊：用
三七三一五　：貞：其：用
三七三一六　惟
三七三一六　：羊：用
三七三一七　惟羊　茲用
三七三一七　：羊
三七三一七　惟羊　茲：
三七三一七　：卜貞：乙丁：牢
三七三一八　惟羊　茲用
三七三一八　：牛
三七三一九　惟羊　茲：
三七三一九　：羊：用
三七三二〇　惟：茲：
三七三二〇　：羊
三七三二〇　：卜貞：其牢
三七三二〇　惟
三七三二一　惟：
三七三二一　惟：
三七三二一　：卜貞：其牢：用
三七三二一　：羊
三七三二二　：惟羊
三七三二二　：子卜貞：無畎
三七三二三　惟羊用
三七三二四　惟：
三七三二四　惟羊　茲用
三七三二五　：羊：用
三七三二六　：羊
三七三二六　其：又：
三七三二七　惟：
三七三二七　：羊
三七三二八　惟羊
三七三二八　：羊
三七三二九　惟：
三七三二九　：羊：用

三七三三〇　三七三三一　三七三三一　三七三三二　三七三三二　三七三三三　三七三三三　三七三三四　三七三三五　三七三三六　三七三三七　三七三三七　三七三三八　三七三三八　三七三三九　三七三四〇　三七三四〇　三七三四一　三七三四二　三七三四二　三七三四二　三七三四三　三七三四三　三七三四四　三七三四四　三七三四五　三七三四六　三七三四七　三七三四八　三七三四九　三七三四九　三七三五〇　三七三五一　三七三五一　三七三五一　三七三五一　三七三五二　三七三五三　三七三五三　三七三五四　三七三五四　三七三五五　三七三五六　三七三五六　三七三五六　三七三五七

：羊：用
：羊
：羊：用
惟：
：羊：用
惟：茲：
：羊
惟羊
惟羊
惟羊
惟：茲：
：羊
惟羊　茲：
：羊
惟羊　茲：
惟羊　茲：
：羊
：羊
惟：
惟羊
惟羊
惟羊
：羊
惟：
：羊
惟羊
惟羊
惟羊
：羊
：羊：用
：牢
丁酉卜惟羊
惟羊　茲：
丙午：其：
：羊
：羊
惟羊
其：茲：
：一牛
其牢：
：羊
：羊：用
：卜貞：牢：八月
：羊
：貞：羊
：羊

三七三五八 ：：華
三七三五九 ：：華
三七三六〇 ：：華
三七三六一 ：：貞：：丁其：：用：：月
三七三六一 ：：華
三七三六二 壬辰卜：：無災：：虎一狐十?
三七三六二 壬寅卜貞王田宊往來無災王囚曰吉茲
御獲虎一狐六
三七三六二 丁未卜貞王田疐往來無災王囚曰吉
三七三六二 戊申卜貞王田𦎫往來無災
三七三六二 壬子卜貞王田𦎫往來無災王囚曰吉
三七三六二 戊辰卜貞王田𦎫往來無災王囚曰吉
三七三六二 辛未卜貞王田往來無災王囚曰吉
三七三六三 戊戌王卜貞田鷄往來無災王囚曰吉茲
御獲狐
三七三六三 辛丑王卜貞田𦎫往來無災王囚曰吉
三七三六三 壬寅王卜貞田疐往來無災王囚曰吉
三七三六三 戊申卜貞王田[illegible]往來無災王囚曰吉茲御
獲兕六狐：：
三七三六三 壬子卜貞田宊往來無災王囚曰吉茲御獲
兕一虎一狐七
三七三六三 乙卯王卜貞田𦎫往來無災王囚曰吉
三七三六三 戊午卜貞王田朱往來無災王囚曰吉茲御
獲兕十虎一狐一
三七三六三 辛酉卜貞王田𦎫往來無災王囚曰吉：：
三七三六四 壬寅王卜貞田：：往：：無災王囚曰：：茲
御獲狐：：鹿一麑六
三七三六四 乙巳王卜貞田未往來無災王囚曰吉
三七三六四 戊申王卜貞田王往來無災王囚曰吉
三七三六四 辛亥王卜貞田𦎫往來無災王囚曰吉
三七三六四 壬子王卜貞田：：往來無災王囚曰吉
三七三六四 乙丑王卜貞田𦎫往來無災王囚曰吉
三七三六四 辛未王卜貞田𦎫往來無災王囚曰吉獲
象十雉十又一
三七三六四 ：：卜貞：：往來：：王囚曰吉獲：：兕
三七三六五 壬：：田疐：：無災：：茲：：象：：
三七三六五 乙亥王卜貞田喪往來無災王囚曰吉獲
象七雉三十
三七三六五 戊寅王卜貞田𦎫往來無災王囚曰吉
三七三六五 ：：巳王卜：：田𦎫往：：無災王囚：：吉
三七三六六 戊申：：貞王：：無：：
三七三六六 ：：茲御：：虎三
三七三六六 ：：兔：：無狊
三七三六七 乙酉卜貞王田喪往來無災
三七三六七 丁亥卜貞王田𦎫往來無災擒隹百三十八
象二雉五
三七三六七 辛卯卜貞王田宮往來無災
三七三六七 ：：卜貞：：宮往：：無災
三七三六七 ：：卜貞：：疐：：來無：：
三七三六八 ：：卜貞：：喪：：來：：災
三七三六八 ：：獲狐十兔：：虒一𢦏一象：：雉十一
三七三六九 ：：獲：：鹿一：：
三七三六九 ：：衣：：擒茲：：
三七三七〇 ：：王?獲：：十虎：：
三七三七〇 ：：獲：：鹿一
三七三七一 ：：北：：獲：：虎一
三七三七二 ：：受祐：：在十月又二
三七三七二 ：：貞田𦎫往：：災王囚曰吉
三七三七二 ：：王卜貞田梌往：：王囚曰吉茲御：：
百四十八象二
三七三七二 ：：往
三七三七三 辛巳卜貞王：：往來無：：象獲：：一
象一：：
三七三七三 乙酉卜貞王：：往來無災茲：：
三七三七四 ：：王卜貞：：王囚曰吉茲：：三十八：：
三七三七五 庚申：：貞：：虎：：
三七三七五 擒茲獲兕四十鹿二狐一
三七三七六 ：：茲御獲兕十又二
三七三七六 ：：辰卜：：王逐：：往：：無災
三七三七六 ：：災
三七三七七 ：：擒：：獲：：六：：
三七三七七 ：：茲御：：兕
三七三七八 戊申王：：無災王囚：：茲御獲：：雉一
三七三七八 ：：子王卜貞田宊往來無災王囚：：弘吉茲
御獲兕三麋八
三七三七九 乙未王：：往來無：：兕二
三七三七九 丁酉王卜貞其逐于宮往來無災
三七三七九 戊戌王卜貞其田喪往來無災
三七三七九 ：：寅王卜貞其田于宊往來無災
三七三七九 ：：來無災
三七三八〇 戊申：：王囚：：鹿：：
三七三八〇 壬子王卜貞田益往來無災王囚曰弘吉
茲御獲狐四十一麑八兕一
三七三八〇 ：：王卜：：𦎫：：來無災：：囚曰吉
三七三八一 戊戌：：田𦎫：：無災
三七三八一 壬寅卜：：田𦎫：：無災
三七三八一 丁巳卜貞王田盂往來無災
三七三八一 辛酉卜貞王田疐往來無災
三七三八一 ：：獲：：
三七三八一 ：：寅王卜：：田𦎫：：無災
三七三八二 戊申卜貞王田于𠂤麓往來無災茲御獲

三七三八二　兕一狐四
三七三八三　其延𤽄
三七三八四　：田于𨬚往：御獲兕一：
三七三八四　：壬王：射：災擒：
三七三八四　茲御：兕一：
三七三八五　：擒：御：狐：
三七三八六　己酉：王田：來無：茲御：兕一：
三七三八六　丁卯：迖于：往：無：茲：
三七三八六　戊寅卜貞王迖于召往來無災
：卜貞衣彡日：犬𡎸祝：兕翌日：亥
三七三八七　王其佫：悔擒
三七三八七　癸未：◎：告：王：
丁酉：貞翌日壬寅王其𠑹兕其唯𤉲亾
𩣡：王弗悔
三七三八七　乙未卜貞：犬𡎸：兕：
三七三八七　辛丑：
三七三八七　：二升：正王：有祐
三七三八七　：戠：䂉：受：翌日：
三七三八八　：無：
三七三八八　：茲御：兕一：
三七三八九　辛巳：于：獲兕：
三七三九〇　擒：獲：𢀛
三七三九〇　：茲御：兕
三七三九一　：擒茲御獲兕一𢀛七
三七三九一　：獲：
三七三九二　丁卯卜在去貞𡆥告曰兕來羞王惟
今日𠑹無災擒
三七三九三　辛巳：田：往：無災：吉茲御：兕
：
三七三九三　：貞：田往：無災王占曰吉茲御獲：
獲十五兕
三七三九三　：王卜貞田：往來無災茲禦：
三七三九四　癸：貞其：亳：兕：在七：有祐王：
三七三九五　丁卯：兕：惟：
三七三九五　惟壬王其射無災擒弘吉
三七三九六　王惟翌日辛射斿兕無：
三七三九七　（習刻）
三七三九八　在九月惟王：祀彡日王田盂于𡧊
獲白兕
三七三九九　：卜：田：災茲御：百五十：二
三七三九九　：田𦎫：御：
三七四〇〇　壬子卜貞：王占曰吉
三七四〇〇　乙卯卜貞王田𦎫往來無災
三七四〇〇　：午卜貞：田羌往來無災王占曰吉茲
御獲鹿十五
三七四〇一　：茲御：鹿：又一

三七四〇二　：貞：
三七四〇二　：御：鹿：又一
三七四〇三　戊申王卜貞田敦往來無災王占曰吉
三七四〇三　壬子王卜貞田𪊽往來無災王占曰吉獲
鹿十
三七四〇三　：王：
三七四〇四　王：災茲：鹿八：
三七四〇五　壬辰王卜貞田𦎫往來無災王占曰吉
三七四〇五　戊戌王卜貞田羌往來無災王占曰吉茲
禦獲鹿八
三七四〇五　：王卜貞：劇往：無災王：吉茲御
：鹿二
三七四〇五　：王卜：巳王：災王：吉：獲：
三七四〇六　辛：王田：往：吉
三七四〇六　壬子卜貞王田雍往來無災吉
三七四〇六　：巳卜：王田：往來：
三七四〇六　：災：
三七四〇六　：鹿七
三七四〇七　擒：獲：
三七四〇七　：御：鹿七
三七四〇八　壬辰王卜貞田𢦏往來無災王占曰吉在
十月茲御獲鹿六
三七四〇八　乙巳王卜貞田𦎫往來無災王占曰吉
茲御獲鹿四麑一
三七四〇八　戊戌王卜貞田羌往來無災王占曰吉茲
御獲鹿四
三七四〇八　：卜貞：往來：占曰吉：𠑹：
三七四〇九　戊申王卜貞田羌往來無災王占曰吉茲
御獲鹿六
三七四〇九　：王卜：𢦏：來：王占：茲：
三七四〇九　：弘吉
三七四一〇　：在𦎫：王田師東往來無災茲御獲
鹿六狐十
三七四一一　戊辰：于召：
三七四一一　己巳卜貞王迖于召往來無災
三七四一一　辛未卜貞王田于𪒠往來無災茲：獲
兕十又一鹿四麑五
三七四一一　：貞王迖于召往來無災
三七四一一　：卜：于召：來無災
三七四一二　：一雉二
三七四一二　：御：鹿五
三七四一三正　乙：迖：往：
三七四一三正　丁巳卜貞：往迖于：來無：
三七四一三反　：十：鹿五：
三七四一四　辛未卜貞王田盂往來無災獲鹿四
三七四一四　丁卯：田于：往：

三七四一五 ：其：獲：
三七四一五 ：御：鹿三
三七四一六 ：田于宮：無災：
三七四一六 戊申王卜貞田羌往來無災茲御
三七四一六 壬子王卜貞田于𢧢往來無災茲御獲
鹿𪊨一
三七四一六 乙卯王卜貞田于𩫖往來無災茲御獲
鹿：
三七四一六 戊午王卜貞田于𩫖往來無災獲鹿三
三七四一六 甲戌王卜貞：祝往來無災獲鹿九狐
一：曰吉
三七四一七 丁：貞：往來：
三七四一七 戊寅王卜貞田宮往來無災王占曰吉
三七四一七 辛巳王卜貞田𩫖往來無災王占曰吉獲
狐三鹿二
三七四一七 ：田：災
三七四一八 擒茲御獲鹿：
三七四一八 ：茲御：鹿：二
三七四一九 ：貞田呈：王占曰吉：獲狐三鹿二?
三七四二〇 ：御獲鹿二：狐一
三七四二一 乙丑王：往來無：茲御
三七四二一 戊辰王卜貞田敦往來無災王占曰吉茲
御獲鹿二
三七四二一 壬申王卜貞田羌往來無災王占曰吉茲御
獲鹿十又一
三七四二一 戊寅王卜貞田𩫖往來無災王占曰吉茲
御獲鹿二
三七四二一 壬午王卜貞田𢧢往來無災王占曰吉茲御
獲鹿三
三七四二一 ：王卜：
三七四二二 壬寅：田𩫖：無災：獲：
三七四二二 戊申卜貞王田盂往來無災王占曰吉茲御
獲鹿二
三七四二二 ：卜貞王田𩫖往來無災王占曰吉
三七四二二 ：𩫖往：災王占：御獲：
三七四二三 擒茲：獲狐：麋：
三七四二四 擒：獲：
三七四二四 擒：獲：
三七四二四 ：茲御：鹿一：
三七四二五 戊寅：王田：來：茲御：鹿一：
三七四二五 ：貞王：往：無災
三七四二六 戊申王卜貞田𩫖往來：王占曰吉在九
月茲御獲鹿一麑三
三七四二六 辛亥王卜貞田𩫖往來無災王占曰吉
三七四二六 ：王占：御：七
三七四二七 ：于：往：無：獲鹿一狐三

三七四二八 壬午卜貞：
三七四二八 乙酉卜貞王田𩫖往來無災王占曰吉
三七四二八 戊子卜貞王田𩫖往來無災吉
三七四二八 辛卯卜貞王田盂往來無災王占曰吉茲
御獲鹿
三七四二八 ：卜貞：𢧢往：災王：茲御：鹿二
三七四二九 己丑卜貞王迖于召往來無災在九月茲
御獲鹿一
三七四二九 ：王：曰：
三七四三〇 壬寅王卜：田𤪌往來無災王占曰：茲御
獲狐：鹿麑
三七四三〇 乙巳王卜貞田析往來無災王占曰吉
三七四三〇 戊申王卜貞田王往來無災王占曰吉
三七四三〇 ：王卜貞：𩫖往來：災王占曰吉
三七四三一 壬午：王田：往：災
三七四三一 乙未卜貞王田𩫖往來無災茲御獲鹿四
麑一
三七四三一 辛丑卜貞王田𩫖往來無災
三七四三一 ：卜貞：往來：災
三七四三一 ：卜貞：宮：無災
三七四三一 戊寅：王田：來：茲：
三七四三二 ：酉卜：田敦往：無災王：茲御：
鹿一
三七四三三 戊辰：貞田：往：無災：曰吉
三七四三三 戊子王卜貞田𢧢往來無災王占曰吉茲
御獲：
三七四三三 ：寅王卜貞田𩫖：來無：王占：吉
三七四三四 丙辰王卜在：今日步于：
三七四三四 戊午王卜在羌貞田舊往來無災茲御
獲鹿狐
三七四三四 己未王卜在羌貞今日步于僭無災
三七四三四 庚申王卜在僭貞今日步于勧無災
三七四三四 ：王：淮：
三七四三五 ：貞：召：來無：獲鹿：
三七四三六 壬寅：田盂：無災：鹿：
三七四三六 ：卜貞王：往來：災獲：九：
三七四三七 ：雉一：雉一：朿鹿：茲：
三七四三八 ：獲鹿：
三七四三九 戊戌卜貞在[illegible][illegible]告麑鹿王其比射往來
無災王：吝
三七四三九 貞王：茲御：狐十：麋：
三七四三九 丁巳卜貞王麓：善往來無災王吝
三七四三九 癸：王卜：翟：
三七四四〇 丁酉：賓：往：災
三七四四〇 ：寅卜貞：迖于召往來無災茲御獲
鹿一

三七四四〇　：茲：鹿四
三七四四一　戊午：其：往：
三七四四一　：未卜貞：田涉：來無：獲鹿：狐：
三七四四二　：卜貞：鹿：麑三?
三七四四二　壬戌妹?：
三七四四三　：䀠
三七四四三　：卜貞：今夕：䀠
三七四四三　：鹿
三七四四四　：茲御：鹿
三七四四五　擒：獲：
三七四四五　：茲御：鹿：
三七四四六　：貞王迖：來無災：獲鹿：
三七四四七　：王卜：呈往：無災：曰吉茲：獲：
鹿一
三七四四八　壬申王：田麥往：無災王：吉茲御：白
鹿：
三七四四八　乙亥王卜貞迖喪往來無災王囗曰吉
三七四四八　丁丑王卜貞田宮往來無災王囗曰吉
三七四四八　：寅王卜貞：喪往來：災王囗曰：
三七四四九　辛酉：王：往：災
三七四四九　壬申卜貞王田𩁹往來無災獲白鹿一
狐二
三七四五〇　：茲御：麑：三
三七四五〇　：御：狐四十
三七四五一　：卜貞：召：無災
三七四五一　：卜貞王：𪊨麓：來無災：鹿四狐
：
三七四五二　己巳卜貞王：于召往來：
三七四五二　甲申卜貞王田在㳄麓往來無災茲御獲
狐：麑三
三七四五二　戊寅卜貞王迖于召往來無災
三七四五二　：卜貞王：于召：來無災：
三七四五三　：獲：三狐：麑三
三七四五四　壬午卜：災茲：麑三?
三七四五五　：卜貞王田璿往來：王囗曰吉茲御
獲：麑二雉二
三七四五六　：麑二
三七四五七　往來：囗曰吉：麑一
三七四五八　在品貞：卯往來：茲獲：麋四十八：
狐一
三七四五八　：卜在爵：于：
三七四五九　田于㳄往來：獲麋十又八
三七四六〇　戊戌卜貞王迖于召往來：茲御獲
麑一
三七四六〇　壬寅卜貞王迖于召往來無災
三七四六〇　辛亥卜貞王迖于召往來無災
三七四六〇　壬子卜貞王田于斿往來無災茲御獲鹿

十
三七四六一　：王田于㳄麓往：茲御獲麋六鹿：
三七四六二正　戊申王：往來：吉茲御：
三七四六二正　辛亥王卜貞田梌往來無災王囗曰吉
三七四六二正　壬子王卜貞田𡧊往來無災
三七四六二正　戊午王卜貞田盛往來無災王囗曰大吉獲狐
五
三七四六二正　：酉王卜貞：往來：囚：
三七四六二反　：麋二
三七四六三　乙：卜：王迖于：往來無災
三七四六三　戊戌卜貞王田于召往來無災
三七四六三　己亥卜貞王田于：麓往來無災獲麋
四虎三麑二
三七四六三　辛丑卜貞王迖于召往來無災
三七四六四　：卜貞王田于：往來無災在五月：獲
麋狐四
三七四六五　：十獲狐三：麑一
三七四六六　𠂤麋
三七四六七　：吉𣪘兕：畢惟：
三七四六八　壬辰卜貞王迖于召往來無災
三七四六八　丁酉卜貞王迖于召往來無災
三七四六八　壬寅卜貞王迖于召往來無災
三七四六八　丁丑卜貞宰逐辟祝医麓𣪘犬翌日戊
寅王其㓨：召王弗悔擒
三七四六八　辛未王卜在召廳惟執其令饗史
三七四六八　癸酉卜貞宰逐辟祝医麓𣪘犬翌日戊
寅：其：召：
三七四六八　：未卜貞王迖于喪往來無災
三七四六九　丁巳卜：祝𣪘：惟：
三七四七〇　戊辰：田鷄：無災：曰吉獲狐三十又七
三七四七〇　辛亥卜貞王田雍往來無災王囗曰吉
三七四七〇　：卜貞王：往來無：曰吉
三七四七一　：卜貞王田于鷄往來無災：弘吉茲御
獲狐八十又六
三七四七二　壬申王：貞田𩁹：來無災：囗曰吉
三七四七二　戊寅王卜貞田鷄往來無災王囗曰吉茲
御獲狐二十
三七四七二　辛巳王卜貞田𡧊往來無災王囗曰吉
三七四七二　壬午王卜貞田𩁹往來無災王囗曰吉
三七四七二　：災：吉
三七四七三　戊戌王卜貞田弋往來無災王囗曰吉在
三七四七三　四月茲御：獲狐十又三
三七四七三　：貞：來：吉：
三七四七四　壬申卜貞王：田𪊨往來無災王囗曰吉獲
狐十
三七四七四　丁亥卜貞王田𡧊往來無災

三七四七四　三七四七四　三七四七五　三七四七五　三七四七六　三七四七七　三七四七七　三七四七八　三七四七九　三七四八〇　三七四八〇　三七四八一　三七四八一　三七四八一　三七四八二　三七四八二　三七四八三　三七四八四　三七四八四　三七四八五　三七四八六　三七四八七　三七四八八　三七四八八　三七四八九　三七四九〇　三七四九〇　三七四九一　三七四九一　三七四九二　三七四九三　三七四九三　三七四九四

戊子卜貞王田𦎫京往來無災
：卯卜貞：敀于𦎫京往來無災
庚子王卜在濼師貞今日步于濼無災在正
月獲狐十又一
辛丑王卜在濼師貞今日步于𦎫無災
：卜：師：
：貞王田斿往來無災在八月茲御獲
狐二十一
擒：
擒：獲：
擒茲御獲狐二：十：七：二
：貞王田：御獲狐十：象三雉：
擒：獲：
：茲御：狐八
丁巳卜：其田往：無：
戊辰卜貞王田于洮往來無災獲狐七
壬：貞：
乙丑王卜貞田于𦎫往來無災
丁卯王卜貞其田于宮往來無災
戊辰王卜貞田洮往來無災獲狐七
：茲御：狐七
擒：獲：
戊寅：田洮：無災：狐七
乙酉卜：王田：往
戊申王卜貞：無災王囚：狐五
：卜：往來：囚
：卜貞王田于𢀛麓：災茲御獲狐
五
：卜貞田呈往來無災：弘吉茲御獲
狐二十五
丁亥卜在𣏟貞王步無災
擒茲御獲狐五
：茲御：狐五
戊午王卜貞田喪往來無災王囚曰吉茲
御獲狐四
戊子王：田𦎫往來無災王囚曰吉獲狐
：王卜：來無：王囚曰吉
四
辛丑王卜貞田𦎫往來無災王囚曰吉
：卜貞：往來王囚曰吉：狐二
：御：狐四
：卜貞王田于𨚔：無災在十月：御獲
狐二
戊申：貞王：無
：茲御：三：狐：麑：
乙巳卜貞王田𣏟往來無災王囚曰弘吉在

三七四九四　三七四九四　三七四九四　三七四九四　三七四九五　三七四九五　三七四九六　三七四九七　三七四九七　三七四九七　三七四九八　三七四九八　三七四九九　三七四九九　三七五〇〇　三七五〇〇　三七五〇〇　三七五〇一　三七五〇一　三七五〇二　三七五〇三　三七五〇三　三七五〇四　三七五〇五　三七五〇六　三七五〇六　三七五〇七　三七五〇八　三七五〇八　三七五〇九　三七五一〇　三七五一〇

三月
戊申卜貞王田雞往來無災王囚曰吉茲
御獲狐二
：王田𦎫往來無災王囚曰：
丁巳卜貞王田高往來無災王囚曰吉
壬子卜貞：田桑往來無災王囚曰吉
：貞王：往來：王囚曰吉：御獲狐：
乙巳卜：于召：
戊午卜貞王田于𨚔往來無災茲御獲狐二
：王：召：災
：往來無災王囚吉茲御獲狐二
：王：吉
丁亥：田：無災
戊子王卜貞田喪往來無災王囚曰弘吉茲
御獲狐一
辛卯王卜貞田宮往來無災王囚曰吉
壬辰王卜貞田𦎫往來無災王囚曰吉
：往來：曰吉
丁酉王：來無：吉獲：
戊戌王卜貞田喪往來無災王囚曰吉獲狐
一
：貞田：無：曰吉：狐十
：王卜貞：𦎫往：無災獲鹿：麑二白
狐一王囚
：無災：獲狐：雉：
乙未王卜貞田𦎫往來無災王囚曰吉
：王卜：田𦎫：往來無災王囚曰吉
壬寅：貞田：往來：災王囚：曰吉
戊申王卜貞田呈往來無災王囚曰吉茲御
獲狐九
戊戌王卜：來無災王：狐：
：卜：𦎫：無災
戊午：田：無災：吉：獲
：王卜貞：往來：囚曰吉：獲狐
：在𨚔：王步于：無災王：獲狐：
：巳王卜在：貞田安：來無災茲御獲
狐十
壬申卜：沃麓：無災茲：獲狐三
：來：災
：在𠭯：衣逐：御：狐：
：卜貞：往來：災
戊：王田：無：
：狐：
：一雉：
：王卜貞田：往來無：囚曰吉
：卜貞田喪無災王：吉茲御：鹿三十三

三六五一一 壬子王卜貞田徐：災王：曰吉
三六五一一 丁巳王卜貞田盂往來無災王占曰：
三六五一一 戊午王卜貞田盂無災王占曰吉
三六五一一 辛酉王卜貞田臺往來無災王占曰吉
三六五一一 壬戌王卜貞田徐往來無災王占曰吉茲御
獲鴞七
三六五一一 乙丑王卜貞田亶往來無災王占曰吉
三六五一二 丁亥：王：往：
三六五一二 ：貞王：往來：茲御獲：
三六五一三 壬午卜貞王田徐往來無災獲隹百四十八象
二
三六五一三 ：卜貞王田臺：無災在十月又二
三六五一四 戊午卜在洮貞王其塱大兕惟騬暨騽
無災擒
三六五一四 惟騂暨駛子無災
三六五一四 惟左馬暨象無災
三六五一四 惟騽暨小騽無災
三六五一四 惟騂暨騽無災
三六五一四 惟并騂無災
三六五一五 惟騂用無災擒
三六五一六 乘：杏：王
三六五一六 惟馬無災
三六五一七 丁酉卜在：鍒芳弗悔
三六五一七 肩出擒
三六五一七 擒
三六五一七 ：卜在勳：田徐：無災
三六五一八 弜執
三六五一八 辛亥卜在攸貞大左族：擒
三六五一九 ：卜在攸貞：比在并：擒
三六五二〇 弗及
三六五二〇 惟右獲罾
三六五二〇 惟左獲吉
三六五二一 辛巳：貞田：往：無災
三六五二一 ：卜貞：往來：王占曰：御獲：十又一
三六五二二 壬：田：來：占曰：獲：
三六五二二 ：王卜貞：往來無：占曰吉：獲：
三六五二三 ：卜貞：往來：王占曰吉：獲：
三六五二四 辛巳：貞田：往來：王占：
三六五二四 ：卜貞：往來無：占曰吉：獲：
三六五二五 ：一：在：惟：
三六五二六 擒：獲：四
三六五二六 于：麓：
三六五二七 不擒
三六五二七 ：往茲御
三六五二七 擒
三六五二七 ：風：御
三六五二八 ：王其射惟翌日戊無災：擒吉

三六五二九 擒：獲：
三六五二九 ：午卜貞：無畎
三六五三〇 擒曰弘吉
三六五三〇 擒吉
三六五三一 ：師貞王：逐無災
三六五三二 庚：
三六五三二 戊：膏：夕：
三六五三二 戊午卜在呈貞王田衣逐無災
三六五三二 辛酉卜在敦貞王田衣逐無災
三六五三二 ：卜在：貞王田：無災
三六五三二 ：卜在木：田衣：無災
三六五三三 戊寅卜在高貞王田衣逐無災
三六五三三 壬：卜在：貞王田洸衣無災
三六五三四 庚申卜在馮貞王田衣逐無災
三六五三五 ：卜在：貞王田衣逐：災
三六五三五 ：卜在：王：來：災
三六五三六 戊戌卜在澫今日不延雨
三六五三六 壬寅卜在攻貞王田衣逐無災
三六五三六 戊申卜在攻貞王田衣逐無：
三六五三六 ：衣：災
三六五三六 ：在：貞：逐：
三六五三六 ：多：
三六五三七 戊午：鯀貞：逐：
三六五三七 己未：[illegible]：田無：
三六五三七 ：在：王田：無災
三六五三七 ：卜在：貞王：逐：災
三六五三八 辛卯：卜：𠭰：王衣：無災
三六五三八 ：卜：敦：王田：逐：
三六五三九 壬子卜：貞王田：逐：
三六五四〇 ：戊卜在：貞王：無畎
三六五四〇 ：卜在：王逐：災
三六五四一 戊午卜：鯀貞：田衣：無災
三六五四一 ：卜在洮：田衣：無災
三六五四二 乙：
三六五四二 乙：其：其即：𠂤：悔
三六五四二 己亥：貞：
三六五四二 ：在：王：逐：災
三六五四三 辛巳：[illegible]田余王衣：無：
三六五四四 戊午卜：貞王其：衣無：
三六五四四 ：在呈：田衣：無災
三六五四五 戊子：王田：衣：無：
三六五四五 ：卜在：貞：田亩：
三六五四六 戊申：鷄：衣：災
三六五四六 ：在：王田：無災
三六五四七 辛未：盂：田衣：無災
三六五四七 壬辰：王其：

三七五四八 ：卜：戲貞：田衣：無災
三七五四九 甲：𦎫：田：衣：
三七五四九 ：在敦：賓[illegible]：尤
三七五四九 ：災
三七五五〇 壬子：旃：
三七五五〇 ：卜在宰：田衣：無災
三七五五一 戊辰：在喪：王田：衣：
三七五五二 ：田衣：無災
三七五五三 戊：𦎫：今夕：
三七五五三 丁未：
三七五五三 ：卜在呈：田衣：無災
三七五五三 ：亥卜：呈貞：衣逐：災
三七五五四 ：十：璠貞：衣逐：
三七五五五 ：卜在璠貞：衣逐：
三七五五五 ：卜：衣：無災
三七五五六 ：卜在康：田衣逐：災
三七五五七 丁卯：大：
三七五五七 壬申卜：貞王：衣逐：
三七五五八 ：戲貞：衣逐：災：
三七五五九 ：在衣逐：在五月
三七五六〇 辛亥：王田：衣逐：
三七五六〇 ：巳：田于衣逐：獲：
三七五六一 ：卜在𦍥貞王田衣逐無災
三七五六一 壬：
三七五六二 ：在桑貞：淒衣：無災
三七五六二 ：在：田衣：
三七五六三 戊卜：𡟰：衣逐：
三七五六四 壬子卜：盂：田：無：
三七五六四 戊辰卜在羌貞王田衣逐無災
三七五六五 壬：貞：往：災：曰：
三七五六五 戊午王卜貞田盂往來無：𡆥曰：
三七五六六 壬戌卜：王田盂往來無：
三七五六六 ：卯卜貞：田王𦎫：來無災
三七五六七 辛酉：田𦎫：無災：吉
三七五六七 ：王卜：鼓：衣：王𡆥：
三七五六八 庚：賓：迖：往：
三七五六八 ：卜在：貞王：于盂：來無：
三七五六九 辛酉：王田：往來：
三七五六九 ：卜：田盂：來無災
三七五七〇 壬辰卜貞王其田盂無災
三七五七一 ：王卜貞：盂往：無災：𡆥曰吉
三七五七二 壬戌卜貞王田喪往來無災王𡆥曰吉
三七五七二 乙丑卜貞王田[illegible]往來無災王𡆥曰吉
三七五七三 辛酉：貞王其：樂無災
三七五七三 壬戌卜貞王其田盂無災
三七五七四 丁酉王：貞田喪：來無災王：曰吉

三七五七四 戊戌王卜貞田𦎫往來無災王𡆥曰吉
三七五七四 辛丑王卜貞田梌往來無災王𡆥曰吉
三七五七四 壬寅王卜貞田喪往來無災王𡆥曰吉
三七五七五 戊：王：
三七五七五 辛酉卜貞王田喪往來無災王𡆥曰吉
三七五七六 乙酉：王田喪：來無：
三七五七六 ：卜貞：斿：來無：茲御：
三七五七七 ：王卜：田喪往：災王：曰吉茲御：
三七五七七 戊寅王卜貞田𦎫往來無災王𡆥曰吉
三七五七七 ：無災：曰吉
三七五七八 壬戌卜貞王田喪往來無災王𡆥曰吉
三七五七八 乙丑卜貞王田[illegible]往來無災王𡆥曰吉
三七五七九 戊寅卜貞王田喪往來無災
三七五七九 戊子卜貞王田敦往來無災
三七五八〇 ：田：無：
三七五八〇 戊辰：田：無：
三七五八〇 壬：田：無：
三七五八〇 ：無災
三七五八〇 ：王田：往來：災
三七五八〇 ：丑卜貞：于喪：無災
三七五八一 乙未：貞田：往：災王：
三七五八一 ：丑王卜貞田喪往來無災王𡆥曰吉
三七五八二 壬申：王田：往：無：
三七五八二 乙酉：王田：往來：
三七五八二 ：卜貞：喪：無災
三七五八二 ：申卜貞：大麓：來無災
三七五八三 ：王卜：田喪：來無：王𡆥：
三七五八四 戊申王：田喪：無災：曰：
三七五八五 辛：貞田：往：災王：
三七五八五 ：王：喪：無災：曰吉
三七五八六 ：往：災：曰吉
三七五八六 ：御獲：三
三七五八六 ：王卜貞：喪往：無災
三七五八七 ：卜貞王：喪往來：災王𡆥：
三七五八八 ：獲：
三七五八八 壬戌：喪：
三七五八九 戊辰：田喪：
三七五八九 辛未卜貞王田享京往來無災
三七五八九 壬申卜貞王田享京往來無災
三七五九〇 壬寅卜貞王田享京往來無災
三七五九〇 辛：王田享京往來無災
三七五九一 壬辰：王：往：
三七五九一 丁酉卜貞王田享京往來無災
三七五九一 ：卜貞王：往來：
三七五九二 乙亥：王田：來無：
三七五九二 辛巳卜：王田享京：來無災

三七五九二　：子卜貞：享京：無災
三七五九二　：貞王：往來：
三七五九三　庚辰卜貞王：于享京往來無：
三七五九三　：王：享：無災
三七五九四　壬辰卜：享京：無災：獲：
三七五九四　：貞：享京：無災
三七五九五　乙卯：田于宮：
三七五九五　丁：王卜貞其田于喪往來無災
三七五九五　戊午王卜貞其田于宮往來無災
三七五九五　：卜：往：
三七五九六　：來：災
三七五九六　：卜貞：享京：往來：
三七五九七　：卜貞：享京：來無：
三七五九八　丁卯：王：往：
三七五九八　：田：無災王：曰吉
三七五九八　戊寅卜貞王田宮往來無災王固曰吉
三七五九八　辛巳卜貞王田𦎫往來無災王固曰吉
三七五九九　戊：貞：往：王：
三七五九九　辛酉王卜貞田宮往來無災王固曰吉
三七五九九　壬戌王卜貞田宮往來無災王固曰吉
三七五九九　：丑王卜貞田𦎫往來無災王固曰吉兹御
三七六〇〇　辛未：無災王：
三七六〇〇　丁丑卜貞王田𢦏往來無災
三七六〇〇　辛巳卜貞王田宮往來無災
三七六〇一　丁丑王卜貞：宮往來無：王固曰吉
三七六〇一　戊寅卜：往田：
三七六〇二　辛巳：貞田：往：無災：曰：
三七六〇二　乙酉：貞田：往來：災
三七六〇二　：王卜貞：往來：王固：吉
三七六〇三　：王：往：
三七六〇三　戊申：田[illegible]：無災
三七六〇三　戊午卜貞王田宮往來無災
三七六〇四　：其：大：
三七六〇四　戊午卜貞今日王其田宮不遘大風
三七六〇五　壬：貞：
三七六〇五　乙卯王卜貞田宮往來無災王固曰吉
三七六〇五　戊午王卜貞田敦往來無災王固曰吉
三七六〇五　：酉王卜：田𦎫往：災王固：
三七六〇六　：王卜貞田宮往來：王固曰吉在八月
兹御
三七六〇七　丁亥：往來：
三七六〇七　辛卯卜貞王田⿱宀叀往來無災
三七六〇七　：貞：宮：無災
三七六〇八　丁酉：田：來：
三七六〇八　辛丑卜貞王田宮往來無災
三七六〇九　壬申卜貞王田宮往來無災
三七六〇九　：貞：喪：無災
三七六一〇　乙卯：田宮：無災
三七六一〇　：貞：往：災
三七六一一　：貞王其：宮王弗悔
三七六一二　壬辰：王：往：無：
三七六一二　：貞：
三七六一二　：寅卜貞：田宮：來無：
三七六一三　戊子：貞王：往來：
三七六一三　：丑卜貞：田宮：來無災
三七六一四　乙卯：王其：宮：
三七六一四　：卯卜貞：田于宮：來無災
三七六一五　：王：田宮往：無災王固：
三七六一六　乙卯卜貞：王田宮：來無：
三七六一六　：田𦎫：無災
三七六一七　乙亥卜貞今日王其：宮：
三七六一七　遘雨
三七六一八　壬子：王田：來：
三七六一八　戊午：王田：往：
三七六一八　壬：
三七六一八　丁卯卜貞王田⿱宀叀往來無災
三七六一八　辛未卜貞王田⿱宀叀往來無災
三七六一八　乙亥卜貞王田宮往來無災
三七六一九　辛丑王卜貞田：往來無災王：
三七六一九　壬寅王卜貞田梌往來無災
三七六一九　乙巳王卜貞田𦎫往來無災王固曰吉
三七六一九　丁未王卜貞田𦎫往來無災王固曰吉
三七六一九　戊申王卜貞田梌往來無災王固曰吉
三七六一九　辛亥王卜貞田𦎫往來無災王固曰吉
三七六一九　壬子王卜貞田梌往來無災王固曰吉
三七六二〇　丁亥卜貞王[illegible]：往來無災王固曰：
三七六二〇　辛卯卜貞王田梌往來無災
三七六二〇　壬辰卜貞王田宮往來無災
三七六二〇　戊戌卜貞王田雍往來無災
三七六二〇　辛丑卜貞王田于喪往來無災弘吉
三七六二〇　壬寅卜貞王田雍往來無災
三七六二一　乙亥王卜貞田梌往來無災王固曰吉
三七六二一　戊寅王卜貞田𦎫往來無災王固曰吉
三七六二一　辛巳王卜貞田⿱宀叀往來無災王固曰吉
三七六二一　壬午王卜貞田梌往來無災王固曰吉
三七六二一　戊子王卜貞田𦎫往來無災
三七六二二　戊子：𦎫：往：
三七六二二　辛：貞：無：
三七六二二　辛丑卜貞王田梌往來無災
三七六二二　：卜：田于：往來：
三七六二二　：巳卜：王田：往：災
三七六二三　戊子卜貞：無災王固：

三七六二三　辛卯王卜貞田稌往來無災王占曰吉
三七六二三　：辰王卜貞田稌往來無災王占曰吉
三七六二四　丁酉：貞：王：
三七六二四　戊戌卜貞王田稌往來無災
三七六二四　辛丑卜貞王田稌往來無災：占：
三七六二四　壬寅：貞王田往來無災：
三七六二五　戊：貞田：來無：占曰：
三七六二五　壬子王卜貞田稌往來無災王占曰吉
三七六二六　辛丑卜貞王田稌往來無災
三七六二六　：王：來：
三七六二七　：卜貞田稌：無災王：吉在三月
三七六二八　戊：貞：來：占：
三七六二八　：王卜：田稌：來無：王占：吉
三七六二九　壬辰：王田：來：
三七六二九　：貞：稌往：無災
三七六三〇　壬寅王：貞田稌：來無：王占曰：
三七六三一　：田稌：無災
三七六三二　辛酉：田稌：
三七六三三　：于稌往：無災
三七六三四　：其田余：在二月
三七六三五　：酉：稌：
三七六三六　辛：卜貞王田于享京往來無災
三七六三七　戊：王：往：無：
三七六三七　丁卯卜貞：田于：來無：
三七六三七　丁丑：王田：往：無：
三七六三七　：卜貞：迖于：來無災
三七六三七　：卜貞：于㲋：無災：又二
三七六三八　戊子：貞王：㲋：來無：
三七六三八　：田：來：災
三七六三九　丁巳卜：田高：無：
三七六四〇　辛亥：王田：往來：災
三七六四〇　丁巳卜貞王田呈往來無災
三七六四〇　辛酉卜貞王田往來無災
三七六四一　戊申卜貞王：呈往：無：
三七六四一　：卜：田：往：
三七六四二　：貞：田：往：
三七六四二　辛巳：貞王：呈：來無：
三七六四二　：卜貞王：𠭯往：無災
三七六四二　：卯卜貞：喪往：無災
三七六四三　：令十：余其比：多□?：
三七六四三　：田：災
三七六四三　：貞王：膏往：災
三七六四三　：卜貞：
三七六四四　戊午：貞王：逐：
三七六四四　辛巳卜在敦貞王田洮衣無災
三七六四五　妹：

三七六四五　戊辰卜貞今日王田洮不遘大雨
三七六四五　其遘大雨
三七六四五　：卜貞：田洮：大雨
三七六四六　戊辰卜在敦貞王田洮不遘大雨茲
御在九月
三七六四七　乙丑：貞今：不雨：御
三七六四七　其雨
三七六四七　戊辰卜貞今日王田敦不遘雨
三七六四七　其遘雨
三七六四七　壬申卜貞今日不雨…
三七六四八　乙亥：田𡨦：
三七六四八　：寅卜貞：田𡨦往：
三七六四九　壬申王：田敦：無災王：
三七六四九　乙丑王卜貞田𡨦往來無災王占曰吉
三七六四九　戊辰王卜貞田考往來無災
三七六五〇　：午卜貞田敦：往來無：
三七六五一　：王：往：
三七六五一　戊△戊卜貞王田于雍往來無災
三七六五一　戊申卜貞王田雍往來無災
三七六五二　戊午卜貞王田于𦎫往來：
三七六五二　辛：貞王田𡨦往：無災
三七六五二　丁亥卜貞王田于雍往來無災吉
三七六五二　：申卜貞：田雍：來無：
三七六五二　：卜貞：雍往：無災
三七六五二　：戊卜貞：田𦎫：來無：
三七六五三　庚寅卜貞王田𦎫往來無災
三七六五三　戊申卜貞王田雍往來無災
三七六五三　壬子卜貞王田雍往來無災
三七六五三　：卜：雍：無：
三七六五三　：卜貞：高往：無災
三七六五三　：卜貞：𦎫：來：災
三七六五四　戊：王：往：
三七六五四　辛酉卜貞王田雍往來無災
三七六五四　：于卜貞王：𦎫往來：災
三七六五五　：卜貞王田雍無災王占曰吉
三七六五六　：其田雍麓：往來無災
三七六五七　壬午卜貞王：往來無：
三七六五七　：貞王：雍：無災
三七六五八　：戊：王：
三七六五八　：卜貞王：于雍：無災
三七六五九　壬子卜：王田雍往來無災
三七六五九　：午卜貞：田于𦎫：來無災
三七六六〇　丁丑卜：𦎫：
三七六六〇　辛巳卜貞王田𦎫往來無災
三七六六〇　戊子卜貞王田享京往來無災
三七六六〇　辛卯卜貞王田喪往來無災

三七六六〇　壬辰卜貞王田于瓊往來無災
三七六六〇　戊戌卜貞王田于享京往來無災
三七六六〇　辛丑卜貞王田于享京往來無災
三七六六一　辛丑王卜：貞田㚔：來無：
三七六六一　壬寅?王卜貞田㚔往來無災王𡆥曰吉
三七六六一　戊申王卜貞田𡨑往來無災王𡆥曰吉
御
三七六六一　辛亥王卜貞田喪往來無災王𡆥曰吉
三七六六一　壬子王卜貞田𣪊往來無災王𡆥曰吉
三七六六一　：貞：來：吉
三七六六二　壬戌卜貞王田：往來無災
三七六六二　丁卯卜貞王田㚔往來無災
三七六六二　壬申卜貞王田喜往來無災
三七六六三　戊寅：田：來：曰吉
三七六六三　戊：
三七六六三　壬辰王卜貞田㚔往來無災王𡆥曰吉
三七六六三　丁酉王卜貞王田喪往來無災王𡆥曰吉
三七六六三　：王卜：田㚔：來無：王𡆥曰吉
三七六六三　：子王卜：田枚往：無災
三七六六四　壬寅王卜貞田㚔往來無災王𡆥曰吉
三七六六四　乙巳王卜貞田宮往來無災王𡆥曰吉
三七六六五　辛巳王卜貞田㚔往來無災王𡆥曰吉
三七六六五　壬午王卜貞田喪往來無災王𡆥曰吉
三七六六五　：王：𡆥：
三七六六五　：雨
三七六六六　壬：
三七六六六　戊寅：王田㚔往：無災
三七六六六　辛卯卜貞王田㚔往來無災
三七六六六　丁酉卜貞王田喪往：
三七六六六　：災
三七六六六　：卜貞：梌往：無災
三七六六六　：卜貞：
三七六六七　壬午王卜貞田㚔往來無災王𡆥曰吉
三七六六七　：王卜貞田𡨑往來無災王𡆥曰吉
三七六六七　：卜?：來：𡆥
三七六六八　辛亥王卜貞田㚔往來無災王𡆥曰吉
三七六六九　戊戌：不遘：
三七六六九　其遘雨
三七六六九　壬午卜貞今日王田㚔：
三七六六九　其遘雨
三七六六九　乙巳卜貞今日不雨
三七六七〇　乙酉：王田：往來：
三七六七〇　辛卯卜：王田㚔：
三七六七〇　：卜貞：梌：來：災
三七六七〇　：卜貞：㚔往：無災
三七六七一　辛：今日：

三七六七一　：其：
三七六七一　壬午卜今日王田㚔不遘雨
三七六七一　其遘雨
三七六七一　：雨
三七六七二　戊申：貞田：往來：王𡆥：
三七六七二　：王卜：㚔：無災：曰吉
三七六七三　：貞：來無災：𡆥曰：
三七六七三　戊戌王卜貞田㚔：往來無：
三七六七四　丁酉：貞其：于宮?：無：
三七六七四　壬寅：迖：來：
三七六七四　：卜貞王：㚔：來無災
三七六七四　：卜貞：田于：往來：
三七六七五　丁酉王卜：田㚔往來無災王𡆥曰吉
三七六七五　：王卜貞：往來：𡆥曰：
三七六七六　：王卜貞田㚔：災王𡆥：
三七六七七　壬寅：田㚔：無災：曰吉
三七六七七　：無：曰吉：
三七六七七　：貞王：往來無：𡆥曰吉：王曰畀母?
三七六七八　戊辰王：貞田：往來：
三七六七八　辛未王卜貞田㚔往來無災王𡆥曰吉
三七六七八　壬申王卜貞田梌往來無災王𡆥曰吉
三七六七八　乙亥王卜貞田宮往來無災王𡆥曰吉
三七六七八　丁亥：田：來：王：
三七六七九　：王卜：田㚔：無災
三七六七九　：王卜貞：㚔往：無災王：曰吉
三七六八〇　丁亥卜：王田：往來：
三七六八〇　：貞：㚔：無災
三七六八一　壬子：田㚔：
三七六八一　：寅王卜：宮：無：
三七六八二　辛：王田：往：
三七六八二　乙卯：貞王田㚔往來無災
三七六八二　辛：貞：喪：無：
三七六八三　丁未：王田：來：
三七六八三　甲寅：王田往：災
三七六八三　：卜貞：㚔：來：災
三七六八三　：卜貞：往來：
三七六八四　：午卜貞：田㚔：災
三七六八五　：卜貞王田㚔：不雨
三七六八六　壬申卜貞王田㚔往：無災王：曰吉
三七六八七　甲午卜：田㚔：無災
三七六八七　壬申：王田㚔來無：
三七六八七
三七六八八　辛卯卜：田㚔：來無災
三七六八八　辛：貞：來：
三七六八九　戊辰卜：王田㚔：來無：
三七六九〇　乙未：貞：㚔：無：

37690 ：卜貞：田𦎫：來：災
37691 戊申王卜貞田于：往來：災
37692 辛：田𦎫：災：吉
37692 ：辰王卜：喪：
37693 ：未王卜貞田𦎫：無災：曰吉茲御
37694 戊辰：王田𦎫：來無：
37695 ：王卜：𦎫往：無災王𡆥曰：
37695 丁酉：田：往：曰：
37696 ：辰：田𦎫：災
37697 戊戌：田𦎫：無災
37698 ：卜貞：田觀：在二月
37699 丁亥卜：王田：往來：
37699 ：貞：𦎫：災
37700 乙亥王：往來：曰吉
37700 ：王卜：𦎫往：無災王：曰吉
37701 ：丑卜貞：𦎫：來無：
37702 辛丑王：𦎫往：王𡆥曰：
37702 乙卯：
37703 戊辰：壬：
37703 ：卜貞：𦎫：來無：
37704 ：王卜貞：𦎫往來：災王𡆥：
37705 ：貞：來：𡆥：茲御
37705 ：王卜：𦎫：無災：曰吉
37705 （習刻）
37706 戊：貞：享京：無：
37706 戊辰：王田：往來：
37707 乙巳王：貞田：來無災：吉
37707 ：亥王卜貞：𦎫往來：王𡆥曰：
37707 ：卜貞：𦎫往：災吉
37707 ：卜貞：往：災
37708 丁酉：貞田：往來：王𡆥曰：
37708 辛丑：貞：往：無災
37708 戊申王卜貞田𦎫：
37709 丁丑：田𨘢：無災：獲：
37709 辛：貞：往：王：
37709 戊：王卜貞田𦎫往來無災王𡆥曰吉
37709 壬辰王卜貞田喪往來無災王𡆥曰吉
37709 ：王卜：田宮：來：災
37710 ：巳王卜：田𨘢：來無災
37710 辛巳王卜貞田𦎫往來無災王
37710 壬午王卜貞田喪往來無災王𡆥曰吉
37710 ：往：𡆥：
37711 ：未王卜貞田𦎫：來無災王𡆥：吉
37711 ：王卜貞田𦎫：來無災王𡆥曰吉
37711 ：王卜貞田𦎫：來無災王𡆥曰吉
37712 壬寅王卜貞田𦎫往來無災王𡆥曰吉
茲御在十月又二
37712 ：卜：無災
37713 辛酉卜貞王田𦎫往來無災
37713 辛：王田：往：無災
37713 ：卜貞：往：災
37714 壬戌：𦎫：茲御
37714 其遘雨
37714 戊辰卜貞今日王田𦎫湄日不遘雨
37714 ：雨
37715 ：貞王田𦎫：
37716 己酉卜：于𦎫往：
37717 戊申：王田：往：
37717 ：𦎫：無災
37718 壬午：王送：往來：
37718 ：亥卜貞王：于小𦎫：來無災
37719 辛丑：貞王：于𦎫：來無：
37719 ：往：無災
37719 ：卜貞：于小惟：來：災
37720 戊子：王口：于小：
37720 ：王：𦎫：無災
37721 戊辰：田斿：無災：獲：
37721 ：卜貞：𦎫：往無災
37722 辛酉卜貞王田斿往來無災王𡆥曰吉茲
御
37722 壬戌卜貞王田𨘢往來無災王𡆥曰吉
37722 癸：卜貞：𨘢往：災王：吉茲：
37723 辛：王田：往：
37723 ：卜貞：斿往：無災
37724 ：王卜田斿往來：王𡆥曰吉茲：五：
37725 ：卜貞田斿往：曰弘吉：
37726 辛酉：麓：
37726 ：卜：
37727 其雨
37727 戊申卜貞王田磬不遘雨茲御
37727 其遘雨
37728 其：
37728 戊申卜貞今日王田磬不遘：
37728 其遘雨
37728 辛亥卜貞今日王田𦎫湄日不遘雨
37728 其遘雨
37729 ：卜貞王田于戲：無災茲御獲鹿：
37730 戊辰卜貞王田：來：茲御：
37730 ：子卜貞：田戲：無：
37731 戊：貞：來：𡆥：茲御
37732 壬子王卜貞田戲往來無災王𡆥曰吉茲：
37732 戊申：田𦎫：無災：獲：

三七三二 壬子卜王田斿：茲御
三七三二 ：戊午卜：田宰：無災
三七三三 戊午卜貞：田宰不遘：
三七三四 戊辰卜王田雞往來：
三七三四 ：卜：田喪：來無：
三七三五 ：田盜：無災
三七三六 壬戌：田盜：無災：吉：獲：
三七三六 ：卜：盂：無災：曰吉
三七三七 戊申：貞田：往來災王囚：
三七三七 ：王卜：盜：
三七三八 戊申王：貞田敦往來無災王囚曰吉
三七三八 ：子王卜：田璿往來無災王：曰吉茲
：
三七三九 ：申卜貞：璿往：災茲：獲：
三七三九 乙未：王：往：
三七四〇 ：卜貞王：召：無災
三七四一 戊戌卜貞王田羌往來無災
三七四一 ：王：來：
三七四一 壬：王：來：
三七四二 戊申卜貞今日王田羌不遘雨茲御
三七四二 其雨
三七四三 ：遘：
三七四三 己亥王田于羌：在九月惟王：
三七四四 其雨
三七四四 ：卜貞：田羌不遘大雨
三七四五 壬辰王：往來：
三七四五 乙未王卜貞田徐往來無災王囚曰：
三七四五 丁酉王卜貞田𨔶往來無災王囚曰吉
三七四五 戊戌王卜貞田𨔶往來無災王囚曰吉
三七四五 辛丑王卜貞田𨔶：來：災王囚：吉
三七四五 壬寅王卜貞田𨔶往來無災王囚曰吉
三七四六 戊午王卜貞田𨔶往來無災王囚曰吉
三七四六 辛酉王卜貞田𦎫往來無災王囚曰吉
三七四六 壬戌王卜貞田敦往來無災王囚曰吉
三七四六 丁亥王卜貞田盂往來無災王囚曰吉
三七四六 戊子王卜貞田喪往來無災王囚曰吉
三七四六 辛卯王卜貞田𦎫往來無災王囚曰吉
三七四七 乙：貞：無：
三七四七 丁卯王卜貞田𨔶往來無災王囚曰吉茲
御
三七四八 ：王卜貞田𨔶：來無災王囚：吉
三七四八 ：卜貞田𨔶：無災王囚曰吉
三七四八 ：貞田徐：囚曰吉
三七四九 己：貞：往：災
三七四九 壬：貞：來：
三七四九 丁：卜貞：往：無災王：曰吉

三七四九 ：王卜貞：𨔶往：無災：囚曰：
三七五〇 戊申卜貞王田：往來：災
三七五〇 ：壬子卜貞王田𨔶往來無災
三七五〇 丁卯卜貞王田夫往來無災
三七五〇 壬辰卜貞王田喪往來無災
三七五一 戊辰王卜貞田𦎫往來：災
三七五一 辛亥王卜貞田𨔶往來無災王囚曰吉
三七五一 壬申王卜貞田𦎫往來無災王囚曰吉
三七五一 ：無：囚：
三七五二 戊戌王卜貞田𨔶往來無災
三七五二 辛丑卜貞田徐往來無災王囚曰吉
三七五三 戊申卜貞王田𨔶往來無災弘吉
三七五三 ：王：來：
三七五四 辛：貞：往：
三七五四 壬子王卜貞田𨔶往來無災王囚曰吉
三七五四 ：貞：往來：曰吉
三七五五 丁卯卜：田𨔶：無災
三七五五 ：卜貞：𦎫往：無災
三七五六 ：酉王卜貞：𨔶往：無災：囚：
三七五七 戊子王：田𨔶往：無災
三七五七 乙未王卜：田徐往：災
三七五八 丁卯王卜貞田𨔶：無災王囚曰吉
三七五八 ：王卜：𦎫：
三七五九 壬寅：王田：往來：
三七五九 ：子卜貞：田𨔶：
三七六〇 壬子王：田𨔶：來無：
三七六〇 ：王卜：𦎫：無災
三七六一 ：往來：
三七六一 辛卯卜貞王田往來無災
三七六一 ：貞：宮：無災
三七六二 辛：貞王：往：災
三七六二 戊：王：往：
三七六二 ：卜貞王：往來：災
三七六二 ：卜貞王：𨔶：無災
三七六三 乙卯王卜貞田𨔶往來無災
三七六四 壬：王田：往：無：
三七六四 ：卜貞：𨔶：來：災
三七六五 戊午王卜：田𨔶往來無災王囚：
三七六六 乙未卜貞王田：往來：災
三七六六 ：卜貞：𨔶：無災
三七六七 辛：王：往：
三七六七 ：未卜貞王：𨔶往來：災王囚曰：
三七六八 丁亥：貞田：往：無災：曰：
三七六八 ：丑卜：田𨔶：來無：王囚：
三七六九 戊寅：田𨔶：無：
三七六九 ：貞王：享京：無災

三七七七〇　（與三七七六七重）
三七七七一　戊辰：貞田：往：災王：
三七七七一　：王卜：𡨄：無災：曰吉
三七七七二　乙巳卜貞王田𡨄往來無災
三七七七二　：卜：
三七七七三　丁未：田𡨄：無災
三七七七三　：卜：盛：來：災
三七七七四　乙：田𡨄：無災王囚：
三七七七四　：卜貞：往來：囚曰吉吉：四
三七七七五　壬：來：災
三七七七五　：貞王：𡨄：無災
三七七七六　乙未：往來：
三七七七六　戊戌王卜貞田𡨄：
三七七七七　辛酉卜貞今日王其田㴝不遘大：
三七七七七　其遘大雨
三七七七八　辛酉：貞翌日：王其田㴝往：無：
三七七七九　辛丑：王田：往來：王囚：
三七七七九　：卜貞：田大：往來：災王：曰吉
三七七八〇　壬戌：王田：往來：
三七七八〇　：卜貞王：大：
三七七八一　：王卜在𡨄貞田：往來無災
三七七八一　：亥王：往：步于：無災
三七七八二　辛卯：王田：來：
三七七八二　：卜貞：夫：無災
三七七八三　壬辰：王：田：無災：吉
三七七八三　：亥王卜：田：無災：曰吉
三七七八四　壬辰：王田：來無：囚曰：獲：
三七七八四　丁酉卜貞王田𢘑往來無災王囚曰吉
三七七八五　丁酉：田𢘑：無災：曰吉
三七七八五　乙未卜貞王：往來無：曰吉：獲：
三七七八六　：卜貞王今日不雨茲御
三七七八六　今日其雨不
三七七八六　：戊卜貞：其田𣶃：遘雨
三七七八七　戊寅卜貞今日王其田湡不遘大雨茲御
三七七八七　：大：
三七七八八　丙子卜：貞王田：無災：
三七七八八　：貞：
三七七八九　辛：𡧊：
三七七八九　壬辰卜貞王田：往來無災弘吉
三七七九〇　：辰王卜貞：𩵋往來：災王：吉茲：
三七七九一　丁亥卜：旁貞：其田：逐：
三七七九二　丁丑卜：王田：來：
三七七九二　：亥卜貞：往：無災
三七七九三　壬午：貞王：田：
三七七九三　乙酉卜貞王其：

三七七九三　戊子卜貞王其：無災
三七七九三　辛卯卜貞王其田無災
三七七九三　壬辰卜貞王其田無災
三七七九三　乙未卜貞王其田無災
三七七九四　壬戌卜貞：往來無災王：在七月茲：
三七七九五　壬戌卜貞今日王田：其遘：
三七七九五　其遘雨
三七七九六　己未卜貞王田于：往來：
三七七九六　：貞：召：災
三七七九七　：貞：無：
三七七九七　壬午卜在𠂤貞王田：往：無災
三七七九八　：卯卜貞王田于：往來無災弘吉
三七七九九　戊辰卜貞王田往來無災
三七八〇〇　壬寅：王其田無災
三七八〇〇　：申卜貞：其田無災
三七八〇一　戊戌：王：
三七八〇一　戊午卜貞王田無災
三七八〇二　：申卜貞王其田
三七八〇三　：貞王其田無災
三七八〇四　辛巳卜貞王田往來無：
三七八〇五　：卜貞王：往來無災
三七八〇五　：卜貞王田往來無災
三七八〇五　：卜貞：往來無災
三七八〇六　：貞王田于：往來無災弘吉
三七八〇七　戊辰卜王田往：無：
三七八〇七　戊寅卜貞不往于：
三七八〇八　戊戌卜：王田：來無：王囚：
三七八〇九　丁亥卜貞田：往來無：王囚曰吉
三七八一〇　戊戌卜：王田：往來：
三七八一一　己未：王田：
三七八一一　乙酉卜：王省往來無災
三七八一二　戊：王：
三七八一二　辛：卜貞王：田無災
三七八一二　：卜貞：
三七八一三　：酉王卜貞田：往來無災：曰吉在十月
三七八一四　壬辰：王田：來：
三七八一四　：卜貞王：往來：茲御
三七八一五　：貞王田：無災
三七八一五　：王田：在正月
三七八一五　：貞：災：吉
三七八一六　壬午：田于：往來：
三七八一六　：貞王：往來：
三七八一七　壬寅：王田：往來：
三七八一七　：王：往：災
三七八一八　乙：貞田：往：災王：吉
三七八一八　：卜貞：往來：王囚：茲御

三七八一九　戊：田：往：
三七八一九　：王卜貞：往來：占曰吉
三七八二〇　：卜：師：步無災
三七八二〇　：卜貞：往來：災
三七八二〇　：不：田：
三七八二一　壬子：王田：往來：
三七八二一　：卜貞：無災
三七八二二　壬辰：王迖：往來：
三七八二二　戊申：王田：往來：
三七八二三　：惟分田：無災
三七八二四　：貞王田：弘吉茲御
三七八二五　：卜在：貞王田衣：災
三七八二五　：卜在：王田：無災
三七八二五　：卜在：來：
三七八二六　戊子：貞王：往來無：
三七八二七　：卜：王：往來：
三七八二七　庚寅：田于：往來：
三七八二八　辛：貞：往：災王：
三七八二八　：王卜貞：往來：王占曰：
三七八二九　：王田：雨
三七八三〇　：田：災王：茲御
三七八三〇　辛酉：田：
三七八三一　：田：
三七八三二　：王卜貞：來無災王占曰吉：五月茲御
三七八三三　己卯卜貞王：無災茲御
三七八三三　：王：
三七八三四　：祀
三七八三五　：工卜貞今占巫九備其酌彡日：至于多毓衣無壱在畎在：又二王占曰大吉惟王二祀
三七八三六　癸未王卜貞酉彡日自上甲至于多毓衣無壱自畎在四月惟王二祀
三七八三七　：卜貞：彡：無遘大：
三七八三八　癸巳王卜貞旬無畎王占曰吉在六月甲午彡羌甲惟王三祀
三七八三八　：王卜：無畎：吉在：
三七八三九　：丑王卜貞旬無畎：曰吉在七月甲寅：魯甲惟王四祀
三七八四〇　癸酉王卜貞旬無畎王占曰吉在十月又一甲戌妹工典其𢀛惟王三祀
三七八四〇　癸未王卜貞旬無畎王占曰吉在月又一甲申𢀛酒祭上甲
三七八四〇　：王卜：無畎：曰吉：月又二：觀上甲
三七八四一　：巳王卜貞：于多毓：月獲王四祀

三七八四二　：酉卜：王今：無畎：十月：王四祀
三七八四三　：貞酌翌日自上甲至多毓：自畎在八月惟王五祀
三七八四四　癸卯王卜貞酌翌日自上甲至多毓衣無壱自畎在九月惟王五：
三七八四五　癸酉王卜貞旬無畎王占曰吉在十月又二惟王：
三七八四五　：王卜：無畎：曰吉：月又二：翌祖甲
三七八四六　癸未王卜貞：王占曰吉在五：觀祖甲惟王七：
三七八四六　癸巳王卜貞旬無畎王占曰吉在五月甲午惟王七：
三七八四六　：卜：占：月：典：：
三七八四七　癸巳：王占曰：惟王十：：
三七八四七　癸卯王卜貞旬無畎王占曰吉甲辰彡羌甲
三七八四七　：王卜：畎：吉在：彡：
三七八四八　辛酉王田雞麓獲大示束虎在十月惟王三祀劦日
三七八四九　癸丑卜貞今歲受禾弘吉在八月惟王八祀
三七八五〇　：卜貞酌彡日：毓衣無：月惟王
：
三七八五一　：上甲：自畎：祀彡：
三七八五二　：亥王：貞自今春至：翌人方不大出王占曰吉在二月遘祖乙彡惟九祀
三七八五三　丁未卜貞父丁其牢在：月又：茲用惟王九祀
三七八五三　戊午：妣己：
三七八五四　其：又：又：
三七八五四　弗戋
三七八五四　其惟今九祀丁未戋王占曰弘吉
三七八五五　癸丑：貞：婦：有：
三七八五五　不嘉在正月遘小甲彡夕惟九祀
三七八五六　甲午卜在冒貞：从東惟今日弗悔在十月茲御王正：惟十祀
三七八五六　：惟乙弗：無災
三七八五七　弗戋
三七八五七　：曰吉：不吾戋：迺丁：十祀
三七八五八　：十祀七：王受有祐
三七八五九　祀又四
三七八六〇　：若：祀又四
三七八六一　：一月惟王十祀又九
三七八六二　：𪓐：夕無畎：月王二十祀
三七八六二　辛巳卜在𪓐貞王今夕無畎
三七八六三　癸未王卜貞旬無畎在九月在上𪓐王二十祀
三七八六三　癸巳王卜貞旬無畎在九月在𪓐

三七八六三 ：卜：畎：
三七八六四 ：亥王卜貞彡日自：多毓衣無壱 ：吉在三月惟王二十：
三七八六五 ：王卜貞彡日自上甲：多毓衣無壱 自：吉在三月惟王二十：
三七八六六 ：王二十祀彡日上甲
三七八六七 癸酉卜泳：王旬：在九：
三七八六七 癸巳：泳貞王旬無畎在八月
三七八六七 癸丑卜泳貞王旬無畎在六月甲寅彡翌 上甲王二十祀
三七八六七 癸丑卜泳貞王旬無畎在八月甲寅翌日羌 甲
三七八六七 癸亥卜泳貞旬無畎甲戌翌大甲
三七八六七 癸巳卜泳貞旬無畎六月甲午工典其幼
三七八六八 ：王卜貞：囚曰吉在二月甲：日祖甲惟 王二十：
三七八六九 ：二十祀
三七八七〇 ：司
三七八七一 ：旬無畎：十月甲戌：祀
三七八七二 癸王卜貞旬無畎：大吉在七月：祀
三七八七三 癸酉：貞：在正：
三七八七三 癸未王卜貞旬無畎在正月
三七八七四 癸酉：貞王：無畎：正月
三七八七四 癸未卜貞王旬無畎在：月
三七八七五 癸未：貞：王：在：
三七八七五 癸巳王卜：旬無畎：囚曰吉：月
三七八七六 癸巳卜貞王旬無畎在正：
三七八七六 ：卜貞：無畎：
三七八七七 癸卯卜貞王旬無畎在正月
三七八七八 癸卯：旬無：囚曰：在正：
三七八七九 癸丑卜：王旬無：在正月
三七八八〇 癸：貞王：畎在：
三七八八〇 癸丑卜貞王旬無畎在七月
三七八八〇 癸亥卜貞王旬無畎在正?月
三七八八〇 ：卜：旬：在：
三七八八一 癸丑卜：無畎在：
三七八八一 癸亥卜貞王旬無畎在正月
三七八八一 癸酉卜貞王旬無畎
三七八八一 癸未卜貞王旬無畎
三七八八二 癸丑：王旬：畎在：一：
三七八八二 癸丑卜貞王旬無畎在正月
三七八八二 癸酉卜貞：無：
三七八八二 ：貞：無：
三七八八三 癸丑：貞旬：
三七八八三 癸亥王卜貞旬無畎

三七八八三 ：酉王：旬無：正月
三七八八四 癸亥王：旬無畎：囚：
三七八八四 癸酉王卜貞旬無畎王囚曰吉在正月
三七八八四 ：王卜貞：無畎王囚曰吉在：
三七八八五 癸未卜在上：衛貞王旬：
三七八八五 ：卜在：貞：畎：
三七八八六 癸巳王卜貞旬無畎在二月
三七八八六 癸卯王卜貞旬無畎在二月
三七八八七 癸巳王卜：在二月王?：
三七八八七 ：卜：
三七八八八 ：王卜貞旬無：曰大吉在二月
三七八八九 癸丑王卜貞旬無畎在二月
三七八九〇 癸巳王卜貞旬無：囚曰吉在二月甲午 翌：
三七八九一 ：在二月
三七八九二 癸卯王卜：旬無畎：囚曰：二月
三七八九二 癸丑王卜貞旬無畎王囚曰大吉在三月
三七八九二 ：囚：月
三七八九三 癸未卜貞王旬無畎在二月
三七八九三 癸卯卜貞王旬無畎在三月
三七八九三 ：亥卜貞：旬無：
三七八九三 癸卜貞：無畎：五月
三七八九三 癸：貞：無：
三七八九三 癸：貞：無：
三七八九四 癸卯：旬無：
三七八九四 癸丑卜貞王旬無畎在三月
三七八九四 ：貞：畎
三七八九五 癸：王旬：在三月
三七八九五 ：卜：無：
三七八九六 癸酉王卜貞旬無畎王囚曰吉在三 月
三七八九六 癸未王卜貞旬無畎王囚曰吉在三月
三七八九六 癸巳王卜貞旬無畎王囚曰吉在四月
三七八九六 ：卜：畎：
三七八九七 癸未王卜貞旬無畎在三月
三七八九八 癸亥：吉在：
三七八九八 ：王卜貞旬：王囚曰大：三月甲戌
三七八九九 癸：貞：無：
三七八九九 癸酉：王旬：
三七八九九 癸巳卜貞王旬無畎在四月
三七八九九 癸丑卜貞王旬無畎
三七八九九 ：卜貞：旬：畎
三七八九九 ：卜：旬：畎
三七九〇〇 ：師在三月
三七九〇一 癸卯卜貞旬無畎在：
三七九〇一 癸丑卜貞王旬無畎在三月

三七九〇二　……卜齋貞……無𡆥在四月
三七九〇二　……卜……旬……𡆥
三七九〇三　癸卯王卜……旬無𡆥在……
三七九〇三　癸丑王卜貞旬無𡆥在四月
三七九〇三　癸亥王卜貞旬無𡆥在四月
三七九〇三　癸酉王卜貞旬無𡆥在三月
三七九〇三　癸卯卜貞王旬無𡆥在四月
三七九〇四　癸丑卜貞王旬無𡆥
三七九〇四　……亥卜貞……旬無𡆥
三七九〇五　……旬……月
三七九〇五　癸未卜貞王旬無𡆥在四月
三七九〇五　……卜𢓊……旬無𡆥……月
三七九〇六　癸……在……貞……無……
三七九〇六　癸……[illegible]……王旬……在四……
三七九〇六　……酉卜王旬……𡆥
三七九〇六　……卜貞……無𡆥……月
三七九〇七　癸亥王卜……旬無𡆥王……曰大吉在……
三七九〇七　……貞……王占……在四月
三七九〇八　……卜貞……旬無……在五月
三七九〇八　……酉卜貞……旬無……
三七九〇九　癸未王卜貞旬無𡆥王占曰……在五……
三七九一〇　癸卯王……旬無𡆥……
三七九一〇　癸丑王卜貞旬無𡆥
三七九一〇　癸亥王卜貞旬無𡆥
三七九一一　……王卜貞旬……在五月
三七九一二　……王卜貞……𡆥在五月
三七九一三　……旬……𡆥
三七九一三　癸巳卜貞旬無𡆥在五月
三七九一四　癸亥卜貞王旬無𡆥在五月
三七九一五　癸亥……貞王旬無𡆥在五月
三七九一五　癸酉卜貞王旬無𡆥在六月
三七九一五　……未卜……王旬無𡆥在六月
三七九一六　癸未……在五月
三七九一六　癸巳卜貞王旬無𡆥在五月
三七九一六　癸卯卜貞王旬無𡆥
三七九一六　癸丑卜貞王旬無𡆥在六月
三七九一六　癸亥卜貞王旬無𡆥在六月
三七九一六　癸酉卜貞王旬無𡆥在六月
三七九一六　……卜貞……旬無𡆥……月
三七九一七　癸丑……貞旬……王占……在五……
三七九一七　癸亥王卜貞旬無𡆥王占曰大吉在六月
三七九一八　癸丑卜……王旬無……在六月……酉
三七九一八　癸亥卜貞旬無𡆥在七月
三七九一九　癸未卜在……師貞王旬無𡆥在六月
三七九一九　……在……無……
三七九二〇　癸卯……旬無……

三七九二〇　癸丑卜貞王旬無𡆥在六月
三七九二〇　……貞……𡆥……月
三七九二一　癸卯……在……旬無……六月
三七九二一　……卯卜貞……旬無𡆥……八月
三七九二二　癸……王……王……
三七九二二　癸丑王卜貞旬無𡆥王占曰吉在六月
三七九二二　癸亥王卜貞旬無𡆥王占曰吉在六月
三七九二二　……卜……𡆥……吉
三七九二三　……卜𢓊貞……𡆥在六……
三七九二四　……貞旬無𡆥……吉在六月
三七九二五　癸丑王卜貞旬無𡆥七月
三七九二五　……卜……𡆥
三七九二六　癸丑王……貞旬無……在七月
三七九二六　癸亥王卜貞旬無𡆥在七月
三七九二六　癸未王卜貞旬無𡆥在七月
三七九二七　癸……貞王……𡆥在……
三七九二七　癸丑卜貞王旬無𡆥在十月
三七九二七　癸亥卜貞王旬無𡆥在十月
三七九二七　……卜……旬……
三七九二八　……王卜貞旬無𡆥……占曰大吉在七……
三七九二九　癸酉王……貞旬無……王占曰……在十月
三七九二九　……王卜……旬無𡆥……占曰吉……月
三七九三〇　……卜貞王旬……在七月
三七九三一　癸未卜貞王……無𡆥……七月
三七九三二　癸未王卜貞旬無𡆥在七月
三七九三二　……王卜……旬無𡆥
三七九三三　癸巳……王旬無……在七……
三七九三三　癸卯卜貞王旬無𡆥
三七九三三　癸丑卜貞王旬無𡆥
三七九三三　……貞……𡆥
三七九三四　癸巳卜貞王旬無𡆥
三七九三四　……酉卜……王旬……𡆥……八月
三七九三五　癸亥王……王占曰……
三七九三五　癸酉王卜貞旬無𡆥在八月
三七九三五　……王卜……無𡆥
三七九三六　癸未……貞旬……王占曰吉在八月
三七九三六　……貞……𡆥……曰大吉在八月
三七九三七　癸巳……貞旬……王占……在八月
三七九三八　癸巳……貞旬……王占……在八……
三七九三八　癸卯王卜貞旬無𡆥王占曰吉……
三七九三九　癸丑卜貞王旬無𡆥在八月
三七九三九　癸亥卜貞王旬無𡆥在八月
三七九三九　……卜……旬……在……
三七九三九　癸卯……貞……無……
三七九四〇　……王卜貞……𡆥在八月
三七九四一　……王……貞旬……吉在八月

三七九四二　：丑卜貞王：無猷在八月
三七九四三　：王卜貞：猷在八月
三七九四四　：王卜貞：猷在八月
三七九四五　（習刻）
三七九四五　癸酉王卜貞旬無猷在九月
三七九四五　癸未王卜貞旬無猷
三七九四六　癸酉卜貞王旬無猷在九月
三七九四六　癸未卜貞：無猷
三七九四七　癸卯王卜貞旬無猷在九月
三七九四七　：卜：無猷
三七九四八　：酉王卜貞旬：在九月
三七九四九　：酉卜貞王旬：猷在九月
三七九五〇　癸卯卜貞王旬無猷：九月
三七九五一　癸亥：貞：無猷在十：
三七九五一　癸酉卜貞王旬無猷
三七九五一　：無猷
三七九五二　癸酉卜貞王：無猷在十月
三七九五二　：未卜貞：無猷
三七九五三　癸巳王卜貞旬無猷王囙曰大吉在十月
三七九五四　癸丑王卜貞旬無猷在十月：
三七九五四　癸亥王卜貞旬無猷
三七九五四　：卜貞：猷
三七九五四　癸：無：
三七九五五　：卯王卜貞旬：猷在十月
三七九五六　癸丑卜在二：王旬無猷在十月
三七九五六　：貞：無猷
三七九五七　：王卜貞旬：在十月
三七九五八　癸丑卜貞王旬：猷在：
三七九五九　癸丑卜貞王旬無猷在十月
三七九五九　癸亥卜貞王旬無猷
三七九五九　：卜貞：無猷
三七九六〇　癸丑：貞王旬無：在：
三七九六〇　：巳卜：王旬：猷：十月
三七九六一　癸亥王卜貞旬無猷王囙曰：
三七九六一　癸酉王卜貞旬無猷在十月
三七九六一　癸未王卜貞旬無猷在十月
三七九六二　癸亥王：旬無猷在：
三七九六二　癸酉王卜貞旬無猷
三七九六三　庚：又：十月
三七九六三　：宰
三七九六四　癸亥王：旬無：囙曰：在：
三七九六四　癸酉王卜貞旬無猷王囙大吉在十月又二
三七九六五　癸卯王卜貞旬無猷在十月又一
三七九六五　：王卜：猷
三七九六六　癸亥卜貞王旬無猷在十月一

三七九六七　癸卯卜：王旬：在十月
三七九六七　癸丑卜貞王旬無猷
三七九六七　癸亥卜貞：無：十月
三七九六八　癸卯卜：王旬：在十月
三七九六八　癸丑卜貞王旬無猷
三七九六八　：亥卜貞王旬無猷在十月
三七九六九　癸卯王卜貞旬無猷王囙曰大吉在十月
三七九六九　癸丑王卜貞旬無猷王囙曰大吉在十月又一
三七九六九　：卜貞：猷王：大吉：十月又一
三七九七〇　癸未：王旬無猷在十月又一
三七九七〇　癸巳卜貞王旬無猷在十月又二
三七九七〇　：卜貞：無猷：月又二
三七九七一　：貞無災在二月
三七九七二　：酉卜貞王旬：猷在十二月
三七九七三　癸卯王卜貞：王囙曰吉
三七九七三　癸丑王卜貞旬無猷王囙曰吉在十月又二
三七九七三　：貞：王：曰吉在：月又二
三七九七四　癸卯：王旬：在：
三七九七四　癸丑王卜貞王旬無猷在十二月
三七九七五　癸丑：貞旬無：王囙曰吉在十月又…
三七九七五　癸亥王卜貞旬無猷王囙曰大吉在十月又二
三七九七六　癸酉卜貞王旬：猷在十二月
三七九七六　癸未：貞：無：在：
三七九七六　癸丑卜貞王旬無猷在十月
三七九七六　癸：貞：在：
三七九七七　：卜貞：無猷：十月又二
三七九七八　：王卜貞旬：在十月又二
三七九七九　：巳卜貞王：無猷在十月又二
三七九八〇　：卜貞王旬：在十月又二
三七九八一　：卜貞王旬：在十月又二
三七九八二　：卜貞無猷：十月又二
三七九八二　：卜貞：夕：猷：
三七九八三　：卜貞旬：在十月又二
三七九八四　：貞旬：十月又二
三七九八五　：貞王：無猷
三七九八五　：貞王：無猷
三七九八五　：貞：夕無：在十月二
三七九八六
甲子　乙丑　丙寅　丁卯　戊辰　己巳
庚午　辛未　壬申　癸酉　甲戌　乙亥
丙子　丁丑　戊寅　己卯　庚辰　辛巳
壬午　癸未　甲申　乙酉　丙戌　丁亥
戊子　己丑　庚寅　辛卯　壬辰　癸巳
甲午　乙未　丙申　丁酉　戊戌　己亥
庚子　辛丑　壬寅　癸卯　甲辰　乙巳

三七九八七

丙午　丁未　戊申　己酉　庚戌　辛亥
壬子　癸丑　甲寅　乙卯　丙辰　丁巳
戊午　己未　庚申　辛酉　壬戌　癸亥
（習刻）

三七九八八

甲子　乙丑　丙寅　丁卯　戊辰　丁巳
庚午　辛未　壬：　甲戌　乙亥　丙子
丁丑　戊寅　己卯　庚辰　辛巳　：
甲申　乙酉　丙戌　丁亥　戊子　己丑
庚寅　辛卯　：　：午　乙未　丙申
丁酉　戊戌　己亥　庚子　辛：　：
：辰　乙巳　丙午　丁未　戊申　己酉
庚戌　辛：　：寅　乙卯　丙辰　丁巳
戊午　己未　庚申　：

三七九八九

（習刻）

三七九九〇

三七九九一

：　己巳　庚午　辛未　壬申　癸酉
：寅　己卯　庚辰　辛巳　壬午　癸未
：子　己丑　庚寅　辛卯　壬辰　癸巳
：　戊戌　己亥　庚子　辛丑　壬寅
癸卯　：　戊申　己酉　庚戌　辛亥
壬子　癸丑　：　戊午　己未　庚申
辛酉　壬戌　癸亥
（習刻）

三七九九二

（習刻）

三七九九三

（習刻）

三七九九四

（習刻）

三七九九五

（習刻）

（習刻）

三七九九六

（習刻）

三七九九七

（習刻）

三七九九八

（習刻）

三七九九九

（習刻）

三八〇〇〇

（習刻）

三八〇〇一正

（習刻）

三八〇〇一正

（習刻）

三八〇〇一正

（習刻）

三八〇〇一反

（習刻）

三八〇〇一反

甲子　乙丑　丙寅　丁卯　戊：

三八〇〇一反

甲子

三八〇〇一反

：　甲戌　乙亥　丙　：

三八〇〇二

（習刻）

三八〇〇三

（習刻）

三八〇〇四

（習刻）

三八〇〇五

（習刻）

三八〇〇六　三八〇〇七

：子 乙丑 丙寅 丁卯 戊辰 己巳
庚午 辛未 壬申 ： ：戊 乙亥
丙子 丁丑 戊寅 己卯 庚辰 辛巳
壬午 ： ：申 乙酉 丙戌 丁亥
戊子 己丑 庚寅 辛卯 壬辰 ：
：子 乙丑 丙寅 丁卯 戊辰 己巳
庚午 辛未 壬申 癸酉 ：戌 乙亥
丙子 丁丑 戊寅 己卯 庚辰 辛巳
壬午 癸未 ：申 乙酉 丙戌 丁亥
戊子 己丑 庚寅 辛卯 壬辰 癸巳
：子 乙丑 丙寅 丁卯 戊辰 己巳
庚午 辛未 壬申 癸： 甲： 乙亥
丙子 丁丑 戊寅 己卯 庚辰 辛巳
壬： 癸： 甲： ：酉 丙戌 丁：
戊子 己丑 庚寅 辛卯 壬辰 癸：
：子 乙丑 丙寅 丁卯 戊辰 己巳
庚午 辛未 壬申 癸： 甲戌 乙亥
丙子 丁丑 戊寅 己卯 庚辰 辛巳
壬午 ：
甲申 乙酉 丙戌 丁亥 戊子 己丑
庚辰 辛卯 ：
甲子 乙丑 丙寅 丁卯 戊辰 己巳
庚午 辛未 ： 甲戌 乙亥 丙子
丁丑 戊寅 己卯 庚辰 辛巳 ：
甲申 乙酉 丙戌 丁亥 戊子 己丑

三八〇〇八　三八〇〇九

：
： 庚午 辛未 壬申 癸酉 ：
庚辰 辛巳 壬午 癸未 ： ：寅
辛卯 壬辰 癸巳 ： 辛丑 壬寅
癸卯 ：
： 乙酉 丙： ： 乙未 丙申
： 乙巳 丙午 丁未 ： 乙卯
丙辰 丁巳 ：

三八〇一〇正

（習刻）

三八〇一〇反

（習刻）

三八〇一一

：：巳 庚午 辛未 壬申 癸酉
：：卯 庚辰 辛巳 壬午 癸未
： 庚辰 辛巳 壬辰 癸巳 ：
壬寅 癸卯 ：

三八〇一二

（習刻）

三八〇一三

（習刻）

（習刻）

三八〇一四

甲子 乙丑 丙寅 丁卯 戊…… ：
甲戌 乙亥 丙子 丁丑 ：

（習刻）

三八〇一四

丁丑 戊寅 己： ： 丁亥 戊子

三八〇一五正

：

（習刻）

三八〇一五反

（習刻）

三八〇一六

（習刻）

三八〇一七

甲子 乙丑 丙寅 丁卯 戊辰 己巳
庚午 辛未 壬申 癸酉 甲戌 乙亥
丙子 丁丑 戊寅 己卯 庚辰 辛巳
壬午 癸未 甲申 乙酉 丙戌 丁亥
戊子 己丑 庚寅 辛卯 壬辰 癸巳

三八〇一七
（習刻）

三八〇一八
甲子　乙丑　丙寅　丁卯　戊辰　己…
…　甲戌　乙亥　丙子　丁丑　戊寅
己…　乙酉　丙戌　丁亥　戊子
己…

三八〇一九
（習刻）

三八〇二〇
（習刻）

三八〇二一
（習刻）

三八〇二二
（習刻）

三八〇二三
（習刻）

三八〇二四
（習刻）

三八〇二五
（習刻）

三八〇二六
甲子　乙丑　丙子　丁卯　戊辰　己…
…　甲戌　乙亥　丙子　丁丑　戊寅
己…　甲申　乙酉　丙戌　丁亥
戊子　己…　…

三八〇二七
（習刻）

三八〇二八
（習刻）

三八〇二九
（習刻）

三八〇三〇
三八〇三一
甲子　…　甲戌　…　甲申　…
甲子　乙丑　…　甲戌　乙亥　…
甲申　乙酉　…

三八〇三二
…　戊辰　己巳　庚…　戊寅
己卯　庚…　…　戊子　己丑　庚…

三八〇三三
（習刻）

三八〇三四
（習刻）

三八〇三五
（習刻）

三八〇三六
…寅　丁卯　戊辰　己巳　庚午
辛未　壬…　…　戊寅　己卯　庚辰
辛巳　壬…　…　戊子　己丑　庚寅
辛卯　壬…　…

三八〇三七
（習刻）

三八〇三八
…寅　丁卯　戊辰　己巳　庚…
辛未　…子　丁丑　戊寅　己寅
己卯　庚辰　辛巳　壬…　…戌
丁亥　戊子　己丑　庚寅　辛卯　壬辰

三八〇三九
丙寅　丁卯　戊辰　…　…酉　丙子
丁丑　戊寅　己卯　…　丙戌
丁亥　戊子　己丑　…
（習刻）

三八〇四〇
三八〇四一
…　辛未　壬申　癸酉　…　壬午
癸未　…辰　癸巳　…

三八〇四二
（習刻）

三八〇四三正
壬戌　…
（習刻）

三八〇四三反
（習刻）

三八〇四四
…　乙丑　丙寅　丁卯　戊辰　己巳
庚午　辛未　…　乙亥　丙子　丁丑
戊寅　己卯　庚辰　辛巳　壬…　乙酉
丙戌　丁亥　戊子　己丑　庚寅　辛…
…

三八〇四五
（習刻）

三八〇四六　三八〇四七　……庚午　辛未　壬申　癸酉　……庚辰　辛巳　壬午　癸未　……庚寅　辛卯　壬辰　癸巳

三八〇四八　（習刻）

三八〇四九　（習刻）

三八〇五〇　三八〇五一　……辛未　壬申　……辛巳　壬午　癸未　……辛卯　壬辰　癸巳　……癸未　……申　癸酉　……壬午　癸未　……庚寅　辛卯　壬辰　癸巳　……

三八〇五二　（習刻）

三八〇五三　三八〇五四　……巳　庚午　辛未　壬申　癸酉　……卯　庚辰　辛巳　壬午　癸未　……庚寅　辛卯　壬辰　癸巳　……（習刻）

三八〇五五　……庚午　辛未　壬申　癸酉　……庚辰　辛巳　壬午　癸未　……庚寅　辛卯　壬辰　癸巳

三八〇五六　……庚午　辛未　壬申　癸酉　……庚辰　辛未　壬午　癸未　……庚寅　辛卯　辰　癸巳　……

三八〇五七正　（習刻）

三八〇五七正　（習刻）

三八〇五七反　（習刻）

三八〇五八　（習刻）

三八〇五八　（習刻）

三八〇五八　（習刻）

三八〇五八　（習刻）

三八〇五九　（習刻）

三八〇五九　三八〇六〇正　（習刻）

三八〇六〇正　（習刻）

三八〇六〇反　（習刻）

三八〇六一　（習刻）

三八〇六二　（習刻）

三八〇六三　……卯　戊辰　己巳　庚午　辛未　……丑　戊寅　己卯　庚辰　辛巳　……

三八〇六四　（習刻）

三八〇六四　（習刻）

三八〇六五　（習刻）

三八〇六五　（習刻）

三八〇六五　（習刻）

三八〇六五　三八〇六六　（習刻）

三八〇六七　（習刻）

三八〇六八　（習刻）

三八〇六八　（習刻）甲子　乙丑　丙寅　丁卯　戊辰　己未　庚午　辛未　壬……

三八〇六九　（習刻）

三八〇七〇　（習刻）

三八〇七〇　（習刻）

三八〇七一　（習刻）

三八〇七一　（習刻）

三八〇七二　（習刻）

三八〇七二　（習刻）

三八〇七三　（習刻）

三八〇七四　（習刻）

三八〇七四　（習刻）

三八〇七五　（習刻）

三八〇七五　（習刻）

三八〇七六　（習刻）

三八〇七六

三八〇七六

三八〇七七　（習刻）

三八〇七八　（習刻）

三八〇七九　（習刻）

三八〇八〇　（習刻）

三八〇八一　（習刻）

三八〇八二　（習刻）

三八〇八三　貞王賓叙無…

三八〇八三　（習刻）

三八〇八四　貞王賓叙無尤

三八〇八四　（習刻）

三八〇八五　貞王賓叙…

三八〇八五　（習刻）

三八〇八六　貞王賓叙無尤

三八〇八六　（習刻）

三八〇八七　貞王賓叙無尤

三八〇八七　（習刻）

三八〇八八　貞王賓叙無尤

三八〇八八　（習刻）

三八〇八九　貞王賓叙…

三八〇八九　（習刻）

三八〇九〇　貞王賓叙無尤

三八〇九〇　（習刻）

三八〇九一　辛未卜貞王賓尤…桼…

三八〇九一　（習刻）

三八〇九二　…賓…無尤

三八〇九二　（習刻）

三八〇九三　丁丑卜貞王賓…無…

三八〇九三　（習刻）

三八〇九四　乙酉卜貞王賓…

三八〇九四　（習刻）

三八〇九五　乙卯卜…王賓…無…

三八〇九五　（習刻）

三八〇九六　…賓…尤

三八〇九六　（習刻）

三八〇九七　壬戌卜貞王賓歲無尤

三八〇九七　（習刻）

三八〇九八　壬辰卜貞王賓歲無尤

三八〇九八　（習刻）

三八〇九九　辛丑卜貞王賓歲…

三八〇九九　（習刻）

三八一〇〇　乙丑卜貞王賓歲無尤

三八一〇〇　（習刻）

三八一〇一　乙酉卜貞王賓𪚺…

三八一〇一　（習刻）

三八一〇二　（習刻）

三八一〇二　…卜…今…畎

三八一〇三　…貞…畎

三八一〇三　辛巳…貞王…夕無…

（習刻）

三八一〇四　己亥卜貞…

三八一〇四　（習刻）

三八一〇五　（習刻）

三八一〇六　（習刻）

三八一〇六
三八一〇七
三八一〇七
三八一〇八
三八一〇八
三八一〇八
三八一〇八

壬寅卜貞王迭召往來無災
其牢又一牛
：牢：牛
甲子　乙：：
癸卯卜貞王旬無畎
癸：
（習刻）
（習刻）

三八一〇九
三八一〇九
三八一〇九
三八一〇九
三八一〇九
三八一〇九
三八一一〇
三八一一〇
三八一一〇
三八一一〇

癸卯卜貞王旬無畎
癸丑卜貞王旬無畎
癸亥卜貞王旬無畎
癸酉卜貞王旬無畎
（習刻）
（習刻）
：王：
癸酉卜貞王旬無畎
癸：王：
（習刻）
（習刻）

三八一一一

（習刻）

三八一一一
三八一一二
三八一一二
三八一一二
三八一一三
三八一一三
三八一一三
三八一一四
三八一一四

癸未：貞旬：
癸巳王卜貞旬無畎
（習刻）
（習刻）
癸亥王卜貞旬無畎
：卜：畎
（習刻）
癸丑卜：王旬無：
癸亥卜貞王旬無畎

三八一一四
三八一一四
三八一一五
三八一一五
三八一一五
三八一一五
三八一一六
三八一一六
三八一一六
三八一一六
三八一一六
三八一一六
三八一一七
三八一一七
三八一一七
三八一一七
三八一一八
三八一一八
三八一一八
三八一一九
三八一一九
三八一一九
三八一二〇
三八一二〇
三八一二〇
三八一二〇
三八一二一
三八一二一
三八一二二
三八一二二
三八一二二
三八一二三
三八一二四
三八一二四
三八一二四
三八一二五
三八一二六
三八一二六
三八一二六
三八一二六
三八一二七
三八一二七
三八一二七
三八一二八
三八一二八

癸酉卜貞王旬無畎
（習刻）
弜：
其戠日
戠日
弜祀　吉
其雨　茲御
翌日戊不雨茲御
其雨
乙卯卜貞今日不雨
其雨
不雨
戊辰：今日雨
其雨
辛未卜貞今日不雨茲御
：雨
其雨
丁卯卜貞今日不雨
其雨
戊辰卜：今日不雨
其雨　茲御
：卜貞：不雨
戊辰卜：今日不：
其遘雨
壬申卜貞今日不雨
：雨
戊辰卜貞今日不：
其雨
乙亥卜貞今日不雨
其雨
：卜貞：
己卯卜貞今夕不雨
其雨
壬午卜貞今日不雨茲御
其雨
壬午卜貞今夕不雨
乙酉卜貞今日不雨
其雨
乙未卜貞今日不雨
其雨
乙酉：今日：
其雨
丁亥卜貞今日不雨
乙酉：今
不雨

三八一二八　：亥卜貞今日雨
三八一二九　庚寅卜貞今日不雨
三八一二九　其雨　十月
三八一三〇　戊子卜：今日不雨茲御
三八一三〇　其雨
三八一三一　壬辰卜貞今日不：
三八一三二　丁酉卜：今日不：茲御
三八一三二　其雨
三八一三二　：貞：
三八一三三　乙卯卜貞今日不雨
三八一三三　其雨
三八一三三　戊午卜貞今日不雨茲御
三八一三三　其雨
三八一三四　其雨
三八一三四　今日不雨
三八一三四　其雨
三八一三四　戊戌卜貞今日不雨
三八一三四　其雨
三八一三四　癸
三八一三四　今日庚：
三八一三五　戊午卜貞翌日戊湄日不雨
三八一三五　其雨
三八一三六　戊午卜：不雨茲：
三八一三六　其雨
三八一三六　：貞：雨
三八一三七　辛酉卜貞今日不雨
三八一三七　妹雨
三八一三七　其雨
三八一三八　戊子卜今夕雨：月
三八一三九　辛巳：貞：不：
三八一三九　貞其雨
三八一三九　：雨
三八一四〇　戊戌：貞今：
三八一四〇　其雨
三八一四〇　：在：日不：御
三八一四一　戊戌卜貞今日不：
三八一四一　：雨茲：
三八一四二　吉
三八一四二　其雨　弘吉
三八一四二　：吉
三八一四三　辛卯：今日：
三八一四三　其雨
三八一四四　戊戌今日不雨
三八一四五　：未卜貞今夕不雨
三八一四六　壬戌卜：今日不：
三八一四六　其雨

三八一四六　：卜貞：
三八一四七　：今日不：
三八一四七　其雨
三八一四八　：卜貞：雨
三八一四八　不雨茲御
三八一四九　其雨
三八一四九　：卜貞今日不雨
三八一四九　：雨
三八一五〇　丙：今夕：
三八一五〇　不雨
三八一五〇　：巳卜貞：雨
三八一五一　：貞：兑：不雨
三八一五二　：貞今日既衩日玊其萬：雨不雨[illegible]
三八一五三　：酉卜貞：不雨
三八一五四　：卜：弘吉
三八一五四　不雨
三八一五四　弘吉
三八一五五　不雨茲御
三八一五五　：卜貞：雨
三八一五六　：卜貞今日王：雨茲御在：
三八一五七　：寅卜貞：不雨
三八一五八　相日今：允雨
三八一五八　：相：
三八一五九　：田：
三八一五九　：乜
三八一五九　：雨
三八一六〇　辛亥卜貞延雨
三八一六〇　己酉卜：
三八一六〇　不多雨
三八一六一　壬子卜貞湄日多雨
三八一六一　不延雨
三八一六二　：貞延多雨茲御
三八一六二　（習刻）
三八一六三　：不多雨
三八一六四　辛亥：乜乙：
三八一六四　不多雨
三八一六五　癸未卜：茲月有大雨茲御夕雨
三八一六五　于生月有大雨
三八一六五　：卜貞：雨
三八一六六　丁卯卜：月：
三八一六六　于生月有大雨
三八一六七　弘茲夕有大雨：
三八一六八　：大雨
三八一六九　戊：王：
三八一六九　其遘雨茲御小雨
三八一七〇　其遘小雨
三八一七一　其遘大雨

三八一七一　…雨

三八一七二　貞翌日戊王不遘大雨

三八一七三　其遘大雨

三八一七四　…遘…雨

三八一七四　壬…在…王…

三八一七五　…遘…雨

三八一七六　其遘…雨

三八一七六　…所

三八一七七　丙子卜貞翌日丁丑王其遘旅延迖不
遘大雨茲御

三八一七七　辛丑卜貞…日壬王田牢弗御無災

三八一七八　甲辰卜貞翌日乙王其賓圍于敦衣不
遘雨

三八一七九　弗溼…夕有大雨

三八一七九　壬寅卜貞今夕延雨

三八一七九　不延雨

三八一七九　戊午卜貞王其田宰辛遘…

三八一八〇　壬子卜貞今日延雨

三八一八一　…其延雨

三八一八二　…申卜貞…延雨

三八一八三　…其雨

三八一八三　…旃…延雨

三八一八四　…延雨…御…

三八一八五　壬申…今夕…

三八一八五　不延雨　茲御

三八一八五　…貞…

三八一八六　其遘大風

三八一八六　壬寅卜貞今日王其田𩫖不遘大風

三八一八六　其遘大風

三八一八六　乙卯卜貞…王田𩫖…大…

三八一八六　…遘…風

三八一八七　癸…王…風

三八一八七　其遘大風

三八一八七　…康…師…遘大雨

三八一八八　其遘大風

三八一八八　不遘風

三八一八八　…風

三八一八九　辛丑卜貞今日王…不遘大風茲…

三八一九〇　其田…

三八一九〇　…風

三八一九一　辛卯卜貞今日延雨

三八一九一　妹延雨

三八一九一　壬辰卜貞今日不雨

三八一九一　（習刻）

三八一九一　（習刻）

三八一九二　戊午卜貞今日霎

三八一九二　妹霎

三八一九二　…卜貞…大雨

三八一九三　戊辰卜貞今日霎

三八一九三　其…

三八一九四　其雨

三八一九四　戊申卜貞今日霎

三八一九四　妹霎

三八一九四　…貞…

三八一九五　乙丑卜貞今日乙霎茲御

三八一九六　…巳卜貞…日霎

三八一九七　辛巳…今日雨

三八一九七　妹霎

三八一九七　戊…卜貞今日不雨

三八一九七　其雨

三八一九七　…卜貞…不雨

三八一九八　辛卯…今日王其…不遘…

三八一九八　辛丑卜貞今日霎

三八一九八　戊戌卜貞今日霎

三八一九九　…卜…日霎茲御

三八二〇〇　辛丑卜貞今夕霎茲…

三八二〇〇　…霎

三八二〇一　…未卜貞…霎

三八二〇一　…其霎

三八二〇二　…妹其霎

三八二〇二　…妹霎

三八二〇三　…妹其霎

三八二〇四　妹霎

三八二〇五　乙…今…

三八二〇五　…妹其霎

三八二〇六　妹霎

三八二〇七　…卜貞…霎

三八二〇八　…卜貞…霎

三八二〇九　…霎

三八二一〇　…霎

三八二一一　…霎

三八二一二　丙子卜貞王其…翌日戊寅不悔無…

三八二一二　…惟庚辰…悔無省

三八二一三　貞妹其…

三八二一四　…妹其…

三八二一五　癸酉…旬無…甲戌…妹…

三八二一七　妹…

三八二一六　妹…

三八二一八　妹…

三八二一九　丁卯卜貞…

三八二一九　…卜貞…圍…在二月

三八二二〇　…其…

三八二二〇　妹其…

三八二二一 …日啓…御
三八二二二 丙戌王卜…大室…令
三八二二二 …卜…
三八二二二 辛子卜貞王戉…陟往來無災
三八二二二 …貞…于…往…災
三八二二三 …彝在中丁宗在三月
三八二二四 …在祖辛宗
三八二二五 …彝在祖辛…
三八二二六 …在四祖丁宗
三八二二七 …在四祖丁宗
三八二二八 …貞康祖丁宗祐…王受有祐
三八二二九 …康祖丁宗
三八二三〇 …帝宗正王受有祐
三八二三一 …饗史于燎北宗不…大雨
三八二三二 惄其冓…有祐
三八二三二 弜冓丁即于宗吉
三八二三三 丙午…武丁…牢
三八二三三 …申卜貞…宗丁…牢
三八二三四 丙辰…武…其…
三八二三四 …貞…宗丁…茲用
三八二三五 …寅卜貞…丁其牢…用
三八二三五 …卜貞…宗丁…用
三八二三六 …貞…宗丁惟牢…
三八二三七 …卜貞…宗丁…華…用
三八二三八 …宗丁…牢…華…
三八二三九 …貞…宗…災
三八二四〇 …卜貞…宗…𡿧…用
三八二四一 …宗丁…茲用
三八二四二 …卜貞…使…又一牛
三八二四二 甲…貞…
三八二四三 辛酉王卜貞…𢦏嘉王囚曰大吉…九
月遘祖辛𩛥…
三八二四四 其自祖丁
三八二四四 …辰王卜在兮…𢦏嘉…囚曰吉在
三月
三八二四五 丁酉王卜貞雝𢦏…
三八二四六 癸酉王卜…旬無畎…大吉在…甲戌翌
…
三八二四七 …子…
三八二四七 癸未卜…王旬…在九月…翌日…
三八二四八 貞王賓叙無尤
三八二四八 乙亥…王賓…翌日…
三八二四九 戊辰卜貞王賓…翌…
三八二五〇 丁丑卜…王賓…翌日…
三八二五一 己未卜…翌日無…
三八二五一 庚辰…王賓…

三八二五二 丁未…王賓…翌…
三八二五二 …王賓…無尤
三八二五三 …貞…叙…
三八二五三 …貞…賓…翌日…
三八二五四 …大丁…翌丁…
三八二五五 丁酉卜貞王賓…丁祭無尤
三八二五六 …卜貞王…祭無尤
三八二五六 …賓…無尤
三八二五七 …卜貞王…祭無尤
三八二五七 丙子卜…丁祭王其…乂其牢…又正王
…
三八二五八 丙子卜…丁祭王其…乂其牢…又正王…
三八二五九 癸未卜…旬無畎…月甲申…𩰫…
三八二五九 …卜…旬…在…
三八二六〇 癸未…無…𩰫…
三八二六一 癸酉…王…在…
三八二六一 …卜貞…無畎…月甲寅…
三八二六二 甲子…王賓…𩰫…
三八二六三 甲戌卜貞王賓…𩰫…
三八二六四 丙戌卜…王賓…𩰫…
三八二六五 丁酉卜貞王賓𩰫無尤
三八二六六 …貞…𩰫…王…
三八二六六 戊…叙…災
三八二六七 …亥卜貞…無畎
三八二六七 …王旬…在一月砉…
三八二六七 …畎
三八二六八 乙未…王賓…砉日…
三八二六九 己…卜貞王賓砉無尤
三八二六九 …無尤
三八二六九 …貞王賓叙無尤
三八二七〇 …辰卜貞王賓砉日…
三八二七一 …午卜…王賓…砉日…尤
三八二七一 …卜貞王賓…砉日無尤
三八二七二 …貞…砉…甲…
三八二七三 癸…貞…王…在…彡…
三八二七三 …巳王卜…旬無畎
三八二七四 癸丑…王旬…在…彡…
三八二七四 癸酉卜貞王旬…畎在五…
三八二七五 癸…王旬…在六…彡…
三八二七五 …卜貞…旬無…
三八二七六 癸酉…貞…
三八二七六 癸未卜𢓊貞王旬無畎甲申彡無…
三八二七六 癸巳卜貞王旬無畎在九月
三八二七六 癸卯卜貞王旬無畎
三八二七六 癸丑卜貞王旬無畎
三八二七七 癸亥…王旬…在九…彡…
三八二七七 癸…貞…

三八二七八
三八二七八
三八二七九
三八二七九
三八二八〇
三八二八一
三八二八一
三八二八二
三八二八二
三八二八三
三八二八四
三八二八五
三八二八六
三八二八七
三八二八八
三八二八九
三八二九〇
三八二九一
三八二九一
三八二九一
三八二九二
三八二九三
三八二九四
三八二九五
三八二九六
三八二九七
三八二九七
三八二九八
三八二九八
三八二九九
三八三〇〇
三八三〇一
三八三〇二
三八三〇三
三八三〇四
三八三〇四
三八三〇五
三八三〇六
三八三〇六
三八三〇七
三八三〇七
三八三〇八

癸…旬…𡆥
…未王卜貞…無𡆥在…甲寅彡…
癸巳王…旬無𡆥在甲午彡日…
…戌卜…無𡆥
癸亥王…旬無𡆥…曰吉…子彡…甲
乙丑…王賓…彡日…
…𣪊…
丁亥…王賓…彡日…
…無…
甲寅…王賓…彡日…
…亥卜貞王…彡日無尤
…卜貞…賓…彡日…尤
…卜…王賓…彡日無…
…卜貞王賓…彡日無…
…貞王…彡丁…
其即𠬝于…彡日丁廼酌有…王受有祐
王囚曰吉
…彡…于既…采于丁卯…
壬寅卜貞王賓…
…王賓𣪊無尤
…彡…尤
…甲彡…
戊辰卜…王賓…彡夕…尤
庚辰卜貞王賓…彡…尤
庚辰卜…王賓…夕…
庚子卜…王賓…彡夕無…
…貞王賓…祼…
甲寅卜貞王賓…彡夕…
…卜貞王…彡夕無尤
…賓…無尤
甲辰卜…賓…日無…
…王賓…日無尤
…工典其翌
…寅𡧊…
甲子卜貞王賓𡧊無尤
癸巳…貞旬…王…災…酌妹…
…典…
癸亥卜𢓊貞王旬…在十月甲子工
典其妹
癸丑卜在𢀛貞王旬無𡆥在十月甲寅工
典其酌彡…
…貞王旬…在七月
癸卯王卜貞旬無𡆥王囚曰吉在九月甲辰
王…
…王卜貞旬無𡆥…四月甲子工典…
癸巳…王…

三八三〇八
三八三〇九
三八三一〇
三八三一〇
三八三一一
三八三一二
三八三一二
三八三一三
三八三一四
三八三一五
三八三一五
三八三一五
三八三一五
三八三一六
三八三一六
三八三一七
三八三一七
三八三一八
三八三一八
三八三一九
三八三二〇
三八三二〇
三八三二〇
三八三二一
三八三二一
三八三二二
三八三二三
三八三二三
三八三二三
三八三二四
三八三二五
三八三二六
三八三二六
三八三二七
三八三二八
三八三二九
三八三二九
三八三三〇
三八三三一
三八三三二
三八三三三
三八三三四
三八三三五
三八三三六
三八三三七

…王卜…無𡆥…曰吉…月甲…酌
…貞典…
癸未卜貞王旬無𡆥在五月
癸卯卜貞王旬無𡆥在六月乙巳工典其
雚
乙丑卜…賓雚…
貞王賓𣪊無尤
貞王賓𣪊無尤
貞王賓𣪊無尤
貞王賓𣪊無尤
貞王賓𣪊無尤
貞王賓𣪊無尤
貞王賓𣪊無尤
…王…
貞王賓𣪊無尤
丁酉卜貞…王賓…
貞…𣪊…
貞王賓𣪊無尤
癸…王…無…
貞王賓𣪊無尤
戊子…賓…
貞王賓𣪊無尤
貞…
貞王賓𣪊無尤
丁未卜…王賓…無…
貞王賓𣪊無尤
貞王賓𣪊無尤
…貞…𡆥
…勿牛…
貞王賓𣪊無尤
貞王賓𣪊無尤
貞王賓𣪊無尤
貞王…尤
貞王賓𣪊無尤
貞王賓𣪊無尤
…寅卜貞今夕無…
貞王賓𣪊無尤
貞王賓𣪊無尤
貞王賓𣪊無尤
貞王賓𣪊無尤
貞王賓𣪊無尤
貞王賓𣪊無尤
貞王賓𣪊無尤
貞王賓𣪊無尤
貞王賓𣪊無尤

三八三三八　貞王賓叙無尤
三八三三九　貞王賓叙無尤
三八三四〇　貞王賓叙無尤
三八三四一　貞王賓叙無尤
三八三四二　貞王賓叙無尤
三八三四三　貞王賓叙無尤
三八三四四　貞王賓叙無尤
三八三四五　貞王賓叙無尤
三八三四六　貞王賓叙無尤
三八三四六　貞王賓叙無尤
三八三四七　貞王賓叙無尤
三八三四八　貞王賓叙無尤
三八三四九　貞王賓叙無尤
三八三五〇　貞王賓叙無尤
三八三五一　貞王賓叙無尤
三八三五二　貞王賓叙無尤
三八三五三　貞王賓叙無尤
三八三五四　貞王賓叙無尤
三八三五五　貞王賓叙無尤
三八三五六　貞王賓叙無尤
三八三五七　貞王賓叙無尤
三八三五八　貞王賓叙無尤
三八三五九　貞王賓叙無尤
三八三六〇　貞王賓叙無尤
三八三六一　貞王賓叙無尤
三八三六二　貞王賓叙無尤
三八三六三　貞王賓叙無尤
三八三六四　貞王賓叙無尤
三八三六五　貞王賓叙無尤
三八三六六　貞王賓叙無尤
三八三六七　貞王賓叙無尤
三八三六八　貞王賓叙無尤
三八三六九　貞王賓叙無尤
三八三七〇　貞王賓叙無尤
三八三七一　貞王賓叙無尤
三八三七二　貞王賓叙無尤
三八三七三　貞王賓叙無尤
三八三七四　貞王賓叙無尤
三八三七五　貞王賓叙無尤
三八三七六　貞王賓叙無尤
三八三七七　貞王賓叙無尤
三八三七八　貞王賓叙無尤
三八三七九　貞王賓叙無尤
三八三八〇　貞王賓叙無尤
三八三八一　貞王賓叙無尤
三八三八二　貞王賓叙無尤

三八三八三　貞王賓叙無尤
三八三八四　貞王賓叙無尤
三八三八五　貞王賓叙無尤
三八三八六　貞王賓叙無尤
三八三八七　貞王賓叙無尤
三八三八八　貞王賓叙無尤
三八三八九　貞王賓叙無尤
三八三九〇　貞王賓叙無尤
三八三九一　貞王賓叙無尤
三八三九二　貞王賓叙無尤
三八三九三　貞王賓叙無尤
三八三九四　貞王賓叙無尤
三八三九五　貞王賓叙無尤
三八三九六　貞王賓叙無尤
三八三九七　貞王賓叙無尤
三八三九八　貞王賓叙無尤
三八三九九　貞王賓叙無尤
三八四〇〇　貞王賓叙無尤
三八四〇一　貞王賓叙無尤
三八四〇二　貞王賓叙無尤
三八四〇三　……王賓叙無尤
三八四〇三　……王……
三八四〇四　貞王賓叙無尤
三八四〇五　貞王賓叙無尤
三八四〇六　貞王賓叙無尤
三八四〇七　貞王賓叙無尤
三八四〇八　貞王賓叙無尤
三八四〇九　貞王賓叙無尤
三八四一〇　貞王賓叙無尤
三八四一一　貞王賓叙無尤
三八四一二　貞王賓叙無……
三八四一三　貞王賓叙無尤
三八四一四　……叙無……
三八四一五　貞王賓祭?無……
三八四一五　貞王賓叙……尤
三八四一六　貞王賓叙無尤
三八四一七　貞王賓叙無……
三八四一八　貞王賓叙無……
三八四一九　貞王賓叙無
三八四二〇　貞王賓叙無……
三八四二一　貞王賓叙無……
三八四二一　貞王賓……
三八四二二　貞王賓叙……
三八四二二　壬申……
三八四二三　貞王賓叙……尤
三八四二四　……卜貞王賓叙……

三八四二四　貞王賓叙…
三八四二五　貞王賓叙…
三八四二六　貞王賓叙…
三八四二七　貞王賓叙…
三八四二八　貞賓叙…
三八四二九　貞王賓叙無尤
三八四三〇　辛卯…王賓…日…
三八四三〇　貞王…叙…
三八四三一　貞王…叙…
三八四三一　庚戌…王賓…無…
三八四三二　辛丑…王賓…日無…
三八四三二　貞…叙…
三八四三三　辛…王…旬…
三八四三三　…叙…
三八四三四　辛未卜王賓…無尤
三八四三四　貞王…叙…
三八四三五　貞…叙…
三八四三六　乙丑…賓歲…
三八四三七　乙亥…王賓歲…
三八四三八　甲申卜…王賓歲…
三八四三九　丁酉卜貞王賓歲無尤
三八四四〇　…未卜貞王賓歲無尤
三八四四〇　貞王賓叙無尤
三八四四一　貞王…尤
三八四四一　…貞王…
三八四四二　…卜貞…賓歲…夂…無尤
三八四四三　…卜貞王…祖…歲…尤
三八四四四　庚…王賓歲…
三八四四五　…卜貞王…歲…尤
三八四四六　…卜貞王…歲無尤
三八四四七　貞王…歲…尤
三八四四八　…貞王…歲…
三八四四八　…王賓…無尤
三八四四九　貞王…歲…
三八四五〇　貞王…歲…
三八四五一　貞…歲…尤
三八四五二　…尤
三八四五二　…王…歲…
三八四五三　…歲…尤
三八四五四　癸亥卜貞王旬無畎在六月王…曰禱
三八四五四　癸酉卜貞王旬無畎在七月
三八四五四　癸未卜貞王旬無畎在七月
三八四五四　癸巳卜貞王旬無畎在七…
三八四五四　…卯卜…旬…在八月
三八四五五　貞王賓祼無尤
三八四五六　貞王賓祼無尤

三八四五六　…尤
三八四五七　貞王賓祼無尤
三八四五八　貞王賓祼無…
三八四五九　貞王賓祼無尤
三八四六〇　貞王賓祼無…
三八四六一　貞王…祼無尤
三八四六二　貞王賓祼…
三八四六三　貞王…祼…
三八四六四　貞王…祼…
三八四六五　…祼…
三八四六五　…勿牛
三八四六五　其…正…受…
三八四六六　…無尤
三八四六六　…寅…賓…
三八四六六　丙…殺…
三八四六七　丙子…王賓…𣪘…無…
三八四六七　乙亥卜貞…賓雚…尤
三八四六八　…𣪘…
三八四六八　…未卜王賓…
三八四六八　甲辰…
三八四六九　丙辰卜貞王賓𣪘無…
三八四七〇　…卜貞…賓洛…尤
三八四七一　甲子卜貞王賓歲無尤
三八四七一　…王賓叙無尤
三八四七二　…賓…無尤
三八四七二　甲子卜貞王賓歲無尤
三八四七三　甲子卜貞王賓歲無尤
三八四七四　壬子卜貞王賓歲無尤
三八四七五　甲子卜貞王賓歲無尤
三八四七六　甲子卜貞王賓歲無尤
三八四七七　乙丑卜貞王賓歲無尤
三八四七八　乙丑卜貞王賓歲無尤
三八四七九　貞王賓叙無尤
丙寅卜貞王賓歲無尤
三八四八〇　丙寅卜貞王賓歲無尤
三八四八〇　貞王賓叙無尤
三八四八一　丁卯卜貞王賓歲無尤
三八四八二　丁卯卜貞王賓歲…尤
三八四八三　丁卯卜貞…賓歲…
三八四八四　戊辰卜貞王賓歲無尤
三八四八四　貞王賓叙無尤
三八四八五　戊辰卜貞王賓歲無尤
三八四八五　貞王賓叙無尤
三八四八六　貞王賓叙無尤
三八四八六　己巳卜貞王賓歲無尤
三八四八六　貞王賓叙無尤

三八四八七 庚午卜貞王賓歲無尤
三八四八七 ：其牢：戊丁其牢
三八四八八 庚：卜貞王賓歲無尤
三八四八八 辛未卜貞王：歲無：
三八四八九 辛未卜貞王賓歲無尤
三八四九〇 辛未：貞王賓歲無尤
三八四九一 壬申卜貞王賓歲無尤
三八四九二 壬申卜貞王賓歲無尤
三八四九三 癸酉卜貞王賓歲無尤
三八四九三 癸酉卜貞王賓歲無尤
三八四九四 戊戌卜貞王賓歲無尤
三八四九五 貞王賓叙無尤
三八四九五 甲戌卜貞王賓歲無：
三八四九六 甲戌卜王賓歲無尤
三八四九七 乙亥卜貞王賓歲無尤
三八四九八 貞王賓叙無尤
三八四九九 乙亥卜貞王賓歲無尤
三八五〇〇 乙亥卜貞王賓歲：尤
三八五〇一 乙亥卜貞：賓歲無：
三八五〇二 丙子卜王貞王賓歲無尤
三八五〇三 丁丑卜貞王賓歲無尤
三八五〇三 貞王賓叙無：
三八五〇四 丁丑卜貞王賓歲無尤
三八五〇四 貞王賓叙無尤
三八五〇五 ：丑卜貞王賓歲無尤
三八五〇六 丁丑卜貞王賓歲無尤
三八五〇七 丁丑卜貞王賓歲：尤
三八五〇八 戊寅卜貞王賓歲無尤
三八五〇九 戊寅卜貞王賓歲無尤
三八五一〇 戊寅卜貞：賓歲：尤
三八五一一 己卯卜貞王賓歲無尤
三八五一二 庚辰卜貞王：歲無：
三八五一三 丙子卜貞王賓歲無尤在四月
三八五一四 辛巳卜貞王賓歲無尤
三八五一五 辛巳卜貞王賓歲無尤
三八五一六 辛巳卜貞王賓歲無尤
三八五一七 辛巳卜貞王賓歲無尤
三八五一八 癸未卜貞王賓歲無尤
三八五一八 ：王賓：無尤
三八五一八 ：卜貞王：歲無：
三八五一九 癸未卜貞王賓歲無尤
三八五二〇 癸未卜貞王賓歲無尤
三八五二一 癸未卜貞王賓歲無尤
三八五二二 癸未卜貞王賓歲無尤
三八五二三 癸未卜王貞賓歲無尤
三八五二四 癸未卜貞王賓歲無尤

三八五二四 甲申：王賓：無：
三八五二四 ：卜：賓：尤
三八五二五 甲申卜貞：賓歲無尤
三八五二六 乙酉卜貞王賓歲無：
三八五二七 乙酉卜貞王賓歲無尤
三八五二七 貞王：叙無：
三八五二七 ：王賓：無尤
三八五二七 辛丑：貞王賓：
三八五二七 ：卜貞：賓：
三八五二八 丙：卜貞王賓歲無：
三八五二九 丁亥卜貞王賓歲無：
三八五三〇 丁亥卜貞王賓歲：
三八五三〇 貞王賓叙無尤
三八五三一 丁亥卜貞王賓歲無尤
三八五三二 丁亥卜貞王賓歲：尤
三八五三二 （習刻）
三八五三三 庚寅卜貞王賓歲無尤
三八五三四 貞王賓叙無尤
三八五三四 ：卜貞王賓歲無尤
三八五三五 辛卯卜貞王賓歲：尤
三八五三五 貞王賓叙無尤
三八五三六 辛卯卜貞王賓歲無尤
三八五三六 貞王賓：無尤
三八五三七 辛：貞王賓歲無：
三八五三八 辛卯卜貞王賓歲無尤
三八五三九 辛卯卜貞王賓歲無：
三八五三九 貞王賓：
三八五四〇 癸巳卜貞王賓歲無尤
三八五四一 癸巳卜貞王賓歲無尤
三八五四二 ：卜貞王賓歲無：
三八五四二 ：賓：無尤
三八五四三 甲午卜貞王賓歲無尤
三八五四三 ：囚大：：
三八五四四 ：午卜貞王賓歲無尤
三八五四五 甲午卜貞王賓歲無尤
三八五四六 甲午卜貞王賓歲：尤
三八五四七 甲午卜：賓歲：
三八五四七 貞王賓：無尤
三八五四七 ：無：
三八五四八 乙未卜貞王賓歲無：
三八五四八 貞王賓叙無尤
三八五四九 貞王賓歲無尤
三八五四九 乙未卜貞王賓歲無尤
三八五五〇 乙未卜貞王賓歲無尤
三八五五〇 貞王賓叙無尤
三八五五一 乙未卜貞王賓歲：

三八五五一 貞王賓歲無尤
三八五五二 ……未卜貞王賓歲無……
三八五五二 貞王賓敹無尤
三八五五三 （與三八五五〇重出）
三八五五四 乙未卜貞王……歲無尤
三八五五五 丁酉卜貞王賓歲無……
三八五五五 乙巳卜貞王賓……
三八五五五 （習刻）
三八五五六 丁酉卜貞王賓歲無尤
三八五五六 己亥卜貞王賓歲無尤
三八五五六 貞王賓敹無尤
三八五五七 丁酉卜貞王賓歲無……
三八五五八 丁酉卜貞王賓歲……尤
三八五五九 丁酉卜貞王賓歲無……
三八五六〇 丁酉卜貞王賓歲無尤
三八五六〇 貞王賓敹無尤
三八五六一 戊戌卜貞王賓歲無……
三八五六二 戊戌……貞王……
三八五六二 戊……
三八五六二 貞……敹……
三八五六三 己亥卜貞王賓歲無尤
三八五六四 己亥卜貞王賓歲無……
三八五六五 庚子卜貞王賓歲無尤
三八五六五 貞王賓敹無尤
三八五六六 庚子卜貞王賓歲無尤
三八五六七 庚子卜貞王賓歲無尤
三八五六七 貞王賓敹無……
三八五六七 貞王賓敹無尤
三八五六七 貞王賓敹無尤
三八五六七 丁酉卜貞王賓歲無……
三八五六八 辛丑卜貞王賓歲無尤
三八五六八 貞王賓敹無尤
三八五六九 辛丑卜貞……賓歲無……
三八五七〇 壬寅……王賓歲無……
三八五七一 癸卯卜貞王賓歲無尤
三八五七二 癸卯卜貞王賓歲無尤
三八五七三 癸卯卜貞王賓歲無尤
三八五七四 癸卯卜貞王賓歲無尤
三八五七五 癸卯卜貞王賓歲無尤
三八五七六 癸卯卜貞王賓歲無尤
三八五七六 甲辰卜貞……賓歲無尤
三八五七六 ……無尤
三八五七七 癸卯卜貞王賓歲無尤
三八五七七 甲辰卜貞王賓歲無尤
三八五七七 貞王賓敹無尤

三八五七八 甲辰卜貞王賓歲無尤
三八五七八 貞王賓敹無尤
三八五七九 甲辰卜貞王賓歲無尤
三八五八〇 甲辰卜貞王賓歲……
三八五八一 甲辰卜貞王賓歲無尤
三八五八二 甲辰……王賓……
三八五八二 乙巳卜貞王賓歲無尤
三八五八三 乙巳卜貞王賓歲無尤
三八五八三 貞王賓敹無尤
三八五八四 ……尤
三八五八四 乙巳卜貞王賓歲無尤
三八五八五 丙午卜貞王賓歲無尤
三八五八六 貞王賓敹無尤
三八五八六 貞王賓敹無尤
三八五八六 丙午卜貞王賓歲無尤
三八五八六 貞王賓歲無尤
三八五八六 貞王賓歲無尤
三八五八六 ……王賓歲無尤
三八五八六 ……賓敹……
三八五八六 ……貞……品夕丁……尤
三八五八七 丙午卜貞王賓歲無尤
三八五八七 貞王賓敹無尤
三八五八八 ……賓……
三八五八八 丙午卜貞王賓歲無尤
三八五八八 丁未卜貞王賓歲無尤
三八五八九 丁未卜貞王賓歲無尤
三八五八九 貞王……敹……
三八五九〇 丁未卜貞王賓歲無……
三八五九〇 貞王賓敹無尤
三八五九一 ……貞……敹……
三八五九一 丁未卜貞王賓歲……尤
三八五九二 戊申卜貞王賓歲無尤
三八五九三 戊申卜貞王賓歲無……
三八五九三 貞王賓敹無尤
三八五九四 戊申卜貞王賓歲無尤
三八五九五 丁酉卜貞王賓歲無尤
三八五九六 丁酉卜貞王賓歲……尤
三八五九六 貞王……敹……
三八五九七 己酉卜……王賓歲……
三八五九七 己酉卜貞王賓歲無尤
三八五九八 辛亥卜貞王賓歲無尤
三八五九八 貞王賓敹無尤
三八五九九 ……亥卜貞王賓歲無尤
三八五九九 貞王賓敹無尤
三八六〇〇 癸丑卜貞王賓歲……
三八六〇一 甲寅卜貞王賓歲無尤

三八六〇一　貞王賓叙無尤
三八六〇二　甲寅卜貞王賓歲無尤
三八六〇二　貞王賓叙無尤
三八六〇三　甲寅卜貞王賓歲無尤
三八六〇四　貞…
三八六〇四　戊…貞王…
三八六〇四　…寅卜貞王賓歲無…
三八六〇五　…寅卜貞王賓歲無尤
三八六〇六　乙卯卜貞王賓歲無尤
三八六〇六　乙卯卜貞王賓歲無尤
三八六〇七　乙卯卜貞王賓歲…尤
三八六〇七　貞王賓叙無尤
三八六〇八　…卯卜貞王賓歲無尤
三八六〇九　丙辰卜貞王賓歲無…
三八六一〇　甲…王賓…
三八六一〇　貞王賓叙…
三八六一〇　丁巳卜貞王賓歲無尤
三八六一〇　丁…
三八六一一　貞王賓叙無尤
三八六一一　丁巳卜貞王賓歲…尤
三八六一二　…巳卜貞王賓歲無尤
三八六一三　…巳卜貞王賓歲無尤
三八六一四　丁巳卜貞王賓歲無尤
三八六一五　丁巳卜貞…賓歲…
三八六一六　戊午卜貞王賓歲無尤
三八六一七　戊午卜貞王賓歲無…
三八六一八　庚申卜貞王賓歲…
三八六一八　貞王賓叙無尤
三八六一九　庚申卜貞王賓歲無尤
三八六二〇　辛酉卜貞王賓歲無尤
三八六二〇　貞王賓叙無尤
三八六二一　辛酉卜貞王賓歲無尤
三八六二二　辛酉卜貞王賓歲無尤
三八六二二　貞王賓…
三八六二三　辛酉卜貞王賓歲無尤
三八六二四　辛酉卜貞王賓歲無尤
三八六二五　辛酉卜貞王賓歲…
三八六二六　壬戌卜貞王賓歲無尤
三八六二七　癸亥卜貞王賓歲無尤
三八六二七　貞王賓叙無尤
三八六二八　癸亥卜貞王賓歲無尤
三八六二九　癸亥卜貞王賓歲無尤
三八六三〇　癸亥卜貞王卜貞王賓歲無尤
三八六三一　丙寅卜貞王賓夕歲無尤
三八六三二　丙申卜貞王賓夕歲無尤
三八六三三　庚午卜貞王賓盟歲無…

三八六三四　…申卜貞…賓谷歲無尤
三八六三五　…子卜貞王…歲無尤
三八六三六　…子卜貞…賓歲…尤
三八六三七　…戊卜貞…歲…尤
三八六三八　…丑卜貞王…歲無尤
三八六三九　…午…王…歲無尤
三八六四〇　…巳卜…王賓歲無尤
三八六四一　…巳卜貞王賓歲…尤
三八六四二　…未卜貞…賓歲…
三八六四二　…王賓…無尤
三八六四三　…戊卜貞…賓歲…尤
三八六四四　…亥卜貞王…歲無尤
三八六四四　…王賓…無尤
三八六四四　貞王…
三八六四五　…亥卜貞…賓歲無…
三八六四六　…卜貞…賓歲無尤在…
三八六四七　…卜貞王…歲無尤
三八六四八　…卜貞王…歲無尤
三八六四八　…賓…無尤
三八六四九　…卜貞王…歲無尤
三八六四九　…卜貞…賓歲…尤
三八六五〇　…卜貞…賓歲…尤
三八六五〇　…賓…無尤
三八六五一　…卜貞王…歲無尤
三八六五二　丁卯…王賓…無…
三八六五二　…卜貞王…歲無…
三八六五二　…叙…
三八六五三　…卜貞王…歲無尤
三八六五三　…貞王賓…無尤
三八六五三　戊…
三八六五四　…卜貞王…歲無尤
三八六五四　…賓…
三八六五五　…卜貞王…歲無尤
三八六五五　…未卜…歲無尤
三八六五六　…卜貞王…歲無尤
三八六五六　…王賓…無尤
三八六五七　…貞王…歲…尤
三八六五七　…賓…尤
三八六五七　…卜貞…歲…尤
三八六五八　…賓…無尤
三八六五八　…卜貞…歲無尤
三八六五九　…貞王…歲…尤
三八六五九　…王…
三八六六〇　…卜貞王…歲無尤
三八六六〇　…尤
三八六六一　…貞王…歲無尤

三八六六二	…卜貞王…歲無尤
三八六六三	…卜貞王…歲無尤
三八六六四	…卜貞王…歲無尤
三八六六五	…申卜貞王…歲無尤
三八六六六	…貞…
三八六六七	…卜貞…歲無尤
三八六六八	…卜貞…歲…無尤
三八六六九	…卜貞…賓歲…尤
三八六七〇	…卜貞…歲無尤
三八六七一	…卜貞王…歲無尤
三八六七二	…卜貞王…歲無…
三八六七三	貞王賓歲無尤
三八六七四	貞王賓歲無尤
三八六七五	貞王賓歲無尤
三八六七六	癸亥…囚曰大…
三八六七六	…酉王卜…無畎甲戌酒…囚曰吉
三八六七七	…卜永…旬無…在三月…酒
三八六七七	…永貞…無畎…甲辰…
三八六七八	…用酒翌日…
三八六七九	癸未卜貞王賓𠦪無尤
三八六八〇	癸巳卜貞王賓𠦪…
三八六八一	壬寅…貞王…𠦪…
三八六八二	丁巳卜貞…賓𠦪…
三八六八三	癸亥卜貞王賓𠦪無尤
三八六八四	…卜貞…賓…𠦪…
三八六八五	…卜貞…賓𠦪無尤
三八六八五	…王賓…無尤
三八六八六	庚寅卜貞王賓蒸無尤
三八六八六	…王賓…無尤
三八六八七	癸卯卜貞王賓蒸…
三八六八七	貞王賓叡無尤
三八六八八	甲辰卜貞王賓蒸
三八六八九	己未卜貞王賓蒸無尤
三八六八九	貞王賓叡無尤
三八六九〇	辛酉卜貞王賓蒸無尤
三八六九一	…卜貞王…蒸無尤
三八六九二	貞王賓蒸無尤
三八六九三	…巳卜…蒸…尤
三八六九四	…卜貞王賓蒸…己
三八六九五	…卜貞王…禾蒸…尤
三八六九六	辛卯卜貞王賓二升蒸無尤
三八六九六	貞王賓叡無尤
三八六九七	甲申卜貞王賓…
三八六九八	己…王賓…無…
三八六九八	癸…
三八六九九	王賓…無尤

三八七〇〇	…王賓…無尤
三八七〇一	…王賓…無尤
三八七〇二	…今日丁酉…王…
三八七〇三	貞王賓叡無尤
三八七〇三	貞王賓[illegible]無尤
三八七〇三	貞王賓[illegible]無尤
三八七〇四	…貞…
三八七〇五	…卜貞…武…歲…
三八七〇五	貞王…[illegible]無…
三八七〇六	貞王…[illegible]…
三八七〇七	貞王…[illegible]…
三八七〇八	貞王…[illegible]…
三八七〇九	…賓…甲無…
三八七〇九	貞…[illegible]…
三八七一〇	貞…[illegible]…
三八七一一	貞…[illegible]…
三八七一二	…酉卜貞…賓…無尤
三八七一二	…[illegible]…
三八七一三	丁卯…犬…
三八七一三	壬申卜貞王…衣犬…
三八七一四	甲辰卜貞王賓夕無尤
三八七一五	辛酉卜貞王賓品無尤
三八七一五	庚…貞…雋…
三八七一五	貞…叡…
三八七一五	貞王賓叡無尤
三八七一五	貞王賓叡無尤
三八七一五	貞王賓叡無尤
三八七一六	己未卜貞王賓品無尤
三八七一六	…王賓…無尤
三八七一七	貞王…品…尤
三八七一七	…王賓…無尤
三八七一八	庚申卜貞王賓[illegible]無尤
三八七一九	庚戌卜貞王賓丁歲…無…
三八七一九	…王賓…延𢼄…無尤
三八七二〇	…不…
三八七二〇	戊申…王…
三八七二〇	貞王賓叡延𢼄…無尤
三八七二一	…賓…延𢼄…無尤
三八七二一	…尤
三八七二二	貞王…𠂤…
三八七二二	貞王賓…無尤
三八七二三	貞王…無…
三八七二三	…卜貞王…
三八七二四	…卜…彡…王…夕無…
三八七二四	…[illegible]…今
三八七二五	辛丑卜貞王賓…姬無…

三八七二五　惟…
三八七二六　壬?…武…無…其…
三八七二六　…亥王卜…有姬…余…夕…囚曰吉
三八七二七　…貞王其各…惟辛王弗悔
三八七二八　庚寅卜貞其祐唯正受…
三八七二九　戊…祐…
三八七二九　其唯裀祐正
三八七三〇　癸亥…翌日…王其…祼…乙…至…
三八七三一　癸卯王卜貞其祀多先祖…余受有祐王囚
曰弘吉惟…
三八七三一　…之吉…月
三八七三二　…王固曰大…其彭翌日惟王祀翌
三八七三三　甲子卜…升…茲…
三八七三三　惟…茲…
三八七三三　…牛?…
三八七三四　甲子…升丁…茲用
三八七三五　…子卜貞…升…茲用
三八七三六　甲辰…升丁…茲…
三八七三六　…貞…升丁…
三八七三七　…卜貞…升丁…牢茲用
三八七三七　…戠牛
三八七三七　…勿牛…
三八七三八　…卜貞…升…牢…災
三八七三八　惟…
三八七三八　惟羊茲…
三八七三八　…莘…無災
三八七三九　…卜貞…升丁…牢…
三八七四〇　…貞…升…災
三八七四〇　惟…
三八七四〇　惟…茲…
三八七四〇　…莘…災
三八七四一　…莘
三八七四一　…卜貞…升…莘
三八七四二　…卜貞…升丁…牢
三八七四三　惟…
三八七四三　…卜貞…升丁…牢…用
三八七四四　…卜貞…升…牢…用?
三八七四五　…卜貞…丁其牢
三八七四五　惟莘
三八七四五　…莘
三八七四五　惟莘
三八七四五　…莘
三八七四六　…子卜貞…丁其牢
三八七四六　…莘
三八七四七　…巳卜貞…丁其牢…災
三八七四七　…莘…災

三八七四八　…午卜貞…丁其牢…用
三八七四八　…祖…
三八七四九　…戌卜貞…丁其牢
三八七五〇　惟…
三八七五〇　…亥卜貞…丁其牢
三八七五一　…卜貞…丁其牢
三八七五二　惟…
三八七五二　…卜貞…其牢…用
三八七五三　…卜貞…丁…牢
三八七五三　…用
三八七五四　惟…
三八七五四　…卜…丁…牢…用
三八七五五　…卜貞…丁其…在二月…用
三八七五五　…莘
三八七五五　…卜貞…惟羊
三八七五六　…辰卜貞…丁丁其…茲用
三八七五六　惟…茲…
三八七五六　…莘
三八七五六　惟…
三八七五七　丙…貞…丁其…茲…
三八七五七　…莘…用
三八七五八　…方伯…祖乙戊…
三八七五九　方伯用…
三八七六〇　…伯…
三八七六一　…戲秝…
三八七六二　…丑用于…義友…
三八七六三　…莖…盧…
三八七六四　惟…
三八七六五　甲子卜貞王今卯無田
三八七六六　甲子卜貞王今夕無田在十月又二
三八七六七　甲子卜貞王今夕無田
三八七六八　甲子卜貞…今夕無田
三八七六八　乙丑卜貞王今夕無田
三八七六八　…田
三八七六九　乙丑…貞王…夕…
三八七六九　…卜貞…夕無田
三八七七〇　乙丑卜貞王…夕無…
三八七七〇　…翌…
三八七七一　辛酉卜…王今夕無…
三八七七一　癸亥…王今…無…
三八七七一　乙丑卜貞王今夕無田
三八七七一　丁卯卜貞王今夕無田
三八七七一　…夕…田
三八七七一　…未卜…王今…田
三八七七二　乙丑卜貞王今夕無田
三八七七二　丁卯卜貞王今夕無田

三八七七三	戊午卜…
三八七七三	己未…王今無…
三八七七三	乙丑卜貞王今夕無𡆥
三八七七三	…無𡆥
三八七七四	癸…王今…無…
三八七七四	乙丑…王…無…
三八七七四	…卜貞…無𡆥
三八七七四	…未卜…今夕…𡆥
三八七七四	乙未卜貞…
三八七七五	癸亥卜貞王今夕無𡆥
三八七七五	乙丑卜貞王今夕無𡆥
三八七七五	丙寅卜貞王今夕無𡆥
三八七七五	己巳卜貞王今夕無𡆥
三八七七五	辛未卜貞王今夕無𡆥
三八七七五	癸酉卜貞王今夕無𡆥
三八七七六	丙寅卜貞王今夕無𡆥
三八七七七	丙寅卜貞王今夕無𡆥
三八七七七	丁卯卜貞王今夕無𡆥
三八七七七	…卜貞王…無𡆥
三八七七八	丙…王…
三八七七八	…卜…𡆥
三八七七九	丁卯卜貞王今夕無𡆥
三八七八〇	己巳卜貞王…夕無…
三八七八〇	…卜貞…無𡆥
三八七八一	己…王今…
三八七八一	…卜貞…無𡆥
三八七八二	辛未卜貞王今夕無𡆥
三八七八二	己巳卜貞王今夕無𡆥
三八七八三	…卜王今…無…
三八七八三	…子卜王今…無…
三八七八三	庚午卜貞王今夕無𡆥
三八七八三	…卜貞…今…𡆥
三八七八四	庚午卜貞王今夕無𡆥
三八七八四	…王今…無𡆥
三八七八五	庚午…王…無…
三八七八五	丙子卜貞王今夕無𡆥
三八七八五	遘
三八七八五	壬午卜貞王今夕無𡆥
三八七八五	庚戌卜貞王今夕無𡆥
三八七八五	…子卜…王今…無𡆥
三八七八五	…卜貞…今夕…𡆥
三八七八六	辛未卜貞王…無…
三八七八六	癸…貞…
三八七八六	丁丑卜貞王今夕無𡆥
三八七八六	己卯卜貞王今夕無𡆥
三八七八六	辛巳…貞王…夕無…

三八七八六	…未卜…今夕…𡆥
三八七八六	…卜貞…夕無…
三八七八六	…貞…夕…𡆥
三八七八七	丁卯…貞…夕無…
三八七八七	辛未卜貞王今夕…𡆥
三八七八八	丁巳卜貞王今夕無𡆥
三八七八八	辛未卜貞王今夕無𡆥
三八七八八	…酉卜貞…今夕…𡆥
三八七八八	…卜貞…夕…𡆥
三八七八九	丙…貞無…
三八七八九	戊…貞…夕…
三八七八九	壬申卜貞今夕無𡆥
三八七八九	…戌卜貞…夕無…
三八七九〇	癸酉卜貞王今夕無𡆥
三八七九〇	甲戌卜貞王今夕無𡆥
三八七九一	甲戌卜貞王今夕無𡆥
三八七九一	丙子卜貞王今夕無𡆥
三八七九一	…辰卜…王今…𡆥
三八七九一	…卜貞…無𡆥
三八七九二	甲戌卜貞王今夕無𡆥
三八七九二	乙亥卜貞王今夕無𡆥
三八七九三	庚…王…無…
三八七九三	壬…王…無…
三八七九三	甲戌…貞…
三八七九三	丙子卜貞王今夕無𡆥
三八七九三	戊寅卜…王今…無𡆥
三八七九三	…卜貞…今夕…𡆥
三八七九四	乙亥卜貞王今夕無𡆥
三八七九五	乙亥卜貞王今夕無𡆥
三八七九五	…𡆥
三八七九五	…夕…
三八七九六	乙亥卜貞王今夕無𡆥
三八七九六	丁丑卜貞王今夕無𡆥
三八七九六	…巳卜貞…今夕…𡆥
三八七九六	…卜貞…夕無…
三八七九七	…巳…王…
三八七九七	辛…貞…
三八七九七	乙亥卜貞王今夕無𡆥
三八七九七	丁丑卜貞王今夕無𡆥
三八七九七	…卜貞…夕無𡆥
三八七九七	…卜貞…今夕
三八七九八	癸…貞…今夕無…
三八七九八	乙亥…今夕…
三八七九八	…貞…今夕…𡆥
三八七九八	…卜貞…夕…𡆥
三八七九九	…卜貞王…夕無𡆥
三八七九九	丙子卜貞王今夕無𡆥

三八八〇〇　丙子卜在：貞王今：
三八八〇一　丁卯卜貞王今：無畎
三八八〇一　戊：貞王今夕無畎
三八八〇一　丁丑卜貞王今夕無畎
三八八〇二　丁丑卜貞王今夕無畎
三八八〇二　辛巳卜貞王今夕無畎
三八八〇二　：今：畎
三八八〇三　：卜貞王：無畎
三八八〇三　己卯卜貞王今夕無畎
三八八〇三　戊寅卜貞王今夕無畎
三八八〇四　乙：貞夕：
三八八〇四　乙：貞：無：
三八八〇四　辛酉卜貞王今夕無畎
三八八〇四　己：卜貞王今夕無畎
三八八〇四　：王：畎
三八八〇四　：卜貞：無畎
三八八〇五　丁丑：王：無：
三八八〇五　己卯卜：王今：無畎
三八八〇六　己卯卜貞王今夕無畎
三八八〇七　己卯：王：無：
三八八〇七　辛巳：王今：畎
三八八〇七　：卜：今：畎
三八八〇七　：卜：今：畎
三八八〇八　己卯：王今：無：
三八八〇八　壬午卜貞王今夕無畎
三八八〇九　庚辰卜貞王今夕無畎
三八八〇九　辛巳卜貞王今夕無畎
三八八一〇　丙子：貞：夕：
三八八一〇　庚辰卜貞王今夕無畎
三八八一〇　：卜：今：畎
三八八一一　甲：貞：無：
三八八一一　丁丑卜貞王今夕無畎
三八八一一　：申卜貞今夕無畎
三八八一二　庚辰卜貞王今夕無畎
三八八一二　：貞王：畎
三八八一三　壬子卜：王今夕：畎
三八八一三　庚辰：貞：夕無：
三八八一三　：卜貞：今夕：畎
三八八一三　：子卜：王今：無：
三八八一四　庚辰卜貞王今夕無：
三八八一四　：卜貞：今夕：
三八八一五　庚辰卜貞王今夕無畎
三八八一五　甲申卜貞王今夕無畎
三八八一五　：貞：
三八八一五　：貞：夕：畎
三八八一六　辛巳卜貞王今：無畎

三八八一六　辛巳：貞王：無：
三八八一六　：酉卜貞王今夕無畎
三八八一七　辛巳：貞王：無：
三八八一七　乙酉卜貞王今夕無畎
三八八一八　己：
三八八一八　辛巳卜貞王今夕無畎
三八八一八　：卜：今夕：畎
三八八一九　：辰卜貞王今夕無畎
三八八一九　壬午卜貞王今夕無畎
三八八一九　：卜貞：無畎
三八八二〇　壬午卜貞王今夕無畎
三八八二〇　：夕：畎
三八八二一　壬午卜貞王今夕無畎
三八八二一　癸未卜貞王今夕無畎
三八八二二　癸未卜貞王今夕無：
三八八二二　：卜：今：畎
三八八二三　癸未卜貞王今夕無畎
三八八二四　癸未王今夕：畎在：
三八八二五　：亥：王今：無：
三八八二五　：卯卜貞王今夕：畎
三八八二五　癸未卜貞王今夕無畎
三八八二五　：畎
三八八二六　壬申：王：無：
三八八二六　甲：王：無：
三八八二六　：寅卜：王今：無畎
三八八二六　：卜貞：夕無：
三八八二六　壬寅卜貞王今夕無畎
三八八二六　甲申卜：王今夕：
三八八二六　丙戌卜：王今：無：
三八八二六　甲寅卜貞王今夕無畎
三八八二七　癸未：王旬：
三八八二七　癸亥：王旬：在十：又一
三八八二七　癸未卜：王旬：畎
三八八二七　：卜貞：無：
三八八二七　：貞：
三八八二八　甲申卜貞王今夕無畎
三八八二八　丙戌：王今：無：
三八八二八　戊子卜貞王今夕無畎
三八八二八　庚寅卜貞王今夕無畎
三八八二九　甲申卜貞王夕無畎
三八八三〇　乙酉卜貞王今夕無畎
三八八三一　乙酉卜貞王今夕：畎
三八八三一　丙戌卜貞王今夕無畎
三八八三二　乙酉：貞王：無：
三八八三二　丁亥：貞王：
三八八三二　：卜貞：夕：畎

三八八三二	：卜貞：無畎
三八八三三	乙酉：貞王：無：
三八八三三	丁亥卜：王今：無：
三八八三三	：卜：畎
三八八三三	：今：畎
三八八三四	辛：貞：夕無：
三八八三四	乙酉卜貞王今夕無畎
三八八三四	丁亥卜：夕：
三八八三五	乙酉：王今：畎
三八八三五	丁亥卜：王今：無：
三八八三五	己丑卜貞王今夕無畎
三八八三六	丙戌：貞：夕無：
三八八三六	戊子：貞：夕無：
三八八三六	庚寅卜貞王今夕無畎
三八八三六	壬辰卜貞王今夕無畎
三八八三六	：貞：夕：畎
三八八三六	：卜貞：今夕：畎
三八八三七	丙戌卜貞王今夕無畎
三八八三七	丁亥卜貞王今夕無畎
三八八三八	丙戌卜貞王今夕無畎
三八八三八	戊子卜貞王今夕無畎
三八八三八	庚寅卜貞王今夕無畎
三八八三八	壬辰卜貞王今夕無畎
三八八三九	戊子：王今夕無：
三八八四〇	戊子：王入：
三八八四一	戊子卜貞王今夕無畎
三八八四二	丙：貞：夕無：
三八八四二	戊子卜貞王今夕無畎
三八八四二	庚寅卜貞王今夕無畎
三八八四三	己丑卜貞王今夕無畎
三八八四三	辛卯卜貞王今夕無畎
三八八四三	：申卜貞：今夕：畎
三八八四三	：王賓：無尤
三八八四四	丁亥：王今：無：
三八八四四	己丑：王今：無：
三八八四四	：卯卜貞王今夕無尤
三八八四四	癸巳卜貞王今夕無畎
三八八四五	庚寅卜貞王今夕無畎
三八八四六	庚寅：貞王：夕無：
三八八四六	：申卜貞：今夕：畎
三八八四七	庚寅卜貞王今夕無畎
三八八四八	：辰：
三八八四八	癸巳卜貞王今夕無畎
三八八四九	癸巳：貞王今夕無畎
三八八五〇	癸巳卜貞王今夕無畎
三八八五一	丁丑：王賓：無：
三八八五一	癸巳卜貞王今夕無畎

三八八五一	：貞：無畎
三八八五二	癸巳：王今夕無畎
三八八五二	丁酉卜貞王今夕無畎
三八八五二	：畎
三八八五三	壬午卜貞王今夕無畎
三八八五三	：卜：王今：無畎
三八八五四	戊子：貞：夕：
三八八五四	甲午卜貞王今夕無畎
三八八五五	甲午卜貞王今夕：畎
三八八五六	壬辰：王今：無：
三八八五六	甲午：王今：無：
三八八五六	丙申卜貞王今夕無畎
三八八五六	丙戌卜貞王今夕無畎
三八八五七	乙未卜貞王今：無畎
三八八五七	（習刻）
三八八五八	乙未卜貞王今夕無畎
三八八五九	乙未卜貞王今夕無畎
三八八五九	丁酉卜貞王今夕無畎
三八八五九	：丑卜：王今夕：畎
三八八五九	：卯卜：王今：畎
三八八六〇	丙申：王今：無：
三八八六〇	戊戌：王今：無：
三八八六〇	庚子：貞王今夕無畎
三八八六〇	壬寅卜貞王今夕無畎
三八八六〇	：卜貞：夕：畎
三八八六〇	：貞：夕：畎
三八八六一	丙申卜貞王今夕無畎
三八八六一	戊戌卜貞王今夕無畎
三八八六一	庚子卜貞王今夕無畎
三八八六一	壬寅卜貞王今夕無畎
三八八六一	甲辰卜貞王今夕無畎
三八八六一	丙午卜貞王今夕無畎
三八八六一	戊申卜貞王今夕無畎
三八八六一	庚戌卜貞王今夕無畎
三八八六一	壬子卜貞王今夕無畎
三八八六一	甲寅卜貞王今夕無畎
三八八六二	丁酉卜：王今：無：
三八八六二	：卜：王：畎
三八八六三	：卜貞：
三八八六三	丁酉卜貞王：夕無畎
三八八六四	丁酉卜貞王今夕無畎
三八八六五	丁酉卜貞王今夕無畎
三八八六六	丁酉卜貞王今夕無畎
三八八六六	戊戌卜貞王今夕無畎
三八八六六	己亥卜：王今無畎
三八八六六	壬寅卜貞王今夕無畎

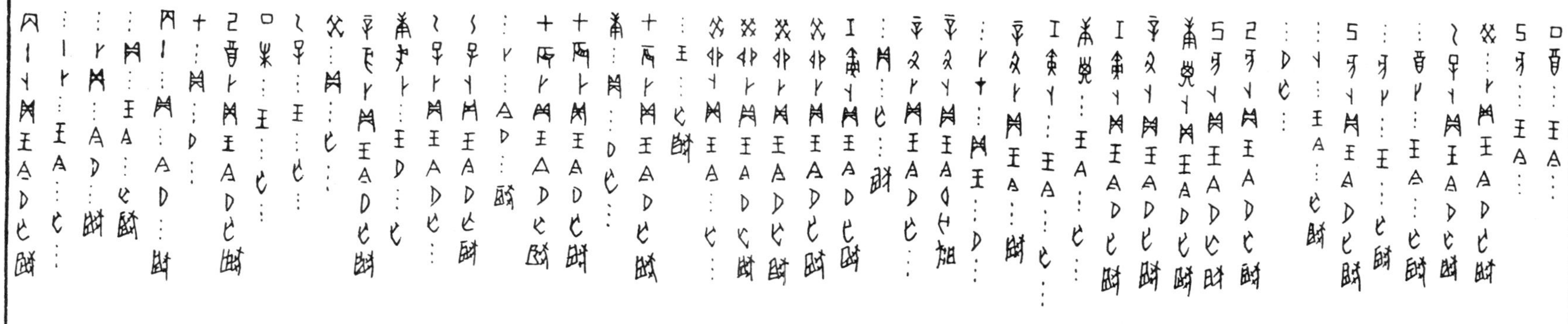

三八八六七	丁酉：王今：
三八八六七	己亥：王今：
三八八六七	癸：卜貞王今夕無畎
三八八六七	乙巳卜貞王今夕無畎
三八八六七	：酉卜：王今：無畎
三八八六七	：亥卜：王：無畎
三八八六八	己亥卜貞王今夕無畎
三八八六八	：卜：王今：無畎
三八八六八	：夕無：
三八八六九	己亥卜貞王今夕無畎
三八八七〇	己亥卜貞王今夕無畎
三八八七一	庚子卜貞王今夕無畎
三八八七一	辛丑卜貞王今夕無畎
三八八七一	壬寅卜貞王今夕無畎
三八八七二	庚子：王今：無：
三八八七二	壬寅卜：王今：：無：
三八八七三	辛丑卜貞王今：：畎
三八八七三	：卜在：貞王：夕：
三八八七四	辛丑卜貞王今夕無畎
三八八七五	辛丑卜貞王今夕無：
三八八七五	：貞：無：畎
三八八七六	壬寅卜貞王今夕無畎
三八八七六	癸卯卜貞王今夕無畎
三八八七七	癸卯卜貞王今夕無畎
三八八七八	癸卯卜貞王今夕無畎
三八八七九	癸卯卜貞王今：無：
三八八七九	：王：無畎
三八八八〇	甲辰卜貞王今夕無畎
三八八八一	庚：貞：夕無：
三八八八一	甲辰卜貞王今夕無畎
三八八八二	甲辰卜貞王今夕無畎
三八八八二	：卜：今夕：畎
三八八八三	乙巳卜貞王今夕無畎
三八八八四	乙巳卜貞王今夕無：畎
三八八八四	庚戌卜：王夕：無
三八八八四	辛亥卜貞王今夕無畎
三八八八五	癸：貞：無：
三八八八五	乙巳：王：無：
三八八八五	丁未：王：無：
三八八八五	己酉卜貞王今夕無畎
三八八八六	甲：貞：夕：
三八八八六	丙午：貞：今夕：畎
三八八八六	：貞：王今：無畎
三八八八六	：卜貞：今夕：畎
三八八八六	：午卜：王今：無：
三八八八七	丙午卜貞王今夕無畎

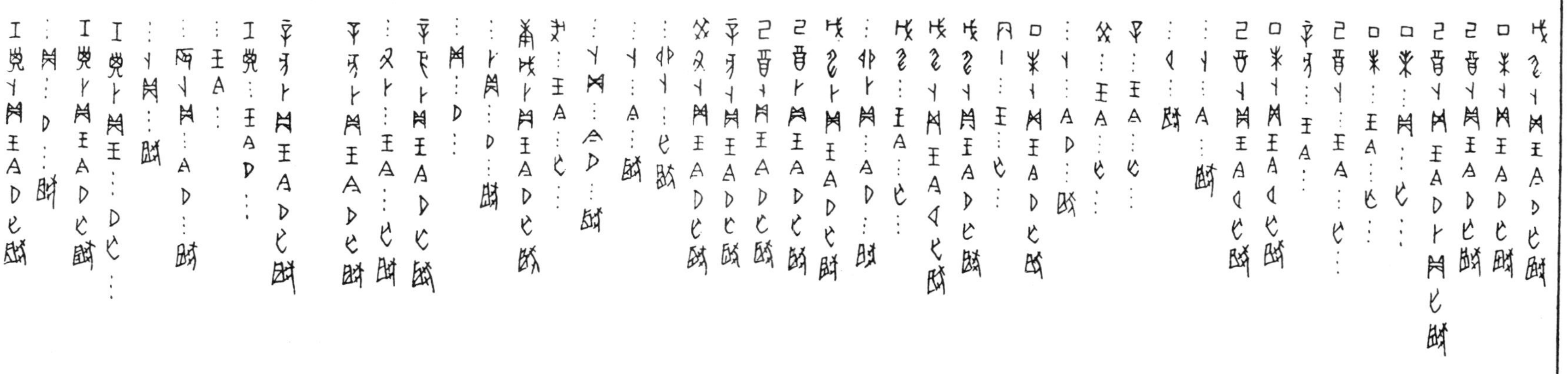

三八八八七	戊申卜貞王今夕無畎
三八八八八	丁未卜貞王今夕無畎
三八八八八	己酉卜貞王今夕無畎
三八八八九	己酉卜貞王今夕卜貞無畎
三八八八九	丁未：貞：無：
三八八九〇	丁未：王今：無：
三八八九〇	己酉卜：王今：無：
三八八九〇	辛亥：王今：
三八八九一	丁未卜貞王今夕無畎
三八八九一	己酉卜貞王今夕無畎
三八八九一	：卜：今：畎
三八八九一	：夕：畎
三八八九二	辛：王今：無：
三八八九二	癸：：王今：無：
三八八九二	：卜：今夕：畎
三八八九二	丁未卜貞王今夕無畎
三八八九三	丙午：王：無：
三八八九三	戊申卜貞王今夕無畎
三八八九四	戊申卜貞王今夕無畎
三八八九五	戊申：王今：無：
三八八九五	：卯卜貞：今夕：畎
三八八九六	戊申卜貞王今夕無畎
三八八九六	己酉卜貞王今夕無畎
三八八九七	己酉卜貞王今夕無畎
三八八九七	辛亥卜貞王今夕無畎
三八八九七	癸丑卜貞王今夕無畎
三八八九七	：卯卜：無畎
三八八九七	：卜：今：畎
三八八九七	：卜貞：今夕：畎
三八八九八	戊：王今：無：
三八八九八	庚戌卜貞王今夕無畎
三八八九八	：卜貞：夕：畎
三八八九八	：貞：夕：
三八八九九	辛亥卜貞王今夕無畎
三八八九九	：丑卜：王今：無畎
三八九〇〇	辛亥卜貞王今夕無畎
三八九〇〇	
三八九〇一	辛亥卜貞王今夕無畎
三八九〇二	壬子：王今夕：
三八九〇二	：王今：
三八九〇二	：辰卜
三八九〇二	：卜貞：畎
三八九〇三	壬子卜貞王：夕無：
三八九〇四	壬子卜貞王今夕無畎
三八九〇四	：貞：夕：畎
三八九〇五	壬子卜貞王今夕無畎

三八九〇六　壬子卜貞王今夕無畎
三八九〇七　甲寅卜貞今夕無畎
三八九〇七　丙辰卜貞王今夕無畎
三八九〇七　：貞：無：
三八九〇八　甲寅卜貞王今夕無畎
三八九〇八　戊午卜貞王今夕無畎
三八九〇九　壬：今：
三八九〇九　甲寅卜貞王今夕無畎
三八九一〇　乙卯：王今：無：
三八九一〇　丁巳：王今：
三八九一〇　辛酉卜貞王今夕無畎
三八九一〇　癸亥卜貞王今夕無畎
三八九一〇　：卯卜貞王今夕：畎
三八九一〇　：卜貞：夕無畎
三八九一一　乙卯：王今：
三八九一一　：酉卜：王今：無畎
三八九一二　乙卯卜貞王：夕無畎
三八九一三　乙卯卜貞王今夕無畎
三八九一四　丙辰：王今：畎
三八九一四　丁巳：王：無：
三八九一四　己未：王今：無：
三八九一四　庚申：貞王：無：
三八九一四　辛酉：王今夕：
三八九一四　壬戌卜貞王今夕無畎
三八九一五　丙辰卜貞王今夕無畎
三八九一六　壬：王：無：
三八九一六　丙辰卜貞王今：畎
三八九一七　丁巳卜貞王今夕無畎
三八九一八　丁巳卜貞王今夕：
三八九一九　乙：貞：夕：畎
三八九一九　丁巳卜貞王今夕無畎
三八九一九　：未卜：王今：無畎
三八九二〇　戊午卜貞王今夕無畎
三八九二〇　：王：畎
三八九二一　：午卜：王今：無：
三八九二一　壬戌卜貞王今夕無畎
三八九二一　：貞：畎
三八九二二　壬：貞：夕無：
三八九二二　戊申卜貞王今夕無畎
三八九二三　庚申：王今：
三八九二三　：卜貞：無畎
三八九二三　：王：
三八九二三　：卜貞：夕：畎
三八九二四　辛酉卜貞王今夕無畎
三八九二五　辛酉卜貞王今夕無畎
三八九二五　癸亥卜貞王今夕無畎

三八九二五　丁卯卜貞王今夕無畎
三八九二五　：無災
三八九二五　：酉卜：王今夕：畎
三八九二五　乙亥卜貞王今夕無畎
三八九二五　：無：
三八九二六　癸亥卜貞：無畎
三八九二六　：卜在敦：王今夕無畎
三八九二六　：申卜貞：今夕無畎
三八九二六　：卜貞：夕無：
三八九二七　己：王今：無：
三八九二七　癸丑卜貞王今夕無畎
三八九二七　：貞：夕：畎
三八九二七　：無：
三八九二八　辛：貞：夕無：
三八九二八　：巳卜貞：今夕：畎
三八九二九　辛酉卜貞王今夕無畎
三八九二九　癸亥卜貞王今夕無畎
三八九二九　乙：貞：夕：
三八九二九　丁巳：王今：畎
三八九三〇　癸丑卜貞王今夕無畎
三八九三一　癸亥卜貞王今夕無畎
三八九三一　：卜：今夕：畎
三八九三二　癸：貞：無：
三八九三二　：亥卜：王今夕：畎
三八九三三　丁：貞：夕：在：
三八九三三　：畎
三八九三三　：酉卜：王今：無畎
三八九三三　：亥卜：王：夕：畎
三八九三四　：卜貞：夕：畎
三八九三四　（習刻）
三八九三五　：亥卜貞：夕無畎
三八九三六　：子：今夕無畎
三八九三六　：寅卜貞：夕：畎
三八九三七　：辰卜貞王今夕無畎
三八九三八　：卜：王今：無畎
三八九三八　：卜貞：夕：畎
三八九三九　：卜貞：夕無畎
三八九三九　：卯卜貞：今夕無畎
三八九四〇　：夕：畎
三八九四〇　：卜貞：夕無畎
三八九四一　：子卜貞王：
三八九四二　甲午：貞王：無：
三八九四二　：卜：今：畎
三八九四三　：戊卜貞王今夕無畎
三八九四三　：畎
三八九四三　：卜：今：畎

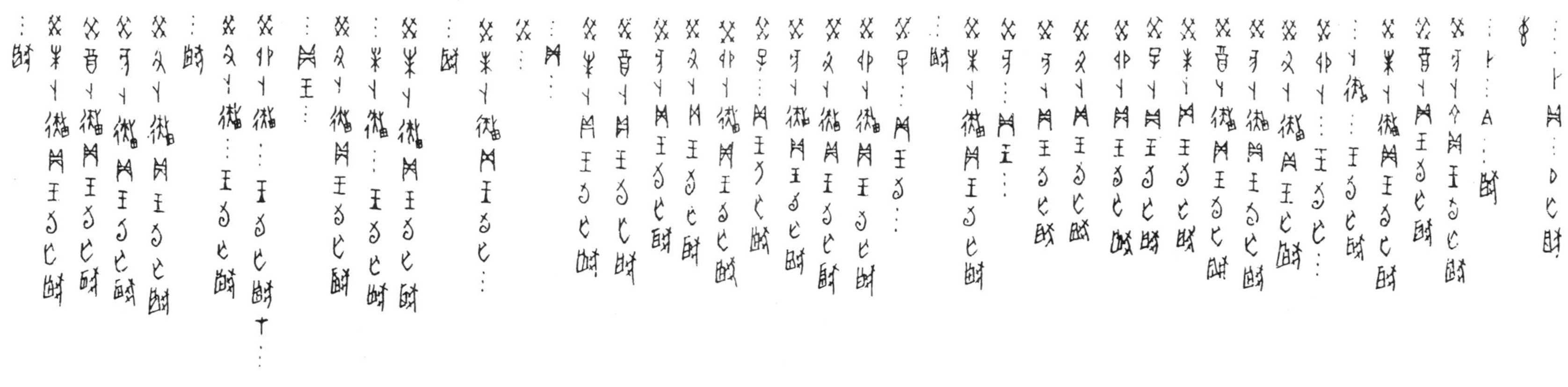

三八九四四 ：卜貞：夕無𡆥
三八九四四 惟
三八九四四 ：卜：今：𡆥
三八九四五 癸亥卜余貞王旬無𡆥
三八九四六 癸酉卜貞王旬無𡆥
三八九四六 癸未卜𢓊貞王旬無𡆥
三八九四六 ：卜𢓊：王旬無𡆥
三八九四七 癸卯卜：王旬無：
三八九四七 癸丑卜𢓊貞王旬無𡆥
三八九四七 癸亥卜𢓊貞王旬無𡆥
三八九四七 癸酉卜𢓊貞王旬無𡆥
三八九四七 癸未卜貞王旬無𡆥
三八九四七 癸巳卜貞王旬無𡆥
三八九四七 癸卯卜貞王旬無𡆥
三八九四七 癸丑卜貞王旬無𡆥
三八九四七 癸亥卜貞王旬無𡆥
三八九四八 癸亥：貞王：
三八九四八 癸未卜𢓊貞王旬無𡆥
三八九四八 ：𡆥
三八九四九 癸巳：貞王旬：
三八九四九 癸卯卜𢓊貞王旬無𡆥
三八九四九 癸丑卜𢓊貞王旬無𡆥
三八九四九 癸亥卜𢓊貞王旬無𡆥
三八九五〇 癸巳：貞王旬無𡆥
三八九五〇 癸卯卜𢓊貞王旬無𡆥
三八九五〇 癸丑卜貞王旬無𡆥
三八九五〇 癸亥卜貞王旬無𡆥
三八九五〇 癸酉卜貞王旬無𡆥
三八九五〇 癸未卜貞王旬無𡆥
三八九五〇 ：貞：
三八九五一 癸：
三八九五一 癸未卜𢓊貞王旬無：
三八九五一 ：𡆥
三八九五二 癸未卜𢓊貞王旬無𡆥
三八九五三 ：未卜𢓊：王旬無𡆥
三八九五四 癸丑卜𢓊貞王旬無𡆥
三八九五四 ：貞王：
三八九五五 癸卯卜𢓊：王旬無𡆥在：
三八九五六 癸丑卜𢓊：王旬無𡆥
三八九五六 ：𡆥
三八九五七 癸丑卜𢓊貞王旬無𡆥
三八九五七 癸亥卜𢓊貞王旬無𡆥
三八九五七 癸酉卜𢓊貞王旬無𡆥
三八九五七 癸未卜𢓊貞王旬無𡆥
三八九五七 ：𡆥

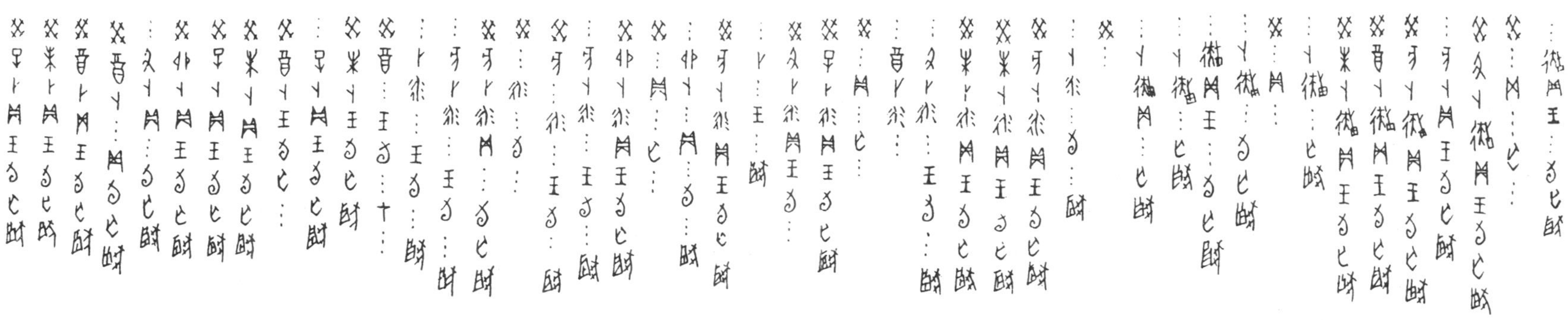

三八九五八 ：𢓊貞王：旬無𡆥
三八九五九 癸：貞：無：
三八九五九 癸丑卜𢓊貞王旬無𡆥
三八九五九 ：亥卜貞王旬無𡆥
三八九六〇 癸亥卜𢓊貞王旬無𡆥
三八九六〇 癸酉卜𢓊貞王旬無𡆥
三八九六〇 癸未卜𢓊貞王旬無𡆥
三八九六〇 ：卜𢓊：無𡆥
三八九六一 癸：貞：
三八九六一 ：卜𢓊：旬無𡆥
三八九五八 ：𢓊貞王：旬無𡆥
三八九六二 ：卜𢓊：無𡆥
三八九六三 ：卜𢓊貞：無𡆥
三八九六四 癸：
三八九六四 ：卜泳：旬：𡆥
三八九六五 癸亥卜泳貞王旬無𡆥
三八九六五 癸未卜泳貞王旬無𡆥
三八九六六 癸未卜泳貞王旬無𡆥
三八九六七 ：丑卜泳：王旬：𡆥
三八九六七 ：酉卜泳：
三八九六八 癸：貞：無：
三八九六八 癸巳卜泳貞王旬無𡆥
三八九六八 癸丑卜泳貞王旬：
三八九六八 ：卜：王：𡆥
三八九六九 癸亥卜泳貞王旬無𡆥
三八九六九 ：卯卜：貞：旬：𡆥
三八九七〇 癸：貞：無：
三八九七〇 癸卯卜泳貞王旬無𡆥
三八九七〇 ：亥卜泳：王旬：𡆥
三八九七一 癸亥：泳：王旬：𡆥
三八九七二 癸：泳：旬：
三八九七二 癸亥卜泳貞：旬無𡆥
三八九七三 ：亥卜泳：王旬：𡆥
三八九七三 ：卜泳：王旬：𡆥
三八九七四 癸酉：王旬：在：
三八九七四 癸未卜王旬無𡆥
三八九七四 ：巳卜貞王旬無𡆥
三八九七五 癸酉卜王旬無：
三八九七五 癸未卜貞王旬無𡆥
三八九七五 癸巳卜貞王旬無𡆥
三八九七五 癸卯卜貞王旬無𡆥
三八九七五 ：丑卜貞：旬無𡆥
三八九七六 癸酉卜：貞旬無𡆥
三八九七七 癸酉卜貞王旬無𡆥
三八九七七 癸未卜貞王旬無𡆥
三八九七七 癸巳卜貞王旬無𡆥

三八九七七 ：卜貞：無𡆥
三八九七八 癸酉：王旬：
三八九七八 癸未卜貞王旬無𡆥
三八九七九 癸酉卜貞王旬無𡆥
三八九八〇 癸酉卜貞王旬無𡆥
三八九八〇 ：卜貞：𡆥
三八九八一 癸酉：王旬：
三八九八一 癸未卜貞王旬無𡆥
三八九八一 癸巳卜貞王旬無𡆥
三八九八一 癸卯卜貞王旬無𡆥
三八九八一 癸丑卜貞王旬無𡆥
三八九八二 癸酉卜貞王旬無𡆥
三八九八二 癸未卜貞王旬無𡆥
三八九八三 癸酉卜貞王旬無𡆥
三八九八三 ：未卜：王旬無𡆥
三八九八四 癸酉卜貞王旬無𡆥
三八九八五 癸酉卜貞王旬無𡆥
三八九八六 癸酉卜貞王旬無𡆥
三八九八六 ：𡆥
三八九八七 癸：貞：𡆥
三八九八七 癸未卜貞王旬無𡆥
三八九八八 癸：
三八九八八 癸未卜貞王旬無𡆥
三八九八九 癸酉：王：
三八九八九 癸未卜貞王旬無𡆥
三八九九〇 癸：王：
三八九九〇 癸未卜貞王旬無𡆥
三八九九〇 ：巳卜貞：無𡆥
三八九九一 ：無𡆥
三八九九一 癸酉卜貞王旬無𡆥
三八九九一 癸未卜貞王旬無𡆥
三八九九一 癸巳卜貞王旬無𡆥
三八九九二 癸酉卜貞王旬無𡆥
三八九九二 癸未卜貞王旬無𡆥
三八九九二 癸巳卜貞王旬無𡆥
三八九九二 癸卯卜貞王旬無𡆥
三八九九三 癸：王：
三八九九三 癸酉卜貞王旬無𡆥
三八九九三 ：卜貞：無𡆥
三八九九四 癸酉：貞王旬無𡆥
三八九九四 癸未卜貞王旬無𡆥
三八九九四 癸巳卜貞王旬無𡆥
三八九九四 ：貞：
三八九九五 癸酉：王旬：
三八九九五 癸未卜貞十旬

三八九九六 癸酉：王旬：
三八九九六 癸未卜貞王旬無𡆥
三八九九七 癸酉王：貞旬無：
三八九九七 癸未卜：旬無𡆥
三八九九八 癸酉王卜貞旬無𡆥
三八九九八 癸未王卜貞旬無𡆥
三八九九九 ：貞旬：
三八九九九 癸未王：貞旬無𡆥
三八九九九 癸巳王卜：無𡆥
三九〇〇〇 癸酉王卜：旬無𡆥
三九〇〇一 癸酉：旬無：
三九〇〇一 癸未王卜貞旬無𡆥
三九〇〇一 ：王卜：𡆥
三九〇〇二 癸酉：貞旬：
三九〇〇二 癸未王卜貞旬無𡆥
三九〇〇三 癸酉卜王貞旬無𡆥
三九〇〇四 癸酉王卜貞旬無𡆥
三九〇〇四 癸未王卜貞旬無𡆥
三九〇〇四 ：王卜：𡆥
三九〇〇五 癸酉：貞旬：
三九〇〇五 癸未王卜貞旬無𡆥
三九〇〇五 癸巳王卜貞旬無𡆥
三九〇〇五 癸卯王卜貞旬無𡆥
三九〇〇六 癸酉王：貞旬無：
三九〇〇六 癸未王卜貞旬無𡆥
三九〇〇六 癸巳王卜貞旬無𡆥
三九〇〇七 癸：旬無：
三九〇〇七 癸未王卜貞旬無𡆥
三九〇〇七 癸巳王卜貞旬無𡆥
三九〇〇七 ：旬無𡆥
三九〇〇八 癸酉王：貞旬無𡆥
三九〇〇九 ：丑卜貞王旬無𡆥
三九〇〇九 癸巳卜貞王旬無𡆥
三九〇〇九 癸酉卜貞王旬無𡆥
三九〇一〇 癸酉卜貞王旬無𡆥
三九〇一〇 ：卜貞：旬：𡆥
三九〇一一 癸巳卜王旬無𡆥
三九〇一一 癸：貞：無：
三九〇一一 癸酉卜貞王旬無𡆥
三九〇一一 癸未卜貞王旬無𡆥
三九〇一一 ：卜貞：無𡆥
三九〇一一 ：酉：王：𡆥
三九〇一二 癸酉卜貞王旬無𡆥
三九〇一二 癸巳卜貞王旬無𡆥
三九〇一三 癸酉：王旬：
三九〇一三 癸巳：王旬：

三九〇一三 ：丑卜貞：旬無：
三九〇一三 ：酉卜：王旬：畎
三九〇一四 癸酉：貞王：無：
三九〇一四 癸巳：貞王：無：
三九〇一四 ：貞旬：畎
三九〇一四 ：貞旬：畎
三九〇一五 癸酉：貞王：無：
三九〇一五 癸巳：貞王：無：
三九〇一五 癸丑：王旬：
三九〇一五 癸酉卜貞王旬無畎
三九〇一六 癸丑：貞王：旬：
三九〇一六 癸亥：貞王旬無：
三九〇一六 ：卯卜：王旬無畎
三九〇一六 ：卜：旬：畎
三九〇一七 癸丑：王：旬：
三九〇一七 癸酉：王旬：
三九〇一七 癸巳：貞王：無：
三九〇一七 ：卜：旬：畎
三九〇一七 ：卜：畎
三九〇一七 ：卜：旬：畎
三九〇一八 癸酉：王旬：
三九〇一八 癸巳：王旬：
三九〇一八 癸丑：王旬：
三九〇一八 癸酉卜貞王旬無畎
三九〇一八 癸亥：貞王：無：
三九〇一八 癸未：貞王：無：
三九〇一八 癸亥卜貞王旬無畎
三九〇一八 癸未卜貞王旬無畎
三九〇一九 癸酉卜貞王旬無畎
三九〇一九 癸巳卜貞王旬無畎
三九〇一九 癸酉卜貞王旬無畎
三九〇一九 癸巳卜貞王旬無畎
三九〇一九 ：酉卜：王旬：畎
三九〇一九 ：卜：旬：畎
三九〇二〇 癸：王：無：
三九〇二〇 癸酉：王：無：
三九〇二〇 ：卜貞王旬無畎
三九〇二〇 癸酉卜貞王旬無畎
三九〇二一 癸酉卜貞王旬無畎
三九〇二一 癸巳卜貞王旬：
三九〇二一 ：酉卜：王：無畎
三九〇二一 ：卜：旬：畎
三九〇二二 癸巳卜貞王：無：
三九〇二二 癸丑：貞王：無：
三九〇二二 癸酉卜貞王旬無畎
三九〇二二 癸巳卜貞王旬無畎

三九〇二三 癸丑卜貞王旬無畎
三九〇二三 癸酉卜貞王旬無畎
三九〇二三 ：貞：旬：畎
三九〇二三 ：卜：旬：畎
三九〇二四 癸巳卜：王旬：
三九〇二四 癸酉：王：無畎
三九〇二四 癸巳卜貞王旬無畎
三九〇二四 ：卜：旬：畎
三九〇二四 ：卜貞：旬：畎
三九〇二五 癸：貞：無：
三九〇二五 癸：貞王旬無畎
三九〇二五 ：卜貞：旬：畎
三九〇二六 癸酉：貞王：無：
三九〇二六 癸巳：貞王：無：
三九〇二六 癸丑卜貞王旬無畎
三九〇二六 癸酉卜貞王旬無畎
三九〇二七 癸酉：王旬：
三九〇二七 癸巳：王旬：
三九〇二八 癸酉卜貞王旬無畎
三九〇二八 癸巳卜貞王旬無：
三九〇二八 ：卜：旬：畎
三九〇二九 癸丑卜貞王旬無畎
三九〇二九 癸酉卜貞王旬無畎
三九〇二九 ：巳卜：王旬：畎
三九〇二九 ：卜：旬：
三九〇三〇 癸巳：貞：無：
三九〇三〇 癸酉卜貞：旬無畎
三九〇三一 癸酉卜貞王旬無畎
三九〇三一 癸巳卜貞王旬無畎
三九〇三一 癸丑卜貞王旬：畎
三九〇三一 ：卜：王旬：畎
三九〇三二 癸酉卜貞王旬無畎
三九〇三二 癸巳卜貞王旬無畎
三九〇三三 癸：貞：無：
三九〇三三 癸酉：王旬：
三九〇三三 ：巳卜貞：旬：畎
三九〇三三 ：卜貞：旬：畎
三九〇三四 癸酉：王旬：無畎
三九〇三四 癸：
三九〇三四 ：寅卜貞王旬無：
三九〇三五 癸：貞王：旬：：
三九〇三五 癸酉：貞王：無：
三九〇三五 癸未：貞王：無：
三九〇三五 癸巳卜貞王旬無畎
三九〇三五 癸酉：貞王旬無畎
三九〇三五 癸未卜貞：旬：畎

三九〇三五
三九〇三五
三九〇三五
三九〇三五
三九〇三五
三九〇三五
三九〇三五
三九〇三五
三九〇三五
三九〇三六
三九〇三六
三九〇三六
三九〇三七
三九〇三七
三九〇三七
三九〇三七
三九〇三八
三九〇三八
三九〇三八
三九〇三九
三九〇三九
三九〇三九
三九〇三九
三九〇三九
三九〇三九
三九〇四〇
三九〇四〇
三九〇四〇
三九〇四一
三九〇四一
三九〇四二
三九〇四二
三九〇四二
三九〇四二
三九〇四二
三九〇四三
三九〇四三
三九〇四三
三九〇四三
三九〇四三
三九〇四三
三九〇四四
三九〇四四
三九〇四四
三九〇四四
三九〇四四

癸丑：王：旬：
癸巳卜貞王旬無𡆥
癸酉卜貞王旬無𡆥
癸未卜貞王旬：𡆥
癸丑卜貞王旬無𡆥
癸巳卜貞王旬無𡆥
癸酉卜貞王旬無𡆥
癸未卜貞王旬無𡆥
癸丑卜貞王旬無𡆥
癸酉卜貞王旬無𡆥
癸丑卜貞王旬無𡆥
癸酉卜貞王旬：𡆥
癸酉卜貞：
癸丑卜貞王旬無𡆥
癸亥卜：王旬：𡆥
癸巳卜貞王旬無𡆥
癸酉：王旬：
癸酉卜貞王旬無𡆥
：貞：無𡆥
癸丑：貞王：無：
癸酉：貞：無：
癸巳卜貞王旬無𡆥
癸巳卜貞王旬無𡆥
：旬：𡆥
癸巳卜貞王旬無𡆥
癸丑卜貞王：無𡆥
癸酉卜貞：旬無𡆥
癸巳卜貞：旬無𡆥
癸酉卜：王：無：
癸丑卜貞王旬無𡆥
癸亥卜貞王旬無𡆥
癸未卜貞王旬：
癸卯卜貞王旬無𡆥
：卜貞：旬：𡆥
：卜：旬：
癸：王旬：
癸：貞王：無：
癸卯卜貞王旬無𡆥
癸未卜貞王旬無𡆥
癸卯卜貞王旬無𡆥
癸亥卜貞王旬無𡆥
癸：貞：無：
癸：貞：無：
癸：貞王：無：
癸未卜貞王旬無𡆥
癸卯卜貞王旬無𡆥

三九〇四四
三九〇四五
三九〇四五
三九〇四六
三九〇四六
三九〇四六
三九〇四六
三九〇四七
三九〇四七
三九〇四八
三九〇四八
三九〇四九
三九〇四九
三九〇五〇
三九〇五〇
三九〇五一
三九〇五一
三九〇五一
三九〇五一
三九〇五一
三九〇五二
三九〇五二
三九〇五三
三九〇五三
三九〇五四
三九〇五四
三九〇五四
三九〇五四
三九〇五五
三九〇五五
三九〇五五
三九〇五六
三九〇五六
三九〇五六
三九〇五六
三九〇五七
三九〇五七
三九〇五七
三九〇五八
三九〇五八
三九〇五九
三九〇五九
三九〇六〇
三九〇六〇
三九〇六一
三九〇六一

癸亥卜貞王旬無𡆥
癸未：貞：無：
癸卯卜貞王旬無𡆥
癸未卜貞王旬無𡆥
癸卯：貞王旬：𡆥
：亥卜：王旬：𡆥
：卜：王：𡆥
癸未卜貞王旬無𡆥
：丑卜：王旬：𡆥
癸：貞王：旬：
癸未卜貞王旬無𡆥
癸未卜貞王旬無𡆥
：𡆥
癸未卜貞王旬無𡆥
：卜貞：𡆥
癸亥卜貞王旬無𡆥
癸未卜貞王旬無：𡆥
癸卯卜貞王旬無𡆥
癸亥卜貞王旬無𡆥
：卯卜：旬：𡆥
癸未卜貞王旬無𡆥
：卜：旬：𡆥
癸卯：王旬：
癸未卜貞王旬無𡆥
癸亥卜貞王旬無𡆥
癸未卜貞王旬無𡆥
：卜：旬：𡆥
：亥卜：旬：𡆥
癸：貞：無：
癸亥：王旬：
癸未卜貞王旬無𡆥
癸亥卜貞王旬無𡆥
癸未卜貞王旬：𡆥
癸卯卜：王旬：𡆥
：丑卜貞：無𡆥
：貞：無：
癸未卜貞王旬無𡆥
：卜：旬：𡆥
：亥卜：王旬：𡆥
癸卯：王旬：
癸未卜：王：𡆥
癸未卜貞王旬無𡆥
：亥卜貞：旬無𡆥
癸未：王旬：
癸未卜貞王旬無𡆥

三九〇六二　癸未：王旬：
三九〇六二　癸亥卜貞王旬無𡆥
三九〇六二　癸未卜貞王旬：無：
三九〇六三　癸未：貞王：無：
三九〇六三　癸亥卜貞王旬無𡆥
三九〇六四　癸亥：貞王：無：
三九〇六四　癸未卜貞王旬無𡆥
三九〇六四　：卜：旬：𡆥
三九〇六四　：卜貞：旬：
三九〇六五　癸未：貞王：無：
三九〇六五　癸卯卜貞王旬無𡆥
三九〇六五　：卜：旬：𡆥
三九〇六五　：卜：王旬：𡆥
三九〇六六　癸未卜貞王旬無𡆥
三九〇六六　：卜：旬：𡆥
三九〇六七　癸未卜貞王旬無𡆥
三九〇六八　癸未卜貞王旬無：
三九〇六九　癸卯：王旬：𡆥
三九〇六九　癸：
三九〇六九　癸卯卜貞王旬無𡆥
三九〇六九　癸未卜在：貞王旬無𡆥
三九〇七〇　癸卯：貞王：無：
三九〇七〇　癸未卜貞王旬無𡆥
三九〇七〇　癸卯卜貞王：
三九〇七一　癸：貞：
三九〇七一　癸巳卜貞王旬無𡆥
三九〇七二　癸：王：
三九〇七二　癸未卜貞王旬無𡆥
三九〇七二　癸巳卜貞：旬無𡆥
三九〇七三　癸：王旬：
三九〇七三　癸未卜貞王旬無𡆥
三九〇七三　癸巳卜貞王旬無𡆥
三九〇七三　癸卯卜貞王旬無𡆥
三九〇七三　：卜貞：無𡆥
三九〇七四　癸未卜貞王旬無𡆥
三九〇七四　癸巳卜貞王旬無𡆥
三九〇七四　：貞：𡆥
三九〇七五　癸未：王：
三九〇七五　癸巳卜貞王旬無𡆥
三九〇七五　：𡆥
三九〇七六　癸未：貞旬：
三九〇七六　癸未王：貞旬無𡆥
三九〇七七　癸未王：貞旬無𡆥
三九〇七七　癸巳王卜貞旬無𡆥
三九〇七七　癸卯王卜貞旬無𡆥
三九〇七七　癸丑王卜貞旬無𡆥

三九〇七七　：亥卜：旬無𡆥
三九〇七八　癸巳王卜貞旬無𡆥
三九〇七八　癸巳王卜貞旬無𡆥
三九〇七八　：王卜：𡆥
三九〇七九　癸未王：貞旬無：
三九〇七九　：巳王卜貞旬無𡆥
三九〇七九　：卯王卜：無𡆥
三九〇八〇　癸未：貞旬：
三九〇八〇　癸巳王卜貞旬無𡆥
三九〇八〇　：卜：𡆥
三九〇八一　癸：貞：
三九〇八一　癸未王卜貞旬無𡆥
三九〇八一　：巳王卜：旬無𡆥
三九〇八二　癸未王：𡆥：
三九〇八二　癸巳王卜貞旬無𡆥
三九〇八二　：卜：無𡆥
三九〇八三　癸未卜：王旬無：
三九〇八三　癸巳卜貞王旬無𡆥
三九〇八三　癸卯卜貞王旬無𡆥
三九〇八四　癸未卜貞王旬無𡆥
三九〇八四　癸巳卜貞王旬無𡆥
三九〇八五　癸未卜：王旬無：
三九〇八五　癸巳卜貞王旬無𡆥
三九〇八六　癸未卜貞王旬無𡆥
三九〇八六　癸巳卜貞王旬無𡆥
三九〇八六　癸卯卜貞王旬無𡆥
三九〇八七　癸：王：
三九〇八七　癸巳卜貞王旬無𡆥
三九〇八七　癸卯卜貞王旬無𡆥
三九〇八八　癸未卜貞王旬無𡆥
三九〇八九　癸未卜：王旬無：
三九〇八九　癸巳卜貞王旬無𡆥
三九〇九〇　癸未卜貞王旬無𡆥
三九〇九〇　：巳卜貞王旬無𡆥
三九〇九一　癸：無：
三九〇九一　癸巳王卜貞旬無𡆥
三九〇九二　癸巳王卜貞旬無𡆥
三九〇九二　癸卯王卜貞旬無𡆥
三九〇九二　癸：
三九〇九三　癸：貞：
三九〇九三　癸巳王卜貞旬無𡆥
三九〇九三　：王卜：無𡆥
三九〇九四　癸：旬：
三九〇九四
三九〇九五　癸巳王卜貞旬無𡆥
三九〇九五　：貞：𡆥

三九〇九六　癸巳：貞旬：
三九〇九六　癸卯王卜貞旬無畎
三九〇九六　癸丑王卜貞旬無畎
三九〇九七　癸巳王卜貞旬無畎
三九〇九七　癸卯王卜貞旬無畎
三九〇九七　：王卜：
三九〇九八　癸巳王：貞旬無：
三九〇九八　癸卯王卜貞旬無畎
三九〇九八　癸丑王卜貞旬無畎
三九〇九八　：卜：畎
三九〇九九　乙巳王卜貞旬：
三九〇九九　癸卯王卜貞旬無畎
三九〇九九　：王卜：畎
三九一〇〇　癸巳王卜貞旬無畎
三九一〇〇　癸卯王卜貞旬無畎
三九一〇一　癸巳王卜貞旬無畎
三九一〇一　：王卜：無畎
三九一〇二　癸巳：貞旬：
三九一〇二　癸卯卜卜貞旬無畎
三九一〇二　癸丑王卜貞旬無畎
三九一〇二　：畎
三九一〇三　癸巳王卜貞旬無畎
三九一〇三　：王卜：無畎
三九一〇四　癸：王：
三九一〇四　癸巳卜貞王旬無畎
三九一〇四　癸卯卜貞王旬無畎
三九一〇五　癸巳：王旬無：
三九一〇五　癸卯卜貞王旬無畎
三九一〇六　癸巳卜貞王旬無畎
三九一〇六　：王：
三九一〇七　癸巳卜貞王旬無畎
三九一〇八　癸巳卜：王旬無：
三九一〇八　癸卯卜貞王旬無畎
三九一〇八　：卜貞：無畎
三九一〇九　癸：
三九一〇九　癸巳卜貞王旬無畎
三九一〇九　癸卯卜貞王旬無畎
三九一〇九　：貞：畎
三九一一〇　癸巳王：貞旬：
三九一一〇　癸卯王卜貞旬無畎
三九一一〇　：王卜：旬無畎
三九一一一　癸巳：旬無：
三九一一一　癸卯王卜貞旬無畎
三九一一一　：卜：畎
三九一一二　癸：貞：
三九一一二　癸巳卜貞王旬無畎

三九一一二　：卯卜：王旬：畎
三九一一三　癸巳卜貞王旬無畎
三九一一三　：卯卜：王旬：畎
三九一一四　癸：王：畎
三九一一四　癸巳卜貞王旬無畎
三九一一五　癸巳卜：王旬無：
三九一一五　：卯卜：王旬無畎
三九一一六　癸：貞：無：
三九一一六　癸巳卜貞王旬無畎
三九一一六　：貞：畎
三九一一七　：王：
三九一一七　癸巳卜貞王旬無畎
三九一一七　癸卯卜貞王旬無畎
三九一一七　癸丑卜貞王旬無畎
三九一一七　：亥卜貞：旬無畎
三九一一八　癸巳卜貞王旬無畎
三九一一八　癸卯卜貞王旬無畎
三九一一九　癸巳卜：王旬無畎
三九一一九　癸卯卜貞王旬無畎
三九一一九　癸丑卜貞王旬無畎
三九一一九　癸亥卜貞王旬無畎
三九一二〇　癸：
三九一二〇　癸巳卜貞王旬無畎
三九一二〇　癸卯卜貞王旬無畎
三九一二一　癸巳：王旬：
三九一二一　癸卯卜貞王旬無畎
三九一二二　癸：王：
三九一二二　癸卯卜貞王旬無畎
三九一二二　癸丑卜貞王旬無畎
三九一二三　癸巳卜貞王旬無畎
三九一二三　：卯卜貞：旬無畎
三九一二四　癸巳卜：王旬無：
三九一二四　癸卯卜貞王旬無畎
三九一二四　：卜貞：無畎
三九一二五　癸巳卜貞王旬無畎
三九一二五　癸卯卜貞王旬無畎
三九一二五　癸丑卜貞王旬無畎
三九一二五　：卜：王旬：畎
三九一二六　癸巳卜貞王旬無畎
三九一二六　癸卯卜貞王旬無畎
三九一二六　：貞：無畎
三九一二七　癸：貞：
三九一二七　癸巳卜貞王旬無畎
三九一二七　：貞：
三九一二八　癸巳：旬無：
三九一二八　癸卯卜貞王旬無畎

39128 ：卜貞：畎
39129 癸未卜貞王旬無畎
39129 癸巳卜貞王旬無畎
39129 ：貞：畎
39130 癸未：貞王：
39130 癸巳卜貞王旬無畎
39130 癸卯卜貞王旬無畎
39130 ：卜貞：無畎
39131 癸未：王：
39131 癸巳卜貞王旬無畎
39131 癸卯卜貞王旬無畎
39132 癸：貞：
39132 癸巳王卜貞旬無畎
39133 癸未卜貞王旬無畎
39134 ：未卜：王旬：畎
39134 癸巳卜：王旬：畎
39135 ：卜：旬：畎
39135 癸巳卜貞王旬無畎
39136 ：貞：
39136 癸巳卜貞王旬無畎
39136 ：卜：王：無畎
39137 癸巳卜貞：旬無畎
39137 ：貞：無畎：月
39138 癸巳卜貞王旬無畎
39139 癸巳卜貞王旬無畎
39140 癸巳卜貞王旬無畎
39141 癸巳卜貞王旬無畎
39141 癸丑卜貞王旬無畎
39142 癸巳卜貞王旬無畎
39142 癸丑卜貞王旬無畎
39143 癸巳卜貞王旬無畎
39143 癸丑卜貞王旬無：
39143 ：卜：王旬：畎
39143 ：卜：王旬：畎
39144 癸丑：王：無：
39144 癸：貞王：無：
39144 癸巳：王旬：
39144 ：貞：畎
39144 ：酉卜：旬：畎
39144 ：卜：旬：畎
39145 癸卯王：貞旬無：
39145 癸丑王卜貞旬無畎
39145 癸亥王卜貞旬無畎
39145 癸酉王卜貞旬無畎
39145 癸未王卜貞旬無畎
39145 癸巳王卜貞旬無畎

39146 癸卯王：旬：
39146 癸丑王卜貞旬無畎
39146 癸亥王卜貞旬無畎
39146 癸酉王卜貞旬無畎
39146 ：未王卜貞：旬無畎
39147 癸卯：貞旬：
39147 癸丑王卜貞旬無畎
39147 癸亥王卜貞旬無畎
39147 癸酉王卜貞旬無畎
39147 ：畎
39148 癸卯王：貞旬無：
39148 癸丑王卜貞無畎
39149 癸卯王卜貞旬無畎
39150 癸卯王卜貞旬無畎
39150 ：王卜：無畎
39151 癸卯王卜貞旬無畎
39151 癸丑王卜貞旬無畎
39152 癸卯王：旬無：
39152 癸丑王卜貞旬無畎
39152 ：畎
39153 癸卯：貞旬：
39153 癸丑王卜貞旬無畎
39154 癸卯卜貞王旬無畎
39154 癸丑卜貞王旬無畎
39154 癸亥卜貞王旬無畎
39154 ：卜貞：畎
39155 癸卯卜貞：旬無畎在：
39155 癸丑卜貞王旬無畎
39155 癸亥卜貞王旬無畎
39155 癸酉卜貞王旬無畎
39155 癸未卜貞王旬無畎
39156 癸卯卜貞王旬無畎
39156 癸丑卜貞王旬無畎
39156 ：貞：畎
39157 癸卯：貞王旬：
39157 癸丑卜貞王旬無畎
39157 癸亥卜貞王旬無畎
39157 ：酉卜貞：旬無畎
39158 癸卯卜貞王旬無畎
39158 ：貞：畎
39159 癸卯卜貞王旬無畎
39159 癸丑卜貞王旬無畎
39159 ：貞：畎
39160 癸卯卜貞：旬無畎
39160 ：觀：
39161 癸卯卜貞王旬無畎

三九一六一 癸丑卜貞王旬無𡆥
三九一六二 癸卯：王旬：
三九一六二 癸丑卜貞王旬無𡆥
三九一六三 癸：王旬無：
三九一六三 癸丑卜貞王旬無𡆥
三九一六三 癸亥卜貞王旬無𡆥
三九一六三 ：酉卜貞：無𡆥
三九一六四 癸：王旬：
三九一六四 癸丑卜貞王旬無𡆥
三九一六四 癸亥卜貞王旬無𡆥
三九一六四 癸酉卜貞王旬無𡆥
三九一六五 癸卯卜：王旬無：
三九一六五 癸丑卜貞王旬無𡆥
三九一六六 癸卯卜貞王旬無𡆥
三九一六六 癸丑卜貞王旬無𡆥
三九一六六 ：貞：𡆥
三九一六七 癸卯卜：王旬無：
三九一六七 癸丑卜貞王旬無𡆥
三九一六七 ：亥卜貞：旬無𡆥
三九一六八 癸卯卜貞王旬無𡆥
三九一六八 癸丑卜貞王旬無𡆥
三九一六八 ：貞：𡆥
三九一六九 癸：王旬：
三九一六九 癸丑卜貞王旬無𡆥
三九一六九 癸亥卜貞王旬無𡆥
三九一六九 癸酉卜貞王旬無𡆥
三九一七〇 癸：貞王旬無𡆥
三九一七〇 癸丑卜貞王旬無𡆥
三九一七〇 癸亥卜貞王旬無𡆥
三九一七〇 ：貞：𡆥
三九一七一甲 癸巳：王：無：
三九一七一甲 癸丑卜：王旬：
三九一七一甲 癸酉卜貞王旬無𡆥
三九一七一甲 癸未卜貞王：無：
三九一七一甲 癸巳卜貞王旬無𡆥
三九一七一甲 癸卯：王：無：
三九一七一甲 癸卯卜貞王旬無𡆥
三九一七一甲 癸亥卜：王旬：
三九一七一甲 ：卜：旬：𡆥
三九一七一甲 癸未卜貞王旬無𡆥
三九一七一甲 癸巳卜貞王旬無𡆥
三九一七一甲 癸卯卜貞王旬無𡆥
三九一七一甲 癸丑卜貞王旬無𡆥
三九一七一甲 ：卜貞：無：𡆥
三九一七一甲 癸酉：貞王：無：
三九一七一甲 ：卜：

三九一七一乙 癸卯卜：王旬：
三九一七一乙 癸亥卜：王旬：
三九一七二 癸卯：王旬：無：
三九一七二 癸亥卜貞王：無𡆥
三九一七二 癸未卜貞王旬無𡆥
三九一七二 癸卯卜貞王旬無𡆥
三九一七三 癸：貞：無：
三九一七三 癸卯：王旬：
三九一七三 癸亥卜貞王旬無𡆥
三九一七三 癸未卜貞王旬無𡆥
三九一七三 癸卯卜貞王旬無𡆥在九月
三九一七三 癸亥卜貞王旬無𡆥
三九一七三 ：貞：無：
三九一七四 癸卯：王旬：
三九一七四 癸：貞：無：
三九一七四 癸卯卜貞王旬無𡆥
三九一七四 癸亥卜貞王旬無𡆥
三九一七四 癸卯卜貞王旬無𡆥
三九一七四 癸亥卜貞王旬無𡆥
三九一七四 癸卯卜貞王旬無𡆥
三九一七四 癸亥卜貞王旬無𡆥
三九一七四 癸卯卜貞王旬無𡆥
三九一七四 癸亥卜貞王旬無𡆥
三九一七四 癸卯卜貞王旬無𡆥
三九一七四 癸亥卜貞王旬無𡆥
三九一七四 癸卯卜貞王旬無𡆥
三九一七四 癸亥卜貞王旬無𡆥
三九一七四 ：旬：𡆥
三九一七四 ：無：
三九一七五 癸：王：無：
三九一七五 癸卯：王旬：
三九一七五 癸亥：王：無：
三九一七五 癸未卜貞王旬無𡆥
三九一七五 ：卜貞：旬：𡆥
三九一七五 ：貞：無𡆥
三九一七五 癸未卜貞王旬無𡆥
三九一七五 ：巳卜貞：旬：𡆥
三九一七六 ：在十：
三九一七六 ：必：
三九一七六 癸卯卜：王旬：𡆥：十月
三九一七七 癸卯：貞王：無𡆥
三九一七七 癸亥卜貞王旬無：
三九一七八 癸卯卜貞王旬無𡆥
三九一七九 癸卯卜貞王旬無𡆥
三九一七九 癸亥卜貞王旬無：
三九一七九 ：卜貞：無𡆥：
三九一七九 癸卯卜貞王旬無𡆥
三九一七九 ：旬：𡆥

三九一八〇　癸卯卜貞王旬無畎
三九一八〇　：貞：無：
三九一八一　癸：貞：無：
三九一八一　癸卯卜貞王旬：畎
三九一八二　癸卯：王旬：
三九一八二　癸：貞：無：
三九一八二　：卯卜：王旬：畎
三九一八二　：卜貞王：無畎
三九一八二　：亥卜：王：無畎
三九一八三　癸卯卜貞王旬無畎
三九一八三　：卜：旬：
三九一八四　癸卯卜貞王旬無畎
三九一八四　：卜貞：旬：畎
三九一八五　癸：王：無：
三九一八五　癸卯卜貞王：無畎
三九一八六　癸卯：王：
三九一八六　癸丑卜貞王旬無畎
三九一八六　：卜貞：旬無畎
三九一八七　癸：王：
三九一八七　癸卯卜貞王旬無畎
三九一八七　癸丑卜貞王旬無畎
三九一八七　癸亥卜貞王旬無畎
三九一八七　癸酉卜：王旬無：
三九一八八　癸卯：王旬：
三九一八八　癸丑卜貞王旬無畎
三九一八九　癸：
三九一八九　癸卯卜貞王旬無畎
三九一八九　：卜貞：無畎
三九一九〇　癸卯卜貞王旬無畎
三九一九一　癸卯卜貞王旬無畎
三九一九一　：丑卜貞王旬：畎
三九一九二　癸卯卜貞王旬無畎
三九一九三　癸卯卜貞王旬無畎
三九一九四　：卯卜貞王旬無畎
三九一九五　癸：旬：
三九一九五　癸卯卜貞王旬無畎
三九一九六　癸巳：王旬無畎
三九一九六　癸卯卜貞王旬無畎
三九一九七　：王旬：畎
三九一九七　癸巳：王旬無畎
三九一九七　癸卯卜貞王旬無畎
三九一九八　癸：王：
三九一九八　癸卯卜貞王旬無畎
三九一九八　癸丑卜貞王旬無畎
三九一九八　：亥卜貞：旬無畎
三九一九九　癸：旬無：

三九一九九　癸卯卜貞王旬無畎
三九一九九　癸丑卜貞王旬無畎
三九一九九　：亥卜貞：旬無畎
三九二〇〇　癸：
三九二〇〇　癸卯卜貞王旬無畎
三九二〇〇　癸丑卜貞王旬無畎
三九二〇〇　癸亥卜貞王旬無畎
三九二〇一　癸卯王：貞旬無：
三九二〇一　癸丑王卜貞旬無畎
三九二〇二　癸卯：貞旬：
三九二〇三　癸卯：王旬：
三九二〇三　：丑卜貞王旬無畎
三九二〇三　：畎
三九二〇四　癸：王旬：
三九二〇四　癸丑卜貞王旬無畎
三九二〇四　：貞：畎
三九二〇五　癸：貞：無：
三九二〇五　：卜：旬：畎
三九二〇六　癸：貞：無：
三九二〇六　癸巳卜貞王旬無畎
三九二〇六　癸丑卜貞王旬無畎
三九二〇七　：貞：無畎
三九二〇八　：王旬：
三九二〇八　癸丑卜貞王旬無畎
三九二〇九　：卜貞：無畎
三九二一〇　癸丑王卜貞旬無畎
三九二一〇　癸亥王卜貞旬無畎
三九二一一　癸丑王卜貞旬無畎
三九二一一　癸亥王卜貞旬無畎
三九二一一　癸酉王卜貞旬無畎
三九二一二　癸丑王：旬無畎
三九二一二　癸亥王卜貞旬無畎
三九二一二　：畎
三九二一三　癸丑王卜貞旬無畎
三九二一三　：卜：畎
三九二一四　癸丑王卜貞旬無畎
三九二一四　：卜：畎
三九二一五　癸：貞：
三九二一五　癸丑王卜貞旬無畎
三九二一六　癸丑王卜貞旬無畎
三九二一七　癸丑王卜貞旬無畎
三九二一七　：王卜：畎
三九二一八　癸丑：貞旬無：
三九二一八　癸亥王卜貞旬無畎
三九二一八　癸酉王卜貞旬無畎
三九二一八　癸未王卜：旬無畎

三九二一九　癸：貞旬：
三九二一九　癸亥王卜貞旬無𡆥
三九二二〇　癸：貞旬：
三九二二〇　癸亥王卜貞旬無𡆥
三九二二〇　：王卜：𡆥
三九二二一　癸丑：無：
三九二二一　癸亥王卜貞旬無𡆥
三九二二一　：王卜：無𡆥
三九二二二　癸丑王卜貞旬無𡆥
三九二二二　：亥王卜：無𡆥
三九二二三　癸丑王：貞旬無𡆥
三九二二三　癸亥王卜貞旬無𡆥
三九二二三　癸酉王卜貞旬無𡆥
三九二二四　癸丑卜：王旬無：
三九二二四　癸亥卜貞王旬無𡆥
三九二二四　癸酉卜貞王旬無𡆥
三九二二五　癸：王：
三九二二五　癸亥卜貞王旬無𡆥
三九二二五　癸酉卜貞王旬無𡆥
三九二二六　癸丑卜貞王旬無𡆥
三九二二六　：卜貞：旬無𡆥
三九二二七　癸：王旬
三九二二七　癸丑卜貞王旬無𡆥
三九二二七　：貞：
三九二二八　：貞：無：
三九二二八　癸亥卜貞王旬無𡆥
三九二二八　癸亥卜貞王旬無𡆥
三九二二八　：卜：旬：𡆥
三九二二九　：旬：
三九二二九　癸丑卜貞王旬無𡆥
三九二三〇　癸丑卜貞王旬無𡆥
三九二三〇　：貞：𡆥
三九二三一　癸丑卜貞王旬無𡆥
三九二三二　癸丑卜貞王旬無𡆥
三九二三三　癸丑卜貞王旬無𡆥
三九二三三　：卜貞：𡆥
三九二三四　癸丑卜：王旬無：
三九二三四　：亥卜貞：旬無𡆥
三九二三五　癸丑：王旬：
三九二三五　：亥卜貞：旬無𡆥
三九二三六　癸丑卜貞王：
三九二三六　癸亥卜貞王旬無𡆥
三九二三六　癸酉：王旬無𡆥
三九二三七　癸丑：王：
三九二三七　癸亥卜貞王旬無𡆥
三九二三七　：酉卜貞：旬無𡆥

三九二三八　癸丑卜貞王旬無𡆥
三九二三八　：王旬：𡆥
三九二三九　癸：王：
三九二三九　癸丑卜貞王旬無𡆥
三九二四〇　癸丑卜貞王旬無𡆥
三九二四一　癸卯：王旬：
三九二四一　癸丑卜貞王旬無𡆥
三九二四一　：卜貞：𡆥
三九二四二　癸丑卜：王旬無：
三九二四二　癸亥卜貞王旬無𡆥
三九二四三　癸丑卜貞王旬無𡆥
三九二四三　癸亥卜貞王旬無𡆥
三九二四三　癸酉卜貞王旬無𡆥
三九二四三　：未卜貞王旬無𡆥
三九二四四　癸丑卜：王旬無：
三九二四四　癸亥卜貞王旬無𡆥
三九二四四　癸酉卜貞王旬無𡆥
三九二四五　癸丑：王旬：
三九二四五　癸亥卜貞王旬無𡆥
三九二四五　癸酉卜貞王旬無𡆥
三九二四五　癸未卜貞王旬無𡆥
三九二四五　癸巳卜貞王旬無𡆥
三九二四五　：貞：𡆥
三九二四六　癸丑卜在：師貞：
三九二四六　癸亥卜貞王旬無𡆥
三九二四六　：貞：𡆥
三九二四七　癸丑卜貞王旬無𡆥
三九二四七　癸亥卜貞王旬無𡆥
三九二四七　癸酉卜貞王旬無𡆥
三九二四七　：卜：王旬：𡆥
三九二四八　癸：
三九二四八　癸丑卜貞王旬無𡆥
三九二四八　：卜貞：旬無𡆥
三九二四九　癸丑卜：王旬無：
三九二四九　癸亥卜貞王旬無𡆥
三九二五〇　癸丑卜貞王旬無𡆥
三九二五〇　癸亥卜貞王旬無𡆥
三九二五〇　癸酉卜貞王旬無𡆥
三九二五〇　癸未卜貞王旬：𡆥
三九二五一　癸丑卜貞：旬無𡆥
三九二五二　癸丑：王旬：
三九二五二　癸亥卜貞王旬無𡆥
三九二五二　癸酉卜貞王旬無𡆥
三九二五二　癸未卜貞王旬無𡆥
三九二五二　癸巳卜貞王旬無𡆥
三九二五二　：卯卜貞：旬無𡆥

三九二五三　癸丑卜貞王旬無𡆥
三九二五三　癸亥卜貞王旬無𡆥
三九二五三　癸酉卜貞王旬無𡆥
三九二五四　：卜貞：無𡆥
三九二五四　癸卯王卜貞旬無𡆥
三九二五四　癸丑王卜貞旬無𡆥
三九二五四　癸亥王卜貞旬無𡆥
三九二五五　癸丑王：貞旬無：
三九二五五　癸亥王卜貞旬無𡆥
三九二五六　癸亥王：貞旬無𡆥
三九二五六　（習刻）
三九二五七　癸亥王卜貞旬無𡆥
三九二五八　癸亥卜貞王旬無𡆥
三九二五九　癸亥：貞旬：
三九二五九　癸酉王卜貞旬無𡆥
三九二五九　癸未王卜貞旬無𡆥
三九二六〇　癸：貞：
三九二六〇　癸亥王卜貞旬無𡆥
三九二六〇　癸酉王卜貞旬無𡆥
三九二六〇　癸未王卜貞旬無𡆥
三九二六一　癸亥王：貞旬無：
三九二六一　癸酉王卜貞旬無𡆥
三九二六一　癸未王卜貞旬無𡆥
三九二六二　癸：貞：
三九二六二　癸亥卜貞王旬無𡆥
三九二六二　癸酉王卜貞旬無𡆥
三九二六二　：未王卜：旬無𡆥
三九二六三　癸：貞：
三九二六三　癸亥卜貞王旬無𡆥
三九二六三　癸酉王卜貞旬無𡆥
三九二六三　：未王卜：旬無𡆥
三九二六四　癸亥王卜貞旬無𡆥
三九二六四　：酉王卜：無𡆥
三九二六五　癸：貞旬：
三九二六五　癸酉王卜貞旬無𡆥
三九二六五　癸未王卜貞旬無𡆥
三九二六五　癸巳王卜貞旬無𡆥
三九二六六　癸亥王卜貞旬無𡆥
三九二六六　：卜：𡆥
三九二六七　癸亥王卜貞旬無𡆥
三九二六七　：卜：𡆥
三九二六八　癸亥王：貞旬無：
三九二六八　：酉王卜：旬無𡆥
三九二六九　癸亥王卜貞旬無𡆥
三九二六九　癸酉王卜貞旬無𡆥
三九二七〇　癸亥王卜貞旬無𡆥

三九二七〇　：酉王卜：旬無𡆥
三九二七一　癸亥王：貞旬無：
三九二七一　癸酉王卜貞旬無𡆥
三九二七一　：卜貞：𡆥
三九二七二　癸亥：貞旬：
三九二七二　癸酉王卜貞旬無𡆥
三九二七二　：王卜：旬無𡆥
三九二七三　癸亥王卜貞旬無𡆥
三九二七三　癸酉王卜貞旬無𡆥
三九二七四　癸亥王卜貞旬無：
三九二七四　癸酉王卜貞旬無𡆥
三九二七五　癸亥王卜貞旬無𡆥
三九二七五　癸酉王卜貞旬無𡆥
三九二七六　癸亥：貞旬無𡆥
三九二七六　癸酉王卜貞旬無𡆥
三九二七七　癸亥卜：王旬無𡆥
三九二七七　癸酉卜王貞旬無𡆥
三九二七八　癸亥卜：王旬無𡆥
三九二七八　癸酉卜王貞旬無𡆥
三九二七九　癸：王旬：
三九二七九　癸酉卜貞王旬無𡆥
三九二八〇　癸：王：
三九二八〇　癸酉卜貞王旬無𡆥
三九二八一　癸亥卜：王旬：
三九二八一　癸酉卜貞王旬無𡆥
三九二八二　癸亥：王旬：
三九二八二　：卜貞：旬無𡆥
三九二八三　癸：無：
三九二八三　癸亥卜貞王旬無𡆥
三九二八四　癸亥：王旬：
三九二八四　癸酉卜貞王旬無𡆥
三九二八四　：貞：𡆥
三九二八五　癸亥卜貞王旬無𡆥
三九二八五　：卜貞：旬：𡆥
三九二八六　癸亥卜貞王旬無𡆥
三九二八七　：亥卜貞：旬無𡆥
三九二八七　：王：
三九二八七　：未卜：王：
三九二八八　癸亥卜貞王旬無𡆥
三九二八八　：王旬：𡆥
三九二八九　癸卯卜貞王旬無𡆥
三九二八九　癸亥卜貞王旬無𡆥
三九二九〇　癸亥卜貞王旬無𡆥
三九二九一　癸：貞旬：
三九二九一　癸亥王卜貞旬無𡆥
三九二九二　癸亥卜貞王旬無𡆥

三九二九二	…酉卜貞…旬無𡆥
三九二九三	癸亥卜貞王旬無𡆥
三九二九四	（與三九二九三重）
三九二九五	癸…王旬…
三九二九五	癸亥卜貞王旬無𡆥
三九二九六	癸亥…
三九二九七	癸亥…貞王…無…
三九二九七	癸酉卜貞王旬無𡆥
三九二九七	癸未卜貞…旬無𡆥
三九二九八	癸亥卜貞王旬無𡆥
三九二九八	…貞…王旬無𡆥
三九二九九	癸亥卜…王旬無𡆥
三九二九九	癸酉卜貞王旬無𡆥
三九二九九	…貞…𡆥
三九三〇〇	癸…王…
三九三〇〇	癸亥卜貞王旬無𡆥
三九三〇〇	…酉卜貞…無𡆥
三九三〇一	癸亥卜…王旬無𡆥
三九三〇一	癸酉卜貞王旬無𡆥
三九三〇一	癸未卜貞王旬無𡆥
三九三〇二	癸亥卜貞王旬無𡆥
三九三〇二	癸酉卜貞王旬無𡆥
三九三〇二	癸未卜貞王旬無𡆥
三九三〇二	癸巳卜貞王旬無𡆥
三九三〇二	…卜貞…無𡆥
三九三〇三	癸…
三九三〇三	癸亥卜貞王旬無𡆥
三九三〇三	癸酉卜貞王旬無𡆥
三九三〇三	癸未卜貞王旬無𡆥
三九三〇三	…貞…𡆥
三九三〇四	癸亥卜貞王旬無𡆥
三九三〇四	癸酉卜貞王旬無𡆥
三九三〇四	癸未卜貞王旬無𡆥
三九三〇四	…貞…𡆥
三九三〇五	癸亥…王旬無…
三九三〇五	…酉卜貞…旬無𡆥
三九三〇六	癸未…王…
三九三〇六	癸酉卜貞…旬無𡆥
三九三〇七	癸亥…王…
三九三〇七	癸酉卜貞王旬無𡆥
三九三〇七	癸未卜貞王旬無𡆥
三九三〇七	…卜…旬…𡆥
三九三〇八	癸亥卜…王旬…
三九三〇八	癸酉卜貞王旬無𡆥
三九三〇八	…未卜貞…旬無𡆥
三九三〇九	癸…王…

三九三〇九	癸酉卜貞王旬無𡆥
三九三〇九	…卜貞…旬無𡆥
三九三一〇	癸亥卜…王旬無…
三九三一〇	癸酉卜貞王旬無𡆥
三九三一〇	癸未卜貞王旬無𡆥
三九三一〇	癸巳卜貞王旬無𡆥
三九三一一	癸亥…王旬…
三九三一一	癸酉卜貞王旬無𡆥
三九三一二	癸亥卜…王旬無…
三九三一二	癸酉卜貞王旬無𡆥
三九三一二	…貞…𡆥
三九三一三	癸…卜…王旬無𡆥
三九三一三	癸酉卜貞王旬無𡆥
三九三一三	癸未卜貞…旬無𡆥
三九三一四	癸亥卜…王旬無𡆥
三九三一四	癸酉卜貞王旬無𡆥
三九三一五	癸亥…王旬無𡆥
三九三一五	癸酉卜貞王旬無𡆥
三九三一六	癸亥…王旬…
三九三一六	癸酉卜貞王旬無𡆥
三九三一六	癸未卜貞王旬無𡆥
三九三一七	癸亥卜…王旬無…
三九三一七	癸酉卜貞王旬無𡆥
三九三一八	癸亥…王旬…
三九三一八	癸酉卜貞王旬無𡆥
三九三一八	癸未卜貞王旬無𡆥
三九三一九	癸亥卜…王旬無…
三九三一九	癸酉卜貞王旬無𡆥
三九三一九	癸未卜貞王旬無𡆥
三九三一九	癸巳卜貞王旬無𡆥
三九三一九	…卜貞…無𡆥
三九三二〇	癸亥…王旬…
三九三二〇	癸酉卜貞王旬無𡆥
三九三二〇	癸未卜貞王旬無𡆥
三九三二一	癸酉王卜貞…旬無𡆥王𠧞曰弘吉
三九三二一	癸未王卜貞旬無𡆥
三九三二一	…王卜…無𡆥
三九三二二	癸卯王…貞旬無…
三九三二二	癸丑王卜貞旬無𡆥王𠧞曰弘吉
三九三二二	癸亥王卜貞旬無𡆥
三九三二二	王𠧞曰吉王𠧞曰弘吉
三九三二二	…卜…𡆥
三九三二三	…王卜貞…王𠧞曰弘吉
三九三二三	（習刻）
三九三二四	…王卜貞…𡆥王𠧞曰吉
三九三二五	…貞旬…曰弘吉

三九二六 ：王卜在：
三九二六 ：卜：囚曰弘吉
三九二七 弘吉
三九二七 ：吉？
三九二八 弘吉
三九二九 ：曰吉
三九二九 ：囚曰吉
三九三〇 癸巳王卜貞旬：囚曰大吉
三九三〇 ：卜貞：王：在：
三九三〇 （習刻）
三九三一 癸卯王：曰大：
三九三一 ：王卜旬無畎：曰大吉：月
三九三二 丁亥王：貞其：其[illegible]：大吉
三九三二 ：吉
三九三三 癸卯王卜：王囚曰大：
三九三三 癸丑王卜貞旬無畎
三九三四 ：王卜貞旬無：曰大吉
三九三五 癸：貞旬：王囚：在：
三九三五 ：王卜貞：無畎王：大吉在：
三九三六 ：不利：吉
三九三七 癸酉：貞旬：王囚：
三九三七 ：卜貞旬無畎王囚曰吉
三九三七 ：吉
三九三八 癸：王卜貞旬無畎王囚曰吉
三九三八 ：貞旬無畎王囚曰吉
三九三九 ：王囚：
三九三九 癸酉王卜貞旬無畎：囚曰吉
三九三九 癸未王卜貞旬無畎王囚曰吉
三九四〇 癸酉：貞旬：王囚：
三九四〇 癸未王卜貞旬無畎王囚曰吉
三九四〇 ：王卜：無畎：吉
三九四一 癸酉王卜貞旬無畎王囚曰吉
三九四一 ：吉
三九四二 癸：
三九四二 癸酉王卜貞旬無畎王囚曰吉
三九四二 癸未王卜貞旬無畎王囚曰吉
三九四二 癸巳王卜貞旬無畎王囚曰吉
三九四二 ：卜：畎：吉
三九四三 癸酉王卜：旬無畎：囚曰吉
三九四三 癸未王卜貞旬無畎王囚曰吉
三九四三 ：卜：畎：吉
三九四四 癸酉王卜貞旬無畎王囚曰吉
三九四四 ：王：無：王囚：吉
三九四五 癸酉王卜貞旬無畎王囚曰吉
三九四五 癸未卜貞旬無畎王囚曰吉
三九四六 癸酉王卜貞旬無畎王囚曰吉

三九四七 癸酉王卜貞旬無畎王囚曰吉
三九四七 ：未王卜：無畎：
三九四八 癸酉：貞旬：王囚：
三九四八 癸未卜貞旬無畎王囚曰吉
三九四八 癸巳王卜貞旬無畎王囚曰吉
三九四八 癸卯王卜貞旬無畎王囚曰吉
三九四八 癸丑王卜貞旬無畎王囚曰吉
三九四九 ：貞：王：
三九四九 癸未王卜貞旬無畎王囚曰吉
三九四九 癸巳王卜貞旬無畎王囚曰吉
三九四九 ：畎：吉
三九五〇 癸未王卜貞旬無畎
三九五〇 癸巳王卜貞旬無畎：囚曰吉
三九五一 癸未王：貞旬無：王囚曰：
三九五一 ：巳王卜貞旬無畎王囚曰吉
三九五二 癸未：貞旬：王囚：
三九五二 ：王卜：無畎：曰吉
三九五三 ：王：
三九五三 癸未王卜貞旬無畎王囚曰吉
三九五三 ：巳王卜：旬無畎王囚曰吉
三九五四 癸：貞：王畎：
三九五四 癸未王卜貞旬無畎王囚曰吉
三九五四 ：巳王卜：旬無畎：囚曰吉
三九五五 癸：貞：王：
三九五五 癸未王卜貞旬無畎王囚曰吉
三九五五 癸巳王卜貞旬無畎王囚曰吉
三九五五 ：卜：畎：曰吉
三九五六 癸未王：貞旬無：王囚：
三九五六 癸巳王卜貞旬無畎王囚曰吉
三九五六 癸卯王卜貞旬無畎王囚曰吉
三九五六 癸丑王卜貞旬無畎
三九五六 ：王卜：旬無畎：曰吉
三九五七 癸未王卜貞：王囚曰吉在：
三九五八 癸未王卜貞旬無畎王囚曰吉
三九五九 ：王卜貞：畎王囚曰吉
三九六〇 癸未王卜貞旬無畎王囚曰吉
三九六〇 ：卜：畎
三九六一 癸未王卜貞旬無畎王囚曰吉
三九六一 癸巳王卜貞旬無畎王囚曰吉
三九六一 ：王卜：畎：吉
三九六二 癸：貞：
三九六二 癸未王卜貞旬無畎王囚曰吉
三九六三 癸未：貞旬無：王囚曰：
三九六三 癸巳王卜貞旬無畎王囚曰吉
三九六四 ：貞旬：王囚曰：
三九六四 癸未王卜貞旬無畎王囚曰吉在十月

三九三六四　：貞：王囚：
三九三六五　癸巳王卜貞旬無𡆥王囚曰吉
三九三六五　癸卯王卜貞旬無𡆥王囚曰吉
三九三六五　：卜：𡆥：吉
三九三六六　癸未王：貞旬無：王囚曰：
三九三六六　癸巳王卜貞旬無𡆥王囚曰吉
三九三六六　癸卯王卜貞旬無𡆥王囚曰吉
三九三六六　：卜：𡆥：吉
三九三六七　癸：王：在：
三九三六七　癸巳卜貞王旬無𡆥
三九三六七　：卜貞：無𡆥：
三九三六八　癸：
三九三六八　癸巳王卜貞旬無𡆥王囚曰吉
三九三六八　：卜：𡆥：吉
三九三六九　癸巳王卜貞旬無𡆥王囚曰吉
三九三七〇　癸巳王卜貞旬無𡆥王囚曰吉
三九三七〇　：𡆥：吉
三九三七〇　：王：
三九三七一　癸巳王卜貞旬無𡆥：囚曰吉
三九三七二　癸巳王：貞旬無𡆥王囚曰吉
三九三七二　：王卜：無𡆥吉
三九三七三　癸卯王卜貞旬無𡆥王囚：
三九三七三　癸丑王卜貞旬無𡆥王囚曰吉
三九三七三　癸亥王卜貞旬無𡆥王囚曰吉
三九三七三　癸酉王卜貞旬無𡆥王囚曰吉
三九三七三　癸未王卜貞旬無𡆥王囚曰吉
三九三七三　：王卜：無𡆥：曰吉
三九三七四　癸巳王：貞旬無：王囚曰：
三九三七四　：卜：𡆥：吉
三九三七五　癸巳王：貞旬無：王囚：
三九三七五　癸卯王卜貞旬無𡆥王囚曰吉
三九三七六　癸：貞王：
三九三七六　癸卯王卜貞旬無𡆥王囚曰吉
三九三七六　：卜𡆥：吉
三九三七七　癸卯王卜貞旬無𡆥王囚曰吉
三九三七七　：丑王卜：旬無𡆥
三九三七八　癸卯王卜貞旬無𡆥：囚曰吉
三九三七九　癸卯王卜貞無𡆥王囚曰吉
三九三七九　：貞：
三九三八〇　癸：貞：
三九三八〇　癸卯王卜貞旬無𡆥王囚曰吉
三九三八〇　癸丑王卜貞旬無𡆥王囚曰吉
三九三八〇　：王卜：𡆥：吉
三九三八一　癸卯：貞旬無：王囚曰：
三九三八一　癸丑王卜貞旬無𡆥王囚曰吉
三九三八一　癸亥王卜貞旬無𡆥王囚曰吉

三九三八一　：酉王卜：無𡆥：曰吉
三九三八二　癸卯王卜貞旬無𡆥王囚曰吉
三九三八二　癸丑王卜貞旬無𡆥王囚曰吉
三九三八三　癸卯王：貞旬無：王囚：
三九三八三　癸丑王卜貞旬無𡆥王囚曰吉
三九三八三　：亥王卜：𡆥：旬：
三九三八四　癸卯王卜：旬無𡆥：曰吉
三九三八五　癸卯王卜貞旬無𡆥王囚曰：
三九三八五　癸丑王卜貞旬無𡆥王囚曰吉
三九三八五　：王卜：旬無𡆥：囚曰吉
三九三八六　癸卯王卜貞旬無𡆥王囚曰吉
三九三八六　癸丑王卜貞旬無𡆥王囚曰吉
三九三八七　癸卯：貞旬：王囚：
三九三八七　癸丑王卜貞旬無𡆥王囚曰吉
三九三八八　癸丑：囚曰：
三九三八八　癸亥王卜貞旬無𡆥王囚曰吉
三九三八八　：酉王卜：旬無𡆥：吉甲戌：七
三九三八九　癸丑王卜貞旬無：王囚曰吉在：
三九三八九　癸丑王卜貞旬無𡆥
三九三八九　：卜：
三九三九〇　癸丑王：貞旬無𡆥王囚曰吉
三九三九〇　癸亥王卜貞旬無𡆥王囚曰吉
三九三九〇　癸酉王卜貞旬無𡆥：囚曰吉
三九三九一　癸丑王卜貞旬無𡆥王囚曰：
三九三九二　癸丑王卜貞旬無𡆥王囚曰吉
三九三九二　：王卜：無𡆥：囚曰吉
三九三九三　：貞：
三九三九三　癸丑王卜貞旬無𡆥王囚曰吉
三九三九三　癸亥王卜貞旬無𡆥王囚曰吉
三九三九三　癸酉王卜貞旬無𡆥王囚曰吉
三九三九三　癸未王卜貞旬無𡆥王囚曰吉
三九三九三　癸巳王卜貞旬無𡆥王囚曰吉
三九三九三　癸卯王卜貞旬無𡆥：囚曰吉
三九三九三　：王卜：𡆥：
三九三九四　癸丑王：貞旬無：王囚曰：
三九三九四　癸亥王卜貞旬無𡆥王囚曰吉
三九三九四　癸酉王卜貞旬無𡆥王囚曰吉
三九三九四　癸未王卜貞旬無𡆥王囚曰吉
三九三九四　癸巳王卜：旬無𡆥：吉
三九三九五　癸丑王卜貞旬無𡆥王囚曰吉
三九三九五　癸亥王卜貞旬無𡆥王囚曰吉
三九三九五　：王卜：無𡆥：曰吉
三九三九六　癸丑王：貞旬無：王囚曰：
三九三九六　：亥王卜：旬無𡆥
三九三九七　癸丑王：貞旬無：王囚：
三九三九七　癸亥王卜貞旬無𡆥：囚曰吉

39398 :王𠧢:
39398 癸丑王卜貞旬無畎王𠧢曰吉
39398 癸亥王卜貞旬無畎王𠧢曰吉
39398 :王卜:無畎:吉
39399 癸丑:貞旬:王𠧢:
39399 癸亥王卜貞旬無畎王𠧢曰吉
39399 :酉王卜:旬無畎:𠧢曰吉
39400 癸巳:貞旬:王𠧢:
39400 癸卯王卜貞旬無畎王𠧢曰吉
39400 癸丑王卜貞旬無畎王𠧢曰吉
39400 癸亥王卜貞旬無畎王𠧢曰吉
39400 :酉王卜:旬無畎:𠧢曰吉
39401 癸:貞:王𠧢:
39401 癸酉王卜貞旬無畎王𠧢曰吉
39401 癸未王卜貞旬無畎王𠧢曰吉
39401 :王卜:無畎:曰吉
39402 :王:
39402 癸丑王卜貞旬無畎王𠧢曰吉
39402 :王卜:旬無畎:𠧢曰吉
39403 癸亥王卜貞旬無畎王𠧢曰吉
39403 癸酉王卜貞旬無畎王𠧢曰吉
39403 :卜:畎:吉
39404 癸亥王卜貞旬無畎王𠧢曰吉
39405 :王:
39405 癸亥:貞旬無:
39405 癸酉王卜貞旬無畎王𠧢曰吉
39405 癸酉
39406 癸亥王卜貞旬無畎王𠧢曰吉
39406 癸酉王卜貞旬無畎王𠧢曰吉
39407 癸未王卜貞旬無畎王𠧢曰吉
39407 :卜:畎:曰吉
39407 癸亥王:貞旬:王𠧢曰:
39407 癸酉王卜貞旬無畎王𠧢曰吉
39408 癸亥王:貞旬無畎王𠧢曰吉
39408 癸酉王卜貞旬無畎王𠧢曰吉
39409 甲戌卜
39409 乙亥卜
39409 丙子卜
39410 丁丑卜
39410 戊寅卜
39410 己卯卜
39411 丁酉:
39411 戊戌卜
39411 己亥卜
39411 庚子卜
39412 庚子卜

39412 辛丑卜
39413 己巳　庚午
39413 貞:
39414 甲寅卜
39414 甲子卜
39414 戊申:
39414 庚戌卜
39415 丁巳卜
39415 戊午卜
39415 己未卜
39416 己未王卜
39417 惟庚
39417 惟辛
39418 :王:[illegible]?西:[illegible]?
39419 旟
39420 :斿其悔
39421 :壬王:[illegible]:
39421 :至:雨
39422 :逐
39423 [illegible]
39423 :盡:[illegible]:朕二十祀?九:
39424 惟乙:令:乙
39425 丙申卜貞王:茲
39425 貞:
39426 :戚?
39427 戊申:王:彔:無:畎
39428 :令雨?
39429 :帝
39430 :其唯:學?余:悔
39431 :卜貞:無畎:止[illegible]?:
39432 :犬戌:止二十:[illegible]?:災
39433 每:[illegible]敕:毋災:受祐
39434 [illegible]:其鳴:用:悔
39435 :利?:[illegible]
39436 :往:無災:
39437 :[illegible]:祟
39438 :未王:旬:
39439 辛亥:
39440 :惟[illegible]丙:
39441 惟習:茲用
39442 庚申:貞:賓:
39442 :貞:雚:在:王
39443 :卜貞:丙申多[illegible]:于:
39444 :戊:自:其:禦
39445 :于既:戊[illegible]?:悔[illegible]?

三九四四六
三九四四六
三九四四七
三九四四八
三九四四九
三九四五〇
三九四五一
三九四五二
三九四五二
三九四五三
三九四五四
三九四五五
三九四五六
三九四五七
三九四五八
三九四五九
三九四六〇
三九四六〇
三九四六一
三九四六一
三九四六二
三九四六三
三九四六三
三九四六四
三九四六五
三九四六五
三九四六六
三九四六六
三九四六七
三九四六八
三九四六九
三九四七〇
三九四七一
三九四七二
三九四七三
三九四七四
三九四七四
三九四七四
三九四七五
三九四七五
三九四七五
三九四七六
三九四七六

庚辰：王賓：
：亘：
：在：告：翌日：其𠟭：王弗：
：卜貞：教無：月
戊：貞：𢀛：
：惟來：
戊辰：衔：
：貞：無：
（習刻）
王田：其幼
：貞𠃬：‖又：𢦏：
（習刻）
貞余其：
：其：𩂩
：𣪊無：
敏
（習刻）
：卜貞
：酉卜貞今田巫九备步：
貞𠬝：
：日杈
：災
𢦔
乙卯卜：徹：今：𥄎
癸未卜：成衣于：小丂殐
弜改
辛未卜：其鑿：
弜改
弜改余：寧𣲖
弜改：弗悔不：
弜改
弜改
：改
：改：有祐
：母：弜：有：
：每
貞王賓敹無尤
貞：賓
癸亥卜貞王賓歲無尤
：𡿧告：
：貞：
貞王賓敹無尤
：盂：

甲骨文合集摹釋

第十三冊　三九四七七—四一九五六

三九四七七　己巳卜爭貞呼衆人于蓺
三九四七七　貞勿呼衆人之于蓺
三九四七八　貞勿呼衆人…于…
三九四七九　貞勿令奴衆六月
三九四八〇　貞…勿…衆…　一告
三九四八一　戊午卜𡧊貞𠂤不喪衆
三九四八一　貞告羸于…
三九四八二　…卜貞…其米…衆
三九四八二　癸丑卜㱿…王自出
三九四八二　伐侯…允…
三九四八二　丙辰卜丁巳乃勿出
三九四八三　貞…不其受年
三九四八三　受年
三九四八三　貞不其受年
三九四八三　受年
三九四八三　庚子卜亘貞呼取工芻以
三九四八四反　貞今來芻
三九四八五正　…□…率得…往芻
三九四八五反　…固曰…惟既…
三九四八六　…多羌…鹿
三九四八七　…貞呼…羌逐…
三九四八八　貞燎
三九四八八　貞戉不其獲羌
三九四八八　貞王惟沚戓比
三九四八九　乙酉卜𡧊貞王往出
三九四八九　己丑卜永貞戉其𢦏
三九四八九　丁巳卜㱿貞師獲羌
三九四九〇　牧獲羌
三九四九一正　貞旬無𡆥
三九四九一正　（其餘僞刻）
三九四九一反　□得方我獲羌
三九四九二　貞侑于祖乙告戍
三九四九二　貞𠦪戍于祖乙
三九四九二　貞告戍于上甲成
三九四九二　貞□獲羌
三九四九三　（僞刻）
三九四九四　…㱿…征羌七月
三九四九五正　…申亦有來自西…于□亦𢦏
三九四九五正　…曰吾方…
三九四九五反　…丙子夕㞢…正㚔羌
三九四九六正　…貞…□至告…曰□來以羌

三九四九六正　貞酒及于庚
三九四九六正　不舌黽
三九四九六反　（僞刻）
三九四九七　…𢼸羌百
三九四九八正　（僞刻）
三九四九八反　（僞刻）
三九四九九　庚辰卜…十羌卯…
三九四九九　…酉
三九五〇〇　癸酉…告于…
三九五〇〇　貞其有冊南庚
三九五〇〇　吉有乂于祖辛
三九五〇〇　…祖…三羌…三宰
三九五〇一　…壬子…韋一羌…卯宰
三九五〇二　戊…
三九五〇二　貞燎九牛
三九五〇二　不其惟千
三九五〇二　酒萑
三九五〇二　曰戊戠在之
三九五〇二　自工甲用羌
三九五〇三　今日不雨
三九五〇三　燎于土
三九五〇三　貞有羌自成
三九五〇四　癸亥…貞…有羌
三九五〇四　八月
三九五〇五　癸未…王有…羌
三九五〇六　…伐…羌
三九五〇七　庚戌…翌辛…于…
三九五〇七　…大示…□…羌
三九五〇八　（僞刻）
三九五〇九　己亥…侑…十…
三九五〇九　…十宰…羌
三九五一〇　貞…羌…自…
三九五一一　…自…羌…　二告
三九五一二　甲午卜𡧊貞𠂤…至…執…
三九五一二　貞無執…疾九月
三九五一二　…不其…羌十月
三九五一三正　…寅卜亘…□㚔
三九五一三反　…固曰其㚔惟其不率
三九五一四　癸丑卜𡧊貞令邑並執□七月
三九五一四　甲寅卜𡧊貞侑于祖乙七月
三九五一四　貞勿侑七月
三九五一四　甲戌卜𡧊貞于丁侑
三九五一四　甲戌…貞…亥…
三九五一四　癸…　二告
三九五一四　甲…貞…丁…
三九五一四臼　丁亥乞自雩十屯匃示…

三九五一五　己酉卜㝎貞攸牛于丁

三九五一五　…奚令執𡨦七月

三九五一六　王比

三九五一六　貞惟多臣呼比戓

三九五一六　貞王勿比戓

三九五一七　…多臣…

三九五一八　…令…奴…臣

三九五一九　…戌卜…貞余…祟莫…臣于…

三九五二〇　…卜㝎貞禦于南…

三九五二〇　…禦于南庚三𠬝

三九五二一正　甲戌卜亘貞禦婦好于父乙冊𠬝

三九五二一正　壬午卜爭貞燎三豕卯一羊

三九五二一正　不舌黽

三九五二一反　燎三豕三犬卯一羊

三九五二二　…冊南…𠬝

三九五二三　庚…㱿…

三九五二三　…侑…母…𠬝…[illegible]

三九五二四　丙寅雀有執十月

三九五二四　…力冓

三九五二五　丁酉卜㱿貞執屯

三九五二五　辛酉卜㝎貞呼師取珏不…

三九五二六　戊辰卜㱿貞𡆥有往家呼…

三九五二六　不舌黽　二告

三九五二七　…燎

三九五二七　貞…暨之

三九五二七　貞允暨

三九五二七　貞不其得

三九五二七　貞[illegible]自𡆥得

三九五二八　甲戌…貞𠦪…自林…

三九五二九　…圉得

三九五二九　…其得

三九五三〇　…丑卜爭…有𠦪

三九五三〇　…令

三九五三一　乙亥…丙冊大…五百牛…伐百

…

三九五三二　…伐十…五

三九五三二　岳

三九五三三　貞侑九伐卯九牛

三九五三三　貞侑十伐卯十牛

三九五三三　…王勿…往于…二羊

三九五三三　不舌黽

三九五三三　不舌…

三九五三四　…甲伐…

三九五三五　…未卜㱿貞侑于上甲三伐

三九五三五　…卜…

三九五三六　勿有伐十月

三九五三七　丙申卜勿伐

三九五三七　…伐不…其惟…

三九五三八　…戊辰有伐于陟卯宰

三九五三八　貞王曰弜來　二告

三九五三八　…庚示妾

三九五三九　丁亥卜㝎貞翌辛卯耏伐

三九五三九　貞惟乙未耏伐

三九五三九　貞勿燎　二告

三九五三九　不舌黽

三九五三九　貞…

三九五四〇　…㝎貞翌辛卯耏伐

三九五四一　…貞于大…㝎延…尸

三九五四二　…二十人

三九五四三　貞其于…人四…

三九五四四　…係…

三九五四五　…自今旬雨己酉雨

三九五四五　…爭自今至于辛亥雨丁酉

三九五四五　翌甲戌侑于上甲十豕

三九五四五　二告

三九五四六　貞…以…暨…

三九五四六　…㱿…侑…上甲…大…

三九五四七　…卜…遘…侑…上甲

三九五四七　貞…惟…匚…不…

三九五四八正　…卜㱿…

三九五四八正　貞勿侑于上甲

三九五四八反　…自臣…

三九五四九　…往于上甲惟父乙…

三九五五〇正　…侑上甲一牛

三九五五一　庚子…黽…自上甲…

三九五五二　…示壬…

三九五五三　…申卜…示壬…其延

三九五五四　乙丑卜于大乙𠦪雨十二月

三九五五五　丁亥…大乙…十牢

三九五五五　…其啓

三九五五六　…侑…于成…宰

三九五五七　丙寅卜侑于成五宰一月

三九五五七　…巳卜王…侯…

三九五五七　甲…禦…河

三九五五八　癸卯卜…貞惟咸…

三九五五九　…侑于咸…

三九五六〇正　…戌…　二告

三九五六〇反　侑于西十牛

三九五六〇反　貞無囚

三九五六〇反　告于咸

三九五六〇反　父乙壱王

三九五六〇反　帝于西
三九五六一　丁酉：于咸：丁牛一
三九五六二　乙丑：穷：唐：歲：延
三九五六三　：上甲唐大丁大：
三九五六四　：奉大甲三十牛
三九五六四　：唐：妣：
三九五六五　貞侑于大甲八月
三九五六五　貞于河燎
三九五六六　不吿黽
三九五六六　（其餘僞刻）
三九五六七　貞翌乙酉侑于祖乙　二告
三九五六八　貞不：
三九五六八　：祖乙：侑：一牛
三九五六九　：丑卜：告于祖乙
三九五七〇正　：午卜：貞翌乙未侑于祖乙正
三九五七〇反　：五亘
三九五七一　貞：祖乙：告
三九五七二　貞王其去朿弗告于祖乙其有囚
三九五七三　翌甲寅勿奏祖乙
三九五七四　甲寅卜有奏祖乙
三九五七四　：侯
三九五七五　乙酉卜：丙今日：𣪘于祖乙
三九五七六　：王疾惟祖乙
三九五七七　己亥貞其𩚁于祖乙
三九五七七　己亥貞其𩚁：
三九五七七　：北：其弓：大：
三九五七八　：乙丑其：毓祖乙
三九五七九　：王自祖乙至于父乙九月
三九五八〇　貞翌：侑于祖辛：宰
三九五八一　：侑：祖辛：
三九五八二　：丑卜册祖辛十五宰
三九五八三　：册祖辛：
三九五八四　：韋貞酌于祖辛
三九五八五　：亥卜：𣪘：祖辛
三九五八六　：貞祖辛：壱　二告
三九五八七　勿禦婦于娥
三九五八七　貞于祖辛
三九五八八　：亥圍：勿風：夕雨
三九五八八　于祖辛　二告
三九五八八　不吿黽　不吿黽
三九五八九　貞勿奴人
三九五八九　（其餘僞刻）
三九五九〇　癸巳卜：貞羌甲：白豕
三九五九一　貞侑于羌甲
三九五九一　：于：十豕有𣪘
三九五九二　侑于祖丁

三九五九二　：于：庚
（僞刻）
三九五九三正　戊子卜穷貞侑于祖丁
三九五九三反　：禦于祖丁
三九五九四　貞：于：
三九五九五　貞于祖丁告
三九五九五　：辛
三九五九五　：祖丁弗祟王
三九五九六　甲子卜：貞阜其侑于丁
三九五九七　：貞侑：丁宰十二月
三九五九八　甲：貞：侑：
三九五九九　甲：卜古貞侑于丁二月
三九五九九　：卜：貞：祖：宰
三九五九九　辛：賓：甲：用
三九五九九　：卜穷貞㞢伯：示三月
三九六〇〇　：禦于丁五：
三九六〇一　：酌南庚
三九六〇二　于南庚
三九六〇二　貞延啓允延啓
三九六〇二　貞延啓
三九六〇二　貞王有壱
三九六〇二　：呼：咼：庙
三九六〇三　：卜穷：于南庚
三九六〇四　貞勿侑于祖庚
三九六〇五　甲子卜穷貞翌乙丑侑于祖：
三九六〇五　：冓
三九六〇六　翌乙未侑于祖：
三九六〇七　丙申：于來：㞢祖：八月
三九六〇八　：寅卜王：勿用：魯甲
三九六〇九正　：勿侑于父甲
三九六〇九正　貞于父甲侑大
三九六〇九反　甲寅婦：
三九六一〇　癸巳卜：王侑：庚父甲
三九六一一　貞父甲壱
三九六一一　貞：無：
三九六一二　貞父甲：
三九六一三　不惟父庚
三九六一四　貞于父庚
三九六一五　：父庚　二告
三九六一六　貞侑于父辛
三九六一六　二告
三九六一七　貞侑于父乙白彘新𣪘
三九六一七　不吿黽
三九六一八　蘖
三九六一八　勿蘖

三九六一八 𦔻
三九六一八 貞勿侑于父乙
三九六一九 貞勿侑于父乙
三九六二〇 …𠕋父乙十宰伐…
三九六二〇 …不… 二告
三九六二一 貞舌方不允出
三九六二一 貞父乙不壱
三九六二一 貞父乙壱
三九六二一 貞勿往省
三九六二二 …酉…父乙
三九六二三 戊辰卜…貞王…父乙
三九六二四 …勿…于父乙
三九六二四 貞…
三九六二五 …禦父乙
三九六二六 貞
三九六二六 〈其餘僞刻〉
三九六二七 貞旬多父
三九六二八 …侑于高妣庚𢦏
三九六二九 …高妣庚
三九六三〇 侑于高妣庚
三九六三一 戊寅卜貞翌己卯勿侑高妣己
三九六三二 貞禦于高妣
三九六三二 勿禦
三九六三三 丙午卜…于祖丁母妣…
三九六三四 貞侑于妣己
三九六三四 勿…于…丁
三九六三五 貞禦于妣己
三九六三六 衛王目于妣己
三九六三七 …尋侑…于妣己
三九六三八 貞妣己弗…
三九六三九 …侑于妣庚
三九六四〇 勿侑于妣庚
三九六四一 貞于妣庚禦
三九六四一 …酉卜…三月
三九六四二 …妣甲惟豕
三九六四三 貞侑于母庚
三九六四四 貞告于母庚宰
三九六四五 于母庚一牛𡆥
三九六四六 貞…母…
三九六四六 …酌母丙
三九六四七 …禦…母丙
三九六四八 惟…己 不𠮛鼄
三九六四八 惟母丙 二告
三九六四八 貞𢀛不其呼來 二告
三九六四九 貞…亥…王…
三九六四九 貞𠦪于河

三九六四九 不𠮛鼄 二告
三九六四九 辛酉卜韋貞侑于多…母
三九六四九 辛亥卜殻貞王勿往出狩
三九六五〇 貞惟多母壱
三九六五一 貞…母…
三九六五一 …犬
三九六五二正 …申…勿呼婦好往于𦕍 二告
三九六五二正 勿…侑…
三九六五二反 …𠣞夕子…
三九六五三 貞婦好…來…
三九六五四 …㝉貞婦好…
三九六五五正 …殻貞勿呼婦姘以𠂤…
三九六五五正 …貞呼婦姘以𠂤先于𢦏
三九六五五正 壬申卜殻貞呼婦…以𠂤先
三九六五五正 …婦… 二告
三九六五五正 癸巳卜爭貞旬無𡆥
三九六五五反 王固曰有祟作于…
三九六五六 貞勿呼婦姘往于…
三九六五七 …爭…禦婦姘于…
三九六五八 …婦姘…
三九六五九 …曰…
三九六五九 …固…婦姘…
三九六五九 …不其禦
三九六六〇 貞…呼…姘…
三九六六一 甲寅…婦姘…允不…
三九六六一 …嘉
三九六六二 …姘…黍…
三九六六三 貞呼婦井以𠂤
三九六六三 …婦…先…𢦏
三九六六四 丙申…貞婦井… 小告
三九六六五 …翌庚子…婦井侑…母庚
三九六六六正 貞侑于嬴甲
三九六六六反 …婦井…
三九六六七 …婦嫘娩…
三九六六八 …卜…筊…𡆥
三九六六八 丁…有…
三九六六九 …爭貞翌…酌婦良…侑 二告
三九六七〇 丙子卜婦良…
三九六七〇 丁丑卜…
三九六七一 貞呼婦𡧊
三九六七一 甲…貞…
三九六七二 …于司…禦婦…惟羊…
三九六七三 …爭…嬗…
三九六七三 …爭…嬗…
三九六七四 己酉卜…婦…子…
三九六七五 甲子卜㝉貞婦…侑…

三九六七六　貞弗其以
三九六七六　婦弗其以
三九六七七　乙未卜…酌百…
三九六七七　于兄丁
三九六七七　…亥…雨
三九六七七　…乇侑宰
三九六七八　…于兄丁
三九六七九　己…王…商兄丁…一卯一牛
三九六八〇　辛卯卜永貞今十三月沚戠至十石
三九六八〇　壬辰卜𡧊貞酌
三九六八〇　甲午卜亘貞翌乙未其雨
三九六八〇　甲午卜亘貞翌乙未不雨
三九六八〇　…卜亘貞子商子□不…
三九六八〇　…□其冓
三九六八一　貞子漁囚惟母庚…
三九六八二　貞…漁…父乙
三九六八三　…于卜王貞呼子漁侑于㞢祖
三九六八三　…壬申卜韋貞無疾
三九六八三　乙丑卜韋貞在丘奠妻呼伯…
三九六八四　…貞…
三九六八四　…寅卜𡧊貞…乙巳于漁…
三九六八五　貞漁無其从
三九六八六　…呼…央侑于㞢祖
三九六八七　…貞禦子陷于母…
三九六八八　…貞…
三九六八八　貞往于□于□
三九六八九　貞子□…
三九六九〇　…子□…
三九六九一　…令豕栗…
三九六九一　…子□周…
三九六九二　…于司禦子…
三九六九二　…禦…
三九六九三　…申…酌…
三九六九三　貞禦子…
三九六九四　乙亥卜殻貞惟多子
三九六九四　貞不惟多子
三九六九四　貞惟多子
三九六九四　貞不惟多子　小告
三九六九四　貞惟…
三九六九五　丁卯卜于大子侑
三九六九六　（偽刻）
三九六九七　戊午卜古貞酌小子禦
三九六九七　貞勿酌
三九六九七　癸…
三九六九八　見□侯六月

三九六九八　貞惟翌乙亥酌六月
三九六九八　貞于來乙酉酌六月
三九六九九　…侯豹…方…有祐
三九七〇〇　甲午…王□…□侯…□允以
三九七〇一　貞王勿奴人
三九七〇一　貞不其受年
三九七〇一　貞舌攸侯
三九七〇一　貞呼…于…
三九七〇二　…萑侯…
三九七〇三　…巳卜王…唐不…惟侯唐…六月
三九七〇四　（偽刻）
三九七〇五　…卜𡧊貞…侯…
三九七〇六　貞勿比侯　三告
三九七〇六　貞勿比戠
三九七〇六　（其餘偽刻）
三九七〇七　甲申卜王貞令侯伐祟…侑六示
三九七〇八　貞侯不其复
三九七〇八　循
三九七〇九　壬戌卜…侯獲十…
三九七一〇　丙寅卜…貞余勿…白牛于…昜…
三九七一一　己巳卜殻貞王惟昜伯蔟脊
三九七一一　…卜殻貞侯告爯册王脊
三九七一一　…惟侯告…
三九七一二　貞呼
三九七一二　貞呼伯
三九七一二　貞無疾
三九七一二　貞呼伯
三九七一三正　壬戌卜爭貞其侑…
三九七一三正　癸亥卜永貞邑克以多伯二月
三九七一三正　弗其賓
三九七一三正　二告　二告
三九七一三反　甲子卜永
三九七一四　…伯允…
三九七一五　甲午卜古貞侑于黃尹
三九七一五　貞若
三九七一五　貞翌…午不其暘日
三九七一六　…殻貞沚戠不□爯册
三九七一六　…殻貞侑于黃尹七月
三九七一七　…貞勿…于黃尹一牛九月
三九七一八　…戌貞比燎于雪以黃奭
三九七一九　甲午卜今日燎于黃奭二犬二豕　二告
三九七一九　今日用二犬二豕黃奭
三九七二〇　（偽刻）
三九七二一　壬申卜𡧊貞…勿往从人…
三九七二二　…午卜殻…
三九七二三　己酉卜殻…

三九七二三　庚戌卜…
三九七二四　己未卜…貞祉…安王
三九七二四　…卜㱿…
三九七二五正　…巳卜㱿…癸…
三九七二五反　（習刻）
三九七二六　…辰卜㱿…敝…
三九七二七　…令…
三九七二七　壬寅卜㱿
三九七二七　勿令
三九七二八　貞勿侑
三九七二九正　癸…㱿…獲…
三九七二九正　…㱿…
三九七二九反　貞…
三九七三〇　王固…來告…
三九七三一　…㱿…
三九七三二　…㱿…
三九七三三　…㱿…
三九七三四　…㱿…
三九七三四　…卜爭貞翌辛酉…
三九七三五　…卜爭貞惟有…
（僞刻）
三九七三六　…爭…
三九七三七　戊子…爭貞…
三九七三七　辛巳…貞…
三九七三八臼　爭
三九七三九　…未卜亘貞…王…
三九七四〇　…亘貞…
三九七四〇　翌…
三九七四一　…古貞…
三九七四二　古
三九七四三　庚戌卜㽙…
三九七四三　小告　小告
三九七四四　辛未卜亘貞呼先官
三九七四四　貞…
三九七四四　乙亥卜韋貞翌戊寅…
三九七四四　不吉黽
三九七四五　…卜㱿貞…惟呼以…先韋
三九七四六　…韋…
三九七四七　辛巳卜史貞…夕無…
三九七四八　辛酉…史…今夕無…
三九七四九　…卜韋…雨…
三九七五〇　…卜㱿…雀…韋
三九七五一　辛巳…雀酌…
三九七五二　…午卜…丁…
三九七五二　…雀…禦…

三九七五三　戊…貞…其…丼
三九七五三　…雀…獲四月
三九七五四　…卜爭…暨雀…
三九七五五　貞雀…
三九七五五　亘…
三九七五六　…雀…邑…
三九七五七　丁丑卜…今至于…辰雀…望…
三九七五八　…午卜王貞…雀曰于…壬…敦…
三九七五九　癸…卜呼…弗…
三九七五九　…勿呼雀…傲…師
三九七六〇　…卜㱿…雀…
三九七六〇　…卜㱿…其…
三九七六一　…卜貞雀…𢀛于…
三九七六二　貞𠦪不延
三九七六三　甲子卜貞今春𠦪比…
三九七六三　貞…令…
三九七六四　…亥卜爭…令𠦪
三九七六四　貞翌甲…勿往
三九七六五　貞勿呼𠦪…
三九七六六　貞隻
三九七六七　…巳卜爭貞𠦪…㪔多…
三九七六八　貞今夕其多雨
三九七六八　二告　二告　不吉黽
三九七六八　（其餘僞刻）
三九七六九　…卜穷貞今𡆥勿…望乘…
三九七七〇　…乘先歸
三九七七一　…令𠷎…祉戠
三九七七一　貞惟𠂤令…卯…
三九七七一　貞…無…
三九七七二　…不其來
三九七七二　…戠…
三九七七二　…𡆥七月
三九七七三正　貞不其亦雨　二告
三九七七三正　…卜穷貞…　二告
三九七七三正　貞生四月𡆥不其至
三九七七三正　貞正
三九七七三正　弗其正
三九七七三反　貞今三月𡆥至
三九七七三反　…正
三九七七四　貞惟丁令𡿧
三九七七五　…暨…
三九七七五　…卜…貞𡆥…得…
三九七七六　丙申卜㱿貞戊有…一𠀀
三九七七七　…貞戊…一𠀀
三九七七七　…伐…

三九七七八 貞戎其來
三九七七八 貞戎不其來
三九七七九 貞呼戎往
三九七八〇 …卜爭貞戎其…
三九七八〇 乙巳卜㱿貞…
三九七八一 癸未卜亘貞有來自…
三九七八一 己巳卜爭貞戎無囚
三九七八一 己亥卜㱿貞王勿于…
三九七八一 己亥卜㱿貞王入
三九七八一 己亥卜㱿貞王…
三九七八一 貞戎其有囚
三九七八一 戎無囚
三九七八一 沓彭王入
三九七八一 己亥卜㱿
三九七八一 貞勿入
三九七八一 古不其來
三九七八一 不其休
三九七八一 …卜㱿貞王…
三九七八一 …卜亘…其來
三九七八二 庚寅卜㱿貞惟般呼往
三九七八二 貞惟帝…兹…
三九七八二 貞…
三九七八三 貞…師…途…子尹…
三九七八四 貞呼師般取…
三九七八五 …宁…□…入…
三九七八六 …令告…凡斫…宁
三九七八六 …□…
三九七八七 …呼…□…
三九七八七 …祝…以
三九七八八 …未卜貞…□有…□五
三九七八九 癸…□…
三九七九〇 辛未卜惟疋呼比□
三九七九一 …卜…□…羌…□
三九七九二 …□…不…獲
三九七九三 庚午…古貞…並…延
三九七九四 貞…並…
三九七九五 …曾令…缶次…
三九七九六 貞…辰…
三九七九六 …□…丁巳…裛
三九七九七 貞勿惟祝令
三九七九八 貞永…
三九七九九 壬辰卜㱿貞…勿□…惟𦉪
三九八〇〇 貞𦉪其循…
三九八〇一 …戊卜穷貞以比𦉪
三九八〇二 …未卜…㢮比
三九八〇三 貞疛于…

三九八〇三 …于大…
三九八〇四 辛卯卜…今十二月…
三九八〇四 辛卯卜貞□其來
三九八〇五 …卯卜貞…有祟在…于…一人
三九八〇六 …一人
三九八〇七 …乙…王…
三九八〇七 …衣…余…
三九八〇八 …余呼省…□八月
三九八〇九 …侑小王…己𡍕
三九八一〇 丙辰卜王貞勿令妓
三九八一一 貞…惟…
三九八一一 貞令壬
三九八一一 貞惟王令
三九八一一 （其餘偽刻）
三九八一二 貞惟王令
三九八一二 貞令壬
三九八一三 （偽刻）
三九八一四 甲戌…史…□…吉
三九八一四 …雨
三九八一五 …惟…自饗
三九八一六 …酉卜…貞王…不歸
三九八一七 …貞王于生七月入
三九八一七 …㱿貞生七月王入于入
三九八一七 …卜㱿貞王生七月王勿衣入
三九八一七 甲戌卜㱿貞王于生七月入
三九八一七 乙亥卜㱿貞生七月□?
三九八一七 己卯卜㱿貞生七月…
三九八一八 勿惟王自从
三九八一九 貞翌庚寅王步
三九八一九 …無𡆥
三九八二〇 戊寅㱿貞翌己卯步…
三九八二一 …貞己亥步
三九八二二 庚寅卜爭貞王其學不遘
三九八二二 …𠰶…翌…燎…
三九八二三 …卜勿…□
三九八二三 …史…朕…毌
三九八二四 …𢦏朕事
三九八二五 貞弗其𢦏王事
三九八二六 …弗其𢦏王…
三九八二七 貞王…立有…于…
三九八二八 己未卜惟獲…弗獲一月
三九八二八 辛酉卜王獲　二告　二告
三九八二八 不獲
三九八二八 王獲…
三九八二八 弗…
三九八二八 壬戌卜王獲

三九八二八 癸亥…王惟…無…
三九八二九 …丑…王…臣
三九八二九 …今…
三九八三〇 …册…奴王臣
三九八三〇 …册
三九八三一 丁…貞…亞…㞢
三九八三一 …丑卜㱿…𢍰…作…
三九八三二 貞…于…尹…
三九八三二 …五…
三九八三三 …多尹…
三九八三四 甲戌卜王…以射允…
三九八三五 貞令鳴以多伐[illegible]
三九八三五 貞令射[illegible]于微
三九八三六 …呼木射
三九八三七 …射[illegible]…
三九八三八 貞[illegible]…其…㚔
三九八三九 𢓊其…
三九八三九 𢓊…㚔…
三九八四〇 …㚔…
三九八四一 勿執多子
三九八四二 壬戌…涉余…教
三九八四二 戊…疾…母…囚
三九八四三 …㚔舟
三九八四四 …𠭰…既之…允㚔
三九八四五 己丑…貞…[illegible]…
三九八四五 …卯卜勿執
三九八四六 貞勿執
三九八四七 …呼執
三九八四八 …立執
三九八四八 貞惟…
三九八四九 癸未…㱿貞…執
三九八四九 癸未卜㱿貞…執
三九八四九 壬寅卜㱿貞帝弗左
三九八四九 壬寅卜…貞…其…王
三九八四九 壬…卜…
三九八四九 丙午卜爭貞其雨
三九八四九 貞不雨
三九八四九 一日鼎
三九八四九 …元…降 二告
三九八五〇 貞呼追在北…允執
三九八五一 貞𤋳
三九八五二 …率效…
三九八五三正 壬子卜㱿貞𢀛方出惟我…
三九八五三正 …㱿貞𢀛方出不惟我…
三九八五三正 …爭貞𢓊戠再册王比伐土方

三九八五三反 …有𩰪吉受祐其惟壬不吉
三九八五四 …貞𢀛方出王自饗受有祐五月
三九八五四 …爭貞曰𢀛方其凡[illegible]于土…敦
[illegible]允其敦
三九八五五 貞𢀛方來不惟…
三九八五六 𢀛方其來王逆伐
三九八五六 貞𢀛方其來王逆伐
三九八五六 王勿逆伐
三九八五七 丙辰卜㱿貞侑于唐 二告
三九八五七 貞…比…戠
三九八五七 貞王比𢓊戠
三九八五七 貞于唐告
三九八五七 貞告𢀛方于上甲
三九八五七 貞侑于大甲
三九八五七 貞于河告
三九八五七 小告
三九八五八 勿于𣲾
三九八五八 于𣲾
三九八五八 勿于𣲾奠
三九八五八 貞微人于𣲾奠
三九八五八 呼師般取
三九八五八 告𢀛方于示壬
三九八五八 貞徵以由
三九八五九 貞呼伐𢀛方
三九八五九 貞㚔𢀛方于岳一牛
三九八六〇 乙卯卜㱿…呼師般
三九八六〇 貞勿曰之
三九八六〇 貞㚔𢀛方于乙
三九八六〇 貞曰之若
三九八六〇 暘日
三九八六〇 …酉其雨
三九八六一 貞匄𢀛方于上甲
三九八六一 貞于唐匄
三九八六一 貞𢻫人三千
三九八六一 貞勿𢻫人三千
三九八六一 貞勿呼伐𢀛方
三九八六一 貞…三千…𢀛…受…
三九八六二 …匄𢀛方
三九八六三 丁卯…㱿…翌…卯…令…
三九八六三 貞勿𢻫人三千呼伐𢀛…弗其…
有祐
三九八六四 丙午卜㱿貞勿𢻫人三千呼伐𢀛方
弗其受有…
三九八六四 丁卯卜㱿貞翌辛未勿令
三九八六五 貞…雨不惟若

三九六五　貞勿呼目吾方
三九六五　…呼…吾方
三九六六　貞惟王征吾方
三九六六　…貞…留
三九六七　…征吾方
三九六八　己亥卜宾貞翌庚子步戈人不𩐁
十三月
三九六八　辛丑卜宾貞惟羽令以戈人伐吾
方戠十三月
三九六八　勿蘖年…雨
三九六八　無雨
三九六八白　壬戌婦井示二屯允
三九六九　貞…征
三九六九　貞呼征
三九六九　勿呼伐吾
三九六九　貞呼伐吾受有祐
三九六九　貞勿呼伐吾方
三九六九　…雨…葡
三九七〇正　貞勿呼伐吾方弗其受有祐
三九七〇白　…示五？…耳
三九七一　…伐吾…
三九七二　癸酉…貞…不…
三九七二　貞勿…伐吾…弗其…
三九七三　己丑卜殻貞令戉來曰戉𠕁伐吾方
在十月
三九七三　貞燎于𢀛　小告
三九七三　燎
三九七三　燎
三九七三　潦
三九七三白　小叙
三九七四　癸丑卜殻貞吾方其…
三九七四　癸丑卜殻貞𢦏…吾方四月
三九七五　貞吾…衛勿告于祖乙
三九七六　…吾方…獲
三九七七　丁巳卜韋貞吾方其敦戠十月
三九七七　貞翌癸卯其雨
三九七八　貞吾方弗敦
三九七八　…有雨
三九七九　貞弗其受有隼
三九七九　貞告土方
三九七九　…㞢…
三九八〇　…用
三九八〇　…勿用
三九八〇　貞吿
三九八〇　貞王循土方

三九八〇　…王…循…方
三九八一　丙寅卜宾貞我…
三九八一　…辰卜爭貞翌辛巳…
三九八一　…申卜爭貞王循土…
三九八二　…卜爭貞王循土方
三九八二　…爭貞翌辛巳王往…
三九八三　貞…立？…
三九八三　貞立中
三九八三　貞今𡆥勿征土方
三九八四　王伐土方
三九八四　危伐
三九八五　甲午卜…貞王比沚戠伐土…受有
祐五…
三九八六　貞王勿…婦好伐土方
三九八六　…告
三九八七　丁丑卜殻貞今𡆥王比沚戠伐土方
受有祐
三九八七　不舌黽
三九八八　丙午卜殻…沚戠…土方
三九八九　己酉卜殻貞今𡆥王惟土…
三九八九　己酉卜殻貞今𡆥王比…
三九八九　貞勿比望乘…
三九九〇　…殻…王比望乘…下危
三九九一　…乘伐…危其受…
三九九二　…卜殻貞今𡆥王比望…下危受
…告
三九九三正　貞王勿比望乘伐下危其…
三九九三反　…不其獲…
三九九四正　貞今𡆥勿惟王比望乘伐下危
三九九四反　…燎…豕
三九九五正　貞今𡆥王勿作比望乘伐下危
三九九五正　下上弗…
三九九五正　二告
三九九五正　二告
三九九五正　翌庚子其雨
三九九五反　…庚子彭
三九九五反　翌庚子彭
三九九五反　允…
三九八九六＋三九八九七　（僞刻）
三九九八　…卜…貞戌…
三九九八　…戠方
三九九九　乙…殻貞…弗其戠基方
四〇〇〇　…卜…貞呼禦羌示冊
四〇〇〇　二告　二告　二告
四〇〇一　…今出羌有獲征

三九〇二 辛巳卜貞𢦚婦好三千𢦚旅萬呼伐
…

三九〇三 …征羌…

三九〇四 貞弗戠羌

三九〇四 …有…黄…

三九〇五 …其戠羌商十三月

三九〇六正 …方不大出

三九〇六正 二告 二告 二告 二告

三九〇七 …貞方出…朕祐 五月

三九〇八正 貞王循方

三九〇八反 丙戌卜㽙

三九〇九 …卜殻戠…

三九〇九 …戌酌…五…

三九〇九 …大…告…方…

三九一〇 貞方不征

三九一一 …勿…征…方

三九一二 …韋貞翌庚午其圛暘日

三九一二 貞方戠征惟帝令作我囚三月

三九一三 庚申卜争貞呼伐方受…

三九一三 貞弗其得

三九一四 …惟王伐…方

三九一五 …貞王令…𣶒方…

三九一六 …戠…方

三九一六 …不…

三九一六 …不雨

三九一七 …弗敦…方

三九一八 余勿呼禦方

三九一八 王…

三九一九 …不遘方

三九二〇 …捍方

三九二一 …弗夲方

三九二二 …戠…哭…

三九二三 丙子卜侯其敦哭

三九二四 乙未卜殻貞大甲呼王敦衛

三九二五 乙未卜殻貞大甲呼王敦衛十月

三九二六 甲戌卜殻貞王捍衛受祐

三九二七 乙亥…貞王惟今十二月敦衛

三九二八 乙未卜殻貞勿惟王自征獲

三九二八 貞我勿伐獲

三九二九 乙亥卜㝄貞勿伐獲

三九三〇 …殻貞呼雀…

三九三〇 …殻貞雀其執…

三九三〇 …往㞢伐獲

三九三一 …𠦪…至…

三九三一 …雀伐獲

三九三二 丁卯卜…貞王伐剢

三九三二 …其…尤一月

三九三三 …商…𢀛…凡伐宁

三九三四 辛未卜惟貯呼征人…

三九三四 壬申卜貞…六月

三九三五 己未卜弗夲缶

三九三五 …缶

三九三五 …無囚

三九三六 …戠涗

三九三七 …卜殻貞我戠哭

三九三八 …言不

三九三八 …𡆥…戠

三九三九 丙…貞…敦…

三九三九 …亥…𡴎

三九四〇 …貞𨑥…肇…我…

三九四一 癸亥…

三九四一 丁巳卜羴…捍暨𨑥…

三九四二 方不…

三九四二 羴不捍

三九四二 不至

三九四二 壬…

三九四三正 …子卜殻貞其…自商王固…乞至…

三九四三正 即有來…

三九四三反 …王囚…無…

三九四四 …即[illegible]…

三九四四 …其有來嬉…

三九四五 貞無來嬉

三九四五 …㝄…其…

三九四六 …無來嬉

三九四七 貞無來嬉

三九四七 …巳其…來嬉

三九四八 …其惟嬉八月

三九四九 貞翌甲辰其有至嬉

三九四九 辛丑…

三九五〇 …貞旬…三日…來嬉

三九五一 …嬉其…

三九五二 …貞…王…

三九五二 貞…王𢦚三千…

三九五三 乙酉卜争貞勿呼婦好先𠬸人于龐

三九五三 二告

三九五四 貞勿登人

三九五五 戊戌卜亘貞勿[illegible][illegible]…三千

三九五六 乙未卜…夕…于丁…𫥎

三九五六 …牧…啓…商…

三九五七 己卯卜貞曰𡚸次在龐

三九九五七　…九…
三九九五八　貞王勿比沚戠
三九九五八　王比沚戠
三九九五九正　貞王比沚…
三九九五九反　…曰吉
三九九六〇　貞王勿比沚戠
三九九六一　貞王勿比…戠
三九九六一　…勿…
三九九六二　貞…
三九九六二　貞勿比戠伐
三九九六三　王勿比…
三九九六三　貞王勿比望乘
三九九六三　令望乘先歸田
三九九六三　王比望乘
三九九六三　王惟沚戠比
三九九六三　王勿比望…
三九九六四　貞今𢀛王比望乘
三九九六四　貞今𢀛王勿比望乘
三九九六四　二告　二告
三九九六五　甲寅卜韋貞王自往比而白𩵦
三九九六五　王勿自往于比
三九九六六　貞亘其𩰫惟捍
三九九六六　…捍
三九九六七　辛卯卜貞旛其先遘捍五月
三九九六七臼　乙亥乞自雩十屯…𡆥
三九九六八　貞勿執𢾂𢦏
三九九六八　貞在𦔻王其先遘捍五月
三九九六八　辛卯卜貞在賓其先遘捍
三九九六九　貞無及捍
三九九七〇　…午…王征…不其…
三九九七一　丙申…
三九九七一　…示…征
三九九七二　…酉𡿪…征
三九九七三　庚申卜…亞伐…無災
三九九七四　己巳卜㱿貞今𢀛王…比伐…
三九九七五　貞惟𠂤呼伐
三九九七五　貞惟師般呼伐
三九九七六　貞惟…般…
三九九七六　貞勿惟王往…
三九九七六　…呼…臣伐
三九九七六　王比
三九九七六　…王…
三九九七七　…伐
三九九七八正　（偽刻）
三九九七八反　…捍余呼…

三九九七九　辛卯…王𢦏…
三九九七九　…王…未𢦏
三九九八〇　…亘𢦏…
三九九八一　…來甲辰立中…
三九九八一　…爭貞戍𢦏𦍌…
三九九八一　戍弗其…
三九九八一　二告
三九九八二　…戍有…吉其…𢦏…嬉…
三九九八三　甲辰…王貞…禦𢦏…
三九九八三　小告
三九九八四　…我𢀛𢦏四月
三九九八五　丁亥…惟丁…敦…允…𢦏
三九九八六　貞𠦪…王取…
三九九八七　貞呼取邑
三九九八七　…勿…徏…
三九九八八　貞…
三九九八八　…亥卜…令…取…
三九九八九　…惟…其衛…
三九九九〇　辛卯卜㱿貞今夕王入商
三九九九一　貞今七月王入于商
三九九九一　…王于…
三九九九二　…𨖬…
三九九九二　癸酉卜王𨖬…入于商
三九九九二　辛卯卜其…
三九九九三　…戌卜…王惟今夕入商
三九九九四　…复母…于商
三九九九五　…丙…商
三九九九六　…㝋…商執…
三九九九七　…㞢…商
三九九九八　戊午…王邑…
三九九九九　己…
三九九九九　…卜…邑…
四〇〇〇〇　…酉…邑…三…
四〇〇〇一正　甲申…
四〇〇〇一反　…邑…
四〇〇〇二　…邑…
四〇〇〇三　…往从亩…
四〇〇〇四　…𠷎…喪…
四〇〇〇五　…允以…人勿…于…
四〇〇〇五　甲…敦…
四〇〇〇六　戊寅…亘貞帝其莫…我…
四〇〇〇六　…未卜㝋貞王往于敦　二告
四〇〇〇七　…敦…
四〇〇〇八　…在敦…
四〇〇〇九　…在折…

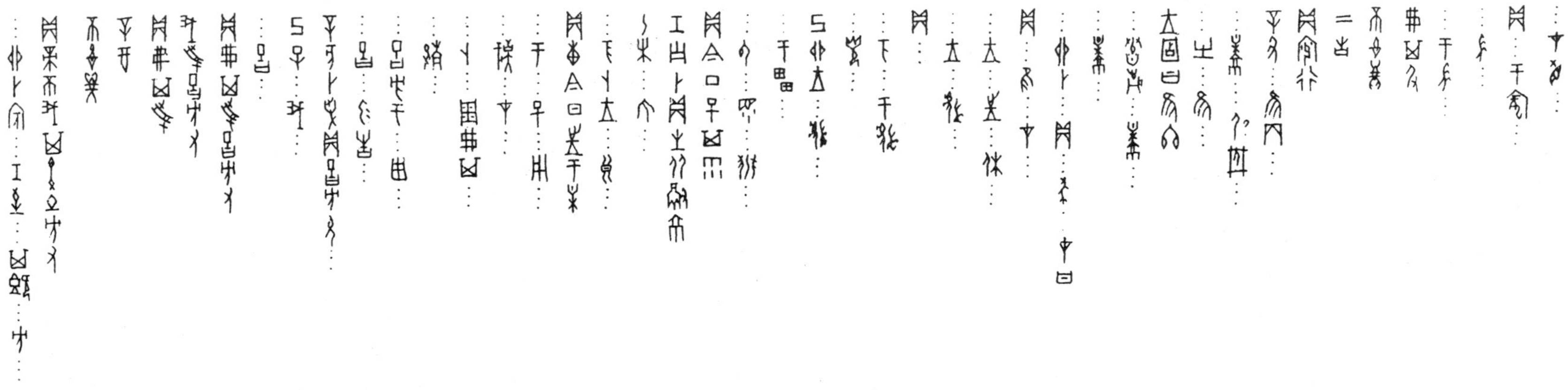

號	釋文
四〇〇一〇	…在□…
四〇〇一一	貞…于龐…
四〇〇一二正	…微…
四〇〇一二正	…于微…
四〇〇一二正	弗其及
四〇〇一二正	不舌黽
四〇〇一二正	二告
四〇〇一二反	貞𠂤行
四〇〇一三正	辛丑…惟丙…
四〇〇一三正	…𦎫…人𡿧…
四〇〇一三反	…有…惟…
四〇〇一三反	王固曰惟終
四〇〇一四	…春𠧢…𦎫…
四〇〇一五	…𦎫…
四〇〇一六	…卯卜…貞…祟…在甘
四〇〇一六	貞…惟…在…
四〇〇一七	…王…往…休…
四〇〇一八	…王…𧇍…
四〇〇一九	貞…
四〇〇一九	…亥…于𧇍
四〇〇二〇	…光…
四〇〇二〇	己卯王…𧇍…
四〇〇二一	…于畕…
四〇〇二二	…以…暨…𢓊…
四〇〇二三	貞今丁巳其雨
四〇〇二三	壬子卜貞生从微京
四〇〇二四	乙未…不…
四〇〇二四	…亥卜王…良…
四〇〇二五	貞惟今日往于𦎫
四〇〇二五	…于…子…用…
四〇〇二六	…𢓊…在…
四〇〇二七正	…卜…周弗其…
四〇〇二七反	…㱿…
四〇〇二八	…舌方于…西…
四〇〇二九	…舌…勿告…
四〇〇三〇	辛亥卜爭貞舌方允…
四〇〇三一	己巳…我…
四〇〇三一	…舌…
四〇〇三二	貞弗其受舌方祐
四〇〇三二	我受舌方祐
四〇〇三二	貞弗其受
四〇〇三二	辛酉
四〇〇三二	不舌黽
四〇〇三三	貞帝不我其畀土方祐
四〇〇三四	…卯卜穷…壬至…其既…方…

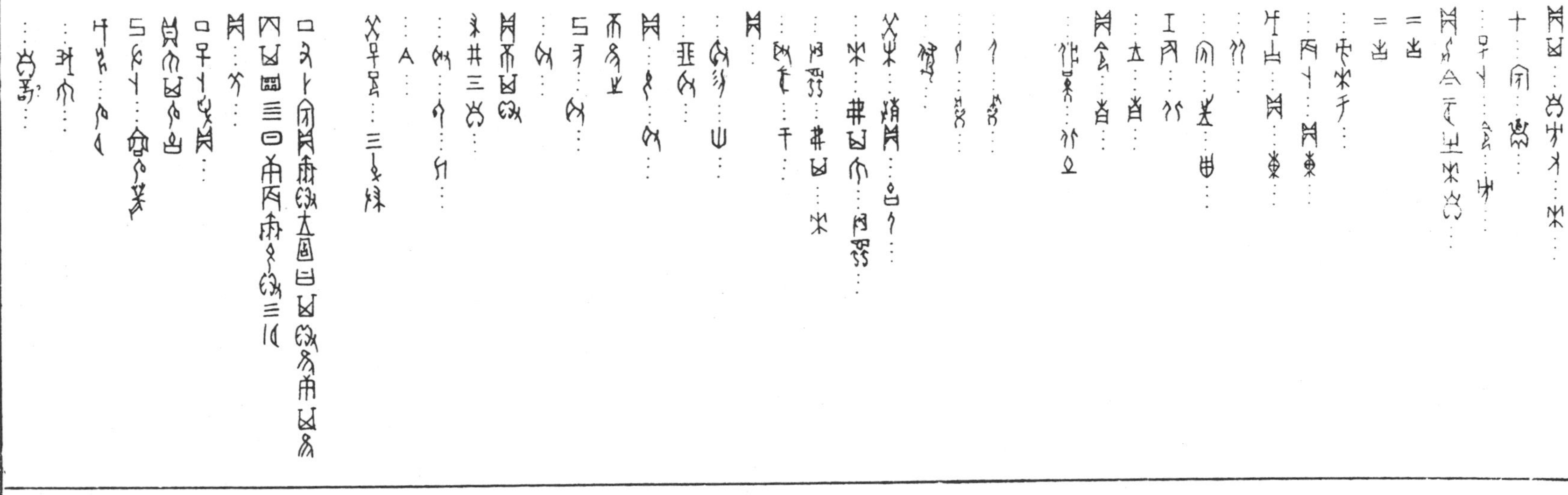

號	釋文
四〇〇三五	貞其…自方有…來…
四〇〇三六	甲…穷…鑊…
四〇〇三六	…巳卜…今…方…
四〇〇三七	貞及今二月有來自…
四〇〇三七	二告
四〇〇三七	二告
四〇〇三八	…方來于…
四〇〇三九	…辰卜…貞東…
四〇〇四〇	戊子…貞…東…
四〇〇四〇	…从…
四〇〇四一	…穷…往…西…
四〇〇四二	壬辰…北
四〇〇四三	…王…南…
四〇〇四四	貞令…南…
四〇〇四四	…疾𦰩…北土
四〇〇四五	（偽刻）
四〇〇四六	…人…婁…
四〇〇四七	…人…婁…
四〇〇四八	…虘…
四〇〇四九	癸未…㱿貞…由人…
四〇〇五〇	…來…弗其不…取𩓻…
四〇〇五〇	…取𩓻…弗其…來
四〇〇五一	…𠬝豖…于…
四〇〇五二	貞…
四〇〇五二	…取勿…三十…
四〇〇五三	…珏取…
四〇〇五四	貞…允…取…
四〇〇五四	不惟之
四〇〇五五	己亥…取…
四〇〇五六	…取…
四〇〇五七正	貞不其得
四〇〇五七反	婦井乞自…
四〇〇五八	…取…以…河…
四〇〇五八	…今…
四〇〇五九臼	癸巳邑…三屯㱿
四〇〇五九臼	丁丑卜穷貞𠦪得王固曰其得惟庚其惟 丙其齒四日庚辰𠦪允得十三月
四〇〇五九臼	貞…羌…
四〇〇六〇	丁巳卜爭貞…
四〇〇六〇	貞不其以由
四〇〇六一	己丑卜…𠷎以鹿
四〇〇六二	戊申…以月
四〇〇六三	…我不…
四〇〇六四	…自𡆥…

四〇六五 …自櫜
四〇六六 …櫜…
四〇六七 …櫜
四〇六八正 貞…惟…
四〇六八反 婦姘乞…
四〇六九 …入百
四〇七〇 …入二十
四〇七一正 貞勿…陟貝我…㙵十三月
四〇七一反 …二丙入十
四〇七二 …邑入…
四〇七三 …征不斝賜貝一朋一月
四〇七三 貞呼祟
四〇七四 貞…
四〇七四 貞賜牛于
四〇七四 貞賜牛于
四〇七四 貞呼祟
四〇七四 貞呼祟
四〇七五 庚寅卜貞于㳄十月
四〇七五 甲申
四〇七五 乙酉
四〇七五 貞于生十一月令畢
四〇七五 貞勿呼延夏有行从廼
四〇七五 貞勿令犬延田于京
四〇七五 丙戌卜貞勿令犬延
四〇七五 庚寅卜貞其黑豕
四〇七五 庚寅卜貞其土…
四〇七六 甲申卜穷貞…
四〇七六 乙酉卜穷貞呼…
四〇七六 …令郭曰犬延田
四〇七六 乙酉卜貞延夏有…
四〇七七 …呼黍…不…
四〇七八正 貞勿呼婦姘往𤔲黍…
四〇七八反 …卯…示
四〇七九正 戊申卜亘貞受年王… 不吉黽
四〇七九反 貞呼婦姘黍受年
四〇八〇 貞王固曰…雈…
四〇八〇 …黍…
四〇八一 …惟𤰈…
四〇八二 戊午卜王…其亦…𤰈二月
四〇八三 …𤰈弗…
四〇八四 …省…亩…
四〇八五 丁亥卜商不其受年允…
四〇八五 己丑卜商不其受年
四〇八六 甲辰卜㞢貞我受年
四〇八六 貞…受…

四〇八六 不吉黽
四〇八六 不吉黽
四〇八七 …巳卜爭貞我受年
四〇八七 …月
四〇八七 二告
四〇八八 戊申卜亘貞受年王…
四〇八八 不吉黽
四〇八九 庚戌卜…王黍在姢受…
四〇九〇 貞㝠受年
四〇九〇 貞姢受…
四〇九一 …西土受…
四〇九二 …土受…
四〇九三 貞不其受年
四〇九三 …受年
四〇九三 貞…其…
四〇九三 貞侑于南庚
四〇九三 勿侑
四〇九三 …侑于…
四〇九三 二告
四〇九四 貞不其受年 用
四〇九四 貞受年 用
四〇九五 貞…
四〇九五 惟王自饗
四〇九五 貞王勿雈
四〇九五 貞我不其受年
四〇九五 受年
四〇九六 貞…桒于…
四〇九六 …桒于河
四〇九六 貞我不其受年
四〇九七 貞我受黍
四〇九八 貞桒年于岳
四〇九八 貞我受黍年
四〇九八 貞我受𥞤
四〇九九 …不其受…
四一〇〇 …圃𡧄…
四一〇〇 …河燎…
四一〇〇 …黍年
四一〇一 …黍年
四一〇二 甲子卜貞黍受…
四一〇二 貞不其受黍年
四一〇二臼 …午㞢穷…乇
四一〇三 …于黍年
四一〇四正 …𦎫年
四一〇四正 不受…
四一〇四正 二告

四〇一〇四正　不舌黽
四〇一〇四反　……堇年
四〇一〇五　我受堇年三月
四〇一〇五　……卜古貞……往出
四〇一〇六　（僞刻）
四〇一〇六　貞勿令㞢
四〇一〇六　……其……堇年
四〇一〇七　貞攸……以……
四〇一〇七　……不……以
四〇一〇七　貞桒年于河
四〇一〇八　貞……九……
四〇一〇八　……沈九牛
四〇一〇八　桒年于河
四〇一〇九正　桒年于河
四〇一〇九反　王固……
四〇一一〇　桒年于滴
四〇一一一　燎于河
四〇一一一　桒年于𡧊
四〇一一一　貞弗其獲
四〇一一二正　甲戌卜㱿貞桒年……燎于𡆥十牛圉……
四〇一一二正　丙子卜爭貞燎于河……沈五牛
四〇一一二正　……獲……
四〇一一二反　……固曰吉其桒
四〇一一三　癸丑卜㱿貞桒年于……
四〇一一三　……未……貞……彭……
四〇一一四　戊戌卜其桒年于帝
四〇一一四　……卜……犬……
四〇一一五　戊子卜貞桒年于上甲五月
四〇一一六　河弗巷我年
四〇一一六　……東三……
四〇一一七　貞我……年有巷
四〇一一七　……吏……
四〇一一八　……卜穡年有正雨
四〇一一九　𢀛穡……有正雨
四〇一一九　有正……
四〇一二〇　……年
四〇一二一　……年
四〇一二二　……年
四〇一二二　乙……
四〇一二三　……我莫……
四〇一二四　甲申……
四〇一二四　……子卜……省……它……
四〇一二五　……我其狩益……擒獲兕十一鹿
四〇一二五　……七十又四豕四兔七十又四
四〇一二五　……勿侑一牛于父……

四〇一二五　……侑牛于父……
四〇一二六　貞翌辛巳王勿往逐兕弗其獲
四〇一二六　癸卯卜㱿貞旬無𡆥
四〇一二六　癸……卜貞旬無……
四〇一二七　……酉卜……麥……兕……
四〇一二八　甲……妣……
四〇一二八　……弗其……兕……
四〇一二九　……卜王……在……兕……
四〇一二九　……呼……
四〇一三〇　……兕……
四〇一三一　……兕入……
四〇一三二　……在……麋……
四〇一三三正　貞……
四〇一三三正　……卜王勿……狩乂既陷……麋歸九月
四〇一三三反　……王……曰媗……其……
四〇一三三反　王固曰……其……㱿……
四〇一三四　……鹿……三十……
四〇一三五　貞王……鹿……
四〇一三六　癸卯……貞祐……
四〇一三六　……令比……逐在……鹿……
四〇一三七　……獲……其……
四〇一三七　戊……今日勿奏……不其雨
四〇一三七　……執鹿
四〇一三七　弗執
四〇一三八　……獲……在……
四〇一三八　……不……龟……鹿
四〇一三九　允獲鹿四月
四〇一四〇　……鹿……
四〇一四〇　……鹿……
四〇一四一　丙戌……獲鹿允獲
四〇一四一　……惟……獲……
四〇一四二　貞……我……
四〇一四二　……擒鹿
四〇一四三　……豕方……
四〇一四三　……鹿……麑……
四〇一四四　……豕……弗獲
四〇一四四　……獲鹿五月
四〇一四五　辛巳卜𢀛以歸
四〇一四五　庚寅卜征獲鹿
四〇一四六　……卜王其逐鹿獲允……
四〇一四六　……王車……
四〇一四七　壬辰卜王不其獲鹿
四〇一四七　……河
四〇一四八　……允獲鹿
四〇一四九　……曰王……田允……豕……

四〇一五〇 ……巳卜翌……王獲豕
四〇一五一 貞不其獲豕
四〇一五二正 ……有呼……鹿允……
四〇一五二正 ……七豕二……
四〇一五二反 不……
四〇一五二反 ……㞢……
四〇一五三 丁酉卜王逐鼓告豕獲不獲允獲
四〇一五三 己亥卜王……癸告……
四〇一五四 戊戌卜獲馬?弗及
四〇一五五 ……馬……
四〇一五六 ……呼田……龔……山……
四〇一五七 ……巳……臣……田……
四〇一五八 ……寅……殻貞翌乙巳王勿往田
四〇一五九 貞登……呼涿……田……
四〇一六〇 ……丑……狩……
四〇一六一正 貞于翌戊寅令狩
四〇一六一正 ……勿呼……逐……其……
四〇一六一反 ……爭……丙……絴……
四〇一六一反 勿禦于父乙
四〇一六二 勿狩
四〇一六二 狩七月
四〇一六二 勿狩
四〇一六二 狩
四〇一六二 勿狩
四〇一六三 貞王勿步狩比……
四〇一六四 戊申……王……狩……享……
四〇一六五 辛……狩獲……九月
四〇一六五 ……舍……
四〇一六五 ……卜……貞……
四〇一六六 ……㲋……狩……無災
四〇一六七 ……卜爭……狩……芒
四〇一六八 癸未卜……网……
四〇一六九 庚……逐……之日……在……
四〇一七〇 己丑卜……王往……逐……擒……
四〇一七一 ……擒……
四〇一七二 貞弗其擒
四〇一七三 ……其擒八月
四〇一七四 癸亥……王勿……擒……
四〇一七五 庚……貞……
四〇一七五 ……卜貞……擒……十月
四〇一七六 貞从……西三月
四〇一七七 ……从之……甾……
四〇一七八 貞……馬其……
四〇一七八 戊申……夕少……

四〇一七九 ……爭貞我……馬無……
四〇一八〇 ……[illegible]……
四〇一八一 貞王往省于敦 小告
四〇一八一 貞王勿往省牛三月
四〇一八二正 貞……牛……
四〇一八二反 ……邑……
四〇一八三 貞牝
四〇一八四 ……𡆥之日……牛二十……
四〇一八五 ……辰卜宕……一牛……
四〇一八六 辛丑殻貞今[illegible]勿……望……
四〇一八六 丙午卜爭貞冒羊于[illegible]
四〇一八七 甲戌……
四〇一八七 己未……五十[羊土]……
四〇一八八 ……[羊土]……
四〇一八九 丁……十[羊土]……
四〇一九〇 ……戌……
四〇一九〇 ……羊二豕……
四〇一九一 ……貞……十三豕
四〇一九二 ……戌卜……豕……奴司……
四〇一九三 ……貞今……九豚……豕九……
四〇一九四 ……京……[illegible]……
四〇一九五 ……貞……豕……
四〇一九五 ……往……
四〇一九六 ……二穀
四〇一九六 ……有人……
四〇一九七 ……三十牢……牛……
四〇一九八 ……百牛……百宰……侑五……
四〇一九九 ……百宰大……
四〇二〇〇 ……[illegible]……乙……宰
四〇二〇〇 乙巳……
四〇二〇一 貞……九小宰……九……
四〇二〇二 貞……于……小宰
四〇二〇三 ……十宰 小告
四〇二〇四正 癸亥
四〇二〇四正 癸未十三月
四〇二〇四正 癸巳卜貞旬無𡆥
四〇二〇四正 癸卯卜貞旬無𡆥
四〇二〇四正 ……𡆥
四〇二〇四反 己未夕[illegible]庚申夕有……
四〇二〇五 貞今夕其星在享
四〇二〇六 ……其星
四〇二〇七 乙未……星
四〇二〇八 ……舌……𡆥?……
四〇二〇八 ……貞……
四〇二〇八 ……二月

四〇二〇九　……三月
四〇二一〇　……獲三月
四〇二一〇　……獲三月
四〇二一〇　……三獲……
四〇二一一　……今夕……生月允雨小三月
四〇二一二　……卜……
四〇二一二　……雨四月
四〇二一三　……五月
四〇二一四　貞不……向五月
四〇二一五　……五月
四〇二一六　……無……七月
四〇二一七　己酉卜王……有來今九月　允有……
四〇二一八　……享……九月
四〇二一九　……其……十一月
四〇二一九　（僞刻）
四〇二二〇　……父……見……十二月
四〇二二一　……母……十二月
四〇二二二　（僞刻）
四〇二二三　（僞刻）
四〇二二四　……五日
四〇二二五　辛未
四〇二二五　壬申
四〇二二五　乙丑　丙寅　丁卯　戊辰　己巳　庚午
四〇二二五　丙申　丁酉　戊戌　己亥
四〇二二六　甲申……貞今……
四〇二二七　庚子卜殻翌丁酉十宰
四〇二二七　……勿……丁……
四〇二二七　……[illegible]……
四〇二二八　丙辰卜穷貞有來……
四〇二二九　（習刻）
四〇二三〇　庚辰卜
四〇二三〇　辛巳卜
四〇二三一　庚……
四〇二三二　辛丑貞翌……
四〇二三三　癸未卜翌甲申……雨
四〇二三三　……卜……其……
四〇二三三　乙酉……雨
四〇二三四正　貞翌乙亥雨
四〇二三四正　……日……
四〇二三四反　……三屯……
四〇二三五　……辛巳雨
四〇二三六　癸……甲……

四〇二三六　壬寅卜翌癸雨
四〇二三六　……今日……𠂤
四〇二三七　庚戌雨
四〇二三七　癸丑雨
四〇二三七　己……
四〇二三八　……庚雨
四〇二三九　……今日不至……庚雨
四〇二四〇　庚……其……百……擒……
四〇二四〇　……卜貞……雨
四〇二四一　庚……
四〇二四一　……雨
四〇二四一　二告
四〇二四二　癸卯卜穷貞其延雨
四〇二四三　貞惟雨六月
四〇二四四　……雨五月
四〇二四四　壬……
四〇二四五　……雨
四〇二四六　……丁……
四〇二四六　雨
四〇二四七　……中……日……二月
四〇二四七　貞……不……
四〇二四七　……雨
四〇二四八　己丑卜貞雨其茲今亦無囚
四〇二四九　乙亥其雨
四〇二五〇　丁卯卜貞其雨
四〇二五一　……貞其雨九月
四〇二五二　貞……
四〇二五二　……其雨
四〇二五三　貞茲旬其雨
四〇二五四　……翌……
四〇二五四　其雨
四〇二五五　其雨
四〇二五六　壬戌卜㗊……翌乙丑不雨
四〇二五七正　翌戊辰不雨
四〇二五七反　丁卯卜爭……
四〇二五八正　貞自今日至于己丑不雨三月
四〇二五八反　己丑……不雨
四〇二五八反　……𡗕入……
四〇二五九　戊申卜亘貞翌庚……其……
四〇二五九　貞翌庚戌不雨
四〇二六〇　貞翌庚戌不雨
四〇二六一　貞……辛……不雨
四〇二六一　……若
四〇二六一　貞……
四〇二六二　貞不雨……不惟辛……　小告

四〇二六三 不雨
四〇二六四 （偽刻）
四〇二六五 貞今日不其雨
四〇二六五 貞今日其雨
四〇二六六 貞雨
四〇二六六 不其雨
四〇二六七 辛丑卜殸貞不其雨
四〇二六八 貞不其雨二月
四〇二六九 貞不其雨
四〇二六九 ：雨
四〇二七〇 貞不其雨
四〇二七一 ：不其雨
四〇二七二 貞不其雨
四〇二七二 ：午卜貞今日雨
四〇二七三 貞今己巳不其雨
四〇二七三 ：載王
四〇二七四 （偽刻）
四〇二七五 貞無其雨
四〇二七六 ：無其雨
四〇二七七 辛卯：今日：
四〇二七七 壬辰卜今日雨
四〇二七八 ：午卜：貞今：雨
四〇二七九 丁亥卜貞今日不雨
四〇二八〇 貞今日不雨
四〇二八一 貞今夕：雨
四〇二八一 ：今：
四〇二八二 貞今夕雨
四〇二八三 ：辰：
四〇二八三 今夕雨
四〇二八四 ：夕：雨九月
四〇二八五 丁亥卜今夕：雨無：
四〇二八五 ：子卜穷貞翌乙丑：雨：于：
四〇二八六 丁卯：𫳅：雀：
四〇二八六 丁：蟲：戊寅：夕雨
四〇二八七 之夕雨五月
四〇二八七 ：今雨
四〇二八八 貞今夕不雨
四〇二八九 貞今夕不雨
四〇二九〇 貞今夕不雨
四〇二九一 貞今夕：
四〇二九一 貞今：不：
四〇二九二 貞今夕雨
四〇二九二 ：不：
四〇二九三 貞今夕雨
四〇二九四 貞今夕雨

四〇二九五 貞今夕雨
四〇二九六 ：今夕雨
四〇二九七 二告
四〇二九七 二告 不舌黽
四〇二九七 （偽刻）
四〇二九七 （偽刻）
四〇二九八 丁巳卜貞今夕不雨
四〇二九九 貞今夕
四〇三〇〇 貞今夕其雨
四〇三〇一 貞今夕其雨
四〇三〇二 丁：卜：
四〇三〇二 （偽刻）
四〇三〇二 貞生十二月不其雨
四〇三〇二 （偽刻）
四〇三〇三 ：勿：于：
四〇三〇三 貞王勿往于敦
四〇三〇三 貞王往于敦
四〇三〇三 王往于敦
四〇三〇三 貞往有禦
四〇三〇三 癸丑卜亘貞亦蟲雨
四〇三〇三 貞𣪘：若
四〇三〇四 ：咸：雨
四〇三〇四 ：巳亦雨多：一月
四〇三〇五 ：大：雨允：
四〇三〇六 ：山有从雨 二告
四〇三〇七 ：岳：从雨
四〇三〇八 翌辰有从雨
四〇三〇九 丁卯：貞：雨：之：允：
四〇三〇九 ：其：日：十月
四〇三一〇 （偽刻）
四〇三一〇 （偽刻）
四〇三一〇 （偽刻）
四〇三一一 ：出：戊不遘雨：不遘
四〇三一一 ：帝令：
四〇三一二 ：王：不：往：禱：
四〇三一二 貞不遘雨
四〇三一三 貞不遘雨
四〇三一四 ：今日雨：日允雨
四〇三一四 ：小：
四〇三一五 ：日中：雨：允：
四〇三一五 ：不：
四〇三一六 ：卯允雨
四〇三一七 乙巳卜不：
四〇三一七 ：卯卜：啓：夕雨 二告
四〇三一八 乙：

四〇三一八 …卯…啓…雨
四〇三一九 壬寅卜夫不其啓少十月
四〇三一九 壬…
四〇三二〇 丁未卜穷…翌戊申…啓
四〇三二〇 …卜…翌壬…
四〇三二一 …不啓
四〇三二二 壬子…啓自…食…
四〇三二三 己亥卜…
四〇三二三 庚不啓
四〇三二三 二告
四〇三二三 二告
四〇三二四 貞不其延啓
四〇三二五 …子卜翌…巳啓
四〇三二六正 貞翌甲午不其暘日
四〇三二六正 貞…
四〇三二六正 不吉黽
四〇三二六反 …入十
四〇三二六反 甲午雨
四〇三二六反 …不雨允…
四〇三二七 翌甲辰不其暘
四〇三二七 貞翌甲辰不其暘日
四〇三二七 …翌…辰…日
四〇三二八 丁未卜設翌戊申暘日
四〇三二八 庚戌卜設翌辛亥暘日
四〇三二八 辛亥卜設翌壬子不其暘日
四〇三二八 …日…
四〇三二八 …日…
四〇三二八 丙午 三告
四〇三二八 二告
四〇三二九 翌庚申不其暘日
四〇三二九 翌壬戌不其暘日
四〇三二九 翌甲子不其暘日
四〇三二九 …乙丑…
四〇三二九 二告
四〇三三〇 貞翌戊…不其暘日
四〇三三一 貞少…
四〇三三一 貞不其暘日
四〇三三一 …惟…丁…乙…
四〇三三二正 不其暘日
四〇三三二正 不吉黽
四〇三三二正 不吉黽
四〇三三二反 己未婦…
四〇三三三 貞戊午暘日十一月
四〇三三四 …用射…
四〇三三四 …暘日
四〇三三四 …暘…

四〇三三五 翌丁…暘日
四〇三三六 翌…其…
四〇三三六 貞翌…暘…
四〇三三六 王…
四〇三三六 王勿…
四〇三三七 惟丙…
四〇三三七 …我…暘日…食日…
四〇三三八 …食不若
四〇三三八 …不惟夕食
四〇三三九 …夕𡆥…我…于…克…
四〇三四〇 …夕𡆥
四〇三四〇 乙卯
四〇三四一 丙申卜翌丁酉彰伐啓丁明霧大食日啓
一月
四〇三四一 …𢦏…
四〇三四二 …至…終日霧…雨
四〇三四三 …霧…囚…
四〇三四四 …風…霧十二月
四〇三四四 二告
四〇三四五 …風丙子立中…無風暘日…
四〇三四五 …爭貞翌丙子其立…
四〇三四五 …貞翌丙子其立…
四〇三四六 戊…出亘自…風…夕…
四〇三四七 …戊…雨不延風
四〇三四八 庚申卜貞
四〇三四八 …多…侑于妣
四〇三四八 …暘日…夕驟風
四〇三四九 庚寅貞茲云其…
四〇三五〇 …辰…云…
四〇三五一 …云…啓…
四〇三五二 癸亥卜設貞…
四〇三五二 甲子卜…
四〇三五二 二告
四〇三五二 二告
四〇三五二 二告
四〇三五二 二告
四〇三五二 三告
四〇三五二 小告
四〇三五三正 丙子…穷貞于汰無…
四〇三五三正 丙子卜穷貞于𠂤無疾
四〇三五三正 貞作大邑于唐土
四〇三五三正 …爭…
四〇三五三反 己卯于妣
四〇三五三反 王固曰其得
四〇三五四 …弗作…邑囚四月

四〇三五五　庚寅：邑：于：庚：
四〇三五六　：穷貞：作𤕦
四〇三五七　：穷貞勿作𤕦
四〇三五八　：貞勿：將五月
四〇三五九　貞勿于乙門
四〇三六〇　：乙門令
四〇三六〇　：王往于敦
四〇三六一　甲申卜我：郭于：
四〇三六二　：爭貞王穷：乙大室：
四〇三六三　戊辰
四〇三六三　己巳卜祝貞其叙于盟室惟小宰
四〇三六三　戊辰卜祝貞翌辛未侑于盟室十大宰七月
四〇三六三　戊辰卜祝貞翌辛未其侑于盟室五大牢
七月
四〇三六三　庚午卜祝貞其蔑曰伊史無左九月
四〇三六四　庚辰卜貞于丁宗
四〇三六五　：賓于宗：若
四〇三六五　：王：
四〇三六六　：畀：
四〇三六六　貞：祖：宗
四〇三六六　：曰：死：
四〇三六七　貞：京：
四〇三六八　貞子：疾首
四〇三六九　貞疾齒告于丁
四〇三七〇　：疾齒惟：不：
四〇三七一　貞：齒：壱：
四〇三七二　己：妣：于：
四〇三七二　庚：妣：暨：
四〇三七二　：疾𡥈禦于妣己暨妣庚
四〇三七二　小告
四〇三七三　貞疾趾禦于妣己
四〇三七三　：辰：雨
四〇三七四　乙巳卜：貞惟疾
四〇三七四　：子：
四〇三七五　：允貞：有：
四〇三七五　：有疾二月
四〇三七五　：人：
四〇三七六　：巳：不疾：惟壱
四〇三七六　：寅：其：疾
四〇三七八　：𡿧無疾
四〇三七九　（僞刻）
四〇三八〇　貞子婁骨凡有：
四〇三八一　貞：
四〇三八一　：其有田：疾
四〇三八二　貞：王：凡：疾：

四〇三八三　婦拼嘉
四〇三八三　貞勿呼般取
四〇三八三　：亘貞呼
四〇三八三　二告
四〇三八三　二告
四〇三八三　不𠷎黽
四〇三八四　：寅卜穷：子商妾：盎：娩：月
四〇三八四　二告
四〇三八五　貞婦：娩
四〇三八五　：不：
四〇三八六正　貞：百：
四〇三八六正　庚子卜殸貞婦好有子三月
四〇三八六正　辛丑卜殸貞祝于母庚：
四〇三八六反　王固曰：其惟丙不吉其惟甲戌亦不吉
其惟甲丑吉
四〇三八七　：午卜殸貞子昌娩
四〇三八八　：丑卜殸：子眉娩
四〇三八九　：戌卜：有子：今日大：
四〇三九〇　貞：弗其：子：
四〇三九一　：殸　翌乙卯帝其令雨
四〇三九二正　壬戌卜：
四〇三九二正　貞帝不降惟
四〇三九二正　戊申卜貞蠱酌
四〇三九二正　貞牢
四〇三九二臼　庚申三十屯　小[illegible]
四〇三九三　乙卯卜帝惟雨
四〇三九四　：帝不降摧
四〇三九五　：年
四〇三九五　：雨帝異：降茲邑囚
四〇三九六　：帝：茲邑：
四〇三九七　貞我：作邑：帝：
四〇三九八　二告
四〇三九八　不𠷎黽
四〇三九八　（僞刻）
四〇三九九　辛：
四〇三九九　乙酉卜巫帝犬
四〇三九九　惟：
四〇四〇〇　：侑于四巫：
四〇四〇一　：四月
四〇四〇一　戊子卜：埋于：弜：
四〇四〇二　：𢀛方下上若我受祐五月
四〇四〇二　：𢀛方下上若受我祐：
四〇四〇三　：河二宰沈三：
四〇四〇四　甲申卜
四〇四〇四　：沈于：河：

四〇四〇五　貞…沈二…河三…

四〇四〇六　…酉卜…于河…沈…

四〇四〇七　…未卜穷…于河…秋

四〇四〇八　貞令㞢河

四〇四〇九　丙…河…二豕

四〇四〇九　甲辰…燎于…

四〇四一〇　貞侑于河

四〇四一〇　…韋貞及今

四〇四一一正　（僞刻）

四〇四一一反　（僞刻）

四〇四一二　辛丑卜…貞河保…

四〇四一二　貞…弗…

四〇四一二　小告

四〇四一二　二告

四〇四一三　…河…三羊…

四〇四一四　貞…今水…河…

四〇四一四　…貞翌…埶…月

四〇四一五　貞…其…

四〇四一五　貞呼往見于河有來…

四〇四一五　…㱿…取…摧

四〇四一六　貞…弗其得…

四〇四一六　無左

四〇四一六　貞岳賓

四〇四一六　…岳其…不雨

四〇四一七　弗其賓

四〇四一七　壬寅卜爭貞翌癸卯令甫…

四〇四一八　癸卯卜穷貞燎于岳
（僞刻）

四〇四一九　貞告于…

四〇四一九　…燎于岳…豕二羊卯九牛

四〇四二〇　…燎于岳夕羊翌辛亥酉宰

四〇四二一　壬寅卜燎岳

四〇四二二　貞勿奏岳

四〇四二二　貞疾其惟囚

四〇四二三　…卜…

四〇四二三　…于岳

四〇四二四　貞…岳…宰卯…

四〇四二五　貞勿于岳桒

四〇四二六正　…上?…

四〇四二六反　…于岳桒年

四〇四二七　貞于昌燎

四〇四二七　…雨　二告

四〇四二七　（僞刻）

四〇四二八　…丙取岳

四〇四二八　貞…兄…

四〇四二九　呼舞無雨

四〇四二九　呼舞無雨

四〇四二九　呼舞有雨

四〇四二九　呼舞有雨

四〇四二九　…亘貞勿侑…呼于季

四〇四三〇　貞于廩

四〇四三〇　…燎…王…

四〇四三〇　貞燎于王亥五牛新穀

四〇四三一　…燎于…亥…牛…

四〇四三一　…獲…彘

四〇四三二正　貞燎于王亥

四〇四三二正　…戠…

四〇四三二反　王固…子…

四〇四三二反　甲寅

四〇四三三　貞勿于王亥桒

四〇四三四　乙丑卜于戌桒

四〇四三四　…于…亥

四〇四三四　…卜王…

四〇四三五正　貞于王亥桒　二告

四〇四三五正　貞燎于王亥九牛　小告

四〇四三五反　貞𢿝五牛

四〇四三五反　…其敦

四〇四三六　…酌河…牛…我…

四〇四三六　…于王亥妾

四〇四三七正　王恒易禦

四〇四三七正　貞王恒易禦

四〇四三七正　貞王恒易禦

四〇四三七正　以僕

四〇四三七正　貞戌來

四〇四三七反　丙午卜亘

四〇四三八　燎…□

四〇四三八　貞于㗊下東燎

四〇四三八　燎于□圉

四〇四三八　勿燎于□

四〇四三八　貞燎于河

四〇四三九　…于□

四〇四四〇　貞…□…曰…

四〇四四〇　…辛…其…河…𣪍…

四〇四四〇　貞呼剛目…光河以…䮕洹…

四〇四四一　…䮕…于…有…

四〇四四一　允其戠

四〇四四一　戠

四〇四四一　于庚午

四〇四四一　翌丁卯

四〇四四一　二告

四四四二 …奏…夒…
四四四二 …酌…六月
四四四三 貞惟…矢…
四四四四 侑于…
四四四四 侑于娥…
四四四五 貞不惟…
四四四五 …娥…
四四四六 貞上子受我祐
四四四七 惟大示
四四四七 貞帝于令
四四四七 貞帝于令
四四四八 …大我…
四四四八 于大示
四四四九 …示小宰
四四五〇 弗…示
四四五〇 王六月
四四五〇 勿王六月
四四五〇 …若
四四五〇 䶂出示弗其若
四四五〇 勿䶂出示若
四四五〇 其若
四四五一 丁卯有卜歲于…
四四五二 庚寅卜穷貞新邑侑…
四四五三 貞…往…
四四五三 …侑于…惟犬…用
四四五四正 壬戌…殼貞侑于㲋
四四五四反 …殼…
四四五五 其侑于保
四四五五 …九月
四四五六 侑于子庚
四四五七 貞侑于子…
四四五七 …京…
四四五八 貞侑于…庚…
四四五九 丁亥…侑于…三豛
四四六〇 貞侑于…𡚬壬…
四四六一 …侑于…羊…十月
四四六二 己巳古貞侑于…
四四六三 勿…六月
四四六三 貞侑
四四六四 勿侑…丁…
四四六四 庚戌卜殼…二告
四四六五 勿呼我人侑于…
四四六六 不令我侑…
四四六七 戌…爭貞來甲…㞢…
四四六八 …丑卜…貞翌…寅㞢…

四四六九 貞其有舌
四四七〇 …戌卜殼…有舌
四四七一正 …有𡆥
四四七一正 …祖不…
四四七一反 …曰吉…
四四七二 …母…父…㞢…
四四七三 …卜王…庚…㞢…
四四七三 …其于…以…妣…
四四七三 …卯…
四四七三 甲…卜
四四七四 …卯…曾…
四四七四 …出貞…侑妣…妣…
四四七五 乙卯卜…貞欒子…
四四七六 …禦…妣…
四四七七 …禦…鼓…冊…五十…
四四七八 …欒…羌…于…父…
四四七九 …欒…[illegible]…
四四八〇 …穷…
四四八一正 貞勿…射…
四四八一反 …百穷…
四四八二 貞惟穷為
四四八三 貞惟…為
四四八三 乙卯
四四八四 丁酉…貞翌…酌匚于…
四四八五 丙午卜…翌丁未…其先…在十月
四四八五 …貞…舌…敚
四四八六 …卯…帝…豖…
四四八七 貞方帝
四四八八 庚子卜…惟我…帝于…
四四八八 燎于東
四四八九 王固曰吉其帝
四四九〇 貞告…告
四四九〇 …于…
四四九一 …卜爭…呼…入…
四四九一 …冊…
四四九二 …戌卜…宰冊…牛…
四四九三 …冊…卯小宰
四四九四 己亥…貞…
四四九四 用
四四九四 勿用
四四九五 …䶂…兄…冊…
四四九六 …[illegible]…
四四九六 …蓺…
四四九七 …夙…
四四九八 乙酉…今日用

四四九九　辛亥卜…𠂤用百
四四九九　…丁…
四五〇〇　…今日用五…
四五〇〇　翌丁…用…、
四五〇〇　…和…妥…
四五〇一　癸…用…在…
四五〇一　…十月
四五〇二　…戊卜戠…用一牛
四五〇三正　貞勿延我囚
四五〇三正　二告
四五〇三反　…衛…
四五〇四　貞有羸
四五〇四　貞于庚申燎
四五〇四　于甲子
四五〇五　…卜設貞燎…
四五〇六　貞…克…于…燎
四五〇七　…卜爭貞燎冊百羊百牛百豕𣪊五十
四五〇七　…貞王曰…其合以乃…
四五〇八　辛未卜亘貞勿燎九牛
四五〇八　不舌黽
四五〇九正　貞勿燎二月
四五〇九反　己丑…
四五一〇　貞…王𡚱祖…玉燎三小宰卯三…
四五一一　…豕四羊卯…四𣪊大
四五一一　…燎二豕二羊…二𣪊大
四五一二　貞田犬燎…
四五一二　…卜…
四五一三　貞燎于旦十牛?
四五一四正　庚戌卜爭貞燎于西田一犬一𣪊燎四豕
四羊𣪊二卯十牛𣪊一
四五一四正　二告
四五一四反　貞翌辛亥勿呼往于侑𢿊于比
四五一四反　丁卯卜亘貞雨
四五一四反　不其雨
四五一五正　貞惟…途不…余奏
四五一五正　…設…
四五一五正　戊辰婦
四五一六　…㝬…呼𠣞…
四五一七　…勿…烄…無…其…
四五一八　…惟今壬…仲丁酚…
四五一八　…歲…
四五一九　己酉卜…貞翌…酚…
四五二〇　…貞…禕…
四五二〇　丁巳…貞…禕…□…
四五二一　貞翌己巳勿囚

四五二一　貞翌己巳勿囚
四五二一　有毋
四五二一　無毋
四五二二　翌丁亥勿令囚
四五二二　翌丁亥囚
四五二三　貞弜囚
四五二三　不舌黽
四五二四　己…卜
四五二四　…于…
四五二四　…勿…商…
四五二四　戊申卜翌…酉舞允…
四五二五　甲辰卜翌乙巳我奏舞至于丙午…
四五二五　二告
四五二六　丁未卜…辛酚…奏舞…
四五二六　二告
四五二六　（偽刻）
四五二七正　乙巳…貞奏…
四五二七正　四牡
四五二七反　…自不?龜…
四五二八正　貞帝…示若…今我奏…祀三月
四五二八反　…五…
四五二九　己亥…桒祖…牛用…二月
四五三〇　丁亥卜爭貞今來乙巳桒
四五三〇　（偽刻）
四五三一　甲午卜王貞翌乙未桒衣之日雨乙丑允
衣
四五三一　…七羊…𤠕…
四五三二　…次…王…入…
四五三二　牛桒…乙…
四五三三　…卜…王…桒…乙…
四五三四　…子卜…貞桒…尹…牛冊…牛…
四五三五　…亥卜王桒…燎十牛又…十牛又五…
侑百…九月
四五三六　己…水…言…
四五三七　…畓寧…
四五三八　…翌甲…衣至于…無它
四五三九　貞不其衣八月
四五四〇　丙午卜設…卯于豕十牛
四五四一　…人邑…□卯牛…牛九月
四五四二　貞…三十…卯三十…
四五四三　…卯十牛
四五四四　…卯…用
四五四五　貞…卯…斫…
四五四六　戊寅卜…貞𢼄十…豕于…
四五四七　…子卜…酚□…葡一牛

四〇五四八　丁亥…其沈
四〇五四九　…貞沈…河？牛…
四〇五五〇　…有曰千森王戠于之八犬八豕…三羊
彀四卯于東方析三牛三羊彀三
四〇五五一　癸丑卜…凡伐…三月
四〇五五二　貞亼？品…
四〇五五三　…般庚…有正…
四〇五五四　…卜…今日…入犬
四〇五五五　…戊…盧豕…
四〇五五六　貞弗其受𠮷祐一月
四〇五五六　王固…
四〇五五七　王固…吉
四〇五五八　…南單…不吉
四〇五五八　（習刻）
四〇五五八　（習刻）
四〇五五九　（習刻）
四〇五五九　…允惟吉
四〇五六〇　甲申…貞多言…止心
四〇五六一　…惟吉
四〇五六二　…固曰若
四〇五六三　貞大…于丁…弗若八月
四〇五六三　乙未卜𣪊貞勿告…子…
四〇五六四　…酉卜𣪊…王夢…不？惟有…不若
四〇五六五　…貞無…若…𡆥
…其訊…若…𡆥
四〇五六六　…凡若
四〇五六六　不舌黽
四〇五六七　…貞…若王…
四〇五六八　…告
四〇五六八　…在…若
四〇五六九　…惟祀…若
四〇五七〇　…若茲…月
四〇五七一　貞燎于西弗保
四〇五七一　燎于…父
四〇五七一　貞令行若
四〇五七一　…自…
四〇五七二　丙子卜穷貞不惟左十一月
四〇五七三　…其有𡆥
四〇五七四正　貞…玉其有𡆥一月
四〇五七四反　…曰其有𡆥自…
四〇五七五　乙酉
四〇五七五　今夕有𡆥
四〇五七六　乙卯卜貞今夕無𡆥
四〇五七六　乙卯卜貞今夕其有𡆥

四〇五七六　壬…貞今…無
四〇五七六　壬…夕…
四〇五七六　癸…
四〇五七六　…舌
四〇五七七　貞無𡆥
四〇五七八　己未…無𡆥…左賓…
四〇五七九正　辛巳卜古貞其無𡆥
四〇五七九臼　婦井示五屯𣪊自妣辛朿乞…
四〇五八〇　貞疾人無𡆥一月
四〇五八一　貞無𡆥二月
四〇五八二　貞無𡆥四月
四〇五八三　貞…
四〇五八三　貞無𡆥十二月
四〇五八四　甲申卜貞今夕無𡆥
四〇五八四　…夕…雨
四〇五八五　甲子卜內貞今夕無𡆥七月
四〇五八六　己巳卜古貞…夕…𡆥
四〇五八六　…夕…有…二月
四〇五八七　乙丑卜貞今夕無𡆥
四〇五八八　乙丑卜貞今夕無𡆥
四〇五八九　辛卯卜貞今夕無𡆥六月在…
四〇五九〇　癸未卜貞今夕無𡆥八月
四〇五九一　…𡆥
四〇五九一　…不𡆥
四〇五九一　貞今夕無…
四〇五九二　癸亥…貞…𡆥
四〇五九二　…貞…𡆥
四〇五九二　二告
四〇五九三　…𡆥十一月
四〇五九四　…有…受…月
四〇五九四　貞…于…𡆥
四〇五九五　貞茲雨不𡆥
四〇五九六　癸…貞…𡆥
四〇五九六　癸卯卜貞旬無𡆥一月
四〇五九七　癸丑卜爭貞旬無𡆥
四〇五九七　癸亥卜爭貞旬無𡆥二月
四〇五九七　癸未卜爭貞旬無𡆥
四〇五九七　癸巳卜爭貞旬無𡆥
四〇五九七　癸卯卜爭貞旬無𡆥
四〇五九七　癸亥卜爭貞旬無𡆥
四〇五九七　癸酉卜爭貞旬無𡆥
四〇五九七　癸巳卜貞旬無𡆥
四〇五九七　…無𡆥
四〇五九八　癸亥…古貞旬無𡆥七月
四〇五九九　…旬…

四〇五九九　癸未卜貞旬無𡆥
四〇五九九　癸丑卜史貞旬無𡆥七月
四〇五九九　癸亥卜貞旬無𡆥
四〇五九九　癸酉卜貞旬無𡆥八月
四〇六〇〇　癸卯…貞旬無𡆥十三月
四〇六〇一　癸亥卜旬無𡆥
四〇六〇一　癸酉卜旬無𡆥
四〇六〇二　…無𡆥　不舌黽
四〇六〇二　癸酉卜貞旬無𡆥　不舌黽
四〇六〇三　癸酉卜貞旬無𡆥
四〇六〇四　癸丑卜爭貞旬無𡆥
四〇六〇四　癸酉卜爭貞旬無…
四〇六〇五　癸未卜穷貞旬無𡆥三日乙酉有來…婁
呼…旁捍…
四〇六〇五　癸…卜…旬…
四〇六〇六正　癸…卜㱿貞旬無𡆥
四〇六〇六正　癸未卜㱿貞旬…𡆥
四〇六〇六反　王固曰其有…
四〇六〇七　癸巳卜貞旬無𡆥
四〇六〇八　癸巳卜…貞旬無…
四〇六〇八　癸卯
四〇六〇八　癸丑
四〇六〇九　癸卯卜㱿貞旬無𡆥
四〇六〇九　癸丑卜㱿貞旬無𡆥
四〇六一〇正　癸未卜爭貞旬無𡆥王固曰有祟三日乙
酉夕壴丙戌允有來入齒十三月
四〇六一〇正　夕壴丙戌允有來入齒十三月
四〇六一〇正　癸卯…貞…無…
四〇六一〇正　癸丑卜貞旬無𡆥
四〇六一〇正　癸亥卜貞旬無𡆥
四〇六一〇正　癸酉卜貞旬無𡆥
四〇六一〇反　（僞刻）
四〇六一一　貞王有𡿧
四〇六一二　…王…𡿧
四〇六一二　…祖…
四〇六一三　貞有…宿…𡿧
四〇六一四　癸酉…束…𡿧…我…
四〇六一四　弗𡿧企
四〇六一四　…啓…
四〇六一五正　貞戌戊不𡿧
四〇六一五反　…以七十…
四〇六一六　…𡿧
四〇六一六　不𡿧
四〇六一七　貞弗𡿧
四〇六一七　燎于…牛…自…

四〇六一七　勿告于丁
四〇六一八　貞其冓
四〇六一九　貞其冓
四〇六二〇　其冓
四〇六二一　…己侯藝…冓…
四〇六二二　…丑…亘貞禦霝不冓
四〇六二三　戊辰卜王…冓九月
四〇六二三　…延…
四〇六二四　…惟若
四〇六二四　…允惟蠱
四〇六二五　…父…妣…
四〇六二五　…土其有災
四〇六二六　…㞷…無災
四〇六二七　…惟…無災
四〇六二八　貞王𡆥其濛
四〇六二九　貞王𡆥嬴
四〇六三〇　…酉…爭貞不其嬴十二月
四〇六三一　…之嬴
四〇六三二正　癸…王…曰有…
四〇六三二正　…未卜爭貞…王固…邁若茲…中有鑿
四〇六三二反　貞…四…王…
四〇六三二反　貞…奴…射…固
四〇六三三　甲辰…今春商…昌
四〇六三四　…昌…
四〇六三五　己卯…于…
四〇六三五　己卯…其昌
四〇六三六　貞…令…
四〇六三六　…不…千…惟…
四〇六三七　…友…鳴…
四〇六三八　…㱿貞王…夢妾…有玫有冊惟𡆥
四〇六三九　…寅卜王…疾婦…有曰…
四〇六四〇　壬辰卜貞…有祟…三月
四〇六四一　不橐
四〇六四二　…于翌乙卯呼…往　二告
四〇六四三　…王循中方受…
四〇六四三　（其餘僞刻）
四〇六四四正　（僞刻）
四〇六四四反　辛丑乞自嵒…
四〇六四五　丁亥卜穷…　小告
四〇六四五　二告
四〇六四五　二告
四〇六四六　小告
四〇六四七　二告
四〇六四八正　貞王惟茺孽　小告
四〇六四八正　小告

四〇六四八正	小告
四〇六四八反	㞢
四〇六四九	小告
四〇六五〇	小告
四〇六五一正	小告 不舌黽
四〇六五一反	庚…
四〇六五二正	小告
四〇六五二正	二告
四〇六五二正	不舌黽
四〇六五二反	勿禦于羌甲
四〇六五三	二告 不舌黽
四〇六五四	二告
四〇六五四	二告 不舌黽
四〇六五四	不舌黽
四〇六五四	不舌黽
四〇六五五	三告
四〇六五五	不舌黽
四〇六五五	…告
四〇六五六	戊午卜亘貞…㞢…不舌黽
四〇六五七	不舌黽
四〇六五八	不舌黽
四〇六五九	不舌黽
四〇六六〇	…舌黽
四〇六六一	不舌…
四〇六六二	王固曰其有來…
四〇六六三	…王固曰…酉有微
四〇六六三	…固曰有…
四〇六六四	…固曰其…
四〇六六五正	丙辰卜…戌…
四〇六六五反	王固曰…
四〇六六六正	…有…自…南…
四〇六六六反	王固曰其有…
四〇六六七	…固…
四〇六六八	…固曰…
四〇六六九	…固曰…
四〇六七〇	㪔
四〇六七一	㪔
四〇六七二正	…示…九月
四〇六七二反	㪔
四〇六七三正	㪔
四〇六七三反	岳
四〇六七四正	…㪔
四〇六七四反	…牛
四〇六七五正	丙寅卜穷貞…
四〇六七五反	…四十小𢿨
四〇六七六正	…乇
四〇六七六反	㪔
四〇六七七	（偽刻）
四〇六七八	…酉㝵…乇…
四〇六七九	戊寅婦女示一乇 岳
四〇六八〇	…女示四乇 穷
四〇六八〇	（其餘偽刻）
四〇六八一	壬辰…王往…于…
四〇六八一	庚寅婦女示三乇 亘
四〇六八二	己卯…三乇
四〇六八二	（其餘偽刻）
四〇六八三	壬子婦寶示三乇 岳
四〇六八四	辛丑婦喜示四乇
四〇六八五	利示六乇 亘
四〇六八六	丙寅…示七乇 㪔
四〇六八七	壬申邑示三乇 小㪔
四〇六八八	戊申邑示一丿 葡
四〇六八九	…王固曰…
四〇六八九	…邑示四…
四〇六九〇	…新東三十乇
四〇六九一	…七乇
四〇六九二	古示十又一… 古
四〇六九三	…示三十
四〇六九四	…示五
四〇六九五	…示六
四〇六九六	…用…
四〇六九七	…貞呼…九百
四〇六九八	…五百
四〇六九九	…三十…
四〇七〇〇	…俘…五…
四〇七〇一	…五…
四〇七〇二	…貞…
四〇七〇三	…祝…
四〇七〇三	…翌…
四〇七〇四	…
四〇七〇五	…昌
四〇七〇六	（偽刻）
四〇七〇七	丁巳…呼㞢?…
四〇七〇八	…叜…
四〇七〇九	…㴱…惟…
四〇七一〇	…魚?…
四〇七一一	□
四〇七一二	…卜貞…硍…
四〇七一三	癸亥…示…
四〇七一三	…令…亥?
四〇七一四	癸巳卜…貞令…鼓…

四〇七一四　：爭貞：㞢?：取
四〇七一五　：㯱：
四〇七一六　：嫛：
四〇七一七　貞：不：
四〇七一七　：卽：
四〇七一八　貞：受年
四〇七一八　貞勿商𣪊舟爯冊
四〇七一九　癸丑：𡬶惟：
四〇七二〇　：保：
四〇七二一　：令不：
四〇七二二　：飲：
四〇七二三　丁亥：大：
四〇七二三　惟亢比
四〇七二四　貞無其从：
四〇七二五　：其大：
四〇七二六　：龠：
四〇七二七　：㞢：
四〇七二八　壬午卜：吼惟：
四〇七二八　壬午卜：吼不惟：自：
四〇七二九　：吹：
四〇七三〇　：申卜：貞酉于：合：
四〇七三一　：告：
四〇七三一　：告?
四〇七三二　乙：侻：
四〇七三三　甲：
四〇七三三　貞𡿪不其：尖?
四〇七三四　丁丑卜：衛奴：
四〇七三五　（偽刻）
四〇七三六　貞：血：𡿪：
四〇七三七正　（偽刻）
四〇七三七反　（偽刻）
四〇七三八　貞：𦣻王：
四〇七三九　：賓：
四〇七四〇　：耑：往：九：
四〇七四一　：虎：
四〇七四二　貞惟般商令𠂤鳴友十三月
四〇七四三　：于雇：　二告
四〇七四四　：萑：
四〇七四五　：不其：
四〇七四六　：弗：
四〇七四七　：㭪：
四〇七四八　貞：梺：
四〇七四九　：社：
四〇七五〇　庚：貞：夕：
四〇七五一　：剌：

四〇七五二　：刃：其：凡　二告
四〇七五三　甲午卜令：
四〇七五三　壬寅：𠂤三：
四〇七五四　（偽刻）
四〇七五五　：
四〇七五六　：震取：
四〇七五七　貞自不其：倗于：
四〇七五八　：王：得：寅：得
四〇七五九　貞其得魚
四〇七六〇　：獻骨：
四〇七六一　貞獻龜習日
四〇七六二　：𣪊貞：獻：
四〇七六三　貞𠂤
四〇七六三　：允獲
四〇七六四　貞勿于𠂤力
四〇七六五　貞勿呼：宅𠂤：
四〇七六六　：壬：冢：
四〇七六七　：𡆥?：
四〇七六八　：亥卜：途：車：
四〇七六九　（偽刻）
四〇七七〇　貞勿羽五月
四〇七七一　：勿令
四〇七七二　：斷：
四〇七七三　乙卯卜王貞不饗
四〇七七四　：壁：
四〇七七五　（偽刻）
四〇七七六　：貞：𡆥：
四〇七七七　（偽刻）
四〇七七八　（偽刻）
四〇七七九　貞：𡚸：
四〇七七九　貞：霓：
四〇七八〇　：勿：丁：六月
四〇七八〇　：壬于夕雹
四〇七八一　癸：𣪊：無：
四〇七八二　戊：
四〇七八三　：其：
四〇七八四　：雹
四〇七八五　：水：
四〇七八六　（偽刻）
四〇七八七　：不其：以：老
四〇七八八　（偽刻）
四〇七八八　（偽刻）
四〇七八九　貞呼𢆶：
四〇七八九　（偽刻）
四〇七八九　丙寅卜：貞：

四〇七九〇　…呼…良…
四〇七九一　…辰卜…㞢…
四〇七九一　貞㞢…弗…
四〇七九二　…酉卜…呼□…
四〇七九三　…申卜…循若
四〇七九四　貞不其循
四〇七九五　…不其循
四〇七九六　丁亥卜元循御
四〇七九七　（僞刻）
四〇七九八　爰日
四〇七九九　己亥卜王貞□不次…不…
四〇八〇〇　（僞刻）
四〇八〇一　貞其…
四〇八〇二　（僞刻）
四〇八〇三　…今夕…
四〇八〇四　…翌…不其…日…
四〇八〇五　庚子卜貞不其至
四〇八〇六　丙午卜…貞…
四〇八〇六　丙午卜…弗其…三…
四〇八〇七　貞弗其…小告
四〇八〇八　癸丑…貞來…
四〇八〇八　癸丑…貞來…
四〇八〇九　（僞刻）
四〇八一〇　…來見…　…告
四〇八一一　甲寅…王賓…之…三月
四〇八一二　…既廼…
四〇八一三　…曰黃…
四〇八一四　…冊…
四〇八一五　乙卯卜王貞令廼取晦一月
四〇八一五　乙卯卜王貞勿惟西取晦呼西出目
四〇八一五　丁卯卜王貞…囚不余…
四〇八一五　貞…
四〇八一六　庚辰…王貞…□…其…
四〇八一六　戊申卜王惟麑即于員…
四〇八一七　甲午卜王貞我有循于大乙酌翌乙未
四〇八一七　…六月
四〇八一八　甲午…見…
四〇八一八　甲午卜王□毌終夕
四〇八一八　戊戌卜王貞余□立員宁史暨見
奠終夕印
四〇八一八　戊戌卜王貞乙其雨終夕
四〇八一九　丙寅卜…貞衣今夕其□左□執嬴
九月
四〇八二〇　丙寅…今夕虎不其□…□執…
四〇八二〇　…用…九月

四〇八二一　丁巳卜王呼疋虎
四〇八二一　…未卜王…亦□…□
四〇八二二　丙辰卜王貞勿令□
四〇八二三　辛亥卜王余有其令
四〇八二四　…亥卜王…于示壬…一宰𠕋…
四〇八二五　戊午卜王□不亦□
四〇八二五　…午卜王□…亦□
四〇八二五　辛酉卜□弗敦□侑南庚
四〇八二五　□…
四〇八二六　己未卜…王惟出…
四〇八二七　…禦…
四〇八二七　…犬母己用九月
四〇八二八　甲寅…貞…娄…云…
四〇八二九　…卜王…兄戊
四〇八二九　惟犬兄戊
四〇八三〇　雈…于…
四〇八三〇　戊午卜王貞勿禦子辟余弗其子
四〇八三〇　癸亥卜自惟小宰兄甲
四〇八三〇　于𢻱惟牛一月用
四〇八三一　庚寅終啓南二日
四〇八三一　…王翌…仲丁…一月
四〇八三二　…王貞鼓其…歪鼓…朕史…妣
四〇八三三　丁巳卜王□弗其獲征方九日□告
弗及方
四〇八三三　辛未…令…□…
四〇八三四　壬子卜□惟?…鹿獲…麑雉五十
四〇八三五　庚戌卜自貞勿自白?甫…方曰□?
四〇八三六　甲辰卜自…不于…九月
四〇八三七　…卜自…告…
四〇八三七　己卯…自…
四〇八三八　丙午卜王有…□…豕
四〇八三八　乙卯…自…庚…婦…
四〇八三九　丁亥卜□余令曰方其至
四〇八三九　丁亥卜□方至
四〇八四〇　辛酉卜□侑祖乙十五宰?
四〇八四一　壬辰卜□甫弓彈?
四〇八四二　貞…
四〇八四二　…申卜□…相…
四〇八四三　…酉卜□…夕不雨
四〇八四四　戊…□…
四〇八四四　…卜□…戊…即
四〇八四五　…卜□惟…其受…允受…
四〇八四五　丙寅…舌…人…
四〇八四六　…無囚
四〇八四六　□入

四〇八四七 戊戌……𠙹……于……
四〇八四七 ……甾……𡧊……門
四〇八四八 ……卜甾条……
四〇八四九 ……祖庚
四〇八五〇 癸巳卜侑丁祖
四〇八五一 丙……
四〇八五一 丁丑
四〇八五一 ……妣己羊
四〇八五二 癸未卜婦鼠侑妣己殻豕
四〇八五二 婦鼠侑妣庚羊豕
四〇八五三 癸未卜婦鼠侑母庚殻
四〇八五四正 ……戌不雨
四〇八五四正 己卯……内貞……己婦鼠不來
四〇八五四反 ……婦鼠惟庚辰
四〇八五五 ……鼠……
四〇八五六 禦婦㚢子于子鳫
四〇八五六 ……不……
四〇八五七 貞子啓無疾十月
四〇八五八 丁亥卜𠂤侑父……惟……犬
四〇八五八 丁巳卜𠂤方三子
四〇八五九 （偽刻）
四〇八六〇 ……庚羊豭
四〇八六一 己丑……
四〇八六一 捍𢓊
四〇八六二 ……㣺……豕
四〇八六二 ……侑……母……
四〇八六三 ……出……
四〇八六三 癸……惟……
四〇八六四 于癸未有至雀師
四〇八六四 于甲申有至雀師
四〇八六四 甲午卜雨今日……
四〇八六五 庚寅……有……
四〇八六五 庚寅其雨……日……桒……
四〇八六五 ……不雨庚……大啓
四〇八六五 ……其啓三日庚寅大啓
四〇八六五 ……雨不……庚……大……
四〇八六五 戊……卜……余……
四〇八六五 己……其雨……余……
四〇八六六 今夕雨
四〇八六六 戊寅卜巫有代
四〇八六六 己卯卜燎豕四云
四〇八六六 癸未卜雨
四〇八六六 丙戌卜丁亥雨
四〇八六六 庚寅不雨
四〇八六六 辛卯雨

四〇八六六 于己卯雨
四〇八六六 于岳燎豕
四〇八六六 岳㚔燎
四〇八六六 丙戌卜不雨
四〇八六六 戊子雨
四〇八六六 癸巳卜甲午雨
四〇八六六 甲子 乙丑 丙寅 丁卯 戊辰 己
巳
四〇八六七 壬……乙……用
四〇八六七 癸亥卜乙丑用侯屯
四〇八六八 [illegible]有……
四〇八六九 己卯……惟母……有得……
四〇八六九 庚……
四〇八七〇 ……子……𠤳……易……
四〇八七一 ……涉
四〇八七二 乙丑子卜𠣬囚入
四〇八七三 丁卯子卜弔歸
四〇八七三 丁卯子卜
四〇八七三 ……卯子卜東臣𠬝歸
四〇八七三 ……巳卜……
四〇八七三 （其餘偽刻）
四〇八七四 乙亥子卜丁延于我郭
四〇八七四 ……貞……史
四〇八七五 癸卯子卜貞酌𣪊祖乙二牛卯
四〇八七六 ……辰子卜……酌小窜……一豕司……
四〇八七六 丙……
四〇八七七 丁未子卜祟豕惟今日祟遘豕遘
四〇八七八 乙亥余卜今十人歸
四〇八七八 戊寅余卜……史豕宁
四〇八七八 己……
四〇八七九 庚寅余卜貞人……
四〇八七九 不歸
四〇八七九 癸巳余卜弗執豺
四〇八七九 印弗執
四〇八七九 ……酉余卜……至豺
四〇八八〇 丁巳余卜……
四〇八八〇 甲申……豕……
四〇八八〇 己丑……司母……
四〇八八一 庚……卜我貞今日我有事
四〇八八二 ……卜𢓊貞……夕我有……
四〇八八三 辛巳卜𢓊貞無作口
四〇八八四 辛卯卜𢓊……人又……
四〇八八五 ……卜𢓊貞……無囚……
四〇八八六 己丑卜𢇛禦司妣甲

四〇八八六　己丑：禦：
四〇八八七　：丑卜糾：庚我有事
四〇八八八　己酉卜竹有冊允
四〇八八八　：丑卜田：亩鹿
四〇八八九　丁未卜貞婦禾嘉四月
四〇八八九　：嘉：丁巳嘉
四〇八八九　：卜東土其艱
四〇八九〇　（習刻）
四〇八九〇　（習刻）
四〇八九〇　（習刻）
四〇八九〇　（習刻）
四〇八九一　（習刻）
四〇八九一　（習刻）
四〇八九一　（習刻）
四〇八九一　（習刻）
四〇八九一　（習刻）
四〇八九一　（習刻）
四〇八九一　（習刻）
四〇八九一　（習刻）
四〇八九一　（習刻）
四〇八九一　（習刻）
四〇八九二　己丑：庚寅：暘日：大雨
四〇八九二　：卜不暘日
四〇八九二　乙未不雨
四〇八九三　：子于卜至羊于妣己賓歲
四〇八九三　癸：
四〇八九四　丙子卜貞雀：旬又五日𦎫：喜：
四〇八九五　己卯卜：貞今夕師：
四〇八九六　辛巳卜弜𠂤[illegible]丕[illegible]循果若
四〇八九七　戊戌：我牛于：川[illegible]
四〇八九八　：不𠊛
四〇八九九　戊：貞：[illegible]：
四〇九〇〇　：：亥　丙子　丁丑　戊寅　：
：丑　丙寅　丁卯　戊辰　己：
四〇九〇一　己未卜：王惟出：[illegible]
四〇九〇二　：卜：其獲：不：
四〇九〇三　庚辰卜貞鼓無奏
四〇九〇四　：成：丁
四〇九〇五　壬：征：獲：龜三：
四〇九〇六　癸：不：令：[illegible]：
四〇九〇七　其三十龜允三十
四〇九〇七　其三十龜允三十　二告
四〇九〇七　[illegible]
[illegible]
四〇九〇八　壬午卜貞王其
四〇九〇八　壬午卜貞王其

四〇九〇八　壬午卜：
四〇九〇八　：東
四〇九〇八　：在利東
四〇九〇八　：雨
四〇九〇八　：木鼓
四〇九〇八　：鹿
四〇九〇八　鹿
四〇九〇九　（僞刻）
四〇九一〇　戊辰貞亞尸亐王無[illegible]四月
四〇九一一　庚申卜祝貞令並衆衛十二月
四〇九一二　：乙巳侑于母辛宰又一牛十月
四〇九一二　：卯侑于母辛三宰箙一牛羌十
四〇九一二　：龏𢀛先酌翌：
四〇九一二　：歲十月
四〇九一三　：有：執羌其用在四月
四〇九一四　乙巳卜出貞其禦王盟五牛冊羌五：
五
四〇九一四　貞令：畄伯于：敦
四〇九一五　甲寅卜：貞翌乙卯其告于毓祖乙其
有羌三人
四〇九一五　五人
四〇九一六　：于毓祖乙其有羌
四〇九一七　：旅：其有：羌在二月
四〇九一八　癸丑卜：貞母癸：其有羌：
四〇九一八　：丑卜：母癸：王其賓
四〇九一九　貞羌
四〇九二〇　：申貞[illegible]來：妣其用暮于：
四〇九二一　：卜貞王賓：𢦏自上甲至于：毓無𡆥
：六月惟：
四〇九二一　：卯卜貞王賓：自匚丙至于多：衣無
尤在：月
四〇九二二　癸丑卜：貞乞酌：大乙衣至：多毓
無𡆥：
四〇九二二　庚申卜即貞翌辛酉乞酌翌乇自上甲
衣至于多毓無𡆥三月
四〇九二三　：巳卜：賓：上甲至：無尤
四〇九二四　庚辰卜旅貞嬴不既𢓊其亦尋：其
𢦏賓于上甲
：卜：
四〇九二五　：賓：上甲
四〇九二五　壬午卜中貞曰其敦九月
四〇九二六　丁亥卜大貞卜曰其有𢦏歲自上甲王
乞：
四〇九二六　辛亥卜大貞王其：妣[illegible]敦：
四〇九二七　乙酉卜貞翌丁亥𠦪來人其ㄓ自上甲

又其人其…
四〇九二八 癸巳…貞旬…甲午…
四〇九二八 癸卯卜王旬無囚甲辰鬯延祭于上甲
四〇九二八 …王…囚…祭上甲
四〇九二九 癸…貞今…
四〇九二九 甲申卜秉貞今夕無囚
四〇九二九 乙酉卜秉貞今夕無囚
四〇九二九 …卜中…惟上甲…用…
四〇九三〇 乙丑卜尹貞王賓匚乙翌無尤
四〇九三一 甲…貞…
四〇九三一 乙酉卜行貞王賓匚乙彡無尤在十月
四〇九三一 …酉卜行貞王賓叙…尤
四〇九三二 丙戌卜行貞王賓匚丙彡無尤在十一月
四〇九三三 …上甲…
四〇九三三 丙…貞王…匚丙…尤
四〇九三四 壬寅…貞王…示壬…無…
四〇九三四 …行…王賓…無尤
四〇九三五 乙未…貞王…唐…不遘…
四〇九三六 …子卜貞王賓大乙…無尤
四〇九三七 癸未…貞旬無…在四月…彡…
四〇九三七 癸巳卜王貞旬無囚在四月遘示癸彡
乙未彡大乙
四〇九三七 癸卯卜王貞旬無囚在五月甲辰彡大甲
四〇九三七 癸丑卜王貞旬無囚在五月甲寅彡小甲
四〇九三七 …貞…五月
四〇九三八 …卜貞…大丁彡…
四〇九三九 貞…
四〇九三九 丙子卜行貞翌丁丑翌于大丁不遘
雨在三月
四〇九三九 貞其雨在三月
四〇九三九 …卜行…乙亥…大丁不…三月
四〇九四〇 …卜貞…大丁…翌…
四〇九四一 乙酉卜王曰…
四〇九四一 癸巳…王曰貞…甲午…于大甲…壱
在…
四〇九四二 甲子卜㕣貞王賓…
四〇九四二 甲申…㕣貞…賓大甲…無…
四〇九四三 甲申…貞王…小甲祭…
四〇九四四 己酉…貞翌…翌…無壱
四〇九四四 丁巳卜行貞翌戊午翌于大戊無壱
四〇九四四 …行…卯…丁
四〇九四五 戊寅卜貞今夕無囚
四〇九四五 …旅…大戊…囚
四〇九四六 …尤
四〇九四六 丙寅卜貞王賓仲丁彡夕無囚

四〇九四六 貞無尤
四〇九四七 癸…貞…仲丁…
四〇九四七 …行…賓…
四〇九四八 壬申卜旅貞王賓卜壬魯無尤在八月
四〇九四八 …卜…貞王…魯
四〇九四九 辛亥…貞王…卜壬戠…
四〇九四九 辛亥…貞…埶…
四〇九四九 …宗…用
四〇九五〇 辛…貞…
四〇九五〇 甲辰卜行貞王賓戔甲魯無尤
四〇九五〇 …辰卜行貞王賓叙無尤在十月
四〇九五一 甲…貞…叙…
四〇九五一 甲…貞…
四〇九五一 乙巳卜行貞王賓祖乙歲三宰暨小乙
歲二宰無尤
四〇九五一 …巳卜行…王賓…無尤
四〇九五二 乙巳…貞王…祖乙歲…尤
四〇九五二 …即…賓…
四〇九五三 辛…旅…賓…叙…
四〇九五三 …卜旅…賓祖乙…
四〇九五四 貞祖乙歲…鬯母…
四〇九五五 戊…
四〇九五五 貞在祖乙六月
四〇九五五 …寅卜即…翌己卯…牡
四〇九五六 貞…
四〇九五六 …卜即…
四〇九五六 …祖乙其以毓祖乙
四〇九五七 乙酉卜旅貞王其田于…往來無災在
一月之乙酉彡于祖乙有…
四〇九五七 …未卜旅貞王其田于來無災在二月
四〇九五八 己…王…
四〇九五八 庚午卜尹貞王賓叙無尤
四〇九五八 …祖乙…
四〇九五九 辛卯卜大貞王賓祖辛歲無尤…
四〇九五九 戊辰卜大貞王賓日無…
四〇九六〇 …王…祖辛歲無…
四〇九六一 辛酉…貞王…祖辛戠無…
四〇九六一 …無…
四〇九六二 乙酉卜出貞翌丁亥侑于丁惟𠬝?
四〇九六二 …于十月
四〇九六三 …羌甲祭…尤
四〇九六四 …叙無…
四〇九六四 乙丑…貞王…羌甲叙…
四〇九六五 戊…貞…祖丁…
四〇九六五 戊子卜旅貞王賓歲三宰無尤

四〇九六六 癸酉卜貞王賓魯甲…無尤
四〇九六七 貞…一牛
四〇九六七 貞宰
四〇九六七 貞魯甲歲惟襪
四〇九六八 …大…有…歲…壱
四〇九六八 甲戌卜…貞其…魯甲…牡
四〇九六九 辛未卜即貞王賓小辛彡無尤在正月
四〇九七〇 貞𣪊…
四〇九七〇 辛卯卜行貞王賓母辛歲宰無尤
四〇九七〇 乙未卜行貞王賓小乙歲宰無尤
四〇九七〇 …卜行…賓…無尤
四〇九七一 甲…貞…
四〇九七一 貞無尤在正月
四〇九七一 甲戌卜行貞王…小乙彡夕…乙無囚
四〇九七一 …無尤…正月
四〇九七二 辛卯卜即貞王其禦于祖三月
四〇九七三 貞勿惟…
四〇九七三 癸巳王令
四〇九七三 甲辰
四〇九七三 丁未
四〇九七三 貞弗祟王惟巫
四〇九七三 貞告于父丁
四〇九七三 己卯
四〇九七四 庚申…行貞王…小乙…
四〇九七五 …卜旅…丁未父丁莫歲其牡在八月
四〇九七五 …午卜旅貞翌丁未父丁莫歲其
勿牛
四〇九七六 貞…
四〇九七六 貞三宰
四〇九七六 貞…丁亥父丁歲牛
四〇九七七 …于父丁…歲其…
四〇九七八 …父丁歲…尤…六…
四〇九七九 …寅卜…貞翌…父丁歲…
四〇九八〇 丙子…旅貞翌丁丑父丁𠯑其勿…
四〇九八〇 …旅…歲…
四〇九八一 辛…貞…母辛…無…
四〇九八一 …尹…父丁…尤
四〇九八二 惟可用于宗父甲王受有祐
四〇九八二 弜用父甲
四〇九八二 …入于…于之…冊…
四〇九八三 …卯卜尹貞王賓祖乙奭妣己翌無尤
四〇九八四 庚子卜大貞其侑于妣庚
四〇九八四 …卜大…歲…七月
四〇九八五 …卜秉…賓妣庚…無尤四月
四〇九八六 …貞…其…

四〇九八六 …旅貞翌庚子其侑于妣庚一牛八月
四〇九八六 …卜旅貞妣庚歲其牡八月
四〇九八七 …卯卜旅貞翌庚…妣庚歲其…
四〇九八八 …巳卜…貞翌…妣庚告…
四〇九八九 …貞行…翌庚寅…比于妣庚…
四〇九九〇 己亥卜…貞妣庚…其牡…
四〇九九一 庚申卜…貞…妣庚歲𣪊無尤
四〇九九一 …子卜…貞…𣪊
四〇九九二 辛巳…貞王…往來…在九月
四〇九九二 …貞…東…災…一牛…妣壬…
四〇九九三 …貞…妣壬翌…尤
四〇九九四 …奭妣壬翌無尤
四〇九九五 壬戌卜…貞王…
四〇九九五 壬戌卜行貞王賓𣪊無…
四〇九九五 癸酉卜行貞王賓仲丁奭妣癸翌無尤在
三月
四〇九九五 癸酉卜行貞王賓𣪊無尤…四月
四〇九九六 乙巳…貞王…
四〇九九六 …大…妣…
四〇九九七 …于母己
四〇九九七 …勿…丁
四〇九九八 丁未
四〇九九八 辛亥
四〇九九八 丁未卜
四〇九九八 貞陟于丁用
四〇九九八 貞禱告徵于母辛
四〇九九八 辛酉
四〇九九八 貞其有壱
四〇九九九 丙…貞…母辛…丙…
四〇九九九 …卜大…甲寅…㞢…𣪊
四一〇〇〇 …巳卜大…其攺…于小母
四一〇〇一 戊…兄…豕…
四一〇〇二 戊…祝…今日…延…
四一〇〇三 庚子卜行貞王賓兄己彡龠𣪊無尤
四一〇〇四 辛丑卜行貞王賓兄庚…𣪊…
四一〇〇四 …無…
四一〇〇五 癸巳
四一〇〇五 丁酉
四一〇〇五 貞不惟侑示
四一〇〇五 壬辰卜大貞翌己亥侑于三兄十二月
四一〇〇五 庚子
四一〇〇六 貞其…祝惟…、
四一〇〇六 貞…夕…呼…子
四一〇〇七 …寅卜…兄庚…
四一〇〇八 …子卜貞翌丁…不…

四一〇〇八　：卜出貞：于□：
四一〇〇九　：貞盟兄丁：其賓：
四一〇一〇　己酉：貞王：仲子歲：尤在：
四一〇一〇　：行：賓：尤：月
四一〇一一　：工：
四一〇一一　甲申卜出貞令多：暨方
四一〇一一　：□
四一〇一一　癸卯卜：令莫：
四一〇一一　辛亥卜出貞令莫伯于□
四一〇一二　貞：黄：
四一〇一三　：卜出：王：
四一〇一三　：勿：十月
四一〇一四　：申卜：□：□：
四一〇一四　庚：出：無：
四一〇一五　：四月
四一〇一五　癸巳卜祝貞王：今夕：
四一〇一六　甲子：貞其延：于：
四一〇一六　：卜晦：延自：鼓：
四一〇一七　：卜中：易十月
四一〇一八　丁亥卜大貞呼般□有衛
四一〇一九　：乙未王令大：延十一月
四一〇一九　：貞：
四一〇二〇　庚午卜出貞王朱曰以□宁齊以
四一〇二一　甲子卜出貞櫜有以□于寢歸
四一〇二一　貞衣□若無左
四一〇二二　丙：
四一〇二二　丙寅卜旅貞其呼行仌非不遘方
四一〇二二　丙寅卜王
四一〇二三　丁亥卜祝貞翌辛卯侑于：
四一〇二三　癸巳卜祝貞二示祟王遣並　二告
四一〇二三　癸巳卜祝貞並來歸惟侑示
四一〇二三　癸巳卜祝貞丁辛吉永于並
四一〇二三　丁酉卜貞子弗疾有疾十月
四一〇二三　庚子卜貞其侑于五毓宰
四一〇二四　：卜出：令方：比王：在：
四一〇二五　庚寅：貞王：小𤔲：
四一〇二六　：出：乙：告：呼：
四一〇二七　癸丑卜王曰貞翌甲寅乞酌𦎫自上甲衣至于毓余一人無𡆥茲一品祀在九月遘示癸𩰫彘
四一〇二七　：祀：弜：阱
四一〇二八　癸未卜王：三𩰫甲申：自上甲至：余一人：
四一〇二八　：余一人無：
四一〇二九　：寅卜：貞余：

四一〇三〇　丙辰卜貞王出無𡆥
四一〇三一　戊午卜大貞王出：
四一〇三二　乙巳卜尹貞王出
四一〇三三　貞：
四一〇三三　戊申卜尹貞王出
四一〇三四　貞：尤：
四一〇三四　辛酉卜尹貞王出無：
四一〇三四　貞無尤在六月
四一〇三五　貞：尤
四一〇三五　丙寅卜即貞王出無𡆥
四一〇三五　貞無尤
四一〇三五　：寅卜即：賓夕：無𡆥
四一〇三六正　辛酉卜出貞王其往于：無：
四一〇三六正　：出：七月
四一〇三六反　：舌：
四一〇三七　己卯卜宁貞王步：
四一〇三八　丙：出：夕：
四一〇三八　：卜：貞今：無𡆥
四一〇三九　丁：尸：
四一〇三九　：寅卜出：六月
四一〇四〇　王其涉于：
四一〇四一　甲子：
四一〇四一　甲子卜王
四一〇四一　甲子卜王
四一〇四一　甲子卜王
四一〇四二　甲子：
四一〇四二　甲子卜王
四一〇四二　：王
四一〇四三　丁丑卜王
四一〇四三　丁丑卜王
四一〇四四　庚：貞：
四一〇四四　庚：貞：
四一〇四四　丁亥卜王
四一〇四四　：亥卜：
四一〇四五　乙未卜王在九月
四一〇四五　：未卜
四一〇四六　貞翌：未：其：
四一〇四六　：卜：
四一〇四六　甲午卜王
四一〇四七　丙申：王
四一〇四七　：未卜：九月
四一〇四八　丙：在：
四一〇四八　伊卜
四一〇四八　丙申卜王
四一〇四八　丙申卜王
四一〇四八　：申卜王

四一〇四九	壬寅卜：…
四一〇四九	…寅卜王
四一〇五〇	壬寅…
四一〇五〇	壬寅…王
四一〇五一	癸卯卜王
四一〇五一	…王
四一〇五二	甲辰卜王
四一〇五三	乙巳卜王
四一〇五三	乙巳卜王
四一〇五三	乙巳卜王
四一〇五三	…卜王
四一〇五四	壬子卜王
四一〇五四	…王
四一〇五五	…丑卜王
四一〇五六	…寅卜王其戌…
四一〇五七	…寅卜…
四一〇五七	…寅卜王
四一〇五八	戊午…王在丁亥…
四一〇五八	…卜王
四一〇五九正	…卜王…[illegible]…十二月
四一〇五九正	…戌…
四一〇五九正	（其餘偽刻）
四一〇五九反	…豕用
四一〇六〇	己丑卜…貞…若…惟其…
四一〇六〇	己丑王卜
四一〇六一	乙未王卜[illegible]延
四一〇六一	…戌…卜
四一〇六二	辛未…貞王…望…四月
四一〇六三	己酉…貞王…日不…
四一〇六四	辛亥…貞翌…王…不…
四一〇六五	戊子…貞王…戠…無…
四一〇六五	貞無…
四一〇六六正	…卜祝貞…
四一〇六六正	…卜出貞…
四一〇六六正	（其餘偽刻）
四一〇六六反	…屯小臣…
四一〇六七	戊子…貞今…延王…有曰…君…
四一〇六八	無雨
四一〇六八	戊寅卜即貞今日無來艱
四一〇六八	貞…
四一〇六九	己丑卜…貞今日…來艱
四一〇七〇	壬子…中貞…無來艱
四一〇七一	乙丑卜在師允卜
四一〇七二	甲子卜中貞祟奠在奠
四一〇七二	…中…

四一〇七三	甲辰卜…貞王旬…方十二月
四一〇七四	…出…歲…年
四一〇七五	戊…貞…災…
四一〇七五	戊辰卜尹貞王其田無災在正月在危卜
四一〇七五	…卜尹…其步…斿無…
四一〇七六	乙亥卜即貞王其田無災在…
四一〇七六	…卜即…其田…災
四一〇七七	…王其…無災…于大…
四一〇七八	辛卯…王其田于…無災
四一〇七九	辛酉卜…貞王其田無災
四一〇七九	…尹…
四一〇八〇	庚午卜出貞王其田無…
四一〇八〇	辛未卜…貞王其…
四一〇八一	…勿…狩
四一〇八二	十牢
四一〇八三	乙…貞…其牡…
四一〇八四	貞牝一月
四一〇八五	貞…
四一〇八五	貞牝一月
四一〇八六	貞…
四一〇八六	貞五牢
四一〇八七	…貞…牢…五月
四一〇八八	…示九月
四一〇八八	…牢一牛
四一〇八八	…室于牢
四一〇八八	…于出…
四一〇八九	…卯卜…在三月
四一〇九〇	貞不其…在十月
四一〇九一	丁卯卜出貞今日夕有雨于盟室牛不
	用九月
四一〇九一	貞…
四一〇九二	貞其雨在七月
四一〇九三	貞其雨九月
四一〇九四	丙申卜行貞自今日至于戊戌不雨
四一〇九四	貞其雨
四一〇九五	乙亥卜出貞今日不雨
四一〇九五	…雨
四一〇九六	…辰卜㕣…今夕…雨
四一〇九七	庚戌…貞今夕…雨
四一〇九八	貞今夕其雨
四一〇九九	貞今夕不雨
四一一〇〇	貞今夕不雨
四一一〇一	貞今夕不雨
四一一〇二	…雨
四一一〇二	貞今其雨

四一〇三　壬申卜貞翌癸酉不雨
四一〇三　…今夕其雨
四一〇三　甲申卜出貞今夕無囚
四一〇四　貞今夕不其雨
四一〇四　…商…
四一〇五　貞今夕不其…
四一〇六　貞…雨
四一〇六　…囚
四一〇七　…寧雨在七月
四一〇八　…卜出…翌丁…暘日
四一〇九　壬…
四一〇九　貞从日
四一一〇　貞其有…
四一一一　…午卜出…侑于…牛八月
四一一二　丁卯卜出貞其侑于惟室今日夕酢
四一一三　己亥卜出貞自今五…王其侑…
四一一四　貞其…
四一一四　…惟侑
四一一五　庚子卜侑
四一一六　…貞…叙…在…
四一一六　壬寅卜尹貞王賓…執…無…
四一一七　癸卯卜旅貞王賓…
四一一八　戊申…旅貞王賓大戊奉五牛…盡無尤
在十月
四一一九　…亥卜…羸不既…亦奉…酢…
四一二〇　…叙…
四一二〇　…寅卜設貞王賓…彡無尤
四一二一　…行…乙酉彡…
四一二二　癸亥卜貞王賓歲無尤
四一二二　貞王賓叙無尤
四一二二　庚寅　辛卯
四一二三　戊申…貞王…叙…
四一二三　庚戌卜行貞王賓…歲二宰叙無尤
四一二四　辛巳卜行貞王賓…歲叙無尤
四一二五　甲寅…貞翌…乞酢…歲其有…無壱
四一二五　…卜即…王賓…歲無…
四一二六　…歲…無尤…月
四一二六　…卜旅…王賓…歲暨…歲無尤在
二月
四一二七　甲午…貞王…叙…
四一二七　…子卜旅…王賓…歲宰…尤
四一二八　己丑…貞王…叙無尤
四一二八　…卜旅…賓…歲…無…
四一二九　庚辰…王賓…歲暨…
四一三〇　壬午卜旅貞李歲王其賓
四一三一　…旅…

四一三一　庚寅卜旅貞王賓妣歲無尤七月
四一三二　庚寅…旅貞王賓妣歲…
四一三三　…卜旅…妣歲…[illegible]…一牛
四一三四　甲寅…貞王…歲無…
四一三四　…丑卜…貞其…于妣…十三月
四一三五　…以歲…牛七月
四一三五　（其餘僞刻）
四一三六　…歲…
四一三六　貞以酢歲十三月
四一三七　己丑卜出貞延歲于…宰…
四一三八　癸丑…歲…
四一三九　貞…歲…
四一三九　貞宰
四一四〇　…卜即…于歲…四月
四一四一　…貞…歲…尤
四一四二　…歲…尤
四一四三　乙…貞…
四一四三　貞母
四一四三　…即…歲…
四一四四　丁酉卜大貞王賓叙無尤九月
四一四四　庚子大貞王賓叙無尤九月
四一四四　丁酉卜大貞王賓無尤九月
四一四五　戊寅卜…貞王…父丁禀…尤于丁…
四一四五　戊寅卜旅貞王賓叙無尤
四一四五　…寅卜旅…王賓…無囚
四一四六　丙申卜…貞王賓…叙無…
四一四七　庚申卜尹貞王賓叙無尤
四一四八　貞…
四一四八　…尹貞…賓…叙…尤
四一四九　貞王賓叙無尤
四一五〇　丁卯…貞王…叙無尤
四一五〇　…子卜宁貞王賓叙無尤
四一五一　貞王賓叙無尤
四一五二　乙丑卜貞王賓…無尤
四一五二　貞王賓叙無尤
四一五三　丙…無…
四一五三　…卜貞…王賓…無尤
四一五三　…貞…叙…尤
四一五四　…尹…王賓叙…尤…自木
四一五五　…卜貞…賓…叙…尤
四一五六　庚辰卜…貞王…叙無…在五月
四一五七　…子卜大…其叙…惟羊
四一五八　貞…燎歲…用七月
四一五八　癸亥卜大貞侑…丁十宰
四一五九　辛亥…王賓…燎無…

四一六〇 貞…
四一六〇 …丑卜即…賓蓺…惟…
四一六一 甲子
四一六一 癸亥
四一六一 乙丑
四一六一 戊子
四一六一 丙戌
四一六一 貞其有不若
四一六一 貞于來丁酉彰大史昜日八月
四一六一 戊子卜出貞羞吉十人八月
四一六二 壬午卜兄貞其烝于…癸
四一六三 辛丑卜行貞王賓蓺禱無𡆥
四一六三 貞無尤
四一六三 …卜行貞王賓戠無𡆥
四一六四 丁酉卜貞王賓蓺禱無…
四一六五 貞…
四一六五 貞無尤
四一六五 乙巳卜貞王賓蓺禱無𡆥
四一六六 貞王賓蓺禱無𡆥
四一六七 …卜兄貞…蓺禱…
四一六八 甲戌卜行貞王賓夕禱…𡆥
四一六九 庚寅卜出貞王賓夕禱…
四一六九 貞無𡆥四月
四一七〇 貞其雨
四一七〇 丁亥卜行貞今日不雨
四一七〇 貞其雨
四一七〇 庚午卜行貞王賓夕禱無𡆥
四一七〇 貞無尤
四一七一 貞無…在…
四一七一 乙卯卜尹貞王賓夕禱無𡆥
四一七二 癸卯卜…貞王…夕禱…
四一七二 貞無尤在…月
四一七三 癸丑卜出貞王賓夕禱無𡆥
四一七三 貞無尤
四一七三 …行…賓…禱…在十月
四一七四 丙辰…貞王賓夕禱…
四一七四 貞無尤
四一七四 …賓…禱…
四一七五 …賓夕禱無尤
四一七五 …賓…禱…尤八月
四一七六 丙…貞…出…𡆥
四一七六 …卜喜…賓…禱…𡆥
四一七七 壬辰卜王貞今夕無𡆥四…
四一七七 癸巳…王貞翌甲午禱無𡆥四月
四一七七 …王…

四一七八 丙子卜旅貞王賓禱無𡆥
四一七八 …卜旅…
四一七九 丙午卜旅貞王賓夕禱無𡆥
四一八〇 …卜旅…賓…禱…
四一八一 乙亥…貞王賓禱無𡆥
四一八二 癸巳…貞王…禱無…
四一八三 甲戌…伐…禱…
四一八四 己丑卜𥝩貞其禱告于大室
四一八四 …其…
四一八五 貞禱告
四一八六 …卜出…禱…
四一八七 甲寅卜…貞王賓祭無…
四一八八 乙卯…旅貞王賓祭無𡆥
四一八八 …旅…賓…𡆥
四一八九 …卜…王賓祖祭㪉無尤
四一八九 貞無尤
四一九〇 戊申卜…貞王賓㫚無…
四一九〇 …申卜旅…王賓…無…
四一九一 …賓…㫚…
四一九二 丙午…旅貞…舌于…無…
四一九三 貞…舌…
四一九三 貞弜五月
四一九三 庚戌卜即貞舌于丁牡
四一九四 甲申卜…貞翌乙…舌于唐
四一九五 …口惟王祟有舌五月
四一九六 貞翌癸…
四一九六 …于…衣無…七月
四一九七 戊辰…旅貞…出無…
四一九七 貞無尤十一月
四一九七 戊寅卜旅貞王賓戠無𡆥
四一九八 貞無尤
四一九八 戊戌卜旅貞今夕無𡆥
四一九八 戊申卜旅貞王賓歲?無𡆥
四一九八 貞無尤
四一九八 …申卜旅…今夕…𡆥
四一九九 丁巳卜旅貞王賓戠無𡆥
四一九九 …尤
四二〇〇 癸卯卜旅貞王賓戠無𡆥
四二〇一 癸未卜尹貞王賓戠無𡆥
四二〇二 貞無尤
四二〇二 丙戌卜尹貞王賓戠無𡆥在三月
四二〇三 戊午…貞王…
四二〇三 戊午卜尹貞王賓戠無𡆥
四二〇三 貞無尤三月
四二〇四 丁酉卜喜貞王賓戠無𡆥

四一二〇四 ……卜喜……出
四一二〇五 戊子卜行貞王……戠……𡆥
四一二〇五 貞無尤
四一二〇六 貞無……在九月
四一二〇六 ……卜行……王賓……戠……𡆥
四一二〇七 丙辰卜……貞王賓龠……尤
四一二〇七 ……尹……賓……龠……尤
四一二〇八 ……亥卜……王賓……𠬝無……在十一月
四一二〇九 ……行貞王賓……卯十宰……在?……
四一二一〇 乙未卜尹貞王賓……
四一二一一 ……丑……大……王賓……
四一二一一 庚子王……
四一二一二 ……貞……
四一二一二 ……戌卜行……王賓……
四一二一三 ……卜行……王賓……
四一二一四 貞其𢦏帝甲告其弘二牛
四一二一五 ……出貞翌……亥彡匚于……丁十月
四一二一六 貞于辛酉彡十二月
四一二一七 ……卯卜出貞匚無尤九月
四一二一八 癸……用……在……
四一二一八 ……十一月
四一二一九 ……未卜……王受……桒……河二宰……丁其彡
四一二二〇 癸巳卜王貞旬無𡆥
四一二二一 癸巳……貞旬無……
四一二二一 癸卯卜王貞旬無𡆥
四一二二一 癸丑卜王貞旬無𡆥
四一二二二 ……卜王……無𡆥
四一二二二 癸卯……貞……
四一二二二 癸丑卜王貞旬無𡆥在正月
四一二二二 ……卜王……旬無𡆥在正月
四一二二三 癸丑……貞旬……
四一二二三 ……卜王……無𡆥
四一二二四 ……二月
四一二二四 癸未王卜貞旬無𡆥二月
四一二二四 癸巳王卜貞旬無𡆥二月
四一二二四 ……卜王
四一二二五 （習刻）
四一二二五 （習刻）
四一二二五 （習刻）
四一二二五 （習刻）
四一二二五 （習刻）
四一二二五 （習刻）
四一二二五 （習刻）
四一二二六 癸……旬無……
四一二二六 癸亥卜大貞旬無𡆥

四一二二六 ……卜大……無𡆥
四一二二七 ……大……幼無𡆥二月
四一二二八 （僞刻）
四一二二九 癸酉……出……旬……
四一二三〇 癸……出……無……
四一二三〇 癸亥卜出貞旬……𡆥
四一二三〇 癸酉卜……貞旬無𡆥
四一二三一 癸……卜出貞旬無𡆥三月
四一二三二 貞……不……
四一二三二 ……出……無𡆥九月
四一二三三 癸未卜祝貞旬……𡆥
四一二三三 癸巳卜祝貞旬無𡆥三月
四一二三三 癸酉卜貞旬無𡆥
四一二三三 癸酉卜祝貞旬無𡆥
四一二三三 癸未卜出貞旬無𡆥四月
四一二三三 ……卜……旬
四一二三四 癸……
四一二三四 癸酉卜祝貞旬無𡆥
四一二三五 癸……祝……
四一二三五 ……貞……無𡆥
四一二三六 癸……旬……
四一二三六 癸卯貞旬無𡆥十一月
四一二三六 ……𡆥十一月
四一二三六 癸酉卜兄貞旬無……
四一二三六 癸巳卜貞旬無𡆥
四一二三七 ……無……
四一二三七 癸……貞旬無𡆥十二月
四一二三七 癸酉卜即貞旬無𡆥一月
四一二三七 ……卜即……無……
四一二三八 癸丑……貞旬無……
四一二三八 癸亥卜旅貞旬無𡆥
四一二三九 癸未卜行貞旬無𡆥在九月
四一二三九 癸巳卜行貞旬無𡆥在九月
四一二三九 癸卯卜行貞旬無𡆥在十月
四一二三九 ……行……無𡆥
四一二四〇 癸未……貞旬……𡆥
四一二四〇 癸巳卜行貞旬無𡆥在七月
四一二四一 癸……
四一二四一 癸巳卜行貞旬無𡆥在正……
四一二四一 ……未卜行……無𡆥……月
四一二四二 ……尹……旬無𡆥
四一二四三 癸卯……
四一二四三 癸丑卜行貞旬無𡆥在十一月
四一二四三 癸亥卜行貞旬無𡆥在十一月
四一二四三 癸酉卜行貞旬無𡆥在十一月

四一二四四 癸亥…尹…旬…𡆥…
四一二四四 …卜…旬…𡆥…十二月
四一二四五 …尹貞…無…
四一二四六 癸…貞…
四一二四六 癸丑卜旨貞旬無𡆥在七月
四一二四七 癸丑…貞旬…在四月
四一二四八 癸巳…貞旬…在五月
四一二四九 辛未卜中貞今日辛未至于翌乙亥
無𡆥王曰吉二月
四一二四九 乙亥王卜中延
四一二五〇 丙…貞…
四一二五〇 乙丑卜禾貞今夕無𡆥
四一二五一 辛…禾…夕…𡆥…
四一二五一 壬寅卜禾貞今夕無𡆥四月
四一二五一 癸卯卜禾貞今夕無𡆥四月
四一二五一 …禾…
四一二五二 庚戌…出貞今夕無𡆥
四一二五三 己卯…貞…無…
四一二五三 庚辰卜行貞今夕無𡆥
四一二五三 辛巳卜行貞今夕無𡆥
四一二五四 癸卯卜喜貞今夕無𡆥在八月
四一二五四 甲辰卜喜貞今夕無𡆥在八月
四一二五四 …卜禾…夕無𡆥
四一二五五 癸…貞…
四一二五五 甲戌卜行貞今夕無𡆥
四一二五五 乙亥卜行貞今夕無𡆥
四一二五五 丙子卜行貞今夕無𡆥在九月
四一二五六 丙午卜行貞今夕無𡆥在五…
四一二五六 丁未卜行貞今夕𡆥在五月
四一二五六 貞…𡆥
四一二五六 …行…夕…
四一二五六 貞今無𡆥在五月
四一二五七 甲子卜…貞今…無𡆥
四一二五七 …丑卜行…今夕…𡆥在…
四一二五八 庚申…
四一二五八 辛酉卜尹貞今夕無𡆥
四一二五八 癸亥卜尹貞今夕無𡆥
四一二五九 庚…貞…無𡆥
四一二五九 辛丑…尹貞今夕無𡆥
四一二五九 壬寅卜尹貞今夕無𡆥在七月
四一二五九 癸卯卜尹貞今夕無𡆥
四一二五九 …尹…夕…
四一二六〇 …寅卜尹貞今夕無𡆥在十月
四一二六〇 …𡆥
四一二六一 …丑卜尹…今夕…𡆥
四一二六二 …卜旅…今夕…在正月

四一二六三 …尹…夕無𡆥…六月
四一二六四 …寅卜旅…今夕…
四一二六四 乙酉…貞今…無…
四一二六五 無尤
四一二六五 …卜旅…夕無𡆥
四一二六六 …卜旅…今夕無…在十二月
四一二六七 己未卜…貞今夕無𡆥
四一二六七 …貞…無𡆥
四一二六八 癸亥…貞今夕無𡆥四月
四一二六九 癸卯卜…貞…夕無𡆥
四一二七〇 癸…貞…夕…
四一二七〇 貞無尤
四一二七一 …巳卜禾…今夕…言
四一二七一 貞今…王皿…
四一二七二 己未卜王貞今夕無尤
四一二七二 …卜王貞今…尤
四一二七三 …無…
四一二七三 …無…
四一二七三 …卜王…夕…尤
四一二七四 …無尤四月
四一二七四 …貞…在…
四一二七五 …無尤三月
四一二七六 …無…五月
四一二七六 …無尤
四一二七七 貞…
四一二七七 貞無尤在八月
四一二七七 …卜尹…出…𡆥
四一二七八 貞…
四一二七八 貞無尤七月
四一二七八 …無…
四一二七九 …無尤十一月
四一二八〇 貞無尤
四一二八一 貞…鬼
四一二八一 貞…吉
四一二八二 貞惟吉在六月
四一二八三 貞惟鬼
四一二八四 …惟鬼
四一二八五 貞…鬼
四一二八六 辛巳…貞今…
四一二八六 辛巳卜禾貞惟孽
四一二八六 …卜…
四一二八七 貞…自…八月
四一二八七 貞弜延八月
四一二八八 貞弜延九月
四一二八九 貞弜延

四二九〇　貞女在十一月
四二九一　貞女…
四二九二　…貞來…大帚…𠀠…丁…
四二九三　…魚…𢿙…
四二九四　戊…出…己…魚…
四二九五　貞…孽…
四二九六　貞…令…
四二九六　…不…傲
四二九七　…[illegible]…
四二九八　…酉…多…
四二九八　…不…
四二九九　（習刻）
四二九九　（習刻）
四二九九　（習刻）
四二九九　（習刻）
四三〇〇　…其爯王…
四三〇一　…卜宁…王…
四三〇二　…申…王…以…
四三〇二　…卜?于…生月…
四三〇三　庚申…貞…
四三〇三　丁未卜酌圍伐百羌…官
四三〇三　丁未貞無芒在囚
四三〇三　癸丑夕卜[illegible][illegible]日迺酌圍羌
四三〇三　癸丑卜弜[illegible]酌圍羌
四三〇三　乙亥…
四三〇三　甲申卜不延雨
四三〇四　弜有
四三〇四　其有羌王受祐
四三〇四　十五人
四三〇五　叙甇
四三〇五　其有羌三月
四三〇五　…祐
四三〇六　其五十人
四三〇七　十人又五
四三〇八　于翌日旦大雨
四三〇八　[illegible]伐不大雨
四三〇九　惟翌日庚辛?桒贏上甲…五牛
四三〇九　…酌
四三一〇　…有以上甲三牢
四三一一　其用舊柵有[illegible]于大乙受有祐
四三一一　其…舊柵惟翌日乙亥酌王受有祐
四三一二　自祖乙
四三一二　自大乙王受有祐
四三一三　…大乙惟…
四三一四　…用…妣…祖乙…惟羊
四三一五　…寅…用…犬…妣辛…
四三一五　貞…犬…祖乙…
四三一六　…寅貞祖辛日遘
四三一七　庚子…貞其…[illegible]日…
四三一七　庚子卜暊貞其利[illegible]羊
四三一七　…卜暊…祖丁…湔
四三一八　于祖丁
四三一九　…衣遘…小甲翌…
四三二〇　丁巳…
四三二〇　自毓祖丁王受有祐
四三二〇　中宗王受有祐
四三二一　…祖…用…
四三二二　甲午卜暊貞祀中酌正在十月二
四三二二　…左…正
四三二三　己巳卜其侑父庚…吉
四三二三　…王…
四三二四　壬子卜父甲木丁于湡
四三二四　（其餘偽刻）
四三二五　己卯卜父甲木丁勿牛
四三二六　戊寅…父戊…歲惟…
四三二七　…丑卜…𢓊…父…
四三二八　癸丑…翌甲…侑父…
四三二八　…寅卜何…其宰
四三二九　戊寅卜燎白犬卯牛于妣…
四三三〇　…申卜…左歲…乙妣辛[illegible]
四三三一　庚子卜多母弟暨酌?[illegible]　大吉
四三三一　弜暨酌?[illegible]　吉
四三三一　惟茲…
四三三二　（習刻）
四三三三　…子卜宁…
四三三四　…子卜宁…王賓…[illegible]…
四三三五　甲戌卜貞…
四三三五　丙子…
四三三五　（其餘偽刻）
四三三六　…卜何貞…[illegible]惟…遘雨
四三三七　…王[illegible]…吉[illegible]…
四三三八　乙卯…王步…今日…
四三三八　（其餘偽刻）
四三三九　乙亥卜何貞王不遘雨
四三四〇　辛卯…入射于[illegible]
四三四一　戍其得毋歸
四三四一　戍其歸呼騽王弗悔
四三四一　其呼戍禦羌方于義則𢦏羌方不喪衆
四三四一　于濘帝呼禦羌方于之𢦏

四一三四二　：：弘吉
四一三四二　首吉
四一三四二　丙戌戍及方于箙　吉
四一三四三　甲午卜暊貞其于東
四一三四四　：：年
四一三四五　：狩無災
四一三四六　王惟：省：災
四一三四六　：狩：災
四一三四七　弜射其悔
四一三四八　貞王射竹鹿無災擒
四一三四八　貞馬呼射擒
四一三四八　：其至：麸無災
四一三四九　辛王其田：麸擒
四一三四九　不擒
四一三四九　：王其敝：阩無災
四一三五〇　：王其射𦏧麋惟逐無：
四一三五一　戊寅卜：王其轡阩：吊
四一三五一　乙巳卜貞王其田羌無災擒鹿十又五
四一三五二　翌日壬王其田：
四一三五三　：王其田弗悔
四一三五四　：田：
四一三五四　：王其田藝：
四一三五五　：卜狄：田往：災
四一三五六　貞：峕：菊：災
四一三五六　：卜狄：其田：災　大吉
四一三五七　貞：災
四一三五七　：惟田：災不：
四一三五八　惟斿田無：
四一三五八　：歔：無災
四一三五九　：自：延：田：災
四一三六〇　：𧻚田：災
四一三六〇　弜田
四一三六一　：翌日乙王其戋：　弘吉
四一三六二　翌乙王其戋于向無災
四一三六二　其遘大雨
四一三六三　翌日戊王其戋：
四一三六四　：于宮?無災
四一三六四　甲申卜翌日乙王其戋于梌無災
四一三六五　：未卜其：不雨
四一三六五　：日戊王其戋于囚無：
四一三六六　于盂無災
四一三六六　于盂無災
四一三六六　于宮無災
四一三六六　于宮無災
四一三六六　翌日戊王其戋于向無災

四一三六六　于喪無災
四一三六七　于盂
四一三六七　于宮
四一三六七　于盂?
四一三六八　惟盂田省無災
四一三六八　：田盂至麸：災
四一三六九　从盂無災
四一三六九　王其从：無：
四一三七〇　：宮田省無災
四一三七一　于：
四一三七一　于宮
四一三七二　于：
四一三七二　：宮無災
四一三七二　弘吉
四一三七二　：災
四一三七三　于宮無災
四一三七四　于宮無災
四一三七四　：盂：鹿
四一三七五　：惟宮田：災
四一三七六　从喪無災
四一三七七　：喪：災
四一三七八　：盂：
四一三七八　于喪：
四一三七九　：其惟：喪：
四一三八〇　：今日：其戋：
四一三八〇　于梌無災
四一三八〇　于尋無災
四一三八〇　不雨
四一三八一　：田無災
四一三八二　：于向無：
四一三八三　：省無災
四一三八三　：其：
四一三八四　惟羊
四一三八四　吉
四一三八四　吉
四一三八五　惟羊
四一三八五　惟小宰
四一三八五　惟牛
四一三八五　：大：
四一三八六　：牛
四一三八六　惟小宰
四一三八七　十宰又五王：
四一三八七　：宰：王受：
四一三八八　癸丑：
四一三八八　九月

四一三八八　：舍：宰
四一三八九　：牛二在四月王：
四一三九〇　其十曰又五
四一三九一　：午卜貞：來庚：
四一三九二　：卜今日：于：
四一三九三　丁丑卜：貞今：于翌：雨
四一三九三　：貞：雨
四一三九四　：卜口：卯翌：遘：五月
四一三九五　翌日戊：不雨
四一三九六　貞不雨
四一三九六　貞不雨
四一三九七　己丑卜壬辰雨
四一三九八　壬雨
四一三九八　不雨
四一三九九　：日辛不雨
四一四〇〇　惟羊有大雨
四一四〇〇　惟黃牛有大雨
四一四〇一　：黑羊有大雨
四一四〇二　不遘大雨
四一四〇二　其遘大雨
四一四〇三　：今夕不：啓
四一四〇四　：于二必惟：
四一四〇五　：于升：小宰：曰弘吉
四一四〇六　庚午卜：貞其侑：牛
四一四〇七　丙辰：貞翌：其侑：
四一四〇七　：祝：
四一四〇八　弜至酌有大雨
四一四〇九　：其侑夕歲惟牛王受：
四一四〇九　：宰王受有祐
四一四〇九　：莫歲
四一四一〇　于彡衣廼有□王受祐
四一四一〇　：卯：酉遘：采啓：王受祐
四一四一一　庚子：
四一四一一　弜燎于閃無雨
四一四一一　其燎于雪有大雨
四一四一一　弜燎無雨
四一四一一　惟閃燎酌有雨
四一四一二　雪暨闇酌有雨
四一四一二　叙嫠
四一四一二　其延歲惟宰
四一四一三　：牛
四一四一三　惟：酌：大雨
四一四一三　惟辛巳酌此有大雨
四一四一四　：其祝于：
四一四一五　庚子卜：貞王賓：無：

四一四一五　：在：
四一四一六　辛酉卜宁貞王賓夕：
四一四一七　癸酉卜：貞王賓夕?無：
四一四一八　：其戠
四一四一八　：戠牛：
四一四一九　：戠牛：用
四一四一九　：牛：
四一四二〇　：卷一卣
四一四二一　惟羊有正
四一四二一　惟勿牛有正
四一四二二　于𩫖東伊田有正
四一四二二　弜于𩫖王其悔
四一四二二　于鹿丞有正
四一四二二　弜于：
四一四二三　：卜今日湄日王：
四一四二四　弜勿
四一四二五　吉
四一四二五　吉
四一四二五　吉　茲用
四一四二六　：宰
四一四二六　大吉
四一四二六　吉
四一四二六　从：
四一四二七　大吉　茲用
四一四二八　：三宰王受祐
四一四二九　：宰王受祐
四一四二九　：弦王受祐
四一四二九　吉
四一四三〇　：卯卜何貞旬無𡆥
四一四三一　癸：旬無：
四一四三一　癸丑卜何貞旬無𡆥一月
四一四三一　癸亥卜何貞旬無𡆥一月
四一四三一　：卜：旬：
四一四三二　癸卯：貞旬無：
四一四三二　：壴?：
四一四三三　：卜[illegible]：旬無𡆥
四一四三四　癸酉卜卯貞旬無𡆥
四一四三四　庚：貞：
四一四三五　：出：無?𡆥
四一四三六　丙辰卜何貞今夕無𡆥十月
四一四三七　丁丑卜何貞今夕無𡆥
四一四三八　：卜彭：今夕：𡆥
四一四三九　庚申卜彭貞今夕無𡆥
四一四四〇　庚寅卜口貞今夕無：
四一四四一　辛亥卜暊貞今夕無𡆥

四一四四二　：：串卜卯：今夕：：
四一四四三　丁酉：貞今：囚
四一四四四　戊寅卜專貞今夕：：
四一四四五　丙子：：
四一四四五　壬午卜：告：：
四一四四六　貞：：
四一四四六　貞：：
四一四四六　敎𤕤
四一四四七　惟祝上甲：屮：：
四一四四八　：：𠰔：尤
四一四四九　：：其遘：𡿧：：
四一四五〇　：：帝：：
四一四五一　：：豚：：
四一四五二　：：弗：雨
四一四五三　：：利：：
四一四五四　其弜西伐衆
四一四五四　貞王：衆北：北至：：
四一四五五　其喪衆
四一四五五　：：喪：：
四一四五六　甲午：其有伐于祖乙十：：
四一四五六　甲午卜毓祖乙伐十羌又五　兹用
四一四五六　己亥卜母己歲惟壯
四一四五六　五十羌
四一四五七　甲寅上甲屮伐羌十五月
四一四五八　（僞刻）
四一四五九　癸巳貞：二羌一牛
四一四五九　十牛又五
四一四五九　十牛
四一四六〇　丁亥貞：來羌
四一四六一　丙：屮：：
四一四六一　己卯貞遘來羌其用于父：：
四一四六一　己未今日雨
四一四六一　不雨
四一四六二　有羌
四一四六二　𢍰有羌
四一四六二　：：牛
四一四六三　二牢
四一四六三　三牢
四一四六三　五牢
四一四六三　有羌
四一四六三　弜有羌
四一四六四　：：貞：丁以羌
四一四六四　：：用
四一四六四　乙亥貞有屮伐弜：于：：
四一四六五　癸亥于先羌入

四一四六五　：：示弜先𨸏羌
四一四六六　：：羌
四一四六七　：：四燎：：
四一四六七　：：匚于：羌：：
四一四六八　貞其有匚于上甲
四一四六八　貞其有匚于上甲
四一四六八　：：六羊燎：：
四一四六九　：：于上甲四牢
四一四七〇　：：歲于上甲　兹：：
四一四七一　：：上甲魯無𡆥
四一四七二　貞上甲歲：：
四一四七三　癸：其：：
四一四七三　牢示　兹用
四一四七三　癸亥卜其示于大乙彡
四一四七三　：：即日　兹用
四一四七四　甲戌貞乙亥彡多宁于大乙鬯五卯牛祖乙
鬯五小乙鬯三：：
四一四七五　與二二四二一正重
四一四七六　丁丑貞來甲申先于大甲屮歲：：
四一四七六　：：卜：歲：牛：：
四一四七六　兹用
四一四七七　：：大甲
四一四七八　三牢：兹：：
四一四七八　：：其侑：高祖乙：祖乙
四一四七八　：：申卜其用：庚子父丁：自：：
四一四七九　于高祖乙有屮歲：：
四一四七九　丁巳卜其有歲于大戊二牢
四一四八〇　甲辰卜惟兹卜用
四一四八〇　甲辰卜其有歲于高祖乙
四一四八〇　：：祖乙
四一四八一　自祖乙告
四一四八一　庚：其：：
四一四八一　（其餘僞刻）
四一四八二　癸卯卜羌甲歲一牛
四一四八二　：：牢　兹用
四一四八三　：：卜禦歲：祖丁王其有：：
四一四八四　：：祖丁：用歸
四一四八五　惟祖丁唐執用有正
四一四八五　惟小乙唐用有正
四一四八六　丙寅：祖丁歲其
四一四八六　三𠨲
四一四八七　弜舌小乙
四一四八八　祖丁醟有鬯
四一四八八　：：五：兹：：
四一四八八　：：有：：

四一四八九 禦父丁以…
四一四九〇 …自毓妣彰有正
四一四九〇 其尋告王此受…
四一四九一 其桒妣癸娛妣甲孃惟…
四一四九二 禦妣…
四一四九二 禦妣甲
四一四九二 禦妣庚
四一四九三 戊寅卜其有歲于妣己惟翌日
四一四九三 于來日
四一四九四 …未卜有冊于妣庚其桒宗
四一四九四 叙𢿌
四一四九五 惟小宰王受祐
四一四九五 惟未王受祐
四一四九五 其又子龔競兄癸宰王受祐
四一四九五 …競…
四一四九六 丁卯又卜…兄不…歲…用
四一四九六 有犬　茲用
四一四九六 歲羊
四一四九六 丁卯卜于大子脩
四一四九七 癸…
四一四九七 癸未貞王令子…
四一四九八 乙丑貞王令子妻惟丁卯
四一四九九 癸亥貞王令冨侯伐…
四一四九九 壬申貞王…
四一五〇〇 丁卯貞…令郭…剛于享
四一五〇〇 丁卯貞王令鬼𡆥剛于享
四一五〇〇 丁亥卜惟侯…婦
四一五〇〇 …卜…
四一五〇一 …歷…三卜
四一五〇二 …惟有望乘比受…
四一五〇三 辛巳貞卓以妻于蜀乃酉
四一五〇三 …比…
四一五〇四 惟壬𠦪其執…
四一五〇五 癸未郭受祐
四一五〇六 己未貞並無囚
四一五〇六 甲寅貞
四一五〇六 丙寅
四一五〇六 丙寅
四一五〇七 …遣並
四一五〇八 …子卜令弜…
四一五〇九 貞勿令戈人
四一五一〇 弜大…王
四一五一一 甲申貞王于丁…步果
四一五一一 癸…

四一五一一 甲不雨不用甲雨
四一五一一 乙未貞王于丁酉步
四一五一二 …貞翌丁未步
四一五一三 …巳卜今日乙王其省次…
四一五一四 …王其濩湄日不遘大雨
四一五一四 …雨
四一五一五 惟王…不遘…
四一五一五 庚牛
四一五一五 羊
四一五一六 …翌日戊…王兌
四一五一六 …田…兌…
四一五一七 王惟…兌
四一五一七 …災
四一五一八 …王矣…
四一五一九 惟王入弗悔
四一五一九 …翌
四一五二〇 于翌日壬歸有大…
四一五二一 …惟入自…
四一五二二 貞…今日…束尹
四一五二三 …犬?…雨
四一五二四 …丙于亞…其…
四一五二五 …馬亞
四一五二五 弜𦏁
四一五二六 弜呼射
四一五二六 甲辰貞彰匚…雨
四一五二七 …貞…禦…其往
四一五二七 乙巳貞令多射于龔
四一五二八 …子卜令卓以多射若
四一五二九 庚戌卜王其比犬師惟辛無災
四一五二九 王其比犬師惟辛
四一五二九 惟壬無災
四一五二九 弜藝
四一五三〇 …寅卜執…畬
四一五三〇 …七月
四一五三一 …惟…伐…
四一五三二 …王出伐…
四一五三三 己丑…之若?
四一五三三 庚?戌卜方其𩰫
四一五三四 庚辰貞方來即使于犬延
四一五三四 …辰貞至…卓…戋即…
四一五三五 …今辛巳彰受年
四一五三五 其桒年于河?
四一五三六 辛亥酉受祐

四一五三六　：禾
四一五三七　貞𠦪禾于岳
四一五三八　𠦪？：比？：
四一五三八　惟𡧊
四一五三八　惟小宰
四一五三八　甲戌貞𠦪禾于□
四一五三八　：河？
四一五三九　𠦪禾于壬
四一五三九　其三羊
四一五三九　癸酉貞旬無𡆥
四一五三九　癸未貞旬無𡆥
四一五四〇　：父丁于：
四一五四〇　：酉卜：禾于狥
四一五四〇　丙：貞有萈歹于河其：
四一五四〇　不雨
四一五四一　己：貞：有：
四一五四一　：戊卜：水弗：禾
四一五四二　：于：
四一五四二　惟白穧
四一五四二　弜□
四一五四三　：𠦪□𣌭：
四一五四四　王其田擒　茲用
四一五四五　王其田以亥不雨　吉
四一五四五　：以：其雨　吉
四一五四六　戊寅：貞王：田無：
四一五四六　辛丑卜貞王其：無災
四一五四六　：酉卜：
四一五四七　乙亥卜貞王其田無災
四一五四八　辛未貞王往田無災
四一五四八　：貞：往：
四一五四九　：往田無災
四一五四九　：田無災
四一五四九　：貞：
四一五五〇　：雨
四一五五〇　：雨
四一五五〇　辛酉貞王往田無災
四一五五一　：𨒪田無災
四一五五二　：田湄日無災
四一五五三　弜田其悔
四一五五三　：夕入湄日：雨
四一五五四　弜田其悔
四一五五五　：卜戊王其射：
四一五五六　：省無：
四一五五七　惟六日省無災

四一五五八　：湄日無災
四一五五九　：其田災湄日無：
四一五五九　：湄日無災
四一五五九　：其藝無災
四一五六〇　弗𠦪
四一五六〇　：今日：犭：弗丁？：
四一五六一　：牧無擒
四一五六二　辛卯：惟廳
四一五六二　：王擒
四一五六二　：惟：
四一五六三　弜：其：
四一五六三　惟田省無災
四一五六三　其狩無災
四一五六三　惟虞田無災
四一五六三　惟洸田無災
四一五六三　：災
四一五六四　惟盂田省無災
四一五六五　：盂田：湄日：災不雨
四一五六六　惟？宰田無：
四一五六七　于宮無災
四一五六七　于：無：
四一五六八　：其田藪不遘雨
四一五六九　：日壬王其田：
四一五七〇　王惟磬：
四一五七〇　：其田磬擒
四一五七一　：𡆥一雉：
四一五七二　戊寅卜王其逸：
四一五七二　弜馬令之有災
四一五七二　：伐：
四一五七三　惟五宰用有正王受祐
四一五七三　惟：
四一五七三　：宰：正
四一五七四　五宰
四一五七五　三大宰
四一五七六　三宰
四一五七六　五宰
四一五七七　惟：
四一五七七　惟小宰
四一五七八　：宰
四一五七九　：其：
四一五七九　惟𦍌王受祐
四一五七九　惟勿牛
四一五八〇　惟勿牛

四一五八一　……卜……其……
四一五八一　其牛
四一五八二　庚申卜翌……
四一五八二　……彡日有戠……
四一五八三　……洓……賓戠……三月
四一五八四　……未……月
四一五八四　……六月
四一五八五　……旬……
四一五八六　甲戌貞小……
四一五八七　庚子……
四一五八八　貞其雨
四一五八九　其雨
四一五八九　自考[illegible]
四一五九〇　乙雨
四一五九〇　不雨
四一五九〇　癸……
四一五九一　（習刻）
四一五九一　（習刻）
四一五九一　（習刻）
四一五九二　其雨
四一五九二　不雨
四一五九三　……雨
四一五九三　不遘雨
四一五九四　遘雨
四一五九四　甲戌貞……
四一五九五　不延雨
四一五九五　……雨
四一五九六　……延雨
四一五九七　丙戌卜今日雨
四一五九七　丙戌卜……日雨
四一五九八　弜[illegible]
四一五九八　丙午卜今日雨
四一五九八　不雨
四一五九九　丁亥卜翌日戊不雨
四一五九九　……雨
四一六〇〇　……今夕……雨
四一六〇一　辛卯貞……
四一六〇一　乙未卜貞雨
四一六〇二　……丙雨
四一六〇二　……夕……
四一六〇三　于乙……
四一六〇三　于丙子雨
四一六〇四　……寅貞于己雨有囚
四一六〇四　……于丙雨
四一六〇五　……辛雨

四一六〇五　己巳卜壬雨
四一六〇五　己巳卜癸雨
四一六〇五　……季于宫無災
四一六〇六　……夋[illegible]喜……
四一六〇六　乙……于……
四一六〇六　……日乙雨舞雨
四一六〇六　其[illegible][illegible]有大雨
四一六〇六　于……有大雨
四一六〇六　……大雨
四一六〇七　惟癸有大雨
四一六〇八　惟牛有大雨
四一六〇八　……大雨
四一六〇九　……申卜帚雨
四一六一〇　來甲申乙酉弜酌？
四一六一〇　己卯卜甲申遘
四一六一〇　……伐
四一六一一　……暘日
四一六一一　貞暘……
四一六一二　……大啓
四一六一三　……大啓
四一六一四　……申小疾龢
四一六一五　……卜……大……
四一六一六　弜宗
四一六一六　卯一牢
四一六一七正　己未貞有𠂇歲……
四一六一七反　丁……今……雨
四一六一八　……有𠂇十……
四一六一九　……即……賓……
四一六二〇　不出
四一六二〇　……寅貞有來告羊暨……
四一六二一　……告……䶾……
四一六二二　癸酉卜其𠦪……
四一六二二　己卯卜其𠦪來……
四一六二三　于方
四一六二三　惟雈册二牢
四一六二四　……牢……
四一六二五　……牢用二……
四一六二六　……宰……
四一六二六　……牢？用……
四一六二七　其以冒用[illegible]
四一六二八　乙亥歲三牢
四一六二九　……丑卜……有歲……乙辛……
四一六三〇　……丙……延……

四一六三一　貞燎五牛
四一六三二　…炆
四一六三三　惟翌日甲…酚王…盂…
四一六三四　…卯惟乙丑…酚桒
四一六三五　…丑卜翌…寅酚桒
四一六三六　…戠陟?…酚
四一六三七　甲辰…
四一六三七　甲辰…
四一六三七　…伐
四一六三七　…卯卜貞酚彳…
四一六三八　…于…乙未酚伐
四一六三八　乙酉貞無囚
四一六三八　有囚
四一六三九　…禱…
四一六四〇　癸酉貞有出…
四一六四〇　…酉貞辛…酚四方
四一六四一　弜蒸
四一六四二　…未貞其餗…
四一六四二　…餗…
四一六四三　…于來庚逦禱
四一六四四　辛卯卜貞王既沈?…
四一六四五　…豐…
四一六四六　戊子…品其…
四一六四七　…𢓊?…其…羊…
四一六四七　弜卯
四一六四八　卯一…二?小宰
四一六四八　卯一牛二小宰
四一六四九　卯…虎
四一六五〇　弜侑
四一六五〇　其射
四一六五〇　弜射
四一六五〇　（其餘僞刻）
四一六五一　弜射其悔
四一六五二　…延射…尋宰
四一六五三　…有伐…于…自…
四一六五四　丙申貞有伐…
四一六五四　弜侑?
四一六五五　甲…貞…
四一六五五　丙午卜惟岳芑雨
四一六五五　惟河芑
四一六五五　惟瓔芑
四一六五六　貞于岳先桒
四一六五七　燎河牛二
四一六五七　燎河牛二

四一六五七　…河…
四一六五八　其圍河燎
四一六五八　弜圍河燎
四一六五九　沈百?牛于河
四一六五九　沈十牛
四一六六〇　不雨
四一六六〇　酉于瓔　茲用
四一六六〇　丙寅貞侑于𡆥燎小宰卯牛一
四一六六〇　…𡆥?…三…宰
四一六六一　庚…貞…于河…三宰沈?…
四一六六一　…妾…以𡉚
四一六六二　弜侑
四一六六二　歲一牛
四一六六二　歲宰
四一六六二　歲其即木丁
四一六六二　歲其莫
四一六六三　癸未歷貞旬無囚
四一六六三　有囚
四一六六三　…囚
四一六六三　（其餘僞刻）
四一六六四　有囚
四一六六四　癸巳歷貞旬無囚
四一六六四　有囚
四一六六五　癸…貞旬無囚
四一六六五　癸亥貞旬無囚
四一六六五　癸酉貞旬無囚
四一六六五　癸未貞旬無囚
四一六六五　（其餘僞刻）
四一六六六　癸未貞旬無囚
四一六六六　癸巳貞旬無囚
四一六六七　癸…貞…無…
四一六六七　癸巳貞旬無囚
四一六六八　癸巳貞旬無囚
四一六六八　…囚
四一六六九　癸…貞…無囚
四一六六九　癸巳貞旬無囚
四一六七〇　癸丑貞旬無囚
四一六七〇　癸亥卜貞旬無囚
四一六七一　癸…貞…無囚
四一六七一　癸丑貞旬無囚
四一六七一　癸亥貞旬無囚
四一六七二　癸丑卜貞旬無囚
四一六七二　…無?囚
四一六七三　癸丑貞旬無囚
四一六七三　癸亥貞旬無囚

四一六七四　癸丑貞…
四一六七四　癸亥貞旬無囚
四一六七五　癸亥貞旬無囚
四一六七五　癸酉貞旬無囚
四一六七五　癸未貞旬無囚
四一六七五　癸…
四一六七六　…貞…
四一六七六　癸亥貞旬無囚
四一六七七　乙酉貞…無…
四一六七七　丙戌貞丁無囚
四一六七七　丁亥貞戊無囚
四一六七七　戊子貞己無囚
四一六七七　己丑貞庚無囚
四一六七七　…寅貞辛無囚
四一六七八　乙酉貞丙無囚
四一六七八　丙子貞丁無囚
四一六七八　…丑…戊無囚
四一六七九　甲申貞有囚
四一六七九　辛…
四一六八〇　…囚
四一六八一　…翌日戊…
四一六八一　大吉
四一六八二　吉
四一六八三　（偽刻）
四一六八四　…弜若
四一六八五　茲用三牢
四一六八六　…不用
四一六八七　…王…
四一六八七　…兄…　茲不用
四一六八八　…酉夷二…
四一六八九　𡧊骨
四一六九〇　（偽刻）
四一六九一　庚辰貞令望…
四一六九一　弜令生…途…衩
四一六九一　癸未貞屮…方?…于…
四一六九二　（習刻）
四一六九三　…新之?…
四一六九四　弜尋
四一六九五　癸卯…王囚…
四一六九五　癸丑王卜貞旬無畎在二月王囚曰大吉甲
寅觀祖甲
四一六九五　癸亥王卜貞旬無畎在三月王畎曰大吉甲
子魯祖甲
四一六九五　癸酉王卜貞旬無畎在三月王囚曰大吉

四一六九五　癸未王卜貞旬無畎在三月王囚曰大吉
四一六九五　甲申彡上甲
甲子　乙丑　丙寅　丁卯　戊辰　己巳
庚午　辛未　壬申　癸酉　甲戌　乙亥
丙子　丁丑　戊寅　己卯　庚辰　辛巳
壬午　癸未　甲申　乙酉　丙戌　丁亥
戊子　己丑　庚?…
四一六九六　癸未王…旬無…九月王囚…大吉
四一六九六　癸巳王卜貞旬無畎在九月王囚曰大吉甲
午祭上甲
四一六九七　癸酉王卜貞旬無畎在十月
四一六九七　癸未王卜貞旬無畎在十月又二
四一六九七　…貞…畎…
四一六九七　癸…王卜…在…
四一六九八　…示壬彡日…尤
四一六九九　…貞王…示壬彡…無…
四一七〇〇　壬戌卜貞王…示壬彡…尤
四一七〇一　甲申卜…賓示癸…
四一七〇二　…卜貞…大乙彡…尤
四一七〇三　…無…祭…
四一七〇三　癸丑王卜貞旬無畎在五月甲寅觀小甲魯
大甲
四一七〇三　癸亥王卜貞旬無畎甲子祭戔甲魯小甲在
六月
四一七〇三　癸酉王卜貞旬無畎王囚曰吉在六月甲戌
祭羌甲觀戔甲
四一七〇四+四一七二三　癸酉王卜貞旬無畎王囚曰弘吉在三月甲戌
祭小甲觀大甲惟…
四一七〇四+四一七二三　癸未王卜貞旬無畎王囚曰吉在三月甲申
觀小甲魯大甲
四一七〇四+四一七二三　癸巳王卜貞旬無畎王囚曰吉在三月甲午
祭戔甲魯小甲
四一七〇四+四一七二三　癸卯王卜貞旬無畎王囚曰吉在三月甲辰
祭羌甲觀戔甲
四一七〇四+四一七二三　癸丑王卜貞旬無畎王囚曰吉在三月甲寅
祭魯甲觀羌甲魯戔甲
四一七〇四+四一七二三　癸亥王卜貞旬無畎王囚曰吉在三月甲子
觀魯甲魯羌甲
四一七〇四+四一七二三　…王卜…旬無囚…月甲戌…祖甲魯魯甲
四一七〇五　…卜貞王…大丁翌…尤
四一七〇六　…貞…大甲彡…尤
四一七〇七　丙子…賓卜丙…
四一七〇八　…卜貞王?…卜丙彡日…尤
四一七〇九　癸未卜齊貞王旬無畎在十月甲申翌小甲
四一七〇九　癸卯卜貞王旬無畎在…月甲辰翌…

四一七一〇
四一七一一
四一七一二
四一七一二
四一七一三
四一七一四
四一七一四
四一七一五
四一七一六
四一七一七
四一七一七
四一七一七
四一七一七
四一七一八
四一七一九
四一七二〇
四一七二一
四一七二二
四一七二三＋四一七四四
四一七二四正
四一七二四正
四一七二四反
四一七二五
四一七二六
四一七二六
四一七二七
四一七二八
四一七二八
四一七二九
四一七三〇
四一七三〇
四一七三一
四一七三一
四一七三二
四一七三二
四一七三三
四一七三三
四一七三四
四一七三四
四一七三五

……戊卜？……王賓大戊……無……
……亥卜，貞……賓雍己……無尤
貞王賓叙無尤
己亥卜貞王賓雍己祖己？歲無尤
……貞王……仲丁翌……尤
……王賓……無尤
……酉卜貞……戔甲……無……
甲辰……王……戔甲……無……
……翦羌甲……日？戔甲……
癸……王囚……
癸亥王卜貞旬無畎在十月又二甲子祭
戔甲劦小甲
癸未王卜貞旬無畎在正月王囚曰大吉甲
申祭魯甲翦羌甲劦戔甲
癸酉王卜貞旬無畎在正月王囚曰大吉甲
戌祭羌甲翦戔甲
乙亥卜貞王？賓祖乙歲無尤
……王……祖辛蒸……
己丑卜貞王賓祖丁翦無……
……貞王……祖丁劦日……尤
丁巳卜貞祖丁丁其牢
……王卜貞旬無畎在二月……囚曰大吉甲辰
祭祖甲劦魯甲
（其餘偽刻）
丙寅　丁卯　戊辰　己巳　庚……
丙寅……武丁丁……
丙寅……武丁……其……
……卜貞……其牢
……戊卜貞……武丁丁……牢
丙戌卜……武丁……其……
……牛
丙申卜……武丁丁其……茲……
丙午……武丁……牢
……卜貞……丁……牢
丁巳卜貞王賓武丁彡無尤
……貞……叙……
……貞王……武丁……翌……尤
……尤
丙子……武丁……
……毓……
丙午……武丁……茲……
……丑卜……祖甲……牢
……賓……無尤

四一七三五
四一七三六
四一七三七
四一七三七
四一七三八
四一七三八
四一七三九
四一七三九
四一七三九
四一七三九
四一七四〇
四一七四〇
四一七四一
四一七四一
四一七四一
四一七四二
四一七四三
四一七四四
四一七四四
四一七四五
四一七四五
四一七四五
四一七四五
四一七四五
四一七四五
四一七四六
四一七四七
四一七四七
四一七四七
四一七四七
四一七四七
四一七四八
四一七四八
四一七四八
四一七四八
四一七四九
四一七四九
四一七四九
四一七五〇
四一七五〇
四一七五〇
四一七五一
四一七五一
四一七五二
四一七五二

……卜貞王……祖己彡……無尤
……貞王賓祖庚……
癸亥卜貞王旬無畎在十二月？甲子翌祖甲
……卜貞王……畎在十二月……工典其……其苎
甲寅……武……茲……
……卜貞……丁丁……牢
丙……康……其……用
甲申卜貞武乙必丁其牢
丙戌卜貞康祖丁丁其牢
甲午卜貞武乙必丁其牢
甲戌卜貞武乙丁其牢
……其……
乙未卜貞自武乙彡日衣必袚其即𠕋五
牢正王受有祐
丙辰卜……文武丁……其牢茲……
惟羊……茲……
乙酉卜貞王賓妣乙彡日無尤
……子卜貞……賓大乙……妣丙……尤
……武……王受有祐
……乙未　丙申　丁……　……甲寅　乙
卯　丙辰　丁巳……
……王卜貞……在四月
癸……
小臣
小臣
丁丑……賓……史……
丁巳卜貞今夕師無畎寧
戊午卜貞今夕師無畎寧
己未卜貞今夕師無畎寧
庚申卜貞今夕師無畎寧
……卜貞……師無……寧
辛卯卜貞……夕師不……
壬辰卜貞今夕師不震
癸巳卜貞今夕師不震
……卜貞……不震
癸酉……今夕師……
其震
甲戌卜在㴉？貞今夕師不震
丁酉……肄……王今
今夕師不震
其震
庚寅卜貞今夕師……
……今……震？
其震
……卜……剛貞……師不……

四一七五三　癸巳…旬無…十月…人方…
四一七五三　癸卯王卜貞旬無𡆥在十月又一王正人方在商
四一七五三　癸丑王卜貞旬無𡆥在十月又一王正人方在亳
四一七五三　癸亥王卜貞旬無𡆥在十月又一王正人方在□
四一七五三　癸酉王卜在…貞旬無𡆥在十月又二王正人方
四一七五四　癸巳卜在□□𦎫商□泳貞王旬無𡆥惟來征人方
四一七五四　癸巳卜泳貞王旬無𡆥
四一七五四　癸丑卜在□泳貞王旬無𡆥
四一七五四　…卜泳…旬無…
四一七五四　癸酉卜在巳奠河邑泳貞王旬無𡆥惟來征人方
四一七五五　…其…□盂
四一七五六　乙卯王卜在麋師貞余其敦𢧵惟十月　戊申𢦏王囚曰吉在八月
四一七五七　…隹…貞…
四一七五七　庚寅王卜在□師貞□林方無災
四一七五七　壬辰王卜在□貞其至于□觀旧師往來無災
四一七五七　甲午王卜在□師貞今日步于𦎫無…十月二惟十祀彡
四一七五七　丁…在…師…今日…从…往來無災在正月
四一七五七　己亥王卜在舂師貞今日步于湊無災
四一七五八　癸巳卜…天邑商…
四一七五八　壬戌卜貞在獄天邑商公宮衣茲夕無𡆥寧
四一七五八　…在…商…茲夕…寧
四一七五九　己卯…戋…享京…無…
四一七五九　乙酉卜貞王戋于召往來無災
四一七五九　戊子卜貞王戋于雍往來…
四一七五九　辛卯卜貞王戋于享京往來無災
四一七五九　辛…貞王…于□…來無…
四一七五九　…貞王…享京…來…災
四一七六〇＋四一七六五
四一七六一　癸亥王卜貞旬無𡆥王囚曰弘吉在𦎫次
四一七六一　癸酉王卜貞旬無𡆥王囚曰弘吉在進次
四一七六一　癸未王卜貞旬無𡆥王囚曰弘吉
四一七六一　癸巳王卜貞旬無𡆥
四一七六一　癸卯王卜貞旬無𡆥
四一七六一　癸丑王卜貞旬無𡆥

四一七六二　己卯卜在…貞王其□…災
四一七六二　辛巳卜
四一七六二　癸未卜在隹貞王步于滅無災
四一七六二　乙酉卜在滅立貞王步于淮無災
四一七六二　…亥卜在…貞王步…無災
四一七六三　乙未卜…王戋…高往來…
四一七六三　丁酉卜貞王戋于𦎫往來無災
四一七六三　辛丑卜貞王戋于𦎫往來無災
四一七六三　…亥卜貞…戋于𦎫…來無災
四一七六四　壬子卜貞…戋于召…來無災
四一七六四　乙卯卜貞王戋于召往來無災
四一七六四　…卜貞…戋于…來無災
四一七六〇＋四一七六五　乙巳卜貞王戋于召往…無災
四一七六〇＋四一七六五　丁未卜貞王戋享京往來無災
四一七六〇＋四一七六五　戊申卜貞王戋于召往來無災
四一七六〇＋四一七六五　己酉卜貞王戋于召往來無災
四一七六〇＋四一七六五　庚戌卜貞王戋召往來無災
四一七六六　丁丑卜…召…無…
四一七六六　…戌卜貞王戋…往來…災
四一七六七　乙酉卜貞…召往來…
四一七六七　丁亥卜貞王戋于夫往來無災
四一七六七　…王…召…災
四一七六八　壬寅王卜在□師貞今日步于永無災
四一七六八　癸卯王卜在永師貞今日步于…
四一七六八　乙巳王卜在温貞今日步于攸無災
四一七六八　己未王卜在𠂤田元往來無災
四一七六八　乙丑王卜在攸貞今日戋从攸東無災
四一七六八　庚辰王卜在危貞今日步于叉無災
四一七六八　辛巳王卜在叉貞今日步于沚無災
四一七六八　…無災
四一七六八　丁丑王…貞今日步…𢦏無災…
四一七六九　壬辰卜貞王戋于召往來無災
四一七六九　…貞…召…災
四一七七〇　癸卯卜…□…王旬…
四一七七〇　癸丑卜在□貞王旬無𡆥
四一七七〇　癸亥卜在□貞王旬無𡆥
四一七七〇　癸酉卜在□貞王旬無𡆥
四一七七〇　癸未卜在□貞王旬無𡆥
四一七七〇　癸巳卜在舌貞王旬無𡆥
四一七七一　癸未…貞旬…
四一七七一　癸巳王卜貞旬無𡆥吉王在□
四一七七一　癸卯王卜貞旬無𡆥王囚曰吉在□
四一七七一　癸丑王卜…旬無𡆥…曰吉在□
四一七七二　癸酉…上□貞王旬無…在正月
四一七七二　癸未卜在上□貞王旬無𡆥在正月

四一七七二　：己卜在：鑿貞：旬無畎：正月
四一七七三　癸丑卜在上鑿貞王旬無畎
四一七七三　癸亥卜在上鑿貞王旬無畎
四一七七三　癸酉卜在上鑿貞王旬無畎
四一七七三　癸未卜：鑿貞王旬無畎
四一七七四　壬子卜貞：𨒙往來無災
四一七七五　癸未：㳄貞：旬無：在八：彡：
四一七七五　：貞：畎：在：
四一七七六　癸酉：次貞王：畎在十月又：
四一七七六　癸未卜在𠂤貞王旬無畎
四一七七六　：卜在剛：旬無畎
四一七七七　己酉：樂：于喪：
四一七七七　庚戌王卜在喪貞今日步于沓無災
四一七七七　辛亥王卜在沓貞今日步于燮無災
四一七七七　：王卜：燮貞：步于：災
四一七七八　癸巳：貞：
四一七七八　癸卯卜在㳄東朩貞王旬無畎
四一七七八　：卜在：王旬：畎
四一七七九　：𪊨：夕：
四一七七九　：緈：王今：無畎
四一七八〇　丁：在：師：今日：从：往來無災在正
月
四一七八〇　己亥王卜在春師貞今日步于湊無災
四一七八一　：貞王迖：往來無災
四一七八二　其戠
四一七八二　：用
四一七八三　：戠牛：用
四一七八三　：牛
四一七八四　：勿牛
四一七八五　：勿牛：用
四一七八六　惟：
四一七八六　惟勿牛
四一七八六　其宰又一牛
四一七八六　其宰又一牛
四一七八六　其宰又一：
四一七八六　惟
四一七八七　惟勿牛
四一七八七　其宰又一牛
四一七八八　惟勿牛
四一七八八　其宰又一牛
四一七八九　其宰又：
四一七八九　其：又：
四一七八九　其宰又一牛
四一七八九　：宰又一牛

四一七八九　：宰：牛
四一七八九　惟勿牛　茲用
四一七九〇　惟羊：
四一七九〇　：勿牛：用
四一七九一　其宰又一牛惟：
四一七九二　：卜貞：其宰：
四一七九二　惟：茲：
四一七九三　其宰又一牛　茲用
四一七九四　其：又：
四一七九四　：宰：一牛
四一七九五　其：又：
四一七九五　：又一牛
四一七九六　：宰：一牛
四一七九七　：七牛惟羊
四一七九八　惟：茲：
四一七九八　：羊：用
四一七九九　惟小宰
四一八〇〇　：巳卜貞：惟小宰
四一八〇一　壬寅王：貞田𩫖往來無：
四一八〇一　乙巳王卜貞田𨒙往來無災王囚曰吉
四一八〇一　戊申王卜貞田𩫖往來無災王囚曰吉
四一八〇一　辛亥王卜貞田𩫖往來無災王囚曰吉
四一八〇一　壬子王卜貞田𩫖往來無災王囚曰吉
四一八〇一　壬戌王卜貞田𩫖往來無災王囚曰吉獲
麑五象一雉六
四一八〇一　辛未王卜貞田𩫖往來無災王囚曰弘吉
四一八〇二　：貞田𩫖：無災王囚：十月又二
四一八〇二　：王卜貞田梌往：災王囚曰吉茲御：獲
隹百五十象一雉二
四一八〇二　：王卜貞田：往來無災：曰吉茲御：隹
百二十二：六
四一八〇三　：往：王囚：
四一八〇三　壬午王卜：田𩫖往來無災王囚曰吉獲
鹿三
四一八〇三　丁亥王卜貞田喪往來無災王囚曰吉獲
四一八〇三　：田：來無：旬：
四一八〇四　：田雍往來：獲鹿二
四一八〇五　：盂：來無災：曰吉茲：鹿：
四一八〇六　：御擒：鹿二獲
四一八〇七　：擒：鹿獲：六：
四一八〇八　：戌：彘：
四一八〇九　：茲御：麋二：
四一八一〇　辛未卜貞王田：來無災王囚曰：
四一八一〇　壬申卜貞王田盂往來無災王囚曰吉茲御
獲狐十一

四一八一〇　乙亥卜貞王田向往來無災王占曰吉
四一八一〇　⋯卜貞⋯往來⋯占曰吉
四一八一一　戊子卜貞王田奚往來無災茲御獲狐十
四一八一一　辛卯卜貞王田梌往無災
四一八一一　壬辰卜貞王田亶往來無災
四一八一二　⋯王占曰吉茲御獲狐一
四一八一三　⋯獲狐⋯茲⋯
四一八一四　⋯茲御⋯狐五
四一八一五　⋯茲御獲⋯
四一八一六　戊⋯王⋯
四一八一六　辛亥卜貞王其田無災
四一八一六　⋯貞⋯田無災
四一八一七　⋯王卜貞田⋯往來無⋯占曰吉獲⋯三
四一八一八　戊申卜貞⋯于雍往⋯
四一八一八　辛亥卜貞王田宮往來無災弘吉
四一八一八　壬子卜王田雍往來無災弘吉
四一八一八　戊午卜貞王田雍往來無災吉
四一八一八　壬戌卜貞王田宮往來無災吉
四一八一八　壬午卜貞王田高往來無災
四一八一八　丁亥卜貞王田雍往來無災
四一八一九　壬戌王卜貞田𦎫往來無災王占曰吉
在七月茲御
四一八一九　乙丑王卜貞田𦎫往來無災王占曰吉
四一八一九　戊辰王卜貞田𦎫往來無災王占曰吉
四一八一九　辛未王卜貞田喪往來無災王占曰吉
四一八一九　壬申王卜貞田𦎫往來無災王占曰吉茲御
四一八一九　丁丑王卜貞田喪往來無災王占曰吉
四一八一九　戊寅王卜貞田𦎫往來無災王占曰吉茲御
四一八二〇　壬辰卜⋯田𦎫往來無災
四一八二一　壬子卜⋯往來⋯獲⋯
四一八二一　戊午⋯田𦎫⋯無災
四一八二二　丁酉⋯田⋯無⋯曰⋯
四一八二二　⋯王卜⋯𦎫往⋯無災王占⋯吉
四一八二三　戊子⋯貞田⋯往來⋯災
四一八二三　⋯王卜⋯𦎫⋯來無災
四一八二四　戊寅⋯王田⋯來⋯
四一八二四　辛巳卜貞王田于梌往來無災
四一八二四　戊子卜貞王田𦎫往來無災
四一八二四　壬辰卜貞王田享京往來無災
四一八二四　乙未
四一八二四　戊戌⋯王田⋯往⋯
四一八二四　辛亥卜貞王田𦎫往來無災
四一八二四　辛酉卜貞王田⋯往來無災
四一八二四　辛酉⋯貞王田⋯往來⋯災
四一八二五　丁酉⋯王⋯往⋯災

四一八二五　辛丑⋯王⋯往⋯
四一八二五　⋯卯卜貞⋯田𦎫⋯來無⋯
四一八二五　⋯卜貞⋯𣏟⋯來⋯
四一八二六　⋯亥王⋯敦⋯今步于⋯無災
四一八二六　丙戌王卜在𦎫田麥往來無災
四一八二七　辛酉⋯貞王其田⋯
四一八二八　丁巳王卜⋯田𦎫往⋯無災王占⋯
四一八二八　戊午王卜貞田梌往來無災王占曰吉
四一八二九　壬戌卜貞王田于朿⋯來無災茲御獲⋯
四一八二九　⋯卜貞⋯于小𦎫⋯無災
四一八三〇　壬寅王卜⋯往來無災王占曰在二月
四一八三〇　丁未王卜貞田梌往來無災王占曰吉
四一八三一　乙⋯王⋯
四一八三一　戊寅卜貞王田獻往來無災
四一八三一　庚辰卜貞王田享京往來無災
四一八三二　辛⋯王田享?京?⋯來無災⋯占曰吉
四一八三三　壬⋯王⋯無⋯
四一八三三　戊寅卜貞王逘往來無災
四一八三三　壬午卜貞王田往來無災
四一八三三　丁亥卜貞王逘往來無災
四一八三四　辛未⋯王田⋯往⋯
四一八三四　⋯卜貞⋯斿往⋯無災
四一八三五　⋯王⋯射⋯四祀
四一八三六　癸亥卜貞⋯今夕無⋯在三月
四一八三七　癸亥⋯王旬⋯在三⋯
四一八三七　癸未⋯貞王⋯無𡆥
四一八三八　癸卯⋯王旬無⋯
四一八三八　癸未卜貞王旬無𡆥在四月
四一八三八　癸未⋯貞⋯無⋯
四一八三八　⋯奏泉⋯旬無𡆥⋯月
四一八三九　癸丑王卜貞旬無⋯
四一八三九　癸亥王卜貞旬無𡆥在五月
四一八三九　癸酉王卜貞旬無𡆥
四一八三九　⋯未王卜⋯無𡆥
四一八四〇　癸未王⋯貞旬無⋯王占曰大吉在五月
四一八四〇　癸巳王卜貞旬無𡆥王占曰大吉在五月
甲午工典其彡幼
四一八四〇　⋯貞⋯王占⋯在五月⋯典其彡
四一八四一　癸亥卜貞王旬無𡆥在六月
四一八四一　癸卯卜貞王旬無𡆥在七月
四一八四一　⋯卜貞⋯𡆥⋯月
四一八四二　⋯卯王卜貞旬無𡆥⋯占曰吉在六月⋯次
四一八四三　癸酉王卜貞旬無𡆥在九月
四一八四三　癸未王卜貞旬無𡆥
四一八四三　（習刻）

四一八四三 四一八四四 四一八四四 四一八四五 四一八四五 四一八四五 四一八四五 四一八四六 四一八四六 四一八四六 四一八四七 四一八四八 四一八四八 四一八四九

（習刻）
癸酉卜…王旬無…在十月
…戌…
癸丑卜貞王旬無畎在十月
癸亥卜貞王旬無畎在十月
癸酉卜貞王旬無畎在十月又一?
…卜貞…畎…
癸卯卜…王旬…在十月…
癸丑卜貞王旬無
癸亥卜貞王旬無畎在十月一
癸亥卜貞王旬無畎在十月又一
癸卯王卜貞旬無畎在十月又一
…王卜…無畎…
（習刻）

四一八五〇

（習刻）

四一八五〇 四一八五一 四一八五一 四一八五二

己亥 庚子 辛…
乙丑 丙寅 丁卯 戊辰 己巳
庚午 … 丙申 丁酉 戊戌 己亥
…
…
辛未 壬申 …
甲子 乙丑 丙寅 丁卯 戊辰 己巳

四一八五三

庚午 辛未 壬申 癸酉 甲戌 乙亥
丙子 丁丑 戊寅 己卯 庚辰 辛巳
壬午 癸未 甲申 乙酉 丙戌 丁亥
戊子 己丑 庚寅 辛卯 壬辰 癸巳
甲午 乙未 丙申 丁酉 戊戌 己亥
庚子 辛丑 壬寅 癸卯
甲子 乙丑 丙寅 丁卯 戊辰 己巳
庚午 辛未 壬申 癸酉 甲戌 乙亥
丙子 丁丑 戊寅 己卯 庚辰 辛巳
壬午 癸未 甲申 乙酉 丙戌 丁亥
戊子 己丑 庚寅 辛卯 壬辰 癸巳

四一八五四

甲子 乙丑 丙… 甲戌 乙亥 丙…
甲申 乙酉 …

四一八五五

（習刻）

四一八五六 四一八五六 四一八五七

甲申卜貞王賓…無…
（習刻）
（習刻）

四一八五八 四一八五八 四一八五八 四一八五九 四一八五九 四一八五九 四一八五九 四一八六〇

丁卯…
戊辰卜
己巳卜
庚午卜
甲戌卜
辛巳卜
癸未卜
（習刻）

四一八六一 四一八六一 四一八六一 四一八六一

癸亥…旬無畎
癸酉王卜貞旬無畎
癸未王卜貞旬無畎
（習刻）

四一八六二 四一八六二 四一八六二 四一八六三 四一八六四 四一八六四 四一八六四 四一八六五 四一八六五 四一八六六 四一八六六 四一八六六 四一八六六 四一八六七 四一八六七 四一八六七 四一八六七 四一八六八 四一八六九 四一八六九

…在…雨
…卜在…今日…雨
…[illegible]…
壬子卜貞今日延雨
戊子卜貞今日霎
…霎
其雨
乙丑卜貞今日霎
妹霎
王其鑄黃鑄奠盟惟今日乙未利
壬申卜在盜今日不雨
其雨茲御
…寅卜貞…日戊王…𩁹不遘大雨
癸丑卜貞今歲無大水
其有大水
癸亥卜貞及茲夕有雨
…夕…雨
乙酉卜…今日不…茲御…雨
不雨 茲御
不雨

四一八六九　其雨
四一八七〇　辛酉卜貞其雨今日不雨茲御
四一八七〇　其雨
四一八七一　于壬?有雨
四一八七一　己卯卜貞今日多雨
四一八七二　辛：貞：不：
四一八七二　其雨
四一八七二　：貞：雨
四一八七三　丙申：文武：丁其：
四一八七三　：貞：宗：牢
四一八七四　甲子：武：丁其：
四一八七四　：貞：宗：牢
四一八七五　：卜泳：旬：在六月：工典：
四一八七六　甲子：翌：
四一八七六　：賓：三人卯：無：
四一八七七　甲辰：王賓：歎：
四一八七七　：未卜
四一八七八　乙亥卜貞王賓歲無尤
四一八七九　乙巳卜貞王賓歲無尤
四一八八〇　丁巳卜：王賓：無：
四一八八〇　戊午：貞王：歲：
四一八八一　壬午卜貞王賓夕歲無尤
四一八八二　庚子卜貞王賓歲無尤
四一八八三　：貞王：歲無尤
四一八八四　丁亥卜貞：賓歲：尤
四一八八四　貞王賓叙無尤
四一八八四　戊：貞：
四一八八四　：賓：無：
四一八八五　丁酉卜貞王賓歲叙：尤
四一八八六　貞王賓叙無尤
四一八八七　貞王賓叙無尤
四一八八八　貞王賓叙無尤
四一八八九　貞王賓叙無尤
四一八九〇　貞王賓叙無尤
四一八九一　貞王賓叙無尤
四一八九一　翌
四一八九一　翌
四一八九二　貞王賓叙：
四一八九三　：卜貞賓：祭?無尤
四一八九四　甲子卜：王賓：無尤
四一八九五　癸巳卜：賓：
四一八九六　丙寅卜：王賓：彡夕：
四一八九七　：貞翌日庚王其：用弗悔
四一八九八　癸丑王：毓衣：
四一八九九　癸巳：𡆥曰：

四一八九九　：戌卜貞：畎
四一八九九　甲辰?
四一八九九　甲：
四一九〇〇　丁卯：王：無：
四一九〇〇　癸酉卜貞王今夕無畎
四一九〇〇　：卜貞：今夕：畎
四一九〇一　戊辰卜貞王今夕無畎
四一九〇一　庚午卜貞王今夕無畎
四一九〇一　乙未卜貞王今夕無畎
四一九〇一　癸卯卜貞王今夕無畎
四一九〇一　乙巳卜貞王今夕無畎
四一九〇一　丁未卜貞王今夕無畎
四一九〇一　甲寅卜貞王今夕無畎
四一九〇一　丙辰卜貞王今夕無畎
四一九〇一　戊午卜貞王今夕無畎
四一九〇一　庚申卜貞王今夕無畎
四一九〇一　壬戌卜貞王今夕無畎
四一九〇二　庚午卜貞王今夕無畎
四一九〇二　辛未卜貞王今夕無畎
四一九〇三　丁丑卜貞王今夕無畎
四一九〇四　辛巳：王今：
四一九〇四　壬午：貞王：夕無：
四一九〇四　甲申：貞：夕：
四一九〇四　丁亥卜貞王今夕無畎
四一九〇四　戊子卜王今：無畎
四一九〇四　：申卜：王今：畎
四一九〇四　：亥卜：今：畎
四一九〇四　：卜貞：今夕：畎
四一九〇五　丙戌卜貞王今夕無畎
四一九〇五　壬辰：王：無：
四一九〇五　甲：王：無：
四一九〇六　戊戌：貞：
四一九〇六　癸丑卜貞王今夕無畎
四一九〇七　丁酉卜貞王今夕無畎
四一九〇八　庚子卜貞王今夕無畎
四一九〇八　畎
四一九〇八　畎
四一九〇九　己酉卜貞王今夕無畎
四一九一〇　辛亥卜貞王今：無畎
四一九一〇　：丑卜：王今：無：
四一九一一　丙辰：王今：無：
四一九一一　戊：貞：夕：
四一九一一　：申卜：王今：畎
四一九一二　丁酉卜貞王今夕無畎
四一九一二　：丑卜：王：夕：畎

四一九一三	丙：王：
四一九一三	：子卜貞：今夕：𡆥
四一九一三	甲：貞：夕：
四一九一三	：卜：今夕：𡆥
四一九一四	辛酉：貞王：無：
四一九一四	：貞王：無𡆥
四一九一五	乙：王：無：
四一九一五	：卜：王今：無𡆥
四一九一六	：丑卜貞：夕：𡆥
四一九一七	：卜貞：今夕：𡆥
四一九一八	癸酉卜貞王旬無𡆥
四一九一八	：卜：旬：𡆥
四一九一九	癸酉卜貞王旬無𡆥
四一九一九	癸未卜貞：旬無𡆥
四一九二〇	癸酉：貞王：無𡆥
四一九二〇	癸：貞：
四一九二〇	癸酉卜貞王旬無𡆥
四一九二一	癸酉卜貞王旬無𡆥
四一九二一	癸未卜貞王旬無𡆥
四一九二二	癸酉卜貞王旬無𡆥
四一九二二	癸未卜貞王旬無𡆥
四一九二二	癸巳卜貞王旬無𡆥
四一九二二	：卯卜貞王旬無𡆥
四一九二二	癸：
四一九二三	癸未：旬：
四一九二三	癸巳卜貞王旬無𡆥
四一九二三	癸卯卜貞王旬無𡆥
四一九二三	癸丑卜貞王旬無𡆥
四一九二三	癸亥卜貞王旬無𡆥
四一九二三	癸酉卜貞王旬無𡆥
四一九二四	癸未卜貞王旬無𡆥
四一九二四	癸巳卜貞王旬無𡆥
四一九二四	癸卯卜貞王旬無𡆥
四一九二五	癸巳卜：王旬無：
四一九二五	癸卯卜貞王旬無𡆥
四一九二五	癸丑卜貞王旬無𡆥
四一九二五	：卜：旬：𡆥
四一九二六	癸亥：無：
四一九二六	癸未卜：王旬：
四一九二七	癸未王卜貞旬無𡆥
四一九二七	癸巳王卜貞旬無𡆥
四一九二七	癸卯王卜貞旬無𡆥
四一九二七	：王卜：無𡆥
四一九二八	癸：無：
四一九二八	癸未王卜貞旬無𡆥

四一九二八	癸巳王卜貞旬無𡆥
四一九二八	癸卯王卜貞旬無𡆥
四一九二八	：貞：𡆥
四一九二九	癸巳王卜貞旬無𡆥
四一九二九	癸卯王卜貞旬無𡆥
四一九二九	癸丑王卜貞旬無𡆥
四一九二九	：王卜：無𡆥
四一九三〇	癸巳卜貞王旬無𡆥
四一九三〇	：貞：𡆥
四一九三一	癸巳卜貞王旬無𡆥
四一九三一	：卜：旬：𡆥
四一九三二	癸卯：貞王：無𡆥
四一九三二	：貞王：𡆥
四一九三三	癸卯：貞旬無𡆥
四一九三三	：貞：𡆥
四一九三四	癸卯卜貞王旬無𡆥
四一九三五	癸卯卜貞王旬無𡆥
四一九三六	癸卯：貞旬：𡆥
四一九三六	癸丑王卜貞旬無𡆥
四一九三六	癸亥王卜貞旬無𡆥
四一九三六	癸酉王卜貞旬無𡆥
四一九三六	：王卜：𡆥
四一九三七	癸：王：
四一九三七	癸丑卜貞王旬無𡆥
四一九三七	癸亥卜貞王旬無𡆥
四一九三七	癸酉卜貞王旬無𡆥
四一九三七	癸未卜貞王旬無𡆥
四一九三七	：𡆥
四一九三八	癸丑：王旬：
四一九三八	癸亥卜貞王旬無𡆥
四一九三八	癸酉卜貞王旬無𡆥
四一九三八	癸未卜貞王旬無𡆥
四一九三八	癸巳卜貞王旬無𡆥
四一九三八	癸卯卜貞王旬無𡆥
四一九三九	癸亥王：貞旬無：
四一九三九	癸酉王卜貞旬無𡆥
四一九三九	癸未王卜貞旬無𡆥
四一九三九	癸巳王卜貞旬無𡆥
四一九三九	：王卜：無𡆥
四一九四〇	癸亥卜：王旬無：
四一九四〇	癸酉卜貞王旬無𡆥
四一九四〇	癸未卜貞王旬無𡆥
四一九四〇	癸巳卜貞王旬無𡆥
四一九四一	癸亥王：旬無𡆥
四一九四一	癸酉王卜貞旬無𡆥

四一九四一　：旬：
四一九四二　癸亥卜貞王旬無畎
四一九四三　癸：貞：王囚：
四一九四三　癸酉王卜貞旬無畎王囚曰吉
四一九四三　癸未王卜貞旬無畎王囚曰吉
四一九四三　：卜：無畎：曰吉
四一九四四　癸未王：貞旬無畎王囚曰吉
四一九四四　癸巳王卜貞旬無畎王囚曰吉
四一九四四　癸卯王卜貞旬無畎王囚曰吉
四一九四四　：畎：吉
四一九四五　癸：貞：王囚曰：
四一九四五　癸巳王卜貞旬無畎王囚曰吉
四一九四五　癸卯王卜貞旬無畎王囚曰吉
四一九四五　：王卜：無畎：曰吉
四一九四六　癸巳：貞旬：王囚：
四一九四六　癸卯王卜貞旬無畎王囚曰吉
四一九四六　癸丑王卜貞旬無畎：囚曰吉
四一九四七　癸：貞：王：
四一九四七　癸卯王卜貞旬無畎王囚曰吉
四一九四七　癸丑王卜貞旬無畎王囚曰吉
四一九四七　癸亥王卜貞旬無畎王囚曰吉
四一九四七　癸酉王卜貞旬無畎王囚曰吉
四一九四八　癸卯王：貞旬無：王囚曰：
四一九四九　癸：貞旬：王囚：
四一九四九　癸卯王卜貞旬無畎王囚曰吉
四一九四九　癸丑王卜貞旬無畎王囚曰吉
四一九四九　：王卜：無畎：曰吉
四一九五〇　癸丑：貞旬：王囚：
四一九五〇　癸亥王卜貞旬無畎王囚曰吉
四一九五〇　癸酉王卜貞旬無畎王囚曰吉
四一九五〇　：王卜：無畎：曰吉
四一九五一　癸：貞：王：
四一九五一　癸丑王卜貞旬無畎王囚曰吉
四一九五一　癸亥王卜貞旬無畎王囚曰吉
四一九五一　癸酉王卜貞旬無畎王囚曰吉
四一九五一　癸未王卜貞旬無畎王囚曰吉
四一九五二　：貞：王囚：
四一九五二　癸丑王卜貞旬無畎王囚曰吉
四一九五二　癸亥王卜貞旬無畎王囚曰吉
四一九五二　癸酉王卜貞旬無畎王囚曰吉
四一九五三　癸亥王卜貞旬無畎王曰吉
四一九五三　癸酉王卜貞旬無畎王囚曰吉
四一九五三　癸未王卜貞旬無畎王囚曰吉
四一九五三　：旬無畎王囚曰吉
四一九五四　癸亥王：貞旬：王囚：

四一九五四　癸酉王卜貞旬無畎王囚曰吉
四一九五四　：王卜貞旬無畎王囚曰吉
四一九五四　：巳：貞旬無畎王囚曰吉
四一九五四　：無畎：曰吉
四一九五五　癸丑王：貞旬無：王囚曰：
四一九五五　：卜：畎：吉
四一九五六　癸：貞：
四一九五六　癸酉王卜貞旬無畎王囚曰吉
四一九五六　癸未王卜貞旬無畎王囚曰吉

小屯南地甲骨摹釋

屯一　癸…貞…無囚
屯一　癸巳貞旬無囚
屯二　…其以自上甲盤大示其…
屯三　不擒
屯四　…牢王受祐
屯六　…今日戊王其田不雨　吉
屯六　戊不延雨　吉
屯七　丁酉…
屯七　…多射𡳾馬…于斲
屯八　馬…先王…悔雨
屯八　馬惟翌日丁先戊王兒比不雨
屯八　馬弜先王其悔雨
屯九　癸卯貞盤至于…
屯九　癸卯貞射𠭁以羌其用惟乙
屯九　甲辰貞射𠭁以羌其用自上甲盤至于…
屯九　丁未貞卓以牛其用自上甲盤大示
屯九　己酉貞卓以牛其用自上甲三牢盤
屯九　己酉貞卓以牛其用自上甲盤大示惟牛
屯九　己酉貞卓以牛其…自上甲五牢盤大示五牢
屯九　庚戌…卓…牛…惟…
屯一〇　壬午卜其戋𢦏
屯一〇　壬午貞戋弗戋𢦏
屯一一　癸卯貞酢以歲
屯一二　…日…吉
屯一三　惟…
屯一四　不用
屯一五　…酉貞…無囚
屯一六　惟龜祝
屯一七　…弜暨…
屯一八　甲申卜…
屯一八　二牛王受祐
屯一八　三牛王受祐
屯一八　…王…
屯一九　庚寅…令馬𠦪人北
屯一九　惟沚或啓用若
屯二〇　丙申卜祖丁莫歲二…
屯二〇　…王受祐
屯二一　吉
屯二二　惟…用…
屯二二　惟庚酢
屯二三　…召…在丙…

屯二四　弗□…獲
屯二五　惟乙巳用伐
屯二六　…妣壬暨
屯二七　惟…
屯二七　乙…酢…小乙…日…
屯二八　乙丑卜貞王其田無災
屯二九　甲申卜令以示先步
屯二九　弜先□王步
屯三〇　甲寅卜…
屯三〇　弗擒其悔
屯三一　丁亥卜先酢大…自…
屯三一　乙未卜侑于㕣
屯三二　…並無囚
屯三三　…禾于…
屯三四　…祭戠有歲于祖辛　茲用
屯三四　…祭戠有歲于祖乙　茲用
屯三五　…魯甲惟…
屯三六　惟羊用
屯三六　…牢…
屯三六　其至于…
屯三六　…羊…
屯三七　庚寅卜步自毓𠦪年
屯三七　自上甲𠦪年
屯三八　丙子貞令衆御召方執
屯三九　不…
屯三九　不雨
屯三九　其雨
屯三九　翌日辛不雨
屯三九　辛其雨
屯三九　壬王其田敝不雨　弘吉
屯三九　壬其雨　吉
屯三九　…雨
屯三九　茲御
屯四一　…卜祖丁歲二牢
屯四二　弜田其遘大雨
屯四二　自旦至食日不雨
屯四二　食日至中日不雨
屯四二　中日至昃不雨
屯四三　茲用
屯四四　…沈牛…
屯四六　不啓
屯四七　癸亥…
屯四七　徲□
屯四八　壬子卜王往田無災
屯四八　乙卯卜王往田無災
屯四九　…卜翌日乙王…迖于□無災

屯五〇 ：東啚王受祐
屯五〇 ：燹禾于河 吉
屯五一 丁卯貞己巳蒸𩰤于祖辛暨父丁 茲用
屯五一 癸酉貞有歲于大乙羌二十
屯五一 ：酉貞：
屯五一 己卯卜不雨
屯五二 惟甲午耏
屯五二 于甲辰耏𩰤
屯五二 甲雨
屯五二 不：
屯五三 ：日戊王其田𧿍六惟有麋 吉
屯五四 暘：
屯五四 ：餕
屯五五 三牢茲用
屯五六 庚午貞今夕無囚在𣥂
屯五六 辛未貞今夕無囚在：
屯五六 癸酉貞今夕無囚
屯五六 甲戌貞今夕無至震
屯五六 ：寅：今夕：至震
屯五七 敹𧆈
屯五七 惟牛
屯五七 其牢
屯五八 大吉
屯五九 ：令：
屯五九 ：其𡨦于亳土
屯六〇 弜尋
屯六〇 入惟癸尋
屯六〇 于十尋
屯六〇 于祖丁旦尋
屯六〇 于廳旦尋
屯六〇 于大學尋
屯六一 辛巳：
屯六一 其雨
屯六二 翌日：不雨
屯六二 其雨
屯六三 庚寅卜惟㞢啓我
屯六三 惟沚或啓我用若
屯六三 壬辰于大示告方
屯六三 ：昌
屯六四 弜：茲用
屯六四 不雨
屯六五 戊戌：王令𤰈田：
屯六五 戊戌貞辛亥令𠬝：
屯六五 乙卯貞丁巳其餗
屯六七 甲子卜毓祖乙吉
屯六七 ：延：

屯六八 弜𦏲
屯六八 弜侑
屯六八 丙申卜蒸並耏祖丁暨父丁
屯六八 ：並：蒸：
屯六九 ：用王雨
屯七〇 壬辰卜祝至：
屯七一 吉
屯七二 乙巳卜：
屯七三 其侑父己于來日王受：
屯七三 敹𧆈
屯七四 癸亥貞旬：囚
屯七四 ：旬：
屯七五 即日
屯七五 其有㕣父
屯七五 即日
屯七六 癸：
屯七六 圉牢又一牛
屯七六 三牢
屯七六 癸巳卜其圉勿牛
屯七六 弜勿
屯七七 ：勿牛
屯七八 ：高祖乙：
屯七九 辛巳卜尋乇于𡧊
屯七九 辛：
屯八〇 十人王受祐
屯八〇 乙卯貞自上甲盤
屯八一 王弜伐
屯八一 丁卯貞王比沚：伐召方受：在祖乙宗
卜五月 茲見
屯八一 弜：
屯八一 辛未貞王比沚或伐召方：
屯八一 丁丑貞王比沚或伐召：
屯八二 ：午貞王步自𡭴于𩁹
屯八二 辛巳卜：
屯八三 惟羊
屯八三 惟小𡨦 大吉
屯八四 己卯卜惟：
屯八四 弜
屯八四 惟𤕫
屯八五 弜侑
屯八六 ：寅卜王其射𤰈白狐湄日無災
屯八七 甲戌卜烄雨
屯八七 甲戌卜今日雨不雨
屯八七 甲戌：今日雨
屯八八 惟：
屯八八 惟柳王受有祐

屯八九　：卜㚔：三牛丁卯：
屯九〇　允雨　吉
屯九〇　兹用
屯九二　：于二楢用王：
屯九三　乙巳貞其㚔禾于伊圞
屯九三　壬子貞其㚔禾于河燎三小宰沈三
屯九三　：于貞：㚔禾：河燎：宰：圞：牢
屯九五　辛：
屯九五　惟羊王受祐
屯九五　己卯卜王賓父己歲祭王受祐
屯九五　弜賓
屯九五　王其侑于父甲亯兄壬惟彘王受祐
屯九五　惟羊
屯九五　：宰
屯九六　：雨
屯九八　惟：乙：
屯九八　弜侑
屯九九　：卜：
屯一〇〇　辛巳卜今日雨
屯一〇〇　壬午卜今日雨允雨
屯一〇〇　不雨
屯一〇〇　癸未卜今日雨
屯一〇〇　不雨
屯一〇〇　甲申卜校于[illegible]效
屯一〇〇　于[illegible]校
屯一〇〇　于[illegible]校
屯一〇〇　于[illegible]校
屯一〇〇　不雨
屯一〇一　庚辰卜兄：
屯一〇二　：尹䝉田于：
屯一〇二　：于父丁牛一
屯一〇三　己卯：
屯一〇三　：貞：
屯一〇四　：貞旬無囚
屯一〇四　：貞旬無囚
屯一〇四　：貞旬無囚
屯一〇四　癸巳貞旬無囚
屯一〇四　癸卯貞旬無囚
屯一〇四　癸丑貞旬無囚
屯一〇四　癸亥貞旬無囚
屯一〇四　：旬：囚
屯一〇五　大吉
屯一〇六　惟：比無災
屯一〇六　惟[illegible]犬比無災
屯一〇七　壬辰卜：
屯一〇七　：牛

屯一〇八　丙寅卜其呼𩅦：
屯一〇八　其方有雨
屯一〇八　其𩅦于㽞有雨
屯一〇八　其𩅦于芑京有雨
屯一〇八　丁卯卜惟今日方有雨
屯一〇八　：日：有雨
屯一〇九　甲子卜雨
屯一〇九　允雨
屯一〇九　不雨
屯一〇九　乙丑貞雨
屯一〇九　其雨
屯一〇九　：雨
屯一一〇　惟用：六百
屯一一〇　：[illegible]冊用十百又五百
屯一一一　：貞：
屯一一一　戊辰貞辛王：
屯一一二　乙亥貞：
屯一一二　乙亥：
屯一一四　吉　用
屯一一五　癸卯貞旬無囚
屯一一五　癸丑貞旬無囚
屯一一五　：旬無囚
屯一一五　：無囚
屯一一七　王其田盂湄日不雨
屯一一七　其雨
屯一一九　惟：用
屯一一九　師惟德用
屯一二〇　癸酉貞旬無囚
屯一二〇　癸未貞旬無囚
屯一二〇　癸卯貞旬無囚
屯一二一　癸：
屯一二一　：酉貞：
屯一二一　：旬無囚
屯一二二　癸亥貞旬無囚
屯一二三　木丁一宰
屯一二四　丁卯貞：
屯一二五　其延：
屯一二五　惟屖𢧵擒
屯一二五　：遘雨
屯一二六　丁丑卜：于[illegible]無囚
屯一二七　弜侑
屯一二八　卯五：無災
屯一二八　：卯貞大庚彡
屯一二九　戊午卜父戊歲惟：
屯一二九　惟牛
屯一二九　戊午卜父戊歲王受祐

屯一一三〇 癸酉貞鄧元在茲
屯一一三〇 ：鄧元
屯一一三一 戊子叀乞叀骨三
屯一一三二 至：王受：
屯一一三二 高奉王受祐
屯一一三三 癸：貞：無：
屯一一三三 癸丑貞旬無𡆥
屯一一三四 庚子貞：
屯一一三四 令途子妻
屯一一三四 惟𠦪令
屯一一三五 庚：貞：令：惟：
屯一一三五 辛巳貞其告令望乘
屯一一三五 于祖乙告望乘
屯一一三五 于大甲告望乘
屯一一三五 ：未貞：亥以：蒸：
屯一一三六 王惟翌日乙田湄日無災
屯一一三七 ：言其：
屯一一三八 其雨
屯一一三九 庚子卜祖辛歲： 吉 不用
屯一一三九 惟犨
屯一一三九 惟幽
屯一一三九 ：牛
屯一一四〇 吉
屯一一四一 惟犬
屯一一四二 ：眉吁其陟用
屯一一四二 翌日辛卯
屯一一四三 庚子：
屯一一四五 丁丑：畄雨
屯一一四五 不畄雨
屯一一四五 癸酉貞：其燎
屯一一四六 ：來： 大吉
屯一一四七 壬午卜癸未
屯一一四七 襄
屯一一四七 ：𡆥
屯一一四八 弜烄雨
屯一一四八 庚寅卜旁岳雨
屯一一四八 庚寅卜旁岳雨
屯一一四八 辛卯卜烄𩃬雨
屯一一四八 辛卯卜：日壬辰烄𩃬雨
屯一一四八 壬辰：
屯一一四九 ：子貞牧告𢻲：
屯一一四九 ：永王𢻲衆受：
屯一一五〇 吉
屯一一五一 辛卯卜翌日壬王其田：
屯一一五二 ：祝上甲祝：
屯一一五三 弜賓

屯一一五三 茲用
屯一一五三 辛丑卜𠂤父壬歲：王受：
屯一一五四 丁酉卜戊雨
屯一一五四 辛丑卜今日雨至壬雨
屯一一五五 甲申：
屯一一五五 茲用
屯一一五六 不用
屯一一五七 ：貞：𡆥
屯一一五八 惟黑：
屯一一五八 惟犨 茲用
屯一一五九 ：未卜貞王其田無災
屯一一六〇 ：母奴：
屯一一六一 ：乙六牛：
屯一一六二 二牢
屯一一六二 惟犨
屯一一六三 其雨
屯一一六四 壬子卜今日壬：
屯一一六五 丁巳：
屯一一六六 ：有羌：
屯一一六八 庚：卜：
屯一一六九 乙酉卜其取庚𣪊：
屯一一七〇 其雨
屯一一七〇 癸酉貞：
屯一一七一 癸未貞惟乙酉延方
屯一一七一 癸未貞于木月延方
屯一一七一 ：酉：今日：歲：丁
屯一一七二 叀乞骨三自：
屯一一七三 癸亥：
屯一一七三 弜即祖丁歲𠕋
屯一一七三 父甲夕歲弘
屯一一七三 惟𨟻用
屯一一七三 其豊在下丫北嚮 茲用
屯一一七三 弜
屯一一七三 于丁：
屯一一七四 ：申卜祖辛祭有戠：牛茲用祭戠
屯一一七五 其有歲于祖戊惟羊
屯一一七六 癸：旬：
屯一一七六 癸巳貞旬無𡆥
屯一一七六 旬無𡆥
屯一一七六 ：貞旬無𡆥
屯一一七七 癸巳貞：無𡆥
屯一一七八 辛亥卜告于父丁一牛
屯一一七八 二牛
屯一一七九 甲午出在企：
屯一一七九 ：祖甲
屯一一八〇 癸卯卜其燎于：

屯一八〇 比：多：
屯一八〇 ：衆以省㐭
屯一八一 三牛
屯一八一 己丑卜河卯三牛
屯一八二 ：亥貞其有匚伊尹惟今丁卯酚三：
屯一八二 ：十牢
屯一八三 弜侑
屯一八三 弜以㚖
屯一八三 以有㚖
屯一八三 三牛
屯一八三 㚖二羊
屯一八三 己卯貞：乙酉：歲
屯一八三 弜酚
屯一八四 牛二
屯一八五 吉
屯一八七 癸亥：
屯一八七 弜祝
屯一八七 庚祝
屯一八八 ：㞢以羌父丁
屯一八八 ：省㐭
屯一八九 弜：日歷：酚：
屯一八九 辛亥貞其蒸米于祖乙
屯一八九 ：貞：燎于高：辛巳
屯一九〇 丙子卜今日殺召方執
屯一九〇 其雨
屯一九〇 庚辰卜不雨
屯一九〇 庚辰卜令王族比㞢
屯一九〇 弜追召方
屯一九〇 弜：
屯一九〇 弗受祐
屯一九一 甲戌卜其：
屯一九二 ：戊貞有火歲：
屯一九三 弜侑
屯一九三 一牛
屯一九三 ：牢
屯一九四 丙辰貞丁無囚
屯一九四 ：貞己無囚
屯一九四 己未貞庚無囚
屯一九四 庚申貞辛無囚
屯一九四 辛酉貞壬無囚
屯一九四 戊辰貞己無囚
屯一九五 己丑：
屯一九六 不雨
屯一九六 其雨
屯一九六 甲：

屯一九七 庚子：舞：
屯一九七 庚子卜辛雨至壬雨
屯一九八 茲用
屯一九九 丁丑卜：
屯一九九 王其田于：其剛于大甲師有正
屯一九九 其剛：小牢有正
屯一九九 ：牢
屯二〇一 二牢
屯二〇二 其燎于：牛雨
屯二〇三 ：丑卜藝尊其若 吉
屯二〇四 己丑卜令先省㐭
屯二〇四 惟犬百：十牢
屯二〇五 ：其遘于向無：
屯二〇六 ：牛王：
屯二〇六 ：受：
屯二〇七 吉
屯二〇七 吉
屯二〇八 翌日辛不雨
屯二〇八 其雨
屯二〇八 翌日辛不雨
屯二〇八 其雨
屯二〇八 今夕雨
屯二〇九 ：射：吉
屯二一〇 牢：一牛王受祐
屯二一〇 蒸鬯延父己父庚王受祐
屯二一〇 弜延于之若
屯二一一 既𡆥大吉
屯二一二 辛丑卜翌日壬王其遘于向無災 弘吉
屯二一二 于喪無災
屯二一二 于盂無災
屯二一二 于宮無災
屯二一二 ：無災
屯二一三 惟：卯：
屯二一三 于乙酚吉
屯二一三 惟丁酚吉
屯二一四 癸未卜今翌受：
屯二一五 癸：
屯二一五 ：貞：匚：亏暨酚：
屯二一六 㞢乞㞢骨三
屯二一七 弜田㞢：
屯二一七 惟門田不雨
屯二一七 弜田門其雨
屯二一七 王其田攼在㳄
屯二一八 辛：卜惟興虞
屯二一九 ：骨三冊

屯二二〇 丁卯卜今日…
屯二二〇 惟牧…
屯二二〇 癸巳卜侑羌一牛　茲用
屯二二一 癸未貞旬無𡆥
屯二二一 癸巳貞旬無𡆥
屯二二二 弜
屯二二三 庚戌貞皋以牛
屯二二四 戊辰卜貞王其田無災
屯二二四 辛未卜貞王其田無災
屯二二四 …卜…王其…災
屯二二五 甲申卜其三丑
屯二二六 丁巳卜翌日…
屯二二六 叙鼕
屯二二六 戊不雨
屯二二六 其雨
屯二二六 王其田狩無災
屯二二七 壬戌卜王…
屯二二七 惟丁酒上甲卯有正
屯二二八 乙未貞侑祖辛牢又一牛
屯二二八 己未貞…有以伐…雨
屯二三〇 壬寅卜王步卯暘日
屯二三一 庚戌卜惟今夕告方
屯二三一 惟白牛燎
屯二三二 癸丑卜王令介田于京
屯二三三 吉
屯二三四 辛酉貞其奉…
屯二三五 于辛丑酒
屯二三五 于辛亥酒
屯二三五 三牛
屯二三六 癸巳卜其震鼓
屯二三六 弜震
屯二三六 癸巳卜鼓弜震其尊
屯二三六 壬寅卜妣癸歲卯酒翌日癸
屯二三六 …酒…日
屯二三七 茲用
屯二三七 茲用
屯二三八 惟…自…
屯二三九 丁亥卜其疾
屯二四〇 …翌日戊王其田湄日無災
屯二四一 癸…貞…無…
屯二四一 癸酉貞旬無𡆥
屯二四二 …卯貞右牧…甾啚…
屯二四三 癸未貞王令…
屯二四三 弜出方
屯二四三 癸未貞王令皋出方　茲用
屯二四三 癸未貞王令于妻出

屯二四三 甲申卜于大示告方來
屯二四三 壬辰令馬
屯二四三 弜令
屯二四四 奉其至夒…受…
屯二四四 弜
屯二四四 奉其至河王受祐
屯二四四 弜
屯二四五 吉
屯二四六 一牢
屯二四六 二牢
屯二四六 甲午卜其祝歲于禘
屯二四七 丁酉…王…丙…
屯二四七 乙巳貞雀無𡆥
屯二四八 貞有以伐合彡
屯二四九 弜以万
屯二四九 惟喪田省無災
屯二四九 惟盂田省無災
屯二四九 惟宮田省無災
屯二五〇 己…王…
屯二五〇 乙卯卜于五示禦王
屯二五〇 其豐禦
屯二五一 …巳卜…王…上甲
屯二五一 …茲有祟
屯二五一 …無𡆥
屯二五二 弗擒
屯二五三 壬子卜其用茲黹　吉
屯二五四 乙雨乙巳允雨
屯二五四 丙雨丙午允雨
屯二五四 丁雨丁未不雨
屯二五四 戊雨
屯二五五 …三牛
屯二五六 弜…
屯二五六 王其涉滴射獻鹿無…
屯二五六 丁丑卜翌日戊王異其田弗悔無災不雨
屯二五七 庚申卜王其迖惟翌日辛
屯二五八 于宮無災
屯二五八 不遘大風
屯二五八 其遘大風
屯二五八 翌日壬王其迖于喪無災
屯二五八 于盂無災
屯二五八 于宮無災
屯二五八 不遘大風
屯二五九 癸酉卜…
屯二五九 …卜王往田無災
屯二五九 今日…
屯二六〇 丙辰卜其有歲于祖丁惟翌…

屯二六〇 ……來丁卯……勿牛尊
屯二六一 弜祝于妣辛
屯二六一 其祝妣辛惟翌日辛酌
屯二六一 弜翌日辛酌
屯二六一 惟今入自夕酉酌有正
屯二六三 ……秋集……
屯二六四 ……㲋……
屯二六五 丁亥……今日……
屯二六六 ……上甲歲于父……
屯二六七 丁酉……
屯二六七 不
屯二六七 甲辰……召方來……惟……
屯二六八 ……小乙……
屯二六八 ……五……
屯二六九 ……貞其……
屯二七〇 吉
屯二七〇 吉
屯二七一 庚……
屯二七一 于壬王迺田無災
屯二七一 辛王惟田省無災
屯二七一 其狩無災
屯二七一 从喪無災
屯二七一 从盂無災 大吉
屯二七一 从宮 吉
屯二七一 大吉
屯二七二 弜省其悔
屯二七二 翌日乙王其省田湄日不遘雨
屯二七二 其遘雨
屯二七三 戊于卜辛其……
屯二七四 丙……
屯二七五 甲寅卜其奉于毓
屯二七五 甲寅卜其奉于四示
屯二七七 弜……悔
屯二七七 王其田盂
屯二七七 其雨
屯二七八 其遷
屯二七八 ……犀
屯二七九 ……雨
屯二八〇 甲……在……
屯二八〇 戊辰貞戠于大甲師珏二牛
屯二八一 己亥
屯二八二 癸……貞……無……
屯二八二 癸巳卜貞旬無囚
屯二八三 ……遘……大乙……
屯二八四 庚戌卜燎于夒三小宰
屯二八五 吉

屯二八六 弜
屯二八六 辛未卜其有歲于妣壬羊
屯二八六 ……宰
屯二八七 弜……
屯二八七 其舌小乙窮宗
屯二八七 惟妣庚舌
屯二八七 弜舌
屯二八八 五宰王受……
屯二八九 ……于父丁茲用辛酉十牛
屯二八九 ……雨
屯二九〇 己丑……告……于……示……衣……月
屯二九〇 不雨
屯二九〇 庚申貞其槳于上甲大乙大丁大……祖乙
屯二九〇 惟燎
屯二九一 羲
屯二九二 丙寅卜……
屯二九四 辛……爿……
屯二九五 弜弘若亞[illegible]一宰
屯二九五 三宰 茲用
屯二九六 宰
屯二九六 宰又一牛
屯二九六 二宰
屯二九七 吉
屯二九八 ……貞伐……災
屯二九九 吉
屯二九九 吉
屯三〇〇 弜行……
屯三〇〇 丁丑貞其區擒
屯三〇〇 弜區擒
屯三〇一 ……貞……
屯三〇三 ……翌日辛王其田湄日無災
屯三〇三 ……雨
屯三〇四 甲寅貞其九
屯三〇四 甲寅貞其十又五
屯三〇四 甲寅貞其三十
屯三〇四 丁巳貞其九
屯三〇四 丁巳貞其十又五
屯三〇四 丁巳貞其三十
屯三〇四 辛酉貞惟甲子酌
屯三〇五 弜賓桒
屯三〇五 ……伊
屯三〇六 乙……我……
屯三〇六 乙卯卜乙丑其雨
屯三〇六 甲戌卜乙亥暘日
屯三〇七 癸亥貞王令秋人宊衮
屯三〇七 弜宬

屯三〇七 不大出
屯三〇八 吉 茲用 吉
屯三〇八 其雨 吉
屯三〇九 吉
屯三一〇 允啓
屯三一〇 ：蒸鬯
屯三一一 ：災
屯三一二 己酉卜攸亢告啓商
屯三一三 丁巳卜盤有乂自成
屯三一三 丁巳卜三羌三宰于大乙
屯三一三 丁巳卜五羌五宰于大乙
屯三一三 丁巳卜惟乙丑酌乂伐
屯三一三 丁巳卜于來乙亥酌
屯三一三 庚申卜惟乙丑酌三羌三宰
屯三一三 庚申卜于來乙亥酌三羌三宰
屯三一三 ：我以方矢于宗
屯三一三 弜矢
屯三一三 ：亥卜乂：
屯三一四 ：辛未酌燎
屯三一四 ：酌燎
屯三一五 ：翌日戊： 大吉
屯三一六 ：𠃬兇惟辛無：
屯三一七 ：高妣：
屯三一八 癸酉：
屯三二〇 甲午貞王：奉于：
屯三二〇 ：一牛：其：
屯三二一 ：戠月告于上甲九牛
屯三二二 于喪無災 弘吉
屯三二二 于盂無災 弘吉
屯三二二 惟：無： 吉
屯三二三 惟：
屯三二三 惟大宰
屯三二三 其宰又一牛
屯三二三 壬辰卜妣辛事其延妣癸惟小宰
屯三二三 惟牛
屯三二四 弜茲祝：
屯三二四 岳其冊禦
屯三二四 弜禦
屯三二五 ：其：
屯三二五 己丑卜其雨不
屯三二五 癸巳卜不啓乙未
屯三二五 ：卜：
屯三二五 癸巳卜：
屯三二五 庚子卜：于不：
屯三二六 吉
屯三二六 弘吉

屯三二六 吉
屯三二六 吉
屯三二七 惟示癸：
屯三二八 丙戌卜今日雨
屯三二八 不雨
屯三二九 茲吉
屯三三〇 ：歲：
屯三三一 癸亥卜貞旬：𡆥
屯三三二 ：岳：
屯三三二 壬子卜侑于伊尹
屯三三二 ⿱八介其入王家
屯三三二 丁巳卜⿱八介弗入王家
屯三三三 甲午卜翌：
屯三三三 弜田其悔
屯三三四 于喪無災
屯三三四 于盂無災
屯三三四 于宮無災
屯三三四 不雨
屯三三四 ：雨
屯三三五 弜庚申其雨
屯三三五 惟庚午秉于喪田不遘大雨
屯三三五 弜庚午其雨
屯三三五 ：于：惟不遘雨
屯三三七 甲子：
屯三三八 癸：貞旬無𡆥
屯三三九 壬午卜乙酉暘日
屯三三九 乙酉啓
屯三三九 乙酉不啓
屯三三九 壬辰卜侑大乙乙未
屯三三九 壬：
屯三四〇 丙寅：惟亞卒以人𡳿
屯三四〇 惟師般以人
屯三四一 ：未卜王令以子尹立⿱𠂤巾
屯三四一 壬申卜王令介以疾立于⿰立犬
屯三四一 壬申卜王令鑊以子尹立于⿱𠂤巾
屯三四一 壬申卜王令鼓以束尹立于敦
屯三四一 ：大乙：
屯三四一 于宰饗
屯三四一 甲戌卜于宗饗
屯三四一 辛巳臾乞骨三
屯三四二 壬戌卜惟岳先侑
屯三四二 惟河先侑
屯三四二 惟王亥先侑
屯三四三 其五羌
屯三四三 癸酉貞乙亥王有乂于：祖乙十羌卯三牛
屯三四三 ：貞：王有：伐于：十羌

屯三四四 ：田無災

屯三四五 莫出□受年 吉

屯三四五 及茲月出□受年 大吉

屯三四五 于生月出□受年 吉

屯三四五 惟丁卯出□受年

屯三四六 ：戲燎：

屯三四七 庚辰卜禦于：

屯三四八 ：其作豐惟祖丁彡日遲王受：

屯三四九 吉

屯三四九 吉

屯三五二 ：戊卜其藝擒 吉

屯三五二 癸卯：

屯三五三 癸丑貞：

屯三五三 癸亥貞旬無囚

屯三五四 癸：貞旬：

屯三五四 ：今日上甲：大丁大甲：

屯三五六 其：

屯三五七 田：無災

屯三五七 惟襄田省

屯三五八 ：丑貞王：

屯三六〇 ：巳：

屯三六二 ：無：

屯三六二 ：貞：無囚

屯三六三 甲申貞其：

屯三六四 癸丑：旬：囚

屯三六五 丁未：

屯三六五 ：貞：

屯三六六 ：丁鼎暨酌

屯三六七 吉

屯三六八 惟：牢：

屯三七一 ：田凤：

屯三七二 戊戌：

屯三七二 不雨

屯三七二 雨

屯三七三 大吉

屯三七四 ：涉滴其：

屯三七五 ：王受祐 吉

屯三七七 ：不遘： 大吉

屯三七八 癸卯貞旬無囚

屯三七九 ：酉：日月：食：

屯三七九 ：日：

屯三八〇 ：亥卜：

屯三八一 ：月卜

屯三八三 吉

屯三八四 于旦無災

屯三八五 ：𠂤：

屯三八六 ：雨

屯三八七 吉

屯三八八 辛未：

屯三八八 弜餕

屯三八八 ：餕：雨

屯三八九 吉

屯三九〇 ：午卜翌：

屯三九二 弗擒

屯三九二 惟喪

屯三九二 从盂

屯三九三 戊午：

屯三九四 于壬田湄日無災

屯三九五 甲子卜令衆田若

屯三九八 ：未卜王其：有祐

屯四〇一 ：囚

屯四〇二 大吉

屯四〇三 吉

屯四〇五 庚午：祐

屯四〇五 不暘日

屯四〇六 ：未貞：不：

屯四〇八 茲用 大吉

屯四〇九 吉

屯四一〇 ：貞：無：

屯四一一 ：酌：

屯四一二 戊辰卜己巳步省

屯四一二 辛：雀：在：

屯四一三 ：茲：

屯四一四 今日辛：

屯四一五 癸酉貞旬無囚

屯四一五 癸未貞旬無囚

屯四一六 吉

屯四一七 ：其奏餗

屯四一八 ：酉卜其餗：乙未酌

屯四一九 ：未貞王其令：

屯四二〇 ：王：無：

屯四二〇 辛丑卜王往田無災

屯四二一 庚午貞王無囚

屯四二一 貞王無囚

屯四二二 丁酉卜王奉其步

屯四二三 辛酉卜貞今歲受禾

屯四二三 不受禾

屯四二三 惟東方受禾

屯四二三 ：北：受禾

屯四二三 癸亥：酌咎自上甲

屯四二四 甲辰：乙：啓

屯四二四 癸巳貞惟甲午

屯四二四 于乙未
屯四二四 …貞…告…允
屯四二五 …惟茲宅
屯四二六 癸…貞…
屯四二六 …貞旬無𡆥
屯四二七 …示于父丁桒
屯四二七 癸未…兔以…人允來
屯四二七 …阜…
屯四二八 …羌
屯四二九 癸未貞旬無𡆥
屯四二九 癸巳貞旬無𡆥
屯四三一 茲…
屯四三二 …酌…
屯四三三 己巳卜…
屯四三四 吉
屯四三五 …于稌無災
屯四三六 …貞…無𡆥
屯四三七 …祖丁…
屯四三八 吉
屯四三九 …大乙…
屯四四〇 …貞…無𡆥
屯四四〇 癸亥貞旬無𡆥
屯四四〇 癸酉貞旬無𡆥
屯四四一 甲寅貞乙卯侑祖乙歲大牢不…
屯四四一 弜有歲
屯四四一 己未貞其…祭自祖乙歲至父丁
屯四四一 己未貞有乂伐自上甲
屯四四一 乙亥
屯四四一 丁丑貞今日有歲…父丁
屯四四一 弜有歲
屯四四一 …桒…妣丙…宗卜
屯四四一 己卯卜其將王鼓于…
屯四四一 弜將王鼓…
屯四四一 己卯…鼓告于祖乙
屯四四一 己卯卜惟…王鼓
屯四四一 辛巳貞其令…曰阜來
屯四四一 辛巳貞弜令卯曰阜來
屯四四一 侑祖乙歲牢
屯四四二 三牢
屯四四二 …午卜…不…
屯四四三 吉
屯四四四 …卜甲…至乙雨
屯四四五 …酉卜…
屯四四五 …今日辛不雨
屯四四六 …日…
屯四四七 乙丑…

屯四四七 …毓妣…
屯四四八 其侑于壬
屯四四八 弜侑
屯四四九 今日雨允雨
屯四五〇 大吉
屯四五一 壬辰…今日延…允…
屯四五三 …戋不遘…
屯四五四 …惟猳
屯四五五 大吉
屯四五六 惟…茲…
屯四五六 丙午卜…圍…
屯四五七 癸未…貞旬…
屯四五七 癸巳歷貞旬無𡆥
屯四五七 有𡆥
屯四五七 癸丑歷貞旬無𡆥
屯四五七 有𡆥
屯四五七 癸亥歷貞旬無…
屯四五八 …受有祐
屯四五九 …彔…
屯四六〇 …王…
屯四六〇 弜…
屯四六一 …今夕…
屯四六二 癸卯…
屯四六三 …卯卜戍夕徹禦… 大吉
屯四六四 …遘…
屯四六五 弜…
屯四六六 …亥卜…
屯四六七 吉
屯四六八 吉
屯四六九 弜侑
屯四六九 …歲…毓…奭王受祐
屯四七〇 吉
屯四七一 癸雨
屯四七二 …巳…
屯四七三 五…
屯四七三 三…
屯四七四 戍…卜…
屯四七四 弜…辱…
屯四七六 …沈牛…
屯四七八 …卯三牛
屯四七九 …雨…
屯四八二 …盤…
屯四八三 乙至丙雨
屯四八四 癸…貞…無…
屯四八四 癸丑貞旬無𡆥
屯四八四 癸亥貞旬無𡆥

屯四八四	癸酉貞旬無囚
屯四八四	癸未貞旬無囚
屯四八四	癸巳貞旬無囚
屯四八五	：伐方：
屯四八六	乙丑卜王于庚告
屯四八七	癸巳貞卑令：㞢無囚
屯四八八	癸巳貞其有羌
屯四八八	乙亥貞有𠂤歲自上甲盞遘上甲彡
屯四八八	乙亥貞其有羌
屯四八九	辛未卜執其用
屯四八九	惟：大：
屯四八九	于甲用
屯四八九	：用
屯四九〇	惟勿牛
屯四九一	王其正：
屯四九一	：敦[illegible]暨：
屯四九二	癸卯卜其册禦馘卯： 吉
屯四九三	：寧疾于四方
屯四九五	甲辰卜翌日乙王其省盂田湄： 大吉
屯四九五	：射有鹿弗悔
屯四九六	：卜盧翌日乇翌：酌
屯四九七	：用
屯四九八	惟小宰
屯四九九	甲戌貞王令剛坆田于[illegible]
屯四九九	甲戌貞其告于父丁
屯五〇〇	：雨
屯五〇〇	：卜王其呼：
屯五〇一	丙不：
屯五〇一	其雨
屯五〇二	丁：
屯五〇二	弜執
屯五〇二	乙未貞其令亞侯帚惟小：
屯五〇二	：婦
屯五〇三	壬：𢦔：災
屯五〇三	其戠𢦔
屯五〇三	令多射㞢
屯五〇三	癸巳卜乇于父丁犬百羊百卯十牛
屯五〇三	甲午卜乇于父丁犬百羊百卯：
屯五〇三	惟犬百卯：牛
屯五〇四	：巷十𠭯卯：
屯五〇五	丁巳貞于來丁丑將兄丁
屯五〇五	丁卯貞于上
屯五〇六	：卜今來歲受：
屯五〇七	：酉貞其𠦪禾于：
屯五〇八	戊寅貞王令[illegible]：翌己卯步
屯五〇九	辛：

屯五〇九	茲用
屯五一〇	吉
屯五一一	：其：羊二十又二
屯五一二	茲用
屯五一三	：于上甲
屯五一四	其雨
屯五一四	不雨
屯五一五	于喪無災 吉
屯五一五	弘吉
屯五一六	：無囚
屯五一六	：囚
屯五一七	大吉
屯五一八	吉
屯五一八	：舌：
屯五一九	丁巳：
屯五一九	：田：悔
屯五二一	弜𠦪
屯五二一	弜𠦪
屯五二二	：戊卜翌日辛：其省： 大吉
屯五二三	：申貞于丁𠂤：乘：酉用于享京：羌卯
	牡
屯五二三	癸：奠乞骨三
屯五二四	丙辰貞丁巳有𠂤歲于父丁大：
屯五二四	：貞：卑：
屯五二五	己酉貞有：
屯五二五	：先：
屯五二五	：貞惟：
屯五二六	吉
屯五二七	癸卯貞旬：
屯五二七	癸丑貞旬：
屯五二八	：卜王其：
屯五二八	弗其兌比其遘雨 吉
屯五二八	不遘弗擒
屯五三〇	：衆：
屯五三一	大吉
屯五三二	其又大乙彡
屯五三二	：有𠂤伐于伊其：
屯五三二	：父丁
屯五三五	吉
屯五三六	：十牛
屯五三六	：羌𢼸
屯五三七	辛有大：
屯五三七	壬有大雨
屯五三八	己丑貞：
屯五三九	惟卑令省亩
屯五三九	惟並令省亩

屯五三九 惟宁鼓令省亩
屯五三九 惟馬令省亩
屯五三九 甲辰侑祖乙一牛
屯五三九 其侑祖乙大牢
屯五三九 辛酉卜犬延以羌用自上甲
屯五四一 大吉
屯五四二 ：十人：
屯五四三 ：一人生月
屯五四五 辛不雨
屯五四六 其遘大風
屯五四七 弜寧
屯五四七 ：寅貞衛：囚在：
屯五四八 甲寅：
屯五四八 茲用
屯五四八 惟犯
屯五四九 ：逘：
屯五四九 于喪無災
屯五四九 于盂無災
屯五四九 于宮無災
屯五四九 ：雨
屯五五〇 甲寅貞在卜有囚雨
屯五五一 其奉禾于：
屯五五二 癸：貞：
屯五五二 貞
屯五五二 癸巳卜貞旬無囚
屯五五二 癸未卜貞旬無囚
屯五五二 癸卯卜貞旬無囚
屯五五四 大吉
屯五五五 ：有：大吉
屯五五六 ：高祖五牛
屯五五七 丁丑卜翌：
屯五五七 王其田擒
屯五五八 雨
屯五五九 ：卜戌王其田：
屯五六〇 ：羌：卯牢
屯五六二 ：貞乙無囚
屯五六二 乙丑貞內無囚
屯五六二 ：寅：
屯五六三 弜賓
屯五六三 王其侑父庚王受祐
屯五六五 庚：剛：
屯五六五 庚辰卜剛大甲師有羌：
屯五六五 ：貞辛未：茲延步在：
屯五六六 ：入商
屯五六七 ：王其用羌方：王受：
屯五六八 其狩

屯五六八 ：象
屯五六九 甲辰：亞其省：
屯五六九 ：河
屯五七〇 其五牢
屯五七〇 ：未卜阜以象出：召
屯五七一 ：方受：
屯五七二 （習刻）
屯五七二 （習刻）
屯五七四 聞
屯五七五 弜
屯五七六 ：沈：
屯五七七 象：其即：
屯五七七 于盂
屯五七八 ：其奉禾于河其：雨
屯五七八 ：奉禾于河：
屯五七九 ：史人丩告啓：蠹在廳卜
屯五八〇 亞阜延弗至庚
屯五八〇 庚寅卜其告亞阜往于丁今庚
屯五八〇 癸卯貞王無囚
屯五八〇 茲用
屯五八一 ：未貞燎：□十豕
屯五八二 辛：
屯五八二 庚子貞酌□歲伐三牢
屯五八二 ：卜：
屯五八二 ：子貞：囚
屯五八三 不雨
屯五八四 ：酌：
屯五八五 癸丑貞：無：
屯五八六 甲午貞焱侯：茲用大乙羌三祖乙羌三卯
三牛乙未酌
屯五八七 ：卜翌日辛王其田湄日：大吉
屯五八八 壬戌：
屯五八八 弜田來
屯五八八 ：宮田出于盂無災
屯五八八 弜出盂
屯五八八 王其田不遘大風
屯五八八 ：遘：
屯五八九 ：卜今日甲延
屯五九〇 丙申卜父丁翌日有啓雨
屯五九一 十人中
屯五九一 方其征于門
屯五九一 ：其征于獻
屯五九一 方不征于門
屯五九一 征：
屯五九二 壬寅卜貞王其田無災
屯五九二 戊申卜貞王其田無災

屯五九二　辛亥卜貞王其田無災
屯五九二　壬子卜貞王其田無災
屯五九二　乙卯卜貞王其田無災
屯五九二　……卜貞王其田無災
屯五九三　辛酉貞其歎于祖乙惟癸
屯五九三　于甲歎
屯五九三　弜至
屯五九三　癸……
屯五九四　……午卜翌日父甲祏競祖丁冊王受祐　大
吉　茲用
屯五九五　……未貞其告我祖
屯五九五　甲申貞有…伐于小乙羌五卯牢　茲用
屯五九七　……牢
屯五九八　戊寅卜王其送于向
屯五九八　……其省向翌日……延射……鹿擒
屯五九九　辛亥貞生月令阜步
屯五九九　……卜生月桒
屯五九九　壬子卜剛出受祐
屯五九九　壬子卜朿尹出受祐
屯五九九　茲用
屯五九九　癸酉桒于大示
屯五九九　弜桒
屯五九九　……衆有工
屯五九九　辛亥兾乞肎……
屯六〇〇　……先于戔十若
屯六〇〇　……在祖乙宗卜
屯六〇一　辛未卜桒于大示
屯六〇一　于父丁桒
屯六〇一　弜桒其告于十示又四
屯六〇一　壬申卜桒于大示
屯六〇一　于父丁桒
屯六〇一　癸酉桒于大示
屯六〇一　……桒令比出
屯六〇一　弜桒令比出
屯六〇一　令小尹步
屯六〇一　辛未……
屯六〇二　戊午……
屯六〇三　癸亥貞乞酚……祝在……　不用
屯六〇三　……翌乙丑其酚祝……　茲用
屯六〇三　……祝小乙父丁
屯六〇四　辛丑卜……令𧗝祟方
屯六〇四　……卜……
屯六〇五　大吉　茲用
屯六〇六　庚……
屯六〇六　弜蒸
屯六〇六　其蒸在𩁹

屯六〇六　其高……
屯六〇六　庚辰卜其蒸方以羌在必王受有祐
屯六〇七　戊申卜貞王其田麟無災
屯六〇七　……田……
屯六〇七　……巳卜貞王其田稌無災
屯六〇七　戊寅卜貞王其田𩫖無災
屯六〇七　……卜貞王……田稌無災
屯六〇八　丁丑貞有匚于高祖亥
屯六〇八　二牢
屯六〇八　三牢
屯六〇八　五……
屯六〇八　丁未貞酚高祖匚其牛高妣
屯六〇九　吉
屯六〇九　吉
屯六〇九　祖辛𩁹卯牢……一牛王……祐
屯六一〇　戊午卜其𩚬妣辛牢　吉
屯六一〇　二牢
屯六一〇　三牢
屯六一〇　弜異酚惟𩚬惟舌
屯六一〇　于父己祝至
屯六一〇　父庚舌牢
屯六一〇　牢又一牛
屯六一〇　吉
屯六一一　己巳貞王來乙亥有…伐于祖乙其十羌又
五
屯六一一　己巳貞王有…伐于祖乙其十羌又五
屯六一一　弜有羌惟歲于祖乙
屯六一一　其三十羌
屯六一一　……午……
屯六一二　癸……
屯六一二　……丑……旬……囚
屯六一三　于祖丁歲有正王受祐
屯六一四　于乙不雨　吉
屯六一五　惟羊王受祐
屯六一六　癸……貞……無囚
屯六一六　癸未貞旬無囚
屯六一六　癸……貞……無……
屯六一七　辛卯卜貞王其田無災
屯六一八　辛巳……
屯六一八　惟癸蒸𥞤王受祐
屯六一八　王其蒸𥞤二必惟卯各𦺈𥟖酚
屯六一八　其蒸𥞤祖乙惟翌日乙酉酚王受祐
屯六一八　先祭二必蒸迺各……祖乙蒸𥞤王受祐
屯六一九　王惟盂田省無災
屯六一九　惟喪田省無災
屯六一九　不遘小風

屯六一九 其遘小風
屯六一九 不遘大風　大吉
屯六一九 茲用
屯六一九 其遘大風
屯六二〇 丁亥卜貞今秋受年吉稘　吉
屯六二一 辛卯卜王其田無災　吉
屯六二一 弜田其悔
屯六二一 王惟喪田省無災　吉
屯六二一 ……田……災
屯六二二 ……𤕌岳辛丑其䵼酌有大雨
屯六二三 大吉
屯六二四 辛亥卜翌日壬旦至食日不……　大吉
屯六二四 壬旦至食日其雨　吉
屯六二四 食日至中日不雨　吉
屯六二四 食日至中日其雨
屯六二四 中日至郭兮不雨　吉
屯六二四 中日至……兮
屯六二五 丁丑卜翌日戊王惟在宰犬……　大吉
茲用
屯六二五 惟在襄犬壬比無災擒　吉
屯六二五 惟在湊中比無災擒　吉
屯六二五 ……送……喪
屯六二五 于向
屯六二六 ……翌日戊王其田虞剛于河王受祐
屯六二七 戊午貞辛酉……
屯六二八 弜有夕歲
屯六二八 莫舌有羌王受有祐
屯六二八 弜有羌
屯六二九 ……于卜……
屯六二九 ……王往田从南擒
屯六二九 庚寅卜其區𣪘
屯六二九 弜區𣪘
屯六三〇 甲戌卜今日雨
屯六三〇 ……戊卜……雨
屯六三一 祖乙歲三勿牛
屯六三一 弜勿牛
屯六三一 丙辰卜二牢延歲于仲丁
屯六三一 弜延
屯六三二 乙巳卜其示于祖丁惟今丁未示
屯六三二 ……示于妣辛于宗
屯六三三 弜延
屯六三四 戊寅……貞……田……
屯六三四 辛巳卜貞王其田無災
屯六三四 乙酉貞王其田無災
屯六三五 乙卯其餗不遘……
屯六三六 ……貞射𠭯以羌其用自上甲盞至于父丁
惟甲辰用

屯六三六 ……𠭯……
屯六三六 甲辰貞射𠭯以羌其用自上甲盞至于父丁
惟乙巳用伐四十
屯六三六 ……貞𠦪以牛……用自上甲五牢盞大示五牢
屯六三七 庚寅卜翌日辛王兌省魚不遘雨　吉
屯六三八 庚戌乞骨于平
屯六三九 弜蒸
屯六三九 癸未貞惟翌甲申酌
屯六三九 于來甲午酌
屯六三九 惟歲先酌
屯六三九 惟燎先酌
屯六三九 弜豎
屯六四〇 其必
屯六四〇 乜祖丁日
屯六四一 ……卜翌日壬王其田麸呼西有麋興王
于之擒　大吉
屯六四一 ……射有麋其悔
屯六四二 丙寅卜其……
屯六四二 惟今夕其有歲
屯六四二 一牛
屯六四二 惟王至妣辛歲
屯六四二 ……牛
屯六四三 貞天工牧鬲？　不用
屯六四三 貞工有[illegible]
屯六四三 壬子貞工……[illegible]
屯六四三 戊無至囚
屯六四四 丙寅貞岳壱雨
屯六四四 弗它雨
屯六四四 戊不雨
屯六四四 戊辰貞雨
屯六四四 己巳……
屯六四四 不雨
屯六四四 壬申貞雨
屯六四四 壬不雨
屯六四五 ……無災
屯六四五 茲遘小雨
屯六四六 丁未貞今來……
屯六四六 不受禾
屯六四六 辛亥貞……受禾
屯六四六 ……卯貞今來歲受禾
屯六四七 壬午卜其剛毓父丁𣪘
屯六四七 ……之？牢
屯六四八 戊戌……
屯六四八 辛丑卜貞王其田無災
屯六四八 壬寅卜貞王其田無災
屯六四八 乙巳卜貞王其田無災

屯六四八 丁未卜貞王其田無災
屯六四八 戊申卜貞王其田無災
屯六四八 ：亥卜：王其：災
屯六四八 戊午卜貞王其田無災
屯六五〇 ：王弜令受：旋：壆田于童
屯六五一 惟三羊用有雨 大吉
屯六五一 惟小宰有雨 吉
屯六五一 惟岳先彭廼彭五云有雨 大吉
屯六五一 ：五云：彭
屯六五二 ：有歲于妣：
屯六五五 ：乂王：
屯六五六 戊辰卜：祐： 吉
屯六五六 弜祀告小乙
屯六五六 其告祭祈祖辛王受祐 吉
屯六五六 弜祀告祖辛
屯六五六 其告惟己彭王受祐
屯六五六 ：庚彭王：祐
屯六五七 甲寅卜其烝鬯于祖乙小乙暨 大吉
屯六五七 弜暨
屯六五七 祖乙卯牢 吉
屯六五七 牢又一牛
屯六五七 二牢 大吉
屯六五七 ：牢
屯六五七 小乙其暨一牛
屯六五七 庚午卜兄辛鬯延于宗 茲用
屯六五七 惟勿
屯六五七 弜勿
屯六五八 甲辰卜王其省鼓弗悔 吉 茲
屯六五八 叡嫠
屯六五八 乙巳王其省鼓 吉
屯六五八 叡嫠
屯六五八 ：即廼燎 吉 茲用
屯六五八 其先燎廼省鼓
屯六五九 辛酉卜今日辛王其田湄日無災 大吉
屯六六〇 壬戌卜貞王其田□無災
屯六六〇 甲子卜貞王其戋□無災
屯六六〇 乙丑卜貞王其戋𦎫無災
屯六六〇 戊辰卜貞王不田無災
屯六六〇 辛未卜貞王田敦無災
屯六六〇 乙亥卜貞王其田喪無災
屯六六〇 戊寅：王其：
屯六六〇 辛卯卜貞王田𦎫無災
屯六六〇 ：貞王田敦無災
屯六六一 翌
屯六六一 乙酉
屯六六二 丁酉卜今旦万其學 吉

屯六六二 于來丁廼學
屯六六二 于有東學 吉
屯六六二 若啇于學 吉
屯六六三 甲子卜：日王逐
屯六六三 乙酉卜在箕丙戌王陷弗正
屯六六三 乙酉卜在箕丁亥王陷允擒三百又四十八
屯六六三 丙戌卜在箕丁亥王陷允擒三百又四十又八
屯六六三 丁亥陷擒允
屯六六三 ：骨三簋
屯六六四 壬午卜在箕癸未王陷擒不擒
屯六六四 弗擒
屯六六四 不
屯六六四 甲申卜：弗正
屯六六四 甲申卜在箕丁亥王陷擒弗：
屯六六四 乙酉卜在其今日王逐兕擒允擒
屯六六四 弗擒
屯六六四 弗擒
屯六六四 丙戌卜在其今日王令逐兕擒允
屯六六四 丙戌
屯六六四 弗：
屯六六四 ：亥王陷暘日允
屯六六四 不暘日
屯六六五 癸酉貞其有匚于高祖
屯六六五 惟辛巳彭
屯六六五 于辛卯彭
屯六六五 辛巳貞雨不既其燎于□
屯六六五 弜燎啓
屯六六五 辛巳貞雨不既其燎于亳土
屯六六五 弜燎啓
屯六六五 其雨
屯六六五 ：高祖亥卯于上甲羌：祖乙羌五：牛無壱
屯六六六 莫：
屯六六七 ：三十盧方伯漅：王徃 大吉
屯六六八 ：奠名任
屯六六八 辛酉中乞骨三
屯六六九 大吉 茲用
屯六七〇 ：徐：災
屯六七一 吉
屯六七二 ：丑貞父丁酉：
屯六七二 ：擒以牛其ㄓ自上甲盤大：
屯六七三 彈：受：有大： 大吉
屯六七三 十牛王受有祐大雨 大吉
屯六七三 其𠦪年河沈王受祐大雨 吉
屯六七三 弜沈王受祐大雨
屯六七四 癸酉貞：
屯六七四 癸未：

屯六七四 癸巳貞旬無囚
屯六七四 癸卯貞旬無囚
屯六七四 旬無囚
屯六七五 辛卯卜于⿱宀耳伐
屯六七五 丁酉…酌…
屯六七五 丁酉卜于⿱宀耳伐
屯六七五 于⿱宀耳伐
屯六七五 有壱
屯六七五 辛丑貞酌大畐于⿱宀耳
屯六七五 于…伐
屯六七五 …貞酌…
屯六七五 癸卯…
屯六七六 吉
屯六七六 弘吉 不用
屯六七七 癸…貞…
屯六七七 癸丑貞旬無囚
屯六七七 癸亥貞旬無囚
屯六七八 于宫無災 吉
屯六七八 庚子卜翌日辛王其送于向無災 弘吉 用
屯六七八 于喪無災 吉
屯六七八 吉
屯六七八 弘吉
屯六七八 吉
屯六七九 甲申卜去雨于河 吉
屯六七九 吉
屯六七九 吉
屯六七九 吉
屯六七九 吉
屯六八〇 …伊… 兹用
屯六八〇 甲子卜有伊
屯六八一 辛巳…今日…
屯六八一 壬午卜癸雨
屯六八一 不雨
屯六八一 癸未卜甲雨
屯六八一 不雨
屯六八一 乙酉卜丙雨
屯六八二 辛亥…
屯六八三 癸亥卜…
屯六八三 無啓
屯六八四 吉
屯六八五 大吉 兹用
屯六八六 …有正
屯六八九 丁酉卜其𣎆年于岳惟羊
屯六九〇 癸丑貞旬無囚
屯六九〇 癸亥貞旬無囚
屯六九〇 癸…貞…

屯六九〇 癸…
屯六九〇 癸丑貞旬無囚
屯六九一 …妣辛切往
屯六九一 弜至 兹用
屯六九二 …午卜翌日乙王其田湄… 大吉
屯六九三 …卜其呼射豕惟多馬 吉
屯六九四 庚申卜妣辛舌宰王受祐 吉
屯六九四 宰又一牛 吉
屯六九四 大吉
屯六九六 …王其呼蒸精兄…
屯六九七 弜有歲
屯六九八 丁丑卜翌日戊王… 弘吉
屯六九八 于喪無災
屯六九八 戊擒
屯六九九 丁亥卜翌日戊…惟…田湄日… 大吉
屯六九九 …田…戈徭王歸擒 吉
屯六九九 …擒
屯七〇〇 丁酉矣乞矣骨三
屯七〇〇 丁亥…三…
屯七〇一 在…
屯七〇二 于來…
屯七〇四 弜侑
屯七〇四 其有夕歲惟牛
屯七〇四 宰
屯七〇四 …蓺
屯七〇五 貞庚申尋𣎆禾于□
屯七〇六 …寅貞酌上甲…
屯七〇七 癸酉貞旬無囚
屯七〇八 其…
屯七一〇 其…
屯七一一 …子…𣎆…于…祖辛
屯七一二 其雨
屯七一二 …大乙…歲…宗…
屯七一三 癸酉貞旬無囚兹三告
屯七一四 辛巳卜妣壬卯惟羊
屯七一五 惟濕田盥 延受年 大吉
屯七一五 惟上田盥延受年
屯七一六 啓
屯七一七 辛卯卜惟岀啓用若
屯七一八 貞今日辛…
屯七一九 五宰
屯七一九 有羌
屯七一九 弜有羌
屯七二〇 …卯貞…乂…大…
屯七二一 癸…
屯七二二 …卜今日壬王其田在淵北湄日無災 吉

小屯

屯七二二 王其田至于喪湄日無災 大吉
屯七二二 今日壬王其田淵西其藝無災 吉
屯七二二 吉
屯七二三 辛酉貞癸亥侑父…歲五牢 不用
屯七二三 貞…
屯七二三 辛酉貞于來丁卯有父丁歲
屯七二三 …王其有小尹之
屯七二三 …帝不降永
屯七二三 …來歲帝其降永在祖乙宗十月卜
屯七二三 …在宜
屯七二四 惟…
屯七二四 惟令…
屯七二五 丙子…乂于父…
屯七二五 …貞僰來羌其用于父丁
屯七二五 不遘雨
屯七二五 不遘雨
屯七二五 不遘雨
屯七二六 壬寅貞月有戠王不于一人囚
屯七二六 有囚
屯七二六 壬寅貞月有戠其有土燎大牢 茲用
屯七二六 癸卯貞甲辰燎于土大牢
屯七二八 方其至于戌師
屯七二八 王其呼戍延衛弗悔
屯七二八 弜呼衛其悔
屯七二八 弜呼戍衛其悔
屯七二八 大吉
屯七二八 方…吉
屯七二九 禘
屯七三〇 …盎無災 大吉
屯七三〇 其田戲以眔無災
屯七三一 庚寅卜…
屯七三二 壬戌卜燎于河三牢沈三牛俎…
屯七三三 壬午卜丁未…
屯七三三 丁巳
屯七三三 …未
屯七三四 壬午貞王步
屯七三四 癸未貞王步
屯七三四 丁亥貞王步
屯七三四 乙未貞其雨
屯七三四 丙申貞雨
屯七三五 辛酉貞于來甲申酚
屯七三五 癸亥貞其禦于父丁
屯七三六 弜田其悔
屯七三六 惟麥田弗悔無災
屯七三六 弜田麥其悔
屯七三六 …日壬…延雨

屯七三七 丁未卜其工丁宗門惟咸啓…
屯七三八 吉
屯七三八 𦎫甲事其延般庚小辛王受祐 吉
屯七三八 弜延
屯七三八 吉
屯七三九 甲午貞酚乂伐乙未于大乙羌五歲五牢
屯七三九 丙申貞酚乂伐大丁羌五歲五…
屯七三九 其貞
屯七四〇 乙巳卜惟𡇒令
屯七四〇 乙巳卜惟豆令
屯七四〇 乙巳卜惟商令惟商令
屯七四〇 乙巳卜惟商令惟商…
屯七四〇 丁未…在…
屯七四一 壬寅貞癸無囚
屯七四一 …貞…囚
屯七四二 癸巳卜貞無至囚
屯七四二 有至囚
屯七四二 乙未卜惟𢆶𣦵
屯七四二 弗𣦵
屯七四二 甲…惟𢆶𣦵
屯七四三 吉
屯七四三 惟牢用王受祐 大吉
屯七四四 癸卯卜甲啓不啓竹夕雨
屯七四四 寧雨于𡧊
屯七四四 不啓允不啓夕雨
屯七四四 于…無…
屯七四五 于宫無災
屯七四五 不雨
屯七四五 其雨
屯七四五 王其迍于𡧊無災
屯七四五 辛巳卜翌日壬王其迍于𢀛
屯七四六 …大乙于中宗祖乙祐
屯七四七 吉
屯七四八 叙贅
屯七四八 父己卯牢王受祐
屯七四八 二牢王受祐
屯七四八 三牢王受祐
屯七五〇 庚辰…燎
屯七五〇 甲申貞有乂伐自上甲
屯七五〇 辛卯貞其𠦪生于妣庚妣丙一牢
屯七五〇 甲午貞今歲受禾
屯七五〇 丁酉貞𠦪禾于岳燎五牢卯五牛
屯七五一 壬午卜商有伐父乙
屯七五一 乙酉卜有伐自上甲次示
屯七五一 乙酉卜有伐自上甲次示惟乙巳
屯七五一 乙酉卜有伐自上甲次示惟乙未

屯七五一 乙酉乙酉卜有伐乙巳
屯七五一 甲午卜有夊伐乙未
屯七五一 乙未卜令𢀛以望人蔑于橥
屯七五一 戊戌卜侑十牢
屯七五一 戊戌卜侑十牢伐五大乙
屯七五一 己亥卜有伐五大乙
屯七五一 己亥卜侑十牢
屯七五一 己亥卜侑十牢祖乙
屯七五一 己亥卜先侑大乙二十牢
屯七五一 己…先…祖…十…
屯七五一 己亥卜先侑大甲十牢
屯七五一 乙巳卜惟盞伐
屯七五三 弜往
屯七五四 于匚丁祏
屯七五四 于上甲祏
屯七五五 庚戌…
屯七五五 弜侑
屯七五五 一牢
屯七五五 二牢
屯七五五 三牢
屯七五五 …卜…歲…
屯七五六 甲…王…入…
屯七五六 乙未卜惟伐茳
屯七五六 弗茳
屯七五六 乙未卜惟𠯑茳
屯七五六 弗茳
屯七五六 辛酉貞王曰衛無囚在入
屯七五六 弜衛無囚
屯七五七 辛弜田其悔雨
屯七五七 于壬王廼田湄日無災不遘大雨
屯七五八 弜田其雨
屯七五八 弜田其雨
屯七五八 …𢀛…藝湄日無災
屯七五九 庚午侑卯于𢀛伐一
屯七五九 癸酉貞無囚
屯七五九 …無囚
屯七六〇 …惟…彡…
屯七六一 乙卯貞有歲于祖乙不雨
屯七六一 …貞…
屯七六二 辛巳…
屯七六二 弜藝濩麓
屯七六二 王惟成麓藝無災
屯七六二 弜藝成麓
屯七六二 王惟濩田湄日無災
屯七六二 惟成田湄日無災
屯七六三 …卜小乙卯惟幽牛王受祐 吉

屯七六三 大吉
屯七六三 吉
屯七六三 吉
屯七六三 丁巳卜祖丁日不遘雨 吉 茲用 不雨
屯七六四 …風乙
屯七六五 丁亥卜濼其延𢀛王惟弜
屯七六六 于…日乙…受…
屯七六六 蒸卷二卣王受祐
屯七六六 三卣王受祐
屯七六六 蒸新卷若𠧪龜至王受祐
屯七六六 弜龜至
屯七六七 …弜悔受年
屯七六八 乙未卜其𠦪伊司惟… 茲
屯七六九 …風京雪雨
屯七七〇 …于…
屯七七〇 燎于旬雨
屯七七〇 不雨
屯七七一 癸未貞惟茲祝用
屯七七一 癸未卜惟侯射
屯七七一 癸未卜其𠦪
屯七七一 弜𠦪
屯七七一 甲申卜其
屯七七一 乙酉卜丁亥暘日
屯七七一 不暘日
屯七七二 癸未奠乞𠂤骨三
屯七七三 甲申卜乙酉暘日允暘日
屯七七三 惟悔
屯七七四 犾惟
屯七七四 …日…
屯七七四 辛酉卜酌歲暘日
屯七七四 癸亥…甲子…以歲…上甲三…
屯七七四 甲子卜惟王祝
屯七七五 惟乙丑酌
屯七七六 …于貞王令阜…人𠀠旋方
屯七七七 乙丑在八月酌大乙牛三祖乙牛三小乙牛三
父丁牛三
屯七七八 …王𩰫罝擒 吉
屯七七八 先王𩰫罝擒
屯七七九 …王其呼監 大吉
屯七七九 吉
屯七七九 大吉
屯七八〇 …戌…
屯七八一 甲午貞𣏟侯…茲用大乙羌三…
屯七八一 弜…
屯七八二 癸亥貞旬無囚
屯七八三 甲辰卜惟戈 茲用

屯七八三 甲辰卜爽惟戚三牛 不 兹用
屯七八三 于大乙告三牛 不
屯七八三 于示壬告 不
屯七八三 于示壬告三牛
屯七八三 丙午卜于大乙告三牛往䙴 不
屯七八三 丙午卜告于祖乙三牛其往䙴 不
屯七八五 癸卯寅乞自骨三
屯七八四 丙午貞往于：無囚九
屯七八四 其延雨
屯七八四 不延雨
屯七八六 ：惟戊無災泳王 大吉
屯七八六 不遘雨 吉
屯七八七 ：卜：不雨
屯七八八 ：寅乞骨十
屯七八九 ：卜翌日戊王其田湄日無災 吉
屯七九〇 于宮無災
屯七九二 乙亥：不：
屯七九二 ：申卜：禾：
屯七九三 丁亥卜王其有：
屯七九三 惟十小牢又五 用
屯七九四 丁亥卜其𢦔積惟今日丁亥
屯七九四 ：卜兄：暨：祐
屯七九五 ：四：
屯七九七 吉
屯七九七 吉
屯七九八 癸巳：旬無：
屯七九九 ：伐弜：
屯八〇〇 ：其莫呼：
屯八〇二 吉
屯八〇三 庚：
屯八〇四 癸：
屯八〇四 弜小帝
屯八〇四 癸巳侑于[illegible]
屯八〇四 癸：帝
屯八〇五 从南：
屯八〇六 ：戋以衆灾：
屯八〇七 ：戊：
屯八〇八 其匕犬
屯八〇九 惟牝
屯八一〇 弜豕
屯八一一 ：丁三牛：
屯八一二 吉
屯八一二 大吉
屯八一三 惟甲酒
屯八一三 惟乙酒
屯八一四 不：

屯八一五 庚申：
屯八一五 于罶麥臽無災泳王擒
屯八一五 大吉
屯八一五 惟罶曾于之擒 吉
屯八一六 ：戕
屯八一七 册五牢王受：
屯八一七 册十牢王受祐
屯八一七 惟五牢册王受祐
屯八一七 惟十牢册王受有祐
屯八一七 燎二牢
屯八一八 弜賓
屯八一九 王其田：
屯八一九 其遘雨
屯八二〇 于祖丁：受：吉
屯八二〇 惟勿牛王受祐 吉
屯八二〇 弜：
屯八二一 癸亥貞旬無囚
屯八二一 癸酉貞旬無囚
屯八二二 叙嫠
屯八二二 其舌新小乙王受祐
屯八二二 于妣庚王受祐
屯八二二 舌妣庚若卣于必王受祐
屯八二三 ：風
屯八二四 丁卯卜來辛酒
屯八二四 甲戌卜皋以牛于大示用
屯八二五 万舞其：
屯八二六 吉
屯八二六 大吉
屯八二七 甲辰貞今日奉禾自上甲十示又三
屯八二七 ：岳：烄：敦：雨
屯八二八 辛丑貞：
屯八二九 吉
屯八三〇 丙寅貞祖丁日無壱
屯八三〇 不遘雨
屯八三一 ：卜：
屯八三一 ：辰卜王：
屯八三三 用
屯八三四 ：蒸：
屯八三五 丁：伐：
屯八三五 ：卜：乂：祖丁
屯八三七 吉
屯八三八 吉
屯八三九 吉
屯八三九 吉
屯八四〇 ：雨
屯八四一 ：王受祐 大吉

屯八四四　：酉貞王令：

屯八四五　：暘日

屯八四六　：大雨

屯八四七　惟：

屯八四八　癸未：

屯八四九　辛亥

屯八五〇　：貞來：

屯八五二　戊：

屯八五四　：日：

屯八五六　辛丑貞有歲于大甲茲用：酌五牢
弜侑
弜侑
：牢
丙寅貞有𠂇歲于仲丁　茲用

屯八五七　癸亥貞翌：
不受禾
辛未貞其□多安
其刖多安
甲：其：寢

屯八五八　：貞王：

屯八五九　：其令伐□

屯八六〇　其雨
不雨
其雨

屯八六一　：辛巳酌　茲用
癸酉：其寧秋

屯八六二　癸亥貞王其奠□

屯八六三　：貞今日乙不：

屯八六四　大吉

屯八六五　一人
二人
三人

屯八六六　辛巳貞王：卑比：
：巳貞卑以妻于蜀乃奠
癸巳貞王令妻生月
甲午貞告妻其步祖乙
甲午貞于：告：其步
甲午貞于父丁告妻其步
弜告妻其步
：貞：令比：舟爯：奠
甲辰
乙巳貞：

屯八六七　辛：
其告秋于上甲一牛
壬午卜其酉秋于上甲卯牛

屯八六八　丙戌卜槱夕：

屯八六九　：甸方：

屯八七〇　甲戌：
：𢍰：

屯八七一　：敦：無至囚

屯八七二　丁亥：
：為其無：

屯八七三　伐永：
于：：田霸伐：方擒𢦏不雉眾
：大吉

屯八七四　弜有歲
𠯑于小乙
一牢
二牢
十羌

屯八七五　：貞其：大丁大：祖乙：

屯八七七　：貞其令：

屯八七八　：無：
癸卯貞旬無囚
癸丑貞旬無囚
癸亥貞旬無囚
：酉：旬無囚

屯八七九　其有□：
在茲酌

屯八八〇　弜祀：
吉
：眾舂：受人：亩土人有□
惟戌：吉
王其呼眾舂戌受人：亩土人暨秅人
有災大吉

屯八八一　癸未貞旬無囚
癸巳貞旬無囚
癸卯貞旬無囚

屯八八二　二牢
三牢
侑羌
侑：牢

屯八八三　：𢍰于：

屯八八四　：貞：無囚
：無：
癸巳貞旬無囚
癸卯貞旬無囚
癸丑貞旬無囚
癸：旬：囚
癸酉：
癸：貞：囚

屯八八五　乙亥貞惟大庚

屯八八五　弜囚大庚
屯八八五　己卯貞：
屯八八六　：未卜日于父：　吉
屯八八六　叙嫠
屯八八六　：牢　吉
屯八八七　卯伐
屯八八七　于祖乙用羌
屯八八八　王：田：
屯八八八　𢦏
屯八八八　惟亞田省
屯八八八　惟向田省
屯八八八　不遘雨
屯八八九　卯牛二
屯八九〇　桒禾于河燎三：沈三牛
屯八九〇　癸未貞甲申酌出入日歲三牛　茲用
屯八九〇　癸未貞其卯出入日歲三牛　茲用
屯八九〇　出入日歲卯：　不用
屯八九〇　甲申貞其：
屯八九〇　惟羊
屯八九〇　丁亥貞桒禾：　茲用
屯八九一　惟：
屯八九二　辛卯貞：其：
屯八九三　：父丁
屯八九四　丁丑卜：
屯八九五　三牢
屯八九五　弜侑
屯八九六　甲雨
屯八九六　不雨
屯八九七　惟禽田屯日無災弗：　茲用
屯八九八　：丑卜今日辛王其田湄日無災　吉
屯八九九　丁亥貞：
屯八九九　：貞：
屯九〇〇　丁未貞弜寧？：上甲
屯九〇〇　己酉貞辛亥其酌乇于上甲
屯九〇〇　乇二牛
屯九〇〇　：貞上甲乇于大乙卯
屯九〇〇　己酉貞上甲乇：牛
屯九〇一　于盂：
屯九〇二　惟壬戌步
屯九〇二　：辰步
屯九〇三　擒
屯九〇四　：雨
屯九〇五　癸酉歷貞旬無：
屯九〇五　癸未歷貞：
屯九〇六　：妣癸：五
屯九〇七　：亦：方

屯九〇八　一牢
屯九〇八　二牢
屯九〇八　三牢
屯九〇九　惟勿牛
屯九一〇　壬子殻示：
屯九一一　戊寅：
屯九一一　己卯貞桒禾于示壬三牢
屯九一一　：酉卜：伊：丁亥
屯九一二　癸丑貞王令骨剛
屯九一三　寧秋：
屯九一四　弜桒禾
屯九一四　弜桒禾
屯九一四　河燎牢沈
屯九一四　岳燎小宰卯牛一
屯九一四　丁酉貞：
屯九一五　射王受祐　吉　用
屯九一五　弜射　吉
屯九一六　辛未貞桒禾于高暨河
屯九一七　辛巳卜乇羊百犬百：百
屯九一七　辛巳卜于即𦣞𢓊乇
屯九一七　于即品
屯九一七　其𦣞有𡆥
屯九一七　乙酉卜禦萳旋于婦好：犬
屯九一七　：萳：
屯九一七　：囚
屯九一七　乙酉：萳旋無囚
屯九一七　丁：無𡆥：囚
屯九一八　貞王令旁方執
屯九一九　丙寅貞惟丁卯告：
屯九一九　己巳卜其祟：
屯九一九　：寅：告于祖乙
屯九二〇　王弜：
屯九二〇　癸丑貞王令剛𡧍𠬝侯
屯九二〇　王弜令剛
屯九二〇　：貞：歲：父丁：牢
屯九二一　癸酉貞桒禾：
屯九二一　：貞弜：即于上甲
屯九二一　丙戌卜雨
屯九二二　甲子卜其酌劦日大乙其舌于祖乙　茲用
屯九二三　甲辰卜貞乙巳王步
屯九二三　于丁未步
屯九二三　丙午卜貞王惟步
屯九二三　惟丙侑父丁伐
屯九二三　丙午卜貞丁未侑父丁伐
屯九二三　丁未卜貞戊申王其臽擒
屯九二三　弗擒

屯九二四	丙寅臾：：
屯九二五	：寅貞：：
屯九二六	叙：：
屯九二六	：上甲：
屯九二八	癸巳：無囚
屯九二八	：卯：旬無囚
屯九二九	癸：貞：無：
屯九二九	癸亥貞旬無囚
屯九二九	癸酉貞旬無囚
屯九二九	癸未貞旬無囚
屯九三〇	貞其寧秋于帝五丰臣于日告
屯九三〇	：入商左卜固曰弜入商
屯九三〇	甲申秋夕至寧用三大牢
屯九三〇	己：
屯九三〇	寧于滴
屯九三一	其雨
屯九三二	：酉貞四方有羌：衆
屯九三二	戊午貞㷊雨
屯九三二	戊午貞㷊雨
屯九三三	惟乙卯酚
屯九三三	惟乙丑酚
屯九三三	惟乙亥酚
屯九三三	惟乙酉酚
屯九三三	惟乙：
屯九三三	乙巳：
屯九三四	：小示：
屯九三四	：弜亞：
屯九三五	丙寅貞丁卯酚燎于父丁四牢卯：
屯九三五	其五牢
屯九三五	惟今日令戓
屯九三五	于庚令戓
屯九三五	茲：
屯九三五	庚午卜今日令沚戓　茲用
屯九三五	庚午貞王：令戓歸
屯九三五	辛未卜□二大示
屯九三五	辛未卜阜以衆出
屯九三五	不受祐
屯九三六	甲申貞□
屯九三六	弜米
屯九三六	甲申貞王其米以祖乙暨父丁
屯九三六	甲申貞□以：
屯九三六	庚寅貞王米于囧以祖乙
屯九三六	其□以米以：
屯九三六	庚寅貞王其米隹：
屯九三七	癸亥貞旬無囚
屯九三七	癸酉貞旬無囚
屯九三七	癸未貞旬無囚
屯九三七	癸巳貞旬無囚
屯九三七	癸卯貞旬無囚
屯九三七	癸丑貞旬無囚
屯九三七	癸亥貞旬無囚
屯九三八	今：
屯九三八	不雨
屯九三九	壬寅貞：　茲用
屯九四〇	乙亥卜來甲申侑大甲十牢十伐
屯九四〇	：申卜：大：十牢十伐
屯九四一	丙寅卜：
屯九四一	其雨
屯九四一	丙寅卜犬告王其田：
屯九四一	丁卯卜王往田無災
屯九四一	丁卯卜：日不雨
屯九四一	其雨
屯九四一	辛未卜：往田無災
屯九四一	弜：
屯九四二	弜：龍：吉
屯九四二	易龍兵
屯九四二	戊□
屯九四二	王惟戊□令比：
屯九四二	弜吉
屯九四三	辛：何：
屯九四三	辛卯貞其㷊禾于河燎二牢沈牛二
屯九四三	河燎三牢：牛二
屯九四三	：卯貞：未：河弜：惟：
屯九四三	辛卯貞：
屯九四四	：戌
屯九四四	乙亥貞丙無囚
屯九四四	丙子貞丁無囚
屯九四四	丁丑貞：無囚
屯九四四	戊寅貞：無囚
屯九四四	庚辰貞：囚
屯九四四	辛巳貞壬無囚
屯九四四	：貞癸：
屯九四四	癸未：囚
屯九四四	乙酉貞：無囚
屯九四四	丙戌貞丁：
屯九四四	丁亥：戌：囚
屯九四五	：圕牢
屯九四五	庚申不雨
屯九四五	癸亥貞遘：
屯九四五	甲子貞遘：
屯九四五	弗：
屯九四六	：王有伐自大乙：　茲用

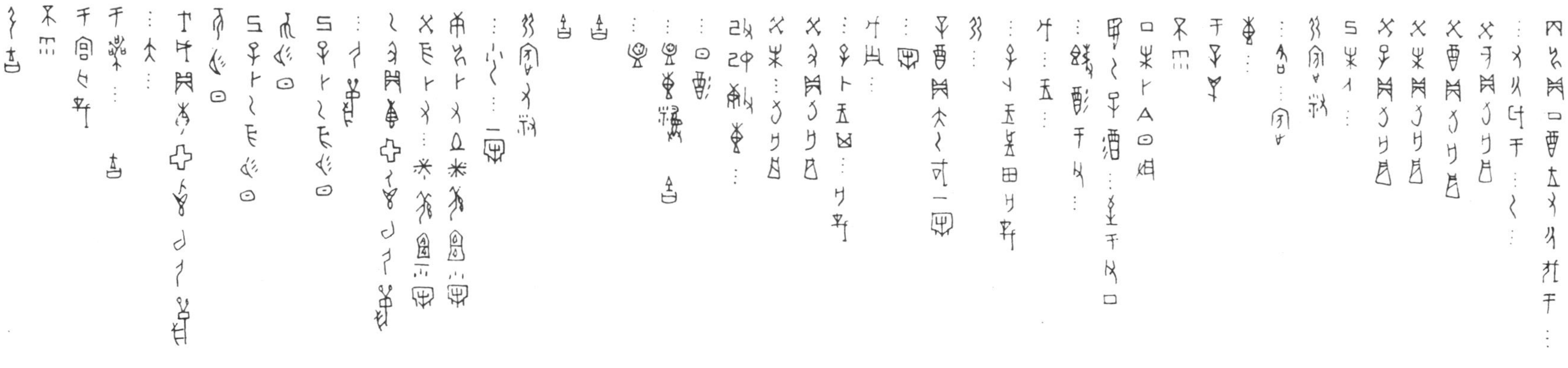

編號	釋文
屯九四六	丙申貞丁酉王有乂伐于…
屯九四六	…有乂歲于…乙…
屯九四七	癸亥貞旬無𡆥
屯九四七	癸酉貞旬無𡆥
屯九四七	癸未貞旬無𡆥
屯九四七	癸巳貞旬無𡆥
屯九四八	己未卜…
屯九四八	弜賓祭
屯九四八	…各…賓
屯九四九	惟…
屯九四九	于辛擒
屯九四九	不雨
屯九五〇	丁未卜今日啓
屯九五一	翌乙巳酌…至于父丁
屯九五二	…餗酌于父…
屯九五三	戊…王…
屯九五三	…巳卜王往田無災
屯九五四	弜…
屯九五四	辛酉貞大乙歲一牢
屯九五四	…牢
屯九五五	戊子…
屯九五五	…巳卜王其…無災
屯九五六	癸丑貞旬無𡆥
屯九五六	癸未…旬無𡆥
屯九五七	父己仲己父庚惟…
屯九五七	…日酌
屯九五八	…盟惟禱　吉
屯九五八	…盟
屯九五八	吉
屯九五八	吉
屯九五九	弜賓侑祭
屯九六〇	…小乙…一牢
屯九六一	庚申卜有土燎羌圍小牢
屯九六一	癸亥卜有…燎羌圍一小牢
屯九六一	乙丑貞惟亞卑以人狩
屯九六一	…人狩
屯九六一	己巳卜乙亥暘日
屯九六一	不暘日
屯九六一	己巳卜乙亥暘日
屯九六一	不暘日
屯九六一	戊戌貞惟亞卑以人狩
屯九六一	…大…
屯九六二	于喪…吉
屯九六二	于宮無災
屯九六二	不雨
屯九六二	弘吉

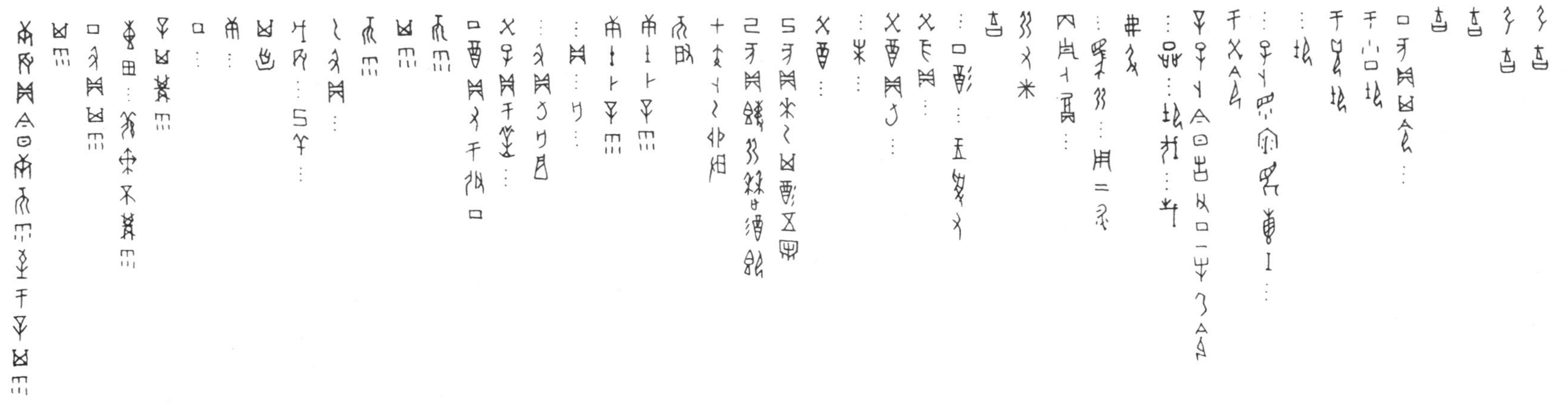

編號	釋文
屯九六二	弘吉
屯九六二	弘吉
屯九六二	吉
屯九六二	吉
屯九六三	丁亥貞其令…
屯九六三	于小丁禦
屯九六三	于𠂤禦
屯九六三	…禦
屯九六四	…巳卜暨𡧊麑惟壬…
屯九六五	于癸令
屯九六五	辛巳卜今日告父丁一牛乃令
屯九六六	…征…禦伐…災
屯九六六	弗及
屯九六七	…馬弜…用二必
屯九六八	丙子卜酉…
屯九六九	弜侑燎
屯九七〇	吉
屯九七一	…丁酌…王受祐
屯九七二	癸亥貞…
屯九七二	癸酉貞旬…
屯九七二	…未…
屯九七三	癸酉…
屯九七四	己亥貞來乙其酌五牢
屯九七四	己亥貞餗弜歷酌即
屯九七四	甲寅卜乙卯啓
屯九七四	不啓
屯九七六	庚午卜辛雨
屯九七六	庚午卜辛雨
屯九七七	…貞…無…
屯九七七	…丑貞旬無𡆥
屯九七八	癸巳貞于岳…
屯九七八	丁酉貞侑于伊丁
屯九七九	不雨
屯九七九	其雨
屯九七九	不雨
屯九七九	乙丑貞…
屯九八一	戊辰…己羊…
屯九八一	其出
屯九八三	庚…
屯九八四	丁…
屯九八四	辛其遘雨
屯九八四	惟田…羌束不遘雨
屯九八五	丁丑貞其雨
屯九八五	其雨
屯九八五	庚辰貞今日庚不雨至于辛其雨

屯九八六 寧……
屯九八七 王…… 大吉
屯九八七 壬其雨
屯九八七 王……
屯九八七 吉
屯九八八 丁丑叀……
屯九八八 ……受無災
屯九八九 癸……貞……無旧
屯九九〇 癸巳貞旬無旧
屯九九一 癸卯貞旬無旧
屯九九一 戊申卜翌庚戌令戈歸
屯九九二 癸丑卜于……祉戈……
屯九九二 ……禦史
屯九九三 ……卜其有夂歲于大乙三牢
屯九九四 己酉貞王無萷擒土方
屯九九四 癸亥
屯九九四 丁
屯九九四 癸亥貞王其伐盧羊告自大乙甲子自上甲告
十示又一牛茲用在果四雎
屯九九五 ……亦雨
屯九九六 弜侑
屯九九六 二牢 茲用
屯九九六 三牢 茲用
屯九九六 庚寅貞有夂歲于祖辛
屯九九六 弜侑
屯九九六 一牢
屯九九六 二牢 茲用
屯九九六 弜侑
屯九九七 乙酉卜王往……
屯九九七 乙酉卜犬來告有鹿王往逐……
屯九九七 弗擒
屯九九七 辛卯卜王往田無災
屯九九七 壬辰卜王往田無災
屯九九七 戊戌卜王往田無災
屯九九八 ……王往田無災
屯九九八 弜……
屯九九九 在臭逐……
屯一〇〇〇 ……于上甲燎
屯一〇〇〇 ……貞其令……
屯一〇〇一 丙申卜其寧戊戌允寧
屯一〇〇二 ……貞……無……
屯一〇〇二 癸卯貞旬無旧
屯一〇〇二 癸丑貞旬無旧
屯一〇〇二 癸亥貞旬無旧
屯一〇〇二 癸……貞……無
屯一〇〇二 癸未貞旬無旧

屯一〇〇三 其侑羌五
屯一〇〇三 十人王受祐
屯一〇〇三 ……十人王受祐
屯一〇〇四 惟羊
屯一〇〇四 ……妣辛 吉
屯一〇〇五 丙子卜祖丁莫祏羌五人 吉
屯一〇〇六 ……貞……
屯一〇〇六 癸卯貞旬無旧
屯一〇〇六 癸丑貞旬無旧
屯一〇〇六 癸……貞旬無旧
屯一〇〇七 ……風于伊奭
屯一〇〇七 ……伊奭犬……
屯一〇〇八 庚……
屯一〇〇八 惟戌永令王弗悔
屯一〇〇八 ……其取在演……衛凡于雋……王弗悔
屯一〇〇九 戊寅卜啓己卯允啓
屯一〇〇九 不啓
屯一〇〇九 庚辰貞方來即事于犬延
屯一〇〇九 庚辰貞至河岸其捍饗方
屯一〇〇九 辛卯貞从斲涉
屯一〇〇九 辛卯貞从狩盧涉
屯一〇一〇 乙亥卜王其眔……
屯一〇一〇 ……受人無災
屯一〇一一 三牢
屯一〇一一 己丑卜妣庚歲二牢
屯一〇一一 三牢
屯一〇一一 己丑卜兄庚酉歲牢
屯一〇一一 壬戌卜母壬歲惟小宰
屯一〇一二 己未貞……
屯一〇一二 ……貞……祖……告
屯一〇一三 庚申卜王其省戈田于辛屯日無災
屯一〇一三 于壬屯日無災杏王 茲用
屯一〇一三 ……王其省戈田于乙屯日無災杏王
屯一〇一四 甲……卜有歲于高祖
屯一〇一四 甲辰卜毓祖乙歲牢
屯一〇一四 二牢
屯一〇一四 甲辰卜毓祖乙……惟勿牛
屯一〇一五 弜狩彡其令伐土方
屯一〇一五 甲辰……伐于七大示 不……
屯一〇一五 于十示又二有伐 茲用
屯一〇一五 甲辰卜侑祖乙歲
屯一〇一五 ……貞……令……以眔……于右
屯一〇一五 甲……
屯一〇一六 戊寅貞王……
屯一〇一七 癸……貞……
屯一〇一七 癸未貞旬無旧

屯一〇一七　癸巳貞旬無囚
屯一〇一八　…丁卯酌…無壱在囚
屯一〇一九　…卜王其田
屯一〇二〇　有囚
屯一〇二〇　癸卯貞無囚
屯一〇二〇　有囚
屯一〇二〇　有囚
屯一〇二〇　有囚
屯一〇二一　王其田龤湄日不遘…
屯一〇二一　其遘雨
屯一〇二一　…其田龤剛…
屯一〇二二　弜…
屯一〇二二　弜庸　不
屯一〇二二　庚申卜歲其庸
屯一〇二二　庚…歲…丁其…　茲用
屯一〇二三　癸亥貞旬無囚
屯一〇二四　庚…于…茲…
屯一〇二四　丙…貞…酌…姿…禦于父丁羌十
屯一〇二四　辛未貞其…教惟㕚惟左
屯一〇二四　辛未貞…三教告
屯一〇二四　辛未貞于大甲告牧
屯一〇二五　…日…
屯一〇二六　…災
屯一〇二七　其雨
屯一〇二七　其雨
屯一〇二七　其雨
屯一〇二七　其雨
屯一〇二八　…壴酉王…
屯一〇二九　惟辛斀
屯一〇二九　惟癸斀
屯一〇二九　…斀
屯一〇三〇　癸卯貞其燎小乙
屯一〇三〇　…雨
屯一〇三〇　…卜雨
屯一〇三一　于…𤉲
屯一〇三一　癸酉卜父甲夕歲惟社　茲用
屯一〇三一　…牝　茲用
屯一〇三二　…其射麋兕不遘大雨
屯一〇三三　其𠦪贏
屯一〇三四　（習刻）
屯一〇三四　（習刻）
屯一〇三四　（習刻）
屯一〇三四　（習刻）
屯一〇三四　（習刻）
屯一〇三四　（習刻）
屯一〇三四　（習刻）

屯一〇三五　丁酉…其立㫃
屯一〇三五　弜立㫃
屯一〇三五　…酉貞其秋𢀛…河燎五牢沈五牛
屯一〇三六　不雨
屯一〇三六　…甲雨
屯一〇三七　丁丑貞…
屯一〇三七　丁丑…
屯一〇三八　…卜燎于河三…
屯一〇三八　…未卜燎于岳二…
屯一〇三九　丁巳卜王其往田…
屯一〇三九　弜往
屯一〇四一　丙午貞王令戔……
屯一〇四二　己亥卜其取…
屯一〇四二　弜取示　茲用
屯一〇四二　其用茲卜受祐
屯一〇四二　…父甲
屯一〇四二　辛巳卜上甲燎大乙大丁大甲先…
屯一〇四四　癸卯貞旬無囚
屯一〇四四　癸丑…旬…囚
屯一〇四四　癸…貞…無…
屯一〇四四　癸丑貞旬無囚
屯一〇四五　癸酉貞旬無囚
屯一〇四五　癸未貞旬無囚
屯一〇四五　癸巳貞旬無囚
屯一〇四五　癸卯貞旬無囚
屯一〇四五　癸丑貞旬無囚
屯一〇四五　癸亥貞旬無囚
屯一〇四五　癸酉貞旬無囚
屯一〇四五　癸巳貞旬無囚
屯一〇四五　癸卯貞旬無囚
屯一〇四五　癸丑貞旬無囚
屯一〇四六　惟祖庚壱
屯一〇四六　惟祖辛壱
屯一〇四六　惟祖乙壱
屯一〇四六　惟祖…壱
屯一〇四六　貞…
屯一〇四六　惟壱禾
屯一〇四六　…雨大𢦏…
屯一〇四七　庚午貞鼓以𣥂
屯一〇四七　辛未貞王令並以戔于𣪊
屯一〇四七　辛…貞…以…于斳
屯一〇四七　辛未貞鼓以𣥂
屯一〇四八　庚寅卜其…
屯一〇四八　弜𢦏𠦪
屯一〇四八　丁酉卜其有歲于父戊
屯一〇四八　弜侑

屯一〇四九 辛丑貞庚…
屯一〇四九 丁未貞…方在于京四月
屯一〇四九 丁未…方其…
屯一〇四九 癸丑貞召…立惟捍于西
屯一〇四九 …召方立惟捍…
屯一〇四九 己未貞王令卒…于西土無災
屯一〇四九 癸亥貞…泚…祐
屯一〇四九 …無囚
屯一〇四九 …貞…
屯一〇四九 其狩
屯一〇四九 其𡧊
屯一〇五〇 己巳貞其𡆥冗告于…
屯一〇五〇 甲戌貞乙…步自木
屯一〇五〇 弜剛于寢
屯一〇五〇 辛巳貞其剛于祖乙寢
屯一〇五〇 弜剛
屯一〇五〇 …貞…𠂤歲…乙牢…翌日
屯一〇五〇 …于貞…𠂤…于父丁大牢丁丑 茲用
屯一〇五〇 戊子貞並無囚
屯一〇五一 弜…
屯一〇五一 庚…其告…往…
屯一〇五一 庚肵牛用
屯一〇五一 庚辰貞亞卓無囚
屯一〇五二 …其奉…
屯一〇五三 …惟…允啓
屯一〇五三 丁未…于上甲寧雨
屯一〇五四 乙亥貞魚
屯一〇五四 不乇
屯一〇五四 乙亥貞魚無囚
屯一〇五四 己卯貞乇
屯一〇五四 不乇
屯一〇五四 己卯貞無囚
屯一〇五四 甲午貞其𡆥風
屯一〇五四 弜…
屯一〇五四 于祖乙集
屯一〇五四 于大…集
屯一〇五四 于祖乙…
屯一〇五四 于大甲集
屯一〇五五 丁丑卜𩛥其酌于父甲有鬳惟祖丁用…
屯一〇五五 惟父庚鬳用惟父甲正王受祐
屯一〇五五 庚子卜其𩛥新…鼒…酉
屯一〇五六 癸卯貞並不至
屯一〇五六 …申貞其史…于河雨
屯一〇五七 弜…
屯一〇五七 其侑亞雀惟豚…祐
屯一〇五八 庚日不雨

屯一〇五八 不啓
屯一〇五九 乙丑…侯商…告…
屯一〇五九 乙丑貞王其奠𠂤侯商于父丁
屯一〇五九 乙丑貞王令…
屯一〇五九 己巳貞商于𠂤奠
屯一〇五九 己巳貞商于𡆥奠
屯一〇五九 乙亥貞王其夕令𠂤侯商于祖乙門
屯一〇五九 于父丁門令𠂤侯商
屯一〇五九 丁亥貞王其𠭯方𠬝呼禦史
屯一〇五九 丁亥貞今日王其夕令卓以方十示又
…
屯一〇五九 壬辰卜其寧疾于四方三羌侑九犬
屯一〇六〇 壬寅卜其祝…
屯一〇六〇 壬寅卜祝于妣庚暨小妾…
屯一〇六〇 于翌日癸
屯一〇六〇 小宰
屯一〇六〇 惟牛
屯一〇六〇 丙午卜禱歲二牢
屯一〇六一 …惟父甲正王受祐
屯一〇六一 …鬳…父甲正王受祐 吉
屯一〇六二 廼酌于夒
屯一〇六二 丙寅貞侑于岳燎小宰卯牛一 茲用不雨
屯一〇六二 丙寅貞燎三小宰卯牛三
屯一〇六二 丙寅貞有𠂤歲于伊尹二牢
屯一〇六二 丙寅貞惟丁卯酌于岳
屯一〇六二 丙寅貞于庚…酌燎于岳
屯一〇六二 丁卯貞于庚午酌燎于岳
屯一〇六二 戊辰卜及今夕雨
屯一〇六二 弗及今夕雨
屯一〇六二 己巳貞…
屯一〇六二 己巳貞庚午酌燎于岳
屯一〇六二 …申卜…
屯一〇六二 癸酉卜有燎于六云五豕卯五羊
屯一〇六二 丙…
屯一〇六三 雨
屯一〇六三 壬申貞今歲受禾
屯一〇六三 不受禾
屯一〇六四 甲…矣乞…
屯一〇六五 丁卯卜祝贏在… 茲用
屯一〇六五 祝祖…
屯一〇六五 至小乙
屯一〇六五 …用…
屯一〇六六 …貞卓以伐…于北土
屯一〇六六 邁
屯一〇六六 癸酉貞卓以羌…北土
屯一〇六六 …以伐…

屯一〇六六 ：寅貞王：北方惟：伐令途：方
屯一〇六六 丁亥貞：令遘取𠭯：方
屯一〇六六 丁亥貞王令保老因侯商
屯一〇六六 丁亥貞王令隮彭因侯商
屯一〇六六 庚寅貞王其正北方
屯一〇六七 王：
屯一〇六九 ：王往田無災
屯一〇七〇 ：犬：王其匕擒
屯一〇七一 ：大：
屯一〇七二 弜狩
屯一〇七二 癸未貞其餗
屯一〇七二 弜餗
屯一〇七二 于生月餗
屯一〇七三 ：王：
屯一〇七三 ：無用
屯一〇七三 吉
屯一〇七四 戊：貞：
屯一〇七四 戊辰貞𩰫一牛于大甲餗珏
屯一〇七四 戊辰貞自：𠂤召方　不用
屯一〇七四 戊辰貞自𠂤：方
屯一〇七四 己巳貞侑于河
屯一〇七四 己巳貞侑于王亥茲用辛：
屯一〇七五 丙寅卜其蒸：
屯一〇七六 ：燎𢀛：卯牛
屯一〇七六 ：召：
屯一〇七七 庚戌：辛亥：衆：由北：
屯一〇七七 弗受祐
屯一〇七七 ：貞：冊：
屯一〇七七 ：卯貞：
屯一〇七八 ：敦：圍：
屯一〇七八 甲辰卜𣪘俘馬自大乙
屯一〇七八 惟乙巳𣪘
屯一〇八〇 ：酉：
屯一〇八〇 壬子卜自上甲有伐
屯一〇八〇 甲寅卜立中
屯一〇八一 吉
屯一〇八二 ：方惟：
屯一〇八二 ：令遘取𠭯：
屯一〇八二 ：令保考因：
屯一〇八二 ：令隮彭因：
屯一〇八三 甲辰貞有歲于小乙牢　茲用
屯一〇八四 ：狩：吉
屯一〇八五 癸未貞：
屯一〇八六 癸：貞：無：
屯一〇八六 癸酉貞旬無囚
屯一〇八六 ：未貞旬：囚

屯一〇八七 惟春令擒田
屯一〇八七 惟秋令擒田
屯一〇八八 甲辰卜新邑王其合蒸王受祐　吉
屯一〇八八 ：于乂用王受祐　大吉　茲用
屯一〇八八 祖乙乂歲其射　吉
屯一〇八八 弜射　大吉
屯一〇八八 伊賓　吉
屯一〇八八 大吉
屯一〇八九 丁：貞乙亥酒餗
屯一〇八九 庚午貞餗于祖乙：牛
屯一〇八九 餗其二牛
屯一〇八九 弜餗
屯一〇八九 癸酉貞其：餗戠伊：
屯一〇八九 甲戌貞其告于父丁餗一牛　茲用
屯一〇八九 三牛
屯一〇八九 甲戌貞：酒餗自：盤至于多毓用
牛：羊九犬十又一：
屯一〇八九 乙亥貞其𠂤生妣庚
屯一〇八九 丁丑貞其𠂤生于高妣丙大乙
屯一〇八九 丁丑貞其𠂤生于高妣其庚酒
屯一〇八九 于生月酒
屯一〇八九 丁丑貞甲申：乂：
屯一〇八九 ：生：妣庚示壬
屯一〇九〇 癸亥貞翌甲子其：
屯一〇九〇 惟新冊用
屯一〇九〇 甲子卜惟：冊用
屯一〇九〇 甲子卜：舊冊用
屯一〇九〇 丙寅貞：酒𠦪尊餗：卯三牢于父丁
屯一〇九〇 ：取：
屯一〇九〇 癸酉卜𢦔戠至于父丁尊其鬲
屯一〇九〇 射
屯一〇九一 癸巳貞：歲于：至于多毓其遘翌
：
屯一〇九一 甲午貞有乂伐自祖乙羌五歲三牢
屯一〇九一 甲午貞有乂伐自祖乙三羌：牢：牛
茲用
屯一〇九一 乙未貞侑：自祖乙至于：　茲用
屯一〇九一 ：亥貞其：
屯一〇九二 辛巳卜王其奠元暨永𩍹在盂奠
王弗：羊　大吉
屯一〇九三 惟一牛
屯一〇九三 弜之　茲用
屯一〇九四 癸亥卜其延：
屯一〇九四 弜延
屯一〇九四 癸亥卜其延羌甲戠
屯一〇九四 弜延

屯一〇九四 惟牝 茲用

屯一〇九四 甲子卜其有歲于毓祖乙惟牡

屯一〇九四 乙丑卜王往田从東擒

屯一〇九四 从白東擒

屯一〇九五 癸卯貞惟…令省王受… 茲用

屯一〇九五 …有…

屯一〇九五 …彡令…于… 不用

屯一〇九五 …貞其告秋于上甲

屯一〇九五 …戊貞…

屯一〇九六 …貞其奉禾…高祖

屯一〇九六 …奉禾于…

屯一〇九七 癸…貞旬無囚

屯一〇九八 丙寅卜王其田𢓊惟丁往戊征… 大吉

屯一〇九八 惟戊往己征無災吝王 大吉

屯一〇九八 惟壬往曾征無災永王 吉

屯一〇九八 王其田𢓊延射𣪕兕無災吝王 吉

屯一〇九八 吉

屯一〇九八 王…宋…無災吝… 吉

屯一〇九八 壬…

屯一〇九八 …射…

屯一〇九九 庚申貞于丙寅敦召方受祐在十月

屯一〇九九 貞…丁卯敦召方受祐

屯一〇九九 翌…步

屯一〇九九 于癸亥步

屯一〇九九 …壬…夕…至囚

屯一〇九九 壬戌貞𦥑以衆凷伐召方受祐

屯一〇九九 戊寅卜今夕無至囚

屯一〇九九 己卯貞庚辰奉于父丁三牛 茲用

屯一〇九九 …貞𦥑以衆…

屯一〇九九 弜歸

屯一一〇〇 …虎…

屯一一〇一 癸卯…

屯一一〇二 癸亥貞其奉禾…燎三牛

屯一一〇二 癸亥其奉禾于高…

屯一一〇二 弜勿牛

屯一一〇二 …貞其奉禾于高祖燎惟勿牛

屯一一〇二 …宗不𣶒

屯一一〇二 …其用自上甲大示乙酉

屯一一〇三 庚…翌日辛王其田湄日…

屯一一〇三 …惟壬田湄日無災

屯一一〇三 王…田…災

屯一一〇三 惟…田無災

屯一一〇三 辛酉卜翌日壬王其田𢦏湄日無災擒

屯一一〇三 惟麥田無災擒

屯一一〇三 吉

屯一一〇三 惟有稚擒 吉

屯一一〇四 庚午貞今來…禦自上甲至于大示惟父丁

亙用

屯一一〇四 癸酉貞甲戌其有伐自上甲盤茲…

屯一一〇四 癸酉貞其有伐自上甲盤惟辛巳伐

屯一一〇四 癸酉貞甲申其彡大禦自上甲

屯一一〇四 乙亥貞其彡王禦于父丁告

屯一一〇四 乙…王禦于大乙告

屯一一〇四 丁丑貞其…自…毓…

屯一一〇四 辛…十五人又二

屯一一〇五 癸酉貞其有匚于高祖 茲用

屯一一〇五 惟辛巳彡 不用

屯一一〇五 于辛卯彡 茲用

屯一一〇五 不用

屯一一〇五 辛巳貞雨不既其燎于亳土

屯一一〇五 弜燎啓

屯一一〇五 辛巳貞雨不既其燎于𡆥 不用

屯一一〇五 弜燎啓

屯一一〇六 甲辰貞日𩛥祭

屯一一〇六 …貞先酉歲三牛

屯一一〇七 丁巳…今夕雨

屯一一〇七 不雨

屯一一〇八 …日壬…不雨

屯一一〇八 弜往省田戠弗悔 吉

屯一一〇八 弜戠雨往田弗悔

屯一一〇九 ※※

屯一一一〇 庚戌貞其奉禾于示壬

屯一一一〇 庚戌貞其奉禾于上甲

屯一一一〇 甲寅貞伊歲遘匚丁日

屯一一一〇 甲寅貞伊歲遘大丁日

屯一一一〇 乙丑貞于五彡…歲

屯一一一〇 乙丑貞有歲于…

屯一一一〇 癸酉貞受禾

屯一一一〇 …酉…

屯一一一〇 己亥貞…

屯一一一一 戊午貞其…羌…牛

屯一一一一 戊午貞貞奉于大甲父丁

屯一一一一 戊午卜惟庚奉

屯一一一一 戊午卜于辛奉

屯一一一一 茲用于大甲

屯一一一一 戊午貞其…

屯一一一一 戊午貞郭來其…用…

屯一一一一 戊午貞無囚

屯一一一一 己未貞𦥑其禦于…用牡一父丁羌百

又…

屯一一一一 甲子貞其涉師于西洮

屯一一一一 弜涉師

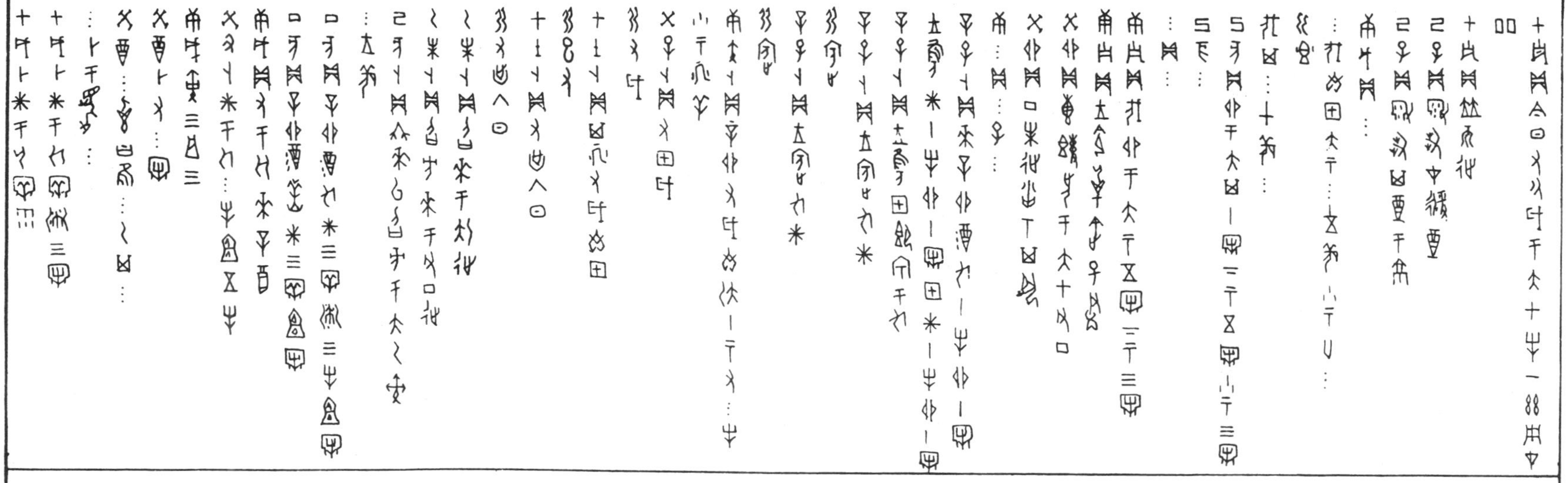

屯一二一一 甲子貞今日有勺歲于大甲牛一茲用在
鄰
屯一二一一 甲子貞並不延
屯一二一一 己巳貞㲋芻在衜奠
屯一二一一 己巳貞㲋芻其奠于京
屯一二一二 庚戌貞：
屯一二一三 ：伐自上甲大示：五十羌小示二十…
屯一二一四 弜食
屯一二一五 伐其：七十羌：
屯一二一五 己亥貞卯于大其十牢下示五牢小示三牢
屯一二一五 己亥：
屯一二一五 ：貞：
屯一二一五 庚子貞伐卯于大示五牢下示三牢
屯一二一五 庚子貞王令阜途子妻
屯一二一五 癸卯貞惟餕先于大甲父丁
屯一二一五 癸卯貞丁未延㞢示其夙
屯一二一五 庚：貞：子：
屯一二一六 辛巳卜貞來辛卯酌河十牛卯十牢
王亥燎十牛卯十牢上甲燎十牛卯十牢
屯一二一六 辛巳卜貞王亥上甲即宗于河
屯一二一六 辛巳卜貞王賓河燎
屯一二一六 弜賓
屯一二一六 辛巳卜貞王賓河燎
屯一二一六 弜賓
屯一二一六 庚寅卜貞辛卯有歲自大乙十示又：牛
小示盤羊
屯一二一六 癸巳卜貞有上甲歲
屯一二一六 弜有歲
屯一二一六 甲午卜貞其盤有歲自上甲
屯一二一六 弜祀侑
屯一二一六 甲午卜貞侑出入日
屯一二一六 弜侑出入日
屯一二一六 乙未卜貞召來于大乙延
屯一二一六 乙未卜貞召方來于父丁延
屯一二一六 己亥卜貞竹來以召方于大乙束
屯一二一七 ：王羌
屯一二一八 丁亥貞辛卯酌河燎三牢沈三牛圍牢
屯一二一八 丁亥貞辛卯酌岳燎三牢圍牢
屯一二一九 庚戌貞侑于河來辛酉
屯一二一九 癸丑卜燎于河：牛圍五牛
屯一二一九 庚戌㚔乞骨三
屯一二二〇 癸酉卜侑：牢
屯一二二〇 癸酉：阜日惟：乙其：
屯一二二〇 ：卜于夒：
屯一二二〇 甲戌卜燎于河牢沈三牢
屯一二二〇 甲戌卜燎于妣牢雨

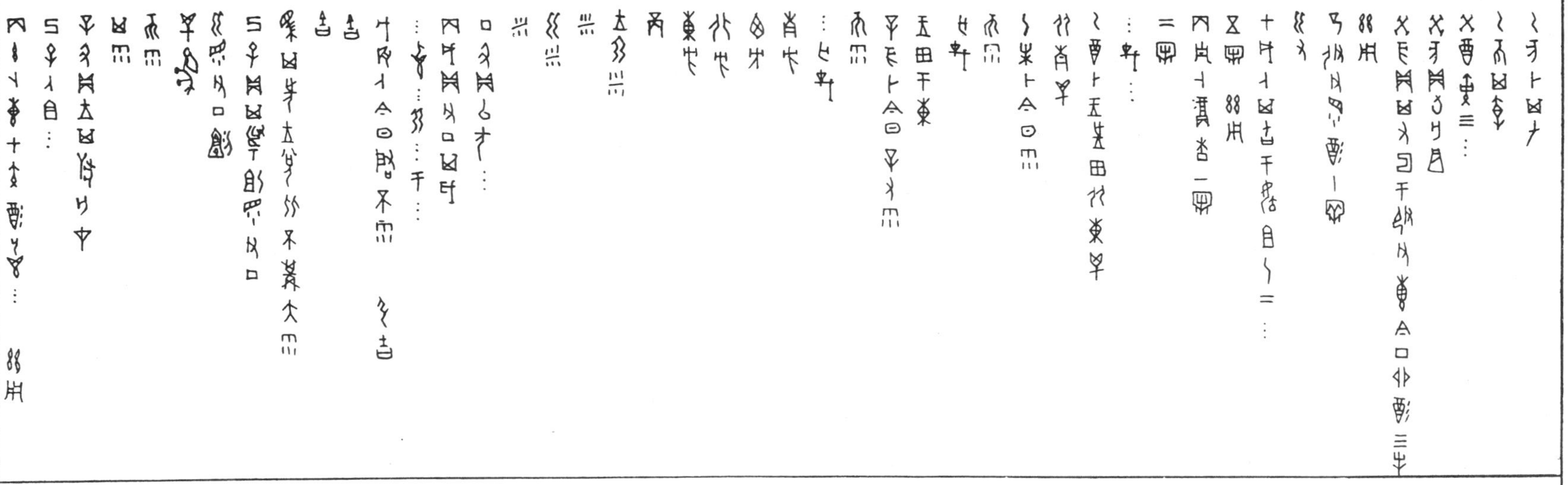

屯一二二〇 乙亥卜其乇
屯一二二〇 乙不其執
屯一二二〇 癸酉㚔乞：
屯一二二一 癸亥貞旬無𡆥
屯一二二二 癸亥貞其有匚于伊尹惟今丁卯酌三牛
茲用
屯一二二二 亏伊尹暨酌十牢
屯一二二三 弜侑
屯一二二三 甲戌卜其舌于毓祖乙二：
屯一二二三 五牢　茲用
屯一二二三 丙子卜酉木丁一牢
屯一二二三 二牢
屯一二二四 ：戈：
屯一二二四 乙酉卜王往田从東擒
屯一二二四 从南擒
屯一二二五 乙未卜今日雨
屯一二二五 不雨
屯一二二五 無災
屯一二二五 王田于東
屯一二二五 辛亥卜今日辛有雨
屯一二二五 不雨
屯一二二五 ：無災
屯一二二六 南方
屯一二二六 西方
屯一二二六 北方
屯一二二六 東方
屯一二二六 商
屯一二二六 王彡米
屯一二二六 米
屯一二二六 弜米
屯一二二六 米
屯一二二六 丁丑貞以伐：
屯一二二六 丙戌貞父丁其歲
屯一二二六 ：擒：弜：于：
屯一二二七 戊辰卜今日啓不雨　弘吉
屯一二二七 吉
屯一二二七 吉
屯一二二七 馬其先王兌比不遘大雨
屯一二二八 己巳貞其㲋祖乙暨父丁
屯一二二八 弜暨父丁劌
屯一二二八 擒兕
屯一二二八 不雨
屯一二二八 其雨
屯一二二八 辛丑貞王其狩無災
屯一二二九 己巳卜祖：
屯一二三〇 丙午卜惟甲寅酌阜：　茲用

屯一二三〇	：：牛
屯一二三一	：貞有父歲于祖乙茲用乙酉
屯一二三一	弜侑
屯一二三一	二牢　茲用
屯一二三一	三牢
屯一二三一	弜侑
屯一二三一	甲辰貞祭于祖乙有父歲茲用二牢
屯一二三二	丁：
屯一二三二	丁未：：
屯一二三二	牀卜
屯一二三二	多子族卜
屯一二三二	不受祐
屯一二三二	牧卜
屯一二三二	弜用
屯一二三二	戊申貞其𦥑衆人
屯一二三三	弜𦥑
屯一二三三	：貞王：有：
屯一二三四	：父：
屯一二三四	其雨
屯一二三五	戊子卜王其：
屯一二三六	癸酉貞旬無𡆥
屯一二三七	于宮無：吉
屯一二三七	于盂無災　吉
屯一二三七	不雨
屯一二三七	其雨
屯一二三八	甲午貞大禦自上甲六大示燎六小宰卯九牛
屯一二三九	癸：貞：無：
屯一二三九	癸丑貞旬無𡆥
屯一二三九	癸亥貞旬無𡆥
屯一二四〇	甲申：
屯一二四〇	五牢　吉
屯一二四一	吉
屯一二四一	大吉
屯一二四一	吉
屯一二四一	大吉
屯一二四一	既𢍰其在盂叙漳　吉
屯一二四二	王惟壬田無災
屯一二四二	惟田省湄日無災
屯一二四三	：惟：
屯一二四三	𢀛惟𡉚
屯一二四四	：其𤗨：
屯一二四五	其：牛：羊：
屯一二四六	：其𢑴：
屯一二四七	丁卯卜其侑于帝：
屯一二四七	：木丁：帝𠣾：　茲用
屯一二四八	：亥卜其：𢼸盂東擒：
屯一二四九	：寅：于：寅酚彡
屯一二五〇	乙亥貞：
屯一二五〇	：執來：
屯一二五一	：貞：寢：雨：
屯一二五二	：弜逐：其悔
屯一二五三	癸丑卜：于河三：圍五牛
屯一二五三	甲寅卜燎于河五小宰
屯一二五四	惟奚祝
屯一二五五	戊：酚：
屯一二五五	：己：小宰
屯一二五六	癸巳貞遘：召：
屯一二五六	：貞：辛：
屯一二五七	己雨
屯一二六一	：大：歲牛：
屯一二六四	乙：其：
屯一二六六	：于：父：
屯一二六八	：圞：
屯一二六九	：貞其：
屯一二七一	辛未：
屯一二七一	：未卜：寧秋：
屯一二七二	癸：貞：無：
屯一二七二	：旬：𡆥
屯一二七三	：伐：大甲：
屯一二七三	：其禦于：
屯一二七四	：弗入商
屯一二七五	：自大庚侑：
屯一二七六	：貞旬：王：猱𩰫：
屯一二七七	：用：
屯一二七七	：亥卜其：
屯一二七八	：𠦪步自：
屯一二七八	：自𨳇：
屯一二七九	：辰貞：
屯一二八〇	：壬王其田湄日：
屯一二八一	：歷：
屯一二八三	：弗：
屯一二八三	：日戊：獲：
屯一二八四	：其：
屯一二八五	吉
屯一二八六	：有：
屯一二八七	：茲：
屯一二八八	：亥：
屯一二八八	：父：有：
屯一二八九	：卜彡：戊
屯一二九〇	：不啓
屯一二九〇	：用：
屯一二九一	：申：

屯一一九二　……辛
屯一一九二　大吉
屯一一九三　……旬……
屯一一九四　癸……旬……
屯一一九五　……寅卜……水允……
屯一一九六　……牢
屯一一九七　弜步
屯一一九八　丁酉……
屯一二〇〇　大吉
屯一二〇一　壬戌貞其……
屯一二〇一　……戌貞其……
屯一二〇二　癸未貞旬無𡆥
屯一二〇四　……木……
屯一二〇七　乙……
屯一二〇八　甲寅……王惟……族……
屯一二〇九　惟大方伐
屯一二一〇　……自……
屯一二一一　……丁……小牢
屯一二一二　……歲于……牢乙丑……三牢……
屯一二一三　……卜……
屯一二一五　二牢
屯一二一五　……妣……牢
屯一二一六　……其……
屯一二一七　癸丑……無𡆥
屯一二一八　……寅卜來日……
屯一二一九　……高祖乙作……
屯一二二〇　……戌卜妣庚史……
屯一二二一　丙……
屯一二二一　弜賓
屯一二二一　……宗……蒸穧
屯一二二二　癸巳……
屯一二二二　不雨
屯一二二三　茲……大……
屯一二二三　……夕有……
屯一二二四　癸未歷貞……無……
屯一二二四　……有𡆥
屯一二二四　……歷……
屯一二二五　茲用
屯一二二六　弜侑
屯一二二六　弜賓
屯一二二六　……寅卜其有歲于羌甲
屯一二二七　……令……
屯一二二九　……亥貞甲子彭奉在𥃝……月卜
屯一二三〇　……餗百……
屯一二三一　辛卯……
屯一二三二　……卯……

屯一二三三　……族尹……
屯一二三四　乙酉歲三牢……茲用
屯一二三五　……𡿧無災
屯一二三七　……其奉……
屯一二三八　……旬……𡆥
屯一二三九　……其呼叩……
屯一二四〇　壬寅卜翌日……
屯一二四〇　……省田……悔
屯一二四一　……其有歲……
屯一二四二　吉
屯一二四四　癸丑……
屯一二四五　丁卯貞……
屯一二四六　弜侑
屯一二四七　……其奠以并
屯一二四八　……岳告……
屯一二四九　……王其作……彭……
屯一二五〇　……貞……風于……雨允……
屯一二五二　庚午卜方……
屯一二五三　辛丑卜無至……
屯一二五三　癸卯卜今夕無……
屯一二五四　癸卯貞旬無𡆥
屯一二五四　癸丑貞旬無𡆥
屯一二五五　……侑豐惟祖丁庸用
屯一二五六　茲用
屯一二五七　乙亥……
屯一二五八　……田……
屯一二六〇　……辰貞……
屯一二六一　……並受祐
屯一二六二　……寅卜羌……
屯一二六二　……擒……
屯一二六三　癸卯……王其…………
屯一二六五　……王禦……
屯一二六六　……告于父丁……
屯一二六七　吉
屯一二六八　……于……
屯一二六九　癸……貞……無……
屯一二六九　……酉……旬……𡆥
屯一二七〇　……南……
屯一二七一　……王其……大吉
屯一二七三　……擒……
屯一二七四　……卯貞……
屯一二七五　……辰貞……
屯一二七六　……河宗……
屯一二七七　甲申……賓大丁……
屯一二七九　……卯……
屯一二七九　……卯……

屯一二八〇 吉
屯一二八三 …執…
屯一二八四 丁巳卜…
屯一二八五 丁…
屯一二八五 …其…
屯一二八六 …亥貞…
屯一二八八 …邁雨…
屯一二九〇 丁卯…其…
屯一二九一 …祖乙歲…
屯一二九二 丁酉…
屯一二九三 …旬…囚
屯一二九四 …茲夕…
屯一二九四 …夕…雨
屯一二九五 弜狩
屯一二九六 …子貞…亥乙…
屯一二九七 …于…
屯一二九八 …雨
屯一二九九 惟…示…
屯一三〇〇 甲…
屯一三〇〇 …辰貞…㪿…禾
屯一三〇一 …王𢦏…其代…
屯一三〇二 …上甲邁…
屯一三〇三 吉
屯一三〇四 …告自…
屯一三〇五 …延…
屯一三〇六 …翌日辛王其田不邁雨
屯一三〇七 …貞旬無囚
屯一三〇八 …用歲…三牢…
屯一三〇九 不用
屯一三一〇 …貞今日其寧疾…三羌九犬
屯一三一一 …辰…
屯一三一二 …酌…
屯一三一三 …卜王其…麋擒
屯一三一四 …生月有…
屯一三一六 …子…[illegible]…
屯一三一七 …九…
屯一三一八 …羌方…𢦏…
屯一三一九 癸巳貞…
屯一三一九 …貞…
屯一三二〇 茲…
屯一三二一 癸亥…王…
屯一三二三 …受禾…
屯一三二五 …至…
屯一三二五 …未貞…
屯一三二六 …寅卜其…
屯一三二七 癸…貞…無囚

屯一三二八 …从南…
屯一三三〇 壬辰…
屯一三三一 大吉
屯一三三四 癸丑卜甲寅…圍于…
屯一三三五 …卯貞…來…
屯一三三六 不用
屯一三三七 …卯卜…伊…
屯一三三八 …未卜…
屯一三三八 弜…
屯一三三九 …卯…旬…囚
屯一三四一 …王…
屯一三四一 方不其出于新…戌
屯一三四二 …田…
屯一三四三 …桒牢…
屯一三四四 丙寅…乙…卯三…
屯一三四五 …田卒
屯一三四七 …丁作亞…
屯一三四八 …寅卜…
屯一三四九 己未…
屯一三五〇 …貞…[illegible]…
屯一三五一 …囚
屯一三五二 …三小牢…
屯一三五三 …牢又…
屯一三五四 …今日寧…
屯一三五五 …不邁…
屯一三五六 …貞…無囚在…
屯一三五七 …父丁…百羊…
屯一三五八 …燎于…
屯一三五九 …其蒸…
屯一三六〇 癸巳卜…
屯一三六一 吉
屯一三六二 …牢…茲用
屯一三六三 …寅卜…河…
屯一三六四 癸酉貞…
屯一三六五 …日…
屯一三六六 …用
屯一三六七 癸…于…
屯一三六八 惟…受…
屯一三六九 …卯…其…妣丙
屯一三七〇 惟…𢀛…
屯一三七一 …其有…
屯一三七三 甲戌卜…
屯一三七四 …二牢
屯一三七五 不用
屯一三七六 癸…貞…無…
屯一三七六 …未…旬…囚

小屯

屯一三七七	……辰卜……暘日
屯一三七八	……辰貞其……
屯一三七九	……其田……
屯一三八〇	……有……羌……
屯一三八一	癸……茲用
屯一三八二	……囚……
屯一三八三	……于祖乙……
屯一三八四	……河卯……
屯一三八六	……敚……
屯一三八七	吉
屯一三八八	……遘……
屯一三八九	……貞……
屯一三九〇	二小牢
屯一三九〇	三小牢
屯一三九一	……卯……用
屯一三九二	……風于……
屯一三九三	……不出……
屯一三九四	……牛……
屯一三九五	茲用
屯一三九六	……子臾……
屯一三九七	……人……吉
屯一三九八	癸巳貞……
屯一三九九	丙……不……
屯一四〇〇	……王……
屯一四〇一	……貞……
屯一四〇四	……伐……
屯一四〇五	……高……
屯一四〇八	癸……
屯一四一〇	乙……
屯一四一三	……翌日……
屯一四一五	……午卜其……
屯一四一七	……雨……
屯一四一八	……乙……
屯一四一九	大吉
屯一四二〇	……北……
屯一四二一	……[illegible]……酌……
屯一四二二	……子……
屯一四二三	……桒……
屯一四二五	……河……
屯一四二六	……異……
屯一四二九	……羌……
屯一四三〇	……庚不啓
屯一四三〇	……申……乆伐自……
屯一四三一	……上甲……
屯一四三三	……未……
屯一四三四	……不遘……
屯一四三五	……貞……
屯一四三六	茲
屯一四三七	甲……酌……
屯一四三七	……卯……燎……
屯一四三八	……喪……
屯一四三九	弜在祖乙
屯一四三九	高自祖乙
屯一四三九	于大乙有乆王受有祐
屯一四三九	弜在大乙[illegible]五……
屯一四三九	……乆……遘……日有正
屯一四四〇	弗擒
屯一四四〇	不遘雨
屯一四四一	王其田[illegible]淒麓擒無災
屯一四四二	妣癸于入自夕……酌
屯一四四二	……酌妣辛桒……祐
屯一四四三	父己歲惟莫酌王受祐
屯一四四三	于夕酌王受祐
屯一四四四	……岳燎五小宰卯五牛
屯一四四五	……牧……
屯一四四五	……比阪……
屯一四四六	……有歲于仲己
屯一四四七	大吉
屯一四四八	……其禦于土大牢
屯一四五〇	吉
屯一四五一	……卜……至于……
屯一四五二	戌……
屯一四五二	己有畄雨
屯一四五二	不畄雨
屯一四五四	……酉貞其……
屯一四五五	……王……
屯一四五八	……燎[illegible]……牛一冊犬……
屯一四六〇	……王惟多田……
屯一四六一	戌……
屯一四六二	……賓……
屯一四六三	其五牢
屯一四六三	惟妣作延戈
屯一四六四	……惟……
屯一四六五	……骨三……
屯一四六六	茲用
屯一四六八	丙午卜于甲子酌
屯一四六九	惟喪田湄日……
屯一四六九	……宮田……日無災
屯一四七〇	……丑卜惟……
屯一四七〇	……酉……
屯一四七一	……王……
屯一四七二	……辛……卯十牛

屯一四七五　……以㞢……
屯一四七四　弜[illegible]
屯一四七四　惟皋令
屯一四七六　……無囚
屯一四七八　……其雨
屯一四七九　王其……不雨
屯一四八一　……令……
屯一四八二　癸未……于上甲惟盤……
屯一四八四　弜……
屯一四八四　……羌……
屯一四八五　……辰貞……
屯一四八六　……羌十又五……
屯一四八七　丙午貞……
屯一四八八　于甲申告
屯一四八八　……丁亥……告受……
屯一四八九　吉
屯一四九二　……翌日辛……
屯一四九三　癸卯貞旬無囚在云
屯一四九三　……丑……旬……囚……
屯一四九四　……牛……
屯一四九五　不用
屯一四九六　……無……
屯一四九六　……貞旬無囚
屯一四九七　……辰貞惟……
屯一四九九　……有乂……
屯一五〇〇　……災
屯一五〇〇　……田無災
屯一五〇一　惟戚庸用
屯一五〇三　吉
屯一五〇四　庚午惟河……
屯一五〇四　……[illegible]……
屯一五〇五　辛亥卜示壬歲一牢
屯一五〇六　……辰貞其……
屯一五〇七　……亥不雨
屯一五〇九　辛……
屯一五〇九　丁酉貞桒禾于岳……五牢
屯一五一〇　……貞……
屯一五一一　……犬以彡于示……
屯一五一二　弜疋
屯一五一三　……盤……
屯一五一四　……牛……
屯一五一五　……不雨
屯一五一六　……亥……
屯一五一七　大吉
屯一五一九　……桒……
屯一五二〇　壬辰卜今日……迖……喪……

屯一五二一　……骨三
屯一五二二　吉
屯一五二三　……見……
屯一五二六　……未……旬……
屯一五二八　……王……吉
屯一五二九　不雨
屯一五二九　……雨
屯一五三〇　……桒禾……
屯一五三一　……上甲
屯一五三二　……王賓……
屯一五三三　……囚
屯一五三三　……未……歷……囚
屯一五三四　……庚㞢……
屯一五三五　……貞……歲……
屯一五三六　……伐[illegible]……
屯一五三七　……貞……
屯一五三八　……寧秋……
屯一五三九　吉
屯一五四〇　……大甲羌于……
屯一五四一　弜……
屯一五四一　……其……日于……
屯一五四二　己未……
屯一五四三　……辰貞……木月其雨
屯一五四四　……[illegible]……
屯一五四五　丙……
屯一五四五　……牛……
屯一五四六　癸……貞……
屯一五四七　癸巳貞旬無囚
屯一五四七　……旬無囚
屯一五四八　庚……
屯一五四九　……宗……茲用
屯一五五〇　癸巳……
屯一五五一　……用
屯一五五二　……貞……無囚
屯一五五三　弜……
屯一五五四　吉
屯一五五五　……貞……其……
屯一五五五　……侯……
屯一五五七　……不雨……
屯一五五八　……[illegible]……
屯一五五九　……从南擒
屯一五六一　……不……
屯一五六二　戊……
屯一五六二　不雨
屯一五六三　……京……
屯一五六四　……無災

屯一五六五 …其勿牛
屯一五六七 吉
屯一五六八 乙酉…有兕…
屯一五六九 …馬其…
屯一五七〇 己…其…歲…
屯一五七一 …亥卜…祉戓…
屯一五七二 …未…旬無…
屯一五七三 …𠱵侯…
屯一五七四 …日…
屯一五七五 弘吉
屯一五七六 不啓
屯一五七七 …秋…
屯一五七八 …壱…
屯一五七八 …日入日…
屯一五七九 …巳…
屯一五八〇 …屯…
屯一五八一 小雨
屯一五八一 …亥卜庚寅雨…敦卜
屯一五八二 乙卯…
屯一五八三 …上甲三牛甲午…用
屯一五八四 辛…
屯一五八六 …用
屯一五八七 大吉
屯一五八九 …于…
屯一五九〇 …夒遘…
屯一五九〇 …夕…
屯一五九一 癸…貞…
屯一五九二 …卜…
屯一五九三 癸…貞…
屯一五九五 …五…
屯一五九七 辛未卜…
屯一五九八 …京…
屯一五九九 …牢麋…
屯一六〇一 …𢦏…
屯一六〇二 吉
屯一六〇三 甲…貞…自…
屯一六〇三 …一牢
屯一六〇五 吉
屯一六〇七 吉
屯一六〇八 …卜…
屯一六〇九 …宰
屯一六一〇 …巳…有…
屯一六一一 丙寅…其…于…
屯一六一二 …步…
屯一六一三 弜…
屯一六一五 …囙

屯一六一六 吉
屯一六一七 …百小…
屯一六一八 …酉…
屯一六一九 …亥貞…其百羊…
屯一六二〇 …卯…
屯一六二一 …寅…
屯一六二二 …其…
屯一六二三 甲…
屯一六二四 乙…
屯一六二八 辛…
屯一六三〇 癸…
屯一六三一 弜…
屯一六三四 …其…
屯一六三七 大吉
屯一六三八 …酉…
屯一六三九 丁卯貞…
屯一六四〇 …有…
屯一六四一 …日…
屯一六四二 吉
屯一六四三 …于…父丁
屯一六四四 …歲…
屯一六四六 壬…
屯一六四八 …雨…
屯一六四九 …田…
屯一六五〇 大吉
屯一六五一 癸…
屯一六五一 …酉…
屯一六五五 …粤…
屯一六五六 癸…貞…
屯一六五七 …亥其…
屯一六五九 …王…
屯一六六〇 …旬…
屯一六六五 乙丑…
屯一六六八 …雨
屯一六六九 丁…
屯一六七〇 乙亥…
屯一六七二 …歲其…
屯一六七四 不用
屯一六七五 茲用
屯一六七六 己…
屯一六八〇 …貞…
屯一六八一 吉
屯一六八三 …餗…
屯一六八五 …有…
屯一六八七 …貞…
屯一六八八 …羌…

屯一六九四	不遘雨
屯一六九七	辛：
屯一六九七	：卯伐三牢
屯一六九八	：于：
屯一六九九	：卯：暘：
屯一七〇〇	：燎雨：
屯一七〇一	乙：惟餗：
屯一七〇一	不：
屯一七〇二	：之：
屯一七〇三	：上甲：大丁
屯一七〇四	：步：
屯一七〇六	：其：
屯一七〇七	：高：
屯一七〇八	：日戌：
屯一七〇九	：寅：今日：
屯一七一〇	：無災
屯一七一一	：丑：
屯一七一二	：貞：
屯一七一三	癸：
屯一七一四	：貞：囚
屯一七一五	：卜：
屯一七一七	茲用
屯一七一九	：剛：
屯一七二〇	：三牛：
屯一七二一	：王：
屯一七二三	：穧二：
屯一七二四	：卜：
屯一七二八	：囚
屯一七三〇	：惟：
屯一七三一	：翌日壬：
屯一七三五	辛亥：
屯一七三八	甲申：
屯一七四〇	：貞：
屯一七四〇	：貞：
屯一七四一	己：
屯一七四二	：宑三：
屯一七四四	：無囚
屯一七四五	：大風：
屯一七四七	：日：
屯一七四八	：[illegible]：
屯一七四九	：貞：
屯一七五〇	：貞：
屯一七五二	：牢
屯一七五三	：貞：
屯一七五五	：又三：
屯一七五六	：用：
屯一七五九	庚：貞辛無：
屯一七六〇	：其令：
屯一七六一	癸：
屯一七六二	：牧：
屯一七六三	：王其：
屯一七六五	丁未卜：
屯一七六六	癸：
屯一七六七	：歲：
屯一七六九	：貞：無囚
屯一七七一	：丑：
屯一七七一	：雨：
屯一七七三	：甲酌牛：
屯一七七四	：卜：
屯一七七五	：巳：
屯一七七六	己：
屯一七七七	：今日有：
屯一七七九	：王：
屯一七八〇	：酉：
屯一七八二	：祖：
屯一七八五	：囚
屯一七八八	弜：
屯一七八九	：門：
屯一七九二	戊：
屯一七九三	：卜：
屯一七九五	甲辰：子：
屯一七九七	：貞：
屯一七九八	乙未：惟：
屯一七九九	：宰
屯一八〇〇	吉
屯一八〇一	：又：
屯一八〇二	：牢：
屯一八〇四	：未：
屯一八〇五	：旬：
屯一八〇八	：于：
屯一八〇九	：告：
屯一八一〇	吉
屯一八一一	：禦弗遘：
屯一八一三	：羊：
屯一八一六	：雨：
屯一八一八	：未：
屯一八二〇	：戈：
屯一八二三	：酉：
屯一八二四	庚：
屯一八二六	：高：
屯一八二七	：大：
屯一八三二	己丑：

屯一八三三	……遘……
屯一八三四	……五……
屯一八三五	……永……
屯一八三七	……于……
屯一八三九	吉
屯一八四〇	辛……
屯一八四一	……上甲……
屯一八四五	……貞……
屯一八四六	……貞……
屯一八四八	……其……
屯一八四九	……牛……
屯一八五〇	……于……
屯一八五一	……蒸穧……
屯一八五二	辛……
屯一八五四	……自……
屯一八五七	吉
屯一八六四	……囚……
屯一八六五	……貞……
屯一八六六	吉
屯一八六七	……牢囲……
屯一八六八	……遘……
屯一八六九	……用……
屯一八七〇	乙巳……
屯一八七一	吉
屯一八七四	癸酉貞……祖乙……
屯一八七七	……王……
屯一八七九	……牢……
屯一八七九	……牢……
屯一八八〇	……貞……
屯一八八一	……大雨……
屯一八八二	己……
屯一八八五	……悔
屯一八八六	……其……
屯一八八九	……其……秋……
屯一八九一	……酉卜……
屯一八九三	……巳……
屯一八九五	……貞……無……
屯一八九六	庚……今日……
屯一八九七	……王……
屯一八九八	……于……
屯一八九九	……大……
屯一九〇二	……示……
屯一九〇四	……卜……
屯一九〇四	……祖乙……
屯一九〇五	吉
屯一九〇九	己……

屯一九一〇	……雨……
屯一九一一	……寅卜……
屯一九一二	癸……
屯一九一二	不……
屯一九一四	……卜……
屯一九一五	癸……
屯一九一八	……酉人三……
屯一九二三	癸……
屯一九二四	……三十牢……
屯一九二六	癸……
屯一九二六	……酉……
屯一九二八	吉
屯一九三〇	……卯……
屯一九三一	……貞……
屯一九三三	吉
屯一九三四	丁巳卜……延涉……囚
屯一九三五	……卜其……
屯一九三六	茲用
屯一九四一	……巳貞……囚
屯一九四二	……貞……
屯一九四三	……祖乙
屯一九四五	其雨
屯一九四七	丁未……
屯一九四八	……屯……
屯一九五四	……秋……
屯一九五五	……雨……
屯一九五七	……貞……
屯一九五九	……令……
屯一九六〇	……京……
屯一九六二	壬寅……
屯一九六五	戊……
屯一九六七	……寧……
屯一九七〇	……無囚
屯一九七三	……巳……
屯一九七四	辛巳……
屯一九七五	……貞……
屯一九七六	吉
屯一九七九	……囚
屯一九八〇	吉
屯一九八四	丁……
屯一九八五	……秋……
屯一九八九	……羌……
屯一九九〇	……省田……
屯一九九一	茲……
屯一九九六	……方……
屯一九九八	……其㲉鹿……

屯一九九九 ：危方：惟：
屯二〇〇〇 茲用
屯二〇〇一 ：宰卯：
屯二〇〇二 乙未貞：
屯二〇〇四 ：日乙不：
屯二〇〇八 其：牢
屯二〇〇八 ：牢
屯二〇〇九 ：在八
屯二〇一〇 ：上甲：三牛
屯二〇一一 ：歲：
屯二〇一二 ：貞：
屯二〇一三 ：啓
屯二〇一四 ：告于：
屯二〇一四 ：惟中：
屯二〇一四 ：上甲六大示：
屯二〇一五 ：叀：
屯二〇一六 ：貞：
屯二〇一七 壬申貞王往田：
屯二〇一八 ：若
屯二〇二〇 ：貞惟祖：
屯二〇二二 戊申貞王：
屯二〇二三 壬午卜癸未：
屯二〇二四 ：未貞徹：
屯二〇二五 ：牛：
屯二〇二六 ：叀于：
屯二〇二七 一牢
屯二〇二七 二牢
屯二〇二七 其：
屯二〇二八 ：酉貞：
屯二〇二九 ：卯彰：
屯二〇二九 ：彡彰：
屯二〇二九 ：貞：牛：
屯二〇三〇 ：王：
屯二〇三一 ：酉貞辛：彰：燮六牛
屯二〇三二 其剛
屯二〇三二 壬辰貞其告于上甲二牛
屯二〇三二 丙申貞彰伊𢦏伐
屯二〇三三 ：卜：
屯二〇三四 ：圉：
屯二〇三六 ：辰彰：
屯二〇三七 ：田省：
屯二〇三七 ：擒：
屯二〇三八 ：王其正人方
屯二〇三九 ：勿祝用：
屯二〇四〇 癸未卜：
屯二〇四〇 今日庚不雨

屯二〇四〇 ：于卜其皀𩛯：
屯二〇四一 ：卜禱木丁牢
屯二〇四二 惟：
屯二〇四三 ：酉卜于：
屯二〇四四 于南户尋王羌
屯二〇四四 ：羌：卯三牢有：
屯二〇四六 其雨：今日丙至于：
屯二〇四六 辛酉貞王往田不雨
屯二〇四六 其雨
屯二〇四六 無災
屯二〇四六 ：貞王往田無災
屯二〇四七 癸：
屯二〇五〇 ：有𡆥
屯二〇五一 ：圉：
屯二〇五二 丁亥卜戊雨
屯二〇五三 不雨
屯二〇五四 乙亥貞河其𣿪
屯二〇五五 ：巳貞其禦：
屯二〇五六 ：今日不：
屯二〇五七 惟：于：
屯二〇五八 有來𡆥自北
屯二〇五八 ：𡆥：
屯二〇五八 乙酉卜無來𡆥
屯二〇五八 乙酉卜：來：
屯二〇五八 乙酉卜：
屯二〇五九 吉
屯二〇五九 吉
屯二〇六〇 癸：𢦔：
屯二〇六一 于遠：
屯二〇六一 于麓擒
屯二〇六一 于遠擒
屯二〇六二 ：歲惟：
屯二〇六四 王族其敦尸方邑舊右左其□
屯二〇六四 弜□其𣅀舊于之若
屯二〇六四 ：右旅：雉：衆
屯二〇六五 弜延
屯二〇六五 ：牢
屯二〇六七 ：告有豕王其匕从：
屯二〇六九 祝至：
屯二〇七〇 辛卯卜于雍：
屯二〇七一 吉 茲用
屯二〇七二 ：牢
屯二〇七三 癸：其延：
屯二〇七四 ：衆：
屯二〇七六 ：示：

屯二〇七七　癸酉貞于…
屯二〇七八　燎…牛
屯二〇七八　沈五牛
屯二〇七九　癸…貞…無…
屯二〇七九　癸未貞旬無囚
屯二〇七九　癸巳貞旬無囚
屯二〇七九　癸卯貞旬無囚
屯二〇七九　癸丑貞旬無囚
屯二〇八〇　…卜…于父甲其順从…
屯二〇八一　吉
屯二〇八二　吉
屯二〇八二　大吉
屯二〇八二　吉
屯二〇八四　…丙
屯二〇八五　惟辛卯
屯二〇八五　惟辛卯
屯二〇八五　惟己丑
屯二〇八七　惟盂…省湄日…災
屯二〇八七　翌日戊王其田湄日不遘雨
屯二〇八七　其遘雨
屯二〇八八　丁卯貞雨
屯二〇八八　…雨
屯二〇八八　…卯貞…無囚
屯二〇八九　其遘大雨
屯二〇九〇　王其田兓無災
屯二〇九〇　…災
屯二〇九〇　（習刻）
屯二〇九一　（習刻）
屯二〇九一　（習刻）
屯二〇九一　（習刻）
屯二〇九一　（習刻）
屯二〇九二　庚申…
屯二〇九三　並受…
屯二〇九三　𠦪受祐
屯二〇九四　…田其悔
屯二〇九四　辛王弜田其悔
屯二〇九五　戊戌卜王其逐兕擒弗擒
屯二〇九五　…卜…入…囚
屯二〇九六　…其…自…
屯二〇九六　…自祖丁
屯二〇九七　壬…阜…
屯二〇九七　…卯侑…父丁歲…羊…三十…在京
屯二〇九八　…延王受祐
屯二〇九九　吉
屯二〇九九　吉

屯二一〇〇　辛卯卜今夕不延雨
屯二一〇〇　丙申貞王步丁酉自哭
屯二一〇〇　戊戌…王步
屯二一〇〇　戊戌貞王于己亥步…哭
屯二一〇〇　庚子貞王步自鼓
屯二一〇〇　壬寅貞王步自𣪘于𤅪
屯二一〇〇　于敏
屯二一〇一　…遘雨
屯二一〇二　…田…
屯二一〇二　…往…無災
屯二一〇三　…其有歲于…
屯二一〇四　己巳卜有伐祖乙亥
屯二一〇四　辛…酌…
屯二一〇四　辛未…于來…壬申…
屯二一〇四　辛未卜侑十五羌十牢
屯二一〇五　己亥…
屯二一〇五　于岳燎禾
屯二一〇五　于高祖亥燎禾
屯二一〇五　庚午貞河崇云
屯二一〇五　惟岳崇云
屯二一〇五　惟高祖亥崇云
屯二一〇六　己亥貞今來翌受禾
屯二一〇六　不受禾
屯二一〇六　甲子卜惟岳崇禾
屯二一〇七　丁巳卜岳至王其…　吉
屯二一〇七　惟四小宰用有雨　吉
屯二一〇七　…大雨
屯二一〇七　惟五小宰用有大雨
屯二一〇七　…雨
屯二一〇八　丁巳卜…
屯二一〇九　（習刻）
屯二一一〇　大吉
屯二一一〇　吉
屯二一一一　…宰用
屯二一一二　乙酉卜…
屯二一一二　…受祐
屯二一一三　戊申卜…貞今日狩娥擒
屯二一一三　丙午卜…貞翌丁未步暘丁未王步允
暘　二告
屯二一一三　二告
屯二一一四　戊王其田狩無災
屯二一一五　弜用
屯二一一六　王其涉東洮田三麓灩…
屯二一一六　弜涉
屯二一一七　癸未貞旬無囚

屯二一一七 癸巳貞旬無囚
屯二一一七 癸卯貞旬無囚
屯二一一七 癸丑貞旬無囚
屯二一一七 癸亥貞旬無囚
屯二一一七 癸酉貞旬無囚
屯二一一八 己丑卜婦石燎爵于南庚
屯二一一八 己丑…
屯二一一八 惟庚聑四
屯二一一八 甲午卜…十有歲
屯二一一九 弜肸其𦎫
屯二一一九 自新𡆥 吉
屯二一一九 自孟𡆥
屯二一一九 大吉
屯二一二〇 弜…受… 吉
屯二一二一 衆…
屯二一二一 其祝妣母至母戊 大吉
屯二一二一 至有日戊祝 吉
屯二一二一 吉
屯二一二一 惟戊辰彭… 吉
屯二一二二 癸酉卜翌日乙亥…
屯二一二二 惟夊上甲祝
屯二一二三 己亥…兹用
屯二一二三 乙巳貞其往于夒無囚 兹用
屯二一二四 辛卯…
屯二一二四 卯五牛
屯二一二四 癸巳貞其有勺自上甲盡至于父丁甲午用
屯二一二四 甲午貞今歲受禾
屯二一二四 丙申…于岳…
屯二一二四 丙申貞其奉禾于岳燎…小宰
屯二一二五 王其田擒 吉
屯二一二五 不擒 吉
屯二一二六 己卯卜其雨庚辰
屯二一二六 辛巳卜有囚
屯二一二六 甲申卜其雨乙酉
屯二一二六 甲申卜不雨乙酉
屯二一二七 辛酉卜…
屯二一二八 己亥卜…
屯二一二八 …卜…
屯二一二九 己卯貞奉自上甲六示
屯二一三〇 癸…
屯二一三〇 上甲歲三宰 兹用
屯二一三〇 五宰
屯二一三一 …其以有家…
屯二一三二 庚…
屯二一三二 夕告
屯二一三三 …已卜…

屯二一三四 癸亥
屯二一三四 癸亥
屯二一三五 癸酉貞旬無囚
屯二一三五 …未貞旬無囚
屯二一三六 壬午卜貞王其…𩁹無災
屯二一三六 乙酉卜貞王其田[illegible]無災
屯二一三六 辛卯卜貞王其田…無災
屯二一三七 惟丁巳彭王受祐
屯二一三七 …丁巳
屯二一三八 不雨
屯二一三九 癸丑貞…
屯二一三九 癸亥貞旬無囚
屯二一三九 癸酉貞旬無囚
屯二一三九 癸…
屯二一三九 癸巳貞旬無囚
屯二一三九 癸卯貞旬無囚
屯二一三九 癸丑貞旬無囚
屯二一三九 癸亥貞旬無囚
屯二一四〇 其舌父己惟入自…
屯二一四〇 于入自禱 吉
屯二一四〇 惟切…禱
屯二一四二 …于祖乙…羌三十歲五宰
屯二一四三 弜作豊
屯二一四三 弜遘雨
屯二一四三 不雨
屯二一四四 …其…
屯二一四五 …酉卜令伊…伐…
屯二一四六 惟庚
屯二一四六 惟辛 吉
屯二一四六 其祝一牛
屯二一四六 二牛 吉
屯二一四八 戊辰卜今日雍己夕其呼[illegible]執工 大吉
屯二一四八 弜呼[illegible]執工其作尤
屯二一四八 …[illegible]執工于雍己…
屯二一四九 丁亥卜庚卯雨在京丘?
屯二一四九 戊子卜木雨…
屯二一四九 戊子卜…
屯二一四九 戊午卜惟大宰
屯二一四九 戊午卜其燎
屯二一四九 其雨
屯二一四九 甲戌卜不入允
屯二一四九 乙亥卜其入
屯二一四九 丁丑㚔乞骨三䏍
屯二一五〇 壬寅卜王于𣴎𡐥九…
屯二一五一 …其田不遘雨
屯二一五二 于枛宿無災

屯二二五二 于葡作偺宿戕 大吉
屯二二五四 ：五十䧹：
屯二二五五 一牢
屯二二五五 二牢
屯二二五六 ：步：
屯二二五七 辛丑卜貞王其田無災
屯二二五七 庚子卜貞王其田無災
屯二二五八 弗擒
屯二二五九 ：王其：毋無災
屯二二六〇 癸：貞：無：
屯二二六〇 癸卯貞旬無𡆥
屯二二六〇 癸丑貞旬無𡆥
屯二二六〇 癸亥貞旬無𡆥
屯二二六〇 癸酉貞旬無𡆥
屯二二六一 丙寅：至戊：雨不：戊辰：
屯二二六一 丁卯卜戊辰雨不雨
屯二二六一 己巳卜㳄雨
屯二二六一 庚午卜辛未雨允雨
屯二二六一 庚午卜壬申雨允亦雨
屯二二六一 辛未卜帝風不用雨
屯二二六一 壬申卜川邑羊
屯二二六一 壬申卜川弗邑羊
屯二二六一 ：貞：無𡆥
屯二二六一 ：允雨
屯二二六二 癸丑貞旬無𡆥
屯二二六二 癸亥貞旬無𡆥
屯二二六三 吉
屯二二六三 于向無災 吉
屯二二六三 于宮無災 吉
屯二二六三 于盂無災 吉
屯二二六三 翌日戊王其迖于喪 大吉 茲用
屯二二六三 于向 吉
屯二二六三 吉
屯二二六三 于盂無災 吉
屯二二六四 丙：
屯二二六五 茲用
屯二二六五 己酉卜雍己歲一牢
屯二二六五 二牢
屯二二六五 其遘雨
屯二二六六 癸：貞旬無𡆥
屯二二六六 癸亥貞旬無𡆥
屯二二六六 癸酉貞旬無𡆥
屯二二六六 癸：貞：無𡆥
屯二二六七 ：日：
屯二二六八 辛巳卜翌日壬王其迖于梌無災 弘吉
屯二二六八 于喪無災

屯二二六九 壬午卜王其：
屯二二六九 其在面熊濫
屯二二六九 茲用王獲鹿
屯二二六九 弗擒
屯二二六九 ：王：田：宮
屯二二七〇 于⿱林戈杙擒
屯二二七〇 其罝于東方蓺擒
屯二二七〇 于北方蓺擒
屯二二七二 ：貞：其田：災
屯二二七二 戊子卜貞王其田無災
屯二二七二 辛卯卜貞王其田無災
屯二二七二 乙未卜貞王其田無災
屯二二七二 戊戌卜貞王其田無災
屯二二七二 辛丑卜貞王其田無災
屯二二七二 壬寅卜貞王其田無災
屯二二七二 戊申卜貞王其田無災
屯二二七二 己未卜貞王其田無災
屯二二七二 辛酉卜貞王其田無：
屯二二七二 乙丑卜貞王其田無災
屯二二七三 有：
屯二二七三 甲戌卜暘：癸：
屯二二七三 侑仲丁二牢
屯二二七四 （習刻）
屯二二七四 （習刻）
屯二二七四 （習刻）
屯二二七四 （習刻）
屯二二七四 （習刻）
屯二二七四 （習刻）
屯二二七四 （習刻）
屯二二七四 （習刻）
屯二二七四 （習刻）
屯二二七四 （習刻）
屯二二七四 （習刻）
屯二二七四 （習刻）
屯二二七五 及
屯二二七五 弗及
屯二二七六 癸酉貞：無𡆥
屯二二七七 甲：
屯二二七七 王于乙步
屯二二七八 辛巳卜貞王其田無災
屯二二七八 乙酉卜貞王：無災
屯二二七九 丁丑卜在義田來執羌王其𠬝于：大乙
祖乙有正 吉
屯二二七九 ：盤：弘吉
屯二二八〇 ：丑卜惟四畀彡束

屯二一八一　于梌無災　弘吉
屯二一八一　于□無災　吉
屯二一八一　不雨　吉
屯二一八一　其雨　吉
屯二一八二　乙酉卜貞王其田無災在黃師
屯二一八二　庚戌貞王其田無災
屯二一八二　辛亥貞王其田無災
屯二一八三　其…
屯二一八三　燎二小宰
屯二一八三　燎三小宰
屯二一八三　燎三宰
屯二一八三　□五牛
屯二一八三　□三牛
屯二一八四　吉　用
屯二一八五　惟…𠕋…用　大吉
屯二一八五　惟三宰用王受祐
屯二一八五　惟萑𠕋五宰用王受祐
屯二一八五　惟戍雋有災　吉
屯二一八五　…雋無災　吉
屯二一八六　戊子貞己無𡆥
屯二一八六　己…貞庚…
屯二一八六　庚寅貞辛無𡆥
屯二一八六　辛卯貞壬無𡆥
屯二一八六　壬辰貞癸無𡆥
屯二一八六　癸巳貞甲無𡆥
屯二一八八　癸…貞…無…
屯二一八八　癸丑貞旬無𡆥
屯二一八八　癸亥貞旬無𡆥
屯二一八八　癸酉貞旬無𡆥
屯二一八八　癸未貞旬無𡆥
屯二一八八　癸巳貞旬無𡆥
屯二一八八　癸卯…旬…
屯二一八九　癸酉貞旬無𡆥
屯二一八九　癸未貞旬無𡆥
屯二一九〇　其…
屯二一九一　…阯…戍…
屯二一九一　惟…王擒
屯二一九一　惟□牧
屯二一九二　弜…喪…其…
屯二一九二　惟盂田省不遘雨
屯二一九二　弜省盂田其遘雨
屯二一九二　惟宮田省不遘雨
屯二一九二　…省宮…遘雨
屯二一九三　弜…
屯二一九三　其告一牛
屯二一九三　二牛
屯二一九三　三牛
屯二一九四　乙酉卜…　茲用
屯二一九四　惟茲戈用
屯二一九四　惟茲戈用
屯二一九四　惟茲戚用
屯二一九五　…以衆擒
屯二一九五　不…大風
屯二一九六　惟丙興用莫
屯二一九六　伊□三十朋
屯二一九八　甲子貞…
屯二一九八　…暨□祖乙告人
屯二一九九　…卜今日庚不雨
屯二二〇〇　…未卜…又歲大乙伐二十十宰
屯二二〇一　癸丑貞旬…
屯二二〇二　茲用
屯二二〇三　弘吉
屯二二〇四　吉
屯二二〇五　惟宮…省…災
屯二二〇五　…盂田省無災
屯二二〇五　惟宮田省無災
屯二二〇五　…其田…遘雨
屯二二〇六　（一習刻一）
屯二二〇七　癸丑貞旬無…
屯二二〇八　…卜王其…　弘吉
屯二二〇八　吉
屯二二〇九　…父庚歲宰　吉
屯二二一〇　其雨
屯二二一〇　不雨
屯二二一〇　其雨
屯二二一一　…寅奚乞骨三
屯二二一二　…觀湡無…
屯二二一三　…王往田無災
屯二二一四　…雨
屯二二一五　五大宰又歲
屯二二一五　于來乙未酌又歲
屯二二一六　于宮無災
屯二二一八　癸卯貞旬無𡆥
屯二二一八　癸丑貞旬無𡆥
屯二二一九　丙子卜…陟…不夕
屯二二一九　其夕
屯二二一九　其用　大吉
屯二二一九　弜祀用
屯二二一九　其勿用陟弗悔　吉
屯二二一九　弜勿用
屯二二一九　于大乙
屯二二一九　于祖乙　大吉

屯二二一九　于祖丁　大吉
屯二二二〇　：貞王：
屯二二二一　：出弗悔
屯二二二二　（習刻）
屯二二二二　（習刻）
屯二二二三　癸亥貞旬無囚
屯二二二三　癸酉貞旬無囚
屯二二二三　癸未貞旬無囚
屯二二二四　：中貞王步甲王不步
屯二二二五　：惟：　茲用
屯二二二七　乙亥卜貞弜告秋
屯二二二八　（習刻）
屯二二二八　（習刻）
屯二二二九　茲：三翌畀：
屯二二三〇　：于卜貞：無災在鮻師
屯二二三一　癸酉
屯二二三二　弜祀
屯二二三二　王其觀日出其截于日剛
屯二二三二　弜剛
屯二二三二　其羴湡王其焚
屯二二三二　其沈
屯二二三二　剛其五牢
屯二二三二　其十牢　吉
屯二二三三　爵
屯二二三四　丁卯貞彡衩王其乘：望乘
屯二二三五　（習刻）
屯二二三六　（習刻）
屯二二三六　（習刻）
屯二二三六　（習刻）
屯二二三六　（習刻）
屯二二三六　（習刻）
屯二二三六　（習刻）
屯二二三六　（習刻）
屯二二三七　：舞：
屯二二三八　：妣乙盧豕
屯二二三八　：出：
屯二二三九　：今日：舞：
屯二二四〇　丁丑卜余釆省𠬝
屯二二四一　惟禦斨牛于天
屯二二四二　（習刻）
屯二二四三　甲申卜：
屯二二四三　癸卯貞旬有囚
屯二二四四　壬戌卜余：
屯二二四五　：雨：
屯二二四五　：名：
屯二二四六　惟：典用

屯二二四七　戊申卜有燎于土
屯二二四八　丙辰：禦：于：
屯二二四八　：申卜：妣辛于：惟：
屯二二四九　癸巳卜：旬：
屯二二五〇　不其暘
屯二二五一　丁酉卜今夕有：
屯二二五二　辛：
屯二二五二　：先：雨
屯二二五三　癸酉卜貞羌盤用自上甲
屯二二五四　壬寅卜王其𡧊戠于盂田有雨受年
屯二二五四　：𡧊：有雨
屯二二五四　：今往王呼悔禦惟之有用有雨
屯二二五四　：禦有雨
屯二二五五　十羊
屯二二五六　弜田其悔　吉
屯二二五六　王其田以万弗悔　吉
屯二二五六　弜以万　吉
屯二二五六　惟宮田省無災　吉
屯二二五六　惟盂田省無災　吉
屯二二五七　惟喪田省無災
屯二二五七　不遘大風
屯二二五七　其遘大風
屯二二五八　：有歲于祖乙奭：
屯二二五九　惟殸：
屯二二五九　惟陶母
屯二二五九　惟殸羌
屯二二五九　：于宗：
屯二二六〇　丁卯卜貞王：堅田于：
屯二二六〇　丁卯卜貞王其令阜奴衆于北
屯二二六〇　己卯卜貞廾方其𢦏我戍
屯二二六〇　己卯卜貞惟大史
屯二二六〇　：卯卜貞小史
屯二二六〇　己卯卜貞𠂤：
屯二二六一　甲弜酌無雨
屯二二六一　于乙酌有雨
屯二二六一　乙弜酌無雨
屯二二六二　：貞：
屯二二六二　：貞旬無囚
屯二二六二　：貞旬無囚
屯二二六二　癸亥貞旬無囚
屯二二六二　癸酉貞旬無囚
屯二二六二　癸未貞旬無囚
屯二二六二　癸巳貞旬無囚
屯二二六二　癸卯貞旬無囚
屯二二六二　癸丑貞旬無囚

屯二二六三 庚辰貞王卜在[illegible]
屯二二六三 兕
屯二二六三 兕
屯二二六三 兕
屯二二六三 兕
屯二二六四 癸未
屯二二六五 甲辰卜大乙暨上甲酌王受有祐
屯二二六五 弜暨
屯二二六五 ：先上甲酌 吉
屯二二六五 三匚二示暨上甲酌王受祐 吉
屯二二六五 弜暨 吉
屯二二六五 ：貞：田𦎫：
屯二二六六 王其田：
屯二二六六 ：貞：𦎫：
屯二二六六 壬子卜貞王其田無災
屯二二六六 戊午卜貞王其田𦎫無災
屯二二六六 ：卜：其田：災
屯二二六七 ：未卜：
屯二二六七 叙嫠
屯二二六七 ：惟今夕酌王受祐
屯二二六七 ：有姬：
屯二二六八 于：
屯二二六八 乙未卜今日乇不雨 吉
屯二二六八 其雨
屯二二六九 王惟田省無災
屯二二六九 其狩無災 吉
屯二二六九 弜田獻 吉
屯二二六九 王惟田省：
屯二二六九 大吉
屯二二七〇 吉
屯二二七一 弜：
屯二二七一 至日甲
屯二二七一 弜至日
屯二二七一 辛日：
屯二二七二 五牢于岳
屯二二七二 九牢于河
屯二二七二 辛未貞惟上甲即宗于河
屯二二七二 辛卯：受年
屯二二七三 丙子：孽我
屯二二七三 弜孽
屯二二七三 丙子貞王：並：囚
屯二二七三 丙子貞王惟令卓囚我
屯二二七三 丁丑貞王令閹歸侯以田
屯二二七三 丁丑貞王：𡧊囚我
屯二二七三 己卯貞今日王令𡧊因我乚
屯二二七三 癸未貞：

屯二二七四 癸丑貞旬無𡆥
屯二二七四 癸亥貞旬無𡆥
屯二二七四 癸酉貞旬無𡆥
屯二二七四 癸未貞旬無𡆥
屯二二七四 癸巳貞旬無𡆥
屯二二七五 惟：雨：
屯二二七六 己未卜祖丁大乂王其延大甲
屯二二七六 弜延 叙嫠
屯二二七六 王其饗于廳：
屯二二七六 弜饗于廳𦎫𦎫必有正
屯二二七六 其作豊有正
屯二二七六 弜作豊
屯二二七七 癸巳貞旬無𡆥
屯二二七七 癸卯貞旬無𡆥
屯二二七七 癸丑貞旬無𡆥
屯二二七七 癸亥貞旬無𡆥
屯二二七七 癸酉貞旬無𡆥
屯二二七七 癸未貞旬無𡆥
屯二二七八 癸丑：
屯二二七八 ：嫠
屯二二七九 癸亥卜王其敦封方惟戊午王受有祐
𢦏在凡 吉
屯二二七九 惟癸亥王受祐 吉
屯二二八〇 癸：貞：無：
屯二二八〇 癸巳貞旬無𡆥
屯二二八〇 癸卯貞旬無𡆥
屯二二八〇 癸丑貞旬無𡆥
屯二二八〇 癸亥貞旬無𡆥
屯二二八〇 癸酉貞旬無𡆥
屯二二八〇 癸未貞旬無𡆥
屯二二八一 ：辰卜翌日其酌其祝自中宗祖丁祖
屯二二八二 甲：于父辛
屯二二八二 丁卯卜今日雨
屯二二八二 丁卯卜取岳雨
屯二二八二 乙亥卜取岳受禾 茲用
屯二二八二 不受禾
屯二二八二 己卯卜：門：岳 茲用
屯二二八二 己卯卜于𠂤立岳雨
屯二二八二 ：立岳 不
屯二二八二 己卯卜𠦪雨于：亥
屯二二八二 己卯卜𠦪雨于： 不
屯二二八二 己卯卜𠦪雨于上甲 不
屯二二八二 庚辰卜：岳雨
屯二二八二 ：巳：燎不雨
屯二二八二 丁亥卜戊子雨允雨
丁亥卜庚雨

屯二三八二 ……卜……雨
屯二三八二 癸丑卜桒雨于……
屯二三八二 ……卜貞……
屯二三八二 ……卜……雨
屯二三八二 乙亥㝠乞骨三[illegible]
屯二三八三 丙……卜丁其雨允雨
屯二三八三 己丑大雨
屯二三八三 于乙雨
屯二三八三 ……癸雨
屯二三八四 癸酉貞……
屯二三八四 癸未貞旬無𡆥
屯二三八四 癸巳貞旬無𡆥
屯二三八四 癸卯貞旬無𡆥
屯二三八四 癸丑貞旬無𡆥
屯二三八四 癸亥貞旬無𡆥
屯二三八四 癸酉貞旬無𡆥
屯二三八四 癸未貞旬無𡆥
屯二三八五 癸酉貞旬無𡆥
屯二三八五 癸未貞旬無𡆥
屯二三八五 癸巳貞旬無𡆥
屯二三八五 癸卯貞旬無𡆥
屯二三八五 癸丑貞旬無𡆥
屯二三八五 癸亥貞旬無𡆥
屯二三八五 癸酉貞旬……𡆥
屯二三八六 ……卜王其呼敦𢦏……王受有祐𢦏在𩵦
屯二三八七 癸……夕……
屯二三八七 癸卯貞無𡆥
屯二三八七 甲子卜雨
屯二三八七 甲子卜……乙丑焚燎土
屯二三八七 壬午卜丙雨
屯二三八七 壬午卜乙雨
屯二三八七 夕雨
屯二三八七 丙戌
屯二三八七 丙戌卜不雨
屯二三八七 丙戌卜丁雨不至丁雨
屯二三八七 舞
屯二三八八 戊戌卜今日雨允
屯二三八八 癸卯卜雨不雨
屯二三八九 癸亥貞旬無𡆥
屯二三八九 癸酉貞旬無𡆥
屯二三八九 癸未貞旬無𡆥
屯二三八九 癸巳貞旬無𡆥
屯二三八九 癸卯貞旬無𡆥
屯二三八九 癸丑貞旬無𡆥
屯二三八九 癸亥貞旬無𡆥
屯二三八九 癸酉貞旬無𡆥

屯二三八九 癸未貞旬無𡆥
屯二三九〇 庚申卜犬……曰有鹿……匕擒
屯二三九〇 弗擒
屯二三九〇 庚申卜翌日辛雨
屯二三九〇 不雨
屯二三九〇 庚……
屯二三九一 不吉秝
屯二三九一 其戍幼孟田惟犯用
屯二三九一 惟犬用
屯二三九二 辛未卜其酒品豐其桒于多妣
屯二三九三 丁卯貞有歲于大乙
屯二三九三 丁卯貞……有歲于大乙
屯二三九三 辛未貞乙亥有歲于大乙三牢
屯二三九三 辛未貞乙亥有歲于大乙五牢有伐
屯二三九三 大乙伐十羌
屯二三九三 大乙伐十羌又五
屯二三九三 大乙伐三十羌
屯二三九三 弜有伐
屯二三九三 辛巳貞犬侯以羌其用自
屯二三九四 ……亥卜父甲……歲即祖丁歲冊
屯二三九四 弜即祖丁歲冊
屯二三九四 ……夕歲弘……
屯二三九四 甲子卜父甲豐惟祖丁豐用 大吉
屯二三九四 ……用……
屯二三九四 甲子卜其豐……下丫北饗
屯二三九四 辛未卜執其用……
屯二三九四 上吉
屯二三九五 丁未貞惟乙卯告桒
屯二三九五 于乙亥告桒
屯二三九五 于乙酉告桒
屯二三九五 于乙未告桒
屯二三九五 于乙巳告桒
屯二三九五 ……先于……告
屯二三九五 庚戌貞其先于六大示告桒
屯二三九六 ……用
屯二三九六 茲用
屯二三九六 己未卜仲己歲暨兄己歲酒……
屯二三九六 庚申卜王其[illegible]舟……二牢 茲用
屯二三九六 庚申卜舟燎二牢
屯二三九七 ……今日雨
屯二三九七 庚雨
屯二三九八 乙卯卜王往田擒
屯二三九八 無災
屯二三九八 乙卯卜王往田不遘雨
屯二三九八 田从南擒
屯二三九八 戊午卜在㐭刺𢦏告麋其匕擒

屯二二九八 ⋯遘雨
屯二二九八 戊午卜王往田从東擒
屯二二九八 戊午卜王往田無災
屯二二九八 戊午卜王往田擒
屯二二九八 無災
屯二二九八 不遘雨
屯二二九九 壬申卜王往田無災
屯二二九九 不遘雨
屯二二九九 壬申卜王往田从利擒
屯二二九九 从斿擒
屯二三〇〇 戊戌卜今日戊啓
屯二三〇〇 今日不啓 吉
屯二三〇〇 己啓 吉
屯二三〇〇 庚啓 大吉
屯二三〇〇 辛啓
屯二三〇〇 壬啓
屯二三〇〇 壬不啓
屯二三〇〇 及茲夕大啓
屯二三〇一 甲子卜叀以王族宄方在𦎫無災
屯二三〇一 有⋯吉
屯二三〇一 ⋯擒 吉
屯二三〇一 方來降 吉
屯二三〇一 不降 吉
屯二三〇一 方不往自𦎫 大吉
屯二三〇一 其往
屯二三〇二 庚午
屯二三〇三 弜桒
屯二三〇三 ⋯牢⋯牛二
屯二三〇四 惟革王受祐
屯二三〇四 惟勿牛王受祐
屯二三〇四 吉
屯二三〇五 甲⋯今日⋯
屯二三〇五 丙辰卜今辛酉侑于岳 用
屯二三〇五 戊午卜于宗不
屯二三〇五 在敦卜
屯二三〇五 于之
屯二三〇五 在于京卜
屯二三〇五 茲用
屯二三〇六 辛酉卜貞王其田𢦏無災
屯二三〇六 壬戌卜貞王其田𦎮無⋯
屯二三〇六 戊辰卜貞王其田𢦏無災
屯二三〇六 辛未卜貞王其田𢦏無災
屯二三〇六 壬申卜貞王其田𢦏無災
屯二三〇七 乙亥
屯二三〇八 辛未卜⋯于大乙⋯
屯二三〇八 ⋯子卜⋯辛不雨

屯二三〇八 丁酉卜⋯來乙巳酌卜歲伐十五十宰
屯二三〇八 丁⋯
屯二三〇九 甲戌卜貞酌于⋯
屯二三〇九 甲戌㠱乞骨十
屯二三一〇 ⋯大牢三羌
屯二三一一 吉
屯二三一一 弜⋯受⋯吉
屯二三一一 惟𡆥呼人侑祖若 吉
屯二三一一 弜呼⋯
屯二三一一 惟受⋯旋令王弗悔 吉
屯二三一一 弜令其悔
屯二三一一 ⋯令其悔
屯二三一二 癸丑貞旬無囚
屯二三一二 癸亥貞旬無囚
屯二三一二 癸酉貞旬無囚
屯二三一二 癸未貞旬無囚
屯二三一二 癸巳貞旬無囚
屯二三一二 癸卯貞旬無囚
屯二三一二 癸丑貞旬無囚
屯二三一二 癸亥貞旬無囚
屯二三一二 癸酉貞旬無囚
屯二三一二 癸未貞旬無囚
屯二三一二 癸巳貞旬無囚
屯二三一二 癸卯貞旬無囚
屯二三一三 癸未貞旬無囚
屯二三一三 癸巳貞旬⋯囚
屯二三一四 癸亥貞旬無囚
屯二三一四 癸酉貞旬無囚
屯二三一四 癸未貞旬無囚
屯二三一四 癸巳貞旬無囚
屯二三一四 癸卯貞旬無囚
屯二三一四 癸丑貞旬無囚
屯二三一四 癸亥貞旬無囚
屯二三一四 癸酉貞旬無囚
屯二三一四 癸未貞旬無囚
屯二三一五 己未卜父己歲牢
屯二三一五 牢又一牛
屯二三一五 二牢
屯二三一五 三牢
屯二三一五 父己⋯
屯二三一五 弜
屯二三一五 庚申卜妣辛舌歲牢
屯二三一五 妣辛舌
屯二三一五 牢又一牛
屯二三一五 二牢 茲用
屯二三一五 三牢

屯二三一五　貞勿　茲用
屯二三一六　貞
屯二三一七　辛…
屯二三一八　…其…
屯二三一八　…父丁日啓
屯二三一八　不雨
屯二三一八　…雨
屯二三一九　戊子貞王往田無災
屯二三一九　…無災
屯二三二〇　甲辰卜在𠬝牧延啓有…邑…在濜
弘吉
屯二三二〇　弜悔　吉
屯二三二〇　癸酉卜戍伐有牧卓啓人方戍有災
弘吉
屯二三二〇　…災　弘吉
屯二三二〇　中戍有災
屯二三二〇　左戍有災　吉
屯二三二〇　無災
屯二三二〇　右戍不雉衆
屯二三二〇　中戍不雉衆　吉
屯二三二〇　左戍不雉衆　吉
屯二三二一　吉
屯二三二一　吉
屯二三二一　吉
屯二三二一　弜田其雨
屯二三二二　壬申貞…其有𠂤伐自…于…甲
屯二三二二　即岳于上甲
屯二三二二
屯二三二二　壬申貞惟自…羌用
屯二三二二　癸酉貞其奉禾于岳得
屯二三二二　癸酉貞弜得岳其取即于上甲
屯二三二二　癸酉貞其奉禾于𡆥燎十小宰卯十牛
屯二三二三　辛亥卜貞王其田𢦚無災
屯二三二三　壬子卜貞王其田無災
屯二三二三　…酉卜貞王其田𩁹無災
屯二三二三　壬…貞王其田𢦚無災
屯二三二三　乙丑卜貞王其田無災
屯二三二三　戊辰卜貞王其田無災
屯二三二三　戊寅卜貞王其田𩁹無災
屯二三二三　壬午卜貞王其田𩁹無災
屯二三二三　戊子卜貞王其田無災
屯二三二三　乙未卜貞王其田無災
屯二三二四　丁…卜王其有大乂毓祖丁惟乙…大吉
屯二三二四　惟丁巳酌王受祐
屯二三二四　惟丁卯酌王受祐

屯二三二四　受祐
屯二三二四　惟…庸用
屯二三二四　…祖丁…
屯二三二四　…有…
屯二三二五　戊辰卜王田擒
屯二三二六　弗擒
屯二三二六　惟徉麓麩擒有小狩
屯二三二六　…擒
屯二三二七　豕用其…戠旅…
屯二三二七　惟今日用
屯二三二七　…日…吉
屯二三二八　無䨻…
屯二三二八　壬…卜王其弗𢦏…戍惟今日壬
屯二三二八　惟癸延
屯二三二八　翌日王其令右旅暨左旅𠂤見方
𢦏不雉衆
屯二三二八　其雉
屯二三二九　丁未卜翌日戊王其田…惟犬言比無
災擒　吉
屯二三二九　惟戍犬卓比無災擒　弘吉
屯二三二九　…喪…災　吉
屯二三二九　吉
屯二三二九　庚戌卜翌日辛王其田于向無災
屯二三三〇　癸卯乞
屯二三三一　三小宰
屯二三三一　三牛
屯二三三二　丙寅貞𢀛…羌…上甲…至父丁用羌…
三十又九…用卯羊二十又一丁卯茲用
屯二三三三　癸巳卜又…癸…
屯二三三四　其用在父甲必門有正　吉
屯二三三四　于父甲宗門用有正　吉
屯二三三五　王其田斿無災　茲用
屯二三三五　弜田斿其悔　茲用
屯二三三六　辛巳貞惟乙酌伐…
屯二三三六　于乙酌伐
屯二三三六　辛巳貞惟乙酌伐茲用乙酉
屯二三三七　…巳貞…無囚
屯二三三七　…貞…囚
屯二三三七　…貞旬無囚
屯二三三八　弜…
屯二三三九　…其𤉲…鷹于…上甲王受年有大雨
屯二三四〇　…其有乂祖丁王…
屯二三四〇　…卯宰王受祐
屯二三四一　辛未卜王其田惟翌日壬屯日無災沐王
吉

屯二三四一 王其田于刀屯日無災泳王 大吉
屯二三四一 乙王其田于𣶒無災 茲用 大吉
屯二三四一 ：酉其省田不遘雨 吉
屯二三四一 ：異其往田不雨
屯二三四一 ：遘雨
屯二三四二 ：丑貞王令伊尹：取祖乙魚伐告于
父丁小乙祖丁羌甲祖辛
屯二三四三 癸丑：舌祖甲必惟：牢又一牛用
屯二三四三 其彈三牢 吉
屯二三四三 其五牢
屯二三四三 伐十人
屯二三四三 十人又五
屯二三四三 二十人 大吉 茲用
屯二三四三 三十人
屯二三四四 乙巳卜貞王其田喪無災
屯二三四四 戊申卜貞王其田向無災
屯二三四四 ：亥卜：王其：盂無災
屯二三四五 癸：
屯二三四五 弜𢼸于之若
屯二三四五 其作鼎在二必王受祐
屯二三四五 于宗有正王受祐
屯二三四五 惟鼎用祝有正王受祐
屯二三四五 弜鼎用祝
屯二三四五 王賓
屯二三四五 弜賓
屯二三四六 貞品亞惟王豊用 吉
屯二三四六 ：用
屯二三四七 庚寅貞酌翌日辛卯
屯二三四七 癸巳貞酌翌日甲午
屯二三四八 丁酉卜雨今夕
屯二三四八 壬寅卜于羊
屯二三四八 ：于：
屯二三四八 ：牢
屯二三四九 ：卯卜祝二必惟今日辛酌大吉茲用
一牛
屯二三五〇 ：王其以眾合右旅：旅𫟹于𨸏
屯二三五〇 𢦏
屯二三五〇 ：吉在𨸏
屯二三五一 癸亥卜翌甲子啓允
屯二三五一 癸亥卜不啓
屯二三五一 癸亥卜翌甲子啓
屯二三五一 癸亥卜不啓
屯二三五一 甲子卜乙丑暘日
屯二三五一 甲子卜不暘日
屯二三五一 甲子卜執猷
屯二三五一 甲子卜弗執猷

屯二三五一 丁卯卜戊辰暘日
屯二三五一 丁卯卜不暘日
屯二三五一 丁卯卜暘日
屯二三五一 丁卯卜不暘日
屯二三五一 戊辰卜己巳暘日
屯二三五一 戊辰卜不暘日
屯二三五一 戊辰卜[illegible]猷
屯二三五一 戊辰卜弗執猷
屯二三五二 癸亥卜甲子啓
屯二三五二 甲子卜乙丑暘日
屯二三五二 甲子卜乙丑不啓
屯二三五二 甲子卜乙丑不啓
屯二三五三 癸丑貞旬無𡆥
屯二三五三 癸亥貞旬無𡆥
屯二三五三 癸酉貞旬無𡆥
屯二三五三 癸未貞旬無𡆥
屯二三五三 ：巳：
屯二三五三 癸未貞旬無𡆥
屯二三五三 癸巳貞旬無𡆥
屯二三五三 癸卯貞旬無𡆥
屯二三五四 戊辰卜其有歲于仲己王賓
屯二三五四 戊辰卜仲己歲惟羊 茲用
屯二三五四 弜賓 茲用
屯二三五四 惟小宰
屯二三五五 ：卜戊王惟𢼄田湄日無災擒 大吉
屯二三五五 吉
屯二三五五 吉
屯二三五五 吉
屯二三五六 惟歲用 吉
屯二三五六 惟羊 大吉
屯二三五七 弜：盟：其悔
屯二三五七 王其省盂田延从宮無災
屯二三五七 弜延从宮其悔
屯二三五八 丁酉卜王其𦓤田不遘雨大吉茲允
不雨
屯二三五八 弜𦓤田其遘雨
屯二三五八 其雨王不冓
屯二三五八 其冓 吉
屯二三五八 後王射兕𣪘
屯二三五八 弜𣪘
屯二三五八 辛亥卜今日辛王其田湄日無災
屯二三五八 辛多雨
屯二三五八 不多雨
屯二三五八 壬多雨
屯二三五八 不多雨
屯二三五八 翌日壬雨

屯二三五八 不雨
屯二三五九 丁亥卜其桒年于大示即日此有雨 吉
屯二三五九 弜即日
屯二三五九 其桒年⋯祖丁先彰⋯雨 吉
屯二三五九 惟大乙先彰有雨
屯二三五九 毓祖丁桒一羊王受祐
屯二三五九 二羊王受祐 吉
屯二三五九 三羊王受祐 大吉
屯二三六〇 ⋯蒸毖至于南庚王受有祐 吉
屯二三六一 其有歲于戔三十羊
屯二三六一 甲午貞大禦六大示燎六小宰卯三十牛
屯二三六一 ⋯啓
屯二三六一 ⋯丑貞甲啓
屯二三六二 甲寅貞乙歲甾
屯二三六三 丁丑卜妣庚史惟黑牛其用佳
屯二三六三 惟羊
屯二三六三 惟幽牛
屯二三六三 惟黃牛 大吉
屯二三六三 惟龜至
屯二三六三 用至
屯二三六三 惟
屯二三六三 𢿆
屯二三六四 ⋯毓祖乙歲惟牡
屯二三六四 丙戌卜二祖丁歲一牢
屯二三六四 二牢
屯二三六四 三牢 茲用
屯二三六五 ⋯毓祖乙⋯
屯二三六五 辛卯卜今日⋯雨茲允⋯
屯二三六五 不雨
屯二三六五 壬寅卜今日雨擒
屯二三六五 不雨
屯二三六五 ⋯王往⋯
屯二三六五 壬寅卜王往田無災
屯二三六六 庚午貞王其𠂤告自祖乙毓祖乙父丁
屯二三六六 告于大乙
屯二三六六 乞日彰
屯二三六六 于日衩彰
屯二三六六 惟乙巳彰
屯二三六六 惟乙巳彰
屯二三六六 惟乙卯彰
屯二三六六 惟乙丑彰
屯二三六六 惟乙亥彰
屯二三六六 惟乙酉彰
屯二三六六 惟乙未彰

屯二三六七 戌多以執 吉
屯二三六八 不暘日
屯二三六八 ⋯王⋯
屯二三六八 ⋯巳貞在箕
屯二三六九 辛巳卜在箕⋯有龔𢦏王
屯二三六九 弗𢦏王
屯二三六九 辛巳卜在箕惟嫛𢦏王
屯二三六九 弗𢦏王
屯二三七〇 乙卯卜貞王其正人方無災
屯二三七一 癸巳卜貞旬無𡆥
屯二三七一 癸卯卜貞旬無𡆥
屯二三七一 癸丑卜貞旬無𡆥
屯二三七一 癸亥卜貞旬無𡆥
屯二三七一 癸酉卜貞旬無𡆥
屯二三七一 癸未卜貞旬無𡆥
屯二三七一 癸巳卜貞旬無𡆥
屯二三七一 癸卯卜貞旬無𡆥
屯二三七二 癸未
屯二三七三 丁丑卜取⋯
屯二三七三 ⋯巳無以雨
屯二三七三 ⋯雨
屯二三七四 戊午卜其舌父己有羌 吉
屯二三七五 于大庚
屯二三七五 于大甲 大吉
屯二三七五 于大丁
屯二三七五 于大乙
屯二三七五 于示壬祏正
屯二三七五 于匚丁祏正
屯二三七六 癸巳貞旬無𡆥
屯二三七六 癸卯貞旬無𡆥
屯二三七六 癸丑貞旬無𡆥
屯二三七六 癸亥貞旬無𡆥
屯二三七六 癸酉貞旬無𡆥
屯二三七七 南方受年
屯二三七七 西方受年
屯二三七七 ⋯方⋯年
屯二三七八 丙寅⋯
屯二三七八 己巳卜告亞𠦪往于丁一牛
屯二三八〇 ⋯寧方惟臭盄翌用
屯二三八一 吉
屯二三八二 乙⋯
屯二三八二 弜田其悔
屯二三八三 王其省盂田不雨
屯二三八三 莫往夕入不遘雨
屯二三八三 王其省盂田莫往藝入不雨
屯二三八三 夕入不雨

屯二三八四　庚辰卜王
屯二三八四　庚辰卜王
屯二三八四　庚辰卜王
屯二三八四　庚辰卜王
屯二三八四　庚辰卜王
屯二三八四　庚辰卜王
屯二三八四　庚辰卜王
屯二三八四　庚辰卜王
屯二三八四　庚辰…王
屯二三八四　庚辰貞其陟…高祖上甲茲用王固茲…
屯二三八五　于乙亥彭王受祐
屯二三八五　王惟翌日戊尋
屯二三八五　于丁卯尋
屯二三八五　乙丑不雨
屯二三八五　乙亥不雨
屯二三八六　丁卯卜翌日戊王其田無災　吉　用
屯二三八六　弜田其悔　吉
屯二三八六　惟田省無災　大吉　用
屯二三八六　惟奧田無災　吉
屯二三八六　惟盜田無災
屯二三八六　惟㝐田無災　吉　用
屯二三八六　惟兇田無災　吉
屯二三八六　其狩無災
屯二三八七　癸亥
屯二三八八　來庚子其桒年于[illegible]
屯二三八八　惟羊夕入
屯二三八九　戊…來…
屯二三九〇　…卜貞…　八月
屯二三九〇　…卯卜…　二告
屯二三九一　丙寅卜禣夕歲一牢
屯二三九一　二牢
屯二三九一　三牢
屯二三九一　其蓺…
屯二三九一　丙寅卜翌日禣二牢　茲用
屯二三九一　戊寅卜王往田無災
屯二三九一　辛…卜王往田無災　茲用
屯二三九二　甲午卜㞢…
屯二三九二　二卣　大吉
屯二三九二　惟牛
屯二三九二　牢
屯二三九二　今日
屯二三九二　…晝…
屯二三九三　其…于…宗…
屯二三九三　若冏于必受有祐
屯二三九四　[illegible]
屯二三九五　惟麥無災

屯二三九五　惟徣嫠　吉
屯二三九五　惟麥嫠　吉
屯二三九五　其遘大風
屯二三九六　戊戌卜其侑于妣己祖乙奭王受祐　吉
屯二三九六　惟小宰　吉
屯二三九七　丁未…執其用　吉
屯二三九七　弜用
屯二三九七　…今夕用　吉
屯二三九九　甲申卜不雨
屯二三九九　甲申卜不雨
屯二三九九　甲申卜今日雨
屯二三九九　甲申卜乙雨
屯二四〇〇　乙丑卜畀束
屯二四〇一　惟…無…
屯二四〇一　弜田𪓕其悔
屯二四〇二　丙…己雨
屯二四〇三　惟三牛
屯二四〇四　吉
屯二四〇五　乙酉卜貞王其田無災
屯二四〇五　…于卜…王其…災
屯二四〇六　丁未卜其桒年王受祐　吉
屯二四〇六　敹嫠　吉
屯二四〇六　其桒年惟祖丁冊用王受祐　大吉
屯二四〇六　惟父甲冊用王受祐　吉
屯二四〇七　癸卯貞旬無…
屯二四〇七　癸丑貞旬無囚
屯二四〇七　癸亥貞旬無囚
屯二四〇八　…亥卜翌日壬王惟在…鼻北王利擒
無災
屯二四〇九　惟在龐田封示王弗悔…　大吉
屯二四〇九　惟在襩田有示王弗悔灉　吉
屯二四〇九　惟在濘田亞示王弗悔灉　吉
屯二四一〇　癸…
屯二四一〇　弜桒
屯二四一〇　今日己雨
屯二四一〇　今日庚雨
屯二四一〇　今日辛雨
屯二四一〇　戊午卜今日…
屯二四一〇　…骨一何
屯二四一一　吉
屯二四一二　丁巳…
屯二四一二　弜于母
屯二四一二　于多兄吾
屯二四一二　弜于兄
屯二四一二　于多妣吾
屯二四一二　弜于妣

屯二四二三 其有…歲于…
屯二四二三 弜侑
屯二四二三 其有…歲…王受祐
屯二四二三 …祐
屯二四二四 有不既羸
屯二四二四 晉大示桒羸
屯二四二四 率小示桒羸
屯二四二四 惟辛酉酚桒
屯二四二四 惟乙丑酚桒
屯二四二四 惟丁卯酚桒
屯二四二五 …翌日戊王其田湄日無災
屯二四二六 癸有雨
屯二四二六 弜卯
屯二四二六 其卯
屯二四二七 伊賓
屯二四二七 弜賓
屯二四二七 惟六射
屯二四二七 上甲皀穀
屯二四二七 弜穀
屯二四二七 不遘雨
屯二四二七 其遘雨
屯二四二七 不…
屯二四三〇 …亥貞翌乙丑其有𠬝歲于大乙至于
大甲
屯二四三〇 …茲用 甲子
屯二四三〇 茲若
屯二四三〇 甲子貞𠬝歲一牢茲用有𠬝大乙一牢大丁一牢
大甲一牢…一牢
屯二四三二 弜…
屯二四三二 其犕…
屯二四三二 弜犕
屯二四三三 …今歲受年
屯二四三五 …十五
屯二四三六 庚辰…有邑人于南
屯二四三六 其北嚮
屯二四三六 其侑牛
屯二四三六 其東嚮
屯二四三六 不雨
屯二四三七 其雨
屯二四三八 癸未卜貞旬無𡆥
屯二四三八 癸巳卜貞旬無𡆥
屯二四三八 癸卯卜貞旬無𡆥
屯二四三八 癸丑卜貞旬無𡆥
屯二四三八 癸亥卜貞旬無𡆥
屯二四三八 癸酉卜貞旬無𡆥
屯二四三八 癸未卜貞旬無𡆥

屯二四二八 癸巳卜貞旬無𡆥
屯二四二八 癸卯卜貞旬無𡆥
屯二四二八 癸丑卜貞旬無𡆥
屯二四二八 癸…卜貞旬無𡆥
屯二四二九 …于小乙子谷于之若
屯二四二九 …多父于之若
屯二四三〇 于宮無災
屯二四三〇 丁巳卜翌日戊王其迖于〇無災
屯二四三〇 于稌無災 弘吉
屯二四三二 …卜王其田辰無災擒
屯二四三三 吉 用
屯二四三四 …辛入其𠚤
屯二四三五 …于…
屯二四三六 丁巳卜貞今夕無𡆥在〇
屯二四三七 癸…貞…無…
屯二四三七 癸未貞旬無𡆥
屯二四三七 癸巳貞旬無𡆥
屯二四三八 甲辰貞…正…有…
屯二四三八 丙午卜惟岳壱雨
屯二四三八 惟河壱雨
屯二四三八 惟夒壱雨
屯二四三八 丁未卜令宁鼓〇沚戓
屯二四三八 令〇〇
屯二四三八 …令…沚戓
屯二四三九 癸卯貞旬無…
屯二四三九 癸丑貞旬無𡆥
屯二四三九 癸亥貞旬無𡆥
屯二四三九 癸酉貞旬無𡆥王固茲〇
屯二四三九 …未…旬無𡆥
屯二四三九 癸…貞旬無𡆥王固…
屯二四三九 癸亥貞旬無𡆥
屯二四四〇 甲申…貞王…田〇…
屯二四四〇 壬辰卜貞王其田〇無災
屯二四四〇 癸巳卜貞王其…無災
屯二四四一 不雨
屯二四四一 其雨
屯二四四一 翌辛其雨
屯二四四二 其遘䰟日
屯二四四三 癸未…
屯二四四三 其弘有正
屯二四四四 壬申貞其…盤惟乙亥…
屯二四四四 上甲…
屯二四四五 弜用其悔
屯二四四五 三戌王率用弗悔禾
屯二四四五 二戌用

屯二四四五	……戌
屯二四四六	癸酉貞旬有祟自南有來囚
屯二四四六	癸酉貞旬有祟自東有來囚
屯二四四六	……貞……囚
屯二四四七	……循父……
屯二四四八	……王……無……
屯二四四九	……雨
屯二四五〇	辛亥……
屯二四五一	……酉……無……
屯二四五四	辛……㞢……
屯二四五五	癸不雨
屯二四五五	……雨　茲用
屯二四五六	吉　用
屯二四五七	辛……
屯二四五七	弜有歲
屯二四五七	其一牛
屯二四五七	其二牛
屯二四五七	其三牛
屯二四五八	庚午
屯二四五九	……歲𢦏……
屯二四五九	……卜奉祝冊……毓祖乙惟牡
屯二四六〇	戊……貞……
屯二四六一	癸丑𡆥乞……
屯二四六二	……□……禦……六月
屯二四六三	……卯卜其作方
屯二四六四	癸亥貞旬無囚
屯二四六四	癸……
屯二四六四	癸未貞旬無囚
屯二四六四	……巳……旬……囚
屯二四六六	大吉
屯二四六六	大吉
屯二四六八	吉
屯二四六八	吉
屯二四六八	……田無災
屯二四六九	二牢
屯二四七〇	甲午卜王其循祖乙王饗于宜
屯二四七一	其雨
屯二四七一	甲申貞魯甲不遘雨
屯二四七二	……囚
屯二四七二	癸卯貞旬無囚
屯二四七二	癸丑貞旬無囚
屯二四七二	癸亥貞旬無囚
屯二四七二	癸丑……旬……
屯二四七三	癸……貞……
屯二四七三	癸巳貞旬無囚
屯二四七三	癸卯貞旬無囚
屯二四七三	癸丑貞旬無囚
屯二四七三	癸未貞旬無囚
屯二四七四	……貞……無……
屯二四七五	癸酉卜貞旬無囚
屯二四七五	癸未卜貞旬無囚
屯二四七五	癸巳卜貞旬無囚
屯二四七五	癸卯卜貞旬無囚
屯二四七五	……丑卜……旬……
屯二四七六	癸酉貞旬無囚
屯二四七六	癸未貞旬無囚
屯二四七六	癸……貞旬無囚
屯二四七六	……囚
屯二四七八	辛酉卜父甲舌其……　大吉
屯二四七九	癸未……
屯二四八〇	戊不雨
屯二四八〇	其雨
屯二四八二	庚申卜盧翌日甲子酌
屯二四八三	王其循……己惟……各日酌王受祐
屯二四八三	于入自日酌王受祐
屯二四八三	于入自夕禘酌王受祐
屯二四八三	王其有以父己牢王受祐
屯二四八三	牢又一牛王受祐　大吉
屯二四八四	……貞其桒豆……　茲用
屯二四八五	……鼓伐……
屯二四八七	……即宗……
屯二四八七	丙寅……其……
屯二四八八	……父丁……
屯二四八九	丁未卜貞王其田……
屯二四八九	戊申卜貞王其田無災
屯二四八九	……卜……
屯二四九〇	……歲……
屯二四九一	吉
屯二四九二	吉
屯二四九三	……旬……
屯二四九四	庚申卜翌日辛王其田湄日無災　吉
屯二四九四	大吉
屯二四九五	……災
屯二四九五	吉
屯二四九六	庚午
屯二四九七	癸丑貞旬無囚
屯二四九七	癸亥貞旬無囚
屯二四九七	癸酉貞旬無囚
屯二四九七	癸未貞旬無囚
屯二四九七	癸巳貞旬無囚
屯二四九七	癸卯貞旬無囚
屯二四九七	癸丑貞旬無囚

屯二四九八　癸亥貞旬無囚
屯二四九八　癸酉貞旬無囚
屯二四九九　丙寅卜五□卯惟羊王受祐　吉
屯二五〇〇　吉　茲用
屯二五〇一　……北……來執其用自大……
屯二五〇二　……舞……雨……
屯二五〇二　丁酉卜戊雨
屯二五〇二　己雨
屯二五〇二　戊戌卜不雨
屯二五〇三　戊申　丁巳
屯二五〇四　（習刻）
屯二五〇四　（習刻）
屯二五〇四　（習刻）
屯二五〇四　（習刻）
屯二五〇五　……翌日翟其畀
屯二五〇六　……父……
屯二五〇六　……翌日翟……豕十
屯二五〇六　……丑卜父木丁牢
屯二五〇七　……貞旬無囚
屯二五〇七　……巳貞旬無囚
屯二五〇八　今戊不其雨
屯二五〇八　不雨今戊允……
屯二五〇九　甲寅卜翌乙……有歲于入乙牢
屯二五一〇　茲用
屯二五一〇　……貞乙亥酌伐自上甲　茲用
屯二五一〇　伐其𠬝丁
屯二五一〇　己亥貞有以伐其𠂤
屯二五一〇　……巳卜其刖四封舌盧……惟邑子示
屯二五一一　……貞甲申酌彡自上甲
屯二五一二　惟有……擒
屯二五一四　甲寅……
屯二五一四　……人王受祐
屯二五一五　戊申卜品……
屯二五一六　乙亥……其𠦪……于岳……宰……三牛
屯二五一八　不……
屯二五一九　……其……吉
屯二五二〇　……父甲必舌伐五人王受有祐
屯二五二二　丙寅卜宁其囚
屯二五二二　……旬……有囚
屯二五二四　弜……
屯二五二四　癸酉貞上甲日無壱
屯二五二四　不遘雨
屯二五二四　其雨
屯二五二五　辛……今日雨
屯二五二五　辛巳卜壬雨

屯二五二五　辛巳卜癸雨
屯二五二五　丁亥卜雨戊
屯二五二五　癸亥卜有至囚
屯二五二五　……亥卜有祟無囚
屯二五二五　癸未卜有囚百工
屯二五二五　……卜……乙丑至……
屯二五二六　惟小雨
屯二五二六　惟子多……
屯二五二七　……□旬……
屯二五二九　乙亥卜今日至于中麓……吉
屯二五三〇　己
屯二五三〇　庚
屯二五三一　丁巳卜翌日戊王惟田省
屯二五三一　其狩　吉
屯二五三一　惟鈦田無災　大吉
屯二五三一　……惟斿……無災
屯二五三二　辛酉卜自今日辛雨至于乙雨
屯二五三三　癸未……今日……
屯二五三三　不啓
屯二五三四　不暘……
屯二五三四　……亥卜……來乙亥用屯
屯二五三四　壬……于五示……
屯二五三四　壬戌卜于七示自……
屯二五三四　壬戌卜用屯乙丑
屯二五三四　癸亥卜用屯乙丑
屯二五三四　癸亥卜用屯甲戌
屯二五三四　甲子卜暘日乙丑允
屯二五三四　不暘日
屯二五三四　甲子卜暘日乙丑允
屯二五三四　不暘日
屯二五三五　大吉
屯二五三六　癸酉貞旬無囚
屯二五三六　癸未貞旬無囚
屯二五三六　……巳……旬……囚
屯二五三八　其用茲……祖丁柵羌由其暨
屯二五三八　弜用
屯二五三八　其用由在妣辛必至母戊
屯二五三九　丁未卜象來涉其呼麝射……吉
屯二五三九　……射叙
屯二五三九　己未卜象麝既其呼……吉
屯二五四〇　庚子
屯二五四一　……剮惟仡饗
屯二五四一　乙丑卜王惟仡饗
屯二五四一　癸亥卜……夋……
屯二五四二　丙申卜翌日丁雨茲用不雨

屯二五四二 戊雨茲用不雨
屯二五四二 丙午卜戊王其田眉日無災永王
屯二五四二 弜往于田其悔
屯二五四二 王惟斿麋射弗悔永王
屯二五四二 惟獸田弗悔永王
屯二五四三 其…弘吉
屯二五四四 …午貞于…
屯二五四六 …災 大吉
屯二五四七 （習刻）
屯二五四八 （習刻）
屯二五四九 癸未貞旬無𡆥
屯二五五〇 癸亥…貞旬無𡆥
屯二五五〇 癸酉卜貞旬無𡆥
屯二五五〇 …未卜…旬…𡆥
屯二五五一 …王其田于習其遘…吉
屯二五五二 丁…
屯二五五二 惟茲用二牢…受祐
屯二五五二 惟茲用四牢
屯二五五二 彈 吉
屯二五五三 癸丑貞旬無𡆥
屯二五五三 癸亥貞旬無𡆥
屯二五五三 癸酉貞旬無𡆥
屯二五五四 …雨
屯二五五五 …祐
屯二五五六 …牢
屯二五五七 弜…先…
屯二五五七 尹自父甲酌
屯二五五七 先祖丁酌于…有正 大吉
屯二五五八 弜…史…羍以…
屯二五五九 …貞…無…
屯二五五九 癸酉貞旬無𡆥
屯二五五九 癸未貞旬無𡆥
屯二五六〇 辛…其…雨
屯二五六〇 其雨
屯二五六〇 癸…
屯二五六〇 不雨
屯二五六一 …乃告…王… 弘吉
屯二五六二 弜祀畀伊
屯二五六二 其畀伊
屯二五六二 其鬻
屯二五六二 …翌日戊…酌有大雨
屯二五六三 丁卯貞弜…
屯二五六三 …貞…其告…于土
屯二五六四 己丑貞…王尋告土方于五示在衣十月卜

屯二五六四 己丑貞…
屯二五六四 甲子貞王比沚或
屯二五六四 弜比
屯二五六四 …貞…
屯二五六五 癸巳貞旬無𡆥
屯二五六五 癸卯貞旬無𡆥
屯二五六五 癸丑貞旬無𡆥
屯二五六五 癸亥貞旬無𡆥
屯二五六五 癸酉貞旬無𡆥
屯二五六五 癸未貞…無𡆥
屯二五六五 癸巳貞旬…
屯二五六六 …貞…無…
屯二五六六 癸卯貞旬無𡆥
屯二五六六 癸丑貞旬無𡆥
屯二五六六 癸亥貞旬無𡆥
屯二五六六 癸酉貞旬無𡆥
屯二五六六 癸未貞旬無𡆥
屯二五六六 癸巳貞旬無𡆥
屯二五六六 癸卯貞旬無𡆥
屯二五六六 癸丑貞旬無𡆥
屯二五六六 癸亥貞旬無𡆥
屯二五六七 壬申貞蒸多宁以鬯于大乙
屯二五六七 壬申貞多宁以鬯蒸于丁卯惟…
屯二五六七 …卯…
屯二五六七 癸酉貞乙亥酌多宁以鬯…于大乙鬯 / 五卯…五卯牛一小乙鬯三卯牛…
屯二五六七 丁丑貞多宁以鬯侑伊
屯二五六七 丁亥貞多宁以鬯侑伊尹𢦏示 茲用
屯二五六七 …方…祐
屯二五六七 壬申奠乞骨三
屯二五六八 癸卯貞旬無𡆥
屯二五六八 癸丑貞旬無𡆥
屯二五六八 癸亥卜貞旬無𡆥
屯二五六八 癸酉卜貞旬無𡆥
屯二五六九 …㪔…
屯二五六九 …卒
屯二五七〇 吉
屯二五七三 惟…
屯二五七四 吉
屯二五七四 吉
屯二五七四 翌…
屯二五七五 …旬…
屯二五七六 …未貞舁束于茲三鼓
屯二五七七 癸巳貞旬無𡆥
屯二五七七 癸卯貞旬無𡆥

屯二五七七 癸丑貞旬無囚
屯二五七七 癸亥貞旬無囚
屯二五七七 癸酉貞旬無囚
屯二五七八 惟…省延至獻
屯二五七八 弜至
屯二五七九 于大乙日出…迺射沓兕無…吉
屯二五七九 翌日戊王其迭韋無災 吉
屯二五七九 于…無災 弘吉
屯二五八〇 …史其徜于… 吉
屯二五八一 …若
屯二五八一 …呼監若
屯二五八二 …祖乙…𠭯彡…祐
屯二五八四 …卯貞辛未酌高祖…
屯二五八四 …岳雨
屯二五八四 壬申貞其𠦪雨于示壬一羊
屯二五八四 癸酉卜酌雨
屯二五八四 甲戌卜于丁丑…其浸酌…
屯二五八五 乙亥貞𢦏來呼告其令入羌
屯二五八六 癸卯貞旬無囚
屯二五八七 癸丑貞旬無囚
屯二五八七 癸亥貞旬無囚
屯二五八七 癸酉貞旬無囚
屯二五八七 癸未貞旬無囚
屯二五八七 癸巳貞旬無囚
屯二五八八 癸卯…旬…
屯二五八八 …貞旬無囚
屯二五八九 戊辰卜其陷惟…擒有兕 吉
屯二五九〇 …雨
屯二五九一 癸…貞旬無囚
屯二五九一 癸亥卜貞旬無囚
屯二五九二 （習刻）
屯二五九二 （習刻）
屯二五九三 壬子…有燎…乙再…
屯二五九五 癸卯貞旬無囚
屯二五九五 癸丑貞旬無囚
屯二五九五 癸亥貞旬無囚
屯二五九六 癸卯貞旬無囚
屯二五九六 癸丑貞旬無囚
屯二五九六 癸亥貞旬無囚
屯二五九七 非若
屯二五九八 其…犬…
屯二五九八 不擒
屯二五九八 𣪊
屯二五九八
屯二五九九 癸卯貞旬無囚

屯二五九九 癸丑貞旬無囚
屯二五九九 癸亥貞旬無囚
屯二五九九 …酉…旬…囚
屯二六〇〇 弜…其…
屯二六〇〇 今日至翌日丙延啓
屯二六〇一 丁酉卜王𠦪
屯二六〇一 丁酉卜弜𠦪
屯二六〇一 丙辰卜王步丁巳
屯二六〇一 丙辰卜不暘日丁巳
屯二六〇一 丙辰卜不暘日
屯二六〇一 戊午卜王步暘日己未
屯二六〇一 戊午卜不暘日
屯二六〇一 戊午卜王步暘日庚申
屯二六〇一 己未卜王步庚申暘日
屯二六〇二 庚辰卜…
屯二六〇二 庚…
屯二六〇二 …甲
屯二六〇三 庚申有升于上甲牛
屯二六〇三 庚申甲子酌升歲于上甲
屯二六〇四 不雨
屯二六〇四 甲子卜今日雨
屯二六〇四 不雨
屯二六〇四 今日雨
屯二六〇四 丙寅…丁雨
屯二六〇四 不雨
屯二六〇四 丁卯卜雨
屯二六〇四 不雨
屯二六〇四 不…
屯二六〇五 辛未貞王比…或
屯二六〇五 弜比
屯二六〇五 辛巳…王比…或
屯二六〇五 弜…
屯二六〇五 甲辰貞𢦔酌𠦪乙巳暘日
屯二六〇六 癸丑…貞旬無囚
屯二六〇六 癸亥卜貞旬無囚
屯二六〇六 癸酉卜貞旬無囚
屯二六〇七 癸未…貞旬無…
屯二六〇七 癸巳卜貞旬無囚
屯二六〇七 癸卯卜貞旬無囚
屯二六〇七 癸亥卜貞旬無囚
屯二六〇八 王其田不… 吉
屯二六〇八 其遘雨
屯二六〇八 𣪊
屯二六〇九 辛巳
屯二六一〇 惟盛田無災擒

屯二六一〇 其遘大雨
屯二六一〇 不雨
屯二六一〇 其雨
屯二六一一 𢀛
屯二六一二 ……以……
屯二六一二 从盂
屯二六一三 ……玟啓𢀛方其呼伐其悔不䇂
災 弘吉
屯二六一四 ……旬……
屯二六一五 ……酒出……歲三牛 茲用
屯二六一五 癸……其卯入日歲……上甲二牛
屯二六一五 出入日歲卯四牛 不用
屯二六一六 ……貞惟丁亥寧……
屯二六一六 于以狡雨
屯二六一六 于木狡雨
屯二六一七 癸酉卜翌日王其侑于上甲三牛王受有祐 弘吉
屯二六一七 五牛 吉
屯二六一七 其牢 吉
屯二六一八 丁酉卜翌日王惟犬師比弗悔無災
不遘雨 大吉
屯二六一八 ……以……師比……不遘雨 吉
屯二六一九 ……其登于祖乙……
屯二六一九 ……貞曰……
屯二六二〇 ……貞……囚
屯二六二一 惟雈彘用五十
屯二六二一 四朋
屯二六二二 ……惟……用……于……
屯二六二三 壬子卜其用茲冊奉……
屯二六二三 弜用黑羊無雨
屯二六二三 惟白羊用于之有大雨
屯二六二三 ……賓有芒
屯二六二四 吉
屯二六二五 其酒……
屯二六二六 ……貞乙亥陷擒七百麋用皇……
屯二六二六 戊午貞酉奉禾于岳燎三豕卯……
屯二六二七 辛卯卜今日辛雨
屯二六二八 不暘……
屯二六二八 癸卯卜至丁未不雨
屯二六二八 至丁未其雨
屯二六二九 不受禾
屯二六二九 不受禾
屯二六二九 乙巳貞今來歲受禾
屯二六三〇 ……子……丑 丙寅 丁卯 壬辰 己巳
屯二六三〇 庚午 辛未 壬申 癸酉 戊戌 乙亥
屯二六三〇 丙子 丁丑 戊寅 己卯 庚辰 辛巳

屯二六三〇 壬午 癸未
屯二六三二 （習刻）
屯二六三二 （習刻）
屯二六三二 （習刻）
屯二六三二 （習刻）
屯二六三二 （習刻）
屯二六三二 （習刻）
屯二六三三 乙巳貞畀束
屯二六三四 ……或伐召方受……
屯二六三五 辛巳……
屯二六三五 ……步自斐……轡
屯二六三六 庚申卜翌日辛王其宛□僼無尤
屯二六三七 ……不遘雨
屯二六三九 弘吉
屯二六四〇 辛……其田𣪘無災
屯二六四〇 壬戌卜貞王其田覃
屯二六四〇 戊辰卜貞王田𣪘
屯二六四〇 戊辰卜貞王其田𣪘無災
屯二六四〇 辛未卜貞王其田𣪘無災
屯二六四〇 壬申卜貞王其田𣪘無災
屯二六四一 癸……貞……無……
屯二六四一 癸丑貞旬無囚
屯二六四一 ……旬無囚
屯二六四二 ……子卜貞王其田無災
屯二六四三 壬……
屯二六四三 二十人 十人 二十人
屯二六四四 ……擒……
屯二六四四 牢 茲用
屯二六四四 惟𦍋
屯二六四四 惟勿牛 茲用
屯二六四六 惟既祭父……小奉延……王受……
屯二六四七 ……未卜……禦……
屯二六四八 卯……于……
屯二六四八 卯暨大乙
屯二六四九 辛未……
屯二六四九 乙亥卜王……
屯二六五〇 ……卜……崩子白……
屯二六五一 戊辰卜戌執征殼方不往
屯二六五一 ……往
屯二六五二 弜乙丑酒于之若
屯二六五二 ……乂……豐……有正
屯二六五三 ……祖丁亥不雨
屯二六五四 壬戌卜甲雨九日庚午雨
屯二六五五 甲……
屯二六五五 ……戊雨
屯二六五六 ……不啓
屯二六五七 癸酉貞其奉于伊

屯二六五七　並東
屯二六五八　：：祟王單
屯二六五八　：：亥：：
屯二六五九　不：：
屯二六五九　：：佣：：比不□
屯二六六〇　己巳卜：：
屯二六六〇　：：伐：：白：：
屯二六六一　（習刻）
屯二六六一　（習刻）
屯二六六二　（習刻）
屯二六六三　貞翌：：亥雨
屯二六六三　不其雨
屯二六六三　：：卜旬：：翌癸：：雨
屯二六六四　吉
屯二六六五　吉
屯二六六五　吉
屯二六六五　大吉
屯二六六五　其侑小乙牢
屯二六六六　庚寅卜其桒年于上甲三牛
屯二六六六　五牛
屯二六六六　十牛　吉
屯二六六六　桒年上甲示壬惟茲祝用
屯二六六六　弜惟茲用　吉
屯二六六六　惟食日酌王受祐　大吉
屯二六六六　桒年惟莫酌王受祐
屯二六六七　（習刻）
屯二六六七　（習刻）
屯二六六七　（習刻）
屯二六六七　（習刻）
屯二六六七　（習刻）
屯二六六七　（習刻）
屯二六六七　（習刻）
屯二六六七　（習刻）
屯二六六七　（習刻）
屯二六六七　（習刻）
屯二六六七　（習刻）
屯二六六七　庚戌卜其桒禾于河沈三牢
屯二六六七　庚戌卜河卯三牢
屯二六六七　（習刻）
屯二六六七　（習刻）
屯二六六七　（習刻）
屯二六六八　己丑卜其有歲妣庚牢　茲用
屯二六六八　庚寅卜其有歲：：　茲用
屯二六六八　：：勿牛　茲用
屯二六六八　：：卜若茲

屯二六六八　茲：：
屯二六七〇　丙子卜燎白羊豕父丁妣癸卯□：：
屯二六七一　癸亥卜貞酌禦石甲至般庚正
屯二六七二　丙子卜貞朕臣商
屯二六七二　家無震
屯二六七二　有其震
屯二六七二　⿰口女鼓
屯二六七三　：：母庚至小子禦
屯二六七三　禦母庚𡧊
屯二六七四　癸巳卜雨
屯二六七四　：：卜：：雨
屯二六七五　（習刻）
屯二六七五　（習刻）
屯二六七七　戊申卜羸惟若
屯二六七七　：：⿱非殳
屯二六七七　戊申奐乞旬骨三
屯二六七八　戊申卜告方于河
屯二六七九　甲寅卜甗：：
屯二六七九　弜：：
屯二六八〇　癸丑旬
屯二六八〇　癸亥旬
屯二六八〇　癸酉旬
屯二六八〇　癸未旬
屯二六八一　吉
屯二六八一　：：啓
屯二六八二　（習刻）
屯二六八二　（習刻）
屯二六八二　（習刻）
屯二六八二　（習刻）
屯二六八二　（習刻）
屯二六八二　（習刻）
屯二六八二　（習刻）
屯二六八三　惟牝
屯二六八三　庚子卜妣辛歲惟牡
屯二六八四　己丑卜惟戌：：
屯二六八四　己丑卜惟：：
屯二六八四　庚子卜其有歲于妣辛
屯二六八四　庚子卜：：
屯二六八五　（習刻）
屯二六八五　（習刻）
屯二六八六　（習刻）
屯二六八六　（習刻）
屯二六八六　（習刻）
屯二六八六　（習刻）
屯二六八六　（習刻）

屯二六八六 （習刻）
屯二六八六 （習刻）
屯二六八六 湋祟有豭乇日無災永王
屯二六八七 （習刻）
屯二六八七 （習刻）
屯二六八七 （習刻）
屯二六八七 （習刻）
屯二六八七 （習刻）
屯二六八八 甲午卜貞角往來無囚
屯二六八八 ：其用余：剢：囚
屯二六九〇 戊午卜父庚：
屯二六九一 丁未卜𢆶由：𠂤暨古：
屯二六九一 辛亥卜𠂤由在𣏟
屯二六九二 癸巳卜乙未不雨
屯二六九二 ：有啓：𢼄
屯二六九三 （習刻）
屯二六九三 （習刻）
屯二六九三 （習刻）
屯二六九五 （習刻）
屯二六九七 （習刻）
屯二六九七 （習刻）
屯二六九七 （習刻）
屯二六九八 于俞乙歲牛五
屯二六九九 甲戌卜王其侑河惟牛王受祐 吉
屯二六九九 惟牢用王受祐 弘吉
屯二六九九 ：牢：受祐 吉
屯二七〇〇 乙未
屯二七〇一 癸酉卜旅从𡆥方于： 大吉
屯二七〇二 惟習田無災 吉
屯二七〇二 惟戠田無災 大吉
屯二七〇三 乙丑卜貞王其田無災
屯二七〇三 戊辰卜貞王其田無災
屯二七〇三 ：卜：其：災
屯二七〇四 ：午貞其舌小乙：
屯二七〇五 丙申：其酌：
屯二七〇六 ：翌日戊王其田湄日無災 大吉
屯二七〇六 ：田其悔
屯二七〇七 ：自上甲盟用白豭九：在大甲宗卜
屯二七〇七 ：卯貞其大禦王自上甲盟用白豭九下示
盞牛在祖乙宗卜
屯二七〇七 丙辰貞其酌大禦自上甲其告于父丁
屯二七〇七 ：貞：其大禦王自上甲盟用白豭九下示
盞牛在大乙宗卜
屯二七〇七 ：大禦自上甲其告于祖乙在父丁宗卜
屯二七〇七 ：酌大禦自上甲其告于大乙在父丁宗卜
屯二七〇八 （習刻）

屯二七〇八 （習刻）
屯二七〇九 己卯
屯二七一〇 ：賓有效
屯二七一〇 弜賓 吉
屯二七一〇 母戊歲：賓有效 吉
屯二七一〇 弜賓 吉
屯二七一〇 妣辛歲惟羊 吉
屯二七一〇 惟勿牛 吉
屯二七一一 辛丑卜翌日壬王其迖于𩫖無災 弘
吉
屯二七一一 于棆無災 吉
屯二七一一 于𢍄無災 弘吉
屯二七一一 于宮無災 吉
屯二七一一 啓 吉
屯二七一一 不啓
屯二七一二 乙酉
屯二七一三 辛巳卜翌日壬不雨 吉
屯二七一三 其雨
屯二七一三 翌日壬王其田㲋無災 弘吉
屯二七一三 擒 吉
屯二七一三 不擒
屯二七一三 不雨 弘吉
屯二七一三 禦雨小
屯二七一四 己酉
屯二七一五 弜：
屯二七一五 其烝禱惟翌日乙 吉
屯二七一五 于丁 大吉
屯二七一六 庚申貞酌翌乇翌辛酉
屯二七一七 ：十𠦪
屯二七一八 丁酉卜擒 吉
屯二七一八 弗擒
屯二七一八 遘在行
屯二七一八 弗擒 吉
屯二七一八 于棆無災 吉
屯二七一八 于喪無災 吉
屯二七一八 于盂無災 弘吉
屯二七一八 庚子卜翌日辛：迖于𩫖無災 弘吉
屯二七一九 己未
屯二七二〇 癸酉貞旬無囚
屯二七二〇 癸未貞旬無囚
屯二七二〇 癸巳貞旬無囚
屯二七二〇 癸卯貞旬無囚
屯二七二〇 癸丑貞旬無囚
屯二七二〇 癸亥貞旬無囚
屯二七二〇 癸酉貞旬無囚
屯二七二〇 癸未貞旬無囚

屯二六二〇　癸巳貞旬無囚
屯二六二一　戊申卜貞王其田榇無災
屯二六二二　辛巳卜翌日壬王其蘰叀麓
屯二六二二　：蓺：
屯二六二三　：遘大雨
屯二六二三　：卯卜今日不大雨　弘吉
屯二六二四　吉
屯二六二四　弘吉
屯二六二四　吉
屯二六二五　癸未貞旬無囚
屯二六二五　癸巳貞旬無囚
屯二六二六　庚戌卜王惟獻田無災　弘吉
屯二六二六　于壬田獻無災　吉
屯二六二六　惟阢：無災
屯二六二七　辛未卜貞王其田無災
屯二六二七　壬申卜貞王其田辜無災
屯二六二七　：卜：
屯二六二八　甲寅
屯二六二九　大吉
屯二六二九　中日至郭兮不雨　大吉
屯二六三〇　：秦：
屯二六三一　（習刻）
屯二六三一　（習刻）
屯二六三一　（習刻）
屯二六三一　（習刻）
屯二六三一　（習刻）
屯二六三二　（習刻）
屯二六三三　惟切：嬴：
屯二六三四　（習刻）
屯二六三四　（習刻）
屯二六三五　王其遘小雨　吉　用
屯二六三五　：雨　吉
屯二六三六　于喪無災
屯二六三六　于盂無災　吉
屯二六三六　于宮無災　弘吉
屯二六三七　（習刻）
屯二六三七　（習刻）
屯二六三八　：丁王賓
屯二六三九　丁丑卜翌日戊王其田淒弗擒　弘吉
屯二六三九　弘吉
屯二六三九　吉
屯二六三九　弘吉
屯二六三九　壬不雨　吉
屯二六三九　惟獻田無災擒　弘吉
屯二六三九　于壬𨔶田税無災

屯二六三九　壬其雨　弘吉
屯二六三九　辛其雨　吉
屯二六四〇　己巳
屯二六四〇　：巳卜：庚：
屯二六四一　大吉
屯二六四一　吉
屯二六四一　王于辛田虞：無災
屯二六四一　：無災
屯二六四二　丁亥卜其祝父己父庚一牛丁宗𢀛
屯二六四二　二牛
屯二六四二　于祖丁𣪊
屯二六四二　：惟：
屯二六四三　吉
屯二六四三　其：
屯二六四三　翌日壬王其迖：　弘吉
屯二六四三　于宮：
屯二六四三　不雨　吉
屯二六四三　其雨　吉
屯二六四四　：王弗悔
屯二六四四　：呼小臣　大吉
屯二六四五　：歲王彳：
屯二六四五　戊午卜王往田从東擒
屯二六四五　：伯東擒
屯二六四六　：王往田無災
屯二六四六　：王往田擒
屯二六四七　：羊
屯二六四八　今日壬王惟叀：　大吉
屯二六四八　：田擒
屯二六四九　弘吉
屯二六五〇　己酉
屯二六五一　：戊王其田惟牢無災
屯二六五二　弘吉
屯二六五三　于：
屯二六五三　吉　用
屯二六五四　用　弘吉
屯二六五五　𠦪
屯二六五五　不雨
屯二六五五　不雨
屯二六五五　其雨
屯二六五六　：貞：田：
屯二六五六　戊申卜貞王其田無災
屯二六五六　壬子卜貞王其田無災
屯二六五六　戊午卜貞王其田無災
屯二六五六　辛酉卜貞王其田無災
屯二六五六　乙丑卜貞王其田無災

屯二七五七 弘吉
屯二七五八 丁酉…貞王…田無…
屯二七五八 …戌卜…王其…無災
屯二七五九 …小臣…令弗悔
屯二七六〇 癸…貞…無…
屯二七六一 惟㚔田無災擒
屯二七六二 丙戌…
屯二七六二 …虞…災
屯二七六三 癸…
屯二七六五 癸酉卜王步甲戌暘日
屯二七六五 丁酉卜于己亥王…弗眣
屯二七六六 …弜…
屯二七六七 乙卜丁□妝母驩…
屯二七六八 册入
屯二七六九 己巳…有…
屯二七六九 …兄丁…王
屯二七七〇 戊子卜…
屯二七七〇 戊子…今夕…遣
屯二七七一 壬申卜有歲于祖癸羊一
屯二七七二 惟豕用
屯二七七二 其寧風雨
屯二七七二 庚辰卜辛至于壬雨
屯二七七二 辛巳卜今日寧風
屯二七七二 生月雨
屯二七七三 壬…
屯二七七四 惟…奏
屯二七七四 在必 茲用
屯二七七四 于廳
屯二七七五 弜亞于父
屯二七七六 甲辰卜其…
屯二七七六 …工于向不遘雨
屯二七七七 桒生
屯二七七八 辛…卯…
屯二七七九 貞…翌…酉…
屯二七七九 貞翌己未雨
屯二七七九 貞翌己未不其雨
屯二七七九 貞翌己未其雨
屯二七七九 （習刻）
屯二七七九 （習刻）
屯二七八〇 （習刻）
屯二七八〇 （習刻）
屯二七八一 …貞羌…
屯二七八二 丁卯卜王于龐…
屯二七八二 辛巳卜乙酉暘日
屯二七八三 壬午卜不雨乙酉

屯二七八三 癸巳卜…未
屯二七八四 五牛…受祐
屯二七八四 桒在禕
屯二七八四 于宗
屯二七八五 壬申貞大示惟作我□
屯二七八六 …日乙王其往田惟… 大吉
屯二七八七 吉
屯二七八八 …不…
屯二七八九 己未㚔乞骨十五
屯二七九〇 吉
屯二七九二 己亥…示五十…二十羌…
屯二七九二 伐其七十羌
屯二七九二 …牢…五牢
屯二七九三 …王其… 大吉
屯二七九五 于…
屯二七九六 乙…其…于…
屯二七九六 …立…𡆥…
屯二七九九 …貞…延圓…
屯二八〇一 弗擒
屯二八〇二 惟宫…
屯二八〇二 …不…
屯二八〇三 惟小牢
屯二八〇四 己卯卜貞…
屯二八〇五 乙…惟…
屯二八〇六 弘吉
屯二八〇八 辛…
屯二八〇九 吉
屯二八一一 …侑羌
屯二八一一 弜侑羌
屯二八一二 丁亥貞彡酚…六牛辛卯…
屯二八一二 丁…
屯二八一三 吉
屯二八一四 庚…
屯二八一五 庚辰…其侑祖辛
屯二八一七 …申貞…
屯二八一八 …羌
屯二八一九 大吉
屯二八二一 …未貞…
屯二八二二 惟
屯二八二二 …犬…用…
屯二八二三 不…
屯二八二八 桒年于…臣惟豚…有大雨
屯二八二九 吉
屯二八三〇 丙…丁…
屯二八三〇 …五…

屯二八三〇 庚申卜取岳雨
屯二八三二 不雨
屯二八三三 丙午卜
屯二八三三 丙午卜[illegible]
屯二八三三 …無𡆥
屯二八三四 癸巳…
屯二八三五 乙卯卜…
屯二八三六 丁亥貞侑五十…于…
屯二八三六 戊子貞有燎于…
屯二八三六 …貞…王…
屯二八三六 戊…貞…
屯二八三七 …丑貞翌日酒… 茲用甲寅
屯二八三八 伊弜賓
屯二八三八 翌日乙大史祖丁有去自雨啓
屯二八三八 不啓
屯二八三八 …各…旦…正
屯二八三九 癸巳卜…侑祖甲用
屯二八四〇 吉
屯二八四二 …辰卜爽惟戚
屯二八四二 乙巳卜五小牢爽
屯二八四二 丙午卜…㐅…
屯二八四二 于大乙告
屯二八四二 于示壬告
屯二八四二 丙午卜于示壬告
屯二八四二 于祖乙告
屯二八四二 丙午卜于大…告
屯二八四三 弜卯
屯二八四三 一牢
屯二八四三 有羌
屯二八四四 癸巳卜魯日祝…吉 茲用
屯二八四五 丙戌貞翌…王步暘日…
屯二八四五 己亥貞王在茲[illegible][illegible]
屯二八四五 …王…[illegible]
屯二八四六 …于上甲十…
屯二八四七 …日乙王其田湄…
屯二八四八 …未卜貞旬…𡆥
屯二八四八 乙未貞…
屯二八四八 乙未貞…弜…
屯二八五〇 …惟…日…
屯二八五一 于戊田無災永王
屯二八五一 辛酉卜翌日壬王其田于淒屯日無災
屯二八五一 惟㫚田屯日無災永王弗悔
屯二八五一 …擒
屯二八五二 …其…牢
屯二八五三 …貞…無𡆥
屯二八五三 癸…貞旬無𡆥

屯二八五三 …旬
屯二八五四 于王入自日…效王受祐
屯二八五四 …申卜其…又一牛…受祐
屯二八五五 弜侑
屯二八五六 …其…
屯二八五七 …卯卜庚辰王其狩…擒允擒獲兕
三十又六
屯二八五八 癸…旬無…
屯二八五八 癸酉貞旬無𡆥[illegible]
屯二八五八 …未貞旬無𡆥箕
屯二八五九 …無…
屯二八五九 …延…上甲史…受祐
屯二八六〇 乙…貞…
屯二八六〇 其即宗𠦪
屯二八六〇 癸亥貞弜𠦪升
屯二八六〇 其𠦪
屯二八六一 甲…
屯二八六一 乙未貞惟…有…
屯二八六一 …尊甗來丁巳其十牛于父丁
屯二八六一 其…
屯二八六四 …翌日…
屯二八六五 …亥貞其剛…祖乙寢…
屯二八六六 …貞令[illegible]比[illegible]
屯二八六七 吉
屯二八六八 …一牢
屯二八六八 …牢
屯二八六九 …其剛…寢三羌
屯二八七〇 弜…
屯二八七一 大吉
屯二八七二 …效…
屯二八七三 …𠦪…
屯二八七四 贏…
屯二八七六 …啓…
屯二八七八 大吉
屯二八七九 …于河
屯二八八一 吉
屯二八八三 …于…
屯二八八六 乙亥貞…其令…
屯二八八七 …辰…
屯二八八八 吉
屯二八八九 …酉…
屯二八九二 …大雨
屯二八九二 …烄…
屯二八九三 吉
屯二八九四 …夕雨

屯二八九四 …雨

屯二八九五 …田于…

屯二八九六 丁…

屯二八九七 …有…出…

屯二八九八 …牛…

屯二九〇〇 …祝惟羊…

屯二九〇〇 …牛…

屯二九〇二 不雨

屯二九〇三 癸卯貞旬無囚

屯二九〇五 今日…

屯二九〇六 乙亥貞其取岳舞有…

屯二九〇六 乙亥貞惟岳伐…

屯二九〇六 貞其告秋于上甲不

屯二九〇六 貞其…

屯二九〇七 庚寅貞王令並伐商

屯二九〇七 庚寅貞惟𢀛令伐商

屯二九〇七 庚寅貞惟𢀛令伐…

屯二九〇七 癸卯貞婁在…羌方弗𢦔

屯二九〇七 …貞利在井羌方弗𢦔

屯二九〇七 …上甲…十人有雨

屯二九〇八 歲于啓…

屯二九〇八 …壱

屯二九〇九 …旋奴人于帛…

屯二九〇九 …令𤖨从…

屯二九一〇 甲申貞盧…在大乙…

屯二九一一 辛…

屯二九一一 不雨

屯二九一一 其雨

屯二九一一 壬寅貞王往田無災

屯二九一一 其延雨

屯二九一一 …貞…往田…雨

屯二九一二 …三牛

屯二九一三 …于丁雨

屯二九一四 辛卯貞王乙未…

屯二九一四 辛卯貞王于生月…

屯二九一四 …乙未…

屯二九一五 庚子貞王其令伐丰山

屯二九一五 …酉貞竹束方

屯二九一五 …婁…

屯二九一五 甲寅貞…

屯二九一五 …尹

屯二九一六 甲申㠱乞骨三旬

屯二九一七 丁未卜貞王其田無災

屯二九一七 戊申卜貞王其田無災

屯二九一七 壬子卜貞王其田無災

屯二九一七 乙卯卜貞王其田無災

屯二九一七 戊午卜貞王其田無災

屯二九一七 辛酉卜貞王其田無災

屯二九一七 壬戌卜貞王其田無災

屯二九一七 乙丑卜貞王其田無災

屯二九一八 …子貞暨無…惟…戠不若

屯二九一九 癸…旬…

屯二九二〇 …父歲…

屯二九二一 …日于祖丁其用茲豊…

屯二九二二 王其𠛱射大兕無災

屯二九二二 …𠛱…

屯二九二三 …宰

屯二九二四 …酉卜令…

屯二九二五 乙亥貞…

屯二九二五 …巳貞惟…

屯二九二六 …不遘雨

屯二九二七 …雨

屯二九二八 …酉貞旬無囚

屯二九二九 …于…

屯二九二九 …河…

屯二九三〇 丁丑貞…

屯二九三二 辛酉貞其…癸亥用不…

屯二九三三 甲子貞令多莫…衛…

屯二九三四 …寅卜…有…

屯二九三五 不…

屯二九三五 其雨

屯二九三六 貞弜令…

屯二九三七 癸巳…壬…

屯二九三七 …貞…酒…祖亥

屯二九三八 癸…貞旬無囚

屯二九三八 癸巳…旬無…

屯二九三八 癸卯貞旬無囚

屯二九三八 癸丑貞旬無囚

屯二九三八 …貞旬無囚

屯二九三八 …酉貞旬無囚

屯二九三九 …貞酒彡于…

屯二九四〇 …大乙有…

屯二九四三 …蒸穧並…

屯二九四四 …宗…祟…

屯二九四四 丙申貞…

屯二九四五 庚子…

屯二九四六 …卯…祖丁于…

屯二九四七 …來…

屯二九四九 辛卯貞燎九牛…

屯二九五〇 …六月

屯二九五一 甲子卜其有歲于毓祖乙

屯二九五一 甲子卜其有歲于高祖乙
屯二九五一 ：卜祖乙歲：又一牛
屯二九五二 吉
屯二九五三 甲午貞：于大乙五：
屯二九五三 癸卯貞酌𠂇歲于大甲甲辰五牢 茲用
屯二九五五 ：戠：
屯二九五六 ：北：
屯二九五九 辛：貞：
屯二九六一 茲用
屯二九六二 ：作方其祝上甲
屯二九六二 ：中宗：
屯二九六三 壬其雨茲用大雨
屯二九六四 ：惟射：封人：
屯二九六五 戊戌卜貞王其田無災
屯二九六五 ：貞王其田無災
屯二九六六 其遘大雨
屯二九六六 不遘小雨
屯二九六六 辛其遘小雨
屯二九六六 壬王其田湄日不遘大雨 大吉
屯二九六六 壬其遘大雨 吉
屯二九六六 壬王不遘小雨
屯二九六七 ：卜王其迖于牢： 吉
屯二九六八 歲三牢
屯二九六九 ：酉貞乙亥： 茲用
屯二九七〇 王其田不遘：
屯二九七〇 王其田： 茲用
屯二九七〇 ：遘雨
屯二九七一 己：
屯二九七一 惟辛逐無災
屯二九七一 ：逐：
屯二九七三 壬午卜犬言：
屯二九七四 吉
屯二九七四 吉
屯二九七五 𢓊我往𡧊：
屯二九七六 戊午卜翌
屯二九七七 癸酉貞旬有：
屯二九七八 ：卜王其田从：
屯二九七九 ：卜王其往田擒：
屯二九七九 ：卜王：
屯二九八〇 ：既：于祖：
屯二九八一 辛亥貞有伊其：
屯二九八一 ：辰貞令：
屯二九八一 ：貞：
屯二九八二 ：不
屯二九八二 ：用

屯二九八三 ：奠邑卯牢王受有祐
屯二九八四 ：卜桃癸歲牢：
屯二九八四 戊子卜其有：
屯二九八六 徲萑
屯二九八七 遘大風： 吉
屯二九八八 ：邑其延： 大吉
屯二九八九 吉
屯二九八九 大吉
屯二九九〇 ：雨 吉
屯二九九一 不吉秎
屯二九九一 ：今秋：受年
屯二九九二 ：亥卜王惟：
屯二九九三 ：喪無災
屯二九九四 辛亥卜其舌于：
屯二九九五 ：田目：
屯二九九五 ：無災
屯二九九六 辛卯卜惟今日其夕有歲兄辛王受祐
大吉
屯二九九七 ：未卜惟：
屯二九九八 癸未：其雨甲：
屯二九九八 丁亥卜于來乙巳酌：
屯二九九八 辛卯卜其雨乙巳
屯二九九八 ：巳卜：左：甲：
屯三〇〇〇 癸酉貞旬無囚
屯三〇〇〇 癸巳貞旬無囚
屯三〇〇〇 癸卯貞旬無囚
屯三〇〇〇 癸丑貞：旬：
屯三〇〇一 ：其奠作方其祝：至于大乙于之若
屯三〇〇二 丁卯卜其舌父庚惟：牢王受祐
屯三〇〇三 ：卜其有𠂇上甲牢王受祐
屯三〇〇四 乙未卜今日乙其：用林于溼田有：
屯三〇〇四 弜屯其𢦏新東有正 吉
屯三〇〇四 惟新東屯用上田有正 吉
屯三〇〇四 惟：
屯三〇〇五 辛未貞：
屯三〇〇五 ：貞：
屯三〇〇六 甲戌貞惟茲祝用
屯三〇〇七 ：貞：無：
屯三〇〇七 庚子貞辛無囚
屯三〇〇七 辛丑貞壬無囚
屯三〇〇八 甲辰卜王其田惟盂正：
屯三〇〇九 叙犛
屯三〇〇九 其祏大甲三牛
屯三〇〇九 ：牛
屯三〇一〇 庚午卜：

屯三〇一一 辛王惟蕘田無災擒

屯三〇一二 庚子卜：酌燎鼎：

屯三〇一三 癸亥貞旬無囚

屯三〇一四 ：其：

屯三〇一四 不雨

屯三〇一四 ：亥卜：田狩：擒

屯三〇一五 甲午卜：

屯三〇一五 弜㳄其悔

屯三〇一五 ：卜：弗其悔有災

屯三〇一六 吉

屯三〇一六 吉

屯三〇一七 辛酉卜貞王其田無：

屯三〇一八 ：甲惟翌日甲子：

屯三〇一八 甲寅：

屯三〇一九 吉

屯三〇一九 惟乂

屯三〇一九 惟祐

屯三〇二〇 吉

屯三〇二〇 不擒

屯三〇二〇 吉

屯三〇二一 丁：

屯三〇二一 丁卯貞王令：

屯三〇二二 戊子卜貞王其田無災

屯三〇二二 壬：卜貞王其田無災

屯三〇二二 ：酉卜貞王其：無災

屯三〇二三 乙丑：

屯三〇二三 戊辰卜王其田：

屯三〇二四 丁酉卜𡆥其用：南庚： 大吉

屯三〇二五 ：王其田惟羌弗悔

屯三〇二六 ：翌日乙王其：

屯三〇二七 敹嫠

屯三〇二七 王惟翌日辛省田無災

屯三〇二七 壬迺無災

屯三〇二八 辛丑貞酌：

屯三〇二八 乙未𡧊乞骨六自𢀛旬

屯三〇二九 其戠：𢦏：

屯三〇二九 乙：至：

屯三〇三〇 丙午卜漳：

屯三〇三〇 其自祖乙受祐

屯三〇三〇 ：自毓：受祐

屯三〇三二 ：見于僕：

屯三〇三三 壬戌：來丁卯酌品

屯三〇三三 癸亥卜侑于伊尹丁惟今日侑

屯三〇三四 丁丑卜：

屯三〇三四 弜田其悔

屯三〇三四 ：田：日：災不：

屯三〇三五 癸亥：在宿：

屯三〇三五 癸亥卜既宗：

屯三〇三五 癸亥卜有亞豕患

屯三〇三五 癸亥卜呪于祖丁

屯三〇三五 ：翌甲：于伊：丁

屯三〇三六 惟莫惟：

屯三〇三七 癸丑卜其乂：用

屯三〇三七 弜暨：

屯三〇三八 戊午：

屯三〇三八 𢓊伐羌方于之擒𢦏不雉衆

屯三〇三九 ：𣪘

屯三〇三九 于祖乙𣪘

屯三〇三九 大甲𣪘

屯三〇三九 于大乙𣪘

屯三〇四〇 于義：

屯三〇四一 己亥貞𠦪禾于何受禾

屯三〇四二 ：父丁歲五牢用：

屯三〇四三 ：歲受禾

屯三〇四四 弜侑

屯三〇四五 ：宗卜六月

屯三〇四六 ：申貞：夕：自上甲六：

屯三〇四七 ：災

屯三〇四七 ：往田無災

屯三〇四九 ：自大乙受祐

屯三〇五〇 辛

屯三〇五〇 甲寅：其有：

屯三〇五〇 癸亥貞：

屯三〇五一 甲：

屯三〇五一 三牢

屯三〇五一 五牢 茲用

屯三〇五一 ：王：

屯三〇五二 癸：貞旬無囚

屯三〇五三 辛：

屯三〇五三 乙酉貞：于父丁：

屯三〇五三 ：丁牛：

屯三〇五四 辛酉卜今日王其：

屯三〇五四 于翌日壬王迺田無災

屯三〇五四 壬王惟田省無災

屯三〇五四 ：狩：災

屯三〇五五 ：乙虎獲：

屯三〇五五 ：若：

屯三〇五六 癸巳貞旬無囚

屯三〇五六 癸卯貞旬無囚

屯三〇五六 癸丑貞旬無囚

屯三〇五六　癸亥貞旬無囚
屯三〇五六　：酉貞旬無囚
屯三〇五七　王惟盂田省不遘雨
屯三〇五八　惟羊
屯三〇五八　其舌妣己有冊
屯三〇五八　弜侑
屯三〇五八　冊妣己惟及
屯三〇五九　惟丁卯
屯三〇五九　惟庚午
屯三〇五九　惟壬申
屯三〇五九　：庚：
屯三〇六〇　弜鯀
屯三〇六〇　：鯀：有正
屯三〇六一　弜：
屯三〇六二　癸酉卜宗其鯀其祝：
屯三〇六三　癸：貞：無：
屯三〇六三　癸亥貞旬無囚
屯三〇六四　戊子卜其有歲享？：
屯三〇六五　：其桒有：吉
屯三〇六六　：雨
屯三〇六七　甲戌：
屯三〇六八　：受祐
屯三〇六九　[illegible]燎二牢
屯三〇六九　[illegible]燎：牢
屯三〇七〇　丙子貞令舟：
屯三〇七〇　：丑貞令犬：其：
屯三〇七一　：牢
屯三〇七二　壬戌貞其使人于：受禾
屯三〇七四　：寅卜：狐其：
屯三〇七五　戊：貞：田：
屯三〇七五　：未卜貞王其田無災
屯三〇七六　：疾：
屯三〇七六　：日：
屯三〇七七　：貞其桒：河
屯三〇七八　：丑貞：
屯三〇七九　甲午貞：
屯三〇八〇　：雨
屯三〇八〇　：雨
屯三〇八一　吉
屯三〇八二　：牢
屯三〇八三　：貞其桒禾于示壬羊雨
屯三〇八三　戊戌貞其桒禾于示：羊：
屯三〇八三　壬寅貞其：
屯三〇八三　貞其桒禾于䖒：
屯三〇八三　壬寅貞其桒禾于岳燎三小宰卯：

屯三〇八三　壬寅貞其取岳雨
屯三〇八三　：貞其桒：宰卯：
屯三〇八三　：貞其尋桒：
屯三〇八三　：巳：
屯三〇八四　辛：彼舟
屯三〇八五　辛：于：
屯三〇八五　其雨
屯三〇八六　辛：
屯三〇八七　：巳貞有歲：茲用
屯三〇八八　叙：
屯三〇八八　其侑二子惟小宰
屯三〇八八　惟牛
屯三〇九〇　：圍宰
屯三〇九一　戊戌卜：有伐岳：
屯三〇九二　：貞酌甲申無囚
屯三〇九四　：酌王：
屯三〇九五　：其：
屯三〇九六　：王呼觳：
屯三〇九七　：遘大：日：
屯三〇九八　：王往田無災
屯三〇九九　丙寅
屯三〇九九　：降永：
屯三〇九九　：丁歲五：
屯三〇九九　：王往田：遘雨
屯三一〇〇　亢：高：王受祐
屯三一〇一　丁：貞：
屯三一〇二　吉
屯三一〇三　：羽于高：
屯三一〇四　吉
屯三一〇四　大吉
屯三一〇四　吉
屯三一〇六　：奠乞罰骨：
屯三一〇七　：王其呼戍岳：
屯三一〇八　：集：
屯三一〇九　弜：
屯三一〇九　甲寅卜魯甲歲惟牡
屯三一〇九　：牝：用
屯三一一〇　：于妣丁：酶祟
屯三一一二　：圍日觳：
屯三一一三　己卯貞酌甲申：
屯三一一三　：亥：
屯三一一四　：延酌祖乙：不雨
屯三一一四　甲申：雨
屯三一一五　：宰：受：
屯三一一六　：乞骨三

屯三一一七 …在…祖乙牢…有…
屯三一一八 …巳貞王往田…
屯三一一九 …歲三牛
屯三一二〇 …有戠其告于祖…
屯三一二〇 …貞日有戠其告于…
屯三一二一 …畜封…
屯三一二二 …午卜王其呼…燎受祐
屯三一二三 乙…
屯三一二三 …來…日
屯三一二四 其…小…
屯三一二四 惟大牢簪宫
屯三一二四 惟龜至
屯三一二五 …大甲…
屯三一二八 …翌日戊王…
屯三一二八 貞…無…
屯三一二八 癸酉貞旬無囚
屯三一二九 …用
屯三一二九 甲申卜于祖乙其告
屯三一三〇 …王往田無災
屯三一三二 …禦伊尹五十…
屯三一三三 𠦪一牛
屯三一三三 𠦪二牛
屯三一三五 戊王…
屯三一三六 吉
屯三一三七 惟…有…雨
屯三一三七 惟甲彫有大雨
屯三一三七 惟…彫有大雨
屯三一三八 己丑…
屯三一三八 …有…雨
屯三一三九 …王其…夕大乙…牢王受祐
屯三一四〇 弜賓祭
屯三一四一 …戠惟…
屯三一四二 …牛…
屯三一四三 辛未王其田…　大吉
屯三一四四 …𣪊…
屯三一四五 大吉
屯三一四七 丙辰卜祖丁歲至…
屯三一四八 甲…禦…
屯三一四八 惟…禦…
屯三一四九 惟…茲…
屯三一五〇 吉　茲用
屯三一五一 …其…
屯三一五一 …豕…
屯三一五二 …卜王其蒸…
屯三一五三 丁雨風

屯三一五三 …雨
屯三一五四 …風…
屯三一五四 乙亥雨…
屯三一五五 …貞王…
屯三一五六 辛未卜翌日壬王其田虞無災在呈卜擒
大吉　茲用
屯三一五七 己巳卜其𠦪年高王受…　吉
屯三一五九 大吉
屯三一六〇 不雨
屯三一六〇 雨
屯三一六一 …卜其有歲于母乙…
屯三一六二 …午卜辛雨
屯三一六五 惟丁亥延王弗悔
屯三一六五 惟乙未延還歬王弗悔
屯三一六五 惟丁酉延王弗悔
屯三一六五 惟乙巳延王弗悔
屯三一六六 癸丑貞甲寅彫…
屯三一六八 …貞王其…災
屯三一六八 壬申卜貞王其田無災
屯三一六八 戊寅卜貞王其田無災
屯三一六九 …于喪無…
屯三一六九 …午卜翌日乙王其迖于喪無災
屯三一七〇 …午貞王往田無災
屯三一七一 …貞…𠦪…不用雨
屯三一七一 …夕…
屯三一七二 吉
屯三一七二 癸未…
屯三一七三 戊弜…其雨
屯三一七四 癸巳卜…五月
屯三一七四 丁酉卜…雨
屯三一七四 丁酉卜雨庚
屯三一七四 丁…雨己
屯三一七四 丁…
屯三一七五 …父甲夕歲…　大吉
屯三一七六 …王延…惟犬…
屯三一七八 …五示
屯三一七九 …歲五牢
屯三一八〇 己卯貞…喪衆
屯三一八一 大吉
屯三一八二 戊…卜…
屯三一八二 …巳卜…戠…雨
屯三一八三 于壬王廼田羌無災　吉
屯三一八三 辛不雨
屯三一八三 …雨
屯三一八三 壬不雨

屯三一八三 其雨
屯三一八三 辛不雨
屯三一八三 辛翌…
屯三一八四 …卜…九…雨
屯三一八五 于宗户尋王羌
屯三一八六 甲申卜其…于毓祖妣庚禧二宰
屯三一八七 …南門雨
屯三一八八 其遘大…
屯三一八九 癸卯貞旬…
屯三一九二 甲申貞其告…
屯三一九二 …貞于…
屯三一九三 于喪無災
屯三一九三 于盂無災
屯三一九三 于宮無災
屯三一九四 壬午卜
屯三一九四 壬午卜
屯三一九四 …未貞…大邑受禾
屯三一九五 …侯商…
屯三一九六 …其省宮田…
屯三一九八 …于河自大乙大…
屯三一九九 …有…
屯三二〇一 …卜王其田惟…
屯三二〇二 辛酉貞王往田…
屯三二〇二 王往田不雨
屯三二〇三 …翌日乙…吉
屯三二〇四 癸…
屯三二〇四 癸酉貞旬有祟自北…有囚
屯三二〇五 丙戌貞其卯…
屯三二〇五 …甲…
屯三二〇六 …卯…用…
屯三二〇七 …午卜王惟麅鹿射無災
屯三二〇八 戊戌卜王其往田不遘…
屯三二〇九 …戌貞三…
屯三二一〇 …歲惟高祖乙歲逆三宰
屯三二一〇 弜秦宗
屯三二一二 …茲不水…
屯三二一三 …丑貞旬無…
屯三二一四 癸丑貞旬無囚
屯三二一四 癸亥貞旬…囚
屯三二一五 弘吉
屯三二一六 大吉
屯三二一七 其…
屯三二一七 其雨
屯三二一八 庚辰卜王惟…
屯三二一九 甲午貞…

屯三二二〇 …高祖…
屯三二二一 …貞…兕其射無囚
屯三二二三 …新…
屯三二二四 …歲…
屯三二二五 …至于大乙…
屯三二二六 癸丑貞旬無囚
屯三二二八 …六牛
屯三二二九 …祖…惟翌…
屯三二三〇 …其射猎…翌日戊無災擒
屯三二三一 癸亥貞旬無囚
屯三二三二 …王其田無災
屯三二三三 …暨…
屯三二三四 …貞…囚
屯三二三五 …卯貞…
屯三二三六 癸…旬…
屯三二三七 …侑父…
屯三二三八 …卯…
屯三二三九 …侑于…
屯三二四〇 惟龜祝
屯三二四一 大吉
屯三二四二 乙未卜…
屯三二四二 …田其…
屯三二四三 …燎三宰沈…
屯三二四四 癸…烄宰雨
屯三二四五 丙…
屯三二四五 …可…行用…方
屯三二四六 …遘雨
屯三二四七 …河…
屯三二四九 …歲于毓…
屯三二五〇 …其田…
屯三二五一 庚申…
屯三二五一 …巳卜…雨五…
屯三二五二 大吉 茲用
屯三二五三 …今日辛未…
屯三二五四 …日辛王…濯日…
屯三二五五 惟…
屯三二五五 茲用
屯三二五六 弘吉
屯三二五七 …于…
屯三二五九 …惟明栝…史
屯三二六〇 …無囚
屯三二六一 茲用
屯三二六一 吉
屯三二六二 …燎二十十牛…
屯三二六五 己卯…惟牛用

屯三二六五 ：用：
屯三二六六 大吉
屯三二六七 ：于卜酹日于：祖乙
屯三二六八 ：桒自上甲六示
屯三二六九 乙未：
屯三二七〇 甲辰：
屯三二七〇 ：蓺步：不遘雨
屯三二七一 ：風：雨：
屯三二七二 ：咎：
屯三二七三 兹用
屯三二七四 弜：
屯三二七四 ：王其田湄：
屯三二七六 ：遘雨
屯三二七七 ：其：祝：
屯三二七八 ：叀貞有：
屯三二七九 ：卜其：于小乙：今日酹：
屯三二八〇 ：丁卯用：
屯三二八一 大吉
屯三二八二 吉
屯三二八三 ：歲惟：
屯三二八四 大吉
屯三二八五 兹用
屯三二八六 ：鼓桒：
屯三二八七 ：酹：
屯三二八九 ：蒀作方：
屯三二九〇 吉
屯三二九一 大吉
屯三二九二 ：燎：
屯三二九三 ：令：
屯三二九四 弜：
屯三二九四 ：卜：丁：
屯三二九五 大吉
屯三二九六 ：上甲：
屯三二九七 吉
屯三二九八 吉 兹用
屯三二九九 ：在：
屯三三〇〇 ：叀：酹：
屯三三〇二 ：雨
屯三三〇三 ：于戠：雨
屯三三〇四 ：戈擒
屯三三〇五 ：貞：王：田無：
屯三三〇六 吉
屯三三〇七 ：其雨
屯三三〇八 ：在祖：
屯三三〇九 ：享京：今日：

屯三三一〇 其牢：
屯三三一一 庚午卜：
屯三三一二 丁未：
屯三三一二 ：雨
屯三三一三 ：其酹：
屯三三一四 ：三牛
屯三三一四 ：子：
屯三三一五 吉
屯三三一六 己巳：
屯三三一七 ：貞其：弗擒
屯三三一七 ：今生：
屯三三一八 ：雨
屯三三一九 ：于：
屯三三一九 ：辰卜：
屯三三一九 ：兄：
屯三三二〇 兹用
屯三三二一 吉
屯三三二二 ：从南擒
屯三三二三 ：卜：
屯三三二四 ：未卜其：
屯三三二五 ：卯卜：
屯三三二五 ：雨
屯三三二七 ：一牢
屯三三二八 ：盧翌日甲申
屯三三二九 弜：
屯三三三〇 ：卜：
屯三三三一 吉
屯三三三二 甲午貞：
屯三三三三 ：王受：
屯三三三四 ：王其：
屯三三三五 ：貞：
屯三三三六 大吉
屯三三三七 丙辰：
屯三三三八 癸未貞旬無𡆥
屯三三四〇 戊午：及召方：
屯三三四一 ：卯卜：
屯三三四二 ：酉：
屯三三四三 ：弗悔
屯三三四四 ：其田湄：無：
屯三三四五 癸卯：
屯三三四六 ：歲：
屯三三四七 ：一豕雨
屯三三四八 ：牛其乂：
屯三三四九 大吉
屯三三五〇 ：戊：

屯二三五一 …貞有…囚
屯二三五二 惟勿牛
屯二三五三 …[illegible]…
屯二三五四 大吉
屯二三五五 …其戓無災
屯二三五七 吉
屯二三五八 …囚
屯二三五九 …往…
屯二三六〇 …祖…
屯二三六一 …庚…
屯二三六二 …遘…
屯二三六四 吉
屯二三六六 辛…
屯二三六七 吉
屯二三六八 …受年
屯二三六九 …惟…
屯二三七〇 …占…
屯二三七一 吉
屯二三七二 …日…
屯二三七五 吉
屯二三七六 惟祖…不…
屯二三七七 …牢…一牛…
屯二三七八 …王…
屯二三七九 …匚于…
屯二三八〇 …翌日省…
屯二三八一 …[illegible]遘…
屯二三八二 吉
屯二三八三 …惟…
屯二三八四 癸…
屯二三八五 …祖…
屯二三八七 …惟羊
屯二三八八 …牢卯三牛
屯二三八九 …貞旬無囚
屯二三九〇 在毓…
屯二三九〇 在毓[illegible]
屯二三九一 庚…
屯二三九一 庚辰卜侑于上甲
屯二三九一 …辰卜弜侑
屯二三九二 吉
屯二三九三 丙寅卜歲延…
屯二三九四 …貞皋…
屯二三九四 乙…
屯二三九六 多侯歸
屯二三九七 于…
屯二三九七 于…

屯二三九八 畜封人
屯二三九八 畜封人
屯二三九九 其告…
屯二四〇〇 有雨
屯二四〇二 癸酉貞惟…[illegible]雨
屯二四〇三 癸卯卜其…
屯二四〇五 …暨…
屯二四〇六 …歲于妣…
屯二四〇七 …酉貞來…
屯二四〇八 不雨
屯二四〇八 不雨
屯二四〇九 …至…
屯二四一〇 …有祐
屯二四一一 …受有祐
屯二四一三 吉
屯二四一五 …丑卜…
屯二四一六 惟壬伐有災　吉
屯二四一七 甲…貞…祀…
屯二四一八 甲申貞令卯往允鼓師
屯二四一八 弜…
屯二四一九 弗…
屯二四二〇 惟夕…亞…
屯二四二一 …受…
屯二四二二 …惟…
屯二四二三 癸酉…
屯二四二三 …酉卜以…
屯二四二四 辛亥卜其…皀…
屯二四二四 …受祐
屯二四二五 …巳卜其有歲于多…叙嫠
屯二四二七 己…叀乞骨…
屯二四二八 癸…貞…無囚
屯二四二八 癸酉…
屯二四三〇 己…
屯二四三一 癸酉貞旬無囚
屯二四三三 甲申…
屯二四三七 …弗…
屯二四三七 庚午…
屯二四三八 癸丑貞歷旬…
屯二四三八 …無囚
屯二四三九 桒…馘…
屯二四三九 惟牛用
屯二四四〇 茲用
屯二四四一 其…
屯二四四二 甲戌卜貞其寧…
屯二四四三 …貞其左…舞…雨

屯三四四四	…其…	屯三四七八	甲…
屯三四四五	…牛王…	屯三四七八	叙𩰫
屯三四五〇	丁…	屯三四七九	丁酉…
屯三四五〇	先…悔	屯三四八〇	…乞骨…
屯三四五二	…歲…	屯三四八一	…戌其…
屯三四五二	…勿…	屯三四八三	…翌…
屯三四五三	…貞…亥…	屯三四八四	…未卜…
屯三四五四	…逐…	屯三四八五	…東…
屯三四五五	…貞…	屯三四八六	…辰…
屯三四五六	…壬…	屯三四八七	…小示
屯三四五七	…貞惟…	屯三四八八	…祉戒…
屯三四五八	…大庚…	屯三四九〇	…亥…
屯三四六〇	…受…	屯三四九三	…大…
屯三四六一	大吉	屯三四九四	…亥…
屯三四六二	…白豕王…	屯三四九五	…燎…
屯三四六三	吉	屯三四九七	奠…
屯三四六四	…無…	屯三四九九	…大乙…
屯三四六五	…牢	屯三五〇一	…于有沈…
屯三四六六	…省田…	屯三五一〇	…戊…
屯三四六七	…王步…啓…	屯三五一二	大吉
屯三四六九	…五…	屯三五一三	…在…
屯三四七二	丙…		
屯三四七六	…其…		
屯二四七七	…囚		

屯三五一四	…乂…	屯三五四二	惟…未酌王受祐
屯三五一六	大吉	屯三五四二	惟辛巳酌王受祐
屯三五一八	…貞…	屯三五四三	十牛王受祐
屯三五一九	…旬無…	屯三五四二	二十牛王受祐
屯三五二二	…二牢	屯三五四二	三十牛王受祐
屯三五二三	大吉	屯三五四二	…惟…酌…
屯三五二四	吉 兹用	屯三五四四	惟甲戌戠
屯三五二八	吉	屯三五四五	惟有羌柵用
屯三五三〇	戊…	屯三五四五	惟今甲寅酌王受祐
屯三五三三	…燎…	屯三五四五	叙𩰫
屯三五三四	…貞…	屯三五四六	癸酉貞旬無囚
屯三五三五	弜乂	屯三五四六	癸未貞旬無囚
屯三五三六	大吉	屯三五四七	兹用 雨
屯三五三七	丁卯…不…	屯三五四八	…卯卜貞王其田無災
屯三五三八	癸丑貞旬無囚	屯三五四八	戊午卜貞王其田無災
屯三五三八	癸亥貞旬無囚	屯三五四八	辛酉卜貞王其田無災
屯三五三八	…旬…囚	屯三五四九	庚午卜其尋桒…
屯三五三九	…乞骨一	屯三五五〇	叙𩰫
屯三五四〇	惟子…	屯三五五〇	其有伐王受有祐
屯三五四一	…貞…無囚	屯三五五〇	弜侑
屯三五四一	癸酉貞旬無囚	屯三五五〇	…其侑…其十人…
屯三五四一	癸未貞旬無囚	屯三五五一	丁丑貞殼有兕其…
屯三五四一	…旬無囚		

屯三五五一 弜比
屯三五五二 十牛又五
屯三五五二 癸巳貞卯二羌一牛
屯三五五三 ：旬無囚
屯三五五四 ：田：
屯三五五四 其雨
屯三五五四 其：
屯三五五五 卯其：
屯三五五五 ：牢
屯三五五六 吉
屯三五五八 ：貞其㞢：人
屯三五六一 ：無：
屯三五六二 甲午貞𠦪來：其用自上甲十示又：羌
十又八乙未：
屯三五六三 父己歲惟羊
屯三五六四 翌日于祖乙其□于武乙宗王受有祐 弘吉
屯三五六四 ：于：
屯三五六五 ：雨
屯三五六五 乙亥啓
屯三五六五 其一牛卯：
屯三五六五 丙子卜□以：㞢于丁卯牢
屯三五六六 □執
屯三五六六 □若
屯三五六七 丙寅貞其𠦪禾于岳燎三牢卯三：
屯三五六七 丁卯貞惟：于河燎雨
屯三五六七 弜𠦪雨
屯三五六八 戊寅卜敎佣受祐
屯三五六八 ：生月
屯三五六八 ：佣：祐
屯三五六九 不雨
屯三五六九 甲子卜乙雨
屯三五六九 不雨
屯三五六九 ：雨
屯三五七一 乙卯貞：
屯三五七一 乙卯貞𠦪禾于岳受：
屯三五七一 庚辰卜其燎于□牢辛巳酌
屯三五七一 惟大牢
屯三五七一 惟二牢
屯三五七二 惟：
屯三五七二 惟茲戚用
屯三五七二 王卜
屯三五七三 辛巳卜翌：
屯三五七三 从喪
屯三五七三 从盂
屯三五七四 癸未貞旬無囚

屯三五七四 癸巳貞旬無囚
屯三五七四 癸卯貞旬無囚
屯三五七四 癸丑貞旬無囚
屯三五七五 癸亥貞旬無囚
屯三五七五 癸酉貞旬無囚
屯三五七五 ：未貞旬無囚
屯三五七六 其雨
屯三五七七 其雨
屯三五七七 于梌無災
屯三五七八 丙子
屯三五七八 莫
屯三五七九 甲寅：乙卯：允：
屯三五八〇 丁酉：弜：
屯三五八〇 ：卜：
屯三五八〇 丙辰卜王步丁巳
屯三五八一 乙酉：三牢：用
屯三五八二 吉
屯三五八三 乙酉卜：
屯三五八三 ：雨
屯三五八四 惟：乙：
屯三五八六 丁未卜烄：毋庚有从雨三月
屯三五八七 ：無：
屯三五八七 ：無囚
屯三五八七 ：囚
屯三五八八 壬：田：遘：
屯三五八九 豊豊
屯三五九〇 ：巳：
屯三五九三 ：貞酌毛：
屯三五九三 癸未卜甲申：允暘日
屯三五九三 ：旬骨三
屯三五九四 ：牛：
屯三五九四 ：申貞□于：有羌燎牢：羌燎牢
屯三五九四 己未：不降永
屯三五九四 其降永
屯三五九四 庚申貞有舌自上甲盤六示：小示羊
屯三五九五 不：
屯三五九五 弜作
屯三五九六 癸：貞：無：
屯三五九六 癸丑貞旬無囚
屯三五九七 癸巳貞旬無囚
屯三五九七 癸卯貞旬無囚
屯三五九七 癸丑貞旬無囚
屯三五九八 今日至辛卯雨
屯三五九八 丁丑卜及今夕雨
屯三五九八 ：申卜：
屯三五九九 惟壬逐：無災

屯三五九九 辛王其：牢虎無災
屯三五九九 于來自牢迺逐辰鹿無災
屯三五九九 般：
屯三六〇〇 吉
屯三六〇〇 大吉
屯三六〇一 ：茲：
屯三六〇一 ：其𠦪妣辛惟𣪊
屯三六〇一 惟小宰 茲用
屯三六〇一 庚寅卜王賓妣辛𠦪
屯三六〇一 ：賓：辛：
屯三六〇二 不以雨
屯三六〇二 不雨
屯三六〇四 敦徲受祐
屯三六〇四 ：受祐
屯三六〇五 ：自：南
屯三六〇六 ：戊辰：不
屯三六〇七 ：田省無：
屯三六〇七 ：無災不雨
屯三六〇八 辛：
屯三六〇八 于來壬子迺田𢾊：
屯三六〇八 于壬子王田𢾊無災擒
屯三六〇八 不雨
屯三六〇九 辛酉：貞：
屯三六〇九 壬戌卜貞王其田宮無災
屯三六〇九 乙丑卜貞王其田向無災
屯三六一二 丁丑卜侑于伊：
屯三六一二 辛卯卜侑于伊尹一羌一牢
屯三六一二 壬寅卜我示延乙巳
屯三六一二 甲戌：
屯三六一三 其雨
屯三六一三 不遘大風
屯三六一三 其遘大風
屯三六一四 ：惟：
屯三六一五 丁亥卜：
屯三六一五 弜田其悔
屯三六一六 辛：
屯三六一六 ：日：
屯三六一七 庚：
屯三六一七 茲用
屯三六一八 癸亥貞旬無𡆥
屯三六一八 癸酉貞旬無𡆥
屯三六一九 ：今日衆：
屯三六二三 ：雨
屯三六二四 吉
屯三六二六 ：不：

屯三六二七 ：午貞：𠦪：大甲父丁
屯三六二八 ：圖：
屯三六二九 丙寅：
屯三六二九 丙寅卜大庚歲孖于毓祖乙：
屯三六二九 ：來日：歲于大庚
屯三六三〇 吉
屯三六三一 茲用
屯三六三二 ：冎
屯三六三三 弜侑
屯三六三三 三羌卯牢
屯三六三三 ：羌：牢
屯三六三四 癸酉貞旬無𡆥
屯三六三四 癸未貞旬無𡆥
屯三六三六 辛：
屯三六三七 惟有：𣳮戋戲方：戌
屯三六三八 ：𡆥
屯三六四〇 羌四 茲用
屯三六四一 丁卯卜有𣪘：
屯三六四二 甲：
屯三六四三 丙辰：
屯三六四五 ：王惟：
屯三六四六 ：酉卜𣪍：若
屯三六四八 ：卜：牛
屯三六四八 己：
屯三六五〇 吉
屯三六五一 ：牢：
屯三六五三 癸：
屯三六五四 一羊雨
屯三六五四 二羊雨
屯三六五五 ：𢉧戋戲方不雉衆
屯三六五五 吉
屯三六五六 惟：吉
屯三六五七 惟：王：
屯三六五八 其雨
屯三六五九 丁丑卜翌日戊王其田湄： 大吉 用
屯三六六〇 己酉貞：
屯三六六〇 ：惟甲寅：
屯三六六一 貞擒其奠：于：
屯三六六一 ：卜侑四方：
屯三六六二 ：雨
屯三六六三 壬戌：貞王其田牢無災擒兕
屯三六六三 戊辰卜貞王其田：無災
屯三六六四 庚辰：帝于：九：
屯三六六四 其燎于土

屯三六六五 癸：

屯三六六五 癸卯貞旬：

屯三六六五 癸丑貞旬：

屯三六六六 ：于父甲告衛有災以王擒

屯三六六七 己未貞弜乇：

屯三六六七 甲子燎河

屯三六六八 ：㪔高： 茲用

屯三六六九 辛未貞大：

屯三六七〇 ：升歲：

屯三六七〇 ：二羌二牛：

屯三六七二 己卯貞王有：自上甲盡至于：

屯三六七二 ：一牢

屯三六七三 癸丑貞多宁其延有升歲于父丁牢又一

牛

屯三六七三 其三牛

屯三六七三 癸丑貞王有歲于祖乙

屯三六七三 于父丁有歲

屯三六七三 ：貞：至：

屯三六七四 弜用

屯三六七四 弜升

屯三六七四 ：卯：牢

屯三六七五 癸酉：

屯三六七五 弜有

屯三六七五 三牢

屯三六七六 ：小丁歲：

屯三六七六 ：于大祝日酌

屯三六七六 ：小酌

屯三六七六 ：盟：

屯三六七七 己亥卜：

屯三六七七 弜祝 吉

屯三六七八 ：雨

屯三六七九 癸丑貞旬無囚

屯三六八〇 癸：庚：

屯三六八〇 癸未卜：燎于河：

屯三六八二 癸：

屯三六八二 ：亥貞：

屯三六八四 惟黃：

屯三六八五 ：辰卜：雨

屯三六八七 丙戌卜：

屯三六八七 ：卜：南：

屯三六八八 己巳卜其有歲于：

屯三六八九 乙：

屯三六八九 惟今乙未

屯三六九〇 ：有歲：

屯三六九一 吉

屯三六九一 吉

屯三六九二 其：

屯三六九三 其遘雨

屯三六九四 ：貞：

屯三六九五 茲用

屯三六九六 ：其亡犬：

屯三六九六 戊：

屯三六九八 ：酌彡：

屯三六九九 其：

屯三七〇〇 ：𦎫母

屯三七〇一 吉

屯三七〇二 癸酉：旬無：

屯三七〇三 奉于：

屯三七〇四 吉

屯三七〇五 乙酉其觀：王： 吉

屯三七〇六 雀受祐

屯三七〇六 戈有囚

屯三七〇六 戈弗戕夷

屯三七〇七 壬：

屯三七〇八 辛丑：

屯三七〇九 庚：

屯三七〇九 㪔𤔲

屯三七〇九 三牢

屯三七〇九 ：牢

屯三七一〇 戊戌：

屯三七一〇 弜有

屯三七一一 惟舊冊 茲用

屯三七一二 甲戌卜翌日乙：其遂于向無災

屯三七一二 于徐無災

屯三七一二 ：喪：

屯三七一三 甲：其：

屯三七一六 ：申貞：奉：

屯三七一八 ：王狩：

屯三七二〇 父辛

屯三七二一 王不：

屯三七二一 壬王其遂：

屯三七二二 己巳卜惟庚午酌

屯三七二二 惟庚辰酌

屯三七二二 ：寅卜：

屯三七二三 ：亥貞：以子方奠于并在父丁宗彝

屯三七二四 乙亥卜：餗迺侑祖：

屯三七二四 不暘日

屯三七二四 癸未卜：酌餗：

屯三七二四 乙未：

屯三七二五 ：貞：無囚

屯二七二五　癸巳貞旬無𡆥
屯二七二五　：卯貞旬無𡆥
屯二七二五　：貞旬無𡆥
屯二七二五　癸亥貞旬無𡆥
屯二七二六　丙寅貞惟𢀛啓元吾王：
屯二七二六　丙寅貞惟𢀛二子：人
屯二七二七　：卜翌日祖乙：　吉
屯二七二八　辛亥：父辛
屯二七二九　弜田其悔
屯二七三〇　亞：
屯二七三〇　茲用
屯二七三〇　：卯卜自上甲盤：惟小牢
屯二七三一　于西𠂤：
屯二七三一　惟壬酚品
屯二七三一　惟癸酚品
屯二七三二　于庚：
屯二七三二　丙辰：翌：
屯二七三三　：翌日：
屯二七三四　丙子卜其：
屯二七三五　壬寅：甲雨
屯二七三六　丁巳：其：于父丁
屯二七三六　戊午卜不雨
屯二七三八　：牢卯六：
屯二七三九　羌十
屯二七三九　羌十又五
屯二七三九　庚：
屯二七四〇　癸丑卜貞旬無𡆥
屯二七四〇　癸亥卜貞旬無𡆥
屯二七四〇　癸酉卜貞旬無𡆥
屯二七四〇　癸未卜貞旬無𡆥
屯二七四〇　癸巳貞旬無𡆥
屯二七四〇　：卯：旬：𡆥
屯二七四一　卯：
屯二七四一　：五酚
屯二七四二　丙辰：丁巳：其：
屯二七四三　其：大：
屯二七四三　其盤有夂
屯二七四三　三牢上甲
屯二七四三　五牢
屯二七四四　：寅：今夕無至𡆥
屯二七四四　丁卯：今夕無至𡆥
屯二七四四　戊辰卜今夕無至𡆥
屯二七四四　己巳卜今夕無至𡆥
屯二七四五　癸丑貞旬無𡆥
屯二七四五　癸亥貞旬無𡆥

屯二七四五　癸酉貞旬無𡆥
屯二七四五　：旬：𡆥
屯二七四六　：貞有夂：
屯二七四七　二牛
屯二七四八　弜以大示
屯二七四九　惟庚有雨
屯二七五〇　癸未：有：
屯二七五一　：𢀛湄：
屯二七五二　辛其興于：
屯二七五三　乙：
屯二七五三　茲用
屯二七五五　：無𡆥
屯二七五六　：三牢
屯二七五八　：牛
屯二七五九　丁巳：
屯二七五九　弜田其悔
屯二七五九　王其田遠湄日無災
屯二七五九　其𢦏田湄日無災
屯二七五九　王惟田省無災
屯二七六〇　無去其雨
屯二七六一　癸：貞：無：
屯二七六一　癸巳貞旬無𡆥
屯二七六一　癸卯貞旬無𡆥
屯二七六一　：旬：𡆥
屯二七六二　庚：
屯二七六二　：鼓
屯二七六三　丁酉：𩰫：祀在：丁宗卜
屯二七六三　戊戌卜𩰫翌祀在大戌
屯二七六三　庚子𩰫翌祀在大庚宗卜
屯二七六四　丁卯卜王令取勿羌茲𡨥在祖丁宗：
屯二七六四　：取：用
屯二七六五　大吉
屯二七六五　吉
屯二七六六　：巳：有歲：祖甲燎：
屯二七六七　：無：
屯二七六八　：告麥
屯二七六八　：三十邑
屯二七六九　大：
屯二七七〇　壬申：乙亥：
屯二七七〇　癸亥卜弜舞雨
屯二七七一　：其：
屯二七七二　：田無災
屯二七七五　：其：
屯二七七六　甲戌卜其有歲于魯甲
屯二七七七　：翌日：沘無災

屯三七七七　王其田…無災
屯三七七八　己亥卜父甲木丁勿…
屯三七七八　弜勿
屯三七七八　己亥卜父甲木丁二牢
屯三七七八　…牢…用
屯三七七九　其…牢
屯三七七九　𠦪年于河惟今辛酉彡　吉
屯三七八〇　…貞…囚
屯三七八一　弜…
屯三七八二　庚申卜五羌五牢于大乙
屯三七八三　丙午…
屯三七八四　乙丑…
屯三七八六　乙丑貞王狩祖乙
屯三七八六　弜狩
屯三七八七　乙丑貞其寧風…
屯三七八八　吉
屯三七九〇　…禱…祖…
屯三七九一　…𡉚…
屯三七九二　…未卜翌日戊王…　吉
屯三七九三　辛卯卜貞王其田…
屯三七九三　…辰卜…王其田無災
屯三七九四　弜侑
屯三七九四　丁巳卜歲至于大戊　茲用歲…
屯三七九四　弜至
屯三七九四　己未卜其有歲于雍己　茲用十牢
屯三七九四　弜侑
屯三七九四　…未卜雍己…惟牡　茲用
屯三七九五　王其省田不遘雨
屯三七九五　其遘雨
屯三七九六　…弗…正
屯三七九七　辛…令…
屯三七九七　辛巳卜貞王惟羽令以束尹
屯三七九八　乙巳貞王其以…人田昌有…
屯三七九八　…子…王…衆…其…
屯三七九九　辛不雨
屯三八〇〇　茲用
屯三八〇四　…在…
屯三八〇五　…貞…伐…土…牢
屯三八〇六　吉
屯三八〇八　庚辰卜至…
屯三八〇八　弜至歲
屯三八〇九　癸…
屯三八〇九　不遘…
屯三八一〇　丁卯…
屯三八一一　茲用
屯三八一一　…牡　茲用

屯三八一二　弜商
屯三八一六　…㭉
屯三八一七　…丁暘日
屯三八一八　辛…
屯三八一八　壬寅…其…無災
屯三八二〇　己…
屯三八二一　…貞戊無…
屯三八二二　其…
屯三八二二　…小示𠦪惟羊
屯三八二三　…其…
屯三八二三　…祖彡在大宗…
屯三八二三　…至小示其利延…
屯三八二四　其延用羌
屯三八二四　弜用
屯三八二五　不雨
屯三八二五　不…
屯三八二六　…五示五…
屯三八二七　其雨
屯三八二八　于來丙申彡王受祐
屯三八二八　惟辛彡王受祐
屯三八二八　惟乙彡王受祐
屯三八二八　惟丁彡王受祐
屯三八二八　惟戊彡王受祐
屯三八二九　…無災擒
屯三八二九　…雨
屯三八三〇　…貞王其田無災
屯三八三一　…高祖歲牢…
屯三八三二　戊辰卜王往…
屯三八三三　…戌卜翌日乙王其田…
屯三八三四　辛…卜…暘日
屯三八三五　不受年
屯三八三五　作見𦉘惟秅
屯三八三七　茲用
屯三八三七　茲
屯三八三七　癸亥
屯三八三七　乙丑卜令…
屯三八三七　弜令
屯三八三八　…𢀛…
屯三八三九　…貞…冥…
屯三八四〇　…有史
屯三八四一　燎河
屯三八四一　燎于東一牛
屯三八四二　丁酉…
屯三八四四　…祖乙…
屯三八四五　丙…

屯三八四六 王其田無災
屯三八四六 …田省…災
屯三八四七 甲子貞婦㳄無囚
屯三八四八 …禰…
屯三八五二 乙卯…來乙…酌…于…
屯三八五二 乙…弜蒸丁卯酌品
屯三八五二 乙卯卜惟生王𠂤王
屯三八五二 …卯…千…王…
屯三八五三 己巳卜王其乂羌卯…
屯三八五三 牢又一牛王受祐
屯三八五三 …祐
屯三八五四 丁…歲…
屯三八五四 其有祟
屯三八五五 癸…貞…無囚
屯三八五五 癸亥貞旬無囚
屯三八五五 癸酉貞旬無囚
屯三八五五 癸未貞旬無囚
屯三八五五 癸巳貞旬無囚
屯三八五六 丁卯貞…
屯三八五七 大吉
屯三八五八 茲用
屯三八五九 癸未貞旬無囚
屯三八六〇 癸…
屯三八六一 …貞延酌…
屯三八六三 惟父…尗
屯三八六三 戊辰…
屯三八六四 其…
屯三八六五 弘吉
屯三八六五 吉
屯三八六五 吉
屯三八六六 …巳…
屯三八七〇 辛酉貞…
屯三八七二 茲用
屯三八七三 …雨
屯三八七四 丙其…雨
屯三八七五 乙未…
屯三八七五 弜賓
屯三八七六 弜侑
屯三八七七 茲用
屯三八七八 弜…
屯三八七九 …牢
屯三八八〇 …𩠐
屯三八八〇 甲申卜…
屯三八八二 …貞…
屯三八八三 …雨

屯三八八五 癸…貞旬…囚
屯三八八六 辛亥…
屯三八八九 吉
屯三八九〇 自大乙至于父丁
屯三八九一 弜…
屯三八九一 …牢
屯三八九一 五牢
屯三八九二 乙不雨
屯三八九二 …雨
屯三八九三 丙申…今日…
屯三八九三 其雨
屯三八九三 今…延…
屯三八九四 吉
屯三八九五 癸亥貞旬…囚
屯三八九六 父甲…有…
屯三八九六 …𣪘
屯三八九六 其𣪘祖丁必有正王受祐
屯三八九七 丙戌卜王…
屯三八九七 …畀…⿰禾桒…匕㕡王…
屯三八九八 …咸奏河
屯三八九九 辛…無…
屯三九〇〇 壬午貞…
屯三九〇一 己未卜…沈
屯三九〇二 癸…旬…
屯三九〇五 辛卯…
屯三九〇六 …于貞有…
屯三九〇七 茲用
屯三九〇八 …餗
屯三九〇九 一牢
屯三九〇九 …牢
屯三九一〇 癸…
屯三九一一 癸未卜…無囚
屯三九一一 癸巳卜貞旬無囚
屯三九一一 癸卯卜貞旬無囚
屯三九一一 …卜…旬…囚
屯三九一二 …于…祉戒兹
屯三九一三 …衆出伐…
屯三九一四 …卯貞…匚于…
屯三九一五 乙父…
屯三九一六 …宗…
屯三九一八 乙…
屯三九一八 …貞其桒禾…
屯三九一八 …桒…
屯三九一九 …雨
屯三九二〇 …省…災

屯三九二〇 ……狩……災
屯三九二二 二百
屯三九二三 戊……
屯三九二四 茲用
屯三九二五 ……五牛……又四……斷
屯三九二八 丁……
屯三九二八 不雨
屯三九三〇 ……卯……
屯三九三三 其雨
屯三九三五 ……戊……
屯三九三七 五牛
屯三九三八 ……于林……
屯三九三九 ……癸未雨至甲雨……至丙雨
屯三九四〇 ……貞其奉于河
屯三九四一 弜有羌
屯三九四一 ……酌……雨
屯三九四二 ……田……
屯三九四四 ……高祖……
屯三九四七 乙亥……在大……有㐅……三羌……
屯三九四七 ……亥卜……伐五示……二牢……羌雨
屯三九四九 大吉
屯三九五二 ……貞旬……
屯三九五三 癸酉……其……
屯三九五四 癸卯貞……
屯三九五五 惟……酌
屯三九五六 惟父庚
屯三九五六 吉
屯三九五六 吉
屯三九五七 ……戓[illegible]……
屯三九五八 ……貞禱歲二牢 茲用
屯三九五九 不雨
屯三九五九 其雨
屯三九六〇 其害于台
屯三九六一 庚申卜乇于祖乙一牛
屯三九六二 弜田其悔 吉
屯三九六二 ……惟田……無……
屯三九六三 乙……
屯三九六三 寧食于商……
屯三九六四 ……又一牛
屯三九六五 ……一小牢……
屯三九六六 ……貞……無……
屯三九六六 癸巳貞……無囚
屯三九六六 癸卯貞旬無囚
屯三九六七 癸巳……酌……
屯三九六七 ……貞……五牢

屯三九六八 弜……
屯三九六八 ……來日……
屯三九六九 ……己父……惟……自……戠……𢼸
屯三九七〇 癸卯……甲辰……大……
屯三九七一 ……亥……
屯三九七二 茲用
屯三九七三 丁丑……甲申于……
屯三九七三 ……牛
屯三九七四 吉
屯三九七五 ……多……
屯三九七六 ……貞示壬……
屯三九七七 不雨
屯三九七七 ……雨
屯三九七八 弗祟
屯三九七八 己亥貞……
屯三九七八 ……二十牛
屯三九七九 吉
屯三九八〇 ……于……
屯三九八一 ……酉貞……
屯三九八三 ……其……二牛
屯三九八三 ……今日……伐……
屯三九八四 ……有伐……
屯三九八五 吉
屯三九八六 庚……
屯三九八七 ……牢茲……
屯三九八八 ……卯……
屯三九八九 庚戌卜……
屯三九九〇 ……貞……
屯三九九三 吉
屯三九九五 ……十牢……王受……
屯三九九六 惟有……有鹿 吉
屯三九九八 ……七……
屯四〇〇〇 惟[illegible]……無災
屯四〇〇二 大吉
屯四〇〇二 吉
屯四〇〇三 ……寅……
屯四〇〇四 十人又五
屯四〇〇四 ……牢
屯四〇〇六 ……告……
屯四〇〇六 ……雨
屯四〇〇七 惟……田省無災
屯四〇〇八 ……其田惟…… 吉
屯四〇〇九 ……小乙……
屯四〇一〇 ……于京……
屯四〇一一 戊……癸雨

屯四〇一二　癸亥貞旬無囚
屯四〇一二　：囚
屯四〇一三　癸：貞旬：
屯四〇一三　癸丑貞旬無囚
屯四〇一三　癸亥貞旬無囚
屯四〇一三　：酉：
屯四〇一四　癸：貞旬無囚
屯四〇一五　：于：祖：
屯四〇一五　弜告
屯四〇一五　自祖乙告祖丁小乙父丁
屯四〇一七　壬辰貞：
屯四〇一七　：雨
屯四〇一八　吉
屯四〇一八　吉
屯四〇二〇　庚寅卜其有：
屯四〇二〇　：牛一
屯四〇二一　庚雨
屯四〇二一　辛雨
屯四〇二一　壬雨
屯四〇二二　弜田其悔
屯四〇二二　王惟宮田省無災
屯四〇二二　惟盂田省無災
屯四〇二三　王其侑妣戊姘盩羊王受祐
屯四〇二三　盩小宰王受祐
屯四〇二三　惟妣戊姘小宰王受祐
屯四〇二四　辛未雨
屯四〇二四　：雨
屯四〇二五　方出至于茲：
屯四〇二五　不至
屯四〇二六　庚：
屯四〇二六　庚寅卜多子族于舌
屯四〇二七　癸：乙：
屯四〇二七　庚寅卜盧彡甲午
屯四〇二七　：卜：餗
屯四〇二九　：多馬：弜令：衆：
屯四〇三〇　大吉
屯四〇三一　壬寅卜其延翌日：
屯四〇三二　：岳于來辛酉酢
屯四〇三二　弜暨
屯四〇三二　弜：
屯四〇三三　癸酉卜王其田牧雉惟乙雨　吉
屯四〇三三　惟戈田牧雉弗悔無災泳王　吉
屯四〇三三　惟麥田擒無災　吉
屯四〇三四　大吉
屯四〇三五　：其延學：

屯四〇三六　：祐
屯四〇三七　己卯：有：歲：乙：
屯四〇三七　：辰：有乂：上甲
屯四〇三八　：父：
屯四〇三九　戊寅：有：
屯四〇三九　甲申卜：乇辛酉
屯四〇四〇　乙亥貞王其：
屯四〇四一　惟：令：
屯四〇四二　：敕：鼓：
屯四〇四三　己亥：先侑大：二十牢
屯四〇四四　丁：
屯四〇四四　：王無：[illegible]
屯四〇四四　戊：
屯四〇四五　吉
屯四〇四五　：穫田湄：災不雨
屯四〇四六　吉
屯四〇四七　丙申貞奉自上甲
屯四〇四八　丁巳：貞：惟：令卒：
屯四〇四八　庚申卜貞其告祖乙牛于：丁牛
屯四〇四八　庚申卜貞王惟乙令卒暨並
屯四〇四八　庚申卜貞王惟丁令卒暨並
屯四〇四八　戊寅卜貞王無囚
屯四〇四八　[illegible]
屯四〇四八　其疾
屯四〇四九　己巳貞商于凡奠
屯四〇四九　己巳貞商于祟奠
屯四〇四九　辛未貞其告商于祖乙[illegible]
屯四〇四九　辛未貞夕告商于祖乙
屯四〇四九　：丑：令：侯：
屯四〇五〇　：二：三：大乙十：大戊：
屯四〇五一　丙午貞戊申步
屯四〇五二　：貞王令：殳舟：
屯四〇五三　乙酉：自上甲盩：乂
屯四〇五三　乙酉卜惟甲午酢乂
屯四〇五四　丁巳卜貞王令並甲商伐
屯四〇五四　丁巳卜貞王惟丁巳令卒並伐
屯四〇五四　：卜：申：並：
屯四〇五五　甲午卜乂：茲不用
屯四〇五六　：寅貞其告于上甲三牛
屯四〇五七　癸未貞旬無囚
屯四〇五八　癸未卜弜藝
屯四〇五九　大吉　茲用
屯四〇六〇　于乙
屯四〇六〇　：王其：舟：惟莫
屯四〇六一　牢　茲用

屯四〇六一 三牢
屯四〇六二 ：卓：
屯四〇六三 癸未：貞旬無囚
屯四〇六三 癸巳卜貞旬無囚
屯四〇六三 癸卯卜貞旬無囚
屯四〇六三 癸丑卜貞旬無囚
屯四〇六五 ：申卜河劉王賓王受祐　吉
屯四〇六六 ：若商于：母卧：𢦏興于之受祐
屯四〇六七 癸丑貞旬無囚
屯四〇六七 癸亥貞旬無囚
屯四〇六七 癸酉貞旬無囚
屯四〇六七 癸未貞旬無囚
屯四〇六七 癸巳貞旬無囚
屯四〇六七 ：卯：
屯四〇六八 ：二牢
屯四〇六九 ：其田湄日無災
屯四〇七一 ：卜其有歲于高：
屯四〇七二 ：貞：無囚
屯四〇七三 壬午卜貞：
屯四〇七三 乙酉卜貞王其田無災
屯四〇七三 戊子卜貞王其田無災
屯四〇七三 ：卯卜貞王其田無災
屯四〇七三 ：無災
屯四〇七四 弘吉
屯四〇七四 吉
屯四〇七四 其五：　吉
屯四〇七五 丙寅貞今：卓：𢦏伐：　茲用
屯四〇七五 ：奉于：
屯四〇七六 ：貞：其賓乇
屯四〇七七 大吉
屯四〇七七 不雨
屯四〇七八 ：巳卜父戊歲惟旦𢼸王受有祐　吉
屯四〇七九 癸亥貞旬無囚
屯四〇七九 癸酉貞旬無囚
屯四〇八〇 ：卝𩰫：
屯四〇八三 辛卯：
屯四〇八三 辛卯：
屯四〇八四 大吉
屯四〇八五 ：貞：
屯四〇八六 茲用
屯四〇八七 貞：無：
屯四〇八八 （習刻）
屯四〇八八 ：貞甲申：燎十：受禾
屯四〇八九 壬寅卜：壬奉惟：
屯四〇九〇 丁酉貞王：

屯四〇九〇 ：未：沚方
屯四〇九一 癸酉卜：
屯四〇九一 𣪕𤕭
屯四〇九一 ：其有以：上甲有：受祐
屯四〇九二 吉：不：
屯四〇九二 ：遘小雨
屯四〇九三 ：未卜其：多万：父庚
屯四〇九四 癸：旬：
屯四〇九五 ：𠂤侯：
屯四〇九七 ：囚
屯四一〇一 貞彡奉禾
屯四一〇一 辛卯貞彡以歲妣壬
屯四一〇一 癸卯：
屯四一〇二 ：舌于谷：羊
屯四一〇三 辛亥貞王燎：正召：
屯四一〇三 癸丑貞王正召方受祐
屯四一〇三 乙卯貞王正召：
屯四一〇三 丙辰貞王正召方受祐
屯四一〇三 其正
屯四一〇三 ：王：
屯四一〇四 惟喪：　吉
屯四一〇五 ：駴燎三牢
屯四一〇六 乙雨
屯四一〇七 ：蒸稽：木丁
屯四一〇八 ：燎：四
屯四一〇八 ：以：
屯四一〇九 ：祖：
屯四一一〇 甲：𡙎：禾：
屯四一一〇 ：河：牢
屯四一一一 大吉
屯四一一三 乙：燎：于：
屯四一一三 ：卜：于祖乙：牛
屯四一一四 吉
屯四一一五 大吉
屯四一一七 ：亥卜：
屯四一一九 甲寅：
屯四一二〇 癸丑：今日：不雨
屯四一二二 牢又一牛用王受祐
屯四一二三 ：大雨
屯四一二四 辛：
屯四一二五 ：于：　大吉
屯四一二六 ：惟：
屯四一二九 ：貞其：　茲用
屯四一二九 乙亥彡：

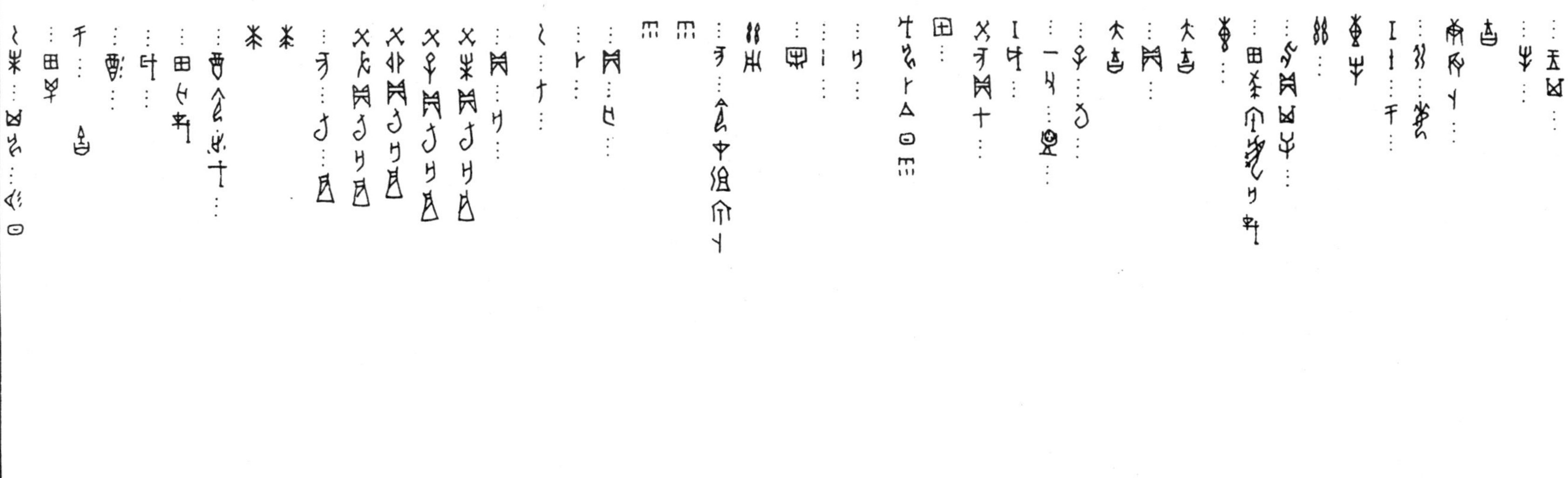

屯四二三一	：王其：
屯四二三二	：牛：
屯四二三三	吉
屯四二三四	庚辰卜：
屯四二三四	：弜：悔
屯四二三五	壬午：于：
屯四二三六	惟牛
屯四二三七	茲：
屯四二三八	：申貞其歺：
屯四二四〇	：田祟宰虎無災
屯四二四〇	惟：
屯四二四一	大吉
屯四二四三	：貞：
屯四二四四	大吉
屯四二四五	：巳：旬：
屯四二四六	：一父：盟：
屯四二四七	壬戌：
屯四二四七	癸亥貞甲：
屯四二四九	上甲：
屯四二五〇	戊申卜今日雨
屯四二五二	：無：
屯四二五二	：十：
屯四二五三	：宰
屯四二五四	茲用
屯四二五五	：亥：令在祖乙宗卜
屯四二五六	雨
屯四二五六	雨
屯四二五九	：貞：無：
屯四二六〇	：卜：
屯四二六一	乙：壬：
屯四二六二	：貞：無：
屯四二六二	癸未貞旬無𡆥
屯四二六二	癸巳貞旬無𡆥
屯四二六二	癸卯貞旬無𡆥
屯四二六二	癸丑貞旬無𡆥
屯四二六二	：亥：旬：𡆥
屯四二六三	桒
屯四二六三	桒
屯四二六四	：酉令沚戈：
屯四二六五	：田無災
屯四二六六	：歲：
屯四二六八	：酌：
屯四二六九	于：吉
屯四二六九	：田擒
屯四二七〇	乙未：其申：暘日

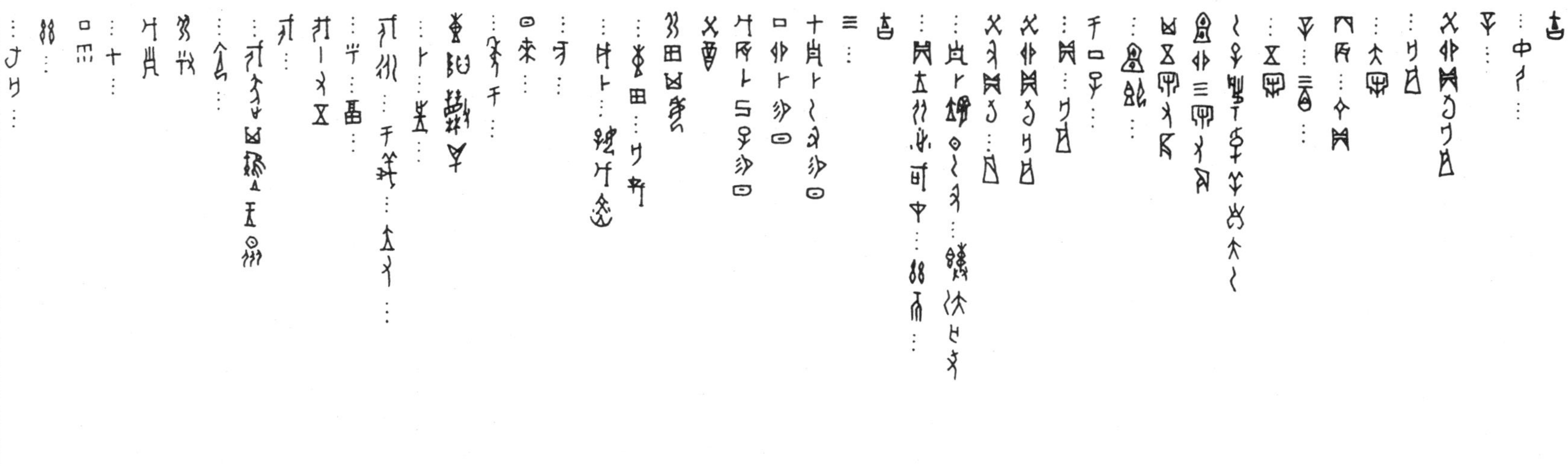

屯四二七一	吉
屯四二七二	：仲人：
屯四二七三	辛：
屯四二七五	癸卯貞旬無𡆥
屯四二七五	：無𡆥
屯四二七六	：大宰
屯四二七七	丙辰：介貞
屯四二七八	辛：三百：
屯四二七八	：五宰
屯四二七八	乙巳𢽤俘羊自大乙
屯四二七八	圂卯三宰又辰
屯四二七八	其五宰又辰
屯四二七八	：圂即：
屯四二七九	于丁巳：
屯四二八〇	：貞：無𡆥
屯四二八〇	癸卯貞旬無𡆥
屯四二八〇	癸丑貞旬：𡆥
屯四二八一	：于卜翌日乙丑：餗大乙無尤
屯四二八三	：貞王比沚戓在：茲不：
屯四二八四	吉
屯四二八七	三：
屯四二八八	甲子卜乙丑暘日
屯四二八八	丁卯卜暘日
屯四二八八	戊辰卜己巳暘日
屯四二八九	癸酉
屯四二九〇	弜田其悔
屯四二九〇	：惟田：無災
屯四二九一	：戊卜：好戊姣
屯四二九三	：亥：
屯四二九四	日來：
屯四二九五	：年于：
屯四二九五	惟⿰阝心⿰雚攵擒
屯四二九六	：卜：往：
屯四二九七	戊泳：于義：立有：
屯四二九七	：呼：畐：
屯四二九八	伐十又五
屯四三〇〇	戊：
屯四三〇〇	：戊逐其雉王衆
屯四三〇二	：令：
屯四三〇三	弜祭
屯四三〇四	戊子
屯四三〇六	：甲：
屯四三〇七	丁雨
屯四三〇八	茲：
屯四三〇九	：旬無：

屯四二一一	己：：
屯四二一二	甲：：
屯四二一三	牛：：
屯四二一四	大吉
屯四二一五	：卯卜不晹日
屯四二一六	：辰：
屯四二一八	五：：
屯四二一九	吉
屯四二二一	：羌：
屯四二二四	：于：
屯四二二八	：歲：
屯四二二九	不：
屯四二三〇	丁：：
屯四二三一	癸：：
屯四二三二	己巳貞弜正
屯四二三三	有：既：弜：
屯四二三三	習大示奉贏
屯四二三三	奉小示奉贏
屯四二三三	惟辛酉酚奉
屯四二三三	惟乙丑酚奉
屯四二三三	：奉：
屯四二三五	啓
屯四二三六	：災
屯四二三七	吉
屯四二三八	：王：
屯四二四〇	惟：十犬：羊十：大吉
屯四二四〇	惟今日己酚　大吉
屯四二四〇	于來日己酚　大吉
屯四二四〇	惟入自夕酉酚
屯四二四〇	：又：王夕：酚
屯四二四一	辛未：惟：
屯四二四一	辛：于：
屯四二四二	乙亥：
屯四二四二	有乂伐二十十宰有囚
屯四二四二	：代：宰
屯四二四三	：父己歲有：
屯四二四五	：遣：有：
屯四二四六	庚子：
屯四二四六	：未卜：來乙：
屯四二四八	：五在斜
屯四二四九	丙寅貞：于宗小宰：
屯四二四九	丙寅貞燎三小宰卯三牛于宗
屯四二五〇	：卯貞：
屯四二五一	：戓田于京
屯四二五二	癸：
屯四二五三	今：
屯四二五三	：雨：
屯四二五五	吉
屯四二五六	不雨
屯四二五七	：用二牛
屯四二五八	甲：
屯四二五八	：王：
屯四二五九	：蒸禱：
屯四二六一	戊
屯四二六二	：霾有：
屯四二六四	：其有：
屯四二六六	：酒：
屯四二六七	壬：其：
屯四二六七	：戊：
屯四二七〇	癸：
屯四二七一	：卯卜：夕雨
屯四二七六	：羊：
屯四二七七	：王：
屯四二七八	：今日：
屯四二七九	癸：貞旬無囚
屯四二七九	癸丑貞旬無囚
屯四二八一	其𠦪于虞王弗悔
屯四二八一	：𠦪：
屯四二八二	：囚
屯四二八四	辰田
屯四二八五	祊：吉
屯四二八五	弜
屯四二八五	其祈大乙有
屯四二八六	乙酉卜有歲于祖乙不雨
屯四二八六	甲：
屯四二八七	：卯卜惟：𠦪俘：
屯四二八八	辛：奉禾：
屯四二八九	不雨
屯四二九〇	燎：
屯四二九一	于盂無災
屯四二九二	大吉
屯四二九三	：卯貞：剛：
屯四二九四	：暘日
屯四二九四	：未卜：
屯四二九五	乙：貞：于：十：
屯四二九五	：丑貞毛于祖乙二十牛
屯四二九六	辛：貞：
屯四二九六	：寅：
屯四二九八	：歲于：
屯四二九九	：其奉：

屯四三〇〇 ：告：
屯四三〇一 甲辰卜翌日乙王其迖于𦎫無災 吉
屯四三〇一 乙卯不啓
屯四三〇一 壬午貞高𦬙雨
屯四三〇一 癸巳貞戊大彡：其奏餗
屯四三〇二 ：無：
屯四三〇二 癸卯：
屯四三〇三 （習刻）
屯四三〇四 己酉：乙卯：
屯四三〇五 乙亥卜侑卜丙
屯四三〇七 ：田：
屯四三〇七 ：卜：
屯四三〇八 弘吉
屯四三〇九 ：貞：無：
屯四三〇九 癸酉貞旬無𡆥
屯四三〇九 癸未貞旬無𡆥
屯四三一〇 甲午卜徣畄𦔮印 十月
屯四三一〇 甲午卜延無𦔮印
屯四三一一 （習刻）
屯四三一二 （習刻）
屯四三一二 （習刻）
屯四三一三 辛：
屯四三一三 庚戌：于：
屯四三一四 （習刻）
屯四三一四 （習刻）
屯四三一五 庚：
屯四三一五 辛雨
屯四三一六 ：巳卜：于夒
屯四三一七 ：卜貞竹來以召方：𤕌于大乙
屯四三一八 壬：酚：伐十：十牢于：
屯四三一八 丙子卜酉𢦏歲伐十五十牢勿大丁
屯四三一八 丁亥卜酚𢦏歲于庚寅
屯四三一八 戊子卜兌辛酚
屯四三一八 ：卯卜：五：十牢：
屯四三一八 ：辰：用上甲
屯四三一九 癸：貞酚翌日乙亥：𢦏
屯四三二〇 癸巳貞旬無𡆥
屯四三二〇 弜：
屯四三二〇 有歲于妣庚
屯四三二一 弜侑 茲用
屯四三二一 甲戌貞其有歲：茲用乙亥：
屯四三二一 弜侑
屯四三二一 二牢
屯四三二一 三牢
屯四三二二 五牢
屯四三二三 王其侑：上甲惟：牢用：

屯四三二三 ：牢用王受祐
屯四三二三 王其侑于上甲惟五牢用王受祐
屯四三二三 ：牢：
屯四三二四 惟夒燎先酚雨
屯四三二五 ：東單工
屯四三二五 □于□：
屯四三二五 乙卯卜其：于□：羌用剛
屯四三二五 弜祀用羌
屯四三二六 戊申：王其田：
屯四三二七 王：
屯四三二七 惟成田無災擒
屯四三二七 ：其田
屯四三二八 癸亥：貞旬𡆥
屯四三二八 癸酉卜貞旬無𡆥
屯四三二八 ：旬：𡆥
屯四三二九 ：無災
屯四三三〇 癸未：王：
屯四三三〇 丁亥貞：大
屯四三三〇 丁亥貞今秋王令衆𢾖作□
屯四三三〇 乙酉
屯四三三〇 乙酉
屯四三三一 乙未貞于大甲𠦪
屯四三三一 乙未貞其𠦪自上甲十示又三牛小示羊
屯四三三一 乙未貞于父丁𠦪
屯四三三二 ：王其：吉
屯四三三三 ：侑于□十：□
屯四三三四 ：悔 吉
屯四三三四 弜𢀛徣其悔
屯四三三四 有大雨 吉
屯四三三四 無大雨
屯四三三四 及茲夕有大： 吉
屯四三三四 弗及茲夕有大雨 吉
屯四三三五 甲：王：𦬙我
屯四三三五 弗𦬙
屯四三三五 甲子卜王中我
屯四三三五 弗𦬙
屯四三三六 癸亥：
屯四三三六 弜陟
屯四三三六 ：子：
屯四三三七 乙盟
屯四三三七 丙盟丁 吉
屯四三三七 ：丁 吉
屯四三三七 癸卯貞旬無𡆥
屯四三三七 癸丑貞旬無𡆥
屯四三三八 ：貞祟鬼于□告
屯四三三八 ：其奏商

屯四三四〇　……其有……羌
屯四三四一　……貞彭翌甲子……
屯四三四二　于宮無災　吉
屯四三四二　于……吉
屯四三四三　奠其奏庸惟舊庸大京武丁……　弘吉
屯四三四四　……寅卜……祖乙……二牢
屯四三四五　大吉
屯四三四七　于毓祖乙有乂
屯四三四七　一牢
屯四三四七　二牢
屯四三四七　三牢
屯四三四七　……牢
屯四三四八　……卜……雨
屯四三四九　己亥卜庚子有大延不風
屯四三五〇　戊子……庚……
屯四三五〇　辛卯卜癸巳雨不
屯四三五〇　壬辰卜甲午不雨
屯四三五〇　……卜……
屯四三五一　祖丁舌惟藝
屯四三五一　祖……舌其鼓
屯四三五二　畀……
屯四三五二　八七六五
屯四三五三　大吉
屯四三五四　癸亥旬
屯四三五五　丙戌貞丁亥王有匚……
屯四三五五　……惟……戍射
屯四三五六　癸未卜貞旬無𡆥
屯四三五六　癸巳卜貞旬無𡆥
屯四三五七　于乙……無災擒
屯四三五七　乙丑卜王其田鷄惟戍……
屯四三五七　戊不雨
屯四三五七　其雨
屯四三五七　……戍王其田鷄其□□擒
屯四三五八　敍嫠
屯四三五八　……申雨
屯四三五八　辛不雨
屯四三五九　其遘雨
屯四三六〇　弜乂人
屯四三六〇　庚午貞其乂人自大乙
屯四三六〇　壬申貞人自大乙彭
屯四三六一　在……□
屯四三六二　己卯卜𠦪雨于上甲
屯四三六二　己卯卜于南單立岳雨
屯四三六三　戊申……貞王其田無災
屯四三六四　……貞旬無𡆥
屯四三六四　癸……卜貞旬無𡆥

屯四三六四　癸……卜貞……無……
屯四三六四　……亥卜貞旬無𡆥
屯四三六五　二牢
屯四三六五　二牢
屯四三六五　……牢
屯四三六六　辛亥貞王令□以子方奠并在父丁
宗□
屯四三六六　……貞多……侑……父丁……牛
屯四三六六　……卯延多宁……蒸巹……在父丁宗啓允啓
屯四三六七　三牛
屯四三六八　（習刻）
屯四三六八　（習刻）
屯四三六九　弜……
屯四三六九　癸亥……
屯四三七〇　癸……貞……無……
屯四三七〇　癸……貞旬無𡆥
屯四三七一　其……
屯四三七一　……祖丁舌……其二牢
屯四三七二　……貞……王有……歲于……乙牢
屯四三七二　……牢
屯四三七四　庚子卜……
屯四三七四　弜……
屯四三七四　……受祐
屯四三七五　弗擒麋
屯四三七五　弗擒
屯四三七五　不雨　吉
屯四三七五　其雨
屯四三七五　……風
屯四三七五　其雨
屯四三七五　不雨
屯四三七六　癸丑貞旬無𡆥
屯四三七八　丁未卜……
屯四三七九　……丑貞……延多宁……
屯四三八〇　乙卯……
屯四三八一　弜……鬼……上甲……
屯四三八二　癸……
屯四三八二　……酉……
屯四三八四　吉
屯四三八五　……酉卜今日乙亥……
屯四三八六　……卯卜……
屯四三八七　……寅……
屯四三八七　大甲羌……羌……
屯四三八八　……二母惟甲申彭　吉
屯四三八九　癸丑貞旬無𡆥
屯四三八九　癸……貞……無𡆥

屯四三八九　癸酉貞旬無囚
屯四三八九　癸未貞旬無囚
屯四三八九　癸巳貞旬無囚
屯四三八九　癸卯貞旬無囚
屯四三九〇　庚辰貞今日庚不雨至…
屯四三九〇　其雨
屯四三九〇　其雨
屯四三九一　癸…貞…無…
屯四三九二　癸…貞…無…
屯四三九三　…歲…王…　大吉
屯四三九三　三牢王受祐　大吉
屯四三九四　其雨
屯四三九四　…于…
屯四三九五　癸…
屯四三九五　叙燹
屯四三九六　叙…
屯四三九六　其用在父甲王受祐
屯四三九六　至于祖丁王受祐　吉
屯四三九六　惟今日甲用王受祐
屯四三九六　…用…有…
屯四三九七　河燎五
屯四三九七　河燎十
屯四三九七　河燎十又五
屯四三九七　岳燎後酌
屯四三九七　丁丑貞惟辛巳酌河
屯四三九七　于辛卯酌
屯四三九七　…于貞岳燎暨河…
屯四三九八　癸…貞…
屯四三九八　癸亥卜貞旬無囚
屯四三九八　癸酉卜貞旬無囚
屯四三九八　癸未…旬…囚
屯四三九九　乙…丙辰…
屯四三九九　…卜…
屯四三九九　辛卯卜壬辰大雨
屯四三九九　癸巳卜乙未雨不雨
屯四四〇〇　己酉卜庚戌雨允雨
屯四四〇〇　乙卯其[illegible]日雨
屯四四〇〇　癸丑卜甲寅有宅土燎牢雨
屯四四〇〇　乙卯卜…岳…
屯四四〇〇　乙卯卜其歸…有雨
屯四四〇〇　己未卜今日雨至于夕雨
屯四四〇〇　…其…于…
屯四四〇一　癸巳貞旬無囚
屯四四〇一　癸卯貞旬無囚
屯四四〇二　…王受祐

屯四四〇三　乙未…
屯四四〇四　甲午貞其槳…父丁百小牢
屯四四〇四　甲午貞其槳雍于父丁百小牢
屯四四〇五　…貞…災
屯四四〇七　癸酉貞旬無囚
屯四四〇七　癸未貞旬無囚
屯四四〇七　癸巳貞旬無囚
屯四四〇八　…貞…無囚
屯四四〇八　癸未貞旬無囚
屯四四〇八　癸巳貞旬無囚
屯四四〇八　癸卯貞旬無囚
屯四四〇八　癸丑貞旬無囚
屯四四〇九　癸巳貞旬無囚
屯四四〇九　癸卯貞旬無囚
屯四四一〇　…貞…
屯四四一一　…其…廼奏有…
屯四四一二　即于岳有大雨
屯四四一二　辛丑卜…
屯四四一三　于辛
屯四四一三　其遘…
屯四四一四　不暘…
屯四四一四　丙寅卜西酌丙
屯四四一四　西不酌丙
屯四四一四　己巳卜暘日乙亥
屯四四一五　惟甲戌用有正王受祐
屯四四一五　惟乙亥用有正王受有祐
屯四四一六　戊戌…貞王其田向無災
屯四四一六　辛丑卜貞王其田梌無災
屯四四一七　不…
屯四四一七　其雨
屯四四一七　乙亥貞…
屯四四一七　辛巳貞王往…
屯四四一八　…貞…無…
屯四四一八　癸亥貞旬無囚
屯四四一八　癸酉貞旬無囚
屯四四一八　癸卯…
屯四四一八　癸丑貞旬無囚
屯四四一八　…貞…
屯四四一九　惟入自…延往…埶入無…不…
屯四四一九　…入…雨
屯四四二〇　惟幽牛
屯四四二〇　…舌…若
屯四四二〇　龜至
屯四四二一　五…
屯四四二二　至寅

屯四四二二 其剛于河
屯四四二三 丁：
屯四四二四 ：于：乙：
屯四四二四 弜暨
屯四四二四 ：貞：商：用
屯四四二五 ：蒸：惟：
屯四四二五 惟小宰
屯四四二六 癸卯貞旬無囚
屯四四二七 甲戌：小乙：遘：
屯四四二七 其遘雨
屯四四二八 壬子：
屯四四二九 丙申卜王方戠[illegible]
屯四四三〇 ：貞：無囚
屯四四三一 惟：
屯四四三一 惟小宰
屯四四三二 甲子卜弜至采用
屯四四三四 三宰
屯四四三五 癸雨
屯四四三六 茲雨
屯四四三七 王乞：吉
屯四四三八 ：[illegible]：
屯四四三九 吉
屯四四四一 ：酉：
屯四四四二 大吉
屯四四四三 ：旱：
屯四四四三 ：旱：
屯四四四四 茲用
屯四四四五 癸酉：
屯四四四六 吉
屯四四四七 ：卜：其：來：災
屯四四四七 乙卯：貞王：往：無：
屯四四四九 大吉
屯四四四九 吉
屯四四四九 惟往：
屯四四五〇 惟辛卯彡有大雨
屯四四五〇 惟辛丑彡有雨
屯四四五一 庚：
屯四四五一 弜田其悔 吉
屯四四五一 王惟𤞷田無災
屯四四五一 惟穆田無災
屯四四五二 于盂無災
屯四四五二 于向無災
屯四四五二 不雨
屯四四五二 其雨
屯四四五二 翌日辛王其迖于向無災

屯四四五二 于喪無災
屯四四五二 ：盂：災
屯四四五三 ：王在升：受：
屯四四五三 ：彡日父己遘有王受祐
屯四四五三 ：蒦：祐
屯四四五四 ：貞：囚
屯四四五五 祐其至上甲王受：
屯四四五五 弜：
屯四四五五 祐大乙上甲其五牛王受祐
屯四四五六 ：巳卜貞王吉其：
屯四四五七 ：喪田省不遘：
屯四四五八 戊寅：己不雨
屯四四五九 壬不大風
屯四四六〇 戊：貞祭多宁：卷：上甲
屯四四六〇 甲子貞有伐上甲羌一
屯四四六一 甲：
屯四四六二 于己：焚䇂擒有兕
屯四四六三 大吉
屯四四六四 ：貞：
屯四四六五 庚辰：
屯四四六五 庚辰：
屯四四六五 弜眔：
屯四四六七 吉
屯四四六八 吉
屯四四六九 其雨
屯四四七一 茲用 大吉
屯四四七二 ：用
屯四四七四 壬辰卜貞王其田無災
屯四四七五 ：貞有歲于大乙遘：茲用乙巳歲三宰
屯四四七六 乙：
屯四四七六 戊申卜貞：
屯四四七六 辛亥卜貞王其田無災
屯四四七六 戊午：貞王：田無：
屯四四七六 辛酉卜貞王其田無災
屯四四七七 戊：貞：
屯四四七七 己酉貞庚無囚
屯四四七九 五牛
屯四四七九 卣卯宰
屯四四八〇 庚辰卜其于[illegible]燎
屯四四八〇 辛巳彡：
屯四四八一 癸亥貞旬無囚
屯四四八一 癸酉貞旬無囚
屯四四八一 癸未貞旬無囚
屯四四八二 吉
屯四四八三 ：卜今日王其田不：

屯四四八三	…其…
屯四四八四	不…其田
屯四四八七	癸…羌…一牢…
屯四四八七	二牢
屯四四八九	丁未貞王令卓以衆伐在何西北
屯四四九〇	惟𢦏蓺無災擒
屯四四九〇	惟習蓺無災擒
屯四四九〇	惟[illegible]蓺無災擒
屯四四九一	戊寅…
屯四四九二	茲用
屯四四九三	…卜其…
屯四四九四	…貞…無囚
屯四四九四	癸卯貞旬無囚
屯四四九五	吉
屯四四九六	…卜…
屯四四九八	今歲…不受…
屯四四九九	吉
屯四五〇三	…丑…
屯四五〇四	大吉
屯四五〇五	惟…
屯四五〇五	…尋𡆥…于…惟牛
屯四五〇六	吉
屯四五〇七	甲辰貞令…無囚
屯四五〇九	…子酌
屯四五〇九	庚…
屯四五一〇	甲午卜父甲夕歲惟…王受祐
屯四五一〇	…牛
屯四五一一	辛未卜…
屯四五一一	壬申有鹿
屯四五一一	壬申卜其鹿
屯四五一二	癸卯卜敦…
屯四五一二	癸…丁未…受…允受祐
屯四五一三＋四五二六	不其…
屯四五一三＋四五二六	戊寅卜于癸舞雨不三月
屯四五一三＋四五二六	辛巳卜取岳从不从
屯四五一三＋四五二六	乙酉卜于丙奏岳从用不雨
屯四五一三＋四五二六	乙未卜其雨丁不四月
屯四五一三＋四五二六	乙未卜翌丁不其雨允不
屯四五一三＋四五二六	乙未卜丙出舞
屯四五一三＋四五二六	乙未卜于丁出舞
屯四五一三＋四五二六	丙申卜入岳
屯四五一三＋四五二六	辛丑卜奏𠭯从甲辰卩小雨四月
屯四五一三＋四五二六	丁未卜令征征[illegible]
屯四五一三＋四五二六	癸丑卜又小卜辛
屯四五一三＋四五二六	癸丑卜有小卜辛羊豕四月

屯四五一三＋四五二六	癸丑卜有小卜辛羊豕
屯四五一三＋四五二六	正日有小卜辛羊豕
屯四五一三＋四五二六	惟今日用小卜羊豕
屯四五一三＋四五二六	惟豕
屯四五一三＋四五二六	以一人…
屯四五一三＋四五二六	…不
屯四五一三＋四五二六	己未卜…𡆥…執
屯四五一四	甲…不
屯四五一四	子妥不𣪘
屯四五一四	其𣪘
屯四五一四	吿
屯四五一四	癸亥貞王在𦣞無囚
屯四五一四	在𦣞
屯四五一四	乙酉卜王入商
屯四五一四	㳄…
屯四五一四	庚寅卜王入
屯四五一四	弜…
屯四五一四	辛卯卜王入
屯四五一四	弜入
屯四五一四	乙未卜王入今三月
屯四五一四	于四月入
屯四五一四	壬寅雨
屯四五一四	二十∩
屯四五一五	乙未來
屯四五一六	丁酉卜今生十月王敦𠕇受祐
屯四五一六	弗受祐
屯四五一六	己亥卜王敦𠕇今十月受祐
屯四五一六	弗受祐
屯四五一六	己亥…侯…𢦔王伐歸若
屯四五一六	庚子卜伐歸受祐八月
屯四五一六	弜伐歸
屯四五一六	壬子卜貞步師無囚
屯四五一六	有囚
屯四五一六	壬子卜啓日翌癸丑
屯四五一六	𧺆
屯四五一七	辛酉卜侑祖乙三十窂
屯四五一七	辛酉卜侑祖乙二十窂
屯四五一七	辛酉…侑祖…
屯四五一七	甲子卜酌大戊禦
屯四五一七	甲子卜𢦏酌卜丙禦
屯四五一七	甲子卜酌丁仲禦
屯四五一七	癸未卜𢦏酌禦父甲
屯四五一七	甲申…多尹…若上甲
屯四五一九	有…大吉
屯四五二〇	…酉旬…

屯四五二一 ：衛來
屯四五二三 五牢王受祐
屯四五二四 己酉：束：
屯四五二四 ：戌卜：帝
屯四五二四 無壱
屯四五二五 有占
屯四五二六 ：王其田：麥惟：有狐擒
屯四五二八 ：雨
屯四五二八 乙亥卜高祖夔燎二十牛
屯四五二八 ：雨：牛：又五
屯四五二九 于售北對
屯四五二九 于南陽西兇
屯四五三〇 庚午貞翌甲：酚人方：人方于上甲：
屯四五三〇 弜禱
屯四五三〇 其燎
屯四五三〇 ：小宰
屯四五三〇 庚午貞上甲燎一小宰
屯四五三〇 ：二牛
屯四五三〇 庚午貞上甲燎三小宰
屯四五三〇 燎三小宰
屯四五三一 癸巳：王尋：自上甲
屯四五三二 不雨
屯四五三二 其雨
屯四五三三 甲辰：雨
屯四五三三 ：卯：
屯四五三四 惟入日酚 吉
屯四五三四 惟入自： 大吉
屯四五三五 吉
屯四五三五 吉
屯四五三六 ：災 吉
屯四五三六 于柃無災
屯四五三七 不
屯四五三八 ：于：
屯四五三八 壬辰貞甲午有伐于祖乙羌三
屯四五三九 弜：
屯四五三九 賓祭
屯四五三九 弜賓
屯四五三九 弜酚
屯四五四〇 ：辰貞其：
屯四五四一 壬戌：雨
屯四五四一 ：子卜：史犬三羌 茲用
屯四五四二 丁巳卜：王其田：
屯四五四三 弜：
屯四五四三 甲子卜叙夔弜方燎
屯四五四四 丁丑卜其告祭訢至：

屯四五四四 ：至
屯四五四五 ：卯貞其告嬴：
屯四五四七 惟壬出舟
屯四五四七 惟癸出舟
屯四五四七 ：出舟
屯四五四八 其新大乙
屯四五五〇 ：貞王其田敎：
屯四五五一 癸未卜貞旬無囚
屯四五五一 癸巳卜貞旬無囚
屯四五五一 癸卯卜貞旬無囚
屯四五五一 癸丑卜貞旬無囚
屯四五五二 ：羌卯三牢王受祐
屯四五五三 己卯卜有𠦪
屯四五五三 己卯卜：
屯四五五三 弜宕：
屯四五五四 弜：
屯四五五四 丁亥卜祖乙：庸用
屯四五五四 惟戚庸用
屯四五五四 惟茲冊用
屯四五五五 ：貞旬無囚
屯四五五五 ：貞旬無囚
屯四五五六 辛丑卜翌日壬王其戍田于吳：無災擒
吉
屯四五五七 庚午
屯四五五八 丁亥卜王其々虢于：王其賓若受
有祐 大吉
屯四五五八 叙夔 吉
屯四五五九 辛酉
屯四五六一 ：王其射狐：
屯四五六一 弗擒
屯四五六二 弜田其悔
屯四五六二 惟壬省田無災永王
屯四五六二 惟今日辛省田弗悔
屯四五六三 甲申卜妣丙歲一小宰王受祐 吉
屯四五六四 ：無囚在敦卜
屯四五六五 隻有囚
屯四五六六 （習刻）
屯四五六六 （習刻）
屯四五六六 （習刻）
屯四五六六 （習刻）
屯四五六六 （習刻）
屯四五六六 （習刻）
屯四五六六 （習刻）
屯四五六六 （習刻）
屯四五六六 （習刻）

屯四五六六	（習刻）
屯四五六六	（習刻）
屯四五六六	（習刻）
屯四五六七	大吉
屯四五六七	其雨孟　吉
屯四五六七	其雨喪
屯四五六八	不…
屯四五六八	無災
屯四五六八	…卜…雨
屯四五六九	吉
屯四五六九	吉
屯四五七〇	乙酉卜其燎于河三牛
屯四五七一	（習刻）
屯四五七二	（習刻）
屯四五七二	（習刻）
屯四五七二	（習刻）
屯四五七二	（習刻）
屯四五七二	（習刻）
屯四五七三	辛未卜來乙亥侑大乙五牢
屯四五七三	辛…乙亥…七牢
屯四五七三	丙子卜…有大…
屯四五七四	牛
屯四五七五	豕
屯四五七五	宁
屯四五七五	貞
屯四五七六	…禱…二牢
屯四五七六	三牢　茲用
屯四五七六	丙子卜禱燎丁三牢
屯四五七六	五牢
屯四五七七	何酉
屯四五七八	今日乙王其田無災　吉
屯四五七九	其奉年…雨惟豚　吉
屯四五七九	惟羊
屯四五八〇	戊邁大雨
屯四五八〇	其邁大雨　吉
屯四五八一	（習刻）
屯四五八一	（習刻）
屯四五八一	（習刻）
屯四五八二	辛卯…　吉　茲用
屯四五八二	其至日
屯四五八二	燮燎弜至日酌　吉　茲用
屯四五八二	燮燎…卯大乙…　大吉　茲用
屯四五八三	庚午…
屯四五八三	庚午王有[illegible]
屯四五八三	壬申貞王又禦于祖乙惟先

屯四五八三	辛…
屯四五八三	壬申貞王又禦祖丁惟先
屯四五八四	弜…其…
屯四五八四	王惟𢿱犬比無災
屯四五八四	惟盖犬比無災
屯四五八四	其至日
屯四五八四	…犬…
屯四五八五	牢　茲用
屯四五八五	…白東擒
屯四五八六	辛酉卜奉…
屯四五八七	…鼓伐河…
屯四五八八	庚…
屯四五八九	惟大牢
屯附一	祖庚豚父乙豚子豚
屯附一	禦鷹丙貞犬丁豚
屯附一	禦臣父乙豚子豚母壬豚
屯附二	禦呆日丙豕有𣪊丁妣豕侑妣戊豕侑 父乙豚
屯附三	禦衆于祖丁牛妣癸盧豕
屯附三	禦祖癸豕祖乙彘祖戊豕豕
屯附三	作𡿧父乙豕妣壬豚兄乙豚化…兄 甲豚父庚犬
屯附三	禦牧于妣乙盧豕妣癸彘妣丁豕妣乙 豕豕
屯附三	…作妣丁…
屯附四	左
屯附五	ㄔ禦父甲羊又禦父庚羊
屯附五	ㄔ禦于父乙羊于侑妣壬豚
屯附五	禦父乙羊禦母壬五豚兄乙犬
屯附六	貞
屯附八	…巳卜其…
屯附八	…牢…牛　吉
屯附九	丙申卜其…祖丁…　茲用
屯附九	弜侑
屯附一〇	…王其…　吉
屯附一二	辛…入…王…
屯附一二	辛酉卜在入戍有囚
屯附一二	…酉卜…家…囚
屯附一三	…父丁牛一
屯附一四	丙辰卜王于來丁令祖丁
屯附一五	…尤八月
屯附一六	…貞今夕其雨
屯附一六	戊辰貞今…
屯附一八	…巳子卜…[illegible]丁
屯附一九	貞勿商牧六月

屯附一九　……辰……
屯附二〇　己酉卜……
屯附二一　貞勿比望……
屯附二二　貞小臣娩嘉
屯附二二　……貞黃……
屯附二三　……王囗……來……
屯補一　有
屯補三　辛……
屯補四　甲午貞其……
屯補四　弜……祐
屯補四　……今日……
屯補六　癸酉貞旬無囚
屯補八　癸……卜……
屯補八　……卜……
屯補一〇　允
屯補一二　……亥……
屯補一四　……盤……
屯補一六　……其……惟……
屯補一六　甲寅貞乙卯其延多宁惟並以……

英國所藏甲骨集摹釋

英一 戍：來：
英一 貞燎九牛
英一 不其惟千
英一 酌雚
英一 曰戌戠在之
英一 自上甲用羌
英一 ：用
英二 ：翌癸：勿用：自上甲
英三 ：未卜殻貞侑于上甲三伐
英四 ：上甲一牛
英五 ：上甲：牛
英六 ：于上甲四宰
英七 ：子：貞上甲四：受：
英八 ：翌：丑：上甲：
英八 ：宰于上甲其：
英九 貞：
英九 ：上甲
英一〇 ：豕：上甲
英一一 ：上甲
英一二正 王固曰吉其帝
英一二反 于上：
英一三 ：侑于上甲
英一三 ：今至于辛亥雨：旬雨己酉雨
英一三 （其餘僞刻）
英一四 乙丑卜桒于示壬
英一四 二月
英一四 （其餘僞刻）
英一五 甲：
英一五 丙寅卜侑于成五宰
英一五 ：巳卜王：侯：
英一五 ：一月
英一六 ：亥卜：勿侑：成
英一七 癸卯卜貞惟成：
英一八 ：咸
英一九 貞：允：唐
英二〇 ：祖?丁：
英二一 勿：于：
英二一 貞祐大甲于圉
英二一 不舌黽
英二二 ：于大甲一牛用

英二三正 ：卜：貞呼禦羌：示□
英二三正 二告
英二三正 ：告
英二三反 ：羊三彘：侑三犬
英二三反 大甲九羌
英二三反 母甲羌
英二四 戊午卜殻貞大甲：
英二五 ：于大甲
英二五 ：祟我
英二六 ：侑：祖：
英二七 甲午卜貞翌乙未侑于祖乙
英二八正 翌：其：
英二八反 貞翌乙酉侑于祖乙
英二八反 二告
英二九 **于祖乙豼穀**
英二九 **乙酉卜：丙令：**
英二九 ：弓：
英三〇正 貞王其去束弗告于祖乙其有囚
英三〇反 ：其去：告：祖乙
英三〇反 侑于兄戊
英三〇反 ：□：王：
英三〇反 ：□示八
英三一正 ：午卜貞翌乙未侑于祖乙正
英三一反 ：亘
英三二 貞勿禦于祖乙
英三三 癸卯卜古貞下乙：
英三四 ：貞翌：侑于祖乙
英三五 貞：于：
英三五 翌辛巳侑于祖：
英三六 ：丑卜：冊祖辛十五宰
英三七 ：韋貞酌于祖辛
英三八 癸酉：告于：
英三八 貞其有冊南庚
英三八 吉有夂于祖辛
英三八 ：祖：三羌：二宰
英三九 不舌黽
英三九 不舌黽
英三九 于祖辛 二告
英三九 ：亥圉：水風：夕雨
英四〇 貞祖辛壱 二告
英四一 ：翌：巳：于祖辛
英四二 勿禦婦于娥
英四二 貞于祖辛
英四三 ：祖辛
英四三 亘

英四四	…卜貞…祖辛
英四五	…毌…
英四五	…祖辛
英四六正	不舌黽
英四六正	…祖辛
英四六反	亘
英四七	甲子…爭…侑于…辛二…
英四八	貞侑于羌甲
英四八	…于…豕侑𣪘
英四九	戊子卜穷貞侑于祖丁
英五〇	…卜…貞侑…祖丁
英五一	…禦于祖丁
英五二	祖丁弗祟王
英五三	貞惟祖丁
英五三	…惟…
英五四	貞不…祖丁
英五五	…翌…父…祖丁
英五六	…卜惟祖丁…
英五七	…侑于…丁
英五七	…丁
英五八	翌丁卯…于丁
英五九	貞…呼…
英五九	…侑…于…丁
英六〇	貞…其…
英六〇	貞不其受年
英六〇	貞侑于南庚
英六〇	受年
英六〇	勿侑
英六〇	侑于…
英六一	…卜穷貞禦于南…
英六一	…禦于南庚三及
英六二	庚午卜殻貞于南庚侑
英六二	（其餘僞刻）
英六三	…南庚禦
英六四	…酌南庚
英六五	…南庚…
英六六正	于南庚
英六六正	貞延啓允延啓
英六六正	貞王有壱
英六六正	貞延啓
英六六正	…呼…𦉪…凼
英六六反	…𡿧
英六六反	延啓
英六七	貞勿侑于祖庚
英六八	…祖庚

英六八	…作…
英六九	貞勿告于祖…
英七〇	貞祖…若王
英七一	…侑…祖…
英七二	…侑…祖…
英七三	…卜…貞…祖…
英七四	…寅卜王…勿用…魯甲
英七五正	貞于父甲侑犬
英七五正	勿侑父…
英七五反	甲寅婦…
英七六	貞…無…
英七六	貞父甲壱
英七七正	不惟父庚
英七七反	貞𠕁…大…
英七八正	貞侑于父辛
英七八正	己酉卜永貞我𢦏舌方九月
英七八正	（其餘僞刻）
英七八臼	…示…小㱿
英七九	貞侑于父乙白彘新𣪘
英七九	不舌黽
英八〇	…于父乙侑牡
英八一	庚寅卜穷貞侑于父乙
英八二	貞勿侑于父乙
英八二	勿孽
英八三	…𠕁父乙十宰伐…
英八三	…穷…二告
英八四	…貞王…
英八四	…巳…父乙
英八五	…惟父乙
英八五	…嬉…勻…
英八六正	…戌…二告
英八六反	…帝于西十牛
英八六反	…告于咸
英八六反	貞無囚
英八六反	父乙壱王
英八六反	…侑于西十牛
英八七	貞惟父乙壱
英八七	戊子卜亘貞有…
英八八	癸亥卜有…从…王
英八九	貞于父辛侑
英九〇	…侑…父…二告
英九一	于父辛禦
英九二	貞…父…子…二告
英九三	…父…三…
英九四正	…午卜貞衣父…

英九五	癸…王…
英九五	辛卯卜其…
英九六	貞旬多父
英九七正	疾凡禦于妣己暨妣庚　小告
英九七反	…王
英九八	…尋侑于妣己
英九九	…妣己弗…
英九九	…王…嬴
英一〇〇正	壬…貞…妣己…
英一〇〇反	…王固…母…
英一〇一	…于妣己
英一〇二	勿侑于妣庚
英一〇三	貞禦…妣庚
英一〇四	貞于妣庚禦
英一〇四	…酉卜…三月
英一〇四	…辰…
英一〇五正	貞妣庚弗…
英一〇五反	…㝉…五十
英一〇六	…高妣庚
英一〇七正	貞侑于妣辛
英一〇七正	貞翌庚戌侑…
英一〇七正	二告　二告
英一〇七反	…沈十牛
英一〇八	…戌…禦…妣…
英一〇九	丙戌…母丙
英一一〇正	…勿…于母己
英一一〇反	…雨
英一一一正	貞侑于母庚
英一一一反	…惟之有…
英一一二正	貞勿…
英一一二正	（其餘偽刻）
英一一二反	庚寅有乂歲母庚
英一一三	貞惟多母壱
英一一四	辛丑…雀…雀侑…兄丁
英一一五	…兄丁侑…囚…
英一一六	乙未卜…酌…
英一一六	…于兄丁
英一一六	…乇…侑宰
英一一七正	…于兄丁
英一一七反	貞…
英一一八	…兄丁
英一一九	…商…兄丁
英一二〇	丁…王…商兄…一牛
英一二一	惟…兄…
英一二二	貞子漁囚惟母庚壱

英一二三	…甲禦子漁齒…
英一二四正	貞翌…
英一二四正	貞禦子…于敵
英一二四反	王固…
英一二五正	…賓卜㝉…子商妾…孟…娩…
英一二五正	二告
英一二五反	…帝令雨
英一二五反	…母…夕娩…
英一二六	辛卯卜永貞今三月延戠至…十石
英一二六	壬辰卜㝉貞酌
英一二六	甲午亘貞翌乙未其雨
英一二六	甲午卜亘貞翌乙未不雨
英一二六	…卜亘貞子商子…其
英一二七正	壬子…子商…王…
英一二七反	王固…
英一二八	…商…
英一二九	己…卜…
英一二九	…商…勿…于…
英一二九	戊申卜翌…酉舞允…
英一三〇	癸亥…夕…
英一三〇	丙…貞翌丁卯令子妻步
英一三〇	丁卯卜貞翌庚午令子妻五月
英一三〇	甲戌
英一三〇	貞于辛未令子妻步
英一三〇	庚辰卜貞令目囚白囚
英一三〇	…貞…射…人
英一三一	貞子妻骨凡有…
英一三二	貞子齒…
英一三三	貞往子齒于…
英一三三	…貞…
英一三四	…巳呂告…㞢乙酉…固…
英一三五	…巳卜爭…子不…王
英一三六	…殼貞…子龜…
英一三七	貞子龜不延有…
英一三八	辛亥…貞子效無囚
英一三九	乙未…殼…
英一三九	…未令…效…
英一四〇	…貞禦子陷于母…
英一四一	…丁…子狀
英一四二	…子卜…仲丁…不…
英一四二	…卜貞…子…
英一四三	…貞…子昌…
英一四四	貞…妣…
英一四四	…呼…杰…于…
英一四五正	癸亥卜亘貞…
英一四五正	貞…

著錄號	釋文
英一一四五正	小告
英一一四五反	…□子…
英一一四六	…㬎子…于…
英一一四七正	…曰子…獲…
英一一四七反	…曰惟…
英一一四八正	己亥卜㱿貞惟多子
英一一四八正	貞不惟多子
英一一四八正	貞惟多子
英一一四八正	貞不惟多子
英一一四八正	小告
英一一四八正	貞惟…
英一一四八反	己亥婦…
英一一四九正	甲戌卜亘貞禦婦好于父乙冊𠬝
英一一四九正	壬午卜爭貞燎三豕卯一羊
英一一四九正	不𢀛鼄
英一一四九反	帝三豕三犬卯一羊
英一一五〇正	辛子卜…貞𡚸婦好三千𡚸旅萬呼伐
英一一五〇反	…于…
英一一五〇反	岳
英一一五一	乙酉卜爭貞勿呼婦好先収人于龐
英一一五一	（其餘僞刻）
英一一五二	貞…王勿…婦好伐土方　二告
英一一五三正	…申…勿呼婦好往于𦍙
英一一五三正	侑于…勿…
英一一五三反	…𩰫夕子…
英一一五四正	丙寅卜…伐…又…
英一一五四正	戊辰卜宾貞惟婦好…
英一一五四反	…又…
英一一五四臼	婦㛖示十屯
英一一五五	貞婦好…來…
英一一五六	辛…貞婦好…
英一一五七	貞弜…婦好…
英一一五八	…卜宾貞婦好…
英一一五八	…戊卜宾貞婦好…
英一一五八	二告
英一一五八	不𢀛鼄
英一一五九	戊…貞我…好…
英一一六〇	…翌庚子…婦井侑母庚
英一一六一	…禦婦姘于母…
英一一六二正	…㱿貞勿呼婦姘以𣎆…
英一一六二正	…貞呼婦姘以𣎆先于𢦏
英一一六二正	壬申卜㱿貞呼婦…以𣎆先
英一一六二正	癸巳卜爭貞旬無𡆥
英一一六二反	王固曰有祟作于…

著錄號	釋文
英一一六三	貞呼婦井以𣎆
英一一六三	…婦…先…𢦏
英一一六四	婦姘…嘉
英一一六四	貞勿呼般取
英一一六四	…亘貞呼…
英一一六四	不𢀛鼄
英一一六四	二告
英一一六五	貞勿呼婦姘往于…
英一一六六	…婦姘不其…
英一一六七	…卜㱿…婦井…
英一一六八正	…婦井…
英一一六八反	…貞子…
英一一六九正	貞…于父…
英一一六九正	…卜㱿…
英一一六九反	婦井…
英一一七〇	…婦㛖娩…
英一一七一	甲寅卜㱿貞婦𡠀…
英一一七二	丁丑卜…
英一一七二	丙子卜婦良…
英一一七三正	甲…貞…
英一一七三正	貞呼婦□
英一一七三反	…未卜…延…
英一一七三反	王…
英一一七四正	己卯…内貞…己婦鼠不來
英一一七四反	…婦鼠惟庚辰…
英一一七五	翌…鼠…呼…
英一一七六	丙申…㱿…禦婦…
英一一七七	…于司…禦婦…惟羊…
英一一七八	…午卜…翌己…禦婦…不…
英一一七九正	貞呼取
英一一七九正	…㱿
英一一七九反	丁丑婦…
英一一八〇正	…㱿…
英一一八〇正	貞惟…途不…余奏…
英一一八〇反	戊辰婦…
英一一八一	貞弗其以
英一一八一	婦弗其以
英一一八二	…冊…
英一一八二	小告
英一一八二	…婦…
英一一八三	…婦…
英一一八四	貞于來乙酉酒六月
英一一八四	貞惟翌乙亥酒六月
英一一八四	見𦣞侯六月
英一一八五正	小告

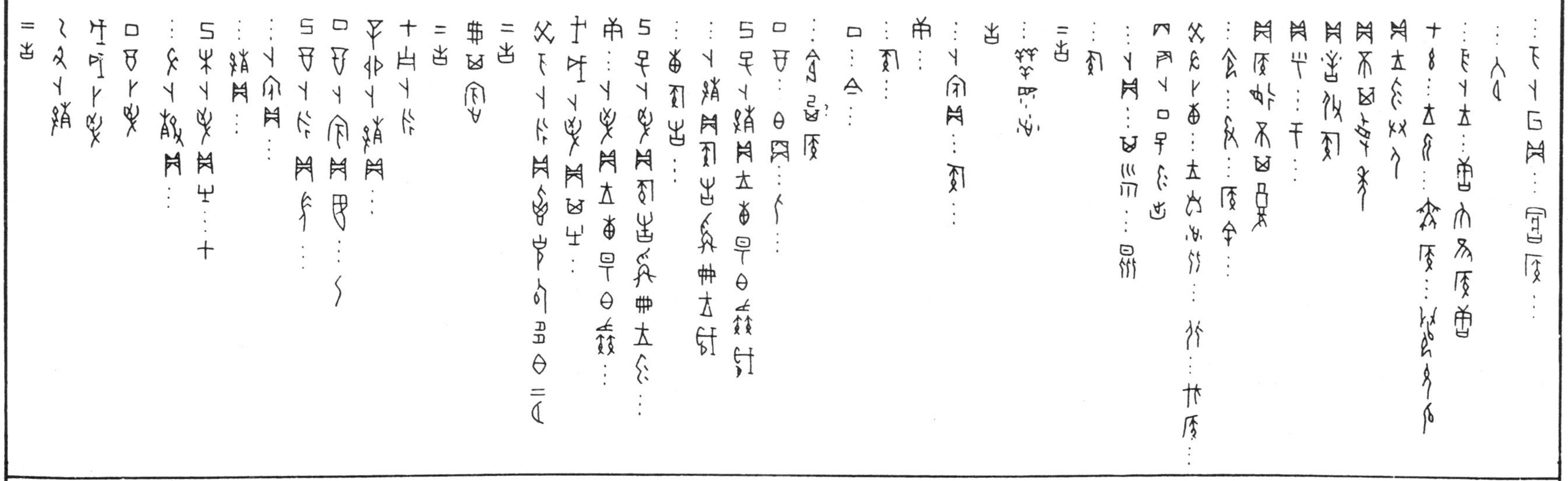

英一八五反	……亥卜亘貞……㝵侯……
英一八六	……六月
英一八六	……亥卜王……唐不惟侯唐
英一八七	甲午……王𢀛……𣏟侯……𢀛允以
英一八八	貞王勿奴人
英一八八	貞不其受年
英一八八	貞舌攸侯
英一八九	貞呼……于……
英一八九	貞侯循不其复
英一九〇	……令……弜……侯余……
英一九一	癸丑卜惟……王自沚比……北……伐侯……
英一九一	丙辰卜丁巳勿出
英一九一	……卜貞……其𡿧……衆
英一九二	……侯
英一九二	二告
英一九二	……彝暨沚
英一九二	告
英一九三正	……卜㝐貞……侯……
英一九三反	庚……
英一九四	……侯……
英一九四	丁……今……
英一九五	……令員?侯
英一九六	丁酉……伯离……人……
英一九七	己巳卜殻貞王惟易伯蔟肯
英一九七	……卜殻貞侯告爯册王肯
英一九七	……惟侯告……
英一九八	己巳卜爭貞侯告爯册王勿……
英一九八	庚……卜爭貞王惟易伯蔟……
英一九九正	戊戌卜爭貞其侑……
英一九九正	癸亥卜永貞𢀛克以多伯二月
英一九九正	二告
英一九九正	弗其賓
英一九九正	二告
英一九九反	甲子卜永
英二〇〇	辛卯卜殻貞……
英二〇〇	丁酉卜㝐貞翌……乙
英二〇〇	丁酉卜永貞微……
英二〇一	……卜㝐貞……
英二〇一	……殻貞……
英二〇二	己未卜爭貞侑……甲
英二〇二	……丑卜殻貞……
英二〇三	丁酉卜爭
英二〇三	戊戌卜爭
英二〇三	乙丑卜殻
英二〇三	二告
英二〇三	二告
英二〇三	二告
英二〇三	二告
英二〇三	一告
英二〇四	甲辰卜殻貞商……
英二〇四	甲辰卜殻貞……
英二〇五	癸丑卜……
英二〇五	丁巳卜殻貞王……
英二〇五	戊午卜殻……
英二〇六	癸未卜殻貞……
英二〇七正	甲申卜……
英二〇七正	甲申卜殻貞……
英二〇七正	乙酉卜殻貞……
英二〇七反	……固曰……
英二〇八	……卜殻貞……
英二〇八	……子卜殻貞……
英二〇九	乙卯卜殻……
英二〇九	（其餘僞刻）
英二一〇	……午卜殻……
英二一一正	戊戌……殻貞……
英二一一正	（其餘僞刻）
英二一一臼	婦𡧊示三屯　爭
英二一二	丁未卜殻……
英二一二	小告
英二一二	不舌黽
英二一二	（其餘僞刻）
英二一三	丙子……貞
英二一三	丙子……殻……
英二一四	壬……卜殻貞……
英二一五正	……巳卜殻……癸……
英二一五反	……見麋……
英二一六	……酉卜殻……
英二一七	……未卜殻……
英二一八	……卜殻……有舌……
英二一九	……卜殻……
英二一九	……亘……
英二二〇正	……卜殻……
英二二〇反	庚申……
英二二〇反	……止無……
英二二一	……卜殻……
英二二二	……卜殻……于……
英二二三	丙……貞……
英二二三	……殻……
英二二四	乙巳卜……
英二二四	……丑卜殻……

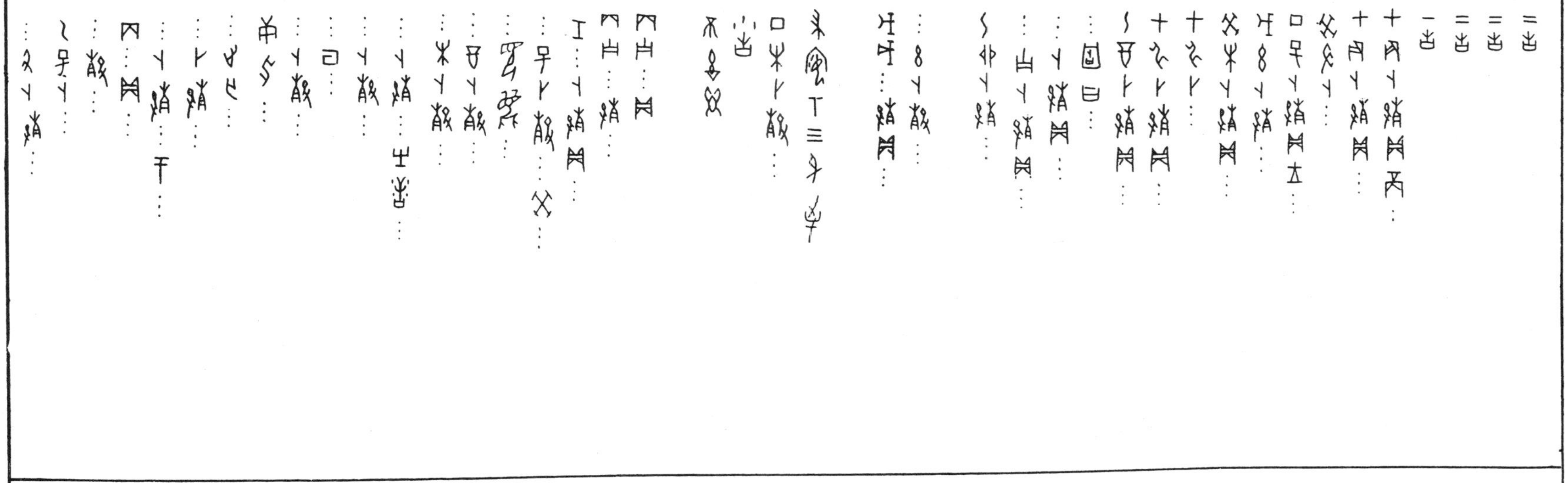

英二二五　……貞……
英二二五　……殼貞……
英二二六　丙……
英二二六　……卜殼貞……
英二二七　乙酉……殼貞……
英二二八　癸未……殼貞……來……
英二二九　……殼貞……
英二三〇　丙寅……
英二三〇　……殼貞……
英二三一　乙亥……殼……其……
英二三二　丁酉……殼……
英二三三　乙卯……殼……
英二三三　二告
英二三四　壬戌……殼貞……
英二三五　……丑……殼……
英二三六正　壬……殼……子……
英二三六反　……㞢……
英二三七　……子……殼……王……
英二三八　……午……殼……
英二三九　……殼……弗……
英二四〇　……殼……
英二四一　……殼貞……
英二四二　……殼……
英二四三　……殼……惟……
英二四四　乙……殼……
英二四五　殼
英二四六　……卜殼貞……之若
英二四七　……卜殼……有……
英二四八　……殼貞……
英二四九正　殼
英二四九正　……貞……
英二四九反　王固……告……
英二五〇　……殼……以……
英二五一正　殼
英二五一正　丁……卜……
英二五二正　……勿史……
英二五二反　殼
英二五三　……爭貞……
英二五三　庚子卜穷貞……
英二五四　……卜穷……
英二五四　……丑卜穷貞……
英二五五　乙丑……穷貞……其……
英二五六　戊辰卜……
英二五六　己巳卜穷貞……
英二五七正　……未卜穷貞……

英二五七反　……吉
英二五八　……丑卜穷……
英二五九　……穷貞呼……
英二六〇　……穷貞……有……祟
英二六一正　……戊卜穷……
英二六一反　……于……
英二六二　……卜穷……
英二六三　……卜……
英二六三　……穷……
英二六三　……貞大……
英二六四　……穷……有王……
英二六五　……貞……不其……
英二六六　……巳……穷……
英二六七　乙巳卜爭貞……
英二六八　癸……卜爭……
英二六八　……舞……
英二六九　……卜爭貞……己亥……
英二七〇　庚戌……爭貞……
英二七一　庚……爭貞……
英二七二　……巳卜爭……
英二七三　……未卜爭……
英二七四正　……爭貞……
英二七五　……爭貞……
英二七五　……王……
英二七六　辛丑……爭于……
英二七七　戊……爭……
英二七八　乙……爭……我……
英二七九　……爭……龠……
英二八〇　……子……爭……
英二八一　……爭……讋
英二八二　……爭……妣……
英二八三　……爭……于……
英二八四　癸……
英二八四　癸酉……
英二八四　癸未卜亘……
英二八四　癸丑卜亘貞……
英二八四　癸酉
英二八四　二告
英二八四　二告
英二八五　……戊卜亘貞……
英二八五　……戊卜亘貞……
英二八六　……卜亘貞……
英二八七　……貞亘貞……
英二八八　……辰卜亘……
英二八九　……酉卜亘……

英二九〇　……酉卜亘……
英二九一正　……亘貞……
英二九一反　癸……
英二九二　……亘貞……
英二九三　……亘貞勿……
英二九四　壬寅……古貞……囚?
英二九五　……寅卜古貞……妣庚勿……
英二九六　……古……
英二九七　……丑……古……
英二九八正　……𢀛貞呼……允……
英二九九正　丁丑……𢀛貞……
英二九九反　……雨……
英三〇〇正　……午卜𢀛……
英三〇〇反　……日吉……
英三〇一正　……𢀛貞……姞?……
英三〇一反　卩?示……
英三〇二　……卜𢀛……
英三〇三　……𢀛貞……
英三〇四正　己巳卜韋貞……
英三〇四正　……卜韋……
英三〇四反　……今至于甲……
英三〇四反　……固曰有……
英三〇五　癸亥卜韋貞……
英三〇六正　丙……穷……
英三〇六反　……卜韋貞……勿……
英三〇七　癸亥卜韋……
英三〇八　辛亥卜永貞勿……
英三〇九　……卜……永……
英三一〇　戊……內……
英三一一　甲子卜……貞並……
英三一二　……王遣並……
英三一三　……于……尊……並
英三一三　貞……並……
英三一四　貞異弗其……凡㞢……
英三一五　……異……若
英三一六　貞異……其執
英三一七　貞豢不其……
英三一八　……寅卜……豢……惟……
英三一九　癸卯……設貞……
英三一九　……夫……
英三二〇　……不其以老
英三二一　貞……無囚
英三二一　……令〼沚馘
英三二一　貞惟〼令目?卯……
英三二二　……象……兕……
英三二三　……巳卜設貞徵……

英三二三　小告
英三二四　……卜設貞……惟呼以……先韋……
英三二五　……卜勿令……先……人
英三二六　……弗……克墮……弜〼……
英三二七　己……
英三二七　……〼……〼……
英三二八　貞……
英三二八　……王……〼……
英三二九　己卯……設貞……〼允……巾……
英三三〇　……未卜貞……〼侑……剢
英三三一　貞勿令……
英三三一　貞呼見狀
英三三二　……㞢……
英三三三　丙寅……疾……獲……
英三三四　……卜古貞在……
英三三四　……貞休……
英三三五　丁丑卜……衛奴……
英三三六正　貞⿰彳尼弗……白……
英三三六反　……有⿱艹它?
英三三七　丙午……
英三三七　戊午卜穷貞惟永帀……
英三三八　貞勿惟祧令
英三三九　貞燎于西弗保
英三三九　貞令行若
英三三九　……燎于……父?……自……
英三四〇　貞行弗其……
英三四一　戊……
英三四一　貞行載王事
英三四一　行載
英三四一　貞惟戎
英三四一　貞乘及寅徵
英三四二　貞翌甲子邑……
英三四二　……來……
英三四三　乙亥……爭貞……邑……
英三四四　戊午……王邑……
英三四五　……丑……邑……〼……
英三四六　……卜爭……熜……
英三四六　……卜爭……熜……
英三四七　……弔母……
英三四八　貞翌甲……勿……
英三四八　……亥卜爭……令卓
英三四九　貞卓不延有疾
英三五〇　不舌黽
英三五〇　己……惟……
英三五〇　惟母丙　二告
英三五〇　二告

英三五〇 貞㚔不其呼…
英三五一 貞㚔弗其令
英三五二 …貞…戴王事…受年十一月
英三五二 庚辰卜貞惟㚔往無左十二月
英三五三 …亥卜殸貞王入
英三五三 …卜殸貞王勿于𣪊
英三五三 己巳卜爭貞戉無囚
英三五三 癸未卜亘貞有來自…
英三五三 …未卜亘…其來
英三五三 丁亥卜殸貞王勿…
英三五三 貞戉其有囚
英三五三 𣪊彡王入
英三五三 己亥卜殸
英三五三 貞勿入
英三五三 戉無囚
英三五三 古不其來
英三五三 不其休
英三五四正 …卜殸…
英三五四正 貞…由…余…
英三五四反 戊辰…帝勿…
英三五五 癸未…殸貞…由及…
英三五六 己丑…爭貞…亯…
英三五七 貞甾…弗其…
英三五八 癸…取𦋺…弗其以…來…
英三五九正 貞…不…
英三五九正 王𠬝…
英三五九反 …未卜…
英三六〇 …多𣪊…
英三六一正 …小箕 小告
英三六一正 （其餘僞刻）
英三六一反 宜
英三六二正 弗其…
英三六二正 貞正
英三六二正 貞生四月𠂤不其至
英三六二正 …卜宂貞…出? 二告
英三六二正 二告
英三六二反 貞不其亦雨
英三六三 貞今三月𠂤至
英三六三 …卜…貞𠂤…
英三六四正 …暨…
英三六四反 …𠂤…
英三六五 …來
英三六六 貞…惟𢀛…𢀛…
英三六六 癸酉…貞勿…
英三六六 丁巳卜爭貞子?歸𡨦?于盂圂五月

英三六七 紳
英三六八正 丁卯…貞…不…
英三六八臼 …小㪔
英三六九正 貞…不戉…友…月
英三六九反 …㪔
英三七〇 …勿㪔
英三七一 …㪔
英三七二 …冥甾…正
英三七三 …侯專啓…余受…
英三七四 貞惟帝…茲…
英三七四 庚寅卜殸貞惟般呼往
英三七五 …牧…
英三七六 辛未…殸貞…不…以…
英三七七 …傲于…
英三七八 小告
英三七八 …傲…
英三七九 …王…毌惟…韋示
英三八〇正 貞呼…
英三八〇反 …米冊入…
英三八一 乙卯卜…雀以…弗…
英三八一 乙卯卜雀弗以允…
英三八二 …子…雨
英三八二 …卜…雀…往
英三八三 …丙雀…弗… 二告
英三八四 …貞雀…
英三八四 …亘…
英三八五正 …出?
英三八五反 雀
英三八六 …雀…無…
英三八七 貞雀…雀受毌祐
英三八八 丙午卜貞雀…
英三八九 貞雀…暨…
英三九〇 丁酉…爭貞雈允…
英三九一 …卜…雈…
英三九二正 戊辰卜殸貞忌有往家呼…
英三九二正 不舌黽
英三九二正 二告
英三九二反 …今日…
英三九二反 …其雨
英三九三 …其負…
英三九三 …不其…
英三九四正 貞…
英三九四反 …其…
英三九五 貞酉?勿冊伐束暨桑
英三九六 貞惟…

英三九七 英三九八 英三九九 英四〇〇 英四〇一正 英四〇一反 英四〇二 英四〇三正 英四〇三臼 英四〇四 英四〇五 英四〇六 英四〇七 英四〇七 英四〇八 英四〇八 英四〇九 英四〇九 英四〇九 英四一〇 英四一〇 英四一一 英四一二 英四一二 英四一三 英四一四正 英四一四正 英四一四臼 英四一四反 英四一五 英四一六 英四一六 英四一七 英四一八 英四一九 英四二〇 英四二一 英四二二 英四二三正 英四二三反 英四二四 英四二四 英四二五 英四二六

…卜…在…
…惟𤉲
…啚
貞魯
…戠其…
…酉…
貞戠勿…
丙申卜殻貞戉有…□
爭
…貞戉…一□…伐
…殻貞…戉于…
貞勿呼…宊□…
二告
…午卜…有…
戊辰有伐于陟卯宰…庚示妾
貞王曰弘來
貞…惟…
貞令壬
貞惟王令惟寅
貞惟王令惟寅
…令壬惟寅
貞…尹…比人…今□…王
…卜爭…遘…
…□…遘…
…酉…束…得
…貞…羌…
丁丑卜穷貞束得王固曰其得惟庚
其惟丙其啇四日庚辰束允得十三月
癸巳邑示三屯 㲋
王固曰其…
貞□今八月生…疾?
貞□
…允惟…
…丑卜亘貞…禦霝…不𢇛
山有…
壬子卜…惟少…
貞勿禦小…
…惟□…少亥?
…卜…亘其…惟…
…史
…亘
貞亘其魚惟捍
…捍
…示四屯 穷
壬申邑示三屯 小㲋

英四二七 英四二八 英四二九 英四三〇 英四三一 英四三二 英四三三 英四三三 英四三四 英四三五 英四三六 英四三六 英四三七 英四三八 英四三九 英四四〇 英四四〇 英四四一 英四四二 英四四三 英四四四 英四四五 英四四六正 英四四六反 英四四七 英四四八 英四四九 英四五〇 英四五一 英四五一 英四五一 英四五二 英四五三 英四五三 英四五四 英四五四 英四五四 英四五五 英四五五 英四五六 英四五七 英四五七 英四五八 英四五九 英四五九 英四五九 英四六〇

戊申邑示一屯 蔄
戊寅㕯示三屯
己酉𡧊示四屯 小㲋
丁卯婦寶示二屯 小㲋
己卯雩…三屯
…邑示四…王固曰…
癸巳…余…
乙酉卜殻貞我入若無…
…惟…自饗
貞惟王令
貞令壬
…惟…令
丁卯…令…二告
…令□?…
…勿令…
…王…令…
令…弗…
貞…令…羌…
…殻…令…
貞…令…
…令…
戊…其令…
貞…其…
…令…桒?
貞惟…呼…
庚寅…呼…元…束…三…
乙卯…呼…
…呼…
己卯…貞…
二告
…呼…
壬…亘貞…王出
…告
戊子卜殻貞侑于祖…
戊子卜殻貞王往出…
貞于…甲…方
…往出
…不其出
…卜爭貞翌…王往…
二告
…翌…王往…
貞王往省于敦
貞王勿往省牛…月
小告
…子王往…

英四六一 英四六一 英四六一 英四六二 英四六三 英四六四正 英四六四反 英四六五 英四六六 英四六七 英四六八 英四六九 英四六九 英四七〇 英四七一 英四七二 英四七三 英四七四 英四七四 英四七五 英四七六 英四七七 英四七七 英四七七 英四七七 英四七八正 英四七八反 英四七九正 英四七九反 英四八〇正 英四八〇反 英四八一正 英四八一反 英四八二 英四八二 英四八三正 英四八三正 英四八三反 英四八四正 英四八四反 英四八五正 英四八五反 英四八五反 英四八五反

貞…般…
貞勿惟王往
…呼…臣伐
壬申卜穷貞…勿往比…
…卯卜殻貞翌庚辰王勿入
小告
…王…來…
辛未卜…王來…
…酉卜…殻貞王…歸
…至…曰王…
…有其…复…循…
甲辰…王貞…十又…十
…寅…王…貞于…
丙午卜王貞來…四月
癸酉卜王…
乙未…王…于
…未卜王…
辛酉卜王
（其餘僞刻）
…卜王…
王固曰吉
丁酉卜爭貞王登…
癸巳卜爭貞…
…王固曰吉
…貞…
…二告
王固曰…亦不吉
…爭…
王固曰其有來啓
…卜穷
…曰吉
…侑…自…南…
王囚曰其有…
…卜殻貞王固曰其…
…祖…
…酉…貞旬…
二月
王固曰不…
…卜爭貞…王固…邁若茲…申
有鑿…
貞…射…固…
…貞…王固…羽二告…丑王…允
有壱
貞告于祖…
…㞢…
邑…

英四八六 英四八七正 英四八七正 英四八七反 英四八八 英四八九正 英四八九正 英四八九反 英四九〇正 英四九〇正 英四九〇反 英四九一正 英四九一反 英四九二 英四九三 英四九三 英四九四正 英四九四反 英四九五 英四九六 英四九七正 英四九八 英四九九 英五〇〇 英五〇〇 英五〇一正 英五〇一反 英五〇二 英五〇三 英五〇四 英五〇四 英五〇五 英五〇五 英五〇五 英五〇五 英五〇六 英五〇六 英五〇七 英五〇七 英五〇八 英五〇九 英五一〇 英五一一 英五一二 英五一二

貞王…王固…壱
癸未卜殻
…
王固…其有…
王固…來
貞…
貞惟有…
王固…
…亥…
王固曰…其有來…
…曰…
貞王…囚
王固…
王固…
貞翌乙…
王固…
己巳卜殻貞翌…
…固曰其…孕…
…固曰…庚…
固曰…尤
戊…其…
…固曰…
…固…不…
丙…其…
…固…
癸…王…曰有…
貞…多…王…
…王曰…有…
…曰…有…
貞…王…
…余…
庚申王亦…
…邑
…災
…曰…戠
丁亥卜王
己…王…
貞今…
貞王…今二…
貞王有…惟…
…戌卜…貞…王…其…
…貞王…
貞王…
貞王…
不舌黽

英五一三 貞王…
英五一四 貞王…
英五一四 …勿…
英五一五 …卜殻…王…
英五一六 …王…庚…舌
英五一七 …王…衣…
英五一八 …王…
英五一九正 …祖…
英五一九反 …王…
英五二〇 …王乞…
英五二一 王比
英五二一 貞惟多臣呼比戠
英五二一 貞王勿比戠
英五二二 …臣
英五二三正 …宾…不…臣六月
英五二三正 不舌黽
英五二三臼 …邑…乇𠭯
英五二四 貞…爯冊…臣…
英五二五 …巳…臣…田
英五二六 甲戌卜王…朿…
英五二七 …入射于𡆥
英五二八 貞令鳴以多方牟
英五二八 貞令射𡆥于微
英五二九 丁丑卜宾貞惟翌庚辰令多射
英五二九 …受…
英五三〇 …呼木射
英五三一 …射𠂤…
英五三二正 …卜亘…射…
英五三二反 …其…
英五三三 丙寅雀有執十月
英五三三 …乇𦍌
英五三四 貞勿執
英五三五 己丑…貞…
英五三五 …卯卜…勿執
英五三六 貞執
英五三七 …執𢼄…在圉…
英五三八正 …執…元…
英五三八反 …婦…孕…
英五三九正 …丑卜爭…有𠦪…見…
英五三九反 …固曰…見…
英五四〇 甲戌…貞𠦪自林圉得
英五四〇 …其得
英五四一 …若
英五四一 …月
英五四二 貞𩲸

英五四三 …貞舌方出王自饗受有祐五月
英五四三 …爭貞曰舌方其凡𡆥于土…敦…
允其敦　四月
英五四四 貞舌方不允出
英五四四 貞父乙不壱
英五四四 貞勿往省
英五四四 貞父乙壱
英五四五正 …殻貞舌方出不惟我…
英五四五正 …爭貞㞢戠爯冊王比伐土方…
英五四五正 壬子卜殻貞舌方出惟我…
英五四五反 …有鑿吉受祐其惟壬不吉
英五四六正 丙辰卜殻貞侑于唐
英五四六正 貞…比…戠…
英五四六正 貞于唐告
英五四六正 貞王比㞢戠
英五四六正 貞告舌方于上甲
英五四六正 貞侑于大甲
英五四六正 貞于河告
英五四六正 小告
英五四六正 二告
英五四六臼 𠭯
英五四七正 貞𢼄以由
英五四七反 王固曰…來
英五四七正 告舌方于示壬
英五四七正 呼師般取
英五四七正 貞微人于砅奠
英五四七正 勿于砅奠
英五四七正 于砅
英五四七正 勿于砅
英五四八 乙卯卜宾…呼師般
英五四八 貞勿曰之
英五四八 貞𠦪舌方其…
英五四八 貞曰之若
英五四八 暘日
英五四八 …酉其雨
英五四九 …勿告…舌…
英五五〇 …勻舌方
英五五一 貞弗其受…
英五五一 貞弗其受舌方祐
英五五一 辛酉
英五五一 我受舌方祐
英五五一 不舌黽
英五五二 貞弗其受舌方…
英五五二 我受祐

英五五三正　……舌方下上若受我祐五月

英五五三正　……舌方下上若受我祐

英五五三反　……無囚

英五五四　貞……

英五五四　貞弗其正

英五五四　……舌……受……

英五五四　……殼……呼……舌方……受有祐

英五五五　王勿逆伐

英五五五　貞舌方其來王逆伐

英五五五　舌方其來王逆伐

英五五六　貞……雨不惟若

英五五六　貞勿呼目舌方

英五五六　……呼……舌方

英五五七　（偽刻）

英五五八　貞……勿……舌……受……

英五五八　貞勿呼伐舌方

英五五八　貞勿登人三千

英五五八　貞登人三千

英五五八　貞于唐匄

英五五八　貞匄舌方于上甲

英五五九　丁卯卜殼貞翌辛未勿令

英五五九　丙午卜殼貞勿登人三千呼伐舌
方弗其受有……

英五六〇　貞……

英五六〇　勿呼伐舌

英五六〇　貞呼征

英五六〇　貞呼伐舌受有祐

英五六〇　貞勿呼伐舌方

英五六〇　葡

英五六〇　……雨

英五六一　癸酉……貞……不……

英五六一　貞勿……伐舌……弗其……

英五六二　貞呼舌方

英五六三　……勿呼伐舌……

英五六四正　……無雨

英五六四正　……年……勿孽

英五六四正　辛丑卜宾貞惟羽令以戈人伐
舌方𢦏十三月

英五六四正　己亥卜宾貞翌庚子步戈人不橐
十三月

英五六四臼　壬戌婦井示二屯　允

英五六五　貞我……𢦏舌……

英五六六　癸丑卜殼貞舌方其……

英五六六　癸丑卜殼貞𡗜及舌方四月

英五六七　……獲……舌方

英五六八　貞舌方……敦

英五六八　（其餘偽刻）

英五六九　貞舌方弗敦

英五六九　……有雨

英五七〇　貞舌……允……戌……

英五七一　丁巳卜韋貞舌方其敦戠十月

英五七一　貞翌癸卯其雨

英五七二　貞……于……

英五七二　……王……舌……

英五七三　……甾方于西

英五七四正　……巳卜殼……舌……甾……

英五七四反　貞……羌……

英五七五　……貞……舌方

英五七五　……寅貞……丙……㗊……

英五七六　……舌方十二月

英五七七　……貞……舌……

英五七八　丙寅卜宾貞我……

英五七八　……辰卜爭貞翌辛巳……

英五七八　……申卜爭貞王循土……

英五七九　……卜爭貞王循土方

英五七九　……爭貞翌辛巳王往……

英五八〇　……用

英五八〇　勿用

英五八〇　貞告

英五八〇　貞王循土方

英五八〇　……王循……方

英五八一　丁丑卜殼貞今𢀛王比沚戠伐土方受
有祐

英五八一　不告黽

英五八一　（其餘偽刻）

英五八二　……爯冊今𢀛……土方受有祐

英五八三　己酉卜殼貞今𢀛王惟土……

英五八三　己酉卜殼貞今𢀛王比……

英五八三　貞勿比望乘……

英五八四　貞……大……

英五八四　貞立中

英五八四　貞今𢀛勿正土方

英五八五　貞不……于……土方

英五八六　辛丑卜殼貞今𢀛王比望乘

英五八六　伐……危受有祐

英五八六　（其餘疑偽）

英五八七　（偽刻）

英五八八正　貞今𢀛王勿作比望乘伐下危

英五八八正　下上弗……

英五八八正　二告
英五八八正　二告
英五八八正　翌庚子…雨
英五八八反　翌庚子酌
英五八八反　允…
英五八八反　庚子…酌
英五八九正　…卜…其王勿比望乘伐下危…
其…
英五八九反　…其惟戌…不吉
英五九〇　…乘伐…危…其受祐
英五九一　…王…望…伐下…
英五九二　…危伐受…
英五九三　辛卯卜貞旛其先遘捍五月
英五九三　辛卯卜貞在賓其先遘捍
英五九三　貞在□王其先遘捍五月
英五九三　貞勿執𢦏裴
英五九四正　貞侑于祖乙告戌
英五九四正　貞桒戌于祖乙
英五九四正　貞有戌于上甲戌
英五九四正　貞旨獲羌
英五九四反　戊辰卜殻
英五九五　…征羌　七月
英五九六　…征羌
英五九七正　庚午卜殻…其有獲羌…希林…
英五九七反　戊辰婦…
英五九八　牧獲羌
英五九八　…甲
英五九九　…獲羌
英六〇〇　（偽刻）
英六〇一　貞惟多子呼伐獷…
英六〇二　…殻貞呼雀…
英六〇二　…殻貞雀其執…
英六〇二　…王往𢓊伐獷…
英六〇三　…桒…至…
英六〇三　…雀伐獷
英六〇四　乙亥卜𡧊貞勿伐獷
英六〇五　乙…殻貞…弗其戦基方
英六〇六　…卜殻貞我戦罘
英六〇七　己巳卜爭貞呼衆人步于𢦏
英六〇七　貞勿呼衆人步于𢦏
英六〇八正　甲戌卜𡧊貞于丁侑
英六〇八正　…貞…丁…
英六〇八正　告
英六〇八正　癸…
英六〇八正　甲…貞…亥…乙…

英六〇八正　貞勿侑七月
英六〇八正　癸丑卜𡧊貞令邑並執𡆥七月
英六〇八正　甲寅卜𡧊貞侑于祖乙七月
英六〇八臼　丁亥乞自雩十屯負示□
英六〇九　…𡗕令執𡆥七月
英六〇九　己酉卜𡧊貞攸牛于上甲？
英六一〇正　…寅卜亘…𡆥執
英六一〇反　…圉曰其執惟其不率
英六一一　…執舟…
英六一二　甲戌卜殻貞王捍衛受祐
英六一三　乙未卜殻貞大呼王敦衛十月
英六一四　乙亥…貞王…惟今十二月敦衛
英六一五　…辰卜…𡆥…月
英六一六　壬申卜貞…六月
英六一六　辛未卜殻…貯呼正…人
英六一七　…戦罘
英六一八　丁巳卜羴…捍暨祉
英六一八　癸亥…
英六一九　壬寅卜夫不其啓少十月
英六二〇　王…
英六二〇　余勿呼禦方
英六二一　…弗敦…方
英六二二　丙申卜勿伐
英六二二　方不其惟
英六二三　…方不大出　二告
英六二四正　…卜逆…十
英六二四正　（其餘偽刻）
英六二四反　…𢓊得方我獲羌
英六二五　貞方不征
英六二六正　貞王循方
英六二六反　丙戌卜品
英六二七　…卜貞…
英六二七　…貞…方既
英六二八　…今𠯑王…方…正…
英六二九　…卜生八月方…　小告
英六二九　告
英六三〇　貞…方…
英六三〇　…允…
英六三一正　…方…
英六三一反　…羊…
英六三二　…方…
英六三三　…聞微來…
英六三四　癸…卜…
英六三四　癸未卜𡧊貞旬無𡆥三日乙酉有來…𡆥

英六三五正　呼…旁禅…
英六三五正　貞無來艱四月
英六三五反　…其…來艱
英六三六正　王固曰其有來艱惟丁…
英六三六正　…貞旬無…
英六三六反　…貞旬無…
英六三七正　…其有來艱
英六三七正　…鄭[illegible]…
英六三七反　…其有來艱
英六三八正　…百　爭
英六三八反　…貞旬…三日…來艱
英六三九　…黽…
英六四〇正　…有來艱
英六四〇反　王固曰其有來
英六四一　…卜…貞…
英六四一　貞及今二月有來自…　二告
英六四二　二告
英六四三　…有來自東
英六四四　丙辰卜旁貞有來自…
英六四五　…有來…
英六四六正　有來…　小告
英六四六正　…奴…
英六四六反　貞翌甲辰其有至艱
英六四七　辛丑[illegible]…
英六四八　…有…艱
英六四九　…艱自西
英六五〇正　…旁貞無…其來艱
英六五〇反　…卜…往…
英六五一正　…卜…艱…王固曰…
英六五一反　…艱四日…
英六五二正　…其有來…
英六五二反　貞無其來
英六五三　…目…
英六五四　（偽刻）
英六五五　（偽刻）
英六五六　（偽刻）
英六五七　貞…爯…
英六五七　…貞…王…
英六五八　…貞王㱿三千人
英六五九　戊戌卜亘貞勿𥄳㱿…三千
英六六〇　貞勿㱿人
英六六一　（偽刻）
英六六一　乙巳卜呼奴
英六六二　甲…
英六六二　貞王比沚戠

英六六三　貞…比…戠
英六六三　王比沚戠
英六六三　貞王比沚戠五月
英六六三　貞王勿比沚戠
英六六三　貞王勿比沚戠
英六六四　王比沚戠
英六六四　貞王勿比沚戠
英六六五　王勿比…
英六六五　王勿比望…
英六六五　貞王勿比望乘
英六六五　王比望乘
英六六五　令望乘先歸田
英六六五　王惟沚戠比
英六六六　…比…戠
英六六七　貞比望…
英六六七　貞勿比戠
英六六八正　貞…
英六六八正　貞勿比戠伐
英六六八反　…婦井示…
英六六九　（偽刻）
英六七〇正　貞王…比沚戠
英六七〇反　…曰吉
英六七一　勿比望乘
英六七一　…酉卜𡆥貞若
英六七二　貞今𡆥王比望乘　二告
英六七二　貞今𡆥王勿比望乘　二告
英六七三　…王
英六七三　王比
英六七四正　貞王其比
英六七四正　…不…
英六七四反　…乀…
英六七五　…往从亩
英六七六　辛未卜惟[illegible]呼比[illegible]
英六七七　戊午…旁貞呼以…比…河
英六七八　…貞自今至…
英六七八　…从[illegible]…
英六七八　…貞沚戠…
英六七九　…省从[illegible]…
英六八〇　…丙子立中…無風暘日
英六八〇　…爭貞翌丙子其立…
英六八〇　…貞翌丙子其立…
英六八一　…來甲辰立中…
英六八一　…爭貞戊[illegible]…
英六八一　戊弗其…
英六八一　二告

英六八二 …征…
英六八三 …巳卜…正王…
英六八四 乙卯卜… 二告
英六八五 …丑卜㱿貞今𢀛王…伐三人…
英六八六 貞惟旨呼伐
英六八六 貞惟師般呼伐
英六八七 …㱿…我…伐…
英六八八 勿呼伐
英六八九 …伐…捍…
英六九〇 …捍余呼𢦔…
英六九一 …午其捍
英六九一 …其捍
英六九二 …捍… 二告
英六九三 …敦…
英六九四正 …貞…䝞捍…
英六九四反 …貞…
英六九五 …貞…延其…𢦏
英六九五 二告
英六九六 …𢦏𢀛…
英六九七 癸卯…𢦏…
英六九八 …㱿…我…𢦏…
英六九九 …囚一月
英六九九 …我…
英七〇〇 戊寅…㱿貞翌己卯步…𢀛
英七〇一 …貞…勿…
英七〇一 貞翌己亥步
英七〇二 …寅卜…貞翌…卯…步
英七〇三 …惟翌…步
英七〇四正 …爭貞…乞步…
英七〇四反 …魚…
英七〇五 …步雨…十月
英七〇六 …㱿貞步
英七〇七 …貞…有…追…
英七〇八 …貞得…
英七〇九正 …𢼸…
英七〇九正 …于…𢼸… 不𢀛黽
英七〇九反 弗其及 二告
英七一〇正 貞𠬝行
英七一〇正 …宾貞…商執…
英七一〇反 …㱿
英七一一 （偽刻）
英七一二正 貞不其𢓊
英七一二反 …入自…
英七一三 …不其𢓊
英七一四 …次…
英七一五 …來…先…歸…

英七一六 辛卯卜㱿貞今夕王入商
英七一七 …戊…商…囚
英七一八 甲辰…今春商…𢀛
英七一九 …夏母…于商…
英七二〇 …戊卜惟今夕入商
英七二一 癸酉卜王𠥼惟入于商
英七二一 …𠥼…
英七二二正 辛丑…惟丙…
英七二二正 …𢀛…人𢀛
英七二二反 …有…惟…
英七二二反 …惟…
英七二三正 王固曰惟終
英七二三正 戊寅…亘貞…其祝…我…
英七二三反 …未卜宾貞王往于敦 二告
英七二四 壬申
英七二四 …王往于敦
英七二五正 …于乙門令
英七二五正 …勿…于…
英七二五正 貞王往于敦
英七二五正 貞王勿往于敦
英七二五正 王往于敦
英七二五正 貞往有禦
英七二五正 貞𢊁若
英七二五反 癸丑卜亘貞亦盧雨
英七二五反 乙巳卜…之日允雨
英七二六正 …于敦
英七二六反 …𨒅…
英七二七 …貞于敦
英七二八 …高…
英七二九正 …卜今夕其…
英七二九正 星在享
英七二九反 五十方
英七三〇 …戊史留…
英七三一 …往于𩛧
英七三二 貞…豐之
英七三二 貞允豐之
英七三二 貞不其得
英七三二 貞往自𠭰得
英七三三 …率…𢓊…自缶…
英七三四 …夫…來自…
英七三五 在㯱
英七三六 …步于𡆥
英七三七 …東…至于…允…
英七三八 戊申…
英七三八 戊申…貞…

英七三九 …王步…犬…
英七三九 …永…示…
英七四〇 …羌方于…
英七四一 貞…監…
英七四二 丁…㱿…周…
英七四三 …周…
英七四四 …𠂤…于畱
英七四五 …在寧…
英七四五 癸亥…有…
英七四六 …卜勿…𠂤…
英七四六 …史…朕…毋…
英七四七 …伐…𠂤…从…
英七四八 …夕不…婁…
英七四九 貞呼往于舟
英七五〇 …卜勿…入酋…
英七五一 貞…
英七五一 貞勿于壼力
英七五二 貞…
英七五三 …邑…西…
英七五四 …南單…不吉
英七五五 甲…
英七五五 貞旋不其…隻…
英七五六正 貞彫…及于…
英七五六正 …貞…祀至告曰𠂤來以羌
英七五六正 庚…
英七五六正 不舌黽
英七五六反 之日祀至告…𠂤來以羌…
英七五七 貞…不…受…
英七五七 貞不其受年
英七五七 受年
英七五七 受年
英七五七 庚子卜亘貞呼取工芻以
英七五八 乙亥卜…曹以鹿
英七五九 丁卯卜爭貞…
英七五九 貞不其以由
英七六〇 癸亥…以…十月
英七六一正 …未卜…貞…取…
英七六一反 …固曰以…其…以…
英七六二 …弗其以… 小告
英七六三 …弗其以…
英七六四 …呼…以…
英七六五 …王妣…允以…
英七六六 …以… 小告
英七六六 …三月
英七六七 …以…

英七六八正 …其作王 二告
英七六八反 …入十
英七六九正 …有尋…
英七六九正 不…祖…
英七六九反 …曰吉…𡆥…
英七七〇正 …妣庚…
英七七〇反 …入十
英七七一正 貞勿…陟貝我…[illegible]三月
英七七一反 內入十
英七七二正 …
英七七二反 貞今來芻…
英七七三 …來…
英七七四正 貞…
英七七四正 …取勿…三十…
英七七四反 …入…
英七七五 貞…允…取…
英七七五 不惟之
英七七六正 …往芻…率得…𡆥…
英七七六反 …固曰…惟既…
英七七七正 （其餘僞刻）
英七七七正 …呼取往于…
英七七七反 （僞刻）
英七七八正 …翌癸酉…
英七七八反 …五十
英七七九正 …令不
英七七九反 …自命
英七八〇正 …弗…我…
英七八〇正 …河老年
英七八〇反 …束乞…
英七八一正 貞…母…
英七八一正 勿侑
英七八一反 …缶乞…
英七八二正 貞勿延我圉
英七八二反 …衛乞…
英七八三正 …不其…得
英七八三反 婦井乞自…
英七八四正 乙巳…貞桒…
英七八四正 四牡
英七八四反 …自巛龜…
英七八五 …酉雨…不雨
英七八五 …目…
英七八六 壬子㱿乞自畺
英七八七 貞…
英七八七 貞易牛于

英七八七　貞易牛于
英七八七　貞呼祟
英七八七　貞呼祟
英七八八　貞呼
英七八八　戊子卜貞禦年于上甲五月
英七八九　貞□以
英七八九　貞奉年于河
英七八九　：不以
英七九〇　貞：九：
英七九〇　：沈九牛
英七九〇　奉年于河
英七九一正　奉年于河
英七九一反　：卜：王固：
英七九二　貞：年：河
英七九二　（其餘偽刻）
英七九三　燎于河
英七九三　奉年于□
英七九三　貞弗其獲
英七九四　勿禦年：河
英七九四　貞勿禦年：河
英七九四　呼阜酌河
英七九五　：卜：奏年
英七九六正　貞：受：
英七九六正　甲辰卜□貞我受年　不舌黽
英七九六正　不舌黽
英七九六反　貞三父：
英七九七　：雨：
英七九七　：巳卜爭貞我受年
英七九八　貞：
英七九八　貞我不其受年
英七九八　受年
英七九八　惟王自饗
英七九八　貞王勿雈
英七九九　癸酉卜：我：受年
英八〇〇　貞我不其受年一月
英八〇一　我：年
英八〇二　：㱿貞今：我受：
英八〇三　貞不其受年　用
英八〇三　貞受年　用
英八〇四　不其受
英八〇四　不其受年
英八〇四　：我：
英八〇五　：不：受年
英八〇六　：其受年
英八〇七　：土受：
英八〇八　貞冥受年

英八〇八　貞𡛷受：
英八〇九正　戊子：旁貞：其：
英八〇九正　：役：其贏
英八〇九反　：不受年
英八〇九反　㞢：
英八一〇正　戊申卜亘貞受年王　不舌黽
英八一〇反　貞呼婦姘黍受年
英八一一正　甲子卜：貞：黍：受：
英八一一正　貞不其受黍年
英八一一反　：丑□：屯　旁
英八一二正　貞我受黍：
英八一二反　：令方：
英八一三　：史：
英八一三　貞我年㞢：
英八一四　（偽刻）
英八一五　：于黍年
英八一六　圂宰：
英八一六　：河燎：
英八一六　：黍年：
英八一七　：于大：黍年
英八一八　：卜穧年有正雨
英八一九　：呼黍：不：
英八二〇　有正：
英八二〇　□穧：有正雨
英八二一　貞我受□年
英八二一　貞我不其受□年　小告
英八二一　貞我受黍年
英八二二　：卜古貞：往出：
英八二二　我受□年三月
英八二三正　（偽刻）
英八二三反　：□年
英八二三反　王固曰吉
英八二四　貞：肩：
英八二四　貞勿□何弔
英八二四　貞勿□
英八二四　貞□何弔
英八二四　貞勿往于敦
英八二四　貞往于敦
英八二四　貞往于敦
英八二四　：貞勿：其令伲：□年
英八二五　：卜貞
英八二六　：年
英八二七　：年
英八二八　：允：有年：入：

英八二九　丁卯…稊…雀…黍…
英八二九　丁…盉…戊寅…夕雨
英八三〇　…王㞢有田…
英八三一　…有…央耳…年
英八三二　…寅…殻貞翌乙巳王勿往田
英八三三　貞令田
英八三三　…米…
英八三四　庚寅卜貞于□十月
英八三四　甲申
英八三四　乙酉
英八三四　貞于生十一月令卓
英八三四　貞勿呼延復有行从廼
英八三四　貞勿令犬延田于京
英八三四　丙戌貞勿令犬延
英八三四　庚寅卜貞其黑豕
英八三四　庚寅卜貞其土…
英八三五　乙酉卜貞延復有…
英八三五　…令郭曰犬延田
英八三五　乙酉卜穷貞呼…
英八三五　甲申卜穷貞…
英八三六　…呼田…龔…山
英八三七　貞登…呼涿…田
英八三八　戊申…王…狩…享
英八三九　戊申卜亘貞勿狩往
英八三九　戊申卜亘…
英八四〇正　叀于翌戊寅令狩
英八四〇正　勿呼逐其…
英八四〇反　…爭…丙…絴…
英八四〇反　乙…于…勿禦
英八四一　貞王勿往狩从…
英八四二　勿狩
英八四二　勿狩
英八四二　勿狩
英八四二　狩
英八四二　狩
英八四三正　貞呼…羌豕…
英八四三反　…示三…
英八四四　…多羌…鹿…
英八四五　…羌獲
英八四六　癸酉…呼犬…獲
英八四七　貞翌丁酉其逐兕獲
英八四八　…陷麋…
英八四九正　貞王勿…狩乂既陷麋歸九月
英八四九正　貞…
英八四九反　王…曰婠…其…

英八四九反　王固曰…其…歸…
英八五〇　貞…我…
英八五〇　…擒…鹿
英八五一　（僞刻）
英八五二　…其擒八月
英八五三　允獲鹿四月
英八五四　…戌卜貞雀…𡴘于十…
英八五五　…允…鹿…
英八五六　…豕允…獲…兔七十又三
英八五六　丙寅卜爭貞今日…
英八五七　…鹿一月
英八五八　丁酉卜爭貞…龟獲
英八五八　小告
英八五九　…雀…獲四月
英八五九　戌…貞…其𢦏
英八六〇　癸…殻…獲…
英八六一　貞勿獲延二告
英八六一　小告
英八六二　…來…兕…
英八六三　戌…今日…奏…
英八六三　…其執鹿…弗執
英八六三　…獲…其…
英八六四　貞…若
英八六四　…虎…
英八六五　…寅…馬…
英八六五　…三月
英八六五　…有…
英八六六　丁巳貞
英八六六　…辰卜…小牢
英八六七　…五牛
英八六八　貞卜二牛二羊…𧱏
英八六九　…亥…于…丁一牛
英八七〇　…辛一牛
英八七一　…牛
英八七二　貞…牛
英八七二　…寅卜…凡…
英八七三　…百宰大…
英八七四　貞…十宰…乙…羌
英八七五　三…
英八七五　三宰
英八七六　三宰
英八七七　小宰
英八七八　貞…于…小宰
英八七九　…宰…
英八八〇　…尹…宰…

英八八一　……庚宰
英八八二　……宰
英八八三　辛亥卜……惟羊……
英八八四　……卜惟……一豕
英八八五正　癸亥
英八八五正　癸未十三月
英八八五正　癸巳卜貞旬無囚
英八八五正　癸卯卜貞旬無囚
英八八五正　……卜……囚
英八八五反　己未夕皇庚申夕有……
英八八六正　癸卯……貞……無……
英八八六正　癸亥卜貞旬無囚
英八八六正　癸丑卜貞旬無囚
英八八六正　癸酉卜貞旬無囚
英八八六正　癸未卜爭貞旬無囚王固曰有祟三日乙酉夕皇丙戌允有來入齒十三月
英八八六反　……日己未皇庚申夕有今……
英八八六反　王固曰惟……
英八八七　……其……星
英八八八　戊寅……今出……
英八八九　貞今出
英八九〇　……今出……其……
英八九一　……殼今二月……
英八九二　……亥……不其……二月
英八九三　貞……三月
英八九四　……三月
英八九五　……三月
英八九六　……弗……三月
英八九七　……三月
英八九八　……四月
英八九九　……五月　小告
英九〇〇　……五月
英九〇〇　庚……
英九〇一　貞……五月
英九〇二　丙申……多……十月
英九〇三　……酉……十一月
英九〇四　……十二月
英九〇五　……貞旋……今十二月師……聞……
英九〇六正　（偽刻）
英九〇六反　不其夕
英九〇七　貞……今日……
英九〇八　戊子卜貞今日益宰
英九〇八　丙午……
英九〇九正　……今日……
英九〇九反　貞……
英九一〇　……今日……

英九一一　……今辛未……
英九一二　貞今……十一月
英九一三　……未卜……月
英九一四　丁丑……今至……不吉黽
英九一四　丁……
英九一五　……今至……
英九一六　……自今
英九一七　……今來……于……
英九一八　辛……今……
英九一九　癸未……今……
英九一九　貞……
英九二〇　……卜……今……
英九二〇　……來……
英九二一　……爭言……遘……無……
英九二一　……之日……
英九二二　苒之日……三月
英九二三　……我惟……暘日……食日……
英九二四　壬子……啓自……食……
英九二五　丁未……來……大……
英九二六　……乘……
英九二六　貞翌己巳不……
英九二七　貞翌丁未卜其……
英九二八　貞翌丁亥……
英九二九　……寅卜……翌乙……其……乙……
英九三〇　貞翌乙……不其……
英九三〇　……宰
英九三一　貞翌……巳……其……
英九三二　貞翌丁未不其……
英九三三　貞翌庚……
英九三三　貞翌癸……
英九三四　貞翌……午……
英九三五正　……卩……
英九三五反　……卜貞翌……未……
英九三六正　……冊……
英九三六反　貞翌……申
英九三七正　……其翌
英九三七反　癸未……
英九三八　……翌日……
英九三九　……寅卜貞翌……
英九四〇　……卜翌……
英九四一　翌甲辰……
英九四一　翌甲辰……
英九四二正　……卜翌乙……
英九四二反　……不……月
英九四三　……翌……

英九四四　：翌：巳：
英九四五　：酉：翌：戌：
英九四六　貞翌：勿：
英九四七　貞翌：
英九四七　：于：
英九四八　癸巳：翌：
英九四九　：惟翌：
英九五〇　甲戌
英九五〇　丁丑
英九五一　甲申
英九五二　乙亥：
英九五三　丙申
英九五三　：申卜：以
英九五四　丙午
英九五五　丙子
英九五六　丁巳
英九五七　庚子
英九五七　戊寅
英九五八　戊寅
英九五九　戊子
英九五九　戊子
英九六〇　：戌：
英九六一　戊：其：
英九六二　戊：
英九六三　己巳
英九六四　己卯：
英九六四　己：
英九六五　己卯
英九六六　己酉
英九六七　貞其：㞢：
英九六七　庚寅
英九六七　辛卯
英九六八　庚午：小告
英九六九　庚申：
英九七〇　：乙卯　丙辰　丁巳　戊午　己未
英九七一　庚申　辛酉　壬戌　：亥
英九七一　庚：其：我：
英九七二　庚：
英九七三　庚：
英九七四　庚：
英九七五　辛巳
英九七六　辛：不：
英九七七　辛：
英九七八　壬戌
英九七八　丁：
英九七九　癸丑：

英九八〇　癸丑：貞：
英九八一　癸巳
英九八二　癸酉
英九八三　癸亥：有：
英九八四　癸：
英九八五　癸：
英九八六　甲子：
英九八六　：子：
英九八七　：巳：
英九八八　：酉：在：
英九八九　：酉：
英九九〇　乙亥：及：
英九九一　：亥：五：
英九九二　：卯：東：來：
英九九三　：自酉：
英九九四　：酉：
英九九五　壬辰：北：南：王：
英九九六　貞：兄：
英九九六　呼舞無雨
英九九六　呼舞無雨
英九九六　呼舞有雨
英九九六　呼舞有雨
英九九六　勿侑于季
英九九七　：亘貞：呼：（偽刻）
英九九八　：申：勿：舞：
英九九八　其雨
英九九九　壬戌卜㱿貞翌乙丑不雨
英一〇〇〇正　翌戊辰不雨
英一〇〇〇反　丁卯卜爭：
英一〇〇一　：卯卜翌：辰雨
英一〇〇一　：旬：
英一〇〇二　：方：呼：
英一〇〇二　：酉卜㱿：翌甲戌不雨
英一〇〇三　癸未卜翌甲申雨
英一〇〇三　：卜：其：
英一〇〇三　丁未卜：雨
英一〇〇三　丁酉卜：
英一〇〇四　（偽刻）
英一〇〇五　（偽刻）
英一〇〇六　貞翌乙巳不雨
英一〇〇六　：祖：告
英一〇〇七　：有𡆥
英一〇〇七　貞翌乙巳不雨
英一〇〇七　：翌：

英一〇〇八　貞翌庚戌不雨
英一〇〇九　……翌……未其雨
英一〇一〇　……甲寅其雨
英一〇一〇　小告
英一〇一一正　丁……卜
英一〇一一正　貞自今至于庚戌不其雨
英一〇一一正　貞生十二月不其雨
英一〇一一正　伐舌
英一〇一一反　貞受年
英一〇一二　辛巳……不其雨
英一〇一二　……自……壬申……雨
英一〇一三　己巳卜壬雨
英一〇一三　己巳卜癸雨
英一〇一三　辛巳……
英一〇一三　……爰叀喜……李于宮無災
英一〇一四　辛……
英一〇一四　乙……
英一〇一四　戊……
英一〇一四　辛丑卜癸雨
英一〇一四　二告
英一〇一四　二告
英一〇一四　……烄
英一〇一五　……酉卜……貞……無𡆥甲戌……雨
英一〇一六　……丙雨
英一〇一七　戊……內翌……己……
英一〇一七　……丑卜內……庚寅雨　不雨
英一〇一八正　貞……
英一〇一八正　貞……丁丑……雨
英一〇一八反　……王……余……
英一〇一九　庚辰……雨
英一〇二〇　……卜𣪊……
英一〇二〇　丁巳
英一〇二一　貞今日其雨
英一〇二二　（僞刻）
英一〇二三　辛卯……今日……
英一〇二三　壬辰卜今日雨
英一〇二四　……今日不……
英一〇二四　……庚雨
英一〇二五　丙辰……𠂤貞……日不雨
英一〇二五　貞其……
英一〇二六　己巳……貞……日不……
英一〇二六　……卜……今日……雨
英一〇二七　……疛……今日……雨
英一〇二八　貞今夕其雨
英一〇二九　……今夕……雨

英一〇三〇正　丁亥卜……今夕其雨無……
英一〇三〇正　……子卜……貞翌……丑……于……乙……
英一〇三〇反　……王固……
英一〇三〇反　貞……
英一〇三一　癸丑……貞……
英一〇三一　……酉……雨
英一〇三二　貞……多……
英一〇三二　……夕不……雨
英一〇三三　……夕不……
英一〇三四　……酉卜……貞今……雨
英一〇三五　……卜今……雨
英一〇三六　之夕雨五月
英一〇三六　……雨
英一〇三七　……爭血……允無血……雨一?月
英一〇三八　貞兹旬其雨
英一〇三九正　癸……
英一〇三九正　丙午……固曰其……其惟戊……惟庚
英一〇三九反　其雨
英一〇四〇　貞其雨
英一〇四〇　貞……
英一〇四一　貞其雨
英一〇四二　其雨
英一〇四三　其雨
英一〇四三　……王……
英一〇四四　其雨
英一〇四五　其雨
英一〇四六　其雨
英一〇四七　其雨
英一〇四八　其雨
英一〇四九　……雨
英一〇四九　甲……其……
英一〇五〇　貞不其雨
英一〇五一　貞不其雨
英一〇五二　貞雨
英一〇五二　不其雨
英一〇五三　不……雨
英一〇五三　不其雨
英一〇五四　……爭貞無其雨
英一〇五五　……無其雨
英一〇五六　庚辰……其雨
英一〇五七　……卜……五……其雨
英一〇五八　丙午……
英一〇五八　……未不雨
英一〇五九　……不雨
英一〇六〇　壬……
英一〇六〇　……雨五月

英一〇六一　：雨
英一〇六二　貞：雨
英一〇六三　：巳：雨
英一〇六四　：雨
英一〇六四　：午：
英一〇六五　癸：
英一〇六五　辛酉卜雨
英一〇六六　：雨
英一〇六七　貞惟：雨十月
英一〇六八　庚申：其：
英一〇六八　：卜貞：雨
英一〇六九　貞王：雨
英一〇七〇　：正雨　二告
英一〇七一　：咸：雨：巳亦雨多：一月
英一〇七二　貞：益：
英一〇七二　：卜：貞：
英一〇七二　：雨多：
英一〇七三　：从雨　二告
英一〇七四　貞茲雨不：
英一〇七五　貞：
英一〇七五　：茲雨
英一〇七六　戊：雨
英一〇七六　壬子：夕：雹：
英一〇七六　癸：保：
英一〇七六　：卜：
英一〇七七　：寧雨在七月
英一〇七八　翌庚申不其暘日
英一〇七八　翌壬戌不其暘日
英一〇七八　翌甲子不其暘日
英一〇七八　：乙丑：
英一〇七八　二告
英一〇七九正　貞：
英一〇七九正　貞翌甲午不其暘日　不舌黽
英一〇七九反　：貞：雨
英一〇七九反　：丑雨
英一〇七九反　甲午不雨
英一〇八〇　丙午：　二告
英一〇八〇　丁未卜殻翌戊申暘日
英一〇八〇　庚戌卜殻翌辛亥暘日
英一〇八〇　辛亥卜殻翌壬子不其暘日　二告
英一〇八〇　：暘日
英一〇八〇　：翌：
英一〇八一　翌甲辰不其暘日
英一〇八一　貞翌甲辰不其暘日
英一〇八一　：翌：辰：日

英一〇八二正　不其暘日
英一〇八二正　不舌黽
英一〇八二正　不舌黽
英一〇八二反　己未婦：
英一〇八三　翌壬辰不其暘日
英一〇八四　貞翌辛：其暘：
英一〇八五　：其暘日
英一〇八五　：允無：
英一〇八六　貞：丑：暘日
英一〇八七　：戊：
英一〇八七　：暘日
英一〇八八　丁卯卜翌戊辰啓允啓
英一〇八九　啓
英一〇八九　啓
英一〇八九　庚子暘日
英一〇九〇　（偽刻）
英一〇九一　乙巳卜不：
英一〇九一　：卯卜：啓：夕雨　告
英一〇九二　丁酉：酌：啓
英一〇九三　：往：啓
英一〇九三　：啓
英一〇九四　：田：啓
英一〇九五　貞不啓
英一〇九六　庚申卜貞
英一〇九六　：侑于妣己
英一〇九六　：[illegible]：
英一〇九六　：暘日：夕驟風
英一〇九七　：驟：
英一〇九八　：風
英一〇九九　：戊：雨：延風
英一一〇〇　：風：霧二月　二告
英一一〇一　丙申卜翌丁酉酌伐啓日明霧大食日啓
一月
英一一〇一　：戠：
英一一〇二　：至：終日霧：雨
英一一〇三　：我莫：
英一一〇四　：莫：
英一一〇五正　丙子：方貞：汰：
英一一〇五正　丙子卜方貞子[illegible]無疾
英一一〇五正　貞作大邑于唐土
英一一〇五正　：爭：
英一一〇五反　于妣己禦
英一一〇五反　王固曰其得
英一一〇六　癸亥卜殻貞：
英一一〇六　小告

英一一〇六　（其餘偽刻）
英一一〇七　（偽刻）
英一一〇八　貞我：作邑：帝：
英一一〇九　貞：作邑：
英一一一〇　貞：邑
英一一一一　貞：作龐：
英一一一二　：穷貞不作龐
英一一一三正　：將雈郭于京
英一一一三反　：咎：
英一一一四　：卜王享
英一一一五　貞：
英一一一五　：貞：宗：
英一一一六　貞勿于乙門
英一一一七正　（偽刻）
英一一一七反　（偽刻）
英一一一八　辛：姘：
英一一一九　：婡：其：殁：：告
英一一二〇　不嘉
英一一二一　：嘉
英一一二一　乙未
英一一二二正　貞疾齒告于丁
英一一二二反　：二十：
英一一二三　貞于：疾首
英一一二四　癸：禾：
英一一二四　貞疾趾禦于妣己
英一一二四　：翌：雨
英一一二五　貞疾骨惟有蚩
英一一二六　：□無疾
英一一二七　：爭：子：疾：丁十一月
英一一二八　：辰卜：□：凡有：
英一一二八　：貞乎：弔彿：骨凡
英一一二九正　貞：其：
英一一二九正　彿其囚：
英一一二九反　甲申：穷：
英一一二九反　：允：
英一一三〇　貞有：疾其：
英一一三一　：亥：疾：
英一一三二　：疾：
英一一三三正　（偽刻）
英一一三三反　（偽刻）
英一一三四　（偽刻）
英一一三五　（偽刻）
英一一三六　：陵二人
英一一三六　癸卯卜：
英一一三六　丙午卜爭貞其雨之日鼎雨
英一一三六　貞不雨
英一一三六　壬寅卜：貞：其：王
英一一三六　壬寅卜㱿貞帝弗佐王
英一一三六　癸未：㱿貞：執：
英一一三六　甲：卜：
英一一三六　二告
英一一三七　：貞：帝：我：
英一一三八　乙卯卜：帝惟其：雨
英一一三九　：㱿翌乙卯帝其令雨
英一一四〇　：帝令：
英一一四一　：年
英一一四一　：降茲邑：囚
英一一四一　：雨帝若
英一一四二　：帝不：降惟：
英一一四三　：帝：邑：土：
英一一四四　：己卜穷貞燎于岳：
英一一四五　壬寅卜：燎岳：
英一一四六正　貞：告于：乙：
英一一四六正　：燎于岳：二羊卯九牛
英一一四六反　：惟：其告：
英一一四七　：燎于岳夕羊翌辛亥酒宰
英一一四八　貞勿：于岳：祟：
英一一四九　丁酉：奏：今：
英一一四九　：岳取□：
英一一四九　：取□：
英一一四九　：舞：河：癸雨
英一一五〇　：丙取岳
英一一五一　癸卯卜穷貞燎于岳
英一一五一　甲寅卜爭貞翌癸卯令甫歸
英一一五二　貞：弗其得
英一一五二　無左
英一一五二　貞岳賓
英一一五二　：岳其：雨
英一一五二　弗其賓
英一一五三正　貞勿奏岳
英一一五三正　貞疾其惟囚
英一一五三反　：高：
英一一五四　：亥卜㱿貞：于岳
英一一五五　貞勿：于岳
英一一五六　：侑于河三十牛以：
英一一五六　貞侑于河
英一一五七　：章貞及今：
英一一五七　貞侑于河
英一一五八　甲辰卜內：燎于河：豕
英一一五九　貞侑于大甲八月

英一一五九　貞于河燎
英一一六〇正　甲戌卜穷貞𠦪年…燎于𡆥十牛圍…
英一一六〇正　丙子卜爭貞燎于河…沈五牛…
英一一六〇正　…河…
英一一六〇反　…𡆥曰吉其𠦪
英一一六一正　（偽刻）
英一一六一反　…正…
英一一六一反　…酌…
英一一六二　…河二窜埋三…
英一一六三　（偽刻）
英一一六四　…牛…于河
英一一六五　…其…
英一一六五　貞呼往見于河有來…
英一一六五　…殻…取…𢿌…
英一一六六　…于河八月
英一一六七　壬午卜穷貞河祟我
英一一六七　不舌黽
英一一六八正　小告
英一一六八正　不舌黽　二告
英一一六八正　二告
英一一六八正　二告
英一一六八正　…令…
英一一六八反　勿燎于土
英一一六八反　…呼…
英一一六八反　…雨…
英一一六九　乙酉卜…于河
英一一七〇正　今日不雨
英一一七〇正　燎于土
英一一七〇正　貞有羌自成
英一一七〇反　庚…卜…
英一一七一正　…夒…
英一一七一反　…卜…父…
英一一七二　允其戠
英一一七二　戠
英一一七二　侑于夒
英一一七二　翌丁卯
英一一七二　于庚午
英一一七三正　貞于王亥𠦪　二告
英一一七三正　貞燎于王亥九牛　小告
英一一七三反　貞印五牛
英一一七三反　…其敦
英一一七四正　貞燎于王亥
英一一七四反　王𡆥…于…
英一一七四反　甲寅
英一一七五　貞于𢊍

英一一七五　貞燎于王亥五牛新𣪘
英一一七五　…燎…王…
英一一七六　…王…天…
英一一七七正　王恒易樂
英一一七七正　貞王恒易樂
英一一七七正　貞王恒易樂
英一一七七正　儺以
英一一七七正　貞戌來
英一一七七反　丙午卜亘…
英一一七八　（偽刻）
英一一七九正　乙丑卜殻貞令戌來曰戌𢦏伐吾方在十月
英一一七九正　貞燎于𡆥
英一一七九正　燎
英一一七九正　燎
英一一七九正　燎
英一一七九正　小告
英一一七九反　丁卯卜葡…
英一一七九臼　…昌?
英一一八〇　燎…𡆥…
英一一八〇　燎于𡆥圍
英一一八〇　燎于𡆥
英一一八〇　貞于𠷎東燎
英一一八〇　貞燎于河
英一一八一　（偽刻）
英一一八二　貞燎于且…
英一一八三　貞侑…𡆥壬…
英一一八四　貞…
英一一八四　…娥…于…之…十二月
英一一八五正　侑于…
英一一八五正　侑于娥
英一一八五反　…王…
英一一八六　（偽刻）
英一一八七　…殻貞祉戠不𡆥爯冊
英一一八七　殻貞侑于黃尹七月
英一一八八　甲寅…貞勿…
英一一八八　…一牛九月
英一一八九　…于卜…貞𠦪…尹…牛𠷎…
英一一九〇　…貞…侑于…黃…
英一一九一　貞…
英一一九一　…侑…黃…
英一一九二　貞勿侑于黃
英一一九三正　…黃…不…
英一一九三反　…父…勿…庙…
英一一九四　貞侑九伐卯九牛
英一一九四　貞侑十伐卯十牛

英一一九四	王勿往于敦
英一一九四	不舌黽
英一一九五	：婦有夂歲：
英一一九六	丙戌有丬歲卜丙
英一一九七	丁卯有夂歲于大：
英一一九八正	小告
英一一九八正	不舌黽
英一一九八反	勿侑：
英一一九八反	侑于：犬
英一一九八反	貞將
英一一九九	貞侑于：
英一一九九	：祟王：乙惟：　不舌黽
英一一九九	丁：宰
英一二〇〇	丁巳卜侑于：
英一二〇一正	丁卯：貞翌：
英一二〇一正	勿侑于：
英一二〇一反	丙：卜
英一二〇二	：侑于：
英一二〇二	：侑：
英一二〇三	：王：侑：于：乙
英一二〇三	甲：
英一二〇四	貞王囚侑妣　二告
英一二〇五	：率侑：王：
英一二〇六	庚辰：侑：
英一二〇六	：貞：
英一二〇七	乙：
英一二〇七	丁卯：貞侑：
英一二〇八	：侑：又：八月
英一二〇九	庚寅卜穷貞新邑侑：
英一二一〇正	貞：禦：
英一二一〇正	：午卜殼：侑：
英一二一〇反	：
英一二一一	癸巳：貞：侑于：其从：
英一二一二	貞禦：母：
英一二一二	：牛：
英一二一三	：亥：
英一二一三	：呼：禦：于：
英一二一四	：庚禦：
英一二一五正	貞禦：彈：
英一二一五反	：
英一二一六	：殼貞禦于：
英一二一七	：禦于：
英一二一八正	貞翌乙未不：曰
英一二一八正	貞勿禦
英一二一八反	：固曰不：

英一二一九	：殼貞：禦：南：
英一二二〇	癸亥卜：穷：王賓：
英一二二一	：卜穷：匚：
英一二二二	：祖惟：丩匚：
英一二二二	：卜匚：
英一二二三	翌：酌：祖：
英一二二三	：帝：
英一二二四	：卯：帝：豖：
英一二二五	貞方帝七月
英一二二五	：貞帝：隹一羊：一犬
英一二二六	貞方帝
英一二二七	庚子卜：惟我：帝于：
英一二二七	帝于東
英一二二八	（僞刻）
英一二二九正	貞弗[艹它]
英一二二九正	勿告于丁
英一二二九正	：未于：牛：
英一二二九反	辛巳卜：
英一二三〇	：告于：
英一二三一	（僞刻）
英一二三二	：亥卜𠦪于：
英一二三三	戊申卜王𠦪于：
英一二三四	：𠦪其：
英一二三五	：冊三宰
英一二三六	：亥卜：往于示壬：一宰：冊：
英一二三七	：冊：
英一二三八	己亥：冊：
英一二三九	惟大示
英一二三九	貞帝于令
英一二三九	貞帝于令
英一二四〇	乙亥：丙冊大：五百牛：伐百：
英一二四〇	：[宀禾卩]：十月
英一二四一	弗：示：
英一二四一	王六月
英一二四一	勿王六月
英一二四一	：若
英一二四一	龠出示弗其若
英一二四一	勿龠出示若
英一二四一	其：若
英一二四二	：示：于：入：
英一二四三	：酉卜：貞自：至于：
英一二四三	：祀：
英一二四四	：貞王：惟：用：牛
英一二四五	丁卯：用宰：辛：
英一二四五	丙寅：

英一二四六
英一二四七正
英一二四七反
英一二四八
英一二四九
英一二五〇正
英一二五〇反
英一二五〇反
英一二五〇反
英一二五一正
英一二五一正
英一二五一正
英一二五一反
英一二五二
英一二五三
英一二五三
英一二五三
英一二五三
英一二五四正
英一二五四反
英一二五五
英一二五六
英一二五六
英一二五七
英一二五八
英一二五九
英一二六〇
英一二六一
英一二六一
英一二六二
英一二六三
英一二六四正
英一二六四反
英一二六五
英一二六五
英一二六六
英一二六七
英一二六八
英一二六九
英一二七〇
英一二七一
英一二七二
英一二七三
英一二七三

甲：用：
：用：豚：豕：
：卜：
：卜：侑：七：用：
（偽刻）
庚戌卜爭貞燎于西因一犬一㲋燎四豕
四羊㲋二卯十牛㲋一
丁卯卜亘貞雨
不其雨
貞翌辛亥勿呼往于有敵于比
貞于昌燎　二告
：雨　二告
（其餘偽刻）
：王固曰有祟壬其雨不吉
貞囗犬燎：三：三：卯：
丁亥卜穷貞翌辛卯酌伐
貞：　不舌黽
貞勿燎　二告
貞惟乙未酌伐
（偽刻）
貞惟：
：有燎于：
：貞王曰：其合以乃：
：卜爭貞燎曹百羊百牛百豕㲋五十
貞燎三宰
貞燎二㲋
貞今燎一：
貞勿燎十：
：寅卜：勿：五月
丁卯：燎：其：于：大：
貞勿燎
勿烄無其：
：玉取：
：惟：
：酌：母丙
貞：母：
貞惟翌丁丑酌
：乙酉酌
：翌：酌大：王固：
貞：酌：
：酌：五十：
：卯：酌：
：酌：于：大：
：禱：
丁巳：貞十?：禱：鳥：

英一二七四
英一二七五正
英一二七五正
英一二七五反
英一二七六正
英一二七六正
英一二七六正
英一二七六反
英一二七七
英一二七八
英一二七九
英一二八〇
英一二八一
英一二八二
英一二八三
英一二八四
英一二八五
英一二八六
英一二八七
英一二八八
英一二八九
英一二八九
英一二八九
英一二九〇
英一二九一
英一二九二正
英一二九二正
英一二九二反
英一二九三
英一二九四
英一二九五
英一二九六
英一二九七
英一二九八
英一二九九
英一三〇〇
英一三〇〇
英一三〇〇
英一三〇〇
英一三〇〇
英一三〇一

：其禱：
翌丁亥勿令圂
翌丁亥圂
：[illegible]：
貞翌己巳勿圂
貞翌巳勿圂
有毌
無毌
戊辰卜永
：圂：五：
：畀：夕：
：其畀：
：亥卜：集：砠?：
：于舌
甲辰卜翌乙巳我奏舞至于丙
午：二告
：龠：舞征：㞢：
：子卜：貞奏：弟：茲：
：亥卜：奏舞：
貞帝示若今我奏祀四月
：奏：允：
：有曰千森王戠于之八豕八豕：
四羊㲋四卯于東方析三牛三羊
㲋三
己丑卜穷貞：豕卯十黃牛：
二告　：舌黽
（其餘偽刻）
：于韋一羌卯宰
貞：王戕祖：玉燎三小宰卯三大：
：十：卯：宰
丙：貞：
：申[illegible]：
：人枭十卣卯三十牛九月
貞不其衣八月
：貞今：益：衣：
：敚羌百：
：百伐：十月
：伐：
：亥：于：沈：
己亥
己未
貞其于十歲廼有正
癸酉
：酉
：帚新：用一月

英一三〇二 乙巳卜：其：
英一三〇三 丙申卜：酉不：
英一三〇三 （其餘偽刻）
英一三〇四正 丁亥卜：
英一三〇四正 丁亥卜：
英一三〇四正 貞：
英一三〇四正 貞：
英一三〇四反 ：舌：好：
英一三〇四反 ：舌：
英一三〇五正 ：王：往：
英一三〇五正 己卯卜：
英一三〇五反 壬寅：
英一三〇六 ：卜：
英一三〇六 ：卜：
英一三〇六 己卯：不：
英一三〇六 貞：
英一三〇六 庚子卜：
英一三〇七 庚子卜：
英一三〇八 庚午卜：
英一三〇九 庚戌卜：
英一三一〇 辛丑：
英一三一一 ：爽
英一三一一 辛卯：貞無：惟：
英一三一二 壬戌卜：允：
英一三一三 癸巳卜翌壬：
英一三一三 （其餘偽刻）
英一三一四 癸卯卜
英一三一四 癸卯卜
英一三一五 癸丑卜：
英一三一五 （其餘偽刻）
英一三一六 癸亥卜：三羌?：
英一三一七 丁：卜：己：
英一三一八 己：卜：庚：
英一三一九 壬：卜：
英一三二〇 ：子卜：貞：
英一三二一 ：子卜：貞：
英一三二二 ：子卜：貞四：
英一三二三 ：子卜：
英一三二四 ：丑卜：貞：捍：
英一三二五 ：丑卜：貞：
英一三二六 ：丑卜：貞：
英一三二七 ：寅卜：勿：
英一三二八 ：寅卜：貞：無：
英一三二九 ：卯卜：貞：
英一三二九 二告

英一三二九 （其餘偽刻）
英一三三〇 ：辰卜：攴：
英一三三一 ：巳卜：貞：
英一三三二 ：巳卜：
英一三三三 ：未卜：其：
英一三三四 ：申卜：貞：
英一三三五 ：酉卜：
英一三三六 ：酉卜：貞：
英一三三七 ：酉卜：
英一三三八 ：酉卜：貞：
英一三三九 ：戌卜：[glyph]：
英一三四〇 ：戌卜：于：
英一三四一 ：亥卜：丑不：
英一三四二 ：亥卜：貞：
英一三四三 ：亥卜：貞：
英一三四四 ：未卜：貞勿：
英一三四五 ：巳卜：屯：曰：
英一三四六正 ：不：
英一三四六正 ：卜：貞：
英一三四六反 ：允得?
英一三四七 甲：
英一三四七 ：卜：
英一三四八 ：卜：辛：宰?：
英一三四九 ：卜：[glyph]：
英一三五〇 ：卜：四：
英一三五一 丁卯：貞：
英一三五一 ：戌：于：
英一三五二正 乙：貞：甲告： 二告
英一三五二反 貞呼：御事：永：
英一三五三 己：貞：
英一三五四正 庚子：貞：
英一三五五 ：子：貞：
英一三五六 ：子：貞：
英一三五七 癸卯貞：
英一三五八 ：辰：貞：
英一三五九 ：巳：貞：
英一三六〇 ：午：貞：
英一三六一 ：未：貞：作：
英一三六二 貞：乙酉：不：
英一三六三 庚：貞：卯：益：
英一三六四 貞其得魚
英一三六五正 貞：
英一三六五反 乙丑：
英一三六六 貞曰：

英一三六七	貞多…
英一三六八	貞多…
英一三六九	貞：…
英一三七〇	：貞多…
英一三七一	貞來
英一三七二	貞：其…
英一三七二	貞：…
英一三七三	貞：其來
英一三七四	貞：其：㞢…
英一三七五	貞：其：…
英一三七六	貞其至
英一三七七	貞：其：…
英一三七八	貞：其：辰…
英一三七九	貞我其有
英一三八〇	貞：有：…
英一三八一	貞有：…
英一三八二	貞：侑自：…
英一三八三	貞惟：…
英一三八四	貞惟：…
英一三八五	貞惟：…
英一三八六	貞不惟：…
英一三八七	貞：不：…
英一三八八	貞：不：…
英一三八九	戊：貞：不：…
英一三九〇	貞：…
英一三九一	貞：弗：…
英一三九二	貞冊
英一三九三	貞：弗：乙：…
英一三九四	貞弗：…
英一三九五	：午卜：貞：降
英一三九六	貞：于：…
英一三九七	貞自今：…
英一三九八	貞：乙：…
英一三九九	貞：焚：…
英一四〇〇	貞：人：…
英一四〇一	：嗽：…
英一四〇一	貞：祖：…
英一四〇二正	：貞：秋
英一四〇二反	：其：…
英一四〇三	貞：…
英一四〇四	貞：…
英一四〇四	：[illegible]：…
英一四〇五	貞：延：…
英一四〇六	丙：貞：…
英一四〇七	：卜貞：…
英一四〇七	：人：…

英一四〇八	貞：…
英一四〇八	貞不：…
英一四〇九	：田 二告
英一四〇九	辛：卜：貞：四：…
英一四一〇	貞：十：…
英一四一一	貞：…
英一四一二正	：貞：…
英一四一二正	貞：…
英一四一二反	辛巳：…
英一四一三	：貞：…
英一四一四	貞：…
英一四一五	甲：貞：…
英一四一六	：亥：酌：…
英一四一六	貞：…
英一四一七	貞：…
英一四一八	貞：…
英一四一九	貞：…
英一四二〇	貞：…
英一四二一	：卜：貞：…
英一四二二	貞：…
英一四二三	貞：…
英一四二四	貞：…
英一四二五正	貞：…
英一四二六	貞無其來 小告
英一四二六	小告
英一四二七	：辛：… 小告
英一四二八	小告
英一四二九	小告
英一四三〇	小告
英一四三一	小告
英一四三二	小告
英一四三三	：申：…
英一四三三	貞：小告
英一四三四	小告
英一四三五	庚：小告
英一四三六	小告
英一四三七	小告
英一四三八	小告
英一四三九	小告
英一四四〇	小告
英一四四一	小告
英一四四二	小告
英一四四三	小告
英一四四四	小告
英一四四五	小告

英一四四六	小告
英一四四七正	小告
英一四四七反	貞：
英一四四八	貞無：小告
英一四四八	貞：
英一四四九	貞無：小告
英一四五〇	：庚：小告
英一四五一	小告
英一四五二正	：出：小告
英一四五三	：南：小告
英一四五四	戊：惟：：告
英一四五五	：告
英一四五六正	二告
英一四五六反	貞：
英一四五七	不舌黽
英一四五七	二告
英一四五七	二告
英一四五八	二告
英一四五九	二告
英一四六〇	二告
英一四六一	二告
英一四六二	二告
英一四六三	二告
英一四六四	二告
英一四六五	二告
英一四六六	二告
英一四六七	二告
英一四六八	二告
英一四六八	二告
英一四六九	二告
英一四六九	二告
英一四六九	二告
英一四七〇	二告
英一四七一	二告
英一四七二	二告
英一四七三	二告
英一四七三	二告
英一四七四	二告
英一四七五	二告
英一四七六	二告
英一四七七	二告
英一四七八	二告
英一四七九	二告
英一四八〇	二告
英一四八一	二告

英一四八二	：不：由 二告
英一四八二	：㞢：
英一四八二	不舌黽
英一四八三	二告
英一四八四	二告
英一四八五	二告
英一四八六	貞：乙：王： 二告
英一四八七	二告
英一四八八	二告
英一四八九	二告
英一四九〇	二告
英一四九一	二告
英一四九二	二告
英一四九三	三告
英一四九四正	不舌黽
英一四九四正	不舌黽
英一四九四正	不舌黽
英一四九四正	二告
英一四九四正	二告
英一四九四反	：呼：
英一四九四反	貞：
英一四九五	不舌黽
英一四九五	不舌黽
英一四九五	二告
英一四九六	二告 不舌黽
英一四九七	不舌黽
英一四九七	二告 ：黽
英一四九八正	二告 不舌黽
英一四九八反	貞：
英一四九九	小告
英一四九九	不舌黽
英一四九九	不舌黽
英一四九九	（其餘僞刻）
英一五〇〇正	不舌黽
英一五〇〇反	：子：
英一五〇一	不舌黽
英一五〇二正	不舌黽
英一五〇二反	貞：
英一五〇三	不舌黽
英一五〇四	不舌黽
英一五〇五	不舌黽
英一五〇六正	不舌黽
英一五〇六正	不舌黽
英一五〇六正	（其餘僞刻）
英一五〇六反	：今日：其：

英一五〇七　不舌黽
英一五〇八　不舌黽
英一五〇九　不舌黽
英一五一〇正　不舌黽
英一五一〇反　：于：
英一五一一　不舌黽
英一五一二　不舌黽
英一五一三正　不舌黽
英一五一三反　：見
英一五一三反　：見
英一五一四　不舌黽
英一五一五　不舌黽
英一五一六　不舌黽
英一五一七　不舌黽
英一五一八　不舌黽
英一五一九　不舌黽
英一五二〇　不舌黽
英一五二一　不舌黽
英一五二二　不舌黽
英一五二三　不舌黽
英一五二四正　不舌黽
英一五二五　不舌黽
英一五二五　不舌黽
英一五二六　不舌黽
英一五二七　不舌黽
英一五二八　不舌黽
英一五二九　不舌黽
英一五三〇　不舌黽
英一五三一　不舌黽
英一五三二　不舌黽
英一五三三　不舌黽
英一五三四正　不舌黽
英一五三五　不舌黽
英一五三六正　不舌黽
英一五三七　不舌黽
英一五三八　不舌黽
英一五三九　不舌黽
英一五四〇　不舌黽
英一五四一　辛：今：　不舌黽
英一五四二　不舌黽
英一五四三　貞：　不舌黽
英一五四四　：舌黽
英一五四五正　：弗受有：　小告
英一五四五反　勿呼往
英一五四六　貞弗其受：

英一五四七　：亥卜：弗其受：
英一五四八　：有祐十三月
英一五四九　：其訊若：囚
英一五五〇　：若
英一五五一　：若
英一五五二　：若
英一五五三正　（偽刻）
英一五五三反　宅
英一五五四　：不惟[?]：食不若
英一五五五　戊申卜永貞望乘有保在啓
二告
英一五五五　貞今夕其：
英一五五五　二告　不舌黽
英一五五六　：不若
英一五五七　貞：在：
英一五五七　：卯卜：有祟：于一人
英一五五八正　祟
英一五五九　：祟：大：　不舌黽
英一五六〇　：祟
英一五六一　貞有：宿：壱
英一五六二　：王有：惟：壱
英一五六三　：不：壱
英一五六四　貞：叀：壱
英一五六五　：壱王
英一五六六　：壱：王
英一五六七　：庚其尊王
英一五六八　庚子：
英一五六八　貞余：不惟尊
英一五六九　：惟蠱
英一五七〇　：之贏
英一五七一　：自?我：由
英一五七二　：其甾
英一五七三　：壬：其冓
英一五七四　：其冓
英一五七五　：其冓
英一五七六　戊辰卜王：冓：延：
英一五七七　貞今夕無：
英一五七七　貞今夕無囚
英一五七七　：無囚
英一五七八　乙卯卜何貞今夕無：
英一五七九　乙巳卜：貞今夕：
英一五七九　：無囚
英一五八〇　：未卜：貞今：囚
英一五八一　：卜：貞今：無囚
英一五八二　癸卯卜殻貞旬無囚

英一五八二	癸丑卜殻貞旬無囚
英一五八三	癸未卜殻貞旬無囚（其餘僞刻）
英一五八四	⋯卜殻貞旬無囚
英一五八五正	癸亥卜殻貞旬無⋯
英一五八五反	⋯祟
英一五八六	癸丑卜爭貞旬無囚
英一五八六	癸酉卜爭貞旬無囚
英一五八七	癸巳卜爭貞旬⋯
英一五八八	癸丑卜爭貞旬無囚
英一五八八	癸亥卜爭貞旬無囚二月
英一五八八	癸未卜爭貞旬無囚
英一五八八	癸巳卜爭貞旬無囚
英一五八八	癸卯卜爭貞旬無囚
英一五八八	癸亥卜爭貞旬無囚
英一五八八	癸酉卜爭貞旬無囚
英一五八八	癸巳卜貞旬無囚
英一五八八	⋯無囚
英一五八九	癸卯卜爭貞旬無囚
英一五八九	燎
英一五八九	貞燎
英一五八九	⋯樂
英一五九〇正	癸未
英一五九〇正	癸卯
英一五九〇正	癸丑卜爭貞旬無囚
英一五九〇反	⋯固曰有祟
英一五九一	癸⋯古⋯旬⋯
英一五九一	癸巳卜古貞旬無囚二月
英一五九一	⋯卯卜⋯貞旬⋯三月
英一五九二正	癸酉卜貞旬無囚
英一五九二反	⋯冓
英一五九三	癸卯卜穷貞旬無囚
英一五九三	戊申卜⋯
英一五九四	癸卯卜史貞旬無囚六月
英一五九四	覞
英一五九五	癸未卜貞旬無囚
英一五九五	癸丑卜史貞旬無囚七月
英一五九五	癸亥卜貞旬無囚
英一五九六	癸酉卜貞旬無囚八月
英一五九六	癸酉卜永貞旬無囚
英一五九七	癸未卜貞旬無囚
英一五九八	⋯酉卜穷⋯旬無⋯七月
英一五九八	癸⋯穷⋯無⋯
英一五九八	癸巳⋯貞⋯
英一五九九	癸⋯卜⋯旬⋯囚
英一五九九	癸亥卜貞旬無囚
英一五九九	癸⋯亥⋯貞⋯無⋯十一月
英一五九九	癸⋯卜⋯旬⋯囚
英一六〇〇	癸⋯卜⋯旬無⋯十二月
英一六〇一	癸未⋯貞旬⋯囚
英一六〇二	癸巳卜貞旬無囚
英一六〇二	⋯未卜⋯貞旬⋯
英一六〇三	⋯旬⋯囚
英一六〇四	⋯亥⋯貞旬⋯
英一六〇五	⋯貞⋯旬⋯
英一六〇五	⋯貞⋯無囚
英一六〇六	貞旬來
英一六〇七	貞⋯余囚
英一六〇八	貞⋯弗作⋯邑囚四月
英一六〇九	貞⋯羊其有囚一月
英一六一〇正	⋯曰其有囚自⋯
英一六一〇反	⋯爭貞我馬無⋯
英一六一一	⋯獻骨⋯
英一六一二	不舌黽
英一六一三正	不舌黽
英一六一三反	⋯有囚
英一六一四	⋯囚
英一六一五	⋯囚
英一六一六正	⋯殻貞王夢妾有孜有冊惟囚
英一六一六反	⋯王有⋯事⋯
英一六一六反	爭
英一六一七	⋯卜殻⋯王夢不惟有不若
英一六一七	乙卯卜殻貞勿出⋯于⋯
英一六一八正	貞⋯夢⋯惟⋯　二告
英一六一九	⋯卯卜⋯王夢⋯
英一六二〇	⋯寅卜王⋯夢婦⋯有曰
英一六二一	⋯亥卜⋯有夢⋯
英一六二六反	⋯來⋯
英一六二九	⋯戌⋯
英一六三四	⋯好⋯
英一六三八	不舌黽
英一六三九	告
英一六四一	告
英一六四二	⋯五百⋯
英一六四三	⋯九百⋯
英一六四四	⋯女⋯
英一六四五	⋯勿⋯
英一六四六	勿⋯
英一六四七	勿⋯

英一六四八 ……勿……于……
英一六四九 勿……
英一六四九 ……爵
英一六五〇 勿……祖……
英一六五一 ……ㄓ……
英一六五一 ……勿……
英一六五二 ……勿……
英一六五三 ……弗……
英一六五四 ……弗其出
英一六五五正 ……不惟我……
英一六五六 ……不龠……
英一六五七 ……不橐
英一六五八 ……不其獲
英一六五九 ……生……不其……
英一六六〇 ……不其……
英一六六一 ……遘……
英一六六一 ……遘……
英一六六二 ……不……雀?……
英一六六三 ……不……方……在……
英一六六四 ……不……
英一六六五 ……不……
英一六六六正 ……不
英一六六六反 ……卯……
英一六六七 貞……
英一六六七 ……不……
英一六六八 ……不……
英一六六九 ……不.
英一六七〇 ……不……
英一六七一 ……不有……
英一六七二 ……立?自……不……
英一六七三 ……不……
英一六七四 ……不……見
英一六七五 ……不……
英一六七六 ……無其……
英一六七七正 ……其……可……
英一六七七反 ……冒……
英一六七八 ……不……
英一六七九正 ……年
英一六七九反 ……可……
英一六八〇 ……來……
英一六八一 ……來見……告
英一六八二 ……受……
英一六八三 ……受……
英一六八四 ……受……
英一六八五 ……大……

英一六八六 ……人
英一六八七 ……人
英一六八八 ……以
英一六八八 ……卜……
英一六八九 ……比……
英一六九〇 ……宿……
英一六九一 ……羌
英一六九三 ……眉……
英一六九四 ……壁
英一六九五 ……降其……
英一六九六 ……于……往……
英一六九七 ……舌
英一六九八 ……叀……
英一六九九 ……告
英一七〇〇 ……有舌
英一七〇一 貞我……
英一七〇二 ……我……
英一七〇三 ……余……
英一七〇四 ……㕦
英一七〇五 ……(?……虡
英一七〇五 ……虡
英一七〇六 ……魯
英一七〇七 乙卯
英一七〇七 貞惟……為
英一七〇八 貞惟宊為
英一七〇九 ……午……惟……
英一七一〇 ……惟……
英一七一一 ……惟……比
英一七一二 ……惟……
英一七一三 ……惟……
英一七一四 ……亞
英一七一五 ……其……
英一七一六正 ……子……其……申……
英一七一六反 ……示……
英一七一七 ……其……
英一七一八 乙……其……
英一七一九 ……其……
英一七二〇 ……其……
英一七二一 ……其……
英一七二二 ……其……
英一七二三 ……其……
英一七二四正 ……自……高……
英一七二四反 ……曰……有……
英一七二五 ……享?ㄓ……
英一七二六 ……惟……有……

英一七二七 丙…𠂤有…
英一七二八 …其有…
英一七二九 …㞢…
英一七三〇 …入…㞢…乙…
英一七三一 …㞢…
英一七三二 …以㞢…
英一七三三 壬…其…㞢…
英一七三四 …丁…
英一七三五 …穷
英一七三六正 …亞…
英一七三六反 …曰…
英一七三七 …更…
英一七三八 丙…
英一七三九 …丙…于…
英一七四〇 …生…于…
英一七四一 …于…
英一七四二 …于…
英一七四三 …于…甲…
英一七四四 …于…
英一七四五 …多…
英一七四六 …□…
英一七四七 …行…□…
英一七四八 …炋…
英一七五〇 …□…
英一七五一 …帝…
英一七五二 …尋?…
英一七五三 丁?…其…
英一七五四 …迺…
英一七五五 …不…
英一七五六 …申…女…
英一七五七 乙丑卜于大乙奉雨十二月
英一七五八 丁亥…
英一七五八 …王翌…
英一七五八 庚寅今啓南二日
英一七五九 甲寅卜有□祖乙
英一七五九 …侯…
英一七六〇 癸…王…
英一七六〇 …卜王…南庚…兄…十二月
英一七六一 癸巳卜王侑父甲
英一七六二 丁亥卜𠂤侑父…惟…犬
英一七六二 丁巳卜𠂤方三于
英一七六三 癸未卜婦鼠侑妣己㲋豕
英一七六三 婦鼠侑妣庚羊豕
英一七六四 …犬母己用九月
英一七六四 …禦…

英一七六五 癸未卜婦鼠侑母庚㲋
英一七六六 …卜王…兄戊
英一七六六 惟犬兄戊
英一七六七 雚…于…
英一七六七 戊午卜王貞勿禦子辟余弗其子
英一七六七 癸亥卜𠂤惟小宰兄甲
英一七六七 子□惟牛一月用
英一七六八 于司禦子辟
英一七六八 …禦…
英一七六九 己未卜王侯…受…方…
英一七七〇 禦婦□子于子鷹
英一七七〇 …不…
英一七七一 壬…乙…用
英一七七一 癸亥卜乙丑用侯屯
英一七七二 …侯…昌
英一七七三 …取…侯…一月
英一七七四 …卜𠂤…魯…
英一七七五 …卜𠂤…若…有曰…
英一七七五 丙午…于…㞢…
英一七七六 戊戌…□…于…
英一七七六 …甾…□…門
英一七七七 辛巳卜弜吕□歪朩循果若
英一七七八 …用
英一七七八 …从南…
英一七七九 …用…九月
英一七七九 丙寅…今夕虎不其□…□執…
英一七八〇 丁巳卜王呼足虎
英一七八〇 …未卜王…亦□…□
英一七八一 乙卯卜王貞令迺取晦一月
英一七八一 乙卯卜王貞勿惟西取晦呼西出目
英一七八一 丁卯卜王貞…囚不余…
英一七八一 貞…
英一七八二 庚辰…王貞…□…其…
英一七八二 戊申卜王惟麑既于員…
英一七八三 …寅…令…冒…
英一七八三 庚…
英一七八四 甲午…見…
英一七八四 甲午卜王□毋終夕
英一七八四 戊戌卜王貞余𡗜立員宁史暨見
英一七八四 莫終夕印
英一七八四 戊戌卜王貞乙其雨終夕
英一七八五 辛卯卜今十二月
英一七八五 辛卯卜貞鬲其來
英一七八六 辛卯…雍…至
英一七八七 庚…

英一七八八 庚午…余丙?…
英一七八八 …未卜王…令十?舌…又…十月
英一七八九 丙子卜貞雀…旬又五日𦉭…喜…
英一七九〇 …王…雀…令?…妹…
英一七九一 …余一人?省…八月
英一七九二 …其…刃
英一七九三 辛酉…㓞…王若
英一七九四 辛亥卜王余有其令
英一七九五 癸…不…令…[illegible]…
英一七九六 …呼…
英一七九六 丙午卜…衣令…戈丙…
英一七九七 辛巳卜貞令…
英一七九七 辛巳卜貞勿…
英一七九八 …卜王貞…乙酉…其魚…
英一七九九 壬辰…王貞…不…
英一七九九 辛未…王…吹?…
英一八〇〇 （習刻）
英一八〇〇 （習刻）
英一八〇〇 （習刻）
英一八〇一 …戊卜王…寅其有…
英一八〇一 …余…橐
英一八〇二 庚…卜王…聽
英一八〇三 …辰卜…旬…戊…兮…
英一八〇三 …辰卜王旬…丁兮…辛…子
英一八〇三 己…㞢…
英一八〇三 庚…卜…王…
英一八〇四 …卯…王…
英一八〇四 戊…㞢…
英一八〇五 …寅…得?
英一八〇五 …王…得
英一八〇六 …貞余…崇奠臣于…
英一八〇七 貞惟…惟…
英一八〇七 …立執
英一八〇八 …今出羌有獲征…
英一八〇九 …㞢…
英一八〇九 己巳卜…征…曰勿…
英一八一〇 …今夕…征…
英一八一一 …王…惟?…
英一八一二 …弜…
英一八一二 …弗…執…方
英一八一三 …午卜王[illegible]…亦替
英一八一三 戊午卜王[illegible]不亦替
英一八一三 辛酉卜[illegible]弗敦[illegible]侑南庚
英一八一三 [illegible]…
英一八一四 …方延…

英一八一五 丁亥…惟…敦…允…𢦏
英一八一六 …未𢦏…王人
英一八一六 辛卯…王𢦏…
英一八一六 …人
英一八一七 弗…在右
英一八一八 丁卯卜克[illegible]
英一八一九 …丑卜…執
英一八一九 丙午…方…
英一八二〇 …方…囚
英一八二〇 戊…
英一八二一 …無囚
英一八二一 吹入
英一八二二 己酉卜竹有册允
英一八二二 …丑卜田…亩鹿
英一八二三 …寅卜…弜擒麋九月
英一八二四 惟…擒
英一八二五 三十鹿
英一八二六 （習刻）
英一八二七 壬…征…獲…兕三…
英一八二八 …缶豕…獲…
英一八二九 …狩獲九月
英一八二九 …魯
英一八三〇 癸丑…惟豕…
英一八三一 惟豕…
英一八三二 …豕一月
英一八三三 惟犬…
英一八三四 己酉…比…
英一八三四 辛…三月
英一八三四 壬子
英一八三五 …王…鼎?…十月
英一八三五 辛…𠂤…婦?…
英一八三五 …卯…
英一八三六 …四旬八日…于兄…
英一八三七 日日戊申至…
英一八三八 …今至庚申不…
英一八三九 …翌…
英一八三九 …卜翌丁…比…
英一八四〇 壬…辛未 庚午
英一八四一 己丑…
英一八四一 𢦏[illegible]
英一八四二 不雨
英一八四二 …允雨
英一八四三 允…
英一八四三 其雨
英一八四四 …不雨

英一八四五 …其…日霧不雨
英一八四六 …□石有从雨
英一八四七 …至…雨
英一八四八 …雨
英一八四八 其惟熺五月
英一八四九 今日不啓
英一八五〇 己丑…庚寅…暘日…大雨
英一八五〇 …卜不暘日
英一八五〇 乙未不雨
英一八五一 …不…暘…八月
英一八五二 戊…各亘自…風…夕…
英一八五三 …辰卜貞□…
英一八五四 …延…□疾…羊
英一八五四 壬…
英一八五五 …申…疾…呼…
英一八五五 癸…
英一八五六 …嘉…
英一八五七 丁亥…侑于…豭
英一八五八 …𠦪…風…羊二犬五
英一八五九 …于司…祝…㞢…
英一八六〇 乙酉…今日用
英一八六一正 …卜王…□…十二月
英一八六一正 …戊…
英一八六一正 （其餘僞刻）
英一八六一反 …豕用
英一八六二 …惟…用…
英一八六三 癸亥卜…用
英一八六四 丙…王…子…
英一八六四 庚寅卜王余燎于其配
英一八六四 …寅…王…祖?乙?
英一八六四 癸未
英一八六五 甲…貞…燎…
英一八六六 （僞刻）
英一八六七 甲午卜王貞我有循于大乙彡翌乙未
英一八六七 …六月
英一八六八 甲辰…
英一八六八 甲辰…伐…彡…
英一八六八 …彡丩…
英一八六九 …卯卜…貞彡…七宰
英一八七〇 …王…亥…示
英一八七〇 戊…卜…
英一八七一 …卜…今日…□…戊…盧豕…□
英一八七一 庚…
英一八七二 乙未…辛不…

英一八七二 戊午…庚…
英一八七二 丙…
英一八七三 …不…
英一八七三 壬寅卜…囚
英一八七四 …卜貞
英一八七四 …至己亥出立
英一八七五 …申…𢀛…
英一八七六 貞
英一八七七 …己貞旬…囚
英一八七八 癸丑…貞旬…
英一八七九 …卜王貞旬無囚
英一八八〇 …亥卜王…囚
英一八八一 戊…疾?…囚
英一八八一 壬戌…涉余…敎…
英一八八二 …囚
英一八八三 丙…
英一八八三 丁酉…
英一八八三 有丰
英一八八三 …入…六羊…受…
英一八八四 夂
英一八八四 不夂
英一八八五 …白…象…
英一八八六 …□…其…
英一八八七 …龔
英一八八八 …午卜勿…今彡其…
英一八八九 …其…
英一八九〇正 （習刻）
英一八九〇反 （習刻）
英一八九一 丙子卜洋禦于二妣己于妣丁子丁
英一八九一 戊寅卜□牛于妣庚
英一八九一 戊寅卜燎白犬卯牛于妣庚
英一八九一 戊寅卜盟三羊
英一八九一 癸丑子卜豕歸
英一八九二 …子于卜至羊于妣己賓歲
英一八九二 癸…

英一八九三 己丑：禦：

英一八九三 己丑卜[illegible]禦司妣甲

英一八九四 ：巳卜貞：有：

英一八九五 ：子卜

英一八九六 乙巳：丁來：災

英一八九六 （其餘僞刻）

英一八九七 辛巳卜[illegible]貞無作口

英一八九八 ：雀：以：

英一八九九 庚：卜我貞今日我有事

英一九〇〇 丁卯子卜弔歸

英一九〇〇 丁卯子卜

英一九〇〇 ：卯子卜東臣[illegible]歸

英一九〇〇 ：巳卜：

英一九〇〇 （其餘僞刻）

英一九〇一 丁卯子貞我人歸

英一九〇一 （其餘僞刻）

英一九〇二 辛亥：卜貞：歸

英一九〇三 庚寅余卜貞人：

英一九〇三 不歸

英一九〇三 癸巳余卜弗執[illegible]

英一九〇三 印弗執

英一九〇三 ：酉余卜：至[illegible]

英一九〇四 壬不雨

英一九〇四 ：丑卜其雨

英一九〇五 丁亥：

英一九〇五 ：寅卜：雀?：

英一九〇六 丁未子卜祟豕惟今日祟遘豕遘

英一九〇七 ：辰子卜：酌小宰：一豕司：

英一九〇七 丙：

英一九〇八 ：五宰又：

英一九〇九 貞：

英一九一〇 貞：

英一九一一 庚辰卜貞鼓無奏

英一九一二 戊寅卜燎白犬卯牛于妣：

英一九一三 （習刻）

英一九一三 （習刻）

英一九一三 （習刻）

英一九一三 （習刻）

英一九一三 （習刻）

英一九一三 （習刻）

英一九一三 （習刻）

英一九一三 （習刻）

英一九一三 （習刻）

英一九一三 （習刻）

英一九一四 （習刻）

英一九一四 （習刻）

英一九一四 （習刻）

英一九一四 （習刻）

英一九一五正 貞子有[illegible]

英一九一五正 ：妣己

英一九一五反 己卯眉?：

英一九一六 丙寅卜羊

英一九一六 丁卯：祖丁：桒：

英一九一七 ：丑卜：

英一九一七 乙卯：至禦：

英一九一八 ：子卜于：己羌

英一九一九 ：歲于：壬牛又：

英一九二〇 ：午卜：歲：用：[illegible]

英一九二一 戊戌：我牛于：川[illegible]?：

英一九二二 戊戌：

英一九二二 戊戌卜

英一九二三 癸丑卜王曰貞翌甲寅乞酌咎自上甲
衣至于毓余一人無囚茲一品祀在九
月遘示癸[illegible]彘

英一九二三 ：祀：弜：[illegible]

英一九二四 壬午卜中貞曰其叙九月

英一九二四 丁亥卜大貞卜曰其有蠱[illegible]歲自上甲
王乞：

英一九二四 辛亥卜大貞王其：妣[illegible]?叙：

英一九二五 乙酉卜貞翌丁亥木來人其[illegible]自
上甲又其?人其：

英一九二六 ：其：上甲：

英一九二六 ：卜不：不[illegible]：王弗[illegible]

英一九二七 ：大：翌：出

英一九二七 ：上甲：

英一九二八 甲：貞：

英一九二八 丁酉卜行貞王賓妣丁無尤在十月

英一九二八 乙酉卜行貞王賓匚乙無尤

英一九二八 丙戌卜行貞王賓匚丙彡無尤在十一月

英一九二八 ：卜行：賓：尤

英一九二九 ：上甲

英一九二九 丙：貞王：匚丙：尤

英一九三〇 ：申卜：示壬：其延

英一九三一 ：大：卯：二宰

英一九三二 乙丑卜：貞王賓大乙祭無囚

英一九三三 貞：

英一九三三 丙子卜行貞翌丁丑翌于大丁不遘
雨在三月

英一九三三 貞其雨在三月

英一九三三 ：卜行：乙亥：大乙不：三月

- 英一九三四　乙酉：王曰：
- 英一九三四　癸巳：王曰貞：甲午：于大甲：壱
- 在：
- 英一九三五　癸巳：貞翌甲：㐭于：無壱在：
- 英一九三六　庚：大庚：
- 英一九三六　丁：
- 英一九三七　壬戌卜：貞王：
- 英一九三七　壬戌卜行貞王賓叙無：
- 英一九三七　癸酉卜行貞王賓仲丁奭妣癸翌無尤
- 在三月
- 英一九三七　癸酉卜行貞王賓叙無尤：四月
- 英一九三八　：卯：
- 英一九三八　甲申：貞王：甲祭：
- 英一九三九　：侑：祖乙：又：五月
- 英一九三九　貞：奉：
- 英一九四〇　辛卯卜大貞王賓祖辛歲無尤
- 英一九四〇　壬辰卜大貞王賓：無尤
- 英一九四一　辛：貞：祖辛：無：
- 英一九四一　：卜旅：賓：尤
- 英一九四二　辛酉：貞王：祖辛戠無：
- 英一九四三　：魯甲：無：
- 英一九四三　：執：無：
- 英一九四四　乙：貞王：魯：無：
- 英一九四四　：王：歲：叙：
- 英一九四五　甲申：貞：甲
- 英一九四五　：蒸其：暨小乙
- 英一九四六　：伐毓祖乙：有羌
- 英一九四七　：卜行：賓羌甲：牢暨魯甲：
- 英一九四八　丁亥卜祝貞翌辛卯侑于：
- 英一九四八　癸巳卜祝貞二示祟王遣並　二告
- 英一九四八　癸巳卜祝貞並來歸惟侑示
- 英一九四八　癸巳卜貞丁辛吉永于並
- 英一九四八　丁酉卜貞子弗疾有疾
- 英一九四八　庚子卜貞其侑于五毓牢
- 英一九四九　癸卯卜：
- 英一九四九　癸卯卜王
- 英一九四九　癸卯卜王曰貞在多祖
- 英一九四九　：戌：惟：
- 英一九五〇　（偽刻）
- 英一九五一　：亥：貞王賓父丁歲無：
- 英一九五二　丁酉卜尹貞王賓：
- 英一九五三　：卜旅：丁未父丁莫歲其牡在八月
- 英一九五三　：午卜旅貞翌丁未父丁莫歲其勿牛

- 英一九五四　戊寅卜：貞王：父丁□：尤于丁：
- 英一九五四　戊寅卜旅貞王賓叙無尤
- 英一九五四　：寅卜旅：王賓：無囚
- 英一九五五　：寅卜：貞翌：父丁歲：
- 英一九五六　：父丁惟：
- 英一九五六　：父丁丩：酌：
- 英一九五六　：于：
- 英一九五七　貞勿惟：
- 英一九五七　癸巳王令
- 英一九五七　甲辰
- 英一九五七　丁未
- 英一九五七　貞弗祟王惟巫
- 英一九五七　貞告于父丁
- 英一九五七　己卯
- 英一九五八　：歲其：于父丁：
- 英一九五九　丙午：旅貞：舌于父丁
- 英一九六〇　：尹：父丁：尤
- 英一九六〇　辛：貞：母辛：無：
- 英一九六一　：貞：其：
- 英一九六一　：旅貞翌庚子其侑于妣庚一牛八月
- 英一九六一　：卜旅貞妣庚歲其牡八月
- 英一九六二　：卜□：賓妣庚：尤
- 英一九六三　：巳：貞翌：妣庚舌：
- 英一九六四　己亥卜：貞妣庚：其牡
- 英一九六五　壬申卜旅貞王賓：㐭無尤在八月
- 英一九六五　：卜：王：㐭：
- 英一九六六　乙：貞人：其牡
- 英一九六七　：貞翌：其有丩伐于人：
- 英一九六八　丁未：貞：出：酌：
- 英一九六八　丁未卜大貞其：效：于母己六月
- 英一九六九　丁未
- 英一九六九　辛亥
- 英一九六九　丁未卜
- 英一九六九　貞涉于丁用
- 英一九六九　貞禱告黴于母辛
- 英一九六九　辛酉
- 英一九六九　貞其有壱
- 英一九七〇　：王卜：母辛：
- 英一九七〇　丁酉：貞又：其：
- 英一九七一　丙：貞：母辛：丙：
- 英一九七一　：卜大：甲寅：卷：㲉
- 英一九七二　：乙巳侑于母辛牢又一牛十月
- 英一九七二　：卯侑于母辛三牢葡一牛羌十
- 英一九七二　：龔㓷先酌翌：
- 英一九七二　：歲十月

英一九七三　癸丑卜…貞母癸…其有羌…

英一九七三　…丑卜…母癸…王其賓

英一九七四　…巳卜大…其𢼸…于小母

英一九七五　癸巳卜…貞翌己…其侑于…兄三宰

英一九七六　癸巳

英一九七六　丁酉

英一九七六　貞不惟侑示

英一九七六　壬辰卜大貞翌己亥侑于三兄十二月

英一九七六　庚子

英一九七七　乙巳卜出貞其禦王盟五牛冊羌五

…五

英一九七七　貞令…甾伯于…敦

英一九七八　…工…

英一九七八　甲申卜出貞令多…暨方

英一九七八　…□

英一九七八　癸卯卜…令莫…

英一九七八　辛亥卜出貞令莫伯于□

英一九七九　癸丑卜大貞…

英一九七九　乙卯卜貞…

英一九八〇　…卜大卜…先王

英一九八一　…大…大…無…

英一九八一　癸…貞…

英一九八二　癸酉…

英一九八二　…卜𢀛

英一九八三　癸…祝…日…

英一九八四　癸丑卜出貞…

英一九八四　癸丑卜…

英一九八四　癸…

英一九八五　…貞…無…

英一九八五　癸丑卜出貞…

英一九八六　辛未…出貞…

英一九八七　…卜出…鼓□…小乙無…

英一九八八　辛丑…出…

英一九八九　…卜出…令方…弜狂

英一九九〇正　…十一月

英一九九〇正　…于…

英一九九〇反　辛…出…

英一九九一　…出…不…出惟…

英一九九二　…卜即…出…二月

英一九九三　庚…大…

英一九九三　…卜旅…庚

英一九九四　庚午卜出貞王来曰以才宁齊以

英一九九五　己亥卜大貞呼般𢧁有衛

英一九九六　甲子卜出貞橐有以□于寢歸

英一九九六　貞衣□若無左

英一九九七　…亥卜…贏不既…亦奉…酌…

英一九九八　庚辰卜旅貞贏不既𢓊其亦尋…其

弜賓于上甲

英一九九九　丙…多万…入文若

英一九九九　…辰卜中貞今夕無𡆥

英二〇〇〇　辛丑乞自嵒…

英二〇〇一　甲子…

英二〇〇一　甲子卜王

英二〇〇一　甲子卜王

英二〇〇一　甲子卜王

英二〇〇二　己…王

英二〇〇二　癸酉卜王

英二〇〇三　甲戌…

英二〇〇三　…戌卜王

英二〇〇四　丁丑…王

英二〇〇四　丁丑卜王

英二〇〇五　己…

英二〇〇五　己卯卜王

英二〇〇六　癸未卜王

英二〇〇七　乙酉…王

英二〇〇七　…酉卜王

英二〇〇八　甲申…王

英二〇〇八　…卜…

英二〇〇九　丁亥…在三月

英二〇〇九　丁亥卜王

英二〇〇九　丁亥卜王

英二〇〇九　…卜王

英二〇一〇　…亥卜王

英二〇一一　丙…在…

英二〇一一　伊卜

英二〇一一　丙申卜王

英二〇一一　丙申卜王

英二〇一一　…申卜王

英二〇一二　辛…王

英二〇一二　壬辰卜王

英二〇一三　戊戌王卜

英二〇一三　戊戌王卜

英二〇一四　乙巳卜王

英二〇一四　乙巳卜王

英二〇一五　庚戌卜王

英二〇一五　庚戌…王

英二〇一六　…申卜…

英二〇一六　庚申卜王

英二〇一七　壬…

英二〇一七　壬子卜王
英二〇一七　：王
英二〇一八　壬戌卜王
英二〇一九　庚：王
英二〇一九　牝
英二〇二〇　：無：
英二〇二〇　壬：王
英二〇二一　丙：寅卜王
英二〇二二　丙：王：
英二〇二二　丙寅王卜
英二〇二三　：卜王貞从：
英二〇二四　丁：貞其：于：
英二〇二四　：亥：王
英二〇二五　乙巳卜尹貞王出無：
英二〇二六　壬午卜大：王出
英二〇二七　：卜行：王出：囚
英二〇二八　丁丑：貞王：無：
英二〇二九　貞：其：
英二〇二九　：翌戊：王益
英二〇三〇　甲寅：貞王：
英二〇三一　：巳卜：貞王：
英二〇三二正　：卜祝貞：
英二〇三二正　：卜出貞：
英二〇三二正　（其餘僞刻）
英二〇三二反　：二十屯小臣：
英二〇三三　甲申：貞：奚女有得，吉
英二〇三四　：巳卜：貞今：囚
英二〇三四　癸巳卜曰貞今日無來艱
英二〇三四　癸巳卜曰貞今日啓
英二〇三五　貞：
英二〇三五　戊寅卜即貞今日無來艱
英二〇三五　無雨
英二〇三六　：貞今日：來：
英二〇三六　丁：貞：
英二〇三七　：卜旅：曰無：艱
英二〇三八　壬子：中貞：無來艱
英二〇三九　辛酉：貞今：來：
英二〇三九　：不：
英二〇四〇　：禧
英二〇四一　乙酉卜旅貞王其田于：往來無災在
一月之乙酉彡于祖乙叉：
英二〇四一　：未卜旅貞王其田于來無災在二月
英二〇四二　戊：貞：災：
英二〇四二　戊辰卜尹貞王其田無災在正月在危
卜

英二〇四二　：卜尹：王其步：無：
英二〇四三正　：出：于：無：
英二〇四三正　辛酉卜出貞王其往于田無災
英二〇四三反　舌
英二〇四四　：丑卜出貞：王其：無災
英二〇四五　己卯：貞尹：于田
英二〇四六　：貞有：穀
英二〇四七　貞：
英二〇四七　貞五宰
英二〇四八　貞宰又：
英二〇四九　乙：貞：
英二〇四九　：己：牛：
英二〇五〇　己亥卜出貞自今五：王其有：
英二〇五一　戊戌：不：
英二〇五二　己：貞：同在四月
英二〇五二　（其餘僞刻）
英二〇五三　貞：六月
英二〇五四　：其：八月
英二〇五五　：卜貞：其白：十三月
英二〇五六　丙申：
英二〇五七　丁丑：
英二〇五八　戊戌：貞王：
英二〇五八　：卜貞惟
英二〇五九　戊：貞：庚寅：
英二〇六〇　己酉卜出貞今夕雨
英二〇六一　貞今夕雨
英二〇六二　貞今夕雨
英二〇六二　貞今夕無囚
英二〇六三　貞今夕雨
英二〇六三　：夕：雨
英二〇六四　丁巳卜貞今夕不雨
英二〇六五　貞今夕不雨
英二〇六六　貞今夕不雨
英二〇六七　：今夕不雨
英二〇六八　：卜出：今夕：雨
英二〇六九　貞今夕不其雨六月
英二〇七〇　貞今夕不其雨
英二〇七一　乙亥卜出貞今日不雨
英二〇七一　：雨
英二〇七二　癸：卜祝貞今：不雨
英二〇七三　丁亥卜貞今日不雨
英二〇七四　：旅：翌乙巳：日不雨
英二〇七五　壬申卜貞翌癸酉不雨
英二〇七五　：今夕其雨
英二〇七五　甲申卜出貞今夕無囚

英二〇七六　庚：出：夕：
英二〇七六　：不：雨
英二〇七七　：戌卜：翌：亥：雨
英二〇七七　丙寅卜出貞：
英二〇七八　貞：雨
英二〇七九　貞今日不啓之?：
英二〇八〇　：暘：
英二〇八一　癸卯卜祝貞我祀?享?：
英二〇八一　乙：貞家：
英二〇八一　（其餘僞刻）
英二〇八二　己丑卜禾貞其禱告于大室
英二〇八二　：其：
英二〇八三　丁卯卜出貞今日夕有雨于盟室牛不用九月
英二〇八三　貞：
英二〇八四　：禾：其入：室
英二〇八五　乙巳卜貞惟疾
英二〇八六　：不：遘雨：不遘
英二〇八六　：帝令：
英二〇八七　：奏：酌夒：六月
英二〇八八　：卜𤴓：夒
英二〇八九　貞于岳先𢦏
英二〇九〇　：示九月
英二〇九〇　：宰一牛
英二〇九〇　：室于宰
英二〇九〇　：于㞢：
英二〇九一　癸亥卜貞：
英二〇九一　：貞有燎：丁十宰用七月
英二〇九二　甲辰：貞翌：其侑于：六月
英二〇九三　庚午卜尹貞王賓𠭯禱：
英二〇九四　（習刻）
英二〇九四　（習刻）
英二〇九五　辛丑卜出貞王賓𠭯：
英二〇九六　：卜：
英二〇九六　辛：大：王：𠭯：無囚
英二〇九七　丙子：出貞：賓𠭯：
英二〇九八　：卜出：翌己亥：𠭯：
英二〇九八　：其侑：
英二〇九九　：卜貞：𠭯：
英二一〇〇　：叙：
英二一〇〇　：寅卜𢀛貞王賓：彡無尤
英二一〇一　：卜尹：賓：彡：尤
英二一〇二　丙辰卜：貞翌丁：彡于：無：正：
英二一〇二　：卜：貞翌：彡：無：
英二一〇三　乙丑卜：貞王賓歲無：

英二一〇四　丁亥卜：貞王：歲無：
英二一〇五　丁未：貞王：歲：允：
英二一〇六　：卜：貞王：歲無：
英二一〇七　：貞盟[illegible]丁?：其賓：
英二一〇八　：旅：賓：歲：
英二一〇八　：卜旅：賓：無：在：
英二一〇九　貞丬歲酌十三月
英二一一〇　：丬歲：牛七月
英二一一〇　：旅：翌丁卯：䒰歲：在七月
英二一一一　：出：歲：年
英二一一一　：人：
英二一一二　：宰
英二一一二　貞其：八月
英二一一三　辛：貞：
英二一一三　：卯卜旅：王賓：龠叙：
英二一一四　辛未卜尹貞王賓：叙：
英二一一五　乙巳：大貞：賓：
英二一一五　：大：
英二一一六　：大：賓：無：
英二一一六　貞其：囚
英二一一七　丁酉：貞：叙：
英二一一七　：行：賓：無尤
英二一一八　壬午卜：貞王：叙無：
英二一一九　戊辰卜祝貞翌辛未其侑于盟室十大宰七月
英二一一九　戊辰卜祝貞翌辛未其侑于盟室五大宰七月
英二一一九　己巳卜祝貞其叙于盟室惟小宰
英二一一九　庚午卜祝貞其[illegible]伊史無左九月
英二一二〇　壬辰：貞：叙：尤
英二一二一　：夕叙：無尤九月
英二一二二　甲戌卜尹貞王賓夕禱無：
英二一二二　貞無尤在九月
英二一二三　庚戌：貞王：無：
英二一二三　：貞：叙：尤
英二一二四　癸丑卜行貞王賓夕禱無囚
英二一二四　：行：賓：禱：在十月
英二一二四　貞無尤
英二一二五　：卜行：王賓：禱無：
英二一二六　丙辰卜行貞王賓夕禱無囚
英二一二七　：出貞王賓夕禱：
英二一二七　貞無囚四月
英二一二八　：貞王：夕禱：
英二一二九　戊?：貞王賓夕禱無：
英二一二九　貞：
英二一三〇　乙丑卜即貞王賓禱無囚
英二一三〇　貞：

英二一三一 英二一三二 英二一三三 英二一三三 英二一三四 英二一三五 英二一三六 英二一三七 英二一三七 英二一三八 英二一三八 英二一三九 英二一四〇 英二一四〇 英二一四一 英二一四一 英二一四一 英二一四一 英二一四二 英二一四二 英二一四三 英二一四三 英二一四四 英二一四四 英二一四五 英二一四六 英二一四七 英二一四七 英二一四八 英二一四九 英二一四九 英二一五〇 英二一五〇 英二一五一 英二一五二 英二一五二 英二一五三 英二一五三 英二一五四 英二一五四 英二一五五 英二一五六 英二一五六 英二一五七

：：卜旅：賓：禱：
：：尹：賓：禱：囚
：：卜即：王賓：禱：
貞無：
：：貞王賓：禱無囚
：：于卜：王賓：禱無：
：：卜行：：王賓：禱：囚
：：禱：
：：禱：
：：禱：
三月
：：㲋于：
壬辰卜：貞王賓：𣪊無：
：：無尤
戊戌卜旅貞今夕無囚
：：申卜旅：今夕：囚
戊申卜旅貞王賓戠無囚
貞：尤
貞無尤
戊子：旅：王賓：無：
戊戌卜旅貞王賓戠無囚
：：卜𠯗：賓：戠：囚
貞：尤
丁酉卜喜貞王賓戠無囚
：：卜喜：出：
丙申：貞王：戠：
：：尹貞：戠無囚
丙：貞王其：其戠：
：：叙之：
：：貞：戠：
庚子卜：貞王賓：丁無尤
：：賓：無：
：：亥卜大：王賓：無尤
貞：尤
：：亥卜大：王賓：無尤
庚：貞王：𠂤：
：：卜行：賓：無尤
丁卯卜：貞王：
：：卜𠯗：賓：無尤
戊辰卜旅貞王賓：無囚
：：無尤
：：卜旅：王賓：無囚
：：卜：賓：無囚
貞：
：：卜大：王賓：無囚

英二一五八 英二一五九 英二一六〇 英二一六一 英二一六二 英二一六三 英二一六三 英二一六四 英二一六四 英二一六五 英二一六六 英二一六七 英二一六八 英二一六九 英二一七〇 英二一七〇 英二一七一 英二一七二 英二一七三 英二一七四 英二一七五 英二一七六 英二一七七 英二一七八 英二一七九 英二一七九 英二一七九 英二一七九 英二一七九 英二一七九 英二一七九 英二一七九 英二一八〇 英二一八一 英二一八一 英二一八二 英二一八三 英二一八四 英二一八五 英二一八六 英二一八七 英二一八八 英二一八九 英二一八九 英二一九〇

：：卜大：賓夕無囚
：：卜即：王賓：無囚
：：午卜即：王賓：無囚
：：行貞王賓：卯十宰：在：
己亥卜大貞王賓：
：：戌卜旅：王賓：
貞：
丁亥：貞王：
：：卜行：賓：
貞弜賓
：：卜出貞匚無尤九月
甲：出貞：告勿：凡：
：：卜王：用
己丑卜出貞延：宰
：：王卜：延：
：：𤕤：
貞弜延九月
貞弜延
今夕：延：
：：出貞翌彡匚于丁十月
丁酉：貞翌：彡匚于：
：：翌辛：彡告：凡
丁卯卜出貞其侑于盟室：今日夕彡
貞[illegible]：彡
癸亥
甲子
乙丑
丙戌
戊子
戊子卜出貞羞[illegible]十人八月
貞其侑不若
貞于來丁酉彡大史昜日八月
：：于卜：彡[illegible]：葡一牛
癸卯卜貞彡河五：十月
貞：于：
：：三十牛：示彡于：七月
：：[illegible]：彡：
癸：貞翌：于：衣無：七月
：：大：幼無囚二月
丙申貞卜：惟正
丁亥卜永：
癸丑卜：貞今：
丁：于：
：：午卜：
庚：貞：不：

英二一九一　癸：貞：
英二一九一　貞：在：
英二一九二　：貞：朁：
英二一九三　戊：貞：不：
英二一九四　貞今
英二一九五　：卜：貞：無：十?月
英二一九六　丙：卜：貞：日：
英二一九六　：貞：日不：
英二一九七　貞惟吉在六月
英二一九八　：惟吉：用
英二一九九　貞惟鬼
英二一九九　貞：
英二一九九　：王：
英二二〇〇　己丑卜貞：惟：
英二二〇〇　己丑王卜
英二二〇一　：祟：于：四月
英二二〇二　戊寅：貞骨：于王：孽：
英二二〇三　丙：出：夕：
英二二〇三　：卜：貞：無囚
英二二〇四　己丑卜矢貞今夕無：
英二二〇五　庚午卜即貞今夕無囚
英二二〇五　己丑：貞今：無囚
英二二〇五　：夕：囚
英二二〇六　丁：貞：無囚
英二二〇六　丁酉卜尹貞今夕無囚在七月
英二二〇七　己亥卜尹貞今夕無囚在七月
英二二〇七　庚子卜尹貞今夕無囚
英二二〇七　辛丑卜尹貞今夕無囚
英二二〇七　壬寅卜尹貞今夕無囚在七月
英二二〇七　癸卯卜尹貞今夕無囚
英二二〇七　：尹：夕：
英二二〇八　癸：旅貞：無囚
英二二〇八　：囚
英二二〇九　：貞：囚
英二二〇九　：卜旅：今夕無囚在：月
英二二一〇　庚寅：貞今夕：囚：
英二二一〇　：旅：夕無：在正月
英二二一一　：旅：夕：囚
英二二一二　甲戌：貞今：無：
英二二一二　：旅：夕：囚
英二二一三　戊申卜行貞今夕無囚
英二二一三　辛：卜：
英二二一四　丁巳：貞今：無：
英二二一四　庚午卜貞今夕無囚
英二二一四　：卜：夕：囚
英二二一五　乙巳卜：貞今夕無囚

英二二一六　：丑卜：今夕：囚
英二二一七　戊子卜：貞今：無：
英二二一七　：貞：夕無囚
英二二一八　：今：無囚
英二二一八　：無：
英二二一九　：丑卜：今夕：
英二二二〇　：酉卜：今：無：四月
英二二二一　貞今夕王：
英二二二二　癸巳：貞旬無：
英二二二二　癸卯卜王貞旬無囚
英二二二二　癸丑卜王貞旬無囚
英二二二二　：卜王：囚
英二二二三　癸未王卜貞旬無囚二月
英二二二三　癸巳王卜貞旬無囚二月
英二二二三　：卯王：無：
英二二二三　：月
英二二二四　癸酉：貞旬：
英二二二四　：卜大：無囚
英二二二五　癸：大：
英二二二五　：卜：貞旬：
英二二二六　癸亥：矢：無囚
英二二二六　癸酉卜矢貞旬無囚在三月
英二二二六　：未卜：貞旬：囚在三?月
英二二二七　癸酉卜兄貞旬無囚
英二二二七　：卜：貞旬：一月
英二二二八　癸卯卜出貞旬無囚
英二二二八　癸丑卜出貞旬無囚
英二二二八　癸丑卜出貞旬：囚
英二二二八　癸酉卜出貞旬無囚
英二二二八　癸酉：出：無：
英二二二八　癸：出：無囚
英二二二九　癸丑：出：旬：
英二二二九　癸酉：出貞旬：囚
英二二三〇　癸未：尹：旬：囚
英二二三〇　：亥卜：貞：無：在七月
英二二三一　癸：貞旬：囚：
英二二三一　：卜行：旬無：八月
英二二三二　癸巳：貞旬無囚在三月
英二二三三　癸：
英二二三三　癸丑：貞旬：
英二二三三　：卜：
英二二三四　癸卯卜貞旬無囚四月
英二二三四　癸：出：
英二二三四　（其餘僞刻）
英二二三五　癸酉卜祝貞旬無囚三月

英二二三五 癸酉卜貞旬無囚
英二二三五 癸酉卜祝貞旬無囚
英二二三五 癸未卜祝貞旬無囚
英二二三五 癸未卜出貞旬無囚四月
英二二三五 …卜…旬…
英二二三六 …卜呂…無囚
英二二三七 戊申卜即貞旬無囚十月
英二二三七 …無…十月
英二二三八 貞無囚十二月
英二二三八 貞…
英二二三九 丙寅卜即貞王出無囚
英二二三九 …寅卜即…夕無囚
英二二三九 貞…尤
英二二三九 貞無尤
英二二四〇 …貞…囚
英二二四一 貞…囚
英二二四一 貞無囚七月
英二二四二 甲午卜王…夕…
英二二四二 戊子卜王貞…夕無尤
英二二四二 庚…
英二二四二 …王貞…
英二二四三 乙卯…貞王…無…
英二二四三 貞無尤在五月
英二二四三 …卜即…出…囚
英二二四四 貞無尤五月
英二二四五 貞無尤六月
英二二四六 己…貞王…無囚
英二二四六 貞無尤
英二二四六 …旅…辛…
英二二四七 貞無尤
英二二四八 貞無尤
英二二四九 貞無尤十月
英二二五〇 貞無…
英二二五一 庚寅卜貞…
英二二五一 …辰卜…耳…圂黃…
英二二五二 辛酉…貞今…西言
英二二五三 …卜…夕王…言
英二二五四 戊戌…貞今…西…
英二二五五 壬辰卜出貞…未魚…
英二二五六 …魚…
英二二五七 …魚…繳…
英二二五八 …卯…
英二二五九 自…祖乙…
英二二五九 自大乙王受有祐
英二二六〇 癸…其…
英二二六〇 癸亥卜其示于大乙彡

英二二六〇 牢示 茲用
英二二六〇 …即日…用
英二二六一 丁巳
英二二六一 自毓祖丁王受有祐
英二二六一 中宗王受有祐
英二二六二 叡嫠…
英二二六二 其令伊衎惟丁令
英二二六二 惟甲令
英二二六二 丙午卜祖丁盟歲王各祾于父甲
英二二六三 惟祖丁庸敿用兄?丁
英二二六三 …用…
英二二六四 庚子…貞其…卯日…
英二二六四 庚子卜曬貞其利羊
英二二六四 …卜曬…祖丁…湇
英二二六五 …祖丁庸…用又…
英二二六六 …祖丁…
英二二六七 惟可用于宗父甲王受祐
英二二六七 父甲弜用
英二二六七 …甲用?…于…
英二二六七 …禘?…
英二二六八 壬子卜父甲木丁于禘
英二二六八 （其餘偽刻）
英二二六九 …自毓妣彡有正
英二二六九 其尋…舌王…此受…
英二二七〇 己巳卜其侑父庚…吉
英二二七一 其奉妣癸嫘妣甲嫘惟…
英二二七二 丙…妣庚…惟?…
英二二七二 于翌日丁用
英二二七二 （其餘偽刻）
英二二七三 …妣…惟…
英二二七三 （其餘偽刻）
英二二七四 庚子卜多母弟暨酉䄅
英二二七四 弜暨酉…
英二二七四 吉
英二二七四 大吉
英二二七四 惟茲
英二二七四 惟茲
英二二七四 （其餘偽刻）
英二二七五 …無其…
英二二七六 …今日丁王其…
英二二七六 吉
英二二七七 …王不遘…
英二二七八 …子卜…
英二二七八 貞王…
英二二七九 癸…王…
英二二七九 …卜…

英二二八〇　：令于之：
英二二八一　：卜辛未王：
英二二八一　：大：
英二二八二　壬午卜：尋：
英二二八三　：王其呼甲尹伐衛于：
英二二八四　甲午卜暊貞其于東
英二二八五　丁：貞：
英二二八五　：暊貞：其往：東
英二二八六　戊戌卜貞來乙于帝：
英二二八六　六月
英二二八七　：桒年于滴
英二二八八　：其桒年于河
英二二八八　：今辛巳彡受年
英二二八九　：巳卜：貞王其田羌無災擒鹿十又五
英二二八九　戊寅卜王其麓阢：
英二二九〇　：王其㪤阢無災
英二二九〇　辛王其田𢧁擒
英二二九〇　不擒
英二二九一　：其田磬擒
英二二九一　王惟磬田：
英二二九二　辛卯卜翌惟宜王擒
英二二九二　惟：
英二二九三　其藝磬
英二二九四　惟王射竿鹿無災擒
英二二九四　惟馬呼射擒
英二二九四　：其至𢧁無災
英二二九五　王其射□麑惟逐無：
英二二九六　：卜戊王其射□：
英二二九七　：延？射：尋宰：
英二二九七　：無：
英二二九八　王其悔
英二二九八　：翌？：
英二二九九　其悔弜射
英二三〇〇　王其田擒　茲用
英二三〇一　其執
英二三〇一　惟壬擒
英二三〇二　王其田戠：無：
英二三〇二　（其餘僞刻）
英二三〇三　：酉卜翌日戊王其田屯：　吉
英二三〇四　：其田□湄日：
英二三〇四　：其藝無災
英二三〇四　：無災
英二三〇五　：湄日無災
英二三〇六　辛未：貞王其田無災
英二三〇六　乙亥卜貞王其田無災

英二三〇六　（其餘僞刻）
英二三〇七　辛丑：王往：用？無災
英二三〇八　弜田其悔
英二三〇八　：夕入湄日：雨
英二三〇九　王其田以亥不雨　吉
英二三〇九　：以：其雨　吉
英二三〇九　：以：
英二三一〇　翌日戊王兌
英二三一〇　：田：兌：
英二三一一　：王其田來：
英二三一二　于盂無災
英二三一二　于盂無災
英二三一二　于宮無災
英二三一二　于宮無災
英二三一二　翌日戊王其迖于向無災
英二三一二　于喪無災
英二三一三　于宮無災
英二三一三　于：無：
英二三一四　于宮無災
英二三一五　于盂：
英二三一五　于宮：
英二三一六　于宮？無災
英二三一六　甲申卜翌日乙王其迖于梌無災
英二三一七　惟盂田省無災不雨　大吉
英二三一七　大吉
英二三一七　（其餘僞刻）
英二三一八　惟盂田省無災
英二三一八　：田盂至𢧁：災
英二三一九　惟六？日省無災
英二三二〇　惟□？：無災　大吉
英二三二〇　（其餘僞刻）
英二三二一　惟田省無災
英二三二一　其狩無災
英二三二一　惟虞田無災
英二三二一　惟光田無災
英二三二一　：災
英二三二一　惟：其：
英二三二二　其雨　吉
英二三二二　其出舟惟今日癸無災　吉
英二三二二　翌？乙無災　吉
英二三二二　（其餘僞刻）
英二三二三　：田省無災
英二三二四　王惟：省：災
英二三二四　：狩：災
英二三二五　：狩無災
英二三二六　庚戌卜王其比虎師惟辛無災

英二三二六　王其比虎師惟辛

英二三二六　惟壬無災

英二三二七　于鹿朿有正

英二三二七　弜于

英二三二七　于㝬東伊田有正

英二三二七　弜于㝬王其悔

英二三二八　五牢

英二三二九　三大牢

英二三三〇　二牢

英二三三〇　一牢

英二三三一　惟小牢

英二三三一　：𤉲：

英二三三二　惟小牢

英二三三三　庚：

英二三三三　二犬

英二三三四　翌日壬王：

英二三三五　庚辰：

英二三三六　于翌日旦：大雨

英二三三六　：𠬝伐有大雨

英二三三七　惟癸有大雨

英二三三八　惟牛有大雨

英二三三八　：大：

英二三三九　其遘雨

英二三四〇　其遘雨

英二三四一　其遘雨

英二三四一　（其餘偽刻）

英二三四二　：遘小雨

英二三四二　：雨

英二三四三　貞不雨

英二三四四　己酉：貞：無：

英二三四四　：夕：雨

英二三四五　：大啓

英二三四六　：晦：賓：丁歲：

英二三四六　：巳卜晦貞在大室

英二三四七　貞其先帝甲其弘

英二三四七　告二牛

英二三四八　：卯卜河吏：王受有祐　吉

英二三四九　惟：酌

英二三四九　惟癸未酌

英二三四九　岳祝惟河用

英二三四九　弜：

英二三五〇　惟入：日酌王受祐　吉

英二三五〇　乙亥卜王其侑大子王受祐　吉

英二三五〇　叙焚

英二三五〇　惟羊　吉

英二三五一　其有羌王受祐

英二三五一　弜有

英二三五一　十人五

英二三五二　于我禦：

英二三五三　：卜晦：王賓：

英二三五四　戊午：晦：賓：

英二三五五　：告又：

英二三五六　：王其劃𠦪惟：

英二三五七　：其𠦪：牛

英二三五八　惟萑冊二牢

英二三五九　：庚惟召用王受：

英二三五九　（其餘偽刻）

英二三六〇　：申卜其餗：

英二三六〇　：丑：

英二三六一　惟五牢有正王受祐

英二三六一　惟：

英二三六一　：牢：正

英二三六二　：之用：

英二三六三　癸酉卜卺：其延于：

英二三六三　（其餘偽刻）

英二三六四　王其侑夕歲惟牛王受祐

英二三六四　牢王受有祐

英二三六四　莫歲

英二三六五　：其于之：歲鼎：　吉

英二三六六　庚子：

英二三六六　弜燎于閱無雨

英二三六六　其燎于雪有大雨

英二三六六　弜燎無雨

英二三六六　惟閱燎酌有雨

英二三六六　雪暨閵酌有雨

英二三六七　甲午卜晦貞巳中酌正在十月二

英二三六七　：牢有正

英二三六八　：禘：

英二三六九　：于辛酌

英二三七〇　：奏醫不：

英二三七一　癸未：

英二三七一　：惟祰

英二三七二　庚申卜

英二三七二　：㕯：

英二三七三　牢王受祐　吉

英二三七三　孜王受祐

英二三七四　丁酉：

英二三七四　：其雨

英二三七四　吉

英二三七四　：無囚

英二三七四　（其餘偽刻）

英二三七五　丁未卜其：

英二三七六　辛卯卜今日：
英二三七七　：惟：大吉
英二三七八　大吉
英二三七八　：辛王其：來無囚：
英二三七八　（其餘偽刻）
英二三七九　茲用
英二三八〇　茲用
英二三八一　弜：茲用
英二三八二　吉
英二三八二　王惟：
英二三八二　癸：
英二三八三　：卜王：旬無囚
英二三八四　癸丑：貞旬：
英二三八四　癸亥卜何貞旬無囚
英二三八四　癸酉卜何貞旬無囚
英二三八四　：卜何：無囚
英二三八五　癸酉：貞旬：
英二三八五　癸未卜何貞旬無囚
英二三八五　：卜何：無囚
英二三八六　癸：貞旬無囚
英二三八六　癸巳卜何貞旬無囚
英二三八六　：卜何：無：
英二三八七　癸酉：何貞：無囚
英二三八七　（其餘偽刻）
英二三八八　：酉卜大：旬無囚
英二三八九　：卜大：
英二三八九　：囚
英二三九〇　癸亥：貞旬：囚
英二三九〇　：卜：貞：無：
英二三九一　癸巳：貞旬：
英二三九一　癸丑卜：貞旬無：
英二三九二　：亥卜何：今夕：囚八月
英二三九三　：卜何：夕無：
英二三九四　丙：卜：貞：夕：尤
英二三九四　：卜曮：今：無尤
英二三九五　丙申卜宁貞今：
英二三九六　：夕王：
英二三九六　：卜人：夕：永：
英二三九七　弜鳴
英二三九七　（其餘偽刻）
英二三九八　貞其有匚于上甲
英二三九八　貞其有匚于上甲
英二三九八　：六羊燎：
英二三九九　：巳貞：自上甲：
英二四〇〇　甲戌貞乙亥酌多宁于大乙巷五卯牛祖乙

英二四〇一　巷五小乙巷三：
英二四〇一　茲用
英二四〇一　丁丑貞來甲申先于大甲夂歲：
英二四〇一　：卜歲：牛：
英二四〇二　己亥貞其餗：
英二四〇二　己亥貞其餗于祖乙
英二四〇二　己：北：其弓：大乙：
英二四〇三　庚：其：
英二四〇三　自祖乙告
英二四〇三　（其餘偽刻）
英二四〇四　（偽刻）
英二四〇五　：卜其侑：高祖乙：祖乙
英二四〇五　三牢：茲：
英二四〇六　甲午：其有：伐于：祖乙十：
英二四〇六　甲午卜毓祖乙伐十羌又五　茲用
英二四〇六　五十羌
英二四〇六　己亥卜母己歲惟牡
英二四〇七　甲戌貞小乙：
英二四〇八　祖丁栖有巷
英二四〇八　：五：茲：
英二四〇八　：又：
英二四〇九　：申卜其用：庚子父丁：自：
英二四一〇　甲寅卜衩彡于祖丁有栖：
英二四一〇　二牢
英二四一〇　（其餘偽刻）
英二四一一　己未今日雨
英二四一一　不雨
英二四一一　己卯貞禕來羌其用于父：
英二四一一　丙：彳：
英二四一二　惟于婁以衆
英二四一二　惟：以：
英二四一二　：並：衆
英二四一三　辛巳貞皋以婁于嵒乃奠
英二四一三　辛：比：
英二四一四　庚辰貞令望：
英二四一四　弜令生：途：衩
英二四一四　癸未貞[illegible]：方：于：
英二四一五正　：令束人先涉
英二四一五正　（其餘偽刻）
英二四一五反　（偽刻）
英二四一六　惟戈人射
英二四一六　弜侑
英二四一七　：申貞：妣其用
英二四一七　（其餘偽刻）
英二四一八　戊：貞甾：

英二四一九 貞王…𠂤?
英二四一九 …丁牛…令…
英二四二〇 庚寅卜…令…
英二四二一 …于卜令𢀛以多射若
英二四二二 …貞…槃…其往
英二四二二 乙巳貞令多射在龐
英二四二三 甲辰貞酻匚…雨
英二四二三 弜呼射
英二四二三 …三牛?
英二四二四 …賓貞有來告羊墅…
英二四二四 不出
英二四二五 （僞刻）
英二四二六 自考𦣞
英二四二六 其雨
英二四二七 …子貞王令…𡆥方…
英二四二八 丙…貞有兇丁妣于河其…
英二四二八 …酻𡆥禾于𡆥
英二四二八 侑于…父…
英二四二八 不雨
英二四二九 癸未卜甲申雨允雨
英二四二九 癸未卜丙戌雨不雨
英二四二九 癸未卜乙雨不雨
英二四二九 乙未卜貞受禾
英二四三〇 …戌卜…水弗受禾
英二四三〇 己…貞…受…
英二四三一 弜惟集
英二四三一 惟白穧
英二四三一 …貞…于…
英二四三二 弗𡆥
英二四三二 …今日…方…弗丁?…
英二四三三 弜射
英二四三三 其射
英二四三三 弜…牛?
英二四三三 （其餘僞刻）
英二四三四 不雨
英二四三四 戊申貞王往田無災
英二四三四 于來丁酻
英二四三五 乙未貞王于丁酉步
英二四三五 甲雨
英二四三五 甲不雨
英二四三五 不用
英二四三五 …三牛二…
英二四三六 （其餘僞刻）
英二四三七 丙午卜今日雨
英二四三七 不雨
英二四三七 弜𠂤

英二四三八 …賓貞于己雨
英二四三八 …貞于丙雨
英二四三八 …有囚
英二四三九 己亥卜庚雨
英二四三九 （其餘僞刻）
英二四四〇 庚…雨
英二四四一 其雨
英二四四二 …于卜…
英二四四三 丙寅貞侑于𡆥燎小宰卯牛一
英二四四三 …𡆥…三…宰
英二四四三 酉于夒 茲用
英二四四四 不雨
英二四四四 …貞…于…
英二四四四 丙午卜惟岳𡆥雨
英二四四四 惟河𡆥
英二四四四 惟夒𡆥
英二四四五 …岳…从雨
英二四四六 庚…貞…于河…三宰沈…
英二四四六 …妾…以宰
英二四四七 弜卯 茲用
英二四四七 …河𡆥…惟…亥…茲用
英二四四八 …埋…河三牛
英二四四九 辛…河今…
英二四四九 不雨?
英二四五〇 庚…貞其𡆥禾于𡆥燎十小宰卯十大宰
英二四五〇 丙申貞方其有…定
英二四五〇 丙申貞方其有事于生月
英二四五〇 癸卯貞惟乙酉𡆥禾于𡆥
英二四五一 （僞刻）
英二四五二 庚寅貞有彳…
英二四五三 乙亥貞有彳伐弜…
英二四五三 …丁以羌…
英二四五三 不用
英二四五四 二宰
英二四五四 三宰
英二四五四 五宰
英二四五四 有羌
英二四五四 弜有羌
英二四五五 有羌
英二四五五 弜有羌
英二四五五 …牛
英二四五六 壬寅貞惟今甲辰酻
英二四五六 弜侑
英二四五六 …宰
英二四五七 弜侑
英二四五七 …宰

英二四五八	……匚于……羌……
英二四五八	……王燎……
英二四五九	……卯貞……告于……牛
英二四五九	其用
英二四六〇	弜𠦪告
英二四六一	其以冒用㞢
英二四六二	乙亥歲三牢
英二四六三	癸卯卜羌甲歲一牛
英二四六三	……牢茲用
英二四六四	……丑卜翌……寅彡𠦪……
英二四六五	乙酉貞……𡆥
英二四六五	……于……乙未彡伐
英二四六五	有𡆥
英二四六六	甲申卜不延雨
英二四六六	庚……貞……
英二四六六	丁未卜彡圛伐百羌……官……
英二四六六	丁未卜貞無壱在𡆥
英二四六六	癸丑夕卜衩日白?彡圛羌
英二四六六	癸丑卜弜衩彡圛羌
英二四六六	乙亥……
英二四六七	癸巳貞甲午彡
英二四六七	己酉貞……
英二四六八	癸酉卜……乙酉蒸……
英二四六九	弜蒸
英二四七〇	……卯……一牢
英二四七〇	弜宗
英二四七一	弜卯
英二四七一	貞……二牢?
英二四七二	……𠂇……其……羊?……
英二四七三	……伐十羌……五
英二四七四	……自二……二示……有伐……
英二四七五	沈九牛于河
英二四七五	沈十牛……
英二四七六	辛卯卜貞王既沈?
英二四七七	……未貞其餗……
英二四七七	……用?……餗?
英二四七八	癸巳貞……二羌一牛
英二四七八	十牛又五
英二四七八	十牛
英二四七九	（偽刻）
英二四八〇	癸酉卜……
英二四八一	丁酉貞
英二四八二	茲用
英二四八二	（其餘偽刻）
英二四八三	（習刻）
英二四八三	（習刻）

英二四八三	（習刻）
英二四八三	（習刻）
英二四八三	（習刻）
英二四八三	（習刻）
英二四八四	癸未歷貞旬無𡆥
英二四八四	有𡆥
英二四八四	（其餘偽刻）
英二四八五	癸未貞旬無𡆥
英二四八五	（其餘偽刻）
英二四八六	癸酉貞……無……
英二四八六	癸未貞旬無𡆥
英二四八七	癸酉貞旬無𡆥
英二四八七	癸未貞旬無𡆥
英二四八七	……旬……𡆥
英二四八八	癸酉貞……無𡆥
英二四八八	癸未貞旬無𡆥
英二四八八	癸巳貞旬無𡆥
英二四八八	癸卯貞旬無𡆥
英二四八八	癸丑貞旬無𡆥
英二四八九	癸酉貞旬無𡆥
英二四八九	癸酉貞旬無𡆥
英二四九〇	癸巳貞旬無𡆥
英二四九一	癸……貞……
英二四九一	癸巳貞旬無𡆥
英二四九一	（其餘偽刻）
英二四九二	癸……貞……無𡆥
英二四九三	癸亥貞旬無𡆥
英二四九三	癸酉卜貞旬無𡆥在?攸
英二四九三	（其餘偽刻）
英二四九四	癸……無……
英二四九四	癸亥貞旬無𡆥
英二四九四	癸酉貞旬無𡆥
英二四九四	癸未貞旬無𡆥
英二四九五	癸……貞……無
英二四九五	癸卯貞旬無𡆥
英二四九六	甲寅貞……
英二四九六	己未貞並無𡆥
英二四九六	丙寅……
英二四九六	丙寅……
英二四九七	乙酉貞……無……
英二四九七	丙戌貞丁無𡆥
英二四九七	丁亥貞戊無𡆥
英二四九七	戊子貞己無𡆥
英二四九七	己丑貞庚無𡆥
英二四九七	庚寅貞辛無𡆥

英二四九八　癸…貞…無…

英二四九八　（其餘僞刻）

英二四九九　…作其…

英二四九九　…不…

英二五〇〇　…亥…

英二五〇〇　…禾？…

英二五〇一　…貞…不…

英二五〇一　…卯卜貞王賓…自匚丙至于多…衣無尤

英二五〇二　在…月

英二五〇二　…卜貞王賓…祀自上甲至于…毓無害…

英二五〇三　在六月惟…
癸酉王卜貞旬無畎王固曰弘吉在三月甲戌
祭小甲觀大甲惟…

英二五〇三　癸未王卜貞旬無畎王固曰吉在三月甲申
觀小甲叀大甲

英二五〇三　癸巳王卜貞旬無畎王固曰吉在三月甲午
祭戔甲叀小甲

英二五〇三　癸卯王卜貞旬無畎王固曰吉在三月甲辰
祭羌甲觀戔甲

英二五〇三　癸丑王卜貞旬無畎王固曰吉在三月甲寅
祭魯甲觀羌甲叀戔甲

英二五〇三　癸亥王卜貞旬無畎王固曰吉在三月甲子
觀魯甲叀羌甲

英二五〇三　…王卜…旬無畎…月甲戌…祖甲叀魯甲

英二五〇四　癸未…旬無…九月王…大甲

英二五〇四　癸巳王卜貞旬無畎在九月王固曰大吉
甲午祭上甲

英二五〇五　癸卯王…貞旬無…王固曰…在四月…

英二五〇五　癸丑王卜貞旬無畎王固曰吉在五月甲寅
彡大甲

英二五〇五　…王卜…無畎…曰吉…月甲子…小甲

英二五〇六　…貞旬無畎

英二五〇六　…吉甲寅觀小甲叀大甲

英二五〇六　（其餘僞刻）

英二五〇七　…王旬無畎…戊祭小甲觀大甲

英二五〇八　癸未卜齊貞王旬無畎在十月甲申翌小甲

英二五〇八　癸卯卜貞王旬無畎在…月甲辰翌…

英二五〇九　戊辰卜貞王賓大戊祭無尤

英二五〇九　…貞王賓…叙無尤

英二五一〇　癸…王固…

英二五一〇　癸亥王卜貞旬無畎在十月又二甲子祭戔
甲叀小甲

英二五一〇　癸酉王卜貞旬無畎在正月王固曰大吉甲
戊祭羌甲觀戔甲

英二五一〇　癸未王卜貞旬無畎在正月王固曰大吉甲

英二五一一　甲祭魯甲觀羌甲叀戔甲
…貞王…叙…

英二五一一　…巳卜貞…賓雍己叀日無尤

英二五一二正　…王卜貞旬無畎在二月…固曰大吉甲辰
祭祖甲叀魯甲

英二五一二正　（其餘僞刻）

英二五一二反　…丙寅　丁卯　戊辰　己巳　庚…

英二五一三　癸卯…王固…

英二五一三　癸丑王卜貞旬無畎在二月王固曰大吉甲寅
觀祖甲

英二五一三　癸亥王卜貞旬無畎在三月王固曰大吉
甲子叀祖甲

英二五一三　癸酉王卜貞旬無畎在三月王固曰大吉

英二五一三　癸未王卜貞旬無畎在三月王固曰大吉
甲申彡上甲

英二五一三　甲子　乙丑　丙寅　丁卯　戊辰　己巳
庚午　辛未　壬申　癸酉　甲戌　乙亥
丙子　丁丑　戊寅　己卯　庚辰　辛巳
壬午　癸未　甲申　乙酉　丙戌　丁亥
戊子　己丑　庚…

英二五一四　丙…康…其…用

英二五一四　甲申卜貞武乙必丁其牢

英二五一四　丙戌卜貞康祖丁丁其牢

英二五一四　甲午卜貞武乙必丁其牢

英二五一五　…子…康祖丁…

英二五一六　…戊卜貞…丁其…

英二五一六　甲申…武乙丁…

英二五一七　庚申…王賓祖庚觀…

英二五一八　乙未卜貞自武乙彡日衣必祼其即[illegible]五
牢正王受有祐

英二五一八　丙辰卜…文武丁…其牢茲…

英二五一八　惟羊…茲…

英二五一九　…五其祐于文…正王受有祐

英二五一九　（其餘僞刻）

英二五二〇　…卜貞…奭妣庚…無…

英二五二一　壬子…貞母癸…惟…茲…

英二五二一　…貞…惟…

英二五二二　…王卜貞…在四月

英二五二二　小臣

英二五二二　小臣

英二五二三　乙卯王卜在𪊨次貞余其敦𠭯惟十月
戊申𢦏王固曰吉在八月

英二五二四　…旬無…十月…人方…

英二五二四　癸卯王卜貞旬無畎在十月又一王征人方
在商

英二五二四 癸丑王卜貞旬無𡆥在十月又一王征人方在亳

英二五二四 癸亥王卜貞旬無𡆥在十月又一王征人方在☐

英二五二四 癸酉王卜在：貞旬無𡆥在十月又二王征人方

英二五二五 癸巳卜在☐☐商☐泳貞王旬無𡆥惟來征人方

英二五二五 癸酉卜在巳奠河邑泳貞王旬無𡆥惟來征人方

英二五二五 癸巳卜泳貞王旬無𡆥

英二五二五 癸丑卜在☐泳貞王旬無𡆥

英二五二五 ：卜泳：旬無：

英二五二六 丙戌伐人方于☐吉

英二五二六 首吉

英二五二六 ☐弘吉

英二五二七 丁巳卜貞今夕師無𡆥寧

英二五二七 戊午卜貞今夕師無𡆥寧

英二五二七 己未卜貞今夕師無𡆥寧

英二五二七 庚申卜貞今夕師無𡆥寧

英二五二七 ：卜貞：師無：寧

英二五二八 辛卯卜貞：夕師不：

英二五二八 壬辰卜貞今夕師不震

英二五二八 癸巳卜貞今夕師不震

英二五二八 ：卜貞：不震

英二五二九 癸巳卜：天邑商：

英二五二九 壬戌卜貞在獄天邑商公宮衣茲夕無𡆥寧

英二五二九 ：在：商：茲夕：寧

英二五三〇 癸未：貞旬：

英二五三〇 癸巳王卜貞旬無𡆥吉王在☐

英二五三〇 癸卯王卜貞旬無𡆥王𠧴曰吉在王☐

英二五三〇 癸丑王卜：旬無𡆥：曰吉在☐

英二五三一 癸酉：上☐貞王旬無：在正月

英二五三一 癸未卜在上☐貞王旬無𡆥在正月

英二五三一 ：卜在☐貞：旬無𡆥：正月

英二五三二 癸卯卜：☐：王旬：

英二五三二 癸丑卜在上☐貞王旬無𡆥

英二五三二 癸亥卜在☐貞王旬無𡆥

英二五三二 癸酉卜在☐貞王旬無𡆥

英二五三二 癸未卜在☐貞王旬無𡆥

英二五三二 癸巳卜在古貞王旬無𡆥

英二五三三 癸丑卜在上☐貞王旬無𡆥

英二五三三 癸亥卜在上☐貞王旬無𡆥

英二五三三 癸酉卜在上☐貞王旬無𡆥

英二五三三 癸未卜：☐貞王旬無𡆥

英二五三四 壬子：☐：今夕：

英二五三四 ：貞：夕：

英二五三四 ：卜在：王：無𡆥

英二五三四 ：𡆥

英二五三五 癸：☐：旬：

英二五三五 ：卜：貞：旬無：

英二五三六 癸酉：師貞王：𡆥在十月又：

英二五三六 癸未卜在☐貞王旬無𡆥

英二五三六 ：卜在剛：旬無𡆥

英二五三七 癸巳：在齊：無𡆥

英二五三七 ：卯王卜：旬無𡆥

英二五三八 癸亥王卜貞旬無𡆥王𠧴曰弘吉在☐師

英二五三八 癸酉王卜貞旬無𡆥王𠧴曰弘吉在進師

英二五三八 癸未王卜貞旬無𡆥王𠧴曰弘吉

英二五三八 癸巳王卜貞旬無𡆥

英二五三八 癸卯王卜貞旬無𡆥

英二五三八 癸丑王卜貞旬無𡆥

英二五三九 壬寅王：貞田𦎫往來無：

英二五三九 乙巳王卜貞田☐往來無災王𠧴曰吉

英二五三九 戊申王卜貞田𦎫往來無災王𠧴曰吉

英二五三九 辛亥王卜貞田𦎫往來無災王𠧴曰吉

英二五三九 壬子王卜貞田𦎫往來無災王𠧴曰吉

英二五三九 壬戌王卜貞田𦎫往來無災王𠧴曰吉獲麑五象一雉六

英二五三九 辛未王卜貞田𦎫往來無災王𠧴曰弘吉

英二五四〇 ：往來：王𠧴：

英二五四〇 壬午王卜：田喪往來無災王𠧴曰獲鹿三

英二五四〇 丁亥王卜貞田喪往來無災王𠧴曰吉獲

英二五四〇 ：田：來無：吉

英二五四一 ：田雍往來：獲鹿二

英二五四二 ：貞田𦎫：無災王𠧴：十月又二

英二五四二 ：王卜貞田稌往：災王𠧴曰吉茲御：獲隹二百五十象一雉二

英二五四二 ：王卜貞田：往來無災：曰吉茲御：隹百二十二：六

英二五四三 辛未卜貞王田：來無災王𠧴曰：

英二五四三 壬申卜貞王田☐往來無災王𠧴曰吉茲御獲狐十一

英二五四三 乙亥卜貞王田向往來無災王𠧴曰吉

英二五四三 ：卜貞：往來：𠧴曰吉

英二五四四 戊子卜貞王田☐往來無災茲御獲狐十

英二五四四 辛卯卜貞王田稌往無災

英二五四四 壬辰卜貞王田☐往來無災

英二五四五 壬戌卜貞王田于☐：來無災茲御獲：

英二五四五 ……卜貞……于小𩫖……無災

英二五四六 壬戌王卜貞田𩫖往來無災王𠧞曰吉在七月茲御

英二五四六 乙丑王卜貞田𩫖往來無災王𠧞曰吉

英二五四六 戊辰王卜貞田𩫖往來無災王𠧞曰吉

英二五四六 辛未王卜貞田喪往來無災王𠧞曰吉

英二五四六 壬申王卜貞田𩫖往來無災王𠧞曰吉

英二五四六 丁丑王卜貞田喪往來無災王𠧞曰吉

英二五四六 戊寅王卜貞田𩫖往來無災王𠧞曰吉茲御

英二五四七 戊寅……王田……來……

英二五四七 辛巳卜貞王田于梌往來無災

英二五四七 戊子卜貞王田𩫖往來無災

英二五四七 壬辰卜貞王田享京往來無災

英二五四七 乙未

英二五四七 戊戌……王田……往……

英二五四七 辛亥卜貞王田𩫖往來無災

英二五四七 辛酉卜貞王田……往來無災

英二五四七 辛酉……貞王田……往來……災

英二五四八 丁巳王卜……田𩫖往……災王𠧞……

英二五四八 戊午王卜貞田梌往來無災王𠧞曰吉

英二五四九 丁酉卜貞王田……來……

英二五四九 ……卯卜貞王……𩫖往……無災

英二五五〇 辛未……貞田喪往來……災

英二五五〇 ……王卜……喪……無災……曰吉

英二五五一 壬寅王卜……往來無災王𠧞曰吉在二月

英二五五一 丁未王卜貞田梌往來無災王𠧞曰吉

英二五五二 戊寅卜貞王田𣪊往來無災

英二五五二 庚辰卜貞王田享京往來無災

英二五五二 乙……王……

英二五五三 辛酉卜貞王其田……

英二五五四 乙丑卜……王田……往……無……

英二五五四 ……卜貞王……往來……

英二五五五 戊申卜貞……于雍往……

英二五五五 辛亥卜貞王田宮往來無災弘吉

英二五五五 壬子卜貞王田雍往來無災弘吉

英二五五五 戊午卜貞王田雍往來無災吉

英二五五五 壬戌卜貞王田宮往來無災吉

英二五五五 壬午卜貞王田高往來無災

英二五五五 丁亥卜貞王田雍往來無災

英二五五六 乙未卜……王迖……冎往來……

英二五五六 丁酉卜貞王迖于𩫖往來無災

英二五五六 辛丑卜貞王迖于𩫖往來無災

英二五五六 ……亥卜貞……迖于𩫖往來無災

英二五五七 乙巳卜貞王迖于召往……無災

英二五五七 丁未卜貞王迖享京往來無災

英二五五七 戊申卜貞王迖于召往來無災

英二五五七 己酉卜貞王迖于召往來無災

英二五五七 庚戌卜貞王迖召往來無災

英二五五八 乙酉卜貞……召往來……

英二五五八 丁亥卜貞王迖于夫往來無災

英二五五八 ……王……召……災

英二五五九 壬子卜貞……迖于召……來無災

英二五五九 乙卯卜貞王迖于召往來無災

英二五五九 ……卜貞……迖于……來無災

英二五六〇 壬……王……無……

英二五六〇 戊寅卜貞王迖往來無災

英二五六〇 壬午卜貞王田往來無災

英二五六〇 丁亥卜貞王迖往來無災

英二五六〇 （其餘僞刻）

英二五六一 己卯……迖……享京……無……

英二五六一 乙酉卜貞王迖于召往來無災

英二五六一 戊子卜貞王迖于雍往來……

英二五六一 辛卯卜貞王迖于享京往來無災

英二五六一 辛……貞王……于𡵨……來無……

英二五六一 ……貞王……享京……來……災

英二五六二正 壬寅王卜在杲師貞今日步于永無災

英二五六二正 癸卯王卜在永師貞今日步于……

英二五六二正 乙巳王卜在溫貞今日步于攸無災

英二五六二正 己未王卜在貞田元往來無災

英二五六二正 乙丑王卜在攸貞今日迖从攸東無災

英二五六二正 庚辰王卜在危貞今日步于叉無災

英二五六二正 辛巳王卜在叉貞今日步于沚無災

英二五六二正 ……無災

英二五六二正 丁丑王……貞今日步……𢦏無災……

英二五六二反 茲御獲兕一狐二

英二五六三 ……舊……貞……

英二五六三 庚寅王卜在𣶃師貞𡵨林方無災

英二五六三 壬辰王卜在𣶃貞其至于𩰫觀𠂤師往來無災

英二五六三 甲午王卜在𣶃師貞今日步于𩫖無……十月二隹十祀彡

英二五六三 丁……在……師……今日……从……往來無災在正月

英二五六三 己亥王卜在春師貞今日步于溇無災

英二五六四 己卯卜在……貞王其𡵨……災

英二五六四 辛巳卜

英二五六四 癸未卜在舊貞王步于減無災

英二五六四 乙酉卜在減立貞王步于淮無災

英二五六四 ……卜在……貞王步……無災

英二五六五正 己酉……樂……于喪……

英二五五五正
庚戌王卜在裹貞今日步于𥁕無災

英二五五五正
辛亥王卜在𥁕貞今日步于𤼷無災

英二五六五正
：王卜：𤼷貞：步于：災

英二五六五反
：田：鹿十

英二五六六
壬寅卜在𠱓貞王其射𠨘雨

英二五六六
不邁大雨

英二五六六
其邁大雨

英二五六六
其于七月射𠨘兕無災擒

英二五六六
弗擒

英二五六六
弗擒

英二五六六
丙午卜在𠱓貞王其射𠨘衣逐無災擒

英二五六六
不擒

英二五六七
王其鑄黃鑷奠盟惟今日乙未利

英二五六七
壬申卜在益今日不雨

英二五六七
其雨茲御

英二五六七
：寅卜貞：日戊王：鬳不邁大雨

英二五六八
癸巳王：于多毓：王四祀

英二五六八
（其餘偽刻）

英二五六九
甲子 乙丑 丙寅 丁卯 戊辰 己巳
庚午 辛未 壬申 癸酉 甲戌 乙亥
丙子 丁丑 戊寅 己卯 庚辰 辛巳
壬午 癸未 甲申 乙酉 丙戌 丁亥
戊子 己丑 庚寅 辛卯 壬辰 癸巳
甲午 乙未 丙申 丁酉 戊戌 己亥
庚子 辛丑 壬寅 癸卯

英二五七〇
甲子 乙丑 丙寅 丁卯 戊辰 己巳
庚午 辛未 壬申 癸酉 甲戌 乙亥
丙子 丁丑 戊寅 己卯 庚辰 辛巳
壬午 癸未 甲申 乙酉 丙戌 丁亥
戊子 己丑 庚寅 辛卯 壬辰 癸巳

英二五七一正
（習刻）

英二五七一反
（習刻）

英二五七二
（習刻）

英二五七三
（習刻）

英二五七三

英二五七四
（習刻）

英二五七五
（習刻）

英二五七五
甲午 乙未 丙申 丁酉 戊：甲辰
乙巳 丙午 丁未 戊申 ：甲寅
乙卯 丙辰 丁巳 戊午 ：

英二五七六
（習刻）

英二五七七
（習刻）

英二五七八正
（習刻）

英二五七八反
（習刻）

英二五七九
（習刻）

英二五八〇
（習刻）

英二五八一
（習刻）

英二五八一
（其餘偽刻）

英二五八二
（習刻）

英二五八三
：庚午 辛：

英二五八四
（習刻）

英二五八五
：丁卯 戊辰 己巳：

英二五八六
（習刻）

英二五八七
甲子 乙丑 丙寅 丁卯 戊辰 己巳
庚：

英二五八八
己卯卜貞今日多雨

英二五八八
于甲：有雨

英二五八九
辛酉卜貞其雨今日不雨茲御

英二五八九
：其雨

英二五九〇
乙酉卜：今日不：茲御

英二五九一
戊子卜貞今日霋

英二五九一
：霋

英二五九一
其雨

英二五九二
乙丑卜貞今日霋

英二五九二
妹霋

英二五九三
癸丑卜貞今歲無大水

英二五九三　其有大水
英二五九三　癸亥卜貞及茲夕有雨
英二五九三　：夕：雨
英二五九四　：彭彡日自：無徭自畎？：
英二五九五　：卜貞：辛彡：尤
英二五九六　戊戌卜：貞王：
英二五九七　：貞：歲：
英二五九八　貞王賓叙無尤
英二五九九　貞王賓叙無尤
英二六〇〇　貞王賓叙無尤
英二六〇〇　：卜：賓：無：
英二六〇一　貞王賓叙無尤
英二六〇二　癸丑：王賓：叙？：
英二六〇三　：賓：無尤
英二六〇四　戊午：典：
英二六〇五　癸未王：貞旬無：王𡆥曰大吉在五月
英二六〇五　癸巳王卜貞旬無畎王𡆥曰大吉在五月
甲午工典其彭幼
英二六〇五　：貞：王𡆥：在五月：典其彭：
英二六〇六　其牢又一牛
英二六〇六　其牢又一牛
英二六〇六　其牢又一：
英二六〇六　惟勿牛
英二六〇六　惟：
英二六〇六　惟：
英二六〇七　其牢又一牛
英二六〇七　：牛：用？
英二六〇八　其牢又：
英二六〇九　：又一牛
英二六〇九　：牛
英二六〇九　其：又：
英二六一〇　其牢：牛
英二六一一　其戠牛
英二六一一　惟：
英二六一二　：卜貞：丁其：
英二六一三　丁巳卜
英二六一三　戊午卜
英二六一三　：未卜
英二六一四　乙亥卜貞：
英二六一五　戊辰卜貞王今夕無畎
英二六一五　庚午卜貞王今夕無畎
英二六一五　乙未卜貞王今夕無畎
英二六一五　癸卯卜貞王今夕無畎
英二六一五　乙巳卜貞王今夕無畎
英二六一五　丁未卜貞王今夕無畎
英二六一五　甲寅卜貞王今夕無畎

英二六一五　丙辰卜貞王今夕無畎
英二六一五　戊午卜貞王今夕無畎
英二六一五　庚申卜貞王今夕無畎
英二六一五　壬戌卜貞王今夕無畎
英二六一六　己卯：貞：夕無：
英二六一六　癸未卜貞王今：無畎
英二六一七　丙：貞：夕：
英二六一七　：卜貞王：無畎
英二六一七　甲寅：王：無：
英二六一七　：卜：王今：無畎
英二六一八　丙：貞：無：
英二六一八　：申卜：王今夕：畎
英二六一九　：卜貞：夕無畎
英二六一九　：卜貞：夕無畎
英二六二〇　乙巳：王今：無：
英二六二一　：卜：今：畎
英二六二一　：卜貞王今夕無畎
英二六二二　癸卯卜：
英二六二二　癸丑卜貞王旬無畎王𡆥曰吉
英二六二二　癸亥卜貞王旬無畎在五月
英二六二三　：酉王卜貞旬無畎：𡆥曰大吉在八月
英二六二四　癸丑王卜貞旬無：
英二六二四　癸亥王卜貞旬無畎
英二六二四　癸酉王卜貞旬無畎
英二六二四　：未王卜：無畎
英二六二五　：巳卜貞王旬：畎在五月
英二六二六　癸：旬：在
英二六二六　：未卜貞：旬無畎：九月
英二六二七　癸丑：貞王旬無畎在十月
英二六二七　癸亥卜貞王旬無畎在十月
英二六二七　癸酉卜貞王旬無畎在十月又一
英二六二七　：卜貞：畎：
英二六二八　癸：王卜：在：
英二六二八　癸酉王卜貞旬無畎在十月：
英二六二八　癸未王卜貞旬無畎在十月又二
英二六二八　：貞：畎：
英二六二九　癸未王卜貞旬無畎王𡆥曰吉
英二六二九　癸巳王卜貞旬無畎王𡆥曰吉
英二六二九　癸卯王卜貞旬無畎王𡆥曰吉
英二六二九　：畎：曰吉
英二六三〇　癸：貞：王：
英二六三〇　：未王卜：旬無畎：曰吉
英二六三一　癸未：貞旬：王𡆥：
英二六三一　：王卜：無畎：𡆥曰吉
英二六三二　癸未：貞旬：王𡆥曰：
英二六三二　：巳王卜：旬無畎：𡆥曰吉

英二六三三 癸巳：貞旬：王𡆥：
英二六三三 癸卯王卜貞旬無畎王𡆥曰吉
英二六三三 癸丑王卜貞旬無畎：𡆥曰吉
英二六三四 癸巳卜貞王旬無畎
英二六三四 ：卜貞王旬無畎
英二六三四 （其餘僞刻）
英二六三五 癸巳王卜貞旬無畎王𡆥曰吉
英二六三五 癸卯王卜貞旬無畎王𡆥曰吉
英二六三五 癸丑王卜貞旬無畎王𡆥曰吉
英二六三五 （其餘僞刻）
英二六三六 癸：貞旬：王𡆥曰吉
英二六三六 癸卯王卜貞旬無畎王𡆥曰吉
英二六三六 癸丑王卜貞旬無畎王𡆥曰吉
英二六三六 ：王卜：無畎：曰吉
英二六三七 癸：貞：王：
英二六三七 癸卯王卜貞旬無畎王𡆥曰吉
英二六三七 癸丑王卜貞旬無畎王𡆥曰吉
英二六三七 癸亥王卜貞旬無畎王𡆥曰吉
英二六三七 癸酉王卜貞旬無畎王𡆥曰吉
英二六三八 癸：貞：王：
英二六三八 癸丑王卜貞旬無畎王𡆥曰吉
英二六三八 癸亥王卜貞旬無畎王𡆥曰吉
英二六三八 癸酉王卜貞旬無畎王𡆥曰吉
英二六三八 癸未王卜貞旬無畎王𡆥曰吉
英二六三九 癸：貞：王：
英二六三九 癸丑王卜貞旬無畎王𡆥曰吉
英二六三九 癸亥王卜貞旬無畎王𡆥曰吉
英二六三九 癸酉王卜貞旬無畎王𡆥曰吉
英二六四〇 癸丑：貞旬：王𡆥
英二六四〇 癸亥王卜貞旬無畎王𡆥曰吉
英二六四〇 癸酉王卜貞旬無畎王𡆥曰吉
英二六四〇 ：未王卜：無畎：曰吉
英二六四一 癸亥王卜貞旬無畎王𡆥曰吉
英二六四一 癸酉王卜貞旬無畎王𡆥曰吉
英二六四一 癸未王卜貞旬無畎王𡆥曰吉
英二六四一 ：旬無畎王𡆥曰吉
英二六四二 癸亥王：貞旬：王𡆥：
英二六四二 癸酉王卜貞旬無畎王𡆥曰吉
英二六四二 癸未王卜貞旬無畎王𡆥曰吉
英二六四二 癸巳王卜貞旬無畎王𡆥曰吉
英二六四二 癸卯王卜貞旬無畎王𡆥曰吉
英二六四三 癸酉卜徭貞王旬無畎
英二六四三 癸未卜貞王旬無畎
英二六四三 ：貞：
英二六四四 癸：無：
英二六四四 癸未卜貞王旬無畎

英二六四四 ：貞：無畎
英二六四五 癸酉卜貞王旬無畎
英二六四六 癸：無：
英二六四六 癸未王卜貞旬無畎
英二六四六 癸巳王卜貞旬無畎
英二六四六 癸卯王卜貞旬無畎
英二六四六 ：貞：畎
英二六四七 癸未：旬：
英二六四七 癸巳卜貞王旬無畎
英二六四七 癸卯卜貞王旬無畎
英二六四七 癸丑卜貞王旬無畎
英二六四七 癸亥卜貞王旬無畎
英二六四七 癸酉卜貞王旬無畎
英二六四八 癸未王卜貞旬無畎
英二六四八 癸巳王卜貞旬無畎
英二六四八 癸卯王卜貞旬無畎
英二六四八 ：王卜：無畎
英二六四九 癸巳王卜貞旬無畎
英二六四九 癸卯王卜貞旬無畎
英二六四九 癸丑王卜貞旬無畎
英二六四九 ：王卜：旬無畎
英二六五〇 癸巳卜貞：旬無畎
英二六五一 癸巳卜：王旬無：
英二六五一 癸卯卜貞王旬無畎
英二六五一 癸丑卜貞王旬無畎
英二六五一 ：貞：旬：畎
英二六五二 癸巳：王旬：
英二六五二 癸卯卜貞王旬無畎
英二六五二 ：卜：旬：畎
英二六五三 ：巳卜：王旬無畎
英二六五三 ：卜貞：無畎
英二六五四 癸卯卜貞王旬無畎
英二六五四 癸丑卜貞王旬無畎
英二六五五 癸：
英二六五五 癸丑卜貞王旬無畎
英二六五五 癸亥卜貞王旬無畎
英二六五五 癸酉卜貞王旬無畎
英二六五五 癸未卜貞王旬無畎
英二六五五 ：畎
英二六五六 癸：貞旬：畎
英二六五六 癸丑王卜貞旬無畎
英二六五六 癸亥王卜貞旬無畎
英二六五六 癸酉王卜貞旬無畎
英二六五六 ：王卜：畎
英二六五七 癸丑卜：王旬無：

英二六五八　癸丑：貞王：無：

英二六五八　：貞：㞢

英二六五九　癸丑：王旬：

英二六五九　癸亥卜貞王旬無㞢

英二六五九　癸酉卜貞王旬無㞢

英二六五九　癸未卜貞王旬無㞢

英二六五九　癸巳卜貞王旬無㞢

英二六五九　癸卯卜貞王旬無㞢

英二六六〇　癸：貞：

英二六六〇　癸亥王卜貞旬無㞢

英二六六〇　（其餘僞刻）

英二六六一　癸卯王：貞旬無：

英二六六一　癸丑王卜：旬無㞢

英二六六二　癸亥：旬無㞢

英二六六二　癸酉王卜貞旬無㞢

英二六六二　癸未王卜貞旬無㞢

英二六六二　（習刻）

英二六六三　癸亥王：貞旬無：

英二六六三　癸酉王卜貞旬無㞢

英二六六三　癸未王卜貞旬無㞢

英二六六三　癸巳王卜貞旬無㞢

英二六六三　：王卜：無㞢

英二六六四　癸亥王：貞旬無：

英二六六四　癸酉王卜貞旬無㞢

英二六六四　癸未王卜貞旬無㞢

英二六六四　癸巳王卜貞旬無㞢

英二六六四　癸卯王卜貞旬無㞢

英二六六五　癸亥王：旬無㞢

英二六六五　癸酉王卜貞旬無㞢

英二六六五　：王：旬：㞢

英二六六六　癸未卜貞王旬無㞢

英二六六六　癸巳卜貞王旬無㞢

英二六六七　癸丑王：貞旬：

英二六六七　癸亥王卜貞旬無㞢

英二六六八　：卜貞：㞢

英二六六九　庚：貞：無：

英二六六九　：貞：㞢

英二六七〇　：貞王：㞢

英二六七一　：王卜：㞢

英二六七二　：𠍱：

英二六七三　：王：射：四祀

英二六七四正　貞

英二六七四正　兄先祖曰吹

英二六七四正　吹子曰戠

英二六七四正　戠子曰[illegible]

英二六七四正　[illegible]子曰[illegible]

英二六七四正　[illegible]子曰[illegible]

英二六七四正　[illegible]弟曰啓

英二六七四正　[illegible]子曰喪

英二六七四正　喪子曰[illegible]

英二六七四正　[illegible]子曰[illegible]

英二六七四正　[illegible]子曰御

英二六七四正　御弟曰[illegible]

英二六七四正　御子曰[illegible]

英二六七四正　[illegible]子曰商

東京大學東洋文化研究所藏甲骨文字摹釋

東一　：佑：王方：
東二　己亥卜貞有父伐自上甲
東二　丙午卜貞𢦏尊歲羌三十卯三宰箙一牛
　　　于宗用八月
東三　：于唐：
東四　乙酉卜貞來乙未彭酥于祖乙十二月
東四　丙申卜貞惟今丙申夕彭匚于丁十二月
東五a　：穷：
東五a　貞勿佑于祖辛
東五b　庚子：
東六a　貞祖丁弗祟王
東六b　昜入：
東七　：不于妣己：惟：
東七　：惟祖庚
東八　：貞：佑于：宰：牛
東八　丙：：
東九　貞：于祖乙
東一〇a　貞佑于父：
東一〇b　喜示：
東一一十三四　：有伐父：
東一二　：𢦏戕：用：玉：
東一三　：寅卜：翌乙：佑于：乙：
東一三　：一牛十三月
東一四　：于卜貞：異：可：帝：
東一五a　貞勿帝
東一五a　貞：佑：
東一五b　丁亥：
東一六　：帝：
東一七　：午卜貞：丁用：百
東一七　：上甲：
東一八　：寅卜古：翌丁卯：于丁
東一九　庚子貞今日于母
東一九　：貞丁亥于丁
東二〇　：甲申：令：甾：取：
東二〇　丙戌貞：丁：佑：
東二一a　：燎于岳
東二一b　婦丙示：
東二二　：午卜：于[illegible]
東二二　燎于：
東二三　：受：
東二三　：[illegible]西：

東二四　：卜穷：王：
東二四　貞𠦪自：十一月
東二五a　：貞我：凰：
東二五b　殸：
東二六　丁巳：告秋：西：七月
東二七　：卜殸貞：出燎十：
東二八　貞勿酥[illegible]
東二九　：卜穷：牛：𠭰：
東二九　：未：十又八：
東三〇　：卜：翌甲：佑于：宰牛用
東三一a　惟翌：用
東三一a　甲午貞勿：
東三一a　：下：
東三一b　：用惟牛
東三二　：子卜：用：王：
東三三　癸未卜貞惟甫陟：
東三三　癸未：歲：佑：用
東三四　庚辰：貞翌日彭：叙三十：卯三宰
東三五　：卜貞叙于：四小宰
東三六a　貞：
東三六a　：宰
東三六b　其：王：
東三七　甲：貞：卯：父：宰
東三七　貞：
東三八　：三牛，
東三九　貞使人：沈三：冊：惟：
東四〇　貞：
東四〇　：㲋三月
東四一　丁：禦：于母：兑㲋：
東四二　貞其有不若九月
東四三　貞：惟：呼：十一月
東四三　貞其弗左
東四四　：佑于：
東四五　貞：佑：
東四六　己酉卜爭貞𠦪年于河四月
東四七　戊午卜穷貞王往萑山無：在：
東四八　：佑：𪊨己卯：日大：雨
東四九a　壬申卜殸貞：
東四九a　：雨
東四九b　婦井示：
東五〇　：口?：其雨
東五一　庚：貞：雨
東五一　：貞：
東五二　貞其雨
東五二　：魚：
東五三　貞其雨

東五三　貞其有囚
東五四　甲子卜穷貞不雨……于……
東五五　……不其雨
東五六　不亦雨
東五七a　……戌卜……今夕不雨
東五七a　……其……
東五八十六三　……夕不雨
東五八十六三　……夕雨
東五九　庚午卜貞今夕其雨
東六〇　貞……其……
東六〇　貞今日雨不
東六〇　……夕……
東六一　丁……貞……無……
東六一　今……雨
東六三十一六三　辛未卜史貞今日不雨
東六四　貞……
東六四　貞惟雨
東六五　……卯卜穷……今日不雨
東六六　……翌乙……不雨
東六七a　……[illegible]……允之……
東六八　癸……貞……
東六八　……夕在敦……于……
東六八　……享京伐……取……
東六九　貞今夕不其啓
東七〇　……未卜……今夕……啓之……
東七一　癸巳卜晋貞旬無囚一月
東七二　癸巳卜[illegible]貞旬無囚
東七二　癸……貞……
東七三a　癸丑……古貞……無……三月
東七三a　……未……貞……囚
東七三a　癸亥卜古貞旬無囚九月
東七四十八〇　癸丑卜貞旬無囚
東七四十八〇　……貞……
東七四十八〇　……酉卜古……旬……囚
東七五　癸酉卜貞旬無囚
東七五　癸巳卜貞旬無囚十月
東七五　……丑……爭……旬……十一月
東七六　癸未……充……旬……囚
東七六　……卜……貞……無……九月
東七七　癸……卜……貞……囚
東七八　癸……貞旬……
東七八　貞口
東七八　……巳卜……貞旬無囚
東七九　……卜……旬……囚
東八一　……未卜……至于……不……四月
東八一　自不……

東八二　……卜穷……夕……囚
東八三　丙辰卜史貞今夕無囚
東八三　……丑卜……今……無……
東八四　庚午卜史……今……夕……囚
東八四　……貞……無……
東八五　……卜史……今夕……囚
東八六　丁亥卜史貞今夕……四月
東八七　……子卜專……今夕無囚
東八八　……卜專……今夕……囚
東八八　……今夕……
東八九　己丑卜盧貞今夕……
東八九　……囚
東九〇a　乙丑卜貞今夕無囚
東九〇b　癸……
東九一　……貞今夕……
東九二a　辛未……
東九二a　……夕……囚
東九三a　甲申卜貞今夕無囚
東九三a　貞今夕雨
東九四a　丙……卜……今夕……
東九五　……未卜……貞今夕……囚
東九六　……夕……囚
東九六　……不雨
東九七　……子卜……今日……
東九七　壬子……貞今夕無囚
東九八a　戊戌卜貞王往……無災
東九八a　戊戌卜貞王往逐麋之……
東九九a　癸巳……貞翌……亥……
東九九a　我弗其征麋
東九九a　……壬……王……
東一〇〇　貞擒
東一〇〇　貞……
東一〇一a　貞遘……兔……惟……
東一〇一b　允惟……
東一〇二　貞王勿往于敦
東一〇三　……丑卜穷……王往……
東一〇四　貞惟卒往十二月
東一〇五a　……侯亯……來
東一〇五a　……未……
東一〇六　……卜……卒……涉……
東一〇七　癸未……貞今日……戠步
東一〇八　……乙……令……步……月
東一〇九　己亥卜惟四月令豙步
東一〇九　……卜……弗……
東一一〇a　……婦姘……于……商……至……
東一一〇a　……大不……

東一一〇b ：允：雨
東一一一 ：乙未：宰
東一一一 貞今：泳：妥
東一一二 ：敦：𦍒：
東一一三a ：貞舌方其大出
東一一三b ：岳示二十：
東一一三 貞舌方不我𢦏
東一一四a ：舌方不：
東一一四b 甲：卜爭：
東一一五 貞大告曰方出允其出
東一一五 ：庚一宰
東一一六 ：翌乙：勿：方：
東一一六 ：于：告
東一一七a 乙卯卜爭貞王：伐馬羌
東一一七b ：曰其侑：示三：
東一一八 己未卜𢀛以
東一一八 辛未卜惟𢦏
東一一九a ：𡿺：以人
東一二〇 貞多子
東一二〇 ：以：不
東一二一 癸未：侯弗：哭不十月
東一二一 ：十月
東一二二 庚午卜𢀛弗𢦏蚰六月
東一二三 辛亥卜：侯來羌翌甲寅𠈇?于：
東一二四 辛亥卜爭貞奴衆人立大史于西奠玟六月
東一二四 己丑卜：貞翌：
東一二五a ：寅卜爭貞茲邑：震：月
東一二五b 己未𢀛：
東一二六 ：弗其執：于二月
東一二七 乙：甫：沚：
東一二八 辛巳：衛：
東一二九 ：王不其：北有：嬉
東一二九 二告
東一三〇 癸卯卜貞爭西土：
東一三〇 不其夕
東一三一 庚子卜穷貞其令𣪘有：商告于：
東一三一 ：卜：日：
東一三二 ：馬从呼多羌及
東一三三 庚：貞：衆：
東一三三 ：卩丙：以：邑
東一三四十一九八a 貞：嘉一月
東一三五 癸丑卜：翌甲寅：
東一三六b 癸酉：貞王：吉
東一三七a 辛亥卜：
東一三八 丙戌卜王
東一三九 癸亥：王：

東一四〇a ：午卜：翌：
東一四〇b ：雨?
東一四一a 小告
東一四二a ：告
東一四二a 小告
東一四二a ：茕：
東一四三a 二告
東一四三b ：曰：申：吉：呼𢀛：
東一四四 貞惟：
東一四四 二告
東一四五 ：固：十月
東一四六 ：丙惟吉
東一四七a 不舌黽
東一四八 不舌黽
東一四九 不舌黽
東一五〇 ：㱿：
東一五〇 甲：我：
東一五〇 ：甾車：
東一五一 ：㱿：
東一五二 ：韋貞：
東一五三 甲戌：穷貞：不𡦹：
東一五四b ：卜穷貞：
東一五四b 辛卯：
東一五五a ：穷：
東一五五a ：以：
東一五五b ：固曰：
東一五六 ：丑卜穷貞：寅王：九月
東一五七 ：卜穷：乙：其：
東一五八 ：穷：
東一五九 戊午卜古貞爵囚告：
東一六〇 ：古：王其：
東一六一 辛巳卜史貞：夕：
東一六一 貞：其：
東一六三 庚：貞：
東一六三 貞：
東一六三 ：史：于：
東一六三 ：有：
東一六四a 史：
東一六五 壬寅卜古貞王休
東一六五 ：卜：惟牛用
東一六六 貞弗其得
東一六七a 貞弗其得
東一六七b ：在：
東一六八 丙子卜雍利
東一六八 ：雍于萬
東一六九 乙亥卜㱿貞臬弗其：

東一七〇a	貞犬無囚
東一七〇b	殼?入十
東一七一	癸未卜不囚
東一七一	：勿：羽：告：
東一七二	貞其有作壱
東一七三	辛：史：
東一七三	貞：壱：
東一七三	：申：旁：
東一七四	：未卜：貞：戠
東一七五	：丑：貞：于：
東一七六	庚：王：惟：
東一七六	庚：
東一七七	癸：
東一七七	：我：其：土：
東一七八a	癸卯：爭貞余：卑：于方
東一七八b	：見：
東一七九	癸：旁：立：其：方
東一八〇	己亥：于王：先：
東一八〇	：于：
東一八一	：其以：老
東一八二	丙戌：翌：于：
東一八二	：貞：往
東一八三	乙巳：今日其?：
東一八四	辛亥：貞：商：
東一八四	：嫀：
東一八五	貞今：不其：
東一八五	：旁：夕：
東一八六	：酉卜：羞
東一八六	：勿：羞十二月
東一八七	：弗：弗其：三月至：
東一八八a	貞不惟有壱十二月
東一八八b	：豊：
東一八九	：爭貞：曰窔：
東一九〇	友辛往十月
東一九〇	二告
東一九一	貞勿曰侯奠
東一九二	丁未卜：今日：
東一九二	凡
東一九三	貞：其：
東一九三	：山一月
東一九四	貞射
東一九五	：妣庚壱：
東一九六	：卜貞：惟：壱
東一九七	：及：十二月
東一九九	：子：貞：
東二〇〇	：不：二月
東二〇一a	貞：不：友
東二〇一b	敘：
東二〇二	：王少：白：
東二〇三	貞其：
東二〇四	貞：尹
東二〇五	戊子：貞今：不：
東二〇六	貞惟鬼
東二〇七	：貞今：
東二〇七	：卯?：
東二〇八	乙酉：貞今：無：
東二〇九	貞：酉：
東二一〇	：貞：十：
東二一一	貞
東二一二	：勿：八月
東二一三	甲：𢦏：
東二一四	：燎告：口百：羊：
東二一五	：勿令：田：
東二一六	：貞其：五：
東二一七a	：至：二月
東二一七a	：貞：
東二一七b	：固曰：
東二一八	貞惟：
東二一九a	：王：惟：丁：
東二一九b	：丁：
東二二〇	：日：
東二二十六	壬：王不：
東二二二a	二告
東二二二a	：庚：
東二二二b	：由允不：
東二二三	貞：無?：
東二二四a	：不：
東二二四b	：曰：
東二二五a	：呼：
東二二五b	：聞以自：
東二二六	：卯：貞：
東二二七	：于：北
東二二八a	：勿：戠：
東二二八b	丙：
東二二八b	貞：
東二二九	己：貞：無：
東二三〇a	：壱
東二三〇b	：曰：多：
東二三一b	：惟：
東二三二b	貞：其：
東二三三	：十二月

東二三五	丁⋯貞
東二三五	貞⋯
東二三六	⋯弜⋯宗⋯
東二三七	⋯無⋯
東二三九	⋯無⋯
東二四〇	⋯燎于王⋯
東二四一a	丙子卜貞毌無不若六月
東二四二	⋯于上甲⋯
東二四二	⋯鼎見以麑⋯
東二四三	貞不其盧雨
東二四三	貞侑于上甲
東二四四a	癸丑卜古貞侑于祖乙
東二四四a	乙丑卜爭貞告吾⋯于唐七月
東二四四a	貞⋯姘⋯
東二四四a	二告
東二四四a	二告
東二四四c	己⋯示⋯有）四
東二四五a	壬子卜爭貞侑祖乙乙卯侑宰
東二四五a	二告
東二四五c	癸卯婦豐示一屯 㱿
東二四六b	乙未有卜歲祖⋯
東二四七	⋯午卜侑于祖乙
東二四八	⋯侑于⋯十又⋯
東二四九	⋯亥蒸于祖⋯
東二五〇a	⋯于⋯乙
東二五〇a	于羌甲侑
東二五〇a	小告
東二五一	貞于羌甲侑⋯侑⋯
東二五二	貞侑于⋯
東二五二	貞王無壱
東二五二	貞勿侑于⋯庚
東二五三	貞不隹妣庚
東二五四a	貞禦婦好于妣⋯
東二五四c	⋯穷⋯屯⋯
東二五五a	于父甲侑犬
東二五五a	𦰩⋯西⋯
東二五五a	小告
東二五六	貞不隹多介父
東二五六	勿侑
東二五七	貞于甲介禦婦好
東二五八	貞勿侑于⋯庚
東二五八	辛酉卜穷貞侑于母庚
東二五九	貞于東母有匚⋯
東二六〇	貞侑于兄丁
東二六一b	⋯戌卜亘⋯禦于⋯
東二六一b	甲⋯

東二六一b	貞⋯冊丁⋯
東二六二	⋯卯卜殸⋯呼⋯
東二六二	⋯穷⋯于九⋯桒
東二六三a	癸酉卜穷貞翌⋯
東二六三a	二告
東二六三b	⋯侑于于京
東二六三b	勿侑于⋯
東二六四‥	貞⋯
東二六四	貞勿用十二月
東二六四	甲午卜貞𠂤無旬十二月
東二六四	丙申卜貞翌丁酉用于央歲于丁
東二六五	⋯于岳
東二六六	⋯桒⋯岳
東二六七	丙午卜穷⋯河⋯若⋯
東二六七	⋯卜爭貞⋯
東二六八	貞令𠂤取何
東二六九十三二七	⋯河有曰其雨⋯
東二七〇	己未圉于義京羌三卯十牛中
東二七一b	⋯羌惟其⋯
東二七二	⋯羌十⋯于左⋯
東二七三	甲申卜穷貞呼取惟牛
東二七四	己酉卜貞攸牛
東二七四	己酉
東二七四	⋯貞⋯祖⋯
東二七五	⋯三宰葡⋯牛⋯
東二七六	⋯義京⋯十牛
東二七七	二牛
東二七八	⋯以牛⋯
東二七九	貞⋯有⋯
東二八〇	壬戌卜⋯于㱿壬豕
東二八一	惟龜有犬
東二八二	延其有𣦼
東二八二	⋯殸⋯于⋯
東二八三a	⋯卜殸貞燎于⋯
東二八三a	癸丑卜爭貞⋯
東二八三b	王固曰有祟⋯
東二八四	壬午卜亘貞燎于⋯
東二八四	二告
東二八四	⋯黽
東二八五	翌⋯
東二八五	貞燎⋯
東二八五	翌丁⋯
東二八六	貞以卤
東二八六	燎
東二八六	⋯侑⋯大⋯
東二八七	貞燎

東二八八b	……有𠂤歲……
東二八九a	……告
東二八九a	……告
東二八九b	……有𠂤……
東二九〇	……午卜爭貞侑于……
東二九一a	貞……
東二九一a	貞侑于……
東二九一a	……𢀛貞王……
東二九一b	……曰其侑……
東二九二	……侑于……
東二九二	……于南……
東二九三	……酉貞……侑三十……
東二九四	……未卜內𡚤……伐……
東二九四	……內侑于……
東二九五	……卜古貞翌甲申酌……
東二九六	乙巳……酌𢍶……
東二九六	……貞王……比……
東二九七	……惟……先酌
東二九七	貞先……酌六……
東二九八	……酌有匚……
東二九九	……𢆶……
東二九九	乙酉卜殼……
東二九九	……今……𢆶……
東三〇〇	丙戌卜爭……[illegible]……
東三〇一	帆
東三〇一	益
東三〇二	戊午卜殼貞我勿作賓
東三〇三	丙申卜殼貞惟㝍為
東三〇三	丁酉卜殼貞惟㝍……
東三〇四	……口貞我受年
東三〇四	二告
東三〇五a	貞我不其受年
東三〇六	貞我受年
東三〇七	……受年
東三〇八	……受黍年
東三〇九b	……卜于上甲𢍶年……月
東三一〇	……于河𢍶年
東三一一a	貞龜不其南以
東三一一a	受年
東三一一a	年
東三一一b	王固曰受年
東三一二b	……允貞婦姘年萑
東三一三a	丁亥卜𢀛貞今日雨
東三一三a	……貞不其雨
東三一三a	辛亥卜殼貞……出比望……

東三一三a	二告
東三一三a	二告
東三一三b	……其……
東三一四a	貞自今至于庚不其雨
東三一四b	貞受……
東三一五	……古貞今……王固曰其雨惟……
東三一六a	……辛其雨……
東三一六b	庚……王……
東三八十五之七	……呼
東三八十五之七	貞呼……
東三八十五之七	……勿遘……
東三九十六之四	……貞來……未……其惟丙雨……亦不……
東三二〇	貞今……雨
東三二一a	甲午卜自今至于丁雨
東三二一a	甲午卜自今……
東三二一a	……曰雨
東三二一a	二告
東三二一a	不吿
東三二二	……今丁不其雨
東三二二	二告
東三二三a	辛巳卜今……亦……
東三二三a	……十二月
東三二三a	……盅……
東三二四a	貞……推
東三二四a	貞其有降推
東三二四	壬戌卜……
東三二五	……日風
東三二六	……勿……風
東三二七	……風暘……
東三二八	……㝍翌己酉啓
東三二八	……翌庚戌啓
東三二九	癸丑卜㝍貞旬無𡆥九月
東三二九	……㝍……無……
東三三〇	癸亥卜㝍貞旬……
東三三〇	癸酉卜爭貞……
東三三〇	癸未卜貞旬無……
東三三〇	癸巳……
東三三一a	癸丑卜㝍貞旬無𡆥八月
東三三一a	癸……貞……𡆥
東三三一b	王固……
東三三二	……旬無𡆥
東三三二	……不……
東三三三	……貞旬……
東三三四	……旬無𡆥
東三三四	……𡆥

東三三四	丙……
東三三四	……囚
東三三五a	癸……旬……囚
東三三五a	……莆……有……日……九……
東三三六	……旬有……
東三三七	辛丑……
東三三七	乙巳卜穷貞今夕無囚
東三三七	……卜……今……囚
東三三八	辛丑……爭貞……夕無……
東三三八	二告
東三三九b	……夕無囚
東三四〇	……夕無囚
東三四一	……卜貞今夕……
東三四一	……有八……
東三四二	……王……狩
東三四三b	……其惟……鹿……
東三四四	……殻貞往
東三四五	往于……有从……
東三四六b	……王往……
東三四七a	貞王勿往
東三四七a	不舌黽
東三四八	辛卯卜……貞翌乙未王涉歸
東三四九	……卜殻……
東三四九	己卯卜殻貞于……
東三四九	庚辰卜殻貞王入于……
東三五〇	魯彰王入
東三五〇	己亥卜殻
東三五〇	……勿……
東三五一a	貞……步……于……
東三五一a	賜日
東三五一a	貞翌庚辰賜日
東三五一a	今日不雨
東三五一a	……庚辰不其賜日
東三五一b	……卯卜……至
東三五二b	……卯令步……受有……
東三五三	貞生十三月婦好不其來
東三五四	……婦龐來
東三五五	辛亥卜亘貞用……
東三五五	……貞光不其來
東三五五	……卜穷貞光來
東三五六	己丑卜殻貞勿惟王征舌方下上弗若
	不我其受
東三五六	……惟王征……方下上弗若……我其……祐
東三五七	戊申卜殻貞𢀛惟伐……
東三五七	貞勿令𢀛伐舌弗其……
東三五八	辛酉卜爭貞呼伐舌方受有……

東三五八	貞勿奉于九示
東三五九	貞我弗其受舌方祐
東三五九	……舌……
東三六〇	九戠
東三六〇	貞呼征舌方
東三六〇	貞今𢀛伐舌方受有祐
東三六一	貞舌方不……
東三六二a	……其循……自……
東三六二a	……王伐土方受有祐
東三六三	……貞我受舌方祐
東三六三	貞……見有自量……九月
東三六三	貞……黄尹
東三六三	伐舌方……受我……
東三六四	王伐舌方……
東三六四	……申卜爭……取目于戠呼望……
東三六五b	若
東三六五b	……于……
東三六六	戊寅卜亘貞呼取……
東三六六	……貞……于潷不……舌方其……
東三六六	告
東三六七b	……令
東三六八	勾舌方于受令
東三六八	貞于受令勾
東三六八	……令
東三六八	貞……伐
東三六九	……不……囚
東三七〇a	……舌方不惟囚
東三七〇a	……惟吕……
東三七〇b	庚申卜殻貞今𢀛王循伐土方
東三七一a	庚申卜……貞今𢀛……循……
東三七一a	己未邑示四屯 岳内
東三七一c	庚申卜殻貞今𢀛王循……土方……有……
東三七二a	庚申卜殻貞……伐土方……
東三七二a	己未邑示四屯 岳内
東三七二c	貞王勿惟土方征
東三七三	辛巳……伐土方……受有祐
東三七四	……比伐土……受……
東三七五	……王征土……受……
東三七六	……土方……
東三七七b	貞勿立中
東三七八	貞立中
東三七八	貞勿征土方
東三七八	庚寅卜殻貞呼雀伐猶
東三七九	……羌方受祐
東三八〇	丙寅卜殻貞王勿……

東三八一　丙寅卜殻…于…
東三八二　…呼伐…
東三八三　丁丑卜殻貞我伐…
東三八四a　…殻貞勿呼…任伐弗…
東三八四a　…娩…
東三八四b　…有…
東三八五　甲午卜殻貞…弗其戦…
東三八六　…弗其受有…
東三八六　二告
東三八七　…征于…三日…
東三八八a　…貞旬…己丑其…
東三八八a　…無⿴囗卜
東三八八b　…來⿰女壴自…友唐…
東三八九b　…固曰有祟其有來⿰女壴乞至六…在㚇
東三九〇　貞…生…
東三九〇　貞侑…兄…
東三九一a　…往…
東三九一a　…往裘…
東三九一b　…⿰女壴
東三九二a　…來⿰女壴…
東三九二b　…殻貞…其有來…
東三九三a　貞勿…
東三九三a　貞戈
東三九三a　…惟…方…
東三九三a　二告
東三九三a　不舌黽
東三九四　…卜方…敦萑
東三九五　丙申卜方其敦
東三九六a　貞王勿比沚戠
東三九六a　貞王比沚
東三九六c　庚午示三屯　岳
東三九七　貞王勿…沚戠
東三九七　王比沚戠
東三九七　貞勿使人于[illegible]
東三九八　貞沚…
東三九九a　二告
東三九九b　…比戠…
東四〇〇b　丙…卜…
東四〇〇b　…戠…[illegible]…
東四〇一a　…比望乘
東四〇一a　…貞…來…
東四〇一b　…以⿰女壴
東四〇二b　貞王勿比…
東四〇三a　貞祀不以⿰女壴
東四〇四　丁未卜爭…

東四〇四　戊申…
東四〇四　不舌黽
東四〇五　貞勿呼以[illegible]
東四〇六a　小告
東四〇六a　二告
東四〇六b　貞…于…翌…
東四〇六b　…弗其有以…
東四〇七　…貞登人三千…
東四〇八　己酉卜穷貞[illegible]…
東四〇九　…貞戎獲…
東四〇九　…貞光…
東四〇九　…告…
東四一〇a　…申卜爭…戎有…[illegible]…
東四一一a　…殻貞戎其戦…
東四一一a　甲戌卜爭貞…卯羊一王固曰…
東四一一a　二告
東四一一a　…其
東四一二a　…卜穷貞惟…
東四一二a　貞行弗其載王事
東四一二a　丁未卜
東四一二a　…申
東四一二a　二告
東四一三a　己…
東四一三a　貞勿禦…
東四一三a　貞勿呼夯
東四一四a　己未卜…呼雀…
東四一五b　甲子有之…
東四一六　己巳…貞呼衆人于[illegible]
東四一七　壬午卜貞勿令十月
東四一七　…未…
東四一八　貞…令…
東四一九　…穷…令…捍
東四二〇　…師令弋徽
東四二一a　甲午卜爭貞令壬惟黃
東四二一a　貞勿令壬惟黃
東四二一b　貞禦子陷
東四二二a　壬午卜穷貞皁骨凡有疾一月
東四二二c　自寅己未婦禮示十屯　㱿
東四二三a　甲辰卜亘貞王夢惟…
東四二三a　乙巳卜穷貞茲雨惟若
東四二三a　丙午卜[illegible]貞…受黍年
東四二三c　辛丑邑示二屯　㱿
東四二四　丁亥卜亘貞王夢…
東四二五　…丁五月
東四二五　…疾五月

東四二六b	：朋：逐：
東四二七	貞：
東四二七	貞疾趾惟有壱
東四二八a	庚子卜穷貞羸
東四二八c	婦井示五屯 亘
東四二九a	：伐：
東四二九b	：不吉其惟丁吉其：
東四三〇b	：其惟：不吉：
東四三一b	：王固曰其有：
東四三二b	王固曰：
東四三三	：固曰其：若
東四三四	：至：
東四三四	王固：
東四三五b	：王固曰：
東四三六a	：寅：
東四三六b	：王固：
東四三七b	庚午：
東四三七b	：固曰吉其：
東四三八b	甲午：十月
東四三九	甲寅卜：貞：
東四四〇	庚戌：出呼：
東四四一	：午卜：
東四四一	二告
東四四二	庚戌：内今：
東四四二	庚戌：内：
東四四三	癸卯貞：
東四四四	丙申卜
東四四五＋六五	戊申
東四四六	乙未卜貞：
東四四七	戊辰
東四四八	乙：
東四四八	己酉
東四四八	：弗：
東四四九b	癸卯：
東四五〇	辛未：
東四五一	癸亥：
東四五二	辛卯：
東四五三	丙辰：
東四五四	癸巳：
東四五五	辛卯：
東四五五	：暘：
東四五六	戊午：
東四五七＋六五	庚：
東四五七＋六三	辛巳：
東四五八b	辛巳

東四五九	己未：
東四六〇	甲辰：
東四六一	癸酉：
東四六二	癸酉卜：貞：
東四六三	乙：
東四六四	辛：
東四六六	：戌卜：
東四六七a	不舌黽
東四六七b	：伐：
東四六八	二告
東四六八	不舌黽
東四六九＋五三二	不舌黽
東四六九＋五三二	二告
東四六九＋五三二	：黽
東四七〇	不舌黽
東四七〇	不舌黽
東四七一	：十月
東四七一	不舌黽
東四七二	小告
東四七二	不舌黽
東四七三	不舌黽
東四七三	不舌黽
東四七四	不舌黽
東四七五	不舌黽
東四七六	不舌黽
東四七七＋補荃B三	不舌黽
東四七八	不舌黽
東四七九a	不舌黽
東四七九a	二告
東四七九b	：伐：
東四八〇a	不舌黽
東四八〇b	：有：
東四八一	不舌黽
東四八二a	不舌黽
東四八二a	二告
東四八二a	：万：
東四八二b	：勿力
東四八二b	：殼：
東四八三a	不舌黽
東四八四	不舌黽
東四八四	二告
東四八五a	二告
東四八五a	不舌黽
東四八六	不舌黽
東四八六	不舌黽
東四八六	二告

東四八六	……十月
東四八七a+五四四a	不舌黽
東四八七a+五四四a	不舌黽
東四八七a+五四四a	不舌黽
東四八七a+五四四a	不舌黽
東四八七b+五四四b	壬辰……茸……
東四八七b+五四四b	勿……
東四八八	……田七月
東四八八	二告
東四八八	二告
東四八八	……告
東四八八	……十二月
東四八九	二告
東四九〇	二告
東四九一	二告
東四九二	二告
東四九三	二告
東四九四	二告
東四九六	二告
東四九七	二告
東四九八	二告
東四九九	……[illegible]……
東四九九	二告
東五〇〇	二告
東五〇〇	二告
東五〇一	二告
東五〇二	二告
東五〇二	……弗……
東五〇三	二告
東五〇四	二告
東五〇五	三告
東五〇六	二告
東五〇六	小告
東五〇七a	小告
東五〇七b	……東
東五〇八a	小告
東五〇八b	……辛
東五〇九a	小告
東五一〇	小告
東五一〇	二告
東五一二a	……亘貞……有……
東五一二a	甲午……
東五一二b	……圍允……
東五一三a	……巳卜殻……
東五一三a	……卜𠱄……
東五一三a	……殻貞……

東五一三a	……貞……
東五一三b	……祟……
東五一四	戊辰卜殻貞……辛……
東五一五	己卯卜殻貞……
東五一五	……殻貞呼……
東五一六	……子卜殻貞……
東五一六	乙未……
東五一七	戊辰卜殻貞……
東五一八	……殻貞𠦪……
東五一九	壬子殻……
東五二〇	……丑卜殻……王……
東五二一	……申卜殻貞……
東五二二a	……殻貞……
東五二二b	……曰……
東五二三	……卜殻……申……
東五二四	……殻貞……
東五二五	丁酉卜殻……
東五二六	……殻貞……
東五二七a	辛亥卜殻貞……
東五二七b	王固……
東五二八	……辰卜殻貞來辛……
東五二九b	……卜殻貞王……
東五三〇a	丁巳卜爭貞……
東五三〇b	……殻……
東五三一	……卜爭……
東五三二	甲寅卜爭貞……
東五三三	丁巳卜……己未……比……
東五三四	……戌卜宕……
東五三四	丁亥卜宕貞……日允……
東五三五	癸卯卜宕……
東五三五	……卜宕貞……
東五三六+補釜B10	癸巳卜宕……
東五三六+補釜B10	……好有……允……
東五三六+補釜B10	……旬……
東五三七	乙丑卜宕貞……
東五三八	……卜宕……
東五三九	……卯卜亘貞……辰不……
東五四〇	……卜亘貞己……
東五四〇	……亘……
東五四〇	……甲申……
東五四一	丙戌卜亘……
東五四一	己丑卜……
東五四二b	……亘……
東五四三	……韋貞……
東五四五	……古……日其……
東五四六a	貞……其……年

東五四六c	戊戌邑示二屯 㱿
東五四七a	庚：田：
東五四七a	辛：貞：
東五四七c	：婦笅：屯 㱿
東五四八c	利示三屯又一） 穷
東五四九c	己丑役示一屯 岳
東五五〇c	：示三：又一骨 古
東五五一c	：寶：㱿
東五五二	庚午卜穷貞八玟𢦏奠：
東五五三a	乙酉：𢿌：
東五五三a	二告
東五五三b	王固曰吉：
東五五四a	壬辰亦夕：
東五五四b	在敦
東五五五	壬子卜王：若三月
東五五六	癸酉：亘貞：舟若
東五五六	貞勿：
東五五七	：卜殸貞不其：
東五五八b	戊戌卜殸貞：不其：
東五五九b	庚子：弜侯：
東五六〇	：子友惟于鳥
東五六一	取牛
東五六一	取牛
東五六二	：己卜：貞：自：
東五六二	嘉
東五六二	：八月
東五六三	貞其惟甲午
東五六四	：婦好惟：
東五六五	：呼婦好：
東五六六	貞：
東五六六	勿𠂤
東五六七	：貞今日：
東五六八	：𢀛侯：
東五六九b	：曰：往出于：
東五七〇	：曰有祟：
東五七一a	：㳄：二邑：
東五七一b	：囚：
東五七二	貞翌辛酉
東五七三	壬寅：穷：
東五七四	：貞雀：惟無：
東五七五a	：酉：甲：
東五七五b	：商
東五七六	：未卜：申不其：
東五七八	：曰𤔲：
東五七九b	：貞：羊：
東五八〇	：王凡：

東五八一b	：見師：
東五八二	貞呼：見：
東五八三	行以
東五八四	：酉庚：
東五八五	：有田：
東五八六a	：勿：馬：
東五八六a	呼：
東五八六a	二告
東五八六a	二告
東五八六b	丰：
東五八七	：曰出：
東五八八	貞茲：不：
東五八九	：戊其：
東五九〇	祝：
東五九一	貞：其遘：
東五九一	二告
東五九二	貞惟：
東五九三	丁戊：
東五九四a	二告
東五九四a	不舌黽
東五九四b	：曰⊕己：
東五九五a	：𡕢其：
東五九六	：丁亥：
東五九六	貞：
東五九七	：漳：
東五九八	貞：其：
東五九九	：南：壱
東六〇〇	：㐭：
東六〇一	受：
東六〇二	：曰：
東六〇二	呼：
東六〇四	貞：雨
東六〇五	：若：
東六〇六	：于：
東六〇七b	：不：
東六〇八（補釜三）	庚：方：
東六〇九b	庚：
東六一〇	壬：三：
東六一一b	：曰：
東六一二b	：于：
東六一三b	：乙豕：
東六一五	戊：
東六一六b	：卂：
東六一七	：五：寅：己巳 庚午 辛未　壬申：

東六一八a　…寅　癸卯　甲辰　乙巳　丙午　丁
未　戊申　己酉…

東六一八b　丁卯

東六一九　甲子　乙丑　丙…　甲戌　乙亥　丙
子…　甲申　乙酉　丙戌　丁…　甲
午　乙未　丙申　丁…

東六二〇　甲子　乙丑　丙寅　丁卯　戊辰…
未…庚…　辛未　壬…　癸酉

東六二一a　（習刻）

東六二一b　…己卯　庚辰　辛巳…

東六二二　…酉…毓衣王無巷

東六二三　壬申卜尹貞王賓無尤

東六二三　甲…貞…賓…無…

東六二四　…卜旅…賓…禮…𡆥

東六二四　貞…戠…

東六二五　癸酉卜貞王賓…

東六二六　貞王…歲…

東六二七　…旅…于妣…

東六二八a　貞今夕雨十一月

東六二八a　…無𡆥

東六二九a　貞今夕不雨

東六三〇　…寅卜出…夕不…

東六三〇　貞今夕其雨之夕允雨十月在䣄

東六三一　乙亥卜貞今夕不雨

東六三二　貞今夕雨

東六三三　今夕雨不雨

東六三四　…不雨

東六三五　…雨二月

東六三六　癸酉卜尹貞旬無𡆥在…

東六三六　…尹…

東六三七　貞令往𡬳

東六三七　貞令往鬱

東六三八　戊申

東六三九　…旅…巳…小乙

東六三九　…貞…亞…

東六四〇　己卯卜王…

東六四一　辛卯卜王

東六四二　貞今…不…

東六四三　辛丑卜…貞…母日惟…

東六四三　庚申卜行貞王賓歲無尤

東六四三　庚申卜貞王賓叙無尤

東六四三　…卜行…賓祖乙…

東六四四　…辰…貞王賓…無尤

東六四四　…貞…父…

東六四五　庚辰卜大貞來丁亥其叙…大…

東六四五　己丑卜…貞翌…寅叙…庚…

東六四六　丙午卜…貞翌丁未…香…歲…

東六四六　…二宰

東六四七　壬午卜大貞鑿六人

東六四七　貞其梌

東六四七　庚寅

東六四七　辛卯

東六四八　辛卯…呂…年…卯三牢

東六四八　貞不…受…

東六四九　貞…戠

東六四九　貞無戠

東六四九　…即…

東六五〇　…買妣己

東六五一　庚辰卜大貞雨不昰辰不惟…

東六五二　癸…祝…

東六五二　癸巳卜祝…無…

東六五二　…卯卜…旬無𡆥…月在…

東六五三　癸…祝…無…

東六五三　癸亥卜祝貞旬無𡆥

東六五四a　癸巳卜祝貞旬無𡆥三月

東六五四a　癸卯卜祝貞旬無𡆥三月

東六五四a　癸丑卜祝貞旬無𡆥

東六五四a　癸亥卜祝貞旬無𡆥四月

東六五四a　癸酉卜祝貞旬無𡆥四…

東六五五a　癸亥卜祝貞旬無𡆥

東六五五a　癸巳卜祝貞旬無𡆥十月

東六五五a　癸卯卜出貞旬無𡆥

東六五五a　…卜…旬…

東六五六　…貞…無…

東六五六　…辰…今夕無𡆥

東六五七　…貞…

東六五七　…今夕…

東六五八　庚辰卜…

東六五九十六六三十補荃B二口　丁…

東六五九十六六三十補荃B二一　…辰…祝貞…

東六六〇　…卜大…

東六六一　己未卜出…

東六六二　貞其…

東六六二　其…

東六六二　其…

東六六四　…午卜…

東六六四　丙戌…王…

東六六五　癸巳卜王…

東六六六　…何貞…往于夕…遘雨

東六六六　…貞…

東六六六 …雨往…禱…遘雨四月
東六六七 貞惟雨
東六六七 貞惟雨
東六六八 癸巳…貞旬…囚
東六六八 …卜彭…旬無…
東六六九 辛酉卜口貞今夕無囚
東六七〇 辛…于…犬…
東六七一 乙酉卜何…王遘…在…
東六七二 …不…
東六七二 …卜卯…𠬝
東六七三 辛…貞…有…
東六七三 貞其于來日
東六七三 …暊…敏…
東六七四a 癸酉卜何貞旬無囚
東六七四a 癸未卜何貞旬無囚
東六七四a 癸巳卜何貞旬無囚八月
東六七四a 二告
東六七五 癸巳…貞旬…
東六七五 癸卯…貞旬…
東六七六 癸巳…
東六七六 …卜何…
東六七七 弜田盜其悔
東六七七 …田…
東六七八 甲午卜貞王賓上甲祭無尤
東六七九 乙亥卜貞王賓…翌日…無尤
東六八〇 …卜貞王…匚乙酉日…尤
東六八一 壬子卜貞王賓示壬祭無尤
東六八二 乙亥卜貞王賓大乙祭無尤
東六八三 …戌卜貞賓卜丙…無尤
東六八三 貞王賓叙無尤
東六八四 庚申卜貞王賓大庚祭無…
東六八五 己…貞…大庚…
東六八五 …尤
東六八六a 甲辰卜貞王賓小甲彡日無尤
東六八七 戊辰卜貞王賓大戊酉日無尤
東六八八 …寅卜貞…賓大戊翌…無尤
東六八九 戊…貞…大戊…無…
東六八九 貞…賓…無…
東六九〇 …卜貞王…卜壬叡…尤
東六九一 甲午卜貞王賓戔甲…
東六九二 乙巳卜貞王賓祖乙翌無…
東六九三 …卜貞…賓祖辛…無尤
東六九四 …無尤
東六九四 …卜貞王…甲彡夕…尤
東六九五a …賓羌甲…尤

東六九六 丁未…王賓祖丁…
東六九六 貞王…叙…
東六九七 庚寅卜貞王賓南庚…日無尤
東六九八+七六〇 甲辰卜貞王賓魯甲觀…尤
東六九九 …王賓…無尤
東六九九 …戌卜貞…賓般庚…日…尤
東七〇〇a 辛未卜貞王賓小辛彡…無尤
東七〇一 貞王…叙…
東七〇一 辛丑卜貞王賓小辛…日無尤
東七〇二 乙酉卜貞王賓小乙翌日無尤
東七〇三 甲申卜貞王賓小乙彡夕無尤
東七〇四 己卯卜貞王賓酉日祖己無尤
東七〇四 貞王賓叙無尤
東七〇五 丁未卜貞王賓祖丁…日無…
東七〇六 甲辰卜貞王賓祖甲酉日無尤
東七〇七a 甲子卜貞王賓武祖乙彡夕無尤
東七〇八 庚戌卜貞王賓示壬爽妣庚無尤
東七〇九 辛卯卜貞王賓大甲爽妣辛…
東七一〇 戊午卜貞王賓…彡日…
東七一一 庚…王賓…爽…彡…
東七一一 貞…
東七一二 乙丑…王賓…彡日…
東七一二 …叙…
東七一三 …賓…翌日…尤
東七一四 …巳…王賓…翌…
東七一五 …丑卜…禱…
東七一五 戊…貞…[illegible]…
東七一五 壬…
東七一六 …王賓…無…
東七一六 貞…衵…
東七一七 貞王賓叙延改…無尤
東七一七 戊…王…
東七一七 …不…
東七一八 丁丑卜貞王賓…無…
東七一八 …替事…壬奉大示自…
東七一九 …貞王賓…無尤
東七二〇 …貞王…
東七二〇 貞…叙…
東七二一 貞王賓叙無尤
東七二二 貞王賓叙無尤
東七二二 癸…王…無…
東七二三 貞王賓叙無尤
東七二三 壬寅卜貞…今夕無…
東七二四 貞王…叙…
東七二五 貞王賓叙無尤

東七二六　貞王賓叙無尤
東七二七　貞王賓叙無尤
東七二七　：卜貞：
東七二八　貞王賓叙無：
東七二八　：貞王賓：尤
東七二九　貞：叙：
東七三〇a　貞王賓叙無尤
東七三一　貞王：叙：
東七三二　貞王賓叙無尤
東七三三　貞王賓叙無尤
東七三四　貞王賓叙無：
東七三五　貞王賓叙無：
東七三六　貞王賓叙無尤
東七三七　貞王賓叙：尤
東七三八　貞：叙：
東七三九　貞王賓叙無尤
東七四〇　貞王賓叙無尤
東七四〇　貞王：
東七四一　貞王賓叙無尤
東七四二　貞王賓叙無尤
東七四三a　戊午卜貞王賓歲無尤
東七四三a　貞王賓叙無尤
東七四四　壬戌卜貞王賓歲無尤
東七四五　乙丑卜貞王賓歲無尤
東七四五　癸未：其𣲵：
東七四五　：𣲵
東七四六　丁卯：王賓：無：
東七四六　：卜貞王：歲無：
東七四六　：叙：
東七四七　：巳卜：王賓歲無尤
東七四八　：卜貞：賓歲：尤
東七四八　：卜：王賓：無尤
東七四九　癸酉卜貞王賓歲：尤
東七五〇　：貞王：歲無尤
東七五〇　：賓：無尤
東七五一　：丁卯：
東七五一　戊辰：
東七五一　乙酉卜貞王賓：
東七五二a　丁未卜貞王賓歲無尤
東七五三　：賓：無尤
東七五三　：賓歲：尤
東七五四　：未卜貞：歲：尤
東七五五　：貞王：歲無尤
東七五六　：卜貞王：歲：
東七五七　貞王賓：無尤
東七五八　：賓：無尤

東七五九　丙申卜貞：匚丙：無尤
東七六一十六四　癸卯卜貞王賓歲無尤
東七六一十六四　貞：叙：尤
東七六二　：無尤
東七六三　癸酉卜：王賓：尤
東七六三　辛未卜貞王賓：無：
東七六四　貞王賓：無：
東七六五　：未卜：賓：
東七六六　：貞：無尤
東七六六　：賓：尤
東七六七　貞王賓：無：
東七六八　：王賓：無尤
東七六九　丁丑卜貞：賓：
東七七〇　貞王賓：無：
東七七一　：王賓：無尤
東七七一　：貞王：無尤
東七七二　甲寅卜貞王賓歲無尤
東七七三　貞王賓：無尤
東七七四　己未卜：王賓：無：
東七七五　：王賓：無尤
東七七六　：賓：無尤
東七七七　戊子：王賓：無：
東七七八　癸卯卜貞王賓：無尤
東七七九　：賓：無尤
東七八〇　：卜貞王：無尤
東七八一　癸卯：今囙：余：禱：
東七八一　：午卜貞：祖乙：牢：災
東七八一　：戊：武：其：茲：
東七八二　癸丑：貞告：束于：
東七八二　：小乙
東七八二　：祖乙：七月
東七八三a　丙辰卜貞文武丁丁必其牢茲用
東七八四　甲子：武乙必丁其：
東七八四　：卜貞：丁：牢：
東七八四　：羊
東七八四　惟：
東七八五　：武：宗丁：
東七八六　：卜貞：丁其牢：用
東七八七a　：貞武乙必丁惟羊茲：
東七八八　：貞武：遘有：又一牛：受有祐
東七八八　惟：
東七八九　：母庚三牢
東七九〇　其牢又：
東七九〇　其牢又一牛

東七九一　弜：：
東七九一　：牢：有祐
東七九二　其：又一：
東七九二　：牢：牛
東七九三　：卜貞：其牢
東七九四　惟：茲：
東七九四　：牢又一：茲：
東七九五　惟：
東七九五　惟羊
東七九五　：羊
東七九六　惟：
東七九六　其：
東七九六　：用
東七九六　：牛
東七九七　：羊：用
東七九八　：勿牛
東七九八　：勿牛
東七九八　：又牛
東七九九　：勿牛
東七九九　惟勿牛：茲：
東七九九　其牢：
東八〇〇　其：又一：
東八〇〇　惟勿牛
東八〇〇　：牢：二牛
東八〇〇　惟勿牛
東八〇一　其牢又一：茲：
東八〇一　其牢：
東八〇一　：勿牛
東八〇一　：牢：一牛
東八〇一　其牢又一牛
東八〇二　勿牛用
東八〇二　：牢：
東八〇三　：牛
東八〇三　：勿牛用
東八〇四　其：有：
東八〇四　惟勿牛
東八〇四　：勿牛
東八〇四　：勿牛
東八〇五　其雨
東八〇六a　丁亥卜貞其雨茲御
東八〇七　：貞：無畎：七月甲寅：祖甲
東八〇八　癸：王：在：月：
東八〇八　癸：王：畎：甲午：
東八〇八　：卜：旬：月：
東八〇八　：卜：旬：畎在：寅：魯甲

東八〇九　癸：泳：王：無：
東八〇九　：卜泳：王旬：
東八一〇　：酉卜在：魯貞王：無畎
東八一一　癸亥：六：旬：在六：
東八一一　癸亥：覃：王旬：畎在：月又二
東八一二　：卜貞：無畎
東八一二　：無：月
東八一三　癸未：殼貞：無：
東八一三　：亥卜：旬：畎
東八一四　癸巳：王：無：
東八一四　：巳卜貞：旬：畎
東八一五　癸亥卜貞王旬無畎
東八一六　癸卯：貞：無：
東八一六　：卜貞：無畎
東八一六　癸：貞王：無：
東八一六　：卜貞：無畎
東八一七　癸亥卜貞王旬無畎
東八一七　：王：無：
東八一七　：無：
東八一八　癸亥：貞王：無：
東八一八　癸卯卜貞王：無畎
東八一九　：卜貞王：無畎
東八二〇　癸巳卜貞王旬無畎
東八二一　癸丑卜：王：無：
東八二一　：卜貞：旬：畎
東八二二　癸丑：貞王：無：
東八二二　癸未：貞王：
東八二二　：卜：旬：畎
東八二三　癸丑：貞王：無：
東八二四　：貞王：
東八二五a　癸亥卜貞王旬無畎
東八二六a　癸卯卜貞王旬無畎
東八二六a　：未卜：旬：畎
東八二七　癸未卜貞王旬無畎
東八二七　：畎
東八二七　：卜貞：旬：畎
東八二八　：卜旬：畎
東八二八　：卜貞：無畎
東八二八　：卜貞：無畎：月又：
東八二九　：貞：無：
東八三〇　：卯卜貞：無畎
東八三〇　：亥卜貞：無畎
東八三一　：卜貞：畎
東八三一　：巳：畎
東八三二　：丑卜：王旬：畎
東八三二　：卜貞：無畎

東八三三	庚戌卜聶貞今夕無𡆥
東八三三	：丑卜在鹿：今夕無𡆥
東八三三	：在卩：𡆥
東八三四	：貞：夕：𡆥
東八三五	癸酉：貞：無：
東八三五	丁丑卜貞王今夕：𡆥
東八三六	丙辰：王今：無：
東八三七	辛：貞：今：夕：
東八三七	癸丑：貞王：
東八三七	乙卯卜貞王今夕無𡆥
東八三八	庚戌：王今夕：
東八三八	：辰：
東八三九	壬辰卜貞王：無：
東八三九	：𡆥
東八三九	：卜貞：夕：𡆥
東八四〇	壬：貞：無：
東八四〇	丙：王今：無：
東八四一	：卜貞：今：𡆥
東八四一	：卜貞：無𡆥
東八四一	：貞王：無𡆥
東八四二a	己卯卜貞王今夕無𡆥
東八四三a	乙丑卜貞王今夕無𡆥
東八四三a	：王：在：
東八四四a	庚子卜貞王今夕無𡆥
東八四五a	乙丑卜貞王今夕無：
東八四五a	：王：夕：𡆥
東八四六	壬申：貞王：無：
東八四六	甲戌：貞王：無：
東八四六	：子卜：王：無𡆥
東八四六	：王今：𡆥
東八四七	：申卜貞：夕無𡆥
東八四七	：貞：無𡆥
東八四八	：卜：今夕：𡆥
東八四九	丁未：貞王：夕無：
東八四九	癸丑卜：王今：𡆥
東八五〇	戊：貞：夕：
東八五〇	：王今：𡆥
東八五一	己：王今：無：
東八五一	：貞：夕：𡆥
東八五一	癸丑卜貞王今夕無𡆥
東八五二a	丁亥卜在魯貞王今夕無𡆥
東八五二a	：卜在：貞王：夕：無𡆥
東八五二a	：卜：王：夕：𡆥
東八五三	：卜貞：夕：𡆥
東八五三	：卜貞：今夕：𡆥

東八五四	：卜：今夕：𡆥
東八五五	己巳：王：無：
東八五五	：亥卜在：貞王：無𡆥
東八五六	戊：貞王今：𡆥
東八五六	庚：卜貞王今：無
東八五七	甲戌卜貞王今夕無𡆥
東八五八	癸酉卜貞：𡆥
東八五九	：夕：
東八五九	：無𡆥
東八六〇	庚：貞：無：
東八六一	辛丑卜貞王今夕無𡆥
東八六二	：王：𡆥
東八六三	：亥卜貞：無𡆥
東八六三	：卜貞：無𡆥
東八六四	戊寅：田：無：曰：
東八六四	：往：王占
東八六四	戊子王卜貞冏穧往來無災王占：
東八六五	乙酉：貞王：[illegible]：來：獲：
東八六五	：巳卜貞：𦎫：來無：
東八六六	乙卯：王其：宮：
東八六六	：卯卜貞：田于宮：來無災
東八六七	戊戌卜：王田：往來：
東八六八	壬午：貞田：往：無：
東八六八	：王卜貞：往來：占曰：
東八六九	壬申：貞田：往來：王占：
東八六九	：往：災：吉：
東八七〇	壬子：王田：來：
東八七〇	：貞王田：往：災
東八七一	：田稌：災茲禦：二百五十：二：
東八七一	：田𦎫：禦：
東八七二	戊辰：貞：犬?：
東八七二	：在：王田：逐：不：
東八七三	：在桑貞：淒衣：無災
東八七三	：卜在：田：
東八七四	丁酉：貞其：
東八七四	壬寅：迖：來：
東八七四	：卜貞王：𦎫：來無災
東八七四	：卜貞：田于：往來：
東八七五	壬寅：貞王：無：
東八七五	：卜貞：迖：災
東八七六a	壬子卜貞王迖于淮往來無災
東八七六a	：貞：孚：往：災
東八七六a	甲戌王：大室：令：
東八七七	甲子：乙丑：乙：正：茲：
東八七七	：戊卜：
東八七八	：卜貞：商：在三月

東八七九	：子卜在𢀛：于𫑖往來：王來正二
	封方暨𢦏方?：
東八八〇a	壬戌卜：
東八八一	丁卯：貞王：
東八八一	己巳：貞：
東八八二	丁亥卜貞戌：圍東[illegible]文：女王其：必正
東八八三	：丁卯 戊： 辛未 壬： 癸：
東八八五	：申卜：伐：先：
東八八六	：遘：
東八八七	：日：
東八八七	：悔：
東八八八	：乙亥 丙子： 乙丑 丙寅：
東八八八	：允
東八八八	：無：
東八八九	弜：
東八八九	其戠日
東八八九	戠日
東八八九	弜祀 吉
東八八九	：禦
東八九〇	其雨
東八九〇	壬午卜貞今日不雨茲御
東八九〇	：其雨
東八九一	：風
東八九一	其遘大風
東八九一	：師：延大雨
東八九二	癸：王：
東八九二	癸酉王卜貞旬無𡆥：大吉在：甲戌𬞀
	魯甲劦羌甲
東八九二	癸未王卜貞旬無𡆥王𡆥曰大：在正月
東八九三a	癸未王卜：旬無𡆥：𡆥曰大：在九月甲
	：祖甲
東八九四	癸卯王卜貞：王𡆥曰大：
東八九四	：卜貞：王𡆥：在十：祖甲
東八九五	癸亥卜貞王旬：𡆥甲子：
東八九五	癸酉卜貞王旬無𡆥在正月甲戌：甲劦：
東八九六	癸酉：無𡆥：吉在：工典
東八九六	癸未王卜貞旬無𡆥王𡆥曰大吉在十月
	甲申翌工甲
東八九七	癸亥王卜貞旬無𡆥王𡆥：大：
東八九七	癸酉王卜貞旬無𡆥在十月：
東八九七	癸未王卜貞旬無𡆥在十月：
東八九八	癸丑：王旬：𡆥在：又：
東八九八	癸亥卜貞王旬無𡆥在十月又二：𩫖
東八九八	癸酉卜在𩫖貞王旬無𡆥在十月又二
東八九八	：未卜貞：旬無：正月

東八九九	：王卜貞：在八月
東九〇〇	癸巳王卜：在二月王：
東九〇一a	癸巳王卜貞旬無𡆥在四月王𡆥曰吉
東九〇二a	：王：
東九〇二a	癸亥：貞旬無𡆥：
東九〇二a	癸酉王卜貞旬無𡆥王𡆥曰吉
東九〇三	癸巳：旬：
東九〇四	癸酉王卜貞旬無𡆥在：
東九〇五	癸亥：貞旬：
東九〇五	癸酉王卜貞旬無𡆥
東九〇五	癸未王卜貞旬無𡆥
東九〇六	癸卯卜貞王旬無：
東九〇六	：丑卜：王旬：𡆥
東九〇七	癸：貞：在：
東九〇七	：卯王卜貞旬無𡆥
東九〇八	癸：貞旬：
東九〇八	癸亥王卜貞旬無𡆥
東九〇九	癸亥：王旬：
東九〇九	癸酉卜：王旬無：
東九一〇	癸卯卜貞王旬無𡆥
東九一一	癸丑卜：王旬無𡆥
東九一一	：貞：𡆥

東九一二	癸亥卜：王旬無𡆥
東九一二	癸酉卜貞王旬無𡆥
東九一二	：貞：𡆥
東九一三	癸亥卜貞：旬無𡆥
東九一三	癸酉卜：旬無𡆥
東九一四	癸丑王卜貞旬無𡆥王𡆥曰吉
東九一四	癸亥王卜貞旬無𡆥王𡆥曰吉
東九一四	：王卜：無𡆥：吉
東九一五	癸卯王卜：旬無𡆥：𡆥曰吉
東九一六	癸酉：貞王：
東九一六	：貞：𡆥
東九一七	癸未王：𡆥王：
東九一七	癸巳卜貞旬無𡆥
東九一七	：卜：無𡆥
東九一八	癸未王卜在[illegible]師貞旬無𡆥
東九一八	癸巳王卜在麥貞旬無𡆥王𡆥曰吉
東九一八	：王卜：貞旬：𡆥王𡆥：
東九一九	癸卯王：旬無：
東九一九	：王卜：旬無𡆥
東九二〇	癸卯卜貞旬無𡆥
東九二〇	：卜貞：𡆥
東九二一	癸亥王卜貞旬無𡆥
東九二二	癸巳王：貞旬無：王𡆥：

東九二二 ……卜……畎……吉
東九二三 癸亥……貞旬無……
東九二三 ……酉王卜……旬無畎
東九二四 癸卯……旬無……
東九二四 ……貞王……畎
東九二五 癸卯王……貞旬無……
東九二五 癸丑王卜貞無畎
東九二六 癸未……王旬……
東九二六 ……卜貞……無畎
東九二七 癸亥……
東九二七 癸酉卜貞王旬無……
東九二八 癸……貞……
東九二八 癸巳王卜貞旬無畎
東九二八 癸卯王卜貞旬無畎
東九二九 ……卜貞……旬……
東九二九 癸……旬……
東九三〇 ……王卜……無畎
東九三一 ……卜貞……夕寧
東九三二a 戊……王……貞田敦?往來無災王𡆥曰吉
東九三二a ……子王卜……田盂往來無災王……曰吉茲……
東九三二b ……獲狐三……鹿?一
東九三三 乙……貞……往……災……
東九三三 ……王卜貞田喪往來無災王𡆥曰吉
東九三四 ……王卜貞田……往來無災……曰吉在五月
東九三五 ……王卜貞田疐……災王𡆥……月
東九三六 戊子卜貞王迍于召往來無災在五月
東九三六 ……迍……來……
東九三七 丁卯卜貞王迍于召往來無災
東九三七 ……辰卜貞……迍于召……來無災
東九三八 戊辰卜貞王……召往……
東九三八 ……王……召……
東九三九 ……王迍于……無災
東九四〇 戊寅王卜在𢦏貞今日步于危無災
東九四〇 ……步于……
東九四一 壬寅卜在剢貞……其敦歙美……受有𢦏……
東九四一 弗𢦏
東九四一 不雉衆
東九四一 雉衆
東九四二 丙辰卜
東九四二 ……卜
東九四三 ……酉卜
東九四四 ……卜術……無畎
東九四四 ……刀方沚白執……其以用
東九四五 壬辰卜……羌……來無……
東九四六 ……从卩……弗悔
東九四七 ……王卜貞旬……𡆥曰吉甲午……

東九四八b 三旬
東九四九a 甲子乙丑丙寅丁卯戊辰…… 甲戌乙亥丙子
東九四九a 甲……
東九五〇 甲子乙丑丙寅丁卯戊辰…… 甲戌乙亥丙子丁……甲申乙 ……甲……
東九五一 甲子乙……甲戌乙……甲申乙……
東九五二 ……庚午辛……庚辰辛巳壬…… 庚寅辛卯壬辰癸……子辛 丑壬寅……
東九五三 ……己巳庚……己卯庚……
東九五四 ……丁卯戊辰……丑戊……
東九五五 ……酉戊戌己……庚庚……亥……
東九五六 ……丁卯戊……丁丑……
東九五七 ……辰己巳庚……
東九五八 ……貞旬無……
東九五八 ……辰丁巳戊午己未庚……
東九五九 癸未卜……翌丁亥酒兄丁一牛六月用
東九五九 ……辰卜王貞旬于多子
東九六〇a 辛酉子卜貞丁呂我
東九六〇a 丙寅卜𢓊……子
東九六〇a 丁亥……
東九六一 辛亥……[illegible]……麋……
東九六二 壬申卜貞[illegible]其有𡆥不其𡆥
東九六三 ……辰卜王余……禦于上甲……月
東九六四 辛亥卜王[illegible]侑祖甲
東九六五 丙戌……禦高……
東九六五 ……貞止子……屮庚[illegible]……
東九六六b ……十三……三無𡆥若
東九六七 丁酉卜今夕其𡆥
東九六八a 丙子余卜……人十月
東九六九a 己……[illegible]……
東九七〇 ……子……卜……孽若
東九七一 癸酉卜貞弗其
東九七一 ……生
東九七二a ……中凡……
東補荃S二 ……祖……
東補荃B二 ……己……
東補荃B八 ……[illegible]……
東九七三 ……上甲……于敦
東九七四a ……祏大……侑十……羌
東九七四b ……子[illegible]?……
東九七五 貞勿冊嬴甲不……
東九七六 ……來……子……不若……乙

東九七六	：侑：祖乙
東九七七	乙未卜㱿貞侑：祖：
東九七八a	貞茲：
東九七八a	貞于祖丁禦
東九七九a	貞妣己壱婦好子
東九七九b	：乙惟：
東九八〇	貞妣甲壱王
東九八一	戊：貞妣：祟
東九八二	辛丑卜爭貞父乙壱：
東九八三a	：貞父乙：由：𠣞
東九八三b	：五亘
東九八四	侑：乙
東九八四	侑于父乙
東九八四	于丁
東九八四	：卜：侑：
東九八四	：癸：酌牛：
東九八五	丙寅卜亘貞侑于父：
東九八六	：侑于兄戊
東九八七	惟兄戊壱：
東九八八a	庚辰：貞：辛：圍于：
東九八八b	：王圍：用
東九八九a	：酉卜：帝既：于：豖三羊：牛：
東九八九b	王：吉：
東九九〇a	貞勿于河
東九九一	辛酉：禦：水于土宰
東九九二	貞燎于土
東九九三a	丙寅：貞于：于：酌
東九九四a	：勿：侑：
東九九五a+補救S二〇b	貞侑：勿：
東九九五b+補救S二〇b	侑于：
東九九六	甲戌卜：貞亦：燎
東九九七	丁酉卜㱿：今日燎：宰
東九九八	：呼雀：豖
東九九九	庚辰：永貞：奴：羊：
東一〇〇〇	貞婦：其室
東一〇〇一a	己亥：爭貞：
東一〇〇一b	：井侑賓：
東一〇〇二	乙卯：侑：
東一〇〇三a	貞禦子央于：己
東一〇〇三b	：擒：
東一〇〇四	貞今夕舌：丁二宰翌：
東一〇〇五a	：即：壱：
東一〇〇五b	貞：酌
東一〇〇六	：永：戠：
東一〇〇七	：不其以三十人
東一〇〇八	己巳：貞今：陟：

東二〇九十三五	辛巳卜內惟：□十二月
東一〇一〇	乙亥：弗佐
東一〇一一	：戌：翌：亥：雀：
東一〇一一	：戋：敦：
東一〇一二	：由：出
東一〇一三	甫弗其受：年
東一〇一四	：年
東一〇一四	：十三月
東一〇一四	不舌黽
東一〇一四	不舌黽
東一〇一五	：土：年
東一〇一五	二告
東一〇一六	己巳卜㱿貞我不其受年
東一〇一七a	：黍年
東一〇一七b	□示：
東一〇一八a	：黍：象：年
東一〇一八b	：今夕：
東一〇一九	：黍：
東一〇二〇a	：云自南雨
東一〇二〇b	：曰今夕：
東一〇二一＋〇六	壬申卜：貞：
東一〇二一＋〇六	：雨
東一〇二二	乙巳：舞今：雨五：
東一〇二三	：曰壬：雨十一月

東一〇二四	：其雨
東一〇二五a	貞茲𠂤不遣：
東一〇二五b	：遣：
東一〇二六	己卯啓允啓
東一〇二七a	貞今夕：
東一〇二七b	癸未不雨
東一〇二八	：卜㱿：今日狩：擒：狩：
東一〇二九	己丑：貞：麋：獲
東一〇三〇	：亥卜㱿貞其逐兕獲
東一〇三一a	貞：
東一〇三一a	不其擒
東一〇三二	甲子卜：□：
東一〇三三	惟般呼田于并
東一〇三四	貞：往：
東一〇三五	：卜㱿：寅呼：
東一〇三五	壬戌：㱿貞：戋：
東一〇三五	二告
東一〇三六	癸未卜：禦雀：□涉：允不：
東一〇三七	貞勿：庚寅步八月
東一〇三八	：步十三月
東一〇三九	貞步：自圖：不其：
東一〇四〇	：貞婦妌：出惟作：

東一亖十五九二	：卯：王入：
東亖十五九二	二告
東一〇四二	貞：
東一〇四二	貞吉方不亦：
東一〇四三	貞吉：惟：
東一〇四四	：申戌：吉方：
東一〇四四	：方：
東一〇四五a	丁酉：貞戌：庶：以?其：
東一〇四五b	王固：惟甲：
東一〇四六	貞祖：
東一〇四六	貞危妣率奠：
東一〇四七	：暨：𩂣?：
東一〇四八a	：酉卜殸貞：乙卯：?丁：
東一〇四九	：象?無其：
東一〇四九	小告
東一〇五〇	貞勿伐：
東一〇五一	甲午：伐：
東一〇五一	丙：勿：
東一〇五二a	：正于父乙方：
東一〇五三	貞不惟：呼正
東一〇五三	：丑卜爭：惟之呼：
東一〇五四a	辛巳卜方其大出
東一〇五四a	：未：
東一〇五五	癸卯卜貞執其于捍沚
東一〇五六	：旬二日辛亥甫王敦旅：
東一〇五七	貞不：嬉
東一〇五七	貞惟：
東一〇五八a	丁丑卜殸翌：寅凡：克：
東一〇五九a	：卜今𡆥：
東一〇五九b	貞：
東一〇五九b	：惟：
東一〇六〇	：自：六日：申子商：
東一〇六一a	二告
東一〇六一a	自：
東一〇六一b	貞不：于昌：
東一〇六二a	貞沚：
東一〇六二a	二告
東一〇六二a	不𠿪鼄
東一〇六二b	：固曰：
東一〇六三	：二牛其：缶：望：
東一〇六四	呼：
東一〇六五	：酉卜爭：在企燎：禦：不：獲：羌
東一〇六六	：令：用畜：
東一〇六七	甲申卜勿令鼓比𦣞
東一〇六八	：貞爭弗其骨凡有疾
東一〇六九a	：貞王夢婦：不：

東一〇六九b	：固曰勿：
東一〇七〇a	貞：疾不惟：
東一〇七〇b	丁未：邑：
東一〇七一a	：凡有疾
東一〇七一b	：由
東一〇七一b	殸
東一〇七二	：巳：其：疾
東一〇七三a	：骨凡有疾
東一〇七四	：無𡆥：齒
東一〇七四	有豕：
東一〇七五a	：嘉弗以婦災
東一〇七五a	王曰受：
東一〇七六	甲戌：
東一〇七七a	：子𡆥：六日戊辰：固：
東一〇七八a	癸卯：取娩：固曰：
東一〇七九a	：固：
東一〇八〇a	：丑卜殸貞：夕㞢丁丑：𡆥
東一〇八〇b	䖵：
東一〇八一	丙辰卜：
東一〇八二a	：固：
東一〇八二b	：惟：
東一〇八三	：酉卜：
東一〇八四a	不𠿪鼄
東一〇八四a	二告
東一〇八四b	：辰：曰：
東一〇八五	辛：𡆥
東一〇八七	戌：
東一〇八八	貞：
東一〇八九	：脩：妣：
東一〇八九	二告
東一〇八九	不𠿪鼄
東一〇九〇	不𠿪鼄
東一〇九一	不𠿪鼄
東一〇九三a	二告
東一〇九三b	：勿：呼：無其：
東一〇九四	二告
東一〇九五a	：卜殸
東一〇九五b	：固曰：戌：
東一〇九六	甲：殸：
東一〇九六	甲：卜：
東一〇九七	：卜穷貞：以
東一〇九七	不𠿪鼄
東一〇九八a	辛：穷：
東一〇九八b	井示：
東一〇九九	丁巳卜穷貞：

東一一〇〇a　辛未卜韋…
東一一〇〇a　二告
東一一〇一　…卯…𡆥…
東一一〇一　壬…
東一一〇二　…未卜𡆥貞…
東一一〇三　…考一月
東一一〇三　乙…
東一一〇四　…于？田…用
東一一〇五　辛…其…
東一一〇六　…令…妣…
東一一〇七a　貞…其…
東一一〇七b　癸…𢼄婦…
東一一〇八b　貞…無…
東一一〇九a+補救5/10　…王…勿比…
東一一一〇　…貞…囧…
東一一一一　…卜…惟…
東一一一二　…十一月
東一一一三　貞勿…于土…
東一一一三　…戌…
東一一一四　…亥卜…酉…己…
東一一一六　…九月
東一一一七　…𡆥？在四月
東一一一八　…䖵
東一一一八　…五月
東一一一九　…其…
東一一二〇　貞于…
東一一二〇　…癸…
東一一二一　甲…
東一一二一　…六月
東一一二二　…京…于…
東一一二三a　…壬…
東一一二三b　…雨？
東一一二四　…呼婦…于…
東一一二五a　…勿呼…
東一一二五b　己丑…
東一一二六　…十月
東一一二七　…勿…于…丁四月
東一一二八a　弗其以
東一一二八a　不舌黽
東一一二八b　…不其來…
東一一二九　貞侑…
東一一三〇　乙未卜殸貞惟王…
東一一三〇　乙未卜殸
東一一三一　…𢦏？九月
東一一三一　…未…王

東一一三二a　告
東一一三二a　若
東一一三三　…辰卜…不其…惟…
東一一三四　…巳…惟…母庚
東一一三四　…牛
東一一三五b　…左…
東一一三六　己…
東一一三七　…酉卜𠦪自示壬
東一一三八　貞侑于南庚
東一一三九　辛…貞祖…王
東一一四〇　貞…父甲壱王
東一一四一　貞…取…𡿪…
東一一四一　不惟父乙壱王
東一一四二　…卜…三父…
東一一四二　…三父…
東一一四三　丙辰卜𡆥貞帝于岳
東一一四四　…于帝史風二犬
東一一四五　貞…𦎫…
東一一四五　…貞不惟…有鑿…壱
東一一四六　丁未卜殸…燎小宰
東一一四七　丙午卜貞呼…燎于…之日夕…
東一一四八　辛…貞…宰有…卯…
東一一四九　癸卯卜亘貞我受黍年
東一一五〇　乙卯卜殸貞𠦪雨…上甲一牛
東一一五一　二告
東一一五二　乙…永貞…今日其雨
東一一五三　…至于…雨
東一一五四　己巳卜㱿貞雨
東一一五五a　二告
東一一五五a　不舌黽
東一一五五b　貞其雨
東一一五六　己丑卜宁貞…庚寅雨
東一一五七　不暘日
東一一五七　辛未…癸酉王陟山㚔暘日
東一一五七　壬申卜王陟山㚔癸酉暘日
東一一五八　己卯卜殸貞翌…辰不…暘日
東一一五八　丁丑卜…貞翌…
東一一五九　癸…卜…貞…無…
東一一五九　癸巳卜爭貞旬無𡆥
東一一五九　…卯…爭貞旬無𡆥
東一一六〇　…王…勿步
東一一六一　貞…往于…牧
東一一六二　乙巳卜殸貞惟王往伐…方受…
東一一六三　乙巳卜…貞勿…
東一一六四　貞惟王往伐…

東一一六五　貞：往出
東一一六五　：不戬二月
東一一六六　：舌方：受有祐
東一一六七　丁巳：亘貞𠱧：
東一一六八　貞多射不𩁹衆
東一一六九　丙戌卜：貞令：衣丘
東一一七〇　：戌卜：王族令
東一一七一　㞢午卜：貞令：
東一一七二a　二告
東一一七二a　二告
東一一七二a　二告
東一一七二a　不𠰩鼄
東一一七二a　不𠰩鼄
東一一七二b　咸不：
東一一七三a　戊子：古貞：
東一一七三c　史　岳
東一一七四　庚子卜翌辛：
東一一七五a　貞侑子不
東一一七六a　貞：無：
東一一七六b　：惟：
東三七十三異　郭兮其雨
東一一七八　貞有去
東一一七九　丙：
東一一八〇　丙：
東一一八一a　：翌：其：
東一一八二a　辛亥卜出貞其鼓彡告于唐九牛一月
東一一八三　：巳卜旅貞父丁歲惟：酌：
東一一八四　乙：貞其：母癸：
東一一八五　：卜尹：王賓：歲宰暨：乆歲：
東一一八六　丙：卜：貞：今：
東一一八六　貞翌辛：王賓：
東一一八七　：尤
東一一八七　：旅：賓：
東一一八八　乙巳：貞王：叙無尤十二月
東一一八九　：旅：賓叙無尤
東一一九〇　辛未：貞：王：
東一一九〇　貞惟：叙
東一一九〇　：卜
東一一九〇　：卜
東一一九一　：卜大：敓：人
東一一九二　貞無尤十一月
東一一九二　貞無尤十一月
東一一九三　貞：牛
東一一九三　其雨
東一一九四a　己巳卜出貞今夕無囚

東一一九四a　乙酉卜出：今夕：囚
東一一九五　乙亥：王：今：無：
東一一九五　：卯卜：貞今：無尤
東一一九六　：卜：貞：無囚
東一一九七　貞：在：
東一一九七　：𠀠：夕：
東一一九八　壬午卜王曰貞弜先
東一一九八　：卜：
東一一九九　：卜出：丁𩰫：
東一二〇〇　乙亥卜：貞今：言
東一二〇一　貞：出茲：
東一二〇一　：一月
東一二〇二　癸酉：貞其：妣：今：
東一二〇二　：卜旅：妣：其：
東一二〇三a　貞小丁歲其賓
東一二〇三a　貞弜賓
東一二〇四　貞：
東一二〇四　：酉：貞王賓：歲三宰：牛
東一二〇五　丁酉：貞：叙：
東一二〇五　壬寅卜洑貞王賓卜壬翌無：
東一二〇五　甲辰卜洑：王賓：翌：尤
東一二〇六　甲申卜行貞王賓父丁：兄庚：無：
東一二〇六　：亥卜貞：夕：囚
東一二〇七　辛：貞：無：
東一二〇七　：未卜行：王賓叙無尤
東一二〇八　甲：貞：彡：
東一二〇八　甲申卜行貞其侑于父丁：其延
東一二〇八　貞弜侑
東一二〇八　：卜行：歲：
東一二〇九　貞：尤
東一二〇九　：丑卜尹：王賓：
東一二一〇　：無尤
東一二一〇　：即：賓夕：無囚
東一二一一　貞無尤
東一二一一　己巳卜即貞王賓禶無囚
東一二一一　：尤
東一二一二　：貞：賓：
東一二一三　甲辰：貞王賓禶無囚
東一二一四　乙酉：貞王：𥝢禶：囚
東一二一四　貞無尤
東一二一五　癸：貞王：夕禶：
東一二一五　貞無尤
東三六十補救B三　貞二宰
東三六十補救B三　三宰
東一二一七　：無尤

一一二八

東京

東一二一七 ：宰無尤
東一二一八 貞無尤
東一二一九 貞無尤
東一二二〇 丙：
東一二二〇 貞弜用七月
東一二二一 辛丑貞王其：乆伐：
東一二二二a 癸：貞：
東一二二二a 貞其雨七月
東一二二三 甲寅卜行貞今夕無𡆥在十月
東一二二四 戊申卜行貞今夕無𡆥
東一二二四 ：酉卜行：今夕：𡆥
東一二二五 丙戌卜行貞王出無：
東一二二六 貞：來𦳊
東一二二七a＋一二三三 貞無：在：
東一二二七a＋一二三三 乙巳：貞：
東一二二八 庚：
東一二二八 ：子卜王
東一二二九 丙：
東一二二九 庚戌卜王
東一二三〇 癸卯：王
東一二三〇 ：卯卜王
東一二三一 戊午：
東一二三一 ：午王卜
東一二三二 丁丑卜貞王：
東一二三四 庚午卜：
東一二三五 丙寅：豕：豕王妣：
東一二三六 貞弜正日八月
東一二三七 貞：旬：𡆥
東一二三八 癸：王：無：
東一二三九a ：辛亥 壬： 庚申 辛酉：
東一二三九a ：庚申 辛酉：
東一二三九b 丙寅：
東一二四〇 癸酉卜：
東一二四〇 ：晅：賓：其：父：
東一二四一 ：祖乙一牛羽有祟惟茲：
東一二四二a 弜侑
東一二四二a ：三祖丁：己
東一二四三 ：于父丁：
東一二四四 ：父丁燎：
東一二四五 ：其有歲于□：
東一二四六 禱歲：弘
東一二四七 庚申卜有告啓其剛𡆥
東一二四八 ：其五十羌：
東一二四九 ：羌：
東一二五〇 ：五一牛：

東一二五一 ：酉卜有：伐十：
東一二五二 惟牛
東一二五三 禦十宰
東一二五三 ：土一宰
東一二五四 其取：于大：有正
東一二五四 ：弜凡：之若
東一二五五 ：有正王受祐
東一二五六 ：至王受：
東一二五七 ：至毓祖丁桒年
東一二五七 惟羊
東一二五七 ：王：
東一二五七 吉
東一二五七 大吉
東一二五九 □：有雨
東一二五九 弜方
東一二六〇 王其用：遘大：
東一二六一a 辛酉卜貞王其：向無災
東一二六一a ：貞：
東一二六一a ：災
東一二六二 王：
東一二六二 王惟：
東一二六三 丁酉卜翌：
東一二六四 弜田其悔
東一二六四 ：喪：
東一二六四 吉
東一二六五 ：其田于：無災
東一二六六 丁巳卜：無災
東一二六七 ：丑卜今日王其：于□無災
東一二六八 ：申貞今：步自：
東一二六八 茲用
東一二六八 ：貞：
東一二六九 弜眉
東一二六九 弜往
東一二七〇 惟：
東一二七〇 弜丁酉
東一二七一 丁亥：
東一二七一 壬辰卜
東一二七一 ：茕?：
東一二七二a 大吉
東一二七三 弘吉
東一二七四 丙子：今日：
東一二七四 ：卜翌：
東一二七五 戊：
東一二七六 ：卜：山?：
東一二七七 ：卜王：南夕：上甲用

東一二七七	…父…羌…勹用
東一二七七	…十一月
東一二七八	甲戌卜…大甲
東一二七八	…卜有勹歲…
東一二七八	…宰
東一二七九	癸卯卜…羊妣己禦子汰…訖
東一二七九	惟一牛冊宰
東一二八〇	…卜貞…母壬
東一二八〇	貞婦…子
東一二八〇	…不…在若
東一二八一	…王禦…戊
東一二八一	侑兄丁不
東一二八一	以鬥
東一二八二	戊寅卜呼勹侑[illegible]
東一二八二	呼…有…
東一二八三	甲午卜王貞宊…家不其…
東一二八四	…卜辛…
東一二八四	…辛…
東一二八五	壬寅子…用豕至宰龍母
東一二八五	癸卯子卜…至小宰用豕尻…
東一二八六	戊…卜王…其勹…亦…受…
東一二八七	己丑卜…庚寅雨…惟…
東一二八八	…卜王呼…翌日啓
東一二八九	戊寅卜王…勿呼宁…成
東一二八九	丁丑卜王勿呼匽狩以不
東一二九〇	己丑卜王貞其戕勹
東一二九一	…寅王王弜…其…
東一二九二	丁巳貞柠杈…月
東一二九三	戊…王…
東一二九三	癸亥卜王惟晉其征方
東一二九四	壬申卜王方其眣…日征八月
東一二九五	甲…令…
東一二九五	…余…弗…嬉
東一二九六	丙寅…今…不其凶…凶執
東一二九七	丁丑卜王貞虎凶二月
東一二九七	…辰卜…[illegible]…師
東一二九八	…丑卜[illegible]…丙…
東一二九九	…鬥
東一二九九	…王…土…祐
東一三〇〇	…卜以羊呂
東一三〇一	…余…匚乙…猳…
東一三〇二	（習刻）
東一三〇二	（習刻）
東一三〇三	乙未卜我有…
東一三〇三	…事
東一三〇三	貞…有…
東一三〇四	癸丑…紟亦…侑祖…猳祖…
東一三〇五	癸巳…貞…
東一三〇五	癸卯卜…
東一三〇五	…丑卜貞旬囚
東一三〇六	癸巳卜…旬無囚
東一三〇七	癸丑卜貞無囚…
東一三〇八	癸卯…無囚
東一三〇八	…酉卜…
東一三〇九	其…
東一三〇九	弗戕
東一三一〇	己丑卜…
東一三一〇	…卜…
東一三一一	…卜…
東一三一一	貞…
東一三一二	…卜弜…九日丁…
東一三一三	戊…
東一三一三	…戊…
東補救S六	…辛…
東補救S八b	…中…
東補救S九b	…侑…
東一三一四a	貞勿于王亥奉 …乙丑　丙寅　丁卯　戊辰　己巳
東一三一五a	庚…亥　丙子　丁丑　戊寅 己卯　庚辰

懷特氏等所藏甲骨文集摹釋

- 懷一 …貞王…惟土…
- 懷二 …貞…岳…牢…
- 懷三 …舞岳…
- 懷四 …岳羌
- 懷五 …岳五羊 二告
- 懷六 …貞…河…伐…之…
- 懷六b …巳鷹…
- 懷七 …勿…于…河二，…
- 懷七b …河…
- 懷八 貞侑于河…
- 懷九 …戌卜…河…十…
- 懷一〇 貞…黃…
- 懷一〇 …乙…
- 懷一一 …侑黃…東…
- 懷一二 貞…黃王…不…
- 懷一二 …臣戊…其
- 懷一三 …貞翌…寅彡燎于昌岡犬燎豕…
- 懷一四 …寅…生于…
- 懷一四b …栰…
- 懷一五 庚…
- 懷一五b …于咸…卯…
- 懷一六 …舟…
- 懷一六b …戌…冊…十月
- 懷一七 …侑…示…戊申…亦…
- 懷一八 …未卜…其…叚…
- 懷一八 鑿
- 懷一九 侑丁牢用
- 懷一九 貞…
- 懷一九 …伐…辛六月
- 懷二〇 貞吉…丁
- 懷二〇 貞勿于丁卯…
- 懷二一 丙辰卜貞告秋于丁四月
- 懷二二 貞…于…
- 懷二二 戊…貞…于…
- 懷二三 癸亥卜貞有伐于丁十人
- 懷二三 …卜貞翌…丑告…方…下乙牛
- 懷二三 …丁一牛
- 懷二三 庚…爭…呼…臣…圍
- 懷二四 …貞翌甲寅…肉侯爯以羌自上甲至
- 于丁
- 懷二四 貞翌…

- 懷二四 …允…
- 懷二四 …爯…
- 懷二四b …子…
- 懷二四b …壬子…
- 懷二五 …酢…而…其…
- 懷二五 …翌…亥…丁
- 懷二六 …貞翌…于丁…母…
- 懷二七 …貞唐…伐…王…
- 懷二八 …于…唐…歲…
- 懷二九 貞侑于唐三十…卯三十…
- 懷三〇 柤…
- 懷三〇 六宰
- 懷三〇 上甲
- 懷三〇 二告
- 懷三一 貞其有勹伐自上甲…羌大示十宰…五宰…
- 懷三二 癸巳卜爭貞翌甲午酢彡自上甲至于
- 懷三二b 多毓衣
- 懷三二b …巳…
- 懷三三 …十月
- 懷三四 貞…上甲…卯…
- 懷三五 …上甲桒…九月
- 懷三六 …惟豕…龕甲…
- 懷三七 …[illegible]甲…
- 懷三八 丙戌卜侑及…甲…
- 懷三九 …勿侑于小甲
- 懷四〇 …于…祖辛…
- 懷四〇 …侑…祖…牢
- 懷四一 …羌…五…八月
- 懷四二 勿于祖辛
- 懷四二 …三月
- 懷四三 …戌卜…祖乙…𠬝…
- 懷四三 貞禦于羌甲𠬝冊
- 懷四三 壬戌卜爭貞勿禦
- 懷四三b 貞其有祟
- 懷四三b 丁…婦二十…
- 懷四四 𣪊
- 懷四五 …卜內翌…辰桒…祖乙…
- 懷四六 …申卜貞…酉侑祖乙…
- 懷四六 …乙…魚…祖乙…
- 懷四七 貞…祖…
- 懷四八 …甲…
- 懷四八 …卜…祖乙…
- 懷四九 庚…祖…丁…伐…𡇂…
- 懷五〇 甲午卜貞翌乙未侑于祖乙羌十人
- 卯…牛

懷五二	…卯貞…于祖丁…禦…
懷五二b	…固曰惟…冒…
懷五三	貞惟父乙壱
懷五三	貞不惟父乙壱
懷五三b	王固曰惟父乙壱
懷五三b	丁亥卜亘
懷五三b	殳以三百　小敪
懷五三b	丁酉婦井示二十
懷五四	貞侑于祖辛
懷五五	…彘…祖…
懷五六	…卜…羊…旬…父乙…
懷五七	勿于父甲
懷五八	…父…冊…卯…
懷五九	禦于…父…
懷六〇	侑…羌…父…
懷六一	…今夕…父…
懷六二	…父乙…不…王…
懷六二b	…其…冉…
懷六三	…貞…侑…父…
懷六三b	…臣…
懷六四	…介父…
懷六四b	…舟…
懷六五	癸卯卜侑父甲
懷六六	…父…雨…
懷六七b	…多…父…
懷六八	…辰…王惟…兄戊…
懷六九	…兄戊…
懷七〇	勿于…
懷七〇	勿于妣己妣庚
懷七一	…卜爭貞桒王生于妣庚于妣丙二月
懷七一	…巳卜爭貞令王族比亩𢀛載王事
	六…
懷七二	丁卯…惟…令…妣甲
懷七二	…月
懷七三	…貞告…妣…
懷七三b	庚…
懷七四	戊寅…侑妣…豕…
懷七四	…羊…
懷七五	貞勿侑于妣壬
懷七五b	…丑婦…
懷七六	貞…于妣庚
懷七七	…魚于母…羊子…
懷七八	己…
懷七八	甲寅卜桒母庚用
懷七九	…貞…母…宗…
懷七九b	…勿…
懷八〇	甲子卜內…帝…
懷八〇	…卜…
懷八一	…帝缶…
懷八二	庚…爭…帝…
懷八三	…帝…茲邑…
懷八四	貞…帝…四…
懷八四	…四月
懷八五	…寅…帝弗壱年
懷八六	…燎豚…燎…
懷八七	…貞今日…呼雀燎…
懷八八	丁丑…貞…燎…三…
懷八九	…亥卜殸…燎…
懷九〇	…卜…燎于…
懷九一	…貞…侑于…
懷九二	…貞侑…羌
懷九三	…貞侑于…
懷九三b	…井…
懷九四	…侑于…羌卯…用十一月
懷九五	…行貞惟…侑一…一羌…
懷九六	…亥…侑于…一月
懷九七	…貞…侑卯…馬…
懷九七b	…每…王…
懷九八	貞惟今癸亥侑于…
懷九八b	…介…
懷九八b	…二十
懷九九	貞侑于…宰
懷一〇〇	…卜勿侑…婐…
懷一〇一	癸亥卜殸貞侑于…
懷一〇一b	…丁…
懷一〇二	…勿…侑…
懷一〇二b	…亘示四十
懷一〇三	辛酉…侑…
懷一〇四	貞…帝…
懷一〇四	貞…
懷一〇四	…于…甲…侑…
懷一〇四	…乙…惟…
懷一〇五	…侑…于大…
懷一〇六	…巳…侑于…丁
懷一〇七	…丁…𦍒禦…
懷一〇八	…爭…禦…
懷一〇九	…禦…母庚…
懷一一〇	…午卜禦于母己
懷一一一	…辛…禦…
懷一一二	貞禦…良…燎…
懷一一三	貞禦婦姘于母庚
懷一一四	禦于婦于…

懷一一五 …卜…禦婦…母…

懷一一六 癸卯卜…酌不

懷一一七 …延…酌…王…

懷一一八 …亥卜惟庚…伐…暘日庚…日…惟不…

酌…一月

懷一一八 …日

懷一一九 乙…貞…

懷一一九 …苟卷…

懷一二〇 …貞翌丁…酌[illegible]…

懷一二一 丁…酌…凡…

懷一二二 翌…呼…酌

懷一二三 …福告…

懷一二四 乙…貞…

懷一二四 …告…

懷一二五 …賓于…

懷一二五b …爭…

懷一二六 貞…

懷一二六 …卜爭…吉其…大…于…

懷一二七 …貞勿告…

懷一二八 …其福

懷一二九 …酉…于…

懷一二九b …固…惟…

懷一三〇 …爭貞…寅歲…

懷一三〇 …戊寅…

懷一三一 …卯卜…𠦪…

懷一三二 …𠦪于…示…

懷一三三 …漕…

懷一三四 …圂…季…

懷一三五 …圂…暘…

懷一三五 小告

懷一三六 …高用

懷一三七 …王…角其…用

懷一三八 貞…小…妹…

懷一三八 惟[illegible]用

懷一三九 …用祖辛冊…

懷一四〇 貞…敘…辛

懷一四一 庚…貞…𠂤…

懷一四一 …巳卜[illegible]貞其…亦…勿[illegible]用

懷一四二 其五朋

懷一四二 其七朋

懷一四二 其八朋

懷一四二 其三十朋

懷一四二 其五十朋

懷一四二 其七十朋

懷一四三 …庚…其舌母

懷一四四 …卯…牢無尤…七月

懷一四五 貞…弗…率…

懷一四六 …不…祀…

懷一四七 …舞無…

懷一四八 貞不其衣六…

懷一四九 辛巳…勿[illegible]…

懷一五〇 癸酉卜古…祭其酌…[illegible]告于…

懷一五一b …有…

懷一五二 甲…貞…于…牢

懷一五二 …卜爭…其步…宗

懷一五三 …丂…犬

懷一五三b …㞢…

懷一五四 …貞…丁牢…牛

懷一五五 …羌…弗…

懷一五六 丁酉…禦…

懷一五六 …[illegible]…二牛…

懷一五七 …貞翌乙亥…牢

懷一五七 …𠦪示…延…

懷一五八 …王…以牛

懷一五九 貞…無…

懷一五九 …戊…二牢

懷一六〇 …有…

懷一六〇 …小牢

懷一六一 貞酌…[illegible]…羌…

懷一六二 …卩…

懷一六二 …羌…

懷一六三 …凡豕…

懷一六四 辛…貞…小[illegible]…宗告…牢

懷一六五b …酌…二牢…

懷一六六 …弗…惟…百…

懷一六七 …乙…用一羌…

懷一六八 …三牡…

懷一六九 …小牢

懷一七〇 …犬一豕…

懷一七〇b …固曰…其…

懷一七一 …告…有犬…

懷一七二 貞侑于丁一牛

懷一七二 貞…丁…

懷一七三 丙寅…惟羊

懷一七四 …貞惟…牛用

懷一七五 …辰卜…羊

懷一七六 貞祏

懷一七七 …乇…獲…

懷一七八 …丑卜貞…受…年

懷一七九 …其…年

懷一七九 辛…

懷一八〇 貞…雨…年十一月

懷一八一　：：其受：年
懷一八二　：：我受年
懷一八三　：：黍年
懷一八四　：：酉：北：蒷：
懷一八五　：：黑
懷一八六　：：古：無𡿧
懷一八七　：：卯雨：翌丁：不其：
懷一八八　己丑卜貞：㚔有：
懷一八八b　：：乂：
懷一八九b　：：㚔：
懷一九〇　辛亥卜史貞今夕雨
懷一九一　貞今日其雨
懷一九一　不舌黽
懷一九二　：：夕不雨
懷一九三　貞今夕不雨
懷一九四　：：夕：雨
懷一九五　貞：日不：雨
懷一九六　：：其雨：日允：多
懷一九七　貞今夕其雨
懷一九七　貞今夕其雨
懷一九八　貞今夕不雨
懷一九八　：：其：
懷一九九　貞今：雨
懷二〇〇　貞今夕不雨
懷二〇一　丁亥：貞今夕不雨
懷二〇二　貞惟雨
懷二〇三　貞今夕不其雨
懷二〇四　戊申卜貞：夕無𡆥
懷二〇四　今夕雨
懷二〇四　不其雨
懷二〇四　：：卜貞今夕無𡆥
懷二〇四　今夕雨
懷二〇四　不其雨二月
懷二〇四　貞：夕其雨
懷二〇四　：：不其雨：月
懷二〇四　己酉卜自今五日雨
懷二〇四　貞不雨
懷二〇四　貞不雨
懷二〇四　己酉卜貞自今旬雨
懷二〇四　：：䫁：
懷二〇五　貞不其雨
懷二〇五　：：夕：
懷二〇六　貞翌戊辰雨
懷二〇七　：：夕：雨
懷二〇八　貞：雨

懷二〇九　：：雨
懷二〇九　：：雨九月
懷二一〇　：：今夕不：雨
懷二一〇b　王固曰：
懷二一一　：：貞：
懷二一一　：：殼：三月
懷二一一b　：：雨
懷二一二　貞不其雨
懷二一三　乙酉：貞今夕：
懷二一三　：：不：雨
懷二一三b　：：申乞自：
懷二一四　己：貞：無：
懷二一四　：：夕：
懷二一五　貞今：雨
懷二一六　：：戊卜：今日：雨
懷二一六　貞：雨
懷二一七　：：雨
懷二一八　：：今日：其雨
懷二一九　：：今日：从雨
懷二二〇　貞今夕：
懷二二〇　：：雨九月
懷二二一　貞今夕不雨
懷二二二　：：其雨
懷二二二　：：雨
懷二二二　：：雨
懷二二三　貞今夕不其雨
懷二二四　貞今：不雨
懷二二四　：：夕：
懷二二五　貞：雨
懷二二五　：：寅卜：今夕：匚：
懷二二六　貞：其：
懷二二六　：：雨
懷二二七　：：不：雨
懷二二八　貞今夕：其雨
懷二二九　貞惟：
懷二二九　：：雨
懷二三〇　：：翌辛：雨
懷二三一　：：其雨十三月
懷二三二　貞今夕不雨
懷二三二　貞：
懷二三三　其雨不
懷二三四　：：燎：有：正：雨
懷二三五　：：壬介不：惟我示：日戊申：允雨
　　　　　：：小：
懷二三五b　殼

懷特

懷二三六 貞今夕不其：
懷二三七 ：翌：辰：雨
懷二三七 ：其：
懷二三八 ：霝：
懷二三九 ：有明：霍：
懷二四〇 貞今：其雨
懷二四一 ：盧雨
懷二四一b ：固：
懷二四二 ：雨
懷二四三 ：雨少
懷二四四 貞無其从雨
懷二四五 ：之日王：桒于：不雨
懷二四六 甲申卜貞：乙酉魚彡桒之日彡桒…
往祖：小入：雨
懷二四七 ：其入雨：風多：
懷二四八 ：風：霧一月
懷二四九 ：辰：㱿貞我寧風
懷二五〇 ：不：暘：
懷二五〇 ：翌：日
懷二五一 貞：颰：丁：
懷二五一 ：爭：日：
懷二五二 ：丑卜：貞今：啓
懷二五三 ：丑卜翌：寅啓
懷二五四 ：不：惟霧
懷二五五 ：卜：貞今：延啓
懷二五六 貞：
懷二五六 貞今夕：啓
懷二五七 ：相：允：啓
懷二五八 ：卜貞今：不其啓
懷二五九 啓
懷二五九 ：于：
懷二六〇 癸：爭：旬：𡆥
懷二六〇 ：宾：無：在：用
懷二六一 癸巳：貞：𡆥
懷二六一 癸卯：貞旬：
懷二六二 癸：
懷二六二 ：卯卜：貞旬：
懷二六三 癸未：爭：旬：
懷二六三 ：未卜：旬：𡆥
懷二六四 ：巳卜：貞旬：𡆥八月
懷二六五 ：史：旬無：月
懷二六六 癸巳卜：貞旬：
懷二六七 ：酉卜：旬無𡆥
懷二六七b ：來：
懷二六八 癸未卜貞旬：𡆥
懷二六九 癸亥：古：旬：𡆥

懷二七〇 ：巳卜：旬：𡆥
懷二七一 癸丑：貞旬：𡆥
懷二七二 癸巳卜[illegible]貞旬無𡆥十月
懷二七三 ：卜爭：旬無：十一月
懷二七三 ：卯卜：旬無：一月
懷二七四 ：卜爭：旬無：十一月
懷二七五 癸卯：貞旬：
懷二七六 ：古：旬無𡆥
懷二七七 ：卜：今：無𡆥
懷二七八 ：卜史：今夕：𡆥
懷二七九 甲申卜史貞今夕無𡆥
懷二八〇 ：亥：貞今：無𡆥
懷二八一 ：今：無：
懷二八一 ：貞：夕：無𡆥
懷二八二 丁丑卜：貞今：無：九月
懷二八三 乙亥卜史貞今夕無𡆥
懷二八四 戊午卜貞今夕無𡆥
懷二八五 丁巳卜何貞今夕無𡆥
懷二八六 辛酉卜史貞今夕無𡆥三月
懷二八六 ：酉：
懷二八七 ：延雨
懷二八七 貞今夕無𡆥
懷二八八 ：卜[illegible]：今夕：𡆥
懷二八九 癸：史：無：一月
懷二九〇 甲子卜史貞今夕無𡆥八月
懷二九一 己酉卜貞今夕：𡆥
懷二九二 ：卜：今夕無𡆥
懷二九三 ：卜：夕無𡆥
懷二九四 辛亥：貞今：𡆥
懷二九五 丁卯卜：貞今夕無𡆥
懷二九六 ：日無：日王：从：
懷二九七 ：貞：不：擒：
懷二九七 ：卯：
懷二九八 ：翌：來羌：
懷二九八 ：田無災
懷二九九 貞：其擒
懷三〇〇 貞弗：擒
懷三〇一 貞王勿往于田
懷三〇一 ：勿：令：
懷三〇一b 之日王：
懷三〇二 庚申卜宾貞翌辛酉王往于田
懷三〇二 ：昌
懷三〇二 ：宾：
懷三〇三 貞我：
懷三〇三 周弗其擒犬
懷三〇四 ：弗其擒

懷三〇五 ：犬：獲：
懷三〇六 ：遷：獲犬：
懷三〇七 戊：弗：獲：
懷三〇八 ：獲：象：
懷三〇九 ：獲弗：
懷三一〇 貞：獲：
懷三一〇b ：婦凹：
懷三一一 ：獲
懷三一二 ：征不：獲：
懷三一三 ：王呼：萑無：惟：
懷三一四 庚午：逐：□：弗：
懷三一五 ：兕：麋：
懷三一六 貞：射：
懷三一七 ：酉卜：射何：
懷三一八 貞：漁：
懷三一九 ：网：网：
懷三二〇 ：申卜：其鹿：
懷三二一 ：貞：□：
懷三二一 ：殼：
懷三二二 ：貞精：
懷三二二b ：妻：
懷三二三 ：午卜：王往：
懷三二四 ：丑：貞：不：禦：
懷三二五 ：卜：貞王：自日：往：
懷三二六 貞：往：有：
懷三二七 乙酉卜：貞王往：比：
懷三二八 辛酉：貞：往：不：
懷三二九 ：其出：
懷三三〇 ：其出：
懷三三〇b ：羌：
懷三三一 丙：出：
懷三三二 ：出：王：
懷三三三 ：卜：有：出：
懷三三四 ：衔：逆：
懷三三五 ：貞我：入無：
懷三三六 貞王勿步
懷三三七 貞：步
懷三三七 麓
懷三三七 貞王于：未步
懷三三八 ：王：丁酉：步
懷三三八 ：酉：步
懷三三九 ：王：勿：莫
懷三四〇 貞：
懷三四〇 ：敎：
懷三四〇b ：婦：
懷三四一 ：卜中：伐羌：

懷三四二 甲：擒：
懷三四三 ：何以有取
懷三四四 ：來：□：
懷三四五 ：方其：出
懷三四六 ：子□：
懷三四六b ：固曰：其：
懷三四七 ：翌：奈：薰□：水：
懷三四八 ：寅卜貞：于多尹：舟：
懷三四九 貞：比：
懷三四九 ：王族：
懷三五〇 ：婦好：
懷三五一 ：貞：比：伐：
懷三五二 ：戊卜：辛·𠯑：衣：
懷三五三 ：周：𢦔：
懷三五四 ：殼：缶：
懷三五四 ：執：缶：
懷三五五 壬午卜：雀比：伐□：
懷三五六 ：卜：日王：以少：
懷三五七 ：戊卜：祉：
懷三五八 貞今夕無震
懷三五八b 癸卯示：
懷三五九 ：得馬：
懷三六〇 ：□：□侯：十月
懷三六一 己丑：㬝：
懷三六二 貞惟：比□侯：月
懷三六三 ：貞：雀：至：
懷三六四 ：卜：貞戉𢦔□方：三月
懷三六五 丁未：貞□：弗其𢦔：
懷三六五 ：十三月
懷三六六 ：貞：妻：
懷三六七 ：□：其：
懷三六八 ：𠯑：
懷三六九 ：其：好：
懷三七〇 ：師般：牧？：
懷三七一 ：射：三千：伐：
懷三七二 丁卯卜子：
懷三七三 ：貞□：
懷三七四 ：歸：莫
懷三七五 ：周：侯：
懷三七六 ：婦：豚：
懷三七七 ：其來：□：
懷三七七 二告
懷三七八 ：婦好：固：
懷三七九 ：王：于□：
懷三八〇 ：侯毋來
懷三八一 壬午卜：翌：柰：

懷三八一　懷三八二　懷三八三　懷三八三　懷三八三　懷三八四　懷三八五　懷三八五　懷三八六　懷三八七　懷三八八　懷三八八　懷三八九　懷三九〇　懷三九〇　懷三九一　懷三九一　懷三九二　懷三九二　懷三九三　懷三九三　懷三九四　懷三九四b　懷三九五　懷三九六　懷三九七　懷三九八　懷三九八b　懷三九九　懷四〇〇　懷四〇〇　懷四〇〇b　懷四〇一　懷四〇一　懷四〇一　懷四〇一　懷四〇二　懷四〇三　懷四〇四　懷四〇五　懷四〇六　懷四〇七　懷四〇七b　懷四〇八

……望乘……
……卜爭……翌……巳……𢀛……方……
乙卯卜晋貞戕及征方于寇
戊辰……王貞……十二月
……辰卜王……至以……人……十二月
丙……
……未卜……㚔比……
丁丑……乙丑……
……喪……
……丑……惟……歸……
……貞……勿……陷……
……酉卜爭貞……允其出
己巳卜史貞王𠦪惟吉燕
……何……𠦪……吉……十一月
乙未……貞王……吉……月
……卜史……王𠦪……吉……
戊辰……貞白……弗……
……辰卜王……不其……辰……
丙申卜爭貞方來不……
……貞……
戊辰卜爭貞翌己巳……𢀛侯使……
……卜……貞……日……雨
貞祉戠爯……
……小叡
……雀六月
……岸……陕……
……設……取……奠
貞……庚……婦……
……見……
……犬延不其以……
貞从宮
貞其……
……辰……
貞……並……有……
貞……有……
貞勿曰來一月
貞勿追二月
……羞……受……
……循北……
……犬……比……
……敦……留……
……貞我……戕……
丙午卜內我惟𦍒敦
……[illegible]
……𠭯……若……

懷四〇九　懷四一〇　懷四一〇b　懷四一一　懷四一一b　懷四一二　懷四一三　懷四一四　懷四一五　懷四一六　懷四一六　懷四一七　懷四一八　懷四一八　懷四一九　懷四二〇　懷四二〇　懷四二〇b　懷四二一　懷四二一b　懷四二二　懷四二二b　懷四二三　懷四二四　懷四二五　懷四二六　懷四二六b　懷四二七　懷四二八　懷四二九　懷四三〇　懷四三一　懷四三二　懷四三三　懷四三四　懷四三四　懷四三五　懷四三五b　懷四三六　懷四三七　懷四三八　懷四三九　懷四四〇　懷四四一　懷四四二　懷四四三

……其𢀛……弗受……祐
貞辛……
……匄以二十……
……有肇……
貞……
……田𡆥……
……生一月……戊中……追至不……
……比……伐……
……卜貞……肇……
……于……捍……
二告
……卜𦍒……好……二旬……
貞……勿比祉戠……
貞
……有小……𧰼……
癸……𠈌……執……曰其……
……戊卜亘……巳……
……二十在……
役以……
……有……戠……
……戕……
……貞商其……
……巳……族追……于舌……
辛……方……受……
……于……
……舌……不……
……周方……
……𠬝其有囚
……寅卜……貞今……望……
……𠬝……至……
辛酉……𠭯……
……王……
……婦婈……
……婦果……
甲辰……王雀弗其獲侯任在方
壬午卜𡆥余勿在孫𣶒
……戠……
……亦……
……申卜雀……其以……
丙申……告……自……
……貞……龐……
……卜……𡚬豐……
……以……洹……
……卜王……以……
壬辰……雀……以……允獲……
……王……師……羞……

懷特

懷四四三b ……黃……
懷四四四 ……作戔……
懷四四五 ……卜戬……令朩……卜……封……
懷四四六 ……我……田……
懷四四七 ……𠂹羌……貝……
懷四四八 丁巳……
懷四四八 壬午卜爭貞令𠭯取□桼
懷四四八b 貞呼……専于……
懷四四九 貞勿令山十月
懷四五〇 ……王呼……循……
懷四五一 惟……
懷四五一 ……申卜……令……允……□……
懷四五二 甲寅卜亘……呼犬登執豕執
懷四五二 貞弗……執
懷四五二b 王固……惟乙吉
懷四五三 貞勿呼
懷四五三b ……㪅
懷四五四 貞呼……
懷四五五 ……丑……內……令……
懷四五六 ……呼……比……
懷四五七 ……勿呼……司
懷四五八 貞……勿……令……
懷四五九 ……貞呼祝……
懷四六〇 ……令……比……
懷四六一 丙……貞呼……
懷四六二 ……□呼……比望……
懷四六三 丁……貞……呼……
懷四六四 癸……卜……呼……
懷四六五 ……二卜令……夫……
懷四六六 ……呼……不……
懷四六七 ……呼
懷四六七 ……捍……
懷四六八 貞……
懷四六八 貞令□
懷四六八b ……㪅
懷四六九 ……勿呼……
懷四七〇 ……令弜……
懷四七一 ……貞令……
懷四七二 庚……貞……令……于丁……
懷四七三 己……王……勿……□……
懷四七三 ……合令……□……示……
懷四七三 ……令……
懷四七四 庚……呼……妻……于……
懷四七五 庚辰……㝉貞……
懷四七五 ……貞……取……
懷四七五 ……□……

懷四七五 庚子卜貞圉矢以鼉于……丁……
懷四七六 貞……夢……
懷四七七 ……殻……有疾……
懷四七八 ……寅卜……夢……不……
懷四七九 ……不惟我囚
懷四八〇 甲辰……
懷四八〇 ……貞……疾
懷四八一 ……貞……不其……夕娩……
懷四八二 ……勿……孽……
懷四八三 ……爭……疾……
懷四八四 ……爭貞……不其贏十二月
懷四八四b ……卜……
懷四八四b ……我……
懷四八五 壬辰卜亘貞婦□娩嘉王固……
懷四八六 ……不冓……
懷四八六 ……其……冓
懷四八六b ……固曰……
懷四八七 ……有疾惟……
懷四八八 ……貞……婦好娩……
懷四八八 ……疾……贏
懷四八九 ……王聽惟……
懷四九〇 ……凡有……固曰其……
懷四九一 甲戌……爭王夢惟……
懷四九二 ……娩……嘉……
懷四九二b ……固……
懷四九三 ……凡……疾
懷四九四 丁未卜……
懷四九四 ……寅……嘉
懷四九五 癸未卜王□嘉
懷四九六 ……允冓
懷四九六 ……未卜貞……無……
懷四九七 ……無疾
懷四九八 ……有夢……
懷四九九 ……不其嘉
懷五〇〇 ……聽……惟……
懷五〇一 ……囚……惟……
懷五〇二 ……娩允……
懷五〇三 ……聽惟……
懷五〇四 ……身……
懷五〇五 ……卜何貞……之日……遘……
懷五〇六 ……戌……㝉……
懷五〇六b ……固……
懷五〇七 壬……殻……
懷五〇七 ……丁至……
懷五〇八 ……亥卜殻貞
懷五〇九 庚……殻……

懷五〇九 ：甲：
懷五一〇 己：卜㱿貞：
懷五一一 ：卜爭：雀無：
懷五一二 ：卜㱿貞：
懷五一二b 王：
懷五一三 ：爭：戠：
懷五一三b ：日：
懷五一四 ：卜宾貞妣：乙用
懷五一五 ：卜爭貞：
懷五一六 ：貞：于：
懷五一六 ：卜爭：逆：
懷五一七 ：宾：𢓊：
懷五一八 ：㱿貞：
懷五一八b ：巳：
懷五一九 壬：宾：
懷五一九 ：申：宾：
懷五二〇 ：申：爭：丁：不：
懷五二一 甲子：爭：廼：
懷五二二 ：𠚤：擢：
懷五二二b ：[illegible]：
懷五二三 壬：專：今：
懷五二四 庚：㱿：
懷五二五 ：戊：宾貞：
懷五二六 ：卜㱿貞：我無：
懷五二七 ：卜爭貞有：
懷五二八 壬子卜宾
懷五二九 ：卜宾：未：
懷五三〇 ：申：爭：我不：
懷五三〇b ：邑：
懷五三一 己卯卜㱿：
懷五三二 ：卜宾貞：
懷五三三 ：㱿：不：
懷五三三b ：曰其：
懷五三四 ：爭：今夕：
懷五三五 ：卜宾：乙：允：
懷五三五 ：卜宾：
懷五三五b ：之：
懷五三六 ：卜專貞：無其：
懷五三七 己未卜亘：
懷五三八 己酉卜古貞：
懷五三九 庚戌卜史貞：
懷五四〇 ：宾貞：
懷五四一 乙酉：爭：
懷五四二 ：卜爭：
懷五四三 ：爭：祟：
懷五四四 ：卜宾：

懷五四四b 戊：
懷五四五 ：貞無：
懷五四五 ：弗：左
懷五四五b 卒入十在：
懷五四六b ：井示十耳
懷五四七 貞燎：
懷五四七 ：子：
懷五四八b ：子[illegible]：
懷五四九 冒入
懷五五〇 ：于西：
懷五五〇b ：戊邑：
懷五五一b ：自東：
懷五五二 ：巳：
懷五五二b 旬：
懷五五三b ：乞自：
懷五五四 ：無囚九月
懷五五五 ：貞：其：四月
懷五五六 貞勿：六月
懷五五七 ：兕十月在：
懷五五八 ：六月
懷五五九 ：十二月
懷五六〇 ：惟二示：兕二：三：十月
懷五六一 ：不其：七月
懷五六二 ：貞于：辰：八月
懷五六三 己丑
懷五六三 十二月
懷五六三 二告
懷五六四 ：[illegible]：九月
懷五六五 小告
懷五六六 小告
懷五六七 不若
懷五六七 小告
懷五六八 貞：
懷五六八 小告
懷五六九 二告
懷五六九 不舌黽
懷五七〇 不舌黽
懷五七〇b ：在：
懷五七一 ：子卜：貞：舞
懷五七一 ：子：舞
懷五七一 小告
懷五七一b ：娥：若
懷五七二 ：其：
懷五七二 小告
懷五七三 二告
懷五七四 ：卜內：

懷五七四	二告
懷五七五	……商……
懷五七五	二告
懷五七六	貞……
懷五七六	小告
懷五七七	二告
懷五七八	……戌……殸……
懷五七八	二告
懷五七九	二告
懷五八〇	不告黽
懷五八一	……犢……
懷五八一	二告
懷五八二	不告黽
懷五八三	二告
懷五八四	二告
懷五八五	小告
懷五八六	二告
懷五八七	小告
懷五八八	……卜……
懷五八八	……告黽
懷五八九	小告
懷五九〇	小告
懷五九〇b	辛……
懷五九〇b	……侑于……
懷五九一	小告
懷五九二	不告黽
懷五九三	不告黽
懷五九四	不告……
懷五九四b	……王……
懷五九五	二告
懷五九五	……來二十
懷五九五b	……夕癸于果果……
懷五九六	貞來……勿……于……
懷五九六	二告
懷五九六b	庚……
懷五九七	……百日……
懷五九八	……得……
懷五九九	戊……穷……
懷五九九	……其……
懷五九九	……不……至
懷六〇〇	……惟茉……
懷六〇〇	……茉……
懷六〇一	……申婦……
懷六〇二	……貞微……
懷六〇三	……見……
懷六〇四	……不……
懷六〇五	辛……
懷六〇五b	王固……祖……
懷六〇六b	……五旬……辰？……
懷六〇七	……十二月
懷六〇八	庚……
懷六〇九	……㞢……
懷六一〇b	……允……
懷六一一	……冉……
懷六一二	……允……
懷六一三	……固曰……有八……
懷六一四	……旬有……
懷六一五	……五……
懷六一六	……其……
懷六一七	……[illegible]……
懷六一八	……爭
懷六一八b	……曰吉……
懷六一九	……不……龍……
懷六二〇	貞……延……
懷六二〇	……卜……即？……
懷六二一	……曰……之……
懷六二二	貞……有……
懷六二二	……有……
懷六二三b	……王……固……
懷六二三	……弗其……
懷六二四	……惟翌己……取……
懷六二五	貞……有取……
懷六二六	貞……勿……受……
懷六二七	……取……
懷六二八	……貞勿……取……
懷六二八b	……乞自……
懷六二九	……卜惟……
懷六三〇	……于……
懷六三一	乙巳卜……貞今……延……一月
懷六三二	于……[illegible]……母……
懷六三三	……丑卜……今……
懷六三三	……丑卜……今日……
懷六三四	丁亥……用……
懷六三五	……酉卜王……雨
懷六三六	……巛……
懷六三七	……惟囚
懷六三八	……囚
懷六三八	……翌……
懷六三九	貞……其……
懷六三九	……卜……
懷六四〇	庚申……其𣸈……
懷六四一	……貞翌……其……

懷特

懷六四一b	：夕：
懷六四二	：其有遘無遘：
懷六四三	：王：宕：
懷六四四	：王：贏：余：不：正
懷六四五	：來告：
懷六四五b	：婦：
懷六四六	：惟：乙：王：
懷六四六b	：惟：
懷六四七	：辰卜王：有曰：
懷六四八	貞其：有：
懷六四九	：[illegible]：
懷六五〇	：化：余：
懷六五一	壬：貞：惟：壱
懷六五二	丁：
懷六五二	：卜：于：
懷六五三	：戊：于：固曰：
懷六五四	：卜自：寅：
懷六五五	：貞：[illegible]：
懷六五六	：貞今夕：
懷六五七	：[illegible]：
懷六五八	乙酉：有：
懷六五九	：來庚：不：
懷六六〇	甲子：貞：
懷六六一	戊：王：
懷六六一	：自：
懷六六二	乙未：
懷六六二	乙未卜：
懷六六二	：未：
懷六六三	貞：
懷六六四	丁未：于：
懷六六四	丁未：
懷六六五	：我不：受：
懷六六五b	乙卯：
懷六六六	貞惟有壱
懷六六七	：鷹：
懷六六八	：[illegible]：‖：十月在：
懷六六九b	：十[illegible]：
懷六七〇	：寅卜：貞翌：卯：
懷六七一	丙戌：因
懷六七二	：保：在北：若
懷六七三	：三日：
懷六七四	：百：
懷六七五	辛：王：
懷六七六	己巳：
懷六七六	己巳：自：
懷六七七	：于：若：

懷六七八	己：卯：
懷六七九	丙：王其：
懷六八〇	庚戌卜：夕：
懷六八一	：貞：不：
懷六八二	甲寅：貞王：
懷六八二	：寅：
懷六八三	：弗其：
懷六八四	：申卜：[illegible]：骨：
懷六八五	丁亥：貞：
懷六八五	：卜：
懷六八六	戊：貞：夕：
懷六八七	：貞：自：
懷六八八	：卜王：無：
懷六八九	：弗：丁：
懷六九〇	：貞：不：
懷六九一	貞：其：
懷六九一	貞：不：
懷六九二	貞：夕：
懷六九三	：其：惟：允：
懷六九三	：庙：
懷六九四	丁酉：不：
懷六九五	甲寅：貞今：不：
懷六九六	：鼓：
懷六九七	：今其：子：無：
懷六九七	：其：
懷六九八	：可：不：
懷六九九	：弗其：
懷六九九b	：不：
懷七〇〇	：曲：
懷七〇〇b	：分：莫：
懷七〇一	：貞翌：
懷七〇二	庚戌：今日：
懷七〇二	：六月
懷七〇三	：戊卜：子：月
懷七〇四	甲申：貞今：
懷七〇五	：[illegible]：
懷七〇六	庚：[illegible]：日：
懷七〇七	：卜：曰：
懷七〇八b	：耳
懷七〇九	：酉卜：貞：
懷七〇九b	：午：妃：人：
懷七一〇	：貞：其：之日：
懷七一一	：[illegible]：
懷七一二	：貞翌：不其：
懷七一三	貞不：
懷七一四	：其遘：

懷七一五	……初……
懷七一五	……勿……
懷七一六	……貞其……
懷七一七	……子卜……今日……
懷七一八	……卜㞢貞……
懷七一八	……翌……
懷七一九	……不惟囚
懷七二〇	……貞……
懷七二一	……京卜
懷七二二	……用……
懷七二三	……夕不其……至……
懷七二四	貞今……其……
懷七二五	貞其遘……七月
懷七二六	貞……[illegible]……
懷七二七b	貞……魚……
懷七二八	……巳卜……貞勿……
懷七二九	貞不其……
懷七二九	……雨
懷七三〇	……卜……貞……
懷七三一	辛酉……貞……
懷七三二	……貞目……
懷七三二	……貞……
懷七三三	丙寅……其遘……
懷七三四	……申卜……[illegible]……
懷七三五	……我……囚
懷七三六	……貞……祟……延……
懷七三六	……其……
懷七三七	癸巳……古貞……有祟不于……囚九月
懷七三九	……王貞……有祟……
懷七四〇	……魚……
懷七四一	……貞……亥……
懷七四一b	……其……之……
懷七四二b	……貞畀……
懷七四三	貞今……
懷七四四	庚……貞……
懷七四五	……貞……其……狩……
懷七四六	癸亥……㞢……
懷七四六	癸亥……㞢今……
懷七四七	貞丙申……有來……
懷七四八	……貞央……豕使……
懷七四九	貞有正
懷七五〇	……王不惟……
懷七五一	……出……
懷七五二	……春不……
懷七五三	……取[illegible]……
懷七五四	……貞……見……
懷七五五	……其惟……
懷七五六	貞……
懷七五六	……李……
懷七五七	……延……允……
懷七五七	……卜……
懷七五八	……卜……
懷七五八	……貞王……若……
懷七五九	……今日……其……三月
懷七六〇	……于……[illegible]……
懷七六〇b	……固……
懷七六一	乙丑卜……貞翌丁卯……
懷七六二	……爰我……
懷七六三	……貞翌日……寅……
懷七六四	……南……有……惟……
懷七六五	……卯卜……今日……其……
懷七六六	……貞……惟……
懷七六七	……配……
懷七六八	壬子……貞弜……二……
懷七六九	……弗……征……降……
懷七七〇	……夕生……其多……
懷七七一	……凡……作……
懷七七二	貞弗其正……
懷七七三	……貞……若……
懷七七四	……卜貞……在……
懷七七五b	……卜……缶……
懷七七六	……王……遘……
懷七七七	……有……
懷七七八	貞于翌甲……令……
懷七七九	貞……入工……
懷七八〇	……若……
懷七八一	……貞勿……自……
懷七八二	……辰卜……大……
懷七八三	……聽……
懷七八四	……以有……用……
懷七八五	壬午……貞……延……
懷七八六	壬辰卜貞肘𢍰……
懷七八七	……魚……
懷七八八	……獲……
懷七九〇	貞……有……
懷七九〇	……不……
懷七九一	……弗……保……
懷七九二	……貞今夕……
懷七九三	庚子卜王勿自……
懷七九三	壬……
懷七九四	……乙……用……
懷七九五	貞……

懷特

懷七九六　貞…其…
懷七九六　…貞…勿…
懷七九七　…丑卜…其…
懷七九八　…貞…侑…其…十月
懷七九九　…于…犬二…
懷八〇〇　…王入…
懷八〇一　貞…無…北…
懷八〇二　…其…自…多…
懷八〇三　戊子…貞翌王…
懷八〇四　…雀…不…于…
懷八〇五　…邑…以…
懷八〇六　壬寅…啚…
懷八〇七　丁亥卜…
懷八〇八　…曰…妻…
懷八〇九　甲…貞…甲…
懷八一〇　…卜貞…
懷八一〇　…卜貞…
懷八一一　…嚨…
懷八一二　丁丑卜…
懷八一三　癸亥卜…貞…
懷八一四　…子…允…
懷八一五　…西…貞…
懷八一六　…貞…皇…
懷八一七　…貞…弗𡆥…
懷八一八　…[illegible]…
懷八一九　戊戌卜…須示…
懷八二〇　甲申卜…貞翌…酉王…
懷八二一　…左子…有二…
懷八二二　…保…
懷八二三　己未卜…貞今夕…
懷八二四　…槁…
懷八二五　…卜…[illegible]…
懷八二六　…立…
懷八二七　…律在…
懷八二七　…律…
懷八二八　…未卜今…有…
懷八二九　…其…侑…十二月
懷八三〇　…貞九…率…
懷八三一　…楸…
懷八三二　貞…西…
懷八三二　…欒…各…
懷八三三　…于…
懷八三四　戊午…其…
懷八三五　…雈…母
懷八三六　乙亥…禦兄…羊二…
懷八三七　貞其有尤一月

懷八三八　…卜…寢…
懷八三九　…允…有…
懷八四〇　笅入…
懷八四一　…勿…衣…
懷八四二　…它…
懷八四三　…旬…
懷八四四　…不其…龜…
懷八四五　戊…册無…
懷八四六　…僃…
懷八四七　…其…辟…
懷八四八　…子…癸丑…酉…
懷八四九　…戠于…二人…
懷八四九b　…IU…
懷八五〇　…
懷八五一　…巳卜…叩…
懷八五二　…其…浮…
懷八五三　…若…
懷八五四　辛酉…今夕…𢀛…
懷八五五　…寅卜…其…畋…
懷八五六　貞…勿侑于…
懷八五六b　…入二百…
懷八五七　…[illegible]…
懷八五八　…衣…
懷八五九　貞…歲…不…
懷八六〇　…未…貞翌…亘…癸巳…
懷八六〇b　…良示…
懷八六一　貞勿…丁…
懷八六二　丁未…貞…
懷八六三　庚辰…生…
懷八六四b　…[illegible]…
懷八六五　貞自今至于乙酉我𢦏
懷八六六　…
懷八六七　…鳥…囚
懷八六八　貞今…其…
懷八六九　…韋…無…
懷八七〇　…木丁…𠯑…
懷八七一b　王固…
懷八七二　…卜我…
懷八七三　…[illegible]…惟…
懷八七四　…于東于…
懷八七五　…之日…
懷八七六　…[illegible]…
懷八七七　…[illegible]…二…一…
懷八七八　…王貞…
懷八七八b　甲辰…
懷八七九　…貞作…

懷八八〇　：有來：
懷八八一　貞自：辛亥至：癸亥不：
懷八八一b　：示：
懷八八二　：杞：
懷八八三b　：吉：惟：
懷八八四　貞勿侑
懷八八四b　：井示十：
懷八八五　：習：
懷八八六　貞：
懷八八六　：王延：
懷八八七　：戌卜王：翌丁亥：
懷八八八　貞：
懷八八八　：弗其：有祐
懷八八九　：貞：延：
懷八八九　目入
懷八九〇　：卜貞：學不：大：
懷八九一　貞：
懷八九二　：酉卜：今：
懷八九三　貞有：散：惟：
懷八九三b　王：令：
懷八九四　：其：葡：
懷八九五　：自今：己：亩：
懷八九六　：南土不其：
懷八九七　婦：
懷八九七　其作
懷八九七　貞王出
懷八九七　惟帝臣令
懷八九七　貞王勿出
懷八九七b　癸亥卜爭
懷八九八　貞卜：歲酌：十三月
懷八九八　貞元示五牛它示三牛
懷八九九　丁亥卜𢍰黃尹燎二豕二羊卯六牛五月
懷八九九　燎黃尹四豕卯六牛
懷八九九　惟丁酉酌黃尹
懷八九九　六牛
懷八九九　惟丁卯酌
懷八九九　：黃：
懷八九九　惟：酌
懷九〇〇　甲寅卜爭貞我作邑
懷九〇〇　侑于羌甲
懷九〇一　：自上甲：
懷九〇二　戊寅卜爭貞王：生七月：商：
懷九〇二　貞王其入勿祝于下乙
懷九〇三b　侑羌甲
懷九〇三b　：祖辛
懷九〇四　𢆶大甲牛三百

懷九〇五　：伐：七月
懷九〇五　二告
懷九〇五b　貞：大甲：伐
懷九〇六　侑：辛一牛
懷九〇六　侑父庚一牛
懷九〇七　：辛未于母辛：
懷九〇七　：辛未其侑于：
懷九〇八　：于高妣庚：
懷九〇九　貞以：勿牛：四于用
懷九〇九　：若
懷九一〇　貞不惟兄丁壱
懷九一〇　貞惟兄丁壱
懷九一一　：牛卯三牛：
懷九一二b　：辛酌：
懷九一三　貞勿將
懷九一三　：將
懷九一四　貞勿用四月
懷九一五　：有以歲：
懷九一五b　：五：
懷九一六　貞翌庚午其圉暘日
懷九一六　：吾：
懷九一七　二告
懷九一七b　：巳：𠃌：禦年：
懷九一八　貞不其受：
懷九一八　：奉：
懷九一九　貞我不其受年
懷九二〇　其有災
懷九二一　：其莫
懷九二二　：勿：
懷九二二　貞惟雨奉
懷九二二　甲申
懷九二二　丙戌
懷九二三　貞翌庚：雨庚子：
懷九二三　：雨：癸：
懷九二四　：雨惟孽
懷九二五　：卜：
懷九二五　戊戌雨
懷九二五　庚子雨
懷九二五　壬：雨
懷九二六　：固曰其雨
懷九二七十九二八　癸卯卜貞旬無囚
懷九二七十九二八　癸：卜：旬：
懷九二七十九二八　癸亥卜穷貞旬無囚
懷九二七十九二八　癸：卜穷貞旬無囚三日：又一：
懷九二九　癸卯卜穷貞旬無囚八：
懷九二九　：旬無囚八月

懷九三〇 ……卯卜……貞旬……囚六月
懷九三〇 癸酉卜㱿貞旬無囚九月
懷九三一 丙午卜㽙貞王往陷其逐
懷九三一 丁……卜㽙貞……
懷九三一 貞
懷九三一 不舌黽
懷九三一 二告
懷九三一b 王固曰有壱……
懷九三二b ……其獲……
懷九三三 庚……獲……獲……
懷九三三 癸巳……獲……三……
懷九三三 ……酉卜……獲……
懷九三四 ……麋……
懷九三五 今乆月王勿入
懷九三五 今乆月王……商
懷九三五 癸……
懷九三六b ……曰勿齒
懷九三七b 癸……見……
懷九三八 貞……
懷九三八 ……王……比……𢦔……
懷九三九 ……其有來媗……
懷九四〇 ……丙……子……
懷九四〇 貞剌𣪘
懷九四〇 貞不惟示
懷九四一 壬午……貞……
懷九四二 ……告……方……
懷九四二 二告
懷九四二b 于……乙……
懷九四二b ……于……次……
懷九四三 ……方……大出
懷九四四 壬辰……貞……其𢦏
懷九四四b ……𣏟……
懷九四五 來自西不惟媗
懷九四五 有來自南
懷九四五 有來自西
懷九四五 不舌黽
懷九四六 癸……
懷九四六 ……曰辛巳……來媗自……衠有……
懷九四七 貞戌無其列
懷九四八 貞勿収
懷九四九 ……使人……
懷九五〇 ……蔑……
懷九五一 ……受……
懷九五一 ……𢦔……
懷九五二 癸酉卜㱿貞王伐吾方受有祐六月
懷九五三 癸酉卜㱿貞王伐吾方受有祐六月

懷九五四 ……于田西以
懷九五五 貞勿呼伐吾方弗其受有祐
懷九五五c ……示五屯 耳
懷九五六 丁巳卜㱿貞呼師般往于微
懷九五六 己巳卜㱿貞犬延無其工六月
懷九五六 貞告于大示
懷九五六 貞……延其有工
懷九五七 貞有……
懷九五七 貞呼歆𡿧甶妻
懷九五七 貞河……𠂤
懷九五八 貞……令羽以𢦏
懷九五八 ……夕……雨
懷九五九 丙午卜㱿貞呼師往見有師王……曰惟
老惟人途遘若……卜惟其匄二旬又
八日象壬……師夕酡
懷九五九 己卯卜㱿貞……
懷九五九b 王固曰惟老惟人途遘……茲卜惟其
匄
懷九六〇 ……酡……
懷九六一 丙午卜㱿貞無……在茲
懷九六一 癸亥卜㱿貞令何曼呼𧃒小臣弋衣
懷九六一 貞酌……丁……丁……
懷九六一b 乙丑卜㱿
懷九六二 ……月
懷九六二 貞令何曼呼𧃒小臣弋衣
懷九六二 貞其有囚在茲
懷九六二 貞令宁以射何弋衣四月
懷九六二 丙……賓貞……宁……弋……
懷九六三 戊戌卜㱿貞呼甾吾方
懷九六三 己亥卜亘貞翌庚子侑四十……
懷九六三 貞其……
懷九六四 ……丁征令八月
懷九六五 貞子利無疾 小告
懷九六六c 婦娘示十屯 亘
懷九六七b ……二十屯兕五屯小……
懷九六八 二告
懷九六九 二告
懷九六九b 貞……
懷九七〇 二告
懷九七〇b 乙未……貞……
懷九七一 不舌黽
懷九七一 不舌黽
懷九七二 不舌黽
懷九七三 小告
懷九七三b ……雈……
懷九七四 ……黽

懷九七五	癸…
懷九七五	二告
懷九七六	不舌黽
懷九七六	二告
懷九七六	不舌黽
懷九七七	不舌黽
懷九七七b	…亥…𣪘
懷九七七b	王固曰胡…
懷九七八	丁未…
懷九七八	二告
懷九七九	二告
懷九八〇	丁卯卜亘貞今日…
懷九八〇	二告
懷九八〇	二告
懷九八〇	小告
懷九八一	二告
懷九八二	二告
懷九八二	二告
懷九八三	…卜爭貞…
懷九八四	…卜𣪘貞…
懷九八五	辛丑卜穷貞今夕其…
懷九八六	…𣪘貞…㞢…于…
懷九八七	…卜韋…
懷九八八	…𣪘貞王𡧊朱沝…
懷九八九	…宨𢓊牡…
懷九九〇	…寇𢓊吾…
懷九九一	…王曰𦊆惟…
懷九九二	貞翌乙未…
懷九九三	…庚午…三旬又一…
懷九九四	…貞王勿…
懷九九五	…我受…
懷九九六	甲寅
懷九九六	于來告
懷九九六	…舌…
懷九九七	…貞翌庚辰學…
	…貞…
懷九九八	…大…犬…
懷九九九	貞子…
懷九九九	貞子…
懷一〇〇〇	癸…
懷一〇〇〇b	…貞不…其有來…
懷一〇〇一	甲申 乙酉 丙…
懷一〇〇二	…豕于…
懷一〇〇三	…戊… 戊子 己…
懷一〇〇四	…子卜貞…昔王有…
懷一〇〇五	…𢓊…
懷一〇〇六	…戊辰 己巳 …戊寅 己卯
懷一〇〇六	…亥 戊… 丁酉 …
懷一〇〇七	…龝…
懷一〇〇八	…人?…
懷一〇〇九	…
懷一〇一〇	丁卯…貞王…大丁…尤
懷一〇一一	戊辰…貞王…仲丁…叙…尤
懷一〇一二	乙亥…貞王…大甲彡…無…
懷一〇一三	乙亥卜尹貞王賓小乙歲無尤
懷一〇一四	…口…丁丑…祖丁…
懷一〇一五	…子卜旅…翌乙侑…毓祖乙一牛
懷一〇一六	丁未…
懷一〇一六	丁未卜王曰貞父丁莫歲其弘三宰茲
	用
懷一〇一六	…王…翌戊…田往…𡆥
懷一〇一七	庚申卜旅貞王賓父丁𡦹無尤在十一月
懷一〇一七	乙丑卜旅貞王賓祖乙歲三宰無尤…十月
懷一〇一七	…亥卜…王賓…
懷一〇一八	…貞…小…乙…
懷一〇一九	…三宰…
懷一〇一九	乙…貞…祖乙…三宰…
懷一〇一九	…卜㕣…王賓…夕伐…三十卯…宰…
	尤
懷一〇二〇	丁卯…貞王…父丁…
懷一〇二一	…貞…母辛…無…
懷一〇二二	…戊卜…貞妣庚…牛…
懷一〇二三	庚辰卜尹貞王…妣庚…尤
懷一〇二四	…大…于妣…
懷一〇二五	貞…
懷一〇二五	…弜叙
懷一〇二六	貞惟…叙祝…三月
懷一〇二七	…亥卜旅…王賓…祭𢦏…尤在九…
懷一〇二八	乙巳…貞王…𦔮…
懷一〇二九	丙申卜…貞王賓𦔮禣…尤
懷一〇三〇	…旅…禣…囚
懷一〇三一	…𦔮…無…四月
懷一〇三二	庚子卜行貞王…夕禣…囚
懷一〇三三	壬申卜…貞王…𢦏…囚
懷一〇三三	癸酉卜旅貞夕禣無囚
懷一〇三四	甲戌卜尹貞王賓…
懷一〇三四	…貞…
懷一〇三五	乙卯卜旅貞王賓…
懷一〇三五	…旅…賓…歲
懷一〇三六	庚子卜…貞王賓…
懷一〇三七	…卜旅…王賓…禣…囚
懷一〇三八	乙酉…貞王…叙無…

懷一〇三九 ……丑卜□：王賓：禱無……

懷一〇四一 ……卜□：賓：哉：囚

懷一〇四二 酉卜：王賓：三宰……

懷一〇四二 ……酉……

懷一〇四三 ……寅：出貞：賓……

懷一〇四四 丁未卜：尹貞：賓……

懷一〇四五 ……未：旅：王：毓……

懷一〇四六 庚：貞：

懷一〇四七 ……卜旅：賓祭……

懷一〇四七 甲：貞：

懷一〇四八 辛亥……貞王賓：無尤

懷一〇四九 甲寅……貞王：叙……

懷一〇四九 ……旅……

懷一〇五〇 ……三十卯：卷：無……

懷一〇五〇 ……叙……

懷一〇五一 ……卜旅：賓：彡龠：無……

懷一〇五二 庚戌卜：貞王賓：叙無……

懷一〇五三 乙巳：翌丁未：卒歲……

懷一〇五四 ……賓夕禱無尤二月

懷一〇五五 ……貞……

懷一〇五五 ……禱：囚

懷一〇五六 ……歲其：叨……

懷一〇五七 ……咎：毓：衣……

懷一〇五八 ……卜旅：囲于……十二月

懷一〇五八 旅……

懷一〇五九 丁酉……貞：歲：無……

懷一〇六〇 丙午……貞王：叙：尤

懷一〇六〇 ……卜旅：賓：歲：尤

懷一〇六一 庚辰：貞翌：其有……

懷一〇六一 ……旅：巳……

懷一〇六二 ……未卜……貞翌甲……翌于……無囚一月

懷一〇六三 ……貞：咎：無……

懷一〇六四 庚……旅：歲……

懷一〇六五 ……貞王：歲：尤

懷一〇六六 ……有𠦪：雈……

懷一〇六七 丁卯卜出：其奏……

懷一〇六八 ……咎：尤

懷一〇六九 ……歲不雨

懷一〇七〇 ……貞：哉……

懷一〇七〇 ……貞王……夕哉：尤

懷一〇七一 ……辰卜……貞惟……歲……十月

懷一〇七二 ……王……侑……牛用

懷一〇七三 貞惟鬼

懷一〇七四 ……卜：王……不……羊……

懷一〇七五 ……出……魚……之……

懷一〇七六 貞……延……

懷一〇七六 ……不……魚……

懷一〇七七 貞十宰

懷一〇七八 ……麑：日九……益……

懷一〇七九 ……出：翌辛：魚：豢……

懷一〇八〇 ……不：魚……

懷一〇八一 ……貞：遘雨

懷一〇八二 ……貞惟雨

懷一〇八三 貞今……不雨

懷一〇八三 丙……

懷一〇八四 ……貞……雨……在……

懷一〇八四 ……夕……雨

懷一〇八五 貞其雨

懷一〇八六 ……卜旅……夕……

懷一〇八六 癸……貞……

懷一〇八七 ……卜……日：雨

懷一〇八七 庚……出貞：今夕不……雨

懷一〇八八 ……雨

懷一〇八九 ……今夕……雨

懷一〇九〇 乙未卜大貞今日有……雨二月

懷一〇九一 貞……雨

懷一〇九二 貞今夕不雨

懷一〇九二 貞……雨

懷一〇九三 貞其遘雨五月

懷一〇九四 乙……卜……貞王……惟……不遘……

懷一〇九五 丁未卜貞今日雨

懷一〇九五 貞惟雨

懷一〇九六 ……惟雨

懷一〇九六 辛……出……無……

懷一〇九七 貞今夕雨

懷一〇九七 ……不……啓

懷一〇九八 丙戌……貞翌……啓

懷一〇九九 貞今……不……

懷一一〇〇 壬申……貞今……不……九月

懷一一〇一 壬申卜尹貞今……不……

懷一一〇二 癸……出……旬……囚

懷一一〇三 ……卯卜……貞……無……二月

懷一一〇三 ……旬……囚

懷一一〇四 ……月

懷一一〇四 癸酉……貞旬無囚

懷一一〇五 ……卜口……旬無……在六月

懷一一〇六 ……卜大……旬無……十一月

懷一一〇七 癸……貞……無……

懷一一〇八 ……卜旅……無囚

懷一一〇八 ……卜旅……夕無……三月

懷一一〇九 ……申卜□……今夕……

懷一一一〇

懷特

懷一二一一　乙酉卜貞今夕無囚五月
懷一二一一　丁亥卜出貞翌戊……
懷一二一二　己亥卜貞今夕無囚
懷一二一三　……卜何……今夕……囚
懷一二一四　……申卜貞今夕不雨
懷一二一五　丁未……大……今……無……
懷一二一六　辛……出……夕……
懷一二一七　……卜旅……今夕……囚
懷一二一七　……貞……
懷一二一八　辛……貞……無……
懷一二一八　……卜出……今夕……囚六月
懷一二一九　癸酉卜出貞今夕無囚九月
懷一二一九　……卜……今……囚
懷一二二〇　……卜貞……夕……無囚
懷一二二一　乙未……貞今夕……
懷一二二二　……寅卜尹……今夕……囚
懷一二二三　乙……何……夕……囚
懷一二二四　……巳卜……今夕……
懷一二二五　……于卜何……夕無囚
懷一二二六　癸巳卜出貞今夕……
懷一二二七　……亥卜出貞今……
懷一二二八　貞今……王……
懷一二二八　……夕……
懷一二二九　辛亥卜……貞今夕……言王
懷一二三〇　己未……貞今……西言……
懷一二三一　……今夕……寧……
懷一二三二　壬……貞……擒……
懷一二三三　乙卯……貞王……田其……禦……
懷一二三四　……其田至……災
懷一二三五　乙卯……貞……往……無……
懷一二三五　癸酉卜何貞王其往于田無災
懷一二三五　丁丑卜何貞王其田……災
懷一二三六　戊戌卜……貞王其田……災
懷一二三六　……往……
懷一二三七　……尹……田于宮……無災在五月
懷一二三八　……衩……災
懷一二三九　丁……貞……申……往……田……
懷一二四〇　……卜出……其田……災
懷一二四一　……惟……射……
懷一二四二　……其……
懷一二四二　……出……往……□……
懷一二四三　……辰卜……貞……出……來……
懷一二四四　……卜骨……今……艱……
懷一二四五　……亥卜出……呂……
懷一二四七　貞王……以……□……
懷一二四八　貞不其遘犬十一月

懷一二四九　癸亥卜囚貞王……吉□
懷一二五〇　貞惟吉
懷一二五〇　……貞……王……
懷一二五一　丁卯卜……貞不……
懷一二五一　貞惟吉
懷一二五二　貞王□惟吉
懷一二五三　……何……□惟……
懷一二五四　……何……□惟……
懷一二五五　貞令……元……
懷一二五五　……正……母……
懷一二五六　辛未卜……
懷一二五七　己亥卜王
懷一二五七　己亥卜王
懷一二五七　……王
懷一二五八　……卜王
懷一二五九　己亥卜王
懷一二五九　己亥卜王
懷一二五九　……子卜王
懷一二六〇　乙未……王
懷一二六〇　乙未……王
懷一二六一　庚……王
懷一二六二　甲……
懷一二六二　甲戌卜王
懷一二六三　癸……王
懷一二六三　甲申卜王
懷一二六三　甲……
懷一二六四　乙巳卜王
懷一二六四　丙午卜王
懷一二六五　癸酉卜王
懷一二六六　……寅……王
懷一二六七　辛……王
懷一二六七　……王
懷一二六八　甲……王
懷一二六八　……寅卜……
懷一二六九　……戌卜……
懷一二七〇　辛……王
懷一二七〇　……巳卜……
懷一二七一　……卜王
懷一二七一　……王
懷一二七二　丙辰……
懷一二七三　……王
懷一二七三　……卜王
懷一二七四　己亥卜王
懷一二七四　己亥……
懷一二七五　庚寅卜王吉
懷一二七五　辛卯卜王

懷一一七六	甲子卜王
懷一一七六	丙：
懷一一七七	辛酉卜王
懷一一七七	辛酉卜王
懷一一七八	：戌卜王
懷一一七九	辛亥卜王
懷一一八〇	乙卯卜王
懷一一八〇	乙卯卜王
懷一一八一	壬寅：王
懷一一八二	甲：王
懷一一八三	辛：王
懷一一八三	：子卜：
懷一一八四	甲子：王
懷一一八五	庚：卜
懷一一八五	：寅：王
懷一一八六	丙辰：
懷一一八六	丁巳卜王
懷一一八七	壬子卜王
懷一一八七	：卜：
懷一一八八	：巳王卜：
懷一一八九	丙：王
懷一一九〇	：亥卜王
懷一一九一	己未：王
懷一一九二	：丑卜：
懷一一九二	：王
懷一一九三	：酉卜
懷一一九四	甲：王
懷一一九四	：卜：
懷一一九五	庚：王
懷一一九五	：王
懷一一九六	：戌：旅貞翌：亥其：祖：
懷一一九七	丁丑卜喜貞丁：
懷一一九八	癸酉：旅貞：
懷一一九八	：旅：
懷一二〇〇	癸：出：
懷一二〇〇	：丑卜：貞：無囚
懷一二〇一	癸酉：喜貞：惟：至：
懷一二〇二	：無尤
懷一二〇二	乙未：尹：
懷一二〇三	：卜出：翌戌：不示
懷一二〇四	：卜出：作尊：無：稌：
懷一二〇五	甲戌卜大貞翌乙亥：
懷一二〇五	：戌卜：
懷一二〇六	癸未：出貞：
懷一二〇六	：卜：貞
懷一二〇七	：卜出：翌：
懷一二〇八	：午卜出：翌辛：大：
懷一二〇九	己亥：貞今：
懷一二一〇	辛未：貞王：
懷一二一一	：酉：出：今日：
懷一二一二	戊寅：貞：己：
懷一二一三	貞：
懷一二一三	：丑卜：貞今來：無：
懷一二一四	：貞王：㞢：
懷一二一五	甲子卜史貞今：
懷一二一五	丙子卜貞：
懷一二一六	癸卯：
懷一二一七	：貞無尤：九月
懷一二一八	己卯：
懷一二一九	：來西：
懷一二二〇	甲：貞：
懷一二二〇	：無尤
懷一二二一	：卜王：用
懷一二二二	丙：
懷一二二二	：其：正月
懷一二二三	貞弜：延：
懷一二二三	：卜王：
懷一二二四	：夕其：
懷一二二五	：貞：子：見：
懷一二二六	丙戌：貞：立：
懷一二二七	貞弗其[illegible]
懷一二二八	：卜王：無囚
懷一二二九	貞：
懷一二二九	：王：
懷一二三〇	貞弜：
懷一二三一	癸未卜：貞王：
懷一二三二	貞弜：六月
懷一二三三	癸：貞：囚
懷一二三四	乙丑：貞王：
懷一二三五	：遘：七月
懷一二三六	：貞：遘：
懷一二三七	貞無尤在九：
懷一二三八	：貞惟：
懷一二三九	：各：
懷一二四〇	：𠂤?不：
懷一二四一	貞無尤十二月
懷一二四二	貞：
懷一二四二	：弜：
懷一二四三	貞不其：
懷一二四四	丁巳卜：
懷一二四五	癸：
懷一二四五	：巳卜：在師：

懷一二四六 辛…卜…貞…
懷一二四六 …申…祝…
懷一二四七 甲寅…貞王…戔甲翌…
懷一二四七 …丑…行…
懷一二四八 貞無尤
懷一二四八 …行…賓…無…
懷一二五〇 …辰卜旅…王賓…
懷一二五一 …貞…
懷一二五一 …卜行…王賓…禱…
懷一二五二 戊辰…貞其…惟吉
懷一二五二 貞…戊子卜旅貞王賓戠無囚
懷一二五二 貞無…
懷一二五三 …尤
懷一二五三 …貞王賓戠無囚在四月
懷一二五三 貞…
懷一二五五 甲寅卜行貞王賓…歲…
懷一二五五 甲寅卜行貞王賓叙無尤
懷一二五五 …卯卜行…王賓…乂伐…卯…無…
懷一二五六 乙卯卜王在十一月
懷一二五六 …卜行…歲…
懷一二五七 …貞…
懷一二五七 貞惟大牢在十月
懷一二五八 癸…貞…無…
懷一二五八 貞無尤在三月
懷一二五八 癸酉卜行貞王賓夕禱無囚
懷一二五八 貞無尤
懷一二五九 貞無尤
懷一二五九 癸巳卜行貞王賓夕禱無囚
懷一二五九 貞無尤在八月
懷一二五九 …卜行…賓…禱…囚
懷一二六〇 貞弜侑
懷一二六一 …即…歲
懷一二六二 己卯卜大貞婦寢娩嘉
懷一二六二 貞婦寢不其…
懷一二六二 貞婦㚔不其嘉
懷一二六二 己亥卜大貞今歲我受年二月
懷一二六二 丁未…貞告…于南室…
懷一二六二 戊申
懷一二六二 貞告執于南室三牢
懷一二六三 …若…其言之…十二月
懷一二六三 辛酉卜…貞惟其有年十二月
懷一二六四 貞不…雨
懷一二六五 丙…王…有…
懷一二六五 丙申卜王貞曰雨
懷一二六六 壬午卜王貞曰雨
懷一二六七 貞不其暘日

懷一二六七 壬申卜出貞丁穷户[illegible]無匄
懷一二六七 辛卯卜貞來丁巳暘日十月
懷一二六七 丙寅卜卜出貞翌丁卯魚益醫
懷一二六七 …魚…
懷一二六八 甲子卜大貞作[illegible]子母[illegible]暨多母若
懷一二六八 貞其于
懷一二六八 癸酉卜貞旬有祟不于[illegible]子四月
懷一二六八 辛卯卜…貞來…暘…
懷一二六八 丙寅卜出貞翌丁卯魚益醫六月
懷一二六八 丁未
懷一二六八 貞翌丁卯不其魚之日允不魚
懷一二六八 癸酉…
懷一二六八 丁未…
懷一二六九 癸酉卜兄貞旬無囚七月
懷一二六九 癸卯卜兄貞旬無囚九月
懷一二六九 癸未卜…貞旬無囚十月在[illegible]
懷一二七〇 癸丑…貞旬…在…
懷一二七〇 …卜…旬…
懷一二七二 癸未卜王貞旬無囚在十月
懷一二七三 …午卜旅貞今…無囚
懷一二七四 丙子卜旅貞今夕無囚
懷一二七五 壬戌卜吴貞今夕無囚
懷一二七五 …亥卜…夕無…
懷一二七六 丙辰卜旅貞…無…
懷一二七六 …卯卜…貞今…無
懷一二七七 …貞…尤…四月
懷一二七七 戊子卜旅貞王出無囚
懷一二七七 …尤…
懷一二七九 甲…王
懷一二七九 甲辰卜王
懷一二八〇 癸丑卜王
懷一二八一 癸卯卜王
懷一二八二 辛亥卜王
懷一二八二 辛亥卜王
懷一二八二 辛亥卜王
懷一二八二 辛亥卜王
懷一二八二 辛亥卜王
懷一二八二 辛亥卜王
懷一二八二 辛亥卜王
懷一二八二 辛…卜…
懷一二八二 辛亥卜王
懷一二八三 壬申…王
懷一二八三 壬申卜王
懷一二八三 壬申卜王
懷一二八四 癸…王
懷一二八四 癸丑卜王

懷一二八四　癸丑卜王
懷一二八四　癸丑卜王
懷一二八四　：巳卜行貞王賓：禱無囚
懷一二八五　庚午卜王在六月
懷一二八五　庚午卜王
懷一二八五　：卜：
懷一二八六　癸未：
懷一二八六　癸未卜王
懷一二八六　癸未卜王
懷一二八七　癸丑卜：
懷一二八八　辛卯卜王
懷一二八八　：王
懷一二八九　：卜王：囚不：
懷一二九〇　庚：貞：
懷一二九〇　：行：
懷一二九一　甲寅卜：貞王賓：
懷一二九一　：行：
懷一二九二　丁未：
懷一二九三　：惟午：用十一月
懷一二九四　：卜王曰：
懷一二九五　：卜：在師：
懷一二九六　：王：裳：
懷一二九七　：師裳卜：
懷一二九八　：匸乙：惟吉
懷一二九九　：貞惟：小乙用
懷一二九九　：卜：
懷一三〇〇　：狄：翌日乙：祖乙：
懷一三〇一　庚申：貞其：父庚：
懷一三〇二　：卜狄：祝至中宗：
懷一三〇三　貞：
懷一三〇三　貞其二宰
懷一三〇四　：桒于于：惟羊：弘吉
懷一三〇五　癸：暊：至：日：
懷一三〇五　：暊：興：
懷一三〇六　：貞惟十：冊沈：
懷一三〇七　其禱：
懷一三〇七　：惟□：無災
懷一三〇八　：于翌：酌：
懷一三〇九　其：
懷一三〇九　：小宰
懷一三一〇　：?小宰
懷一三一一　：三宰王：有祐
懷一三一二　癸丑卜暊貞戌其使䖒用之戠
懷一三一三　：冊：王：祐
懷一三一四　：□：有正
懷一三一五　貞于岳：受有年

懷一三一五　：禱：
懷一三一六　甲午卜：今日甲：入雨
懷一三一七　貞其雨
懷一三一八　：至丙：雨
懷一三一九　：王其：風：
懷一三二〇　貞于：迺田：無：大：
懷一三二〇　：申卜：今日不：雨
懷一三二一　：翌日乙卯湄：不風
懷一三二二　貞惟：省：雨
懷一三二二　：爽：風：大雨
懷一三二三　：狄：田：雨
懷一三二四　癸：貞：囚
懷一三二四　：口：
懷一三二五　：丑卜：旬無：
懷一三二六　癸卯：貞旬：囚
懷一三二六　：卜卯：無囚
懷一三二六　：卜卯：無囚
懷一三二七　癸：貞：囚
懷一三二七　：卜口：無囚
懷一三二八　癸巳卜：貞旬：
懷一三二八　：酉：旬：囚
懷一三二九　癸亥：貞旬：
懷一三三〇　癸：貞：
懷一三三〇　：亥卜彭：旬無囚
懷一三三一　癸亥：貞旬：
懷一三三一　：卜彭：無囚
懷一三三二　癸丑卜：貞旬無囚
懷一三三三　癸：
懷一三三三　癸未卜逄貞旬無囚
懷一三三四　癸未：貞旬：
懷一三三四　：卯：無囚
懷一三三五　癸：
懷一三三五　：卜彭：無囚
懷一三三六　：亥卜：旬無囚
懷一三三七　：暊：今夕：囚
懷一三三八　辛亥卜卯貞：
懷一三三八　：夕：
懷一三三九　：卜卯：夕無囚
懷一三四〇　壬辰卜卯貞今夕無囚
懷一三四一　辛亥：貞今夕：
懷一三四一　：卜逄：夕：
懷一三四二　：酉：貞今：無：
懷一三四三　：入自日：田盂：
懷一三四三　：其田：災
懷一三四四　貞犬比田
懷一三四五　：□：□：擒：

懷一三四六　……翌……其田……湄日……災
懷一三四七　貞……無災
懷一三四七　……卜狄……田……
懷一三四八　戊……貞……犬……
懷一三四八　……卜狄……
懷一三四九　……惟……日無災　吉
懷一三五〇　壬午卜貞王其……
懷一三五〇　壬午卜貞王其……
懷一三五〇　壬午卜
懷一三五〇　宰……
懷一三五〇　宰木告鹿
懷一三五〇　宰木告鹿
懷一三五〇　宰木告……
懷一三五〇　……鹿
懷一三五〇　……雨
懷一三五〇　在𣏌東
懷一三五〇　在𣏌
懷一三五〇　在𣏌東
懷一三五〇　在𣏌東
懷一三五一　……衣犬……
懷一三五二　……貞王其呼……以戎……郭……凡……
懷一三五三　……人受……郭……斲，……
懷一三五四　……二十人……受有祐　吉
懷一三五五　……貞宋……惟……
懷一三五六　……酉卜……貞王宋……
懷一三五七　大吉
懷一三五八　大吉
懷一三五九　己不……吉
懷一三六〇　癸……
懷一三六〇　……卜彭……
懷一三六一　貞……延……屮……大吉
懷一三六二　王……有祐
懷一三六三　……王受有祐
懷一三六四　……惟今日……王受……
懷一三六五　甲子卜暊貞王……
懷一三六五　……暊……
懷一三六六　丙寅卜其……
懷一三六六　于來日丁丑雨
懷一三六六　……雨于祖丁
懷一三六六　……雨
懷一三六七　弜新宗
懷一三六七　于祖丁舌
懷一三六七　……舌
懷一三六八　叙……
懷一三六八　其舌若商毓祖丁王……
懷一三六八　……舌……受祐

懷一三六九　……丁……
懷一三六九　自示壬至毓有大雨
懷一三六九　自大乙至毓有大雨
懷一三六九　……至……
懷一三七〇　……王其有夂祖辛牢又……　大吉
懷一三七〇　吉
懷一三七一　辛未卜仲己歲其戠日
懷一三七一　弜戠日其有歲于仲己　茲用
懷一三七一　癸未卜父甲木丁勿牛　茲用
懷一三七一　……勿……
懷一三七二　……延使父丁……
懷一三七三　癸未卜祭于父甲有……
懷一三七四　……于……
懷一三七四　其侑于父庚羌
懷一三七四　弜侑羌
懷一三七四　其侑在父庚
懷一三七五　暨二父己庚
懷一三七六　己卯卜父甲木丁一牢
懷一三七七　乙卯卜其品……丁……
懷一三七七　其賓彖多母
懷一三七七　……賓……
懷一三七八　其𩙡𠬝妣庚惟……
懷一三七九　……于亞……
懷一三七九　于北方𢀛南饗
懷一三八〇　其卯侑羌
懷一三八〇　弜侑羌
懷一三八〇　……侑五人
懷一三八一　……[illegible]祝于酒……
懷一三八二　……高奉……王受……
懷一三八三　……冊𠨘……
懷一三八四　有……
懷一三八四　……中彔……酌
懷一三八五　……卜宁……王賓……
懷一三八六　惟[illegible]……各日酌……
懷一三八七　惟……奏……丁……
懷一三八八　……惟……其饗……
懷一三八九　惟己酌……
懷一三九〇　弜祀
懷一三九一　王于……門……
懷一三九一　于自辟尋
懷一三九一　于廳新尋
懷一三九二　其[illegible]……
懷一三九二　惟生用
懷一三九三　習……
懷一三九三　其冊
懷一三九三　弜冊

懷特

懷一三九三 惟癸彰
懷一三九四 丁：其：
懷一三九四 弜卯
懷一三九五 ：卯卜：卯羌 兹：
懷一三九六 弜：不：
懷一三九六 ：克䨻
懷一三九七 卯三宰
懷一三九七 ：五宰
懷一三九八 ：酉卜：䖵盖
懷一三九九 丁酉卜王其侑：巷若岡在：
懷一四〇〇 巷卯惟牛王受祐
懷一四〇〇 宰王受祐
懷一四〇〇 翌日乙不雨
懷一四〇一 ：寅卜王其：柰：王受：
懷一四〇二 ：巳卜其燎𠦪惟乙
懷一四〇三 ：戌卜𥡴：
懷一四〇四 甲辰：
懷一四〇四 ：甃
懷一四〇四 ：王受祐
懷一四〇五 惟羊
懷一四〇六 五十人王受：
懷一四〇六 ：三十：吉
懷一四〇七 惟黑牛 吉
懷一四〇七 吉
懷一四〇七 惟羊 吉 兹用
懷一四〇八 其一牛
懷一四〇八 其五牛
懷一四〇八 其十牛
懷一四〇八 ：日己：
懷一四〇九 惟小宰
懷一四〇九 惟一牛
懷一四〇九 ：宰
懷一四一〇 ：幽牛
懷一四一一 宰：
懷一四一一 宰又：牛
懷一四一二 台惟犬用
懷一四一二 弜
懷一四一三 辛：雨
懷一四一四 甲午卜雨惟：
懷一四一五 于宮無災
懷一四一五 ：不雨
懷一四一五 弘吉
懷一四一六 ：不遘雨
懷一四一七 王不遘大風
懷一四一七 其遘大風
懷一四一八 于：無：

懷一四一八 不雨
懷一四一八 其雨
懷一四一八 ：王：𦎫無災
懷一四一九 丁啓 大吉 兹用 啓
懷一四二〇 其桒雨河受：
懷一四二一 癸巳：貞：
懷一四二一 癸卯卜何貞旬無𡆥
懷一四二二 癸：貞：
懷一四二二 癸亥卜何貞旬無𡆥
懷一四二二 ：卜何：無𡆥
懷一四二三 癸：貞：
懷一四二三 癸巳卜彭貞旬無𡆥
懷一四二三 ：𡆥
懷一四二四 癸酉卜：貞旬：
懷一四二四 癸未卜何貞旬無𡆥
懷一四二四 ：巳卜何：無𡆥
懷一四二五 ：亥卜何：旬無𡆥
懷一四二六 癸卯：貞旬：
懷一四二七 弜：
懷一四二七 ：日辛王其田湄日不雨
懷一四二八 王惟盂田省無災
懷一四二九 辛：
懷一四二九 弜田𩁹其悔
懷一四三〇 壬王其田：于既賓：延迺：不：
懷一四三一 ：王惟田：湄日：
懷一四三二 ：田其：
懷一四三二 于壬王迺田湄日無災 泳
懷一四三二 弜田宰其悔
懷一四三二 惟盗田弗悔無災
懷一四三三 辛亥：
懷一四三三 于翌日壬王迺無災
懷一四三三 惟田省無災
懷一四三三 狩無災
懷一四三四 惟宮田省無災
懷一四三四 惟盂田省無災
懷一四三四 惟喪省無災
懷一四三五 辛未卜翌日壬王惟㳄鹿：
懷一四三六 ：卜翌日壬王其：吉
懷一四三七 ：𩁹麓田：
懷一四三八 ：王：田延至：𣏟無災
懷一四三九 ：田湄日：
懷一四四〇 翌日辛：其田湄：
懷一四四一 ：王其田射㣇麋：
懷一四四二 弜田其：無：
懷一四四二 ：災
懷一四四三 ：惟梌田省無災

懷一四四四
懷一四四四
懷一四四四
懷一四四五
懷一四四六
懷一四四六
懷一四四七
懷一四四七
懷一四四八
懷一四四八
懷一四四八
懷一四四九
懷一四五〇
懷一四五一
懷一四五一
懷一四五一
懷一四五二
懷一四五二
懷一四五三
懷一四五四
懷一四五五
懷一四五六
懷一四五七
懷一四五八
懷一四五八
懷一四五八
懷一四五九
懷一四五九
懷一四六〇
懷一四六〇
懷一四六〇
懷一四六一
懷一四六一
懷一四六一
懷一四六二
懷一四六三
懷一四六四
懷一四六四
懷一四六四
懷一四六五
懷一四六五
懷一四六六
懷一四六六
懷一四六六
懷一四六七
懷一四六八

于壬不遘雨
甲寅卜乙王其田于豊以戍擒
：雨
弜田獻弗擒有大狐
：貞：田：
：王其：災
弜田𠬝弗擒有犬
：田：無災
：貞：田：
壬戌卜貞王其田㪘無災
：卜：其：災
乙酉：貞王田敦無災
：擒有：
辛丑卜翌日壬王其迖于向無災
于喪無災
于盂：災
：無災
于宮無災
：王其迖：
：日戊：其迖：向無災
：迖于向
：王其省舟
：惟戍歸：
于：
：永師奠
吉
乙：
：省師：王其悔
：僼：之：
于新邑北𥝩南弗悔
弜作僼
于丁丑祝𡕢使
丙申卜惟茲𠂇用于河
惟萑：河
：以鰻：
：卜王其：
惟旛用東行王受祐
惟𠂤比上行左旛王受祐
惟𠂤右旛王受祐
其台令何
弜鳴
惟大：用及方
屯一令及方
：及方
其㣈令
即令

懷一四六九
懷一四七〇
懷一四七一
懷一四七二
懷一四七三
懷一四七四
懷一四七五
懷一四七六
懷一四七七
懷一四七八
懷一四七九
懷一四七九
懷一四八〇
懷一四八一
懷一四八一
懷一四八一
懷一四八二
懷一四八三
懷一四八四
懷一四八四
懷一四八六
懷一四八六
懷一四八七
懷一四八八
懷一四八九
懷一四八九
懷一四九一
懷一四九一
懷一四九二
懷一四九二
懷一四九三
懷一四九四
懷一四九四
懷一四九五
懷一四九六
懷一四九六
懷一四九六
懷一四九六
懷一四九七
懷一四九八
懷一四九九
懷一五〇〇
懷一五〇一
懷一五〇二
懷一五〇二

：翌日：王：吉 用
：翌：弘吉 不用
大吉
大吉
：無若
惟今日丁
：亥卜晵：
癸丑卜辛：
惟：受：
丁巳卜：
丁卯卜：
：宰：比無災
于：五：
癸：彭：歲：
丁亥卜王大庚㞢[illegible]大乙宰牝[illegible]終月
乙巳卜王侑父庚
：卜[illegible]：彭二牛：示癸
饗魯甲豕
丙寅：侑：
：寅卜𠂤：祖丁：
大甲九宰
癸酉侑大甲十宰
：伐：祖丁不
乙丑：祖乙：
甲：
乙酉卜𠂤貞用牛今日毋
辛：
：牛：
：六月
：五牛
：[illegible]：母[illegible]：
壬：有：
：𠂤：𠕋：品：
：寅卜：有尧在茲邑
：其啓三日庚寅：大啓
㬎陰：卜：曰翌庚寅其雨：余曰己其
雨：不雨庚：大啓：
戊子卜余雨不庚大啓
庚寅：有陰
：午卜貞今夕無𡆥
己酉：田[illegible]：王：
：王貞：[illegible]：狩朕：𧰼
：卜𠂤：方：
己亥卜[illegible]：衞方十月
貞曰：[illegible]其：亢：
：卜：以：宁：

懷一五〇三 ……卜𠂤貞王勿……𤉲中崇……戠……
懷一五〇四 戊戌……缶自……
懷一五〇四 戊戌卜犬缶中行征方九日丙午遘……
懷一五〇五 ……申卜絉……大𡚱……
懷一五〇六 ……申卜……生二月……正……
懷一五〇七 壬子卜𠬝……其至五日……印
懷一五〇九 ……甲子惟……𡧊……
懷一五一〇 庚寅……征……
懷一五一一 ……寅卜留……方其……缶有……
懷一五一二 癸巳……勿……及……令……
懷一五一三 ……𠬝……令……
懷一五一四 庚……貞……
懷一五一四 ……王……鼠……疾
懷一五一五 ……褆……不其嘉
懷一五一六 庚……鬼……
懷一五一六 ……酉卜王……鼠娩……
懷一五一七 丙……王……戠……
懷一五一七 ……日己……𩰫……子……延老
懷一五一八 辛卯……𠂤其娩印十二月
懷一五一八 辛卯卜……禦𠂤……
懷一五一九 ……奚……鹰……延𠂤
懷一五二〇 ……貞𡚱……其骨凡……
懷一五二一 ……巳卜……貞余……示……黄……
懷一五二二 ……卜王……𡧊甲……
懷一五二三 丙辰……貞……人……
懷一五二四 庚子卜……茲不……禦終月
懷一五二五 ……酉卜絉……無𡆥
懷一五二六 ……𠂤出……𡆥日一……有其……
懷一五二七 ……王……父……如……
懷一五二八 丙午卜……貞勿……
懷一五二九 辛未卜旬
懷一五三〇 癸酉卜……令……
懷一五三一 貞……
懷一五三一 ……兇……
懷一五三二 乙巳……余勿……立自……
懷一五三三 ……丑……𠬝……
懷一五三四 ……貞……逐……
懷一五三五 甲寅……貞……于……
懷一五三六 辛卯……𠬝……妣……
懷一五三七 ……戌卜……
懷一五三八 ……癸夕……祐
懷一五三九 庚……在……其……茲……
懷一五四〇 ……卜……貞一月……示……山……
懷一五四一 ……申卜……弜……妣乙……
懷一五四二 丁酉……貞……無……
懷一五四二 ……以……

懷一五四三 ……于……
懷一五四四 庚午卜王夕……有……
懷一五四五 ……未……王弜……
懷一五四六 癸酉……
懷一五四六 ……卜……有……
懷一五四七 虎𠙶……
懷一五四七 虎𠙶……
懷一五四八 癸丑有𡆥事十月
懷一五四九 壬……𠂤……
懷一五五〇 辛卯卜犬
懷一五五一 ……𠬝貞……有……
懷一五五二 ……歙夕……𠂤……用
懷一五五三 ……貞其舌小……用乙巳五……
懷一五五三 ……用羌三……
懷一五五四 甲……貞乙……有歲……于小乙……
懷一五五五 乙巳貞有𠬝歲自上甲大……三牢三……
懷一五五五 ……三牢小示……
懷一五五六 ……凡……有歲……小乙……
懷一五五七 ……祖丁……
懷一五五八 丁卯……乙亥……歲……
懷一五五八 辛未貞乙亥有歲于大乙三牢
懷一五五八 大乙伐十羌
懷一五五八 大乙伐十羌又五
懷一五五九 戊戌貞其𢀛翌日
懷一五五九 庚子貞其𢀛翌日
懷一五五九 壬寅弜𢀛于來戊迺𢀛
懷一五五九 乙巳其𢀛翌日大乙宗
懷一五五九 丁未其𢀛翌日在大丁宗
懷一五五九 丁未其𢀛翌在祖丁宗
懷一五五九 丁未其𢀛翌日在父丁宗
懷一五六〇 己未……
懷一五六〇 己未貞……
懷一五六〇 己未貞其𡗘𢀛于父丁一牛
懷一五六一 庚申卜惟父鑿用
懷一五六二 ……父丁十小宰……
懷一五六三 甲辰……
懷一五六三 乙巳貞……于父丁……又五若茲卜雨
懷一五六四 ……小宰……
懷一五六四 ……貞……五牢
懷一五六四 癸巳……將兄丁凡父乙
懷一五六四 癸巳卜弜將六枇
懷一五六四 ……午卜侑于子戠十犬卯牛一
懷一五六五 癸巳……有……
懷一五六五 丙申卜其帝
懷一五六五 弜帝
懷一五六五 丙申卜于北帝

懷一五六五　丙申…自祖乙…
懷一五六六　弜啇
懷一五六六　庚戌卜將母辛宗
懷一五六六　弜將
懷一五六七　妣庚歲从蓺
懷一五六八　…祝…子丁羊…
懷一五六九　乙酉卜侑出日入日
懷一五七〇　…茲允用
懷一五七〇　癸酉…𩵦…
懷一五七一　于夒祟王
懷一五七一　辛酉貞王尋𠙵以羌南門
懷一五七二　河…一…
懷一五七二　河燎二牛
懷一五七二　河燎…牛
懷一五七三　于伊奭
懷一五七四　庚子貞
懷一五七四　辛丑貞
懷一五七四　…王弜入
懷一五七四　癸亥…帝南
懷一五七四　癸亥卜帝北
懷一五七四　癸…帝…
懷一五七四　癸亥卜帝西
懷一五七四　…卜…
懷一五七四　…辰卜…
懷一五七五　𠦪…
懷一五七五　甲午貞生月乙巳𠦪
懷一五七五　辛丑卜乙巳𠦪暘日
懷一五七六　丁未其即日
懷一五七六　戊申于南門尋
懷一五七六　戊申于王宅…
懷一五七七　乙卯貞丁…其𣪊
懷一五七七　乙卯貞于丁卯𣪊
懷一五七八　庚子卜尊
懷一五七九　…戊貞…丁卯…彫品
懷一五八〇　丁卯卜彡…
懷一五八一　戊…貞…惟…
懷一五八一　其禦
懷一五八一　弜禦
懷一五八一　辛酉卜惟大行用
懷一五八一　師惟建用
懷一五八二　庚子貞辛丑彫乇
懷一五八二　庚子卜告方彈
懷一五八二　…其…
懷一五八三　…河…圉…牛…
懷一五八四　甲午…
懷一五八四　十羌

懷一五八四　十羌又五
懷一五八四　…貞有…
懷一五八五　壬…來…彫
懷一五八五　癸亥卜乇于宜
懷一五八五　…亥卜…
懷一五八六　弜侑豊
懷一五八七　弜𠦪
懷一五八八　丁卯卜侑雚𦍋母豕
懷一五八八　戊辰卜…
懷一五八八　癸酉卜侑…于虎…
懷一五八八　甲戌卜…
懷一五八八　…卜…
懷一五八八　甲戌卜…
懷一五八八　乙亥卜侑…
懷一五八八b　…在廄…
懷一五八九　…寅貞有…
懷一五九〇　辛丑…圉三百…
懷一五九一　庚子…茲用
懷一五九一　弜女人女
懷一五九二　…不…
懷一五九二　…犾侯…丁用
懷一五九二　…不暘
懷一五九三　二牢　茲…
懷一五九四　二牢
懷一五九四　…牢
懷一五九五　…西…王寢
懷一五九五　癸亥貞其羽人
懷一五九五　弜人
懷一五九六　弜侑
懷一五九六　二牢
懷一五九六　三牢
懷一五九七　庚…辛…允…
懷一五九七　…戊卜…侑…牛一…人…
懷一五九八　一人
懷一五九八　二人
懷一五九八　三人
懷一五九九　庚…受禾
懷一五九九　庚申卜不受禾
懷一五九九　…巳卜…
懷一六〇〇　癸酉貞秋不至
懷一六〇一　癸酉貞大甲日不雨
懷一六〇一　其雨
懷一六〇二　辛…卜…延…
懷一六〇二　不延雨
懷一六〇二　無災
懷一六〇三　于北…

懷特

懷一六〇三 無雨
懷一六〇四 乙丑卜彫桒于祖乙遘雨
懷一六〇四 不雨
懷一六〇五 弜燎
懷一六〇五 不遘雨
懷一六〇五 其雨
懷一六〇五 甲申貞彡大乙無壱
懷一六〇六 戊寅卜：雨
懷一六〇七 癸卯：子叀：
懷一六〇七 貞：
懷一六〇七 ：雨不二月
懷一六〇八 ：寧雨
懷一六〇九 乙卯卜今日不啓
懷一六一〇 不晹
懷一六一〇 乙巳卜惟犅壱
懷一六一一 乙巳貞王無𡆥
懷一六一一 甲戌卜立中晹日乙亥允晹日
懷一六一二 癸卯：貞旬：
懷一六一二 癸亥：
懷一六一三 ：貞：無：
懷一六一三 ：貞旬無𡆥
懷一六一四 癸酉貞旬無𡆥
懷一六一四 ：貞：𡆥
懷一六一四 ：𡆥
懷一六一五 癸亥：旬無：
懷一六一五 癸酉貞旬無𡆥
懷一六一六 癸酉貞旬無𡆥
懷一六一六 癸未貞旬無𡆥
懷一六一六 癸：貞：無：
懷一六一七 癸：貞旬無𡆥
懷一六一七 癸亥貞旬無𡆥
懷一六一七 癸酉貞旬無𡆥
懷一六一八 癸卯：貞：𡆥
懷一六一八 癸丑貞旬無𡆥
懷一六一八 癸巳貞旬無𡆥在祭卜
懷一六一九 癸丑貞旬無𡆥
懷一六一九 癸亥貞旬無𡆥
懷一六二〇 癸丑貞旬無𡆥
懷一六二〇 癸亥貞旬無𡆥
懷一六二〇 癸酉貞旬無𡆥王固曰于丙
懷一六二〇 癸未貞旬無𡆥
懷一六二〇 癸巳貞旬無𡆥
懷一六二〇 ：卯：旬：𡆥
懷一六二一 ：無：
懷一六二一 有𡆥
懷一六二一 癸丑登貞旬三卜無𡆥

懷一六二一 有𡆥
懷一六二一 癸亥登貞旬三卜無𡆥
懷一六二一 有𡆥
懷一六二二 癸卯登貞旬三：
懷一六二二 癸亥登貞旬三卜無𡆥
懷一六二三 ：貞旬無𡆥
懷一六二三 ：貞旬無𡆥
懷一六二四 癸：貞：無：
懷一六二五 丁酉卜：
懷一六二五 ：酉貞：王：步
懷一六二五 辛：
懷一六二五 ：未卜：步：二月
懷一六二六 丙戌卜在□丁亥王陷擒允三百又：
懷一六二八 ：王惟乙敦徃受祐
懷一六二八b ：卯卜生十月：徃受祐
懷一六二八b 癸：
懷一六二九 甲戌卜其：
懷一六二九 乙亥卜角不□
懷一六二九 乙亥卜以來木
懷一六二九 丙子卜乇其方
懷一六二九 己卯卜
懷一六二九 壬午卜
懷一六二九 ：□：
懷一六三〇 己亥卜母尋來今□七月
懷一六三一 ：方及于示：
懷一六三二 丙午先□
懷一六三二 惟𤰈以示□
懷一六三二 ：丑：丁：己
懷一六三三 貞余有夢佳𠂤侑𢦏
懷一六三四 ：王貞其：方
懷一六三五 庚：
懷一六三五 庚寅卜多子族于舌
懷一六三五 ：戊卜：
懷一六三六 ：河夔以丙衣丿：
懷一六三六 壬午卜貞以㫃立于河
懷一六三七 甲：王：比
懷一六三七 甲子卜王惟望乘比
懷一六三七 丁卯卜王弜比戓
懷一六三七 丁卯卜王弜比望乘
懷一六三八 乙亥卜弗戦𣅀
懷一六三八 ：卜：敦：戦：酉王戦
懷一六三九 ：𢀛惟其喪衆
懷一六四〇 庚寅貞敦缶于蜀戦右旅在：一月
懷一六四〇 壬辰貞呼：
懷一六四〇 甲午卜王惟亯配
懷一六四〇 甲：王：

懷一六四一　庚戌卜王其…
懷一六四二　辛巳卜惟生九月伐方　八月
懷一六四二　…多子族立于舌
懷一六四三　弜龏
懷一六四四　癸亥示先羌入
懷一六四四　于弜先[illegible]羌
懷一六四五　…四方其…用乙卯
懷一六四六　不惟方…
懷一六四七　惟…令…
懷一六四七　…不…河…
懷一六四八　丙辰…王其令壘叟于儴東
懷一六四八　在狌東沘奠叟
懷一六四八　…其…于…雨
懷一六四九　…令師般暨[illegible]
懷一六五〇　丁卯貞…令郭…剛于高
懷一六五〇　丁卯貞王令鬼禹剛于高
懷一六五〇　丁亥卜惟侯…婦…
懷一六五〇　…卜…
懷一六五一　癸巳貞今日王令師般
懷一六五一　王于乙未令
懷一六五二　甲午貞王令多射
懷一六五三　乙亥貞王令…以衆[illegible]受…
懷一六五四　戊戌貞令衆涉龍[illegible]北無囚
懷一六五四　己亥…癸…三十…
懷一六五四　有囚衆
懷一六五五　…惟刀疾
懷一六五六　甲午…疾?
懷一六五六　有囚
懷一六五六　乙…
懷一六五七　弜爰
懷一六五八b　無至疾
懷一六五九　…卜王…疾?
懷一六五九　辛酉卜立
懷一六五九　丁…
懷一六六〇　于來庚
懷一六六一　…未貞…
懷一六六一　…貞辛…惟萑…
懷一六六二b　庚寅貞今日…
懷一六六三　丁…
懷一六六三　己卯
懷一六六四　丙申卜
懷一六六五　不用
懷一六六五　不用
懷一六六六　癸…王…
懷一六六七　乙酉…

懷一六六八　甲寅…貞無…
懷一六六九　丁…𢓊…
懷一六六九　…自征…
懷一六七〇　己…囚
懷一六七一　乙…
懷一六七一　…申卜有囚
懷一六七二　壬辰卜[illegible]呼…
懷一六七三　…寅卜…
懷一六七四　…貞今日王…
懷一六七五　丁卯卜…
懷一六七五　…⿱其大…
懷一六七六　癸酉…
懷一六七七　己巳…
懷一六七七　弜
懷一六七八　…酉⿱其大乞⿹勹貝…
懷一六七九　…亥⿱其大乞⿹勹貝骨三
懷一六八〇　…骨三
懷一六八一　壬寅…賓示壬…日無…
懷一六八二　…卜貞…示癸彡…
懷一六八三　…貞王…大甲彡…無尤
懷一六八四　…寅卜貞…賓南庚…日無尤
懷一六八五　…賓…四祖丁…夕…
懷一六八六　…卜貞…大庚翌…
懷一六八七　甲…𦎫…必丁…
懷一六八七　…戊卜在…貞…祖丁必…牢
懷一六八八　惟…
懷一六八八　…卜貞…祖丁丁…茲用
懷一六八九　庚…貞…祖…
懷一六八九　…王…祖丁…尤
懷一六九〇　…卜貞王…祖…[illegible]…
懷一六九一　…卯卜貞王賓祖乙[illegible]…尤
懷一六九二　…卜貞…賓武…
懷一六九三　癸巳卜…祖甲丁其…茲…
懷一六九四　…申卜…武祖乙丁其…
懷一六九五　甲寅…武…丁…
懷一六九五　…卜…
懷一六九六　甲申…武…丁其…
懷一六九六　…貞…武…其…
懷一六九七　丙申卜…武丁…牢
懷一六九七　…羍
懷一六九八　…貞…武丁…
懷一六九九　甲子…武…丁其…
懷一六九九　…貞…必…茲用
懷一六九九　…羍…用
懷一七〇〇　甲…武祖…其牢
懷一七〇〇　…貞…必…

懷一七〇一 ……貞文……宗……牢

懷一七〇一 ……吉

懷一七〇二 丙午卜……文武……丁其……

懷一七〇二 ……卜貞……宗……牢

懷一七〇三 ……卜貞王……祖丁奭……觀……

懷一七〇三 ……無……

懷一七〇四 ……申卜貞……賓示壬……妣庚翌……尤

懷一七〇五 壬申卜……母癸丁……羊

懷一七〇六 ……無尤

懷一七〇六 ……王賓……妣庚彡無尤

懷一七〇七 壬……母癸……羊

懷一七〇八 丁巳……丁巳……丁……

懷一七〇八 ……[illegible][illegible]……王其祝……帝至……今日壬……

王翌……

懷一七〇九 ……寅卜貞……丁惟……

懷一七一〇 ……卜貞……宗……牢

懷一七一〇 ……羊

懷一七一一 ……卜貞……武……宗……牢

懷一七一一 ……羊

懷一七一二 ……卜貞……武……宗……在九……

懷一七一三 丁丑卜貞王賓歲無……

懷一七一四 甲申卜……王賓……翌

懷一七一五 庚……賓……[illegible]

懷一七一六 庚子……王賓……日無……

懷一七一七 丙寅卜貞王賓歲無尤

懷一七一七 貞王賓叙無尤

懷一七一八 己酉……賓……彡……

懷一七一九 ……卜貞……歲無……

懷一七二〇 丁巳卜貞王賓歲無尤

懷一七二一 乙亥……貞……歲……

懷一七二一 ……賓……無……

懷一七二二 丁卯卜貞王賓歲無……

懷一七二三 庚午卜貞王賓歲無……

懷一七二四 丙……王……歲……

懷一七二五 ……貞王……[illegible]……

懷一七二六 丁未王卜貞王賓𠦪無尤

懷一七二七 ……賓……無尤

懷一七二八 ……賓……無尤

懷一七二九 ……王賓叙無……

懷一七三〇 丁卯卜……王賓……無……

懷一七三一 ……貞……祖庚觀……尤

懷一七三二 ……寅卜……賓……無……

懷一七三三 ……王賓……無尤

懷一七三四 ……卜貞……賓……無尤

懷一七三五 ……巳卜……賓……

懷一七三六 乙酉……賓歲……

懷一七三七 己未卜……賓……日無……

懷一七三八 貞王賓叙無尤

懷一七三九 貞王賓叙無尤

懷一七四〇 ……賓……無尤

懷一七四一 貞王……叙無……

懷一七四二 貞王賓叙無尤

懷一七四三 ……賓……無尤

懷一七四四 貞王賓叙……

懷一七四五 丙辰……王賓……

懷一七四六 ……王賓……無尤

懷一七四七 貞……叙……

懷一七四八 壬午卜貞王賓……

懷一七四九 ……賓……無尤

懷一七五〇 ……子卜貞王賓……

懷一七五一 ……叙……

懷一七五一 癸巳……賓……無……

懷一七五二 貞王……叙……

懷一七五三 ……王賓……無尤

懷一七五四 貞王賓叙……

懷一七五四 ……賓……

懷一七五五 ……賓……無尤

懷一七五六 貞王……叙……

懷一七五七 乙丑……王賓……

懷一七五八 貞……叙……

懷一七五八 ……王賓……無尤

懷一七五九 貞王……叙……

懷一七六〇 貞王賓叙無尤

懷一七六一 ……王賓……無尤

懷一七六二 ……賓……無尤

懷一七六三 貞王賓……無……

懷一七六四 貞王……叙……

懷一七六五 ……王賓……無尤

懷一七六六 貞王……叙無……

懷一七六七 貞王……叙……無……

懷一七六八 乙……王……無……

懷一七六八 丁未……王……無……

懷一七六九 其牢……一牛

懷一七七〇 惟……

懷一七七〇 惟勿牛

懷一七七一 其牢又……

懷一七七一 ……牢又一牛

懷一七七二 惟……茲……

懷一七七二 惟勿牛

懷一七七三 癸未……貞……其……茲……

懷一七七三 ……貞……宗……牢

懷一七七四 惟……茲……

懷一七七四 ：羊：用
懷一七七五 其：茲：
懷一七七五 ：截牛
懷一七七六 其：又：
懷一七七六 ：宰：一牛
懷一七七七 惟：
懷一七七七 惟勿牛：用
懷一七七八 惟：
懷一七七八 其：
懷一七七八 惟勿牛
懷一七七九 惟：
懷一七七九 ：宰：牛
懷一七八〇 ：宰：一牛
懷一七八一 惟：茲：
懷一七八一 ：宰：
懷一七八二 ：宰：一牛
懷一七八二 ：勿牛：用
懷一七八三 惟：
懷一七八三 ：宰：一牛
懷一七八四 其宰：
懷一七八四 ：宰勿牛：用
懷一七八五 其：
懷一七八五 ：截牛
懷一七八六 惟勿牛
懷一七八七 惟：
懷一七八七 ：宰又：
懷一七八八 惟：茲：
懷一七八八 ：華：用
懷一七八九 惟華茲：
懷一七九〇 惟華
懷一七九〇 叀：
懷一七九一 惟：茲：
懷一七九一 ：宰：用
懷一七九二 丁酉卜：今歲：年在：
懷一七九三 ：不雨
懷一七九四 癸卯：王：無：
懷一七九四 ：卜：王旬：畎
懷一七九五 癸亥卜貞王：無：
懷一七九五 癸未：貞：
懷一七九五 ：旬：畎
懷一七九五 ：卜：旬：
懷一七九六 癸：貞：旬：
懷一七九六 ：亥卜：王旬：畎
懷一七九七 癸丑：貞王：無：
懷一七九七 ：丑卜：王旬：畎
懷一七九八 癸巳卜貞王旬無畎

懷一七九八 癸丑卜貞王旬無畎
懷一七九八 ：卜貞：旬：畎
懷一七九八 ：卜貞：旬：畎
懷一七九九 ：卜：旬：畎
懷一七九九 ：卜：旬：畎
懷一八〇〇 ：畎
懷一八〇〇 癸：
懷一八〇〇 ：丑卜：湄：
懷一八〇一 癸巳：貞王：無：
懷一八〇一 ：卜：旬：畎
懷一八〇二 癸丑：貞王：無：
懷一八〇二 ：卜：旬：畎
懷一八〇三 癸：師：無：
懷一八〇三 ：疊：無：
懷一八〇四 ：無：
懷一八〇四 癸未：
懷一八〇四 ：卜：旬：畎
懷一八〇四 ：貞：
懷一八〇五 癸丑卜貞王旬無畎在六月甲寅工典
其翌
懷一八〇五 ：卜：王旬：畎：月甲午：日大甲
懷一八〇六 癸丑：王旬：
懷一八〇六 ：卜：旬：畎
懷一八〇七 癸：王：畎
懷一八〇七 ：卜貞：旬無：
懷一八〇八 癸：貞：無：
懷一八〇八 ：卜：[illegible]貞王：畎
懷一八〇九 ：卜：王旬：畎
懷一八一〇 癸酉卜貞王旬無：
懷一八一〇 ：卜：旬：
懷一八一一 癸未：王旬無：
懷一八一二 ：貞：旬無畎
懷一八一三 癸丑：王旬：
懷一八一三 ：丑卜：王旬：畎
懷一八一四 癸：貞王：無：
懷一八一五 ：卜：王今：畎
懷一八一六 丙辰：王今：無：
懷一八一七 甲申：王今夕：
懷一八一八 戊：貞：無：十：
懷一八一八 ：貞王：夕無：
懷一八一九 庚：卜：
懷一八一九 ：卜貞：夕無畎
懷一八二〇 ：午卜：王今：無畎
懷一八二一 壬子：王今：無：
懷一八二二 甲午：王：無：
懷一八二二 ：子卜：今夕：畎

懷特

懷一八二三 乙卯：今夕：
懷一八二四 戊寅卜在[illegible]貞王今夕無畎
懷一八二四 庚辰卜在[illegible]貞王今夕無畎
懷一八二四 ：申卜：[illegible]：王今夕：畎
懷一八二五 ：戊卜：[illegible]：王今夕：畎
懷一八二五 壬：今：畎
懷一八二六 ：巳卜：白貞：今夕：畎
懷一八二七 ：卜貞：夕：畎
懷一八二七 ：酉卜在：貞王：夕無畎
懷一八二八 癸：冒：
懷一八二九 ：卯卜：王今：畎
懷一八二九 ：貞：夕無：
懷一八三〇 ：夕：畎
懷一八三〇 ：貞：夕無：
懷一八三一 ：卜貞：夕：畎
懷一八三二 乙未卜貞王今夕無：
懷一八三二 ：貞：夕：
懷一八三三 ：卜：夕：畎
懷一八三四 丙戌：王今夕：
懷一八三五 ：王今夕：
懷一八三五 壬：王今：
懷一八三六 ：貞：夕：畎
懷一八三七 ：卜貞：夕：畎
懷一八三七 己酉：貞：今：無：
懷一八三八 ：卜貞：今夕：畎
懷一八三九 己酉：王今：
懷一八三九 戊：貞王：夕無：
懷一八四〇 ：卜：王：無：
懷一八四一 己丑卜：王今夕無：
懷一八四二 己未：貞今：
懷一八四二 庚申：貞王：無：
懷一八四三 ：卜貞：夕：畎
懷一八四三 丁酉卜貞王今夕無畎
懷一八四四 ：卯卜：王今夕：畎
懷一八四四 ：貞王：夕無畎
懷一八四五 庚寅：在敉：王今：無：
懷一八四五 ：貞：夕：畎
懷一八四六 甲申卜：今夕無：
懷一八四七 ：卜貞：夕無畎
懷一八四八 ：己卜：王今：無畎
懷一八四九 丁酉：王今：無：
懷一八五〇 癸：貞王：夕無：
懷一八五〇 ：貞：無畎
懷一八五一 ：貞王：畎
懷一八五二 ：卜貞：無畎
懷一八五三 辛巳：貞田：往來：王囚：

懷一八五三 懷一八五四 懷一八五四 懷一八五五 懷一八五六 懷一八五六 懷一八五七 懷一八五七 懷一八五八 懷一八五八 懷一八五九 懷一八六〇 懷一八六〇 懷一八六一 懷一八六二 懷一八六三 懷一八六三 懷一八六四 懷一八六五 懷一八六五 懷一八六六 懷一八六六 懷一八六七 懷一八六七 懷一八六八 懷一八六九 懷一八七〇 懷一八七〇 懷一八七一 懷一八七二 懷一八七二 懷一八七三 懷一八七四 懷一八七五 懷一八七六 懷一八七七 懷一八七八 懷一八七九 懷一八八〇 懷一八八〇 懷一八八〇 懷一八八一 懷一八八二

：卜貞：往：災王：吉
辛未：王田：往來：
：卜貞：邅：無災
：辰：喪貞：田逐：
辛：卜：田：往：無：
：王卜：𩫖：無災：曰吉：獲：
壬午：貞田：往：無：
：酉王卜：田邅：來無：囚曰吉
丁：迖：往：
：卯卜在去：王田[illegible]往來：災
壬辰卜貞：田邅：來無：
辛亥：田邅：無：
：貞：災
：卜貞：田：日無：
：卜貞：田𩫖：來無：
乙：王衣：無：
：卜貞：率：逐：災
：寅卜：王田：往來：
辛丑卜貞：往來無：禦獲：
辛丑卜：于召：來：
壬戌：貞：往：無：
：卜：𩫖：
戊子：王迖：召往：災
：貞：災
：貞：𩫖：來：
：卜貞王：百泉：
丁酉卜：日己亥：[illegible]：麓：王弗：
：𪓊：于壬：弗悔
：田：征盂：上下于[illegible]：余又：𢦏囚：
邑商：
丁酉：貞：
：于：
：王卜在：貞其呼：
癸丑：貞今日癸：
癸未：貞：
：酉卜貞：
己：貞：無：
辛：王：無：
己巳卜：王：
：寅 丁卯 戊辰：
：史：
：寅 丁卯：
甲子 乙丑 丙寅 丁卯 戊辰
己巳 庚午 辛未 壬申 癸酉
：丑 丙寅 丁： 丙子 丁：
丙戌 丁：

懷一八八三 癸卯：年

懷一八八四 不延雨

懷一八八五 于：無：

懷一八八五 不雨茲禦不雨

懷一八八五 其雨

懷一八八六 癸巳王：貞旬：在十月在：

懷一八八六 癸卯王卜貞旬無畎在十月在𤰈師

懷一八八六 癸丑王卜貞旬無畎在十月又一在齊師

懷一八八六 ：卜貞：畎在十月：齊師

懷一八八八 癸巳：貞王：

懷一八八八 癸卯卜𢓊貞王旬無畎

懷一八八八 ：𢓊：無畎

懷一八八九 癸巳：王𡆥曰：彡魯：

懷一八八九 ：王卜：無畎：曰弘吉

懷一八九〇 癸巳王卜貞旬無畎

懷一八九〇 ：王卜：無畎

懷一八九一 ：貞：王𡆥：

懷一八九一 ：丑王卜：旬無畎：曰吉

懷一八九二 癸亥卜：王旬無：在十月

懷一八九二 ：貞：畎

懷一八九三 癸亥：王旬：

懷一八九三 ：畎

懷一八九四 癸：貞：

懷一八九四 癸巳卜貞王旬無畎在三月

懷一八九五 癸：貞：王𡆥：

懷一八九五 ：卜：畎

懷一八九六 癸亥卜：旬無：

懷一八九七 癸酉王：貞旬無：王𡆥曰

懷一八九七 ：王卜：無畎：吉

懷一八九八 癸巳卜：無畎在五：

懷一八九八 癸卯卜貞王旬無畎

懷一八九九 癸酉卜貞王旬無畎

懷一九〇〇 ：王田享京往來

懷一九〇一 弜執

懷一九〇一 辛亥卜在攸貞大左族有擒

懷一九〇一 不擒

懷一九〇二 癸未卜貞王其令：王𡆥曰吉

懷一九〇三 乙巳卜在：牧延弗：

懷一九〇三 弗及

懷一九〇三 勑有擒

懷一九〇三 ：勑：

懷一九〇四 辛：王：往：

懷一九〇四 戊午卜貞王送于臺往來無災

懷一九〇四 ：貞：𩁹：來無災

懷一九〇五 乙未王：宮往來無災：𡆥曰吉在十月

懷一九〇五 ：卜：往：𡆥：

懷一九〇六 ：往：

懷一九〇六 ：送于雍往來無災

懷一九〇七 ：祖丁王其：王弗悔

懷一九〇八 ：貞其征盂方惟：受祐不𢦏戠無
：𡆥曰吉在十月王九：

懷一九〇九 戊申卜貞王送于召往來無災

懷一九〇九 ：貞王送：召往：無災

懷一九一〇 ：夕師：寧

懷一九一〇 ：無：寧

懷一九一一 ：壬申 癸酉 ：壬午 癸午：
：辰 癸巳：

懷一九一二 ：寅王卜：

懷一九一三 ：酉 丙戌 丁亥 戊： 戊寅：

懷一九一四 ：大甲

懷一九一五 辛酉王田于鷄麓獲大𩁹虎在十月
惟王三祀𢦔日